Das

preußische gemeine und provinzielle

Kirchenrecht

für das

Geltungsgebiet des allgemeinen Landrechts

zusammengestellt

und nach den Grundsätzen der obersten Kirchen-, Verwaltungs- und Spruchbehörden

erläutert

von

Th. Meier,
Königl. Preuß. Regierungsrath und Justitiarius.

Berlin.
Druck und Verlag von Georg Reimer.
1868.

Vorwort.

Ohne den hohen Werth dogmatischer Bearbeitungen einzelner Rechtsmaterien zu verkennen, hat der Verfasser doch an sich selbst wie an seinen Fachgenossen die Erfahrung gemacht, daß dem Praktiker bei seiner täglichen Berufsarbeit ein Handbuch, welches die auf eine Rechtsmaterie bezüglichen Gesetze und Verordnungen in systematischer Zusammenstellung nach ihrem Wortlaute enthält und dieselben durch die von den höchsten Gerichtshöfen und den Centralbehörden ausgesprochenen Grundsätze erläutert, bessere Dienste leistet. Wenn in irgend einem Gebiete des Preußischen Rechts ein derartiges vollständiges und übersichtliches Handbuch ein dringendes Bedürfniß ist, so ist dies zweifellos im Gebiete des Kirchenrechts der Fall, welches seit der Emanation des allgemeinen Landrechts vielfache, sehr erhebliche Veränderungen und Erweiterungen durch Gesetze, Allerhöchste Erlasse und Verordnungen der höchsten Kirchen- und Staatsverwaltungsbehörden erfahren hat, in welchem neben den allgemeinen Gesetzen eine Menge tief eingreifender provinzialrechtlicher Bestimmungen Geltung haben, und für welches zur richtigen Auffassung der gesetzlichen Vorschriften und zur Entscheidung zweifelhafter Rechtsfragen ein reiches Material von Erkenntnissen der höchsten Gerichtshöfe und von Erlassen der Centralbehörden sich angesammelt hat. Die vorhandenen derartigen Handbücher des Preußischen Kirchenrechts entsprechen theils nicht den an sie zu stellenden Anforderungen, theils sind sie veraltet, und dürfte daher das Unternehmen des Verfassers, ein solches Handbuch zu bearbeiten, nicht unberechtigt erscheinen. Der Verfasser giebt sich vielmehr der Hoffnung hin, in demselben den Verwaltungsbeamten und Geistlichen wie den Richtern und Rechtsanwälten ein erwünschtes Hülfsmittel darzubringen.

Bei dem großen Umfange des vorhandenen Materials glaubte der Verfasser, sich auf das Geltungsgebiet des allgemeinen Landrechts beschränken zu müssen; auch konnte derselbe nur die wichtigsten der zahlreichen Königlichen Ordres und Erlasse der Centralbehörden vollständig, aus den übrigen dagegen und den Entscheidungen der Gerichtshöfe: des Obertribunals, des Gerichtshofs zur Entscheidung der Kompetenzkonflikte und des Revisionskollegiums für Landeskultursachen, nur den wesentlichen grundsätzlichen Inhalt aufnehmen. Er glaubt jedoch, daß ungeachtet dieser letzteren Beschränkung durch die wissenschaftliche Verarbeitung des Materials, und da die leicht zugänglichen Quellen überall angegeben worden, die praktische Brauchbarkeit des Werks eher gewonnen als verloren hat. Die Cirkular-

Verordnungen der Provinzialbehörden, Ober-Präsidien, Konsistorien und Bezirksregierungen haben, wenn sie von allgemeinem Interesse, auch gebührende Berücksichtigung gefunden.

Als am meisten dem Zwecke des Buches entsprechend erschien die Anordnung des Stoffes in der Form von fortlaufenden Noten zu dem Texte des elften Titels zweiten Theils des allgemeinen Landrechts. Diese Noten enthalten nicht nur die von den Centralbehörden und obersten Gerichtshöfen ausgesprochenen Grundsätze über die Auslegung der gesetzlichen Bestimmungen nebst den eignen Ausführungen des Verfassers, sondern auch die auf das Kirchenrecht bezüglichen Vorschriften aus anderen Titeln des Landrechts, z. B. aus dem Gesellschaftsrechte, dem Eherechte, der Lehre vom Nießbrauche, sowie aus der allgemeinen Gerichtsordnung, dem Strafgesetzbuche, der Konkursordnung u. s. w., desgleichen die später ergangenen ergänzenden und abändernden Gesetze, Verordnungen und Erlasse, insbesondere auch die Ausführungsverordnungen der Central-, bez. Provinzialbehörden, endlich die provinzialrechtlichen Bestimmungen.

Da das Streben des Verfassers dahin gerichtet war, bei möglichster Vollständigkeit und Uebersichtlichkeit lediglich eine getreue Darstellung des gegenwärtig geltenden Rechts und der noch in Geltung befindlichen Verwaltungsvorschriften zu geben, so hat er alles Veraltete ausgeschieden und nur im landrechtlichen Texte auch die antiquirten oder aufgehobenen Paragraphen, jedoch mit Einschließung durch Klammern, wörtlich aufgenommen.

Als besonderer Anhang ist der Vollständigkeit wegen die Militär-Kirchenordnung beigegeben. Ein chronologisches und ein Sachregister werden den Gebrauch des Werks wesentlich erleichtern.

Königsberg im Mai 1868.

Th. Meier.

Erklärung der Abkürzungen.

ABl. = Amtsblatt.
AE. = Allerhöchster Erlaß.
AGE. = Erkenntniß des Appellationsgerichts.
AGO. = Allgemeine Gerichtsordnung.
Aktst. = Aktenstücke aus der Verwaltung des evangelischen Ober-Kirchenraths, Band 1 Heft 1—7, Band 2, Band 5, Band 1 A, aus der Verwaltung der evangelischen Ministerialabtheilung.
ALR. = Allgemeines Landrecht.
Ann. = v. Kamptz, Annalen der Preuß. inneren Staatsverwaltung. Berlin 1817—1839.
AO. = Allerhöchste Ordre.
I. C. C. A. = Codex Augusteus, prima Continuatio.
CEd. = Cirkular-Erlaß des.
CRd. = Cirkular-Rescript des.
Dekl. = Deklaration.
Dekr. = Dekret.
Dep. O. = Deposital-Ordnung.
Ed. = Edikt.
E. d. = Erlaß des.
Entsch. = Entscheidungen des Ober-Tribunals. Band 1—57.
Erg. = Ergänzungen und Erläuterung der Preußischen Rechtsbücher. Breslau.
G. = Gesetz.
Gen. V. = General-Verordnung.
GKE. = Entscheidung der Gesetzkommission.
GKR. = Gemeinde-Kirchenrath.
GS. = Gesetz-Sammlung.
Hyp. O. = Hypotheken-Ordnung.
Jahrb. = v. Kamptz, Jahrbücher für die Preuß. Gesetzgebung, Rechtspflege und Rechtsverwaltung. Berlin 1813—1844. 60 Bände.
JCBl. = Centralblatt für Preuß. Juristen. Berlin 1837—1842.
JMBl. = Justiz-Ministerialblatt für die Preuß. Gesetzgebung und Rechtspflege. Berlin 1839—1867.
JMR. = Rescript oder allgemeine Verfügung des Justizministers.
Instr. = Instruktion.
KGE. = Erkenntniß des Gerichtshofs zur Entscheidung der Kompetenzkonflikte.
Kirch. O. = Kirchen-Ordnung.
Klein, Ann. = Klein, Annalen der Gesetzgebung und Rechtsgelehrsamkeit in den Preuß. Staaten. 26 Bände. Berlin 1788—1809.

KO.	= Kabinetsordre.
Konk. O.	= Konkurs-Ordnung.
Konsist.	= Konsistorium.
Landt. Absch.	= Landtagsabschied.
L. Gem. O.	= Landgemeinde-Ordnung.
Mand.	= Mandat.
Mater.	= Materialien zum allgemeinen Landrecht.
MdaA.	= Minister der auswärtigen Angelegenheiten.
MdF.	= Minister der Finanzen.
MdgA.	= Minister der geistlichen, Unterrichts- und Medizinal-Angelegenheiten.
MdI.	= Minister des Innern.
MdKH.	= Minister des Königlichen Hauses.
MdKr.	= Kriegsminister.
MdlA.	= Minister der landwirthschaftlichen Angelegenheiten.
MfH.	= Minister für Handel, Gewerbe und öffentliche Arbeiten.
Myl. C. C. M.	= Mylius, Corpus constitutionum Marchicarum.
N.	= Note.
N. C. C.	= Novum corpus constitutionum Borussico-Brandenburgiensium, praecipue Marchicarum. Tom. I—XIII.
OKR.	= Ober-Kirchenrath.
O. Präs.	= Ober-Präsident.
Opp., Rechtsp.	= Oppenhoff, die Rechtsprechung des Ober-Tribunals in Strafsachen. Band 1—7.
Ord. Clem.	= Ordinatio Clementina v. 28. August 1715, renovata 15. Februar 1740.
OTrE.	= Erkenntniß des Ober-Tribunals.
Paderb. Beitr.	= Beiträge zum Preußischen Kirchenrecht. Paderborn 1855.
Pat.	= Patent.
PlB.	= Plenarbeschluß des Ober-Tribunals.
Präj.	= Präjudiz des Ober-Tribunals.
Präj. Samml.	= Präjudizien-Sammlung des Ober-Tribunals.
Prov. R.	= Provinzialrecht.
Publ.	= Publikandum.
Rabe	= Rabe, Sammlung Preußischer Gesetze und Verordnungen. Band 1—13, Band 1 in 7 Abtheilungen.
Rd.	= Rescript des.
Rechtsf.	= Rechtsfälle aus der Praxis des Ober-Tribunals. Band 1—4.
Reg.	= Regierung.
Regl.	= Reglement.
Regul.	= Regulativ.
Rek. Res.	= Rekurs-Resolut.
Rez.	= Rezeß.
RKE.	= Erkenntniß des Revisionskollegiums für Landeskultursachen.
Simon, Rechtssp.	= Simon, Rechtssprüche der Preuß. Gerichtshöfe. Band 1—4.
StM. Beschl.	= Beschluß des Staatsministeriums.
StO.	= Städte-Ordnung.
Str., Arch.	= Striethorst, Archiv für Rechtsfälle aus der Praxis des Ober-Tribunals. Band 1—69.
V.	= Verordnung.
Verf. Urk.	= Verfassungsurkunde.
Visit. O.	= Visitationsordnung.
VMBl.	= Ministerialblatt für die gesammte innere Verwaltung. Jahrg. 1840—1867.
UCBl.	= Stiehl, Centralblatt für die Unterrichtsverwaltung. Jahrg. 1859—1867.
Zeitschr. f. LKG.	= Zeitschrift für Landeskultur-Gesetzgebung. Bd. 1—18.

Inhalts-Verzeichniß.

Allgemeines Landrecht für die Preußischen Staaten.

Zweiter Theil. Elfter Titel.

Von den Rechten und Pflichten der Kirchen und geistlichen Gesellschaften.

Erster Abschnitt.

Von Kirchengesellschaften überhaupt.

Zweiter Abschnitt.

Von den Mitgliedern der Kirchengesellschaften.

Dritter Abschnitt.

Von den Oberen und Vorgesetzten der Kirchengesellschaften.

Vierter Abschnitt.

Von den Gütern und dem Vermögen der Kirchengesellschaften.

Fünfter Abschnitt.

Von Parochien.

Sechster Abschnitt.

Vom Pfarrer und dessen Rechten.

Siebenter Abschnitt.

Von weltlichen Kirchenbedienten.

Achter Abschnitt.

Von Kirchenpatronen.

Neunter Abschnitt.

Von der Verwaltung der Güter und des Vermögens der Pfarrkirchen.

Zehnter Abschnitt.

Von Pfarrgütern und Einkünften.

Elfter Abschnitt.

Von Zehnten und andern Pfarrabgaben.

Zwölfter Abschnitt.

Von geistlichen Gesellschaften überhaupt.

Dreizehnter Abschnitt.

Von katholischen Domstiften und Kapiteln.

Vierzehnter Abschnitt.

Fünfzehnter Abschnitt.

Von Klostergesellschaften.

Seite

Sechszehnter Abschnitt.

Siebzehnter Abschnitt.

Von weltgeistlichen Kanonicis.

Achtzehnter Abschnitt.

Von Mönchen und Ordensleuten.

Neunzehnter Abschnitt.

Zwanzigster Abschnitt.

Von proteſtantiſchen Stiften, Klöſtern, Ritterorden und deren Mitgliedern.

Anhang.

Die Militär-Kirchenordnung v. 12. Februar 1832.

Allgemeines Landrecht für die Preußischen Staaten.

Zweiter Theil. Elfter Titel.

Von den Rechten und Pflichten der Kirchen und geistlichen Gesellschaften.

Allgemeine Grundsätze.

§ 1. Die Begriffe der Einwohner des Staats von Gott und göttlichen Dinge, der Glaube und der innere Gottesdienst können kein Gegenstand von Zwangsgesetzen sein.

Zu Tit. 11 im Allgemeinen.

1. Der Tit. 11 Th. II. ALR. enthält das in den Provinzen Preußen, Posen, Pommern mit Ausschluß von Neu-Vorpommern und Rügen, Sachsen, Westphalen und Ostfriesland gültige evangelische wie katholische gemeine Kirchenrecht, denn er ist mit dem ganzen Landrechte an die Stelle der bisher im Preußischen Staate aufgenommenen Römischen, gemeinen Sachsen- und anderen fremden subsidiarischen Rechte und Gesetze, wie auch der über einzelne Materien von Zeit zu Zeit ergangenen allgemeinen Edikte und Verordnungen, welche bisher als allgemeine Landesgesetze gegolten, getreten — § 1 u. 2 Publ. Pat. z. ALR. v. 5 Febr. 1794, § 1 Pat. v. 9. Septbr. 1814 wegen Wiedereinführung der Preuß. Gesetzbücher in die von dem Preuß. Staate getrennt gewesenen und wieder damit vereinigten Provinzen (GS. S. 89), § 1 Pat. v. 9. Septbr. 1816 wegen Wiedereinführung des ALR. in den Kulm- und Michelauschen Kreis und die Stadt Thorn (GS. S. 217), § 1 Pat. v. 9. Septbr. 1816 wegen Wiedereinführung der Preuß. Gesetze in das Großherzogthum Posen (GS. S. 225), § 1 u. 2 Pat. v. 15. Novbr. 1816 wegen Einführung des ALR. in die mit dem Preuß. Staate vereinigten ehemals Sächsischen Distrikte (GS. S. 223), § 1—3 V. v. 25. Mai 1818 wegen Einführung des ALR. in die mit dem Preuß. Staate vereinigten, zwischen den älteren Provinzen belegenen Distrikte und Ortschaften (GS. S. 45), § 1 u. 2 Pat. v. 21. Juni 1825 wegen Einführung des ALR. in das Herzogthum Westphalen, das Fürstenthum Siegen und die beiden Grafschaften Wittgenstein (GS. S. 153) —. Die Geltung dieses Rechts ist aber nur eine subsidiarische in den stets bei Preußen verbliebenen Provinzen Preußen exc. des Kulm-Michelauschen Kreises und der Stadtgebiete Thorn und Danzig, Pommern, Mark Brandenburg exc. Altmark, Schlesien, ferner im Stadtgebiete Danzig sowie in den später neu erworbenen Landestheilen, den ehemals Sächsischen Distrikten, den von Hannover, Sachsen-Weimar und Schwarzburg abge-

tretenen Distrikten und Ortschaften, dem Herzogthum Westphalen, Fürstenthum Siegen und den beiden Grafschaften Wittgenstein, insofern die in diesen Provinzen bisher bestandenen besonderen Provinzialgesetze und Statuten, welche durch neuere allgemeine Gesetze nur, wenn in diesen ihre Aufhebung ausdrücklich und klar ausgesprochen, aufgehoben werden können — § 61 Einl. z. ALR. —, noch ihre gesetzliche Kraft und Gültigkeit behalten und hauptsächlich zur Anwendung kommen — § 3 Publ. Pat. ALR. v. 5. Febr. 1794, § 3 Pat. v. 15. Novbr. 1816 (GS. S. 233), § 2 u. 3 V. v. 25. Mai 1818 (GS. S. 45), § 3 Pat. v. 21. Juni 1825 (GS. S. 153) —, jedoch, wo sie lückenhaft, aus dem ALR. und den andern gemeinen Gesetzen ergänzt werden sollen — § 57 Einl. z. ALR. —. Dagegen ist die Geltung dieses Rechts eine principale in den von dem Preuß. Staate getrennt gewesenen und wieder damit vereinigten Provinzen, den jetzigen Regierungsbezirken Magdeburg und Erfurt und der jetzigen Provinz Westphalen mit Ausschluß der vorerwähnten Theile derselben, dem Kulm-Michelauschen Kreise, der Stadt Thorn und dem Großherzogthum Posen, insofern die früher in denselben gültig gewesenen Provinzialgesetze und Gewohnheiten durch die frühere Regierung abgeschafft und aufgehoben worden sind, und nur noch solche Provinzialgesetze und Gewohnheiten dort Geltung haben sollen, über deren Gegenstände in den bisherigen Gesetzen oder im ALR. keine Vorschriften sich finden — § 2 Pat. v. 9. Sept. 1814 (GS. S. 89), § 2 Pat. v. 9. Sept. 1816 (GS. S. 217 u. 225), § 1 V. v. 25. Mai 1818 (GS. S. 45) —.

2. Das kanonische Recht, dessen Hauptquellen das corpus juris canonici, spätere päbstliche Verordnungen und die Koncilienschlüsse, insbesondere die des Tridentinischen Koncils sind, ist im Preuß. Staate nirgend als Provinzialrecht anzusehen — OTrE. v. 10. Mai 1852, Präj. 2370 (Entsch. 23, 201; Str. Arch. 5, 237), v. 18. Jan. 1856, Präj. 2657 (Entsch. 32, 145), v. 20. Okt. 1862 (Entsch. 48, 311) —. Es soll überhaupt nur noch zur Anwendung kommen in Glaubenssachen, und wo das ALR. ausdrücklich darauf hinweist, nämlich bei der Bestimmung der besonderen Rechte und Pflichten der katholischen Priester in geistlichen Amtsangelegenheiten — §§ 66, 107 h. t. — und in den Fällen der §§ 980, 1126, 1135 h. t. Jedoch machen die bischöflichen Behörden einen ausgedehnteren Gebrauch von dem kanonischen Rechte und leiten ihre Berechtigung dazu aus dem Art. 15 Verf. Urk. v. 31. Januar 1850 (GS. S. 19) her, wonach die katholische wie die evangelische Kirche ihre eigenen Angelegenheiten selbstständig verwalten dürfen. Jedenfalls ist eine genaue Kenntniß des kanonischen Rechts auch für die Anwendung des evangelischen Kirchenrechts erforderlich, weil dieses auf jenem basirt und viele Grundsätze aus demselben entlehnt hat.

3. Die im § 4 Publ. Pat. v. 5. Febr. 1794 angeordnete Kodifizirung der Provinzialrechte, bei der auch auf die bisherigen Gewohnheitsrechte und Observanzen Rücksicht genommen werden sollte — § 7 a. a. O. —, ist nur für Ost- und Westpreußen zu Stande gekommen. Das Ostpreußische Provinzialrecht ist für Ostpreußen, Littauen, Ermland und den Marienwerderschen Kreis (die jetzigen landräthlichen Kreise Marienwerder und Rosenberg) durch die Pat. v. 4. August 1801 u. 6. März 1802, das Westpreußische für die a. 1806 zu Westpreußen gerechneten Landestheile mit Einschluß des Thorner Kreises, aber mit Ausschluß des früheren Marienwerderschen Kreises und des Gebiets der Stadt Danzig durch Pat. v 19. April 1844 (GS. S. 103) publicirt worden. Von den für das Kirchenrecht wichtigen Provinzialgesetzen sind besonders die evangelischen Kirchenordnungen hervorzuheben: die Pommersche Kirch. O. v. 1563 nebst den Greiffenhagenschen Synodalstatuten v. 1574, den leges praepositorum v. 1621 und der Visitationsordnung v. 1736 (Greifswald 1854), die Brandenburgische Visit. u. Konsist. O. v. 1573 (Mylius C. C. M. 1, 374, Rabe 1, 3, 591), die Kursächsische Kirch. O. v. 1580 (C. A. 1, 455), die revidirte Magdeburgische Kirch. O. v. 9. Mai 1739 (Magdeburg 1857), die Kirch. O. für die evangelischen Bewohner der Provinz Westphalen und der Rheinprovinz v. 5. März 1835 (Ann. 19, 104) nebst den vom Minister der geistl. Angel. auf Grund Allerhöchster Ordre v. 31. Juli 1853 (BMBl. S. 229) bestätigten und den durch AE. v. 8. Dez. 1866 (BMBl. 1867 S. 32) publicirten Zusätzen. Diese Kirchenordnungen werden wie die andern Provinzialgesetze gehörigen Orts ihre Berücksichtigung finden.

4. Die Ausdrücke: Gewohnheitsrecht, Observanz, wohlhergebrachte Gewohnheit, sind im § 7 Publ. Pat. v. 5. Febr. 1794 promiscue gebraucht, und

aus den betreffenden Stellen des ALR.: den §§ 3, 4, 60 Einl., § 33 II, 6, §§ 352, 710 II, 11 ist eine klare Begriffsbestimmung dieser Worte nicht zu entnehmen. Es muß daher auf das gemeine Recht zurückgegangen werden. Nach diesem sind jene Begriffe keineswegs gleichbedeutend. Gewohnheitsrecht ist das im Bewußtsein des Volkes unmittelbar entstandene und in seiner Sitte (Uebung, Gewohnheit) erscheinende Recht (Puchta, Pandekten § 11). Gewohnheit ist die fortdauernde Anwendung eines ungeschriebenen Rechtssatzes. Durch Kontinuität gestaltet sie sich zum Herkommen — C. 10 D. 29, 7 —. Observanz ist das partikuläre Gewohnheitsrecht einer begränzten Klasse von Personen, z. B. eines bestimmten Standes, der Mitglieder einer Korporation, Gemeinde, eines Kollegiums u. s. w., also ungeschriebenes Statutarrecht (v. Savigny, System des heutigen römischen Rechts 1, 98; Puchta, Gewohnheitsrecht 2, 105; Puchta, Institutionen I § 14). Gewohnheit und Herkommen sind daher nicht die Quelle des Gewohnheitsrechts, sondern nur die äußere Gestalt, in der es sich verkörpert (Puchta, Gewohnheitsrecht 2, 114; Puchta, Pandekten § 11), nicht der Entstehungsgrund, sondern die Kennzeichen des Gewohnheitsrechts (v. Savigny, System 1, 35). Die Gewohnheit muß aber von der Beschaffenheit sein, daß daraus ein sicherer Schluß auf die Existenz einer ihr zum Grunde liegenden gemeinsamen rechtlichen Ueberzeugung der Betheiligten sich machen läßt. Sie muß daher die Uebung eines Rechtssatzes, d. h. die Personen, deren Handlungen als Uebungsfälle gelten sollen, müssen von einer rechtlichen Ueberzeugung, opinione necessitatis, nicht von Willkür oder Zufall geleitet worden sein. Sie muß ferner konstant und gleichförmig durch längere Zeit hindurch frequenter wiederholt sein (Puchta, Pandekten § 12; v. Savigny, System 1, 171 ff.) — OTrE. v. 28. Septbr. 1857 (Str. Arch. 37, 71) —. Ein Irrthum in der Person der Handelnden kann die gemeinsame Rechtsüberzeugung aufheben und so die Bildung einer Observanz ausschließen; er steht ihr aber nicht im Wege, wenn neben der wirklich vorhandenen Volksüberzeugung der theoretische Irrthum nur als eine äußere Bestärkung gedient hat, oder die Handlung eine so äußerliche und gleichgültige Natur hat, daß dabei von einer inneren Ueberzeugung eigentlich nicht die Rede sein kann (v. Savigny, System 1, 176) — OTrE. v. 12. Jan. 1857 (Entsch. 35, 139) —. Der Begriff der Frequenz wird in jedem einzelnen Falle nach den obwaltenden Umständen zu bestimmen sein; das Obertribunal nimmt mit J. H. Böhmer, jus eccles. protest. II, 4, 42 schon zwei Fälle als genügend an — OTrE. v. 19. Juni 1848 (Entsch 17, 365) —. Der Zeitraum ist unbestimmt; C. 2 D. 39, 3 spricht von vetustas, das kanonische Recht im c. 11 X de consuet. u. c. 3 X de causa propriet. erfordert verjährungsmäßigen Zeitraum, das Landrecht spricht im § 352 h. t. von rechtsverjährter Gewohnheit und im § 242 von einer Gewohnheit von zehn Jahren, es muß daher für das landrechtliche Kirchenrecht ein Zeitraum von zehn Jahren für genügend erachtet werden — OTrE v. 19. Juni 1848 (Entsch. 17, 365) —. Der Beweis des Herkommens d. h. der einzelnen Fälle der Uebung wird durch die gewöhnlichen Beweismittel geführt, zu denen auch frühere richterliche Entscheidungen gehören (Puchta, Pand. § 13) — OTrE. v. 28. Septbr. 1857 (Str. Arch. 27, 71) u. v. 20. Septbr. 1861 (Str. Arch. 43, 85) —, desgleichen revidirte Kirchenrechnungen — ERdMdgA. v. 17. März 1842 Nr. 4 (VMbl. S. 111) —, ebenso Atteste der Behörden über die einzelnen Acte der Uebung (Glück, Pand. 1, 475) —. Was die Zulässigkeit der Observanzen anbetrifft, so kann sich nach Einführung des allgemeinen Landrechts gemäß § 60 Einl. ein den Vorschriften desselben entgegenstehendes Herkommen nicht mehr bilden — OTrE. v. 18. Febr. 1837 (Entsch. 2, 238) u. v. 26. April 1839, Präj. 678 (Präj. Samml. 1, 2) —. Wo aber das Landrecht auf ununterbrochene Gewohnheiten ausdrücklich Bezug nimmt, oder durch letztere etwas bestimmt wird, was die geschriebenen allgemeinen Landes- oder Provinzialgesetze unentschieden gelassen haben, finden Observanzen auch dann, wann sie sich erst nach Erscheinen des Landrechts gebildet haben, und gleichviel ob kodificirte Provinzialrechte existiren oder nicht, nach § 4 Einl. z. ALR. und § 7 Publ. Pat. v. 5. Febr. 1794 mit voller rechtsverbindlicher Kraft Anwendung — OTrE. v. 2. Jan. 1844, Präj. 1391 (Präj. Samml. 1, 3), v. 19. Juni 1848 (Entsch. 17, 365) u. v. 12. März 1861 (Entsch. 45, 188) —. In letzterem Erkenntnisse ist dieser Grundsatz für Westpreußen besonders anerkannt und ausgeführt worden, daß demselben der § 5 des Publ. Pat. des Westpreußischen Provinzialrechts v. 19. April 1844 (GS. S. 103) nicht entgegensteht. — Aus der rechtlichen Natur der Observanz folgt, daß sie nur für gegebene Verhältnisse Rechtsnormen bilden, aber nicht einen Erwerbungstitel für eine Servitut z. B. geben kann — OTrE. v. 13. Febr. 1854 (Str. Arch. 12, 125) —, sowie auch daß sie niemals den gesetzlichen Zustand fixiren, sondern nur da sich bilden kann, wo contra oder praeter legem Handlungen ausgeführt worden sind — OTrE. v. 19. Dec. 1859 (Str. Arch. 38, 93) —.

5. Das landrechtliche Kirchenrecht soll ein positives, allgemeines Kirchenrecht sein. Es durfte und sollte eigentlich nur das sogenannte öffentliche Kirchenrecht behandeln, wie Suarez selbst mit den Worten anerkennt: „Die geistlichen Verrichtungen und Obliegenheiten der Bischöfe gehören so wenig als die in Glaubens- und Religionssachen verliehenen Rechte in das allgemeine Gesetzbuch. . . . Es dürfen also hier nur ihre Verhältnisse gegen den Staat und gegen die zu ihrer Diöcese gehörigen Kirchengesellschaften, deren Vorgesetzte sie sind, erörtert werden." Dieses Princip ist aber in der Ausführung nicht festgehalten, vielmehr vielfach das innere Kirchenrecht hineingezogen (Jahrb. 31, 112 n. 2). Da für die Bearbeitung des Kirchenrechts der Grundsatz angenommen wurde, daß nur die überall stattfindenden Grundsätze mit Weglassung alles dessen, was sich auf Friedensschlüsse, Verträge u. s. w. gründet, aufgenommen werden sollten, so blieben nur allgemeine, abstracte wissenschaftliche Grundsätze übrig, welche den natur- und kirchenrechtlichen Doktrinen des vorigen Jahrhunderts entlehnt wurden (a. a. O. 111 ff.). Diese nahmen bekanntlich drei Systeme an: 1) das Episkopalsystem, nach welchem die gesammte bischöfliche Gewalt der katholischen Kirche auf die evangelischen Landesherren übergegangen war, und diesen die Kirchengewalt zustand; 2) das Territorialsystem, welches in Sachen der Lehre jede Gewalt läugnete, daher von den Fürsten vollständigste Toleranz auch des bekenntnißwidrigen Glaubens forderte, dafür aber dieselben als Landesherrn und ohne Rücksicht auf ihre Konfession für berechtigt erklärte, in den äußeren Angelegenheiten, Ceremonien und Gebräuchen jede beliebige Anordnung zu treffen; 3) das Kollegialsystem, „welches zunächst auf der Grundlage der Verfassungsidee der reformirten Kirche, dann aber auf der Basis des Rationalismus die Kirche als eine freie, durch Vertrag ihrer Glieder entstandene Vereinigung, mithin als die Inhaberin der Kirchengewalt (jura in sacra) gegenüber den Hoheitsrechten (jura circa sacra) der Fürsten auffaßte und aus dem Begriffe der Gesellschaft die Grundprincipien eines auf alle religiösen Genossenschaften anwendbaren Rechts deducirte" (Richter, Kirchenrecht § 31). Ein Hauptvertreter dieser letzteren Richtung war G. L. Böhmer, der sie im § 4 seiner princ. jur. can. dahin definirt: ecclesia Christiana est societas hominum per eandem fidem Christianam unitorum de religione Christiana colenda. Unitur libero consensu unitorum . . ., und dessen Werke eine Hauptquelle des landrechtlichen Kirchenrechts waren. Ihm und demgemäß auch den Redactoren des Landrechts, vor Allem Suarez, war die Kirche kein selbstständiger lebensvoller Organismus, keine mit selbstständigen Rechten versehene Gemeinschaft, er kannte nur Kirchen-Gesellschaften, welche er zu den zu gemeinnützigen, dauernden Zwecken errichteten, vom Staate bestätigten Gesellschaften (Korporationen) rechnete (Stewert, Materialien 1, 17). Daher erklärte Suarez auch in seinen Redactionsbemerkungen (Mater. z. ALR. 15, 139): „Die Distinction zwischen Kirche und Kirchengesellschaft verstehe ich nicht. Die Kirche, abgesondert von der Kirchengesellschaft, scheint mir ein dunkler Begriff zu sein, von dem sich die Eigenschaften einer persona moralis nicht prädiciren lassen. . . . Der Staat hat die Aufsicht über die Kirchengesellschaften, sowie ihm solche über alle und jede in ihm befindliche Korporationen zusteht. Die Wichtigkeit und der Einfluß, welchen diese Art von Gesellschaften auf die Sicherheit, Ordnung und Wohlfahrt der großen bürgerlichen Gesellschaft haben, sind die Ursache, warum sich der Staat um die Kirchengesellschaft näher und genauer als um andere Korporationen bekümmert; ohne daß dadurch in dem Grunde seiner Befugniß etwas geändert wird. Unter dieser Aufsicht des Staats kann jede Kirchengesellschaft die ihr nach der Natur der Sache und nach den vom Staat gebilligten Gesetzen und Verfassungen zukommenden jura collegialia frei exerciren." Ferner (Mater. z. ALR. 15, 121): „Es giebt keine allgemeine Kirchengesellschaft im Staate, sondern nur einzelne besondere Gesellschaften, die durch kein äußeres Band mit einander verknüpft sind. Dieser Satz, auf dem Herr v. Tevenar so sehr besteht, hat wohl seine unbezweifelte Richtigkeit . . . Selbst die unitatem ecclesiae,

§ 2. **Jedem Einwohner im Staate muß eine vollkommene Glaubens- und Gewissensfreiheit gestattet werden.**

§ 3. **Niemand ist schuldig, über seine Privatmeinungen in Religionssachen Vorschriften vom Staate anzunehmen.**

§ 4. **Niemand soll wegen seiner Religionsmeinungen beunruhigt, zur Rechenschaft gezogen, verspottet oder gar verfolgt werden.**

---

die von den Katholiken salvirt wird, kann man höchstens nur in Ansehung des Lehrbegriffs oder im theologischen, aber nicht im politischen und rechtlichen Verstande gelten lassen, wenn man nicht die ganze Hierarchie mit allen ihren der Vernunft und dem Wohl des Staats so nachtheiligen Folgen autorisiren will. Indessen wenn man sich gleich allerdings nur soviel einzelne Kirchengesellschaften, als Kirchengemeinden im Staate sind, denkt, so giebt es doch eine Anzahl von Wahrheiten und Sätzen, die alle diese Societäten mit einander gemein haben, und die ihr Verhältniß theils gegen den Staat, theils gegen andere Gemeinden sowohl ihres eigenen als eines anderen Religionsbekenntnisses, theils die äußeren Rechte der Kirchengesellschaften, theils die inneren Verhältnisse zwischen den verschiedenen Klassen ihrer Mitglieder bestimmen. Diese Bestimmungen fließen theils aus den Begriffen und Grundsätzen von Societäten überhaupt, theils aus dem Zwecke der Kirchengesellschaften, theils aus der Subordination, in der sie gegen den Staat stehen müssen." Daher finden wir auch im Landrecht neben einer bis zur Geringschätzung des Bekenntnisses gehenden Toleranz die Vermengung der kirchlichen Verwaltung mit der des Staats: auf der einen Seite nur die einzelnen Kirchengesellschaften als Korporationen, während der Begriff einer einheitlichen Kirche als Rechtsanstalt, als juristische Person ganz fehlt, auf der anderen die bischöfliche Verfassung für die katholische, die Konsistorialverfassung für die evangelische Kirche. Erst durch die Verf. Urk. v. 5. Dec. 1848 Art. 11 u. 12 (GS. S. 376) u. v. 31. Jan. 1850 Art. 12 u. 15 (GS. S. 19) ist die Selbstständigkeit der Kirche gegenüber dem Staate garantirt und die Kirchenhoheit des letzteren aufgehoben worden, vgl. N. 10, 21. — Von den 20 Abschnitten dieses Titels beziehen sich die 1—11 auf die Kirchengesellschaften, die 12—20 auf die geistlichen Gesellschaften. Jene betreffen 1) die Kirchengesellschaften überhaupt, 2) die Mitglieder der Kirchengesellschaften, 3) die Oberen und Vorgesetzten der Kirchengesellschaften, 4) die Güter und das Vermögen der Kirchengesellschaften, 5) die Parochien, 6) den Pfarrer und dessen Rechte, 7) die weltlichen Kirchenbedienten, 8) die Kirchenpatrone, 9) die Verwaltung der Güter und des Vermögens der Pfarrkirchen, 10) die Pfarrgüter und Einkünfte, 11) die Zehnten und andere Pfarrabgaben, diese 12) die geistlichen Gesellschaften überhaupt, 13) die katholischen Domstifte und Kapitel, 14) die Kollegiatstifter, 15) die Klostergesellschaften, 16) die geistlichen Ritterorden, 17) die weltgeistlichen Kanonici, 18) die Mönche und Ordensleute, 19) die Mitglieder der geistlichen Ritterorden, 20) die protestantischen Stifter, Klöster und Ritterorden und deren Mitglieder.

Zu § 2.

6. Gewissensfreiheit kann durch keine Willenserklärung eingeschränkt werden — § 9 I, 4 ALR. —, und da, was selbst kein Gegenstand einer Willenserklärung sein kann, auch Niemandem als Bedingung auferlegt werden darf — § 136 das. —, so gehört die Bedingung, seine Religion zu ändern oder beizubehalten, zu den unerlaubten — KO. v. 12. Juni 1804 (Rabe 8, 101) —. Als solche entkräftet sie den Vertrag, beziehlich diejenige seiner Nebenbestimmungen, der sie beigefügt ist — § 137 I, 4, §§ 227 u. 228 I, 5 ALR. —, und wird bei letztwilligen Verordnungen als nicht hinzugefügt angesehen — § 83 I, 12 ALR. —.

Zu §§ 3 u. 4.

7. Unter dem Worte Meinungen sind nicht Gedanken zu verstehen, sondern Aeußerungen, denn nur letztere dürfen durch die Gesetze bestimmt werden —

§ 5. Auch der Staat kann von einem einzelnen Unterthan die Angabe: zu welcher Religionspartei sich derselbe bekenne, nur alsdann fordern, wenn die Kraft und Gültigkeit gewisser bürgerlicher Handlungen davon abhängt.

§ 6. Aber selbst in diesem Falle können mit dem Geständniß abweichender Meinungen nur diejenigen nachtheiligen Folgen für den Gestehenden verbunden werden, welche aus seiner dadurch vermöge der Gesetze begründeten Unfähigkeit zu gewissen bürgerlichen Handlungen und Rechten von selbst fließen.

Vom häuslichen Gottesdienste.

§ 7. Jeder Hausvater kann seinen häuslichen Gottesdienst nach Gutbefinden anordnen.

---

§ 2 I, 3 ALR. —. Gedanken als innere Handlungen entziehen sich gänzlich dem Gebiete der Gesetzgebung.

Zu § 5.

8. Zu den hier erwähnten bürgerlichen Handlungen gehört hauptsächlich die Eidesleistung wegen der für die verschiedenen Konfessionen und Secten vorgeschriebenen Riten und die Eingehung der Ehen.

Zu §§ 7—10.

9. Die §§ 7—10 sind durch die KO. v. 9. Mai 1834 (Ann. 18, 76) dahin deklarirt worden, daß zur Vermeidung von Strafen, welche durch die Bezirksregierungen nach vorgängiger Berathung mit den Konsistorien festzusetzen, zu dem häuslichen Gottesdienste nur den Mitgliedern der Familie des Hausvaters und den bei ihm wohnenden, seiner Hauszucht unterworfenen Personen der Zutritt gestattet, jede diese Gränze überschreitende Zusammenkunft zu außerkirchlichen Religionsübungen aber, welche ohne obrigkeitliche, beim Konsistorium der Provinz nachzusuchende Genehmigung erfolgt, verboten sein soll. Diese Kabinetsordre ist durch den § 4 der V. v. 6. April 1848 über einige Grundzüge der künftigen preußischen Verfassung (GS. S. 87) und demnächst durch Art. 11 Verf. Urk. v. 5. Dec. 1848 (GS. S. 376) u. Art. 12 Verf. Urk. v. 31. Jan. 1850 (GS. S. 10) außer Kraft gesetzt worden — RdMdJ. u. dgA. v. 18. Mai 1848 (VMBl. S. 196) —.

10. Das in den §§ 10, 15 u. 21 h. t. niedergelegte s. g. Reformationsrecht, d. h. das deutschrechtliche Hobeitsrecht des Staats, die Bildung von Religionsgesellschaften in seinem Gebiete zu gestatten und die Bedingungen ihres Bestehens vorzuschreiben, hat, wie in den von dem MdgA. unterm 15. Dec. 1848 publicirten amtlichen Erläuterungen zur Verf. Urk. v. 5. Dec. 1848 (Berlin 1848 Decker) zu § 11 ausdrücklich ausgesprochen ist, in neuerer Zeit, nicht ohne zu nachtheiligen Konflicten und zu Klagen über Verletzung der Gewissen zu führen, ausgeübt werden können. „Ueberall hat sich das Verlangen kund gegeben, daß auf dem religiösen Gebiete dem Zuge der Herzen Raum zu freier Entfaltung gegeben werden möge. Die Gewährung dieser Forderung wird man zwar für bedenklich erachten können, weil die ältere und neuere Geschichte lehrt, daß sich oft genug Unsittlichkeit und Verbrechen in das Gewand der Religion gekleidet, und daß nicht selten religiöse Auffassungen die unveränderlichen Grundlagen des Staats mit Auflösung bedroht haben. Auf der anderen Seite bietet sich jedoch die Erwägung dar, daß gegen diese Erfolge auch in der Vorlegung eines Bekenntnisses und der Prüfung desselben durch den Staat nicht immer die erforderliche Bürgschaft gegeben ist, weil über den Werth oder Unwerth einer Religion nicht ein oft nur im Drange des Augenblicks entstandenes, also nicht aus der Tiefe des religiösen Bewußtseins geschöpftes Bekenntniß, sondern nur das Leben und die That entscheidet. Ferner bestätigt es die Erfahrung, daß religiöse Verirrungen, wie die bezeichneten, zwar augenblicklich in kleineren Kreisen Anklang, niemals aber in weiterem Umfange und auf längere Dauer Geltung gefunden

§ 8. Er kann aber Mitglieder, die einer anderen Religionspartei zugethan sind, zur Beiwohnung desselben wider ihren Willen nicht anhalten.

---

haben. Endlich versteht es sich von selbst, daß da, wo wirklich der angedeutete Erfolg hervortreten sollte, der Staat berechtigt ist, durch seine Macht den Mißbrauch der von ihm gewährten Freiheit zu hindern." Auf diesen Erwägungen beruhen die im Art. 11 Verf. Urk. v. 5. Dec. 1848, der mit Art. 12 Verf. Urk. v. 31. Jan. 1850 gleichlautend ist, gewährten Freiheiten, welche nur in den staatsbürgerlichen Pflichten ihre Schranken finden sollen. Daher darf „Niemand unter dem Vorwande der Religion den positiven Leistungen sich entziehen, welche das Gesetz den Staatsgenossen auferlegt," und ebensowig kann „die Religionsfreiheit das Recht verleihen, straflos den Verboten zuwider zu handeln, durch welche der Staat die Grundlagen des öffentlichen Lebens, die Sittlichkeit und das Recht, gegen Verletzungen sichert." Die die §§ 10 u. 21 h. t. aufhebenden Art. 12—14 der Verfassungsurkunde v. 31. Januar 1850 (GS. S. 19) lauten wie folgt:

Art. 12. Die Freiheit des religiösen Bekenntnisses, der Vereinigung zu Religionsgesellschaften (Art. 30 u. 31) und der gemeinsamen häuslichen und öffentlichen Religionsübung wird gewährleistet. Der Genuß der bürgerlichen und staatsbürgerlichen Rechte ist unabhängig von dem religiösen Bekenntnisse. Den bürgerlichen und staatsbürgerlichen Pflichten darf durch die Ausübung der Religionsfreiheit kein Abbruch geschehen.

Art. 13. Die Religionsgesellschaften sowie die geistlichen Gesellschaften, welche keine Korporationsrechte haben, können diese Rechte nur durch besondere Gesetze erlangen.

Art. 14. Die christliche Religion wird bei denjenigen Einrichtungen des Staats, welche mit der Religionsübung im Zusammenhange stehen, unbeschadet der im Art. 12 gewährleisteten Religionsfreiheit, zum Grunde gelegt.

Art. 30 giebt allen Preußen das durch ein Gesetz zu regelnde Recht, sich zu solchen Zwecken, welche den Strafgesetzen nicht zuwiderlaufen, in Gesellschaften zu vereinigen. Das betreffende Gesetz ist unterm 11. März 1850 erlassen, vgl. N. 11. Art. 31 verordnet, daß die Bedingungen, unter welchen Korporationsrechte ertheilt oder verweigert werden, durch ein Gesetz bestimmt werden sollen. Dasselbe ist noch nicht erlassen, und besteht daher zur Zeit nur die im § 25 II, 6 ALR. ausgesprochene Bedingung der Verbindung zu einem fortdauernden, gemeinnützigen Zwecke.

11. Durch die Art. 12 u. 30 Verf. Urk. v. 31. Januar 1850 ist also § 9 h. t. aufgehoben, die im § 10 h. t. vorgeschriebene staatliche Genehmigung fortgefallen, und sind für die Fälle der §§ 7, 9, 10 h. t. allein die Vorschriften des Gesetzes über die Verhütung eines die gesetzliche Freiheit und Ordnung gefährdenden Mißbrauchs des Versammlungs- und Vereinigungsrechts vom 11. März 1850 (GS. S. 277) maaßgebend — OTrE. v. 22. Juni 1853 (Entsch. 25, 357) —. Dieses Gesetz lautet:

§ 1. Von allen Versammlungen, in welchen öffentliche Angelegenheiten erörtert oder berathen werden sollen, hat der Unternehmer mindestens 24 Stunden vor dem Beginne der Versammlung unter Angabe des Orts und der Zeit derselben Anzeige bei der Ortspolizeibehörde zu machen. Diese Behörde hat darüber sofort eine Bescheinigung zu ertheilen.

Beginnt die Versammlung nicht spätestens eine Stunde nach der in der Anzeige angegebenen Zeit, so ist die später beginnende Versammlung als vorschriftsmäßig angezeigt nicht anzusehen. Dasselbe gilt, wenn eine Versammlung die länger als eine Stunde ausgesetzten Verhandlungen wieder aufnimmt.

a. Ist die in § 1 geforderte Anzeige unterlassen, so wird die Strafbarkeit der in der Versammlung als Leiter oder Redner Aufgetretenen nicht dadurch beseitigt, daß sie irrthümlich annehmen, jene Anzeige sei durch einen Dritten erstattet — OTrE. v. 4. Dec. 1862 (Entsch. 47, 13*) —.

§ 2. Die Vorsteher von Vereinen, welche eine Einwirkung auf öffentliche

§ 9. [Heimliche Zusammenkünfte, welche der Ordnung und Sicherheit des Staats gefährlich werden könnten, sollen auch unter dem Vorwande des häuslichen Gottesdienstes nicht geduldet werden.]

Angelegenheiten bezwecken, sind verpflichtet, Statuten des Vereins und das Verzeichniß der Mitglieder binnen drei Tagen nach Stiftung des Vereins und jede Aenderung der Statuten oder der Vereinsmitglieder binnen drei Tagen, nachdem sie eingetreten ist, der Ortspolizeibehörde zur Kenntnißnahme einzureichen, derselben auch auf Erfordern jede darauf bezügliche Auskunft zu ertheilen.

Die Ortspolizeibehörde hat über die erfolgte Einreichung der Statuten und der Verzeichnisse oder der Abänderungen derselben sofort eine Bescheinigung zu ertheilen.

Die Bestimmungen dieses und des vorhergehenden Paragraphen beziehen sich nicht auf kirchliche und religiöse Vereine und deren Versammlungen, wenn diese Vereine Korporationsrechte haben.

b. Die Vorschriften dieser beiden §§ finden mithin nicht nur auf religiöse Vereinen ohne Korporationsrechte, z. B. Missionsvereine, sondern auch auf gottesdienstliche Versammlungen aller nicht mit Korporationsrechten versehenen Religionsgesellschaften, z. B. der freien evangelischen Gemeinden, Anwendung. Der Art. 12 der Verf. Urk. kann dem nicht entgegenstehen, weil er durch die Hinweisung auf Art. 30 die Ausübung des Rechts der freien Vereinigung zu Religionsgesellschaften ausdrücklich der gesetzlichen Regelung des Vereins- und Versammlungsrechts unterworfen hat. Auch ist in den Motiven, welche den Antrag begründen, am Schlusse des Alin. 3 § 2 die Klausel: wenn diese Vereine Korporationsrechte haben, hinzuzufügen, ausdrücklich ausgesprochen, daß religiöse und kirchliche Vereine sich mit öffentlichen Angelegenheiten befassen, ja sogar eine Einwirkung auf öffentliche Angelegenheiten in Anspruch nehmen, und daß deshalb der Staatsbehörde die Möglichkeit gewährt werden müsse, zu erfahren, welche Tendenz von solchen Vereinen verfolgt wird, und darüber zu wachen, daß auch in solchen Vereinen nichts geschehe, was dem Staatszwecke, insonderheit der Erhaltung der öffentlichen Ordnung und Sicherheit entgegentritt — CRdMdI. v. 1. August 1850 (BMBl. S. 204) —.

§ 3. Wenn für die Versammlungen eines Vereines, welcher eine Einwirkung auf öffentliche Angelegenheiten bezweckt, Zeit und Ort statutenmäßig oder durch einen besonderen Beschluß im Voraus feststeht, und dieses wenigstens 24 Stunden vor der ersten Versammlung zur Kenntniß der Ortspolizeibehörde gebracht worden ist, so bedarf es einer besonderen Anzeige, wie sie der § 1 erfordert, für die einzelnen Versammlungen nicht.

§ 4. Die Ortspolizeibehörde ist befugt, in jede Versammlung, in welcher öffentliche Angelegenheiten erörtert oder berathen werden sollen, einen oder zwei Polizeibeamte oder eine oder zwei andere Personen als Abgeordnete zu senden.

Die Abgeordneten dürfen, wenn sie Polizeibeamte sind, nur in ihrer Dienstkleidung oder unter ausdrücklicher Kundgebung ihrer dienstlichen Eigenschaft erscheinen. Sind sie nicht Polizeibeamte, so müssen sie durch besondere Abzeichen erkennbar sein.

Den Abgeordneten muß ein angemessener Platz eingeräumt, ihnen auch auf Erfordern durch den Vorsitzenden Auskunft über die Person der Redner gegeben werden.

§ 5. Die Abgeordneten der Polizeibehörde sind, vorbehaltlich des gegen die Betheiligten gesetzlich einzuleitenden Strafverfahrens, befugt, sofort jede Versammlung aufzulösen, bezüglich deren die Bescheinigung der erfolgten Anzeige (§§ 1 u. 3) nicht vorgelegt werden kann. Ein Gleiches gilt, wenn in der Versammlung Anträge oder Vorschläge erörtert werden, die eine Aufforderung oder Anreizung zu strafbaren Handlungen enthalten, oder wenn in der Versammlung Bewaffnete erscheinen, die der Aufforderung des Abgeordneten der Obrigkeit entgegen nicht entfernt werden.

§ 10. Wohl aber können mehrere Einwohner des Staats [unter dessen Genehmigung] zu Religionsübungen sich verbinden.

---

§ 6. Sobald ein Abgeordneter der Polizeibehörde die Versammlung für aufgelöst erklärt hat, sind alle Anwesenden verpflichtet, sich sofort zu entfernen. Diese Erklärung kann nöthigenfalls durch die bewaffnete Macht zur Ausführung gebracht werden.

c. Die in den §§ 4—6 u. 14 den Ortspolizeibehörden beigelegten Befugnisse stehen auch den diesen vorgesetzten Organen der Polizeigewalt, namentlich den Landräthen zu — OTrE. v. 18. Nov. 1864 (JMBl. 1865 S. 27; VMBl. 1865 S. 29) —.

§ 7. Niemand darf in einer Versammlung bewaffnet erscheinen, mit Ausnahme der im Dienst befindlichen Polizeibeamten.

§ 8. Für Vereine, welche bezwecken, politische Gegenstände in Versammlungen zu erörtern, gelten außer vorstehenden Bestimmungen nachstehende Beschränkungen:

a) sie dürfen keine Frauenspersonen, Schüler und Lehrlinge als Mitglieder aufnehmen;

b) sie dürfen nicht mit anderen Vereinen gleicher Art zu gemeinsamen Zwecken in Verbindung treten, insbesondere nicht durch Komites, Ausschüsse, Central-Organe oder ähnliche Einrichtungen oder durch gegenseitigen Schriftwechsel.

Werden diese Beschränkungen überschritten, so ist die Ortspolizeibehörde berechtigt, vorbehaltlich des gegen die Betheiligten einzuleitenden Strafverfahrens, den Verein bis zur ergehenden richterlichen Entscheidung (§ 16) zu schließen. Frauenspersonen, Schüler und Lehrlinge dürfen den Versammlungen und Sitzungen solcher politischen Vereine nicht beiwohnen. Werden dieselben auf die Aufforderung des anwesenden Abgeordneten der Obrigkeit nicht entfernt, so ist Grund zur Auflösung der Versammlung oder der Sitzung (§§ 5, 6) vorhanden.

d. Politische Gegenstände sind die inneren Angelegenheiten des Staats, soweit sie die Verfassung und Verwaltung desselben sowie die Stellung der Unterthanen zur Staatsgewalt und die Verhältnisse des Staats zu auswärtigen Mächten betreffen — OTrE. v. 7. April 1853 (Goldtam. Arch. 1, 380) —. Erörtern heißt hier so viel als: eine Sache nach ihrem Grund und Wesen untersuchen, auseinandersetzen; weder die Entwickelung der Gründe für und wider, noch die Kritik sind nothwendiges Zubehör der Erörterung. Bezwecken soll so viel heißen als: absichtlich thun oder unterlassen. Ein Verein, in dem absichtlich und bewußt politische Gegenstände auch nur ein einziges Mal erörtert sind, hat § 8 übertreten — AGE. v. 23. Oktbr. 1863 (VMBl. 1864 S. 208) —.

e. Auf religiöse Versammlungen nicht mit Korporationsrechten versehener Religionsgesellschaften, namentlich der freien Gemeinden, findet § 8 auch Anwendung, wenn thatsächlich festgestellt wird, daß die Erörterung politischer Gegenstände in der Versammlung bezweckt, d. h. absichtlich und bewußt vorgenommen ist — OTrE. v. 22. Juni 1853 (Entsch. 25, 355) —.

§ 9. Oeffentliche Versammlungen unter freiem Himmel bedürfen der vorgängigen schriftlichen Genehmigung der Ortspolizeibehörde.

Die Genehmigung ist von dem Unternehmer, Vorsteher, Ordner oder Leiter derselben mindestens 48 Stunden vor der Zusammenkunft nachzusuchen und darf nur versagt werden, wenn aus Abhaltung der Versammlung Gefahr für die öffentliche Sicherheit und Ordnung zu befürchten ist.

Soll die Versammlung auf öffentlichen Plätzen in Städten und Ortschaften, oder auf öffentlichen Straßen stattfinden, so hat die Ortspolizeibehörde bei Ertheilung der Erlaubniß auch alle dem Verkehr schuldigen Rücksichten zu beachten. Im Uebrigen finden auf solche Versammlungen die §§ 1, 4, 5, 6 u. 7 Anwendung.

§ 10. Den in dem vorhergehenden Paragraphen erwähnten Versammlungen werden öffentliche Aufzüge in Städten und Ortschaften oder auf öffentlichen Straßen gleichgestellt. Bei Einholung der Genehmigung ist der beabsichtigte Weg anzugeben. Gewöhnliche Leichenbegängnisse, sowie Züge der Hochzeitsversammlungen, wo sie hergebracht sind, kirchliche Prozessionen, Wallfahrten und Bittgänge, wenn sie in der hergebrachten Art stattfinden, bedürfen einer vorgängigen Genehmigung und selbst einer Anzeige nicht.

f. Auf Wasserstraßen auf schiffbaren Strömen sind die §§ 9 u. 10 nicht anwendbar — OTrE. v. 24. Mai 1866 (Opp., Rechtspr. 7, 310) —.

g. Kirchliche Prozessionen, Wallfahrten und Bittgänge sind nur insoweit von dem Erforderniß der vorgängigen polizeilichen Genehmigung befreit, als sie nach Zeit, Ort, Form und Bedeutung hergebracht sind — OTrE. v. 14. April 1853 (Entsch. 24, 497), v. 28. Febr. 1861 (Entsch. 46, 43*) u. v. 19. Juni 1863 (Opp., Rechtspr. 3, 513) —. Den Beweis darüber haben die Leiter oder Veranstalter zu führen — OTrE. v. 3. Okt. 1862 (Opp., Rechtspr. 3, 48) —.

§ 11. Innerhalb zweier Meilen von dem Orte der jedesmaligen Residenz des Königs oder von dem Orte des Sitzes beider Kammern dürfen Volksversammlungen unter freiem Himmel von der Ortspolizeibehörde nicht gestattet werden. Das letztere Verbot besteht nur für die Dauer der Sitzungsperiode der Kammern.

§ 12. Wenn eine Versammlung ohne die im § 1 vorgeschriebene Anzeige stattgefunden hat, so trifft den Unternehmer eine Geldbuße von fünf bis funfzig Thalern oder Gefängnißstrafe von acht Tagen bis zu sechs Wochen. Derjenige, der den Platz dazu eingeräumt hat, und Jeder, der in der Versammlung als Vorsteher, Ordner, Leiter oder Redner aufgetreten ist, hat eine Geldbuße von fünf bis funfzig Thalern verwirkt.

§ 13. Wenn der Vorschrift des § 2 entgegen die Statuten eines Vereins oder das Verzeichniß der Mitglieder oder die eingetretenen Aenderungen in der bestimmten Frist zur Kenntniß der Ortspolizeibehörde nicht gebracht worden sind, oder wenn eine von der Ortspolizeibehörde erforderte Auskunft nicht ertheilt worden ist, so wird jeder Vorsteher des Vereins mit Geldbuße von fünf bis funfzig Thalern bestraft, insofern er nicht nachweisen kann, daß die Anzeige oder die Einreichung des Verzeichnisses ganz ohne sein Verschulden unterblieben ist. Dieser Strafe tritt eine Gefängnißstrafe von acht Tagen bis zu sechs Wochen hinzu, wenn die Vorsteher wissentlich unrichtige Statuten oder Verzeichnisse eingereicht oder unrichtige Auskunft ertheilt haben.

§ 14. Wenn in einer Versammlung der Vorschrift des § 4 entgegen den Abgeordneten der Ortspolizeibehörde der Zutritt oder die Einräumung eines angemessenen Platzes verweigert worden ist, so trifft den Unternehmer und Jeden, welcher in der Versammlung als Vorsteher, Ordner oder Leiter aufgetreten ist, Geldbuße von zehn bis Einhundert Thalern oder Gefängniß von vierzehn Tagen bis zu sechs Monaten. Dieselbe Strafe hat der Vorsitzende verwirkt, wenn er sich weigert, den Abgeordneten der Polizeibehörde Auskunft über die Person der Redner zu geben, oder wenn er wissentlich unrichtige Auskunft ertheilt.

§ 15. Wer sich nicht sofort entfernt, nachdem der Abgeordnete der Ortspolizeibehörde die Versammlung für aufgelöst erklärt hat (§§ 5, 6, 8), wird mit Geldbuße von fünf bis zu funfzig Thalern oder mit Gefängniß von acht Tagen bis zu drei Monaten bestraft.

§ 16. Wenn ein politischer Verein die in § 8 a. u. b. gezogenen Beschränkungen überschreitet, so haben Vorsteher, Ordner und Leiter, die diesen Bestimmungen entgegen gehandelt haben, eine Geldbuße von fünf bis funfzig Thalern oder Gefängniß von acht Tagen bis zu drei Monaten verwirkt. Der Richter kann außerdem nach der Schwere der Umstände auf Schließung des Vereins erkennen. Auf diese Schließung muß erkannt werden, wenn Vorsteher, Ordner oder Leiter sich wiederholt strafbar gemacht haben.

Wer sich bei einem auch nur vorläufig (§ 8) geschlossenen politischen Vereine als Mitglied ferner betheiligt, wird mit Geldstrafe von fünf bis funfzig Thalern oder Gefängnißstrafe von acht Tagen bis zu drei Monaten belegt.

Wer der Vorschrift des § 8 a. entgegen sich als Mitglied aufnehmen läßt, hat eine Geldbuße von fünf bis zu funfzig Thalern verwirkt.

Wenn die Polizeibehörde einen politischen Verein vorläufig geschlossen hat (§ 8), so ist sie gehalten, binnen 48 Stunden nach der Schließung davon und von den Gesetzwidrigkeiten, welche zur Schließung Anlaß gegeben haben, der Staatsanwaltschaft Anzeige zu machen. Findet die Staatsanwaltschaft die angeblichen

Kirchengesellschaften.

§ 11. **Religionsgesellschaften, welche sich zur öffentlichen Feier des Gottesdienstes verbunden haben, werden Kirchengesellschaften genannt.**

Gesetzwidrigkeiten nicht geeignet, eine Anklage darauf zu gründen, so hat die Ortspolizeibehörde auf die ihr durch die Staatsanwaltschaft binnen weiteren acht Tagen zu ertheilende Nachricht die Schließung des Vereins aufzuheben. Anderenfalls muß die Staatsanwaltschaft ebenfalls binnen acht Tagen entweder die Anklage erheben oder binnen gleicher Frist die Voruntersuchung beantragen. Alsdann ist vom Gerichtshofe Beschluß darüber zu fassen, ob die vorläufige Schließung des Vereins bis zum Erkenntnisse in der Hauptsache fortdauern soll.

§ 17. Wer an einem Aufzuge oder an einer Versammlung unter freiem Himmel Theil nimmt, zu welcher die nach dem gegenwärtigen Gesetze erforderliche Genehmigung nicht ertheilt ist, wird mit einer Geldbuße von einem bis fünf Thalern bestraft.

Wer zu einer solchen Versammlung oder zu einem solchen Aufzuge vor Eingang der obrigkeitlichen Erlaubniß auffordert oder auffordern läßt oder darin als Ordner, Leiter oder Redner thätig ist, wird mit Geldbuße von fünf bis funfzig Thalern oder mit Gefängniß von acht Tagen bis zu drei Monaten bestraft.

h. Die Aufforderung ist selbst dann strafbar, wenn Versammlung oder Aufzug gar nicht zu Stande gekommen sind oder stattgefunden haben — OTrE. v. 3. Okt. 1862 (Entsch. 49, 19*) —.

Diese Strafen sind jederzeit verwirkt, wenn die Versammlung oder der Aufzug in Städten und Ortschaften oder auf öffentlichen Straßen, oder wenn eine Volksversammlung in den Fällen des § 11 stattgefunden hat. In allen anderen Fällen sind die Theilnehmer und selbst diejenigen, welche als Redner aufgetreten sind, nur dann strafbar, wenn die Versagung der Genehmigung oder das nachträgliche Verbot vorher öffentlich oder den Theilnehmern besonders bekannt gemacht war. Wird die Nichtgenehmigung oder das Verbot während der Versammlung oder des Aufzuges selbst bekannt gemacht, so kann sich wegen seiner späteren Betheiligung Niemand mit Unkenntniß der Nichtgenehmigung oder des Verbots entschuldigen.

§ 18. Wer gegen das Verbot des § 7 in einer Versammlung bewaffnet erscheint, wird mit Gefängniß von vierzehn Tagen bis zu sechs Monaten bestraft.

§ 19. Wer auffordert, in einer Versammlung mit Waffen zu erscheinen, oder die Aufforderung dazu verbreiten läßt, oder in einer Versammlung Waffen austheilt, wird mit Gefängniß von sechs Wochen bis zu einem Jahre bestraft.

§ 20. Die in dieser Verordnung mit Strafe bedrohten Handlungen sind, unbeschadet der Zuständigkeit der Schwurgerichte in Ansehung der in Versammlungen begangenen politischen Vergehen, von der Kompetenz der Schwurgerichte ausgeschlossen, selbst wenn sie durch die Presse begangen sind.

§ 21. Auf die durch das Gesetz oder die gesetzlichen Autoritäten angeordneten Versammlungen und die Versammlungen der Mitglieder beider Kammern während der Dauer der Sitzungsperiode finden die vorstehenden Bestimmungen keine Anwendung.

Wahlvereine unterliegen den Beschränkungen des § 8 nicht.

§ 22. Zuwiderhandlungen gegen die Vorschrift des Art. 38 der Verf. Urk. v. 31. Jan. 1850, welcher also lautet:

„Die bewaffnete Macht darf weder in noch außer dem Dienste berathschlagen oder sich anders als auf Befehl versammeln. Versammlungen und Vereine der Landwehr zur Berathung militärischer Einrichtungen, Befehle und Anordnungen sind auch dann, wenn dieselbe nicht zusammenberufen ist, untersagt."

werden nach den Bestimmungen des § 125 des ersten Theils des Militär-Strafgesetzbuchs bestraft.

§ 23. Gegenwärtiges Gesetz tritt an die Stelle der V. v. 29. Juni 1849 (GS. S. 221).

Zu § 11.

12. Oeffentlicher Gottesdienst im Sinne des § 11 heißt nach §§ 22 u. 23 h. t. gemeinschaftlicher Gottesdienst in dazu bestimmten Gebäuden, zu dem jeder

Geistliche Gesellschaften.

§ 12. Diejenigen, welche zu gewissen anderen besonderen Religionsübungen vereinigt sind, führen den Namen der geistlichen Gesellschaften.

Erster Abschnitt.
Von Kirchengesellschaften überhaupt.

Grundsatz.

§ 13. Jede Kirchengesellschaft ist verpflichtet, ihren Mitgliedern Ehrfurcht gegen die Gottheit, Gehorsam gegen die Gesetze, Treue gegen den Staat und sittlich gute Gesinnungen gegen ihre Mitbürger einzuflößen.

Unerlaubte Kirchengesellschaft.

§ 14. Religionsgrundsätze, welche diesen zuwider sind, sollen im Staate nicht gelehrt und weder mündlich noch in Volksschriften ausgebreitet werden.

§ 15. Nur der Staat hat das Recht, dergleichen Grundsätze nach angestellter Prüfung zu verwerfen und deren Ausbreitung zu untersagen.

§ 16. Privatmeinungen einzelner Mitglieder machen eine Religionsgesellschaft nicht verwerflich.

Zutritt hat, im Gegensatze zur Hausandacht. — Eine Kirchengesellschaft im Sinne des § 11 entsteht schon dann, wenn eine Gesellschaft unter öffentlicher Autorisation eine Abtrennung vom bisherigen Pfarrverbande beschließt und zur Errichtung einer eigenen Gemeinde zusammentritt. Der Ertheilung der Parochialrechte bedarf es dazu nicht. Daher sind auch die von einer solchen Gemeinde ernannten Deputirten wirkliche Vertreter der Gemeinde und die von ihnen in Gemäßheit ihrer Vollmacht vorgenommenen Handlungen haben sowohl für die damalige, als für die fortgesetzte Gemeinde verbindliche Kraft — OTrE. v. 29. April 1847 (Rechtsf. 1, 113) —.

Zu § 14.

13. Im Auslande redigirte und gedruckte s. g. Traktate bedürfen zur Verbreitung der Approbation des betreffenden Provinzial-Konsistorii; so verordnet noch ein CRdMdgA. v. 25. Juni 1834 (Ann. 19, 395), jedoch haben die MdI., dgA. u. ausw. A. in dem R. v. 31. März 1842 (VMBl. S. 121) anerkannt, daß schon durch das G. v. 18. Okt. 1819 die Censur religiöser Volksschriften, welche in § 2 Nr. 12 der Geschäftsinstruction für die Provinzial-Konsistorien v. 23. Okt. 1817 den letzteren eingeräumt war, aufgehoben ist.

Zu § 15.

14. Das im § 15 dem Staate beigelegte Recht ist durch die Verf. Urk., wie aus N. 10 und den dort mitgetheilten amtlichen Erläuterungen vom 15. Dez. 1848 zu ersehen, nicht aufgehoben. Aus dieser Bestimmung ergiebt sich auch, daß einzelne Religionsgesellschaften nicht das Recht haben, gegen die Ausbreitung gesetzwidriger oder staatsgefährlicher Religionsgrundsätze anderer Religionsgesellschaften aus eigener Macht Verbote zu erlassen oder gar deren Auflösung auszusprechen.

Oeffentlich aufgenommene.

§ 17. Die vom Staate ausdrücklich aufgenommenen Kirchengesellschaften haben die Rechte privilegirter Korporationen.

§ 18. Die von ihnen zur Ausübung ihres Gottesdienstes gewidmeten Gebäude werden Kirchen genannt und sind als privilegirte Gebäude des Staats anzusehen.

§ 19. Die bei solchen Kirchengesellschaften zur Feier des Gottesdienstes und zum Religionsunterrichte bestellten Personen haben mit andern Beamten im Staate gleiche Rechte.

Zu § 17.

15. Kirche und Kirchengesellschaft sind im Landrecht gleichbedeutende Ausdrücke — OTrE. v. 9. Nov. 1857 (Entsch. 37, 300) —. Dies ergeben sowohl die §§ 165, 766 u. 768 h. t. als auch die in N. 5 mitgetheilten Erläuterungen von Suarez. Der Ausdruck „Kirchengesellschaft" bezeichnet aber sowohl die Korporation, die als solche nur gemeinsame Zwecke der ganzen Gesellschaft verfolgt, und hinsichtlich welcher es sich um Angelegenheiten handelt, bei denen nur der Zweck der Gesellschaft, nicht das Interesse der einzelnen Mitglieder oder Klassen der Gesellschaft in Betracht kommt, — als auch den Inbegriff der Eingepfarrten, die, insofern sie zusammengenommen gemeinschaftliche Angelegenheiten betreiben, auch als eine Gesellschaft, aber nur als eine solche zu betrachten sind, die nur das besondere Interesse der einzelnen Mitglieder oder Klassen der Gemeinheit verfolgt, wo der Gegenstand der Verhandlung nur gewisse Rechte und Leistungen betrifft, die sich auf die einzelnen Mitglieder oder Klassen beziehen. Dies ergeben die §§ 249, 309 u. 731 h. t. Die juristische Persönlichkeit der Kirchengesellschaft ist mithin doppelter Natur, sie enthält zwei verschiedene Korporationen: 1) die Kirche als Anstalt und Subject von Vermögensrechten und Pflichten (§ 165 h. t.), vertreten durch ihren Vorstand, 2) die Gesammtheit der Eingepfarrten, vertreten durch deren zu wählende Repräsentanten — OTrE. v. 4. Jan. 1847, Präj. 1816 (Entsch. 13, 525), v. 13. Dec. 1850, Präj. 2261 (Entsch. 20, 380), v. 9. Okt. 1854 (Entsch. 28, 350), v. 9. Nov. 1857 (Entsch. 37, 297; Str. Arch. 28, 73). — Auch erfordert der Begriff einer Kirchengemeinde als juristischer Person und Rechtssubjects nach den §§ 238 ff. h. t. und c. 4 X. de paroch. 3, 29 weder bestimmte Parochialgränzen, noch eine kirchenordnungsmäßige Organisation — OTrE. v. 29. Okt. 1855 (Str. Arch. 18, 244) —. Vgl. N. 12.

Zu §§ 18 u. 19.

16. So wenig aus § 18 gefolgert werden darf, daß die Kirchen als „privilegirte Gebäude des Staats" auch sämmtlich Staatseigenthum sein sollen, vielmehr dieselben im § 170 h. t. ausdrücklich als Eigenthum der Kirchengemeinden anerkannt, und ihnen im § 174 h. t. nur die Vorrechte der dem Staate gehörigen öffentlichen Gebäude beigelegt worden sind, — ebensowenig haben im § 19 die Geistlichen für Staatsbeamte erklärt werden sollen. Denn schon das Landrecht führt neben den Staatsbeamten die Geistlichen noch besonders an, so im § 32 II, 17, § 326 II, 20, desgleichen die AGO. in den §§ 43, 77, 85 I, 2, im § 27 I, 49, und nicht minder geschieht dies in den neueren Gesetzen, z. B. im § 10 des G. v. 11. Juli 1822, betreffend die Heranziehung der Staatsdiener zu den Gemeindelasten (GS. S. 184), im § 4 der Städteordn. v. 30. Mai 1853 (GS. S. 267), v. 19. März 1856 (GS. S. 239) u. v. 15. Mai 1856 (GS. S. 408), in den §§ 102 u. 192 Strafges. v. 14. August 1851. Sie können aber auch fernerhin deshalb weder zu den unmittelbaren Staatsdienern gerechnet werden, weil für diese directe oder indirecte Begebung durch den Landesherrn nach § 7 II, 13 ALR. wesentlich ist, noch zu den mittelbaren, im Dienste der dem Staate untergeordneten Kollegia, Korporationen, Gemeinden stehenden — § 69 II, 10 ALR., — weil sie nach den §§ 58 ff. h. t. nicht Beamte, sondern nur Mit-

Geduldete.

§ 20. Eine Religionsgesellschaft, welche der Staat [genehmigt], ihr aber die Rechte öffentlich aufgenommener Kirchengesellschaften nicht beigelegt hat, genießt nur die Befugniß geduldeter Gesellschaften (Tit. 6 § 11 ff.).

---

glieder der Kirchengemeinden sind. Im § 19 kann daher nichts anderes gesagt sein, als daß die Geistlichen die besonderen Vorrechte der Staatsbeamten genießen sollen. Ganz unzweifelhaft aber dürfen die Geistlichen nach der im Art. 15 der Verf.-Urk. v. 31. Januar 1850 (GS. S. 19) ausgesprochenen Trennung von Staat und Kirche als Staatsbeamte nicht mehr angesehen werden, was auch sowohl durch die mittelst AO. v. 8. April 1850 (AKLst. 1850 S. 55) erfolgte Weglassung der Worte: Diener des Staats aus der Formel ihres Amtseides, als auch durch die im § 1 V. v. 11. Juli 1849 (GS. S. 271) erfolgte Eximirung der Geistlichen von den Disciplinarbestimmungen für nicht richterliche Beamte und endlich durch die im § 1 Ress.-Regl. v. 29. Juni 1850 (GS. S. 344) erfolgte Uebertragung der Disciplin über die Geistlichen an den evangelischen Ober-Kirchenrath wiederholte Anerkennung gefunden hat. Daher unterliegen die Geistlichen als solche auch nicht den härteren in den §§ 309 ff. StrGB. für Verbrechen und Vergehen im Amte gegebenen Strafbestimmungen (Oppenhoff, Komm. z. StrGB. § 331 n. 25). Selbstverständlich gehören aber die aus Staatsfonds salarirten oder vom Staate allein angestellten Geistlichen zu den unmittelbaren Staatsdienern — V. v. 8. Septbr. 1804 (Ann. 14, 181) —, wie z. B. die K. Strafanstaltsgeistlichen, die Konsistorialräthe.

Zu § 20.

17. Die Staatsgenehmigung fällt nach Art 12 Verf. Urk. v. 31. Januar 1850 (GS. S. 19) fort, vgl. N. 10, es kommt nur noch auf die Erlangung der Korporationsrechte an. Religionsgesellschaften, welche diese nicht erlangt haben, fallen unter § 20 und haben nur die Rechte von Privatgesellschaften. Darüber bestimmen die im Texte allegirten §§ 11 ff. II, 6 ALR. Folgendes:

§ 11. Die Rechte und Pflichten der Mitglieder erlaubter Privatgesellschaften unter sich werden nach dem unter ihnen bestehenden Vertrage, in dessen Ermangelung nach den für die verschiedenen Arten solcher Gesellschaften ergangenen besonderen Gesetzen, und wo auch diese nicht entscheiden, nach dem Zwecke ihrer Verbindung beurtheilt.

§ 12. Bei Handlungen, woraus Rechte und Verbindlichkeiten gegen Andere entstehen, werden sie nur als Theilnehmer eines gemeinsamen Rechts oder einer gemeinsamen Verbindlichkeit betrachtet.

a. Der Ausdruck gemeinsam hat nur den Sinn, daß die Mitglieder im Verhältniß zu Dritten als Gemeinschafter gelten, gemeinschaftlich d. h. alle zusammen Träger der Rechte und Verbindlichkeiten pro rata sein sollen; die Korrealität hat dadurch nicht ausgesprochen werden sollen — OTrE. v. 13. Januar 1851, Präj. 2268 (Entsch. 20, 328) —.

§ 13. Dergleichen Gesellschafter stellen im Verhältnisse gegen Andere außer ihnen keine moralische Person vor und können daher auch als solche weder Grundstücke noch Kapitalien auf den Namen der Gesellschaft erwerben.

b. Der Besitztitel von Grundstücken, welche der Gesellschaft gehören, darf nicht auf den Namen der letzteren, sondern nur auf den der einzelnen Mitglieder berichtigt werden — JMR. v. 8. Januar 1836 (Jahrb. 47, 368) —. Ebenso darf nicht gegen die Gesellschaft, sondern nur gegen die jedesmaligen Mitglieder geklagt werden. Auf Veränderungen, welche im Laufe der Zeit durch Ausscheiden bisheriger und durch den Eintritt neuer Mitglieder vorgekommen sind, kommt dabei nichts an. Immer sind die jeweiligen Mitglieder zusammen und unter sich in Bezug auf ein der Gesellschaft gehöriges Grundstück oder in den Nutzen derselben verwendetes Kapital eine juristische Person und das Dritten gegenüber verantwortliche Rechtssubjekt, mithin auch pro rata zur Erstattung derartiger Kapitalien verpflichtet — OTrE. v. 17. Mai 1847 (Entsch. 15, 318) —.

§ 21. [Jede Kirchengesellschaft, die als solche auf die Rechte einer geduldeten Anspruch machen will, muß sich bei dem Staate gebührend melden und nachweisen, daß die von ihr gelehrten Meinungen nichts enthalten, was dem Grundsatze des § 13 zuwiderläuft.]

§ 22. Einer geduldeten Kirchengesellschaft ist die freie Ausübung ihres Privat-Gottesdienstes gestattet.

---

§ 14. Unter sich aber haben dergleichen Gesellschaften, so lange sie bestehen, die inneren Rechte der Korporationen und Gemeinen (§ 25 ff.).

c. Unbedenklich darf die Gesellschaft Einem oder Mehreren der Mitglieder den Betrieb aller oder gewisser Arten ihrer Angelegenheiten übertragen. Dies kann durch Specialvollmacht geschehen, aber auch aus den Beschlüssen der Gesellschaft entnommen werden, und ist im letzteren Falle ein solcher Auftrag nach den Grundsätzen von Vollmachten zu beurtheilen — JMR. v. 6. Juni 1831 (Jahrb. 37, 324) —.

§ 15. Es kann daher ein ausscheidendes Mitglied von dem Gesellschaftsvermögen nur insofern einen Antheil fordern, als das Mitglied einer Korporation oder Gemeine dazu berechtigt ist.

d. Dies ist nur der Fall, wenn der Grundvertrag es bestimmt — § 182 II, 6 —. Bei der Auflösung der ganzen Gesellschaft theilen die dermaligen Mitglieder das ganze Vermögen nach Verhältniß ihrer Beiträge mit der im § 21 bestimmten Ausnahme.

§ 17. Alles, was einer solchen Gesellschaft zufällt, wird nur das gemeinschaftliche Eigenthum der dermaligen Mitglieder.

§ 18. Es kann also jedes ausscheidende Mitglied seinen Antheil davon sowie von demübrigen im gemeinschaftlichen Eigenthum befindlichen Vermögen fordern.

§ 19. Ist bei der Erwerbung oder Zuwendung das Gegentheil ausdrücklich festgesetzt worden, so hat zwar, so lange die Gesellschaft besteht, ein ausscheidendes Mitglied an dergleichen Sachen keinen Anspruch;

§ 20. Wenn aber die Gesellschaft ganz aufhört, so wird auch eine solche Sache gleich dem übrigen gemeinschaftlichen Vermögen unter die alsdann vorhandenen Mitglieder getheilt.

§ 21. Schenkungen, die einer erlaubten Privatgesellschaft, welche aber keine Handlungsgesellschaft ist, zu einem gewissen Zwecke gemacht worden, fallen, wenn bei erfolgender Aufhebung der Gesellschaft der Zweck nicht mehr erreicht werden kann, insofern sie noch vorhanden sind, an den Geschenkgeber oder dessen Erben zurück. (Th. I Tit. 16 § 201 ff.)

18. Zu diesen geduldeten Religionsgesellschaften gehören die Mennoniten, Quäker, Philipponen, Anglikaner, Seebofianer, Baptisten, Irvingianer und Nazarener, Derbyisten, Edwardianer, Brockhausianer, Zionsbürger, Nagiesianer, die von den Alt-Lutheranern abgetrennten Separatisten, endlich die freien evangelischen und deutsch-katholischen Gemeinden. Das Nähere über diese Secten in G. v. Hirschfeld's Geschichte und Statistik des Dissidententhums im preußischen Staate mit Ausschluß des der französischen Gesetzgebung unterworfenen Theiles der Rheinprovinz (Zeitschr. d. K. Pr. statist. Bur. 1863 S. 310 ff.; 1864 S. 95 ff. u. 209 ff.). Mit Korporationsrechten versehen sind nur außer den evangelischen und katholischen Kirchengemeinden: 1) die evangelischen Brüdergemeinden und Herrnhuter, welche durch die General-Koncession v. 7. Mai 1746, Allerhöchst konfirmirt am 10. April 1789, als wahre Augsburgsche Konfessionsverwandte ausdrücklich aufgenommen sind, auf Grund des § 193 h. t. — JMR. v. 11. Oktober 1862 (Busch, Arch. f. Hand. 3, 359) —, 2) die Alt-Lutheraner nach ihrer General-Koncession v. 23. Juli 1845 (GS. S. 516).

Dieselbe lautet:

1. Den von der Gemeinschaft der evangelischen Landeskirche sich getrennt hal-

§ 23. **Zu dieser gehört die Anstellung gottesdienstlicher Zusammenkünfte in gewissen dazu bestimmten Gebäuden und die Ausübung der ihren Religionsgrundsätzen gemäßen Gebräuche, sowohl in diesen Zusammenkünften als in den Privatwohnungen der Mitglieder.**

---

tenden Lutheranern soll gestattet sein, zu besonderen Kirchengemeinden zusammenzutreten und einen Verein dieser Gemeinden unter einem gemeinsamen, dem Kirchenregimente der evangelischen Landeskirche nicht untergegebenen Vorstande zu bilden.

2. Für Bildung einer jeden einzelnen Gemeinde ist jedoch die besondere Genehmigung des Staats erforderlich. Die Ertheilung dieser Genehmigung steht gemeinschaftlich den Ministern der geistl. Angel., des Innern und der Justiz zu.

3. Eine solche Kirchengemeinde (Nr. 2) hat die Rechte einer moralischen Person. Sie kann daher auch Grundstücke auf ihren Namen mit Genehmigung des Staats erwerben, sowie eigene dem Gottesdienste gewidmete Gebäude besitzen, welchen jedoch der Namen und die Rechte der Kirchen (§ 18 II, 11 ALR.) nicht beizulegen sind.

4. Als Geistliche der von der Gemeinschaft der evangelischen Landeskirche sich getrennt haltenden Lutheraner dürfen nur Männer von unbescholtenem Wandel angestellt werden, welche zu einer bestimmten Gemeinde vozirt, von dem Vorstande (Nr. 1) bestätigt und von einem ordinirten Geistlichen ordinirt sind.

5. Nach eben dieser Vorschrift (Nr. 4) ist zu beurtheilen, ob und unter welchen Bedingungen die bisher schon als Geistliche dieser Religionspartei thätig gewesenen Personen in dieser Eigenschaft ferner zugelassen werden können.

6. Die von diesen Geistlichen (Nr. 4 u. 5) vorgenommenen Taufen, Konfirmationen, Aufgebote und Trauungen haben volle Gültigkeit, und werden die von ihnen und ihren Vorgängern bisher verrichteten Amtshandlungen mit rückwirkender Kraft hierdurch als gültig anerkannt.

7. Bei Führung der Geburts-, Trauungs- und Sterberegister haben die Geistlichen dieser Gemeinden die gesetzlichen Vorschriften genau zu befolgen, insbesondere auch Duplikate dieser Register bei dem Gerichte ihres Wohnorts niederzulegen. Die aus diesen Registern von ihnen ertheilten Auszüge sollen öffentlichen Glauben haben.

8. Aufgebote zu Trauungen können fortan mit rechtlicher Wirkung in den zum Gottesdienste bestimmten Lokalen derjenigen Gemeinden vorgenommen werden, zu denen die Verlobten gehören.

9. Wenn Mitglieder der gedachten Gemeinden die Verrichtung einzelner geistlicher Amtshandlungen in der evangelischen Landeskirche nachsuchen, so soll daraus allein der Austritt aus ihren Gemeinden nicht gefolgert werden.

10. In Ansehung der Verpflichtung zu den aus der Parochialverbindung fließenden Lasten und Abgaben soll auch bei den sich von der evangelischen Landeskirche getrennt haltenden Lutheranern die Vorschrift des § 261 II, 11 ALR. zur Anwendung kommen, soweit nicht nach Provinzialgesetzen oder besonderem Herkommen dergleichen Abgaben auch von Nichtevangelischen an evangelische Kirchen oder Pfarreien und umgekehrt zu entrichten sind. Zur Entrichtung des Zehntens sollen die gedachten Lutheraner, wenn die zehntberechtigte Kirche oder Pfarrei eine evangelische ist, überall verpflichtet bleiben, wo die Zehntpflicht sich nach der Konfession des Zehntpflichtigen bestimmt.

Auch die Juden haben Korporationsrechte laut § 37 G. v. 23. Juli 1847 (GS. S. 263). Die niederländischen Reformirten, s. g. Kohlbrüggianer, sind nur zum Erwerb von Grundstücken koncessionirt durch AO. v. 24. November 1849. — In Ansehung der Mennoniten haben § 22 des Westpr. Prov.-R. (GS. S. 106) und Zus. 176 § 1 Ostpr. Prov.-R. es ausdrücklich bei den bisherigen Bestimmungen belassen, vgl. N. 129. — Den freien und christkatholischen Gemeinden können Korporationsrechte nicht verliehen werden, weil sie weder die inneren noch die äußeren Bedingungen eines dauernden Bestandes zeigen, eine bloß vorüber-

§ 24. Eine bloß geduldete Kirchengesellschaft kann aber das Eigenthum solcher Gebäude ohne besondere Erlaubniß des Staats nicht erwerben.

§ 25. Ihr ist nicht gestattet, sich der Glocken zu bedienen oder öffentliche Feierlichkeiten außerhalb der Mauern ihres Versammlungshauses anzustellen.

§ 26. Die von ihr zur Feier ihrer Religionshandlungen bestellten Personen genießen als solche keine besonderen persönlichen Rechte.

Verhältniß der Kirchengesellschaften gegen den Staat.

§ 27. Sowohl öffentlich aufgenommene als bloß geduldete Religions- und Kirchengesellschaften müssen sich in allen Angelegenheiten, die sie mit anderen bürgerlichen Gesellschaften gemein haben, nach den Gesetzen des Staats richten.

---

gehende, als Entwickelungskrankheit des kirchlichen Lebens zu betrachtende Erscheinung aber durch Verleihung des Rechts einer moralischen Person nicht verewigt werden darf. Die inneren Bedingungen dauernden Bestandes fehlen jenen Dissidenten-Vereinen aber, weil sie weder irgend welche nennenswerthe geistige Kräfte, noch bestimmte positive religiöse Ueberzeugungen haben: die äußeren Bedingungen fehlen ihnen, weil ihre Glieder überwiegend den weniger vermögenden, mittleren und unteren Ständen angehören und nur mit Mühe die Kosten des gemeinsamen Gottesdienstes aufbringen, zu bleibenden Fundationen aber weder im Stande noch gewillt sind — Denkschr. d. MdgA. in UCBl. 1859 S. 131 —.

§ 21 ist aufgehoben durch Art. 12 Verf.-Urk. v. 31 Januar 1850 (GS. S. 19), vgl. N. 10.

Zu § 24.

19. Hat eine geduldete Religionsgesellschaft die staatliche Erlaubniß zum Erwerb eines Grundstücks erhalten, so darf auch der Besitztitel von demselben auf den Namen der Gesellschaft berichtigt werden — JMR. v. 31. December 1840 (JMBl. 1841 S. 34) —. Diese Erlaubniß kann wie bisher rechtsgültig durch Allerhöchste Kabinetsordre ertheilt werden, eines besonderen Gesetzes bedarf es dazu nicht, denn Art. 13 Verf.-Urk. v. 31. Januar 1850 (GS. S. 19) verlangt dasselbe nur dann, wenn derartige Religionsgesellschaften die vollständigen Rechte privilegirter Korporationen erhalten sollen. Doch haben die MdJ. u. dgA. in dem R. v. 7. Febr. 1860 (UCBl. S. 247) ohne nähere Begründung das Gegentheil angenommen.

Zu § 26.

20. Diese Religionsdiener genießen also nicht die Vorrechte der Staatsbeamten. Sie dürfen aber Trauungen und Taufen an den Mitgliedern ihrer Religionsgesellschaften, wenn auch nicht mit civilrechtlicher Wirkung, vornehmen, ohne sich dadurch wegen Anmaaßung geistlicher Amtshandlungen nach § 104 StrGB. strafbar zu machen — OTrE. v. 18. März 1853 (Entsch. 25, 220) —.

Zu § 27 ff.

21. Auch das zweite Kirchen-Hoheitsrecht des Staats, das Recht der Aufsicht, welches den Staat berechtigt, von Allem, was in der Kirche und in den Religionsgesellschaften vorgeht, Kenntniß zu nehmen und die zur Verhütung oder Zurückweisung von Uebergriffen in den Bereich der Staatsgewalt erforderlichen Maaßregeln zu treffen, ein Recht, welches im Landrecht vielfach anerkannt worden, ist durch die Art. 12—14 Verf.-Urk. v. 5. Dezember 1848 und die an deren Stelle getretenen Art. 15, 16 u. 18 Verf.-Urk. v. 31. Januar 1850 (GS. S. 19) erheblich modificirt worden. Die letzteren lauten:

§ 28. Diesen Gesetzen sind auch die Oberen und die einzelnen Mitglieder in allen Vorfällen des bürgerlichen Lebens unterworfen.

§ 29. Soll denselben wegen ihrer Religionsmeinungen eine Ausnahme von gewissen Gesetzen zu Statten kommen: so muß dergleichen Ausnahme vom Staate ausdrücklich zugelassen sein.

§ 30. Ist dieses nicht geschehen: so kann zwar der Anhänger einer solchen Religionsmeinung etwas gegen seine Ueberzeugung zu thun nicht gezwungen werden;

§ 31. Er muß aber die nachtheiligen Folgen, welche die Gesetze mit ihrer unterlassenen Beobachtung verbinden, sich gefallen lassen.

Art. 15. Die evangelische und die römisch-katholische Kirche sowie jede andere Religionsgesellschaft ordnet und verwaltet ihre Angelegenheiten selbstständig und bleibt im Besitz und Genuß der für ihre Kultus-, Unterrichts- und Wohlthätigkeitszwecke bestimmten Anstalten, Stiftungen und Fonds.

Art. 16. Der Verkehr der Religionsgesellschaften mit ihren Oberen ist ungehindert. Die Bekanntmachung kirchlicher Anordnungen ist nur denjenigen Beschränkungen unterworfen, welchen alle übrigen Veröffentlichungen unterliegen.

Art. 18. Das Ernennungs-, Vorschlags-, Wahl- und Bestätigungsrecht bei Besetzung kirchlicher Stellen ist, soweit es dem Staate zusteht und nicht auf dem Patronat oder besonderen Rechtstiteln beruht, aufgehoben.

Auf die Anstellung von Geistlichen beim Militär und an öffentlichen Anstalten findet diese Bestimmung keine Anwendung.

In den amtlichen Erläuterungen vom 15. Dezember 1848 zu den erwähnten Artikeln der Verf.-Urk. v. 5. Dezember 1848 wird ausgeführt, daß nur die positive Theilnahme der Staatsregierung an der Ordnung und Verwaltung der kirchlichen Angelegenheiten habe aufgegeben werden dürfen, daß es jedoch noch ein negatives Recht gäbe, auf welches der Staat gegenüber den Religionsgesellschaften niemals verzichten könne, wenn er sich nicht selbst aufgeben wolle. Ferner wird dort bemerkt, daß der evangelischen und römisch-katholischen Kirche ausdrücklich gedacht sei, um darzuthun, daß diese Gemeinschaften in der ihnen zustehenden, feierlich verbrieften Stellung nicht beeinträchtigt werden sollen; daß ferner in Uebereinstimmung mit den übrigen deutschen Verfassungsurkunden allen Religionsgesellschaften der Fortbestand ihrer dermaligen Eigenthumsverhältnisse in deren verschiedenen Richtungen und Gestaltungen, desgleichen die Fortdauer der bisher zu ihren Gunsten vom Staate gewährten Leistungen garantirt sei, welche der Staat nicht ohne Wort- und Treubruch und ohne den rechtlichen Bestand der evangelischen und katholischen Kirche in Frage zu stellen, hätte aufheben können; daß endlich der ungehinderte Verkehr der Religionsgesellschaften mit ihren geistlichen Oberen ohne das staatliche Placet und die Aufhebung des staatlichen Vorschlags-, Wahl- oder Bestätigungsrechts bei Besetzung geistlicher Beamten, soweit es nicht auf dem Patronat oder besonderen Rechtstiteln beruht, nur eine Konsequenz des Grundsatzes ihrer Selbstständigkeit sei. — Durch die in diesen Artikeln der Verf.-Urk. aufgestellten Grundsätze sind aber die bisher mit der Verwaltung der kirchlichen Angelegenheiten betraut gewesenen Staatsbehörden noch nicht beseitigt worden, denn Art. 110 Verf.-Urk. v. 31. Januar 1850 (Art. 109 Verf.-Urk. v. 5. Dezember 1848) verordnet:

§ 32. Die Privat- und öffentliche Religionsübung einer jeden Kirchengesellschaft ist der Oberaufsicht des Staats unterworfen.

§ 33. Der Staat ist berechtigt, von demjenigen, was in den Versammlungen der Kirchengesellschaften gelehrt und verhandelt wird, Kenntniß einzuziehen.

Alle durch die bestehenden Gesetze angeordneten Behörden bleiben bis zur Ausführung der sie betreffenden organischen Gesetze in Thätigkeit.

Dies ist in Bezug auf die evangelische Kirche sowohl in den erwähnten amtlichen Erläuterungen v. 15. Dezember 1848, als auch in dem RdMdgA. v. 12. Dezember 1848 (BMBl. S. 374) ausdrücklich anerkannt worden. In dem letzteren eröffnet der Minister den Konsistorien und Regierungen, „daß die gesetzlich geordnete Verwaltung der evangelichen Kirchensachen so lange fortbauern muß, bis sich die evangelische Kirche über eine neue Verfassung geeinigt haben, und es demnach ausführbar wird, daß der Staat die Kirche in ihre Selbstständigkeit übergehen lasse, sowie daß die Aufhebung des staatlichen Wahl-, Vorschlags- und Bestätigungsrechts bei Besetzung geistlicher Aemter nur auf die katholische Kirche sich bezieht." Diese neue evangelische Kirchenverfassung ist noch in der Entwickelung begriffen. Gleich nach der Märzbewegung des Jahres 1848 glaubte die Staatsregierung, von der Ansicht ausgehend, daß unter Selbstständigkeit der Kirche das Aufhören des landesherrlichen Kirchenregiments zu verstehen sei, sie durch eine konstituirende, frei gewählte Landessynode entstehen lassen zu müssen. Doch schon am Ende desselben Jahres gab die Staatsregierung diese irrige Ansicht auf, denn das Kirchenregiment ist in Folge der Annahme der Reformation in Preußen von den katholischen Bischöfen auf den Landesherrn als obersten Bischof oder praecipuum membrum, nicht als Staatsoberhaupt übergegangen und ununterbrochen bei demselben verblieben, mithin ist der Landesherr in Preußen der geistliche Obere der evangelichen Kirche, der nach dem Landrecht sein Kirchenregiment durch die den katholischen Bischöfen gleichgestellten Konsistorien verwalten läßt — § 115, 143 h. t. —. Wenn später durch das Publ. v. 16. Dezember 1808 und V. v. 26. Dezember 1808 (GS. S. 361 u. 464) die Konsistorien und die evangelischen oberen Kirchenbehörden aufgehoben und ihre Attribute einer Abtheilung des Ministerii des Innern, später durch V. v. 3. November 1817 (GS. S. 289) einem eigenen Ministerium der geistlichen, Unterrichts- u. Medicinal-Angelegenheiten beigelegt, bei diesem auch ungeachtet der Wiedereinführung der Provinzial-Konsistorien durch die V. v. 30. April 1815 (GS. S. 85), Instr. v. 23. Oktober 1817 (GS. S. 237), KO. v. 31. Dezember 1825 (GS. 1826 S. 5) u. V. v. 27. Juni 1845 (GS. S. 440) und der Errichtung von Kreis- und Provinzial-Synoden in Westphalen und Rheinland durch die rheinisch-westphälische Kirchenordnung v. 5. März 1835 (Ann. 19, 104), die oberste Verwaltung des jus sacrorum verblieben ist, so hat dadurch doch an dem landesherrlichen Kirchenregimente nichts geändert werden sollen und können. Auch die Nichtaufnahme der hierauf bezüglichen landesherrlichen Rechte in den Tit. III. der Verf.-Urk., der von den Rechten des Königs handelt, kann einen Beweis für die Aufhebung derselben nicht liefern, weil es sich dort nur um die staatsrechtliche, nicht die kirchenregimentliche Stellung des Königs handelt. Vielmehr ist es nach den mehrerwähnten amtlichen Erläuterungen vom 15. Dezember 1848 gerade die Absicht gewesen, darzuthun, daß die evangelische wie die katholische Kirche in der ihnen zustehenden feierlich verbrieften Stellung nicht beeinträchtigt werden sollten. Deshalb besteht das landesherrliche Kirchenregiment noch immer zu Recht und kann, nachdem die Verwaltung desselben vom Könige dem Minister der geistlichen Angelegenheiten und durch AE. v. 29. Juni 1850 (GS. S. 343) quoad interna dem evangelischen Ober-Kirchenrath übertragen worden, rechtlich nur vom Könige zurückgenommen und entweder persönlich ausgeübt oder quoad interna et externa einer besonderen Behörde übertragen werden, ohne daß dagegen von irgend Jemandem, auch vom Landtage nicht, ein rechtlicher Einspruch erhoben werden darf, weil es sich nicht um ein dem Staate

§ 34. Die Anordnung öffentlicher Bet-, Dank- und anderer außerordentlichen Festtage hängt allein vom Staate ab.

§ 35. In wie fern die bereits angeordneten Kirchenfeste mit Einstellung aller Handarbeiten und bürgerlichen Gewerbe

---

zugehöriges Recht handelt. Vgl. die Denkschrift des evang. Ober-Kirchenraths v. 4. Dezember 1851 (Aktst. I, 4, 35 ff.). Demnächst wurde denn auch von der Berufung einer konstituirenden Landessynode Abstand genommen und der naturgemäße organische Ausbau der evangelischen Kirchenverfassung durch den Landesherrn und zwar zunächst durch die Einrichtung von Gemeinde-Kirchenräthen mittelst AE. v. 29. Juni 1850 (GS. S. 343) u. 27. Februar 1860 (GS. S. 90), sodann durch Einführung von Kreissynoden mittelst AE. v. 5. Juni 1861 (GS S. 372), v. 5. April u. 21. Juni 1862 (GS. S. 134 u. 223) u. v. 13. Juni 1864 (GS. S. 350) in Angriff genommen, denen fernerhin Provinzialsynoden und endlich die allgemeine Landessynode folgen werden. Das Nähere darüber in N. 90—92, 77. — In Betreff der katholischen Kirche, welche von jeher in ihren Bischöfen die Organe einer selbstständigen Ordnung und Verwaltung ihrer Angelegenheiten sich bewahrt hatte, ging die erforderliche Auseinandersetzung zwischen ihr und der Staatsbehörde schneller von Statten. Schon in dem (C.) R. v. 6. Januar 1849 (VMBl. S. 295) erkannte der MdgA. Folgendes als maaßgebend und sofort ausführbar an:

1. Was die im Art. 12 Verf.-Urk. v. 5. Dezember 1848 vorgesehene selbstständige Verwaltung der Vermögensangelegenheiten der katholischen Kirche betrifft, so wird fortan das vom Staate und dessen Behörden bisher geübte Aufsichtsrecht aufzuhören und in die Hände der Bischöfe überzugehen haben. Desgleichen wird bei einzelnen Fonds eine Ueberweisung derselben an die bischöflichen Behörden zur Selbstverwaltung eintreten müssen. Bei den vielfachen Schwierigkeiten, welche in dieser Hinsicht vorauszusehen sind, da die bischöflichen Behörden durchweg der für diese Geschäfte nöthigen Organe mehr oder weniger entbehren, ist es indeß hier vor allem nothwendig, daß die bisherige Geschäftsverfassung einstweilen und bis zur erfolgten Auseinandersetzung zwischen Staat und Kirche ohne Aenderung bestehen bleibe.

2. Die bisher noch bestandenen nicht erheblichen Beschränkungen des Verkehrs der katholischen Kirchen-Oberen und der Mitglieder der katholischen Kirche mit auswärtigen kirchlichen Vorgesetzten, insbesondere mit dem päbstlichen Stuhle, fallen, sowie auch das bisherige Placet für kirchliche Verfügungen, in Gemäßheit des Art. 13 Verf.-Urk. fortan hinweg.

3. Soviel die Art 14 u. 15 betrifft, so hören gleichfalls von jetzt an auf alle diejenigen Maßregeln und Verfügungen, welche bisher der katholichen Kirche gegenüber aus dem Standpunkte und in Kraft des landesherrlichen jus circa sacra eingeführt waren, mithin insbesondere die Bestätigung der bischöflichen Kollationen für die von den Bischöfen angestellten Pfarrer und Beneficiaten, die Bestätigung bez. Genehmigung der Kraft Privat-Patronatsrechts erfolgten, bischöflicher Seits durch Ertheilung der kanonischen Institution vollzogenen Besetzung geistlicher Stellen, die Genehmigung der bischöflicher Seits erfolgten Anstellung von Erzpriestern und Dechanten und sonstiger bischöflicher Beamten u. s. w.

Demnächst erfolgte auf Grund kommissarischer Verhandlungen mit den betreffenden Bischöfen unter Genehmigung des MdgA. die Auseinandersetzung durch Regulative der Ober-Präsidenten über die Ressortverhältnisse in den Angelegenheiten betreffend die Verwaltung und Beaufsichtigung des katholischen Kirchen-, Pfarr- u. Stiftungsvermögens, und zwar in der Provinz Preußen v. 25. Mai 1850, Pommern v. 23. September 1851 (Paderb. Beitr. 1, 40 u. 64), Posen v. 19. November 1850 (VMBl. 1851 S. 32), Westphalen v. 8. Mai 1852 (Paderb. Beitr. 2, 5 ff.). Das Nähere darüber in N. 70.

Zu §§ 34 u. 35. Sonn- u. Festtagsheiligung.

22. Das dritte gemeinrechtliche Kirchenhoheitsrecht des Staats, das Schutzrecht, jus advocatiae, welches die Befugniß und Verpflichtung des Staats enthält, die Kirche und die Religionsgesellschaften in den ihnen gewährten Rechten zu er-

begangen werden sollen oder nicht, kann nur der Staat bestimmen.

---

halten, ihnen den weltlichen Arm zu leihen, wo sie desselben bedürfen, und in streitigen, nicht anders zu erledigenden Fällen selbst Entscheidung zu treffen, und welches im Landrecht auch vielfach anerkannt ist, z. B. in den §§ 34, 35, 37, 38, 53, 56, 178, 239, 240, 309—11 h. t., ferner in den §§ 135 – 138, 282 StrGB., ist durch die Verfassungsurkunde nicht berührt worden.

23. Der § 34 bestätigt das gemeinrechtliche Recht des Staats, öffentliche Festtage anzusetzen, welche dann auch kirchlich gefeiert werden müssen, der § 35 das gemeinrechtliche Recht des Staats, die bürgerliche Feier der geordneten Kirchenfesttage vorzuschreiben. Das erste Recht übt der König persönlich aus, das andere durch die Bezirksregierungen — AKO. v. 7. Februar 1837 (GS. S. 19) —, und zwar deren Abtheilungen für Kirchen- und Schulwesen, wo solche vorhanden — § 3 Nr. 4 V. v. 27. Juni 1845 (GS. S. 440), § 18 Reg. Instr. v. 23. Okt. 1817 (GS. S. 237) —. Deren Verordnungen sind für alle Staatsbürger, auch die nicht der christlichen Kirche angehörigen, verbindlich, sie dürfen aber mit den Gesetzen oder den Verordnungen einer höheren Instanz nicht in Widerspruch stehen, können auch vom Minister des Innern aufgehoben werden und sind in Betreff ihrer gesetzlichen Gültigkeit d. h. nach ihrem Gegenstande — OTrE. v. 8. Mai 1863 (Opp., Rechtspr. 6, 91) — der richterlichen Prüfung unterworfen — § 15—17 G. über d. Pol. Verw. v. 11. März 1850 (GS. S. 265) —. Aus beiden Rechten folgt auch das Recht des Staats, die bisher stattgehabte Feier bestehender Kirchenfesttage aufzuheben. — Das Recht der Kirche, kirchliche Festtage anzuordnen und die kirchliche Feier der vom Staate gebotenen zu ordnen, gebührt in der evangelischen Kirche dem evang. Ober-Kirchenrath — § 1 Nr. 2 Ress. Regl. v. 29. Juni 1850 (GS S. 344) —, in der katholischen den Diöcesanbischöfen — Conc. Trid. sess. 24 c. 2 de regular. — und soweit es sich um allgemeine Kirchenfesttage handelt, dem Pabste — Benedict. XIV. De syn. dioces. L. XIII c. 18.

24. Die gesetzlichen Feiertage in Preußen, welche kirchlich und bürgerlich gefeiert werden müssen, sind neben den Sonntagen: Neujahr, der erste und zweite Tag von Weihnachten, Ostern und Pfingsten, der Charfreitag, ein am Mittwoch nach Jubilate abzuhaltender Buß- und Bettag — Ed. v. 28. Januar 1773 (Rabe 1, 5, 1), KO. v. 28 Juni 1826 (Ann. 19, 742) —, der Himmelfahrtstag — Ed. v. 19. März 1789 (Rabe 13, 178) —, das allgemeine Kirchenfest zur Erinnerung der Verstorbenen am letzten Sonntage des Kirchenjahrs — KO. v. 17. November 1816 (Amtsbl. v. 1817) —, der Allerheiligentag, der aber nur den Katholiken gegenüber und von diesen gefeiert werden darf — KO. v. 5. Juli 1832 (GS. S. 197), v. 7. Februar 1837 (GS. S. 21) u. v. 22. Juli 1839 (GS. S. 249) —. Bei den anderen Feiertagen ist eine bürgerliche Feier nicht geboten, dergleichen sind: Geburtstag des Königs, Ernte-Dankfest, Kirchweih u. a. m. sowie die katholischen: heilige drei Könige, Frohnleichnam, Mariä Reinigung, Mariä Verkündigung, Mariä Himmelfahrt, Mariä Geburt, Mariä Empfängniß, Peter Paul, Stephan und der Namenstag des Hauptpatrons jeder Kirche — Päbstl. Bullen v. 24. April 1772, 19. April 1788, 2. Dezember 1828 —.

25. Die zu Recht bestehenden Vorschriften über die Feier der Sonn- und Festtage sind folgende:

a. Die Presbyterien und Gemeinde-Kirchenräthe sollen dafür sorgen, daß Alles entfernt werde, was die Ruhe der heiligen Tage stören, die Theilnahme am öffentlichen Gottesdienste hindern und einer gesegneten Feier in den Weg treten könnte, insbesondere sollen sie über die Befolgung der die Sonn- und Festtagsfeier betreffenden obrigkeitlichen Verordnungen wachen — § 111 Kirch. O. v. 5. März 1835 (Ann. 19, 104), § 12 Nr. 2 Kirch. Gem. O. v. 29. Juni 1850 (N. 91) —. Ferner sollen die Eltern ihre Kinder, die Herrschaften ihre Dienstboten, die Meister ihre Gesellen und Lehrlinge zum Besuch der Kirche und zur Beiwohnung des Gottesdienstes anhalten — § 75 II, 2, § 293 II, 8 ALR., § 84 Ges. O. v. 8 Nov. 1810 (GS. S. 101) —. Auch soll der Beginn und Schluß der Schulferien so gelegt werden, daß der Feier der Sonn-

und Festtage durch Verwendung derselben zu Reisen Seitens der Schüler kein Eintrag geschehen kann — RdMdgA. v. 2. April 1853 (BMBl. S. 95) —.

b. Alle Amtsgeschäfte sollen ruhen an Sonn- und Festtagen, sofern sie nicht durchaus nothwendig sind. Es dürfen keine gerichtlichen Insinuationen, keine Acte der freiwilligen Gerichtsbarkeit vorgenommen werden — § 23 I, 7, § 11 II, 2 AGO. —, keine öffentlichen Gerichtssitzungen stattfinden, in überwiegend katholischen Gegenden auch nicht an den katholischen Feiertagen: heilige drei Könige, Mariä Reinigung, Mariä Verkündigung, Frohnleichnam, Peter Paul, Mariä Empfängniß — JMR. v. 12. April 1850 (JMBl. S. 127) —, keine Termine abgehalten und Arreste nicht ohne die höchste Gefahr und mit Vermeidung jedes öffentlichen Anstoßes und jeder Störung des Gottesdienstes angelegt — § 5 I, 8 u. Anh. § 62 AGO. —, keine Auctionen abgehalten — Anh. § 120 AGO. u. § 10 Regl. v. 15. Aug. 1848 (BMBl. S. 305) —, keine gerichtliche oder Administrativ-Exekution vollstreckt werden — § 4 V. v. 4. März 1834 (GS. S. 31), V. v. 24. Nov. 1843 (GS. S. 353), § 6 V. v. 30. Juni 1845 (GS. S. 446), § 87 V. v. 21. Juli 1849 (GS. S. 330), § 6 V. v. 30. Juli 1853 (GS. S. 909) —. Auch die Verwaltungsbehörden sollen nur die durch unabweisliche Nothwendigkeit gebotenen öffentlichen Amtsverrichtungen vornehmen — ERdMdgA. u. dJ. v. 26. April 1851 (BMBl. S. 126) —. Daher sollen die Transporte der Verbrecher und Vagabonden so eingerichtet werden, daß sie nicht auf einen Sonntag fallen — CRdMdgA. v. 25. Juni 1846 (BMBl. S. 108) —. Die Steuerbehörden sollen keine amtlichen Ausfertigungen zum Zwecke der Rübenverwiegung in Zuckerfabriken vornehmen — RdFM. v. 9. Mai 1852 (BMBl. S. 153) — und Betriebsanmeldungen, nach denen Brauerei-Einmaischungen in diesen Tagen stattfinden sollen, ablehnen — RdFM. v. 7. Juli 1852 (BMBl. S. 246) —. Sämmtliche Eisenbahn-Verwaltungen dürfen gewöhnliches Frachtgut weder annehmen noch abliefern — RdMfH. v. 8. Okt. 1853 (BMBl. S. 270) —. Der Postdienst ist an Sonntagen derartig beschränkt, daß der Annahme- und Ausgabedienst für Brief- und Fahrpost-Gegenstände von 9 Uhr Vorm. bis 5 Uhr Nachm. geschlossen ist, auch die Brief- und Packetbestellung mit Ausnahme der Expreßbestellung während dieser Zeit ruht. Diese Beschränkungen fallen an Festtagen, die nicht auf einen Sonntag fallen, für zwei Stunden der Mittagszeit fort. Ausnahmen sind nur für vorübergehende, außerordentliche Fälle gestattet und von der Ober-Post-Direction zu genehmigen — RdMfH. v. 25. Jan. 1851 (BMBl. S. 24), v. 20. Sept. u. 2. Dez. 1853 (BMBl. S. 245 u. 287) —. Truppenübungen und Märsche zur Zeit des Gottesdienstes in der Nähe der Kirchen sind zu vermeiden, insbesondere ist dabei nie das Spiel zu rühren — AO. v. 25. Nov. 1852 (BMBl. 1853 S. 40) —. Die Landwehr-Kontrollversammlungen dürfen nur an Wochentagen gehalten werden — AO. v. 8. Juni 1854 (Aktst. 1, 7, 28) —.

c. Alle öffentlichen Arbeiten und Geschäfte sollen ruhen an Sonn- und Festtagen. Daher ist aller öffentliche Verkehr in Handel und Gewerben, in Läden, Buden und anderen Verkaufslokalen wie im Umhergehen verboten, und nur der Handel mit den nothwendigsten Lebensbedürfnissen (Viktualien, Tabak) außerhalb der Stunden des Gottesdienstes gestattet. Die sämmtlichen Verkaufslokalien müssen daher geschlossen, die Schaufenster verhängt sein, und nur Restaurationen, Konditoreien, Bier- und Branntweinschänken, Materialwaaren- und Tabacksläden, Apotheken dürfen außerhalb der Gottesdienststunden geöffnet sein, und darf dann in denselben etwas verabfolgt werden. Auch auf Kirchmessen darf während des Gottesdienstes kein Kauf und Verkauf getrieben werden. Vgl. darüber die in den Amtsblättern publicirten Verordnungen der einzelnen Bezirksregierungen, insbesondere die durch RdMdgA. u. dJ. v. 19. Febr. 1838 genehmigte V. d. Reg. zu Merseburg v. 12. März 1838 (Ann. 22, 96). Jahrmärkte sind nicht abzuhalten, auch Wollmärkte nicht, und Wochenmärkte sind, wenn ihre Verlegung unmöglich, jedenfalls auf die Zeit vor dem Vormittagsgottesdienste zu beschränken — Publ. dMdgA. v. 31. Mai 1818 (Ann. 2, 349) —. Alle öffentlichen Arbeiten sind verboten — KO. v. 26. März 1825 (Anm. 9, 377) —, auch sollen die Unternehmer öffentlicher Bauten und die Baubeamten die Ablöhnung ihrer Arbeiter nur ausnahmsweise und so vornehmen, daß dieselbe eine Stunde vor Beginn des Gottesdienstes endigt

Gegen andere Kirchengesellschaften.

§ 36. **Mehrere Kirchengesellschaften, wenn sie gleich zu einerlei Religionspartei gehören, stehen dennoch unter sich in keiner nothwendigen Verbindung.**

---

oder eine Stunde nach Schluß des Gottesdienstes beginnt — §§ 23 u. 26 V. v. 21. Dez. 1846 (GS. 1847 S. 21) —. Die Entscheidung darüber, ob ein Baubeamter, welcher in einem dringenden Falle am Sonntag Bauarbeiten vornehmen läßt, sich dadurch einer Uebertretung der bestehenden Vorschriften über die Sonntagsfeier schuldig gemacht hat, steht nicht den Gerichten, sondern nur den vorgesetzten Verwaltungsbehörden zu — KGE. v. 25. Okt. 1856 (VMBl. 1857 S. 65) —. Verboten ist ferner die Beschäftigung jugendlicher Arbeiter unter sechszehn Jahren in den Fabriken — § 5 Regl. v. 9. März 1839 (GS. S. 156) —. Sonst sind in den Fabriken nur solche Arbeiten verboten, welche die Merkmale des Oeffentlichen und Geräuschvollen an sich tragen — OTrE. v. 9. Febr. 1860 (Arch. f. rhein. R. 55, 10) —. Daher darf auch das Müllergewerbe während der Gottesdienststunden nur in dringlichen Fällen nach vorher eingeholter Erlaubniß der Ortspolizeibehörde, die nur ertheilt werden darf, wenn durch die Nähe der Mühle die Feier nicht gestört wird, betrieben werden — RdMdJ. v. 29. August 1841 (VMBl. S. 240), RdMfH., dJ. u. dgA. v. 3. Mai 1860 (VMBl. S. 117) —. Ebenso soll die Annahme und Abfertigung der Mahlgäste niemals zur Zeit des Gottesdienstes stattfinden — RdMdJ. u. dgA. v. 30. Jan. 1843 (VMBl. S. 42) —. Das Arbeiten in den Bergwerken und Hütten ist auf unaufschiebbare und keine Unterbrechung duldende Verrichtungen zu beschränken — RdMfH. v. 28. Mai 1851 (VMBl. S. 128) —. Kein Geselle, Gehülfe, Lehrling oder Fabrikarbeiter ist zum Arbeiten verpflichtet, vorbehaltlich anderweiter Vereinbarung, für dringliche Fälle — § 49 V. v. 9. Febr. 1849 (GS. S. 93) —, jedoch sollen die Bezirksregierungen dahin wirken, daß die Arbeitgeber das Arbeiten an Sonn- und Festtagen weder verlangen noch gestatten — CRdMfH. v. 17. Mai 1851 (VMBl. S. 126) —. Landwirthschaftliche Arbeiten dürfen die Herrschaften während der Gottesdienststunden nicht vornehmen lassen, auch in dieser Zeit die Bestellung der Gesindeäcker nicht gestatten — Publ. dMdgA. v. 31. Mai 1818 (Ann. 2, 49) —. Von den Dienstpflichtigen dürfen keine Dienste gefordert werden — §§ 327—331 II, 7 ALR. —. Dagegen ist das Austreiben des Viehs außerhalb der Gottesdienststunden erlaubt — RdMdJ. v. 16. Okt. 1858 (VMBl. S. 234) —. Treibjagden dürfen nicht ohne ausdrückliche Erlaubniß, andere Jagden nicht während des Gottesdienstes gehalten werden — RdMdgA. v. 31. Mai 1818 (Ann. 2, 49), CRdMdJ. u. dgA. v. 1. Juli 1852 (VMBl. S. 174) —. Der Fischereibetrieb ist an Sonn- und Festtagen und den Vorabenden der letzteren nicht gestattet, nur das Nachsehen, Aufnehmen und Wiederaussetzen der Setznetze, Reusen und Angelschnüre ist gestattet — § 16 u. § 14 Fisch. O. f. das kurische u. frische Haff v. 7. März 1845 (GS. S. 114, 121, 139), § 30 Fisch. O. f. Pommern v. 2. Juli 1859 (GS. S. 463), § 38 F. O. f. Reg. Bez. Stralsund v. 30. August 1865 (GS. S. 941) —. Die Verpflichtung des Miethers zur Wohnungsräumung ruht an den Sonn- und Festtagen — § 3 G. v. 30. Juni 1834 (GS. S. 92) —.

d. Die Festtage sind durch rauschende Lustbarkeiten nicht zu entweihen. Bälle und ähnliche Lustbarkeiten, d. h. solche, bei welchen die Theilnehmer selbstthätig mitwirken — RdMdJ. v. 4. April 1838 (Ann. 22, 401) —, sind an den Vorabenden der großen Kirchenfeste, nämlich Weihnachten, Ostern, Pfingsten, Charfreitag, Bußtag, Todtenfest, der evangelischen und katholischen Jahrestage verboten — KO. v. 14. März 1818 (Ann. 2, 438) —, desgleichen am Charfreitag, Bußtag und Todtenfest selbst — KO. v. 26. Febr. 1826 (Ann. 10, 86) —, ebenso während der ganzen Charwoche und am Aschermittwoch — KO. v. 26. Febr. 1837 (Anm. 21, 83) —. Auch sollen an denjenigen Orten, wo es bisher üblich gewesen, an den ersten Feiertagen des Weihnachts-, Ostern- und Pfingstfestes Schauspielvorstellungen, Bälle und ähnliche Lustbarkeiten nicht stattfinden — KO. v. 20. März 1826 (Ann. 10, 87), RdMdgA. v. 7. Dez. 1837 (Ann. 21, 971) —. Ebenso soll, wo die stille Begehung anderer Zeiten, als der letzten Adventswoche und der zweiten Hälfte der Fastenzeit,

§ 37. Kirchengesellschaften dürfen so wenig als einzelne Mitglieder derselben einander verfolgen oder beleidigen.

bisher üblich gewesen, es dabei verbleiben — KO. v. 19. August 1837 (Ann. 21, 973) —. Am Charfreitag und Bußtag dürfen auch eigentliche Schauspielvorstellungen nicht stattfinden und am Todtenfest nur solche ernsten Inhalts, jedoch bezieht sich das erstere Verbot nicht auf Kunstreiter- und Seiltänzervorstellungen — RdMdgA. u. dJ. v. 16. März u. 19. Juli 1837 (Ann. 21, 83 u. 85) —.

e. Ueberhaupt sind alle Störungen des Gottesdienstes verboten — KO. v. 26. März 1825 (Ann. 9, 371) —, also auch Morgenmusiken und Koncerte an öffentlichen Orten, öffentliche Aufzüge der Gewerke, Schützengilden, Seiltänzer u. a. m., geräuschvolle Spiele z. B. Kegelspiel, lärmende Versammlungen, Wagenfahren an den Kirchen während der Gottesdienststunden. Vgl. darüber die in den Amtsblättern publicirten Verordnungen der einzelnen Bezirksregierungen, insbesondere die durch die RdMdgA. u. dJ. v. 19. Febr. 1838 genehmigte V. d. Reg. zu Merseburg v. 12. März 1838 (Ann. 22, 96) —. Auch Gesangfeste dürfen nur so gehalten werden, daß die kirchliche Sonn- und Festtagsfeier dadurch nicht beeinträchtigt wird — CRdMdJ. v. 6. August 1852 (VMBl. S. 221) —.

f. Wer den gegen die Störung der Feier der Sonn- und Festtage erlassenen Anordnungen zuwiderhandelt, wird mit Geldbuße von einem bis funfzig Thalern oder Gefängniß von einem Tage bis zu sechs Wochen bestraft — § 340 Nr. 8 u. § 17 StrGB. —.

Zu § 37.

26. Hierauf sind die §§ 100, 135, 136, 282 StrGB. zu beziehen, welche lauten:

§ 100. Wer den öffentlichen Frieden dadurch gefährdet, daß er die Angehörigen des Staats zum Hasse oder zur Verachtung öffentlich anreizt, wird mit Geldbuße von zwanzig bis zu zweihundert Thalern oder mit Gefängniß von einem Monate bis zu zwei Jahren bestraft.

§ 135. Wer öffentlich in Worten, Schriften oder anderen Darstellungen Gott lästert, oder eine der christlichen Kirchen oder eine andere mit Korporationsrechten im Staate bestehende Religionsgesellschaft oder die Gegenstände ihrer Verehrung, ihre Lehren, Einrichtungen oder Gebräuche verspottet, oder in einer Weise darstellt, welche dieselben dem Hasse und der Verachtung aussetzt, ingleichen wer in Kirchen oder anderen religiösen Versammlungsorten an Gegenständen, welche dem Gottesdienst gewidmet sind, beschimpfenden Unfug verübt, wird mit Gefängniß bis zu drei Jahren bestraft.

a. Oeffentlich bedeutet nach § 36 u. 152 StrGB.: an öffentlichen Orten oder bei öffentlichen Zusammenkünften, doch findet das Gesetz auch Anwendung, wenn in Privatwohnungen oder bei Zusammenkünften geschlossener Gesellschaften, wo Mehrere zugegen waren, und der Zutritt jedem Dritten beliebig frei stand, die Handlung vorgenommen ist (Opp., Komment. z. StrGB. § 135 n. 2).

b. Die Gegenstände der Verehrung brauchen nicht sinnliche zu sein, es genügen begriffliche, z. B. der Inhalt der Bibel; Verspotten ist auch ein Beschimpfen ohne animus injuriandi — OTrE. v. 1. März 1866 (Opp., Rechtsspr. 7, 136) —.

c. Die niedrigste Strafe ist nach § 15 StrGB. ein Tag Gefängniß.

§ 136. Wer durch Thätlichkeiten oder Drohungen eine oder mehrere Personen zwingt oder hindert, den Gottesdienst einer im Staate bestehenden Religionsgesellschaft auszuüben, ingleichen wer in Kirchen oder anderen religiösen Versammlungsorten durch Erregung von Lärm oder Unordnung den Gottesdienst oder einzelne gottesdienstliche Verrichtungen einer im Staate bestehenden Religionsgesellschaft verhindert oder stört, soll mit Gefängniß von einem Monate bis zu drei Jahren bestraft werden.

d. Diese Vorschrift ist nicht beschränkt auf Religionsgesellschaften mit Korporationsrechten, dagegen ist sie auf Hausandachten nicht anwendbar (Opp., Komment. z. StrGB. § 136 n. 3 u. 4).

e. Als einzelne gottesdienstliche Verrichtung ist jede liturgische Handlung anzusehen, z. B. der Gesang der Gemeinde, die Eidesabnahme im Gotteshause (Opp. a. a. O. n. 11).

§ 38. Schmähungen und Erbitterung verursachende Beschuldigungen müssen durchaus vermieden werden.

Gegen ihre Mitglieder.

§ 39. Protestantische Kirchengesellschaften des Augsburgischen Glaubensbekenntnisses sollen ihren Mitgliedern wechsel=

---

§ 282. Wer Gegenstände der Verehrung einer im Staate bestehenden Religionsgesellschaft, oder Sachen, die dem Gottesdienste gewidmet sind, oder Grabmäler . . . vorsätzlich zerstört oder beschädigt, wird mit Gefängniß nicht unter vierzehn Tagen bestraft. Auch kann auf zeitige Untersagung oder Ausübung der bürgerlichen Ehrenrechte erkannt werden.

f. *Auch dieser § bezieht sich nicht allein auf Religionsgesellschaften mit Korporationsrechten* (Opp. a. a. O. § 282 n. 1).

g. Die höchste Strafe ist fünf Jahre Gefängniß — § 14 StrGB. —. Die Interdiction kann von einem Jahre bis zu zehn Jahren erkannt werden und hat den Verlust aller aus früheren Wahlen hervorgegangenen Rechte, sowie den Verlust der öffentlichen Aemter, Würden, Titel, Orden, Ehrenzeichen, Pensionen und Gnadengehalte von Rechtswegen zur Folge — § 21—23 StrGB. —.

Zu § 38.

27. Daher dürfen auch keine Kontroverspredigten gehalten werden — ERdMdgA. v. 16 Mai 1827 (Ann. 11, 407) —.

Zu § 39.

28. Diese Bestimmung hat eine bedeutende Erweiterung erfahren durch die KO. v. 27. Septr. 1817, betreffend die Vereinigung der lutherischen und reformirten Kirche (Ann. 1, 1, 64). Dieselbe lautet:

Schon Meine in Gott ruhende, erleuchtete Vorfahren, der Kurfürst Johann Sigismund, der Kurfürst Georg Wilhelm, der große Kurfürst, König Friedrich I. und König Friedrich Wilhelm I., haben, wie die Geschichte Ihrer Regierung und Ihres Lebens beweiset, mit frommen Ernst es sich angelegen sein lassen, die beiden getrennten protestantischen Kirchen, die reformirte und lutherische, zu einer evangelisch-christlichen in Ihrem Lande zu vereinigen. Ihr Andenken und Ihre heilsame Absicht ehrend, schließe Ich Mich gern an Sie an und wünsche ein gottgefälliges Werk, welches in dem damals unglücklichen Sectengeiste unüberwindliche Schwierigkeiten fand, unter dem Einfluß eines besseren Geistes, welcher das Außerwesentliche beseitigt und die Hauptsache im Christenthum, worin beide Konfessionen gleich sind, festhält, zur Ehre Gottes und zum Heil der christlichen Kirche in Meinen Staaten zu Stande gebracht und bei der bevorstehenden Säkularfeier der Reformation damit den Anfang gemacht zu sehen! Eine solche wahrhaft religiöse Vereinigung der beiden nur noch durch äußere Unterschiede getrennten protestantischen Kirchen ist den großen Zwecken des Christenthums gemäß; sie entspricht den ersten Absichten der Reformatoren; sie liegt im Geiste des Protestantismus; sie befördert den kirchlichen Sinn; sie ist heilsam der häuslichen Frömmigkeit; sie wird die Quelle vieler nützlichen, oft nur durch den Unterschied der Konfession bisher gehemmten Verbesserungen in Kirchen und Schulen.

Dieser heilsamen, schon so lange und jetzt wieder so laut gewünschten und vergeblich versuchten Vereinigung, in welcher die reformirte nicht zur lutherischen und diese nicht zu jener übergeht, sondern beide eine neu belebte, evangelisch-christliche Kirche im Geiste ihres heiligen Stifters werden, steht kein in der Natur der Sache liegendes Hinderniß mehr entgegen, so bald beide Theile nur ernstlich und redlich in wahrhaft christlichem Sinn sie wollen, und von diesem erzeugt, würde sie würdig den Dank aussprechen, welchen wir der göttlichen Vorsehung für den unschätzbaren Segen der Reformation schuldig sind, und das Andenken ihrer großen Stifter in der Fortsetzung ihres unsterblichen Werks durch die That ehren.

Aber so sehr Ich wünschen muß, daß die reformirte und lutherische Kirche in Meinen Staaten diese Meine wohlgeprüfte Ueberzeugung mit Mir theilen möge,

seitig die Theilnahme auch an ihren eigenthümlichen Religionshandlungen nicht versagen, wenn dieselben keine Kirchenanstalt

---

so weit bin Ich, ihre Rechte und Freiheiten achtend, davon entfernt, sie aufdringen und in dieser Angelegenheit etwas verfügen und bestimmen zu wollen. Auch hat diese Union nur dann einen wahren Werth, wenn weder Ueberredung noch Indifferentismus an ihr Theil haben, wenn sie aus der Freiheit eigener Ueberzeugung rein hervorgeht, und sie nicht nur eine Vereinigung mit der äußeren Form ist, sondern in der Einigkeit der Herzen nach ächt biblischen Grundsätzen ihre Wurzeln und Lebenskräfte hat.

So wie Ich selbst in diesem Geiste das bevorstehende Säkularfest der Reformation in der Vereinigung der bisherigen reformirten und lutherischen Hof- und Garnison-Gemeinde zu Potsdam zu einer evangelisch-christlichen Gemeinde feiern und mit derselben das heilige Abendmahl genießen werde: so hoffe Ich, daß dieses Mein eigenes Beispiel wohlthuend auf alle protestantischen Gemeinden in Meinem Lande wirken und eine allgemeine Nachfolge im Geiste und in der Wahrheit finden möge. Der weisen Leitung der Konsistorien, dem frommen Eifer der Geistlichen und ihrer Synoden überlasse Ich die äußere übereinstimmende Form der Vereinigung, überzeugt, daß die Gemeinden in ächt christlichem Sinne dem gern folgen werden, und daß überall, wo der Blick nur ernst und aufrichtig ohne alle unlautere Nebenabsichten auf das Wesentliche und die große heilige Sache selbst gerichtet ist, auch leicht die Form sich finden, und so das Aeußere aus dem Inneren einfach, würdevoll und wahr von selbst hervorgehen wird. Möchte der verheißene Zeitpunkt nicht mehr fern sein, wo unter einem gemeinschaftlichen Hirten Alles in einem Glauben, in einer Liebe und in einer Hoffnung sich zu einer Heerde bilden wird.

Hieran schloß sich die KO. v. 3. April 1821 (Ann. 5, 341), welche bestimmt, daß überall statt der nur der Zeit, wo der Name aufkam, angehörenden Benennung: Protestanten, protestantische Religion stets die Bezeichnung: Evangelische, evangelische Religion gebraucht werden solle. Der Ansicht, daß die Annahme der Union als Konfessionswechsel anzusehen sei, und mithin der Beitritt zu ihr ein Ausscheiden aus dem bisherigen Parochialverbande bewirke, trat der MdgA. schon in dem R. v. 2. Mai 1826 (Ann. 10, 351) entgegen. In Folge einer KO. v. 30. April 1830 veranlaßte der MdgA. sodann in dem CR. v. 5. Mai 1830 (Ann. 14, 324) die Konsistorien, auf angemessene Weise dahin zu wirken, daß in den Gemeinden bei der Feier des heiligen Abendmahls das Brechen des Brodes, welches als der symbolische Ausdruck des Beitritts zur Union zu betrachten sei, baldmöglichst in Anwendung komme, und die beiden evangelischen Konfessionen eigenthümlichen Unterscheidungsnamen „reformirt" und „lutherisch" gegen die Benennung „evangelisch" von den Geistlichen und Gemeinden vertauscht werde, und wiederholte in Betreff der rechtlichen Folgen des Beitritts zur Union den Grundsatz, daß der Parochialverband dadurch keine Veränderung erleide. Für die practische Ausführung dieses Grundsatzes unterscheidet das Rescript, ob von den mehreren Gemeinden verschiedener Konfession in einem Orte alle oder nur einzelne der Union durch Annahme des Unionsritus beitreten. Im ersteren Falle soll es jedem Mitgliede jeder Gemeinde freistehen, hinsichtlich der Ausübung kirchlicher Handlungen sich an die andere anzuschließen, doch müssen seine Verpflichtungen gegen die erstere dieselben bleiben. Auch von auswärts neu Anziehende haben die Wahl, zu welcher Gemeinde sie sich halten wollen, ihre Gebühren und Beiträge für die Kirche müssen sie aber nach den Sätzen der nächsten minder günstig gestellten Gemeinde bei der von ihnen gewählten entrichten, wobei der Ueberschuß der Stolgebühren der Kirchenkasse zu Gute kommt. Dies soll ihnen zugleich von dem Geistlichen der Gemeinde, die sie wählen, eröffnet werden. Im zweiten Falle kann auch jedes Mitglied der nicht unirten Gemeinde an die unirte sich anschließen, muß aber die Beiträge und Gebühren an die frühere Gemeinde so lange leisten, bis die Mehrzahl der Mitglieder in dieser Weise sich verhält. Dann ist auch diese frühere Gemeinde als unirt anzusehen und durch freie Einwilligung und auf dem Wege besonderer Verhandlungen zu entscheiden, ob sie ferner noch für sich bestehen oder mit der andern Gemeinde sich verschmelzen will, wobei dafür zu sorgen ist, daß die der Union abgeneigten Individuen das Abendmahl nach dem bisherigen Ritus em-

ihrer eigenen Religionspartei, deren sie sich bedienen können, in der Nähe haben.

---

pfangen. Ebenso kann auch kein Mitglied der unirten Gemeinde gehindert werden, zur nicht unirten überzutreten, es soll dann aber auch seine Beiträge und Gebühren nach den Sätzen der minder günstig gestellten Gemeinde zahlen, wobei der Ueberschuß der Kirchenkasse zu Gute kommt. Wenn das Rescript hieran die Bemerkung knüpft, daß die Theilnahme an dem Abendmahlsgenusse bei einer evangelischen Gemeinde der andern Konfession nicht mehr als Zeichen des Uebertritts zu dieser Konfession angesehen werden, und § 42 h. t. auf diesen Fall nicht Anwendung finden könne, so widerspricht dies dem wiederholt in den KO. v. 30. April 1830 (GS. S. 64) und 28. Februar 1834 (Ann. 18, 74) ausgesprochenen Grundsatze, daß die Union keinen Konfessionswechsel involvire, und kann daher als zutreffend und maaßgebend nicht bezeichnet werden — OTrE. v. 9. Juli 1860 (Entsch. 43, 287) —. Für den Fall, daß die Verbindung zweier Gemeinden verschiedener Konfession, welche der Union beigetreten sind, durch die Verschiedenheit ihrer Lasten und Gebühren erschwert wird, ordnet das gedachte Rescript an, daß, wenn nicht im gütlichen Wege eine Vereinbarung zu erreichen ist, die höheren Lasten und Gebühren ganz wegfallen, und der Ausfall durch Einziehung entbehrlich gewordener Predigerstellen, oder durch Zuschuß aus den Kommunal- und Kirchenkassen, eventuell durch Uebernahme auf Staatsfonds gedeckt werden soll. Zur weiteren Erleichterung der Ausführung der Union bestimmte die KO. v. 30. April 1830 (GS. S. 64) Folgendes:

> Aus Ihrem Berichte vom 16. d. M. habe Ich ersehen, daß einzelne evangelische Gemeinden, ungeachtet die Union keinen Konfessionswechsel enthält, derselben beizutreten Bedenken tragen, weil sie befürchten, in dem bisherigen Genusse an die reformirte oder lutherische Konfession geknüpfter Stiftungen, Schenkungen oder auf andere Weise erworbener Vortheile durch Annahme der Union beeinträchtigt zu werden. Ich verordne deshalb, daß Niemand befugt sein soll, einer reformirten oder lutherischen Gemeinde, imgleichen einer geistlichen oder weltlichen Kirchen- oder Schulstelle dergleichen Rechte aus einem von dem Beitritt zur Union hergenommenen Grunde vorzuenthalten oder zu entziehen.

Der in dieser Ordre ausgesprochene Grundsatz, daß die Annahme der Union keinen Konfessionswechsel enthalte, hat eine nähere Ausführung erhalten in folgenden Worten der KO. v. 28. Februar 1834 (Ann. 18, 74), das Wesen und den Zweck der Union betreffend:

> Die Union bezweckt und bedeutet kein Aufgeben des bisherigen Glaubensbekenntnisses, auch ist die Autorität, welche die Bekenntnißschriften der beiden evangelischen Konfessionen bisher gehabt, durch sie nicht aufgehoben worden. Durch den Beitritt zu ihr wird nur der Geist der Mäßigung und Milde ausgedrückt, welcher die Verschiedenheit einzelner Lehrpunkte der andern Konfession nicht mehr als den Grund gelten läßt, ihr die äußerliche kirchliche Gemeinschaft zu versagen. Der Beitritt zur Union ist Sache des freien Entschlusses, und es ist daher eine irrige Meinung, daß an die Einführung der erneuerten Agende nothwendig auch der Beitritt zur Union geknüpft sei oder indirect durch sie bewirkt werde. Jene beruht auf den von Mir erlassenen Anordnungen; dieser geht nach Obigem aus der freien Entschließung eines Jeden hervor. Die Agende steht mit der Union nur insofern im Zusammenhange, daß die darin vorgeschriebene Ordnung des Gottesdienstes und die für kirchliche Amtshandlungen aufgenommenen Formulare, weil sie schriftmäßig sind, ohne Anstoß und Beschwerde auch in solchen Gemeinden, die aus beiderlei Konfessionsverwandten bestehen, zu gemeinsamer Förderung christlicher Gottesfurcht und Gottseligkeit in Anwendung kommen können. Sie ist auch keineswegs bestimmt, in der evangelischen Kirche an die Stelle der Bekenntnißschriften zu treten oder diesen in gleicher Eigenschaft beigesellt zu werden, sondern hat lediglich den Zweck, für den öffentlichen Gottesdienst und die amtlichen Verrichtungen der Geistlichen eine dem Geiste der Bekenntnißschriften entsprechende Ordnung, die sich auf die Autorität der evangelischen Agenden aus den ersten Zeiten der Reformation gründet, fest-

§ 40. **Jedem Bürger des Staats, welchen die Gesetze fähig erkennen, für sich selbst zu urtheilen, soll die Wahl der Religionspartei, zu welcher er sich halten will, freistehen (Th. II. Tit. 2, § 74 ff.).**

---

zustellen und alle schädliche Willkühr und Verwirrung davon fernzuhalten; mithin ist das Begehren derer, welche aus Abneigung gegen die Union auch der Agende widerstreben, als unstatthaft ernstlich und kräftig abzuweisen. Auch in nicht unirten Kirchen muß der Gebrauch der Landesagende, unter den für jede Provinz besonders zugelassenen Modifikationen, stattfinden, am wenigsten aber — weil es am unchristlichsten sein würde — darf gestattet werden, daß die Feinde der Union im Gegensatze zu den Freunden derselben als eine besondere Religionsgesellschaft sich konstituiren.

Auch bei der Stellung des Kirchenregiments gegenüber der Union ist man von jenem Grundsatze nicht abgewichen, da dieselbe die AO. v. 6. März 1852 (Aktst. 1, 5, 2) dahin fixirt: 1) „Der evangelische Oberkirchenrath ist verpflichtet, ebensowohl die evangelische Landeskirche in ihrer Gesammtheit zu verwalten und zu vertreten, als das Recht der verschiedenen Konfessionen und die auf dem Grunde desselben ruhenden Einrichtungen zu schützen und zu pflegen. 2) Der evangelische Oberkirchenrath besteht aus Gliedern beider Konfessionen. Es können aber nur solche Personen in denselben aufgenommen werden, welche das Zusammenwirken von Gliedern beider Konfessionen im Regimente mit ihrem Gewissen vereinbar finden. 3) Der evangelische Oberkirchenrath beschließt in den zu seiner Entscheidung gelangenden Angelegenheiten kollegialisch nach Stimmenmehrheit seiner Mitglieder. Wenn aber eine vorliegende Angelegenheit der Art ist, daß die Entscheidung nur aus einem der beiden Bekenntnisse geschöpft werden kann, so soll die konfessionelle Vorfrage nicht nach den Stimmen sämmtlicher Mitglieder, sondern allein nach den Stimmen der Mitglieder des betreffenden Bekenntnisses entschieden werden, und diese Entscheidung dem Gesammtbeschlusse des Kollegiums als Grundlage dienen. Dieses Verfahrens ist in den betreffenden Ausfertigungen zu gedenken." In derselben Weise soll nach der mit Allerhöchster Genehmigung erlassenen Instr. d. evang. OKR. v. 12. Mai 1852 (Aktst. 1, 5, 3) auch bei den Provinzial-Konsistorien verfahren werden. — Die preußische Union ist daher weder eine Bekenntnißunion, noch eine bekenntnißlose Einigung der beiden evangelischen Schwesterkirchen, vielmehr hat sie nur den rechtlichen Charakter einer Konföderation derselben.

Zu § 40.

29. Die hier allegirten §§ 74 ff. II, 2 ALR. haben durch die Decl. v. 21. November 1803 erhebliche Modifikationen erfahren. Das nunmehr gültige Recht in Betreff des Religionsunterrichts der Kinder aus gemischten Ehen ist folgendes: Eheliche Kinder sollen jedesmal in der Religion des Vaters unterrichtet werden; auch durch Verträge darf kein Ehegatte den andern zu Abweichungen davon verpflichten. Ebensowenig hat sonst Jemand das Recht, den Eltern dabei zu widersprechen, so lange sie über den ihren Kindern zu ertheilenden Religionsunterricht einig sind — Decl. v. 21. November 1803 (Rabe 7, 524), u. KO. v. 17. August 1825 (GS. S. 221), §§ 74, 75, 77, 78 II, 2 ALR., JMR. v. 30 Juli 1804 (Rabe 8, 128), v. 25. Novbr. 1813 (Jahrb. 2, 18), v. 15. Mai 1819 (Jahrb. 13, 248) —. Daraus folgt, daß auch der Vormund an abweichende Anordnungen des Vaters, selbst wenn sie noch bei dessen Lebzeiten ein volles Jahr durchgeführt waren — § 82 das. —, nicht gebunden ist — RdMdgA. v. 6. März 1860 (UCBl. S. 244) —. Die Geistlichen sind auch zur Ausführung dieser Grundsätze verpflichtet, und können von den Vormundschaftsbehörden besonders dazu angehalten werden — RdMdgA. v. 18. März 1861 (UCBl. S. 245) —. Nach zurückgelegtem vierzehnten Lebensjahre dürfen sich die Kinder die Konfession, zu der sie sich bekennen wollen, wählen, und wird durch diese Wahl, wie sie auch ausfallen mag, in den Rechten und Pflichten der Eltern wegen Erziehung, Verpflegung und Versorgung der Kinder nichts geändert — § 84 u. 85 a. a. O. —. Daher darf auch einem Juden, dessen Kind zum christlichen Glauben übergetreten ist, die Erziehung desselben deshalb nicht genommen, und für das Kind ein Vormund bestellt werden — OTrE. v. 20. Oktober 1846 Präj. 1793 (Entsch. 13,

§ 41. Der Uebergang von einer Religionspartei zu einer anderen geschieht in der Regel durch ausdrückliche Erklärung.

§ 42. Die Theilnehmung an solchen Religionshandlungen, wodurch eine Partei sich von der anderen wesentlich unterscheidet, hat die Kraft einer ausdrücklichen Erklärung, wenn nicht das Gegentheil aus den Umständen deutlich erhellet (§ 39).

§ 43. Keine Religionspartei soll die Mitglieder der andern durch Zwang oder listige Ueberredungen zum Uebergange zu verleiten sich anmaßen.

§ 44. Unter dem Vorwande des Religionseifers darf Niemand den Hausfrieden stören oder Familienrechte kränken.

§ 45. Keine Kirchengesellschaft ist befugt, ihren Mitgliedern Glaubensgesetze wider ihre Ueberzeugung aufzudringen.

§ 46. Wegen der äußeren Form und Feier des Gottesdienstes kann jede Kirchengesellschaft dienliche Ordnungen einführen.

---

323) —. Uneheliche Kinder werden bis zum zurückgelegten vierzehnten Lebensjahre in der Konfession der Mutter erzogen, ausgenommen wenn letztere nicht Christin, der Vater aber Christ ist, in welchem Falle sie in der Religion des Vaters zu erziehen sind — § 642 u. 643 a. a. O. —. Die vorstehenden Bestimmungen kommen auch dann zur Anwendung, wenn der Vater oder die Eltern sich einer Dissidenten-Gemeinschaft angeschlossen haben. Gegen solche Väter oder Eltern darf kein Zwang stattfinden, um ihre Kinder an dem Religionsunterricht in den öffentlichen Schulen oder dem Konfirmanden-Unterricht bei den Geistlichen der anerkannten christlichen Kirchen Theil nehmen zu lassen, sofern sie nachweisen, daß innerhalb der Religionsgesellschaft, zu der sie gehören, die Kinder Religionsunterricht empfangen — RdMdgA. v. 10. März u. 19. April 1859, CEdOKR. v. 12. Mai 1859 (VMBl. S. 111, 112, 113) u. v. 21. Febr. 1860 (VMBl. S. 107) —.

30. Daß auf Grund des § 40 auch der Uebertritt vom Christenthum zum Judenthum gestattet ist, hat man früher nicht bloß bezweifelt, sondern es ist auch in einzelnen nicht publicirten Kabinetsordres, wie Jacobson (evang. preuß. Kirchenrecht § 119 n. 5) erwähnt, verneint worden. In dem R. v. 28. Juli 1848 (VMBl. S. 221) erklärte jedoch der MdgA., daß dem Rücktritte ins Judenthum ein gesetzliches Hinderniß jetzt nicht mehr im Wege stehe, und durch Art. 12 Verf. Urk. v. 31. Jan. 1850 ist vollends jedes Bedenken beseitigt, jeder Zweifel gelöst worden.

Zu § 41.

31. Die ausdrückliche Erklärung über den Konfessionswechsel braucht nicht nothwendig dem Vorsteher der Kirchengesellschaft, aus welcher der Austritt geschehen soll, abgegeben zu werden; aus § 40 u. 42 h. t. folgt, daß überhaupt nur die Erklärung des Uebertretens zu einer andern staatlich anerkannten Religionspartei erforderlich ist und genügt — OTrE. v. 29. April 1861 (Str. Arch. 41, 201) —. Der evang. Oberkirchenrath hatte in seinem CE. v. 10. Mai 1853 (Aktst. 1, 6, 92) eine abweichende Ansicht aufgestellt, welche auch von den Konsistorien als maaßgebend befolgt wird, in judicando jedoch wiederholt vom Obertribunale reprobirt ist — Vgl. auch N. 28.

Zu § 46.

32. Der § 46 erkennt die Autonomie der Kirchengesellschaften in liturgischen Angelegenheiten gegenüber dem Staate ausdrücklich an; er enthält aber keine Bestimmungen darüber, in welchen Formen diese Autonomie innerhalb der einzelnen Kirchengesellschaften zu üben ist. Dies hängt von der Verfassung der einzelnen Kirchen und Kirchengesellschaften und der einzelnen Gemeinden ab. In der katholischen Kirche steht die Ausübung dieses Rechts verfassungsmäßig nur den Bischöfen zu,

§ 47. Dergleichen Anordnungen müssen jedoch dem Staate zur Prüfung nach dem § 13 bestimmten Grundsatze vorgelegt werden.

---

in der evangelischen Kirche dem Landesherrn und in abgeleitetem Umfange den von ihm berufenen kirchlichen Behörden, während den einzelnen Gemeinden nur ein auf sachlichen Gründen beruhendes Recht des Einspruchs zusteht. Auch in der evangelischen Kirche ist daher nur das Kirchenregiment berechtigt, neue liturgische Einrichtungen oder liturgische Veränderungen, insbesondere auch in der Anzahl und Auswahl der beim Gottesdienste zu gebrauchenden Lieder in einzelnen Gemeinden einzuführen, und bedarf es, wenn dies geschehen soll, weder einer Konvokation noch eines Beschlusses der Gemeinde, sondern lediglich einer vorgängigen mehrmaligen Bekanntmachung in der Kirche, um der Gemeinde Gelegenheit zum Einspruch zu geben. Erfolgt ein solcher, so hat das Kirchenregiment über seinen Grund oder Ungrund zu entscheiden. Selbstverständlich müssen lokale, auf Verfassung oder Observanz beruhende Abweichungen von diesem Modus berücksichtigt werden — CE. d. evang. OKR v. 8. Febr. 1860 (Aktst. 5, 28) —.

33. Für den evangelischen Gottesdienst in Preußen ist schon seit dem 14. Dez. 1787 auf die Einführung einer allgemeinen Kirchenagende das Bestreben der Landesherrn gerichtet gewesen, jedoch erst im J. 1816 die erste Agende und zwar auch nur als Gottesdienstordnung für die Garnisonkirchen in Berlin und Potsdam zu Stande gekommen. Diese erschien in revidirter und verbesserter Gestalt im J. 1821 als Kirchenagende für die preußische Armee und wurde auch in der Hof- und Domkirche zu Berlin eingeführt. Durch KO. v. 19. Febr. 1822 wurde sie den evang. Geistlichen der Monarchie zur allgemeinen Einführung empfohlen, und nachdem verschiedenen Bedenken abgeholfen, auch manche besondere Wünsche befriedigt worden waren, im J. 1824 in mehr als zwei Dritteln aller evang. Kirchen eingeführt — KO. v. 28. Mai u. RdMdgA v. 16. Juni 1825 (Ann. 9, 380) —. Zugleich wurde bestimmt, daß die weitere Einführung der Agende möglichst zu empfehlen sei, jedoch keinem Geistlichen die Annahme zur Bedingung gemacht werden solle, wenn eine andere landesherrlich genehmigte Agende in der Gemeinde in Kraft bestehe — RdMdgA. v. 29. Okt. 1825 u. 14. April 1826 (Ann. 9, 1015 u. 10, 348) —. Bald wurde die Agende von Neuem einer Revision unterworfen mit besonderer Berücksichtigung der provinziellen Bedürfnisse und Eigenthümlichkeiten, und als deren Resultat die „Agende für die evangelischen Kirchen in den königlich preußischen Landen" mit besonderen Bestimmungen und Zusätzen für die sechs östlichen Provinzen im J. 1829, für Westphalen und die Rheinprovinz im J. 1834 allgemein eingeführt. Diese Agende steht, allerdings mit manchen seitdem erlassenen Ergänzungen und Modifikationen, noch gegenwärtig in allgemein anerkannter Geltung. Zu dem buchstäblichen Gebrauch derselben mußten sich die Geistlichen schriftlich verpflichten, was erst durch das RdMdgA. v. 12. Juni 1848 (BMBl. S. 221) wieder abgeschafft ist. Die Reformirten in den Provinzen Preußen und Sachsen haben eigene, auf ihren Synoden festgestellte Agenden im Gebrauch, jene im J. 1856, diese im J. 1859 eingeführt. Die durch die neue Agende eingeführte Gottesdienstordnung ist folgende: Nach einem den Gottesdienst einleitenden Gesange wird am Altare ein von Gesangchören begleiteter liturgischer Theil gesprochen, in welchem gemeinsame Dank- und Lobgebete, ein Sündenbekenntniß, das Evangelium und die Epistel des Tages, das apostolische Glaubensbekenntniß und das Vaterunser enthalten sind. Ein Gesang der Gemeinde (Predigtlied) bildet dann den Uebergang zur Predigt, welche mit den üblichen Fürbitten, Aufgeboten u. s. w. beendigt wird. Nach einem kurzen Liede tritt der Geistliche wieder vor den Altar, wo er mit dem Spruche nach dem Glauben (aus der Liturgie) anhebt und bis zum Schlußsegen fortfährt, auf welchen noch ein kurzer Gesang der Gemeinde folgen kann. Darauf beginnt die Kommunion, und nachdem mit dieser der öffentliche Gottesdienst beendigt ist, werden Taufen und Trauungen vollzogen.

Zu §§ 47—49.

34. Ob diese §§ gegenüber dem Art. 15 Verf. Urk. v. 31. Jan. 1850 (GS. S. 19)

§ 48. Nach erfolgter Genehmigung haben sie mit andern Polizeigesetzen gleiche Kraft und Verbindlichkeit.

§ 49. Sie können aber auch ohne Genehmigung des Staats nicht verändert, noch wieder aufgehoben werden.

§ 50. Jedes Mitglied einer Kirchengesellschaft ist schuldig, sich der darin eingeführten Kirchenzucht zu unterwerfen.

§ 51. Dergleichen Kirchenzucht soll bloß zur Abstellung öffentlichen Aergernisses abzielen.

§ 52. Sie darf niemals in Strafen an Leib, Ehre oder Vermögen der Mitglieder ausarten.

§ 53. Sind dergleichen Strafen zur Aufrechthaltung der Ordnung, Ruhe und Sicherheit in der Kirchengesellschaft nothwendig: so muß die Verfügung der vom Staate gesetzten Obrigkeit überlassen werden.

§ 54. Wenn einzelne Mitglieder durch öffentliche Handlungen eine Verachtung des Gottesdienstes und der Religionsgebräuche zu erkennen geben oder andere in ihrer Andacht stören: so ist die Kirchengesellschaft befugt, dergleichen unwürdigen Mitgliedern, so lange sie sich nicht bessern, den Zutritt in ihre Versammlungen zu versagen.

---

noch zu Recht bestehen, kaum zweifelhaft sein; man wird sich aber wohl wie bei § 21 h. t. für die Negative entscheiden müssen.

Zu §§ 50—57.

35. Die in diesen §§ getroffenen Bestimmungen hatten schon bei der Redaction des Landrechts mehrfache Opposition gefunden. Suarez hielt jedoch daran fest, daß die Kirchengemeinden wie alle anderen Korporationen unbedenklich berechtigt seien, die Kirchenzucht bis zur Exklusion einzelner Mitglieder, welche deshalb keine Exkommunikation im kanonischen Sinne ist, auszuüben. Um Mißverständnissen vorzubeugen, schlug er vor, statt des Wortes „Kirchengesellschaft" das Wort „Kirchengemeinde" zu setzen, jedoch blieb jener erstere Ausdruck bestehen — Mater. z. ALR. XIV, 140, XV, 124, LXXX, 145 ff. —.

36. Die Kirchenzucht bezweckt die Erhaltung der kirchlichen Ordnung dadurch, daß derjenige, welcher sich mit der Kirche verfeindet und dieselbe verletzt hat, durch sie selbst auf den Weg der Buße und also zur Versöhnung mit ihr zurückgeführt wird. Ihre Ausübung gebührt nach § 124 u. 143 h. t. in der katholischen Kirche allein den Bischöfen, in der evangelischen den Konsistorien. Mithin haben auch nur diese Behörden, nicht die Gerichte, über die Rechtmäßigkeit einer Ausschließung nach § 56 h. t. zu entscheiden, und steht dem Betroffenen nur das Recht der Beschwerde an die vorgesetzte kirchenregimentliche Behörde, den Minister d. geistlichen Angelegenheiten, bezieblich den evangelischen Oberkirchenrath zu — OTrE. v. 6. Okt. 1857 (Str. Arch. 27, 88) —. In den sechs östlichen Provinzen ist aber durch § 12 der evang. Gemeindeordnung, welche durch AE. v. 20. Juni 1850 (GS. S. 343) u. 27. Febr. 1860 (GS. S. 90) eingeführt ist, den Gemeinde-Kirchenräthen die Ausübung der Kirchenzucht theilweise delegirt worden, indem ihnen die Pflicht der Förderung christlicher Gesinnung und Sitte in der Gemeinde durch Ermahnung, Warnung und Anzeige auferlegt ist. Und durch V, 5 AE. v. 5. Juni 1861 (GS. S. 374) sind die Kreissynoden als Rekursinstanz für die hierauf bezüglichen Beschlüsse der Gem. KR. bestellt, auch ist ihnen das Recht beigelegt worden, in kirchlichen Disciplinarfällen auf Erfordern des Konsistoriums Gutachten abzugeben. In Westphalen

§ 55. Wegen bloßer, von dem gemeinen Glaubensbekenntnisse abweichender Meinungen kann kein Mitglied ausgeschlossen werden.

§ 56. Wenn über die Rechtmäßigkeit der Ausschließung Streit entsteht, so gebührt die Entscheidung dem Staate.

§ 57. Soweit mit einer solchen Ausschließung nachtheilige Folgen für die bürgerliche Ehre des Ausgeschlossenen verbunden sind, muß vor deren Veranlassung die Genehmigung des Staats eingeholt werden.

Zweiter Abschnitt.

Von den Mitgliedern der Kirchengesellschaften.

§ 58. Die Kirchengesellschaft besteht aus geistlichen und weltlichen Mitgliedern.

Geistliche Mitglieder.

§ 59. Diejenigen, welche bei einer christlichen Kirchengemeine zum Unterricht in der Religion, zur Besorgung des Gottesdienstes und zur Verwaltung der Sakramente bestellt sind, werden Geistliche genannt.

---

und Rheinland sind die im § 120 der evang. Kirch O. v. 5. März 1835 (Ann. 19, 104) vorbehaltenen Festsetzungen durch die Provinzialsynoden getroffen und durch KO. v. 20 August 1847 für Westphalen bestätigt, auch vollständige Disciplinarordnungen ausgearbeitet und von vielen Gemeinden als Statut angenommen und eingeführt worden.

37. Die allgemeinen kirchlichen Disciplinarvergehen sind folgende: 1) Häresie; 2) Apostasie; 3) Haltung von Konventikeln; 4) Geringschätzung oder Verachtung des Bekenntnisses, insbesondere dauernde, absichtliche Nichttheilnahme am Gottesdienst und Abendmahl, Unterlassung der kirchlichen Trauung, wo es einer solchen zur bürgerlichen Gültigkeit der Ehe nicht bedarf, Mißachtung der für die religiöse Erziehung der Kinder aus gemischten Ehen gegebenen Bestimmungen, Verzögerung der Taufe, in welchem Falle wegen des öffentlichen Aergernisses auch die Polizeibehörden einzuschreiten haben; 5) Uebertretungen der kirchlichen Ordnungen; 6) Unsittlichkeiten und Laster, z. B. Unkeuschheit, Konkubinat, gegen das, wenn Ehehindernisse vorliegen, oder öffentliches Aergerniß erregt wird, auch die Polizeibehörden einschreiten sollen — CRdMdgA. v. 11. April 1854 (BMBl. S. 71) —, Trunkenheit — R. d. evang. OKR. v. 30. Juni 1863 (Aktst. 5, 360) — u. a. m. Gegen das polizeiliche Einschreiten beim Konkubinate ist der Rechtsweg nicht zulässig — KGE. v. 4. Oktbr. 1856 (BMBl. 1857 S. 46) —. Die kirchlichen Disciplinarmittel sind: 1) Ermahnung und Warnung — §§ 76 h. t., § 12 Gem. O. v. 1850 —; 2) öffentliche Fürbitten ohne Namensnennung — E. des OKR. v. 30. Septbr. 1854 —; 3) Entziehung von Auszeichnungen z. B. des Myrthenkranzes — EE. der Konsistorien zu Königsberg v. 4. Juli 1858 u. Breslau v. 20. Oktbr. 1855 —, Versagung des kirchlichen Begräbnisses an nicht notorisch unzurechnungsfähige Selbstmörder, sowie auch in anderen geeigneten Fällen auf Grund von Entscheidungen der Konsistorien — EE. d. Konsist. v. Koblenz v. 18. Dez. 1854, Königsberg 19. Mai 1859, Münster 22. Okt. 1860 —, Suspension vom Genusse des Abendmahls, Ausschluß von

Erfordernisse derselben.

§ 60. Niemand darf ohne Vorwissen und Genehmigung derjenigen, deren Einwilligung zur Wahl einer Lebensart erfordert wird, zu einem geistlichen Amte sich bestimmen. (Th. II. Tit. 2 § 109 ff., Tit. 18 Abschn. 6.)

§ 61. Ohne vorhergegangene genaue Prüfung seiner Kenntnisse und seines bisher geführten Wandels soll Niemand zu einem geistlichen Amte gelassen werden.

---

der Beiwohnung des Gottesdienstes und der Sakramente — §§ 86—90 h. t. —, Ausstoßung aus der Gemeinde — §§ 54—57 h. t. —. Ob die bloß durch die kirchlichen Behörden angeordneten Strafmittel gesetzlich sind, könnte bedenklich erscheinen, jedoch wird man gemäß §§ 124 u. 143 h. t. den Konsistorien wohl die Berechtigung zu den fraglichen Erlassen nicht absprechen können.

Zu § 60.

38. Der Vater ist es, dessen Einwilligung erfordert wird, jedoch kann dieselbe, wenn der über 14 Jahr alte Sohn eine fortdauernde gänzliche Abneigung gegen die vom Vater gewählte Lebensart, dagegen nicht bloß Neigung, sondern auch Fähigkeit zu dem geistlichen Stande hat, oder wenn sehr erhebliche Gründe für seine Wahl dieses Berufs, nachdem er früher schon zu einem anderen sich entschlossen, angeführt werden können, durch das vormundschaftliche Gericht, welches mit Zuziehung eines oder zweier am Orte befindlichen nächsten Verwandten und der Lehrer des Sohns die beiderseitigen Gründe zu prüfen hat, ergänzt werden — §§ 109—117 II, 2 ALR. —. Nach dem Tode des Vaters hat das vormundschaftliche Gericht die Einwilligung zu ertheilen und dabei zunächst den Willen des Vaters, dann die Neigungen und Fähigkeiten des Sohnes zu berücksichtigen, auch die Gutachten des Vormundes, der Mutter, der Großeltern oder eines anderen der nächsten Verwandten einzuholen — §§ 312—314, §§ 329—332 II, 18 ALR. —. Bei unehelichen Kindern hängt die Wahl der Lebensart derselben stets von der Vormundschaft ab — § 646 II, 2 ALR. —.

Zu § 61.

39. Für die evangelischen Predigtamtskandidaten ist das gegenwärtig noch gültige Prüfungsreglement: die Instruction für die Konsistorien über die theologischen Prüfungen vom 12. Februar 1799 (Rabe 13, 364 ff.; Ann. 11, 931 ff.), welche durch das CRdMdgA. v. 24. Okt. 1827 (Ann. 11, 931) von Neuem publicirt ist. Die Instruction lautet:

Da redlicher Eifer, Gutes zu befördern, und die erforderliche Amtstüchtigkeit der Prediger von der entschiedensten Wichtigkeit für die Beförderung wahrer Religion und Sittlichkeit unter den christlichen Gemeinden ist, und wo diese mangeln, alle Vorschriften über die Lehrvorträge und Amtsführung der Prediger fruchtlos bleiben, so muß es eine Hauptsorge jedes Konsistoriums sein, sich soviel als möglich zu versichern, daß diejenigen, denen ein Predigtamt anvertraut werden soll, nicht nur die erforderlichen Einsichten, sondern auch gewissenhaften Ernst und die nöthige Geschicklichkeit haben, fruchtbare Erkenntniß der Religion und einen wahrhaft christlichen Sinn bei den ihnen anzuvertrauenden Gemeinden zu befördern.

Ob nun gleich über die Gesinnungen der anzustellenden Prediger kein zuverlässiges Urtheil möglich ist, und auch die feierlichsten Verpflichtungen bei denen fruchtlos bleiben, die sich nicht durch die Einsicht von der Wichtigkeit ihres Amtes und durch redliche Gewissenhaftigkeit aufgefordert fühlen, denselben nachzukommen, so läßt sich doch aus dem bis dahin geführten Lebenswandel des Kandidaten desto eher abnehmen, was von seiner künftigen Amtsführung zu erwarten sei. Aus diesem Grunde hat jeder Kandidat, ehe er zur Prüfung zugelassen wird, unverdächtige Zeugnisse seines bis dahin bewiesenen Wohlverhaltens einzureichen; und zwar sollen die, welche von der Universität kommen, mit einem Zeugnisse der theologischen Fakultät (über dessen Ausstellung besondere Verfügungen an die Landes-Universitäten ergehen), diejenigen aber, welche schon einige Zeit von der

Universität abgegangen sind, mit Zeugnissen von den Inspectoren, in deren Diöces sie sich aufgehalten haben, und wenn sie in einer Kondition oder in einem Schulamte gestanden haben, zugleich von ihren Principalen oder anderweitigen Vorgesetzten versehen sein.

Trifft vermöge dieser Zeugnisse oder nach dem, was sonst dem Kollegio von dem Kandidaten bekannt geworden ist, denselben der Vorwurf des Leichtsinns, der Vernachlässigung seiner Pflichten oder der Unsittlichkeit anderer Art, so ist deshalb nach Beschaffenheit der Umstände eine Untersuchung anzustellen, und wenn der Vorwurf erheblich gegründet befunden wird, so ist der Kandidat zu dem Examen pro ministerio nicht zuzulassen. Hat der Kandidat sich dagegen bloß zur Licenz zu predigen gemeldet, so kann er zwar, wofern nur der ihm gemachte Vorwurf kein Aergerniß gegeben (als in welchem Fall er sogleich abzuweisen ist), zur Prüfung zugelassen werden, aber er muß sodann nicht nur eine nachdrückliche Erinnerung von dem Kollegio erhalten, sondern es muß auch in der Ausfertigung der Licenz (wenn er derselben bei der Prüfung sonst würdig befunden wird) ausdrücklich hinzugesetzt werden, daß der Inspector, in dessen Diöces sich derselbe aufhält, und dem er die Licenz vorzuzeigen hat, ihn in Ansehung seines Lebenswandels sorgfältig zu beobachten habe, und bei dem künftigen Examen pro ministerio ist er nicht eher anzunehmen, als bis er von den Inspectoren, in deren Diöcesen er seitdem gelebt hat, ein Zeugniß seines gebesserten Lebenswandels beibringt.

Bei der Prüfung selbst haben auch die Examinatoren ganz besonders darauf zu sehen, ob der Kandidat ein ernsthaftes, gesetztes Wesen zeige, und ob er in seiner Katechisation wie in der Predigt zu erkennen gebe, daß er richtig beurtheile, was eigentlich zur Förderung wahrer Religiosität und der damit verbundenen Glückseligkeit abzwecke, und daß ihm dies alles selbst eine Angelegenheit des Herzens geworden sei.

In Ansehung der Prüfung der Kenntnisse wird hiermit folgende Instruction für die Konsistorien und übrigen Examinatoren ertheilt:

I. Tentamina pro licentia concionandi.

§ 1. Jeder Studiosus theologiae, der in den Königl. preuß. Ländern zum Predigtamte befördert werden will, muß sich innerhalb eines Jahres, nachdem er seine Universitätsstudien vollendet hat, schriftlich in seiner Vorstellung ad regem bei dem hiesigen Ober-Konsistorio oder bei dem Konsistorio der Provinz, in welcher er sich aufzuhalten gedenkt, zum Tentamen melden.

a. Das Konsistorium ist dasjenige, in dessen Bezirk der Kandidat geboren ist oder sein ordentliches Domicil hat — CRdMdgA. v. 30. Mai 1833 (Ann. 17, 650) —, oder seinen Aufenthalt als Hauslehrer genommen hat — RdMdgA. v. 4. März 1838 (Ann. 22, 91) —.

§ 2. Das Konsistorium, bei welchem der Studiosus sich gemeldet hat, weist denselben an, binnen sechs Wochen eine Predigt über einen Text, der ihm zugleich vorgeschrieben wird, auszuarbeiten und solche nebst seinem Schulzeugniß der Reife zur Universität, seinem akademischen Zeugniß, den Zeugnissen seines Wohlverhaltens nach geendigten akademischen Studien und der Beantwortung der nach dem Schema A ihm vorgelegten Fragen an den zu seinem Tentamen autorisirten Deputatus einzusenden.

b. In dem Abiturienten-Zeugniß muß ausdrücklich bemerkt werden, daß Abiturient am Unterricht im Hebräischen nicht Theil genommen, wenn dies der Fall gewesen. Auch muß alsdann eine Nachprüfung im Hebräischen gemäß § 42 Regl. v. 4. Juni 1834 (Ann. 18, 375 ff.) gemacht und für das darüber auszustellende Zeugniß 15 Sgr. Stempel und 2 Thlr. Gebühren bezahlt werden — CEdMdgA. v. 9. Okt. 1866 (BMBl. S. 210) —.

c. Das akademische Zeugniß muß dahin lauten, daß der Kandidat die theologischen Kollegia gehörig besucht, sittlich gelebt und an demagogischen und burschenschaftlichen Verbindungen keinen Theil genommen hat — RdMdgA. v. 18. April 1823 (Ann. 7, 1) —.

d. Auch über seine Militärverhältnisse muß der Kandidat eine Bescheinigung dahin beibringen, daß er entweder seiner Militärpflicht genügt hat, oder wegen Untauglichkeit zurückgestellt ist, oder nach rechtzeitiger Meldung zum einjährigen

Freiwilligendienst für die wirkliche Ableistung desselben einen noch dauernden Eintrittsausstand erhalten hat — EdObKR. v. 14. Jan. 1851 (BMBl. S. 5) —.

e. Konsistorialverordnungen verlangen auch noch das Attest eines Geistlichen über das kirchliche Verhalten des Kandidaten während der Studienzeit und des späteren Aufenthalts, sowie einen kurzen Lebensabriß in lateinischer Sprache. Behufs der Kontrollirung des Verhaltens der Kandidaten nach dem Abgang von der Universität sollen diejenigen, welche eine Anstellung im Schul- oder Predigtamte zu erhalten wünschen, sich sofort bei dem Superintendenten, in dessen Diöcese sie sich niederlassen, persönlich melden; diese Verpflichtung soll auch in ihr Abgangszeugniß gesetzt werden, und sollen die Superintendenten die Uebertreter dieser Vorschrift dem Konsistorio anzeigen — CKdMdgA. v. 7. Dez. 1842 (BMBl. S. 44) —.

f. Das Universitätsstudium ist ein dreijähriges, von dem nicht dispensirt werden darf — CKdMdgA. v. 19. März 1819 (Ann. 3, 85) —. Das frühere Verbot, fremde Universitäten zu besuchen, ist für die deutschen Bundesstaaten aufgehoben — KO. v. 13. Okt. 1838 (GS. S. 501) — und für die Universitäten Zürich und Bern von der Dispensation des Ministers der geistlichen Angelegenheiten abhängig gemacht worden — KO. v. 3. Jan. 1842 (GS. S. 77) —. Doch sollen drei Semester auf einer inländischen Universität zugebracht werden, sofern nicht der Minister dgA. „auf ein durch den Genuß von Stipendien oder besondere Familienverhältnisse begründetes Gesuch" davon dispensirt, was sich aber in der Regel auf das letzte Studienjahr nicht erstrecken darf — KO. v. 30. Juni 1841 (GS. S. 139) —.

§ 3. Von den Texten, worüber die Prüfungspredigten auszuarbeiten sind, muß eine zweckmäßige Sammlung gemacht, und aus derselben jedem Kandidaten zur Verhütung alles Anscheins der Parteilichkeit nach der Reihe einer gegeben werden. Auch ist der Examinandus ausdrücklich anzuweisen, sich genau an die im Text liegende Materie zu halten und die Predigt so populär abzufassen, wie er sie vor einer gemischten Gemeinde zu halten gedächte.

§ 4. In Ansehung der Examinatoren hat es bei der bisherigen Observanz bei jedem Konsistorium sein Bewenden, so daß entweder alle geistlichen Mitglieder desselben gemeinschaftlich oder einzelne mit einem oder mehreren ihnen zugeordneten Predigern die Prüfung verrichten, wie denn auch in Königsberg die theologische Fakultät nach der bisherigen Observanz die tentamina behält.

g. In Sachsen findet die Prüfung statt durch eine Kommission der theologischen Fakultät zu Halle — Regl. v. 17. Dez. 1827 (Ann. 12, 96) —, in Pommern, Posen und Schlesien durch eine Kommission des Konsistoriums unter Zuziehung theologischer Professoren, in Westphalen und Rheinland durch eine Kommission des Konsistoriums unter Zuziehung des Präses und eines zweiten Mitglieds der Provinzialsynode — § 49 u. 50 Kirch. O. v. 15. März 1835 (Ann. 19, 104) —.

§ 5. In Fällen, wo etwa die Dürftigkeit oder sonstige Verhältnisse des Examinandi ihm nicht erlauben, eine Reise nach der Hauptstadt der Provinz zu thun, kann einem von Seiten seiner theologischen Gelehrsamkeit dem Konsistorio schon hinlänglich bekannten Inspector in der Nähe des Kandidaten die Prüfung desselben aufgegeben werden. Diesem wird aber ebenfalls wenigstens ein Miteraminator zur Seite gesetzt, und es ist von solchen alles weiter Vorzuschreibende in Rücksicht auf das jedesmal von ihnen anzustellende Tentamen gleichfalls zu beobachten.

§ 6. Der nach der Observanz die Prüfung dirigirende Deputatus, an welchen der Examinandus seine Testimonia gesendet hat, untersucht, ob wegen derselben etwas Erhebliches zu erinnern sein möchte. Findet er dergleichen, so stattet er dem Kollegio Bericht ab, und dieses entscheidet dem Befinden gemäß. Findet sich nichts dabei zu erinnern, so setzt er dem Kandidaten binnen vier, höchstens sechs Wochen einen Termin zur Haltung der Predigt und zum Examen an, kommunicirt vor demselben die eingereichte Predigt den Miteraminatoren und ladet sie zur Anhörung der Predigt und zum Tentamen ein.

§ 7. Wenn der Examinandus seine Predigt in Gegenwart der Examinatoren gehalten hat, so geben ihm diese die etwa nöthigen Erinnerungen wegen des Anstandes, der Deklamation u. s. w.

§ 8. Noch an demselben Tage oder doch am folgenden giebt der dirigirende Deputatus dem Examinandus die Fragen auf, welche derselbe, im Hause des Deputati sich selbst überlassen, und ohne mit anderen Hülfsmitteln als der heiligen Schrift im Grundtexte und einer Konkordanz versehen zu sein, schriftlich beantworten muß.

Eine von diesen Fragen muß dogmatischen oder moralischen Inhalts sein, und der Kandidat erhält dabei die Anweisung, sein Räsonnement darüber nicht bloß mit Aussprüchen der heiligen Schrift zu unterstützen, sondern auch die angeführten Stellen, wenigstens eine oder die andere, umständlicher exegetisch zu erläutern. Ist die Frage von der Art, daß sich die Veranlassung dieser exegetischen Arbeit nicht dabei von selbst darbietet, oder findet der Examinator nicht für gut, dem Kandidaten eine oder die andere Stelle besonders anzuzeigen, welche er dabei zu bearbeiten habe, so ist ihm eine besondere exegetische Ausarbeitung aufzugeben, wozu indessen nie eine sehr schwierige, hauptsächlich nicht eine durch feinere kritische Untersuchungen erst zu berichtigende Stelle, sondern ein kurzer Abschnitt zu wählen ist, bei dessen Auslegung der Examinandus Gelegenheit hat, seine Bekanntschaft mit der Exegese überhaupt und insonderheit mit dem Sprachgebrauche der Bibel zu zeigen.

Eine andere Frage muß aus der Kirchengeschichte gewählt werden und zwar so wie die erstere von der Art sein, daß sie ohne Hülfsmittel beantwortet werden kann, sonderlich muß sie nicht unerhebliche, streitige und allzu specielle Fakta betreffen.

Um nicht durch eine bestimmte Frage das Feld der Antwort zu sehr zu begränzen, kann dem Kandidaten auch bloß aufgegeben werden, über einen Gegenstand aus den oben erwähnten Fächern, den ihm der Deputatus angiebt, aufzuzeichnen, was er davon weiß und denkt, woraus sich seine Beurtheilungskraft und Bekanntschaft mit der vorgelegten Materie desto besser abnehmen läßt.

Es bleibt dem Examinandus überlassen, entweder nur die kirchenhistorische oder auch die exegetische Aufgabe in lateinischer Sprache zu bearbeiten.

Wenn mehrere Studiosi, wiewohl deren nie über drei sein dürfen, zugleich tentiret werden, so kann jeder Examinator einen derselben in seinem Hause die von dem Deputatus bestimmten Fragen bearbeiten lassen, wenigstens müssen sie nie in einem Zimmer zugleich arbeiten, damit sie nicht einander aushelfen, wie ihnen auch die Aufgaben nicht anders als unmittelbar vor der anzufangenden Ausarbeitung bekannt zu machen sind, damit sie sich nicht durch fremde Beihülfe dazu vorbereiten können.

Der Examinator, in dessen Hause ein Kandidat gearbeitet hat, sieht sogleich die abgelieferten Aufsätze durch und stellt solche ohne Zeitverlust dem dirigirenden Deputatus zu, der auch die sämmtlichen Arbeiten, insofern es, ohne den Aufenthalt des Kandidaten zu verlängern, geschehen kann, den Mitexaminatoren zur Beurtheilung mittheilt.

h Aus Rücksicht auf die Dürftigkeit der meisten Theologie Studirenden ist nachgegeben worden, daß sie die schriftlichen Arbeiten schon im letzten Semester des akademischen Trienniums machen dürfen, und die Aufgaben dazu auf Grund eines vom Dekan der theologischen Fakultät auszustellenden Interimsscheines, daß der Ertheilung des Abgangszeugnisses nach abgelaufenem Semester nichts entgegenstehe, vom Konsistorium zugefertigt werden sollen — CRdMdgA. v. 30. März 1818 (Ann. 2, 353) —.

§ 9. Hat ein Kandidat keine Frage lateinisch beantwortet, oder enthält seine Ausarbeitung Beweise, daß er sich nicht gehörig in der lateinischen Sprache auszudrücken wisse, so ist der Anfang des Tentamens am folgenden Tage damit zu machen, daß ihm ein lateinischer, nicht allzu schwerer autor classicus oder ein gut geschriebenes lateinisches theologisches Werk vorgelegt wird, damit er einen Abschnitt daraus erkläre.

§ 10. Beim Tentamen selbst wird der Regel nach lateinisch gesprochen. Kann der Examinandus sich nicht lateinisch ausdrücken, so steht es ihm frei, in der Muttersprache zu antworten oder auch, wo es auf Entwickelung der Begriffe ankommt, mit dem Deutschen abzuwechseln, wenn er gleich sonst lateinisch antwortete.

i. Zum Mindesten ist auch jetzt noch an dem Gebrauch der lateinischen Sprache in der Exegese des Alten und Neuen Testaments bei der mündlichen Prüfung, sowie an der lateinischen Abfassung eines Theiles der schriftlichen, häuslichen und Klausur-Prüfungsarbeiten festzuhalten — RbObKR. v. 31. Dez. 1861 (UCBl. 1862 S. 136 ff.) —.

§ 11. Die Wahl der Materien zur mündlichen Unterhaltung mit dem Examinandus bleibt jedem Examinator überlassen; jedoch

1) muß jederzeit die Predigt und die schriftliche Beantwortung der Fragen, sonderlich der dogmatischen und moralischen, zum Grunde gelegt werden, damit sich ergebe, ob der Examinandus die etwa gemachten Fehler zu verbessern, die gelassenen Lücken auszufüllen, die unbestimmten Sätze zu berichtigen wisse und den Zusammenhang der abgehandelten Wahrheiten mit anderen Hauptwahrheiten übersehe.

2) Muß ein Abschnitt aus dem Neuen Testament in der Grundsprache gelesen und von dem Examinandus nicht bloß übersetzt, sondern auch erklärt werden, wobei zugleich die vorkommenden Gelegenheiten benutzt werden, um zu erforschen, in wie fern derselbe mit den grammatischen und hermeneutischen Regeln bekannt sei. Da kritische Untersuchungen nicht ohne Hülfsmittel angestellt werden können, so ist der Examinandus damit zu verschonen, es müßte denn die Rede von solchen Stellen sein, die eine allgemeine Aufmerksamkeit auf sich gezogen haben. Zeigt der Kandidat auch keine Bekanntschaft mit diesen, so ist er wenigstens auf die allgemeinen Grundsätze der Kritik zu führen und zu befragen, in wie fern er mit dem Nutzen der Kritik und den wichtigsten Regeln und Hülfsmitteln derselben bekannt sei.

3) Ist auf eben die Art ein Abschnitt aus dem Alten Testament zu lesen. — Bei dieser Erklärung der biblischen Stellen müssen zugleich die daraus herzuleitenden dogmatischen und moralischen Wahrheiten näher entwickelt werden, und es ist darauf zu sehen, ob der Examinandus nicht nur deutliche Begriffe davon habe, sondern auch den praktischen Einfluß dieser Wahrheiten kenne; weswegen er auch vorzüglich über die praktischen Gegenstände zu befragen ist.

4) Aus der Kirchengeschichte ist vornehmlich nach den wichtigsten Begebenheiten d. i. nach solchen zu fragen, die einen erheblichen Einfluß auf den Lehrbegriff der Kirche und auf die Verfassung derselben gehabt und vielleicht noch haben. Hierbei ist hauptsächlich darauf zu sehen, ob der Examinandus mit der Entstehung des protestantischen Lehrbegriffs bekannt sei und darüber nachgedacht habe.

§ 12. Was die äußere Form des Tentamens anbetrifft, so macht jederzeit der Jüngste unter den Examinatoren den Anfang, und der dirigirende Deputatus beschließt, damit derselbe desto bequemer dasjenige nachholen könne, was ihm zur vollständigen Beurtheilung des Examinandi noch nöthig erscheint. Jeder Examinator muß deutlich, bestimmt und im Zusammenhange fragen und den Examinandus nicht dadurch muthlos machen, daß er von ihm fordert, er solle grade das antworten, was er selbst im Sinne hat, oder daß er unbestimmte Antworten gradezu verwirft; sondern er muß seine Fragen in solchem Falle genauer bestimmen und durch neue Fragen den Examinandus auf das Mangelhafte seiner Antworten aufmerksam machen. Am allerwenigsten muß der Examinator sich auf lange Selbstgespräche einlassen, oder dociren und disputiren, sondern beständig dem Kandidaten Gelegenheit geben, seine Meinung zu entwickeln, zu berichtigen und zu beweisen.

Wenn zwei oder drei zugleich tentiret werden, so muß jederzeit die Frage nur an Einen und am öftersten an den gerichtet werden, der sich als der Schwächste zeigt. Bleibt dieser die Antwort schuldig, so wird dieselbe Frage an einen Anderen gerichtet, und kann Jemand seine mangelhafte Antwort nicht berichtigen, so ist der Versuch zu machen, ob ein Anderer entdecke, worin der Fehler liege, und solchen verbessern könne.

Fragen, die nur dazu dienen, den Examinandus in Verlegenheit zu setzen, müssen gar nicht geschehen, und am allerwenigsten müssen verfängliche Fragen demjenigen vorgelegt werden, der etwa schon betreten oder an und für sich schüchtern ist.

Zum Beschluß der Prüfung haben die Examinatoren demjenigen, der sich in einem oder dem anderen Stücke unwissend oder schwach gezeigt hat, zugleich eine Anweisung zu geben, wie er das Versäumte nachholen könne, was er vornehmlich für Bücher zu studiren, welche Uebungen er anzustellen habe u. s. w.

§ 13. Wenn das Tentamen geendigt ist, und die Examinandi abgetreten sind, wird über die Tüchtigkeit derselben deliberirt, und ein Protokoll aufgenommen, worin besonders Folgendes genau anzugeben ist:

1) Ob der Examinatus in seiner Predigt, in den Aufsätzen und in den mündlichen Antworten gezeigt habe, daß er sich in seiner Muttersprache grammatisch richtig, deutlich und rein auszudrücken wisse; denn wem es daran fehlt, der wird weder selbst richtig denken, noch bei Anderen deutliche und bestimmte Vorstellungen erregen können.
2) Ob er der lateinischen als der allgemeinen gelehrten Sprache wenigstens soweit mächtig sei, daß er darin geschriebene Werke mit Leichtigkeit zu seiner weiteren Belehrung benutzen könne, ob er sich mündlich darin ausdrücken könne und wie?
3) *Ob er das Neue Testament in der Grundsprache lesen könne und überhaupt* Bekanntschaft mit dem Inhalte derselben gezeigt habe.
4) Ob er die hebräische Sprache wenigstens soweit verstehe, daß er mit Anwendung der nöthigsten Hülfsmittel den hebräischen Kodex lesen und davon bei der Auslegung des Neuen Testaments Gebrauch machen könne, oder ob er darin weiter sei.
5) Ob er mit den theologischen Disciplinen und namentlich mit dem kirchlichen Systeme bekannt sei.
6) Ob er in den theologischen Hülfswissenschaften, in der Kirchengeschichte, der Philosophie u. s. w. viel oder wenig geleistet habe.
7) In wie fern er bewiesen, daß er über das Praktische in den theoretischen Kenntnissen richtig urtheile, und daß ihm die Religion überhaupt eine ernste Angelegenheit geworden sei.
8) Welche Erinnerungen dem Kandidaten über die noch auszufüllenden Lücken seiner Erkenntniß sind gegeben worden.

Das Urtheil über den Kandidaten wird von den Examinatoren nach der Mehrheit der Stimmen unter den Rubriken des sub B beiliegenden Schemas abgefaßt, und das Protokoll von Allen unterschrieben, wofern der Dissentirende nicht seine Gründe so erheblich findet, daß er dieselben unter seiner besonderen Unterschrift dem Protokolle beizufügen für nöthig hält.

§ 14. Dem Berichte von dem Tentamen an das Konsistorium ist das Protokoll nebst der Predigt, den Ausarbeitungen und den Zeugnissen des Examinati beizufügen.

§ 15. Das Konsistorium entscheidet nach Maaßgabe der eingereichten Arbeiten, des Protokolls und der beigefügten Zeugnisse, ob der Kandidat abzuweisen oder mit der Licenz zu versehen sei, wobei folgende Grundsätze zu beobachten sind:

1) Ein Kandidat, der sich bei dem Examen in allen § 11 angeführten Kenntnissen zur Zufriedenheit des Kollegii gezeigt und wegen seines Lebens kein unrühmliches Zeugniß beigebracht hat, erhält die Erlaubniß zu predigen, und in der ihm deshalb zu ertheilenden Ausfertigung wird bemerkt, daß er beim Examen g u t sei befunden worden.
2) Hat überdies ein Kandidat unter anderen ausgezeichneten Kenntnissen eine vorzügliche Bekanntschaft mit der heiligen Schrift, Fertigkeit im Schreiben und Sprechen der lateinischen Sprache und Uebung, sich gut und zweckmäßig deutsch auszudrücken, gezeigt, so wird ihm die licentia concionandi mit dem Beisatze, daß er v o r z ü g l i c h sei befunden worden, ertheilt.
3) Wer etwa in dem einen oder anderen Stücke noch etwas zurück wäre, z. B. nicht ganz fehlerfrei Deutsch oder Lateinisch spräche oder schriebe, oder wenig Hebräisch wüßte, erhielte, wenn seine übrigen Kenntnisse und seine Zeugnisse gut wären, zwar die licentiam concionandi; jedoch würde in der Ausfertigung nicht nur bemerkt, daß er nur m i t t e l m ä ß i g bestanden sei, sondern es wären auch dabei ausdrücklich diejenigen Gegenstände anzugeben, auf welche er sich noch mit größerem Fleiße zu legen hätte.
4) Unbekanntschaft mit dem Grundtexte des Neuen Testaments und mit dem Inhalte der heiligen Schrift, Unfähigkeit, sich im Deutschen zusammenhängend, verständlich und grammatisch richtig auszudrücken, Unwissenheit in der lateinischen Sprache sind, und zwar jedes allein, entscheidende Gründe, einem Kandi-

daten die Licenz zu predigen nicht zu ertheilen, selbst wenn es ihm auch an anderen Kenntnissen nicht fehlte. Hat indessen ein Kandidat das Zeugniß eines guten Lebenswandels, beweist er Fähigkeiten, ist er in den angeführten Stücken nicht sowohl unwissend als bloß schwach zu nennen, und zeigt er, daß er in den übrigen Fächern nicht unfleißig gewesen sei, so bekommt er zwar nicht die licentiam concionandi, aber doch die Erlaubniß, von Zeit zu Zeit eine von dem Inspector seiner Diöces nach geschehener Durchsicht und Verbesserung approbirte Predigt halten zu dürfen, und in dem deshalb auszufertigenden Zeugnisse ist anzuzeigen, worin er sich noch vornehmlich vollkommen machen müsse, ehe er sich wiederum zum Tentamen melden könne.

5) Diese letztere Anweisung wird auch dem ertheilt, der wegen Unwissenheit in einem oder dem anderen von den genannten Hauptfächern gänzlich abgewiesen wird. Hat ein solcher überdies auch nicht rühmliche Zeugnisse wegen seines Lebenswandels, so ist die ihm deshalb zu ertheilende Ermahnung dem Inspector, in dessen Diöces er sich aufhält, mit dem Auftrage zuzufertigen, daß er den Kandidaten sorgfältig beobachte und in den einzusendenden Konduitenlisten insonderheit auch anzeige, ob ihm etwa bekannt geworden, daß derselbe sich in eine andere Diöces begeben habe.

6) Wird ein Kandidat wegen Mangel an Fähigkeiten, oder weil es ihm gänzlich an den nöthigen Vorbereitungskenntnissen fehlt, abgewiesen, so ist ihm der Rath zu geben, daß er bei einer anderen Lebensart dem Staate nützlich zu werden suche und sich allenfalls zu einer kleinen Schulstelle, die seinen Fähigkeiten angemessen ist, tüchtig zu machen trachte.

k. Die Kandidaten, denen die licentia concionandi ertheilt wird, sollen nunmehr die Prädikate: bestanden, gut bestanden, vorzüglich bestanden, erhalten. Wird ein Kandidat auf Zeit oder gänzlich abgewiesen, so ist dies mit dem Prädikat: nicht bestanden im Zeugniß zu vermerken — CRdObKR. v. 15. Nov. 1853 (Aktst. 1, 6, 27) —. Auch ist dabei nach dem CRdMdgA. v. 19. Febr. 1824 (Ann. 8, 782) noch Folgendes zu beachten:

1) Von jedem Falle einer solchen Zurückweisung ist den übrigen Provinzial-Konsistorien sofort Mittheilung zu machen, und derselben außer dem vollständigen Namen und Geburtsort des Zurückgewiesenen die Bemerkung, ob ihm das erforderliche Zeugniß für immer oder nur auf eine bestimmte Zeit versagt sei, so wie eine Uebersicht der Prüfungsresultate in den einzelnen Fächern, nicht minder die etwa obwaltenden Bedenken gegen sein Verhalten in sittlicher Hinsicht beizufügen.

2) Es ist keiner, der auf eine bestimmte Zeit zurückgewiesen worden, vor Ablauf derselben zu einer neuen Prüfung zuzulassen.

3) Bei der wiederholten Prüfung ist auf größere Reife und Tüchtigkeit in den Disciplinen, in welchen es dem Geprüften bei der vorhergegangenen an der nöthigen Kenntniß und Geschicklichkeit gefehlt hat, ganz besonders zu achten.

4) Sind Ausstellungen gegen die Moralität des Geprüften die Ursachen des Zurückweisens gewesen, so ist ihm das Wahlfähigkeitszeugniß, auch wenn er die erforderlichen Kenntnisse zeigen sollte, doch nur unter der Bedingung zu ertheilen, daß er die zuverlässigsten Zeugnisse seines Wohlverhaltens beigebracht hat, wobei es nicht genug ist, daß sie in allgemeinen und verneinenden Ausdrücken, z. B. daß nichts Widriges bekannt sei, abgefaßt sind, sondern auf eine so specielle Abfassung gehalten werden muß, daß sich aus ihnen die Wahrscheinlichkeit der erfolgten Besserung schöpfen läßt. Es wird dabei immer zweckmäßig sein, die Ansichten des Konsistoriums, welches jene Ausstellungen gemacht hat, vorerst zu vernehmen.

§ 16. Der Kandidat muß sich mit dem über das Tentamen erhaltenen Zeugnisse bei dem Inspector, in dessen Diöces er wohnt, melden, sich demselben soviel als möglich bekannt zu machen suchen und ihm auch die etwaige Veränderung seines Aufenthaltes anzeigen.

§ 17. Jedes Konsistorium muß ein Verzeichniß von allen bei demselben tentirten Kandidaten halten und sie unter die Rubriken: vorzüglich, gut, mittelmäßig, schwach, untüchtig eintragen.

Diejenigen, welche als vorzüglich aufgezeichnet sind, müssen nach ihrer Anciennität auf der Liste, auch wenn sie sich nicht gemeldet haben, dem Ober-Konsistorio bei vorkommenden Vakanzen mittelmäßiger Stellen, von welchen sie in Zukunft weiter zu befördern sind, vorgeschlagen werden, damit sie nicht aus Mangel an Bekanntschaft zu lange ohne Versorgung bleiben und während dieser Zeit vielleicht in ihren Kenntnissen zurückkommen.

§ 18. Wenn Jemand, der nicht die licentiam concionandi hat, zu einer Predigerstelle präsentirt wird, so kann er zwar, wofern sonst gegen seine Zeugnisse nichts einzuwenden ist, zum Examen gelassen, und wenn er tüchtig befunden wird, ordinirt werden, aber er bezahlt sodann zehn Thaler Strafe. Wird er abgewiesen, so bezahlt er keine Strafe. Erhält er aber auf Grund dieses Examens wenigstens die Licenz zu predigen, so bezahlt er die Gebühren dafür doppelt.

§ 19. Kein Prediger in den Königl. preuß. Landen soll bei fünf Thaler Strafe Jemanden, der nicht die licentiam concionandi von einem Königl. preuß. Konsistorio hat, für sich predigen lassen. Unbekannte Fremde, wenn sie sich gleich für ordinirte Prediger ausgeben, soll Niemand für sich predigen lassen. Wer außerhalb Landes die licentiam concionandi erhalten hat, muß, um in Königl. preuß. Landen predigen zu können, seine erhaltene Licenz bei einem unserer Konsistorien einreichen, welches sodann nach Maaßgabe der Umstände entweder eine neue Prüfung verordnen, oder die eingereichte Licenz bestätigen wird.

Studiosi auf Universitäten dürfen keinen Versuch im Predigen machen, wenn sie ihre zu haltende Predigt nicht dem Inspector der Diöces zuvor gezeigt und dessen Approbation erhalten haben. Sollte ein Studiosus sich gar zu häufig oder zu schnell hintereinander zum Predigen melden, so hat der Inspector ihm solches zu widerrathen und die öftere Approbation zu versagen. Wer die Universität bereits verlassen hat, soll auch nicht eine von dem Inspector der Diöces approbirte Predigt halten, wenn er nicht die Erlaubniß dazu von einem Konsistorio (nach § 15) bekommen hat.

Junge Leute, die noch nicht auf der Universität gewesen sind, sollen gar nicht predigen.

II. Examina pro ministerio.

§ 1. Das Examen pro ministerio findet ebenso wenig als die Ordination jemals statt, wenn der Examinandus nicht zu einer bestimmten Stelle erwählt ist. Ist die Stelle Königl. Kollation, so erhält der Kandidat mit der Anzeige, daß ihn die Wahl zu derselben getroffen, zugleich von dem Konsistorio der Provinz, zu welcher die Pfarre gehört, den Befehl, sich an einem festgesetzten Tage zum Examen einzufinden. Gehört die Pfarre zu einem Privatpatronate, so muß der Patron nach geschehener Wahl den Kandidaten beim Konsistorio der Provinz präsentiren, und das Konsistorium bestellt sodann den Kandidaten zum Examen.

Die Unschicklichkeit, daß Privatpatrone, anstatt nach getroffener Wahl den Kandidaten dem Konsistorio zum Examen zu präsentiren, demselben die Vokation ausfertigen, ehe entschieden ist, ob er zum Predigtamte werde zugelassen werden, welches durch ältere Verordnungen bereits bei Verlust des Rechts, Vokationen auszustellen, verboten ist, wird hiermit aufs Neue untersagt.

1. Nach der KO. v. 15. August 1810 (v. Mühler, über die Ordnung der kirchlichen Prüfungen in Zeitschr. f. Recht u. Pol. d. Kirche v. Jacobson u. Richter H. 2, S. 151) soll die Prüfung stets der Wahl vorangehen, so daß im ganzen Lande nur pro ministerio geprüfte und tüchtig befundene Kandidaten wahl- und präsentationsfähig zu geistlichen Aemtern sein sollen. Nach den provinziellen Kandidaten-Ordnungen soll die Meldung zum zweiten Examen nicht vor Ablauf eines Jahres nach bestandenem ersten erfolgen und nicht über zwei Jahre hinausgeschoben werden. Inzwischen sollen die Kandidaten fleißig predigen.

§ 2. Mit dem Befehle, sich zum Examen zu stellen, erhält der Kandidat zugleich zwei Texte, worüber er Predigten auszuarbeiten hat, mit der Anweisung, eine derselben nebst seinem Taufscheine, dem testimonio academico und der licentia concionandi, auch dem Zeugnisse seines Wohlverhaltens wenigstens acht Tage vor dem anberaumten Termin an den Rath oder General-Superintendenten, dem die Ordinationen aufgetragen sind, einzusenden.

Wegen der Texte ist eben das zu beobachten, was davon beim Tentamen pro licentia concionandi § 3 vorgeschrieben ist.

§ 3. Die zum Examen beschiedenen Kandidaten deren doch nie mehr als drei sein dürfen, melden sich persönlich wenigstens sechs Tage vor dem zum Examen angesetzten Termin bei dem Deputatus Kollegii, an den sie gewiesen sind, und dieser bestimmt ihnen die Zeit, zu welcher sie die zweite ausgearbeitete Predigt halten sollen, und giebt ihnen sodann drei schriftlich zu beantwortende Fragen, in Ansehung deren eben das zu beobachten ist, was beim Tentamen pro licentia concionandi verordnet worden.

In Königsberg, wo das praevium tentamen der theologischen Fakultät zusteht, hat das Konsistorium mit dieser, welche von der Behörde besonders angewiesen ist, die allgemeine Vorschrift des Tentamens zu beobachten, die nöthige Uebereinkunft zu treffen, daß der Gang des Geschäfts zwischen beiden Kollegien genau regulirt werde, damit auch dort, wie es bei allen Konsistorien geschehen muß, kein längerer als achttägiger Aufenthalt des Kandidaten von dem Tage seiner persönlichen Meldung bis zu seiner Ordination nöthig werde.

§ 4. Die Prüfungspredigten werden in Gegenwart des Raths oder General-Superintendenten, dem die Direction bei dem praevio tentamine zusteht, und zweier ihm zuzuordnenden Mitexaminatoren gehalten, und diese konferiren nach Endigung derselben, in wie fern nach ihrem Urtheile der Kandidat die nöthigen Eigenschaften eines Kanzelredners habe.

§ 5. Wenn die Predigten gehalten und die schriftlichen Ausarbeitungen abgeliefert sind, so wird ohne Zeitverlust das vorläufige Tentamen gehalten. Bei diesem Tentamen wird

1) jedem Kandidaten eine praktische Materie aufgegeben, worüber er mit einigen Knaben in Gegenwart der Examinatoren zu katechisiren hat, wobei ihm jedoch vorher einige Zeit zu lassen ist, um sich zu sammeln und die Anordnung seiner Fragen zu überdenken.
2) Hierauf wird mit ihnen über diese Katechisation, über die Predigten und über die schriftlichen Arbeiten gesprochen und wie beim Tentamen pro licentia concionandi mit Fragen fortgefahren. Jedoch, obgleich die Prüfung auch auf die dort § 11 angeführten Gegenstände zu richten ist, muß
   a. vornehmlich darauf gesehen werden, ob der Kandidat dasjenige nachgeholt habe, was ihm etwa laut des erhaltenen Zeugnisses bei jenem Tentamen gemangelt hat;
   b. besonders erforscht werden, ob er mit der heiligen Schrift und der Kunst, sie auszulegen, bekannt sei, ob er den kirchlichen Lehrbegriff nach seiner Entstehung und seinen Gründen kenne, von den praktischen Wahrheiten vorzüglich deutliche Begriffe habe, sie gegen die gewöhnlichsten Einwürfe retten und sie faßlich darstellen könne.
   c. Wenn ein Kandidat eine oder alle ihm zur schriftlichen Beantwortung vorgelegten Fragen in einem guten Latein ausgearbeitet hat, oder wenn er bei dem Tentamen zur Zufriedenheit der Examinatoren lateinisch spricht, so ist er mit einer besonderen Prüfung in dieser Sprache zu verschonen; im entgegengesetzten Falle ist eben das zu beobachten, was beim Tentamen pro licentia concionandi § 9 gesagt ist.

§ 6. Nach geendigtem Tentamen wird ebenso verfahren, wie es beim Tent. pro lic. conc. § 13 bestimmt ist, und das aufzunehmende Protokoll muß nach Anweisung der Rubriken des sub C beiliegenden Schemas abgefaßt werden. Außerdem aber muß darin aufgeführt werden,

1) ob er den etwa in dem Zeugnisse über die licentia concionandi angezeigten Mängeln nachgeholfen habe,
2) ob und worin er vornehmlich gelehrte oder mangelhafte Kenntnisse gezeigt habe, und ob die Examinatoren ihn nach dem in dem folgenden § 9 angegebenen Maaßstabe für vorzüglich, gut, mittelmäßig oder gänzlich untüchtig erklären, auch welche Erinnerungen sie ihm zu ertheilen nöthig befunden haben.

Dem Protokolle werden die Arbeiten und Zeugnisse des Kandidaten beigelegt, und der damit begleitete Bericht des directoris tentaminis von diesem dem Kollegio eingereicht.

§ 7. Bei der nächsten Session des Konsistorii kommt dieser Bericht zum Vortrage, und sodann werden die zum öffentlichen Examen bestellten Kandidaten in der Session von den geistlichen Räthen (oder wo es die Observanz ist, von den zum Examen bestellten Predigern) geprüft.

Dies Examen, wobei die Kandidaten nicht, wie es an einigen Orten gewöhnlich gewesen, im Mantel und Kragen erscheinen müssen, geschieht jederzeit in pleno collegii, und Jedermann muß den Zutritt als Zuhörer haben.

Der älteste geistliche Rath führt über das Examen das Protokoll.

§ 8 Was den Gegenstand des Examens betrifft, so ist, da vornehmlich das Tentamen Gelegenheit giebt, die Gelehrsamkeit des Kandidaten zu prüfen, hier nicht bloß auf gelehrtes, sondern auch auf praktisches, auf das menschliche Leben und Handeln eingreifendes Wissen in der Religion zu sehen. Dahin gehörige *Materien sind: die allgemeinen Grundsätze der Religion und Moralität*, die besonderen Lehren des Christenthums, die als Resultate dogmatischer Untersuchungen fürs gemeine Wissen gehören, alles, was zur Weisheit des Lebens zu rechnen ist; pädagogische Regeln und Vortheile, insoweit sie in den zweckmäßigen Unterricht der Jugend, in die Anleitung dazu und in die Aufsicht darüber einschlagen u. s. w.

m. Die Prüfung in der Pädagogik ist nicht sowohl auf den Besitz der materiellen, zum Schulamte erforderlichen Kenntnisse als vielmehr darauf zu richten, ob die Kandidaten über Zweck, Einrichtung und Ziel der Schulen und ihrer Arten und Stufen, über die Behandlung der verschiedenen Unterrichtsgegenstände und ihren inneren organischen Zusammenhang, über die nöthigen Hülfslehrmittel bei den einzelnen Lehrgegenständen, über das Verhältniß von Unterricht und Erziehung zu einander, über Schul-Disciplin und namentlich über die Verbindung der religiösen und sittlichen Bildung mit der intellektuellen, endlich über Beruf, Pflicht und Verhalten des Lehrers und des Geistlichen in Bezug auf die Schule richtige, klare und geordnete Begriffe, zugleich aber selbst die erforderliche praktische Gewandtheit und Lehrfertigkeit besitzen — CRdMdgA. v. 24. Okt. 1827 (Ann 11, 931) —. Diese Vorschriften sind durch das CRdMdgA. v. 30. Jan. 1842 (BMBl. 1844 S. 64) wie folgt erweitert worden:

1) Zu den Erfordernissen, welche das Wahlfähigkeitszeugniß der Predigtamtskandidaten bedingen, gehört wesentlich eine hinlängliche Geschicklichkeit in der Ertheilung und Leitung des Religionsunterrichts, welche in einer gewissen, auf einfache praktische Regeln begründeten Sicherheit in der populärdidaktischen Behandlung der biblischen Geschichte, der Katechismuslehre, des Bibellesens und der Gesangbuchlieder besteht.

2) Da die Kandidaten mit ihrem Eintritte in das Pfarramt sofort die Obliegenheit haben, die Elementarschulen der Parochie zu beaufsichtigen, insbesondere Schulzucht und Lehrmethode in denselben zu überwachen und zu leiten, so bedürfen sie außer den Gegenständen des Religionsunterrichts auch einer genauen Bekanntschaft mit dem Elementar-Schulwesen, namentlich mit den Methoden der Lautlehre, des Lesens, des Rechen-Unterrichts, der deutschen Sprache und des Gesang-Unterrichts.

3) Das Examen pro licentia concionandi dient hauptsächlich dazu, die wissenschaftliche Bildung des Kandidaten zu erforschen. Die Prüfungskommission hat hier wenigstens in den wesentlichsten Theilen der Theologie den Maaßstab des Prüfungsreglements mit um so größerer Strenge in Anwendung zu bringen, als das triennium academicum vollkommen hinreicht, diesem Maaßstabe gerecht zu werden. Denjenigen Kandidaten, welche die Prüfung bestanden haben, werden die bezeichneten Gegenstände der zweiten Prüfung unter dem Bedeuten bekannt gemacht, daß ihnen das Wahlfähigkeitszeugniß versagt werden müsse, wenn sie jenen Forderungen nicht genügen könnten.

4) Das Examen pro ministerio ist vorherrschend auf die praktische Qualifikation des Kandidaten gerichtet, wobei vorzüglich die sub 1 u. 2 erwähnten Kenntnisse und Geschicklichkeiten in Betracht kommen, indem diese theils die Grundlage des geistlichen Lehramts bilden, theils mit den Obliegenheiten und den Zwecken desselben innig zusammenhängen. Ergiebt

dieses Examen kein irgend genügendes Resultat, so daß die Kommission die Ueberzeugung gewinnt, der betreffende Kandidat werde den nothwendigen Forderungen pfarramtlicher Wirksamkeit in den fraglichen Beziehungen nicht genügen können, so ist derselbe bis zu einem folgenden Examen pro ministerio mit der Weisung zurückzustellen, die offenbar gewordenen Mängel in der Zwischenzeit zu beseitigen.

5) Da die Kandidaten sich vermöge ihrer theologischen und allgemein wissenschaftlichen Bildung im ausgedehnten Besitze des ganzen theoretischen Materials der sub 1 u. 2 geforderten praktischen Fertigkeiten befinden, so kann Jeder, der nur geneigten Willen hat und von der rechten Liebe zu seiner Bestimmung erfüllt ist, sich diese ohne große Mühe erwerben. Es kommt nur darauf an, daß er die populär-didaktische Auffassung und Behandlung dieses Materials kennen lernt und sich dann nach angeschauten Mustern übt. Dazu giebt ein sechs- bis achtwöchiger Aufenthalt an einem Schullehrer-Seminar hinreichende Gelegenheit.

6) Es wird daher bestimmt, daß jeder Kandidat des Predigtamts nach Vollendung seiner Universitätsstudien und vor seinem zweiten Examen an einem Schullehrer-Seminar der Provinz, welcher er angehört, in außerordentlichen Fällen auch bei einem anderen inländischen Seminar, 6—8 Wochen lang dem Unterrichte und den Uebungen der Seminaristen beiwohnen und darüber ein verschlossenes Zeugniß des Seminar-Directors dem betreffenden Konsistorium einsenden soll, ohne welches die Meldung zum zweiten Examen nicht angenommen wird. Das Seminar übernimmt zunächst nur die Verpflichtung, den Kandidaten auf sein dem Director vorher einzusendendes Gesuch zu den Uebungs- und Unterrichtsstunden als Zuhörer zuzulassen. Man darf jedoch mit Grund erwarten, daß die Directoren dieser Anstalten ihm im Interesse des wichtigen und für das Elementar-Schulwesen selbst so förderlichen Zwecks alle mögliche Aufmerksamkeit und Hülfsleistung angedeihen lassen werden. Was das von dem Director auszustellende Zeugniß anbetrifft, so genügt es, wenn die regelmäßige und aufmerksame Theilnahme des Kandidaten darin pflichtmäßig bescheinigt ist; es steht jedoch dem Director frei, sein Urtheil über den Erfolg hinzuzufügen, wenn er durch besondere Beschäftigung mit dem Kandidaten Gelegenheit gehabt hat, sich darüber ein Urtheil zu bilden.

n. Für den angeordneten Seminarbesuch der Kandidaten des evangelischen Predigtamts hat der evang. ObKR. im Einverständnisse mit dem MdgA. durch CR. v. 15. August 1864 (BMBl. S. 232; Aktst. 5, 443) folgende Instruction erlassen.

§ 1. In der Zeit zwischen der Prüfung pro licentia concionandi und der pro ministerio hat jeder Kandidat des evangelischen Predigtamts an einem evangelischen Schullehrer-Seminar der Monarchie einen sechswöchentlichen Kursus behufs seiner Information in dem Elementarschul- und Unterrichtswesen zu absolviren.

Von dieser Verpflichtung sind dispensirt diejenigen Kandidaten, welche

1) die Prüfung pro schola oder rectoratu bestanden und außerdem ein Lehramt an öffentlichen Volks- oder Bürgerschulen mindestens ein Jahr lang verwaltet haben, oder welche
2) das Examen pro facultate docendi bestanden und außerdem das vorgeschriebene Probejahr an einer höheren Unterrichtsanstalt abgehalten haben; endlich
3) diejenigen, welche den Kursus in dem Prediger-Seminar in Wittenberg durchgemacht, oder als Mitglieder des Domstifts zu Berlin den in demselben eingeführten pädagogischen und didaktischen Kursus absolvirt haben.

§ 2. Die Königl. Provinzial-Schul-Kollegien bestimmen ein für allemal die Termine, an welchen bei jedem Seminar die betreffenden Kurse abgehalten werden, und setzen im Einverständniß mit dem Königl. Konsistorium der Provinz die Zahl der Kandidaten fest, welche zu gleicher Zeit an jedem Seminar zugelassen werden können. Diese Zahl darf jedoch in keinem Fall zwölf übersteigen.

Spätestens vier Wochen vor Beginn des Kursus hat der Kandidat bei dem Director desjenigen Seminars, welches er zu besuchen gedenkt, die Zulassung zu dem Kursus nachzusuchen.

§ 3. Während des Kursus stehen die Kandidaten in disciplinarischer Beziehung unter demjenigen Superintendenten, in dessen Diöcese das Seminar liegt; hinsichtlich der Benutzung des Kursus haben sie die Anweisung des Seminar-directors zu erwarten und zu befolgen. Bei dem Superintendenten haben sie sich zum Beginn des Kursus persönlich zu melden.

§ 4. Zweck des Kursus ist, die Kandidaten für das ihnen als Pfarrer künftig obliegende Amt der Schulaufsicht vorzubereiten. Dieses soll dadurch erreicht werden, daß die Kandidaten während des Kursus in der Uebungsschule des Seminars eine wohl eingerichtete Elementarschule nach ihrer Organisation im Allgemeinen und nach dem in ihr allseitig anzuwendenden Verfahren bis ins Einzelne aus eigener Anschauung kennen lernen. Außerdem sollen dieselben durch das Hospitiren beim Seminar-Unterricht einen Einblick in die am meisten grundlegenden und maaßgebenden Disciplinen, deren Umfang und Zusammenhang gewinnen und dadurch zu einem richtigen Verständniß von dem Ausgangs- und Zielpunkt der Lehrerbildung überhaupt, von der Bedeutung jeder einzelnen Disciplin für sich und in dem gesammten Organismus der Lehrer- und Volksbildung, endlich von den Grundsätzen einer guten Methode in pädagogischer und didaktischer Beziehung angeleitet werden.

§ 5. Um dieses mit Erfolg zu können, muß vorausgesetzt werden, daß die Kandidaten vor ihrem Eintritt in das Seminar die einschlagenden philosophischen und theologischen Disciplinen, namentlich Pädagogik, praktische Theologie und Katechetik gründlich studirt und sich eine eingehende Kenntniß der mit der Kirchen- und Reformationsgeschichte eng zusammenhängenden Geschichte der Pädagogik verschafft haben, in welcher Beziehung besonders auf die hierher gehörigen Schriften von Palmer und K. v. Raumer hingewiesen werden kann.

In engerer Beziehung mit der nächsten Aufgabe des Seminarbesuchs steht folgende Anforderung.

Die Kandidaten müssen vor ihrem Eintritt in das Seminar sich theoretisch mit den bestehenden Verhältnissen des vaterländischen Schul- und Seminarwesens und mit den dasselbe normirenden Bestimmungen bekannt gemacht haben. Unerläßlich hierzu ist das Studium der „drei preuß. Regulative vom 1., 2. u. 3. Okt. 1854" und der „Weiterentwickelung der drei preuß. Regulative, Berlin 1861." Förderlich und wünschenswerth ist das Studium einiger der folgenden Schriften: „Zeller, Lehren der Erfahrung" in ihrem allgemeinen Theil. „Bormann, Unterrichts- und Schulkunde. Berlin bei Wiegandt und Grieben." „Beck, Wegweiser für evangelische Volksschullehrer. Breslau bei Hirt." „Aktenstücke zur Geschichte und zum Verständniß der drei preuß. Regulative. Berlin bei W. Hertz." „Stolzenburg, Beiträge zur Geschichte der Regulative und Schulverordnungen. Breslau u. Liegnitz 1860 u. 1863."

§ 6. Ueber die Benutzung des Seminarkursus seitens der Kandidaten hat der Seminar-Director einen Plan aufzustellen und den ersteren zur Befolgung zu übergeben. Derselbe ist so anzulegen, daß in den ersten drei Wochen der Besuch der Seminarlectionen vorwaltet, eine Kenntniß der Uebungsschule im Allgemeinen vermittelt wird, und in derselben namentlich die von den Seminarlehrern ertheilten Musterlectionen hospitirt werden, während in der letzten Zeit die Uebungsschule in ihrer Gesammtthätigkeit, in ihrem Organismus und in der Behandlung der einzelnen Fächer zur Anschauung zu bringen ist.

In dem Seminar sind es die Fächer der Schulkunde, des gesammten Religionsunterrichts, des Sach-, Sprach- und Rechenunterrichts, sowie des Gesangunterrichts, welche die Kandidaten ganz besonders zu beachten haben, damit sie einen Einblick in den Umfang und die Ziele dieser Disciplinen, sowie des zu beobachtenden Lehrverfahrens gewinnen. Wie die zu besuchenden Stunden auf die verschiedenen Seminarkurse zu vertheilen sind, bleibt dem Ermessen des Seminar-Directors überlassen, welcher dabei das nöthige Ineinandergreifen der einzelnen Disciplinen und die richtige Aufeinanderfolge der den Kandidaten zu gewährenden Anschauungen in das Auge zu fassen hat.

§ 7. Da der Seminar-Unterricht um des Besuchs der Kandidaten willen nicht in seinem Gange unterbrochen werden kann, so werden der Director sowie die Lehrer des Seminars nach Anordnung des ersteren in besonderen Konferenzen die Kandidaten über den jedesmaligen Standpunkt des Unterrichts der einzelnen Fächer im Zusammenhang mit ihrem Ausgangs- und Zielpunkte orientiren. Ob außerdem der Seminar-Director besondere Konferenzen mit den Kandidaten zur Rekapitulirung, zur selbstständigen Instruction und zur Entgegennahme von Fragen und Zweifeln veranstalten will, muß dessen freier Entschließung vorbehalten bleiben. Jedenfalls wird derselbe mit den Seminarlehrern stets zur Ertheilung von Rath und Auskunft bereit sein. Ob Kandidaten, falls sie es wünschen, zur Abhaltung von Lectionen in der Uebungsschule zuzulassen sind, hat der Director zu bestimmen.

§ 8. Die Kandidaten haben die Zeit ihres Aufenthalts im Seminar lediglich für den nächsten Zweck ihrer pädagogischen und didaktischen Ausbildung zu verwenden und während dieser Zeit auch ihre theologischen Studien zurückzustellen. Außer dem Besuch der Unterrichtsstunden und der Uebungsschule sowie der abzuhaltenden Konferenzen werden sie sich daher mit der Durcharbeitung einschlagender Schriften, welche ihnen der Seminar-Director aus der Bibliothek verabreicht, zu beschäftigen und ihr eigenes Zusammensein möglichst zur Besprechung der ihnen im Seminar entgegentretenden Anschauungen zu benutzen haben. Empfehlenswerth ist die Führung eines pädagogischen Tagebuchs.

Als Gäste des Seminars werden sie dessen Anordnungen überall respectiren und wohlthun, den Andachten desselben regelmäßig beizuwohnen.

§ 9. Ueber die stattgefundene Benutzung des Seminarkursus hat der Seminar-Director jedem Kandidaten ein versiegeltes Zeugniß auszustellen, welches der Meldung zum Examen pro ministerio beizufügen ist. Bekundet das Zeugniß des Seminar-Directors Mangel an Fleiß und sorgfältiger Benutzung des Kursus, so hat das Königl. Konsistorium den Kandidaten zur Prüfung nicht zuzulassen und zur nochmaligen Abhaltung eines Seminarkursus abzuhalten.

---

§ 9. Nach Maaßgabe des Protokolls vom Tentamen und der mit eingesandten schriftlichen Arbeiten sowohl als des Examens wird, sobald die Kandidaten und fremden Zuhörer abgetreten sind, von dem Kollegio über die Tüchtigkeit des Kandidaten votirt und nach dem concluso im Protokollbuche bemerkt, wie jeder Kandidat bestanden sei. Bei dieser Beurtheilung sind folgende Grundsätze zu beobachten.

Ein Kandidat, der nicht nur gute Zeugnisse seines Wohlverhaltens beigebracht und bei der Katechisation, der Predigt und dem Examen gezeigt hat, daß er einsehe und empfinde, was zur wahren Religiosität gehört, und daß er solche bei anderen zu befördern wisse, sondern auch in allen Kenntnissen, welche von ihm gefordert werden, so wie in den zur Führung eines Predigtamts erforderlichen Fähigkeiten den Beifall der Examinatoren und des Kollegii verdient, erhält in der Beurtheilung das Prädikat vorzüglich. Dazu gehört also,

1) daß er sich im Deutschen oder auch in einer anderen Sprache, worin er Vorträge zu halten hat (z. B. für Preußen im Littauischen oder Polnischen), richtig, zusammenhängend, würdig und populär ausdrücken könne;
2) daß er lateinisch richtig und rein spreche, wenigstens schreibe;
3) daß er den hebräischen Grundtext richtig übersetze und erkläre, wobei indessen Stellen, die besonderen Schwierigkeiten unterworfen sind, zwar, wenn er sie gut zu erklären weiß, ein Grund des Lobes, aber nicht, wenn er die Schwierigkeiten unaufgelöst läßt, eine Ursache des Tadels sein müssen;
4) daß er das Neue Testament im Grundtexte ohne Anstoß übersetze und erkläre, auch mit dem Inhalte und Geiste desselben, sonderlich mit den dictis probantibus bekannt sei, wobei der Examinator es ihm nicht zum Vorwurfe machen muß, wenn der Kandidat über Stellen, deren ächte Lesart oder deren Auslegung streitig ist, nicht mit ihm einerlei Meinung sein sollte, wie überhaupt nicht verlangt werden muß, daß der Kandidat alle Gründe für die Auslegung einer streitigen Stelle wisse, wenn er nur für die seinige irgend etwas, worauf er sich stützt, anführen kann;
5) daß er das System der christlichen Glaubens- und Sittenlehre richtig gefaßt habe, die dafür zu führenden Beweise gehörig entwickeln und die vornehmsten Einwürfe heben könne, auch mit den Bekenntnißbüchern unserer Kirche und mit den wichtigsten Streitigkeiten, die darüber geführt worden sind, bekannt sei;

6) daß er die Geschichte der christlichen Kirche und der Dogmen kenne, die merkwürdigsten Epochen angeben und von den Hauptbegebenheiten die Ursachen und Folgen entwickeln könne, sonderlich die Entstehung, die Ausbildung und die Hauptschicksale des protestantischen Lehrbegriffs und die Geschichte der vornehmsten Religionsparteien und Secten inne habe;
7) daß er Bekanntschaft mit den philosophischen Wissenschaften zeige, vorzüglich mit den Regeln der Logik und deren Anwendung bei der Entwickelung und dem Vortrag der Wahrheiten;
8) daß er sich mit der theologischen Litteratur, auch mit der neueren und neuesten, bekannt gemacht habe und überhaupt die Hülfsmittel kenne, durch deren Gebrauch er seine Kenntnisse ferner erweitern kann;
9) daß er Fertigkeit im Katechisiren und namentlich die Gabe besitze, sowohl die gehörige Auswahl dessen zu treffen, was für die Jugend gehört, als auch das Nachdenken derselben zu erwecken und ihr die vorgetragenen Lehren wichtig zu machen;
10) daß in seiner Predigt logische Ordnung, Bestimmtheit, Klarheit und Faßlichkeit im Ausdrucke, stete Rücksicht auf das Praktische der vorgetragenen Wahrheiten, Popularität und Herzlichkeit herrsche;
11) daß sein Anstand, seine Deklamation und seine Gestikulation natürlich und beifallswerth, seine Stimme und Aussprache auch vernehmlich genug sei, um in einer größeren Kirche gehörig verstanden zu werden. Hierzu gehört auch, daß er die Predigt gut memorirt habe, um sie ohne Beihülfe des Koncepts zu halten.

Ein Kandidat, der nicht auf das Prädikat: vorzüglich Anspruch machen darf, weil er nicht die eben angegebenen Forderungen alle erfüllt, kann doch als gut charakterisirt werden, wenn er nur in Rücksicht auf Nr. 1), 2), 4), 5), 7), 9), 10) u. 11) die Zufriedenheit der Examinatoren verdient und in den übrigen Stücken nicht ganz unwissend ist.

Wer in keinem der angeführten 11 Punkte die richtige Zufriedenheit der Examinatoren verdient, aber auch in keinem eigentlich unwissend ist und sonderlich die Forderungen unter Nr. 4), 5), 9), 10) u. 11) hinlänglich erfüllt, um die Hoffnung zu geben, daß er sein Predigtamt mit Nutzen werde führen können, dem ist das Prädikat: mittelmäßig zu ertheilen.

Entscheidende Gründe, einen Kandidaten beim Examen gänzlich abzuweisen, sind, und zwar jeder allein:
1) Wenn er durch seine Urtheile bei der Prüfung, durch sein Benehmen bei der Katechisation oder durch seine Predigt beweist, daß er über die Wahrheiten der Religion leichtsinnig denkt und Religiosität leichtsinnig behandelt;
2) wenn er sich nicht richtig, bestimmt, deutlich und zusammenhängend im Deutschen oder in einer anderen Sprache, worin er Vorträge zu halten hat, ausdrücken kann.
3) wenn er nicht ohne grobe Fehler einen lateinischen Aufsatz schreiben kann, weil dies großen Unfleiß in seinen Schuljahren oder gänzliche Vernachlässigung früher erlangter Kenntnisse beweiset. — Sollte der seltene Fall eintreten, daß ein Kandidat zwar sehr fehlerhaft lateinisch schriebe, aber doch in allen übrigen Erfordernissen Zufriedenheit verdiente und wenigstens dabei ein lateinisches theologisches Buch mit Leichtigkeit läse, so würde er, wofern seine Stelle nur nicht mit der Aufsicht über eine städtische größere Schule verbunden wäre, zu admittiren und mit dem Prädikate: mittelmäßig zu charakterisiren sein, auch wäre dies im Protokoll besonders anzuführen;
4) wenn er mit dem Grundtexte des Neuen Testaments und dem Inhalte und Geiste desselben unbekannt ist. Unwissenheit im Hebräischen würde dann zu entschuldigen sein, wenn er außerdem das Prädikat: gut verdiente;
5) wenn es ihm an Kenntniß des Systems der Glaubens- und Sittenlehre mangelt, er solche nicht deutlich entwickeln und nicht gegen die Haupteinwürfe vertheidigen kann;
6) wenn er nicht wenigstens die Hauptbegebenheiten aus der Kirchengeschichte und die Entstehung der symbolischen Theologie anzugeben weiß;
7) wenn er von den philosophischen Wissenschaften, sonderlich der Logik, auch nicht soviel weiß, als sich aus einem gewöhnlichen Kollegio davon lernen läßt;
8) wenn er bei seiner Katechisation und in seiner Predigt nicht bloß Mangel der

Uebung, sondern einer richtigen Beurtheilungskraft und der Einsicht in das Praktische der Religionswahrheiten verräth;

9) wenn er eine so unverständliche Stimme oder Aussprache hat, daß offenbar die Gemeinde, zu der er berufen werden soll, seine Vorträge nicht würde verstehen können.

Hätte ein Kandidat in seinem Anstande und in seiner Deklamation merkliche Fehler, so würde er darauf gleich nach gehaltener Predigt von den Examinatoren aufmerksam zu machen und in der Session des Kollegii ernstlich davor zu warnen sein. Wären diese Fehler aber von der Art, daß davon Störung der Andacht zu befürchten wäre, wohin auch das Ablesen der Predigt und das allzuhäufige Einsehen ins Koncept gehört, so müßte er darüber zurechtgewiesen werden und noch einmal predigen, damit er bewiese, ob er im Stande sei, eine ihm deshalb mitgetheilte Belehrung zu benutzen. Legte er diesen Beweis ab, so würde er, wenn er sonst gut wäre, anzunehmen aber ernstlich anzuweisen sein, daß er sorgfältig auf sich achte, und seinem Inspector würde aufzutragen sein, in seinem Kirchenvisitationsberichte zu bemerken, ob die ihm gegebene Erinnerung gefruchtet habe.

§ 10. Bei jedem Konsistorio ist eine Liste der geprüften Kandidaten zu führen und zwar nach welchem sie bei dem Examen charakterisirt worden sind. Diesen Listen gemäß sind

1) die, welche das Prädikat: vorzüglich erhalten haben, nach acht bis zehn Amtsjahren (vorausgesetzt, daß sie während dieser Zeit Fleiß und Treue bewiesen haben) dem Ober-Konsistorio bei schicklichen Vakanzen zur weiteren Beförderung in Vorschlag zu bringen.

2) Die, welche das Prädikat: mittelmäßig erhalten, sind anzuweisen, daß und wie sie sich weiter auszubilden haben, ihnen auch bekannt zu machen, daß sie wenigstens, ehe sie zu einer weiteren Beförderung gelangen können, sich noch einem colloquium zu unterwerfen haben.

Findet ein Kollegium, daß ein Kandidat zwar im Ganzen das Prädikat: mittelmäßig verdient und also zum Predigtamte zwar zuzulassen sei, aber in einem oder dem anderen Punkte noch einer stärkeren Ermunterung bedürfe, so ist er zu einem colloquium innerhalb Jahresfrist zu bescheiden; dabei haben aber die Examinatoren ihm auch eine Anweisung zu ertheilen, wie er ihren Forderungen durch seinen Fleiß zu genügen, und welcher Hülfsmittel er sich dabei zu bedienen habe.

Ist ein Kandidat sonst gut befunden worden, und es mangelt ihm nur an Fertigkeit, seine Gedanken mündlich und schriftlich populär auszudrücken, oder hat seine Predigt andere Fehler, die vom Mangel, nicht an Beurtheilungskraft und praktischem Sinne oder an eigener Religiosität, sondern nur an hinlänglicher Uebung im Vortrage zeugen, so ist ihm aufzugeben, daß er wenigstens alle Vierteljahre eine geschriebene Predigt an seinen Inspector einsende und dessen Bemerkungen darüber benutze. Der Inspector aber hat in den jährlichen Konduitenlisten anzuzeigen, ob dies geschehen sei, und sonderlich auch in den Kirchenvisitationsberichten zu bemerken, ob und zu welchen Erinnerungen ihm desselben Katechisation und Predigt Veranlassung gegeben habe, damit das Konsistorium entweder noch nachdrückliche Ermahnungen geben oder auch den Prediger von der ferneren Einsendung der Predigten an den Inspector dispensiren könne.

§ 11. Sobald das Konsistorium einen Kandidaten für tüchtig zum Predigtamte erklärt hat, ist er ohne weiteren Aufenthalt zu ordiniren. Die Modifikationen, welche diese Vorschriften in der Altmark und Priegnitz leiden, werden der dortigen Verfassung gemäß von dem Kurmärkischen Ober-Konsistorio dem General-Superintendenten vorgeschrieben werden.

§ 12. Glaubt ein Kandidat, daß er Grund habe, sich über allzu große Strenge des Provinzial-Konsistorii oder des General-Superintendenten, von welchem er geprüft und abgewiesen worden ist, zu beschweren, so kann er zwar auf eine abermalige Prüfung beim Ober-Konsistorio antragen; aber er muß diesen Entschluß der Behörde, welche ihn abgewiesen hat, schriftlich anzeigen, damit dieselbe nach Beschaffenheit der Umstände das Erforderliche wegen der Verwaltung der Stelle, zu welcher der Kandidat geprüft worden, verfügen und die schriftlichen Prüfungsarbeiten nebst dem Prüfungsprotokolle dem Ober-Konsistorium einsenden könne. Das Ober-Konsistorium wird sodann nach Beschaffenheit dieser Aktenstücke den Kandidaten weiter bescheiden.

§ 13. Ist ein Kandidat zu einem abermaligen colloquium bestellt worden, so muß streng auf den festgesetzten Termin gehalten werden, und er nie eher die Bestätigung zu einer anderweitigen Predigerstelle erhalten, als bis er bei diesem colloquio wirkliche Fortschritte in den anempfohlenen Kenntnissen gezeigt habe. Eben deshalb ist auch das colloquium vornehmlich auf diejenigen Gegenstände zu richten, in welchen der Examinandus sich bei der vorbergehenden Prüfung schwach gezeigt hat.

Um zu verhüten, daß Niemand, dem ein neues colloquium aufgegeben worden, die Konfirmation zu einer anderen und besseren Stelle erhalte, muß jedes Konsistorium, wenn es einen Prediger zur weiteren Versorgung vorschlägt, den Extrat aus dessen Prüfungsprotokoll, wenigstens das Resultat des über ihn gefällten Urtheils an das Ober-Konsistorium einsenden und dabei gleichfalls bemerken, wenn ihm ein neues colloquium ist aufgegeben worden, wie dasselbe ausgefallen sei.

o. Die Nachprüfung durch ein öffentliches colloquium pro munere vor den Konsistorien ist durch das CRdVdgA v. 29. August 1810 (v. Mühler, Ordnung der kirchlichen Prüfungen in Zeitschr. f. Recht u. Pol. d. Kirche v. Jacobson und Richter H. 2 S. 155) allgemein eingeführt und angeordnet, daß sich demselben jeder Kandidat zu unterwerfen habe, der nicht innerhalb Jahresfrist nach der zweiten Prüfung zu einer Pfarr- oder Predigerstelle berufen werde. Uebrigens bleibt auch jeder Kandidat nach bestandener zweiter Prüfung bis zu seiner wirklichen Anstellung der genauen Kontrolle der Superintendenten, in deren Diöcese er domicilirt, unterworfen und darf nicht anders zu einem geistlichen Amte erwählt oder bestätigt werden, als wenn er durch vollständige Zeugnisse der betreffenden Superintendenten nachweist, daß er die vorhandenen oder dargebotenen Mittel zu seiner Fortbildung benutzt und einen tadellosen Wandel geführt habe — CRdVdgA. v. 22. Juli 1839 (Ann. 23, 622) —.

p. Die lediglich die Kandidaten betreffenden, auf das Prüfungswesen bezüglichen Vorschriften sind in neuerer Zeit von den Provinzial-Konsistorien in besonderen Kandidaten-Ordnungen zusammengestellt, welche für die Rheinprovinz am 15. März 1852 (Aktst. 1, 6, 30), für Westphalen am 15. Septbr. 1852 (Aktst. 1, 6, 33), für Schlesien am 20. Oktbr. 1852 (Aktst. 1, 6, 37), für Sachsen am 22. Jan. 1853 (Aktst. 1, 6, 41), für Pommern am 13. Mai 1853 (Aktst. 1, 6, 47), für Posen am 15. Juli 1853 (Aktst. 1, 6, 55), für Preußen am 7. Septbr. 1853 (Aktst. 1, 6, 59), für Mark Brandenburg am 26. April 1856 (Aktst. 2, 144) erlassen sind. An neuen Bestimmungen enthalten sie nur folgende: Die Anmeldung zum ersten Examen soll nach dem Ablauf des Trienniums nach 4 Wochen in Rheinland und Westphalen, nach 3 Monaten in Brandenburg und Schlesien, nach einem Jahre in den übrigen Provinzen erfolgen, die zum zweiten Examen in Brandenburg in der bei der ersten Prüfung jedesmal zu setzenden Frist, in Preußen zwei Jahre, in Pommern, Posen, Sachsen, Westphalen, Rheinland ein Jahr nach der ersten Prüfung. In der Zeit vom ersten Examen bis zur Anstellung haben die Kandidaten jährlich eine wissenschaftliche Arbeit und eine Predigt über gegebene Themata dem Superintendenten einzureichen und einmal in dessen Gegenwart zu predigen. — Nach § 136 evang. Westphäl. Kirch. O. haben die Kandidaten 10 Thlr an die Provinzial-Synodalkasse zu zahlen, aus der die Mitglieder der Prüfungskommission Diäten und Reisekosten erhalten.

III. Colloquium mit den zu berufenden Inspectoren.

§ 1. Jeder Prediger, der eine geistliche Inspection erhalten soll, muß zuvor, ehe ihm die Vokation als Inspector ertheilt werden kann, im Konsistorium der Provinz, worin die ihm anzuvertrauende Diöces belegen ist, ein colloquium halten, welches auch in Ansehung der Feldprediger stattfindet, die zu Inspectoren befördert werden.

Bloß wenn Männer von ausgezeichnetem Verdienste und Rufe zu einer

Stelle vocirt werden, mit welcher eine Inspection verbunden ist, findet hiervon nach dem Ermessen des Ober-Konsistorii eine Ausnahme statt.

§ 2. Das colloquium geschieht jederzeit in pleno consistorii, und der älteste geistliche Rath führt darüber das Protokoll.

§ 3. Die Gegenstände der Unterhaltung müssen vornehmlich Pastoralklugheit und die Verhältnisse und Geschäfte eines Inspectors betreffen.

§ 4. Da aber auch den Inspectoren öfter tentamina pro licentia concionandi aufgetragen werden, und ihr Amt überhaupt nicht mit genugsamer Würde geführt werden kann, wenn sie von gelehrten Kenntnissen entblößt sind, so ist denen, die zu Inspectionen bestimmt sind, wenn sie nicht vielleicht schon öffentliche Beweise ihrer theologischen Gelehrsamkeit geliefert haben, vor dem colloquio ein theologisches Thema zur schriftlichen Ausarbeitung in ihrer Wohnung vom Konsistorio aufzugeben, welche Arbeit sie sogleich bei dem ältesten geistlichen Rath des Kollegii einzureichen haben, damit dieser dem Kollegio darüber einen Vortrag machen, und bei dem colloquio darauf Rücksicht genommen werden könne.

§ 5. In dem über das colloquium zu führenden Protokolle ist auch ausdrücklich anzuführen, wohin das Urtheil des Kollegii über die Gelehrsamkeit des Kolloquenten ausgefallen sei, damit dies in Zukunft bei ihm aufzutragenden Geschäften zu einem Maaßstab dienen könne.

§ 6. In Fällen, wo das Kollegium es nöthig findet, von den Predigertalenten und Kanzelgaben des Vokandi noch näher unterrichtet zu werden, kann es demselben gleich bei seiner Vorladung zum colloquio einen Text vorschreiben, über welchen er dann eine Gastpredigt schriftlich einzureichen und in Gegenwart zweier deputatorum consistorii, die davon an das Konsistorium einen Bericht abstatten müssen, zu halten hat.

Die drei in I § 2 u. 13, II § 6 in Bezug genommenen Schemata A, B, C lauten:

Schema A. Fragen.

1) Wie der Examinandus heiße? 2) Woher derselbe gebürtig sei? 3) Wie alt er sei? 4) Wer dessen Eltern seien, ob sie noch leben, und wo sie sich aufhalten? 5) Auf welchen Schulen der Examinandus ehedem studirt, und bis in welche Klassen er gekommen? 6) Auf welcher Universität und wie lange? was für Kollegia er gehört und bei wem? 7) Wo und wie er die Zeit nachher verwandt? 8) Welche Zeugnisse er über dies alles aufweisen könne? (Diese Zeugnisse sind beizulegen.) 9) Wo er zunächst sich aufzuhalten gedenke? 10) Ob er der öffentlichen Schularbeit sich widmen wolle, und welchen Theilen der Gelehrsamkeit er die vorzüglichsten Dienste versprechen könne? 11) Ob und wo, auch für wen er bisher gepredigt habe?

Schema B. Prüfung des Kandidaten pro licentia concionandi.

1) Deutsche Sprache. 2) Lateinische Sprache. 3) Bekanntschaft mit dem Grundtext des N. T. 4) Des A. T. 5) Glaubens- und Sittenlehre. 6) Kirchengeschichte. 7) Philosophie. 8) Bücherkenntniß. 9) Einsicht des Praktischen in die theologischen Kenntnisse. 10) Abfassung und Vortrag der Predigt. 11) Erinnerungen, welche ihm sind gegeben worden. 12) Allgemeines Urtheil über denselben.

Schema C. Prüfung des Kandidaten pro ministerio.

Dasselbe lautet wie Schema B, nur ist zwischen 5) und 6) desselben noch: Geschichte der Dogmen, und zwischen 8) und 9): Fertigkeit im Katechisiren eingeschoben.

40. Für die katholischen Kandidaten des geistlichen Standes ist zur Erlangung eines Pfarramtes eine Prüfung schon durch das kanonische Recht angeordnet worden, welche nach eröffnetem Konkurse durch die von dem Bischof mit der Diöcesan-Synode ernannten, beeideten Examinatoren abgehalten werden soll, die sogenannte Konkursprüfung — Benedict. XIV. de syn. dioec. l. 4 c. 7 sqq. Conc. Trid. sess. 24 c. 18 de ref. —. Wer in Preußen zu dieser Prüfung zugelassen werden will, muß das Abiturientenzeugniß eines Gymnasiums und ein Studien- und Sittenzeugniß einer Universität oder der bischöflichen Seminare zu Trier und Köln, der Alumnate zu Gnesen, Posen oder Kulmsee, der Seminare zu Münster, Paderborn, Breslau, Braunsberg beibringen. Wer die Zeugnisse von ausländischen Universi-

täten oder Seminaren beibringt, den darf der Ober-Präsident in Bezug auf allgemeine wissenschaftliche Bildung noch einer besonderen Prüfung unterwerfen — CE. dStM. v. 31. Juli 1839 (Ann. 5, 622) —. Die bischöfliche Würde, alle anderen Dignitäten und wenigstens die Hälfte der Kanonikate in den Hoch- und vorzüglicheren Kollegiatstiftern sollen nur an Graduirte in der Theologie oder dem kanonischen Recht verliehen werden — Conc. Trid. sess. 22 c. 2, sess. 23 c. 18, sess. 24 c. 8 u. 12 de ref. —. Vgl. N. 43.

41. In Betreff der Zulassung **auswärtiger** evangelischer Theologen zu den diesseitigen Prüfungen und in inländische Pfarrämter sind nachstehende, durch KO. v. 11. April 1845 genehmigte Grundsätze in dem ERdMdgA. v. 6. Septbr. 1845 (VMBl. 1846 S. 5) zur Nachachtung aufgestellt worden:

1) Zu der ersten theologischen Prüfung (pro facultate concionandi) vor einer preußischen Prüfungsbehörde sind die Unterthanen anderer deutscher Bundesstaaten in dem Falle zu verstatten, wenn dieselben im Stande sind, alle diejenigen Bedingungen zu erfüllen und diejenigen Nachweise zu erbringen, welche nach den darüber bestehenden Vorschriften von preußischen Unterthanen gefordert werden.

2) Zu der zweiten theologischen Prüfung (pro ministerio) sind die Unterthanen anderer deutscher Bundesstaaten zu verstatten, wenn sie
   a. eine erste theologische Prüfung vor einer diesseitigen Prüfungskommission oder vor einer kollegialisch besetzten Prüfungsbehörde ihrer Heimath bestanden haben;
   b. den Nachweis erbringen, daß sie ihrer Militärpflicht nach den Gesetzen ihrer Heimath genügt haben oder nach denselben von der Militärpflicht befreit sind und zugleich das 25. Lebensjahr vollendet haben;
   c. ingleichen, daß ihnen von einem Privatpatron eine Anwartschaft auf eine inländische Pfarrstelle eröffnet worden;
   d. endlich alle sonst von inländischen Kandidaten geforderten Zeugnisse ihrer wissenschaftlichen und praktischen Vorbildung für das Predigtamt und ihres sittlichen Wohlverhaltens beibringen.

   In Bezug auf die sub b geforderten Bedingungen ist der Minister der geistlichen Angelegenheiten in besonderen Fällen zu dispensiren ermächtigt.

3) Die Berufung auswärtiger Predigtamtskandidaten aus dem Bereiche der deutschen Bundesstaaten ist den Privatpatronen und wahlberechtigten Gemeinden gestattet, wenn der in Aussicht genommene Kandidat die diesseits verordnete zweite theologische Prüfung nach Maaßgabe der Vorschriften in Nr. 2 besteht und in derselben eine der beiden ersten Zeugniß-Nummern erhält.

   Dies gilt unbedingt nur, wenn der Kandidat das Prädikat: vorzüglich erhält; wird ihm nur das Prädikat: gut ertheilt, so ist zuvor die Genehmigung des Ober-Kirchenraths einzuholen — ERdOb.KR. v. 29. März 1854 (Aktst. 2, 9) —.

   Im Uebrigen muß der Berufene die nach den allgemeinen Landesgesetzen erforderlichen Eigenschaften zur Aufnahme in den diesseitigen Unterthanenverband besitzen.

4) Wegen der Berufung eines bereits im geistlichen Amte stehenden, ordinirten evangelischen Geistlichen in eine inländische Pfarrstelle Privatpatronats behält es bei der Vorschrift der Reg. Instr. v. 23. Okt. 1817 § 15a und der KO. v. 31. Dez. 1825 B, Nr. 3 sein Bewenden, daß vor der Bestätigung desselben das Konsistorium sich von dessen Qualifikation zu überzeugen hat. Dem Ermessen des Konsistoriums bleibt es überlassen, sofern nicht die Qualifikation des Berufenen anderweit schon außer Zweifel ist, zu diesem Zwecke ein besonderes colloquium mit ihm abzuhalten.

5) Die Berufung auswärtiger Kandidaten oder Pfarrgeistlichen zu einer Pfarrstelle Königlichen Patronats bedarf nach der KO. v. 31. Dez. 1825 B, Nr. 3 der Genehmigung des Ministers der geistlichen Angelegenheiten.

   Diese Genehmigung sollte nach der KO. v. 17. Okt. 1847 (VMBl. S. 305) nur ertheilt werden, wenn von der Anstellung besonderer Nutzen für den Kirchendienst zu erwarten sei; sie soll nunmehr ganz wegfallen nach AO. v. 27. Januar 1862 (VMBl. S. 56), publicirt durch ERdMdgA. v. 23. Mai 1862 (UCBl. S. 321) —.

42. Ueber die Militärverhältnisse der Kandidaten des geistlichen Amtes gelten folgende Bestimmungen: Die allgemeine Wehrpflicht ist schon durch § 1 G. v. 3. Sept. 1814 (GS. S. 79) eingeführt und im Art. 34 Verf. Urk. v. 31. Januar 1850 wiederholt worden. Die im Amte befindlichen Geistlichen sind aber von dem Dienste in der Landwehr und Kriegsreserve durch KO. v. 6. April 1813 (GS. S. 63), v. 17. Okt. 1818 u. durch RdMdKr. u. dJ. v. 13. Mai 1851 (VMBl. S. 111) befreit worden. Außerdem hat das Bedürfniß an wahlfähigen Theologen auch bedingte Befreiungen von der allgemeinen Wehrpflicht erforderlich gemacht. Zuerst wurde eine solche Befreiung für die katholischen Theologen, die auf Gymnasien, Universitäten und in den Priesterseminaren sich für den Priesterstand ausbilden, durch Beschl. d. StM. v. 31. Juli 1835 (Ann. 19, 866) dahin ausgesprochen, daß dieselben bis zum vollendeten 25. Lebensjahre bei der Heeresersatz-Aushebung zurückgestellt bleiben sollen, daß sie aber, wenn sie mit Ablauf des 25. Lebensjahres die an den geistlichen Stand unwiderruflich bindende Subdiakonatsweihe noch nicht empfangen haben, sofort in die allgemeine Wehrpflicht zurückfallen und diese vollständig erfüllen müssen. Diese nur auf fünf Jahre gegebene Begünstigung ist später wiederholt, zuletzt durch CE. dMdgA., dKr. u. dJ. v. 11. August 1864 (VMBl. S. 226) bis ult. 1869 verlängert worden. Eine gleiche Vergünstigung ist den evangelischen Theologen durch Beschl. d. StM. v. 15. Septbr. 1854 (VMBl. S. 199) dahin gewährt worden, daß sie bis zum Ablauf des 25. Lebensjahres von der Einstellung in den Militärdienst vorläufig zurückgestellt und, wenn sie bis dahin die Prüfung pro licentia concionandi bestanden haben und unter die Zahl der zum Predigen berechtigten Kandidaten aufgenommen worden sind, gänzlich von der Militärdienstpflicht befreit werden sollen. Auch diese nur für fünf Jahre ertheilte Begünstigung ist wiederholt, zuletzt durch CE. dMdgA., dKr. u. dJ. v. 11. August 1864 (VMBl. S. 226) bis ult. 1869 verlängert worden. Für den Fall eines Krieges oder einer außergewöhnlichen Ergänzung des Heeres oder eines Theiles desselben sind die zurückgestellten Theologen, da sie als in die Kategorie der Ersatz-Reservisten gehörig zu betrachten sind, verpflichtet, sich behufs Ableistung ihrer Wehrpflicht zur Militär-Stammrolle wieder anzumelden und zur Aushebung zu stellen, sobald die Ersatz-Reservisten ihrer Altersklasse von den Ersatz-Behörden hierzu die Aufforderung erhalten; auch sind ihnen die Ausstandsbewilligungen nur mit dem beschränkenden Zusatze: „für die Dauer des Friedens“ oder „des Erlöschens im Mobilmachungsfalle“ auszufertigen — E. dMdKr. u. dJ. v. 7. Dez 1866 (VMBl. S. 256) —. Ueber das formelle Verfahren hinsichtlich dieser Vergünstigungen haben die MdJ. u. dKr. unterm 9. Dez. 1858 (VMBl. 1859 S. 256) nachstehende Bestimmungen erlassen:

1) Junge Leute, welche beim Eintritt in das militärpflichtige Alter dem Studium der evangelischen Theologie auf einer deutschen Universität sich widmen, oder wenn sie noch auf einem inländischen Gymnasium sein sollten, sich demselben widmen zu wollen erklären, haben hierüber — sofern ihnen nicht etwa schon die Berechtigung zum einjährigen Dienst und damit gleichzeitig der Ausstand zum Diensteintritt (§ 136 Ers. Instr.) zugebilligt ist — der Kreisersatz-Kommission, in deren Bezirk dieselben nach § 21 l. c. gestellungspflichtig sind, und zwar vor dem 1. Februar desjenigen Kalenderjahres, in welchem sie das 20. Lebensjahr vollenden, ein Zeugniß des Dekans der theologischen Fakultät oder des Directors des Gymnasiums vorzulegen und dies vom 1. Februar des Jahres ab, in welchem sie ihr 24. Lebensjahr vollenden, alljährlich zu demselben Zeitpunkt so lange zu wiederholen, bis ihre Befreiung vom Militärdienste in Gemäßheit des StMBeschl. v. 15. Septbr. 1854 durch die Departementsersatz-Kommission ausgesprochen werden darf.
2) In dem Zeugniß muß die Bescheinigung enthalten sein, daß der betreffende Militärpflichtige voraussichtlich bis zum Ablauf des 25. Lebensjahres das Examen pro licentia concionandi ablegen werde. Kann dies pflichtmäßig nicht bescheinigt werden, so ist das Zurückstellungsattest nicht zu ertheilen resp. nicht zu erneuern.
3) Auf Grund eines solchen Zeugnisses wird der betreffende Militärpflichtige vorläufig von der Theilnahme an der Loosung ausgeschlossen, von der persönlichen Gestellung vor die Ersatzbehörden einstweilen entbunden, sogleich bis zum 1. Febr. des Jahres, in welchem er das 24. Lebensjahr vollendet, und demnächst von

§ 62. Die übrigen Erfordernisse zu einem geistlichen Amte bleiben nach Verschiedenheit der Religionsparteien den vom Staate genehmigten Grundsätzen und Verfassungen derselben vorbehalten.

---

einem Jahre zum andern zurückgestellt. Ueber die erfolgte Zurückstellung ist in einem dem Schema 11 der Ers. Instr. entsprechenden Atteste Seitens der Kreisersatz-Kommission das Erforderliche unter Benachrichtigung des Landraths des Geburtsorts resp. Domicils anzugeben.

4) Geht das gedachte Zeugniß nicht ein, oder giebt der betreffende Militärpflichtige das Studium der evangelischen Theologie auf, oder verläßt er die deutsche Universität, um außerhalb Deutschlands seine Universitätsstudien fortzusetzen, oder hat der betreffende Studirende bis zum 1. April des Jahres, in welchem er das 26. Lebensjahr vollendet, das Examen pro licentia concionandi nicht abgelegt, so darf eine fernere Zurückstellung nicht stattfinden, vielmehr ist der Betheiligte alsdann sogleich zur Erfüllung der allgemeinen gesetzlichen Militärpflicht heranzuziehen. Seine nachträgliche Theilnahme an der Loosung regulirt sich nach § 65 Nr. 5 Ers. Instr.

5) In Fällen, wo der betreffende Militärpflichtige durch nicht vorherzusehende unverschuldete Umstände abgehalten worden ist, das Examen pro licentia concionandi rechtzeitig abzulegen, kann ihm von den oberen Provinzial-Behörden ausnahmsweise ein weiterer Anstand, äußersten Falls auf zwei Jahre über das 25. Lebensjahr hinaus, gewährt werden. Dies findet aber keine Anwendung auf diejenigen Individuen, welche, ohne ihrer Militärpflicht genügt zu haben, erst nach vollendetem 22. Lebensjahre das Studium der Theologie beginnen.

6) Militärpflichtigen, welche die Berechtigung zum einjährigen Dienst erlangt haben, bevor sie die Begünstigung, als Studirende der evangelischen Theologie zurückgestellt zu werden, in Anspruch nehmen, darf der im § 136 Ers. Instr. gedachte Ausstand nicht über dem 1. April des Kalenderjahres, in welchem sie das 26. Lebensjahr vollenden, gewährt werden.

7) Sobald der betreffende Studirende nachweist, daß er das Examen pro licentia concionandi abgelegt hat, fertigt die ad 1 gedachte Kreisersatz-Kommission einen Ausweis über seine gänzliche Entbindung von der Militärpflicht aus und legt diesen der Departementsersatz-Kommission zur Bestätigung vor. Sobald letztere erfolgt, ist der betreffende Theologe in allen Listen zu streichen.

8) Militärpflichtige, welche als Studirende der evangelischen Theologie zurückgestellt worden sind, können, sofern sie dies Studium aufgeben und die Begünstigung zum einjährigen Dienst noch nicht erlangt hatten, letztere nachträglich in Anspruch nehmen. Es muß dies jedoch sogleich, nachdem sie zu einem anderen Lebenslauf übergegangen sind, geschehen, so daß sie die Berechtigung zum einjährigen Dienst bis zum 1. April des Kalenderjahres, in welchem sie den Bestimmungen ad 4 gemäß nicht mehr zurückgestellt werden dürfen, erlangt haben. Haben sie dies versäumt, und sind sie nach dem Ausbleiben der ad 1 gedachten Atteste von den Ersatz-Behörden zur Musterung herangezogen worden, oder wären sie heranzuziehen gewesen, so darf ihnen die Berechtigung zum einjährigen Dienst auch nur in dem § 126 Nr. 2 Ers. Instr. angegebenen Falle nachträglich verliehen werden.

9) Die ad 1—8 enthaltenen Bestimmungen finden in Gemäßheit des Min. Erl. v. 19. Septbr. 1854 auf Studirende der katholischen Theologie, sowie auf katholische Priesteramtskandidaten mit der Maaßgabe Anwendung, daß sie bis zum 1. April des Jahres, in welchem sie das 26. Lebensjahr erreichen, die Subdiakonatsweihe empfangen haben müssen, und falls sie ihre Vorbildung nicht auf einer Universität erhalten, anstatt des Dekanatszeugnisses ein Zeugniß ihrer bischöflichen Behörde beizubringen haben.

Zu § 62.

43. Zur Uebernahme eines evangelischen geistlichen Amtes ist das kanonische Alter von 25 Jahren erforderlich — CRdMdgA. v. 15. Januar 1817 (Ann. 1,

Ordination.

§ 63. Die Befugniß zur Ausübung aller geistlichen Amtsverrichtungen wird durch die Ordination verliehen.

1, 13) —. Von demselben darf nur der evangelische Ober-Kirchenrath dispensiren, dem die betreffenden Gesuche von den Konsistorien unter Beifügung gutachtlicher Aeußerungen einzusenden sind — RdMdgA. v. 18. Juli 1828 (Ann. 12, 680) u. 13. Juli 1834 (Ann. 18, 712); Reff. Regl. v. 29. Juni 1850 § 1 Nr. 10 (GS. S. 344) —; doch soll die Dispensation nur Kandidaten, die bei der zweiten Prüfung das Prädikat: vorzüglich erhalten haben, ertheilt werden — CRdMdgA. v. 19. März 1836 (Ann. 20, 114) —. Der zu einem katholischen geistlichen Amte Providirte muß a) das nöthige Alter haben, welches für den Bischof auf das vollendete 30., für Aemter, mit denen Jurisdiction oder Seelsorge verbunden ist, auf das angetretene 25., für Dignitäten und Personate in den Hoch- und Kollegialstiftern auf das vollendete 22., für alle Pfründen aber, die keinen höheren Ordo erfordern, auf das angetretene 14. Lebensjahr bestimmt ist — c. 3 u. 7 X de elect. I, 6; Conc. Trid. sess. 23 c. 6. sess. 24 c. 12 de ref. —. Er muß ferner b) von den Weihen wenigstens den Klerikat besitzen und innerhalb Jahresfrist den an das neue Amt geknüpften Ordo erwerben — c. 14 de elect. in VI^to I, b; conc. Trid. sess. 22 c. 2 u. 4 de ref. —. Nach der durch KO. v. 23. August 1821 sanctionirten päbstlichen Bulle de salute animarum v. 16. Juli 1821 (GS. S. 114) dürfen zu den Metropolitan- und Domstiftswürden und Kanonikaten nur solche, welche die höheren Weihen empfangen und in der Seelsorge oder einem akademischen Lehramte oder als Gehülfen in der bischöflichen Verwaltung fünf Jahre lang gewirkt haben oder Doktoren der Theologie oder des kanonischen Rechts sind, zu Bischöfen und Erzbischöfen nur würdige und mit den kanonischen Erfordernissen versehene Männer aus der gesammten katholischen Geistlichkeit des preuß. Staats gewählt werden. Vgl. N. 378. Auch sollen sich nach einem päbstlichen Breve v. 16. Juni 1821 die Kapitel vor der Wahl vergewissern, daß der zu Wählende der Staatsregierung genehm ist.

Zu § 63.

44. Zur Ertheilung der Ordination berechtigt ist in der katholischen Kirche nur der Bischof der Diöcese, in welcher der Weihekandidat geboren ist, sein Domicil hat, eine Pfründe besitzt, oder in dessen unmittelbarer Umgebung der Ordinandus drei Jahre gelebt hat, und der ihm in Monatsfrist eine Pfründe verleiht. Der kompetente Bischof darf aber sein Weiherecht auf einen Anderen übertragen. Die Weihe erfolgt nach vorgängiger Prüfung des zu Weihenden für die niederen Weihen nebst Tonsur an jedem Orte und an jedem Sonn- oder Festtage mit oder ohne Zeugen, für die höheren Weihen in der Kathedrale und in Gegenwart der an derselben fungirenden Domherren, ausnahmsweise auch in einer anderen Kirche in Gegenwart des Ortsklerus, immer aber nur an einem der vier Quatember-Sonnabende oder an den Sonnabenden vor Judika und vor Ostern. Die Liturgie ist im römischen Pontifikale vorgeschrieben. Ihre Hauptbestandtheile sind für alle Weihen die Ueberreichung der symbolischen Zeichen der nach der ursprünglichen Disciplin mit den einzelnen verbundenen gottesdienstlichen Functionen und bestimmte Gebete und Benedictionen, für das Presbyterat und Diakonat noch die apostolische Handauflegung mit der entsprechenden Gebetsformel (Richter, Kirchenr. §§ 98—102). — In der evangelischen Kirche ist die Ordination den betreffenden Provinzial-Konsistorien übertragen — KO. v. 31. Dez. 1825 B, Nr. 2 (GS. 1826 S. 5); V. v. 27. Juni 1845 § 1 Nr. 2 (GS. S. 440) —, ihre Vollziehung gehört aber in den östlichen Provinzen zu den Amtsbefugnissen der General-Superintendenten — Instr. v. 14. Mai 1829 § 22 (Ann. 13, 279) —, in Westphalen und Rheinland zu denen der Kreis-Superintendenten — § 113 KO. v. 5. März 1835 (Ann. 19, 104) —. Die rhein. westph. Kirch. Ordn. bestimmt in dieser Beziehung Folgendes:

§ 113. Die Ordination zum Predigtamte geschieht in einer öffentlichen gottesdienstlichen Versammlung unter Mitwirkung der Moderatoren der Kreissynode von dem Superintendenten an einem von diesem bestimmten Tage vor der Gemeinde des Ordinanden.

§ 62. Ist der Berufene ein nicht ordinirter Kandidat, so wird er am Tage seiner Introduction vor der versammelten Gemeinde, bei welcher er sein Amt antritt, ordinirt und zwar an einem Wochentage. Die Ordination geschieht durch den Superintendenten im Beisein des Assessors und Scriba und derjenigen Pfarrer der Kreissynode, welche auf die Einladung des Superintendenten, welcher alle Pfarrer der Kreissynode zur Beiwohnung dieser Feierlichkeit einladen muß, erscheinen werden.

Nach einer kurzen Rede des Superintendenten wird der Einzuführende nach Vorschrift der Kirchen-Agende unter Ablegung seines Gelübdes verpflichtet und erhält demnächst unter Auflegung der Hände der anwesenden Geistlichen die Weihe zu seinem Amte unter Segenswunsch und Gebet; alles nach Vorschrift der Landes-Agende. Unmittelbar nach der Ordination hält der Ordinirte seine Eintrittspredigt.

§ 64. Ueber die geschehene Ordination und Introduction hat der Superintendent Bericht durch den General-Superintendenten an das Konsistorium zu erstatten.

Nach der Landes-Agende geschieht die Ordination in der Regel an einem Sonn- oder Festtage nach geendigtem Hauptgottesdienste. Schon nach der Predigt, zunächst vor dem Segen wird die bevorstehende Handlung bekannt gemacht und für die Ordinanden gebetet. Nach Endigung des Gottesdienstes und einem Gesang der Gemeinde, unter welchem der weihende Geistliche, die Assistenten und die Ordinanden vor den Altar treten, hält der Ordinator eine Rede, die sich auf die Ordinanden individuell bezieht, betet, liest die Namen der Ordinanden unter Angabe des Dienstes, zu dem sie berufen sind, vor und läßt von den assistirenden Geistlichen abwechselnd bestimmte Stellen der heiligen Schrift vorlesen. Sodann folgt eine kurze, kräftige Ermahnung des Ordinators, die Ablegung des apostolischen Glaubensbekenntnisses durch die Ordinanden, eine Vorhaltung zu reiner Predigt nach dem Worte Gottes, wie es in den drei Hauptsymbolen und den zu benennenden symbolischen Schriften verzeichnet ist, mit bestimmten Fragen, welche bejaht werden müssen. Nach einer sich daran anschließenden Ansprache des Ordinators ertheilt derselbe, während sämmtliche Geistliche ihre Hände auf die Häupter der Ordinanden legen, den Segen. Wo es üblich, wird sogleich den Ordinanden das heilige Abendmahl ausgetheilt.

45. Die Anmaßung geistlicher Amtshandlungen, insbesondere der Austheilung des heiligen Abendmahls, der Konfirmation, Trauung oder Taufe, mit alleiniger Ausnahme der Nothtaufe, vor erhaltener Ordination zum geistlichen Amte hat die ADcl. zu §§ 76—79 II, 10 ALR. v. 9. März 1834 (GS. S. 60) für strafbar erklärt und mit Geldbuße bis zu 50 Thlr. oder Gefängnißstrafe bis zu 6 Wochen bedroht. Kontrovers ist die Frage, ob dies Gesetz noch gilt, oder ob § 104 StrGB., welcher die Ausübung eines öffentlichen Amtes oder die Vornahme solcher Handlungen, die nur in Kraft eines öffentlichen Amtes vorgenommen werden dürfen, mit Gefängnißstrafe von vierzehn Tagen bis zu einem Jahre bedroht, an seine Stelle getreten ist. Letzteres hat das OTrE. v. 18. März 1853 (Entsch. 25, 234) auf Grund der Motive zum StrGB. verneint, denn in diesen heißt es ausdrücklich, „daß die in früheren Entwürfen enthaltene Bedrohung der unbefugten Vornahme geistlicher Amtshandlungen, also namentlich der Taufen, nach den gegenwärtig angenommenen staatsrechtlichen Principien über die freie Religionsübung nicht beibehalten werden könnte." Hieraus folgt aber, daß gemäß Art. II. des Einführungsgesetzes zum StrGB. v. 14. April 1851 (GS. S. 93) die Decl. v. 9. März 1834 noch zu Recht besteht, weil sie eine Materie betrifft, auf welche das StrGB. im § 104 nicht Bezug nimmt. Derselben Ansicht ist Wentzel in den Ergänz. z. StrGB. S. 262. Dagegen kann die Declaration nur auf die Geistlichen der vom Staate anerkannten christlichen Kirchen Anwendung finden, nicht auf die der Deutsch-Katholiken — RbMdgA. v. 17. Mai 1845 (BMBl. S. 218) —, und ebensowenig auf die aller anderen Dissidenten, weil nach Art. 12 Verf.-Urk. v. 31. Januar 1850 die früher geforderte staatliche Genehmigung derartiger Religionsgesellschaften nicht mehr nöthig ist (vgl. N. 10), und daher auch die Vornahme geistlicher Handlungen wie Taufen und Trauungen bei denselben weder als unbefugte Ausübung eines öffentlichen Amtes noch als Anmaßung geistlicher Amtshandlungen strafbar sein kann, auch dann nicht, wenn die Betheiligten ihren Austritt aus der Landeskirche noch nicht in der gesetzlichen Form erklärt haben — OTrE. v. 18. März 1853 (Entsch. 25, 220) —.

§ 64. Landesunterthanen sollen ohne besondere Erlaubniß die Ordination zu geistlichen Aemtern bei auswärtigen Behörden nicht nachsuchen oder annehmen.

§ 65. Die Ordination soll Niemandem ertheilt werden, ehe er ein geistliches Amt, welches ihm seinen Unterhalt gewährt, zu übernehmen Gelegenheit hat.

Rechte und Pflichten in Ansehung des Amts.

§ 66. Die besonderen Rechte und Pflichten eines katholischen Priesters in Ansehung seiner geistlichen Amtsverrichtungen sind durch die Vorschriften des kanonischen Rechts, der protestantischen Geistlichen aber durch die Konsistorial- und Kirchenordnungen bestimmt.

Zu § 64.

46. Die im § 64 erforderte besondere Erlaubniß haben die geistlichen Oberen den Kandidaten zu ertheilen, und bezieht sich diese Vorschrift nur auf solche, welche aus dem Verhältnisse zu ihrer Landeskirche noch nicht ausgeschieden sind — CRbMgA. v. 8. Oktober 1845 (BMBl. S. 295) —. Das in der KO. v. 23. Dcbr. 1845 (GS. 1846 S. 21) ausgesprochene Verbot der Anstellung preußischer Aspiranten des katholischen Priesterstandes, die sich im Auslande zu Priestern haben weihen lassen, hat durch Art. 15 u. 18 Verf. Urk. v. 31. Januar 1850 seine Geltung verloren — RbMbgA. v. 5. Februar 1851 (Paderb. Beitr. S. 56) —.

Zu § 65.

47. Die im § 45 ausgesprochene Nothwendigkeit des s. g. titulus beneficii gilt auch im kanonischen Recht als Regel — Conc. Trid. sess. 21 c. 2 de ref. —. Jedoch gestattet die Praxis auf Grund älterer Concilienbeschlüsse Ausnahmen, welche in der evangelischen Kirche ganz unzulässig sind. Die Ausnahmen sind: wenn der Unterhalt des Kandidaten aus eigenem Vermögen gesichert ist, oder Dritte für ihn den Unterhalt übernehmen, oder wenn er Ordensprofeß ist.

Zu § 66.

48. Das kanonische Recht ist also im § 66 in Bezug auf die Rechte und Pflichten der Geistlichen als principales, dem Landrecht derogirendes Recht anerkannt worden, vgl. N. 2. Nach demselben sind die besonderen Pflichten der katholischen Geistlichen folgende: 1) Sie dürfen nicht heirathen, sollen sich überhaupt des Verkehrs mit dem weiblichen Geschlechte enthalten und nur solche Frauenspersonen in ihre Wohnung aufnehmen, deren Alter oder nahe Verwandtschaft den Verdacht jedes unerlaubten Umgangs ausschließt. 2) Sie sollen nicht an Gastmählern und Trinkgelagen, an Maskeraden, Schauspielen und Tänzen theilnehmen, keine Schänken und Wirthshäuser besuchen, keine Glücksspiele spielen oder sich der Jagdlust ergeben. 3) Sie sollen sich nicht der bunten oder prunkenden, sondern nur ihrem Stande entsprechenden Kleider bedienen, wie dies die Bischöfe anordnen. Auch sollen sie sich weder Haar noch Bart wachsen lassen. 4) Sie sollen weder die Heilkunde, innere wie äußere, studiren und ausüben, noch Gewerbe oder Handel treiben, noch Advokatur, Prokuratur, Notariat oder ein nicht geistliches Staatsamt bekleiden. Sie sollen nicht Kriegsdienste thun (vgl. aber N. 42), noch Waffen tragen außer auf Reisen. (Richter Kirchenr. §§ 104 u. 105.) Ueber ihre Vorrechte vgl. N. 60. Konduitenlisten über die Mitglieder des katholischen Klerus sind nicht mehr dem Minister einzureichen — CRbMbgA. v. 31. Mai 1849 (BMBl. S. 165) —. Ueber die Kirchenordnungen vgl. N. 3. — Streitigkeiten über den Umfang der Amtspflichten sind dem Rechtswege nicht unterworfen — KO. v. 7. Juli 1830 (Jahrb. 36 S. 294) u. v. 12. April 1835 (Jahrb. 45, 469); KGE. v. 2. Novbr. 1850 (JMBl. 1851 S. 35) —.

§ 67. Alle Geistliche müssen sich bei Verlust ihres Amtes eines ehrbaren und dem Volke unanstößigen Lebenswandels vorzüglich befleißigen.

§ 68. Auch in gleichgültigen Dingen müssen sie alle Gelegenheit zum Anstoße für die Kirchengemeinde sorgfältig vermeiden.

§ 69. Aller zudringlichen Einmischungen in Privat- und Familien-Angelegenheiten müssen sie sich enthalten.

§ 70. Durch vorsichtiges und sanftmüthiges Betragen müssen sie die Liebe und das Vertrauen ihrer Gemeinde zu erwerben suchen.

Zu § 67.

49. Die Ausübung der Jagd ist durch KO. v. 10. August 1829 (Ann. 13, 318) den Geistlichen als für sie nicht passend untersagt, und demgemäß auch durch die RdMdgA. v. 20. August u. 4. December 1829 (Ann. 13, 818 u. 830) das Verpachten der Königl. Jagden an Prediger oder in kirchlichen Functionen stehende Schullehrer verboten.

50. Auf Grund der Bestimmung des § 67 ist auch den evangelischen Geistlichen eine Amtskleidung durch KO. v. 20. März 1811 (Ann. 1, 1, 140) wie folgt vorgeschrieben:

1. Ueber der schwarzen Bekleidung wird eine Robe von Ratine oder anderem leichten wollenen Zeuge (schwarz) getragen, deren Schnitt bestimmt ist.
2. Der weiße Halskragen unter dem Kinn bleibt unverändert, der bisherige Predigermantel fällt weg. In dem Tragen des Haares ist auf möglichste Gleichförmigkeit zu sehen, und wird ungepudertes, verschnittenes Haar, hinten kurz, vorn bis an die Stirn ins Gesicht gekämmt, am angemessensten gefunden. Geistliche, die über 55 Jahre alt und an Perrücken gewöhnt sind, mögen sie beibehalten. (Den bejahrten Geistlichen hat ein RdMdgA. v. 2. Juni 1817 (Ann. 1, 2, 121) auch auf der Kanzel das Tragen eines schwarzsammtnen Käppchens gestattet.)
3. Statt des Hutes soll, wenn die Amtskleidung getragen wird, eine Kopfbedeckung in angemessener (vorgeschriebener) Form von schwarzem Sammt oder Manchester dienen.
4. Bei den Kirchen, wo eine besondere gottesdienstliche Kleidung, als weiße Chorhemden oder dergl., sich erhalten hat, bleibt es bei dieser speciellen Amtskleidung statt oder auch neben der allgemein einzuführenden Robe; nur bei Amtsverrichtungen, welche herkömmlich ohne diesen speciellen Ornat geschehen — z. B. bei Taufen und Trauungen in und außer der Kirche, Leichenbestattungen u. s. w. und bei feierlichen Gelegenheiten — sollen die Geistlichen solcher Kirchen die Robe anlegen.
5. Außer dem Falle einer Amtsverrichtung oder Feierlichkeit können die Geistlichen sich in willkürlicher, ihrer Würde angemessener Kleidung tragen.

Nach dem RdMdgA. v. 9. Mai 1811 (Ann. 1, 1, 140) ist die Amtskleidung bestimmt, bei allen Amtsverrichtungen, auch Introductionen der Geistlichen, Abnahme der Gastpredigten, Kirchenvisitationen, Kranken-Kommunionen und andern außerkirchlichen geistlichen Functionen, so wie bei großen feierlichen Gelegenheiten, als Leichenbegängnissen, Processionen, Repräsentationen, und selbst dann, wenn die Prediger in ihren Pfarrkirchen nur als Zuhörer erscheinen, gebraucht zu werden. Da auch die Kandidaten, heißt es in demselben Rescript weiter, nach Anordnung Sr. Maj. ohne Rücksicht auf ihre Ordination bei stellvertretender Ausübung des Predigtamts diese Amtskleidung anlegen sollen, so sollen in großen Städten die Kirchen für deren Bedürfniß einen solchen Chorrock anschaffen und in dem Verschluß der Sakristeien verwahren. — Der hiernach weggefallene kleine Predigermantel ist neben der schwarzen Kleidung jetzt Auszeichnung der Küster, wenigstens in den

§ 71. Ueberhaupt müssen sie in Lehre und Wandel ihren Zuhörern mit einem guten Beispiel der Sanftmuth und Verträglichkeit, selbst gegen fremde Religionsverwandte, vorgehen.

§ 72. Auch die Personen, welche zu ihrer Familie gehören, müssen sie zu einer ordentlichen, stillen und bescheidenen Aufführung anhalten.

§ 73. In ihren Amtsvorträgen und bei dem öffentlichen Unterrichte müssen sie zum Anstoße der Gemeinde nichts einmischen, was den Grundbegriffen ihrer Religionspartei widerspricht.

§ 74. In wie fern sie bei innerer Ueberzeugung von der Unrichtigkeit dieser Begriffe ihr Amt dennoch fortsetzen können, bleibt ihrem Gewissen überlassen.

---

größeren Städten. Kantoren, Organisten und andere Kirchendiener, wie Altaristen und Säckelmeister, brauchen im Dienst nur schwarz gekleidet zu erscheinen.

Zu § 71.

51. Für das Verhalten der evangelischen Geistlichen zu den politischen Fragen hat der ObKR. in dem Schr. v. 15. Januar 1863 (Aktst. 5, 336) folgende Grundsätze aufgestellt:

1) Der Geistliche ist zwar nicht bloß Diener der Kirche, sondern auch Bürger des Staats. Aber da sein besonderer Lebensberuf der kirchliche ist, so wird er den Schwerpunkt seiner Thätigkeit und Kraft stets in dem Evangelium suchen und alles Andere dem unterordnen.
2) In seinem amtlichen Thun als Prediger und Seelsorger wird er von der Ueberzeugung getragen sein, daß er seinerseits dem Staate am meisten nützt, wenn er die ewige Seite des Reiches Gottes fördert, und wenn durch seinen Dienst das ihm anvertraute Wort Gottes fruchtbar wird in reichen Tugenden des Volks.
3) Er wird aber auch die Gelegenheit nicht verabsäumen, was das Evangelium über die bürgerliche Ordnung deutlich lehrt, den Gehorsam gegen die Obrigkeit und das Gesetz, aus dem Worte Gottes zu begründen und einzuschärfen.
4) Dagegen wird er der Erörterung bestimmter politischer Fragen, zu deren Entscheidung aus der Gesetzgebung und Geschichte es noch besonderer und anderer Vorbedingungen bedarf als christliche Frömmigkeit und Erkenntniß, amtlich sich enthalten, weil durch die Vermischung anfechtbarer Behauptungen mit dem untrüglichen Worte Gottes dessen Kraft geschwächt nnd das Ansehen des Amts erschüttert werden kann.
5) Außerhalb des kirchlichen Amtskreises wird er in Uebung staatsbürgerlicher Pflichten und Rechte nach ernster Prüfung und gewissenhafter Ueberzeugung handeln, sich dabei die Vertretung der sittlichen und religiösen Interessen des Volkslebens und ihre Förderung besonders angelegen sein lassen, sich aber vor Theilnahme an leidenschaftlichem Parteitreiben bewahren, wodurch er das Vertrauen eines Theils der ihm anvertrauten Gemeinde verscherzen könnte.
6) In seinem ganzen Wandel wird er auch in bürgerlichen Tugenden als ein Muster dazustehn bestrebt sein, als da sind: Ehrfurcht vor Gesetz und Recht und vor der Obrigkeit, die es zu handhaben hat, Besonnenheit und Mäßigung, Gerechtigkeit und Billigkeit auch gegen politische Gegner, uneigennütziger Gemeingeist und auch in schweren Zeiten ausharrender Muth und fröhliche Hoffnung.

§ 75. Auch außer der Kirche müssen Geistliche, denen die Seelsorge bei einer Kirchengesellschaft anvertraut ist, an der Belehrung und moralischen Besserung ihrer Mitglieder unermüdet arbeiten.

§ 76. Zu Privatermahnungen, insofern dieselben mit Sanftmuth und Bescheidenheit geschehen, sind sie berechtigt.

§ 77. Wenn sie einem Mitgliede der Gemeinde seine Vergehungen im Geheimen vorhalten: so sind sie nicht schuldig, die Quelle ihrer davon erhaltenen Nachrichten anzugeben.

§ 78. Dergleichen geheime Vorhaltungen sollen niemals für Injurien angesehen werden.

§ 79. Fehlen sie dabei aus Mangel an Sanftmuth und Bescheidenheit: so müssen die geistlichen Obern sie deshalb zurechtweisen.

§ 80. Was einem Geistlichen unter dem Siegel der Beichte oder der geistlichen Amtsverschwiegenheit anvertraut worden, das muß er bei Verlust seines Amts geheim halten.

Zu § 75.

52. Zu dem § 75 erwähnten Zwecke dienen besonders die im § 15 der rhein-westph. Kirch. O. erwähnten jährlichen Hausbesuche, so wie die in Ostpreußen von Alters her üblichen Gebetverhöre, welche wegen der großen räumlichen Ausdehnung der Kirchspiele eine sehr heilsame Einrichtung sind, und deren Aufrechterhaltung resp. Einführung und Unterstützung deshalb wiederholt von dem Provinzial-Konsistorium und den Bezirksregierungen den Geistlichen und Kreis-Verwaltungsbehörden empfohlen worden ist. Die Gebetverhöre werden von dem Pfarrer, in der Regel jährlich zur Herbstzeit, in allen oder doch in den entlegneren Dörfern des Kirchspiels abgehalten. Die Dorfgemeinden müssen, wo die Gebetverhöre üblich, den Pfarrer dazu herausholen. Der Pfarrer unterhält sich mit den Einsassen in einem von denselben gewöhnlich nach einer bestimmten Reihenfolge dargebotenen Hause nach Gesang, Gebet und Vorlesen aus der heiligen Schrift über Gegenstände des Christenthums und der Seelsorge, prüft auch das Gesinde und die Jugend in der Kenntniß der Bibel und des Katechismus und reicht den Schwachen und Kranken, welche die Kirche nicht mehr besuchen können, das heilige Abendmahl.

Zu § 79.

53. Die geistlichen Oberen, welche diese Zurechtweisung zu ertheilen haben, sind nach § 124 u. § 143 h. t. bei katholischen Geistlichen die Bischöfe, bei evangelischen die Konsistorien — CRdMdgA. v. 28. Novbr. 1840 (VMBl. S. 456) —.

Zu § 80.

54. Außerdem verfällt der Geistliche in die Strafe des § 155 StrGB., welcher „alle Personen, welche unbefugter Weise Privatgeheimnisse offenbaren, die ihnen kraft ihres Amtes oder Standes anvertraut sind, mit Geldbuße bis zu fünfhundert Thalern oder mit Gefängniß bis zu drei Monaten" bedroht. Diese Strafbestimmung beschränkt sich nicht auf die Ohrenbeichte, sondern erstreckt sich auf Alles, was den Seelsorgern in Rücksicht auf ihre geistliche Amtsverschiegenheit auch sonst anvertraut worden ist — OTrE. v. 19. Mai 1853 (JMBl. S. 356) —. Dagegen darf sich ein Geistlicher unter dem Vorwande des Beichtsiegels nicht der Pflicht entziehen, von seinen eigenen verbrecherischen Aeußerungen während der Beichte dem Richter Rechenschaft zu geben — OLGE. v. 13. Juni 1827 (Simon, Rechtspr. 1, 377) —.

§ 81. Auch zum gerichtlichen Zeugnisse über den Inhalt solcher Eröffnungen kann ein Geistlicher ohne den Willen desjenigen, der ihm dieselben anvertraut hat, nicht aufgefordert werden.

§ 82. Soweit aber die Offenbarung eines solchen Geheimnisses nothwendig ist, um eine dem Staate drohende Gefahr abzuwenden, oder ein Verbrechen zu verhüten, oder den schädlichen Folgen eines schon begangenen Verbrechens abzuhelfen oder vorzubeugen, muß der Geistliche dasselbe der Obrigkeit anzeigen.

§ 83. In öffentlichen Vorträgen muß jeder Geistliche aller persönlichen Anzüglichkeiten sich enthalten.

§ 84. Schilderungen der in einer Gemeinde herrschenden Laster sind keine Anzüglichkeiten.

§ 85. Sie arten aber darin aus, wenn Personen genannt oder durch individuelle Nebenumstände kundbar gemacht werden.

Zu § 81.

55. Daher darf auch ein Geistlicher über die ihm von Eheleuten beim Sühneversuch im Ehescheidungsprozesse gemachten Geständnisse nicht Zeugniß ablegen — KO. v. 30. Mai 1841 (JMBl. S. 219) —.

Zu § 82.

56. Eine solche Ausnahme enthält der § 39 StrGB., welcher lautet:

Wer von dem Vorhaben eines Hochverraths, eines Landesverraths, einer Münzfälschung, eines Mordes, eines Raubes, eines Menschenraubes oder eines das Leben von Menschen gefährdenden gemeingefährlichen Verbrechens zu einer Zeit, zu welcher die Verhütung dieser Verbrechen möglich ist, glaubhafte Kenntniß erhält und es unterläßt, davon der Behörde oder der durch das Verbrechen bedrohten Person zur rechten Zeit Anzeige zu machen, soll, wenn das Verbrechen wirklich begangen oder zu begehen versucht wird, mit Gefängniß bis zu fünf Jahren bestraft werden.

Die §§ 82 h. t. und 39 StrGB. finden als allgemeine Landesgesetze staatsrechtlichen Inhalts unbedenklich auch auf katholische Geistliche Anwendung, wenngleich dieselben nach kanonischem Recht zu unverbrüchlichem Stillschweigen über den Inhalt der Beichte verpflichtet sind.

Zu §§ 83—85.

57. Die Uebertretung der Vorschriften der §§ 83 u. 85 wird an dem Geistlichen, wenn seine Anzüglichkeiten Beleidigungen enthalten, nach § 152 StrGB. mit Geldbuße bis zu dreihundert Thalern oder mit Gefängniß bis zu sechs Monaten, wenn sie Verläumdungen enthalten, nach § 156 StrGB. mit Gefängniß von vierzehn Tagen bis zu achtzehn Monaten, im Falle mildernder Umstände mit Geldbuße von fünf bis zu dreihundert Thalern bestraft — KOE. v. 21. Novbr. 1857 (Sydow, Komp. Konsl. S. 167), v. 9. Jan. 1858 (JMBl. 1859 S. 262), v. 23. Juni 1858 (JMBl. 1859 S. 237) —. Auch zu Aufreizungen gegen bestimmte Gesellschaftskategorien oder gegen andere Religionsparteien, durch welche der öffentliche Frieden gefährdet wird, dürfen Kanzelvorträge, Leichenreden u. s. w. nicht gemißbraucht werden; ebensowenig dürfen durch in ihnen vorgebrachte erdichtete oder entstellte Thatsachen oder Schmähungen oder Verhöhnungen die Einrichtungen des Staats oder die Anordnungen der Obrigkeit dem Hasse oder der Verachtung ausgesetzt werden; geschieht

§ 86. Kein Geistlicher darf eigenmächtig irgend ein Mitglied der Gemeinde von Beiwohnung des Gottesdienstes oder von den Sakramenten ausschließen.

§ 87. Findet er Bedenken, Jemanden zuzulassen: so muß er demselben dies Bedenken in Zeiten mit vernünftiger Schonung eröffnen.

§ 88. Besteht derselbe dennoch auf seiner Zulassung: so muß der Geistliche den Vorfall mit Verschweigung des Namens seinen geistlichen Obern anzeigen und nach deren Vorbescheidung sich richten.

§ 89. Nur in Fällen, wenn Jemand zu einer gottesdienstlichen Handlung in der Trunkenheit, in anstößiger und ärgerlicher Kleidung, oder sonst in einem Zustande sich darstellt, in welchem er ohne offenbaren Anstoß und grobes Aergerniß der Gemeinde oder seiner Mitgenossen bei dieser Handlung nicht zugelassen werden kann, mag der Geistliche einen solchen Menschen bis auf weitere Verfügung der Behörde zurückweisen.

§ 90. Der einmal Zurückgewiesene (§ 87, 89) muß die Vorbescheidung der geistlichen Obern abwarten.

---

dies dennoch, so tritt nach §§ 100 u. 101 StrGB. Geldbuße von zwanzig bis zu zweihundert Thalern oder Gefängniß von einem Monate bis zu zwei Jahren ein.

Zu §§ 86—90.

58. Aus den Bestimmungen der §§ 86—90 folgt, daß die Geistlichen sowohl das Recht als die Pflicht haben, solchen Personen, welche ihrer Ansicht nach das heilige Abendmahl nur zu ihrem Verderben genießen würden, dasselbe, wenn sie nicht auf seelsorgliche Anmahnung in einer angemessenen schonenden Weise, also unter vier Augen, sich für den eigenen Rücktritt vom Sakramente bis zur wiedergewonnenen Genußfähigkeit entscheiden, während der Einholung des Vorbescheides des Konsistoriums zu versagen — RdMdgA. v. 14. Dez. 1845 (BMBl. S. 345) —. Das heilige Abendmahl darf nur in den Kirchen, nicht in den Sakristeien, nur für die Gemeinden, nicht für Einzelne gefeiert werden. Kranken, die dispositionsfähig und wohl vorbereitet sein müssen, darf es ausnahmsweise in Privathäusern in Gegenwart der Hausgenossen oder einiger Freunde gereicht werden — V. v. 6. u. 10. Sept. 1731, 14. März 1732 u. 26. Mai 1737 (Mylius l. l. I, 1, 555, 557, Cont. 1, 79) —. Zu verwalten ist es nach Bedürfniß und kann auch an Wochentagen gereicht werden — R. v. 22. Jan. 1732 (Mylius l. l. I, 1, 557) —. Persönliche Anmeldung — KO. v. 18. Okt. 1736 (Mylius l. l., Cont. I, 97) — und Vorbereitung durch die allgemeine oder Privatbeichte nach der Agende müssen ihm vorangehen. Die rhein. westph. Kirch. O. v. 5. März 1835 (Ann. 19, 104) bestimmt darüber Folgendes:

§ 87. Die Verwaltung der beiden Sakramente darf nur von einem kirchenordnungsmäßig berufenen und ordinirten Prediger der evangelischen Kirche geschehen; er darf sie auch nur in der ihm angewiesenen Gemeinde und außerhalb derselben nicht anders, als mit Genehmigung des Pfarrers der Gemeinde verrichten.

§ 96. Das heilige Abendmahl wird nach der Einsetzung unseres Herrn Jesu Christi, wonach das Brot gebrochen, und bei Austheilung des Brotes die Einsetzungsworte des Herrn gesprochen werden, an den dem öffentlichen Gottesdienste gewidmeten Orten auf eine dem Zwecke desselben entsprechende Weise gefeiert.

§ 97. Das heilige Abendmahl wird nach der Größe der Gemeinde vier, acht

§ 91. Kein Geistlicher kann ein Mitglied der Gemeinde zur Beiwohnung des Gottesdienstes und zum Gebrauch der Sakramente durch äußern Zwang anhalten.

§ 92. Auch zu Haus- und Krankenbesuchen darf er sich Niemandem gegen dessen erklärte Abneigung aufdringen.

Rechte und Pflichten in ihren Privatangelegenheiten.

§ 93. Geistliche dürfen weder für sich selbst noch durch

---

oder zwölfmal im Jahre in den vormittägigen gottesdienstlichen Versammlungen ausgetheilt, wenn nicht das Bedürfniß der Gemeinde eine öftere Austheilung nöthig oder wünschenswerth macht.

§ 98. Wer das heilige Abendmahl in einer evangelischen Gemeinde, deren Mitglied er nicht ist, genießen will, muß ein Dimissorial von dem Pfarrer der Gemeinde, zu welcher er gehört, beibringen. Wird dieses Dimissorial verweigert, so entscheidet der Superintendent und kann das Dimissorial, wenn er es nöthig findet, ausstellen.

§ 99. Alle konfirmirte und von den Sakramenten nicht ausgeschlossene Glieder der Gemeinde dürfen an der Feier des heiligen Abendmahls theilnehmen, jedoch mit Ausnahme derer, welche wegen ihres temporären Zustandes, z. B. Schwachsinnigkeit, den Zweck und die Bedeutung dieser heiligen Handlung nicht verstehen und sich selbst nicht prüfen können.

§ 100. Einen oder mehrere Tage vor der Abendmahlsfeier oder am Morgen derselben soll eine Vorbereitung gehalten werden, in welcher sowohl der Zweck und die Bedeutung dieser Handlung auseinandergesetzt, als auch jeder auf seinen Gemüthszustand aufmerksam gemacht und zu einer würdigen Begehung der Feier aufgemuntert wird. Die an manchen Orten herrschende Sitte, daß das ganze Presbyterium bei der Vorbereitung gegenwärtig ist, soll beibehalten und auch bei den übrigen Gemeinden eingeführt werden, damit dem Prediger die Personen, welche einer besonderen Vorbereitung bedürfen, bekannt werden.

§ 101. Ein Taubstummer kann, wenn er übrigens die Erfordernisse eines Kommunikanten an sich trägt, zum Genusse des heiligen Abendmahls zugelassen werden.

§ 102. Wenn Kranke ein Verlangen nach dem Genusse des heiligen Abendmahls äußern, so soll ihnen derselbe gewährt werden, jedoch muß der Pfarrer die unchristlichen Irrthümer, welche dem Verlangen zum Grunde liegen möchten, zu entfernen bemüht sein.

Zu § 93.

59. Die rhein. westph. Kirch. O. v. 5. März 1835 (Ann. 19, 104) bestimmt im § 71: „Der Prediger darf zwar die Grundstücke, deren Benutzung ihm zu seiner Salarirung angewiesen ist, selbst bewirthschaften, mit schriftstellerischen Arbeiten und der Erziehung fremder Kinder, auch gegen Pension, sich beschäftigen, aber kein bürgerliches Gewerbe treiben." — Ueber die Annahme von Nebenämtern Seitens der Geistlichen hat das CRdMdgA. v. 31. Oktober 1841 (BMBl. 1842 S. 10) auf Grund zweier KO. v. 14. Januar 1833 u. 25. August 1841 Folgendes vorgeschrieben:

„Die Aufnahme einer beschränkenden Klausel wegen der Uebernahme von Nebenämtern irgend einer Art in die Vokationen der Geistlichen, oder die Ausstellung besonderer Reverse darüber bei deren Amtsantritt ist unzulässig und wirkungslos. Die Uebertragung eines Amtes des Kirchenregiments auf einen Geistlichen, wie z. B. der Superintendentur, des Amtes als Konsistorialrath u. s. w., geht in gleicher Weise wie bisher von den dazu ermächtigten Behörden aus, und sind dieselben in der Auswahl der ausgezeichnetsten und verdientesten Geistlichen nicht beschränkt. Dem Patron oder der Gemeinde steht ein Widerspruchsrecht gegen die Ernennung ihres Pfarrers zu einem solchen Amte nicht zu. Ergiebt sich aber, daß ein solcher Geistlicher, durch die Pflichten seines kirchenregimentlichen Amtes zu sehr in Anspruch genommen, den

die in ihrem Hause lebende Familie Kaufmannschaft oder bürgerliche Gewerbe treiben.

§ 94. Wenn ihnen der Genuß gewisser Grundstücke zu ihrem Unterhalte angewiesen worden: so mögen sie deren Kultur und den Absatz der darauf gewonnenen Erzeugnisse selbst besorgen.

Angelegenheiten seiner Pfarrgemeinde nicht mehr die erforderliche Sorgfalt zu widmen im Stande ist, so hat das K. Konsistorium auf Anrufen des Patrons oder der Gemeinde zunächst zu prüfen, ob auf irgend eine Weise eine Geschäftserleichterung für den Geistlichen bewirkt werden kann, und wenn dieses nicht der Fall ist, zu bestimmen: 1) in welchem Umfange eine Aushülfe oder eine Stellvertretung für den Geistlichen erforderlich, 2) welche Remuneration dafür zu gewähren ist. Den Betheiligten bleibt gegen diese Entscheidung der Rekurs an mich (den Minister der geistl. Angel., jetzt den evang. Ober-Kirchenrath nach § 1 Nr. 4 Ress. Regl. v. 29. Juni 1860 (GS. S. 344)) vorbehalten. Wegen der Beschaffung der erforderlichen Remuneration aus Staatsfonds ist, sofern nicht darüber ein freiwilliges Abkommen mit dem zu vertretenden Geistlichen selbst geschlossen werden kann, an mich (den Minister d. geistl. Angel.) zu berichten. — Was die Uebernahme von andern Aemtern durch einen Geistlichen anbetrifft, so steht dem Patrone und Gemeinden auch in dieser Beziehung ein unbedingtes Recht des Widerspruchs nicht zu. Der Geistliche aber, welchem ein solches Nebenamt angetragen wird, und welcher zu dessen Uebernahme geneigt ist, hat zu diesem Behufe zuvor die Erlaubniß des ihm vorgesetzten Konsistoriums nachzusuchen. Das Konsistorium hat sodann den Patron und die Vorsteher der Pfarrgemeinde darüber zu hören und die von denselben etwa vorzubringenden Gründe des Widerspruchs näher zu prüfen. Nach Befund derselben ist diese Erlaubniß zu ertheilen oder zu versagen. — Es versteht sich von selbst, daß den Geistlichen nur die Uebernahme solcher Nebenämter gestattet werden kann, deren Ausrichtung dem Amte und der Würde eines Geistlichen keinen Eintrag thut. Als angemessene Beschäftigungen werden hier beispielsweise erwähnt: die Ertheilung von Religionsunterricht in öffentlichen oder Privatschulen, die Theilnahme an der Verwaltung von Armenkassen oder milden Stiftungen u. s. w. — Es wird ferner festzuhalten sein, daß die Beschäftigung in einem Nebenamte den Geistlichen seinem Berufe, als Seelsorger für das geistige Wohl seiner Gemeinde zu wirken, nicht entfremden darf. Zeitraubende Nebenbeschäftigungen können daher in der Regel solchen Geistlichen nicht gestattet werden, welche entweder in ihrer Gemeinde allein stehen, oder denen doch die Pflicht der Seelsorge vorzugsweise obliegt. Ueberhaupt wird um der Beschäftigung eines Geistlichen in einem Nebenamte willen außer den oben bezeichneten Aemtern, die sich auf eine Ausübung des Kirchenregiments beziehen, eine Vertretung oder Aushülfe in seinem eigentlichen kirchlichen Berufe nicht leicht zu gestatten sein. Sollte durch besondere örtliche Verhältnisse ausnahmsweise eine Abweichung von dieser Regel motivirt werden, so liegt es dem K. Konsistorium ob, gleichzeitig für die Anordnung einer ausreichenden Beihülfe oder Stellvertretung zu sorgen, deren Kosten jedoch in diesem Falle weder aus Staatsfonds zu entnehmen sind, noch auch den Patronen oder Gemeinden angemuthet werden dürfen. Vielmehr wird es dem Geistlichen selbst oder der Anstalt, welche seine Hülfe erbittet, obliegen, die Mittel zur Besoldung eines Stellvertreters aufzubringen. Endlich ist bereits durch das G. v. 13 Juli 1839 (GS. S. 235) vorgeschrieben, daß die vorgesetzte Behörde die Erlaubniß zur Annahme eines Nebenamtes nur auf Widerruf oder doch nur auf eine bestimmte Zeit oder für ein bestimmtes, nach Ablauf einer gewissen Zeit von selbst endendes Geschäft zu ertheilen hat, ohne daß wegen des unter veränderten Umständen erfolgenden Widerrufs ein Anspruch auf Entschädigung für die verlorenen Emolumente des Nebenamtes anerkannt werden kann. Ist mit dem Amte des Geistlichen unmittelbar noch eine andere Beschäftigung, als was zunächst dazu gehört, z. B. die Verwaltung kirchlicher Armenkassen, verbunden, so fällt die Nothwendigkeit einer besonderen Erlaubniß hierzu von selbst fort."

Gewisse Nebenämter oder Beschäftigungen sind den Geistlichen durch besondere Gesetze ganz untersagt oder nur mit Einschränkungen gestattet. Sie sollen nicht zu

§ 95. Außerdem dürfen sie nur unter Genehmigung ihrer Obern und nur insofern, als es ohne Vernachlässigung ihres Amtes geschehen kann, sich mit der Landwirthschaft beschäftigen.

§ 96. Die Geistlichen der vom Staate privilegirten Kirchengesellschaften sind als Beamte des Staats der Regel nach von den persönlichen Lasten und Pflichten des gemeinen Bürgers frei.

Geschworenen berufen — § 63 V. v. 3. Januar 1849 (GS. S. 25) —, nicht zu Schiedsmännern — RdMdgA. v. 3. Sept. 1833 (Ann. 18, 652) —, nicht zu Stadtverordneten oder Magistratsmitgliedern — §§ 17 u. 30 Städte O. v. 30. Mai 1853 (GS. S. 261) u. v. 19. März 1856 (GS. S. 237), §§ 16 u. 29 Städte O. v 15. Mai 1856 (GS. S. 406) —, nicht zu Verordneten und Vorstehern der Landgemeinden — Landgem. O. v. 19. März 1856 § 30 u. 39 (GS. S. 275) u. v. 15. Mai 1856 Art. 13 u. 14 (GS. S. 439) — gewählt werden. Wenn sie zu Mitgliedern der Provinzial-Landtage gewählt sind, bedürfen sie des Urlaubs ihrer geistlichen Oberen — § 9 G. v. 1. Juli 1823 (GS. S. 138, 138, 146) u. § 9 u. 10 G. v. 27. März 1824 (GS. S. 62, 70, 101, 108, 141) —. Der Urlaub darf ihnen aber nicht ohne erhebliche Gründe versagt werden — Pomm. Landt. Absch. v. 23. Mai 1835 (Ann. 20, 464) —. Zur Uebernahme von Vormundschaften können Geistliche, mit deren Amt eine Seelsorge verknüpft ist, nur über Kinder ihrer Verwandten und Amtsgenossen angehalten werden — § 213 II, 18 ALR. —. Ueberhaupt aber bedürfen alle Geistliche zur Uebernahme von Vormundschaften der Genehmigung ihrer geistlichen Oberen — RdJM. v. 11. April u. 14. August 1818 (Jahrb. 11, 198; 12, 7) —, welche jedoch nicht ohne Noth und nur in solchen Fällen, in denen ihre Amtspflichten deshalb nicht genügend würden erfüllt werden können, verweigert werden soll — RdMdgA. v. 23. April 1818 (Ann. 2, 357) —.

Zu §§ 96—98.

60. Daß die Geistlichen nicht wirkliche Staatsbeamte sind, sondern nur deren Vorrechte genießen sollen, ist schon in N. 16 näher ausgeführt worden und kann hier darauf verwiesen werden. Diese Vorrechte sind folgende:

a. Von den indirecten Staatsabgaben sind sie nicht befreit — KO. v. 21. April 1827 No. 4 (Ann. 11, 404) —. Dagegen sind die Pfarrer von Entrichtung des Chausseegeldes auf Staatschausseen befreit bei Amtsverrichtungen innerhalb ihrer Parochie — KO. v. 29. Februar 1840, Befreiungen 3 (GS. S. 95) —, ebenso vom Wege-, Damm- und Brückenzoll nach den betreff. Tarifen.

b. Die Befreiung von der Klassensteuer ist durch G. v. 7. Decbr. 1849 (GS. S. 436) aufgehoben und in d. G. v. 1. Mai 1851 § 5, 6 u. 16 (GS. S. 193) eine solche von der Klassen- und klassificirten Einkommensteuer nicht wieder eingeführt worden.

c. Geblieben ist die Grundsteuerbefreiung der bisher von derselben befreit gewesenen Grundstücke, welche zur Zeit des Erscheinens des G. v. 21. Mai 1861 zu dem Vermögen evangelischer oder katholischer Kirchen oder Kapellen oder besonderer zur Unterhaltung derselben stiftungsmäßig bestimmter Fonds oder milder Stiftungen, sowie zur Dotation der Erzbischöfe, Dom-, Kurat- oder Pfarrgeistlichen oder sonstiger mit geistlichen Functionen bekleideter Personen oder der Küster und anderer Diener des öffentlichen Kultus gehören — § 4 G. v. 21. Mai 1861 (GS. S. 254) —, sowie die Gebäudesteuerbefreiung der Diensthäuser der Erzbischöfe, Bischöfe, Dom-, Kurat- oder Pfarrgeistlichen oder sonstiger mit geistlichen Functionen bekleideter Personen der verschiedenen Religionsgesellschaften nebst den in derselben Befriedigung belegenen Hofräumen und Gärten — § 3 G. v. 21. Mai 1861 (GS. S. 318) —. Die s. g. Pfarr-Instháuser in der Provinz Preußen, welche zur Wohnung für die zur Bewirthschaftung der Pfarrländereien nöthigen Instleute bestimmt sind, sowie die Pfarrwittwenhäuser sind daher von der Gebäudesteuer nicht frei, auch müssen die Geistlichen von ihrem Privat-Grundeigenthum Grund- und Gebäudesteuer entrichten.

d. Ueber die Befreiung vom Militärdienst vgl. N. 42. Von den Kriegsleistungen, welche nach § 16 G. v. 11. Mai 1851 (GS. S. 362) Kreis- resp. Kommunallast sind, sind die Geistlichen auf Grund des § 10 f. G. v. 11. Juli 1822 (GS. S. 184) frei, mögen dieselben in natura zu leisten sein, oder ihr Werth durch Steuern und Umlagen aufgebracht werden, jedoch sind sie nach § 17 l. c. verpflichtet, gegen Entschädigung von der Gemeinde die Gebäude zu militärischen Zwecken zur Benutzung herzugeben — RdMdJ., dF., dgA. u. dKr. v. 13. Okt. 1860 (BMBl. 1861 S. 116) u. 23. Juli 1863 (BMBl. 1863 S. 172 u. 173), RdMdJ v. 5. Febr. 1866 (BMBl. S. 41) —. Im Frieden ist die Einquartirungslast eine Reallast — § 289 I, 21 ALR. — und sind die Geistlichen, da die Last eine allgemeine Staatslast ist, nach § 775 h. t. davon frei. Von der Pferdegestellung bei Mobilmachungen sind sie nur insofern frei, als ihre zur Verrichtung kirchlicher Amtshandlungen erforderlichen Pferde nicht zur Aushebung kommen dürfen — CRdMdJ. v. 18. Jan. 1855 (BMBl. S. 3) —. Von den Vorspannleistungen mit dem zur Bewirthschaftung ihrer Dienstländereien erforderlichen Zugvieh sind sie durch KO. v. 30. Jan. 1817 befreit — CR. dMdJ. u. dF. v. 28. Febr. 1817 Nr. 2 (Ann. 1, 1, 138) —.

e. Was die Kommunallasten anbetrifft, so sind die Geistlichen und Kirchendiener von allen städtischen Gemeinde-Auflagen in Betreff ihrer Dienstgrundstücke befreit — § 4 Alin. 7 Städte O. v. 30. Mai 1853 (GS. S. 261), v. 19. März 1856 (GS. S. 239), v. 15. Mai 1856 (GS. S. 408) —, auch wenn diese vermiethet oder verpachtet sind — RdMdJ. v. 24. Okt. 1855 Nr. 1 (BMBl. S. 198) —. Ebenso bleiben die Geistlichen und Kirchendiener von den directen persönlichen städtischen Gemeinde-Abgaben hinsichtlich ihres Diensteinkommens insoweit befreit, als ihnen diese Befreiung zur Zeit der Verkündigung der Gem. O. v. 11. März 1850 zustand. Auch bleiben die Geistlichen und Schullehrer von allen persönlichen städtischen Gemeindediensten, soweit dieselben nicht auf ihnen gehörigen Grundstücken lasten, befreit; Kirchendiener nur insoweit, als ihnen diese Befreiung zur Zeit der Verkündigung der Gem. O. v 11. März 1850 zustand. Alle übrigen persönlichen Befreiungen sind ohne Entschädigung aufgehoben — § 4 Alin. 12 Städte O. v. 30. Mai 1853, 19. März 1856, 15. Mai 1856 —. Die Gem. O. v. 11. März 1850 (GS. S. 213) hatte nämlich im § 3 alle Abgaben-Befreiungen aufgehoben, ohne die bestehenden Privilegien der Beamten und Geistlichen auszunehmen. Ihre Einführung verzögerte sich jedoch und wurde durch AE. v. 19. Juni 1852 (GS. S. 238) ganz sistirt, auch das Gesetz selbst demnächst durch Art. 1 des G. v. 24. Mai 1853 (GS. S. 388) ganz aufgehoben. Für die Geistlichen, auch die Domgeistlichen — RdMdJ. v. 6. Dez. 1826 (Ann. 10, 1078) —, und Schullehrer bestand aber zur Zeit der Verkündung der Gem. O. v. 11. März 1850 allgemein die Befreiung von allen directen Beiträgen zu Gemeindelasten in Betreff ihrer Besoldungen und Emolumente gemäß § 10 f. G. v. 11. Juli 1822 (GS. S 184) und des ihnen nach ihrer Emeritirung zukommenden Gnadengehalts — RdMdgA., dJ. u. dF. v. 22. Juli 1854 (BMBl. S. 133) —. Diese Befreiung ist nun nach § 4 Städte O. v. 1853 u. 1856 bestehen geblieben. Auf Küster und andere Kirchendiener, die nicht zugleich Schullehrer, darf sie jedoch nicht ausgedehnt werden — RdMdJ. v. 9. April u. 15. Juni 1842 (BMBl. S. 109 u. 258) —. Nach demselben § 10 f. G. v. 11. Juli 1822 sind aber die Geistlichen hinsichtlich ihres Diensteinkommens auch von allen directen persönlichen Abgaben an Landgemeinden befreit, was in d. Gem. O. f. Westph. v 19. März 1856 § 61 (GS. S. 283) und f. Rheinland v. 15. Mai 1856 Art. 10 (GS. S. 437) auch für die Kirchendiener festgesetzt ist. Auch ist in letzterer die unbedingte Befreiung der Geistlichen von allen persönlichen Gemeindediensten, soweit sie nicht auf ihrem Privat-Grundeigenthum ruhen, sowie die der Kirchendiener, soweit ihnen solche schon zur Zeit der Verkündigung der Gem. O. v. 11. März 1850 zustand, ausgesprochen worden. Für die Landgemeinden der anderen Provinzen bedurfte es in Betreff der persönlichen Dienste keiner besonderen Bestimmung, weil die Befreiung von denselben schon im § 96 h. t. ausgesprochen ist. Die Befreiung von dinglichen Auflagen in Landgemeinden erstreckt sich nach § 64 L. Gem. O. f. Westph. v. 19. März 1856 (GS. S. 283) auf alle bezüglich der Dienstgrundstücke der Geistlichen und Kirchendiener, nach Art. 10 L. Gem. O. f.

Rheinl. v. 15. Mai 1856 (GS. S. 437) auf alle bezüglich der der Geistlichen, bezüglich der der Kirchendiener nur, soweit ihnen diese Befreiung schon zur Zeit der Verkündigung der Gem. O. v. 11. März 1850 zustand, in den östlichen Provinzen nur soweit, als die Geistlichen, Kirchendiener und die Kirchengemeinde von solchen Ausgaben der Gemeinde nicht unmittelbaren Vortheil ziehen — §§ 775 u. 776 h. t. —. Diese dingliche Auflagenfreiheit geht deshalb durch Verpachtung der Grundstücke nicht verloren — RdMdJ. v. 24. Januar 1823 (Ann. 7, 95) u. 22. April 1843 (BMBl. S. 125) —. Eine Ausnahme statuiren in Betreff der Unterhaltung der Wege und Landstraßen 1) für Pommern der Vergl. v. 17. Mai 1682, nach welchem die Prediger, welche den Pfarr- oder Kirchenacker selbst bestellen, in Ansehung desselben von Arbeiten und Beiträgen zur Wegebesserung frei sind, und § 10 Wege-Regl. v. 25. Juni 1752 (Rabe 1, 2, 310), nach welchem die Zeitpächter von Pfarrhufen mit baaren Geldbeiträgen zur Wegebesserung verschont werden sollen; 2) für Westpreußen das nach § 68 Westpr. Prov. R. gültige Wege-Regl. v. 4. Mai 1796 (Rabe 3, 338), welches im § 6 verordnet, daß die Zeitpächter der Prediger- und Kirchenhufen bei Wegebesserungen nur Hand- und Spanndienste, aber nicht baare Geldbeiträge leisten, letztere vielmehr von der ganzen Gemeinde ohne Unterschied der Religion getragen werden sollen, diese letztere auch, wenn die Prediger- und Kirchenhufen nicht verpachtet sind, sondern von den Kirchenvorstehern oder Pfarrern selbst bewirthschaftet werden, die auf dieselben treffenden Hand- und Spanndienste leisten muß; 3) das Ostpreußische Prov. R., indem es im Zus. 226 § 3 u. 4 Folgendes verordnet:

§ 3. Bloß Kirchen- und Pfarrhufen sind befreit, aber auch nur in dem Falle, wenn sie von den Kirchenvorstehern und Predigern selbst bewirthschaftet werden; wogegen die Zeitpächter nur von baaren Geldbeiträgen befreit sind, Hand- und Spanndienste aber leisten müssen.

§ 4. Alle auf die nach § 3 befreiten Grundstücke treffenden Hand- und Spanndienste sowohl als Geldbeiträge müssen von der Kirchengemeinde ohne Unterschied der Religion übertragen werden.

Jedoch ergiebt sowohl der Zusatz „ohne Unterschied der Religion", welcher nur für die Ortsgemeinde, nicht für die Kirchengemeinde einen Sinn hat, als auch das im § 1 des Zusatzes 226 anerkannte Princip, daß die Wegebaulast Kommunallast ist, endlich der § 10 des Wege-Reglements im Königreich Preußen v. 24. Juni 1764 (Rabe 1, 3, 40), welcher die Uebertragung der ganzen politischen Gemeinde ohne Unterschied der Religion auflegt, und da man nach Ausweis der Materialien durch die Kodifikation kein neues, von dem bestehenden abweichendes Recht schaffen, sondern vielmehr nur das bestehende hat fixiren wollen: daß der Ausdruck „Kirchengemeinde" in dem § 4 auf einem Redactionsfehler beruht und durch das Wort „Gemeinde" i. e. Ortsgemeinde ersetzt werden muß.

f. Die Kreis- und Provinziallasten, zu denen auch die Landarmenbeiträge gehören, sind nichts anderes als Kommunallasten, weil die Kreisverbände aus sämmtlichen politischen Gemeinden des Kreises bestehen, mithin muß die Befreiung der Geistlichen und Schullehrer von denselben, mögen sie auf die Gemeinden oder die einzelnen Kreiseingesessenen gelegt werden, auf Grund des § 10 f. G. v. 11. Juli 1822 als gesetzlich begründet anerkannt werden. Daß das Gesetz sie nicht ausdrücklich erwähnt hat, liegt allein daran, daß damals den Kreisständen noch nicht das Recht zustand, Kreiskommunalbeiträge aufzulegen und auszuschreiben — RdMdJ. u. dF. v. 2. Juni 1856 (BMBl. S. 167) —. In diesem Rescripte ist die in d. R. v. 25. April 1853 (BMBl. 1854 S. 229) ausgesprochene Ansicht, daß das G. v. 11. Juli 1822 nur auf diejenigen Kreissteuern, welche auf die Gemeinden, nicht aber auf diejenigen, welche auf die Einzelnen aufgelegt werden, angewendet werden dürfe, ausdrücklich reprobirt worden.

g. Von kirchlichen Lasten und Abgaben sind die Geistlichen schon nach kanonischem und gemeinem Recht befreit und daher auch, sowie weil diese Lasten ebenfalls zu den gemeinen Lasten gehören — KGE. v. 26. Nov. 1853 (JMBl. 1853 S. 95), OTrE. v. 11. Nov. 1859 (Entsch. 43, 351) —, gemäß § 96 u. 745 h. t. in Bezug auf ihr Diensteinkommen als frei anzunehmen — RdMdgA. v. 18. Dezbr. 1861 (BMBl. 1862 S. 57) u. 30. April 1866 (BMBl. S. 102) —.

h. Für die Leistungen zu den Elementarschulen gilt in der Provinz Preußen, wo sie, da § 30 II, 12 ALR. durch § 72 Schul-O. v. 11. Dezbr. 1845

(GS. 1846 S. 1) aufgehoben worden, Kommunallasten sind — RdMdgA. v. 9. April 1849 (BMBl. S. 112), OTrE. v. 5. Juli 1861 (Entsch. 48, 335) —, das sub e in Betreff der Kommunallasten Angeführte. In den andern Provinzen, wo die §§ 29 ff. II, 12 ALR. gelten, sollen die Ortspfarrer, katholische wie evangelische, als Schulinspectoren zu den Schulsocietätsbeiträgen nicht herangezogen werden — RdMdgA. v. 18. April 1856, 21. Septbr. 1861, 18. August 1865 (BMBl. 1865 S. 279 u. 280) —.

i. Von den Reallasten des öffentlichen Rechts, z. B. der Armenlast, wenn das Pfarrgut zu keiner Kommune gehört, sondern einen selbstständigen Gutsbezirk bildet — § 5 G. v. 31. Dez. 1842 (GS. 1843 S. 8) —, den Lasten der Deichverbände, Ent- und Bewässerungsverbände — § 16 G. v. 28. Januar 1848 (GS. S. 54) —, der Reinigungspflicht der Gräben und Privatflüsse im Vorfluthsinteresse Seitens der Adjacenten — §§ 100, 101 I, 8 ALR. § 10 Vorfl. Ed. v. 15. Nov. 1811 (GS. S. 352), § 7 G. v. 28. Febr. 1843 (GS. S. 41) —, sind die Dienstgrundstücke der Geistlichen und Kirchendiener ebensowenig wie die Kirchenhufen befreit, jedoch hat die Lasten niemals der Geistliche oder Kirchendiener als Nutznießer zu tragen, weil sein Nießbrauch als pars salarii auf einem onerosen Titel beruht, daher die Vorschriften der §§ 87 u. 135 I, 21 ALR. auf ihn keine Anwendung finden können, sondern, wenn die Grundstücke verpachtet sind, nach § 292 I, 21 ALR. der Pächter — OTrE. v. 7. Mai 1847 (Rechtf. 1, 129) —, sonst die Kirchengemeinde und resp. der Patron, der zu den etwa erforderlichen Bauten die Hauptmaterialien herzugeben hat — OTrE. v. 22. August 1859 (BMBl. 1860 S. 84), v. 4. Mai 1860 (BMBl. 1862 S. 112), 30. Nov. 1860 (Entsch. 45, 301), 19. Dez. 1862 (UCBl. 1863 S. 248), CRdMdgA. v. 3. Okt. 1857 u. 21. Okt. 1859 (BMBl. 1860 S. 82 u. 85), RdMdgA. v. 23. Mai 1860 (UCBl. S. 655) u. 18. Mai 1861 (BMBl. S. 126) —. Jedoch können Ausnahmen dahin, daß der Geistliche die Kosten tragen muß, durch Observanz sich bilden — RdMdgA. v. 8. August 1866 (UCBl. S. 674) —.

k. Der Rechtsweg ist in Ansehung aller dieser Immunitäten nach § 79 II, 14 ALR. gestattet, weil sie auf einem besonderen Privilegio beruhen — KGE. v. 31. Okt. 1847 (JMBl. 1848 S. 136), 24. Juni 1851 (JMBl. S. 253), 29. April 1854 (JMBl. S. 379), 22. Sept. 1855 (JMBl. S. 427), 22. Novbr. 1856 (JMBl. 1857 S. 202) —.

l. Das Privilegium in Betreff der Vormundschaften und Nebenämter ist schon N. 49 erwähnt.

m. Das Privilegium des eximirten Gerichtsstandes — § 97 — ist durch § 9 V. v. 2. Januar 1849 (GS. S. 3) aufgehoben.

n. Bei der Exekutionsvollstreckung wegen Schulden stehen den Geistlichen, auch den emeritirten, folgende Privilegien zu: Die zur Verwaltung des Dienstes erforderlichen Bücher, das unentbehrlichste Hausgeräth, also auch Bettstellen und ein zum Heizen und Kochen bestimmter eiserner Ofen, Betten, anständige Kleider und Wäsche zur Nothdurft sollen nicht abgepfändet, auch der Frau und den unerzogenen Kindern sollen nothdürftige Betten, Kleider und Wäsche gelassen werden — Anh. § 156 I, 24 AGO., RdJM. v. 22. Okt. 1856 (JMBl. S. 334) —. Ebenso soll das zum Betriebe der Landwirthschaft nöthige Geräth, Vieh- und Feld-Inventarium, sowie das bis zur nächsten Ernte nöthige Saat-, Brod- und Futtergetreide, Heu und Stroh belassen werden — § 71 I, 24 AGO. —. Dasselbe gilt auch für alle von den Verwaltungsbehörden beizutreibenden Forderungen — § 12 V. v. 30. Juli 1853 (GS S. 909), v. 24. Nov. 1843 (GS. S. 351) u. v. 30. Juni 1845 (GS. S. 444) —. Auch sollen Baarschaften der Geistlichen bis auf Höhe derjenigen Summe, welche dem Betrage des gesetzlich frei bleibenden Theiles des Diensteinkommens, nämlich 400 Thlr., bei Pensionen 200 Thlr. und vom Ueberschuß die Hälfte — Anh. § 160—162 I, 24 AGO. —, für den Zeitraum von der Exekution bis zum nächsten Termine der Einkünfte gleichkommt, der Auspfändung nicht unterworfen sein — KO. v. 11. Dez. 1831 (GS. 1832 S. 2) —. Verzichtleistungen auf dieses letztere Privileg sind nicht zuläsig — Anh. § 163 I, 24 AGO. —. Alle diese Befreiungen gelten aber nicht für Schulden aus unerlaubten Handlungen — Anh. § 157 u. 169 ibid. —, zu denen auch Alimente für uneheliche Kinder gehören — RdJM. v. 10. Mai 1833 (Jahrb. 41, 465) —, und Untersuchungskosten, bei denen jedoch ein abzugsfreier Theil des Diensteinkommens von 300 Thlr. gestattet ist — KO. v. 11. Juni 1829 (Jahrb. 34, 115) —. Sonst aber muß der zu verfolgende

[§ 97. Sie genießen einen privilegirten Gerichtsstand.]
§ 98. In den Angelegenheiten des bürgerlichen Lebens

Anspruch auf einer in den gemeinen Strafgesetzen mit Strafe bedrohten Handlung oder Unterlassung beruhen, die unerlaubte Handlung also nicht lediglich in einem nur disciplinarisch zu ahndenden Dienstvergehen bestehen — OTrE. v. 2. April 1846 (JMBl. 1847 S. 84), StMBeschl. mitgetheilt durch CEdMdgA. v. 5. Febr. 1867 (UCBl. S. 130) —. Endlich ist der Personalarrest gegen im Dienste stehende Geistliche wegen aller Forderungen mit alleiniger Ausnahme der Wechselschulden unzulässig — Anh. § 174 I, 24 AGO. Art. 1 u. 2 Allgem. D. Wechs. O. (GS. 1849 S. 51) —. Doch ist durch Art. 1 Nr. 2 G. v. 27. Mai 1863 (GS. S. 357) nachgegeben worden, durch Gesetz die Vollstreckung des Wechselarrestes gegen ordinirte Geistliche auszuschließen; ein solches Gesetz ist aber in Preußen noch nicht erlassen. Auf emeritirte Geistliche findet die Befreiung vom Personalarrest keine Anwendung — KO. v. 29. März 1823 (GS. S. 39) —, wohl aber auf vom Amte suspendirte — RdJM. v. 28. Juni 1833 (Erg. zu § 174 Anh. I, 24 AGO. Nr. 1 b) —. Bei einer executio ad faciendum ist der Personalarrest zulässig — RdJM. v. 28. Febr. 1836 (Erg. zu § 49—52 I, 24 AGO. Nr. 5) —, desgleichen Behufs Ableistung des Manifestationseides — RdJM. v. 20. August 1835 (Jahrb. 46, 119) —. In solchen Fällen muß aber rechtzeitig den geistlichen Oberen von der Arrestverfügung Nachricht gegeben werden, damit diese wegen Versehung des Amtes das Erforderliche veranlassen können, der Schuldner aber muß unterdessen vom Exekutor in Observation genommen werden — § 145 I, 24 AGO. —. Auch die Arrestanlegung ist auf die Besoldungen, Emolumente und Pensionen der Geistlichen nur zur Hälfte gestattet — § 23 u. 24 I, 29 AGO. —. In allen diesen Fällen müssen die Gerichte die betreffende Bezirksregierung ersuchen, den abzugsfähigen Theil des Diensteinkommens festzusetzen — RdJM. v. 18. April 1828 (Jahrb. 31, 276) —.

o. Beleidigungen durch Wort, Schrift, Druck, Zeichen, bildliche oder andere Darstellung, Verläumdungen und vorsätzliche Mißhandlungen oder Körperverletzungen, welche einem Religionsdiener in Bezug auf seinen Beruf oder während er sich in der Ausübung desselben befand, zugefügt worden sind, werden härter bestraft als gewöhnliche und zwar Beleidigungen mit Gefängniß von einer Woche bis zu einem Jahre, Verläumdungen mit Gefängniß von vierzehn Tagen bis zu achtzehn Monaten, öffentliche Verläumdungen mit Gefängniß von einem Monate bis zu zwei Jahren, bei Feststellung mildernder Umstände in allen Fällen mit Geldbuße von zehn bis dreihundert Thalern — § 102 StrGB. —, Mißhandlungen und Körperverletzungen mit Gefängniß von vier Wochen bis zu drei Jahren — § 192 StrGB. —. Dies gilt auch für Mennoniten-Prediger und Regulare (Opp., Komm. z. StrGB. § 102 n. 44, 45).

61. Ueber die Rangverhältnisse der Geistlichen zu den weltlichen Ständen existiren keine Bestimmungen. Nur in Betreff der geistlichen Räthe bei den Behörden ist Allerhöchst bestimmt worden, daß sie mit den weltlichen nach dem Alter ihrer Patente rangiren, die General-Superintendenten mit den Ober-Regierungsräthen, die Superintendenten mit den Regierungs- und Landräthen, die Pfarrer mit den Stadträthen, Domainen- und Justizbeamten gleichen Rang, die General-Superintendenten aber bei geistlichen Feierlichkeiten, bei denen sie in Function sind, vor den Ober-Regierungsräthen den Vortritt haben sollen — RdMdgA. v. 2. Januar 1817 (Ann. 1, 1, 129) —. Daher stehen die General-Superintendenten zwischen der dritten und vierten Rangklasse, die Superintendenten, Erzpriester und Dechanten in der vierten, die anderen Geistlichen in der fünften Rangklasse. Letzteres ist jedoch in dem CRdMdgA. v. 26. Februar 1866 (VMBl. S. 58) nicht anerkannt, vielmehr setzt dasselbe die anderen Geistlichen zwischen die fünfte Rangklasse und die erste Klasse der Subalternen der Provinzial-Behörden. Durch KO. v. 8. Juni 1846 ist den Superintendenten amtlich das Prädikat „Hochwürden“ verliehen, den Superintendentur-Verwesern und den Pfarrern steht das Prädikat „Hochehrwürden“ zu. — Anträge auf Ordensverleihungen an Geistliche sollen durch die Konsistorien und Regierungen gemeinschaftlich an den Minister d. geistl. Angel. und den Ober-Kirchenrath (bei Evangelischen) gerichtet werden — CRdMdgA. v. 18. März 1841 (VMBl. S. 199), § 5 Nr. 4 Ress. Regl. v. 29. Juni 1850 (GS. S. 344) —.

werden alle Geistliche ohne Unterschied der Religion nach den Gesetzen des Staats beurtheilt.

§ 99. Nach diesen Gesetzen behalten sowohl alle protestantische als die katholischen Weltgeistlichen die freie Disposition über ihr Vermögen.

§ 100. Auch dasjenige, was sie aus den Einkünften ihres geistlichen Amts erworben haben, gehört zu ihrem freien Eigenthume.

§ 101. Nur da, wo Provinzialgesetze oder vom Staate genehmigte Statuten der Kirche ein Erbrecht auf einen gewissen Theil dieses Erwerbes beilegen, hat es dabei sein Bewenden.

Wie das geistliche Amt aufhöre.

§ 102. Seinem geistlichen Amte kann ein Jeder entsagen.

§ 103. Kriminalverbrechen und grobe Vergehungen gegen die Kirchenordnungen und die darin vorgeschriebenen geistlichen Amtspflichten, ingleichen ein ärgerlicher Lebenswandel begründen die Entsetzung eines Geistlichen.

§ 104. Durch öffentliche den geistlichen Oberen angezeigte Entsagung des geistlichen Standes, sowie durch Entsetzung

---

Zu § 101.

62. Nur in der Grafschaft Glatz existirt noch ein solches Erbrecht der Kirche in den Nachlaß des bei ihr angestellt gewesenen und ab intestato verstorbenen Pfarrers bezüglich desjenigen Vermögens, welches er ex beneficio ejusque occasione erworben hat, auf $1/3$, aber nie auf mehr als 500 Thlr., auf Grund der durch das Ed. v. 21. Juni 1753 und das G. v. 11. Juli 1845 (GS. S. 471) nicht aufgehobenen Bestimmung der synodus Pragensis v. J. 1608 und deren Deklaration v. 14. Januar 1664 — OTrE. v. 11. Januar 1861 (Str. Arch. 39, 340) —.

Zu § 102.

63. Zur Niederlegung des geistlichen Amtes ist aber der Konsens der geistlichen Oberen nöthig, beim Bischof der des Pabstes, bei den andern katholischen Geistlichen der des Bischofs — C. 2, 4, 9, 10 X de transl. episc. (I, 7) —, bei evangelischen Geistlichen der des Konsistorii, der nur dann, wenn sie zugleich ausdrücklich auf den geistlichen Stand verzichten, bei in Untersuchung stehenden zu ertheilen ist — R. d. OKR. v. 2. April 1856 (Altst. 2, 87) —.

Zu § 103.

64. Vgl. § 532 u. N. 222 u. 223. Die Verurtheilung zu Zuchthausstrafe zieht den Verlust der bürgerlichen Ehre von Rechtswegen nach sich — § 11 StrGB. —. Derselbe umfaßt unter Anderen den Verlust des Adels, der Pensionen und Gnadengehalte, die Unfähigkeit, öffentliche Aemter, Würden, Titel, Orden und Ehrenzeichen zu führen und zu erlangen, und tritt ein mit dem Tage der Rechtskraft des Urtheils — § 12 u. 23 l. c. —. Außerdem kann und resp. muß in den vom Gesetz vorgeschriebenen Fällen auf zeitige Untersagung der Ausübung der bürgerlichen Ehrenrechte, welche ebenfalls den Verlust des Adels und der Pensionen, der öffentlichen Aemter, Würden, Titel, Orden und Ehrenzeichen von Rechtswegen zur Folge hat, oder auf zeitige Unfähigkeit zur Bekleidung öffentlicher Aemter, für die Dauer von einem bis zu fünf Jahren, erkannt werden. Die Wirkungen dieser Strafen beginnen mit dem Tage der Rechtskraft des Urtheils, in dem sie ausgesprochen worden sind — § 21, 22, 25 StrGB —.

eines Geistlichen von seinem Amte gehen alle damit verbundenen äußeren Rechte verloren.

§ 105. Auch darf ein solcher gewesene Geistliche bei Vermeidung nachdrücklicher Strafe sich keiner Amtsverrichtungen mehr anmaaßen.

§ 106. Thut er es dennoch, so haben die Amtshandlungen, deren er sich anmaaßt, keine bürgerliche Gültigkeit, und er selbst bleibt denen, welche dadurch Schaden leiden, verantwortlich. (Tit. 10 § 76—82.)

§ 107. Wenn und wie ein katholischer Priester bei der Entsetzung auch seines geistlichen Charakters verlustig werde, ist nach den Grundsätzen seiner Kirche zu beurtheilen.

Weltliche Mitglieder.

§ 108. Die weltlichen Mitglieder einer Kirchengesellschaft haben das Recht, sich der Anstalten der Gesellschaft zu ihren Religionshandlungen zu bedienen.

§ 109. Sie müssen sich aber dabei den bei dieser Gesellschaft eingeführten Ordnungen und Verfassungen unterwerfen.

§ 110. So lange sie Mitglieder der Gesellschaft bleiben,

Zu § 105.

65. Die Strafe ist nach § 104 StrGB. Gefängniß von vierzehn Tagen bis zu einem Jahre. Außerdem ist die vorgenommene Amtsverrichtung unkräftig, und der sie unbefugt vorgenommen, muß, was er dafür empfangen hat, herausgeben — §§ 77 u. 80 II, 10 ALR. —. Uebrigens darf einem ehrenvoll entlassenen evangelischen Geistlichen, wenn er sich zugleich über seinen zeither geführten guten Lebenswandel ausweist, die Besteigung der Kanzel vom Konsistorium gestattet werden — RdMdgA. v. 5. Juli 1821 (Ann. 5, 625) —. Vgl. N. 45.

Zu § 107.

66. Nach kanonischem Recht ist der durch das Priesterthum verliehene geistliche Charakter indelebilis und geht daher durch bloße Amtsentsetzung nicht verloren — Conc. Trid. sess. 23 c. 4 de ord. —, sondern nur durch Ausstoßung aus den heiligen Weihen (degradatio), die wegen besonders schwerer Vergehen erfolgen darf — Conc. Trid. sess. 23 c. 4 de ref. —. Daher darf dem bloß des Amtes entsetzten katholischen Geistlichen zwar nicht ferner verstattet werden, irgend eine derjenigen geistlichen Amtshandlungen vorzunehmen, welche zunächst als ein Ausfluß des ihm anvertraut gewesenen Amtes zu betrachten sind; dagegen soll ihm das Lesen einer einfachen oder sogenannten stillen Messe nicht verwehrt werden — KO. v. 16. Februar 1841 (JMBl. S. 159) —.

Zu § 110.

67. Aus dem im § 110 aufgestellten Grundsatze folgt noch nicht, daß jeder aus einer Kirchengesellschaft Austretende mit dem Tage des Austritts von allen verfassungsmäßigen Leistungen für die verlassene Gesellschaft frei wird, vielmehr erleidet jene Regel folgende 3 Ausnahmen:

a. Zunächst kommen die §§ 183—185 II, 6 ALR. zur Anwendung, welche lauten:

§ 183. Das austretende Mitglied muß aber seinen Vorsatz dem Vorsteher der Gesellschaft gehörig anzeigen.

§ 184. Der Austritt selbst muß bis zum Ablaufe eines solchen Zeitraumes ausgesetzt werden, in welchem die Vortheile und Lasten, die aus der gesellschaft-

müssen sie zur Unterhaltung der Kirchenanstalten nach den Verfassungen der Gesellschaft beitragen.

---

lichen Verbindung auf die einzelnen Mitglieder treffen, sich am füglichsten gegen einander abwägen lassen.

§ 185. Es kann also zum Beispiel ein Mitglied, welches die gesellschaftlichen Vortheile eines Jahres ganz oder zum Theil schon genossen hat, vor Ablauf dieses Jahres nicht anders austreten, als wenn es auch alle in dies Jahr fallende Lasten entrichtet hat oder die Korporation dafür entschädigt.

Aus diesen Vorschriften ergiebt sich, daß der Austritt aus der Kirchengemeinde dem Vorstande gehörig angezeigt werden und rechtzeitig erfolgen muß, d. h. mit dem Ablaufe eines solchen Zeitraumes, in welchem die aus dem Parochialverbande auf die einzelnen Mitglieder verfassungsmäßig treffenden Vortheile und Lasten am füglichsten gegen einander sich abwägen lassen, und daß, wenn der Austritt zu anderer Zeit erfolgt, der Austretende alle den ganz oder zum Theil genossenen Vortheilen entsprechende Lasten tragen oder die Gemeinde deshalb entschädigen muß. Er wird daher nicht nur, wie im § 185 beispielsweise angeführt, die fortlaufenden jährlichen Abgaben bis zum Schlusse des Jahres, in dem sein Austritt erfolgt und gehörig dem Vorstande angezeigt ist, zu entrichten haben, sondern er wird auch aus demselben Rechtsgrunde die nur unter gewissen Umständen oder Verhältnissen den Mitgliedern obliegenden Lasten zu tragen haben. Dies ist insbesondere der Fall, wenn ein Kirchen- oder Pfarrgebäude reparatur- oder baubedürftig wird, oder abbrennt und deshalb wieder aufgebaut werden muß, und wenn das Mitglied, nachdem es bisher die Vortheile der Gesellschaft genossen, unmittelbar nachdem dieser Baufall eingetreten oder der Bau beschlossen resp. festgesetzt ist, austritt. Alsdann sind die durch diesen Baufall eintretenden Lasten nur ein Aequivalent für die in der verflossenen Zeit, in welcher das betreffende Gebäude nicht bau- oder reparaturbedürftig gewesen ist, genossenen Vortheile, und muß der Austretende sie tragen, auch wenn die bezüglichen Beiträge erst in Jahren nach seinem Austritt eingezogen werden sollten. Dies gilt nicht nur für Austritte mit Konfessionswechsel, sondern auch bei jedem Ausscheiden aus der Parochie durch Verlegung des Wohnsitzes oder Verkauf des Grundstücks oder erlangte Exemtion, weil die §§ 237 ff., 303—305 h. t. keine abweichenden Bestimmungen enthalten.

b. Wenn ein Grundbesitzer aus der Parochie mit Konfessionswechsel ausscheidet, mag er zu einer staatlich anerkannten oder nur geduldeten Religionsgesellschaft übertreten, seine Ehefrau oder Kinder aber an dem Konfessionswechsel nicht theilnehmen und daher nach § 270 u. 272 h. t. in der Parochie verbleiben, dann wird er von denjenigen Parochiallasten, welche, ohne Reallasten zu sein, nur mit Rücksicht auf den Grundbesitz geleistet werden, z. B. Spanndienste bei Bauten, oder verfassungsmäßig nur nach dem Grundbesitz repartirt werden, nicht frei, wenn er in Gütergemeinschaft lebt, weil dann die Ehefrau oder nach ihrem Tode die Kinder bis zur erfolgten Auseinandersetzung mit dem Vater Miteigenthümer des Grundstücks sind. Dasselbe gilt, wenn das Grundstück allein der Ehefrau oder den Kindern gehört, denn in beiden Fällen hat es deshalb aus der Parochie, zu der es nach § 237 u. 265 h. t. gehört, nicht mit ausscheiden können.

c. Ist der Austretende nicht zu einer staatlich anerkannten Religionspartei übergetreten, sondern hat er sich nur einer geduldeten oder gar keiner Religionsgesellschaft angeschlossen, dann hat er nach § 303 h. t., welcher nach § 236 h. t. den Bestimmungen des Tit. 6 Th. II ALR. derogirt, seine bisherige Parochie rechtlich nicht verlassen und muß daher nach wie vor sämmtliche Parochiallasten mit alleiniger Ausnahme der Stolgebühren tragen. Dies haben auch das OTrE. v. 8. Febr. 1854 (Entsch. 27, 375) und das RdMdgA. v. 31. März 1858 auf Grund des § 2 der dem Pat. v. 30. März 1847 beigefügten Zusammenstellung der landrechtlichen Bestimmungen über Glaubens- und Religionsfreiheit (GS. S. 223) angenommen, während derselbe Minister in einem früheren R. v. 19. Novbr. 1850 und in einem späteren CR v. 15. Mai 1861 (JMBl. S. 114 u. 115) für diesen Fall allein die §§ 183—185 II, 6 ALR. angewendet wissen will und die Regierungen angewiesen hat, nach den in letzteren aufgestellten Grundsätzen die administrative Exekution gewähren zu lassen. Motivirt ist die letztere Entschei-

§ 111. Nur der Staat kann bestimmen, zu welcher der verschiedenen Kirchengemeinden seiner eigenen Religionspartei jeder Einwohner als ein beitragendes Mitglied gerechnet werden soll.

§ 112. Auch ist der Staat berechtigt, jeden Einwohner zur Beobachtung solcher äußeren Kirchengebräuche und Einrichtungen derjenigen Religionspartei, zu der er sich bekennt, insoweit anzuhalten, als davon vermöge der Gesetze die Bestimmung oder Gewißheit bürgerlicher Rechte abhängt.

---

dung aus den dem Erlasse des Pat. v. 30. März 1847 vorangegangenen Verhandlungen, welche mit Gewißheit ergäben, daß nicht die Absicht obgewaltet habe, im § 2 der erwähnten Zusammenstellung auch für die Entscheidung der vorliegenden Frage eine Norm zu geben, die Rechtsverhältnisse derjenigen Personen zu ordnen, welche von der dem Landrechte ganz unbekannten und erst längere Zeit nach dem Abschluß der Zusammenstellung in Vorschlag gekommenen Bestimmung im § 17 V. v. 30. März 1847 Gebrauch machen und demgemäß aus der Kirche durch gerichtliche Erklärung ausscheiden. Gegentheils zeige die Verhandlung des Staatsraths über diesen Paragraphen, daß hinsichtlich dieses Punkts eine Meinungsverschiedenheit bestanden, daß aber zur Aufnahme einer speciellen Bestimmung in die Verordnung kein hinlänglicher Anlaß gefunden, sondern es für ausreichend erachtet worden, die Entscheidung etwa vorkommender Fälle dem Richterspruche zu überlassen. Die Motivirung ist nicht überzeugend. Die Staatsrathskommission konnte schon deshalb eine Bestimmung über die vermögensrechtlichen Folgen des Austritts aus der Landeskirche in die Verordnung vom 30. März 1847 nicht aufnehmen, weil diese lediglich die Form des Austritts und die bürgerliche Beglaubigung der bei den Austretenden vorkommenden Geburten, Heirathen und Sterbefälle zu reguliren bestimmt war. Wenn sie es ferner für ausreichend erachtete, die Entscheidung vorkommender Fälle dem Richterspruche zu überlassen, so hat sie damit nicht die Administrativ-Exekution für unzulässig erklären wollen, sondern nur gemeint, daß die bestehenden gesetzlichen Vorschriften zur Entscheidung ausreichen und es daher keines besonderen Gesetzes darüber bedarf. Diese bestehenden Vorschriften sind im Landrecht enthalten und dürfen zunächst nirgend anders als im Kirchenrecht gesucht werden; erst wenn diese nicht ausreichen, ist zur Ergänzung die Heranziehung der allgemeinen Vorschriften vom Korporationsrechte gestattet — § 236 h. t. —. Das Landrecht kannte allerdings den gerichtlich erklärten Austritt aus der Landeskirche nicht, aber es gestattete doch schon im § 10 h. t. die Bildung besonderer Religionsgesellschaften, die aber nur geduldet sein und nur die Rechte von Privatgesellschaften haben sollten — § 20 h. t. —. Die öffentlich aufgenommenen vertheilen sich in Parochien, welche durch den Distrikt gebildet werden, innerhalb dessen die Angehörigen einer öffentlich aufgenommenen Religionspartei zu einer gemeinschaftlichen Parochialkirche gewiesen sind — § 237 h. t. —. Vorbehaltlich bestimmter Exemtionen gehören Alle, die in dem Kirchspiele ihren ordentlichen Wohnsitz aufgeschlagen haben, zur Parochie als zur Parochialkirche eingepfarrt — § 260 h. t. —. Ausscheiden aus der Parochie findet nur Statt beim Uebertritt zu einer anderen Religionspartei, bei Verlegung des Wohnsitzes außerhalb der Grenzen der Parochie und bei Erlangung einer Exemtion — §§ 303—305 h. t. —. So lange man der Parochie angehört, hat man auch die Parochiallasten zu tragen — § 261 h. t. —. Es ist hiernach unbedenklich, daß unter Religionspartei eben nur eine der öffentlich aufgenommenen, Parochien bildenden Kirchen verstanden ist, nicht auch jede geduldete, nur mit den Rechten der Privatgesellschaften ausgestattete Religionsgesellschaft, daß daher nur der Uebertritt zu einer der öffentlich aufgenommenen Kirchen von den Parochiallasten befreien soll, daß dagegen an den nicht verbotenen Uebertritt zu einer nur geduldeten Religionsgesellschaft rechtliche Wirkungen im Landrechte nicht geknüpft worden sind. Das Patent vom 30. März 1847 (GS. S. 121) gewährt nun die volle Freiheit zum Austritt aus der Landeskirche und zum Beitritt zu bloß geduldeten Religionsgesellschaften ohne Verkürzung der bürgerlichen Rechte und Ehren,

Dritter Abschnitt.

Von den Oberen und Vorgesetzten der Kirchengesellschaften.

Von dem geistlichen Departement.

§ 113. Die dem Staate über die Kirchengesellschaften nach den Gesetzen zukommenden Rechte werden von dem geist-

---

dagegen erklärt es die bisherigen Parochialrechte der Ausgeschiedenen für aufgehoben, während es der Parochialpflichten derselben nicht gedenkt. Diese müssen daher schon nach § 59 Einl. z. ALR. als fortbestehend angesehen werden. Das Patent konnte aber auch umsoweniger dieselben beseitigen und dadurch die bevorrechteten Kirchen benachtheiligen, als es nach seinen Eingangsworten diese gerade auch fernerhin schützen will. Dann aber erkennt es am Schlusse die in der ihm beigefügten Zusammenstellung der landrechtlichen Vorschriften enthaltenen Bestimmungen als die bestehenden an, und in diesen ist im § 2 ausdrücklich bemerkt, daß die Austretenden in rechtlicher Beziehung nach wie vor als Angehörige derjenigen Religionspartei, zu der sie früher gehört, angesehen werden sollen. Endlich erscheint es ganz unzulässig, aus dem § 17 V. v. 30. März 1847, der lediglich die Form des Austritts ordnet, die Befreiung der Austretenden von den Parochiallasten zu folgern, denn die rechtlichen Wirkungen des Austritts können durch die Form des letzteren allein nicht bestimmt werden. Aus diesen Gründen ist denn auch das Obertribunal in seinem neuesten Erkenntnisse v. 5. Juli 1867 (Entsch. 58, 351) und mit vollem Rechte bei seiner früheren Ansicht geblieben.

Zu §§ 113–114.

68. Dem Landesherrn vorbehalten sind von den kirchlichen Hoheitsrechten: 1) die Entscheidung, wann Parochien als erloschen anzusehen, und die Verfügung über deren Kirchen und Vermögen — § 308 h. t. und G. v. 13. Mai 1833 (GS. S. 51) —; 2) die Entscheidung bei Simultaneen — § 311 h. t. —; 3) die Genehmigung zur Annahme letztwilliger Zuwendungen und Schenkungen an Kirchen, Stiftungen 2c. im Betrage von mehr als 1000 Thlr. oder zu neuen Zwecken oder für neue Stiftungen nach dem G. v. 13. Mai 1833 (GS. S. 49), desgleichen zu jeder Veränderung von Stiftungen zu religiösen Zwecken und jeder stiftungswidrigen Verwendung — V. v. 27. Oktober 1810 (GS. S. 3) —; 4) die Ertheilung von Orden und Ehrenzeichen an Geistliche und sonstige Gnadensachen. In der evangelischen Kirche hat der König noch an reservirten Episkopalrechten: 1) die Gesetzgebung in rein kirchlichen Angelegenheiten unter Mitwirkung der dazu noch zu bestimmenden kirchlichen Organe; eine Kontrasignirung derartiger Erlasse durch den verantwortlichen Staatsminister ist nicht zulässig, ebensowenig ist die Publikation derselben in der Gesetzsammlung erforderlich, weil diese Organe nur für den Staat, nicht für die Kirche eingerichtet sind, doch wird die Publikation auf andere Art erfolgen müssen — RdMdgA. v. 30. April 1850 (Aktst. 1 A, 49) —; 2) die Entscheidung über Angelegenheiten der Religion und des Glaubens unter Beirath der Kirche; 3) die Entscheidung in Fällen, welche zum gemeinschaftlichen Ressort d. MdgA. und des OKR. gehören, und in denen diese Behörden sich nicht einigen können, z. B. in Anstellungssachen — KO. v. 10. Januar und 15. Juni 1857 (Aktst. 2, 133) —; 4) die Besetzung der Stellen im OKR. und in den Konsistorien incl. der General-Superintendenten, sowie der Superintendenten und ersten Geistlichen in den Residenzen — V. v. 27. Oktober 1810 (GS. S. 3) — und die Genehmigung zur Entsetzung derselben — § 100 II, 10 ALR. KO. v. 12. April 1822 Nr. 5 (GS. S. 105) —; 5) die Genehmigung des Namens einer neuen evangelischen Kirche Königlichen Patronats — KO. v. 20. Januar 1855 (Aktst. 2, 125) —.

69. Das geistliche Departement wurde von den Justizministern verwaltet; durch das Publ. v. 16. Dezember 1808 (Rabe 9, 383) und die V. v. 27. Oktober 1810 (GS. S. 3) wurde es einer Abtheilung des Ministeriums des Innern über-

lichen Departement insofern verwaltet, als sie nicht dem Oberhaupte des Staats ausdrücklich vorbehalten sind.

---

tragen und durch die V. v. 3. November 1817 (GS. S. 289) und die KO. v. 11. Januar 1819 (GS. S. 3) einem besonderen Ministerium für die geistlichen, Unterrichts- und Medizinal-Angelegenheiten, welches die äußeren und inneren evangelischen Kirchen-Angelegenheiten in einer und die äußeren und inneren katholischen Kirchen-Angelegenheiten in einer anderen besonderen Abtheilung zu verwalten hatte. Die Bearbeitung der inneren evangelischen Kirchensachen wurde, nachdem das für dieselben laut V. v. 28. Januar 1848 (GS. S. 27) zu errichtende evangelische Ober-Konsistorium noch vor seiner Konstituirung durch Publ v. 13. April 1848 (GS. S. 114) wieder aufgelöst worden war, durch AE. v. 26. Januar 1849 (GS. S. 125) einer vom Minister der geistlichen Angelegenheiten unabhängigen, unter einem besonderen Direktor stehenden evangelischen Abtheilung dieses Ministeriums übertragen, welcher durch AE. v. 29. Juni 1850 (GS. S. 343) die Bezeichnung „Evangelischer Ober-Kirchenrath" beigelegt, und deren amtliche Befugnisse durch das demselben Erlasse beigefügte Ressort-Reglement für die evangelische Kirchen-Verwaltung regulirt worden sind. Das letztere lautet mit den später ergangenen Ergänzungen, die unterm 21. Oktober 1857 zusammengestellt sind (VMBl. 1858 S. 13):

§ 1. Der evangelische Ober-Kirchenrath tritt an die Stelle der durch den AE. v. 26. Januar 1849 mit der Leitung der inneren evangelischen Kirchensachen beauftragten Abtheilung des Ministeriums der geistlichen Angelegenheiten. Es gehören mithin zum Ressort desselben folgende nach der Instruktion v. 23. Oktober 1817, der KO. v. 31. Dezember 1825 und der V. v. 27. Juni 1845 § 1 den Konsistorien überwiesene Angelegenheiten:

1) das Synodalwesen;
2) die Aufsicht über den Gottesdienst in dogmatischer und liturgischer Beziehung, die Aufsicht über den Religionsunterricht nach Maaßgabe des zur Ausführung des Art. 24 der Verf.-Urk. v. 31. Januar 1850 ergehenden Unterrichtsgesetzes, die Anordnung kirchlicher Feste, der Einweihung von Kirchen und der Einräumung von Kirchen zu anderen als den stiftungsmäßigen Zwecken;
3) die Aufsicht über das kirchliche Prüfungswesen und die Vorbereitung zum geistlichen Stande, einschließlich der Aufsicht über das Prediger-Seminar zu Wittenberg;
4) die Beschwerden über Pfarrbesetzungen und die Besetzung niederer kirchlicher Aemter, sowie die Streitigkeiten über kirchliche Präsentations- und Wahlrechte, vorbehaltlich des Rechtsweges. — In den Angelegenheiten des landesherrlichen Patronats verbleibt aber bis zur Herstellung einer selbstständigen Kirchenverfassung das Recht der Entscheidung dem Minister unter der im § 5 Nr. 5 u. 6 näher bestimmten Mitwirkung des evangelischen Ober Kirchenraths;
5) die Aufsicht über Ordination, Einführung und Vereidigung der Geistlichen;
6) die Aufsicht und Disciplin über die Geistlichen;
7) die Emeritirungsangelegenheiten, die Verfügung über das Sterbequartal und das Gnadenjahr, soweit dabei nicht die Staatsmittel in Anspruch genommen werden, sowie die vikarische Verwaltung erledigter Aemter;
8) die Beschwerden über Anmaßung oder Verweigerung pfarramtlicher Handlungen Seitens evangelischer Geistlichen, die Ueberhebung von Stolgebühren und die Streitigkeiten über Parochial-Berechtigungen;
9) die Bestätigung der nicht für die Vermögensverwaltung bestimmten niederen Kirchenbedienten, insbesondere der Presbyter und Gemeindevertreter, wo solche erforderlich ist;
10) die Ertheilung kirchlicher Dispensationen;
11) die Aufrechthaltung der Kirchenzucht innerhalb der landesgesetzlichen Grenzen;
12) die Kirchen-Visitationen und die Beaufsichtigung der Pfarr- und der Superintendentur-Archive;
13) die Aufsicht über die unter Königl. Patronate stehenden deutschen evangelischen Gemeinden zu Jassy, Buenos-Ayres und Rio de Janeiro, sowie über andere deutsche evangelische Gemeinden des Auslandes, die sich der preußischen Landeskirche angeschlossen haben, wie z. B. die von Montevideo, Smyrna u. s. w. — AKO. v. 31. Juli 1852 (Aktst. 1, 2, 135) —;

§ 114. Außerdem aber stehen die Kirchengesellschaften

14) die alleinige Disposition über den Fonds, welcher sich aus den Erträgen der abgehaltenen allgemeinen Kirchenkollekten zur Hebung der dringendsten kirchlichen Nothstände gebildet hat — AO. v. 31. Juli 1852 (Aktst. 1, 2, 135) —.

In allen vorstehend bezeichneten Angelegenheiten übt der evangelische Ober-Kirchenrath die Befugnisse der höheren Instanz und das Recht der allgemeinen Anordnung innerhalb der bestehenden Gesetze und Verordnungen aus.

§ 2. Der evangelische Ober-Kirchenrath verwaltet die im § 1 genannten Sachen kollegialisch. Er steht in direktem Verkehr mit den übrigen Behörden und berichtet unmittelbar an des Königs Majestät. Derselbe hat jedoch General-Verfügungen im Koncept und Immediatberichte im Koncept und in der Reinschrift dem Minister vorzulegen, welcher auf der Reinschrift vermerken wird, daß er davon Kenntniß genommen habe.

Sämmtliche Ausfertigungen ergehen unter der Firma: „der evangelische Ober-Kirchenrath" und werden von dem Vorsitzenden allein vollzogen.

General-Verfügungen dürfen in Fällen besonderer Dringlichkeit erst nach dem Abgang und Immediatberichte aus besonderen Gründen erst mit dem Abgang dem Minister vorgelegt werden — AO. v. 5. Februar 1855 (Aktst. 2, 77) —, ebenso Verfügungen wegen Dispensation vom zweiten und dritten Aufgebot in Fällen besonderer Dringlichkeit erst nach dem Abgang — AO. v. 31. Juli 1857 (Aktst. 2, 136) —.

§ 3. Dem Minister der geistlichen Angelegenheiten verbleibt bis zu dem in der AO. v. 26 Januar 1849 (SG. S. 125) bezeichneten Zeitpunkte der Herstellung einer selbstständigen Kirchen-Verfassung die höhere Verwaltung der gegenwärtig den Provinzial-Regierungen übertragenen äußeren Angelegenheiten der evangelischen Kirche, sowie die zur Zeit noch zu seiner verfassungsmäßigen Verantwortlichkeit gereichende Verwaltung und Verwendung des Staatsfonds zu den bestimmten kirchlichen Zwecken.

In ersterer Beziehung gehören zu dem Ressort des Ministers folgende Angelegenheiten:

1) die Regulirung des Interimistikums in streitigen Kirchen-, Pfarr- und Küsterbausachen;
2) die Aufsicht über die Kirchenbücher;
3) die Sorge für die Anlegung und Unterhaltung der Kirchhöfe;
4) die Aufsicht über das Vermögen der dem landesherrlichen Patronat nicht unterworfenen Kirchen, kirchlichen Stiftungen und Institute, sowie die Ausübung der landesherrlichen Aufsichts- und Verwaltungsrechte in Ansehung des Vermögens der dem landesherrlichen Patronate unterworfenen Kirchen, kirchlichen Stiftungen und Institute;
5) die Erneuerung oder Bestätigung der für die Verwaltung des kirchlichen Vermögens anzustellenden weltlichen Kirchenbedienten, sowie die Aufsicht über deren amtliche und sittliche Führung und die damit verfassungsmäßig verbundenen Disciplinarbefugnisse.

§ 4. In den zu der Verwaltung des Ministers gehörenden Fällen, welche für den evangelischen Ober-Kirchenrath ein besonderes Interesse darbieten, bleibt es dem Ermessen des Ministers vorbehalten, demselben die ihm wünschenswerthe Kenntniß zu gewähren, beziehentlich sein Gutachten zu erfordern, sowie es dem Ober-Kirchenrathe vorbehalten sein soll, in solchen äußeren Angelegenheiten, von denen er eine wesentliche Einwirkung auf die ihm übertragene Seite der kirchlichen Verwaltung annehmen zu müssen glaubt, Anträge an den Minister zu stellen.

§ 5. In folgenden Fällen wird ein Zusammenwirken des Ministers der geistlichen Angelegenheiten und des evangelischen Ober-Kirchenraths stattfinden:

1) in den Angelegenheiten, in denen nach der V. v. 27. Juni 1845 § 3 die Regierungen angewiesen sind, sich mit den Konsistorien in Einvernehmen zu setzen; mithin wenn über das Vorhandensein eines kirchlichen Bedürfnisses oder die Abmessung seines Umfangs Zweifel entstehen, ingleichen wo es sich um die Verwendung der bei der Vermögensverwaltung einzelner Kirchen, kirchlicher Stiftungen und Institute sich ergebenden Ueberschüsse handelt;

einer jeden vom Staate aufgenommenen Religionspartei unter der Direction ihrer geistlichen Oberen.

Von Bischöfen.

§ 115. Bei den katholischen Glaubensgenossen ist der Bischof der gemeinschaftliche Vorgesetzte aller Kirchengesellschaften des ihm angewiesenen Districts.

§ 116. Ohne ausdrückliche Genehmigung des Staats kann keine Kirchengesellschaft von dieser Unterordnung gegen den Bischof der Diözes ausgenommen werden.

---

2) in den nach derselben V. § 5 zum gemeinschaftlichen Ressort der Regierungen und Konsistorien gehörenden Angelegenheiten, also:
a. bei der Veränderung bestehender oder Einführung neuer Stolgebühren und Taxen;
b. bei der Veränderung bestehender oder Bildung neuer Pfarrbezirke;
3) bei Anstellungen oder bei Anordnung kommissarischer Beschäftigungen in den Konsistorien, bei der Besetzung erledigter Superintendenturen, sowie bei Anstellung der Direktoren und Lehrer am Prediger-Seminar zu Wittenberg;
4) bei dem Antrage auf Ertheilung von Orden und Auszeichnungen an Geistliche;
5) in den Angelegenheiten des landesherrlichen Patronats;
6) bei der Bewilligung von Unterstützungen an Geistliche aus den dazu bestimmten Fonds;
7) bei Bestimmung bez. Genehmigung der in den Volksschulen, den Schullehrer-Seminarien und den höheren Schulen zu gebrauchenden Religionslehrbücher — AO. v. 5. Februar 1855 (Aktst. 2, 77) —;
8) bei Anstellungen von ordentlichen und außerordentlichen Professoren der Theologie an den Universitäten und von Direktoren der Schullehrer-Seminarien, soweit es sich um Lehre und Bekenntniß derselben handelt, worüber dem evangelischen Ober-Kirchenrathe die gutachtliche Aeußerung vorbehalten ist, sowie der geistlichen Räthe bei den Provinzial-Regierungen, sofern damit eine Mitgliedschaft im Konsistorium verbunden ist — AO. v. 5. Februar 1855 (Aktst. 2, 77), v. 10. Januar u. 19. Juni 1857 (Aktst 2, 133 u. 138) —;
9) bei der Leitung des kirchlichen Kollektenwesens — AO. v. 16. Februar 1856 (Aktst. 2, 124) —;
10) bei der Aufsicht über die Domkirche und das Dom-Kandidatenstift in Berlin — AO. v. 26. April 1854, Statuten des Stifts v. 22. Nov. 1853 § 8 (Aktst. 2, 102; BMBl. 1855 S. 89) —;
11) bei der ausnahmsweise statt der Wahl bei der ersten Begründung eines Gemeinde-Kirchenraths auf den Vorschlag des Pfarrers und Patrons durch den Superintendenten zu bewirkenden Denomination der Gemeindevorsteher — AE. v. 27. Februar 1860 Nr. 3 (GS. S. 90) —.

In allen diesen gemeinschaftlich zu erledigenden Sachen hat der evangelische Ober-Kirchenrath den ihm ressortmäßig gebührenden Standpunkt in Beziehung auf die inneren Angelegenheiten der Kirche wahrzunehmen und zu vertreten.

§ 6. In den im § 5 aufgeführten Fällen erfolgen die Entscheidungen im Namen des Ministers, nach vorgängig erklärtem Einverständnisse des evangelischen Ober-Kirchenraths, und unter ausdrücklicher Erwähnung dieses Einverständnisses.

Dies gilt jetzt nur für die Fälle zu 1, 2, 6—8 mit der Modifikation, daß kleinere Beträge der zu 6 erwähnten Unterstützungen der Ober-Kirchenrath in eigenem Namen anweist; in den anderen Fällen findet das umgekehrte Verhältniß Statt — AO. v. 10. Januar u 19. Juni 1857 (Aktst. 2, 133 u. 139) —.

§ 7. Der evangelische Ober-Kirchenrath hat in Vereinigung mit dem Minister die Organisation der Kirchengemeinden anzubahnen und das zur Begründung einer selbstständigen evangelischen Kirchen-Verfassung weiter Erforderliche zu beantragen.

Der erste dieserhalb in einer weitläufig motivirten Denkschrift v. 4. Dezember 1851 (Aktst. 1, 4, 33 ff.) gestellte Antrag auf bessere Dotation der evangelischen Kirche und auf Abzweigung der kirchlichen Externa vom Ressort der

Verhältniß derselben gegen den Staat.

[§ 117. Kein Bischof darf in Religions- und Kirchenangelegenheiten ohne Erlaubniß des Staats neue Verordnungen machen, oder dergleichen von fremden geistlichen Oberen annehmen.]

Regierungen und des Ministeriums und Uebertragung derselben an die mit der Leitung der Interna beauftragten Behörden Behufs Ausführung des Art. 15 der Verf.-Urk. v. 31. Januar 1850 auch in der evangelischen Kirche, wie es in der katholischen geschehen, hat leider bis jetzt noch keine Berücksichtigung gefunden.

Zu §§ 117—119.

70. Die Bestimmungen der §§ 117 u. 118 haben durch Art. 15 u. 16 der Verf.-Urk. v. 31. Januar 1850 ihre Kraft verloren, was in dem CRdMdgA. v. 6 Januar 1849 (VMBl. S. 265) ausdrücklich anerkannt ist (vgl. N. 21). Die fernere Auseinandersetzung zwischen dem Staate und der katholischen Kirche wurde durch die CRdMdgA. v. 1. März und 15. Dezember 1849 (VMBl. S. 267 u. 268) angebahnt, in denen die Bischöfe aufgefordert wurden, hierauf bezügliche Vorschläge zu machen, über welche sodann mit ihnen kommissarische Verhandlungen gepflogen werden sollten. Auf Grund der letzteren sind mit ministerieller Genehmigung Regulative erlassen über die Ressortverhältnisse in den Angelegenheiten, betreffend die Verwaltung und Beaufsichtigung des katholischen Kirchen-, Pfarr- und Stiftungsvermögens, vom Ober-Präsidenten der Provinz Preußen unterm 25. Mai 1850 für die zu den Diöcesen Kulm und Ermland gehörigen Theile der Regierungsbezirke Danzig und Marienwerder (Paderb. Beitr. 1, 40), welches laut Publ. des Ober-Präsidenten der Provinz Pommern v. 23. September 1851 (Paderb. Beitr. 1, 64) auch auf die zur Diöcese Kulm und zur Erzdiöcese Posen gehörigen katholischen Pfarreien des Regierungsbezirks Köslin für anwendbar erklärt worden ist, ferner vom Ober-Präsidenten der Provinz Posen unterm 19. November 1850 für die zu der Erzdiöcese Gnesen und Posen gehörigen Theile der Regierungsbezirke Posen und Bromberg (VMBl. 1851 S. 32). In der Provinz Westphalen ist die Auseinandersetzung durch R. d. Ob.-Präs. v. 8. Mai 1852 (Paderb. Beitr. 2, 10) erfolgt. Das Posener Regulativ, welches mit dem Preußischen gleichlautend ist, lautet mit den später ergangenen Ergänzungen wie folgt:

1) Da nach Art. 18 der Verf.-Urk. v. 31. Januar 1850 in der vom Staate bisher ausgeübten Mitwirkung bei der Besetzung kirchlicher Stellen, soweit dieselbe auf dem Patronat oder auf besonderen Rechtstiteln beruht, eine Veränderung nicht eingetreten ist, so behält es bei den Formen, nach welchen bei der Behandlung dieses Gegenstandes Seitens der Staats- und kirchlichen Behörden seither verfahren worden ist, auch weiterhin das Bewenden. Hierbei bleiben diejenigen Bestimmungen vorbehalten, welche durch das im Art. 17 der Verf.-Urk. angekündigte besondere Gesetz über Kirchenpatronat und die Bedingungen, unter welchen dasselbe aufgehoben werden kann, getroffen werden möchten.

2) Alle diejenigen Befugnisse und Gerechtsame, welche das allgemeine Landrecht den „geistlichen Obern" beilegt, sind für die katholische Kirche durch den betreffenden Herrn Erzbischof oder dessen Stellvertreter auszuüben. Soweit mehrere dieser Befugnisse seither durch die K. Regierungen ausgeübt worden sind, fällt deren Wahrnehmung von nun an dem Herrn Erzbischof anheim. Dies gilt insbesondere auch in Bezug auf die Verwaltung und Beaufsichtigung des Kirchen-, Pfarr-, Benefiziat- und jedes sonstigen kirchlichen Stiftungsvermögens, da nach der Verfassungs-Urkunde die in dieser Hinsicht vom Staate bisher geführte Aufsicht als auf die Bischöfe devolvirt anzusehen ist.

a. Auch kirchliche Armenstiftungen, welche keine für sich bestehende, mit juristischer Persönlichkeit begabte Anstalt bilden, sondern in einem der Kirche überwiesenen Vermögensobjecte bestehen, gehören zum Kirchenvermögen und unterliegen denselben Grundsätzen wie dieses, weshalb die Regierungen von der in § 37ff. II, 19 ALR. vorgeschriebenen Oberaufsicht des Staats über die Verwaltung derartiger Armenstiftungen abzustehen und die Verwaltung

[**§ 118.** **Alle päbstlichen Bullen, Breven und alle Verordnungen auswärtiger Oberen der Geistlichkeit müssen vor ihrer Publikation und Vollstreckung dem Staate zur Prüfung und Genehmigung vorgelegt werden.**]

---

lediglich dem katholischen Kirchenregimente zu überlassen haben — RdMdgA. v. 3. Juni 1850 (Pad. Beitr. 1, 45) —.

b. Die Verwaltung und Benutzung eigentlicher Kirchen- und Pfarrwaldungen, d. h. solcher, deren Eigenthum einer Kirche oder Pfarrei, überhaupt einem kirchlichen Institute oder einer geistlichen Körperschaft zusteht, unterliegt nur noch denjenigen Beschränkungen, welchen nach den bestehenden Gesetzen auch noch die Privatforsten unterworfen sind — R. d. Ob.-Pr. v. 8. Mai 1852 (Paderb. Beitr. 2, 10) —.

c. Die Bischöfe haben die Verwaltung der kirchlichen Externa nach Maaßgabe der kanonischen Satzungen zu führen, neben welchen jedoch die Vorschriften der Landesgesetze in Betreff der rechtlichen Gültigkeit aller hierbei vorkommenden Handlungen und Rechtsgeschäfte zu beobachten sind, widrigenfalls die Kirche nicht auf den Schutz dieser Gesetze und der auf dieselben hingewiesenen Staatsbehörden für die betreffenden Acte zu rechnen hat. (Ebendas.)

3) Dem Staate, resp. den mit der Wahrnehmung des landesherrlichen Patronatrechts beauftragten Staatsbehörden werden in Beziehung auf die Verwaltung und Beaufsichtigung des von geistlichen Stellen landesherrlichen Patronats abhängigen Vermögens alle diejenigen Rechte und Verpflichtungen vorbehalten, welche dem Patron in den Landesgesetzen beigelegt werden. Es bleiben hierin die Bestimmungen des allgemeinen Landrechts und, insoweit durch diese etwa besonders auf die Bestimmungen des katholischen Kirchenrechts verwiesen wird, letzteres maaßgebend.

4) In Betreff des Rechnungswesens sind bei den Kirchen landesherrlichen Patronats die Rechnungen Seitens der Kirchenkollegien der betreffenden K. Regierung als Patronatsbehörde zu legen und von dieser sodann, mit ihren Bemerkungen und Erinnerungen begleitet, den erzbischöflichen Behörden zur Abnahme zu übersenden. Die Etats bei diesen Kirchen sind von den Kirchenkollegien aufzustellen und von diesen an die erzbischöfliche Behörde zur Festsetzung zu befördern. In Fällen, wo dazu besonderer Anlaß vorliegt, kann nach dem Ermessen der erzbischöflichen Behörde die Anfertigung des Etats auch bei dieser selbst erfolgen, vorbehaltlich jedoch immer der gesetzlichen Mitwirkung der betreffenden K. Regierung. — Die erzbischöfliche Behörde wird der K. Regierung von der über die Rechnungsnotaten getroffenen Entscheidung Kenntniß geben und derselben eine Abschrift der von ihr festgesetzten Etats mittheilen.

d. Durch diese Bestimmung ist die von der Regierung zu Posen eingeführte Revision der Rechnungen von katholischen Kirchen K. Patronats unter 500 Thlr. Jahreseinnahme durch die Landräthe und Dekane nicht aufgehoben — CR. d. Reg. zu Posen v. 26. Oktober 1852 (BMBl. S. 286) —. Die Rechnungslegung bei der katholischen Kirche in Königsberg, der einzigen K. Patronats in den Regierungsbezirken Königsberg und Gumbinnen, ist durch RdMdgA. v. 7. März 1850 (Paderb. Beitr. 1, 37) besonders geregelt.

5) Bei allen Kirchen, welche nicht landesherrlichen Patronats sind, gebührt die Leitung des Etats- und Rechnungswesens ausschließlich den erzbischöflichen Behörden, und fällt die Mitwirkung der K. Regierungen, soweit eine solche bisher stattgefunden hat, künftighin weg. Den Privatpersonen bleiben ihre gesetzlichen Berechtigungen überall vorbehalten.

e. Daher haben auch die Bischöfe nicht mehr wie bisher von drei zu drei Jahren einen Rechnungsextract den Regierungen einzureichen — RdMdgA. v. 7. März 1850 (Paderb. Beitr. 1, 37) —.

6) Die Bestellung der Kirchenvorsteher und der niederen Kirchenbedienten ist in denjenigen Fällen durch den Herrn Erzbischof zu bewirken, wo nicht vermöge Patronatsverhältnisses oder eines sonstigen besonderen Rechtstitels, oder vermöge örtlicher Observanz die Befugniß dritter Personen dazu begründet ist.

§ 119. Diejenigen Gerechtsame über die Kirchengesellschaften, welche dem Staate vorbehalten sind, kann der Bischof nur insofern ausüben, als ihm eine oder die andere derselben von dem Staate ausdrücklich verliehen worden.

Die Bestätigung der anderweit angestellten Kirchenbeamten dieser Kategorie bleibt überall dem Erzbischofe vorbehalten.

7) Die Disciplinargewalt über die sub Nr. 6 bezeichneten kirchlichen Beamten ist von dem Herrn Erzbischofe auszuüben. Dieselbe erstreckt sich jedoch nicht auf das Elementarschullehreramt, welches einem Beamten der erwähnten Gattung etwa gleichzeitig anvertraut sein möchte. In dieser Beziehung bewendet es, bis durch das künftige Unterrichtsgesetz ein Weiteres bestimmt sein wird, bei den bestehenden Ressortverhältnissen.

8) Die Kirchenvorsteher sind über die erfolgten Ressortveränderungen und die Obliegenheiten ihres Amts zu belehren und mit Anweisung zu versehen. Sie erhalten zu dem Ende eine besondere von der K. Regierung mit den erzbischöflichen Behörden gemeinschaftlich zu erlassende Instruction.

9) Die in den Gesetzen den geistlichen Obern beigelegten Befugnisse in Ansehung der Ertheilung von Autorisationen zur Führung kirchlicher Prozesse und von Genehmigungen zu sonstigen Rechtsgeschäften in Betreff des Kirchenvermögens stehen dem Erzbischofe zu. Soweit es bisher nicht geschehen ist, hat derselbe diese Befugnisse künftig auszuüben, vorbehaltlich jedoch der aus dem Patronate sich ergebenden Berechtigungen. Es versteht sich hierbei von selbst, daß in den vorkommenden einzelnen Fällen der Kognition der Gerichtsbehörden über die rechtliche Gültigkeit der in Frage stehenden Rechtshandlungen und Rechtsgeschäfte nicht vorgegriffen werden kann.

f. Auch die im § 1 G. v. 13. März 1833 vorgeschriebene Anzeige freigebiger Zuwendungen an Kirchen ꝛc., welche den Regierungen zu machen war, ist fortgefallen, und ebenso hat der Minister auf die Aufstellung und Einrichtung der durch CR. v. 16. Juni 1836 angeordneten Nachweisungen dieser freigebigen Zuwendungen den katholischen Kirchenbehörden gegenüber verzichtet — RdMdgA v. 25. Juni 1851 (BMBl. S. 129) —.

10) Die im § 708 ff. II, 11 ALR. den geistlichen Obern in Beziehung auf die Leitung der Kirchen- und Pfarrbauten beigelegten Befugnisse sind bis auf Weiteres noch von den K. Regierungen auszuüben. In Angelegenheiten dieser Art haben die Regierungen mit dem Herrn Erzbischof zu kommuniciren und sowohl in Beziehung auf die Bedürfnißfrage als auf die Baupläne und Bauausführung mit demselben sich zu verständigen.

g. Der Bischof darf selbstständig einen geprüften Architekten zur technischen Bearbeitung der Kirchen- und Pfarrbausachen annehmen, ohne daß jedoch dadurch die selbstständige Mitwirkung der Staatsbehörden bei den Bauten ausgeschlossen werden kann — R. d. Ob.-Pr. v 8. Mai 1852 (Paderb. Beitr. 2, 9) —.

11) Bei den Bestimmungen der AKO. v. 19. Juni 1836, betreffend die administrative Exekution bei Einziehung von Kirchen-, Pfarr- ꝛc. Abgaben (GS. S. 198), und dem in Gemäßheit derselben bestehenden Verfahren behält es, bis deshalb ein Anderes im Wege der Gesetzgebung bestimmt sein sollte, sein Bewenden.

h. Wenn den bischöflichen Erlassen wegen Regulirung der Stolgebühren Anerkennung und Ausführung Seitens der Staatsbehörden zu Theil werden, und insbesondere nach § 5 AKO. v. 19. Juni 1836 der Mandatsprozeß bei Einklagung derselben gestattet sein soll, so ist die genehmigende Mitwirkung des Staats zu dieser Regulirung erforderlich — R. d. Ob.-Pr. v. 8. Mai 1852 (Paderb. Beitr. 2, 5) —.

12) Bei der Einweihung von Pfarrern und bei der Auseinandersetzung mit ihren Amtsvorgängern haben die K. Regierungen auch bei Kirchen landesherrlichen Patronats fortan nur die den Privatpatronen zukommende Stellung einzunehmen. Die Aushändigung der Vokation (Ernennungsurkunde) ist bei der Einführung jedoch nach wie vor durch einen Kommissarius der Regierung zu bewirken. — Die Entscheidung der bei den Auseinandersetzungen

Diöcesenrechte.

§ 120. Ohne Zuthun und ohne Approbation des Bischofs der Diöces oder dessen Vikarien soll Niemand zum Priester aufgenommen, zu einem geistlichen Amte befördert, oder auch nur zum öffentlichen Lehrvortrage in einer Kirchengemeinde zugelassen werden.

§ 121. Dem Bischof gebührt die Aufsicht über die Amtsführung, Lehre und Wandel der seiner Diöces unterworfenen Geistlichen.

§ 122. Diese sind ihm Ehrfurcht und in Angelegenheiten ihres geistlichen Amtes Gehorsam schuldig.

§ 123. Der Bischof ist berechtigt, bei den Kirchen seiner Diöces, so oft er es nöthig findet, Visitationen vorzunehmen.

§ 124. Die Rechte der Kirchenzucht gebühren nur dem Bischofe.

---

mit dem früheren Inhaber der Stelle oder dessen Erben vorkommenden Streitigkeiten gehört, vorbehaltlich des den Betheiligten zustehenden Rechtswegs, zur Kompetenz der erzbischöflichen Behörden.

13) In Betreff der Aussonderung der von den Regierungen an die erzbischöflichen Registraturen auszuhändigenden Acten und Archivalien bleibt es dem Herrn Erzbischofe überlassen, durch abzuordnende Kommissarien von den Repertorien sowie von den Acten selbst Kenntniß nehmen und dasjenige bezeichnen zu lassen, dessen urschriftliche oder abschriftliche Mittheilung derselbe in Anspruch nimmt. Die zur Fortführung der landesherrlichen Patronatrechte erforderlichen Acten verbleiben bei den K. Regierungen.

14) Die Uebergaben der etwa bei den K. Regierungen im Depositum oder in Asservation befindlichen, den betreffenden Kirchen, Pfarreien und kirchlichen Stiftungen angehörigen Baarschaften, geldwerthen Papiere und Dokumente sind an die erzbischöflichen Behörden, jedoch mit der Maaßgabe zu bewirken, daß die Regierungen zuvor eine vollständige Nachweisung über die dem Herrn Erzbischofe hiernach zu überweisenden Baarschaften und Effecten anzufertigen und den erzbischöflichen Kommissarien vorzulegen haben.

Hiernach sind die von Vorstehendem abweichenden Bestimmungen der Dienst-Instr. f. d. Ob. Präs. v. 31. Dez. 1825 (GS. 1826 S. 1), der Reg. Instr. v. 23. Okt. 1817 (GS. S. 248) und der V. v. 27. Juni 1845 (GS. S. 443) antiquirt.

Zu § 120 ff.

71. Der Bischof ist nach kanonischem Recht 1) der erste Lehrer seiner Diöcöse und hat als solcher die Reinheit der Lehre überall zu erhalten. Er ist 2) der oberste Priester und hat als solcher allein das Recht zur Spendung der Weihen, einschließlich der Konsekration der Bischöfe, die Firmelung, die Weihung der Kirchen, Altäre und heiligen Gefäße, die Bereitung des heiligen Chrisma, die Benediction der Aebte und Aebtissinnen. Er hat 3) das Regiment, die Jurisdiction. In dieser Beziehung regelt er das besondere kirchliche Leben auf der allgemeinen Grundlage durch seine Verordnungen, trifft die erforderlichen organischen Einrichtungen, hält das Gericht, verleiht die kirchlichen Aemter, übt das Recht der Aufsicht durch Visitationen und führt die oberste Verwaltung des Kirchenvermögens. Er hat 4) gewisse Ehrenauszeichnungen: den Krummstab und Ring, die Inful, die Pontifikalkleidung, ein bestimmtes Prädikat. In Preußen steht dem Bischof das Prädikat: „Hochwürdigster“, „Bischöfliche Hochwürden“ und der Rang der Ober-Präsidenten d. h. der Räthe erster Klasse zu — KdMdgA. vom 12. April 1832 —. Nur der exemte Bischof von Breslau hat fürstlichen Rang. Vgl. Richter Kirchenr. § 119.

Zu § 124.

72. Von dieser allgemeinen Regel machen die §§ 946, 947, 1066 h. t. eine

§ 125. Vermöge dieses Rechtes kann er die ihm untergeordneten Geistlichen durch geistliche Bußübungen, durch kleine, den Betrag von zwanzig Thaler nicht übersteigende Geldbußen, oder auch durch eine die Dauer von vier Wochen nicht übersteigende Gefängnißstrafe zum Gehorsam und zur Beobachtung ihrer Amtspflichten anhalten.

§ 126. Geistliche katholischer Religion, die sich in ihrer Amtsführung grober Vergehungen schuldig gemacht haben, müssen nach dem Erkenntnisse des geistlichen Gerichts bestraft werden.

§ 127. Langwieriges Gefängniß (§ 125) und andere körperliche Strafen ist weder der Bischof noch ein geistliches Gericht zu verhängen berechtigt.

§ 128. In weltlichen Angelegenheiten der Geistlichen kann sich der Bischof nur insoweit einer Gerichtsbarkeit und eines Erkenntnisses anmaßen, als ihm das Recht dazu von dem Staate ausdrücklich verliehen worden.

§ 129. Auch über ein Privatinteresse, welches bei Gelegenheit einer Amtshandlung entstanden ist, gebührt das Erkenntniß in der Regel den weltlichen Gerichten.

Stellvertreter.

§ 130. Der Bischof kann in den verschiedenen Verrichtungen seines Amtes durch andere Geistliche, die ihm untergeordnet sind, vertreten werden.

§ 131. Diejenigen, welchen dergleichen Vertretung nach der besonderen Verfassung einer jeden Diöces vermöge ihres Amtes zukommt und obliegt, werden zur höheren Geistlichkeit gerechnet.

§ 132. Auch anderen Geistlichen kann der Bischof bei einzelnen Vorfällen seines Amtes nach Gutbefinden Aufträge machen.

Ausnahme, indem sie den Stifts- und Klosterobern auch das Recht der Kirchenzucht über ihre Konventualen beilegen.

Zu § 126.

73. Die Ausübung der Disciplinargewalt gegen katholische Geistliche ist bei den bischöflichen Diöcesanbehörden verblieben, deren Requisitionen um eidliche Vernehmung von Zeugen und Einziehung der Untersuchungskosten die Civilgerichte genügen müssen — ERdMdgA. v. 30. April 1851 (JMBl. S. 83) —. Die Staatsbehörden haben sich jeder Einwirkung auf die Ausübung der kirchlichen Disciplinargewalt zu enthalten — RdMdgA. v. 16. April 1849 (Paderb. Beitr. 1, 26) —. Daß die von den geistlichen Gerichten zu erkennenden Strafen auch Suspension und Entsetzung vom Amte oder auch von den Weihen oder von beiden zugleich sein können, ergiebt sich aus § 103 u. 107 h. t. vgl. N. 66. Das Verfahren ist das bisher üblich gewesene — R. v. 17. Juli 1800 Nr. 24 (Rabe, 6, 202) —.

§ 133. Die Bestellung eines bischöflichen Generalvikarius kann ohne landesherrliche Genehmigung nicht geschehen.

§ 134. Alle Oberen der Geistlichkeit sind dem Staate zur vorzüglichen Treue und Gehorsam verpflichtet.

Von auswärtigen Bischöfen.

[**§ 135.** Kein auswärtiger Bischof oder anderer geistlicher Obere darf sich in Kirchensachen einer gesetzgebenden Macht anmaßen.]

§ 136. Auch darf er irgend einige andere Gewalt, Direction oder Gerichtsbarkeit in solchen Sachen ohne ausdrückliche Einwilligung des Staats nicht ausüben.

§ 137. Kein Unterthan des Staats, geistlichen oder weltlichen Standes, kann unter irgend einem Vorwande zu der Gerichtsbarkeit auswärtiger geistlicher Oberen gezogen werden.

§ 138. Ist dergleichen auswärtigen Oberen eine Direction der Gerichtsbarkeit innerhalb der Grenzen des Staates zugestanden, so müssen sie zu deren Verwaltung einen vom Staate genehmigten Vikarius innerhalb Landes bestellen.

§ 139. Ein solcher Vikarius muß nicht nur selbst die den inländischen Bischöfen vorgeschriebenen Grenzen genau beobachten, sondern auch nicht gestatten, daß diese Grenzen von seinen auswärtigen Oberen überschritten werden.

§ 140. Vielmehr muß er, wenn Etwas dergleichen, so er nicht hintertreiben kann, unternommen wird, dem Staate davon in Zeiten getreue Anzeige machen.

Synoden.

§ 141. Zu Kirchenversammlungen innerhalb Landes darf

Zu § 134.

74. Daß auch der Staat gegen die Bischöfe und deren Stellvertreter nöthigenfalls mit Absetzung einschreiten darf, wenn sie sich in ihrem amtlichen Wirken, gestützt auf die hierarchischen Principien und das kanonische Recht, einer Verletzung der Staatsgesetze schuldig machen, kann einem begründeten Bedenken nicht unterliegen.

135 aufgehoben durch Art. 16 Verf. Urk. v. 31. Januar 1850, vgl. N. 21.

Zu § 138.

75. Nach der Bulle de salute animarum v. 16. Juli 1821 (GS. S. 114) haben die Erzbischöfe von Prag und Olmütz ihre bisherige Jurisdiction in preußischen Gebieten, jener in der Grafschaft Glatz, dieser im District Katscher in Oberschlesien erhalten und üben dieselbe durch Vikare aus.

Zu § 141.

76. Während in der katholischen Kirche seit dem Tridentinischen Koncil ein allgemeines Koncil nicht wieder gehalten worden ist, und auch die Nationalconcilien und Provinzial-Synoden, ja selbst die Diöcesan-Synoden gänzlich aufgehört haben, hat in der evangelischen Kirche das Streben der Reformatoren, den christ-

die Geistlichkeit ohne Vorwissen und Mitwirken des Staats nicht berufen, viel weniger können die Schlüsse solcher Ver-

---

lichen Gemeinden die ihnen nach Gottes Wort gebührende Theilnahme an der kirchlichen Verwaltung wieder zu verschaffen und die vorhandene Vermengung des geistlichen und weltlichen Regiments zu beseitigen, welches in der Kirchenverfassung der Reformirten zu dauernden Einrichtungen, regelmäßigen Synoden mit Gemeindevertretern, geführt hatte, in neuerer Zeit wiederholten Ausdruck gefunden. In Preußen wurde die gemischte presbyterial-konsistoriale Verfassung mit Kreis- und Provinzial-Synoden zuerst durch die evangelische Kirchenordnung für Westphalen und Rheinland v. 5. März 1835 (Ann. 19, 104) eingeführt, deren hierauf bezügliche Abschnitte nebst den auf Grund Allerhöchster Ermächtigung vom Min. der geistl. Ang. am 25. August 1853 bestätigten Zusätzen (VMBl. S. 229) also lauten:

Abschnitt II. Von der Kreis-Gemeinde und der Kreis-Synode.

§ 34. Die Gesammtheit mehrerer Ortsgemeinden, welche ein gemeinschaftliches Presbyterium haben, heißt Kreis-Gemeinde.

Zus. 16. Der Umfang der Kreis-Gemeinden wird durch das Herkommen oder durch einen von dem Konsistorium mit Genehmigung der höheren Kirchenbehörde und nach Anhörung der betheiligten Presbyterien und Kreis-Synoden sowie der Provinzial-Synode gefaßten Beschluß bestimmt.

§ 35. Dieses Presbyterium wird die Kreis-Synode genannt und besteht aus den Pfarrern des Kreises und ebenso vielen deputirten Aeltesten, als Gemeinden zum Kreise gehören.

Zus. 17. 1) Die Presbyterien können statt eines Aeltesten auch einen der Diakonen zur Kreis-Synode deputiren.

2) Die innerhalb der Kreis-Gemeinden fungirenden Anstaltsgeistlichen und Militärprediger sowie die ordinirten Hülfsgeistlichen, Adjuncten und Vikare sind zur Theilnahme an den Kreis-Synoden mit berathender Stimme berechtigt. Pfarrverweser, welche die Stelle des ordentlichen Pfarrers in der Gemeinde vollständig vertreten, haben auch auf der Kreis-Synode eine volle Stimme.

§ 36. Jeder Kreis-Synode ist ein von derselben aus Geistlichen gewähltes Directorium vorgesetzt, welches aus dem Superintendenten, dem Assessor und dem Skriba besteht. Der Assessor ist der Substitut des Superintendenten, und der Skriba führt bei Synodal-Zusammenkünften das Protokoll. Das Directorium wird von der Synode auf sechs Jahre gewählt und kann nach Verlauf dieses Zeitraums wieder gewählt werden. Die getroffene Wahl des Superintendenten und Assessors wird durch das Königl. Konsistorium dem Ministerio der geistlichen Angelegenheiten zur Bestätigung vorgelegt. Stirbt der Superintendent, oder hört er auf, Pfarrer in dem Synodalkreise zu sein, so verwaltet der Assessor das Amt des Superintendenten bis zur nächsten Synodal-Zusammenkunft.

Zus. 18. 1) Für den Assessor und Skriba werden Stellvertreter gewählt.

2) Nach dem Beschlusse der Kreis-Synode können in wichtigen Angelegenheiten nach Maaßgabe der Geschäftsordnung zwei von der Kreis-Synode auf ein Jahr gewählte Aelteste zu den Verhandlungen des Moderamens mit Stimmrecht zugezogen werden. Die Wahl derselben bedarf der Bestätigung des Konsistoriums.

§ 37. Zu dem Geschäftskreis der Kreis-Synode gehört:

a. Berathung der Anträge an die Provinzial-Synode über alle kirchlichen Gegenstände, worüber die Beschlußnahme nach § 49 der Provinzial-Synode zusteht;
b. die Aufsicht über die Pfarrer, Ortspresbyterien, Kandidaten, Pfarrschullehrer und Kirchendiener des Kreises;
c. die Handhabung der Kirchendisciplin innerhalb der gesetzlichen Grenzen;
d. die Aufsicht über die Verwaltung des Kirchen- und Armenvermögens aller Gemeinden des Kreises;

**ammlungen ohne Genehmigung des Staats in Ausübung ge-
racht werden.**

---

e. die Verwaltung der Predigerwittwenkasse des Kreises und der Synodalkasse;
f. die Leitung der Wahlangelegenheiten der Pfarrer des Kreises sowie die Ordination derselben und Introduction;
g. die Wahl des Directorii der Synode und der Deputirten zur Provinzial-Synode.

§ 38. Der Superintendent hat:

1) in allen kirchlichen Angelegenheiten über Erhaltung und Ausführung der Kirchenordnung und Synodal-Beschlüsse zu wachen und die Rechte der Kirche wahrzunehmen;
2) er führt die Aufsicht über die Presbyterien, über das Fortstudiren und die Führung der Kandidaten des Kreises, wie auch über die Amtsverwaltung und den Lebenswandel der Geistlichen, Kirchenbedienten und Schullehrer nach den Grundsätzen der Kirchenordnung Er sucht Mißhelligkeiten, welche zwischen Gemeinden, Predigern, Presbyterien, diesen und der Gemeinde entstehen, zu vermitteln und auszugleichen und führt die Disciplinar-Untersuchungen gegen Geistliche, Kirchenbediente und Schullehrer und Presbyterien seines Kreises allein oder, insofern es der Zuziehung richterlicher Personen bedarf, mit denselben gemeinschaftlich;
3) er hält in der Regel in jeder Gemeinde alle zwei Jahre die Kirchenvisitation nach der vorgeschriebenen Instruction und erstattet darüber Bericht an die geistliche Behörde und an die Synode bei ihrer Versammlung ab. Im Nothfalle kann er sich in diesem Geschäfte von seinem Assessor vertreten lassen, sowie letzterer in der Gemeinde des Superintendenten jedesmal die Kirchenvisitation übernimmt;
4) er ordnet die Geschäfte, welche bei einer vakanten Gemeinde zu besorgen sind, bestimmt daher den Turnus, nach welchem die geistlichen Amtsverrichtungen während der Vakanz einer Pfarrstelle von den Predigern der Kreis-Synode und Kandidaten verrichtet werden, führt das Präsidium des Presbyteriums der vakanten Gemeinde und besorgt
5) die Wahlangelegenheiten in der Gemeinde nach der vorgeschriebenen Ordnung, leitet die Predigerwahl und verrichtet die Ordination und die Introduction der Geistlichen in Verbindung mit dem Assessor und Skriba;
6) er leitet die Synode bei ihrer Versammlung, ordnet den Gang der Verhandlungen an, hat den Vorsitz und das Recht der Entscheidung bei Gleichheit der Stimmen und steht an der Spitze in den von der Synode ernannten Kommissionen;
7) er hat die Verordnungen der Behörden in Ausführung zu bringen. Die Verfügungen derselben, soweit sie die kirchlichen Angelegenheiten und die Amtsführung der Geistlichen betreffen, gelangen allein durch ihn an die Prediger und Gemeinden des Kreises, und durch ihn gehen die Gesuche der Prediger und Gemeinden wieder zu den Behörden;
8) er ist in der Regel Schul-Inspector, oder es kommen doch alle die Schule betreffenden Angelegenheiten, wenn ein anderer Geistlicher mit der Schulpflege beauftragt ist, an ihn und durch ihn an die Staatsbehörde, und von dieser durch ihn an die Schul-Inspectoren. Er ist hiernach das Organ sowohl der dem Kirchen- und Schulwesen vorgesetzten Königlichen Behörden als der Synode.

§ 39. Die Kreis-Synode versammelt sich in der Regel jährlich einmal an dem Orte, der von derselben bestimmt wird. Die Berufung geschieht durch den Superintendenten, wenigstens vier Wochen vor der Zusammenkunft. In dringenden Fällen kann er sie auch außerordentlich berufen oder die schriftlichen Stimmen der Mitglieder einholen.

§ 40. Nach vorhergegangenem Gottesdienst, wobei derjenige Geistliche, welcher in der vorigen Sitzung dazu gewählt worden, die Predigt hält, eröffnet der Superintendent die Verhandlungen mit einem Gebete, stattet Bericht über den innern und äußern Zustand der Gemeinden des Synodal-Kreises ab und legt die Gegenstände der Berathung vor. Es können nur kirchliche Gegenstände, welche nach § 37 zum Geschäftskreise der Synode gehören, berathen werden. Der Superintendent schließt die Verhandlungen mit Gebet.

§ 41. Die Beschlüsse werden durch Mehrheit der Stimmen gefaßt. Zur Fassung eines Beschlusses wird die Anwesenheit von zwei Dritteln der Glieder der Kreis-Synode erfordert.

§ 42. Die Verhandlungen werden protokollirt, und die Protokolle müssen von dem Superintendenten, Assessor und Protokollführer und allen anwesenden Gliedern der Kreis-Synode unterschrieben werden.

§ 43. Die Protokolle werden spätestens vierzehn Tage nach gehaltener Synode von dem Superintendenten durch den General-Superintendenten an das Konsistorium gesandt; außerdem circuliren dieselben bei den Pfarrern der Kreis-Synode *zur Abschriftsnahme und Aufbewahrung im Kirchenarchiv, nachdem dieselben zuvor* dem Presbyterio mitgetheilt worden.

Zus. 19. Die Protokolle der Kreis-Synoden werden auch dem Präses der Provinzial-Synode und in der Regel sämmtlichen Kreis-Synoden der Provinz mitgetheilt und zu diesem Ende der Regel nach durch den Druck vervielfältigt.

Zus. 20. § 43 a. Wie für die einzelnen Gemeinden, so können auch für die Kreis-Synoden besondere der Kirchenordnung nicht widersprechende Einrichtungen getroffen werden. Solche statutarische Bestimmungen sind von der versammelten Kreis-Synode zu beschließen und bedürfen zu ihrer Rechtsgültigkeit der Anerkennung der Provinzial-Synode und der Bestätigung des Konsistoriums unter Genehmigung der obern Kirchenbehörde.

Abschnitt III. Von der Provinzial-Gemeinde und Provinzial-Synode.

§ 44. Die in derselben Provinz zu einem kirchlichen Verbande vereinigten Kreis-Gemeinden bilden die Provinzial-Gemeinde.

§ 45. Die Provinzial-Gemeinde hat ein Presbyterium, genannt Provinzial-Synode, zur Besorgung der Angelegenheiten der Provinzial-Gemeinde.

Die Provinzial-Synode besteht aus dem Präses, Assessor und Skriba dieser Synode, aus den Superintendenten der Provinz und aus geistlichen und weltlichen Deputirten der Kreis-Synoden. Jede Kreis-Synode wählt dazu einen Pfarrer und einen Aeltesten aus dem Kreise.

Zus. 21. 1) Statt eines Aeltesten können die Kreis-Synoden auch einen der Diakonen zur Provinzial-Synode deputiren.

2) Für die deputirten Pfarrer und Aeltesten oder Diakonen werden Stellvertreter gewählt.

3) Verzieht ein Abgeordneter aus dem Kreissynodal-Bereiche, so tritt eine Neuwahl ein.

4) Außerdem hat die evangelisch-theologische Fakultät das Recht, sowohl zur Westphälischen als zur Rheinischen Provinzial-Synode einen aus ihrer Mitte gewählten Deputirten mit vollem Stimmrecht abzusenden, unter Voraussetzung der Fortdauer ihrer statutarischen kirchlichen Stellung und einer angemessenen Einwirkung der Kirche auf die Besetzung der Fakultät.

§ 46. Das Präsidium der Provinzial-Synode besteht aus einem Geistlichen, welcher den Titel: „Präses der Provinzial-Synode" führt, und einem geistlichen Substituten, welcher „Assessor der Provinzial-Synode" heißt.

Beide werden von der Provinzial-Synode aus Geistlichen des Provinzial-Synodalbereichs durch relative Stimmenmehrheit auf sechs Jahre gewählt und treten in ihre Functionen, wenn sie die Bestätigung des Ministerii der geistlichen Angelegenheiten erhalten haben.

Für die Dauer der Versammlung wird ein Geistlicher aus ihrer Mitte zum Skriba (Protokollführer) erwählt.

Der Präses und der Assessor können nach Ablauf der sechsjährigen Frist wieder gewählt werden.

Zus. 22. 1) Die Wahl des Präses und des Assessors erfolgt durch absolute Stimmenmehrheit.

2) Für den Assessor wählt die Synode einen Stellvertreter auf sechs Jahre.

§ 47. Die Provinzial-Synode versammelt sich in der Regel alle drei Jahre in einer Stadt des Synodal-Bereichs nach Wahl der Synode.

§ 48. Im Verhinderungsfalle wird der Präses durch den Assessor vertreten. Beim Absterben oder Abzuge desselben schreitet die Provinzial-Synode bei der nächsten Versammlung zu einer neuen Wahl, bis wohin der Assessor die Stelle des Präses vertritt.

§ 49. Die Provinzial-Synode wacht über die Erhaltung der Reinheit der evangelischen Lehre in Kirchen und Schulen und der in der Provinz geltenden Kirchenordnung.

Sie bringt ihre Beschwerden über Verletzung der kirchlichen Ordnung, über eingeschlichene Mißbräuche im Kirchen- und Schulwesen, sowie über die Führung von Geistlichen und Kirchenbeamten und ihre desfallsigen Anträge an die betreffenden Staatsbehörden.

Sie beräth die Anträge und Gutachten der Kreis-Synoden ihres Bereichs und faßt über die inneren kirchlichen Angelegenheiten Beschlüsse.

Die Beschlüsse der Provinzial-Synode treten aber erst dann in Kraft und Ausführung, wenn sie die Bestätigung der kompetenten Staatsbehörden erhalten haben.

Sie nimmt an den Prüfungen der Kandidaten pro licentia et ministerio durch Abgeordnete aus ihrer Mitte, deren Zahl der der Räthe des Konsistoriums der Provinz gleich ist, mit vollem Stimmrechte Antheil.

Sie begutachtet die kirchlichen Gegenstände, welche ihr von der geistlichen Staatsbehörde zur Begutachtung vorgelegt werden.

Sie führt die Aufsicht über die Kreis-Synodal-Wittwen- und die Synodalkassen ihres Bereichs.

Sie wählt ihren Präses, Assessor und Skriba.

§ 50. Der Präses der Provinzial-Synode, im Behinderungsfalle der Assessor beruft die Provinzial-Synode, leitet die Verhandlungen derselben, sorgt für die Beobachtung der äußeren Ordnung, sammelt die Stimmen, giebt bei Gleichheit der Stimmen durch seine Stimme den Ausschlag und faßt die Beschlüsse nach der Mehrheit der Stimmen ab.

Er ist der erste Abgeordnete der Provinzial-Synode zu den Prüfungen der Kandidaten.

Er hat das Recht, den Kreis-Synodal-Versammlungen mit vollem Stimmrechte beizuwohnen.

Er führt die Korrespondenz mit den Staatsbehörden über alle Angelegenheiten der Provinzial-Synode.

Zus. 23. Zur Fassung eines Beschlusses der Provinzial-Synode wird die Anwesenheit von zwei Dritteln der Glieder derselben erfordert.

§ 51. Die Provinzial-Synode wird mit Gebet und Rede des Präses eröffnet und geschlossen. Nachdem die Arbeiten des ersten Tages beendigt sind, wird in der Kirche eine kurze Vorbereitungsandacht zur Abendmahlsfeier gehalten.

Am zweiten Tage ist feierlicher Gottesdienst, und die Synode feiert die Kommunion.

Die Predigt wird von demjenigen gehalten, welcher von der Provinzial-Synode beauftragt worden.

Der Präses theilt das heilige Abendmahl aus, wobei ihm der Geistliche, welcher die Synodal-Predigt gehalten hat, assistirt.

§ 52. Die Akten der Provinzial-Synode circuliren bei allen Predigern der Provinz, welche eine Abschrift davon im Archive aufbewahren.

Imgleichen werden von dem Präses die Akten an die landesherrliche Behörde eingesandt.

Zus. 24. § 52 a. Für den Zweck einer einheitlichen Fortbildung und weiteren Entwickelung der die Provinzen Westphalen und Rheinland verbindenden Kirchen-Verfassung werden die beiden Provinzial-Synoden ihre Sitzungen möglichst gleichzeitig halten und sonst in angemessener Weise mit einander in Vernehmen treten.

§ 52 b. Die Mitglieder des Konsistoriums sind berechtigt, den Versamm-

§ 142. Den Einladungen zu auswärtigen Kirchenversammlungen dürfen inländische Geistliche ohne besondere Erlaubniß des Staats nicht Folge leisten.

---

lungen der Provinzial-Synode so wie auch der Kreis-Synoden mit berathender Stimme beizuwohnen.

§ 133. Die Moderatoren der Kreis- und Provinzial-Synoden erhalten für die Auslagen und Reisekosten, welche durch Wahlen, Ordinationen, Introductionen, Kirchenvisitationen verursacht werden, von den betreffenden Gemeinden eine Entschädigung, welche von der Provinzial-Synode festzustellen ist.

§ 134. Jede Gemeinde muß ihre Deputirten zur Kreis-Synode, jede Kreis-Synode ihre Deputirten zur Provinzial-Synode, und die Provinzial-Synode den Präses und Assessor für die Auslagen, welche diese Deputationen erfordern, entschädigen. Diese Entschädigungen werden für Jeden in einer feststehenden Summe ein für allemal von der Provinzial-Synode normirt.

Zus. 41. Die Reisekosten der Deputirten zur Kreis-Synode werden aus der Synodalkasse, die der Deputirten zur Provinzial-Synode aus der Provinzial-Synodalkasse, die Tagegelder dagegen im ersten Falle von den Gemeinden, im anderen von den Kreis-Synoden gezahlt.

§ 135. Die Provinzial-Synodalkosten werden von der Provinzial-Synode auf die zu ihr gehörigen Kreis-Synoden nach den durch die Matrikel bestimmten Sätzen repartirt, worauf die Kreis-Synode den auf sie gefallenen Antheil auf die Gemeinden vertheilt. Fehlt in der Matrikel eine solche Bestimmung, so ist dieselbe durch Beschluß der Provinzial-Synode zu ergänzen.

§ 137. Es wird jährlich eine Kirchen- und Hauskollekte zur Unterstützung dürftiger Gemeinden der Provinz gehalten werden. Eine Kommission der Provinzial-Synode vertheilt den Betrag der Kollekten und legt davon Rechnung ab, so oft sich die Provinzial-Synode versammelt.

77. In den 6 östlichen Provinzen des Preußischen Staats wurde in Ausführung der von der ersten außerordentlichen allgemeinen General- oder Landes-Synode, zu welcher Geistliche und Laien einberufen worden waren, a. 1846 gefaßten Beschlüsse erst seit dem Jahre 1850 mit der Einführung der gemischten presbyterial-konsistorialen Verfassung der evangelischen Kirche vorgegangen und zwar zunächst durch die Einführung einer kirchlichen Gemeindeordnung in der Provinz Preußen mittelst AE. v. 29. Juni 1850 (GS. S. 143) und in den anderen östlichen Provinzen durch AE. v. 27. Februar 1860 (GS. S. 90) — vgl. N. 90 —, der dann in den Jahren 1861—64 die Einrichtung von Kreis-Synoden geistlicher und weltlicher Mitglieder gefolgt ist und demnächst die Einrichtung von Provinzial Synoden in diesen Provinzen sowie die einer allgemeinen Landes-Synode folgen wird. Die Einrichtung der Kreis-Synoden erfolgte in der Provinz Preußen durch AE. v. 5. Juni 1861 (GS. S 372), in der Provinz Posen durch AE. v. 5. April 1862 (GS. S. 134), in der Provinz Pommern durch AE. v. 21. Juli 1862 (GS. S. 223), in den Provinzen Brandenburg, Schlesien und Sachsen durch AE. v. 13. Juni 1864 (GS. S. 350). Nur für die unter den gräflich Stolbergschen Konsistorien stehenden Theile der Provinz Sachsen wurde in dem letzteren Erlasse nähere Bestimmung über die Ausführung der Kreis-Synodalbildung und deren Verbindung mit den übrigen Kreis-Synoden der Provinz vorbehalten, die bis jetzt noch nicht getroffen ist. Für alle diese Provinzen ist die durch den AE. v. 5. Juni 1861 eingeführte Synodalordnung maaßgebend mit den durch die AE. v. 5. April 1862 und 13. Juni 1864 gegebenen Zusätzen.

A. Der AE. v. 5. Juni 1861, betreffend die Einrichtung von Kreis-Synoden, enthält folgende Bestimmungen, denen die späteren Zusätze beigefügt sind:

I. In sämmtlichen Diöcesen er Provinz sind regelmäßige Kreis-Synoden einzurichten, deren Aufgabe es sein soll, die kirchlichen Interessen der zu ihnen verbundenen Gemeinden nach Maaßgabe der Bestimmungen unter Nr. V. zu fördern und zu vertreten und zugleich für die höhere Synodalstufe (Provinzial-Synode) die Grundlage zu bilden.

II. In der Regel wird für jede der gegenwärtig bestehenden Diöcesen eine eigene Kreis-Synode gebildet. Ausnahmsweise können jedoch auch einige kleinere Diöcesen zu einer Kreis-Synode vereinigt werden. Diejenigen Kirchen und Gemeinden, welche bisher keiner Diöcese angehört haben, sind mit einer benachbarten Diöcese zu einem Kreis-Synodal-Verbande (Kirchenkreis) zu vereinigen.

III. Die Kreis-Synode besteht aus folgenden Mitgliedern:

1) aus dem Superintendenten der Diöcese als dem Vorsitzenden (Präses) der Kreis-Synode. Werden mehrere Diöcesen zu einem Kreis-Synodal-Verbande vereinigt, so führt den Vorsitz in der Kreis-Synode derjenige Superintendent, welcher am längsten das Ephorat bekleidet;
2) aus sämmtlichen ein Pfarramt innerhalb des Kirchenkreises definitiv oder vikarisch verwaltenden Geistlichen. In Zweifelsfällen wird das Konsistorium, beziehentlich der Evangelische Ober-Kirchenrath, nach Anhörung der Synode Entscheidung treffen. Militärgeistliche sind nur befugt, der Kreis-Synode mit berathender Stimme beizuwohnen, ebenso die ordinirten Hülfsgeistlichen. Nichtordinirte Hülfsgeistliche und Kandidaten haben nur als Gäste Zutritt;
3) aus je einem, von dem Gemeinde-Kirchenrath auf drei Jahre gewählten, im Amte stehenden Gemeinde-Aeltesten aus jeder Gesammt-Parochie. Sollte jedoch nach Ausführung der obigen Bestimmungen in einzelnen Fällen in Folge der obwaltenden besonderen Verhältnisse die Zahl der mit Stimmrecht berufenen Geistlichen dergestalt überwiegen, daß auch eine Vermehrung der Gemeinde-Aeltesten angemessen erschiene, so wird das Konsistorium nach Anhörung der betreffenden Synode die entsprechende Ergänzung anordnen. Sind mehrere Mutter-, Tochter- oder Gast-Gemeinden, deren jede einen eigenen Gemeinde-Kirchenrath hat, unter Einem Pfarrer vereinigt, so findet die Wahl in einer gemeinschaftlichen Versammlung aller Gemeinde-Kirchenräthe der Gesammt-Parochie statt. Wählbar sind alle Gemeinde-Aelteste der Gesammt-Parochie;
4) es bleibt den Synoden vorbehalten, unter Bestätigung des Konsistoriums einen bis drei Patrone aus ihrem Kirchenkreise zu Ehrenmitgliedern mit vollem Stimmrechte für die Dauer des Patronatrechts zu erwählen.

In der Provinz Schlesien sind die Kollatoren der Kirchengemeinden in gleicher Weise wie die Patrone zur Kreis-Synode wahlfähig — AE. v. 13. Juni 1864 Nr. 1 (GS. S. 350) —.

Die von patronatberechtigten Korporationen zur unmittelbaren Wahrnehmung ihrer Rechte bei den Gemeinden bestellten Patronatvertreter genießen für die Dauer ihrer Function als solche die Wahlfähigkeit zur Kreis-Synode gleich den Privatpatronen — AE. v. 13. Juni 1864 Nr. 2 —.

IV. Die Kreis-Synode versammelt sich auf Berufung des Vorsitzenden regelmäßig alle Jahr einmal. Ihre Dauer erstreckt sich nicht über zwei Tage. Eine längere Dauer ist nur mit ausdrücklicher Genehmigung des Konsistoriums zulässig. Außerordentliche Versammlungen beruft im Falle des Bedürfnisses, dessen Anregung auch vom Synodal-Vorstande ausgehen kann, das Konsistorium.

V. Von den Kreis-Synoden sollen in Gemäßheit des ihnen zugewiesenen allgemeinen Berufs (I.) folgende Befugnisse ausgeübt werden:

1) die Mitaufsicht über die Gemeinden, Geistlichen und andere in kirchlichen Berufsämtern stehende Personen des Kreises. Zu diesem Behufe erhält sie bei ihrem jedesmaligen Zusammentritt durch den Superintendenten oder durch die von ihm dazu bestellten Referenten über die kirchlichen und sittlichen Zustände und Bedürfnisse der Gemeinden Bericht. Es steht ihr zu, in eine nähere Besprechung darüber einzutreten und daran die geeigneten Anträge an das Konsistorium zu knüpfen. Sie ist aber auch außerdem kraft ihres Aufsichtsrechts berufen, von sittlichen Verstößen unter den Geistlichen und Kirchenbeamten Kenntniß zu nehmen, und soweit ihr nicht (unter Nr. 5) eigentliche Disciplinar-Befugnisse übertragen sind, bei dem Konsistorium Abhülfe zu suchen, wenn die von ihr angewandten Mittel der brüderlichen Ermahnung und Warnung ihren Zweck verfehlt haben;
2) Begutachtung der von dem Konsistorium ihr zugehenden Vorlagen. Insbesondere sollen die Kreis-Synoden gehört werden: bei künftiger Revision der kirchlichen Gemeinde-Ordnung und der gegenwärtigen Kreis-Synodal-Ordnung,

sowie bei der Einrichtung höherer synodaler Verbände und der damit in Zusammenhang stehenden weiteren Ausbildung der kirchlichen Verfassung;

3) die Berathung von Anträgen an das Konsistorium und die Provinzial-Synode, welche von Mitgliedern der Synode oder von den dem Kirchenkreise angehörenden Gemeinde-Kirchenräthen, den Vorständen kirchlicher Anstalten oder auch von einzelnen Gemeindegliedern ausgehen;

4) die Entscheidung in der Rekursinstanz über die streitige kirchliche Stimmberechtigung von Angehörigen der zum Kirchenkreise gehörigen Gemeinden (nach Maaßgabe des § 5 der Grundzüge einer kirchlichen Gemeinde-Ordnung vom 29. Juni 1850), sowie die Entscheidung über die bestrittene kirchliche Qualifikation (§ 2 des Erlasses v. 27. Febr. 1860) der von dem Gemeinde-Kirchenrathe (nach § 7 der angeführten Grundzüge) zu Aeltesten Vorgeschlagenen. In diesen Fällen findet gegen die von der Kreis-Synode getroffene Entscheidung eine *weitere Berufung an das Konsistorium* nur wegen Verletzung wesentlicher Erfordernisse des Verfahrens statt;

5) die Disciplin über die Gemeinde-Aeltesten des Kirchenkreises nach Maaßgabe der darüber zu erlassenden besonderen Bestimmungen. Ferner soll die Kreis-Synode berechtigt sein, in denjenigen Fällen, wo von den Gemeinde-Kirchenräthen Akte der Disciplin ausgeübt worden sind, auf die Berufung der Betheiligten in der Rekursinstanz zu entscheiden. Auch hat sie außerdem in anderen dazu geeigneten kirchlichen Disciplinarfällen auf Erfordern des Konsistoriums ein Gutachten abzugeben;

6) die Aufsicht über die in den Gemeinden bestehenden Anstalten für christliche Liebeswerke, sowie die Verwaltung und Leitung der, sämmtlichen Gemeinden des Kirchenkreises gemeinsamen Institute für Mission, Krankenpflege u. s. w., jedoch unbeschadet etwa schon bestehender statutarischer Einrichtungen;

7) die Errichtung von statutarischen Bestimmungen in dem im Vorstehenden den Kreis-Synoden angewiesenen Geschäftsgebiete unter Bestätigung des Konsistoriums und Genehmigung des Evangelischen Ober-Kirchenraths;

8) die Wahl der zu den Provinzial-Synoden abzuordnenden Geistlichen und Gemeinde-Aeltesten. Alle Beschlüsse der Kreis-Synode werden nach Stimmenmehrheit der Anwesenden gefaßt. Im Falle der Stimmengleichheit entscheidet die Stimme des Vorsitzenden — AE. v. 5. April 1862 Nr. 1 (GS. S. 134) —. In außerordentlichen Fällen kann auf Anordnung des Konsistoriums eine schriftliche Abstimmung der Synodalen stattfinden.

VI. Die Kreis-Synode erhält einen Kreis-Synodal-Vorstand, welcher besteht: aus dem Superintendenten als Vorsitzenden und aus zwei von der Kreis-Synode auf drei Jahre gewählten Beisitzern, von denen der Eine aus der Zahl der stimmberechtigten Geistlichen, der Andere aus den übrigen Mitgliedern gewählt wird. Außerdem wählt die Kreis-Synode noch je einen Stellvertreter für die Beisitzer. Diese Stellvertreter werden nur im Falle wirklicher Verhinderung der ordentlichen Mitglieder des Vorstandes zugezogen, soweit nicht unten (Nr. 6) eine andere Bestimmung getroffen ist. In größeren Synoden kann auf den Antrag des Vorstandes eine Verstärkung desselben mit Genehmigung des Konsistoriums stattfinden. Im Falle der Vereinigung mehrerer Diöcesen zu einem Kreis-Synodal-Verbande nimmt derjenige Superintendent, welcher nicht Vorsitzender der Kreis-Synode ist, die Stelle des geistlichen Beisitzers ein. Der geistliche Beisitzer hat den Superintendenten in Verhinderungsfällen in allen Synodalgeschäften zu vertreten. Jedoch bleibt es dem Konsistorium überlassen, in solchen Fällen, in welchen eine Vertretung des Superintendenten in allen Superintendentur-Verrichtungen von Amtswegen angeordnet werden muß, insbesondere also in Vakanzfällen, auch die Synodalgeschäfte dem geordneten Vertreter der Superintendentur zu übertragen. Der weltliche Beisitzer hat den Superintendenten besonders in den aus der oben (V. 6) bezeichneten Verwaltung sich ergebenden Geschäften zu unterstützen. Der Vorstand der Kreis-Synode hat die Aufgabe:

1) den Superintendenten in den Präsidialgeschäften zu unterstützen;

2) für die Redaction und die Beglaubigung der Synodalprotokolle zu sorgen;

3) die Einreichung der Synodalprotokolle an das Konsistorium und die Vollziehung der von demselben bestätigten Beschlüsse, soweit diese Vollziehung nicht aus-

drücklich dem Superintendenten oder einer anderen Stelle übertragen wird, zu bewirken;
4) die Vorlagen für die nächste Kreis-Synode vorzubereiten;
5) in den unter Nr. V. 4 u. 6 der Kreis-Synode zur Entscheidung zugewiesenen Fällen, wenn die Synode nicht versammelt ist, vorläufige Festsetzung zu treffen, welche bis zur nächsten Versammlung der Synode in Kraft bleibt;
6) in dem Falle Nr. V. 5 vorbehaltlich des Rekurses an das Konsistorium anstatt der nicht versammelten Synode, jedoch unter Zuziehung der Stellvertreter, zu entscheiden;
7) in schleunigen Zwischenfällen dem Konsistorium auf Erfordern mit seinem Gutachten zu dienen.

VII. Bei den Versammlungen der Kreis-Synode findet eine beschränkte Oeffentlichkeit statt. Den Kandidaten und nicht ordinirten Geistlichen des Kirchenkreises, den Aeltesten und Ehrenältesten desselben, den evangelischen Kirchenpatronen, den Mitgliedern der Kreis- und Provinzial-Behörden evangelischen Bekenntnisses, sowie denen der kirchlichen Centralbehörden ist der Zutritt als Gästen gestattet. Inwieweit noch andere Personen ausnahmsweise als Zuhörer zuzulassen, hängt von dem Beschlusse des Vorstandes der Kreis-Synode ab. Der General-Superintendent der Provinz oder ein von ihm beauftragtes geistliches Mitglied des Konsistoriums hat das Recht, jederzeit den Verhandlungen der Kreis Synode beizuwohnen, dabei das Wort zu ergreifen und Anträge an die Synode zu stellen.

Der Vorstand der Kreis-Synode hat das Recht, geeigneten Falls bei den Berathungen der Kreis-Synode die Oeffentlichkeit auszuschließen — AE. v. 5. April 1862 Nr. 2 (GS. S. 134) —.

VIII. Der Evangelische Ober-Kirchenrath ist beauftragt, im Einverständnisse mit dem Minister der geistlichen Angelegenheiten die zur Ausführung dieses Erlasses nöthige weitere Anordnung zu treffen.

Zum Zweck der Ausführung des vorstehenden Erlasses wies der OKR. mittelst E v. 20 Juni 1861 (Aktst. 5, 136) das Konsistorium der Provinz Preußen an, eine Geschäftsordnung für die Kreis-Synoden aufzustellen, welche denn auch unterm 12. Novbr. 1861 (Aktst. 5, 212) erlassen wurde und durch CEdOKR. v. 11. Juli 1864 (Aktst. 5, 383) mit kleinen Abänderungen den Konsistorien der anderen 5 östlichen Provinzen zur Einführung empfohlen worden ist. Derselbe CEdOKR. enthält auch folgende Erläuterungen zu der Kreis-Synodal-Ordnung v. 5. Juni 1861: Zu I. u. II.: Wo die reformirten Gemeinden keinen eigenen Superintendentur-Verband ausmachen, sei es daß sie in dem evangelischen Diöcesan-Verband stehen oder davon exemt sind, wie in Schlesien, Brandenburg, Sachsen, gehören sie mit zu den Kreis-Synoden. Nur die französisch reformirten Gemeinden in der Mark sollen zu einer besonderen Synode formirt werden. Zu III. 2: Die Bezeichnung „Pfarramt" richtet sich auf das fundirte geistliche Amt, daher sind auch die Diakonen und die im öffentlichen kirchlichen Interesse berufenen und eine dauernd fundirte Stelle bekleidenden ordinirten Hülfsgeistlichen stimmberechtigte Synodalglieder, die anderen Hülfsgeistlichen haben nur berathende Stimme. Zu III. 3: Ein genaues Gleichsetzen der geistlichen und nicht geistlichen Mitglieder der Synode ist nicht durchaus erforderlich. Zu IV.: Die Diöcesan-Konferenzen der Geistlichen bestehen fort.

B. Die Geschäftsordnung für die Kreis-Synoden v. 12. Novbr. 1861 lautet mit den durch den CE. v. 11. Juli 1864 bestimmten Abänderungen wie folgt:

§ 1. Für jede Kreis-Synode wird ein Synodalstatut aufgestellt. Dieses enthält:

a. im § 1 die genaue Bezeichnung der zur Theilnahme an der Synode mit beschließender oder berathender Stimme berechtigten ordentlichen Glieder, d. h. geistlichen Stellen, deren Inhaber, und der Gemeinde-Kirchenräthe, deren Abgeordnete berufen sind, gemäß den Bestimmungen des AE. v. 5. Juni 1861 und den Festsetzungen, welche in zweifelhaften Fällen oder betreffend die Vermehrung der abgeordneten Aeltesten nach Anhörung der Synode vom Konsistorium getroffen sind;
b. die in den nachstehenden §§ getroffenen Bestimmungen;
c. die den eigenthümlichen Verhältnissen des Synodalkreises entsprechenden Bestimmungen, welche nach den Vorschlägen des Synodalvorstandes oder

nach den Beschlüssen der Synode die Bestätigung des Konsistoriums erhalten haben und alsdann für die Glieder der Synode eben so verbindlich sind wie die allgemeinen Regeln dieser Geschäftsordnung. Dahin gehört beispielsweise: die Anordnung einer Verstärkung des Vorstandes für größere Synoden, die Bestimmung über den Gebrauch der polnischen und littauischen Sprache neben der deutschen bei den Synodalverhandlungen und darüber, ob die Beisitzer und deren Stellvertreter einer von jeden beiden Sprachen mächtig sein sollen.

§ 2. Die oberste Leitung sämmtlicher Geschäfte und den Vorsitz bei den Verhandlungen der Kreis-Synode hat der Superintendent. Werden mehrere Diöcesen zu einem Synodalkreise vereinigt, so führt die Leitung und den Vorsitz derjenige Superintendent, welcher am längsten das Ephorat bekleidet. Zu den *Befugnissen des Vorsitzenden gehört:*

a. die Vertheilung der Geschäfte unter die Mitglieder des Vorstandes und der vorbereitenden Arbeiten unter die geeigneten Mitglieder der Synode;
b. die Bestimmung der Reihenfolge für die zu behandelnden Gegenstände;
c. die Ertheilung des Wortes an die, welche sich dazu gemeldet haben und von einem der Beisitzer aufgezeichnet sind;
d. der Ruf zur Ordnung, wofern er nöthig wird;
e. die Zusammenfassung der Verhandlungen am Schlusse derselben und die Fragestellung;
f. die Verkündigung des gefaßten Beschlusses;
g. die Entscheidung über den Schluß der Sitzung, bei welcher es von ihm abhängt, ob er die Versammlung darüber befragen will oder nicht.

§ 3. Der Kreis-Synodalvorstand besteht aus dem vorsitzenden Superintendenten und aus zwei von der Kreis-Synode auf 3 Jahre gewählten Beisitzern, von denen der Eine aus der Zahl der stimmberechtigten Geistlichen, der Andere aus den abgeordneten Aeltesten gewählt wird. Außerdem wählt die Synode noch je einen Stellvertreter für die Beisitzer. Diese Stellvertreter werden nur im Falle wirklicher Verhinderung der ordentlichen Mitglieder des Vorstandes zugezogen mit Ausnahme des unten vorgesehenen Falles. Der geistliche Beisitzer hat den Superintendenten bei Verhinderungsfällen in allen Synodalgeschäften zu vertreten. Wird aber eine Vertretung des Superintendenten in allen Ephoratsgeschäften von Amtswegen angeordnet, so kann das Konsistorium dem ernannten Vertreter des Superintendenten (Superintendenturverweser) auch die Synodalgeschäfte übertragen. Der weltliche Beisitzer hat den Superintendenten besonders in den aus der Verwaltung sich ergebenden Geschäften zu unterstützen.

Im Synodalstatut ist hier eintretenden Falls beizufügen, daß in zwei zu einem Synodalkreise verbundenen Diöcesen derjenige Superintendent, welcher nicht Vorsitzender der Kreis-Synode ist, die Stelle eines geistlichen Beisitzers einnimmt.

Der Kreis-Synodalvorstand hat die Aufgabe:

a. den Superintendenten in den Präsidialgeschäften, insbesondere durch Aufzeichnung der Mitglieder, welche sich zum Worte melden, sowie bei Feststellung des Ergebnisses von Wahlen oder Abstimmungen und bei Bestimmung der Reihenfolge der zu behandelnden Gegenstände zu unterstützen;
b. für die Abfassung und Beglaubigung der Synodalprotokolle zu sorgen;
c. die Einreichung der Protokolle an das Konsistorium, ingleichen die Vollziehung der von demselben bestätigten Beschlüsse, sofern das letzte nicht ausdrücklich dem Superintendenten oder einer andern Stelle übertragen wird;
d. die Vorlagen und Anträge für die nächste Synode vorzubereiten;
e. wenn die Synode nicht versammelt ist, vorläufige Festsetzungen zu treffen, welche bis zur nächsten Versammlung der Synode in Kraft bleiben für alle die Fälle, welche in dem AE. v. 5. Juni 1861 V. 4 u. 6 bezeichnet sind;
f. vorbehaltlich des Rekurses an das Konsistorium anstatt der nicht versammelten Synode, jedoch unter Zuziehung der Stellvertreter, die Disciplin über die Gemeinde-Aeltesten und die Kirchenvorsteher des Synodalkreises (über diese, sofern es sich um die aus ihrem Eintritt in den Gemeinde-

Kirchenrath erwachsenen Pflichten handelt) nach der (dafür zu erlassenden) Disciplinar-Ordnung zu üben; desgleichen auf Erfordern des Konsistoriums in kirchlichen Disciplinarfällen ein Gutachten abzugeben, auch sonst in schleunigen Zwischenfällen dem Konsistorium auf Erfordern mit seinem Gutachten zu dienen; endlich in den Fällen, in welchen von einem Gemeinde-Kirchenrath Handlungen der Kirchenzucht ausgeübt sind, jedoch unter Zuziehung der Stellvertreter und vorbehaltlich der weiteren Berufung an das Konsistorium, auf die Berufung der Betheiligten in der Rekursinstanz zu entscheiden;

g. die beschlossenen Anträge der Synode an das Konsistorium oder andere Behörden abzufassen und einzureichen, überhaupt den Schriftverkehr der Synode zu führen;

h. *das Namensverzeichniß sämmtlicher Synodalmitglieder* (incl. der Ehrenmitglieder) aufzustellen und vollständig zu erhalten, welches dem Synodalstatut als Anhang beizufügen ist;

i. das Synodalarchiv sorgfältig in Ordnung zu halten.

§ 4. Die Versammlung der Kreis-Synoden findet regelmäßig alle Jahr einmal statt auf Berufung des Vorsitzenden, welche 6 Wochen vorher an sämmtliche Gemeinde-Kirchenräthe, an die zur Synode gehörigen Militär- und Anstaltsgeistlichen und an die zu Ehrenmitgliedern ernannten Pastoren ergangen sein muß. — Die Dauer erstreckt sich nicht über 2 Tage. Eine längere Dauer ist nur mit ausdrücklicher Genehmigung des Konsistoriums zulässig. — Außerordentliche Versammlungen beruft im Falle des Bedürfnisses, dessen Anregung auch vom Synodalvorstande ausgehen kann, das Konsistorium. — Die Bestimmung über Zeit und Ort hängt vom Synodalvorstande ab, nachdem er die vorhergehende Synode darüber gehört hat. Wo die örtlichen Verhältnisse es gestatten, sind die Sitzungen in der Kirche, wo dies nicht der Fall ist, an einem andern schicklichen Orte (z. B. im Schulhause) abzuhalten. — Die regelmäßige Theilnahme an der Synodalversammlung von Anfang bis zu Ende ist eine Pflicht sowohl der ständigen als der gewählten Mitglieder. Sämmtliche Mitglieder haben im Verhinderungsfalle die Genehmigung zum Ausbleiben vom Vorstande, die Genehmigung zum Verlassen der Synode vor deren Schlusse vom Vorsitzenden einzuholen.

§ 5. Jede Sitzung der Kreis-Synode beginnt mit Gesang und Gebet und schließt mit Gebet und Gesang; die Sorge dafür liegt dem Vorsitzenden ob.

§ 6. Die Reihenfolge der zu verhandelnden Gegenstände wird von dem Vorsitzenden bestimmt (§ 1, b), welcher dabei nachfolgende Ordnung einzuhalten hat:

a. die Einführung der neu hinzutretenden Mitglieder durch den Vorsitzenden;

b. die erforderlichen Wahlen der Beisitzer und ihrer Stellvertreter, unter Umständen auch der Abgeordneten für die Provinzial-Synode durch Stimmzettel, wobei die absolute Mehrheit der abgegebenen Stimmen entscheidet, im Falle gleicher Stimmenzahl für zwei oder mehrere zu Wählende aber die Abstimmung bis zum entscheidenden Ergebnisse wiederholt wird; wenn Anträge wegen Verleihung der Ehrenmitgliedschaft an einen Patron des Kirchenkreises vorliegen, so ist über diese ebenfalls durch Stimmzettel vor der eigentlichen Tagesordnung zu entscheiden, und zwar kann dies geschehen vor den Wahlen der Beisitzer und Stellvertreter des Vorstandes; bei Stimmengleichheit entscheidet die Stimme des Vorsitzenden;

c. die Berichterstattung über die kirchlichen und sittlichen Zustände der Gemeinden im Synodalkreise, für welche besondere Berichte von den Gemeinde-Kirchenräthen vorher eingefordert werden können, sowie über die vorhandenen, von der Kreis-Synode gegründeten oder sonst bestehenden kirchlichen Vereine und Anstalten durch den Superintendenten oder den von ihm damit Beauftragten;

d. die Mittheilung der im § 3, e näher bezeichneten vorläufigen Festsetzungen des Synodalvorstandes behufs schließlicher Anerkennung, weiterer Fortführung durch die Synode oder nach ihrem Beschlusse durch den Vorstand, sowie der § 3 f angeführten Entscheidungen. In allen Fällen, welche eine Ermahnung und Warnung von Geistlichen oder von andern in kirchlichen Berufsämtern stehenden Personen nöthig gemacht haben, kann nach dem Ermessen des Vorstandes diese Mittheilung unterbleiben, insofern dieser sich von dem guten Erfolge seiner Maaßnahmen überzeugt hält;

e. die Berichterstattung der mit Ausführung von Beschlüssen der vorangegangenen Synodalversammlungen beauftragten Personen oder Ausschüsse, bez. des Vorstandes, sofern derselbe frühere Mittheilungen darüber erhalten oder im Sinne der Synodalbeschlüsse Weiteres veranlaßt hat;

f. die Vorlagen der kirchlichen Verwaltungsbehörden, durch welche ein Gutachten oder eine Beschlußnahme der Synoden erfordert wird;

g. die Anträge im Bereich sämmtlicher den Kreis-Synoden durch AE. v. 5. Juni 1861 V. 1—7 beigelegten Befugnisse. Diese Anträge können ausgehen von Mitgliedern der Synode, von Gemeinde-Kirchenräthen, welche dem Synodalkreise angehören, von Vorständen kirchlicher Anstalten, oder auch von einzelnen Gemeindegliedern; sie müssen aber dem Synodalvorstande spätestens 4 Wochen vor der Synode zugegangen sein, damit dieser sich entscheiden kann, ob er es für zulässig und zweckmäßig hält, dieselben 14 Tage vor der Synode den Gemeinde-Kirchenräthen des Synodalkreises mitzutheilen. Ueber die Reihenfolge, in welcher diese Anträge zur Verhandlung kommen, entscheidet der Vorsitzende nach ihrer Wichtigkeit oder Dringlichkeit; (vgl. § 3—8 Instr. z. Verw. d. Kr. Syn. Kass. v. 25. Juni 1864.)

h. diejenigen Anträge, welche erst unmittelbar durch den Gang der Synodalverhandlungen hervorgerufen sind und nicht vorher angemeldet werden konnten;

i. Zeit und Ort der nächsten Synodalversammlung betreffende Vorschläge.

§ 7. Ueber die Synodalverhandlungen wird unter Aufsicht und Verantwortlichkeit des Vorstandes von einem oder mehreren der von demselben dazu beauftragten, namentlich jüngeren Synodalmitgliedern geistlichen oder nicht geistlichen Standes ein Protokoll geführt. Dasselbe soll enthalten:

a. die Namen der anwesenden Mitglieder und die Entschuldigungsgründe der ausgebliebenen,

b. eine Nachricht über die Einführung neu eingetretener Mitglieder,

c. das Ergebniß der vorgenommenen Wahlen mit Angabe des Stimmverhältnisses bei denselben,

d. die § 6, f. g. h. i bezeichneten Vorlagen, Anträge und Vorschläge und die in Bezug auf dieselben gefaßten Beschlüsse in wörtlich getreuer Fassung zugleich mit Angabe der Personen oder der Ausschüsse, welchen die Ausführung einzelner Beschlüsse aufgetragen ist.

Dem Protokolle sind die § 6, b. c. d. e bezeichneten Berichterstattungen und Mittheilungen als Anlagen beizufügen. (Vgl. § 7 Instr. z. Verw. d. Kr. Syn. Kass v. 25. Juni 1864.)

Das Protokoll wird gemäß § 3, b. c vom Synodalvorstande mit Namensunterschrift beglaubigt und spätestens 14 Tage nach dem Schlusse der Synode an das Konsistorium eingesendet, welches dasselbe nach genommener Kenntniß behufs der Aufbewahrung in dem Synodalarchiv an den Vorstand zurückgehen läßt.

§ 8. Bei den Verhandlungen der Kreis-Synode findet eine beschränkte Oeffentlichkeit statt. Den Kandidaten und nicht ordinirten Gehülfen der Geistlichen des Synodalkreises, den Aeltesten und Ehrenältesten derselben, den evangelischen Kirchenpatronen, den Mitgliedern der Kreis- und Provinzial-Behörden evangelischen Bekenntnisses, sowie denen der kirchlichen Centralbehörden ist der Zutritt als Gästen gestattet. Inwiefern noch andere Personen als Zuhörer ausnahmsweise zuzulassen sind, hängt von dem Beschlusse des Vorstandes der Kreis-Synode ab. Der General-Superintendent der Provinz oder ein von ihm beauftragtes geistliches Mitglied des Konsistoriums hat das Recht, dabei das Wort zu ergreifen und Anträge an die Synode zu stellen. Geeigneten Falls darf der Vorstand die Oeffentlichkeit ausschließen.

C. „Zur Bestreitung der durch die Abhaltung von Kreis-Synoden und demnächst von Provinzial-Synoden entstehenden Kosten“ wurde durch AE. v. 15. Juni 1864 (GS. S. 351) „die Errichtung von Kreis-Synodalkassen in den Provinzen Preußen, Brandenburg, Pommern, Schlesien, Posen und Sachsen angeordnet. Diese Kassen werden von dem Vorstande der Kreis-Synode verwaltet und von dem Konsistorium der Provinz beaufsichtigt. Die Kreis-Synodalkassen werden, sofern nicht in einzelnen Diöcesen besondere kirchliche Fonds oder Einnahmen vorhanden sind, welche dahin gewiesen werden können, durch Beiträge der Kirchenkassen und Gemeinden gebildet. Den Umfang des Bedürfnisses hat unter Genehmigung des Konsistoriums die Synode zu bestimmen. Zu der Aufbringung dieses Gesammtbedarfs tragen die einzelnen Kirchenkassen und Gemeinden nach Vermögen bei. Zu diesem Ende« wird der Min. d. geistl. Angel. ermächtigt, »aus den Einkünften der vermögenden Kirchenkassen Königl. Patronats entsprechende Beiträge zu den Kreis-Synodalkassen anzuweisen und die Bewilligung von Beiträgen aus den unter Privatpatronat oder Gemeindeverwaltung stehenden Kirchenkassen von Aufsichtswegen zu genehmigen. Können auf diese Weise die erforderlichen Mittel nicht beschafft werden, so haben die Gemeinde-Kirchenräthe wegen anderweitiger Aufbringung derselben Fürsorge zu treffen. Nöthigenfalls können regelmäßige oder außerordentliche Sammlungen für die Synodalzwecke veranstaltet, und kann dagegen der Wegfall anderer, den kirchlichen Zwecken nicht unmittelbar dienenden Kollekten genehmigt werden.« Der Minister d. geistl. Angel. und der evang. OKR. sollten die näheren Anordnungen zur Ausführung dieses Erlasses treffen. Dies geschah durch den CE. d. OKR. v. 15. Juni 1864 (Aktst. 5, 364) und die Instruction zur Verwaltung der Kreis-Synodalkassen v. 25. Juni 1864 (ebend. S. 381). In dem CE. wird zunächst bemerkt, daß der AE. auf der Erwägung beruhe, daß der Staat keine rechtliche Verpflichtung zur Tragung der betreffenden Kosten habe, daß vielmehr diese Verpflichtung den Kirchengemeinden obliege, weil deren Interessen es wesentlich seien, welche die Synodaleinrichtung vertrete. Sodann gebietet der CE. die möglichste Sparsamkeit und verordnet, daß für sächliche Ausgaben dem Superintendenten nach dem Umfange der Synode ein Pauschquantum von 5—15 Thlr. gezahlt werden solle, worüber er Specialrechnung nicht zu legen habe; daß die vermögenden Kirchenkassen mit keinem höheren Betrage als 5 Prozent der reinen Ueberschüsse des letzten Jahres herangezogen werden dürfen; daß, wenn die Beiträge der Gemeinden durch Umlagen aufgebracht werden sollen, dazu der Beschluß ihrer zu wählenden Repräsentanten erforderlich sei; daß das Fehlende durch Sammlungen bei kirchlichen Handlungen und Gelegenheiten, eventuell durch Kirchen- oder Hauskollekten im Synodalbezirke beschafft werden solle. Die Instruction zur Verwaltung der Kreis-Synodalkassen v. 25. Juni 1864 lautet:

§ 1. Die für jeden Kreis-Synodalbezirk nach dem AE. v. 15. Juni 1864 errichtete Synodalkasse wird von dem Vorstande der Kreis-Synode unter Mitwirkung der letzteren und unter Aufsicht des Königl. Konsistoriums verwaltet. — Die Rendantur führt in der Regel der in dem Synodalvorstande vorsitzende Superintendent, er kann dieselbe jedoch einem andern Mitgliede des Vorstandes übertragen.

§ 2. Der mit der Rendantur befaßte Verwalter vereinnahmt die zur Kasse eingehenden Gelder, leistet daraus nach Anleitung des Etat (§ 5 ff.) die erforderlichen Zahlungen gegen ordnungsmäßige Quittung und bewahrt die vorhandenen Bestände und Kassenschriften.

§ 3. Derselbe führt über die Einnahme und Ausgabe, für jede gesondert, ein Journal. Vor der Synodalversammlung jeden Jahres und spätestens zum 1. Juli schließt der Rendant die Rechnung ab und legt den Kassenabschluß, welchen die beiden andern Mitglieder des Vorstandes mit vollziehen, nebst den Belägen und Kassenbüchern der Kreis-Synode vor.

§ 4. Die Kreis-Synode bestimmt aus ihrer Mitte einen oder zwei Deputirte, welche die Rechnung nach den Büchern und Belägen sowie in calculo prüfen; dieselben erstatten hierüber der Synode Bericht, und diese beschließt über die Dechargirung des Verwalters. Das Revisionsgeschäft, die Erstattung des Berichts und die Beschlußfassung darüber ist in der Regel im Laufe derselben Synodalversammlung zu erledigen. Daß und wie dies geschehen, ist in dem Synodalprotokolle zu verzeichnen.

§ 5. Der Etat der Kasse wird von dem Rendanten vorbereitet und von der Kreis-Synodalversammlung aufgestellt, für jetzt jedesmal auf ein Jahr. Die Ausgabesätze des Etats sind für den Kassenführer bindend; Ueberschreitungen derselben erfolgen daher auf seine persönliche Vertretung, von der er nur durch einen die Mehrzahlung genehmigenden Beschluß der nächststattfindenden Synodalversammlung entlastet werden kann.

§ 6. Der Etat zerfällt in zwei Theile: für die Einnahme und Ausgabe. Der erstere hat die Rubriken: 1) aus besonderen kirchlichen Fonds, 2) aus den Kirchenkassen, 3) aus der Kirchenkollekte, 4) aus freiwilligen Beiträgen und insgemein. — Der Ausgabe-Etat zerfällt in die Rubriken: 1) für Reise- und Zehrungskosten der Synodalmitglieder, in der für jedes einzelne Mitglied eine Position anzugeben ist, die die Reise- und Zehrungskosten gesondert nachweist, 2) für sächliche Ausgaben, deren etwaige Specialisirung dem Ermessen der Synode und der Aufsichtsinstanz überlassen bleibt.

§ 7. Der durch den Synodalbeschluß aufgestellte Etat ist als Beilage in das Synodalprotokoll aufzunehmen und gelangt mit diesem, nachdem auch Abschrift des letzten Rechnungsabschlusses (§ 3 ff.) beigefügt worden, an das Königl. Konsistorium. Letzteres prüft beides und setzt den Etat endgültig fest.

§ 8. Das Königl. Konsistorium ist befugt, die Verwaltung der Synodalkasse durch einen Kommissar ausführlich oder öfter revidiren zu lassen. Auch die Mitglieder des Synodalvorstandes haben das Recht, jederzeit die Einsicht in die Kassenbücher zu fordern und sich von dem Vorhandensein des Kassenbestandes zu überzeugen; sie sind verpflichtet, beides jährlich einmal zu thun vor Abhaltung der Synode behufs der ihnen obliegenden Mitvollziehung des Rechnungsabschlusses.

78. Für die reformirten Gemeinden der Provinz Preußen, welche ihre besondere Synode (Klasse) bilden, ist als Ergänzung ihrer Klassikalordnung v. 24. Oktober 1713 das nachstehende Statut vom evang. OKR. im Einverständnisse mit dem Min. d. g. A. auf Grund d. AO. v. 16. Mai 1859 unterm 19. Dezbr. 1860 bestätigt worden (Aktst. 5, 117):

§ 1. Die reformirten Gemeinden in der Provinz Preußen erkennen die Einheit der Grundlehren der lutherischen und reformirten Kirche an und sehen, obgleich sie an ihrem Bekenntnisse, Kultus und ihrer Verfassung festhalten, in den Unterscheidungslehren kein Hinderniß der kirchlichen Gemeinschaft im Gebrauch der Gnadenmittel und der Vereinigung zu einem landeskirchlichen Organismus mit der lutherischen Schwesterkirche.

§ 2. Die bisher unter dem Namen Klassikalkonvent bestehenden Versammlungen der Prediger und Aeltesten der reformirten Gemeinden in der Provinz Preußen werden von jetzt an regelmäßig alle zwei Jahre gehalten.

§ 3. Für ihre Form, Zusammensetzung und Geschäftsordnung gelten im Allgemeinen die Vorschriften der Klassikalordnung v. J. 1713, so weit nicht die folgenden Bestimmungen eine Aenderung zur Folge haben.

§ 4. Der Konvent hat das Recht, aus dem Kreise der mit ihm verbundenen Prediger und Aeltesten zwei Mitglieder, unter denen ein Geistlicher sein muß, zu dem Zwecke zu erwählen, damit diese im Verein mit dem Superintendenten den Konvent in der Zeit, da er nicht versammelt ist, vertreten. Die so gewählten Mitglieder bilden mit dem Superintendenten zusammen unter dem Namen Moderamen ein Kollegium, in dem der Superintendent den Vorsitz führt. Ihr Amt ist auf die Zeit von einem Konvent zum andern beschränkt. Jeder einmal Gewählte kann wieder gewählt werden. Die Mitglieder des Moderamens haben auch, wenn sie nicht als Vertreter einzelner Gemeinden zum Konvent gewählt sein sollten, auf demselben Sitz und Stimme.

§ 5. Der Konvent bestimmt nach eigenem Ermessen den Ort, an welchem er sich das nächste Mal versammelt. Sollten Umstände eintreten, welche den gewählten Ort als ungeeignet erscheinen lassen, so hat das Moderamen, welchem die Festsetzung der Zeit und die Einberufung obliegt, auch das Recht, einen andern Ort der Zusammenkunft zu bestimmen.

§ 6. Der Geschäftskreis des Konvents umfaßt:

a. die Visitation der Gemeinde, bei welcher er sich versammelt hat;

b. die Entscheidung über Streitigkeiten und Beschwerden, welche in einzelnen Gemeinden vorgekommen sind, und bei welchen die schiedsrichterliche Vermittelung des Konvents in Anspruch genommen wird;

c. die Berathung von kirchlichen Angelegenheiten, welche durch einzelne Mitglie-

Protestantische Konsistorien.

§ 143. Bei den Protestanten kommen die Rechte und Pflichten des Bischofs in Kirchensachen in der Regel den Konsistorien zu.

---

der entweder in ihrem Namen oder in dem ihrer Gemeinden vor den Konvent gebracht werden;

d. die gutachtliche Aeußerung über Gegenstände des kirchlichen Gemeindelebens, welche von der geistlichen Behörde vorgelegt sind.

§ 7. Die reformirte Gemeinde in Danzig und die französisch-reformirte Gemeinde in Königsberg schließen sich dem Klassikalkonvente an, doch bleiben in Betreff der Stellung des Konvents zu diesen Gemeinden alle die Rechte vorbehalten, welche für die Danziger Gemeinde in dem Seniorenstatut v. J. 1834 und für die französische Gemeinde in Königsberg in der discipline des églises réformées de France enthalten sind.

79. Der Inhalt der §§ 141 u. 142 ist nach Art. 16 Verf. Urk. v. 31. Januar 1850 (GS. S. 19) — vgl. N. 21 — antiquirt.

Zu §§ 143—146.

80. Der Geschäftskreis der Konsistorien ist durch den CEdMdgA., dJ. u. dF., betreffend die Feststellung der Ressort-Verhältnisse der **Konsistorien** und der **Regierungen** in evangelischen Kirchenangelegenheiten, vom 1. Oktober 1847 (VMBl. S. 278) regulirt worden. Derselbe lautet mit den später ergangenen Abänderungen und Zusätzen:

Zur Erledigung der Zweifel, welche über den Umfang des amtlichen Wirkungskreises der Konsistorien und der Regierungen in evangelischen Kirchenangelegenheiten noch obwalten, wird hierdurch, nach erfordertem Bericht der betheiligten Behörden, auf Grund des § 8 V. v. 27. Juni 1845 nachstehende Festsetzung getroffen.

I. Der amtliche Wirkungskreis der evangelischen Konsistorien ist in folgenden Gesetzen: Dienst-Instruction für die Provinzial-Konsistorien v. 23. Okt. 1817 § 2 (GS. S. 237), AKO. v. 31. Dezbr. 1825, betreffend eine Abänderung in der bisherigen Organisation der Verwaltungsbehörden, B. Nr. 1—7 (GS. 1826 S. 5), V. v. 17. Juni 1845, betreffend die Ressortverhältnisse der Provinzial-Verwaltungsbehörden für das evangelische Kirchenwesen §§ 1, 2 u. 5 (GS. S. 440) bezeichnet.

Diesen gesetzlichen Bestimmungen zufolge bestehen die Konsistorien in der Eigenschaft als evangelische Kirchenbehörden, und ihrer Aufsicht und Leitung ist im Allgemeinen die Gesammtheit der evangelischen Kirchenangelegenheiten anvertraut, so weit nicht durch besondere Bestimmungen einzelne Gegenstände und Angelegenheiten zu dem Geschäftskreise der Regierungen gewiesen sind — B. 7 AKO. v. 31. Dezbr. 1825; § 1 I. V. v. 27. Juni 1845.

Nach Anleitung dieser gesetzlichen Bestimmungen gehören insbesondere folgende einzelne Gegenstände zum Ressort der Konsistorien:

1) Die Sorge für Einrichtung der evangelischen Synoden, die Aufsicht über die bereits bestehenden; die Prüfung und nach Befinden die Berichtigung oder Bestätigung der Synodalbeschlüsse, auch die Berichterstattung über selbige, wo sie erforderlich ist — § 2 Nr. 1 Instr. v. 23. Oktbr. 1817 —. Vgl. AE. v. 5. Juni 1861 in N. 77.

2) Die Aufsicht über den Gottesdienst im Allgemeinen, insbesondere in dogmatischer und liturgischer Beziehung, zur Aufrechthaltung desselben in seiner Reinheit und Würde — § 2 Nr. 2 Instr. v. 23. Oktbr. 1817 —.

Dahin gehört insbesondere auch die Aufsicht über den kirchlichen Religionsunterricht, über den Gebrauch von Katechismen und Lehrbüchern für den kirchlichen Religionsunterricht, über den Kirchengesang, über die Bildung liturgischer Chöre, über Gesangbücher.

3) Die Aufsicht und Vorsorge für die Bildung des geistlichen Standes auf allen vorbereitenden Stufen, soweit dieselbe nicht den öffentlichen Unterrichts- und Lehranstalten selbstständig anvertraut ist; die Prüfung der Kandidaten sowohl pro facultate docendi als pro ministerio und die Abhaltung der colloquia pro munere; die Aufsicht über die Fortbildung und sittliche Haltung der Kandidaten und die Disciplin über dieselben; sowie die Verwendung der Kandidaten zu geistlicher Amtshülfe. In Ansehung des Prediger-Seminars zu

§ 144. Der Umfang der Geschäfte derselben ist durch die Konsistorial- und Kirchenordnungen nach den verschiedenen Verfassungen der Provinzen und Departements näher bestimmt.

Wittenberg behält es bei der für dasselbe eingeführten besonderen Verfassung sein Bewenden — § 2 Nr. 3 u. 6 Instr. vom 23. Oktbr. 1817 —.

4) Die Bestätigung der von Patronen und wahlberechtigten Gemeinden berufenen Geistlichen — § 2 Nr. 4 Instr. v. 23. Oktbr. 1817; B, 3 AKO. v. 31. Dezbr. 1825; § 1 Nr. 1 V. v. 27. Juni 1845 —. Bei der Bestätigung eines vom Auslande berufenen Kandidaten oder Geistlichen bedarf es jedoch zuvor einer Erklärung der zuständigen Regierung, daß der Berufung in allgemeiner landespolizeilicher Hinsicht nichts entgegen stehe.

Entsteht über das Präsentationsrecht eines Patrons oder über das Wahlrecht einer Gemeinde Streit, so hat das Konsistorium die Gültigkeit der Präsentation oder der Wahl im einzelnen Besetzungsfalle nach Maaßgabe der allgemeinen Landesgesetze, der in der Provinz geltenden Kirchenordnungen und der besonderen Verfassung der betreffenden Kirche zu prüfen und darüber zu befinden. Inwieweit den Betheiligten der Rechtsweg offen bleibt, bestimmen die §§ 361—364 II, 11 ALR.

5) Die Berufung zu denjenigen geistlichen Stellen, über welche dem Landesherrn das Patronatrecht zusteht — § 2 V. v. 27. Juni 1845 —.

Ueber die Person des in Aussicht genommenen Kandidaten ist in jedem Falle die Aeußerung der Regierung, in deren Bezirk die zu besetzende Stelle liegt, einzuholen — RdMdgA. v. 1. u. 30. Novbr. 1845 —.

Bei denjenigen geistlichen Stellen, deren Patronat einer besonderen, von einer landesherrlichen Behörde verwalteten Anstalt oder Stiftung angehört, verbleibt der verwaltenden Behörde das alleinige Berufungsrecht unter Zuziehung des General-Superintendenten in der im § 26 Instr. f. d. Gen. Superint. v. 14. Mai 1829 vorgeschriebenen Weise. Dem Konsistorium gebührt die Bestätigung der ausgestellten Vokation.

Die Berufung der Strafanstaltsgeistlichen erfolgt nicht durch die Regierungen unter Zuziehung des General-Superintendenten, sondern durch den Minister des Innern nach vorgängiger Kommunikation mit dem Evang. Ober-Kirchenrath — CRdMdJ. v. 29. Juni 1859 (VMBl. S. 180) —. Die Vokation stellt die Regierung aus, ihre Konfirmation erfolgt durch das Konsistorium durch eine besondere Urkunde, in welcher dem Berufenen die kirchlichen Vollmachten und Aufträge ertheilt werden — CRdMdJ. v. 2. Oktbr. 1853 (VMBl. S. 265) —.

6) Ist das zu besetzende Amt mit einer Schulstelle vereinigt, so wird:

[a. wenn damit die Ordination nicht verbunden ist, der Regierung, bei Gymnasien und höheren Unterrichtsanstalten dem Provinzial-Schulkollegium, hierdurch die alleinige Besetzung der vereinigten Stelle übertragen mit der Maaßgabe, daß der evangelisch-geistliche Rath der Regierung als Referent oder Korreferent dabei mitwirken muß;

b. wenn das geistliche Amt die Ertheilung der Ordination nothwendig macht, so bedarf es zu der Besetzung der vereinigten Stelle der zustimmenden Erklärung des Konsistoriums und der Mitvollziehung der von der Regierung auszustellenden Vokation durch das Konsistorium in Bezug auf das geistliche Amt.]

Die eingeklammerte Bestimmung der Nr. 6 ist in Folge der durch die Verf.-Urk. v. 31. Januar 1850 veränderten Stellung der Kirche zum Staate nicht mehr maaßgebend, vielmehr sind in dem Falle der Nr. 6, da Konsistorium und Regierung gleich berechtigt sind, und jede Behörde für ihr Ressort selbstständig ist, solche vereinigte Schul- und Kirchenämter von beiden Behörden gemeinschaftlich zu besetzen. Welche von beiden die Initiative hat, hängt von dem zur Zeit überwiegend geistlichen oder den Unterrichtszwecken dienenden Charakter der Stelle ab. Ist ein Einverständniß beider Behörden nicht zu erreichen, so ist die Entscheidung des Ministers d. geistl. Angel. zu extrahiren — R. v. 12. Juni 1852, 15. August 1854, 16. Mai 1865 (VMBl. 1865 S. 177—179) —. Vgl. N. 22.

7) Die Einleitung wegen der Wiederbesetzung erledigter Superintendenturstellen und der Antrag auf Ernennung nach vorgängiger Kommunikation mit

§ 145. Sämmtliche Konsistoria der Protestanten stehen unter der Oberdirection des dazu verordneten Departements des Staatsministerii.

---

der Regierung — B. 4 AKO. v. 31. Dezbr. 1825; RdMdgA. v. 1. Novbr. 1845 —.

8) Die Ordination, Vereidigung und Einführung der bestätigten evangelischen Geistlichen in das geistliche Amt — B. 2 AKO. v. 31. Dezbr. 1825; § 1 Nr. 2 V. v. 27. Juni 1845 —.

9) Die Aufsicht und Disciplin über sämmtliche evangelische Geistliche sowohl in Betreff ihrer geistlichen Amtsführung als auch in Beziehung auf Leben und Wandel. Dem Konsistorium steht hiernach allein zu:

a. der Erlaß allgemeiner Anordnungen und besonderer Anweisungen, Ermahnungen, Verweise und Strafen in Bezug auf geistliche Amtsverrichtungen;

b. die Einleitung von Disciplinar-Untersuchungen und die Verfügung von Amtssuspensionen wider Geistliche — § 2 Nr. 7—9 Instr. v. 23. Oktbr. 1817; § 1 Nr. 4 V. v. 27. Juni 1845 —;

c. der Antrag auf gerichtliche Untersuchung wider einen Geistlichen, unter Autorisation des Ministers der geistlichen Angelegenheiten — § 9 G. v. 29. März 1844 (GS. S. 78) —, sofern nicht das Verschulden von der Art ist, daß die Gerichte ohne Antrag von Amtswegen einzuschreiten befugt sind. — Eine vorgängige Genehmigung des Konsistoriums zur gerichtlichen Verfolgung eines Geistlichen bedarf der Staatsanwalt nach dem auch auf Geistliche anwendbaren Art. 97 Verf. Urk. v. 31. Januar 1850 (GS. S. 17) nicht — RdOKR. v. 14. Novbr. 1850 (BMBl. S. 323) —, jedoch steht dem Konsistorium das Recht zu, wenn es aus den Verhandlungen die Ueberzeugung gewinnt, daß dem Geistlichen eine zur gerichtlichen Verfolgung geeignete Ueberschreitung seiner Amtsbefugnisse oder Unterlassung einer ihm obliegenden Amtshandlung dabei nicht zur Last fällt, den Konflikt zu erheben, damit der Gerichtshof zur Entscheidung der Kompetenzkonflikte entscheide, ob der Rechtsweg gegen den Geistlichen zulässig sei oder nicht — G. v. 13. Februar 1854 (GS. S. 86) —.

10) Die Urlaubsertheilung an Geistliche durch den Vorsitzenden des Konsistoriums, soweit nicht die Superintendenten oder General-Superintendenten dazu befugt sind. Ist der Geistliche zugleich Schulinspector, so muß die Regierung davon in Kenntniß gesetzt werden, damit sie auch ihrerseits wegen Bewilligung des Urlaubs in Beziehung auf das Schulamt das Erforderliche verfüge — § 1 Nr. 4 V. v. 27. Juni 1845 —.

11) Die Ertheilung der Heirathskonsense für Geistliche durch den Vorsitzenden des Konsistoriums zugleich mit der Kontrolle über den Einkauf in die Wittwenkasse.

12) Die Bewilligung außerordentlicher Unterstützungen und Gratifikationen an hülfsbedürftige und würdige Geistliche aus den dazu bestimmten Fonds.

Wegen Theilung und Zuweisung des den Konsistorien gebührenden Antheils an diesen Fonds wird, so weit dies noch nicht geschehen, besondere Verfügung ergehen. Insofern diese Fonds unter der kassenmäßigen Verwaltung der Regierung stehen, werden die Konsistorien zur Vereinfachung des Geschäftsganges ermächtigt, auf Höhe des ihnen zugewiesenen Antheils die Zahlungsanweisungen an die betreffende Kasse unmittelbar auszufertigen. Diese Anweisungen sind unter Adresse der Regierung an diese zu befördern und gelangen durch dieselbe, mit dem vidi des Kassenraths bei der Regierung versehen, sofern kein Bedenken obwaltet, an die Kasse zur Erledigung.

Den Regierungen bleibt es vorbehalten, solche Geistliche, welche sich um das Schulwesen besonders verdient gemacht haben, den Konsistorien zur Berücksichtigung zu empfehlen.

13) Der Antrag auf Ertheilung von Orden und Auszeichnungen an Geistliche, insbesondere bei der Feier von Amtsjubiläen. Den Konsistorien bleibt es vorbehalten, hierüber auch die Aeußerung der Regierung einzuholen; — sie muß

§ 146. Ohne desselben Vorwissen und Genehmigung kann in Kirchensachen keine Veränderung vorgenommen, noch weniger können neue Kirchenordnungen eingeführt werden.

---

eingeholt werden, wenn der Geistliche zugleich ein Schulamt bekleidet (RdMdgA. v. 6. August 1867, UCBl. S. 544) —.

14) Die Führung der Konduitenlisten über Geistliche und Superintendenten (welche jedoch seit 1848 außer Uebung gekommen ist). Den Regierungen bleibt im Interesse der Schulaufsicht die Einsicht der Konduitenlisten vorbehalten, und haben die Konsistorien und Regierungen sich über die möglichst einfache Art und Weise der Mittheilung zu verständigen.

15) Die Festsetzung von freiwilligen und unfreiwilligen Emeritirungen und die Bestimmung des dem Emeritus als Ruhegehalt verbleibenden Antheils an den Einkünften der Stelle.

16) Die Bestimmung und Anweisung des Antheils an den Einkünften der Stelle, welcher im Falle einer Amtssuspension dem seinen Functionen enthobenen Geistlichen verbleibt, und die Anordnung der erforderlichen Stellvertretung. (Für die Einziehung der Einkünfte und die dazu etwa erforderliche Verpachtung der Pfarrländereien hat die Regierung, der die Aufsicht über die Vermögensverwaltung zusteht, zu sorgen, das Konsistorium darf weder die Verpachtung anordnen, noch den Pachtvertrag genehmigen.)

17) Die Festsetzung der Dauer des Sterbequartals und der Gnadenzeit; die Anordnung der Vertretung während der Vakanz und die Festsetzung der aus den Einkünften der Stelle zu entnehmenden Vertretungskosten.

Von den unter Nr. 15—17 vorkommenden Festsetzungen ist die Regierung jedesmal in Kenntniß zu setzen.

Bei vereinigten Geistlichen- und Schulstellen erfolgt die Festsetzung über die unter Nr. 15—17 bezeichneten Gegenstände in derselben Weise, wie dies oben (Nr. 6) wegen der Besetzung solcher Stellen vorgeschrieben ist.

18) Die Anstellung von Hülfsgeistlichen oder die Bestätigung derselben, sowie die Festsetzung der denselben zu bewilligenden Remunerationen.

Soll der Hülfsgeistliche auch für das Schulwesen Aushülfe leisten, so ist wegen dessen Berufung in derselben Weise wie bei der Berufung von Geistlichen (Nr. 5) die Aeußerung der Regierung einzuholen.

Ist zu der Remunerirung des Hülfsgeistlichen die Bewilligung eines außerordentlichen Zuschusses aus der Kirchenkasse oder die Umlage einer neuen Leistung auf die Gemeinde erforderlich, oder soll eine bleibende Hülfspredigerstelle unter dauernder Abzweigung eines Theils aus dem Einkommen einer geistlichen Stelle errichtet werden, so bedarf es hierzu der Zustimmung der Regierung.

19) Die Entscheidung von Anfragen und Beschwerden in Beziehung auf die pfarramtlichen Handlungen der Geistlichen, z. B. wegen Aufgebots und Trauung, Konfirmation u. s. w.

20) Die Festsetzung der Stolgebühren für Geistliche und Kirchendiener und die Entscheidung über die desfalls entstehenden Beschwerden, vorbehaltlich des den Betheiligten zustehenden Rechtsweges.

21) Die Entscheidung von Streitigkeiten über den Umfang von Parochialberechtigungen.

22) Die Berufung und Bestätigung derjenigen weltlichen Kirchenbedienten, welche nicht für die Verwaltung des kirchlichen Vermögens angestellt sind, sowie die Aufsicht über deren Amtsführung und sittliches Verhalten und die Disciplin über dieselben — § 1 Nr. 3 u. 4 V. v. 27. Juni 1845 —.

[Ist jedoch eine weltliche Kirchenbedienung mit einem Schulamte vereinigt, so verbleibt die Berufung oder Bestätigung zu dem vereinigten Amte, sowie die Aufsicht und die Disciplin über den Inhaber desselben, wie bisher den Regierungen und in höherer Instanz den Oberpräsidenten (AKO. v. 29. März 1837, GS. S. 70), mit der Maaßgabe, daß bei der Regierung die Mitwirkung des evangelisch-geistlichen Raths als Referent oder Korreferent eintreten muß.] Die vorstehende eingeklammerte Bestimmung ist aus der Uebung gekommen und durch CRdMdgA., dJ. u. dF. v. 6. August 1864 (BMBl. S. 230) ausdrücklich aufgehoben, auch ist in letzterem angeordnet, daß die Kognition über vereinigte Schul- und Kirchenämter den Regierungen und den Konsistorien gemeinschaftlich zusteht. Auch die Disciplinar-Untersuchungen gegen Inhaber vereinigter Kirchen- und Schulämter müssen von dem Konsistorium und der Regierung, von jeder Behörde besonders, geführt und entschieden werden und gehen in der höheren Instanz an den Evang. Ober-Kirchenrath und an das Staatsministerium — RdMdgA. v. 17. Mai 1850 (BMBl. S. 203); RdOKR. v. 27. Oktbr. 1852, 6. Dezbr. 1852 u. 10. Juli 1855 (Aktst. 1, 6, 66; 2, 13 u. 86) —. Vgl. N. 223.

23) Die Bestätigung von Presbytern und kirchlichen Gemeindevertretern *in denjenigen Provinzen und Gemeinden, in welchen eine Presbyterialordnung oder eine ständige Gemeindevertretung besteht*, und eine Bestätigung dieser Wahlen verfassungsmäßig erforderlich ist, desgleichen die Aufsicht und Disciplin über dieselben.

Die Regierungen sind jedoch befugt, in den ihrer Amtswirksamkeit überwiesenen Gegenständen die betreffenden kirchlichen Gemeindebeamten durch Verweise und Ordnungsstrafen zur Erfüllung ihrer Obliegenheiten unmittelbar anzuhalten, — auch Disciplinar-Untersuchungen auf Entfernung aus dem ihrer Aufsicht untergebenen Theile des Amtes einzuleiten und darin zu entscheiden — CEvOKR. v. 30. April 1855 (Aktst. 2, 83) —.

Die Anordnung der Wahl außerordentlicher Gemeinde-Repräsentanten — § 159 II, 11 ALR. — und die Bestätigung derselben steht derjenigen Behörde zu, zu deren Ressort das Geschäft gehört, um dessen Erledigung es sich dabei handelt.

24) Die Genehmigung zur Benutzung der Kirchen und anderer dem Gottesdienste gewidmeten Gegenstände zu andern als den stiftungsmäßigen Zwecken, sowie die Aufsicht und Genehmigung bei Ausschmückungen der Kirchen mit Altarornamenten, Gemälden u. s. w.

Wegen des Gebrauchs der Glocken zu außerkirchlichen Zwecken, z. B. bei Feuersgefahr, behält es bei den herkömmlichen Einrichtungen und den der Lokalpolizeibehörde zustehenden Befugnissen sein Bewenden.

25) Die Anordnung kirchlicher Feste — § 2 Nr. 11 Instr. v. 23. Okt. 1817 —.

Sollen jedoch außer der gottesdienstlichen Feier noch andere Feierlichkeiten außerhalb der kirchlichen Gebäude stattfinden, so bedarf es hierzu der Genehmigung der Ortspolizeibehörde oder der Regierung. (Vgl. N. 23.)

26) Die Einweihung von Kirchen, Kirchhöfen und andern zum kirchlichen Gebrauche bestimmten Räumlichkeiten, soweit eine solche üblich ist.

27) Die Ertheilung aller Arten von kirchlichen Dispensationen, soweit solche überhaupt gesetzlich zulässig oder erforderlich sind — § 2 Nr. 10 Instr. v. 23. Oktbr. 1817; § 1 Nr. 6 V. v. 27. Juni 1845 —.

Die Ertheilung der Dispensation zum einmaligen Aufgebot bleibt dem Ministerium der geistlichen Angelegenheiten vorbehalten — § 153 II, 1 ALR.; R. v. 31. März 1819 —, jetzt dem evangelischen Ober-Kirchenrath — § 1 Nr. 10 Ress. Regl. v. 29. Juni 1850 (GS. S. 343) —.

28) Die Aufrechterhaltung der Kirchenzucht innerhalb der durch die Landesgesetze bestimmten Grenzen — § 1 Nr. 5 V. v. 27. Juni 1845 —.

29) Die Anordnung von Kirchenvisitationen und die Ertheilung von Visitationsbescheiden.

Insofern sich jedoch die Visitation auch über die dem Ressort der Regierungen angehörigen Gegenstände erstreckt, sind die Visitationsverhandlungen dieser vorzulegen, und hat die Regierung das Weitere zu befinden — § 2 Nr. 7 Instr. v. 23. Oktbr. 1817 —.

30) Die Beaufsichtigung der Pfarr- und Superintendentur-Archive. Die Regierungen sind jedoch befugt, von der Aufbewahrung der das Vermögen der Kirchen und kirchlichen Institute betreffenden Urkunden und Verhandlungen auch ihrerseits Kenntniß zu nehmen und desfalls geeignete Vorkehrung zu treffen.

In der höheren Instanz gehören die den Konsistorien überwiesenen Angelegenheiten zum Ressort des Evangelischen Ober-Kirchenraths, bei den zu 7 bis 13 muß der Minister der geistlichen Angelegenheiten mitwirken — § 1—5 Ress. Regl. v. 29. Juni 1850 (GS. S. 343) —. Der Rechtsweg ist gegen Anordnungen des Kirchenregiments in der Organisation einzelner evangelischer Kirchen, namentlich in Bezug auf die Kirchenkollegien, nicht zulässig — KGE. v. 9. Dezember 1865 (JMBl. 1866 S. 76; Aktst. 5, 394) —.

II. Die dem amtlichen Geschäftskreise der Regierungen (und zwar der Abtheilungen für Kirchen- und Schulwesen — § 18 Reg. Instr. v. 23. Oktbr. 1817 —) überwiesenen Obliegenheiten in evangelischen Kirchensachen sind in den §§ 3—5 V. v. 27. Juni 1845 enthalten. Es gehören dahin, soweit nicht schon in dem Vorstehenden unter I. Nr. 1—30 einzelne Befugnisse der Regierungen *ausdrücklich bezeichnet worden sind, folgende Gegenstände:*

1) Die Regulirung des Interimistikums in streitigen Kirchen-, Pfarr- und Küsterbausachen — § 3 Nr. 1 V. v. 27. Juni 1845 —.
2) Die Aufsicht über die Kirchenbücher — § 3 Nr. 2 V. v. 27. Juni 1845 —.
3) Die Sorge für die Anlegung und Unterhaltung der Kirchhöfe — § 3 Nr. 3 V. v. 27. Juni 1845 —, vorbehaltlich der den Konsistorien unter I. 26 zugewiesenen kirchlichen Einsegnung derselben, wo solche üblich.
4) Die Anordnung und Vollstreckung der zur Aufrechthaltung der äußeren kirchlichen Ordnung erforderlichen polizeilichen Vorschriften — § 3 Nr. 4 V. v. 27. Juni 1845 —. Dahin gehören insbesondere die Erlasse wegen Heilighaltung der Sonn- und Festtage — AKO. v. 7. Februar 1837 (GS. S. 19) —.
5) Die Aufsicht über das Vermögen der dem landesherrlichen Patronat nicht unterworfenen Kirchen, kirchlichen Stiftungen und Institute, sowie die Ausübung der landesherrlichen Aufsichts- und Verwaltungsrechte in Ansehung des Vermögens der dem landesherrlichen Patronat unterworfenen Kirchen, kirchlichen Stiftungen und Institute — § 3 Nr. 5 V. v. 27. Juni 1845 —.

In Bezug auf diese Vermögensaufsicht gelten folgende nähere Bestimmungen:

a. Zu den hier genannten kirchlichen Stiftungen und Instituten gehören auch die Dotationen der Pfarr- und Küsterstellen, die Synodal-, Wittwen- und Waisenkassen und die in einigen Regierungsbezirken befindlichen Mobiliar-Brandversicherungs-Anstalten für Geistliche.

Mit der Aufsicht über die Synodal-, Wittwen- und Waisenkassen verbleibt den Regierungen zugleich die Fürsorge für die Hinterbliebenen der Geistlichen und Kirchenbeamten. — Die Aufsicht über die Kreis-Synodalkassen gebührt nach dem AE. v. 15. Juni 1864 (GS. S. 341) den Konsistorien. —

b. Die Aufsicht der Regierung umfaßt das gesammte Etats-, Rechnungs- und Kassenwesen der gedachten Kirchen, kirchlichen Stiftungen und Institute, soweit nicht nach der besonderen Verfassung derselben andere Personen, Korporationen oder Behörden bei deren Verwaltung betheiligt sind, in demselben Umfange, wie solches in § 18 g. der Dienst-Instr. f. d. Reg. v. 23. Oktbr. 1817 vorgeschrieben ist. Ihr steht hiernach die Entwerfung, Prüfung und Bestätigung der hierher gehörigen Etats, sowie die Abnahme und Decharge der Kirchen-, Stiftungs- und Institutsrechnungen zu.

c. Der Regierung gebührt ferner die Autorisation zu Prozessen für diese Vermögensverwaltungen — §§ 652—661 II, 11 ALR. —, die Genehmigung von Vergleichen — §§ 662—663 l. c. —, von Vermiethung und Verpachtung von Grundstücken — §§ 668—675 l. c. —, bei Vertheilung von Kirchensitzen — §§ 676—685 l. c. —, ferner die Genehmigung oder die Einholung der Genehmigung zu Ausleihungen und zur Aufnahme von Darlehen — §§ 629—646 l. c. —, zur Erwerbung, Verpfändung und Veräußerung von Grundstücken — §§ 194, 219—227, 647—649 l. c. —, zur Annahme von Geschenken und letztwilligen Zuwendungen — G. v. 13. Mai 1833 (GS. S. 49) —, die Wahrnehmung der Vorrechte und Immunitäten des kirchlichen

Vermögens und der geistlichen Stellen — §§ 18, 174, 228 ff., 774 ff. l. c. —, endlich die exekutivische Beitreibung beständiger Kirchen- und Pfarrabgaben — AKO. v. 19. Juni 1836 (GS. S. 198) —.

Die Genehmigung zur Vermiethung der Wohngebäude eines Pfarrers — § 782 l. c. — darf jedoch nur dann ertheilt werden, wenn das Konsistorium zuvor erklärt hat, daß im pfarramtlichen Interesse kein Bedenken dagegen obwaltet.

d. Die Aufsicht über die bauliche Unterhaltung und Wiederherstellung der Kirchen-, Pfarr-, Küster- und anderen kirchlichen Gebäude, auch in dem Falle, wenn es der Regulirung eines Interimistikums nicht bedarf, sowie die Fürsorge für deren Versicherung gegen Feuersgefahr.

e. Die Auseinandersetzung zwischen dem neueinziehenden Pfarrer und dem abziehenden Pfarrer oder dessen Erben über die Einkünfte der Stelle.

f. Die Vorbereitung der Anträge auf Bewilligung von Kirchenkollekten und die Vereinnahmung und Ansammlung der Erträge. Die Bewilligung derselben bleibt dem Minister der geistlichen Angelegenheiten (in Gemeinschaft mit dem evangelischen Ober-Kirchenrath) nach der AO. v. 16. Februar 1856 (Aktst. 2, 124) vorbehalten — Ob. Präs. Instr. v. 31. Dezbr. 1825 § 11 Nr. 4, c. (GS. 1826 S. 4) —.

In allen vorstehend unter 1—5 aufgeführten Angelegenheiten haben jedoch die Regierungen, wenn über das Vorhandensein eines kirchlichen Bedürfnisses oder über Abmessung seines Umfangs Zweifel entstehen, ingleichen wenn es sich um die Verwendung der bei der Vermögensverwaltung einzelner Kirchen, kirchlicher Stiftungen und Institute sich ergebenden Ueberschüsse handelt, sich mit den Konsistorien in näheres Einvernehmen zu setzen — § 3 V. v. 27. Juni 1845 in fine —.

Veränderungen in der stiftungsmäßigen Bestimmung des zu kirchlichen Zwecken gewidmeten Vermögens können nur unter Königlicher Genehmigung erfolgen, und ist deshalb jedesmal an den Minister der geistlichen Angelegenheiten zu berichten — V. v. 27. Oktbr. 1810 (GS. S. 14) —.

6) Die Ernennung oder Bestätigung der für die Verwaltung des kirchlichen Vermögens anzustellenden weltlichen Kirchenbedienten, sowie die Aufsicht über deren amtliche und sittliche Führung und die damit verfassungsmäßig verbundenen Disciplinarbefugnisse — § 3 Nr. 6 V. v. 27. Juni 1845 —.

7) Den Regierungen verbleibt in den ihnen vorbehaltenen Angelegenheiten (1—6), sowie in Beziehung auf das Schulwesen die Befugniß, die Geistlichen ihres Bezirks durch Ermahnungen, Zurechtweisungen und Ordnungsstrafen zur Erfüllung ihrer Obliegenheiten anzuhalten — § 4 V. v. 27. Juni 1845 —.

III. Zum gemeinschaftlichen Geschäftskreise der Konsistorien und Regierungen gehören:

1) die Veränderung bestehender, sowie die Einführung neuer Stolgebührentaxen und
2) die Veränderung bestehender, sowie die Einführung neuer Pfarrbezirke.

Jede dieser Behörden ist befugt, die dazu erforderlichen Einrichtungen und Vorbereitungen mit Hülfe ihrer Organe selbstständig zu treffen. Es muß aber vor der in diesen Fällen allemal erforderlichen Berichterstattung an den Minister der geistlichen Angelegenheiten (dessen Entscheidung nach § 5 u. 6 Ress. Regl. v. 19. Juni 1850, GS. S. 344, nur nach vorgängig erklärtem Einverständnisse des evang. Ober-Kirchenraths erfolgen darf) die Erklärung der andern Behörde eingeholt werden — B. 5 u. 6 AKO. v. 31. Dezbr. 1825; § 5 V. v. 27. Juni 1845 —.

Zur Beförderung gegenseitiger Unterstützung wird außerdem festgesetzt, daß diejenige Behörde, welche in einer der vorgenannten Angelegenheiten zuerst zu der Aufnahme bestimmter Einleitungen schreitet, der andern gleichzeitig eine Mittheilung davon zu machen hat.

IV. Wegen der Genehmigung und Beaufsichtigung kirchlicher Vereine behält es bei den bestehenden Vorschriften sein Bewenden. Dieselben sind daher, soweit sie nicht nach Inhalt ihrer genehmigten Statuten oder sonst durch besondere

Festsetzungen unmittelbar unter die Aufsicht des Ministers der geistlichen Angelegenheiten oder des Oberpräsidenten gestellt sind, in demselben Maaße wie alle andern Vereine der Aufsicht der Ortsbehörden und der Regierungen unterworfen. Inwiefern einzelne derselben in ein näheres Verhältniß zu den Konsistorien treten, bleibt in jedem einzelnen Falle der besondern Festsetzung vorbehalten. Desgleichen bleibt über neu sich bildende Religionsgesellschaften die Regierung die nächste zuständige Aufsichtsbehörde — § 17 Nr. 11 Reg. Instr. v. 23. Oktbr. 1817 —. (Dies Alles gilt nur für Vereine mit Korporationsrechten, für alle andern gelten nur die Bestimmungen des G. v. 11. März 1850, GS. S. 277, vgl. N. 10.)

V. Die unter I.—IV. enthaltenen Ressortbestimmungen haben zunächst nur die wechselseitige Abgrenzung des amtlichen Geschäftskreises der Konsistorien und der Regierungen in evangelischen Kirchenangelegenheiten zum Gegenstande. In der Abstufung der Befugnisse anderer Behörden und Berechtigten in Bezug auf diese Gegenstände, insbesondere der Ministerien, der Oberpräsidenten und Konsistorialpräsidenten, der General-Superintendenten und Superintendenten, der Synoden, Presbyterien, Pastoren und Gemeinden, wird dadurch nichts geändert.

81. Die weiteren Bestimmungen über die **Organisation der Konsistorien** und der **Regierungen** sind im Wesentlichen folgende:

a. Die **Konsistorien** bestehen aus einem Vorsitzenden (Präsidenten oder Director), der auch der Ober-Präsident sein kann — § 6 V. v. 27. Juni 1845 (GS. S. 440) —, aus dem General-Superintendenten als dessen Vertreter und (zweiten) Director — § 4 Instr. v. 14. Mai 1829 (Ann. 13, 277) —, aus geistlichen Räthen und einem Justitiar. Die bei den Regierungen angestellten evangelischen geistlichen Räthe sind zugleich Mitglieder und Organe des Konsistoriums und haben bei ihrer Anwesenheit Sitz und Stimme in demselben — § 46 Reg. Instr. v. 23. Oktbr. 1817 (GS. S. 248); § 13 Konsist. Instr. v. 23. Oktbr. 1817 (GS. S. 237) —. Sie sind mindestens alle 2 Jahre vom Konsistorium einzuberufen, um über solche Gegenstände zu berathen, welche für die Regierungen und Konsistorien von gemeinsamem Interesse sind. Auch können die Konsistorien einen solchen geistlichen Rath mit Genehmigung des Ministers d. geistl. Angel. und des evang. Ober-Kirchenraths — § 5 Nr. 3 Ress. Regl. v. 29. Juni 1850 (GS. S. 344) — auf längere oder kürzere Zeit in die Konsistorien ziehen und an seiner Stelle ein Mitglied des Konsistoriums in die Regierung abordnen — § 7 V. v. 27. Juni 1845 —. Die innere Verfassung der Konsistorien ist kollegialisch, und alle Gegenstände werden nach Mehrheit der Stimmen entschieden; bei deren Gleichheit giebt der Vorsitzende den Ausschlag — § 13 Konsist. Instr. v. 23. Oktbr. 1817 —. Bei der Ausübung ihres Amts haben die Konsistorien sich überall nach den bestehenden Gesetzen und Vorschriften zu richten. Selbstständig dürfen sie nur innerhalb schon gegebener Bestimmungen und Vorschriften handeln. Dagegen müssen sie in allen Fällen, wo es auf Feststellung von allgemeinen Grundsätzen, auf neue Anordnungen und Einrichtungen oder Veränderungen und Abweichungen von bereits bestehenden ankommt, ferner wo es nach Analogie der Regierungsinstr. nöthig sein würde, oder sonst besonders vorgeschrieben ist, die Genehmigung des Ministers d. geistl. Angel. bez. des evang. Ober-Kirchenraths nach dem Ress. Regl. v. 29. Juni 1850 einholen — § 10 Konsist. Instr. v. 23. Oktbr. 1817 —. An die Regierungen schreiben sie im Ersuchsstyl — § 11 ebenda —.

b. Bei den **Regierungen** werden die evangelischen Kirchenangelegenheiten in der Abtheilung des Innern oder in einer besondern Abtheilung für Kirchen- und Schulwesen verwaltet — AKO. v. 31. Dezbr. 1825 D. II, 1 u. 2 (GS. 1826 S. 5) —. Die Abtheilung steht mit der ganzen Regierung unter dem Präsidenten und speciell unter einem Ober-Regierungsrath als Dirigenten — AKO. v. 31. Dzbr. 1825 D. III — und hat unter ihren Mitgliedern einen Justitiar, einen geistlichen, einen oder mehrere Schulräthe und einen Baurath — § 7 V. v. 27. Juni 1845; § 22 u. 46 Reg. Instr. v. 23. Oktbr. 1817 —. Ihre innere Verfassung ist kollegialisch; alle Sachen werden nach Mehrheit der Stimmen entschieden, bei deren Gleichheit giebt die Stimme des Vorsitzenden den Ausschlag, welcher auch berechtigt ist, den wider seine Ansicht gefaßten Beschluß durch Provokation auf den Präsidenten zu suspendiren, von welchem es dann abhängt, durch seinen Beitritt zu bestimmen: ob nach der Ansicht des Vorsitzenden oder der Majorität verfahren, oder die Sache an das Plenum gewiesen werden soll — AKO. v. 31. Dzbr. 1825 D. VII —. Aber auch die Entscheidung des Plenums darf der Präsident, wenn die Ober-Regierungsräthe sämmtlich damit einverstanden sind und nicht Gefahr im Verzuge ist, suspendiren und die Entscheidung des Ober-Präsidenten oder Ministers extrahiren — § 39 Nr. 3 Reg. Instr. v. 23. Oktbr. 1817 —. Auch darf er in Berichten der Regierung an den Minister seine abweichende Ansicht demselben vortragen — RdMdJ. v. 29. Juni 1840 (BMBl. S. 212) —. Im Plenum haben nur die Räthe, die nicht technische Mitglieder sind, volles Stimmrecht und die Assessoren, welche Justitiarienstellen bekleiden — RdMdJ. u. dF. v. 31. Januar 1838 (Ann. 16, 1) —, die technischen Mitglieder, nämlich die geistlichen, Schul-, Medizinal-, Bauräthe und Forstmeister, nur in den zu ihrem Geschäftskreise gehörigen Angelegenheiten, die anderen Assessoren nur in den von ihnen bearbeiteten Sachen — AKO. v. 31. Dezbr. 1825 D. V —. Die Reinschriften und Koncepte aller Verträge und Urkunden sind vom Präsidenten, Abtheilungsdirigenten und Justitiar zu unterzeichnen — AKO. v. 31. Dzbr. 1825 D. VIII. — Die Regierungen sind amtlich verpflichtet, das landesherrliche Interesse, das Wohl des Staats und der Unterthanen überall wahrzunehmen, zu befördern und zu erhöhen, auch was demselben Gefahr und Nachtheil bringen kann, zu entfernen. Bei allen ihren Ansichten, Vorschlägen und Maaßregeln muß daher der Grundsatz leitend sein, Niemanden in dem Genuß seines Eigenthums, seiner bürgerlichen Gerechtsame und Freiheit, so lange er in den gesetzlichen Schranken bleibt, weiter einzuschränken, als es zur Beförderung des allgemeinen Wohls nöthig ist, einem Jeden innerhalb der gesetzlichen Schranken die möglichst freie Entwickelung und Anwendung seiner Anlagen, Fähigkeiten und Kräfte in moralischer wie physischer Hinsicht zu gestatten und alle dagegen noch obwaltenden Hindernisse bald möglichst auf legale Weise wegzuräumen — § 7 Reg. Instr. v. 23. Oktbr. 1817 —. Sie müssen stets die bestehenden Gesetze und Vorschriften streng beobachten, selbige nach ihrer Bekanntmachung sofort anwenden und ausführen, und auch darauf halten, daß denselben überall gehörig nachgelebt werde. Sie müssen selbstständig handeln innerhalb der gegebenen Gesetze und Vorschriften, auch in zweifelhaften aber dringenden Fällen, dann jedoch gleichzeitig, und in nicht dringenden vorher, höheren Orts berichten. Ebenso müssen sie berichten in Fällen, wo es an bestimmten Gesetzen und Vorschriften fehlt, desgleichen bei Abweichungen von gesetzlichen Vorschriften, bei neuen allgemeinen Einrichtungen, Anlagen und Verfassungen, sowie bei Abänderungen der bestehenden — § 8 Reg. Instr. v. 23. Oktbr. 1817 —. Ihren Verfügungen dürfen sie nöthigenfalls durch die gesetzlichen Zwangs- und Strafmittel Nachdruck geben und sie zur Ausführung bringen — § 11 ebenda —. Die einzelnen **Mitglieder** sind in den von ihnen bearbeiteten Sachen zunächst verantwortlich und können sich dagegen nur dadurch schützen, daß sie ihr abweichendes Votum in dem Dekret kurz vermerken und dies vom Vorsitzenden und bez. Präsidenten bescheinigen lassen — § 34 ebenda —. Nächst ihnen sind der Korreferent, der Abtheilungsdirigent und der Präsident, sodann auch die übrigen Mitglieder mit demselben Vorbehalte verantwortlich — § 36 ebenda —. Einem Beschlusse, der faktische Unrichtigkeiten als wahr ausspricht oder die höhere Behörde über ein Faktum zu täuschen sucht, darf sich kein Mitglied fügen, muß vielmehr auf nochmaligen Beschluß dringen, event. den Vorfall zur Anzeige der Oberbehörde bringen — RdMdJ. u. dF. v. 30. Januar 1827 (Ann. 11, 10) —. Die **geistlichen und Schulräthe** sollen dafür vorzüglich sorgen, daß der öffentliche Schul- und geistliche Unterricht und Kultus sowohl seinem Innern als Aeußern nach den Vorschriften gemäß gehörig beachtet werde, und können nach Befinden Vorschläge machen, wie beides verbessert werden kann, um Religiosität und Moralität, Duldungsgeist und Annäherung zwischen den verschiedenen Glaubensverwandten, Bürgersinn und Theilnahme für die öffentliche Sache, Anhänglichkeit und Liebe für König, Vaterland und Verfassung, Achtung für die Gesetze zu befördern. Sie müssen auch durch persönliches Beispiel und Wirken warmen Eifer und lebendige Thätigkeit für Verbesserung des geistlichen und Schulunterrichts unter den Predigern und Schullehrern zu verbreiten suchen. Obwohl ihnen mit obliegt, auf den Lebenswandel und die Amtsführung der Geistlichen und Schullehrer Acht zu haben, Unregelmäßigkeiten zu rügen, oder nöthigenfalls amtlich zur Sprache zu bringen, so müssen sie sich doch **nicht bloß als die Aufseher des geistlichen und Lehrer-Standes**, sondern mehr als seine Genossen und Vertraute betrachten, seine Würde zu behaupten und sein Bestes zu befördern beflissen sein — § 46 Reg. Instr. v. 23. Oktbr. 1817 —. Die Justitiarien sind in Prozeß- und Rechtssachen stete Korreferenten und haben darauf zu sehen, daß nichts Gesetzwidriges beschlossen werde — § 24 u. 44 ebenda —. Die Bauräthe sorgen für tüchtige und zweckmäßige Ausführung der öffentlichen Bauten unter möglichster Kostenersparung, müssen alle Bauanschläge revidiren, und darf ohne ihr Vorwissen keine Veränderung an einem Bau während dessen Ausführung genehmigt oder vorgenommen werden. Als stete Korreferenten für das Technische ihres Geschäftskreises sind sie dafür auch verantwortlich — § 48 ebenda —. Die Organe der Regierungen in Kirchen-Angelegenheiten sind die Landräthe — § 33 u. 40 V. v. 30. April 1815 (GS. S. 91) —, Ortspolizeibehörden, Kreisbaubeamten, Superintendenten, Presbyterien und Gemeinde-Kirchenräthe bez. Kirchenkollegien.

82. Den Konsistorien beigeordnet sind als specielle geistliche Obere die General-Superintendenten, welche zur Beförderung des innigeren und festeren Zusammenhangs der evangelischen Kirche durch AKO. v. 7. Februar 1828 (Ann. 13, 67) für die ganze Monarchie eingeführt wurden, und deren amtlicher Wirkungskreis durch die mittelst AKO. v. 7. Mai 1829 bestätigte Instruction v. 21. Mai 1829 (Ann. 13, 27), für Westphalen und Rheinland durch die Allerhöchst bestätigte im Wesentlichen gleichlautende Instruction v. 31. Mai 1836 (Ann. 20, 609) regulirt worden ist. Sie werden vom Könige ernannt. Wenn ihnen die Würde eines evangelischen Bischofs verliehen wird, so erhalten sie den Rang der Ober-Präsidenten, das Prädikat „Hochwürdiger" und alle übrigen Vorzüge und Ehrenrechte eines Bischofs — AE. v. 19. Februar 1816 —. Ihre Amtstracht ist ein Talar von schwarzer Seide, über welchem der Bischof ein glattes goldenes Kreuz an einem schwarzseidenen, gewässerten Bande bis auf die Mitte der Brust herabfallend tragen darf — AE. v. 14. Oktbr. 1816 —. Die Instruction für die General-Superintendenten v. 21. Mai 1829 lautet:

1) Die General-Superintendenten sind Geistliche, welche als Vorgesetzte mehrerer Superintendentur-Sprengel, neben den Provinzial-Konsistorien und den Regierungsabtheilungen für das Kirchen- und Schulwesen, die Angelegenheiten der evangelischen Kirchen ihres Bezirks persönlich zu beaufsichtigen und auf sie einzuwirken befugt und verpflichtet sind.

2) Ihre Bestimmung im Allgemeinen ist, sich eine genaue, auf eigene Anschauung gegründete und aus Erfahrungen an Ort und Stelle gesammelte Kenntniß von der Beschaffenheit des evangelischen Kirchenwesens in ihrem Bezirke zu verschaffen, vornämlich auf dem Wege des persönlichen Verkehrs, wenn auch gleich der Schriftwechsel zur Vervollständigung und Erleichterung dieses persönlichen Einwirkens nicht ganz ausgeschlossen werden soll, die wahrgenommenen Gebrechen möglichst schnell zu entfernen, die immer gedeihlichere Entwickelung des Beifallswürdigen zu befördern, nach Befinden jene wie dieses zur Kenntniß der geistlichen Behörden zu bringen und so die denselben übertragene Aufsichtsführung zu erleichtern und wirksamer zu machen.

3) Sie bilden keine Zwischen-Instanz, sondern sind den geistlichen Provinzial-Behörden beigeordnet und stehen wie diese in ihrer Qualität als General-Superintendenten unmittelbar unter dem Ministerium der geistlichen Angelegenheiten (bez. dem evangelischen Ober-Kirchenrath nach d. Ress. Regl. v. 29. Juni 1850).

4) Sie sind Mitglieder der Konsistorien, heißen Directoren und nehmen in denselben nach dem Ober-Präsidenten die erste Stelle ein. Auch haben sie, soweit es sich mit ihrer eigenthümlichen, von öfteren Reisen abhängigen Wirksamkeit verträgt, den Directorialgeschäften und der Stellvertretung des Ober-Präsidenten in dem Konsistorium sich zu unterziehen.

5) Sie haben sich mithin als Organe der geistlichen Obern zu betrachten und sollen als väterliche Pfleger aller Kräfte, welche in den ihnen untergebenen Aufsichtskreisen für die ehrwürdigen Zwecke der evangelischen Kirche in Thätigkeit gesetzt werden können, bald anregend, bald nachhelfend, bald vermittelnd auftreten und durch ihre Belehrung, ihren Rath und ihre Fürsprache beitragen, daß die hier und da wahrgenommenen Bedürfnisse auf die kürzeste und den Lokal- und Personal-Verhältnissen angemessenste Art ihre Befriedigung finden.

6) Die Gegenstände, auf welche sie ihr Augenmerk vorzüglich zu richten haben, sind:
a. die Lehrart der Geistlichen;
b. die Aufrechthaltung und Wiederherstellung der Reinheit, Ordnung und Würde des öffentlichen Gottesdienstes, wobei sie insbesondere darüber zu wachen haben, daß in den Kirchen, wo die erneuerte Agende bereits angenommen ist, derselben auch genau Folge geleistet werde, und dahin zu wirken, daß die Hindernisse und Einwendungen beseitigt werden, die sich noch im Einzelnen der Einführung derselben entgegenstellen;
c. die Beschaffenheit, der Gebrauch und die Verwaltung der für die kirchlichen Zwecke bei den einzelnen Gemeinden vorhandenen äußerlichen Mittel;
d. der bei den Gemeinden herrschende kirchliche oder unkirchliche Geist, die in ihnen etwa vorkommenden besonderen Richtungen, vorzüglich in soweit solche auf das kirchliche Verhältniß fördernd oder störend einwirken und sich von einer Gefahr drohenden Seite zeigen;
e. der Wandel der Kirchenbeamten, ihr häusliches Leben und das Fortschreiten der Geistlichen in ihrer wissenschaftlichen Bildung; ingleichen die Führung der in ihrem Sprengel sich aufhaltenden Kandidaten und ihre Vorbereitung zum Predigtamte;
f. die Beschaffenheit der Elementar- und niederen Bürgerschulen als der Vorbereitungsanstalten für die Kirche; und
g. die religiöse und kirchliche Tendenz der gelehrten Schulen und höheren Bürgerschulen.

7) Zunächst liegt ihnen das Geschäft der Kirchenvisitationen an denjenigen Orten ob, wo Geistliche angestellt sind, denen die Verwaltung einer Special-Superintendentur übertragen ist.

8) Bis dahin, wo ihnen über den Gang, den die Verhandlungen dabei zu nehmen haben, eine besondere Anweisung zugegangen sein wird, soll ihnen überlassen bleiben, sich nach der in der betreffenden Provinz eingeführten Kirchenvisitationsordnung zu richten. Eine Revision der Registratur und des Archivs der Superintendentur ist jedoch jedesmal damit zu verbinden.

9) Dafern die Umstände nicht die Aufnahme besonderer förmlicher Protokolle und schleunige Anzeigen nöthig machen, kann es hinreichen, daß sie ihre dabei gemachten Beobachtungen und Erfahrungen nur in das Reise-Journal eintragen, um den Behörden daraus zu seiner Zeit das Erforderliche mündlich oder vermittelst einzelner Extracte mitzutheilen.

10) In welcher Reihenfolge sie diese Visitationen, zu welchen sie keineswegs erst den besondern Auftrag des vorgesetzten Ministeriums oder des Provinzial-Konsistoriums zu erwarten haben, vornehmen wollen, ist ihnen ebenfalls freigestellt, doch haben sie sich so einzurichten, daß der Cyklus derselben in ihrem Bezirke nach Beschaffenheit des Umfangs künftig längstens in einem Zeitraume von 4—6 Jahren vollendet sei. Für den Anfang muß aber, weil es so wichtig ist, daß sie bald die erforderliche Personal-Kenntniß erlangen, diese Frist so viel als möglich abgekürzt werden.

11) Nächstdem daß sie über die Qualifikation der Special-Superintendenten, über die Art und Weise, wie sie ihren Pflichten nachkommen und über ihre äußere Lage sich die nöthigen Aufschlüsse verschaffen werden, haben sie auch auf die wichtigen Fragen einzugehen: in welchem Vernehmen dieselben mit den Kirchenpatronen und den Unterbehörden ihres Sprengels stehen, ob sie von diesen in ihrer amtlichen Wirksamkeit die nöthige Unterstützung erhalten, und ob bei eingetretenen Störungen die persönliche Vermittelung des General-Superintendenten von Nutzen sein könne.

12) Bei diesem regelmäßig wiederkehrenden Visitationsgeschäfte wird sich ihnen von selbst die Gelegenheit darbieten, der Diöcesan-Geistlichkeit näher zu treten und nicht nur über das, was in dem Aufsichtskreise der Special-Superintendenten nach § 6 ein Gegenstand ihrer Aufmerksamkeit sein soll, zuverläsfige Erkundigungen einzuziehen, sondern auch wohlthätig darauf einzuwirken, und sie haben dieselbe dazu mit Umsicht und Eifer zu benutzen.

13) Sie sind zur Erreichung dieses Zwecks aber auch berechtigt und verpflichtet,

einzelnen Kirchen- und Schulvisitationen, die der Special-Superintendent in den Parochien seiner Diöcese zu halten pflegt, beizuwohnen und dergleichen auch selbst vorzunehmen.

14) Uebrigens haben sie neben diesen gewöhnlichen und vorher anzukündigenden Visitationen auch zuweilen außerordentliche und unvermuthete Untersuchungen an Ort und Stelle sowohl auf Anweisung der vorgesetzten Behörde und Requisition der geistlichen Provinzial-Behörden, als auch nach eigenem Ermessen zu veranstalten; doch haben sie davon, sowie von allen in ihrem Bezirk vorzunehmenden Dienstreisen, den Oberpräsidenten vorher in Kenntniß zu setzen.

15) Zu ihren Obliegenheiten gehört ferner die persönliche Einweisung der neu ernannten Superintendenten in die Ephoralämter, wozu sie die jedesmalige Veranlassung vom Konsistorium erhalten. Wenn sie von den Regierungen requirirt werden, diese Superintendenten zugleich als Pfarrer bei ihren Gemeinden einzuführen, so haben sie sich auch diesem Geschäfte zu unterziehen.

16) Bei diesen Feierlichkeiten werden sie neben Beobachtung dessen, was das Herkommen und die Wichtigkeit des Gegenstandes sonst mit sich führt, nicht nur die angehenden Superintendenten zu einer pünktlichen und pflichtgetreuen Führung ihres kirchlichen Aufseheramtes in Gegenwart der versammelten Geistlichen und Schullehrer des Ephoral-Sprengels auffordern, diese aber zu einem folgsamen und ehrerbietigen Verhalten gegen ihren Vorgesetzten anweisen, sondern sich derselben auch als Veranlassung bedienen, die Bande der brüderlichen Gemeinschaft unter der Diöcesan-Geistlichkeit durch Einführung eines neuen Vermittlers fester zu schlingen, und die nützlichen Einrichtungen, die in ihr entweder noch gar keine Stelle gefunden haben, oder mit Lauigkeit behandelt worden sind, ins Leben zu rufen und eine eifrigere Theilnahme an ihnen anzuregen.

17) Da es in manchen Superintendenturkreisen gewöhnlich ist, jährliche Wittwenkassenkonvente oder andere Versammlungen behufs wissenschaftlicher Zwecke zu halten, so wird es angemessen sein, wenn sie diesen Zusammenkünften von Zeit zu Zeit beiwohnen, sowohl um mit den vereinigten Mitgliedern in eine genauere Bekanntschaft zu kommen und auf dem kürzesten Wege ihre Wünsche und Anträge zu vernehmen, als auch dasjenige zur Sprache zu bringen, was den geistigen Verkehr unter ihnen beleben und als wechselseitiges Förderungsmittel einer würdigen Amtsführung wirken kann, und um überhaupt diese Versammlungen durch ihre Gegenwart bedeutsamer zu machen.

18) Wo solche Versammlungen der Geistlichkeit einzelner Ephoral-Sprengel in der Regel nicht stattfinden, da können sie dieselben, um ihnen beizuwohnen, und zu dem im vorstehenden § angegebenen Zwecke durch den vorgesetzten Special-Superintendenten veranstalten lassen. Die Leitung der Verhandlungen wird jedoch dem Letztern zu überlassen, und das Nöthige vorher mit ihm zu verabreden sein.

19) Sie führen bei den Berathungen, zu welchen die ganze Geistlichkeit des Bezirks sich versammelt hat, den Vorsitz und leiten den Geschäftsgang. Zur Veranstaltung solcher Zusammenkünfte haben sie aber, wenn nicht durch die Provinzial-Kirchenverfassung etwas Anderes festgesetzt ist, jedesmal die Genehmigung des (Ministeriums der geistl. Angel.) evang. Ober-Kirchenraths einzuholen.

20) Sie werden als Mitglieder der Konsistorien durch ihre Theilnahme an den Prüfungen der Kandidaten in den Stand gesetzt werden, sich von der Tiefe und dem Umfange ihrer wissenschaftlichen Bildung und von dem Charakter ihrer theologischen Richtung eine genaue Kenntniß zu verschaffen und einen wohlthätigen Einfluß darauf zu äußern. Es bleibt aber auch außerdem für sie eine heilige Pflicht, sich mit dem Bildungsgrade derer, die sich dem evangelischen Predigtamte gewidmet haben, sorgfältig bekannt zu machen und auf ihr zweckmäßiges und unablässiges Weiterstreben auf jede andere Weise hinzuwirken.

21) Auch bei den bereits angestellten Geistlichen müssen sie darauf bedacht sein, den Eifer für gründliche Fortbildung anzuregen, zu nähren und zu unterstützen.

22) Zu ihren Amtsbefugnissen gehört ferner das Ordinationsgeschäft.

23) Es ist ihre Pflicht, die jährlichen Konduitenlisten über die Geistlichen

und Schullehrer ihres Bezirks, welche die Special-Superintendenten durch sie an die Provinzial-Behörden einzureichen haben, genau zu prüfen und erforderlichenfalls mit berichtigenden und ergänzenden Anmerkungen zu versehen. Die dem (Minist. d. geistl. Angel.) evangel. Ober-Kirchenrath von den Konsistorien vorzulegenden Konduitenanzeigen über die Superintendenten ihrer Sprengel müssen aber von ihnen nicht nur in der Reinschrift vollzogen, sondern auch im Konzept gezeichnet werden, wobei es ihnen freisteht, dasjenige, was sie nach ihrer Personalkenntniß für nöthig halten, beizufügen.

24) Sie sind gehalten, sich der Regulirung streitig gewordener Verhältnisse und der Beseitigung entstandener Unordnungen und Mißhelligkeiten, wenn sich von ihrem persönlichen Einflusse ein günstiger und schneller Erfolg erwarten läßt, auf Requisition der Konsistorien und Regierungsabtheilungen für Kirchen- und Schulwesen zu unterziehen, und haben in Folge gleicher Veranlassung ihr schriftliches Gutachten an diese Behörden in den Fällen abzugeben, in welchen die Feststellung der Wahrheit und die darauf zu gründende Entscheidung hauptsächlich von einer genauen Lokal- und Personal-Kenntniß abhängig ist. Es versteht sich jedoch von selbst, daß dieses nur ausnahmsweise geschehen darf, und daß in der Regel die nöthigen Ermittelungen durch die Special-Superintendenten geschehen müssen.

25) Sie haben das Recht, den Sitzungen der Regierungsabtheilungen für Kirchen- und Schulwesen, wenn sie es für nöthig halten, besonders auch wenn die von ihnen in der Eigenschaft als General-Superintendenten zur Sprache gebrachten Gegenstände zum Vortrag kommen, stimmfähig beizuwohnen, und werden sie den Präsidenten von ihrem diesfälligen Wunsche in Kenntniß setzen. Auch hat dieser sie in wichtigen Angelegenheiten, hauptsächlich wenn allgemeine und organische Maaßregeln erwogen und beschlossen werden sollen, zu den Berathungen einzuladen. Jedenfalls sind sie zu denselben zuzuziehen, wenn über die gegen Geistliche zu verhängende Disciplinar-Untersuchung oder über deren Remotion, unfreiwillige Versetzung und Emeritirung entschieden wird. (Dies geschieht nach § 1 Nr. 4 V. v. 27. Juni 1845 durch die Konsistorien, vgl. N. 80.)

26) Da es den Behörden, welchen das Recht des Vorschlags oder der Ernennung zu geistlichen Stellen Königl. Patronats zusteht, wichtig sein muß und auch zur Pflicht gemacht wird, über diejenigen Bewerber, welche sie auf die engere Wahl gebracht haben, das Gutachten der General-Superintendenten zu vernehmen, und dieses auch bei Auszeichnungen und Unterstützungen möglichst berücksichtigt werden soll: so werden sie in Erwägung, daß das Gewicht ihrer Ansicht in dem Grade sich verstärken muß, in welchem ihre Personalkenntniß an Genauigkeit und Umfang gewinnt, sich dabei der gewissenhaftesten Sorgfalt und Unparteilichkeit befleißigen und der Menschenfurcht und Menschengefälligkeit nicht den geringsten Einfluß auf ihr Urtheil gestatten.

In allen Fällen, wo sie ihre Stimme als General-Superintendenten in den Konsistorien und Regierungen nach Vorstehendem abgeben, zählt ihre Stimme nicht nur nicht mit, sondern es wird auch, wenn die Stimmenmehrheit gegen ihre Ansicht und ihren Antrag ausfällt, wenn sie darauf bestehen, die Sache der höheren Entscheidung des Ministeriums d. geistl. Angel. (bez. des evang. Ober-Kirchenraths) vorgelegt. Es wird von ihnen erwartet, daß sie in solchen Fällen ihre Ansicht und Meinung einer besonders strengen eignen Prüfung unterwerfen und nichts unversucht lassen, sich, soviel es nach Pflicht geschehen kann, zu einem gemeinschaftlichen Beschluß zu vereinigen.

27) Je umsichtiger und pflichtmäßiger sie bei diesem Theile ihrer Berufsthätigkeit verfahren, desto gewisser wird er sich in ein Beförderungsmittel ihres Ansehens und Einflusses verwandeln, daher sich auch die Art ihrer Einwirkung auf persönliche Rücksprache und Verhandlung, mündliche oder schriftliche Belehrung, Ermahnung und Zurechtweisung beschränken kann. Was ihnen auf diesem Wege nicht gelingt, das werden sie zur Einleitung eines förmlichen Verfahrens zur Kenntniß der betreffenden geistlichen Provinzialbehörden bringen.

28) Sie haben in einem jährlichen ausführlichen Verwaltungsberichte, der spätestens am Schlusse des Monats Januar an das Ministerium d. geistl.

Mediat-Konsistorien.

§ 147. Mediat-Konsistoria, wo dergleichen vorhanden sind, stehen der Regel nach unter der Aufsicht des Oberkonsistorii der Provinz.

Angel. (und den evang. Ober-Kirchenrath) einzureichen, und dem auch eine Abschrift des von ihnen geführten Reisejournals beizufügen ist, sowohl ihre wichtigsten Erfahrungen und die vorzüglichsten Resultate ihrer persönlichen Vermittelung, als auch insbesondere dasjenige, was sie der Entscheidung der Behörden haben überlassen müssen, und ob dieselbe erfolgt ist, anzuführen. Dieser Jahresbericht ist zuvörderst dem Ober- (d. h. Konsistorial-) Präsidenten mitzutheilen und von diesem fördersamst und urschriftlich an das Ministerium (den Ober-Kirchenrath) abzusenden.

29) Da sie für den Aufwand, den ihnen das Reisen und die Geschäftsführung verursacht, eine angemessene Entschädigung aus Staatsfonds erhalten werden, so haben sie den Kirchen- und Gemeindekassen keine sogenannte Kosten- und Gebührenzahlung zuzumuthen.

In Westphalen und Rheinland hat der General-Superintendent nicht die Ordination der Geistlichen — § 113 KO. v. 5. März 1835 (Ann. 19, 104) —, er wohnt aber dort den jedesmaligen Verhandlungen der Provinzial-Synode bei, um die Rechte des Staats wahrzunehmen, und kann an die Synode Anträge stellen — § 148 ebenda —, auch durch einen anderen Königl. Kommissarius evang. Bekenntnisses, dem dieselbe Befugniß zusteht, sich vertreten lassen — Zus. 47 zu § 148 l. c. (BMBl. 1853 S. 229) —. Die durch CRdMdJ. v. 8. Mai 1845 (BMBl. S. 121) angeordnete Einholung eines Gutachtens des General-Superintendenten behufs Besetzung der Stellen von Geistlichen an Straf- ꝛc. Anstalten ist durch CRdMdJ. v. 29. Juni 1859 (BMBl. S. 180) wieder aufgehoben und durch Begutachtung Seitens des evang. Ober-Kirchenraths ersetzt worden.

Zu §§ 147—149.

83 An Mediat-Konsistorien bestehen 1) die gräflich Stolbergschen in Wernigerode, Stolberg und Roßla auf Grund der A. Instr. v. 30. Mai 1820 (GS. S. 81), deren §§ 52—54 den freien Standesherrn das Kirchenpatronat, die Bestellung der Schullehrer, die Aufsicht über die Kirchen, Schulen, milden Stiftungen und deren Fonds, sowie zur Ausübung dieser Rechte die Bildung kollegialischer Konsistorien, jedoch nur innerhalb der Grenzen des § 18 Reg. Instr. v. 23. Oktbr. 1817 und mit Ausschluß der Befugnisse der Königl. Konsistorien, eingeräumt haben. Nach den Rezessen v. 13. August u. 17. Septbr. 1822 § 26, v. 8. Januar u. 25. Septbr. 1862 § 10 u. v. 28. März 1836 § 26 bestehen sie, ein jedes aus 2—3 weltlichen Mitgliedern der Justizkanzlei und 2 geistlichen, dem Superintendenten und einem Prediger, üben die den Königl. Regierungen und Konsistorien zustehenden Rechte aus und stehen unmittelbar unter dem Ministerium d. geistl. Angel. und dem Ober-Kirchenrath. — Ferner 2) das Stadtkonsistorium in Breslau auf Grund kaiserl. Privilegs v. 20. August 1609, dessen Organisation und Wirkungskreis durch das vom Minister d. geistl. Angel. u. dem evang. Ober-Kirchenrath erlassene Regl. v. 2. Novbr. 1859 (Aktst. 5, 168) festgestellt ist. Es besteht nach demselben aus 3 weltlichen Mitgliedern, dem Ober-Bürgermeister, welcher den Vorsitz führt, dem Bürgermeister und Stadtsyndikus, wenn sie evangelisch, event. den für jeden nicht evangelischen vom Ober-Kirchenrath im Einverständniß mit dem Minister d. geistl. Angel. aus den Magistratsmitgliedern bestellten Substituten, und aus 4 geistlichen Mitgliedern, den Pastoren der 4 evang. Haupt-Stadtkirchen (§ 1—9 l. c.). Sein Amtsbezirk erstreckt sich auf diese 4 Kirchen nebst ihren Filialen und die evang. Landkirchen auf den der Stadt gehörigen Gütern (§ 12 l. c.). Zu seinem Ressort gehören die inneren und äußeren Kirchenangelegenheiten, in denen es die Stellung der geistlichen Obern einnimmt, jedoch unter der Oberaufsicht des Königl. Konsistoriums und der K. Regierung und mit Ausnahme der in dem Ress. Ert. v. 1. Oktbr. 1847 (vgl. N. 80) unter Nr. I. 2, Alin. 2, 3, 4, 9 b, 24, 25, II. 1 4, 5 a. d. f und III. aufgeführten Fälle; in den Fällen zu III. darf das

§ 148. Ausnahmen davon und unmittelbare Unterordnung unter das geistliche Departement müssen besonders dargethan werden.

§ 149. Es sollen aber auch Oberkonsistoria den untergeordneten Mediatkonsistoriis in Ausübung ihrer Gerechtsame keinen Eintrag thun.

Superintendenten, Inspectoren und Erzpriester.

§ 150. Superintendenten, Inspectoren und Erzpriester sind untergeordnete Aufseher einzelner Diöcese und Kreise.

Stadtkonsistorium aber Anträge stellen und ist gutachtlich zu hören, und in Disciplinar-Untersuchungen hat das Königl. Konsistorium nur die Eröffnung der förmlichen Untersuchung und die Bestätigung des Definitiv-Resoluts, wenn es mit demselben einverstanden ist (§ 13—26 l. c.). Sein Organ ist der Kirchen- und Schulinspector, stets der Pfarrer an St. Elisabeth, zu dessen Ernennung die Genehmigung des Königs erforderlich, und der alle Rechte und Pflichten eines Königl. Superintendenten hat (§ 27—30 l. c.). — Das Stadtkonsistorium in Magdeburg ist aufgehoben, jedoch durch Königl. Statut v. 16. April 1830 bestimmt worden, daß der vom Magistrat gewählte und dem Königl. Konsistorium zur Ernennung präsentirte Superintendent die Rechte eines landesherrlichen geistlichen Obern über die Geistlichen der 6 Stadtkirchen unter dem Konsistorium ausüben soll. Das einer Stadt zustehende Mediat-Konsistorialrecht ist ein Gegenstand ihres Privatrechts und darf daher wegen Störung im Besitze desselben durch Verfügungen der Königl. Behörden sowohl in possessorio als in petitorio geklagt werden — KGE. v. 3. Juni 1848 (JMBl. S. 285) —.

Zu §§ 150—155.

84. Alle evangelische Geistliche, welche die Aufsicht über einen gewissen District von Kirchen und Schulen führen und bisher geistliche Inspectoren, Dekane, Erzpriester oder Präpositen genannt worden sind, sollen künftig den Titel „Superintendent" führen — AKO. v. 4. August 1806 (Rabe 13, 725) —. Sie stehen im Range den Regierungs- und Landräthen gleich — RdMdJ. v. 2. Januar 1817 (Ann. 1, 1, 129) —; ihnen steht das Prädikat „Hochwürden" amtlich zu — AKO. v. 8. Juni 1846 —; ihre Ernennung erfolgt durch den König auf Vortrag des evang. Ober-Kirchenraths und des Ministers d. geistl. Angel. in Folge der von den Konsistorien nach vorgängiger Kommunikation mit der betreffenden Regierung gestellten Anträge — V. v. 27. Oktbr. 1810 (GS. S. 3); Ress. Regl. v. 29. Juni 1850 § 5 Nr. 3 (GS. S. 344); AKO. v. 31. Dezbr. 1825 B. 4 (GS. 1826 S. 5) —. Der Vokation geht ein Kolloquium voraus — Instr. v. 12. Februar 1799 III. (Rabe 13, 364), vgl. N. 39 —. Nur rechtgläubige Männer, die auf dem Boden des christlichen Bekenntnisses stehen, sollen zu diesen Stellen vorgeschlagen werden — AKO. v. 25. Oktbr. 1845 —. Der Geschäftskreis des Superintendenten ist in den §§ 38, 144—146 und 53 ff. der rhein. westph. KO. v. 5. März 1835 (Ann. 19, 104) — vgl. N. 76, 86 u. 142 — specificirt. Der Haupttheil seines Berufes ist die Aufsicht über sämmtliche evangelische Kirchen und kirchliche Anstalten, die Geistlichen, Kandidaten und kirchlichen Beamten, die Elementarschulen, Privatschul- und Erziehungsanstalten, die Lehrer und Lehrerinnen seiner Diöcese. Zu diesem Behufe hat er vollständige Visitationen der Kirchen und Schulen zu veranstalten, dabei entdeckten Gebrechen und Mängeln sofort Abhülfe zu schaffen und über das Resultat den Konsistorien, Regierungen und Synoden tabellarische Berichte zu erstatten. Auch ist er der beständige Kommissarius und das Organ der Regierung für die Beaufsichtigung des Schulwesens auf dem Lande wie in den Städten — RdMdgA. v. 24. Juli 1863 (UCBl. S. 425) —. Außerdem ist den Superintendenten die Ertheilung der weniger bedeutenden Dispensationen und Koncessionen von den vorgesetzten Behörden übertragen, so die Dispensation von den gesetzlichen Erfordernissen der Konfirmation durch CRdMdgA. v. 14. August 1848 (VMBl.

S. 268), die Urlaubsertheilung an Geistliche bis zu 14 Tagen mit nur einem Sonntag und die Anordnung der Vertretung des Beurlaubten — §§ 414—416, 508 h. t. § 72 KO. v. 5. März 1835 —, die Introductionen der Geistlichen — § 405 h. t. — und ihre Ordination in Westphalen und Rheinland — § 38 Nr. 5 u. 113 KO. v. 5. März 1835 —, die Ordnung der Geschäfte bei Vakanzen — § 527 h. t. u. § 38 Nr. 4 KO. v. 5. März 1835 —, die Leitung der Kreis-Synoden — AE. v. 5. Juni 1861, III. 1 (GS. S. 372) —, die Kreis-Schulinspection — § 38 Nr. 8 KO. v. 5. März 1835, Schulordn. f. d. Prov. Preußen v. 11. Dezbr. 1845 § 35 (GS. 1846 S. 1) —, die Wiederinkurssetzung der au porteur lautenden Werthpapiere der Kirchen und kirchlichen Institute ihrer Diözese — CRdMdgA. v. 9. Septbr. 1859 (UCBl. 1861 S. 452) —. Zur Verhängung dienstlicher Strafen gegen Geistliche sind sie nicht befugt — RdMdgA. v. 28. Novbr. 1840 (BMBl. S. 456) —. Was die Beurlaubung der Superintendenten anbetrifft, so haben sie in Westphalen und Rheinland bei einer Abwesenheit von höchstens 14 Tagen nur unter Benennung ihres Stellvertreters dem General-Superintendenten Anzeige zu machen, bei längerer Abwesenheit bis höchstens 4 Wochen vom General-Superintendenten und bei noch längerer Abwesenheit durch den letzteren bei dem Präsidenten des Konsistoriums Urlaub nachzusuchen — RdMdgA. v. 30. Juni 1836 (Ann. 21, 956) —. In den andern Provinzen haben sie bei einer Abwesenheit von mehr als 3, aber nicht mehr als 14 Tagen außerhalb ihres Sprengels nur der Regierung und dem Konsistorium Anzeige zu machen — RdMdgA. v. 27. Novbr. 1837 (Ann. 21, 956) —; bei längerer Abwesenheit haben sie den Urlaub beim Vorsitzenden des Konsistoriums und, wenn sie zugleich Schulinspectoren, auch bei der Regierung nachzusuchen — § 1 Nr. 4 V. v. 27. Juni 1845 (GS. S. 440) —.

85. Die Remuneration der Superintendenten besteht nicht in einem festen Gehalte, sondern nur in Erstattung ihrer baaren Auslagen — AKO. v. 15. Januar 1846 —, insbesondere der Diäten und Reisekosten nach den Bestimmungen der §§ 1, 2 u. 5 AE. v. 10. Juni 1848 (GS. S. 151) mit 2 Thlr. 15 Sgr. pro Tag und 1 Thlr. pro Meile Landweg, 10 Sgr. pro Meile Eisenbahn oder Dampfschiff nebst 20 Sgr. für jeden Ab- oder Zugang (dabei sind bei Reisen von geringerer Entfernung als eine Meile die Reisekosten für eine volle Meile zu berechnen, bei Entfernungen unter ¼ Meile weder Diäten noch Reisekosten zu gewähren, sonst aber ist jede angefangene Viertelmeile für voll zu rechnen und zwar auf jeder Wegstrecke, wenn die Reise zum Theil auf der Eisenbahn oder dem Dampfschiff, zum Theil auf dem gewöhnlichen Wege zurückgelegt ist — § 3 l. c. CRdMdI. u. dF. v. 21. März 1865, BMBl. S. 9 —), sofern nicht nach provinziellen Bestimmungen Naturalfuhren oder Pauschsätze eintreten, endlich in bestimmten provinziell verschiedenen Gebühren. Die Diäten und Reisekosten erhalten sie für die Introduction der Geistlichen und die Anhörung der Probe- und Gastpredigten der Kandidaten aus den betreffenden Kirchenkassen event. von den Kirchengemeinden — § 406 h. t. u. RdMdgA. v. 14. Dezbr. 1837 (Ann. 21, 958) —, überhaupt für alle im Interesse der Gemeinden unternommenen Reisen ebenso, für alle im bloßen Auftrage der höheren Behörden unternommenen aus der Staatskasse, für die im Interesse von Privaten oder der Geistlichen, z. B. bei deren Auseinandersetzung mit dem Vorgänger oder dessen Erben unternommenen, von diesen. Superintendenten und Erzpriester oder Dekane erhalten das zum Inventarium der Stelle gehörige Exemplar der Gesetzsammlung unentgeltlich — CR. v. 5. Juni u. 27. Juni 1862 (UCBl. S. 323 u. 386) u. v. 13. November 1866 (UCBl. S. 645) —. Provinzielle Bestimmungen sind folgende: In Preußen erhalten die Superintendenten an Gebühren für die Visitationen aus jeder Kirchenkasse 1 Thlr. jährlich, für die Introduction eines Pfarrers 4 Thlr., eines Kaplans 2 Thlr. — Sportel-Taxe der Ostpr. Reg. v. 30. Juli 1774 u. der Westpr. Reg. v. 21. Septbr. 1773 — neben freier Beköstigung bei der Introduction durch den Eingewiesenen und stets freien Fuhren durch die Gemeinden — Zus. 174 u. 179 § 1 u. 5 Ostpr. Pr. R.; § 26 Westpr. Pr. R. (GS. 1846 S. 107); § 35 Schul-O. v. 11. Dezbr. 1845 (GS. 1846 S. 1) —. In Ostpreußen wird die Introductionsgebühr nach § 406 h. t. aus der Kirchenkasse, in Westpreußen nach § 25 Prov. R. von dem Eingewiesenen entrichtet. Die im Zus. 174 Ostpr. Prov. R. enthaltene Bestimmung, daß in Littauen Königl.

§ 151. Sie stehen unter der Direction des Bischofs oder der Konsistorien und werden von denselben unter Genehmigung des Staates ausgewählt und bestellt.

§ 152. Ihr Amt besteht eigentlich nur in der Aufsicht über die zum Kreise geschlagenen Kirchen und Geistlichen.

Vorspann gegeben werden soll, ist durch § 1 Ed. v. 28. Oktbr. 1810 (GS. S. 77) aufgehoben und daher auch in Littauen nach § 406 h. t. die Fuhrengestellung Last der Kirchengemeinde, was schon durch CV. d. Reg. zu Gumbinnen v. 21. Februar 1812 (ABl. S. 146) ausgesprochen, auch auf eine Beschwerde vom Abgeordnetenhause a. 1860 als richtig anerkannt ist (Aktst. 3, S. 206). Ferner erhalten die Superintendenten in Ostpreußen zu Schreibmaterialien aus jeder vermögenden Kirchenkasse 1 Thlr., aus jeder Kirchspielsschulkasse 15 Sgr. jährlich — RdMdI. v. 27. Februar 1815 (Königsb. ABl. S. 197) —, in Westpreußen dazu aus jeder Kirchenkasse 20 Sgr., und wenn sie zugleich Schulinspectoren sind, 1 Thlr. 10 Sgr. jährlich — RdMdgA. v. 31. Juli u. 2. August 1817 (Ann. 1, 4, 100) —, endlich in Preußen für die Prüfung jedes nicht notorisch armen, zur Konfirmation zugelassenen Konfirmanden 2½ Sgr. — R. v. 11. Novbr. 1802 —. In Pommern müssen zu den Kirchen-Visitationen die Gemeinden unentgeltlich die Fuhren gestellen — § 6 Vis. Instr. v. 15. Septbr. 1736 —, die sonst üblichen Visitationskosten sind aus dem Kirchenvermögen zu bestreiten — § 6 leg. praep. Pomm. praescr. v. 21. März 1621 —; für die Introduction sind 3 Thlr. aus Kirchenmitteln zu zahlen — § 2 u. 6 Regl. v. 6. Mai 1734 —. In der Mark Brandenburg erhält der Superintendent für die Introduction eines Landpfarrers 2 Thlr. bei der Mutterkirche und 1 Thlr. bei jeder Filiale, in den Städten aber für den ganzen Act unbeschadet abweichender Observanzen 4 Thlr. aus Kirchen- oder Kämmereimitteln, wie es ortsüblich — CV. v. 12. Dezbr. 1771 u. 1. Oktbr. 1772 (Mylius V. Nachtr. S. 463 u. 489) —, daneben muß ihm die Gemeinde die Fuhren zur Hin- und Rückreise unentgeltlich gestellen — Vis. u. Konsist. Ord. v. 1573 (Rabe 1, 3, 598) —. Auch zur Abhaltung der regelmäßigen Kirchen- und Schulvisitationen müssen die Gemeinden auf Grund einer Instr. v. 1. März 1764 das Fuhrwerk unentgeltlich gestellen — RdMdgA. v. 26. Mai 1866 (UCBl. S. 635) —. In Westphalen erhalten die Superintendenten auf Grund bestätigter Synodalbeschlüsse zur Deckung der Bureaukosten jährlich 50 Thlr. aus den Kreis-Synodalkassen, sowie an Gebühren für die Leitung einer Predigerwahl, desgleichen für die Ordination und Introduction eines Geistlichen von der betreffenden Gemeinde 10 Thlr. — RdMdgA. v. 30. Juni 1840 (VMBl. S. 225) —. In der Provinz Sachsen gilt überall statt der verschiedenen älteren Bestimmungen die Gebührentaxe für die Superintendenten v. 21. April 1832 (GS. S. 138). Dieselbe lautet nebst den durch RdMdgA. v. 4. Mai 1836 (Ann. 20, 604) gegebenen Erläuterungen, wie folgt:

§ 1. Es sind im Allgemeinen keine Gebühren zulässig, oder unter irgend einem Titel zu nehmen gestattet, als welche in der Gebührentaxe ausdrücklich aufgenommen worden. (Der Vorbehalt in den Erläuterungen, daß die Regierung in andern Fällen besondere Vergütung bewilligen dürfe, erscheint daher unstatthaft.)

In Ansehung der Diäten und Reisekosten für Verrichtungen außerhalb des Wohnorts der Superintendenten hat es bei den desfallsigen besonderen Festsetzungen sein Bewenden, mit Berücksichtigung der im § 4, 6 u. 9 enthaltenen näheren Bestimmungen.

Dasselbe gilt von der nach dem Konsist. Erl. v. 1. Mai 1817 aus den Bestandgeldern der Kirchenkassen jährlich erfolgenden Entschädigung für Schreibmaterialien und sonstige Bureau-Bedürfnisse, welche nicht bloß von Königl., sondern auch von Patronat-Kirchen zu entrichten ist.

Erläut. Diese Entschädigungen sind erst bei Beständen von 1 Thlr. und mehr zu zahlen und betragen 10 Sgr. von einem Bestande von 1—5 Thlr., 20 Sgr. von einem von 5—10 Thlr., 1 Thlr. von einem von 10—20 Thlr., 2 Thlr. von einem Bestande über 20 Thlr. Bestand ist das, was nach Feststellung der jährlichen Einnahmen und Ausgaben durch den Etat der Kirchenkasse

§ 153. Letztere sind ihnen von ihrer Amtsführung, Lehre und Wandel auf jedesmaliges Verlangen Rechenschaft zu geben schuldig.

---

sich als Ueberschuß ergiebt. Wo noch keine Etats vorhanden, sollen sich Superintendent, Patrone und Kirchenvorstand über die zu bewilligende Entschädigung nach Maaßgabe der jährlichen Einnahme und Ausgabe, zu welcher letzteren die Ausleihung von Kapitalien nicht zu rechnen ist, verständigen, event. die Reg. entscheiden.

§ 2. Zur Vereinfachung der Sache sind für die gewöhnlichen, öfter vorkommenden Ephoral-Geschäfte Pauschquanta angesetzt, aber auch außerdem darf in den sportelpflichtigen Sachen der vorschriftsmäßige Sportelsatz nur auf einen jeden Erlaß, durch welchen etwas definitiv entschieden oder bestimmt wird, angewendet, für Zwischenverfügungen hingegen, für Berichte und überhaupt für die amtliche Korrespondenz, soweit eine solche zur Vorbereitung einer endlichen Entscheidung erforderlich ist, darf nichts angesetzt werden.

§ 3. Unter den Gebührensätzen sind die baaren Auslagen in Privatsachen an Porto, Botenlohn und dergleichen nicht mitbegriffen.

Erläut. Dazu gehören auch Kopialien mit 2½ Sgr. pro Bogen; Boten dürfen nur in Ermangelung einer Postverbindung, oder wenn die Sache keinen Aufschub leidet, geschickt werden.

§ 4. Die an manchen Orten übliche Speisung der Superintendenten auf Kosten der Kirchenärarien oder Gemeinden hört ganz auf; die Superintendenten empfangen dagegen bei Lokalverhandlungen außerhalb ihres Wohnortes für jeden Tag, an welchem das Geschäft betrieben wird, wozu auch der Tag der Hinreise und Rückkehr zu rechnen ist, 2 Thlr. Diäten von den nämlichen Personen resp. aus denselben Kassen, welche die übrigen wegen des betreffenden Geschäfts zu entrichtenden Ephoralgebühren zu zahlen haben.

Erläut. Zu den Lokalien gehören nur die § 9 zu 1, 4, 5 genannten, sowie Abnahme von Pfarr- oder Schulproben und Einweisungen neuer Pfarrer, sowie die besonders dazu von den Obern ertheilten Aufträge; wer in letzteren Fällen zu zahlen hat, bestimmt § 10. (Die Diäten betragen nach § 5 AE. v. 10. Juni 1848 (GS. S. 151) 2½ Thlr. pro Tag.)

§ 5. Ist an dem Orte, wo eine Lokalverhandlung vorgenommen wird, kein schickliches Unterkommen zu finden, so ist der Pfarrer verpflichtet, dem Superintendenten Licht, Wohnung, Heizung und Speisung zu geben. Dafür erhält der Pfarrer täglich von dem Superintendenten für Wohnung, Licht und Heizung 10 Sgr., für die Speisung 1 Thlr.

Erläut. Diese Entschädigungen erhält der Pfarrer direct von der zahlungspflichtigen Person oder Kasse gegen Quittung und soll sich deshalb nicht an den Superintendenten halten.

§ 6. Dem Superintendenten sind, wenn er nicht im besonderen Auftrage des Staats reist, in welchem Falle er die Fuhrkosten nach dem Regulativ vom 25. Juni 1825 liquidirt, von der betreffenden Kirchen- oder Schulgemeinde 4 Vorspannpferde, sowohl zur Hin- als Rückreise zu gestellen und für den Wagen, den er selbst zu besorgen hat, täglich 20 Sgr. zu zahlen, oder es hat sich die Gemeinde auf andere Weise mit dem Superintendenten wegen seines Fortkommens nach freier Uebereinkunft zu einigen. (An die Stelle des Regul. v. 25. Juni 1825 ist der AE. v. 10. Juni 1848 (GS. S. 151) getreten.)

§ 7. Der Superintendent hat in einer jeden sportelpflichtigen Sache die vollständige und specielle Gebührenliquidation den Debenten entweder unter der betreffenden amtlichen Ausfertigung, oder separat aufgesetzt, aus den Akten, welche stets und ohne Ausnahme das Koncept der Liquidation in extenso enthalten müssen, mitzutheilen. — Unterlassung dieser Vorschrift zieht Ordnungsstrafe nach sich, bei Ueberschreitung der in der Sporteltaxe festgesetzten Sätze aber treten die gesetzlichen Bestimmungen ein.

Erläut. Zur vollständigen Liquidation gehören die Gebühren, Diäten, Fuhrkosten und Auslagen.

§ 8. Von Kirchenkassen, deren jährliche Einnahmen die laufenden Ausgaben im Durchschnitt nicht übersteigen, und von Personen, die sich gesetzlich zum Armenrecht qualificiren, dürfen keine Gebühren gefordert werden.

Erläut. Ist die Kirchen- oder Schulkasse unvermögend, so muß die Gemeinde die Liquidation honoriren.

§ 9. Es finden in folgenden Fällen die nachstehend vermerkten Gebührensätze statt:

1) Kirchen- und Schulvisitationen 2 Thlr.
2) Dispensation zur Zusammenziehung des zweiten und dritten Aufgebots und da, wo es noch gesetzlich ist, zur Haustaufe, zur Haustrauung, sowie zur Annahme überzähliger Gevattern 1 Thlr. (Die daneben für die Regierung zu erhebenden Gebühren sind durch V. v. 22. Novbr. 1842 (GS. S. 192) aufgehoben.)
3) Dispensation von den verfassungsmäßigen Erfordernissen zur Konfirmation, es möge der Superintendent selbst dieselbe im Auftrage der Regierung (des Konsistoriums nach § 1 Nr. 6 V. v. 27. Juni 1845, GS. S. 440) ertheilen, oder selbige in den dazu geeigneten Fällen bei der Regierung (dem Konsistorium) nachsuchen, welchen Falls die Anträge aus der ganzen Ephorie zusammen eingereicht werden müssen, für einen jeden Dispensanden 5 Sgr., wenn aber außer der gewöhnlichen Konfirmationszeit in einem einzelnen Dispensationsfalle die Regierungs- (Konsistorial-) Genehmigung eingeholt werden muß, 1 Thlr.
4) Schulvisitation, insofern solche mit einer Kirchenvisitation nicht verbunden ist, 1 Thlr., für Fuhrkosten dabei incl. der Wagenmiethe à Meile 20 Sgr.

   Erläut. Die Fuhrkosten sind für die Hin- und besonders für die Rückreise zu zahlen. Ueber die Nothwendigkeit jeder unvermutheten Schulrevision muß sich der Superintendent ausweisen können.
5) Einweihung einer Kirche und die dabei zu haltende Predigt oder Rede 2 Thlr. Derselbe Gebührensatz findet statt für die Einweihung einer Orgel, eines Begräbnißplatzes u. s. w., sofern die Handlung Seitens der Gemeinde ausdrücklich vom Superintendenten, nicht bloß vom Ortsprediger verlangt wird, 2 Thlr.
6) Genehmigung zur Vergitterung eines Grabes, wo es Observanz ist, dazu die Genehmigung des Superintendenten nachzusuchen, 2 Thlr.
7) Bei Erledigung eines Pfarramtes und Anstellung eines neuen Pfarrers für alle dabei vorkommenden Geschäfte incl. der Auseinandersetzung nach jedesmaliger Bestimmung der betreffenden Regierung 10—15 Thlr.
8) Bei Erledigung einer Kirchendiener- und Schullehrerstelle und Anstellung des neuen Lehrers nach jedesmaliger Bestimmung der betreffenden Regierung 2—6 Thlr.

   Erläut. Das volle Pauschquantum wird auch bei der provisorischen Anstellung eines neuen Lehrers gezahlt, aber nicht wieder, wenn dieselbe zu einer definitiven wird. Wird der provisorisch angestellte Lehrer vor der definitiven Anstellung entlassen, so ist der Gebührensatz von seinem Gehalte einzubehalten und der Schulkasse oder Gemeinde zu erstatten.
9) Annahme und Einweihung eines nicht konfirmirten Kinderlehrers (Reise-Schullehrers) nach jedesmaliger Bestimmung der betreffenden Regierung 1—2 Thlr.

   Erläut. In den Fällen zu 7—9 ist die Bestimmung der Regierung vor Zufertigung der Liquidation an die Zahlungspflichtigen einzuholen.
10) Für Anordnung der Kirchentrauer für einen verstorbenen Kirchenpatron, wo es hergebracht ist, und wenn dessen Familie die Anordnung derselben verlangt, 1 Thlr. 10 Sgr.
11) Abnahme einer Kirchenrechnung 10 Sgr. bis 2 Thlr. nach Bestimmung der Regierung unter Berücksichtigung des Kirchenvermögens und der bisherigen Observanz.

   Erläut. Die Abnahme durch den Superintendenten soll nur ausnahmsweise in Folge besonderen Auftrags der Regierung erfolgen, und sind dann die Gebührensätze wie bei den Entschädigungen für Schreibmaterialien abzumessen.
12) Ausleihung eines Kapitals bis zu 100 Thlr.: 15 Sgr., über 100 Thlr.: 1 Thlr.
13) Für Durchsicht und Prüfung der Verhandlungen wegen Verpachtungen und

§ 154. Besonders müssen die Aufseher die Kirchenvisitationen ordentlich und sorgfältig vornehmen; dabei auch von der Beschaffenheit und Verwaltung des Kirchenvermögens, sowie von dem Baustande der Kirchen- und Pfarrgebäude genaue

---

Lizitation von Grundstücken der Kirchen und Schulen bis zu 50 Thlr. jährlichen Ertrages 10 Sgr., bis zu 100 Thlr.: 20 Sgr., über 100 Thlr.: 1 Thlr.

Erläut. Der Gebührensatz findet bei Kirchen Privat-Patronats nur Statt, wenn die Pachtperiode 6 Jahre übersteigt oder die Pachtsumme mehr als 50 Thlr. beträgt.

14) Für Untersuchung eines Streits über Kirchenstühle 1 Thlr.

Erläut. Streitigkeiten über Eigenthum und Besitzrecht an Kirchenstühlen gehören vor die Gerichte und nur dann vor den Superintendenten, wenn seine Vermittelung von beiden Theilen verlangt wird.

15) Für verlangte Abschrift eines jeden Bogens $2^1/_2$ Sgr.

§ 10. Soweit bereits durch Herkommen und Observanz feststeht, woher in den verschiedenen Fällen die Gebühren des Superintendenten erfolgen, bewendet es auch fernerhin dabei; sonst aber sind die im § 9 unter 1, 5 u. 11 angeführten Gebühren von den betreffenden Kirchenkassen und bei deren Insufficienz von den Kirchengemeinden, die Gebühren unter 4, wenn die Schulgemeinde zugleich die Kirchengemeinde ist, aus der Kirchenkasse, entgegengesetzten Falls aber aus der Schulkasse und bei deren Insuffizienz von der Schulgemeinde, die unter 12 u. 13 aus den Kirchen- und resp. Schulkassen, unter 7—9 von den Gemeinden und die unter 2, 3, 6, 10, 14, 15 von den Extrahenten zu entrichten.

§ 11. Bei entstehenden Zweifeln oder Streitigkeiten über die Auslegung dieser Taxe entscheidet die Regierung mit Vorbehalt des Rekurses an den Minister der geistlichen Angelegenheiten.

85a. Die in den anderen Provinzen leider noch übliche Gestellung der Natural-Fuhren kann durch Gemeindebeschluß nach Maaßgabe des G. v. 23. Jan. 1846 (vgl. N. 95) oder durch Kreistagsbeschluß in eine Geldleistung umgewandelt werden, welche im ersten Falle aus der Kirchenkasse, im zweiten aus der Kreiskommunalkasse zu zahlen ist. Den letzteren Umwandlungsmodus hat der MdgA. in dem CR. v. 21. Septbr. 1852 (VMBl. S. 215) besonders empfohlen.

Zu § 154.

86. Die Kirchenvisitationen werden nach den speciellen Instructionen abgehalten, welche von den katholischen Bischöfen, resp. von den evangelischen Konsistorien erlassen sind. Die Instructionen der Konsistorien sind enthalten in den Visitationsordnungen für die Mark Brandenburg vom 18. August 1864 (Aktst. 5, 444), für Pommern v. 24. August 1864, für Schlesien v. 15. April 1859 (Aktst. 2, 303; UCBl. S. 548), für Posen v. 9. Mai 1838 (Ann. 22, 931) nebst den ergänzenden V. v. 4. März 1853 u. 31. Dezbr. 1854, für Sachsen in den V. v. 1. Mai 1823, 31. Mai 1827, 10. April 1834 u. a., für Preußen in den V. v. 21. Febr. u. 12. Novbr. 1855, 18. März 1856, 27. Mai 1857, 19. Febr. 1858, 3. März 1859, 16. Febr. 1860, 27. Febr. 1862, 16. März 1864, 26. Juni 1865, für Westphalen in der V. v. 31. Aug. 1853 —. Die rheinisch-westphälische Kirchenordnung v. 5. März 1835 (Ann. 19, 104) und deren unterm 25. August 1853 bestätigte Zusätze (VMBl. S. 229) enthält über die Kirchenvisitationen folgende Bestimmungen.

§ 144. Die Kirchenvisitation wird von dem Superintendenten gehalten, und dies in den betreffenden Gemeinden den Sonntag vorher von der Kanzel bekannt gemacht. Zu dieser Handlung versammelt sich das Presbyterium mit dem Prediger oder den Predigern, und der Superintendent eröffnet sie mit Gebet und einer kurzen angemessenen Anrede.

Zus. 45. Nach Beschluß der Kreis-Synode kann die Visitation auch vor versammelter Gemeinde und mit einem Gottesdienste eröffnet werden.

§ 145. Die Gegenstände, auf welche der Superintendent seine Aufmerksamkeit zu richten hat, sind folgende:

1) Lehre und Betragen des Pfarrers und Zustand des Presbyteriums. Der Pre-

Erkundigung einziehen und davon sowohl als von der Amtsführung der Prediger und übrigen Kirchenbedienten ihren vorgesetzten Oberen treulich berichten.

---

diger tritt ab, und der Superintendent befragt das Presbyterium, ob es etwas gegen denselben vorzubringen habe. Dasselbe geschieht darauf in Ansehung des Presbyteriums. Nun werden die Glieder der Gemeinde, welche sich mit Anliegen und Beschwerden eingefunden und nach vorheriger Anzeige an das Presbyterium keine Remedur gefunden haben, vorgelassen und gehört. — Der Superintendent versucht bei Mißhelligkeiten Ausgleichung, ertheilt freundliche Erinnerungen und behält für solche Fälle, welche sich nicht von ihm schlichten lassen, die höhere Entscheidung vor.

2) Zustand der inneren Angelegenheiten der Gemeinde, würdige Feier der Sonn- und Festtage, Besuch des öffentlichen Gottesdienstes, Theilnahme an den Sakramenten, Konfirmanden-Unterricht, Uebung der Kirchen-Disciplin, herrschende Sünden und Laster, eingerissene Mißbräuche u. s. w., Berathung, wie ihnen abzuhelfen und Einhalt zu thun.

Zus. 46. Zu den Gegenständen, auf welche der Superintendent sein Augenmerk zu richten hat, gehört auch die Theilnahme der Gemeinde an der äußeren und inneren Mission.

3) Aeußerer Bestand der Gemeinde. Aufsicht über die Verwaltung des Kirchen- und Armenvermögens, je nachdem er verfassungsmäßig einzuwirken hat. Vorlegung der Inventarien und Lagerbücher, Kirchenrechnungen, Besichtigung, wenn es erforderlich ist, der Schulen in Ansehung des Bestandes und der Utensilien, Inspection der Schule nach den darüber bestehenden Vorschriften, Nachfrage über Verwaltung der etwaigen Ortswittwenkassen und besonderen Stiftungen, worüber die Rechnungen vorzulegen sind, Einsicht der Kirchen-Register, der Tauf- und Kopulations- und Begräbniß-, wie auch der Konfirmanden- und Kommunikanten-Register, welche allgemein einzuführen sind, der Protokollbücher des Kirchenraths, der Abschriften von den Verhandlungen der Kreis- und Provinzial-Synode und den Verordnungen der Behörden.

§ 146. Nach gehaltener Visitation trägt der Superintendent über den Zustand der Gemeinde und ihrer kirchlichen Verhältnisse den Befund ins Presbyterial-Protokoll ein, welches von den anwesenden Predigern und Presbyterialgliedern unterzeichnet wird.

Den allgemeinen Visitationsbericht hat der Superintendent sowohl der Kreis-Synode vorzulegen, als durch den General-Superintendenten dem Konsistorium einzusenden.

Die wesentlichsten, allen Provinzen gemeinsamen Bestimmungen der Visitationsordnungen sind folgende: Die Visitationen erfolgen alljährlich in Preußen und Posen, alle 2 Jahre in Westphalen, alle 3 Jahre in Rheinland, Schlesien und Brandenburg, alle 4 Jahre in Pommern und Sachsen, überall vor dem Beginn der Erndte oder nach Beendigung derselben. Der Tag der Visitation ist bald ein Sonntag, bald ein Werktag, er ist immer Kirchenfest und zeitig der zu visitirenden Gemeinde und deren Pfarrer bekannt zu machen. Die Visitation beginnt mit einem Gottesdienste vor der Gemeinde, bei welchem deren Pfarrer die Predigt hält, gewöhnlich über einen ihm dazu vom Visitator gegebenen Text, dann folgt eine Ansprache des Visitators und durch denselben die Katechisation der im Vorjahre Konfirmirten, der neu zu Konfirmirenden, auch wohl der übrigen Schulkinder, oft mit bestimmten, vorgeschriebenen Fragen. Daran schließen sich Konferenzen mit den Geistlichen, Gemeinde-Kirchenräthen und Lehrern und Untersuchungen über etwaige Mißstände und Beschwerden, sowie über die gesammten Verhältnisse der Kirche und Schule im Innern wie Aeußern, in subjectiver und objectiver Beziehung. Gegenstände der Visitation sind daher nicht nur die gottesdienstliche Ordnung und das kirchliche Leben in der Gemeinde, der Konfirmanden-Unterricht und die Konfirmation, der Gesang in Kirche und Schule, der Jugend-Unterricht und die Kinderzucht, die Verhältnisse der Geistlichen, Kandidaten, Kirchendiener, Kirchenvorsteher und sonstigen Mitglieder der Presbyterien und Gemeinde-Kirchenräthe, der Lehrer, sondern auch das gesammte Kirchen- und Pfarrvermögen, der Zustand der Gebäude, Orgeln, Kirchhöfe, Pfarrländereien, Kapitalien, das Vermögen der sonstigen Stiftungen, Armenhäuser, Pfarrwittwen-Institute, die Einkünfte der Geistlichen, Lehrer und Kirchendiener, die Kassen der Kirchen, Schulen und Stiftungen, die Rechnungslegung, die Kirchen- und Schularchive, die Kirchenbücher. Die Visitation erstreckt sich auf alle Kirchen und Schulen der Diöcese und in jeder Gemeinde auch auf die Filialkirchen und Kapellen. Ueber den Befund wie über die Wünsche, Anträge und Beschwerden sind Protokolle aufzunehmen, etwaige Abhülfe sofort mündlich zu schaffen und schließlich ist vom Superintendenten ein umfassender Bericht zu erstatten und nebst den Protokollen dem Konsistorium und der Regierung einzureichen.

87. Neben den ordentlichen Visitationen der Superintendenten sollen die General-Superintendenten außerordentliche Kirchenvisitationen vornehmen und zwar alljährlich *in einer oder zwei Diöcesen, welche sie nach* Bedürfniß in derselben Diöcese nach Jahresfrist wiederholen dürfen — CEdOKR. v. 26. März 1856 (Altst. 2, 79) —. Dieselben erfolgen nach der vom evang. Ober-Kirchenrath erlassenen Instruction für die Abhaltung der General-Kirchen- und Schul-Visitationen in den 6 östlichen Provinzen vom 15. Februar 1854 (Altst. 2, 21), welche lautet:

§ 1. Es wird in den Provinzen Preußen, Brandenburg, Pommern, Schlesien, Posen und Sachsen eine allgemeine, außerordentliche Kirchen- und Schul-Visitation abgehalten.

§ 2. Der Zweck dieser Visitation ist: 1) die Kräftigung und Befestigung des evangelischen Glaubens und Bekenntnisses und die möglichste Stärkung oder Herstellung alt-evangelischer Sitte in den Gemeinden; 2) die Ermittelung und Abstellung von Mißständen, insbesondere solcher, welche auf dem Gebiete des inneren kirchlichen Lebens hervortreten und 3) die genaue Erkundigung des gesammten geistlichen Zustandes der Gemeinden und derer, die an ihnen arbeiten.

§ 3. Die Visitationskommission besteht

1) aus dem General-Superintendenten als Präses der Kommission. Sollte derselbe während der Dauer der Visitation unerwartet behindert werden, das Geschäft fortzusetzen, so ist er ermächtigt, sich selbst einen Substituten zu ernennen. Tritt dagegen das Hinderniß schon vor dem Beginn der Visitation ein, so erfolgt die Ernennung eines Stellvertreters für denselben auf den Bericht des evang. Ober-Kirchenraths durch Se. Majestät den König;
2) aus dem Superintendenten des Kirchenkreises;
3) aus mehreren beigeordneten Geistlichen, welche der evang. Ober-Kirchenrath nach Anhörung des Konsistoriums für jede einzelne Diöcese besonders ernennt.

Dem Präses der Visitationskommission bleibt es überlassen, zu einzelnen vorkommenden Visitationsgeschäften auch einzelne dazu geeignete Geistliche aus dem Kirchenkreise selbst zu beauftragen.

Außerdem ladet das Konsistorium bei jeder Visitation eine oder einige angesehene Personen weltlichen Standes aus dem Kirchenkreise selbst zur Theilnahme an der Visitation ein, bei deren Auswahl vornehmlich auf die Landräthe und andere mit obrigkeitlicher Autorität bekleidete Personen Rücksicht zu nehmen ist.

§ 4. Die Visitation findet nach Kirchenkreisen statt. Sie beginnt in dem Hauptorte des Kirchenkreises oder an dem Wohnorte des Superintendenten und verbreitet sich von dort aus über alle Kirchen des Kreises.

§ 5. Vor dem Beginn der Visitation ist ein genauer Visitationsplan zu entwerfen, in welchem Tag und Stunde der einzelnen Visitationsverhandlungen und die Namen der fungirenden Visitatoren anzugeben sind. — Dieser Visitationsplan wird gedruckt und an die Visitatoren, wie an die Geistlichen, Lehrer, Kirchenvorstände und Patrone der Diöcese vertheilt.

§ 6. Die Visitation wird wenigstens 14 Tage vor dem Eintreffen der Visitatoren dem Superintendenten des Kirchenkreises angesagt und in allen Kirchen von den Kanzeln herab angekündigt. Desgleichen erfolgt eine Bekanntmachung durch das Amtsblatt.

§ 7. Für Kräftigung und Befestigung des evang. Glaubens und Bekenntnisses in den Gemeinden soll vornehmlich das Mitzeugniß der Visitatoren in der Verkündigung des Evangeliums dienen.

§ 8. Die Visitation beginnt mit einem feierlichen Eröffnungsgottesdienst in der Hauptkirche des Hauptortes des Kirchenkreises und schließt mit einem feierlichen Schlußgottesdienst in derselben. Für diese beiden Gottesdienste übernimmt der Präses der Kommission die Hauptpredigt entweder selbst oder bestimmt dazu einen der ihm beigegebenen Geistlichen. Der Ortsgeistliche hält die Liturgie. Der Präses der Kommission, wenn er die Predigt nicht selbst gehalten hat, oder ein von ihm bestimmtes Mitglied der Kommission beschließt diese Gottesdienste mit einer freien Ansprache und Gebet vor dem Altar. — Es steht dem Präses zu, anzuordnen, daß mit dem Schlußgottesdienste zugleich eine Feier des heiligen Abendmahls verbunden werde, an welcher die Mitglieder der Kommission, die dazu einzuladenden Geistlichen, Kandidaten, Lehrer und kirchlichen Beamten des Kirchenkreises und die sonst sich meldenden Patrone, Ortsvorstände und Gemeindeglieder aus dem ganzen Kirchenkreise Theil nehmen können.

§ 9. Während der Visitation predigt in der Regel in der Mutterkirche der Parochie der Ortspfarrer, auf dessen Predigt dann eine freie Ansprache eines Kommissionsmitgliedes vor dem Altar zu folgen hat. Am Abend predigt, wo immer möglich, im Mutterorte oder in einem besser gelegenen Filial ein Mitglied der Kommission nach Anweisung des Präses. In allen Filial- oder Nebenkirchen der Parochie ist eine Predigt von einem Mitgliede der Kommission oder einem beigezogenen Geistlichen des Kirchenkreises zu halten, was theils zugleich mit dem Gottesdienste im Hauptorte, theils aber auch Nachmittags und an mehreren Filialorten zugleich geschehen kann. Doch soll die Kommission sich nie so theilen, daß nicht zwei Kommissionsmitglieder zusammenbleiben.

§ 10. Es ist nicht nothwendig, daß die im § 8 bezeichneten Predigten durchweg in der Weise eigentlicher Kanzelpredigten gehalten werden, vielmehr können die Visitatoren nach Bewandniß der Umstände sich auch der Form freier Ansprachen, belehrender Vorträge und, wenn mehrere derselben zugleich an einem Orte sich befinden, der Form kurzer, auf einander folgender Glaubenszeugnisse bedienen.

§ 11. Die Visitatoren haben in ihren Predigten, Ansprachen und Zeugnissen vornehmlich die Hauptstücke des evang. Bekenntnisses zu treiben, zum fleißigen Gebrauch des Wortes Gottes in den Häusern und des in der evang. Kirche den Gläubigen unverkürzt dargebotenen Sakraments und zu einem frommen gottseligen Wandel zu ermahnen.

§ 12. Nächst der Predigt für die erwachsenen Glieder der Gemeinde haben die Visitatoren auch auf die Jugend ihr Augenmerk zu richten. Sie haben zu diesem Ende überall unter Zuziehung des Schulinspectors und des Schulvorstandes die Schulen zu besuchen oder auch die evangel. Schuljugend des Orts oder mehrerer benachbarter Orte in Gegenwart der Schullehrer in der Kirche zu versammeln, die Kinder zu katechisiren und an diese sowie an die Lehrer eine erweckliche Ansprache zu richten.

§ 13. Nach Abhaltung des Eröffnungsgottesdienstes versammelt der Präses der Visitationskommission im Beisein der ganzen Kommission sämmtliche Geistliche des Kirchenkreises, eröffnet ihnen den Zweck der Visitation und den dabei einzuhaltenden Gang und fordert dieselben auf, die in dem Kirchenkreise obwaltenden Mißstände und Hemmungen des kirchlichen Lebens entweder sogleich oder im Laufe der Visitation zur Sprache zu bringen und die Mittel zur Abhülfe anzugeben.

Erfolgen auf diese Aufforderung schon in der Versammlung bestimmte Anzeigen, so sind dieselben, soviel als möglich, auf der Stelle näher zu erörtern. Der Präses der Kommission ertheilt nach Bewandniß der Umstände entweder sogleich Bescheid und Anweisung darauf, oder behält weitere Prüfung und Bescheidung durch das Konsistorium vor. — Ueber das in dieser Versammlung Verhandelte wird eine kurze Registratur aufgenommen.

§ 14. Auf diese Generalversammlung der Geistlichen des Kirchenkreises folgt die Specialvisitation der einzelnen Kirchen.

§ 15. Der Gang der Specialvisitation in den einzelnen Parochien ist in der Regel folgender: Die Visitation beginnt des Morgens mit einem feierlichen Gottesdienste in der Hauptkirche der Parochie am Wohnorte des Pfarrers. — Der Ortspfarrer hält die Liturgie und in der Regel auch die Predigt. Nach dem Schlusse der Hauptpredigt redet einer der Visitatoren zu der Gemeinde, die gehörte Predigt bekräftigend, ergänzend oder weiterführend, und hält, wenn nicht die zweite

§ 155. Zu entscheidenden Verfügungen, sowie überhaupt zu anderen Geschäften sind sie ohne besonderen Auftrag ihrer Oberen nicht befugt.

Hälfte der Liturgie alsdann eintritt, ein freies Schlußgebet. — Nach Beendigung des Gottesdienstes wird die Schuljugend mit ihren Lehrern in der Kirche versammelt. Der dazu bestimmte Visitator eröffnet die Prüfung derselben mit einer kurzen Ansprache und Gebet. — Alsdann beginnt der Lehrer über einen an Ort und Stelle ihm aufgegebenen Gegenstand die Katechisation der Schüler und Schülerinnen. Sind mehrere Lehrer an der Schule angestellt, so sind dieselben möglichst alle nach einander zur Katechisation aufzurufen. Zum Schluß nimmt der Visitator selbst die Katechisation auf und beschließt die Handlung mit Ansprache und Gebet. — Die Prüfung der Schulkinder hat zum Zwecke, die Kenntniß des Katechismus, der biblischen Geschichte, der Hauptsprüche, der evang. Kernlieder und ihrer Melodien, der Ordnung des Kirchenjahres und etlicher passender Gebete unter ihnen zu prüfen und den Lehrern, Schülern und der Gemeinde die lebendige Erkenntniß des Wortes Gottes als den Kern und Mittelpunkt alles Jugendunterrichts eindringlich darzustellen.

Alsdann werden die Kirchen- und Schulvorsteher nebst den Hausvätern und Hausmüttern der Gemeinde eingeladen, in der Kirche zu verbleiben, und mit denselben über das gesammte kirchliche und sittliche Leben der Gemeinde, Kirchen- und Schulbesuch, Sakramentsfeier, Hausgottesdienst, Kinderzucht, Gesindezucht, über christliche Armen- und Krankenpflege und über die in der Gemeinde etwa im Schwunge gehenden Laster und Sünden im Beisein des Pfarrers, des Patrons und der Ortsobrigkeit verhandelt, und werden daran die nöthigen Ermahnungen und Belehrungen geknüpft. — Schließlich werden diejenigen Gemeindeglieder, welche etwas Besonderes auf dem Herzen haben, aufgefordert, sich dem Präses der Visitationskommission oder einem der Visitatoren vertrauensvoll zu eröffnen.

Am Nachmittage findet noch eine besondere Besprechung mit den Kirchen- und Schulvorstehern sowie mit den sonst etwa sich meldenden Gemeindegliedern statt, bei welcher der Pfarrer nicht zugegen ist, um dasjenige zu vernehmen, was dieselben etwa gegen den Pfarrer oder Lehrer vorzubringen haben.

In den Abendstunden wird ein Abendgottesdienst von den Visitatoren in der Kirche gehalten, in welchem insbesondere die während des Visitationsgeschäfts gemachten Wahrnehmungen über die besonderen geistlichen Bedürfnisse der Gemeinden zu benutzen sind, auch den Umständen nach die Theilnahme an der Heidenmission und an den Arbeiten der inneren Mission der Gemeinde an das Herz gelegt werden kann.

§ 16. Befinden sich innerhalb der zu visitirenden Parochie außer der Hauptkirche andere vereinigte Mutter- oder Tochterkirchen, zu welchen besondere Gemeindetheile mit besonderen Kirchenvorständen gewiesen sind, so ist in diesen durch einen oder zwei dahin abgesendete Visitatoren ein besonderer Visitationsgottesdienst nebst Schulprüfung abzuhalten. In andern Nebenkirchen der Parochie ist wenigstens eine Abendandacht durch einen der Visitatoren zu halten. — Ingleichen werden die Filial- und Nebenschulen der Parochie durch einen oder zwei dazu verordnete Visitatoren besucht, die Schulprüfung im Schulgebäude vorgenommen, und eine Bibelstunde oder Abendandacht daselbst abgehalten.

§ 17. Auf die Visitation einer jeden Parochie wird in der Regel ein voller Tag verwendet. In ausgedehnten Parochien, namentlich in den Städten, können nach Bedürfniß auch zwei oder mehrere Tage dazu verwendet werden.

§ 18. Die Visitatoren haben es sich angelegen sein zu lassen, auch die an einzelnen Orten etwa befindlichen Hospitäler, Armenhäuser und ähnliche Stiftungen, sowie die Gefängnisse zu besuchen, von dem geistlichen Bedürfnisse der in denselben befindlichen Armen, Kranken und Gefangenen Kenntniß zu nehmen und ihnen den Trost des Evangeliums zu bringen. — Was insbesondere die größeren Strafanstalten und Zuchthäuser anlangt, so sind die Directionen angewiesen, dieselben dem Besuche der Visitatoren zu öffnen und die Abhaltung eines außerordentlichen Gottesdienstes in ihnen zu gestatten. Im vorkommenden Falle sind daher die betreffenden Strafanstaltsdirectionen von dem beabsichtigten Besuche bei Zeiten in Kenntniß zu setzen. — Eine Visitation der Gymnasien, Schullehrer-Seminarien und höheren Lehranstalten liegt nicht in dem Bereiche der Visitationskommissionen. Dagegen bleibt es dem General-Superintendenten vorbehalten, bei Gelegenheit der Visitationen von dem § 8 g d. Instr. v. 14. Mai 1829 Gebrauch zu machen und durch Besuch der gelehrten Schulen oder höheren Bürgerschulen von der religiösen und kirchlichen Tendenz derselben sich näher zu unterrichten.

§ 19. Die im Laufe der Visitation vorkommenden Visitationsgeschäfte werden in der Regel im Beisein der ganzen Visitationskommission von dem Präses derselben oder von dem durch ihn dazu verordneten Visitator vorgenommen. — Eine Ausnahme davon tritt nur ein bei der Abordnung einzelner Visitatoren zur Visitation der Nebenkirchen und Schulen oder besonderer Anstalten, oder wenn eine Unterredung unter vier Augen ausdrücklich gewünscht oder von dem Präses veranlaßt wird.

§ 20. Die Visitatoren haben ihr Absehn vornehmlich dahin zu richten, daß die Heilung der von ihnen vorgenommenen Mißstände, es mögen dieselben Presonen oder Einrichtungen betreffen, möglichst an Ort und Stelle durch Rath, Ermahnung und Strafe mit dem Worte bewirkt werde, und nur in unerläßlichen Ausnahmefällen durch schriftliche Aufzeichnungen die Sache in die weitere Behandlung durch die stehenden Behörden zu leiten. Zu diesem Ende haben die Visitatoren die ihnen etwa verbleibenden freien Stunden auch dazu zu benutzen, daß durch amtsbrüderliche Besprechung mit den Geistlichen oder durch freie Unterredung mit den Lehrern und einzelnen Gemeindegliedern Heilung, Stärkung oder Trost von ihnen gespendet werde.

§ 21. Ein besonderes Augenmerk haben die Visitatoren auf die in den Kirchen und Schulen gangbaren Gesangbücher, Lehrbücher und Katechismen zu richten. Finden sich darunter solche, welche nach dem Urtheil der Kommission der Erweckung und Stärkung des evang. Glaubens und Lebens hinderlich sind, so ist darüber an das Konsistorium zu berichten. In dringenden Fällen ist der Präses der Kommission befugt, die in dem Religionsunterricht der Geistlichen benutzten Lehrbücher und Katechismen bis auf weitere Anweisung der vorgesetzten Behörde vorläufig sogleich außer Gebrauch zu setzen.

§ 22. Sollte gegen einen Geistlichen oder Kirchenbeamten sich der Beweis eines durch ihn gegebenen groben Aergernisses in der Gemeinde herausstellen, so ist der Vorsitzende der Kommission befugt, nach Anhörung der übrigen Visitatoren dem betheiligten Geistlichen oder Kirchenbeamten die Fortführung seiner amtlichen Functionen auf der Stelle zu untersagen, und ist darüber an die vorgesetzte Behörde weiter zu berichten.

§ 23. Die Visitatoren haben über ihre Visitationsreisen ein Tagebuch zu führen und die von ihnen gemachten Wahrnehmungen darin kurz einzuzeichnen. Der Aufnahme besonderer Verhandlungen bedarf es nur dann, wenn Vorgänge oder Erklärungen von bleibender rechtlicher Bedeutung aufzuzeichnen sind.

§ 24. So oft die ausgesendeten Visitatoren mit dem Vorsitzenden der Kommission wieder zusammentreffen, haben sie demselben unter Vorlegung ihres Tagebuchs und der etwa aufgenommenen Verhandlungen Bericht zu erstatten. Der Vorsitzende prüft die letzteren und ordnet nöthigenfalls die erforderlichen Ergänzungen an.

§ 25. Auf die kirchliche Vermögensverwaltung, Prüfung der Rechnungen, der Kirchenbücher, auf Baustreitigkeiten und andere kirchliche Verwaltungsgegenstände sind die Visitatoren nicht schuldig von Amtswegen einzugehen. Vielmehr haben dieselben sowohl für sich selbst als Kanon für den Zweck ihrer Visitation, als auch den Klagen der Geistlichen und Gemeindeglieder gegenüber die Mahnung des Herrn zu beherzigen: Trachtet am Ersten nach dem Reiche Gottes. Sollten aber über dergleichen Gegenstände besondere Anträge, Beschwerden oder Anklagen bei den Visitatoren eingehen, von denen dieselben die Ueberzeugung gewinnen, daß darin Grund zu einer Hemmung des kirchlichen Lebens liegt, so sind sie befugt, sich darüber soweit näher zu informiren, als erforderlich ist, um deshalb an die kompetente Behörde zu berichten.

Kirchenkollegia.

§ 156. Die Kollegia einzelner Kirchen bestehen aus den Geistlichen und den ihnen zugeordneten Vorstehern.

---

§ 26. Bei dem Schluß der Visitation wird mit den zur Feier des Schlußgottesdienstes erschienenen Geistlichen und Lehrern, und zwar mit jedem dieser Kreise besonders, eine nochmalige Konferenz gehalten, in welcher der Präses der Kommission denselben mündlich die Ergebnisse der Visitation eröffnet und die ihm dienlich scheinenden Schlußworte daran knüpft.

§ 27. Sobald die Visitationskommission die Visitation eines Kirchenkreises beendet hat, erstattet sie darüber einen schriftlichen Visitationsbericht an das *Konsistorium. Dieser Visitationsbericht wird im Konsistorio vorgetragen, und* auf die einzelnen Punkte desselben Beschluß gefaßt.

Der Superintendent des Kirchenkreises erhält von dem Konsistorium einen über den Befund der Visitation sich verbreitenden und zur Mittheilung an die Geistlichen geeigneten General-Visitationsbescheid und außerdem die für ihn allein oder für einzelne Personen bestimmten besonderen Weisungen. — Dieser Visitationsbescheid ist durch das Konsistorium zu erlassen. Es kann aber auch an die Gemeinden zur Vertheilung in denselben ein Hirtenbrief in Folge der Visitation ergehen, der dann vom General-Superintendenten als Präses der Kommission zu zeichnen ist. Doch soll dies letztere nicht unerläßlich sein, sondern auf dem Gutachten der Kommission beruhen.

Auch die Bischöfe sollen alle 2 Jahre ihre Diöcesen visitiren — Conc. Trid. sess. 24 c. 3 de ref.

Zu § 156—158.

88. Die Kirchenvorsteher, deren nicht weniger als zwei sein dürfen — § 624 h. t. —, sind Beamte der Kirchengemeinden —, § 218 u. 252 h. t. —, und liegt ihnen besonders ob: die Verwaltung des gesammten Kirchenvermögens einschließlich der Gebäude und Geräthe — § 619 ff. h. t. —, die Sorge für die ordentliche und prompte Einziehung der Kircheneinkünfte — § 664 h. t. —, die Prozeßführung, wenn die Kirche wegen ihrer Güter und ihres Vermögens in Prozesse verwickelt wird — § 650 ff. h. t. — (die Vertretung der Gesammtheit der Eingepfarrten steht den Vorstehern nicht zu — OTrE. v. 9. Oktober 1854, Präj. 2556 (Entsch. 28, 350) —), die Aufsicht über die Verwaltung der Pfarrgüter Seitens des Pfarrers — § 779 h. t. —. Außerdem haben sie bei Kirchen, die keinen Patron haben, der Gemeinde die zur Pfarrerwahl geeigneten Personen vorzuschlagen — § 354 h. t. —, dem Gewählten die Vokation auszufertigen — § 376 h. t. —, den Berufenen zur Bestätigung zu präsentiren — § 388 h. t. — und in Gemeinschaft mit dem Pfarrer die niederen Kirchenbedienten zu bestellen — § 562 h. t. —. Endlich haben sie die Aufsicht über die Amtsführung und den Wandel des Pfarrers — § 323 h. t. —. Dagegen haben sie mit den inneren Angelegenheiten der Kirche nichts zu thun. Diesem sehr erheblichen Mangel einer größeren Theilnahme der Gemeinde am kirchlichen Leben wurde zunächst für Rheinland und Westphalen durch die evangel. Kirchenordnung v. 5. März 1835 (Ann. 19,104), welche ein gemischtes presbyterial-konsistoriales System einführte, dann durch die mittelst AE. v. 29. Juni 1850 (GS. S. 343) genehmigten und in der Provinz Preußen eingeführten Grundzüge einer Gemeindeordnung für die evangelischen Kirchengemeinden (Akist. 1, 1, 6), endlich durch die mittelst AE. v. 27. Februar 1860, betreffend die Fortbildung der evangelischen Kirchenverfassung in den 6 östlichen Provinzen (GS. S. 690), erfolgte Ausdehnung dieser Gemeindeordnung auf die übrigen östlichen Provinzen der Monarchie abgeholfen. Die betreffenden kirchlichen Verfassungsurkunden lauten:

89. Die Kirchenordnung für die evangelischen Gemeinden der Provinz Westphalen und der Rheinprovinz v. 5. März 1835 nebst den Allerhöchst genehmigten, unterm 25. August 1853 publicirten Zusätzen (VMBl. S. 229) und den durch AE. v. 8. Dezbr. 1866 (VMBl. 1867 S. 32) genehmigten Zusätzen verordnet in dem

§ 157. Diesen kommt die Verwaltung der äußeren Rechte der Kirchengesellschaft zu.

Abschnitt I. Von den Ortsgemeinden, Presbyterien und den größeren Gemeinde-Repräsentationen:

§ 1. Jede evangelische Gemeinde bildet nach ihrer örtlichen Begrenzung, welche durch Herkommen oder urkundlich bestimmt ist, eine Parochie.

§ 2 Der Wohnsitz in der Parochie begründet die Einpfarrung und die daraus entstehenden Rechte und Verpflichtungen für jeden evang. Glaubensgenossen. Mitglieder der Gemeinde sind jedoch nur diejenigen, welche durch die Konfirmation oder auf ein eingereichtes Kirchenzeugniß in dieselbe aufgenommen worden. Wer eine Gemeinde verläßt, ist gehalten, zuvor beim Pfarrer das erforderliche Kirchenzeugniß zu begehren und dem Pfarrer der Gemeinde seines neuen Wohnorts dasselbe einzureichen.

Das Namensverzeichniß derer, welche bei ihrem Abzuge ein solches Zeugniß begehren, wird von der Kanzel verlesen. Die Zeugnisse der neuen Mitglieder der Gemeinde werden dem Presbyterio vorgelegt.

Zus. 1. 1) Der in eine Gemeinde neu Einziehende hat sich durch Einreichung eines Kirchenzeugnisses, oder, wo dies nicht füglich beigebracht werden kann, durch eine glaubhafte Erklärung vor dem Pfarrer darüber auszuweisen, daß er zur evang. Kirche gehört. Diese Zeugnisse und Erklärungen sind vom Pfarrer dem Presbyterium mitzutheilen. Erst nachdem der neu Eingezogene durch Einreichung des Kirchenzeugnisses oder abgegebene Erklärung sich dem Präses des Presbyterii bekannt gemacht hat, wird er zur Theilnahme an Wahlen und kirchlichen Aemtern berechtigt.

2) Keinem Eingepfarrten ist es gestattet, ohne daß er den Parochialbezirk verläßt, willkührlich eine andere Parochie zu wählen.

3) Jedes an einen Ort mit Parochien verschiedenen evang. Bekenntnisses zuziehende Gemeindeglied ist verpflichtet, innerhalb eines Vierteljahres nach seinem Anzuge zu erklären, welcher Parochie es angehören will, es sei denn, daß seine Angehörigkeit zu einer bestimmten Parochie schon vorher durch eine darin empfangene Handlung festgestellt ist.

§ 3. Die Pflichten eines Gemeindegliedes sind: 1) die Gnadenmittel der Kirche in der Gemeinde fleißig zu gebrauchen, 2) ein erbauliches Leben zu führen, 3) sich der bestehenden Kirchenordnung zu unterwerfen und 4) die für die kirchlichen Bedürfnisse erforderlichen Beiträge zu leisten.

Dagegen hat jedes Mitglied der Gemeinde Antheil an allen kirchlichen Gnadenmitteln, Anstalten und Gerechtsamen derselben und Anspruch auf die Dienste der Kirchenbeamten. Jedes selbstständige und sonst qualificirte Gemeindeglied kann zum Gliede des Presbyterii gewählt werden und hat ein mittel- oder unmittelbares Stimmrecht bei der Wahl der Pfarrer und anderen Kirchenbedienten.

Zus. 2. Die in diesem § bezeichneten Pflichten liegen auch denjenigen Eingepfarrten ob, welche noch nicht die aktiven Rechte eines Gemeindegliedes nachgesucht und erworben haben.

§ 4. Bei Kirchen, welche keinen Patron haben, hat die Gemeinde das Recht, ihren Geistlichen zu wählen.

§ 5. Jede Ortsgemeinde wird in ihren Gemeinde-Angelegenheiten durch ein Presbyterium vertreten, bestehend aus dem Pfarrer oder den Pfarrern, aus Aeltesten, Kirchenmeistern und Diakonen.

§ 6. Den Vorsitz im Presbyterium führt der Prediger. Wo mehrere sind, alternirt das Präsidium unter ihnen nach dem Herkommen. Der Präses eröffnet und schließt die Verhandlungen mit Gebet.

Zus. 3. 1) Wo sich ein bestimmtes Herkommen über das Alterniren des Präsidiums im Presbyterium nicht gebildet hat, wechselt dasselbe unter mehreren mit gleichem Recht angestellten Pfarrern einer Gemeinde jährlich.

2) In dringenden Verhinderungsfällen des Präses kann da, wo kein anderer Pfarrer vorhanden ist, der Vorsitz einem Aeltesten übertragen werden.

3) Ordinirte Hülfsgeistliche haben das Recht, den Sitzungen des Presbyteriums mit berathender Stimme beizuwohnen.

§ 158. Sie sind der Aufsicht der Erzpriester oder Inspectoren untergeordnet.

---

§ 7. Die Zahl der Mitglieder des Presbyteriums richtet sich nach der Größe der Gemeinde; doch sollen deren außer dem Prediger zum wenigsten 4 sein, nämlich 2 Aelteste, 1 Kirchmeister und 1 Diakonus oder Armenpfleger.

§ 8. Die Mitglieder des Presbyterii werden mit Ausnahme der Prediger auf 4 Jahre in kleinen Gemeinden, deren Seelenzahl nicht über 200 ist, von allen bei der Predigerwahl stimmfähigen Mitgliedern und in größeren Gemeinden von dem Presbyterium und der größeren Repräsentation der Gemeinde (§ 18) unter Vorsitz des Pfarrers auf 2 Jahre gewählt. Jedes Jahr geht bei Gemeinden über 200 Seelen die Hälfte der Mitglieder ab, doch können die Abgehenden, wenn sie sich dazu qualificiren, wieder gewählt werden. Es kann aber der Wiedererwählte die Stelle ablehnen.

Zus. 4. 1) Die Wahl der Kirchen-Aeltesten und Diakonen erfolgt in Zukunft der Regel nach jedesmal auf die Dauer von 4 Jahren, und scheidet alsdann nur alle 2 Jahre die Hälfte derselben aus. Jedoch kann, wo es nach den Verhältnissen zweckmäßig erscheint, mit Zustimmung der Kreis-Synode die bisherige zweijährige Amtsdauer beibehalten werden, in welchem Falle alle Jahre die Hälfte ausscheidet.

2) Scheidet ein Glied des Presbyteriums vor Ablauf seiner Dienstzeit aus, so wird an dessen Stelle durch das Presbyterium ein Substitut gewählt, welcher so lange das Amt bekleidet, als der Ausgeschiedene dasselbe bekleidet haben würde.

§ 9. Ohne erhebliche Gründe, zu welchen ein Alter über 60 Jahren, notorische Kränklichkeit, oder ein Geschäft, welches mit öfterer oder langer Abwesenheit von der Gemeinde nothwendig verbunden ist, sowie zwei mit Vermögensadministration verbundene Vormundschaften zu zählen sind, dürfen die in das Presbyterium Gewählten sich dem Amte, wozu sie erwählt worden, nicht entziehen. Wer ohne erhebliche Gründe das Amt eines Presbyter ablehnt, verliert dadurch das Recht, in Zukunft als Glied des Presbyterii und der größeren Gemeinde-Repräsentation gewählt zu werden. Ueber die Gültigkeit der Entschuldigungsgründe hat auf Antrag des Presbyterii die Kreis-Synode zu entscheiden.

Zus. 5. 1) Bei einer unmittelbaren Wiederwahl in das Presbyterium kann der Wiedergewählte auch ohne das Vorhandensein der im § 9 aufgeführten Entschuldigungsgründe die Stelle ablehnen.

2) Ueber die Gültigkeit der Entschuldigungsgründe entscheidet zunächst das Presbyterium und auf dem Wege des Rekurses, welcher jedoch innerhalb 14 Tagen präklusivischer Frist, vom Tage der Mittheilung der Entscheidung des Presbyteriums an gerechnet, eingelegt werden muß, das Moderamen der Kreis-Synode in letzter Instanz.

§ 10. Es dürfen nur solche selbstständige Mitglieder der Gemeinde zu Mitgliedern des Presbyteriums gewählt werden, welche einen ehrbaren Lebenswandel führen und an dem öffentlichen Gottesdienste und heiligen Abendmahl fleißig Theil nehmen. Die Aeltesten und Kirchmeister müssen das 30. Lebensjahr, die Diakonen die Großjährigkeit erreicht haben. Auch dürfen nicht Vater und Sohn, Großvater und Enkel, auch nicht Brüder zu gleicher Zeit Glieder des Presbyterii sein.

Zus. 6. 1) Es dürfen nur solche im § 21 bezeichnete selbstständige Gemeindeglieder zu Mitgliedern des Presbyteriums gewählt werden, deren Wandel unsträflich ist, die ein gutes Gerücht in der Gemeinde haben, überhaupt ihre Liebe zur evang. Kirche namentlich durch Erziehung ihrer Söhne im evang. Bekenntnisse bethätigen und durch Theilnahme an dem öffentlichen Gottesdienst und heiligen Abendmahl ihre kirchliche Gesinnung beweisen. Ausnahmen in Bezug auf evang. Kindererziehung können unter ganz besonderen Verhältnissen durch das Konsistorium gestattet werden.

2) Die Schlußbestimmung des § 10 bezieht sich auch für die Rheinprovinz nur auf Verwandte der wechselnden Glieder des Presbyteriums, nicht des Pfarrers. Für die Provinz Westphalen behält es bei den desfallsigen übereinstimmenden Beschlüssen der 3. westph. Provinzial-Synode 57 u. 58 sein Bewenden.

§ 11. Die erwählten Mitglieder sollen öffentlich von der Kanzel der Gemeinde an zwei auf einander folgenden Sonntagen angezeigt und darauf vor der Gemeinde durch den Pfarrer nach dem in der Agende befindlichen Formular eingeführt werden.

Zus. 7. Gegen die Wahl eines Aeltesten oder Diakons können nur bis zur vollzogenen zweiten Verkündigung Einsprüche eingelegt werden. Ueber diese Einsprüche entscheidet zunächst das Moderamen der Kreis-Synode auf erforderten gutachtlichen Bericht des Presbyteriums, und auf Rekurs, welcher jedoch innerhalb 14 Tagen präklusivischer Frist, von der Bekanntmachung des Beschlusses des Moderamens an gerechnet, eingelegt werden muß, das Konsistorium.

Zus. 1 v. 8. Dezbr. 1866. Der Rekurs an das Konsistorium, welches in letzter Instanz entscheidet, ist nur demjenigen, gegen welchen der Einspruch gerichtet worden ist, nicht auch dem Opponenten gestattet. Bis zur endgültigen Entscheidung über die erhobenen Einsprüche verbleibt der Amtsvorgänger des Beanstandeten in seinen Functionen, und falls nicht zu ermitteln ist, an wessen Stelle der Beanstandete treten sollte, entscheidet das Loos darüber, welcher von den ausscheidenden Presbytern bis zu jenem Zeitpunkte in seinen Functionen zu verbleiben hat. Einsprüche gegen die Persönlichkeit des Gewählten und die Legalität der Wahlhandlung werden hierbei überall gleichmäßig behandelt.

§ 12. Das Presbyterium versammelt sich auf schriftliche Aufforderung des Präses, welche den Mitgliedern wenigstens 3 Tage vor der Sitzung bekannt gemacht werden muß, in der Regel jeden Monat einmal in der Sakristei oder einem anderen bestimmten angemessenen Lokale in einem der kirchlichen Gemeindegebäude. Der Präses hat darauf zu halten, daß Ordnung, Anstand und Würde in der Versammlung nicht verletzt und nur über kirchliche Gegenstände gesprochen werde.

Der Präses kann auch, wo es erforderlich ist, außergewöhnlich das Presbyterium zusammenberufen. Zur Fassung eines Beschlusses müssen $^2/_3$ der Glieder versammelt sein. Bei Gleichheit der Stimmen gebührt dem Präses die Schiedsstimme.

Zus. 8. 1) Die Einladung des Präses muß den Mitgliedern des Presbyteriums spätestens am Tage vor Abhaltung der Versammlung zukommen.
2) Statt der schriftlichen Form kann auch die sonst herkömmliche Form der Einladung benutzt werden.
3) Ist die Einladung schriftlich und unter Angabe der Berathungsgegenstände erfolgt, so ist schon die Hälfte der Mitglieder des Presbyteriums beschlußfähig.
4) Der Präses eröffnet und schließt die Verhandlungen mit Gebet.

§ 13. Ueber die Verhandlungen wird ein Protokoll geführt und dasselbe in das Protokollbuch eingetragen. Die Protokolle werden von allen anwesenden Mitgliedern unterzeichnet, und das Protokollbuch wird dem Superintendenten bei der Kirchenvisitation vorgelegt.

§ 14. Zu dem Geschäftskreis des Ortspresbyterii gehört:
a. die Handhabung der Kirchendisciplin in der Gemeinde innerhalb der gesetzlichen Grenzen;
b. die Einleitung zur Wahl des Predigers nach den Bestimmungen des Wahlreglements;
c. es gebührt ihm die Wahl der unteren Kirchenbedienten, die verfassungsmäßige Theilnahme an der Wahl der Elementar-Schullehrer und der § 8 bezeichnete Antheil an der Wahl der Presbyter;
d. die Aufnahme der vor ihm und der Gemeinde durch den Prediger geprüften Konfirmanden;
e. nach der Bestimmung des § 2 die Ertheilung der Kirchenzeugnisse für die aus der Gemeinde zu entlassenden Glieder;
f. Sitz und Stimme in der Kreis-Synode durch den Prediger und einen von dem Presbyterio deputirten Aeltesten;
g. die Verwaltung des Kirchen-, Pfarr-, Schul- und Armenvermögens.

Zus. 9. Zu den Obliegenheiten des Presbyterii gehört ferner:
h. die Aufsicht über die ganze Gemeinde und die Aufrechterhaltung guter Ordnung bei dem öffentlichen Gottesdienste;
i. die Pflicht, zur Zeit einer Vakanz der Pfarrstelle nach Anweisung des Super-

intendenten dafür zu sorgen, daß der Gottesdienst und der katechetische Unterricht der Jugend gehörig wahrgenommen werde;

k. die Leitung der kirchlichen Einrichtungen für Armen- und Krankenpflege;

l. es bildet innerhalb der verfassungsmäßigen Grenzen den Schulvorstand der Pfarrschulen, führt die Aufsicht über sämmtliche Schulen in der Gemeinde in Beziehung auf christliche Unterweisung und Erziehung der Jugend und wahrt im Bereiche der Parochie die der Kirche über die Schule zustehenden Rechte.

§ 15. Die Pflichten der Aeltesten sind: dem Prediger zur Erreichung des Zwecks in seinen Amtsverrichtungen hülfreiche Hand zu leisten. Insbesondere haben sie

1) beim öffentlichen Gottesdienste über gute Ordnung zu wachen;
2) sollen sie diejenigen, welche durch Nichtbesuch des Gottesdienstes oder sonst durch Uebertretung der im vorigen Kapitel bemerkten Pflichten der Gemeindeglieder Anstoß geben, dem Prediger anzeigen;
3) sind sie verbunden, abwechselnd den Prediger bei den jährlichen Hausbesuchen, wo dieselben üblich sind, zu begleiten;
4) müssen sie zur Zeit der Vakanz der Predigerstelle nach Anweisung des Superintendenten dafür sorgen, daß der Gottesdienst und der katechetische Unterricht der Jugend gehörig wahrgenommen werde;
5) überhaupt durch Ermahnen und Bitten christliche Ordnung, gewissenhafte Kinderzucht und einen frommen Lebenswandel der Gemeindeglieder fördern und endlich
6) den Synodal-Versammlungen, wenn sie dazu erwählt werden, beiwohnen.

§ 16. Die Kirchmeister haben folgende besondere Obliegenheiten:

1) sie empfangen alle Einnahmen der Kirche und bestreiten von denselben die Ausgaben auf Assignationen, welche von dem Präses des Kirchenvorstandes unterschrieben sind;
2) legen sie jährlich dem Presbyterio Rechnung von ihrer Verwaltung ab und haben sich jeder besonderen, vom Presbyterio angeordneten Kassenrevision zu unterwerfen;
3) führen sie die besondere Aufsicht über die der Gemeinde gehörenden Gebäude, Kirchengeräthe und andere Inventarienstücke der Kirche und machen in der Versammlung des Kirchenvorstandes die Anträge zu nöthigen Bauunternehmungen.

§ 17. Die besonderen Obliegenheiten der Armenpfleger sind folgende:

1) Die Sorge für die Armen der Gemeinde: sie untersuchen deren Familienverhältnisse, ihren häuslichen und ihren sittlichen Zustand, erforschen deren Bedürfnisse, machen die nöthigen Anträge zur Befriedigung derselben in der Versammlung des Kirchenvorstandes und vollziehen in dieser Hinsicht die gefaßten Beschlüsse.
2) Sie verwalten den Armenfonds der Gemeinde, besorgen nach den ihnen zu ertheilenden Anweisungen des Präses die Einnahmen und Ausgaben und legen jährlich dem Presbyterio, welches für die richtige Kassenführung verantwortlich ist, Rechnung von ihrer Verwaltung ab. Auch haben sie sich jeder von dem Presbyterio angeordneten besonderen Kassenrevision zu unterziehen.
3) Sie besorgen die Sammlungen der Beiträge für die Kirche und Armen der Gemeinden und die vom Staate angeordneten kirchlichen Kollecten.

Zus. 10. Auf den Antrag des Presbyteriums kann es der Superintendent gestatten, daß die Rendantur der Armenkasse gegen Remuneration einem besonderen Rendanten, der dadurch nicht Mitglied des Presbyteriums wird, übergeben werde. Auch kann ein anderes Mitglied des Presbyteriums diese Rendantur übernehmen.

§ 18. Jede evangelische Gemeinde, welche über 200 Seelen zählt, erhält außer dem Presbyterium eine größere Vertretung, welche gemeinschaftlich mit dem Presbyterium

a. den Prediger wählt;

b. über die Veränderung in der Substanz des Grundeigenthums der Gemeinde, Erwerbung oder Veräußerung, wozu auch Erbverpachtungen und Koncessionen gegen Erbzins gehören, berathet und beschließt;

c. Gehälter und Gehaltszulagen für Kirchenbeamte oder Kirchendiener bestimmt;

d. bei Unzulänglichkeit des kirchlichen Vermögens der Gemeinde die Herbeischaffung der nöthigen Bedürfnisse beräth, nöthigenfalls die Umlage auf die Mitglieder der kirchlichen Gemeinde nach Verhältniß der von denselben zu zahlenden directen Staats- und Kommunalsteuern bewirkt und dieselbe der Regierung zur Vollziehung vorlegt.

Zus. 11. 1) Die auf die Gemeinde nöthig werdenden Umlagen werden nach Verhältniß der von den Mitgliedern derselben zu zahlenden directen Staats- und Kommunalsteuern umgelegt.

2) Es steht dem Presbyterium frei, auch in innern Angelegenheiten, wo es ihm angemessen erscheint, die Unterstützung der Gemeinde-Vertreter in Anspruch zu nehmen.

§ 19. Die Anzahl dieser Vertreter wird nach der Größe der Seelenzahl der Gemeinden nach folgender Progression festgestellt. In Gemeinden von 200 Seelen und darunter werden alle stimmfähigen Gemeindeglieder berufen, — die Zahl der Erschienenen ist für die Beschlußfähigkeit gleichgültig, wenn nur die Berufung schriftlich und unter Bezeichnung des Gegenstandes, worüber Beschluß gefaßt werden soll, resp. nach dem G. v. 23. Januar 1846 erfolgt ist — EKdMdgA. v. 11. Dez. 1861 (Aktst. 5, 218; BMBl. 1862 S. 4) —. Auf Gemeinden von 200 bis incl. 500 Seelen 16, für Gemeinden von 500—1000 Seelen 20, von 1000—2000 Seelen 24, von 2000—5000 Seelen 40, bei Gemeinden über 5000 Seelen 60 Repräsentanten.

§ 20. Die sämmtlichen Repräsentanten werden zum ersten Male gewählt unter dem Vorsitze des Kreis-Superintendenten mit Zuziehung des Pfarrers oder der Pfarrer der Gemeinde und im Beisein des Ortsbürgermeisters, wenn dieser evang. Konfession ist, im entgegengesetzten Falle eines evang. Beigeordneten oder eines evang. Mitgliedes des Stadtraths, wenn ein solcher vorhanden sein sollte.

§ 21. Wähler der Repräsentanten sind alle Gemeindeglieder, welche das 24. Lebensjahr zurückgelegt haben, zu den Bedürfnissen der Gemeinde, wo es erforderlich ist, konkurriren und a) entweder ein öffentliches Amt bekleiden, oder b) einem eigenen Geschäfte vorstehen oder c) einen eigenen Haushalt führen.

Zus. 12. 1) Das Presbyterium ist befugt, einem Gemeindegliede wegen gegebenen öffentlichen Aergernisses durch einen förmlichen Beschluß das Wahlrecht zu entziehen.

2) Sofern die Gemeinde-Vertretung einzelne Klassen der Gemeinde von der Beitragspflicht durch Beschluß freiläßt, erlischt das Wahlrecht derselben nicht.

3) Der Sohn einer Wittwe, welcher deren Geschäft führt und das 24. Lebensjahr vollendet hat, besitzt das aktive und passive Wahlrecht.

§ 22. Wählbar zu Repräsentanten sind diejenigen selbstständigen Gemeindeglieder, welche das 24. Jahr zurückgelegt, einen unbescholtenen Ruf haben, ehrbaren Lebenswandel führen und an dem Gottesdienste und heiligen Abendmahl fleißig Theil nehmen.

§ 23. Die Wahl erfolgt auf die Weise, daß jeder Wählende so viele Namen von Wählbaren, als Stellvertreter der Gemeinde zu ernennen sind, in einem, dem die Wahl leitenden Kirchenbeamten zu übergebenden verschlossenen Zettel benennt, damit die Stimmen ganz frei von allen fremdartigen Einflüssen bleiben.

Zus. 13. 1) Statt der Abstimmung durch verschlossene Stimmzettel kann das Presbyterium durch Beschluß auch die Wahl durch öffentliche Stimmgebung zu Protokoll anordnen.

2) Wo die örtlichen Verhältnisse dies nöthig machen, kann die Wahl auch mit Berücksichtigung der einzelnen Abtheilungen der Gemeinde erfolgen.

3) Die nach den Ortsverhältnissen erforderlichen näheren Bestimmungen der Wahlform bleiben besonderen Wahlordnungen vorbehalten, die nach Anhörung des Presbyteriums auf Antrag des Superintendenten durch das Konsistorium festgestellt werden.

§ 24. Durch die relative Mehrheit dieser Stimmen werden die neuen Repräsentanten ernannt.

Zus. 2 v. 8. Dezbr. 1866. Im Uebrigen finden die Bestimmungen im § 11 und den dazu erlassenen Ergänzungen, betreffend das Verfahren bei Einsprüchen gegen Presbyter-Wahlen, auch hier Anwendung.

§ 25. Wenn eine Gleichheit der Stimmen eintritt, so bestimmt das Loos den künftigen Repräsentanten.

§ 26. Von diesen Repräsentanten tritt alle Jahre der vierte Theil ab.

§ 27. Die zuerst Austretenden werden durch das Loos bestimmt.

§ 28. Die an der Ausgeschiedenen Stelle tretenden neuen Repräsentanten werden von den stimmberechtigten Gemeindegliedern unter dem Vorsitz des Pfarrers erwählt, wo mehrere Pfarrer sind, unter dem Vorsitz des Präses des Presbyteriums. Die Abgehenden sind wieder wählbar.

§ 29. Wenn in der Zwischenzeit der regelmäßigen Wahlen ein Repräsentant mit Tode abgeht, die Gemeinde verläßt oder in das Presbyterium gewählt wird, so wird dessen Stelle in der ersten Sitzung der Gemeindevertretung von derselben durch eine neue Wahl wieder in der Art besetzt, daß der neu Gewählte die Stelle seines Vorgängers bis zur nächsten Repräsentantenwahl behält.

§ 30. Die Gemeindevertretung beschließt unter dem Vorsitz des Präses des Presbyterii durch Stimmenmehrheit gemeinschaftlich mit dem Presbyterium über die von demselben zur Berathung vorgelegten Gegenstände; bei Gleichheit der Stimmen giebt der Präses des Presbyterii den Ausschlag. Das Presbyterium führt die gefaßten Beschlüsse aus, wobei demselben auf sein Ansuchen die nöthige Unterstützung von Mitgliedern der größern Gemeinde-Repräsentation gewährt wird.

§ 31. Der Präses des Presbyterii ist der Präses der größern Gemeindevertretung.

Zus. 14. Die Gemeindevertreter versammeln sich auf Einladung des Präses des Presbyterii, welche in der Regel wenigstens am Tage vorher und unter Angabe der Hauptgegenstände der Verhandlung den Mitgliedern bekannt gemacht werden muß.

§ 32. Um einen Beschluß fassen zu können, müssen ⅔ des aus der Gemeindevertretung und dem Presbyterio bestehenden Kollegiums gegenwärtig sein.

§ 33. Die Beschlüsse des Kollegii werden von allen bei der Abstimmung Anwesenden jedesmal unterschrieben.

Zus. 15. Bestehen in einer Gemeinde herkömmlich besondere, die Kirchenordnung ergänzende, näher bestimmende oder modificirende Einrichtungen, deren Anerkennung sie wünscht, oder fühlt sie sonst das Bedürfniß, neue eigenthümliche Einrichtungen zu treffen, so können solche zu einer statutarischen Bestimmung, oder insofern sie Gemeinde-Angelegenheiten im Ganzen betreffen, zu einem förmlichen Gemeinde-Statut zusammengefaßt werden. Es ist deshalb nach Vorberathung und auf Antrag des Presbyteriums ein Beschluß der Gemeinde oder ihrer Vertreter zu fassen und für denselben nach vorgängiger Begutachtung durch die Kreis-Synode die Anerkennung der Provinzial-Synode, daß die statutarische Bestimmung zweckmäßig und wesentlichen Bestimmungen der Kirchenordnung nicht zuwider sei, sowie die schließliche Bestätigung des Konsistoriums nachzusuchen.

90. Die Grundzüge einer Gemeindeordnung für die evangelischen Kirchengemeinden der östlichen Provinzen vom 29. Juni 1850 (Aktst. 1, 1, 6) lauten:

§ 1. Jede evangelische Gemeinde hat die Aufgabe, unter der Leitung und Anregung des in ihr bestehenden geistlichen Amtes sich zu einer Pflanzstätte christlicher Gesinnung und christlichen Lebens zu gestalten. Als Glied der evangelischen Kirche bekennt sie sich zu der Lehre, die in Gottes lauterem und klarem Wort, den prophetischen und apostolischen Schriften Alten und Neuen Testaments begründet und in den drei Hauptsymbolen und den Bekenntnissen der Reformation bezeugt ist und unterwirft sich den allgemeinen kirchlichen Gesetzen und Ordnungen.

§ 2. Die Gemeinde verpflichtet ihre Glieder, sich christlichen Wandels zu befleißigen, durch Leistung der erforderlich n Beiträge zur Erhaltung der kirchlichen Gemeinde-Anstalten Handreichung zu thun und durch Theilnahme an Wort und Sakrament sich als Glieder der Kirche zu bekennen.

§ 3. Die Gemeindeglieder haben daher geordneten Antheil an den kirchlichen Gnadenmitteln, Anstalten und Einrichtungen der Gemeinde.

§ 4. Die Gemeinde-Angehörigkeit wird, soweit es sich nicht um sogenannte Personalgemeinden handelt, nach den allgemeinen gesetzlichen Bestimmungen durch den festen Wohnsitz in dem Pfarrbezirke bedingt. Personen, welche von Außen her in die Gemeinde einziehen, haben sich darüber, daß sie der evangelischen Kirche angehören, vor der im § 6 genannten Gemeinde-Behörde durch mündliche oder schriftliche Zeugnisse glaubhaft auszuweisen, bevor sie an den Rechten der Gemeindeglieder Antheil nehmen.

§ 5. Stimmberechtigt in der Gemeinde sind die selbstständigen Familienhäupter und Hausväter, insofern sie das 24. Lebensjahr vollendet haben und im vollen Besitze der bürgerlichen Ehrenrechte sind. Wenn sich unter den Gemeinde-Angehörigen solche befinden, welche durch lasterhaften Lebenswandel oder durch thatsächlich bekundete Verachtung der Religion oder der Kirche öffentlichen Anstoß gegeben haben, und denen die Theilnahme an dem kirchlichen Stimmrecht aus der Gemeinde um dieses Grundes willen bestritten wird, so hat darüber die kirchliche Gemeindebehörde (§ 6) zu befinden; den gedachten Personen aber soll ebenso wie den Urhebern der Einwendung der Rekurs an die höhere Instanz (Kreis-Synode) vorbehalten sein. Für die erste Wahl der Mitglieder der Gemeindebehörde wird die Beurtheilung erhobener Einwendungen durch die in § 8 genannten Personen erfolgen. In der höheren Instanz entscheidet bis zur Organisation der kirchlichen Kreise das Konsistorium.

§ 6. In der Gemeinde wird als Organ für die im § 12 näher bezeichneten kirchlichen Gemeinde-Angelegenheiten ein Gemeinde-Kirchenrath gebildet. Derselbe besteht aus dem Pfarrer und mindestens 4 weltlichen Mitgliedern, welche nach den im Folgenden angegebenen Grundsätzen durch die Wahl der Gemeinde zu diesem Amte berufen sind. Sind mehrere Geistliche bei der Gemeinde in einem ständigen Amte angestellt, so hat jeder derselben im Gemeinde-Kirchenrath Sitz und Stimme. Die Hülfsprediger nehmen an den Geschäften des Gemeinde-Kirchenraths mit berathender Stimme Theil.

Vereinigte Mutter- und Filial-Gemeinden stellen zu dem Kirchenrath der Muttergemeinde die der Zahl ihrer stimmfähigen Familien- und Hausväter (§ 5) entsprechende Anzahl von Mitgliedern. Die besondern Rechtsverhältnisse dieser Gemeinden, namentlich in Betreff des Kirchenvermögens, werden hierdurch nicht geändert.

Die von dem Patronat ernannten Kirchenvorsteher gehen in den Gemeinde-Kirchenrath über.

§ 7. Die Wahl zum Gemeinde-Kirchenrath erfolgt durch die stimmberechtigten Mitglieder (§ 5) auf den Vorschlag des Gemeinde-Kirchenraths, welcher mindestens die doppelte Anzahl der zu Wählenden namhaft machen muß. Für das erste Mal wird dieser Vorschlag durch den Pfarrer, den Patron und die Kirchenvorsteher gemeinschaftlich unter der Oberleitung des Superintendenten geschehen. Bei den landesherrlichen Patronaten werden die Konsistorien zur Theilnahme an dieser Designation an geeignete Personen Auftrag ertheilen.

Elementarlehrer sind principiell von der Vorschlagsliste nicht auszuschließen — EbOKR. v. 1. Juni 1860 (Aktst. 5, 102) —.

§ 8. Die Mitglieder des Gemeinde-Kirchenraths sollen Familien- oder Hausväter, 30 Jahre alt und im vollen Besitze der bürgerlichen Ehrenrechte sein. Ferner aber haben die Vorschlagenden nur auf solche Personen ihr Absehen zu richten, welche an den kirchlichen Gnadenmitteln Theil nehmen und sich durch ihr bisheriges sittliches Verhalten des kirchlichen Ehrenamtes in der Gemeinde würdig erwiesen haben. Für die Erfüllung dieser Pflicht sind dieselben der Gemeinde und der Kirche verantwortlich, und es ist deshalb gegen etwaige Verletzungen eine Beschwerde bei der höheren Instanz zulässig.

§ 9. Die Wahl zu dem Gemeinde-Kirchenrath ist in Gemäßheit der für die Konvokation der Kirchengemeinden bestehenden gesetzlichen Bestimmungen an drei auf einander folgenden Sonntagen von der Kanzel abzukündigen. Acht Tage vor dem Wahltermin ist die Liste der vorgeschlagenen Personen durch Anschlag an der Kirchthüre zu veröffentlichen. Wo es die örtlichen Verhältnisse als räthlich erscheinen lassen, kann die Wahl abtheilungsweise an verschiedenen Tagen erfolgen.

§ 10. Die Wahlhandlung wird durch den Pfarrer, beziehentlich den ersten oder bei gleicher Berechtigung den ältesten Geistlichen geleitet, und in der Kirche vollzogen. Sie wird durch eine Ansprache vom Altar aus eröffnet, in welcher die Gemeindeglieder aufgefordert werden, ihrer Pflicht eingedenk zu sein und zur Fürbitte sich zu vereinigen. Dem Schlußgebet folgt die Wahl durch mündliche Stimmgebung zu Protokoll.

§ 11. Die Wahl wird durch absolute Stimmenmehrheit entschieden. Das Ergebniß derselben wird sofort oder wenigstens am nächsten Sonntage von der Kanzel verkündigt, und es werden hierauf die gewählten Mitglieder vor der Gemeinde am nächstfolgenden Gottesdienste zu treuer Erfüllung ihrer Obliegenheiten feierlich durch Handschlag verpflichtet.

§ 12. Dem Gemeinde-Kirchenrath liegen folgende Pflichten ob:

1) die Förderung christlicher Gesinnung und Sitte in der Gemeinde durch Ermahnung, Warnung und Anzeige;

2) die Sorge für Erhaltung der äußeren gottesdienstlichen Ordnung und Heilighaltung des Sonntags, die Mitwirkung bei örtlichen liturgischen Einrichtungen.

In Folge dieser Pflichten hat er hauptsächlich sein Augenmerk zu richten und durch eigenes gutes Beispiel zu wirken auf fleißigen Besuch des Gottesdienstes und des heiligen Abendmahls, auf Hausandachten, Verbreitung der heiligen Schrift und guter Erbauungsschriften, Bildung christlicher Volksbibliotheken und Gründung von Volkslesevereinen, auf ein christliches Haus- und Familienleben, Ehestand, Kinder- und Gesindezucht, Schulzucht und Konfirmanden-Unterricht, auf Bildung und Förderung von Jünglings-, Lehrlings- und Gesellenvereinen, auf Festhaltung an den Grundsätzen der Ehrfurcht gegen den König, der Liebe zum Vaterland, des Gehorsams gegen die Obrigkeit, dem Sinn für Gesetzlichkeit und Recht, auf die Abstellung ärgerlicher Sitten und Laster, Trunksucht, Völlerei, Spiel und Unzucht, auf Uebung der Kirchenzucht, auf die Förderung der Gustav-Adolph-Stiftung, die innere Mission und die der Heiden und Juden, wie auf die Abwehr der römischen Mission, auf Verhinderung der Sektirerei und Schwärmerei — CEdOKR. v. 11. Juni 1860 (Aktst. 5, 84) —;

3) die Beaufsichtigung und Verwaltung des kirchlichen Vermögens und die Vertretung der Gemeinde in den darauf bezüglichen Rechtsangelegenheiten (§ 14). Derselbe hat aber, wenn ihm nicht durch die Gemeinde besondere erweiterte Vollmachten ertheilt sind, in allen den Fällen den Beschluß der Gemeinde einzuholen, in denen die Gesetze dies erfordern (§ 219, 227, 645, 647, 707, 756 II, 11 ALR.). — Vgl. § 15 AE. v. 27. Februar 1860. — Auch in den Verhandlungen über das Patronat, welche nach Maaßgabe des durch die Verfassungsurkunde angekündigten Gesetzes erfolgen werden, wird die Gemeinde bis zu dem von ihr selbst zu fassenden Endbeschlusse durch den Kirchenrath vertreten.

Zur Vermögensaufsicht gehört auch die Sorge für die kirchlichen Gebäude, Geräthe und sonstigen Inventarienstücke, sowie für die kirchlichen Kollekten — CEdOKR. v. 11. Juni 1860 (Aktst. 5, 84) —;

4) die Führung einer Liste der Gemeindeglieder (§ 2);

5) die Anzeige eingetretener Pfarrvakanzen und Ausführung der desfalls ergangenen provisorischen Anordnungen;

6) die Mitwirkung bei der Besetzung des geistlichen Amtes nach Maaßgabe der desfalls bestehenden Berechtigung, sowie der Vorschlag zur Ergänzung des Kirchenraths (§ 7);

7) die Ernennung der unteren Kirchendiener, soweit nicht diesfalls wohlerworbene Rechte bestehen;

8) die Vertretung der Kirchengemeinde in ihren Beziehungen zur Schule;

9) die Leitung der kirchlichen Einrichtungen für Armen- und Krankenpflege.

In letzterer Beziehung hat er die Mittel dazu zu beschaffen und zu vertheilen, verschämte Arme aufzusuchen, Arme und Kranke zu besuchen, auf Bildung und Förderung von Vereinen, als Kleinkinderbewahranstalten, Krippen, Rettungs- und Besserungsvereine, zu wirken, für Wittwen und Waisen, für Gefangene und entlassene Sträflinge zu sorgen — CEdOKR. v. 11. Juni 1860 (Aktst. 5, 84) —;

10) die Vertretung der Gemeinde auf der Kreis-Synode.

Die Gemeinde dagegen wird in ihrer Gesammtheit auch ferner wirksam:

1) bei der Besetzung des geistlichen Amtes nach Maaßgabe der bestehenden Berechtigung;
2) bei der Wahl der Mitglieder des Kirchenraths (§ 7) in den oben unter 3 genannten Fällen.

§ 13. Den Vorsitz im Gemeinde-Kirchenrath führt der Pfarrer, unter mehreren Geistlichen der erste, bei gleicher Berechtigung der älteste.

§ 14. Es bleibt dem Gemeinde-Kirchenrath überlassen, unter seine Glieder die Verwaltung der Gemeinde-Angelegenheiten angemessen zu vertheilen. So lange das Patronatrecht besteht, verbleibt aber die Vermögensverwaltung den vom Patronat ernannten Kirchenvorstehern (§ 6). In vereinigten Mutter- und Filial-Gemeinden, welche dem Patronat nicht unterworfen sind, wird die Vermögensverwaltung durch die im § 6 genannten Mitglieder geführt.

§ 15. Die nach vorstehenden Grundsätzen vorgenommene Ordnung und die *in Gemäßheit derselben bestellte kirchliche Gemeindebehörde bleiben in Wirksamkeit*, bis die Kirche durch ihre Vertretung eine allgemeine Gemeindeordnung begründet haben wird.

91. Der Allerhöchste Erlaß vom 27. Februar 1860, betreffend die Fortbildung der evangelischen Kirchenverfassung in den östlichen Provinzen der Monarchie (GS. S. 90), lautet:

1) In allen evangelischen Gemeinden, in welchen ein für die inneren und äußeren Angelegenheiten derselben bestellter kirchlicher Gemeindevorstand (Presbyterium, Gemeinde-Kirchenrath) noch nicht besteht, ist ein solcher einzurichten.
2) Zu diesem Zwecke werden in jeder Gemeinde mindestens 2, höchstens 12 Familien- oder Hausväter, mindestens 30 Jahre alt, von unbescholtenem Rufe und christlichem Leben und Wandel, erwählt und mit den bereits vorhandenen Kirchenvorstehern unter dem Vorsitze des Pfarrers zu einem Kollegio vereinigt. Wo besondere Bedenken dieser Vereinigung entgegenstehen, bleibt es der Kirchenbehörde vorbehalten, darüber eine anderweite Festsetzung zu treffen. Sind mehrere Geistliche bei der Kirche angestellt, so führt der erste, bei gleicher Berechtigung der älteste den Vorsitz, während die übrigen dem Kollegio als Mitglieder — Hülfsprediger auf nicht fundirten Stellen mit bloß berathender Stimme — angehören.
3) Der Vorschlag und die Wahl der neuen Mitglieder geschieht in der durch die Grundzüge einer kirchlichen Gemeindeordnung v. 29. Juni 1850 § 7 vorgeschriebenen Weise. Als Ausnahme kann unter besonderen Umständen an die Stelle der Wahl bei der ersten Begründung auf den Vorschlag des Patrons und des Pfarrers die Denomination durch den Superintendenten treten, vorbehaltlich des Rechts der Gemeinde, wegen Mangels der in Nr. 2 aufgestellten Erfordernisse der Wählbarkeit Einspruch zu erheben. Diese Ausnahme kann jedoch nur mit ausdrücklicher Genehmigung des evang. Ober-Kirchenraths unter Beistimmung des Ministers der geistl. Angel. stattfinden. An den bestehenden Berechtigungen in Betreff der Ernennung der bisherigen Kirchenvorsteher wird hierdurch nichts geändert, jedoch sollen die Vorsteher bei den Kirchen landesherrlichen Patronats, vorbehaltlich weiterer Anordnung, aus der Zahl der qualificirten Mitglieder der Gemeinde-Kirchenräthe ernannt werden.
4) Der neugebildete kirchliche Gemeindevorstand hat den Beruf, die christlichen Gemeindethätigkeiten zu fördern und zu pflegen und die Kirchengemeinde in ihren inneren und äußeren Angelegenheiten zu vertreten.
5) Die unmittelbare Verwaltung des Kirchenvermögens wird durch die bisherigen, in den Gemeinde-Kirchenrath aufgenommenen Kirchenvorsteher — § 619—621 II, 11 ALR. — fortgeführt. Wo es nach Vorschrift der Gesetze besonderer Repräsentanten der Gemeinde bedarf, wie bei der Auflegung neuer kirchlicher Abgaben, behält es dabei sein Bewenden.
6) Die verfassungsmäßigen Attributionen der kirchenregimentlichen Behörden des geistlichen Amts und die Gerechtsame des Patronats werden durch diese neue Einrichtung nicht berührt, und bleiben dieselben in ihrer bisherigen Geltung bestehen. Dasselbe gilt in Bezug auf die den einzelnen Gemeindegliedern oder der Gemeinde im Ganzen bei Pfarrbesetzungen zustehenden Berechtigungen. Auch wird in dem Bekenntnißstande der Gemeinde und in ihrer Stellung zur Union nichts geändert.

7) Den evangelischen Patronen soll künftig allgemein das Recht zustehen, zu jeder Zeit persönlich oder durch Einsicht in die über die Sitzungen aufzunehmenden Protokolle von den Verhandlungen der Gemeinde-Kirchenräthe Kenntniß zu nehmen und da, wo sie ihre gesetzlichen Rechte durch einen gefaßten Beschluß beeinträchtigt glauben, an das Konsistorium Rekurs einzulegen.

8) Wo die Einführung der Gemeinde-Kirchenräthe soweit vollendet ist, daß die Bildung von Kreis-Synoden ausführbar erscheint, soll mit der Einrichtung und Berufung derselben unverweilt vorgegangen werden. Den Kreis-Synoden wird die Unterstützung der Superintendenten in den ihnen zustehenden Amtsbefugnissen, die Wahrnehmung der den betheiligten Gemeinden gemeinsamen kirchlichen Interessen und das Recht der Entscheidung in bestimmten, näher zu bezeichnenden Fällen, namentlich in Fragen der kirchlichen Zucht, sowie eine Mitwirkung bei der weiteren Ausbildung der kirchlichen Verfassung zuzuweisen sein. (Vgl. N. 77.)

Der evang. Ober-Kirchenrath ist beauftragt, wegen Ausführung dieser Meiner Ordre im Einvernehmen mit dem Minister d. geistl. Angel. das Weitere anzuordnen, und erwarte Ich von demselben um so mehr eine kräftige Förderung dieser Angelegenheit, als Ich, wie Ich bereits in Meiner Ordre vom 2. August 1858 dem evang. Ober-Kirchenrathe eröffnet habe, in der Durchführung der kirchlichen Gemeindeordnung die wesentliche Vorbedingung für die in der Landeskirche zu wünschende oder von ihr zu erstrebende größere Selbstständigkeit erkenne. Der gegenwärtige Erlaß ist durch die Gesetzsammlung zur öffentlichen Kenntniß zu bringen.

92. In Befolgung des am Schlusse des vorstehenden Erlasses ihm ertheilten Auftrags hat der evang. Ober-Kirchenrath unterm 7. März 1860 eine Instruction für die Superintendenten wegen Einrichtung der Gemeinde-Kirchenräthe (BMBl. S. 60, Aktst. 5, 10) erlassen, nebst Formularen zur Bekanntmachung an die Gemeinden, zum Wahlprotokoll und für die kirchliche Einführung der Mitglieder des Gemeinde-Kirchenraths (Aktst. 5, 20, 22, 24), sowie unterm 11. Juni 1860 eine Geschäftsordnung für die Gemeinde-Kirchenräthe (Aktst. 5, 81). Die letztere lautet:

§ 1. Den Vorsitz im Gemeinde-Kirchenrathe führt der Pfarrer. Sind mehrere Geistliche bei der Kirche angestellt, so gebührt der Vorsitz dem ersten, bei gleicher Berechtigung dem ältesten unter ihnen.

§ 2. In Verhinderungsfällen ist Stellvertreter des Vorsitzenden, wo mehrere Geistliche sind, der nächstfolgende ordentliche Geistliche, sonst derjenige, welcher auch in den übrigen eigentlichen Pfarramtsverrichtungen den Pfarrer vertritt. Hülfsprediger auf nicht fundirten Stellen nehmen an den Verhandlungen nur mit berathender Stimme Theil.

§ 3. Der Gemeinde-Kirchenrath versammelt sich, von dem Vorsitzenden einberufen, an einem würdigen Orte monatlich wenigstens einmal, wo möglich an bestimmten Tagen, z. B. an dem dritten Montage eines jeden Monats.

§ 4. Der Vorsitzende kann auch außerordentliche Sitzungen veranstalten und ist dazu verpflichtet, sobald, wo mehrere Geistliche sind, einer derselben, oder sobald die Hälfte der Mitglieder des GKR. es verlangen.

§ 5. Zu jeder Berathung des GKR. sind sämmtliche Mitglieder desselben zu berufen, es wäre denn, daß das eine oder das andere Mitglied bei dem Gegenstande derselben persönlich betheiligt wäre. Auch dem evangelischen in der Gemeinde anwesenden Patrone ist jedesmal die Sitzung so zeitig anzuzeigen, daß derselbe zur Wahrnehmung seiner gesetzlichen Rechte in derselben erscheinen kann. Sind jedoch die Sitzungen ein für allemal auf bestimmte Tage anberaumt, so genügt es, wenn dem Patron die festgesetzte Regel bekannt gemacht ist.

§ 6. Zur Gültigkeit eines Beschlusses ist erforderlich, daß, wenn nicht die Sitzung an einem ein für allemal bestimmten Tage stattfindet, sämmtliche Aelteste gehörig eingeladen sind, und daß mehr als die Hälfte der Erschienenen dafür stimmt. Jedoch steht es dem Vorsitzenden zu, wichtigere Angelegenheiten bis zur nächsten Sitzung zurückzustellen, wenn die Aeltesten sich in so geringer Zahl eingefunden haben, daß eine förderliche Besprechung nicht in Aussicht steht. Dem Pfarrer bleibt vorbehalten, den schriftlichen Verkehr mit den Behörden, soweit es sich nur um die Vorbereitung eines Gegenstandes oder um Vollziehung eines Beschlusses handelt, im Namen des GKR. zu besorgen.

§ 7. Jede Sitzung wird von dem Vorsitzenden mit Gebet eröffnet und geschlossen.

§ 8. Ueber die gepflogenen Verhandlungen wird ein Protokoll geführt, welches die Beschlüsse enthalten und die Beobachtung der hinsichtlich der Beschlußfassung gegebenen Vorschriften (§ 5 u. 6) ersichtlich machen muß. Dies Protokoll führt der Pfarrer oder ein von ihm bezeichnetes Mitglied des GKR. Sind mehrere Geistliche da, so ist der jüngste unter ihnen vor Anderen verpflichtet, sich dieser Mühwaltung zu unterziehen.

§ 9. Der anwesende evang. Patron hat das Recht, da, wo er seine gesetzlichen Rechte durch einen Beschluß beeinträchtigt glaubt, eine diesfällige Erklärung zu Protokoll zu geben. *Diese Erklärung hat jedoch nur dann aufschiebende Kraft*, wenn der Rekurs von dem Patron binnen 14 Tagen bei dem vorgesetzten Konsistorium wirklich eingebracht ist (oder bei städtischen Patronaten wenigstens angemeldet ist — EdOKR. v. 23. April 1861, Aktst. 5, 123 —).

§ 10. War der evang. Patron in der Sitzung nicht erschienen, so ist ihm nach derselben das Sitzungsprotokoll durch den Vorsitzenden zur Kenntnißnahme mitzutheilen. Der Patron ist berechtigt, binnen 8 Tagen nach dieser Mittheilung gegen einen Beschluß schriftlich Einspruch zu thun, wenn er dadurch seine gesetzlichen Rechte beeinträchtigt glaubt. Auch dieser Einspruch verliert seine Wirksamkeit, wenn nicht binnen der im § 9 gesetzten Frist der Rekurs bei dem K. Konsistorium eingelegt (oder bei städtischen Patronaten wenigstens angemeldet) ist.

Die Mittheilung des Sitzungsprotokolls darf nur an Privatpatrone erfolgen, und wenn deren mehrere vorhanden sind, nur an eine Stelle, und zwar auf dem patronatsberechtigten, in der Parochie belegenen Gute. Sie darf ferner nur an den in der Gemeinde (Parochie) wohnenden Privatpatron erfolgen; der entfernt Wohnende mag durch einen gehörig Bevollmächtigten an Ort und Stelle Einsicht von den Protokollen nehmen lassen oder auf seine Kosten Abschrift derselben sich erbitten und zusenden lassen — CEdOKR. v. 16. Februar 1861 (Aktst. 5, 121) —.

§ 11. Das Protokoll der vorigen Sitzung wird bei dem Beginn der folgenden verlesen und angenommen.

§ 12. Bei dem ersten Zusammentreten des GKR. giebt der Vorsitzende den Aeltesten eine Uebersicht über den gesammten Stand der Gemeinde, welche sich insbesondere auch auf die statistischen Verhältnisse derselben und den Zustand der kirchlichen Gebäude und Anstalten zu erstrecken hat. Diese Uebersicht ist von Jahr zu Jahr zu erneuern.

§ 13. Erlasse der kirchlichen und Schulbehörden, welche mit den dem GKR. überwiesenen Angelegenheiten in Beziehung stehen, oder deren Kenntniß für dessen Mitglieder sonst wünschenswerth erscheint, sind von dem Vorsitzenden in den Sitzungen mitzutheilen.

§ 14. In gleicher Weise veranlaßt er die Mittheilung und Besprechung wichtiger Zwischenfälle im Gemeindeleben.

§ 15. Dem GKR. liegt ferner ob, seine einzelnen Mitglieder für die christlichen Gemeindethätigkeiten in Anspruch zu nehmen. Die Art, wie dies geschehen soll, bildet einen Gegenstand seiner Verhandlungen.

§ 16. Jedem Mitgliede des GKR. steht es zu, Anträge, welche auf die äußeren und inneren Angelegenheiten der Gemeinde Bezug haben, zu stellen. Dieselben sind von dem Vorsitzenden spätestens in der nächstfolgenden Sitzung zur Verhandlung zu bringen.

§ 17. Die Kirchen- und Stiftsrechnungen sind von den Kirchenvorstehern dem GKR. je nach den für die Rechnungslegung bestehenden Zeiträumen zur Kenntnißnahme vorzulegen (§ 691 II, 11 ALR.).

§ 18. Dem GKR. liegt es ob, die Gemeindeliste, in welcher die wahlberechtigten Hausväter der Gemeinde (§ 4 u. 5 Grundz. einer kirchl. Gem. O. v. 29. Juni 1850) verzeichnet werden, zu führen und alle vorkommenden Veränderungen einzutragen.

§ 19. Die vorstehende Instruction ist dem GKR. bei seinem ersten Zu-

§ 159. In außerordentlichen Fällen und Angelegenheiten müssen von der Gemeinde Bevollmächtigte oder Repräsentanten gewählt und mit der erforderlichen Instruction versehen werden.

---

sammentreten durch den Pfarrer vorzulesen und demnächst dem Protokollbuche des GKR. vorzuheften. Außerdem ist jedem Mitgliede ein Exemplar derselben auszuhändigen, und die Uebersendung des Bedarfs nöthigenfalls von dem K. Konsistorium zu erbitten.

93. Für das Verhältniß der Kirchenvorsteher zum Gemeinde-Kirchenrath ist zu unterscheiden, wem das Recht der Wahl resp. Ernennung der ersteren zusteht. Wo die Gemeinde die Vorsteher zu wählen hat, da ist bloß das bisherige Kirchenkollegium durch den Eintritt der neu gewählten Gemeinde-Aeltesten erweitert worden. Dies erweiterte Kollegium hat daher in den inneren Kirchenangelegenheiten, wie in den sich aus der unmittelbaren Verwaltung des Kirchenvermögens ergebenden Fragen ungetrennt zu berathen und nach Stimmenmehrheit zu beschließen. Es hat ebenso auch in seiner Gesammtheit die Verantwortung für die Vermögensverwaltung, die Sorge für die Rendanturgeschäfte, welche mit Genehmigung der Regierung einem qualificirten Mitgliede, in erster Linie einem Kirchenvorsteher übertragen werden können, die Rechnungsabnahme und Ertheilung der Decharge. In künftigen Ergänzungsfällen ist auch an Stelle eines ausgeschiedenen Kirchenvorstehers die Wahl des neuen Mitgliedes nach § 7 der Grundz. einer kirchl. Gem. O. v. 29. Juni 1850 vorzunehmen. Wo aber die Vorsteher von dazu berechtigten Personen oder Korporationen, z. B. Patron oder Pfarrer (in Neu-Vorpommern), ernannt werden, da treten dieselben zwar auch in den Gemeinde-Kirchenrath ein, aber ohne daß eine völlige Verschmelzung der Kirchenvorsteher und gewählten Gemeinde-Aeltesten stattfindet, vielmehr haben erstere nach § 5 AE. v. 27. Februar 1860 die unmittelbare Verwaltung des Kirchenvermögens auch ferner allein fortzuführen, doch sollen beide zu einem möglichst innigen Zusammenwirken angehalten werden. In solchen Gemeinden sind deshalb die Kirchenvorsteher die alleinigen Rechnungsleger, allein für die Kasse verantwortlich und nur verpflichtet, die Rechnung den gewählten Aeltesten zur Kenntnißnahme bez. Wunschäußerung vorzulegen. Werden aber freiwillig Mittel dem Gemeinde-Kirchenrath als solchem zur Verfügung gestellt, so hat er auch in seiner Gesammtheit über deren Verwendung zu beschließen. Doch sind auch die Kirchenvorsteher zu den allgemeinen Pflichten der Aeltesten heranzuziehen und können auch ihre Berathungen über Fragen der unmittelbaren Vermögensverwaltung in Gegenwart der gewählten Aeltesten vornehmen, um diesen die Möglichkeit zur Aeußerung billiger Wünsche und Rathschläge zu gewähren — CE. d. OKR. v. 31. August 1861 (Altst. 5, 138) —. Die bei der Geschäftsführung der Gemeinde-Kirchenräthe entstandenen Ausgaben sind wie andere nothwendige Verwaltungsausgaben aus den Einkünften des Kirchenvermögens zu bestreiten und daher auch in dem Etat der Kirchenverwaltung auszubringen, ohne daß es dazu der Wahl besonderer Repräsentanten Seitens der Gemeinde bedarf, weil es sich nicht um eine neue Gemeinde-Auflage handelt — ERdMdgA. v. 5. Mai 1862 (VMBl. S. 207) —. Der Gemeinde-Kirchenrath oder das Presbyterium einer evangelischen Gemeinde ist eine öffentliche Behörde im Sinne des § 102 StrGB., eine Beleidigung desselben in Bezug auf seinen Beruf mithin im Untersuchungsverfahren strenger zu bestrafen — OTrE. v. 22. Mai 1867 (JMBl. S. 175) —.

Zu § 159.

94. Die inneren Angelegenheiten einer Korporation werden durch Berathschlagungen und Schlüsse der Mitglieder angeordnet — § 51 II, 6 ALR. —, jedoch können zu gewissen bestimmten Geschäften Bevollmächtigte, die auch den Namen: Repräsentanten führen können, bestellt werden — § 135 a. a. O. —. Das letztere ist bei Kirchengemeinden Regel; die Gemeinde selbst ist zur Beschlußfassung nur zu konvociren 1) zur Wahl und Bevollmächtigung dieser Repräsentanten — § 159 h. t. —, 2) zur Wahl der Mitglieder des Gemeinde-Kirchenraths — § 8 kirchl. Gem. O. v. 29. Juni 1850; § 2 AE. v. 27. Februar 1860 —, 3) zur

Wahl der Pfarrer, ihrer beständigen Amtsgehülfen, der Kirchenvorsteher und, wo es ortsüblich, der niederen Kirchenbedienten bei Kirchen, die keinen Patron haben — §§ 353, 517, 552, 562 h. t. —, 4) zur Wahl der Presbyter und Kirchen-Repräsentanten in Rheinland-Westphalen — § 8 u. 21 Kirch. O. v. 5. März 1835 —. In allen anderen Fällen und Angelegenheiten, welche nicht zu der gewöhnlichen Verwaltung gehören oder sonst besonders den Kirchenvorstehern, Presbyterien oder Gemeinde-Kirchenräthen überwiesen sind, oder in denen ein Beschluß der Gemeinde erforderlich ist, sind jedesmal von letzterer Repräsentanten zu wählen und zu bevollmächtigen. Dahin gehören insbesondere 1) Kontrahirung von Schulden für solche Kirchengemeinden, die weder Patron noch Kirchenkollegium haben — § 645 h. t. —, 2) Veräußerung von Immobilien — § 647 h. t. —, 3) Rechnungslegung — § 691 u. 693 h. t. —, 4) kirchliche Bauten nur dann, wenn ein von der Regierung nicht als nothwendig anzuerkennender, aber doch wünschenswerther Bau in Vorschlag gebracht und in Berathung zu nehmen ist, oder wenn es sich Seitens der Gemeinde um die Uebernahme einer nach der bisherigen Verfassung und sonstigen Rechten ihr nicht als wirkliche Verpflichtung obliegenden Last handelt — RdMdgA. v. 27. Mai 1829 (VMBl. 1840 S. 292) —, 5) Umpfarrungen und Veränderungen von Parochien nebst den damit verbundenen Vermögensauseinandersetzungen, 6) Erhöhung der hergebrachten Kirchstellengelder — § 678 h. t. —, 7) Auflegung neuer Beiträge oder Erhöhung der bestehenden, sofern dies zur Erfüllung der kirchlichen Zwecke oder bereits rechtsgültig übernommener Verbindlichkeiten nothwendig ist — § 65 u. 66 II, 6 ALR. —, 8) auch wohl Umwandlung bestehender Leistungen z. B. von Naturalleistungen in Geldleistungen. Dabei dürfen aber einem oder einzelnen Mitgliedern wider deren Willen nicht neue Lasten oder Verbindlichkeiten auferlegt werden — § 69 a. a. O. —. Daher dürfen z. B. in Gemeinden, in denen bisher Kirchenabgaben oder Lasten verfassungsmäßig oder nach Observanz nur von den Grundbesitzern getragen wurden, die Nichtgrundbesitzenden ohne ihre Zustimmung zu den Abgaben nicht herangezogen, und ebensowenig darf bei Umwandlung der Spanndienste in Geldleistung die letztere auf die Nichtgespannhaltenden ohne deren Zustimmung vertheilt werden. Selbstverständlich sind die Beschlüsse der Repräsentanten nur bindend für die Gemeindemitglieder, einer beschlossenen Erhöhung des Realdecems dürfen sich daher Besitzer von decemspflichtigen Grundstücken, die zur Zeit des Beschlusses nicht Gemeindeglieder sind, z. B. Juden, nicht unterwerfen — OTrE. v. 10. April 1833 u. RdMdgA. v. 12. Januar 1844 (VMBl. S. 31) —.

95. Die auf Grund des § 159 gewählten Repräsentanten sind lediglich Bevollmächtigte und daher an den Inhalt der ihnen ertheilten Instruction oder Vollmacht gebunden — OTrE. v. 20. Juni 1856 (Str. Arch. 22, 50) —. Ihre Wahl und Bevollmächtigung muß erfolgen in außerordentlicher Versammlung der Gemeinde nach vorangegangener Einladung sämmtlicher Mitglieder und nach Stimmenmehrheit — § 136 II, 6 ALR. —. Die Einladung erfolgt in den durch Herkommen oder Statuten festgestellten Formen — RdMdgA. v. 31. Dezember 1866 (VMBl. 1867 S. 64) —, eventuell durch Insinuation an dem gewöhnlichen, den Vorstehern bekannten Wohnorte jedes Mitgliedes — § 57—59 a. a. O. —, oder nach den Vorschriften des Gesetzes vom 23. Januar 1846, betreffend die Form der Zusammenberufung von Kirchengemeinden (GS. S. 23), welches lautet:

§ 1. Die Einladung der Mitglieder einer Kirchengemeinde zu einer Versammlung, in der ein Gemeindebeschluß gefaßt werden soll, kann nicht bloß wie bisher durch die im § 57 II, 6 ALR. vorgeschriebene Insinuation an jedes Gemeindemitglied, sondern mit gleicher rechtlicher Wirkung auch dadurch geschehen, daß solche der zum Hauptgottesdienst in der Kirche versammelten Gemeinde auf die im § 2 näher bestimmte Weise bekannt gemacht wird.

§ 2. Die Einladung muß den Gegenstand, über welchen beschlossen werden soll, sowie die Zeit und den Ort zu der Versammlung angeben.

Sie muß in der Pfarrkirche der Gemeinde an drei auf einander folgenden Sonntagen, an welchen ein Hauptgottesdienst gehalten wird, bei demselben vorgelesen werden.

Besitzt dieselbe Gemeinde noch andere Kirchen, in welchen an Sonntagen

Vierter Abschnitt.

Von den Gütern und dem Vermögen der Kirchengesellschaften.

Was Kirchenvermögen sei.

§ 160. Zu dem Vermögen der Kirchengesellschaften gehören die Gebäude, liegende Gründe, Kapitalien und alle Einkünfte, welche zur anständigen Unterhaltung des äußeren Gottesdienstes für jede Kirchengemeinde nach deren Verfassung bestimmt sind.

Hauptgottesdienst gehalten wird, so muß auch in diesen Kirchen die Vorlesung der Einladung wenigstens an einem Sonntage beim Hauptgottesdienst geschehen.

Sind jedoch mehrere Gemeinden, deren jede eine Kirche besitzt, unter einem Pfarrer vereinigt, so muß die Vorlesung in der Kirche jeder dieser Gemeinden, insofern die Einladung auch an sie gerichtet ist, bei drei auf einander folgenden sonntäglichen Hauptgottesdiensten erfolgen.

§ 3. Ueber die geschehene Vorlesung hat der ordentliche Pfarrer ein Attest zu ertheilen, welches den Inhalt der Einladung sowie die Sonntage, an welchen, und die Kirchen, in welchen das Vorlesen erfolgt ist, angeben und mit dem Kirchensiegel versehen sein muß. Ein diesen Vorschriften gemäß ausgestelltes Attest hat volle Beweiskraft.

§ 4. Wo es nach dem Ermessen der einladenden Behörde den örtlichen Verhältnissen entsprechend erscheint, kann die Einladung außer der Verkündung in der Kirche auch noch durch die öffentlichen Blätter bekannt gemacht werden.

§ 5. Die Ordre vom 9. Mai 1829 (GS. S. 40) wegen Zusammenberufung der Kirchengemeinden in großen Städten wird hierdurch aufgehoben.

Ist bei der Einladung zugleich der Gegenstand der Berathschlagung mitgetheilt worden, so können die erscheinenden Mitglieder ohne Rücksicht auf ihre Anzahl einen gültigen Beschluß fassen — § 54 II, 6 ALR. —; ist das unterblieben, so müssen zur gültigen Beschlußfassung mindestens ⅔ der Mitglieder gegenwärtig sein — § 55 a. a. O. —. Bei fehlerhafter Einladung ist der gefaßte Beschluß nichtig — § 56 a. a. O. —. Abwesende Mitglieder dürfen sich durch zu bevollmächtigende Mitglieder vertreten lassen — § 60 u. 61 a. a. O. —. Bei Stimmengleichheit entscheidet die Aufsichtsbehörde — § 63 a. a. O. —. Die Gemeinde muß die Vollmacht selbst ausstellen und zwar gerichtlich oder notariell, wenn auf Grund derselben etwas gerichtlich verhandelt werden soll — § 115 I, 13 ALR. —. Deshalb ist in solchen Fällen sogleich bei der Wahlhandlung, mit der immer die Vollmachtsausstellung zu verbinden ist, ein Richter oder Notar zuzuziehen. Eine Vollmachtsausstellung durch das Kirchenkollegium genügt nicht, und findet Anh. § 45 zu § 115 I, 13 ALR. auf sie keine Anwendung — Schr. d. JM. an d. MdgA. v. 21. Novbr. 1834 (Erg. ad § 159 h. t.) —. Zur Uebernahme eines solchen Auftrags als Repräsentant kann jedes Gemeindemitglied gegen hinlängliche Entschädigung auch wider seinen Willen angehalten werden — § 150 II, 6 ALR. —.

Zu § 160.

96. Schon durch Kaiser Constantin den Großen ist der christlichen Kirche die Fähigkeit, Vermögen zu erwerben, gesetzlich beigelegt worden — c. 1 C. de sacros. eccl. I, 2 —. Dieser Grundsatz ist stets gemeines Recht geblieben und auch in den Partikulargesetzgebungen ausgesprochen. Zweifelhaft war nur die Frage, wem das Eigenthum am Kirchengut zustehe. Das römische Recht — c. 25 a. a. O. — spricht zu Gunsten der Gemeinden, in der katholischen Kirche ist aber stets die

Verhältniß desselben gegen den Staat.

§ 161. Das Kirchenvermögen steht unter der Oberaufsicht und Direction des Staats.

§ 162. Der Staat ist berechtigt, darauf zu sehen, daß die Einkünfte der Kirche zweckmäßig verwendet werden.

§ 163. Ihm kommt es zu, dafür zu sorgen, daß nützliche Anstalten aus Mangel des Vermögens nicht zu Grunde gehen.

§ 164. Für den Unterhalt der bei einer Kirchengesellschaft angestellten Beamten muß die Gesellschaft selbst sorgen.

§ 165. Kirchen, welche gleich andern Gesellschaften im Staate den Schutz desselben bei ihrem Vermögen genießen, sind auch von diesem Vermögen, soweit ihnen nicht aus besonderen Gesetzen und Verfassungen gewisse Freiheiten zu statten kommen, zu den Lasten des Staats beizutragen verbunden.

---

einzelne Kirche oder das einzelne Institut als Subject des Eigenthums angesehen worden. Das preuß. Landrecht entschied sich nach J. H. Böhmer (jus eccles. prot. III, 5 § 29 sqq.) und getreu seiner Grundanschauung über den Begriff der Kirche und Kirchengesellschaft (vgl. N. 15) für die einzelnen Gemeinden — § 160 u. 170 h. t. —. Doch sind nach märkischem Provinzialrechte die Kirchen mit ihrem Vermögen besondere Stiftungen und nicht Eigenthum der Gemeinden — Instr. d. MdgA. v. 6. August 1845 (BMBl. S. 212) —, und auch in den andern Provinzen giebt es neben dem als Gemeinde-Eigenthum anzusehenden Kirchenvermögen noch besondere, nicht der Gemeinde gehörige Stiftungen z. B. die Pfarrwittwengrundstücke — § 793—795 h. t. —, die Emeritenfonds für Geistliche (vgl. N. 221), die Kirchspielsschulkassen in der Provinz Preußen — § 69 Schulordn. v. 11. Dezbr. 1845 (GS. 1846 S. 1) — u. a. m. Dagegen ist die Idee eines im Diöcesanrechte des Bischofs liegenden allgemeinen Eigenthums oder Prodominiums an allen kirchlichen Anstalten der Diöcese dem kanonischen wie dem preußischen Landrechte fremd — OTrE. v. 19. Juni 1848 (Rechtsf. 4, 169) —.

Zu § 161.

97. Wenn Kirchenvorsteher und Patron mit Zustimmung der geistlichen Oberen die Führung von Prozessen wegen des Kirchenvermögens verweigern, so sind die K. Bezirksregierungen vermöge des staatlichen Oberaufsichtsrechts nur befugt, die geistlichen Oberen zur Wahrnehmung der Rechte der betheiligten Kirchengemeinde im Verwaltungswege anzuhalten, nicht aber selbst den Prozeß zu führen — OTrE. v. 30. April 1838 (Entsch. 4, 141) —.

Zu § 164.

98. Zu der Kirchengesellschaft, welche für den Unterhalt der bei ihr angesetzten Beamten zu sorgen hat, gehört der Patron als solcher nicht — OTrE. v. 16. August 1847, Präj. 1847 (Entsch. 14, 471) —.

Zu §§ 165 u. 166.

99. Die Grundsteuerfreiheit der Kirchen- und Pfarrhufen hat bisher bestanden in Ostpreußen und Westpreußen faktisch, in Pommern in Betreff der schon vor der Reformation erworbenen Grundstücke auf Grund des Tit. 6 der Kirch. O. v. 1563, in der Mark und im Herz. Magdeburg in Betreff der Dotalgrundstücke auf Grund des Ed. v. 1. Februar 1728 (Myl. l. l. M. IV, 3, 68), sowie des § 8 c. 26 der Magdeb. Kirch. O. v. 9. Mai 1739, in den ehemals K. sächsischen Landestheilen in Betreff der im Steuerkataster v. 1628 nicht angesetzten Hufen auf Grund des Reg. v. 2. Okt. 1764 § 3 (I. C. C. A. 2, 701). Diese bisher bestandene,

§ 166. Sind Kirchengesellschaften vermöge besonderer Privilegien oder Verordnungen von gewissen Lasten in Ansehung ihrer liegenden Gründe frei: so kann doch diese Befreiung, wofern das Privilegium oder die Verordnung es nicht ausdrücklich festsetzt, auf nachher erst erworbene Grundstücke nicht ausgedehnt werden.

---

auch im § 23 Westpreuß. Prov. R. ausdrücklich anerkannte Grundsteuerfreiheit ist auch in der neuesten Gesetzgebung aufrecht erhalten worden, denn es verordnet das Gesetz, betreffend die anderweite Regelung der Grundsteuer, v. 21. Mai 1861 (GS. S. 253) im § 4:

Befreit von der Grundsteuer bleiben:

c. Kirchhöfe, Begräbnißplätze,

e. diejenigen bisher von der Grundsteuer befreiten Grundstücke, welche zur Zeit des Erscheinens dieses Gesetzes zu dem Vermögen evangelischer oder römisch-katholischer Kirchen oder Kapellen, öffentlicher Schulen, höherer Lehranstalten oder besonderer, zur Unterhaltung von Kirchen, Schulen und höheren Lehranstalten stiftungsmäßig bestimmter Fonds oder milder Stiftungen, sowie zur Dotation der Erzbischöfe, Bischöfe, Dom- und Kurat- oder Pfarrgeistlichen oder sonstiger mit geistlichen Funktionen bekleideter Personen, oder der Küster und anderen Diener des öffentlichen Kultus und der an öffentlichen Schulen oder höheren Lehranstalten angestellten Lehrer gehören.

Dagegen müssen nach § 10 a. a. O. sowohl die in den Besitz der Kirchen u. s. w. übergehenden besteuerten Grundstücke die Grundsteuer fortentrichten, als auch ihre bisher steuerfreien Grundstücke, sobald sie an Dritte veräußert werden, zur Grundsteuer herangezogen werden. In Betreff der Gebäudesteuer, welche nach § 2 a. a. O. eine Art der Grundsteuer ist, bestimmt das Gesetz, betreffend die Einführung einer allgemeinen Gebäudesteuer, v. 21. Mai 1861 (GS. S. 317) im § 3:

Befreit von der Gebäudesteuer sind:

4) Kirchen, Kapellen und andere dem öffentlichen Gottesdienste gewidmete Gebäude, sowie die gottesdienstlichen Gebäude der mit Korporationsrechten versehenen Religionsgesellschaften;

5) die Diensthäuser der Erzbischöfe, der Bischöfe, der Dom- und Kurat- oder Pfarrgeistlichen und sonstiger mit geistlichen Funktionen bekleideter Personen der mit Korporationsrechten versehenen Religionsgesellschaften, ferner der Gymnasial-, Seminar- und Schullehrer, der Küster und anderer Diener des öffentlichen Kultus;

6) Armen-, Waisen- und Krankenhäuser, Besserungs-, Aufbewahrungs- und Gefängnißanstalten, sowie Gebäude, welche milden Stiftungen angehören und für deren Zwecke unmittelbar benutzt werden;

7) diejenigen unbewohnten Gebäude, welche nur zum Betriebe der Landwirthschaft, z. B. zur Unterbringung des Wirthschaftsviehs, der Wirthschaftsgeräthe, der Bodenerzeugnisse u. s. w. bestimmt sind.

Daher sind die Pfarrinsthäuser in Ostpreußen nicht frei von der Gebäudesteuer. — Von den Kommunallasten und Abgaben sind nur befreit diejenigen den Kirchengemeinden gehörigen Grundstücke, welche zu einem öffentlichen Dienste oder Gebrauche bestimmt sind, insbesondere: Kirchhöfe, Begräbnißplätze, Kirchen, Kapellen und andere dem öffentlichen Gottesdienste gewidmete Gebäude — § 2 G. v. 24. Februar 1850 (GS. S. 62) —, sofern sie zur Zeit des Erlasses der KO. v. 8. Juni 1834 (GS. S. 87) schon frei waren; von den später erworbenen Grundstücken dieser Art müssen nach derselben KO. die Realverpflichtungen an die Kommune auch fernerhin geleistet werden, wobei Naturalleistungen in eine Geldrente nach den zur Zeit der Erwerbung bestehenden Preisen umzuwandeln sind; ferner sind von den städtischen Gemeindeauflagen frei die Dienstgrundstücke der Geistlichen, Kirchendiener und Elementarschullehrer — § 4 Alin. 7 Städte-O. v. 30. Mai 1853 (GS. S. 267), v. 19. März 1856 (GS. S. 237) u. v. 15. Mai 1856 (GS. S. 408). Nutzbare Aecker der Kirchen sind daher von Kommunal-

Gegen die geistlichen Oberen.

§ 167. Das Kirchenvermögen steht unter der Aufsicht der geistlichen Oberen.

§ 168. Diese sind schuldig, für die Unterhaltung und zweckmäßige Verwendung desselben nach der Verfassung einer jeden Kirchengesellschaft zu sorgen.

§ 169. Keinem auswärtigen geistlichen Oberen soll es erlaubt sein, sich irgend eine Aufsicht oder Direction über das Vermögen inländischer Kirchen unmittelbar anzumaßen.

Kirchengebäude.

§ 170. Kirchen und andere gehörige Gebäude sind ausschließend das Eigenthum der Kirchengesellschaft, zu deren Gebrauche sie bestimmt sind.

§ 171. Auch durch Veränderung ihrer Religionsgrundsätze verliert eine Kirchengesellschaft nicht das Eigenthum der ihr gewidmeten Kirchengebäude.

§ 172. Wenn aber die Kirchengesellschaft ganz aufhört, so gilt von diesen Gebäuden alles das, was von dem Vermögen erloschener Gesellschaften überhaupt im sechsten Titel § 189 u. s. w. verordnet ist.

---

leistungen niemals frei — RdMdJ. v. 24. Oktbr. 1855 (VMBl. S. 198), OTrE. v. 12 März 1863 (Entsch. 49, 249) —. In Betreff der Freiheit der qu. Dienstgrundstücke von ländlichen Kommunalleistungen vgl. N. 60 e. Von Deichlasten dürfen Kirchengrundstücke in Zukunft nicht mehr frei sein — § 16 G. v. 28 Jan. 1848 (GS. S. 59) —, doch bestehen etwaige frühere Befreiungen, wie die in den §§ 17, 46, 52 der Strom-, Deich- und Uferordnung für Ostpreußen und Littauen v. 14. April 1806 (Rabe 13, 631) ausgesprochenen, fort. Bei der Repartition der Deichlasten auf die Kirchengemeinde ist, auch wenn sie lediglich in Geldleistungen bestehen, der Geldwerth der erforderlichen Hand- und Spanndienste nur auf die Eingepfarrten zu vertheilen — RdMdgA. v. 18. August 1866 (UCBl. S. 430) u. 30. Januar 1867 (UCBl. S. 252) —.

Zu §§ 167—169.

100. In dem bischöflichen Rechte der Oberaufsicht über die Institute und das Vermögen der Kirche liegt auch nach kanonischem Rechte nicht die Befugniß, letztwilligen Dispositionen zu kirchlichen Zwecken eine vom Willen des Stifters gänzlich abweichende Richtung zu geben — OTrE. v. 21. Dezbr. 1857 (Str. Arch. 28, 150) —. Zweckmäßig ist die Verwendung des Kirchenvermögens nur, wenn sie zu Kirchenzwecken erfolgt; eine Verwendung zu Schulzwecken ist eine Schenkung und bedarf der Zustimmung der Repräsentanten und der Genehmigung des Min. d. geistl. Angel., auch, sofern es sich um die Verwendung von Ueberschüssen handelt, der Genehmigung des evang. Ober-Kirchenraths — RdMdgA. v. 11. August 1860 (UCBl. S. 581) —.

Zu § 172.

101. Wenn eine Kirchengesellschaft ganz aufhört, so fallen die Gebäude als herrenlose Sache dem Staate anheim — § 189 u. 195 II, 6 ALR. —, er tritt aber auch den Gläubigern der aufgelösten Gesellschaft gegenüber an die Stelle der letzteren — § 201 a. a. O. — und muß den Mitgliedern deren außerordentliche Beiträge und Zuwendungen herausgeben, sowie auch die bisher von ihnen genossenen Nutzungen oder Unterhalt nach Abzug landüblicher Zinsen lebenslänglich gewähren — § 196—200 a. a. O. —.

§ 173. Kirchengebäude, soweit sie zur Feier des Gottesdienstes und zu gottesdienstlichen Handlungen bestimmt sind, dürfen ohne Einwilligung der Gemeinde zu anderen Zwecken nicht gebraucht werden.

§ 174. Die Kirchengebäude sind von den gemeinen Lasten des Staats frei und genießen alle Vorrechte der dem Staate zustehenden öffentlichen Gebäude.

§ 175. Sie sollen zu keinen Freistätten für Verbrecher dienen, sondern die weltliche Obrigkeit ist berechtigt, diejenigen, welche sich dahin geflüchtet haben, herausholen und ins Gefängniß bringen zu lassen.

Von Einrichtung neuer Kirchen.

§ 176. Neue Kirchen können nur unter ausdrücklicher Genehmigung des Staats gebaut werden.

Zu § 173.

102. Die Aufführung religiöser Musiken in den Kirchen ist durch AKO. v. 18. März 1806 (Rabe 8, 511) gestattet worden unter der Einschränkung, daß dabei nichts vorgehe, was dem Anstande und der Bestimmung der Kirchen zu andächtigen Versammlungen entgegen ist. Jeder, der Kirchen zu musikalischen Zwecken benutzen will, ist gehalten, zuvor die Bescheinigung des betreffenden Pfarrers beizubringen, daß der Text der aufzuführenden Musikstücke nichts für die Kirche Anstößiges enthalte — AKO. v. 31. Juli 1841 (BMBl. S. 277) —. Auf diese Bescheinigung haben bei evangelischen Kirchen nach § 75 Westph. Kirch. O. v. 5. März 1835 (Ann. 19, 104) u. I. 24 Ress. R. v. 1. Oktbr. 1847 (BMBl. S. 278) die Konsistorien, bei katholischen die Bischöfe die Erlaubniß zur Benutzung der Kirchen zu ertheilen. Von dieser Genehmigung haben die Unternehmer die betreffende Bezirksregierung rechtzeitig in Kenntniß zu setzen, damit diese in Bezug auf ihr Ressort die Zulässigkeit der fraglichen Aufführung prüfen, bez. die etwa erforderlichen polizeilichen Vorkehrungen treffen kann. Bei den Lehrer-Gesangfesten ist die Genehmigung der Regierung zuerst einzuholen — CRdMdgA. v. 27. Februar 1844 (BMBl. S. 68), 13. u. 5. August 1850 (BMBl. S. 241 u. 242) —. Zu Wahlen der Stadtverordneten dürfen die Kirchen in Ermangelung anderer Lokalien benutzt werden — RdMdgA. v. 10. Juli 1828 (Ann. 12, 1029) —, dasselbe gilt für Wahlen der Landtagsabgeordneten. Dagegen sollen in den Kirchen keine Bekanntmachungen erfolgen, welche nicht den Gottesdienst selbst oder kirchliche Angelegenheiten betreffen — RdMdI. v. 7. Novbr. 1813 —, namentlich sollen von den Kanzeln herab keine Aufforderungen zur Unterschrift von Petitionen und Adressen erlassen, noch solche Schriftstücke zur Unterschrift in den Sakristeien ausgelegt werden — CRdMdgA. v. 15. Septbr. 1848 (BMBl. S. 296) —. Auch darf der Aushang öffentlicher Bekanntmachungen an den Kirchthüren in bürgerlichen und gewerblichen Angelegenheiten nicht mehr stattfinden — CRdMdgA. v. 2. Dezbr. 1846 (BMBl. S. 236) —. Die Schiedsmannswahlen dürfen in den Kirchen nicht vorgenommen werden — RdMdgA. v. 11. März 1834 (Ann. 18, 997) —. Endlich sollen die Kirchengebäude zur Aufbewahrung von Waaren und Vorräthen, zum Trocknen von Wäsche auf den Dachböden u. dgl. m. nicht gebraucht werden — CRdMdgA. v. 26. April 1838 (Ann. 22, 115) —. Desgleichen sollen vor den Kirchen oder Kirchhöfen keine Baulichkeiten zur Aufbewahrung der Spritzen und Feuerlöschgeräthschaften angebracht, und soll auf Beseitigung der bestehenden, wenn möglich, hingewirkt werden — CRdMdgA. v. 2. August 1854 (BMBl. S. 198) —. Vielmehr soll für die Verschönerung der Plätze um die Kirchen durch Gartenanlagen Sorge getragen werden — CRdMdgA. v. 22. Dezbr. 1844 (BMBl. 1845 S. 9) —.

Zu § 176 vgl. N. 99.

§ 177. Eine Kirchengesellschaft kann auf diese Erlaubniß nur alsdann Anspruch machen, wenn sie erhebliche Gründe der Nothwendigkeit oder des Nutzens und zugleich hinlängliche Mittel zum Bau und zur Unterhaltung eines solchen neuen Kirchensystems ohne besorglichen Ruin der gegenwärtigen und künftigen Mitglieder nachweisen kann.

§ 178. Durch Errichtung neuer Kirchen sollen die Rechte der vom Staate genehmigten Verfassungen anderer schon vorhandener Kirchengesellschaften nicht beeinträchtigt werden.

Kirchengeräthschaften.

§ 179. Kirchengefäße und andere zum unmittelbaren gottesdienstlichen Gebrauche gewidmete Sachen haben mit den Kirchengebäuden der Regel nach gleiche Rechte.

§ 180. Solche Geräthschaften können in der Regel nur wegen einer dringenden Nothwendigkeit unter Genehmigung des Staats und der geistlichen Oberen veräußert werden.

§ 181. Doch können der Staat und die geistlichen Oberen dergleichen Veräußerungen überflüssiger Kirchengeräthschaften auch wegen eines für die Kirchengesellschaften zu hoffenden sichern und überwiegenden Nutzens zulassen.

§ 182. Wenn aber solche Geräthschaften aus Stiftungen herrühren, so finden dabei die Vorschriften des sechsten Titels § 73 u. s. w. Anwendung.

Zu § 182.

103. Die hier in Bezug genommenen §§ 73 ff. II, 6 ALR. bestimmen Folgendes:

§ 73. Die Korporation ist nicht befugt, von demjenigen, was ein Mitglied oder auch ein Fremder ihr zu einem gewissen bestimmten Zwecke zugewendet hat, ohne dessen Genehmigung einen andern Gebrauch zu machen.

§ 74. In wiefern aber bei veränderten Umständen der Staat nach dem Ableben des Stifters der Stiftung eine andere Richtung geben könne, ist nach dem unten § 193 vorkommenden Grundsatze zu beurtheilen, — nämlich dem, daß die Absicht des Stifters soviel als möglich erreicht wird.

§ 75. In allen Fällen, wo dergleichen Verfügung getroffen werden soll, muß die noch bestehende Korporation mit ihrem Gutachten zuvörderst darüber vernommen und von diesem Gutachten ohne überwiegende Gründe nicht abgewichen werden.

§ 76. Auch von den zur Erreichung des Zwecks einer solchen Stiftung vorgeschriebenen Mitteln darf die Korporation eigenmächtig nicht abgehen.

§ 77. Der Staat selbst ist diese Mittel und Einrichtungen abzuändern nur alsdann berechtigt, wenn klar erhellet, daß dadurch der Zweck nicht erreicht werden kann oder gar verfehlt werden würde.

§ 78. Sind dabei Verordnungen zu Gunsten gewisser bestimmter Personen gemacht, so kann davon ohne die Einwilligung oder vollständige Entschädigung solcher Personen nicht abgegangen werden.

§ 79. Ist in dem Falle, wenn die Einrichtungen des Stifters nicht buchstäblich befolgt würden, einem Dritten ein Recht auf die zur Stiftung gewidmete

Kirchhöfe.

§ 183. Kirchhöfe oder Gottesäcker und Begräbnißplätze, welche zu den einzelnen Kirchen gehören, sind der Regel nach das Eigenthum der Kirchengesellschaften.

Sache oder Summe beigelegt, so findet eine Aenderung ohne die Zuziehung oder Einwilligung dieses Dritten nicht statt.

§ 80. Werden die von dem Stifter gemachten Einrichtungen schon zu der Zeit, da die Stiftung errichtet und der Korporation aufgetragen worden, zweckwidrig befunden, so muß der Korporation die Annahme einer solchen Stiftung nicht gestattet werden.

Zu § 183. Vgl. § 761—765 u. N. 317—319.

104. Kirchhöfe und Begräbnißplätze sind hiernach im preußischen ebenso wie im kanonischen Rechte in der Regel res religiosae, mit der alleinigen Ausnahme des § 190 h. t. — RdMdgA. u. dJ. v. 30 Novbr. 1832 (Ann. 16, 927) —. Sie sind daher auch dem bürgerlichen Verkehr überhaupt entzogen — AKO. v 14 April 1840 (VMBl. S. 154) — und dürfen weder unter Subhastation gestellt — AKO. v. 26. Oktbr. 1840 (VMBl. S. 457) —, noch sollen Chausseen über sie hinweggeführt — RdMdJ. v. 13. Januar 1833 (Ann. 17, 214) —, auch sollen sie nicht zum Aufhängen und Trocknen von Wäsche benutzt werden — RdMdgA. u. dJ. v. 8. Mai 1860 (VMBl. S. 106) —. Ferner sollen die öffentlichen Kirchhöfe und Begräbnißplätze, auch wenn sie außer Gebrauch gesetzt sind, vor Ablauf von vierzig Jahren nach erfolgter Schließung in der Regel nicht veräußert werden. Nur ausnahmsweise ist eine frühere Veräußerung unter besonderen, sowohl die sanitätspolizeilichen als auch die dem Andenken der Verstorbenen bei der noch lebenden Generation ihrer Angehörigen gebührenden Rücksichten erledigenden Lokalverhältnissen durch den Minister d. geistl. Angel. bei kirchlichen, durch diesen Minister und den des Innern bei kommunalen Begräbnißplätzen zu gestatten. Doch ist inzwischen die Benutzung der Plätze zur Graswerbung, Baumpflanzung oder auf andere dergleichen unanstößige Weise unbeschränkt — AKO v. 8. Januar 1830 (Ann. 14, 183) —. Planirungen zu Gartenanlagen dürfen aber auf denselben ohne ministerielle Genehmigung nicht vorgenommen werden — RdMdJ. v. 26. Nov. 1843 (VMBl. 1844 S. 8) —. Die bei Wiederaufnahme von Gräbern ausgegrabenen Knochen sind an einer schicklichen Stelle des Kirchhofs wieder zur Erde zu bestatten — RdMdJ. v. 23. August 1837 (Ann. 21, 798) —.

105. Die zu Erbbegräbnissen von einer Kirche ausgegebenen Grabstellen verbleiben immer im Eigenthum der Kirche, die Besitzer der Stellen haben nur ein dingliches Recht auf Benutzung derselben zur Beerdigung für sich und ihre Erben. Ob dies Recht sich auch auf fremde Testamentserben erstreckt, hängt von der Verleihung ab. Die Erbbegräbnißstellen stehen nicht im bürgerlichen Verkehr, sie dürfen unter Lebendigen gar nicht und von Todeswegen nur an Nachkommen übertragen, also auch nicht zur Subhastation gestellt werden. Das Recht auf sie erlischt erst dann, wenn keine Erbberechtigten zur Grabstelle mehr vorhanden sind. Dies kann nach Analogie der §§ 477 u. 478 I, 9 ALR. durch gerichtliche Edictalcitation auf Antrag des Kirchenkollegii festgestellt werden. Geräth die bauliche Anlage, so lange noch Erbberechtigte vorhanden sind, in Verfall, so kann ihre Ausbesserung oder Wegschaffung verlangt und nöthigenfalls auf Kosten der Berechtigten bewirkt werden, das Recht auf die Stelle aber muß ihnen zur etwaigen Benutzung verbleiben — RdJM. v. 7. Dezbr. 1841 (VMBl. 1842 S. 13) —. Daher ist auch auf geschlossenen Kirchhöfen die fernere Benutzung der dort vorhandenen Erbbegräbnisse zu gestatten — AKO. v. 17. Oktbr. 1822 (Ann. 7, 85); RdMdgA. u. dJ. v. 28. April 1845 (VMBl. S. 160) —.

106. Beschädigungen der Kirchhöfe werden nach § 137 u. 282 StrGB. bestraft, welche lauten:

§ 137. Wer unbefugt eine Leiche oder einen Theil derselben aus dem Gewahrsam der dazu berechtigten Personen wegnimmt, ingleichen wer unbefugt

§ 184. In den Kirchen und in bewohnten Gegenden der Städte sollen keine Leichen beerdigt werden.

§ 185. Bei Verlegungen der Begräbnißplätze können diejenigen, welche bisher erbliche Familienbegräbnisse in den Kirchen besessen haben, die unentgeltliche Anweisung eines schicklichen Platzes dazu auf dem neuen Kirchhofe fordern.

§ 186. Ohne Anzeige bei den geistlichen Oberen sollen Leichen anderswo als auf einem öffentlichen Kirchhofe nicht begraben werden.

§ 187. Niemand kann durch Veranstaltung eines solchen Privatbegräbnisses der Kirchenkasse und der Geistlichkeit die ihnen zukommenden Abgaben entziehen.

§ 188. Ohne Erkenntniß des Staats soll Niemandem das ehrliche Begräbniß auf dem öffentlichen Kirchhofe versagt werden.

Gräber zerstört oder beschädigt oder an denselben beschimpfenden Unfug verübt, soll mit Gefängniß von einem Monate bis zu zwei Jahren bestraft werden.

Liegt der Handlung gewinnsüchtige Absicht zum Grunde, so ist zugleich auf zeitige Untersagung der Ausübung der bürgerlichen Ehrenrechte zu erkennen.

§ 282. Wer ... Grabmäler ... vorsätzlich zerstört oder beschädigt, wird mit Gefängniß nicht unter vierzehn Tagen bestraft. Auch kann auf zeitige Untersagung der Ausübung der bürgerlichen Ehrenrechte erkannt werden.

Zu den Grabmälern gehören auch die Grabhügel, § 137 bezieht sich daher nur auf eine Zerstörung u. s. w. des Inhalts der Gräber — OTrE. v. 8. April 1853 (Entsch. 25, 236) —.

Zu § 184.

107. Verboten ist durch diesen § nur die Leichenbestattung in Gräbern, die unter dem Fußboden der Kirche selbst gemacht werden, nicht aber die in besonderen, mit den Kirchenräumen in keiner Verbindung stehenden Gewölben; jedoch ist bei der Bestattung in letzteren die nach der jedesmaligen Lokalität sich bestimmende sanitätspolizeiliche Vorsicht anzuwenden — RdMdgA. u. dI. v. 22. Novbr. 1822 (Ann. 16, 927) —. Eine Verlegung der Begräbnißplätze in Dörfern läßt sich auf Grund des § 184 nicht erzwingen, aber auch in Städten soll sie nur aus erheblichen Gründen erfolgen — RdMdI. v. 18. Juni 1819 (Ann. 3, 315) —. Sonst sind für diese Verlegung die Bestimmungen des § 764 h. t. maaßgebend. Für die innerhalb des Rayon-Bezirks einer Festung anzulegenden Kirchhöfe schreibt § 17 Rayon-Regul. v. 10. Septbr. 1828 (GS. S. 123) die Beschränkungen vor, daß die Grabhügel nur 18 Zoll Höhe erhalten dürfen, die Denksteine flach auf den Boden gelegt werden müssen, nur Denkmäler von Holz und kleine Urnen aus Stein gestattet, Familiengewölbe und sonstige Massivbauten dagegen innerhalb der ersten beiden Rayonbezirke verboten sind.

Zu § 186.

108. Die Uebertretung dieses Verbots ist von den einzelnen Bezirksregierungen durch Polizei-Verordnungen unter Strafe gestellt, auch angeordnet worden, daß die Leichen auf Kosten der Kontravenienten ausgegraben und auf dem Gemeinde-Kirchhofe beerdigt werden sollen. Die geistlichen Obern sind nach § 3 Nr. 3 V. v. 27. Juni 1845 (GS. S. 440) die Bezirksregierungen und zwar deren Abtheilungen für Kirchen- und Schulwesen — CRdMdgA., dI. u. dF. v. 1. Oktbr. 1847 (VMBl. S. 278) —.

Zu § 188.

109. Dagegen darf die Mitwirkung der Kirche bei Begräbnissen von nicht

§ 189. Auch die im Staate aufgenommenen Kirchengesellschaften der verschiedenen Religionsparteien dürfen einander wechselweise in Ermangelung eigener Kirchhöfe das Begräbniß nicht versagen.

§ 190. Wo der Kirchhof erweislich nicht der Kirchengesellschaft, sondern der Stadt- oder Dorfgemeinde gehört, da kann jedes Mitglied der Gemeinde ohne Unterschied der Religion auch auf das Begräbniß daselbst Anspruch machen.

---

notorisch unzurechnungsfähigen Selbstmördern, sowie in andern von den Konsistorien für geeignet erachteten Fällen versagt werden, vgl. N. 37.

Zu § 189.

110. Das Staatsministerium hat durch Beschluß v. 18. März 1844 dem § 189 folgende Auslegung gegeben: „Wenn nicht etwa der öffentliche Begräbnißplatz Eigenthum der bürgerlichen Ortsgemeinde ist, oder der kirchlichen Gemeinde, welcher der Verstorbene angehörte, bestimmte Rechte des Mitgebrauchs am Gottesacker aus besondern Rechtsgründen zustehen, als für welche beide Fälle ein Zweifel überhaupt nicht obwaltet, so soll es mit der Beerdigung fremder Konfessionsverwandten folgendermaßen gehalten werden: 1) Befindet sich an dem Orte, wo sich der Sterbefall ereignet hat, eine Kirche oder ein Bethaus des Verstorbenen, wobei ein Geistlicher fungirt, so ist, wenn es der dazu gehörigen Gemeinde an einem eigenen Gottesacker mangelt, das Begräbniß auf dem Friedhofe der andern Konfession durch den genannten Geistlichen liturgisch zu vollziehen. 2) Außer dem oben erwähnten Falle steht es in der Wahl der Nachgebliebenen, entweder mit dem einer andern Konfession angehörigen Ortspfarrer, dessen Gottesacker die Leiche aufzunehmen hat, wegen des Begräbnisses sich zu einigen oder einen Geistlichen ihrer Konfession herbeizuholen, welcher den liturgischen Akt im Sterbehause vollzieht, worauf die Leiche in stiller Begleitung zu Grabe getragen wird" — CRtMdgA. v. 30. Mai 1844 (BMBl. S. 239) —. Ist der Kirchhof einer evangelischen Gemeinde zeither auch zur Beerdigung von Katholiken benutzt worden, so liegt in der eigenmächtigen Aufrichtung eines Kruzifixes Seitens der katholischen Kirchengemeinde auf demselben noch keine Besitzstörung — OTrE. v. 11. Mai 1866 (Str. Arch. 63, 184) —. In Betreff der zur Gemeinschaft der getrennten Lutheraner Gehörigen haben die Minister d. geistl. Angel., d. Inn. u. d. Just. sich nicht für ermächtigt erklärt, die evangelischen Kirchengemeinden wider ihren Willen zu zwingen, auf ihren Kirchhöfen den Zutritt der getrennt-lutherischen Geistlichen und die Verrichtung geistlicher Amtshandlungen durch dieselben zu gestatten — RdMdgA., dJ. u. dJust. v. 29. Septbr. 1850 (BMBl. S. 238) —. Für die Provinz Westphalen ist durch V. v 15. März 1847 (GS. S. 116) unter Aufhebung aller entgegenstehenden Verordnungen, Rechte und Gewohnheiten bestimmt worden, „daß die im Staate aufgenommenen Kirchengesellschaften der verschiedenen Religionsparteien einander wechselweise in Ermangelung eigener Kirchhöfe ein nach dem Religionsgebrauch des Verstorbenen und unter Mitwirkung eines Geistlichen seiner Konfession zu feierndes Begräbniß nicht versagen dürfen."

Zu § 190.

111. Zur Realisirung der im § 190 den Mitgliedern der politischen Gemeinde beigelegten Ansprüche kann auch dann, wenn der Begräbnißplatz nur von dem Geistlichen der einen Konfession eingesegnet ist, durch polizeiliche Anordnungen, gegen welche der Rechtsweg unzulässig ist, die Beerdigung eines einer andern Konfession angehörigen Gemeindemitgliedes erzwungen werden — KGE. v. 3. Juni 1854 (JMBl. S. 392) —. Auch dürfen die Verwaltungsbehörden über die Benutzung, Theilung und Verwaltung solcher Begräbnißplätze für verschiedene Konfessionen Anordnungen treffen, gegen welche der Rechtsweg nicht gestattet ist — KGE. v. 7. Oktbr. 1854 (JMBl. 1855 S. 13) —. Daher sollen die Regierungen bei der Anlegung neuer Kirchhöfe, wenn dieselben nicht als

Geläute.

§ 191. Das bei einer Kirche befindliche Geläute ist in der Regel als ein Eigenthum der Kirchengesellschaft anzusehen.

§ 192. Wo nach Verträgen oder hergebrachter Observanz auch eine andere Gemeinde oder Religionspartei auf den Gebrauch desselben Anspruch machen kann, da kann dennoch dieser Mitgebrauch während des Gottesdienstes der Kirchengesellschaft, welcher die Glocken gehören, nicht verlangt werden.

Uebriges Vermögen.

§ 193. Die vom Staate ausdrücklich aufgenommenen Kirchengesellschaften sind auch bei Erwerbung, Verwaltung und Veräußerung ihres Vermögens andern privilegirten Korporationen gleich zu achten. (Tit. 6 § 70, 71, 72, 81 sqq.)

Konfessionskirchhöfe, worauf zunächst Bedacht zu nehmen, eingerichtet werden können, dafür sorgen, daß über eine die religiösen Interessen der betheiligten Konfessionen sicher stellende Begräbniß-Ordnung bei Zeiten und jedenfalls vor Ertheilung der erforderlichen Staatsgenehmigung eine entsprechende Verständigung, resp. Festsetzung herbeigeführt werde — RdMdgA. v. 26. Juli 1864 (BMBl. S. 154) —.

Zu § 191.

112. Das Kirchengeläute kann auch für andere als kirchliche Zwecke benutzt werden, jedoch ist dazu vorher die Genehmigung des betreffenden Pfarrers einzuholen — RdMdgA. v. 30. Juni 1842 (BMBl. S. 263) —. Zu den Bibelstunden der evangelischen Gemeinden darf der Gebrauch des Glockengeläutes nicht verboten werden — RdMdgA. u. dJ. v. 12. August 1844 (BMBl. S. 238) —. Als ein billiges harmonisches Geläute hat der Min. d. geistl. Angel. in dem CR. v. 6. Mai 1842 (BMBl. S. 191) das von dem Eisenhüttenbesitzer Pönsgen in Schleiden Reg.-Bez. Aachen erfundene zur Anschaffung empfohlen, welches aus 4 Stahlstäben von zusammen gegen 600 Pfd. Gewicht besteht, die mit einem Resonanzboden verbunden sind und durch eine zweckmäßige mechanische Vorrichtung mittelst hölzerner Hämmer angeschlagen werden. Das Geläute ist bei nicht widrigem Winde eine Stunde weit vernehmbar, sehr viel billiger als Glockengeläute und in beschränkteren Räumen als dieses unterzubringen.

Zu § 193.

113. Als privilegirte Korporationen stellen die Kirchengesellschaften in den Geschäften des bürgerlichen Lebens eine moralische Person vor — § 81 II, 6 ALR. — und haben dieselbe Rechtsfähigkeit wie jedes einzelne Mitglied des Staats — § 82 a. a. O. —, nur beim Erwerb, der Veräußerung und Verpfändung von Immobilien sowie der Kontrahirung von Schulden ist zur Gültigkeit des Geschäfts die Genehmigung der vorgesetzten Behörde erforderlich — §§ 83—85 a. a. O. §§ 194, 219, 227, 645 u. 646 h. t. —, und zur Annahme gewisser Schenkungen und Zuwendungen ist die Genehmigung des Königs erforderlich — G. v. 13. Mai 1833 (GS. S. 49), vgl. N. 114 —. Für die Schulden haftet das gemeinschaftliche Vermögen der Korporation, das Privatvermögen der einzelnen Mitglieder nur, wenn die Schulden zu Bedürfnissen gemacht sind, zu deren Bestreitung neue oder erhöhte Beiträge hätten aufgebracht werden müssen, z. B. zu kirchlichen Bauten. In solchen Fällen ist es gleichgültig, ob die einzelnen Mitglieder in die Kontrahirung der Schulden ausdrücklich gewilligt haben oder nicht, und hat die Gesellschaft das Recht, die Schuld nach einem auf die Zukunft sich erstreckenden, von der Aufsichtsbehörde zu genehmigenden Schuldentilgungsplane nach und nach abzutragen. Die dazu erforderlichen Beiträge haben neu einzutretende Mitglieder mit zu leisten, wogegen die durch den Tod oder Austreten Ausscheidenden davon frei werden — §§ 91—113 II, 6 ALR. —. Die Ausübung der äußeren Gesellschaftsrechte wird durch Schlüsse der Korporation angeordnet — § 86 a. a. O. —, ebenso die Verwaltung und Nutzung

§ 194. Keine Kirchengesellschaft kann ohne ausdrückliche Bewilligung des Staats liegende Gründe an sich bringen.

§ 195. Ohne Vorwissen und besondere Erlaubniß des Oberhaupts im Staate darf bei Strafe doppelten Ersatzes keiner ausländischen Kirche etwas verabfolgt werden.

§ 196. Diese Strafe trifft denjenigen, auf dessen Veranstaltung die Sache oder Summe der ausländischen Kirche ausgehändigt worden.

Geschenke und Vermächtnisse.

[**§ 197.** Auch inländische Kirchen dürfen ohne besondere Einwilligung des Staats Geschenke und Vermächtnisse, welche die Summe von Fünfhundert Thalern übersteigen, nicht annehmen.]

[Anh. **§ 115.** Wenn einer Kirche oder andern frommen Anstalt ein Geschenk oder Vermächtniß zugewendet wird: so sind die Vorsteher in allen Fällen schuldig, der geistlichen vorgesetzten Behörde Anzeige davon zu machen. Beträgt das Quantum nur Fünfhundert Thaler oder weniger: so muß die Bestätigung darüber sofort ohne weitere Rückfrage ausgefertigt werden; außer diesen Fällen aber muß darüber an das geistliche Departement berichtet, und in keinem Falle die Schenkung oder das Vermächtniß ohne vorgängige Immediatanfrage abgewiesen werden.]

---

des gemeinschaftlichen Vermögens — § 70 a. a. O. —, soweit nicht in den §§ 619 ff. h. t. Ausnahmen davon gemacht sind, die Verwendung muß aber immer zur Beförderung des gemeinschaftlichen Besten der Gesellschaft und zur Erreichung ihres Endzwecks geschehen — § 71 a. a. O. —.

Zu § 194.

114. Die staatliche Genehmigung hat ohne Rücksicht auf den Werth des zu erwerbenden Grundstücks und die Beschaffenheit des Titels, ob er lukrativ oder oneros, ob Kauf oder Tausch, der Minister d. geistl. Angel. zu ertheilen — R. v. 1. Septbr. 1806 (Rabe 8, 665), RdMdgA. v. 15. März 1832 (Ann. 16, 100), 15. Mai 1844 (BMBl. S. 144), 3. Nov. 1845 (BMBl. S. 314), OTrE. v. 30. Dez. 1843 Präj. 1395 (Entsch. 9, 305), RdMdgA. v. 15. März 1867 (BMBl. S. 249) —. Auch ist durch die Verfassungsurkunde hieran nichts geändert worden — RdMdgA. v. 9. Juli 1849 (BMBl. S. 165) —, und gilt die Vorschrift auch für Erwerbungen der katholischen Kirche — CRdMdgA. v. 15. Mai 1851 (BMBl. S. 110) —.

Zu §§ 197—216.

115. Die Bestimmungen der §§ 197—216 und Anh. § 125 haben ihre Gültigkeit verloren durch das Gesetz vom 13. Mai 1833, betreffend die Schenkungen an Kirchen und geistliche Gesellschaften, sowie an andere Anstalten und Korporationen (GS. S. 49), welches lautet:

Wir rc. rc. haben für erforderlich erachtet, die gesetzlichen Bestimmungen über Schenkungen und letztwillige Zuwendungen an Kirchen und geistliche Gesellschaften, imgleichen an Lehr-, Erziehungs- und Armenanstalten und Hospitäler einer Revision zu unterwerfen und auf sämmtliche vom Staate genehmigte Anstalten und solche Gesellschaften auszudehnen, welche Korporationsrechte haben.

Wir verordnen demnach für sämmtliche Provinzen Unserer Monarchie, mit

[§ **198.** Geschenke oder Vermächtnisse von höherem Werthe erhalten erst durch die Genehmigung des Staats ihre Gültigkeit.]

[§ **199.** Erst mit dem Tage, da diese Bestätigung dem Geschenkgeber oder Erben bekannt gemacht worden, nimmt dessen Verbindlichkeit zur Entrichtung des Geschenks oder Vermächtnisses ihren Anfang.]

[§ **200.** Dergleichen Geschenke oder Vermächtnisse zur todten Hand können nur insofern auf die Genehmigung des Staats Anspruch machen, als sie die Summe von Fünfhundert Thalern nicht übersteigen.]

[§ **201.** Mehrere Zuwendungen von einerlei Geschenkgeber oder Erblasser werden, wenn sie auch zu verschiedenen Zeiten bestimmt worden, in eine Summe zusammengezogen und auf obigen Betrag herabgesetzt.]

[§ **202.** Besteht die Zuwendung in einer jährlichen fortwährenden Prästation: so soll der Betrag derselben mit vier vom Hundert zu Kapital gerechnet, und wenn er alsdann die erlaubte Summe übersteigt, bis auf soweit herabgesetzt werden.]

Aufhebung aller diesen Gegenstand betreffenden gesetzlichen Vorschriften, auf Antrag Unseres Staatsministeriums und nach erfordertem Gutachten Unseres Staatsraths, wie folgt:

§ 1. Schenkungen und letztwillige Zuwendungen an inländische öffentliche Anstalten und Korporationen sollen von deren Vorstehern der vorgesetzten Behörde angezeigt werden.

a. Die vorgesetzte Behörde, der die Anzeige zu machen, ist die Bezirksregierung — RdMdgA. v. 9. März 1834 (Ann. 18, 997) —. Die katholischen Kirchenbehörden sind nach der Verfassungsurkunde von dieser Anzeige befreit und brauchen auch die durch CR. v. 16. Juni 1836 angeordneten Nachweisungen über die ihnen ertheilten Zuwendungen nicht mehr aufzustellen und dem Minister einzureichen — CRdMdgA. v. 25. Juni 1851 (BMBl. S. 129) —.

§ 2. Beträgt die Zuwendung mehr als Eintausend Thaler, so ist zur Gültigkeit derselben ihrem vollen Betrage nach Unsere landesherrliche Genehmigung erforderlich.

b. Zuwendungen unter 1000 Thlr. sind mithin ohne Weiteres rechtsgültig — Schr. dJM. v. 11. Novbr. 1833 (Erg. ad h. §) —.

c. Bei Zuwendungen zu Messen unter 1000 Thlr. soll statt der landesherrlichen Genehmigung die des Ministers der geistl. Angel. genügen — AKO. v. 22. Mai 1836 (GS. S. 195) —.

d. Behufs Einholung der Genehmigung haben die Regierungen folgende Punkte genau zu erörtern und in ihren Berichten zu erwähnen: 1) ob nicht das Vermögen der betreffenden Kirche &c. durch die Zuwendung zum Nachtheil des öffentlichen Verkehrs im Allgemeinen übermäßig vermehrt werde; 2) ob nicht die betreffende Anstalt Mittel anhäufe, welche deren durch ihre Bestimmung begrenztes Bedürfniß überschreiten; 3) ob keine gemeinschädliche Anordnung an die Zuwendung geknüpft sei; 4) ob dabei keine Verletzung einer Pflicht gegen hülfsbedürftige Angehörige, oder 5) eine Ueberredung zur Kränkung der Rechte dritter Personen stattfinde — AKO. v. 1. Febr. 1834 (Erg. ad h. §) —.

e. Werden in einer Schenkungsurkunde oder letztwilligen Verordnung Zuwen-

[§ **203.** Ist das herabgesetzte Geschenk mehreren Kirchen gewidmet: so hängt die Vertheilung der von dem Staate gebilligten Summe von dem Gutbefinden des Gebers ab.]

[§ **204.** Hingegen muß bei einem für mehrere Kirchen bestimmten und herabgesetzten Vermächtnisse die Vertheilung der gebilligten Summe vom Staate nach der wahrscheinlichen Absicht des Erblassers bestimmt werden.]

[§ **205.** Auch kann der Staat, wenn es dieser Absicht nicht offenbar entgegen ist, die ganze gebilligte Summe der unter mehreren berufenen Kirchen befindlichen unvermögenden mit Ausschließung der hinlänglich versorgten Kirchen zuwenden.]

[§ **206.** Unter dem auf Fünfhundert Thaler eingeschränkten Betrage der Geschenke und Vermächtnisse soll dasjenige nicht mit begriffen sein, was für Seelenmessen, die gleich nach dem Tode zu lesen sind, den katholischen Priestern auf die Hand vertheilt worden.]

[§ **207.** Doch darf ein solches Vermächtniß die Summe von Fünfhundert Thalern nicht übersteigen.]

---

dungen an verschiedene inländische Anstalten 2c. gemacht, so ist die unmittelbare landesherrliche Genehmigung nur in Betreff derjenigen Zuwendungen erforderlich, welche einzeln den Betrag von 1000 Thlr. übersteigen. Macht Jemand zu verschiedenen Zeiten, in verschiedenen Urkunden oder durch verschiedene Handlungen einer und derselben Anstalt 2c. Zuwendungen, so bedarf es der landesherrlichen Genehmigung nur insofern, als die einzelne Zuwendung mehr als 1000 Thlr. beträgt; wogegen, wenn in letztwilligen Verordnungen aus verschiedenen Zeiten und in verschiedenen Urkunden auf den Todesfall Zuwendungen an eine und dieselbe Anstalt gemacht sind, diese Zuwendungen als ein Ganzes und als aus einer Urkunde hervorgegangen angesehen werden sollen, mithin die Summen, die einer und derselben Anstalt hinterlassen worden, zusammenzuziehen sind, um danach zu beurtheilen, ob die landesherrliche Genehmigung erforderlich sei. Uebrigens versteht es sich von selbst, daß, wenn mehrere Personen, z. B. Miterben, in einer und derselben Urkunde einer und derselben Anstalt 2c. etwas zuwenden, und die Zuwendungen dieser mehreren Personen den Betrag von 1000 Thlr. übersteigen, nur der Betrag der Zuwendungen und nicht die Person, von welcher solcher kommt, entscheidet — AKO. v. 10. April 1834 (Jahrb. 47, 504) —.

§ 3. Zuwendungen, welche in fortgesetzt wiederkehrenden Prästationen bestehen, werden mit vier vom Hundert zu Kapital berechnet.

§ 4. Erst mit dem Tage, an welchem die landesherrliche Genehmigung dem Geschenkgeber oder Erben bekannt gemacht worden, nimmt die Verbindlichkeit zur Entrichtung des Geschenks oder Vermächtnisses, sowie zur Uebergabe der Erbschaft ihren Anfang. Mit der zugewendeten Sache müssen zugleich die davon in dem Zeitraume vom Tage der Schenkung oder vom Todestage des Erblassers an wirklich erhobenen Nutzungen verabfolgt werden.

§ 5. Unsere landesherrliche Genehmigung ist ohne Unterschied des Betrages der Zuwendung erforderlich, wenn dadurch eine neue öffentliche Anstalt gestiftet, oder einer vorhandenen Anstalt etwas zu einem andern als dem bereits genehmigten Zwecke gewidmet werden soll.

f. Dieser Fall liegt auch dann vor, wenn nur der Ertrag der einer Kirche gemachten Zuwendung an die Armen vertheilt werden soll — RdMdI. u. dgA. v. 28. Febr. 1849 (VMBl. S. 44) —.

[§ 208. Wenn ein Geschenk oder Vermächtniß zur Verbesserung des Auskommens der bei einer Kirche angestellten und noch nicht hinlänglich versorgten Prediger oder anderer Beamten gewidmet ist: so soll darüber auch auf einen höheren Betrag bis zur wirklichen Nothdurft die Einwilligung des Staats in der Regel nicht versagt werden.]

[§ 209. Ein Gleiches findet statt, wenn das Geschenk oder Vermächtniß zur Wiederherstellung oder Reparatur eines schon vorhandenen kirchlichen Gebäudes bestimmt ist.]

[§ 210. Dem Staate allein aber gebührt die Beurtheilung: ob die Unterhaltung eines solchen Gebäudes für die Kirchengesellschaft, der es gewidmet ist, nothwendig und nützlich sei.]

[§ 211. Zum Bau neuer Kirchen finden Geschenke und Vermächtnisse nur insofern statt, als der Staat nach § 176 sqq. den Bau selbst genehmigt.]

[§ 212. Was Jemand an Sachen und Effecten aus eigenem Vorrathe zur Auszierung einer Kirche schenkt oder vermacht: dazu soll die Bestätigung in der Regel, wenn aus den Umständen eine Absicht, das Gesetz zu vereiteln, nicht erhellet, nicht versagt werden.]

[§ 213. Uebrigens finden eben die Gründe zum Widerrufe, welche bei Schenkungen überhaupt eintreten können, auch bei Schenkungen an Kirchen Anwendung (§ 1089 sqq. I, 11).]

---

§ 6. Zuwendungen, die zwar einer öffentlichen Anstalt oder einer Korporation beschieden, aber zur Vertheilung an Einzelne bestimmt sind, es mag diese Vertheilung von dem Geber selbst festgesetzt oder der bedachten moralischen Person übertragen werden, sind unter den Bestimmungen dieses Gesetzes nicht begriffen. Dahin gehört auch dasjenige, was für Seelenmessen, die gleich nach dem Tode zu lesen sind, den katholischen Priestern entrichtet wird.

g. Soll eine Zuwendung, deren Vertheilung an Einzelne der Geber weder ausdrücklich bestimmt, noch ausgeschlossen hat, nach dem Beschlusse der bedachten Anstalt oder Gesellschaft an Einzelne vertheilt werden, so bedarf es, sofern die Zuwendung nicht mehr als 1000 Thlr. beträgt, der im § 1 vorgeschriebenen Anzeige an die vorgesetzte Behörde nicht. Uebersteigt die Zuwendung aber 1000 Thlr., so ist auch in diesem Falle zu deren Gültigkeit die landesherrliche Genehmigung erforderlich — V. v. 21. Juli 1843 (GS. S. 322) —.

§ 7. Die landesherrliche Genehmigung erfolgt unbeschadet der Rechte jedes Dritten und ändert daher an sich in den gesetzlichen Vorschriften nichts ab, aus denen Schenkungen und letztwillige Dispositionen angefochten werden können.

§ 8. Würden durch irgend ein Vermächtniß an eine Anstalt oder Korporation Personen, welchen der Erblasser während seines Lebens Alimente zu geben nach den Gesetzen verpflichtet war, wegen Unzulänglichkeit des Nachlasses daran Abbruch erleiden, so sollen die Einkünfte des Vermächtnisses, soweit dieselben dazu erforderlich sind, zur Ergänzung des solchen Personen zukommenden Unterhalts verwendet werden.

§ 9. Was vorstehend (§ 8) von Vermächtnissen vorgeschrieben ist, gilt auch von Schenkungen unter Lebendigen oder von Todeswegen, insofern überhaupt wegen

[§ 214. Kirchenvorsteher, welche den obigen Vorschriften zuwider Schenkungen und Vermächtnisse annehmen, ohne dem Staate zur Bestätigung Anzeige zu machen, haben fiskalische Strafe verwirkt.]

[§ 215. Die Strafe soll nach Bewandniß der Umstände, und je nachdem das Geschenk oder Vermächtniß an sich auf die Bestätigung Anspruch machen könnte oder nicht, von der Hälfte bis zu dem doppelten Betrage des Werths der angenommenen Sache oder Summe bestimmt werden.]

[§ 216. So weit das Geschenk oder Vermächtniß nicht bestätigt wird, fällt ersteres an den Geber oder dessen Erben, letzteres in den Nachlaß zurück.]

Verwaltung des Kirchenvermögens.

§ 217. Die Verwaltung des Kirchenvermögens liegt dem Kirchenkollegium unter Aufsicht der geistlichen Oberen ob.

§ 218. Von diesen gilt der Regel nach Alles, was wegen der Beamten privilegirter Korporationen verordnet ist. (Tit. 6 § 147 sqq.)

Veräußerung.

§ 219. Grundstücke und Gerechtigkeiten, die einer Kirche gehören, können ohne ausdrückliche Genehmigung des Staats nicht veräußert werden.

---

verkürzten Pflichttheils oder geschmälerter Alimente Schenkungen widerrufen werden können.

§ 10. Vorsteher und Verwalter der § 1 gedachten Anstalten und Korporationen, welche den Vorschriften dieses Gesetzes zuwider Geschenke, Erbschaften und Vermächtnisse annehmen, ohne sofort bei der ihnen vorgesetzten Behörde auf die Einholung der erforderlichen landesherrlichen Genehmigung anzutragen (§ 2), haben fiskalische Strafe verwirkt, welche jedoch die Hälfte des angenommenen Betrages nicht übersteigen darf.

§ 11. An ausländische öffentliche Anstalten und Korporationen dürfen Schenkungen, Erbschaften und Vermächtnisse ohne Unterschied ihres Betrages nur mit Unserer unmittelbaren Erlaubniß verabfolgt werden, bei Vermeidung einer nach den Umständen zu bestimmenden Geldstrafe, welche jedoch den doppelten Betrag der Zuwendung nicht übersteigen darf.

Zu § 218.

116. Die Rechte und Pflichten der Kirchenkollegien als Beamten der Kirchengesellschaften sind nach ihren Bestallungen und Amtsinstructionen, mithin auch nach den Bestimmungen dieses Titels, übrigens aber nach der Lehre von Vollmachtsaufträgen zu beurtheilen — § 151 II, 6 ALR. —. Sie sind nicht befugt, Grundstücke, Gerechtigkeiten und Kapitalien der Gesellschaft zu veräußern oder auf irgend eine Art zu belasten — § 153 a. a. O. —, wohl aber dürfen sie mit Genehmigung des Patrons oder Inspectors Kapitalien aufkündigen oder gekündigte einziehen — §§ 629—632 h. t. —. Aus den von ihnen allein geschlossenen Verträgen wird die Gesellschaft nicht verhaftet, sie muß aber, wenn daraus etwas in ihren gemeinsamen Nutzen verwendet worden, dem anderen Kontrahenten nach allgemeinen gesetzlichen Vorschriften dafür gerecht werden und die Handlungen und Verträge der Beamten überhaupt soweit vertreten, als diese nach der Natur ihres Auftrags denselben, ohne

§ 220. Bei ganzen Landgütern und Häusern ist die Genehmigung des geistlichen Departements nothwendig, bei einzelnen Grundstücken oder bloßen Gerechtigkeiten hingegen ist der Konsens der unmittelbaren geistlichen Oberen hinreichend.

§ 221. Die Genehmigung kann nur alsdann nachgesucht werden, wenn die Veräußerung zum Besten der Kirche nothwendig oder von erheblichem Nutzen ist.

§ 222. Die öffentliche Subhastation ist zur Gültigkeit einer solchen Veräußerung nicht wesentlich nothwendig.

Anh. **§ 126.** Bei Veräußerung unbeweglicher Grundstücke und anderer geistlichen Stiftungen, sowie bei Erb- und Zeitverpachtungen (letztere über sechs Jahre) soll zwar in der Regel eine freiwillige Subhastation veranlaßt werden; es soll jedoch von dem Ermessen der geistlichen Oberen abhängen, ob nach aufgenommener gerichtlicher Taxe nach dem Gutachten der Untergerichte, Inspectoren und Prediger die Subhastation noch erforderlich sei, und deren Unterlassung soll keine Ungültigkeit nach sich ziehen.

§ 223. Die ohne den erforderlichen Konsens geschehene Veräußerung eines solchen Eigenthums der Kirche ist nichtig.

§ 224. Dagegen kann dieselbe, wenn die Einwilligung der Behörde hinzugekommen ist, unter dem Vorwande, daß sie unnöthig oder nicht nützlich gewesen sei, nicht angefochten werden.

§ 225. Vielmehr finden dagegen nur eben die Einwendungen und Rechtsmittel wie gegen jede andere Veräußerung Statt.

§ 226. Doch bleibt derjenige, welcher durch unrichtige Vorspiegelungen oder sonst vorsätzlich oder aus grobem Versehen die Einwilligung zu einer nicht nothwendigen oder schädlichen Veräußerung bewirkt hat, der Kirche zur Schadloshaltung verhaftet.

---

dergleichen Handlungen vorzunehmen, nicht würden ausführen können — §§ 154—156 II, 6 ALR. —.

Zu § 220.

117. Mit § 220 steht § 648 h. t. insofern im Widerspruch, als letzterer bei allen Veräußerungen von Immobilien die Genehmigung des geistlichen Departements erfordert. Dies ist ein Redactionsfehler. Es ist nur nach § 220 zu verfahren — Schr. dJM. v. 10. Mai 1819 (Ann. 3, 414) —. Das geistliche Departement ist der Minister der geistl. Angel. (vgl. N. 69); die geistlichen Oberen sind die Regierungen bei evangelischen Kirchen, der Bischof nach §§ 115 u. 116 h. t. bei katholischen — Schr. d. JM. v 28. Januar 1830 (Erg. ad h. §), RdMdgA. v. 15. März 1852 (Ann. 16, 100) —. Die Bestimmung des Zus. 175 Ostpreuß. Prov. R., wonach immer die Genehmigung des Ostpreuß. Staatsministeriums erforderlich ist, hat seit der Aufhebung des letzteren ihre Gültigkeit verloren.

Verpfändung.

§ 227. Zu Verpfändungen des unbeweglichen Kirchenvermögens ist die Einwilligung des Bischofs und bei protestantischen Kirchen [des Konsistorii] nothwendig.

Besondere Vorrechte des Kirchenvermögens.

§ 228. Die Kirchengesellschaften genießen in Ansehung der mit ihnen selbst oder mit ihren Repräsentanten und Vorstehern über ihr Vermögen verhandelten Geschäfte und geschlossenen Verträge die Rechte der Minderjährigen.

Zu § 227.

118. Bei evangelischen Kirchen (vgl. N. 28) haben nicht mehr die Konsistorien, sondern die Bezirksregierungen die Einwilligung zur Verpfändung des Kirchenvermögens zu ertheilen — § 3 Nr. 5 V. v. 27. Juni 1845 (GS. S. 440), Ress. CRdMdgA., dJ. u. dF. v. 1. Oktober 1847 II. 5, c (VMBl. S. 278) —.

Zu § 228.

119. Zu den Vorrechten des Kirchenvermögens, welche übrigens ebenso den Kirchen und Kirchengemeinden als der Gesammtheit der Eingepfarrten zukommen — OTrE. v. 13. Dezbr. 1850, Präj. 2261 (Entsch. 20, 380) — gehören folgende:

a. Nur die ungewöhnliche Verjährung von 44 Jahren findet gegen die Kirchen statt — § 629 I, 9 ALR. —. Ob der Besitz sich dabei auf einen Titel gründet oder nicht, ist gleichgültig; aber Redlichkeit des Besitzes ist nothwendiges Erforderniß — §§ 630 u. 631 a. a. O. —. Auch bei der Verjährung durch Nichtgebrauch erlöschen die Rechte der Kirchen nur nach 44 Jahren — § 632 a. a. O. —. Wo aber das Gesetz kürzere als die gewöhnlichen Verjährungsfristen vorschreibt, da gelten diese auch den Kirchen gegenüber sowohl bei der Verjährung durch Besitz als bei der durch Nichtgebrauch, und kommt den Kirchen dagegen nur gemäß § 177 I, 14 ALR. die Wiedereinsetzung in den vorigen Stand zu Statten — OTrE. v. 10. Oktbr. 1840 (Entsch. 6, 245) —. In der Mark Brandenburg findet nach der Konsist. Ord. v. 1573 u. dem CR. v. 16. Februar 1683 gar keine Verjährung gegen Kirchen statt, auch Servituten können gegen Kirchengrundstücke durch Verjährung nicht erworben werden — OTrE. v. 27. April 1849, Präj. 2121 (Entsch. 18, 415) —. Diese Unverjährbarkeit schließt die Anwendung der Vorschrift der §§ 25 u. 26 I, 15 ALR., wonach derjenige, welcher eine Sache redlicher Weise von einer unverdächtigen Person durch einen lästigen Vertrag erworben hat, die Sache nur gegen Erstattung des von ihm für dieselbe Gezahlten herauszugeben verpflichtet ist, — bei der Vindikation eines solchen Kirchengrundstücks nicht aus — OTrE. v. 30. Novbr. 1852, Präj. 2416 (Entsch. 25, 40) —. Ebensowenig schließt diese Unverjährbarkeit aus, Grundgerechtigkeiten, insbesondere Hütungsrechte auf Privatgrundstücke durch Verjährung zu erwerben, welche einem gleichartigen Rechte Seitens der Kirche oder Pfarre, sei es allein oder mit anderen Berechtigten resp. dem Eigenthümer selbst, unterliegen. Es wird aber zur Vollendung der Verjährung ein 44 jähriger Zeitraum erfordert — OTrE. v. 13. Juni 1854, Präj. 2530 (Entsch. 28, 117) —. Auf die Güter der geistlichen Stifter, insbesondere der Domkapitel erstreckt sich das Privileg der Unverjährbarkeit nicht — OTrE. v. 6. Mai 1836 (Entsch. 2, 68) —.

b. Das Recht der Wiedereinsetzung in den vorigen Stand haben die Kirchengemeinden 1) in Prozessen gegen Verfügungen und Urtheile binnen 4 Jahren nach Publikation derselben wegen versäumter Fristen mit Ausnahme der Fristen zur Einlegung, Einführung und Rechtfertigung von Rechtsmitteln — § 174 I, 14 ALR., § 14 I, 16 AGO., Art. 13 Decl. v. 6. April 1839 (GS. S. 131), OTrE. v. 19. Juli 1850, Präj. 2224 (Entsch. 19, 488) u. 21. Januar 1852 (Strieth. Arch. 6, 7) —. Zur Begründung des Restitutionsgesuchs ist der Nachweis der erlittenen Verletzung erforderlich — § 15 I, 16 AGO. —. Es ist bei dem Instanzrichter anzubringen, gegen dessen Urtel oder Verfügung Restitution nachgesucht wird — OTrE. v. 21. Juni 1861 (Entsch. 46, 300) —. Die Wirkung der Restitution ist nur die Aufhebung der Verletzung, nicht des ganzen Urtheils oder gar Verfahrens — § 16 I, 16 AGO. —. Die Restitution steht den Kirchengemeinden 2) zu: gegen kürzere als die gewöhnlichen Verjährungsfristen, binnen 4 Jahren nach Ablauf der Frist — § 177 I, 14 ALR. —, sie darf aber auf andere als Verjährungsfristen, z. B. auf die Frist zur Erklärung über die Ausübung eines Vorkaufsrechts, nicht ausgedehnt werden — OTrE. v. 3. Juli 1840, Präj. 884 (Entsch. 6, 385) —. Auch ist sie gegen die kurzen Verjährungsfristen der G. v. 31. März 1838 (GS. S. 249) u. 18. Juni 1840 (GS. S. 140) ausgeschlossen — OTrE. v. 21. Novbr. 1846 (Entsch. 14, 209), v. 8. Juli 1852, Präj. 2307 (Entsch. 23, 104), v. 1. Oktbr. 1863 (Entsch. 50, 101) —. Sie kommt nur denen zu Statten, die sich auf sie berufen, und ist von Amtswegen nicht zu gewähren — OTrE. v. 22. Oktbr. 1846, Präj. 1791, (Präj. Samml. 1, 82) —.

c. Die sechswöchige Frist zur Einlegung der Rechtsmittel der Appellation, der Revision, des Rekurses, der Nichtigkeitsbeschwerde ist für die Kirchengemeinden verdoppelt worden unter gleichzeitiger Aufhebung der Berufung auf die Rechtswohlthat der Wiedereinsetzung in den vorigen Stand gegen die verabsäumte Frist — Art. 13 Decl. v. 6. April 1839 (GS. S. 131), § 7 G. v. 20. März 1854 (GS. S. 115); § 48 u. 65 V. v. 21. Juli 1849 (GS. S. 318) —. Die Frist läuft vom Tage der Insinuation des anzufechtenden Erkenntnisses, der selbst nicht mitgerechnet wird — § 3 V. v. 5. Mai 1838 (GS. S. 273) —.

d. Befreiung von Zahlung der Gerichtskosten, sowohl für Geschäfte der streitigen als der nicht streitigen Gerichtsbarkeit — RdJM. v. 5. Septbr. 1862 (UCBl. S. 609) —, genießen die „Kirchen, Pfarreien, Kaplaneien, Vikarien und Küstereien in soweit, als die Einnahmen derselben die etatsmäßige Ausgabe, einschließlich der Besoldung oder des statt dieser überlassenen Nießbrauchs, nicht übersteigen, und dieses durch ein Attest der denselben vorgesetzten Behörden oder Oberen bescheinigt wird. Insoweit aber in Prozessen oder andern Rechtsangelegenheiten derselben solche Ansprüche, welche lediglich das zeitige Interesse derjenigen betreffen, welchen die Nutzung des betreffenden Vermögens für ihre Person zusteht, zugleich mit verhandelt werden, haben letztere, wenn sie sich nicht etwa zum Armenrecht qualificiren, die auf ihren Theil verhältnißmäßig fallenden Kosten zu tragen" — § 4 Nr. 4 G. v. 10. Mai 1851, betr. den Ansatz und die Erhebung der Gerichtskosten (GS. S. 623) —. Unter denselben Voraussetzungen sind die Kirchen auch frei von der Zahlung der Kosten bei Gemeinheitstheilungen und Ablösungen — KO. v. 12. Juli u. CR. v. 26. August 1847 (VMiBl. 1848 S. 22) —, sowie von der Kautionsbestellung bei der Anbringung schleuniger Arrestgesuche — § 34 I, 29 AGO. —.

e. Die Portofreiheit der Kirchen ist regulirt worden durch das Portofreiheits-Regulativ v. 3. Februar 1862 (VMBl. S. 65) und erstreckt sich nach Nr. 24 des im § 39 desselben erwähnten Verzeichnisses auf „die Dienstkorrespondenz, Tabellen und Listen, welche in allgemeinen kirchlichen Angelegenheiten der Evangelischen, der von der evang. Landeskirche sich getrennt haltenden Lutheraner und der Katholiken zwischen der Geistlichkeit und ihren vorgesetzten Behörden zur Versendung kommen, sowie auf jeden dienstlichen Schriftwechsel, welcher das Oberaufsichtsrecht des Staats zum Zwecke hat, wohin insbesondere die Versendung a. der Rezesse in Separationssachen der Kirchen, b. der Kirchenrechnungssachen, c. der Hypothekendokumente zur Prüfung der Sicherheit und d. der kurshabenden Papiere zur In- und Außerkurssetzung an die vorgesetzten Königlichen Aufsichtsbehörden gehört," desgleichen die Versendung derselben an die geistlichen Aufsichtsbehörden und die Rücksendung — RdMfH. v. 7. März 1866 (VMBl. S. 47) —, ebenso die amtliche Korrespondenz der Mitglieder der Kreis-Synodal-Vorstände untereinander und mit den betreffenden Superintendenten — RdMfH. v. 20. Septbr. 1866 (VMBl. S. 201) —. „Dagegen sind alle Korrespondenz- und sonstigen Sendungen, welche das Privat-Interesse der einzelnen Kirchen, namentlich deren Bauten, die Verwaltung des Grund- und Kapitalvermögens, sowie Bestallungs-, Ordinations- und andere Privatsachen betreffen, portopflichtig. Es sollen jedoch ausnahmsweise noch portofrei befördert werden:

A. Kirchengelder, welche Behufs Belegung bei der Preuß. Bank von den Verwaltungsbehörden an die Bankanstalten versendet werden oder von diesen

---

zurückkommen, sowie die aus diesem Verkehr mit der Bank entspringenden Zinszahlungen und der Schriftwechsel mit den Bankanstalten;

B. die Amtskorrespondenz wegen der Pfarrbauten Königl. Patronats, sowie die desfalls aus Königl. Kassen erfolgenden Patronatsgeldbeiträge;

C. die Korrespondenz der Littauischen und Ostpreußischen Aemterkirchen wegen der Verwaltung ihres Grund- und Kapitalvermögens und wegen ihrer sonstigen Privatinteressen, sofern dabei ausschließlich das Interesse der Kirchen und nicht das Interesse eines Andern konkurrirt;

D. die von der Rheinischen und Westphälischen Provinzial-Synode ausgehenden Geldsendungen, sowie Geldsendungen der Kreis-Synoden an letztere; dagegen sind Geldsendungen der einzelnen Kirchen-Gemeinden an die Kreis-Synodalkassen, resp. deren Rechner portopflichtig;

E. die für die katholischen Domkirchenkassen bestimmten Kathedralsteuergelder bei ihrer Versendung von den Pfarrern an die Erzpriester und Dechanten und von diesen an die Domkirchenbaukassen in allen betheiligten Diöcesen;

F. die Mehrgevattergelder, welche in Alt-Pommern (Reg.-Bez. Stettin und Köslin) zur Erhebung kommen, bei ihrer Versendung von den Superintendenten an die Königl. Regierungshauptkassen. Bei der Versendung dieser Gelder von den einzelnen Kirchspielen bis zu den Superintendenten sind dieselben portopflichtig;

G. die Gebühren für Haustrauungskonzessionen bei ihrer Versendung von den Superintendenten an die Königl. Regierungshauptkassen;

H. Kollectengelder nach Maaßgabe des § 16 des Regulativs, welcher verordnet: Alle von dem evang. Ober-Kirchenrath, von den katholischen Bischöfen oder von den Provinzialbehörden für Kirchen, Schulen und andere milde Zwecke, insbesondere auch für Freitische armer Studenten auszuschreibenden Haus- und Kirchenkollectengelder gehen bei der Versendung an die betreffenden Behörden oder Kassen unter öffentlichem Siegel portofrei. Dasselbe gilt von Kollectengeldern, welche mit Genehmigung der Behörde für arme Abgebrannte gesammelt worden sind, doch tritt für diese die portofreie Beförderung erst dann ein, wenn von dem General-Postamte bestimmt worden ist, zwischen welchen Personen, resp. Behörden und unter welchen Formen die Versendung geschehen muß;

I. die gedruckten offenen Zettel, vermittelst deren die katholischen geistlichen Brüderschaften oder Sodalitäten am Jahresschlusse die Namen aus ihrer Mitte verstorbener Sodalen mittheilen.«

Die portofreie Sendung muß aber mit einem öffentlichen Siegel verschlossen und auf der Adreßseite mit dem Portofreiheitsvermerke, z. B. Allgemeine Kirchensache, Kathedralsteuergelder, Kreis-Synodalsache u. s. w., versehen, auch dieser Vermerk durch eigenhändige Hinzufügung des Namens und Standes oder Amtscharakters des Absenders beglaubigt sein — § 40. 42, 43 a. a. O. —. Mißbräuchliche Anwendung des Portofreiheitsvermerks in eigenem persönlichen Interesse, auch wenn der dienstlichen Sendung nur Privatmittheilungen beigefügt sind, zieht eine Geldbuße von 5 Thlrn. nach sich, bloß unrichtige Anwendung nur disciplinarische Rüge gegen den betreffenden Beamten — § 46 a. a. O. § 35 Nr. 5 G. v. 5. Juni 1852 (GS. S. 345), § 30 Nr. 3 G. v. 2. Novbr. 1867 (BGBl. S. 61) —.

f. Die allgemeine Stempelfreiheit, welche im § 4 Decl. v. 27. Juni 1811 (GS. S. 313) den Kirchen, Armenanstalten, Waisenhäusern, milden Stiftungen, Schulen und Universitäten eingeräumt worden, dauert nach § 3 i G. v. 7. März 1822 (GS. S. 57) noch fort und erstreckt sich auch auf Zuwendungen, welche solchen Instituten durch Schenkungen oder letztwillige Verordnungen zufallen, auch wenn selbige nur zur Vertheilung an die Armen bestimmt sind — AKO. v. 16. Januar 1827 (Ann. 18, 751) —. Bei zweiseitigen Verträgen der Kirchengemeinden resp. Vorsteher mit Privatpersonen muß stets von letzteren die Hälfte des Vertragsstempels und außerdem für die ausgefertigten Unterexemplare der gewöhnliche Stempel entrichtet werden — § 3 a. f G. v. 7. März 1822 —.

g. Die gerichtliche Exekution aus rechtskräftigen Erkenntnissen darf nicht ohne Weiteres gegen Kirchengemeinden vollstreckt werden, vielmehr müssen die Gerichte die Regierungen requiriren, die beizutreibende Summe zu repartiren, und sich über die Modalitäten mit den Regierungen verständigen, event. die Vorbescheidung des Justizministers einholen — Anh § 153 zu § 45 I, 24 AGO. —.

b. Das Vorrecht der Administrativexekution Behufs Beitreibung der kirchlichen Abgaben und Leistungen ist durch die AKO. v. 19. Juni 1836 (GS. S. 168) wie folgt geordnet worden:

1) Alle beständige dingliche oder persönliche Abgaben und Leistungen, welche an Kirchen und öffentliche Schulen oder an deren Beamte vermöge einer allgemeinen gesetzlichen oder auf notorischer Orts- oder Bezirksverfassung beruhenden Verbindlichkeit zu entrichten sind, desgleichen die Forderungen öffentlicher Schul- und Erziehungsanstalten an Schul- und Pensionsgeld unterliegen bei Säumigkeit der Debenten sowohl hinsichtlich der laufenden als der aus den letzten zwei Jahren rückständig verbleibenden Beträge der exekutivischen Beitreibung durch die betreffende Verwaltungsbehörde.

a. Beständige Abgaben und Leistungen sind solche, welche in bestimmten Beträgen und zu bestimmten Zeiten fortdauernd und regelmäßig entrichtet werden müssen — KGE. v. 17. Februar 1855 (JMBl. S. 137) —. Immerwährende Fortdauer ist nicht erforderlich, nur Unveränderlichkeit der Leistung für Jeden, bei dem die Voraussetzungen der Abgabenpflicht eintreten, und so lange diese fortbestehen — KGE. v. 15. Oktbr. 1859 (JMBl. 1860 S. 319) —.

b. Unter notorischer Orts- oder Bezirksverfassung ist notorisches Herkommen, Observanz zu verstehen — KGE. v. 24. Januar 1857 (JMBl. S. 252) —.

c. Die exekutivische Einziehung älterer als zweijähriger Rückstände ist durch die Bestimmung der Nr. 1 unbedenklich verboten — RdMdgA. v. 31. Januar 1861 (UCBl. S. 113) —, die entgegengesetzte Ansicht in dem KGE. v. 26. Novbr. 1853 (JMBl. 1854 S. 96) beruht auf einem Irrthum. Dergleichen ältere als zweijährige Rückstände müssen daher stets gerichtlich eingeklagt werden.

2) Die exekutivische Beitreibung wird gehemmt, wenn der in Anspruch Genommene eine Exemtion behauptet und wenigstens seit zwei Jahren vom letzten Verfalltermine zurückgerechnet im Besitz der Freiheit sich befindet.

d. Besitz der Freiheit, possessio libertatis, ist noch nicht vorhanden, wenn bloß die Einziehung der Abgaben und Leistungen unterlassen worden — KGE. v. 17. April 1858 (JMBl. S. 336) —, vielmehr ist dazu erforderlich, daß die Abgabe gefordert, ihre Entrichtung aber verweigert worden ist und seitdem der Berechtigte sich beruhigt hat — JMR. v. 5. März 1836 (Jahrb. 47, 293) u. v. 17. Novbr. 1837 (Jahrb. 51, 146) —. Außer dem zweijährigen Besitz der Freiheit muß aber auch noch eine Exemtion d. h. die Befreiung von der Abgabe unter Angabe und Bescheinigung des gesetzlich dazu geeigneten Befreiungsgrundes behauptet werden — KGE. v. 26. Novbr. 1853 (JMBl. 1854 S. 96) —. Daß diese Behauptung stets durch ein die Exemtion anerkennendes gerichtliches Erkenntniß begründet werden muß, verlangt das Gesetz nicht.

e. Aus der Bestimmung der Nr. 2 darf nicht die Befugniß des Richters hergeleitet werden, darüber zu urtheilen, ob die durch die Verwaltungsbehörde angeordnete Exekution gerechtfertigt sei oder nicht, und dieselbe zu sistiren, denn dies würde ein unberechtigter Eingriff in den Geschäftskreis der Verwaltungsbehörden sein — KGE. v. 22. Novbr. 1851 (JMBl. 1852 S. 14), v. 10. März 1855 (JMBl. S. 186), v. 17. April 1858 (JMBl. S. 336) —. Die Exekutionsanordnung der Verwaltungsbehörde kann nur durch Rekurs an den Minister d. geistl. Angel. angefochten werden. Dagegen wird durch die Administrativexekution der Rechtsweg über die Verpflichtung zur Entrichtung der streitigen Abgabe selbst noch nicht ausgeschlossen — OTrE. v. 25. Septbr. 1857 (Entsch. 36, 347) u. v. 27. Novbr. 1857 (Str. Arch. 28, 106) —; wenn aber die Verwaltungsbehörde die Exekutionsvollstreckung ausdrücklich dadurch gerechtfertigt hat, daß die Verpflichtung zur Entrichtung der Abgabe als auf notorischer Orts- oder Bezirksverfassung beruhend feststehe, dann ist der Rechtsweg nur so, wie ihn Nr. 3 KO. v. 19. Juni 1836 gestattet, vor der durch das G. v. 24. Mai 1861 erfolgten Aufhebung der letzteren Bestimmung zulässig. — Die kompetente Verwaltungsbehörde ist die Bezirksregierung, die jedoch die Ertheilung des Exekutoriums auch ihren Organen, den Landräthen, übertragen kann — RdMdgA. v. 30. Januar 1865 (UMBl. S. 150) —.

[3) Das rechtliche Gehör bleibt nach Vorschrift des § 79 u. f. II, 14 ALR., § 41 u. 42 V. v. 26. Dezbr. 1808 einem Jeden verstattet, der aus besonderen Gründen die Befreiung von einer solchen Abgabe oder Leistung geltend machen will, oder in der Bestimmung seines Antheils über die Gebühr belastet zu sein behauptet.]

f. Diese Bestimmung ist durch § 16 G. v. 24. Mai 1861 (GS. S. 244) aufgehoben und durch § 15 desselben ersetzt, welcher lautet:

Das rechtliche Gehör ist in Beziehung auf die in Nr. 1 AKO. v. 19. Juni 1836 aufgeführten Abgaben und Leistungen, welche für Kirchen und öffentliche Schulen oder für deren Beamte auf Grund einer notorischen Orts- oder Bezirksverfassung erhoben werden, desgleichen in Beziehung auf Forderungen öffentlicher Schul- und Erziehungsanstalten an Schul- und Pensionsgeld fortan unbedingt gestattet. In Beziehung auf solche Abgaben und Leistungen, welche auf einer allgemeinen gesetzlichen Verbindlichkeit, bezüglich auf einer von der aufsichtführenden Regierung in Gemäßheit gesetzlicher Bestimmung angeordneten oder exekutorisch erklärten Umlage beruhen, findet der Rechtsweg aber nur in soweit statt, als dies bei öffentlichen Abgaben der Fall ist.

g. Bei öffentlichen Abgaben ist der Rechtsweg nur gestattet: 1) wenn Befreiung auf Grund eines Privilegs, eines Vertrages oder der Verjährung oder Belastung über Gebühr bei Vertheilung der Abgabe behauptet wird — § 79 II, 14 ALR. —, 2) „wenn der Herangezogene behauptet, daß die geforderte Abgabe keine öffentliche Abgabe sei, sondern auf einem früheren gutsherrlichen, schutzherrlichen oder grundherrlichen Verhältnisse beruhe" — § 10 G. v. 24. Mai 1861 (GS S. 244) —. 3) Auch „kann auf Grund der Behauptung, daß die einzelne Forderung bereits früher getilgt oder verjährt sei, die Klage auf Erstattung des Gezahlten angestellt werden, jedoch bei Verlust des Klagerechts nur binnen spätestens sechs Monaten nach erfolgter Beitreibung oder geleisteter Zahlung."

h. Zu denjenigen kirchlichen Leistungen, bezüglich welcher der Rechtsweg nur ebenso wie bei öffentlichen Abgaben stattfindet, gehören die Bauleistungen, für die jedoch in den § 708 ff. h. t. noch ein Specialgesetz existirt, sowie alle andern Parochialleistungen, namentlich die Kultuskosten — KGE. v. 7. Oktbr. 1854 (JMBl. S. 443) —, desgleichen die zur Deckung eines Kirchenkassendefizits mit Genehmigung der Regierung ausgeschriebenen Beiträge — KGE. v. 17. Februar 1855 (JMBl. S. 135), v. 30. Januar 1858 (JMBl. S. 267), v. 14. Oktbr. 1865 (JMBl. 1866 S. 22) —, desgleichen die Kirchensteuern, und kann weder der Einwand des Zahlungspflichtigen, daß er Forense, eine Ausnahme davon begründen, noch ist durch Art. 15 Verf.-Urk. v. 31. Januar 1850 an jenem Grundsatze etwas geändert worden — KGE. v. 23. Juni 1858 (JMBl. 1859 S. 7) —.

i. Streitigkeiten über Prägravation sind nur dann im Rechtswege zu entscheiden, wenn ein Kontribuent gegen den andern klagt, dagegen ist die Klage der Decempflichtigen auf Erstattung der von ihnen erhobenen Decemsteuer gegen den Pfarrer nicht zulässig — KGE. v. 19. Juni 1858 (JMBl. S. 246) —.

4) In Betreff der aus besonderen Kontracten oder testamentarischen Dispositionen auf Grundstücken haftenden jährlichen Abgaben an Kirchen und Schulen (§ 430 Tit. 50 Proz. O.) findet die Exekution nicht sofort statt; es muß vielmehr, wenn sie eingetragen sind, der Mandatsprozeß, und wenn sie nicht eingetragen sind, der Bagatell- oder summarische Prozeß nach näherer Anleitung der desfallsigen gesetzlichen Bestimmungen vorausgehen.

5) Wegen aller andern Forderungen der Kirchen- und Schulbedienten findet, wenn sie mit einem Festsetzungsdekrete versehen sind, der Mandatsprozeß, sonst der Bagatell- oder summarische Prozeß nach Vorschrift der V. v. 1. Juni 1833 statt. Hinsichtlich der Stolgebühren ist also die Administrativexekution nicht zulässig. — Die Administrativexekution erfolgt nach den Vorschriften der V. v. 30. Juli 1853 (GS. S. 190) in den östlichen Provinzen excl. Neuvorpommern, der V. v. 1. Febr. 1858 (GS. S. 86) in Neuvorpommern und Rügen, der V. v. 30. Juni 1845 in Westphalen (GS. S. 445), der V. v. 24. Novbr. 1843 in der Rheinprovinz

§ 229. Wegen solcher zum Kirchenvermögen gehörenden, beständig fortlaufenden Abgaben und Prästationen, welche nach Gesetzen und Verfassungen auf allen Grundstücken gewisser Art in einem Orte oder Districte haften, gebührt den Kirchen bei entstandenem Konkurse der Besitzer ein vorzügliches Recht in der zweiten Klasse.]

[**§ 230.** Eben dergleichen Vorzugsrecht kommt ihnen auch in Ansehung solcher beständig fortlaufenden persönlichen Abgaben zu, welche in einem Orte oder Districte von allen Einwohnern einer gewissen Klasse zu entrichten sind.]

[**§ 231.** Doch ist beiderlei Vorzugsrecht nach näherer Vorschrift der Konkurs-Ordnung nur auf den Rückstand zweier Jahre eingeschränkt.]

(GS. S. 352) — Uebrigens verjähren alle Forderungen der Kirchen an Real- und sonstigen allgemeinen Abgaben, ebenso wie die Gebühren der Kirchen, Geistlichen und Kirchendiener für kirchliche Handlungen in 4 Jahren, vom Ablaufe des Jahres gerechnet, in das der Zahlungstermin fällt, resp. die Forderung entstanden ist. Die Verjährung der Abgaben wird durch Zahlungsaufforderung, Exekutionsverfügung oder Stundungsbewilligung, die der Gebühren durch Klageanmeldung unterbrochen, im ersteren Falle beginnt mit dem Ablauf des Jahres, in dem die Zahlungsaufforderung zugestellt, die Exekution verfügt worden, oder die bewilligte Frist abgelaufen ist, im zweiten von da ab, wo der Prozeß nicht weiter durch den Kläger verfolgt wird, eine neue Verjährung von vier Jahren; nur wenn der Prozeß rechtskräftig entschieden, ist die dann beginnende neue Verjährung die ordentliche — § 8 u. 14 G. v. 18. Juni 1840 (GS. S. 140), § 2 Nr. 1, § 5 Nr. 3, § 9 u. 10 G. v. 31. März 1838 (GS. S. 249) —. Durch die Ausstellung eines Schuldscheins über derartige Forderungen wird, auch wenn darin Verzinsung versprochen und die Fälligkeit der Forderung anderweit bestimmt worden, die kürzere Verjährung von diesem neuen Fälligkeitstermine gerechnet nicht ausgeschlossen — OTrE. PlB. v. 2. Dezbr. 1867 (JMBl. 1868 S. 11) —.

Zu §§ 229—234.

120. An die Stelle der §§ 229—234 sind die folgenden Bestimmungen der Konkursordnung und deren Einführungsgesetzes vom 8. Mai 1855 (GS. S. 317 u. 321) getreten:

§ 46. Bei der Vertheilung der Kaufgelder eines Grundstücks unter die Realgläubiger kommen nach Berichtigung der Masseschulden die Forderungen in der Reihenfolge und in dem Umfange zur Hebung, welche nachstehend festgesetzt sind:

§ 49. III. Rückstände aus den beiden letzten Jahren von den auf dem Grundstücke haftenden gemeinen Lasten. Hierher gehören namentlich alle nach Gesetz oder Verfassung auf dem Grundstück haftenden Abgaben und Leistungen, welche .... (unter anderen) .... aus dem Kirchen-, Pfarr- und Schulverbande entspringen, oder an Kirchen, Pfarren und Schulen, oder an Kirchen- und Schulbediente zu entrichten sind. ....

Diese Lasten sind nach Art. X Einf. G. v. 8. Mai 1855 die im § 48 I, Hyp. O. v. 20. Dezbr. 1783 bezeichneten, nämlich die nach der Verfassung des Orts, des Kreises oder der Provinz von allen Grundstücken derselben Art an die Kirchen, Geistlichen, Kirchendiener, Schulen und Lehrer zu entrichten sind, als Steuern, Dienste, Decem, Kirchen-, Pfarr- und Küstergebühren.

§ 51. V. Alle nicht zu den öffentlichen und gemeinen Abgaben und Leistungen gehörenden Reallasten, wenn dieselben oder die Rechtsverhältnisse, aus denen sie entspringen, im Hypothekenbuche eingetragen sind. — Unter mehreren eingetragenen Lasten bestimmt sich die Rangordnung derselben nach der Eintragung ins Hypothenbuch.

[§ 232. Haften dergleichen beständig fortlaufende Prästationen auf liegenden Gründen nur vermöge besonderer Kontracte oder letztwilliger Verordnungen: so gebührt den Kirchen deswegen bei ermangelnder gerichtlicher Eintragung nur ein Vorrecht der fünften Klasse.]

[§ 233. Eben dergleichen Vorrecht kommt den Kirchen in dem Vermögen derjenigen zu, mit welchen sie Kontracte geschlossen, oder ihnen Vorschüsse gegeben haben.]

[§ 234. Hingegen gebührt ihnen das in der Konkursordnung näher bestimmte Vorrecht der *vierten Klasse in dem* Vermögen ihrer Vorsteher und Administratoren, welchen die Verwaltung oder Aufbewahrung ihrer Gelder oder anderen Vermögensstücke anvertraut worden.]

---

§ 52. An die Stelle, an welcher eine Reallast (§ 51) anzusetzen ist, kommen in der nachstehenden Reihenfolge zur Hebung:
1) die noch unberichtigten laufenden Prästationen;
2) die Rückstände von Prästationen aus den beiden letzten Jahren;
3) das Kapital, welches zur Ablösung der Last in dem Falle erforderlich ist, wenn der Ersteher des Grundstücks die Last nicht übernimmt.

§ 53. VI. Die auf dem Grundstücke hypothekarisch versicherten Forderungen in der Rangordnung, welche durch die Eintragung in das Hypothekenbuch bestimmt wird.

§ 54. An der Stelle, an welcher eine Hypothekenforderung anzusetzen ist, werden in der nachstehenden Reihenfolge berichtigt:
1) die Kosten der Liquidation, Kündigung, Ausklagung und Beitreibung, ingleichen sonstige Kosten, insofern die Hypothek dafür haftet;
2) die noch unberichtigten laufenden Hypothekenzinsen oder anderen Prästationen;
3) die Rückstände von Hypothekenzinsen oder anderen Prästationen aus den beiden letzten Jahren;
4) das Kapital der Forderung.

§ 55. Die Rangordnung zwischen Reallasten (§ 51) und Hypothekenforderungen (§ 53) wird durch die Eintragung ins Hypothekenbuch bestimmt.

§ 59. Die laufenden Abgaben, Lasten, Hypothekenzinsen und anderen Prästationen nehmen von dem letztverflossenen Fälligkeitstermine vor der Beschlagnahme der Revenüen oder der Einleitung der Sequestration ihren Anfang. Hat aber die Beschlagnahme der Revenüen oder die Einleitung der Sequestration vorher nicht stattgefunden, so beginnen sie mit dem letztverflossenen Fälligkeitstermine vor der Konkurseröffnung oder vor dem früheren Tage der verfügten nothwendigen Subhastation.

Die Rückstände (§§ 47—50, 52, 54) werden von denselben Zeitpunkten zurückgerechnet.

§ 61. Mehrere an derselben Stelle anzusetzende Forderungen werden, wenn die Masse zu ihrer vollständigen Tilgung nicht hinreicht, nach Verhältniß ihrer festgestellten Beträge gleichmäßig berichtigt.

§ 383. Bei den im Wege der Exekution erfolgenden nothwendigen Subhastationen von Grundstücken findet die Befriedigung der Realgläubiger aus den Kaufgeldern in der Reihenfolge und in dem Umfange statt, welche für die Vertheilung der Kaufgelder im Falle des Konkurses festgesetzt sind (§ 46—63).

§ 72. Die Ansprüche der Konkursgläubiger kommen in nachstehender Reihenfolge zur Hebung:

§ 74. II. Rückstände von Abgaben und Leistungen, welche .... (unter anderen) ... aus dem Kirchen-, Pfarr- oder Schulverbande entspringen, oder welche an Kirchen, Pfarren und Schulen, oder an Kirchen- und Schulbediente ....

Verhältniß der Mitglieder.

§ 235. Die Verhältnisse zwischen den Kirchengesellschaften und deren Mitgliedern in Ansehung der Güter und des Vermögens der ersteren sind nach den allgemeinen Grundsätzen von Korporationen überhaupt und demnächst nach der unter Genehmigung des Staats hergebrachten Verfassung einer jeden einzelnen Kirchengesellschaft bestimmt.

§ 236. Bei eigentlichen Parochialkirchen sind nähere Bestimmungen gesetzlich vorgeschrieben.

---

zu entrichten sind, aus den beiden letzten Jahren vor der Konkurseröffnung oder vor dem Ableben des Gemeinschuldners.

§ 79. VII. Die Ansprüche .... (unter anderen) .... der Domkapitel, Kollegiatstifte, Klöster, Kirchen, Schulen und milden Stiftungen wegen der dem Gemeinschuldner zur Last fallenden Defecte aus einer von demselben geführten Verwaltung ihrer Kassen oder ihres sonstigen Vermögens.

„Defect" bezeichnet Alles, was ein Rechnungsleger verwaltungsmäßig seinem Principale zu gewähren, aber nicht gewährt hat, ohne Rücksicht auf die Art oder den Grund der dabei obwaltenden Verschuldung und auch in dem Falle, wenn der Verwalter nicht bestimmte einzelne Sachen, sondern nur Sachen derselben Gattung nachzugewähren hat. Der Ausdruck „Vermögen der Kirche" begreift auch das dazu gehörige Pfarrvermögen in sich, sofern von dessen Substanz die Rede ist — OTrE. v. 4. Februar 1858 (Str. Arch. 29, 62) —.

§ 82. IX. Alle übrigen Ansprüche zu gleichen Rechten.

§ 83. Mit den Kapitalsforderungen, sie mögen bevorzugt sein oder nicht, kommen an gleicher Stelle zum Ansatz:

1) die Kosten, welche dem Gläubiger bereits vor der Konkurseröffnung erwachsen und dem Gemeinschuldner zur Last gelegt sind;
2) die Konventionalstrafen, ingleichen die sämmtlichen rückständigen, noch nicht verjährten Zinsen bis zum Tage der Konkurseröffnung.

§ 85. Hinsichtlich der Berichtigung mehrerer an derselben Stelle anzusetzenden Forderungen .... kommen die bei Vertheilung der Grundstücksmasse geltenden Vorschriften (§ 61) zur Anwendung.

§ 368. In dem Prioritätsverfahren (bei Exekutionsvollstreckungen) bestimmen sich die Theilnahmerechte der Gläubiger nach den Vorschriften über die Rangordnung der Konkursgläubiger (§ 72—87).

Wo nach diesen Vorschriften bei Bestimmung der Vorrechte der Zeitpunkt der Konkurseröffnung in Betracht kommt, ist an dessen Stelle der Tag maaßgebend, an welchem für die betreffende Forderung die Beschlagnahme erfolgt, oder die Ermächtigung zur Einklagung ertheilt, oder die Beitrittserklärung für zulässig erklärt ist.

Der Lauf der Zinsen hört der Masse gegenüber mit dem Tage der Eröffnung des Prioritätsverfahrens auf.

Art. XI Einf. G. v. 8. Mai 1855. Außerdem .... bleiben noch ferner in Kraft folgende gesetzliche Titel zum Pfandrecht: ....

2) für .... die Domkapitel, Kollegiatstifter, Klöster, Kirchen, Schulen und milden Stiftungen, in dem Vermögen ihrer verwaltenden Beamten wegen der Ansprüche aus der Verwaltung, ingleichen ihrer Mitkontrahenten wegen der Ansprüche aus den mit denselben geschlossenen Kontracten.

Zu § 235.

121. Die Verhältnisse und Rechte der Korporationen sind hauptsächlich nach den bei ihrer Errichtung geschlossenen Verträgen oder ergangenen Stiftungsbriefen, nach den vom Staate erhaltenen Privilegien und Koncessionen und nach den auch in der Folge unter Genehmigung des Staats abgefaßten Schlüssen zu beurtheilen — § 26 II, 6 ALR. —. Die solchergestalt bestimmten Rechte und Pflichten der Gesellschaft und ihrer Mitglieder, sowie die wegen des Betriebes der

Fünfter Abschnitt.

Von Parochien.

Begriff.

§ 237. Derjenige District, in welchem Glaubensverwandte einer vom Staate öffentlich aufgenommenen Religionspartei zu einer gemeinschaftlichen Kirche angewiesen sind, wird eine Parochie genannt.

Errichtung und Grenzen.

§ 238. Neue Parochien können nur vom Staate unter Zuziehung der geistlichen Oberen errichtet, und die Grenzen derselben bestimmt werden.

---

gemeinschaftlichen Angelegenheiten getroffenen Einrichtungen machen die Verfassung der Korporation aus — § 27 a. a. O. —. Soweit durch sie der Zweck der Gesellschaft und solche Mittel, ohne welche dieser Zweck nicht erreicht werden kann, bestimmt sind, gehören sie zur Grundverfassung, welche ohne Aufhebung der Korporation nicht geändert werden kann — § 28 u. 29 a. a. O. —; dagegen kann die sonstige Verfassung mit Vorwissen und Genehmigung des Staats geändert werden — § 30 u. 31 a. a. O. —. Die Auslegung der Verfassungsgesetze erfolgt nach den allgemeinen Auslegungsregeln — § 32 a. a. O. —, doch ist dabei auch auf die bisherige Gewohnheit, soweit sie nicht der Grundverfassung und den allgemeinen Gesetzen des Staats widerspricht, vorzügliche Rücksicht zu nehmen — § 33 a. a. O. —. Auch durch Schlüsse der Korporation kann die Auslegung unter Genehmigung des Staats und unbeschadet der Rechte Dritter geschehen — § 34—36 a. a. O. —. Jedes neue Mitglied unterwirft sich durch den Eintritt der Verfassung der Korporation; von der Beobachtung der Grundverfassung findet keine Befreiung statt — § 38 u. 39 a. a. O. —. Soweit die Verfassung einer Korporation nach Vorstehendem nicht zu bestimmen ist, kommen die für die verschiedenen Arten der Korporationen ergangenen besonderen Gesetze zur Anwendung — § 40 a. a. O. —, bei den Kirchengemeinden also die Bestimmungen des Kirchenrechts und erst, wo diese fehlen, die allgemeinen gesetzlichen Bestimmungen von Korporationen überhaupt.

122. Eine Kirchengemeinde kann auch die Erhöhung des Realdecems beschließen. Solche Beschlüsse, wenn sie in gehöriger Form von der Mehrheit gefaßt und von den Kirchenobern bestätigt werden, verbinden auch die widersprechende Minderheit — § 67 II, 6 ALR. —; jedoch können dergleichen Beschlüsse immer nur für diejenigen Realdecempflichtigen und deren Besitznachfolger verbindlich sein, welche zur Zeit des gefaßten Beschlusses Mitglieder der Kirchengemeinde sind. Decempflichtige, welche einer andern Konfession angehören, als der, zu welcher die betreffende Kirchengemeinde gehört, sind nicht Mitglieder derselben und werden durch deren Beschlüsse nicht getroffen. Dieselben haben vielmehr das decempflichtige Besitzthum nur mit den zur Zeit der Erwerbung darauf haftenden Reallasten übernommen und haften auch für diese Lasten allein in alle Zukunft — OTrE. v. 10. April 1833 u. RbMdgA. v. 12. Januar 1844 (VMBl. S. 31) —.

Zu §§ 238—240.

123. Die Errichtung neuer Parochien und die Bestimmung ihrer Grenzen, sowie die Veränderung schon bestehender ist deshalb den Staatsbehörden übertragen, weil die Parochialgemeinden einer vom Staate öffentlich aufgenommenen Religionspartei als privilegirte Korporationen anzusehen sind — § 17 h. t. —, und finden daher die Bestimmungen der §§ 238 ff. h. t. auch auf katholische Parochien Anwendung und sind durch die Art. 12, 18, 30 u. 31 Verf.-Urk. v. 31. Januar 1850 nicht geändert worden — OTrE. v. 31. Mai 1861 (Entsch. 46, 31*) —. Die dabei konkurrirenden Behörden sind die Konsistorien

§ 239. Bei Veränderungen in schon errichteten Parochien muß der Staat alle diejenigen, welche ein Interesse dabei haben, rechtlich hören und die ihnen etwa zukommenden Entschädigungen festsetzen.

§ 240. Alle dergleichen Streitigkeiten, sowie diejenigen, welche über die Grenzen zwischen zwei oder mehreren Parochien entstehen, müssen von der weltlichen Obrigkeit durch den ordentlichen Weg Rechtens entschieden werden.

---

und der evang. Ober-Kirchenrath bei evangelischen, die Bischöfe bei katholischen Parochien als die geistlichen Oberen, die Regierungen und der Minister d. geistl. Angel. als die Staatsbehörden — § 18 Reg. Instr. v. 23. Oktbr. 1817 (GS. S. 248), § 115 h. t., § 5 V. v. 27. Juni 1845 (GS. S. 440), § 5 Nr. 2 Ress. Regl. v. 29. Juni 1850 (GS. S. 340) —. Die nöthigen Vorbereitungen dürfen sowohl die geistlichen als die Staatsbehörden mit Hülfe ihrer Organe selbstständig treffen, vor der Berichterstattung aber an die vorgesetzte Behörde müssen sie jedesmal die Erklärung der konkurrirenden Behörde einholen — § 5 V. v. 27. Juni 1845 (GS. S. 440) —. Die ministerielle Genehmigung ist stets erforderlich zur Errichtung neuer Parochien, und müssen daher die Einpfarrungsdekrete, welche die künftige Matrikel oder das Statut für die neue Gemeinde bilden sollen, zur Bestätigung eingereicht werden. Bei den voraufgehenden Verhandlungen sind auch die Eingepfarrten zu hören, weil dadurch Einrichtungen, welche den Lokalverhältnissen und dem Bedürfnisse nicht völlig entsprechen, am leichtesten vermieden werden können. Dagegen haben die Einzupfarrenden kein Recht zu verlangen, daß die Einrichtung lediglich nach ihren Wünschen und Vorschlägen geschehe, ohne daß hieraus eine Verpflichtung des Staats folgt, für die Dotirung des neuen Kirchensystems aus Staatsmitteln zu sorgen, vielmehr bleibt dem Staate die Bestimmung, wie dasselbe auf Beiträge der Eingepfarrten zu fundiren, und auf diese Weise seine Fortdauer zu sichern sei, unbenommen. Veränderungen in schon bestehenden Parochien können, wenn alle Interessenten damit einverstanden sind, durch die Regierungen mit Zustimmung des Konsistoriums resp. des Bischofs festgesetzt werden; ist ein solches Einverständniß nicht zu erreichen, so bedarf es der ministeriellen Genehmigung zur Einführung der Veränderung — RdMdgA. v. 5. Februar 1824 (Ann. 8, 152) —. Daß den Interessenten, den Einzelnen wie den Gemeinden, ein Widerspruchsrecht gegen Umpfarrungen und Parochialveränderungen nicht zusteht, ist wiederholt in den RdMdgA. v. 29. Juni 1829 (Ann. 17, 369) und v. 29. August 1851 (LMBl. 1852 S. 2) ausgesprochen worden. In dem R. v. 29. Juni 1829 wird weiter bemerkt, daß es nur auf die Abfindung begründeter Entschädigungsansprüche ankomme, wonächst dann dem Staate die alleinige und unbeschränkte Disposition zustehe. Bei Erörterung und resp. Abfindung der Entschädigungsansprüche sei daran festzuhalten, daß, wenn eine Theilung der Parochie einmal nothwendig erfolgen müsse, worüber allein das sachkundige Urtheil der kirchlichen Behörde entscheide, die Verpflichtung der Interessenten zur Uebernahme der hieraus erwachsenden Kosten ebenso folge, wie bei jeder andern nothwendigen Einrichtung im Kirchenwesen, und die Interessenten eben in der kirchlichen Verbesserung selbst das Aequivalent für die Erhöhung der Parochiallasten erhielten, so daß es nur darauf ankomme, durch billige Vertheilung des bisher gemeinsamen Kirchenvermögens und durch sonstige angemessene Bestimmungen nach den Umständen die Last und die damit bezweckten Vortheile auf allen Seiten in ihr gehöriges Verhältniß zu stellen. Ebenso wenig wie die Erhöhung der Parochiallasten könnten auch die bloß zufälligen, auf keinem bestimmt erworbenen Rechte beruhenden und daraus garantirten Vortheile, welche einzelnen Interessenten bei der Auflösung des bisherigen Kirchenverbandes verloren gingen, einen Entschädigungsanspruch begründen. Es blieben vielmehr nur als entschädigungsberechtigt übrig solche Verluste von Vortheilen oder solche zu übernehmende Nachtheile, welche auf

§ 241. Sind die Grenzen eines Kirchspiels in öffentlichen Urkunden deutlich bestimmt, so findet dagegen die gewöhnliche Verjährung nicht statt. (Th. I. Tit. 9 §§ 660—663.)

§ 242. Fehlt dergleichen deutliche Bestimmung, so muß die bisherige Gewohnheit, zu welcher Kirche die Bewohner der streitigen Grundstücke sich in den letzten zehn Jahren gleichförmig gehalten haben, den Ausschlag geben.

§ 243. Kann keine solche gleichförmige Observanz ausgemittelt werden, so ist keine der streitenden Parochien zum Pfarrzwange über dergleichen Einwohner berechtigt, sondern es finden die Vorschriften § 293 sqq. Anwendung.

Von Mutter- und Tochter-, ingleichen von vereinigten Mutterkirchen.

§ 244. Zum Gebrauche einer Parochie können mehrere

---

einzelne Interessenten vor den übrigen über die in der kirchlichen Verbesserung anzunehmende Schadloshaltung hinaus und zum Abbruch bestimmter wohlerworbener Rechte dergestalt fallen, daß diese Betheiligten ihr bisheriges Recht nicht ihrem eigenen Vortheile, sondern dem kirchlichen Gesammt-Interesse aufopfern müssen. Dahin gehörten hauptsächlich die Ansprüche der Geistlichen und übrigen Kirchenbedienten für ihre Verluste bei der Parochialtrennung, welche jedoch nur dann erhoben werden können, wenn die Geistlichen rc. nicht schon vokationsmäßig die Kürzung ihres Einkommens bei erfolgender Trennung sich gefallen lassen müssen. In dem R. v. 29. August 1851 wird ebenso ausgeführt, daß auf Entschädigung bei solchen Umpfarrungen nur diejenigen Personen Anspruch haben, welche dazu einen speciellen Rechtstitel nachweisen, und daß die aus dem bloßen Parochialverbande herrührenden Verpflichtungen, wozu namentlich die Leistungen und Beiträge zu den Kirchen- und Pfarrbauten gehören, nach allgemeinen gesetzlichen Bestimmungen — § 182—188 II, 6 ALR. — von selbst aufhören, sobald der Staat und die geistlichen Obern im kirchlichen Interesse die Aufhebung des früheren Parochialverbandes für nothwendig erachten. Die Entschädigungssummen sind niemals Parochiallasten — OTrE. v. 3. Juni 1859 (Entsch. 41, 322) —. Daß gegen die Aenderungen der staatlichen und kirchlichen Verwaltungsbehörden, durch welche eine neue Parochie gebildet, oder eine bestehende verändert wird, der Rechtsweg unzulässig ist, § 240 h. t. vielmehr nur für die dabei entstehenden Entschädigungsansprüche den Rechtsweg gestattet, hat auch der Gerichtshof zur Entscheidung der Kompetenz-Konflikte in seinem E. v. 9. April 1864 (BMBl. S. 186) angenommen. — Die bei Gelegenheit von Gemeinheitstheilungen nöthig werdenden oder für angemessen erachteten Veränderungen in den Parochialverhältnissen sind nach Anleitung der §§ 4, 43, 50 V. v. 20. Juni 1817, § 10 u. 11 V. v. 30. Juni 1834 u. R. v. 9. Mai 1825 von den General-Kommissionen unter Zuziehung der Konsistorien resp. des Bischofs zu reguliren — RdMdgA. u. dI. v. 30. Dezbr. 1842 (BMBl. S. 415) —.

Zu § 241.

124. Die Befugniß, die Grenzen eines Kirchspiels, die in öffentlichen Urkunden deutlich bestimmt sind, zu überschreiten, kann nur durch fünfzigjährige Verjährung, für welche kein Titel, aber redlicher, ruhiger Besitz erforderlich ist, erworben werden — §§ 660, 661, 663 I, 9 ALR. —. Hat aber die durch die Grenzüberschreitung benachtheiligte Kirchengemeinde derselben widersprochen, demnächst aber bei der fortgesetzten Ueberschreitung sich 44 Jahre lang beruhigt, so ist die Verjährung wider sie vollendet; hat die Kirchengemeinde gegen einzelne Privatpersonen die Grenzen überschritten, so genügen unter denselben Voraussetzungen 30 Jahre — §§ 662, 629 u. 632 a. a. O. —.

Zu §§ 244—252.

125. Die Verbindung der Küstereien an Filialkirchen mit den Küstereien an

Kirchen errichtet, sowie mehrere Parochien zu einer Kirche oder unter einem gemeinschaftlichen Pfarrer zusammengeschlagen werden.

§ 245. Wenn in einer Parochie außer der Haupt- und ursprünglichen Pfarrkirche mehrere Nebenkirchen in entlegenen Gegenden zur Bequemlichkeit der daselbst wohnhaften Eingepfarrten errichtet worden, so werden dieselben Tochterkirchen genannt.

§ 246. Wenn aber nach Erforderniß der Umstände, und um die Kosten zur Unterhaltung des öffentlichen Gottesdienstes zu erleichtern, mehrere Parochien und deren Kirchen zusammengeschlagen werden, so heißen diese vereinigte Mutterkirchen.

§ 247. Von dergleichen zusammengeschlagenen Mutterkirchen behält jede ihre ursprünglichen Rechte, und sie können nach Beschaffenheit der Umstände unter Genehmigung der geistlichen Oberen wieder getrennt werden.

§ 248. Es ändert darunter nichts, wenngleich derjenigen Kirche, bei welcher der Prediger nicht wohnt, im gemeinen Sprachgebrauche der Name Tochterkirche beigelegt worden.

Mutterkirchen hat einen nicht zu verkennenden Nachtheil für die gehörige Besorgung des den Küstern in den Mutterdörfern mit obliegenden Schulunterrichts. Die Auflösung derselben und Uebertragung der Küstergeschäfte bei den Filialkirchen mit ihren Emolumenten an die Schullehrer der Dörfer, worin diese befindlich sind, wird dagegen nicht allein jenen Nachtheil heben, sondern auch die schlechten Stellen der Schullehrer in den Filialdörfern zu verbessern und die große Unverhältnißmäßigkeit der Einnahme, welche zwischen ihnen und den Schullehrerstellen in den Mutterdörfern stattfindet, soweit es zuträglich ist, auszugleichen dienen. In Erwägung dessen bestimmt die Verordnung v. 2. Mai 1811 wegen allgemeiner Separation der Küstereien an Filialkirchen von den Küstereien an Mutterkirchen, welche nach dem RdMdgA. v. 16. Dezbr. 1833 (Ann. 18, 712) auch in den ehemals Sächsischen Provinzen Anwendung findet, Folgendes:

§ 1. Es sollen überall, wo die obgedachte Verbindung besteht, die Küstereien bei den Tochterkirchen in ihren Dienstgeschäften und Emolumenten von den Küstereien an den Mutterkirchen getrennt werden.

§ 2. Alle Küsterdienste bei den Tochterkirchen und in den zu diesen eingepfarrten Dörfern sollen den Schullehrern der Dörfer, in welchen die Tochterkirchen befindlich sind, übertragen, und diesen alle mit dem übernommenen Küstergeschäft verbundenen, festgesetzten und zufälligen Einkünfte zugesprochen werden.

§ 3. Da die Schullehrer alsdann mit den übrigen Küstergeschäften auch das Vorsingen und Spielen der Orgel in den Filialkirchen übernehmen müssen, so soll, wenn bei einer vorzunehmenden Separation der Schullehrer in dem Dorfe einer Tochterkirche zu diesen Geschäften nicht geschickt ist, derselbe, damit weder seine Ungeschicklichkeit der Trennung entgegenstehe, noch die kirchliche Andacht darunter leide, mit einem anderen im Singen und Orgelspielen geübten Schullehrer durch Versetzung vertauscht werden, es müßte denn die Gemeinde einen besonderen Organisten und Vorsänger neben ihm, jedoch unbeschadet dem durch die Küster-Emolumente verbesserten Einkommen des Schullehrers, unterhalten wollen.

§ 4. Die Verbindlichkeit mancher Tochtergemeinden, zur Unterhaltung der Schullehrer- und Küsterwohnungen bei der Mutterkirche beizutragen, wird bei eintretender Separation durch diese gänzlich und für immer aufgehoben, wogegen die Schullehrer- und Küsterwohnung bei der Tochterkirche durch verhältnißmäßige Beiträge aller zu derselben eingepfarrten Dörfer gemeinschaftlich muß unterhalten werden.

a. Wird in Folge der Separation dem Schullehrer des Filialdorfes auch der

§ 249. Eigentliche Tochterkirchen aber sind von der Haupt- oder Mutterkirche abhängig und können sich von ihr ohne Einwilligung der Hauptgemeinde nicht trennen.

§ 250. Im zweifelhaften Falle streitet die Vermuthung gegen die Eigenschaft einer Tochterkirche.

§ 251. Wenn erhellet, daß die eine Kirche aus den Mitteln der anderen errichtet oder dotirt worden, so ist dies zum Beweise, daß jene eine Tochterkirche von dieser sei, wenn nicht das Gegentheil aus den vorhandenen Urkunden klar erhellet, hinreichend.

§ 252. Inwiefern die vereinigten Kirchen zum Unterhalt des gemeinschaftlichen Pfarrers und seiner Gehilfen beitragen müssen, beruht hauptsächlich auf Verträgen und ist in deren Ermangelung durch die hergebrachte Verfassung einer jeden Kirche bestimmt.

Von auswärtigen Parochien.

§ 253. Nach eben dieser Vorschrift ist auch, wenn diesseitige Unterthanen zu einer auswärtigen Kirche sich halten, oder inländische Kirchen durch auswärtige benachbarte Pfarrer

---

Küsterdienst an der Filialkirche übertragen, so geht dadurch auf den Patron der Filialkirche ein Antheil an der Baulast dieses bisherigen Schulgebäudes nicht über, weil die Separation nicht in seinem Interesse erfolgt, auch das Schulhaus durch die Separation nicht in ein geistliches Gebäude umgewandelt worden ist, und § 4 nur die zur Tochterkirche eingepfarrten Dörfer zur Unterhaltung der Schullehrer- und Küsterwohnung verpflichtet, nicht aber dem Patron neue Lasten auflegt — RdMdgA. v. 6. Mai 1824 (Ann. 8, 186), v. 3. Februar 1844 (VMBl. S. 32), OTrE. v. 23. Januar 1857 (Str. Arch. 23, 275) u. v. 15. Februar 1861 (Entsch. 45, 343) —; dagegen bleibt seine Verpflichtung, zu Bauten und Reparaturen des Küsterhauses bei der Mutterkirche als Patron beizutragen, unverändert bestehen — RdMdgA. v. 3. Febr. 1844 (VMBl. S. 32), OTrE. v. 13. Oktober 1862 (Entsch. 48, 321) —.

§ 5. Die Sonderung der Küstereien soll auf die angegebene Weise nicht bloß in den Kirchspielen Königl. Patronats, sondern auch in allen, wo das Patronatrecht über Mutter- und Tochterkirchen entweder einer Privatperson oder mehreren zusteht, oder auch zwischen dem Könige und Privatpersonen getheilt ist, ohne Unterschied vorgenommen werden.

§ 6. Sie soll nur allmählig und nicht anders als bei eintretenden Vakanzen von Küsterdiensten an den Mutterkirchen in Ausführung gebracht werden.

§ 7. In Fällen, wo durch die Separation eine so große Verschlechterung der Küstereien in den Mutterdörfern zu erwarten ist, daß der Inhaber sich von den Einkünften derselben zu nähren nicht mehr im Stande sein würde, soll die Trennung ganz unterbleiben, oder wenigstens so lange ausgesetzt werden, bis Mittel ausfindig gemacht sind, der befürchteten Unzulänglichkeit gründlich vorzubeugen.

b. Diese Mittel sind nicht etwa aus Staatsfonds zu entnehmen, sondern von der Schulgemeinde, deren Lehrer der Küster ist, eventuell von der Kirchengemeinde zu beschaffen — RdMdgA. v. 17. Juli 1866 (VMBl. S. 210; UCBl. S. 633) —.

Zu § 249.

126. Liegen die Tochterkirche und die Mutterkirche in verschiedenen Regierungsbezirken, so gehören die äußeren Angelegenheiten der Tochterkirche zum Ressort ihrer Territorialbehörde, ihre Geistlichen aber sind dem Superintendenten, resp. dem Kon-

mit besorgt werden, das Verhältniß der inländischen Unterthanen oder ihrer Kirche mit der auswärtigen Kirche oder deren Pfarrer zu beurtheilen.

§ 254. Insofern aber die Zulässigkeit einer kirchlichen Handlung oder deren rechtliche Folgen durch bürgerliche Gesetze bestimmt sind, müssen die diesseitigen Unterthanen lediglich nach hiesigen Gesetzen beurtheilt werden.

§ 255. Weigert sich der auswärtige Pfarrer, eine Handlung nach hiesigen Gesetzen zu vollziehen, so steht den Interessenten frei, bei ihrer Landesregierung den Auftrag zur Vollziehung an einen inländischen Geistlichen nachzusuchen.

§ 256. Auch die Rechte der inländischen, mit einer auswärtigen verbundenen Kirche werden, soweit sie nicht durch Verträge oder Herkommen nach § 252 bestimmt sind, nach hiesigen Gesetzen beurtheilt.

§ 257. Bei Amtshandlungen, welche auswärtige Pfarrer in hiesigen Kirchen vornehmen, müssen sie schlechterdings die hiesigen Landesgesetze befolgen und nach den in hiesigen Landen vorgeschriebenen Bestimmungen wegen der Pfarrgebühren sich richten.

§ 258. Der ausländische Geistliche ist wegen derjenigen Amtshandlungen, die er innerhalb Landes verrichtet, der Aufsicht der hiesigen geistlichen Oberen unterworfen.

§ 259. Den Befehlen derselben muß er, auch soweit sie in die Kirchen- oder allgemeine Landespolizei einschlagen, gebührend Folge leisten.

Wer zur Parochie gehöre.

§ 260. Wer innerhalb eines Kirchspiels seinen ordentlichen Wohnsitz aufgeschlagen hat, ist zur Parochialkirche des Bezirks eingepfarrt.

---

sistorium der Mutterkirche untergeben — ERdMdgA. v. 7. Septbr. 1838 (Ann. 26, 631) —.

Zu §§ 260 u. 261.

127. Aus den §§ 260 u. 261 h. t. in Verbindung mit § 126 I, 2 ALR. ergiebt sich, daß die Parochiallasten als solche, auch diejenigen, welche nach dem Grundbesitz aufgebracht werden, nicht reale, sondern persönliche Lasten sind. Dasselbe gilt auch in der Provinz Pommern, insbesondere auch für die Baulasten — OTrE. v. 2. Mai 1851 (Entsch. 23, 363) u. v. 4. April 1853, Präj. 2444, PlB. (Entsch. 25, 199; Str. Arch. 10, 27; JMBl. S. 207) —. Dagegen sind die Baulasten im ehemaligen Herzogthum Magdeburg und in der Mark Brandenburg nach § 4 u. 5 der Flecken-, Dorf u. Ackerordnung v. 16. Dezbr. 1702 (Rabe 1, 1, 238) dingliche Lasten — OTrE. v. 17. Dezbr. 1852 (Str. Arch. 8, 134) —. In den ehemals K. Sächsischen Landestheilen sind nach §§ 2 u. 18 V. v. 11. Novbr. 1844 (GS. S. 698) — vgl. N. 303 VII. — die nach dem Grund-

§ 261. Doch soll Niemand bei einer Parochialkirche von einer anderen als derjenigen Religionspartei, zu welcher er selbst sich bekennt, zu Lasten und Abgaben, welche aus der Parochialverbindung fließen, angehalten werden; wenn er gleich in dem Pfarrbezirke wohnt, oder Grundstücke darin besitzt.

---

besitz zu vertheilenden Parochiallasten dinglicher Natur, ebenso in dem großen und kleinen Marienburgschen Werder in der Provinz Preußen die in Rücksicht auf den Grundbesitz zum Unterhalt der evangelischen Geistlichen und Kirchendiener zu entrichtenden Abgaben und Leistungen nach V. v. 30. Januar 1846 (GS. S. 87), welche lautet:

Um die Abgaben und Leistungen, welche von den evang. Grundbesitzern in dem kleinen und großen Marienburger Werder an die dortigen evang. Geistlichen und Kirchendiener entrichtet werden, in gleicher Weise wie die Abgaben und Leistungen an die kathol. Pfarrer bei künftigen Besitzveränderungen dauernd sicher zu stellen, verordnen Wir .... wie folgt:

§ 1. Diejenigen Abgaben und Leistungen, welche gegenwärtig von evangelischen Grundbesitzern in dem großen und kleinen Marienburger Werder in Rücksicht auf ihren Grundbesitz zum Unterhalt der evangelischen Geistlichen und Kirchendiener entrichtet werden, sollen künftig auf jeden neuen Erwerber des Grundstücks ohne Unterschied des Glaubensbekenntnisses und zwar in der Eigenschaft als gemeine, in der kirchlichen Verfassung dieser beiden Werder gegründete Reallasten (§ 48 Tit. 1 Hyp. O.) unverändert übergehen.

§ 2. In Ansehung derjenigen Leistungen, welche schon jetzt von nicht evangelischen Grundbesitzern in den genannten beiden Werdern (§ 1) an evangelische Geistliche und Kirchendiener entrichtet werden, sowie in Ansehung der Lasten, welche auf dem mit dem Besitz freiköllmischer Grundstücke verbundenen Patronat über evangelische Kirchen ruhen, wird durch gegenwärtige Verordnung nichts geändert.

128. Die im § 261 h. t. ausgesprochene Befreiung der Mitglieder anderer Religionsparteien vom Pfarrzwange und den damit verbundenen Parochialleistungen ist wiederholt anerkannt und noch besonders festgesetzt worden:

1) für die französischen Kolonisten, wenn sie eine besondere Kirche haben, durch KO. v. 30. Oktbr. 1809 (Rabe 10, 170);
2) für die Reformirten gegenüber den Evangelischen, mit Ausnahme der auf dem platten Lande Wohnenden und keiner reformirten Gemeinde Zugeschlagenen durch KO. v. 12. März 1767 (Rabe 1, 3, 335);
3) für die Evangelischen gegenüber den Katholiken durch KO. v. 3. Juni 1806 (Rabe 8, 604);
4) für die Katholiken gegenüber den Evangelischen durch KO. v. 24. Mai 1809, publicirt 31. März 1819 (Ann. 3, 99), welche nach ministerieller Anordnung laut Publ. der Reg. zu Münster v. 27. Februar 1834 (Ann. 18, 78) auch in Westphalen Geltung hat;
5) für die Evangelischen und Katholischen in der Oberlausitz durch KO. v. 4. Septbr. 1825 (GS. S. 226) und in der Niederlausitz durch KO. v. 15. Septbr. 1826 (GS. S. 106), sowie in Ostpreußen durch G. v. 9. Mai 1854 (GS. S. 317), welches die entgegenstehende Vorschrift des Zus. 176 § 3 Ostpreuß. Prov. R. aufgehoben hat. Vgl. N. 354 I;
6) für die Alt-Lutheraner, soweit nicht Provinzialgesetze oder Observanz entgegenstehen, durch § 10 General-Konzession v. 23. Juli 1845 (GS. S. 156) —, was in Pommern nicht der Fall ist — OTrE. v. 2. Mai 1851 (Entsch. 23, 363) —;
7) für die Mitglieder einer der Union beigetretenen Kirchengemeinde der reformirten Konfession, wenn sie zu einer andern ebenfalls der Union beigetretenen Kirchengemeinde der lutherischen Konfession übertreten, oder umgekehrt, da ein solcher Uebertritt durch die KO. v. 30. April 1830 und 28. Februar 1834 laut OTrE. v. 9. Juli 1860 (Entsch. 43, 287; Str. Arch. 38, 147) nicht ausgeschlossen ist. Vgl. N. 28.

§ 262. Wer noch keinen beständigen Wohnsitz hat, wird als Eingepfarrter derjenigen Parochie, zu welcher seine Eltern gehört haben, betrachtet.

§ 263. Wer den Wohnsitz seiner Eltern aufgegeben und keinen anderen erwählt hat, ist nirgends eingepfarrt.

---

129. Die im § 261 h. t. ausgesprochene Befreiung von den Parochiallasten findet nicht Statt:

1) bei denjenigen, die aus der Landeskirche ausgetreten und noch keiner anderen staatlich anerkannten Religionsgesellschaft beigetreten sind — ObTrE. v. 8. Februar 1854 (Entsch. 27, 375) u. v. 5. Juli 1867 (Entsch. 58, 351) —, vgl. N. 67 c;

2) bei den Mennoniten, welche sogar die Stolgebühren zu entrichten haben, nach §§ 2—5 Ed. v. 30. Juli 1789 (Rabe 1, 7, 780). Diese Bestimmungen, welche durch Zus. 176 § 1 Ostpreuß. und § 22 Westpreuß. Prov. R. aufrecht erhalten sind, lauten:

§ 2. Alle in Unsern Landen mit Grundstücken angesessene, oder sich in Zukunft ansässig machende Mennoniten und besonders diejenigen, welche sich in den Marienburgschen Werdern niedergelassen haben, sollen zur Unterhaltung der protestantischen Kirchen-, Prediger- und Pfarrgebäude, ingleichen der Schullehrer- und Schulgebäude, nach dem Verhältniß ihrer Grundstücke eben dasjenige beitragen, was ein protestantisches Mitglied von seinen Besitzungen zu leisten verbunden ist.

§ 3. Ebenso sollen alle und jede in Ost-, Westpreußen und Littauen wohnhafte Mennoniten, sie mögen angesessen sein, oder nicht, in allen Fällen, wo ein protestantischer Einwohner bei Geburten, Verheirathungen oder Sterbefällen Stolgebühren zu entrichten hat, eben diese Gebühren nach Verhältniß des Standes und Gewerbes und nach den in den vorgeschriebenen Taxordnungen bestimmten Sätzen der Kirche und Geistlichkeit desjenigen Orts oder Bezirks, in welchem ein jeder wohnhaft ist, zu entrichten schuldig sein. Auch soll in Ansehung der Kalende, wo solche üblich, eine gleiche Verbindlichkeit zu deren Entrichtung wie bei den protestantischen Einwohnern desselben Orts oder Bezirks und von derselben Klasse auch in Ansehung solcher Mennoniten stattfinden.

§ 5. Da die Mennoniten, soviel Uns wissend ist, sich bisher nur in protestantischen Kirchspielen ansässig gemacht haben, so haben Wir diese Verordnungen auf katholische Kirchspiele mit zu richten nicht nöthig gefunden. Weil es aber bei diesem Gesetze gar nicht auf den Unterschied der Religionen, sondern lediglich darauf ankömmt, daß das Kantonwesen in Unsern Staaten nicht geschwächt werde, so folget auch, daß, wenn die Mennoniten sich künftig in katholischen Kirchspielen ansässig machen, sie dort gleiche Verbindlichkeiten als in den protestantischen Kirchspielen übernehmen müssen.

Die Mennoniten, die schon bei der Publikation des Ed. v. 30. Juli 1789 in katholischen Kirchspielen ansässig gewesen sind, bleiben dagegen von den Parochiallasten frei — R. v. 11. März 1799 (Rabe 5, 365) —.

3) Auch den Juden kommt die Befreiung des § 261 h. t. nicht zu Statten. Darüber bestimmt § 3 G. v. 23. Juli 1847 (GS. S. 263) Folgendes:

Wo das Patronat einer Gemeinde zusteht, können deren jüdische Mitglieder an der Ausübung desselben nicht Theil nehmen, sie müssen aber die damit verbundenen Reallasten von ihren Besitzungen tragen. Außerdem bleiben die ansässigen jüdischen Mitglieder einer Stadt- oder Dorfgemeinde verpflichtet, die nach Maaßgabe des Grundbesitzes zu entrichtenden Beiträge zur Erhaltung der Kirchensysteme zu tragen; auch sind alle jüdischen Grundbesitzer zur Leistung der auf ihren Grundstücken haftenden kirchlichen Abgaben verpflichtet.

Dieser Bestimmung liegt die rechtliche Fiktion zum Grunde, daß das Grundstück, welches ein Jude von einem Christen erkauft hat, in dem Zeitpunkte, wo von dem Eigenthümer ein Beitrag für die christliche Kirche der betreffenden Parochie gefordert wird, sich noch im Besitze des Christen befinde, und als dieser Besitzer kann kein anderer gedacht werden, als derjenige, von dem der Jude das Grundstück er-

§ 264. Wer einen doppelten Wohnsitz hat, ist bei der Parochialkirche eines jeden derselben als Eingepfarrter verpflichtet.

§ 265. In Ansehung seiner Grundstücke trägt er die Lasten der Parochialverbindung nur bei derjenigen Kirche, in deren Pfarrbezirk die Grundstücke liegen.

§ 266. Bei Trauungen, Taufen und anderen kirchlichen Handlungen, die zu gleicher Zeit nur an einem Orte vorgenommen werden können, hat er die Wahl, welcher von beiden Kirchenanstalten er sich bedienen wolle.

§ 267. Hat Jemand an einem Orte, wo mehrere Parochien seiner Religionspartei sind, seinen Wohnsitz aufgeschlagen: so bestimmt die Lage des Hauses, in dem er wohnt, die Parochie, zu welcher er gehört.

---

worben hat. Nur dessen Besitz wird als fortdauernd gedacht, gleichviel wie lange oder wie kurze Zeit derselbe gedauert hat. Unter den zur Erhaltung des Kirchensystems zu entrichtenden Beiträgen sind die nicht dinglichen, aber nach dem Grundbesitz repartirten Parochiallasten zu verstehen. Die Verfassungsurkunde hat an diesen Bestimmungen nichts geändert — OTrE. v. 21. Novbr. 1859 (Entsch. 41, 461) u. v. 13. Juli 1860 (Entsch. 43, 301) —. Dasselbe muß auch für jüdische Besitzer selbstständiger Güter gelten, denen kein Patronatrecht zusteht, auf Grund des § 15 Ed. v. 11. März 1812 (GS. S. 17), welcher lautet:

> Sie sind gehalten, alle den Christen gegen den Staat und die Gemeinde ihres Wohnorts obliegenden bürgerlichen Pflichten zu erfüllen und mit Ausnahme der Stolgebühren gleiche Lasten wie die andern Staatsbürger zu tragen.

Die Patronatrechte darf ein jüdischer Gutsbesitzer nicht ausüben, wohl aber muß er die Patronatlasten tragen nach § 3 G. v. 23. Juli 1847 (GS. S. 263).

Zu § 264.

130. Das Kriterium für den doppelten Wohnsitz enthält, wie auch dMdgA. in d. R. v. 8. August 1865 (VMBl. S. 245) anerkannt hat, der § 151, 2 AGO., welcher lautet:

> Wer an zwei verschiedenen Orten völlig eingerichtete Wirthschaften hat und abwechselnd bald an dem einen, bald an dem andern Orte sich aufhält, oder Gewerbe treibt, muß die Gerichte beider Orte als seinen persönlichen Gerichtsstand anerkennen.

Zu § 265.

131. Der § 265 bezieht sich, weil er einen doppelten Wohnsitz voraussetzt, nicht auf Forensen, d. h. solche, die in der Parochie Grundstücke besitzen, ohne darin ihren Wohnsitz zu haben. Die Forensen sind daher von den Parochiallasten frei — OTrE. v. 23. Januar 1837 (Jur. CBlSp. 585) u. v. 20. Septbr. 1854 (Entsch. 28, 355) —. Jedoch können Forensen auf Grund einer Observanz auch zu den Parochiallasten derjenigen Kirche, in deren Parochie sie nur Grundstücke besitzen, verpflichtet sein — OTrE. v. 5. April 1861 (Entsch. 45, 289) —.

Zu § 267.

131 a. Die Regel des § 267 erleidet in Berlin eine Ausnahme. Darüber bestimmt ein auf Grund Allerhöchsten Erlasses v. 6. Septbr. 1858 erlassenes Publik. d. Konsist. der Prov. Brandenburg v. 21. Novbr. 1859 (VMBl. S. 86) Folgendes:

1) Alle von auswärts nach Berlin ziehenden evangelischen Glaubensgenossen haben ohne Rücksicht auf ihr besonderes Konfessionsverhältniß die Wahl, sich entweder derjenigen Lokalparochie, innerhalb deren sie ihre Wohnung nehmen, oder der Gemeinde der Domkirche resp. der Parochialkirche anzuschließen, deren Mitglieder an keinen bestimmten Wohnort in der Stadt gebunden sind und daher durch die

§ 268. Durch den bloßen Aufenthalt in einem Kirchspiele, so lange der Vorsatz, seinen Wohnsitz darin aufzuschlagen, noch nicht erhellet, wird die Einpfarrung nicht begründet.

§ 269. Die Frau gehört zur Parochie des Mannes nur insofern, als sie mit ihm einerlei Glaubensbekenntniß zugethan.

§ 270. Ist sie von einer verschiedenen Religionspartei, so gehört sie der Regel nach in diejenige Parochie, welcher die übrigen Mitglieder ihrer eigenen Religionspartei in dem Bezirke, wo der Mann seinen Wohnsitz hat, unterworfen sind.

§ 271. Sind diese zu keiner Parochie geschlagen, so ist auch eine solche Frau von dem Pfarrzwange frei.

§ 272. Kinder, die noch unter der Eltern Gewalt stehen, gehören zur Parochie desjenigen von den Eltern, in dessen Glaubensbekenntnisse sie unterrichtet worden, oder dessen Religionspartei sie gewählt haben.

§ 273. Sind dergleichen Kinder von einem andern

Veränderung der Wohnung innerhalb der Stadt die Gemeinde und Kirche nicht wechseln.

2) Diese Wahl muß jedoch binnen Jahresfrist von der Niederlassung in Berlin ab gerechnet durch eine ausdrückliche Erklärung bei dem Kirchen-Ministerium und Vorstande der gewählten Kirche zu erkennen gegeben werden.

3) Wird diese Wahl in der bezeichneten Frist nicht ausgeübt, so werden solche evangelische Einwohner als pflichtige Glieder derjenigen Lokalparochie, innerhalb deren sie ihre Wohnung genommen haben, angesehen und behandelt, und gehen bei jeder Veränderung der letzteren in diejenige Parochie als Mitglieder über, in welcher die neugewählte Wohnung belegen ist.

4) Die vorstehenden Bestimmungen finden auch Anwendung auf alle diejenigen von außerhalb nach Berlin gezogenen evangelischen Glaubensgenossen, welche zur Zeit der Verkündigung dieser Verordnung ihren Wohnsitz hierselbst bereits begründet, das ihnen zustehende Wahlrecht jedoch noch nicht bei einer bestimmten Kirche ausgeübt haben. Die einjährige Präklusivfrist beginnt für dieselben mit dem Tage der Verkündigung dieser Verordnung in den öffentlichen Blättern.

Zu § 268.

132. Für den Unterschied zwischen Aufenthalt und Wohnsitz sind die §§ 10—12 u. 14 I, 2 AGO. maaßgebend, welche lauten:

§ 10. Die Absicht, seinen beständigen Wohnsitz an einem Orte nehmen zu wollen, kann sowohl ausdrücklich als durch Handlungen oder Thatsachen geäußert werden.

§ 11. Für eine solche stillschweigende Aeußerung ist es zu achten, wenn Jemand an einem gewissen Orte ein Amt, welches seine beständige Gegenwart erfordert, übernimmt, Handel oder Gewerbe daselbst zu treiben anfängt, oder sich daselbst Alles, was zu einer eingerichteten Wirthschaft gehört, anschafft.

§ 12. Auch die Unternehmung einer Pacht, verbunden mit dem persönlichen Aufenthalt auf dem gepachteten Gute, begründet den Wohnsitz des Pächters.

§ 14. Außerdem kann daraus, daß Jemand, selbst eine geraume Zeit hindurch, wegen seiner Geschäfte oder Gesundheit oder wegen Studirens oder um einem drohenden Arrest, einer Kriegs- oder andern Gefahr zu entgehen, an einem Orte sich aufhält, die Aufschlagung eines beständigen Wohnsitzes daselbst noch nicht gefolgert werden.

Zu § 272 vgl. § 40 u. N. 29.

Glaubensbekenntnisse als beide Eltern, so finden die Vorschriften §§ 270, 271 Anwendung.

§ 274. Wo es durch besondere Gesetze oder wohlhergebrachte Gewohnheiten zwischen den verschiedenen protestantischen Gemeinden bisher eingeführt gewesen, daß die Parochialeigenschaft der sämmtlichen Mitglieder einer Familie nach der Religionspartei, zu welcher das Haupt derselben sich bekennt, beurtheilt worden, hat es auch ferner dabei sein Bewenden.

§ 275. Das Gesinde gehört zu der Parochie seiner Religionspartei an dem Orte, wo es im Dienste der Herrschaft sich aufhält.

[Anh. § 127. Auch beim unterthänigen Gesinde findet keine Ausnahme statt.]

§ 276. Ebendas gilt von Handwerksgesellen und Lehrburschen in Beziehung auf den Wohnort des Meisters.

Exemtionen von der Parochie.

§ 277. Aus der Befreiung von der ordentlichen Gerichtsbarkeit des Orts folgt noch nicht die Ausnahme von der Parochie.

§ 278. Sämmtliche zum Militärstande gehörende Personen sind der ordentlichen Parochie ihres Wohnorts oder Standquartiers nicht unterworfen.

§ 279. Vielmehr gehören dieselben nach näherer Bestimmung der Militär-Konsistorial-Ordnung zu der Parochie des Regiments oder der Garnison, zu welcher sie in Absicht ihres Dienstes gewiesen sind.

§ 280. Besitzen sie aber Grundstücke: so müssen von diesen die Parochiallasten an die Kirche ihrer Religionspartei, in deren Bezirke die Grundstücke liegen, entrichtet werden.

§ 281. Wo an einem Orte ein Feld- und ein Garnisonprediger sich befinden, da hat Ersterer nur auf diejenigen als seine Eingepfarrten Anspruch, welche zu dem Regimente oder Bataillon, bei welchem er angesetzt ist, gehören.

§ 282. Wo aber kein besonderer Garnisonprediger ist, da gehören alle am Orte befindliche, unter Militärgerichtsbarkeit stehende Personen zu der Gemeinde des Feldpredigers und unter mehreren desjenigen, welchem der Gouverneur oder Kommandant die Geschäfte des Garnisonpredigers aufgetragen hat.

Anh. § 127 ist durch die Aufhebung der Unterthänigkeit in Folge d. Edikts v. 9. Oktbr. 1807 antiquirt.

Zu § 279 vgl. §§ 34—37 Militär. Kirchenordnung v. 12. Febr. 1832 (G.S. S. 69) im Anh.

§ 283. Sämmtliche zum Civilstande gehörige Königliche, in wirklichen Diensten stehende oder Titularräthe und andere Bediente sind der Regel nach von der ordentlichen Parochie ihres Wohnorts ausgenommen.

§ 284. Wo jedoch dergleichen Civilbediente unter der ordentlichen Gerichtsbarkeit des Orts stehen, da gilt die Vermuthung, daß sie auch zur Parochie desselben gehören.

§ 285. Dagegen wird durch bloße Uebertragung (Delegation) der Gerichtsbarkeit von dem Ober- an die ordentlichen Gerichte des Orts die Befreiung von der Parochie nicht aufgehoben.

§ 286. Insofern Landesunterthanen, welche einen auswärtigen Charakter erhalten haben, von der ordentlichen Gerichtsbarkeit ausgenommen worden, sind sie auch von dem bisherigen Pfarrzwange befreit.

§ 287. Sind gewisse innerhalb der Grenzen des Kirchspiels gelegene Häuser von der Parochie ausgenommen, so kommt diese Exemtion allen Bewohnern zu statten.

§ 288. Alle vom Pfarrzwange Ausgenommene haben in jedem einzelnen Falle die Wahl, welcher Kirchenanstalt sie sich bedienen wollen.

Anh. **§ 128.** Sie können daher die geistlichen Handlungen auch von einem Geistlichen einer anderen Religionspartei verrichten lassen.

§ 289. Doch müssen sie sich bei jeder solchen Handlung allen Anordnungen und Abgaben derjenigen Kirchenanstalt, deren sie sich bedienen, gleich den wirklich Eingepfarrten unterwerfen.

Zu § 283.

133. Die Parochialexemtion der Beamten sollte schon laut AKO. v. 27. Mai 1816 (Ann. 1, 1, 126) aufgehoben werden, besteht aber dessenungeachtet noch zu Recht und ist auch weder durch Art. 4 Verf.-Urk. v. 31. Januar 1850, noch durch § 9 V. v. 2. Januar 1849 (GS. S. 1) über die Aufhebung der Privatgerichtsbarkeit und des eximirten Gerichtsstandes aufgehoben worden. Sie geht nur durch Tod oder Kassation verloren — § 85 I, 2 AGO. —. Sie steht aber nicht den mittelbaren Staatsbeamten zu, also auch nicht den Oberbürgermeistern — RkMdJ. v. 13. Juli 1828 (Ann. 12, 682) —, ebensowenig den Rechtsanwälten und Notaren — RdOKR. v. 19. März 1856 (Aktst. 2, 114) —, auch nicht einem Landschaftssyndikus — OTrE. v. 6. April 1857 (Entsch. 35, 448; Str. Arch. 24, 189) —. Provinzialrechtlich besteht diese Exemtion nicht in Westphalen, da sie in die Kirch. O. v. 5. März 1835 nicht aufgenommen, und in der Altmark laut Observanz (Goetze, Prov. R. 1, 2, 179; 2, 63).

Zu § 287.

134. Zu den im § 287 erwähnten eximirten Häusern gehören auch die öffentlichen Armen- und Versorgungsanstalten, sowie die Zuchthäuser, sofern dieselben besondere Kirchen und Kapellen haben. Dergleichen Kirchen und

§ 290. Bei den Heirathen derselben muß das Aufgebot nothwendig in der Pfarrkirche des Wohnorts geschehen.

§ 291. In allen Fällen, wo bei einer ihrer kirchlichen Handlungen Ausnahmen von gewissen die Civilperson überhaupt bindenden Gesetzen gemacht werden sollen, muß die Dispensation dazu, wenn gleich die Handlung selbst von einem zum Militärstande gehörigen Geistlichen verrichtet wird, dennoch bei der gehörigen Civilinstanz nachgesucht werden.

§ 292. An Orten, wo kein ordentlich eingerichteter Garnison-Gottesdienst ist, können auch Eximirte vom Civilstande sich eines Feldpredigers zu wirklichen Parochialhandlungen nicht bedienen.

Von vagirenden Districten und Einwohnern.

§ 293. Einzelne Einwohner des Staats, welche nach obigen Grundsätzen weder zu einer Parochie gehören, noch vom Pfarrzwange ausdrücklich eximirt sind, müssen eine Kirche ihrer Religionspartei wählen, zu welcher sie sich halten wollen.

§ 294. Auch ganze Gemeinden, welche noch zu keinem Kirchspiele gewiesen sind, müssen sich unter Vorwissen und Genehmigung der geistlichen Oberen zu einer benachbarten Kirche schlagen.

Kapellen haben auf die in der Anstalt lebenden Personen und Beamten wirkliche Parochialrechte — § 78 u. 79 II, 19 ALR. —; die außerhalb der Anstalt lebenden Beamten derselben dürfen nur, sofern ihnen die Parochialexemtion zusteht, von dem Anstaltsgeistlichen ihre Parochialhandlungen: Trauungen, Taufen, Abendmahlsfeier vornehmen lassen — RdMdJ. u. dgA. v. 22. Juni 1841 (BMBl. S. 214) u. RdMdJ. v. 31. März 1862 (BMBl. S. 128) —.

Zu § 292 vgl. § 47 u. 48 Militär-Kirchenordnung v. 12. Februar 1832 (GS. S. 69) im Anh.

Zu §§ 294, 296—298, 300, 302.

135. In den §§ 294, 296—298, 300 u. 302 ist immer nur von den geistlichen Oberen die Rede, einer Konkurrenz des Staats ist nicht gedacht. Diese muß jedoch aus § 111 h. t. ergänzt werden, und ergiebt sich demgemäß, daß bei der Zuschlagung von Gastgemeinden das Konsistorium seine Einwilligung zu geben, die Regierung aber die Festsetzung der Zuschlagung und der zu entrichtenden Beiträge wie der etwaigen Wiederabtrennung, wenn alle Interessenten einverstanden, zu genehmigen, sonst beim Ministerium die Genehmigung dazu nachzusuchen hat — RdMdgA. v. 5. Februar 1824 (Ann. 8, 152) —. Der § 298 enthält das aus der Natur der Verhältnisse sich ergebende, durch § 163 h. t. § 18 Reg. Instr. v. 23. Oktbr. 1817 (GS. S. 248) u. § 3 u. 5 V. v. 27. Juni 1845 (GS. S. 440) unterstützte, auch in den KGE. v. 17. Februar 1855 (JMBl. S. 115 u. 135) u. v. 30. Januar 1858 (JMBl. S. 267) ausgedrückte Princip, daß die geistlichen Obern da, wo sie ein Bedürfniß zur Unterhaltung einer Kirchenanstalt anerkennen, z. B. auch eine Erhöhung des Pfarreinkommens für nothwendig erachten, den Betrag des Erforderlichen und die Vertheilung der dazu aufzubringenden Beiträge unter den Eingepfarrten selbst gegen deren Willen definitiv und mit Ausschluß des Rechtsweges festsetzen dürfen — KGE. v. 18. März 1865 (JMBl. S. 141;

§ 295. Der Regel nach hängt die Bestimmung, zu welcher Kirche sie sich halten wollen, von der Mehrheit der Stimmen einer solchen Gemeinde ab.

§ 296. Doch können, wenn keine Vereinigung stattfindet, die geistlichen Oberen nach Bewandniß der Umstände einen Theil der Gemeinde zu dieser und die Uebrigen zu einer anderen Kirche weisen.

§ 297. Bei der Zuschlagung solcher Gemeinden zu benachbarten Kirchen müssen die Abgaben und Beiträge derselben, sowie ihre Theilnehmung an einem der Gemeinde bei Besetzung der Pfarrstelle zukommenden Wahlrechte unter Direction der geistlichen Oberen durch Verträge bestimmt werden.

§ 298. Sind damals keine Verträge geschlossen worden, so muß die fehlende Bestimmung in vorkommenden streitigen Fällen von den geistlichen Oberen und nach dem, was unter ähnlichen Umständen im Kreise oder in der Provinz üblich ist, ergänzt werden.

§ 299. Dergleichen Zuschlag hat zwar nicht die Wirkung einer beständigen Einpfarrung.

§ 300. Es können aber die zugeschlagenen Gemeinden nur aus erheblichen Ursachen und nur unter Approbation der geistlichen Oberen von der einmal gewählten Kirche wieder abgehen.

§ 301. So lange der Pfarrer, welcher für diese zugeschlagene Gemeinde mit berufen worden, noch im Amte steht, kann zu seinem Nachtheile eine Abtrennung dieser Gemeinde nicht gestattet werden.

§ 302. Dagegen hat der Prediger, während dessen Amtsführung die Zuschlagung geschehen ist, gegen eine von den geistlichen Oberen genehmigte Wiederabtrennung kein Recht zum Widerspruch.

Aktst. 5, 466) —. Ueberhaupt ist der Rechtsweg gegen die auf Grund des § 298 vorgenommenen Festsetzungen der geistlichen Obern unzulässig — KGE. v. 14. März 1863 (JMBl. S. 133; VMBl. S. 110) —. Die Leistungen der Gastgemeinden bei Bauten bestimmen die §§ 723 ff. h. t.

Zu § 295.

136. In der Altmark besteht die Observanz, daß nicht die Gemeinde, sondern der Patron bestimmt, zu welcher Kirche sich die Gemeinde als Gast halten will; jedoch hat die Gemeinde gegen diese Bestimmung des Patrons ein Widerspruchsrecht aus solchen Gründen, welche sie entweder bei der Wahl eines neuen Predigers geltend machen könnte, oder nach denen die Erreichung des Zweckes die Zuschlagung vermittelt oder ohne genügende Veranlassung erheblich erschwert werden würde. Verlangt der Patron den Zuschlag wegen zu geringer Pfarreinkünfte, so kann die Gemeinde die Annahme eines eigenen Predigers verlangen, wenn sie die Pfarreinkünfte genügend verbessert (Goetze, Prov. R. 1, 2, 180; 2, 63).

Verlassung der Parochie.

§ 303. Wer von einer Religionspartei zur anderen übergeht, verläßt seine bisherige Parochie.

§ 304. Wer seinen Wohnsitz außer den Grenzen seiner bisherigen Parochie verlegt, wird dadurch zugleich von dem Pfarrzwange derselben frei.

§ 305. Ein Gleiches geschieht durch Erlangung eines Standes, Amtes oder Titels, mit welchem die Befreiung von der ordinären Parochie gesetzlich verbunden ist.

Aufhebung der Parochie.

§ 306. Die unter Genehmigung des Staats einmal bestehenden Parochien können ohne dergleichen Genehmigung nicht wieder aufgehoben werden.

§ 307. Dadurch daß aus Mangel an Eingepfarrten an einer Kirche eine Zeitlang keine gottesdienstlichen Handlungen haben vorgenommen werden können, verliert dieselbe noch nicht die Rechte einer Parochialkirche.

§ 308. Wenn aber aus Mangel an Eingepfarrten die Stelle des Pfarrers länger als zehn Jahre hindurch unbesetzt geblieben ist, so kann der Landesherr, wo nicht besondere Lan-

---

Zu § 303.

136a. Unter Religionspartei im § 303 ist nur eine der öffentlich aufgenommenen Kirchen, nicht jede geduldete Religionsgesellschaft (z. B. freie Gemeinde) zu verstehen — OTrE. v. 5. Juli 1867 (Entsch. 58, 351) —. Vgl. N. 69c.

Zu § 308.

137. Zur Declaration des § 308 ist das Gesetz v. 13. Mai 1833 über erloschene Parochien und über die Behandlung des Vermögens derselben (GS. S. 51) ergangen, welches lautet:

Da es zweifelhaft geworden ist, in welchen Fällen eine Parochie als erloschen zu betrachten, und wie das Vermögen einer erloschenen Parochie zu behandeln sei, so verordnen Wir mittelst Declaration der §§ 177, 189, 192 ff. II, 6 und § 308 II, 11 ALR. für diejenigen Landestheile, worin das allgem. Landrecht Gesetzeskraft hat, ... wie folgt:

§ 1. Eine Parochie ist als erloschen anzusehen, wenn binnen zehn Jahren

a. entweder gar keine Mitglieder ihrer Religionspartei in dem Pfarrbezirke einen ordentlichen Wohnsitz gehabt haben,

b. oder gar kein Pfarrgottesdienst daselbst stattgefunden hat,

c. oder endlich die Zahl der Eingepfarrten fortwährend so gering gewesen, daß zu einem ordentlichen Pfarrgottesdienst kein Bedürfniß vorhanden war.

§ 2. Entstehen Zweifel über das Dasein der im § 1 aufgestellten Bedingungen, so sollen dieselben zu Unserer Allerhöchsten landesherrlichen Entscheidung vorgelegt werden.

§ 3. Das einer Parochie zustehende Vermögen, welches bei ihrem Erlöschen (§§ 1, 2) als herrenlos Unserer landesherrlichen Verfügung anheimfällt, soll zum Vortheil derjenigen Religionspartei derselben Provinz verwendet werden, welcher die erloschene Parochie angehört hat.

§ 4. Von der Vorschrift des § 3 tritt in Ansehung des vakant gewordenen Kirchengebäudes eine Ausnahme ein, indem dasselbe der an diesem Orte vor-

desverfassungen oder Traktaten entgegenstehen, über die vakante Kirche verfügen, und alsdann erlöschen auch die etwaigen Parochialrechte derselben.

Vom Simultaneo.

§ 309. Wenn zwei Gemeinden verschiedener Religionsparteien zu Einer Kirche berechtigt sind, so müssen die Rechte einer jeden hauptsächlich nach den vorhandenen besonderen Gesetzen oder Verträgen beurtheilt werden.

§ 310. Mangelt es an solchen Bestimmungen, so wird vermuthet, daß eine jede dieser Gemeinden mit der andern gleiche Rechte habe.

§ 311. Die näheren Maaßgaben wegen der Ausübung dieser Rechte müssen bei entstehendem Streite nach dem Einverständnisse der beiderseitigen Oberen, und wenn dies nicht stattfindet, durch unmittelbare landesherrliche Entscheidung festgesetzt werden.

---

handenen Parochie einer andern christlichen Religionspartei zugewiesen werden soll, insofern dazu ein Bedürfniß vorhanden ist.

§ 5. War ein Theil des übrigen Vermögens der Parochie ausschließend und unzweifelhaft zur Erhaltung des Kirchengebäudes bestimmt, so soll derselbe auch ferner mit dem nach § 4 zu verwendenden Kirchengebäude verbunden bleiben.

§ 6. Die gegenwärtige Verordnung soll in allen oben bezeichneten Landestheilen ohne Ausnahme irgend einer Provinz zur Anwendung kommen.

Auf Filialkirchen darf, wenn auch bei ihnen die § 1 aufgestellten Bedingungen stattfinden, das Gesetz nicht angewendet werden, weil es keine Filial-Parochien giebt, die Filialisten vielmehr immer Eingepfarrte der Hauptkirche bleiben. Wohl aber findet das Gesetz Anwendung, wenn bei einer von mehreren vereinigten Mutterkirchen die Bedingungen des § 1 zutreffen — RdMdgA. v. 6. Mai 1836 (Jacobson, Gesch. d. Quellen d. Kirchenr. Th. I. Anh. S. 324) —.

Zu § 309 ff.

138. Die Regierungen sind berechtigt, hinsichtlich der Benutzung solcher Kirchen, welche zum gemeinschaftlichen Gebrauche verschiedener Religionsparteien bestimmt sind, im Interesse der Ruhe und Ordnung die erforderlichen Verfügungen zu treffen, also auch anzuordnen, daß der katholische Schmuck der Kirche entfernt werde, wenn die evangelische Gemeinde sie nachher zum Gottesdienst benutzen will. Sofern dadurch ein Interimistikum unter den streitenden Parteien festgestellt wird, ist zwar nach den Bestimmungen des G. v. 11. Mai 1842 (GS. S. 192) auf Grund einer besonderen gesetzlichen Vorschrift oder eines speciellen Rechtstitels der Rechtsweg dagegen zulässig, es muß aber bis zur rechtskräftigen Entscheidung der Gerichte der polizeilichen Anordnung Folge geleistet werden. Auch ist in jedem Falle die Polizeibehörde befugt, die betheiligten Personen nöthigenfalls durch Androhung und Einziehung von Geldstrafen zur Befolgung ihrer Anordnungen anzuhalten, und darf der Kirchenkassenrendant sich durch den Einwand, daß er die Exekutivstrafe aus der Kirchenkasse wegen mangelnder Anweisung Seitens der Kirchenvorsteher nicht habe zahlen können, nicht schützen, weil die exekutivische Einziehung unter allen Umständen die zur Zahlung erforderliche Autorisation ersetzt — KGE. v. 21. Novbr. 1857 (JMBl. 1858 S. 199; VMBl. 1858 S. 165), v. 10. Oktbr. 1863 u. 9. April 1864 (VMBl. 1864 S. 31 u. 191) u. 9. Dezbr. 1865 (JMBl. 1866 S. 95) —. Die Possessorienklage ist daher niemals weder gegen derartige Interimistika, noch überhaupt gegen dergleichen polizeiliche Verfügungen zulässig — OTrE. v. 28. Juli 1848 (Rechtsf. 4, 227); KGE. v. 30. Oktbr.

§ 312. Dabei ist jedoch auf dasjenige, was bisher üblich gewesen, hauptsächlich Rücksicht zu nehmen.

§ 313. Wird aber darüber gestritten, ob eine oder die andere Gemeinde zu der Kirche wirklich berechtigt sei, so gehört die Entscheidung vor den ordentlichen Richter.

§ 314. Wenn nicht erhellet, daß beide Gemeinden zu der Kirche wirklich berechtigt sind, so wird angenommen, daß diejenige, welche zu dem gegenwärtigen Mitgebrauche am spätesten gelangt ist, denselben nur bittweise d. h. als eine widerrufliche Gefälligkeit erhalten hat.

§ 315. Selbst ein vieljähriger Mitgebrauch kann für sich allein die Erwerbung eines wirklichen Rechts durch Verjährung in der Regel nicht begründen. (Th. I Tit. 9 § 589.)

§ 316. Wenn jedoch außer diesem Mitgebrauche auch die Unterhaltung der Kirche von beiden Gemeinden gemeinschaftlich bestritten worden, so begründet dies die rechtliche Vermuthung, daß auch der später zum Mitgebrauche gekommenen Gemeinde ein wirkliches Recht darauf zustehe.

§ 317. So lange eine Gemeinde den Mitgebrauch nur bittweise hat, muß sie bei jedesmaliger Ausübung einer bisher nicht gewöhnlichen gottesdienstlichen Handlung die besondere Erlaubniß der Vorsteher dazu nachsuchen.

Sechster Abschnitt.

Vom Pfarrer und dessen Rechten.

Begriff.

§ 318. Derjenige Geistliche, welcher zur Direction und Verwaltung des Gottesdienstes bei einer Parochialkirche bestellt worden, wird der Pfarrer des Kirchspiels genannt.

Erforfernisse und

§ 319. Ein Pfarrer muß die von einem geschickten und tugendhaften Geistlichen erforderten Eigenschaften im vorzüglichen Grade besitzen.

1852 (JMBl. S. 412) u. v. 12. Novbr. 1859 (JMBl. S. 375) —. In Kirchen, wo ein Simultangottesdienst zweier evangelischer Gemeinden stattfindet, sollen die zur Ausschmückung des Altars dienenden Gegenstände nur dann weggenommen werden, wenn es die im Gottesdienste nachfolgende Gemeinde ausdrücklich verlangt, und auch dann nur mit möglichster Schonung und in zarter Rücksicht auf die Stimmung der vorhergegangenen — RdMdgA. v. 23. Mai 1838 (Ann. 12, 367) —. In Betreff des Simultaneums von Civil und Militär vgl. § 120 Mil. Kirch. O. v. 12. Februar 1832 (GS. S. 69) im Anh.

Zu § 319 vgl. §§ 60—62 h. t.

allgemeine Pflichten desselben.

§ 320. Er muß sich den Wohlstand der Kirche, den Unterricht der Gemeinde und die Beförderung eines guten moralischen Verhaltens ihrer sämmtlichen Mitglieder besonders angelegen sein lassen.

§ 321. Die Sorge für die Gebäude und das Vermögen der Kirche hat er mit den Vorstehern gemein.

§ 322. Wenn letztere in ihren Pflichten nachlässig sind, ist er seiner geistlichen Behörde davon Anzeige zu machen schuldig.

§ 323. Dagegen sind aber auch die Vorsteher verbunden, eben dieser Behörde es anzuzeigen, wenn der Pfarrer seine Amtspflichten vernachlässigt oder in seinem sittlichen Verhalten zu gegründetem Tadel und Aergerniß der Gemeinde Veranlassung giebt.

Wahl des Pfarrers überhaupt.

§ 324. Ob die Wahl des Pfarrers von dem Bischofe,

Zu § 321 vgl. §§ 627 u. 628 h. t.

Zu § 322.

139. Die Anzeige über Pflichtvernachlässigungen der Vorsteher ist der Bezirksregierung zu machen, der die Disciplinarbefugnisse über letztere nach § 3 Nr. 6 V. v. 27. Juni 1845 (GS. S. 440) zustehen.

Zu § 324.

140. Eine Ortsobservanz der Art, daß der Magistrat des Orts als städtische Behörde mit den Geistlichen und anderen Deputirten der bürgerlichen oder kirchlichen Gemeinde zusammen den Pfarrer wählt, ist gesetzlich nicht unzulässig — OTrE. v. 27. März 1854 (Str. Arch. 12, 293) —.

141. Die Vorschriften der AKO. v. 30. Septbr. 1812 (GS. S. 185) über das landesherrliche Besetzungsrecht der in gewissen Monaten erledigten Erzpriestereien, Pfarreien und Kuratien, die vormals von den Bischöfen in Breslau, dem dortigen Domkapitel oder von andern, jetzt aufgehobenen Stiftern und Klöstern in Schlesien besetzt wurden, sind durch Art. 16 u. 18 Verf.-Urk. v. 31. Januar 1850 (GS. S. 19) aufgehoben, was schon in Betreff der gleichlautenden Art. 14 u. 15 Verf.-Urk. v. 5. Dezbr. 1848 durch das CRdWidgA. v. 6. Januar 1849 (VMBl. S. 265) ausdrücklich anerkannt worden ist. Vgl. N. 21.

142. Die Kirchenordnung f. d. evang. Gemeinden der Provinzen Westphalen und Rheinland v. 5. März 1835 (Ann. 19, 104) bestimmt im 4. Abschnitt von der Erledigung, Wiederbesetzung und Vertretung des Pfarramts, und den Allerhöchst genehmigten Zusätzen v. 25. August 1853 (VMBl. S. 229) Folgendes:

§ 53. Das Predigeramt wird erledigt durch freiwillige Niederlegung, Entsetzung, Versetzung und Absterben des Pfarrers. — Einem Pfarrer steht es frei, der Berufung zu einer andern Gemeinde zu folgen. Wenn jedoch ein dienstfähiger Prediger vor Verlauf von zwei Jahren nach seinem Amtsantritte seine Stelle verläßt, so ist die Gemeinde, welche ihn berufen hat, gehalten, die Kosten seiner Erwählung, Berufung und Einsetzung der Gemeinde, die er verläßt, zu erstatten, welche Kosten von dem Presbyterium der letzteren specificirt und summirt und von dem Superintendenten festgestellt werden, jedoch die Summe von 80 Thalern nicht übersteigen dürfen.

§ 54. Bei Erledigung des Pfarramtes ist Folgendes zu beobachten:

1) Das Presbyterium muß die Erledigung der Stelle sofort dem Superintendenten berichten.

dem Konsistorio, einem Privatpatrone, oder den Gliedern der

--

2) Der sein Amt niederlegende Prediger setzt seine Amtsführung noch sechs Wochen nach seiner Niederlegungserklärung fort und beschließt dieselbe durch eine Abschiedspredigt, mit welcher seine Funktionen und die Beziehung des Gehalts aufhören.
3) Bei Niederlegung seines Amtes übergiebt der abziehende Prediger alle bei ihm beruhenden Kirchenacten und Kirchenbücher dem Presbyterio. Dieses geschieht in Gegenwart des Superintendenten oder seines Substituten, welcher ein Inventarium aller Kirchenpapiere anfertigen läßt, wovon er das Duplikat behält.
4) Der Superintendent giebt ihm, wenn er die Kreissynode verläßt, nach vorhergehendem Bericht des Presbyterii und eingeholtem Gutachten der Kreissynode ein Zeugniß über seine Amtsführung.
5) Wenn ein Pfarrer mit Tode abgeht, so nimmt das Presbyterium binnen 8 Tagen nach seiner Beerdigung die Kirchensachen und Schriften, welche der Verstorbene in Händen hatte, in Gegenwart des Superintendenten in Empfang.

§ 55. Die Bedienung einer erledigten Stelle, wenn kein Wittwenjahr stattfindet, geschieht also:

a. Während der Vakanz predigen die Kandidaten der Synode und diejenigen Kandidaten aus andern Synoden, welche der Superintendent aus eigener Bewegung oder auf den Wunsch der Gemeinde zu Gastpredigten auffordern wird. — Sie haben auch Nachmittags öffentliche Katechisation zu halten.
b. Zu den übrigen Amtshandlungen sind, wenn kein zweiter Prediger bei der Gemeinde ist, dem Herkommen gemäß die benachbarten Prediger gegen die jura stolae verpflichtet.

§ 56. Die Bedienung einer erledigten Pfarrstelle, wenn die Wittwe oder Waisen die Wohlthat des Nachjahrs haben, geschieht also:

a. Bei Gemeinden, bei denen kein zweiter Prediger ist, predigen die Prediger und Kandidaten der Kreissynode und katechesiren Sonntags nach einem vom Superintendenten zu bestimmenden Turnus. Sie haben weder Remuneration noch Reisekosten zu fordern, werden aber von der Wittwe oder den Waisen bewirthet.
b. Ist der Turnus einmal beendigt, so predigen die Kandidaten, welche zu Probepredigten aufgefordert worden sind.
c. Hierauf beginnt der Turnus von Neuem, bis das Jahr beendigt ist.
d. Die vorfallenden Kindtaufen und Kopulationen werden soviel wie möglich auf den Sonntag verlegt, damit dieselben von den Cirkular-Predigern verrichtet werden. — Diejenigen Amtshandlungen aber, welche sich nicht auf den Sonntag verlegen lassen, werden von den benachbarten Predigern verrichtet. Diese alterniren wöchentlich, jedoch steht es ihnen frei, ein Abkommen unter sich zu treffen, nach welchem jedem der Theil der Gemeinde, welcher ihm am nächsten liegt, angewiesen wird.

Für alle sonst vorkommenden Fälle, besonders die Führung der Kirchenbücher, ernennt der Superintendent einen Stellvertreter des Pfarrers. Die Geistlichen, welche die kirchlichen Amtshandlungen verrichtet haben, sind verpflichtet, sofort dem Stellvertreter die zur Eintragung ins Kirchenbuch erforderlichen Notizen schriftlich mitzutheilen.

§ 57. Wenn noch ein zweiter Prediger bei der Gemeinde ist, übernimmt derselbe alle während der Vakanz vorfallenden geistlichen Amtshandlungen, die Führung der Kirchenbücher, das Präsidium im Presbyterio und die ganze specielle Seelsorge. — In Betreff der Predigten an den Sonn- und Festtagen findet aber die in § 56 angeordnete Einrichtung auch in diesem Falle statt.

§ 58. Bei Erledigung einer Stelle ohne Nachjahr wird binnen 3 Monaten von dem Tage ab, an welchem die Erledigung der Stelle der Gemeinde bekannt gemacht worden ist, und wo das Nachjahr stattfindet, 9 Monate nach dem Tode des Predigers zur Wahl geschritten. Die Dauer des Nachjahrs wird auf ein Jahr und sechs Wochen, vom Todestage an gerechnet, bestimmt.

§ 59. Die Wiederbesetzung einer erledigten Pfarrstelle durch freie Wahl der Gemeinde oder deren Repräsentanten erfolgt in folgender Weise:

Gemeinde abhange, wird durch die besonderen Verfassungen jeder Provinz und jedes Orts näher bestimmt.

---

1) Der Superintendent ladet die Kandidaten, welche die Repräsentation, oder, wo keine ist, die Gemeinde zu hören wünscht, und die er außer diesen der Gemeinde empfohlen hat, zur Haltung einer Probepredigt und Katechisation ein. Unter den Eingeladenen müssen sich sämmtliche Kandidaten der Kreissynode befinden.
2) Die Kandidaten haben keine Ansprüche auf Reise- und Zehrungskosten zu machen. In der Gemeinde aber werden sie unentgeltlich anständig bewirthet.
3) Wünscht die Gemeinde einen schon im Amte stehenden Prediger, so darf er sich weder zu einer Probepredigt anbieten, noch von der Gemeinde dazu aufgefordert werden. Die Wahlmitglieder werden in diesem Falle aus ihrer Mitte eine Deputation ernennen, welche den Prediger an seinem Wohnorte hört, sich nach seinen Eigenschaften erkundigt und den Wahlberechtigten darüber Bericht erstattet. Zus. 25. Die Aufforderung zur Gastpredigt ist gestattet.
4) Der Tag der Wahl wird der Gemeinde wenigstens 14 Tage vor derselben durch eine Proklamation von der Kanzel bekannt gemacht.
5) Der Superintendent, oder im Falle seiner Abwesenheit der Assessor begiebt sich in Begleitung des Scriba am Wahltage zur bestimmten Zeit in die Kirche der vakanten Gemeinde.
6) Die Handlung wird mit Gottesdienst eröffnet.
7) Unmittelbar nach dem Gottesdienste wird zur Wahl geschritten. Der Superintendent leitet die Wahl. Nur Stimmberechtigte nehmen daran Theil.
8) Die Stimmberechtigten werden aufgerufen: einzeln, nach der Ordnung, wie sie in dem Verzeichniß aufgeführt sind, an den Chortisch zu treten und ihre Stimme abzugeben.
9) Niemand kann seine Stimme durch einen Andern abgeben lassen, ausgenommen, wenn nachgewiesen worden, daß er krank oder verreist ist.
10) Wer auf die Aufforderung oder vor dem Schluß der Wahl nicht erscheint, wird als abwesend notirt und seine Stimme nicht mehr angenommen.
11) Der Scriba und ein vom Presbyterio deputirtes Mitglied desselben schreiben zu dem Namen des Stimmenden den Namen dessen, welchem die Stimme gegeben worden ist.
12) Nachdem alle anwesenden Stimmberechtigten ihre Stimme abgegeben haben, wird zum Zählen der Stimmen geschritten.
   1) Wer unter den Konkurrirenden die absolute Mehrheit, d. h. mehr als die Hälfte aller abgegebenen Stimmen hat, ist der erwählte Prediger. Wenn von zwei Konkurrenten jeder die Hälfte derselben hat, so entscheidet das Loos.
   2) Ist Beides nicht der Fall, so werden diejenigen, welche die meisten Stimmen haben, auf eine engere Wahl gebracht und zwar zunächst auf eine Dreizahl, weiter erforderlichen Falls auf eine Zweizahl, bis die absolute Mehrheit erreicht ist. Die durch Stimmengleichheit entstehende Frage, wer in die engere Wahl aufzunehmen sei, wird durch das Loos entschieden.
   3) Jede Wahlstimme, welche auf einen andern als die in der Wahl gebliebenen Kandidaten fällt, ist ungültig und wird nicht mitgezählt.
   4) Wenn von zwei in die engere Wahl Gekommenen jeder die Hälfte der abgegebenen Stimmen erhält, so entscheidet wie ad 1 das Loos.
   5) Abwesende (§ 59 Nr. 9) können ihr Wahlrecht nur durch die Vermittelung eines andern Wahlberechtigten ausüben, und muß ihre Vollmacht den bestimmten Namen desjenigen Kandidaten enthalten, welchem sie ihre Stimme geben wollen. Ihre Stimme wird auch bei den engeren Wahlgängen so lange mitgezählt, als der von ihnen bezeichnete Kandidat bei denselben konkurrirt — AE. v. 22. Juli 1867 (VMBl. S. 298) —.
13) Es wird ein Wahlprotokoll aufgenommen und vom Superintendenten und seinem Assistenten, sowie von dem Presbyterio unterschrieben. An den nächsten 3 Sonntagen wird das Resultat der Wahl der Gemeinde vor Schluß des öffentlichen Gottesdienstes von der Kanzel bekannt gemacht.
14) Geschehen Einsprüche gegen den Gewählten, welche jedoch innerhalb der auf

§ 325. Niemals soll ein Subject, welches mit der Gemeinde in Streit und Feindschaft lebt, oder gegen dessen Grundsätze oder moralisches Verhalten die Gemeinde erhebliche Einwendungen hat, derselben zum Pfarrer aufgedrungen werden.

---

die erste Bekanntmachung von der Kanzel folgenden 14 Tage bei dem Superintendenten eingelegt werden müssen, so werden dieselben auf der Stelle von demselben unter Zuziehung des Presbyterii untersucht und der betreffenden Regierung mit gutachtlichem Bericht des Superintendenten zur Entscheidung vorgelegt.

15) Der Erwählte erhält eine vom Presbyterio Namens der Gemeinde unterschriebene, vom Superintendenten als richtig bescheinigte und von der Königl. Regierung bestätigte Vokation.

16) Der Erwählte kann sich eine Bedenkzeit von 4 Wochen nehmen, jedoch muß er im Fall der Annahme des Berufs spätestens innerhalb 6 Wochen nach gegebener Zusage sein Amt antreten.

Zus. 27. 1) Die Frist zum Antritte des Amts wird auf 9 Wochen verlängert.

2) Stand der Berufene schon in einem Amte, so tritt er in dem Augenblicke, in welchem er von dessen Verwaltung enthoben wird, in die Rechte und Einkünfte des neuen Pfarramts ein.

17) Nimmt der Erwählte die Berufung nicht an, so muß innerhalb 4 Wochen nach der ablehnenden Antwort des Berufenen zu einer neuen Wahl geschritten werden.

18) Die Kosten der Wahl werden aus den Einkünften der Kirche, und wo diese mangeln, von der Gemeinde bestritten.

Zus. Haben zwei Schwestergemeinden, von denen eine über, die andere unter 200 Seelen stark, den Pfarrer zu wählen, ohne daß der Wahlmodus verfassungsmäßig oder herkömmlich feststeht, so soll die kleinere Gemeinde auch Repräsentanten wählen und zwar soviel, daß sich die Gesammtzahl ihrer Presbyter und Repräsentanten zu der der größeren Gemeinde, wie die Seelenzahl beider Gemeinden zu einander verhält — RdMdgA. v. 28. August 1840 (VMBl. S. 351) —.

§ 60. Damit die Berufungsurkunde der Gemeinde an den erwählten Pfarrer nichts enthalte, was der Kirchenordnung zuwider, und alles enthalte, was die Gemeinde von dem Berufenen zu fordern berechtigt ist, und was der Prediger an festem Einkommen und Stolgebühren und Gerechtsamen in Anspruch zu nehmen hat, so wird jede Vokation nach einem von der Provinzial-Synode entworfenen und von dem K. Minist. d. geistl. Angel. genehmigten Formular angefertigt und vollzogen werden.

§ 61. Die Abholung des Erwählten an den Ort seiner Bestimmung geschieht auf Kosten der Gemeinde, welche auch verpflichtet ist, seine Familie und Effekten unentgeltlich abzuholen, ingleichen die mit der Ordination und Introduktion verbundenen Kosten zu tragen.

§ 62. Ist der Berufene ein nicht ordinirter Kandidat, so wird er am Tage seiner Introduktion vor der versammelten Gemeinde, bei welcher er sein Amt antritt, ordinirt, und zwar an einem Wochentage. Die Ordination geschieht durch den Superintendenten im Beistande des Assessors und Scriba und derjenigen Pfarrer der Kreissynode, welche auf die Einladung des Superintendenten, welcher alle Pfarrer der Kreissynode zur Beiwohnung dieser Feierlichkeit einladen muß, erscheinen werden.

Nach einer kurzen Rede des Superintendenten wird der Einzuführende nach Vorschrift der Kirchenagende unter Ablegung seines Gelübdes verpflichtet und erhält demnächst unter Auflegung der Hände der anwesenden Geistlichen die Weihe zu seinem Amte unter Segenswunsch und Gebet, alles nach Vorschrift der Landesagende. Unmittelbar nach der Ordination hält der Ordinirte seine Eintrittspredigt.

§ 63. Ist der Berufene schon ordinirt, so findet bloß durch den Super-

§ 326. In allen Fällen muß daher das Subject, welches zum Pfarrer bestellt werden soll, der Gemeinde zuvor bekannt gemacht werden.

Insonderheit bei Patronatkirchen.

§ 327. Hat die Pfarrkirche ihren eigenen Patron, so gebührt diesem der Regel nach die Berufung eines neuen Pfarrers.

---

intendenten die Introduktion statt, worauf der berufene Geistliche seine Einführungspredigt hält.

§ 64. Ueber die geschehene Ordination und Introduktion hat der Superintendent Bericht durch den General-Superintendenten an das Konsistorium zu erstatten.

Zus. 28. § 64a. 1) Die für Wiederbesetzung erledigter Pfarrstellen gegebenen gesetzlichen Bestimmungen kommen auch bei Pfarrverwesern, die mit dem Rechte der Nachfolge angestellt werden, sowie bei allen lebenslänglich angestellten ordinirten Hülfsgeistlichen in Anwendung.

2) Bei der Anstellung ordinirter oder nicht ordinirter Kandidaten für unbestimmte Zeit, welche die Gemeinde besoldet, genügt es, daß der Superintendent mit der Gemeindevertretung ein Wahlprotokoll abfaßt und zur ordentlichen Bestätigung vorlegt. Bei Anstellung von Gehilfen, die der Pfarrer selbst besoldet, findet keine Wahl durch die Gemeindevertretung statt; die Anstellung selbst aber unterliegt der Zustimmung des Presbyteriums und des Superintendenten.

§ 131. Jede Gemeinde ist verpflichtet, für eine freie Dienstwohnung und ein angemessenes Diensteinkommen ihres Pfarrers zu sorgen und bei Unzulänglichkeit der fundirten Pfarreinkünfte und der Stolgebühren aus Kirchenmitteln das Fehlende zu ergänzen. In Ermangelung disponibler Kirchenmittel ist da, wo die Gesetze die Kommunen zur Aushilfe verpflichten, der Kommunalfonds in Anspruch zu nehmen. Wenn aber auf diese Weise das Erforderliche nicht herbeigeschafft werden kann, so ist von der Pfarrgemeinde durch Beiträge der Pfarrgenossen nach dem Kommunalsteuerfuße die Aufbringung des Ergänzungsgehalts zu bewirken.

Zus. 40. 1) Die Verpflichtung der Gemeinden zur Beschaffung einer freien Dienstwohnung begreift auch die Verpflichtung zur Beschaffung der nöthigen Wirthschaftsgebäude in sich.

2) Die Beiträge der Pfarrgemeinde zur Aufbringung des Ergänzungsgehalts sind nach dem Fuße der direkten Staats- oder Kommunalsteuern umzulegen.

§ 132. Wenn der Prediger es verlangt, so sollen die Kirchenvorstände die Erhebung seiner Gehaltseinkünfte besorgen und dieselben an den Verfalltagen dem Prediger abliefern.

Zu § 326.

143. Die Bestimmung des § 326 kommt in der katholischen Kirche nicht zur Anwendung; auch in Ostpreußen gilt sie nicht, denn das Ostpr. Prov. R. verordnet:

Zus. 177. Wo es nicht besonders hergebracht ist, da bedarf es keiner Zuziehung der Gemeinde bei Bestellung des Pfarrers, und das dazu gewählte Subject wird der Gemeinde weder vorgestellt, noch weniger dieselbe mit ihrer Erklärung darüber vernommen, so wie es auch bei Niederlegung des Amtes der Anzeige an die Gemeinde nicht bedarf.

Zu § 327.

144. Bei der Besetzung evangelischer Pfarrstellen landesherrlichen Patronats soll, soweit es, ohne bei der Gemeinde Unzufriedenheit zu erregen, geschehen kann, die reformirte oder lutherische Konfession nicht weiter berücksichtigt werden; nur muß der Anzustellende sich bei solchen Gemeinden, die der Union noch nicht beigetreten sind, nach den bei denselben üblichen Gebräuchen richten — AKO. v. 30. April 1830 (Ann. 14, 329) —. In der Neumark steht die Ernennung des

§ 328. Auch Patrone können bei ihrer anzustellenden Auswahl nur auf solche Subjecte Rücksicht nehmen, die entweder schon in einem geistlichen Amte stehen, oder doch als Kandidaten von den geistlichen Oberen ihrer Provinz nach angestellter vorläufiger Prüfung die Erlaubniß zum Predigen erhalten haben.

§ 329. Das von dem Patrone ausgewählte Subject muß der Gemeinde vorgestellt und zur Haltung einer Probepredigt und Katechisation angewiesen werden.

§ 330. Hat der Gewählte schon vorhin in einem geistlichen Amte gestanden, so muß er dennoch, wenn die Gemeinde ihn nicht schon hinlänglich kennt, eine Gastpredigt und Katechisation halten.

§ 331. Der Tag der zu haltenden Probe- oder Gastpredigt muß der Gemeinde wenigstens vierzehn Tage vorher bekannt gemacht werden.

§ 332. Sind zwei oder mehrere Kirchen unter einem Pfarrer zusammengeschlagen, so muß in jeder eine Probepredigt gehalten werden.

§ 333. Ob auch in eigentlichen Filialkirchen die Haltung einer Probepredigt nöthig sei, oder ob die Mitglieder einer solchen Tochtergemeinde zu deren Anhörung in der Mutterkirche sich einfinden müssen, bleibt der hergebrachten Verfassung bei einem jeden Kirchensysteme überlassen.

§ 334. Die Gemeinde muß nach Verlauf von wenig-

Oberpfarrers in den Städten stets dem Landesherrn zu — Landl. Rez. v. 29. Aug. 1653 Nr. 2 (Myl. VI, 1, 478) —.

Zu § 328.

145. Ueber die Prüfungen evangelischer Kandidaten vgl. N. 39. — Ueber die Zulassung auswärtiger Theologen in evangelische Pfarrämter vgl. N. 41. Zu katholischen Pfründen sollen stets nur Inländer präsentirt werden, welche den Oberbehörden aus ihren Leistungen als Kapläne bekannt sind — RdMdgA. v. 5. Juni 1826 (Ann. 10, 742) — und schon 4 Jahre in der Seelsorge gearbeitet haben — RdMdgA. v. 8. Juli 1818 (Arnsb. ABl. S. 402) —.

Zu § 329.

146. In der Mark Brandenburg wird nach der Kirch. O. v. 1573 und im Herzogthum Magdeburg nach der Kirch. O. v. 1739 die Probepredigt im Beisein des Patrons und des Superintendenten gehalten, und nach Beendigung derselben die Erklärung der Gemeinde aufgenommen.

Zu § 331.

147. Die Nichteinhaltung der im § 331 bestimmten Frist macht allein noch nicht die vom Patron getroffene Wahl ungültig — RdOKR. v. 14. Juli 1857 (Aktst. 2, 204) —.

Zu § 334.

148. Die Vernehmung der Gemeinde über das vom Patron zum Pfarrer

stens acht Tagen mit ihrer Erklärung über das vom Patron ausgewählte Subject vernommen werden.

§ 335. Ist der Kandidat aus einer andern Diöcese oder Konsistorial-Departement, so kann die Gemeinde eine längere Frist, allenfalls bis vier Wochen, zu ihrer Erklärung verlangen.

§ 336. Ist die Gemeinde mit dem Patron über die Würdigkeit des von Letzterem ausgewählten Subjects uneins, so müssen die vorgesetzten geistlichen Oberen ohne processualische Weitläufigkeiten über die Erheblichkeit der Einwendungen entscheiden.

§ 337. Wer rechtlich überführt wird, daß er sich durch Bestechungen oder unerlaubte Wege in ein geistliches Amt einzuschleichen versucht habe, wird eines solchen Amtes auf immer verlustig.

§ 338. Auf den bloßen, mit keinen erheblichen Gründen unterstützten Widerspruch einzelner Mitglieder der Gemeinde soll keine Rücksicht genommen werden.

§ 339. Wenn aber ein Subject wenigstens zwei Drittel der Stimmen sämmtlicher Gemeindeglieder gegen sich hat, soll er zu der Pfarrstelle nicht anders gelassen werden, als wenn sich bei der Untersuchung findet, daß der Widerspruch durch bloße Verhetzungen oder Aufwiegelungen veranlaßt worden.

§ 340. Ist der Patron dem römisch-katholischen, die Gemeinde aber dem protestantischen Glaubensbekenntnisse zugethan, oder umgekehrt, so muß der Patron wenigstens drei Subjecte zur Probepredigt zulassen.

§ 341. Demjenigen unter diesen, welcher bei der Gemeinde nach der Mehrheit der Stimmen derselben den vorzüglichsten Beifall hat, kann er die Vokation nicht versagen.

§ 342. In diesem sowohl, als in allen übrigen Fällen, wo es hergebracht ist, daß der Patron der Gemeinde mehrere Subjecte zur Auswahl vorschlage, muß die Gemeinde nothwen-

---

ausgewählte Subject soll nicht in der Art erfolgen, daß sie sich zu einer Wahlabstimmung zwischen diesem und einem andern Subjecte gestaltet, vielmehr sollen die §§ 336, 338, 339 h. t. gehörig berücksichtigt, auch die etwa auf ein anderes Subject gerichteten Wunschäußerungen als nicht dahin gehörig zurückgewiesen werden — RdMdgA. v. 26. Januar 1839 (Ann. 23, 98) —. Uebrigens ist auch hierbei die Vorschrift des Anh. § 129 h. t. zu befolgen — RdOKR. v. 26. Oktober 1855 (Aktst. 2, 112) —.

Zu § 338.

149. Die erheblichen Einwendungen der Gemeinde müssen nach der Märkischen Kirch. O. v. 1573 und der Magdeburgischen Kirch. O. v. 1739 gegen die Lehre oder den Wandel des Erwählten gerichtet sein.

dig eines derselben wählen, insofern sie nicht allen dreien erhebliche Einwendungen nach Vorschrift der §§ 336, 337, 338 entgegensetzen kann.

§ 343. Eben dies findet im umgekehrten Falle in Ansehung des Patrons statt, wenn nach wohl hergebrachter Verfassung demselben mehrere Subjecte zur Auswahl von der Gemeinde vorgeschlagen werden.

§ 344. Nehmen mehrere Patrone mit gleichem Rechte an Besetzung der Pfarren Theil: so entscheidet, wenn sie sich nicht vereinigen können, die Mehrheit der Stimmen.

§ 345. Ist keine überwiegende Mehrheit der Stimmen vorhanden: so müssen die geistlichen Oberen den Patronen aufgeben, sich binnen einer gewissen nach den Umständen zu bestimmenden Frist über ein vorzuschlagendes Subject zu vereinigen.

§ 346. Erfolgt in der bestimmten Frist kein Einverständniß: so fällt die Besetzung der Stelle für diesmal den geistlichen Oberen anheim.

§ 347. Diese müssen aber die Stelle in der Regel einem Dritten, welcher von keinem der uneinigen Patrone vorgeschlagen worden, verleihen.

§ 348. Hat eine eigentliche Tochterkirche einen besonderen Patron: so muß dieser in der Regel dem Patrone in der Mutterkirche beitreten, wenn er nicht gegen das von letzterem ausgewählte Subject erhebliche Einwendungen nach §§ 336, 337 zu machen vermag.

§ 349. Wenn in dem Falle des §§ 340, 342 der Gemeinde von den mehreren Patronen drei Subjecte vorgeschlagen werden sollen, so finden, wenn die Patrone sich über diese Auswahl nicht vereinigen können, die Vorschriften §§ 344—347 Anwendung.

§ 350. Wenn also die mehreren Patrone ohne ein vorhandenes Uebergewicht von Stimmen auf mehr als drei Subjecte Rücksicht nehmen, so müssen die geistlichen Oberen der Gemeinde drei andere vorschlagen.

Zu § 348.

150. Der § 348 giebt dem Patron der Tochterkirche keine eigene Wahlstimme, sondern nur ein Widerspruchsrecht. Beide Stimmen, des Patrons der Mutter- und des Patrons der Tochterkirche, zählen nur für eine, auch wenn Pa rone mehrerer vereinigter Mutterkirchen konkurriren — R. v. 12. April 1802 (Rabe 7, 137) —. In der Kur- und Neumark hat der Landesherr als Patron der Tochterkirche dagegen eine eigene unabhängige Stimme, und muß der Patron der Mutterkirche sogar seiner Wahl folgen — V. v. 3. Oktober 1673, 7. April 1708 u. 14. Dezbr. 1709 (Mylius I, 1, 399, 429 u. 431) —.

§ 351. Wenn jedoch alle oder die meisten Patrone sich über ein oder zwei Subjecte vereinigt hatten, so müssen diese auch von den geistlichen Oberen mit vorgeschlagen, und nur statt derjenigen, wegen welcher kein solches Einverständniß getroffen werden kann, andere genommen werden.

§ 352. In allen Fällen, wo es auf Stimmenmehrheit unter den Patronen ankommt, werden die Stimmen, wenn das Patronatrecht bloß persönlich ist, nach den Personen, wenn es aber auf Gütern haftet, nach den Gütern ohne Rücksicht auf den Werth und die Größe derselben gezählt, insofern nicht vermöge vorhandener Verträge oder einer rechtsverjährten Gewohnheit ungleiche Antheile für die mit dem Patronate versehenen Güter bestimmt sind.

Bei Kirchen, welche keinen Patron haben.

§ 353. Bei Kirchen, welche keinen eigenen Patron haben, gebührt der Regel nach die Wahl des Pfarrers der Gemeinde.

§ 354. In diesem Falle müssen die Kirchenvorsteher der Gemeinde drei Subjecte vorschlagen.

§ 355. Bei diesem Vorschlage aber müssen sie nur auf solche Subjecte, die der Gemeinde durch Probepredigten oder sonst hinlänglich bekannt sind, Rücksicht nehmen und besonders solche, von welchen sie Ursache haben, zu glauben, daß mehrere Mitglieder der Gemeinde Zuneigung und Vertrauen gegen sie hegen, nicht übergehen.

§ 356. Bei der Wahl selbst hat in der Regel jedes Mitglied der Gemeinde, welches nicht einem mitwählenden Familienhaupte untergeordnet ist, ein Stimmrecht.

Zu § 352.

151. Nach den Personen oder der Kopfzahl werden die Stimmen gezählt, wenn die ursprünglichen Patrone zu wählen haben. Sterben diese und vererben ihr Patronatrecht, dann wird in stirpes succedirt und votirt, so daß also nicht jeder der mehreren Kompatrone eine Stimme hat, sondern nur jede Erbstrangslinie eine. Diesem in Clem. 2 de jure patron. (III, 12) ausgesprochenen Grundsatze steht das Landrecht nicht entgegen. Steht das Patronatrecht einem Gute zu, welches Mehrere zu ungleichen ideellen Theilen gemeinschaftlich besitzen, so müssen nach den allgemeinen Grundsätzen vom gemeinschaftlichen Eigenthum die Stimmen der Mitbesitzer nach Verhältniß der Antheile gezählt werden — OTrE. v. 5. Dezbr. 1825 (Simon, Rspr. 3, 131 u. 4, 244) —. Ist das Gut aber reell getheilt, und haben dadurch die einzelnen Antheilsbesitzer Kompatronatrechte erworben, so werden die Stimmen nach der Zahl der selbstständigen, abgezweigten Sonderbesitzungen gezählt — RdOKR. v. 9. Septbr. 1857 (Aktst. 2, 209) —.

Zu § 356.

152. Stimmen zu sammeln für einen Bewerber um eine Pfarrstelle durch Unterschriften der Gemeindeglieder hat das RdMdgA. v. 15. August 1817 (Ann. 2, 80) verboten.

Anh. § **129**. Auch Wittwen und unverheiratheten Frauenzimmern ist hierbei unter der gedachten Einschränkung die Konkurrenz durch qualificirte Stellvertreter nicht zu versagen.

§ **357**. Durch Streitigkeiten über die Befugniß zum Stimmrechte soll die Wahl niemals aufgehalten werden.

§ **358**. Wer entweder selbst schon in einem ähnlichen Falle ein Stimmrecht bei der Gemeinde ausgeübt hat, oder wer zu einer Klasse gehört, deren Mitglieder in vorigen ähnlichen Fällen zum Stimmen zugelassen worden, dem muß auch bei der gegenwärtigen Wahl die Abgebung seiner Stimme verstattet werden.

§ **359**. Ein Gleiches gilt von demjenigen, der ein Grundstück besitzt, dessen vorige Inhaber als Glieder der Gemeinde in ähnlichen Fällen zur Wahl gelassen worden.

§ **360**. Niemand aber kann ein Stimmrecht sich anmaßen, der zu einer andern als derjenigen Religionspartei gehört, für welche der Pfarrer gewählt werden soll.

§ **361**. Die Festsetzung, wie nach diesen Grundsätzen ein streitig gewordenes Stimmrecht in dem gegenwärtigen Falle ausgeübt werden soll, kommt den geistlichen Oberen zu.

§ **362**. Die Entscheidung über das streitige Stimmrecht selbst aber gehört vor den ordentlichen weltlichen Richter.

§ **363**. Die nach der Festsetzung der geistlichen Oberen vorgenommene Wahl (§ 361) verliert für den gegenwärtigen Fall nichts von ihrer Gültigkeit, wenn auch hiernächst durch richterliches Erkenntniß Jemandem das ausgeübte Stimmrecht ab-, oder wenn dasselbe einem Ausgeschlossenen zugesprochen wird.

---

153. Im Fürstenthum Halberstadt haben observanzmäßig nur die Eigenthümer der in der Parochie belegenen Wohnhäuser ein Stimmrecht (Lentze, Prov. R. S. 64).

Zu Anh. § 129.

154. Dieser § beruht auf einem Gutachten der Gesetzkommission v. 5. Februar 1802 (Rabe 7, 61), welches von dem Grundsatze ausgeht, daß jeder nicht einem Familienhaupte untergebene Eingepfarrte männlichen oder weiblichen Geschlechts, der minorenne durch seinen Vormund, bei dem, was ad curam animarum gehört, Stimmrecht haben müsse. — Die Stellvertreter müssen nach § 61 II, 6 ALR. selbst zur Wahl berechtigte Gemeindeglieder sein und bedürfen selbstverständlich schriftlicher Specialvollmacht.

Zu §§ 361 u. 363.

155. Aus dem in den §§ 361 u. 363 niedergelegten Principe, daß eine Predigerwahl durch Streitigkeiten über das Wahlrecht niemals aufgehalten und die getroffene im Rechtswege nicht angefochten werden darf, folgt auch, daß, wenn bei der Wahl Rechte Dritter, z. B. die Mitwirkung des Magistrats als Vorstandes der

§ 364. Was vorstehend (§§ 357—363) wegen eines über das Stimmrecht gewisser Gemeindeglieder entstehenden Streits verordnet ist, gilt, jedoch mit Ausschließung des § 360, auch in Fällen, wo unter mehreren Patronen das Berufungsrecht streitig wird.

§ 365. Uebrigens findet bei der von einer Gemeinde anzustellenden Pfarrwahl dasjenige statt, was wegen Verhandlung und Entscheidung gemeinschaftlicher Angelegenheiten bei Gemeinden überhaupt verordnet ist. (Tit. 6 §§ 167, 168.)

§ 366. Nehmen mehrere Gemeinden an der Pfarrwahl Theil, so sind, wenn nicht ein Vertrag oder eine seit rechtsverjährter Zeit wohl hergebrachte Gewohnheit etwas Anderes bestimmt, die Mitglieder der Filialgemeinde ihre Stimme unter der Hauptgemeinde abzugeben befugt.

§ 367. Sind mehrere Pfarrgemeinden unter einem gemeinschaftlichen Pfarrer vereinigt, so hat jede solche Gemeinde nach der Regel ihre eigene Stimme.

§ 368. Entsteht durch Zählung der Stimmen dieser vereinigten Kirchengemeinden keine überwiegende Mehrheit, so müssen die einzelnen Stimmen der Mitglieder ohne Rücksicht auf die verschiedenen Gemeinden gezählt werden.

§ 369. In allen Fällen, wo keine entscheidende Mehrheit der Stimmen zu finden ist, gebührt den geistlichen Oberen die Ernennung unter den mit gleich vielen Stimmen gewählten Personen.

§ 370. Mitglieder bloß zugeschlagener Gemeinden nehmen, wenn nicht bei der Zuschlagung nach § 297 ein Anderes festgesetzt worden, an der Pfarrwahl keinen Theil.

§ 371. Doch ist, wenn von den übrigen Gemeinden ein Pfarrer gewählt worden, zu welchem der größere Theil der Gastgemeinde kein Vertrauen hat, dieses für einen erheb-

---

politischen Gemeinde, übergangen sind, der Rechtsweg Behufs Anfechtung der Wahl als ungültig nicht zulässig ist — KGE. v. 10. Januar 1852 (JMBl. S. 67) —.

Zu § 364.

156. Die Bestimmung des § 364 ist nicht auf Privatpatrone beschränkt, sondern kommt auch dann zur Anwendung, wenn das Patronatrecht zwischen Fiskus und Privatpersonen streitig ist — JMR. v. 23. Septbr. 1831 (Erg. ad h. §) —.

Zu § 365.

157. Die Wahl erfolgt in außerordentlicher Versammlung der Gemeinde — § 168 II, 6 ALR. —, zu welcher die letztere, falls nicht partikularrechtlich oder observanzmäßig noch einfachere Formen maaßgebend sind, nach den Vorschriften des G. v. 23. Januar 1846 — vgl. N. 95 — konvocirt wird — RdOKR. v. 14. Juli 1857 (Aktst. 2, 204), RdMdgA. v. 31. Dezbr. 1866 (VMBl. 1867 S. 64) —.

lichen Grund, aus welchem letztere auf die Wiederabtrennung antragen kann, zu achten.

§ 372. Uebrigens kommt es auch bei Pfarrwahlen der Gerichtsobrigkeit des Kirchspiels in allen Fällen zu, die Wahl zu dirigiren und auf Ruhe und Ordnung dabei zu sehen.

§ 373. Sind in dem Kirchspiele mehrere Gerichtsobrigkeiten vorhanden, so gebührt die Wahldirection der Gerichtsobrigkeit des Orts, wo jede Stimmensammlung geschieht.

Vokation.

§ 374. Demjenigen, welcher von dem Patron oder der Gemeinde zu der erledigten Pfarrstelle rechtmäßig gewählt worden, muß eine schriftliche Vokation zugefertigt werden.

§ 375. Wo es bisher gebräuchlich gewesen, daß die Vokation erst nach erfolgter Prüfung ertheilt worden, da muß dem Gewählten eine schriftliche Bekanntmachung, welche die Bedingungen zur künftig zu ertheilenden Vokation enthält, geschehen.

§ 376. Die Ausfertigung der Vokation gebührt dem Patrone und in dessen Ermangelung den Kirchenvorstehern.

§ 377. Die Bestimmung der Zeit, binnen welcher der Berufene sich über die Annahme der Vokation erklären muß, ist willkührlich und hängt von dem Gutbefinden der Wählenden ab.

§ 378. Kommt binnen dieser Frist die Erklärung des

Zu § 372.

158. Unter „Gerichtsobrigkeit" kann nach der durch die V. v. 2. Januar 1849 (GS. S. 1) erfolgten Aufhebung der Patrimonialgerichtsbarkeit nur die Ortspolizeibehörde verstanden werden.

Zu § 374.

159. Das Westpreußische Prov.-Recht v. 19. April 1844 (GS. S. 104) bestimmt im § 24 Folgendes:

Der Patron ist nicht befugt, durch Bestimmungen in der Vokation, welche in früheren Vokationen nicht enthalten waren, das Verhältniß und das Einkommen des neuen Geistlichen zu dessen Nachtheil ohne Zustimmung der vorgesetzten Behörde, oder zum Nachtheil der Gemeinde ohne Zustimmung der letzteren zu verändern.

Dieselbe Bestimmung ist allgemein getroffen durch das CRdMdgA. v. 20. April 1836 (Ann. 20, 341).

Zu § 375.

160. Nach der KO. v. 15. August 1810 soll im ganzen Lande bei evangelischen Geistlichen die Prüfung der Wahl vorangehen, vgl. N. 39 b.

Zu § 376.

161. Bei landesherrlichen Patronaten hat nach § 2 V. v. 27. Juni 1845 (GS. S. 440) das Konsistorium die Vokation auszustellen, nur bei der Berufung der Strafanstaltsgeistlichen haben die Regierungen die Vokation auszustellen — CRdMdI. v. 2. Oktober 1855 (VMBl. S. 205).

Berufenen nicht ein, so sind der Patron oder die Gemeinde zu einer neuen Wahl zu schreiten sofort berechtigt.

§ 379. Ist keine Zeit der Erklärung bestimmt, so kann der Berufene die Vokation so lange annehmen, als ihm nicht ein geschehener Widerruf derselben bekannt gemacht worden.

§ 380. Hat er sich aber binnen vierzehn Tagen nach erhaltener Vokation über die Annahme derselben nicht erklärt, und sind nach Verlauf dieser Frist der Patron und die Gemeinde zu einer neuen Wahl geschritten, so hat eine später erfolgte Annahme keine rechtliche Wirkung.

§ 381. Uebrigens gelten von der Annahme der Vokationen die von der Annahme bei Verträgen überhaupt vorgeschriebenen Gesetze. (Th. I Tit. 5 § 78 sqq.)

§ 382. Ist die Vokation von Mehreren ausgefertigt, so ist es hinlänglich, wenn die Annahme auch nur gegen Einen derselben erklärt worden.

§ 383. Die von dem Berufenen einmal gültig angenommene Vokation kann ohne erhebliche Ursachen nicht widerrufen werden.

§ 384. Nur aus eben den Gründen, aus welchen ein schon bestellter Pfarrer seines Amtes entsetzt werden kann, ist auch der Widerruf einer zur rechten Zeit angenommenen Vokation zulässig.

§ 385. Es macht dabei keinen Unterschied, ob diese Gründe schon vor Erlassung der Vokation vorhanden und bekannt gewesen, oder ob sie erst nachher entstanden, oder zur Wissenschaft des Patrons oder der Gemeinde gelangt sind.

Präsentation.

§ 386. Sobald der Berufene die Vokation angenommen hat, muß er den geistlichen Oberen der Diöces oder des Departements zur Bestätigung präsentirt werden.

§ 387. Die Präsentation muß von dem Patrone, und wo deren mehrere sind, von allen geschehen, welche zur Theilnehmung an der Wahl und Vokation berechtigt sind.

§ 388. In Ermangelung von Patronen geschieht die Präsentation durch die Vorsteher.

Zu § 381.

162. Die Annahme muß durch unbedingte und uneingeschränkte schriftliche oder mündliche Erklärung Seitens des Vocirten oder seines Bevollmächtigten erfolgen, und ist mit dem Augenblicke der rechtzeitig und gehörig erfolgten Annahme das Recht auf die Pfarrstelle erworben, der Dienstkontract geschlossen — § 78—87 I, 5 ALR. u. JMR. v. 2. August 1824 (Erg. ad § 374) —.

§ 389. Der Präsentation muß eine Abschrift der ertheilten oder noch zu ertheilenden Vokation, imgleichen das Protokoll über die Probe- oder Gastpredigt beigelegt werden.

§ 390. In allen Fällen, wo eine Wahl der Gemeinde stattgefunden hat, ist auch die Beilegung des Wahlprotokolls erforderlich.

§ 391. Wird von den geistlichen Oberen der Präsentirte untauglich, oder die Wahl unregelmäßig befunden, so muß eine neue Wahl und Präsentation erfolgen.

§ 392. Ist der Patron, welcher ein untaugliches Subject vorgeschlagen hat, selbst ein Geistlicher, so verliert er für diesen Fall sein Präsentationsrecht, und die Besetzung der Pfarre geschieht durch die geistlichen Oberen.

§ 393. Die Präsentation zu einem erledigten Pfarramte muß innerhalb sechs Monaten von Zeit der Erledigung geschehen.

§ 394. Ist der Pfarrer auswärts verstorben, so läuft die Frist von der Zeit an, wo der Tod dem Patrone oder den Kirchenvorstehern bekannt geworden.

§ 395. Während der Vakanz muß der Gottesdienst in der Pfarrkirche auf Veranstaltung des Erzpriesters oder Kreisinspectors durch dazu qualificirte Personen versehen werden.

Zu § 391.

163. Die geistlichen Obern sollen die zur Bestätigung eingereichten Vokationen sorgfältig prüfen und in den Acten ausdrücklich vermerken, daß die Vokation in Bezug auf das mit der Pfarrstelle verbundene Einkommen keine nachtheilige Abänderung enthalte, auch alle sonstigen Abänderungen in dem Bestätigungsdekrete ausdrücklich anführen — CRdMdgA. v. 20. April 1836 (Ann. 20, 341) —. Die Bestätigung hängt lediglich von dem Ermessen des Konsistorii ab, darf aber nur ausnahmsweise aus sachlichen, in den besonderen Verhältnissen der Gemeinde oder des Vocirten liegenden Gründen verweigert — RdOKR. v. 7. Juni 1854 (Aktst. 2, 18) —, und kann weder von dem Patrone noch von der Gemeinde im Wege der gerichtlichen Klage erzwungen werden — IMR. v. 20. Juli 1830 (Jahrb. 36, 141) —. Bei den Gemeinden, in denen der Unionsritus eingeführt ist, dürfen nur solche Geistliche ernannt und bestätigt werden, welche ihren Beitritt zur Union dem Konsistorium schriftlich erklärt haben — RdMdgA. v. 17. Dezbr. 1822 (Ann. 6, 887) —.

Zu § 393.

164. Nach der Magdeburgischen Kirch. O. c. 16 § 4 beträgt die Präsentationsfrist nur vier Wochen, von der Zeit gerechnet, wo dem Patron die Erledigung der Pfarre von der Gemeinde, wozu selbige nach § 2 das. verpflichtet, angezeigt worden ist. Nach § 10 das. soll die Frist aber gegen den Patron nicht gerechnet werden, sobald über das berufene Subject zwischen ihm und der Gemeinde Differenzen entstehen, welche von den geistlichen Obern zu entscheiden sind.

Zu § 395.

165. Die interimistische Verwaltung erledigter Pfarrämter haben die Konsistorien anzuordnen. Sie haben die Art und Weise zu bestimmen, wie die Vertretung der erledigten Stelle geführt werden soll. In der Regel wird bei

§ 396. In der Regel sind bei Pfarrkirchen, wo nur ein Geistlicher angesetzt ist, die benachbarten Pfarrer derselben Inspection nach der Anweisung des Erzpriesters oder Inspectors gegen die hergebrachte Vergütung aus den Einkünften der erledigten Pfarre dazu verpflichtet.

§ 397. Auch bei Kirchen, wo mehrere Geistliche sind, findet eine solche Vertretung der vakanten Stelle statt, wenn nach dem Befinden des Inspectors die übrigen Geistlichen die Arbeit allein nicht bestreiten können.

Devolutionsrecht.

§ 398. Kommt die Präsentation innerhalb sechs Monaten nicht ein, und ist auch vor Ablauf dieser Frist eine Verlängerung derselben nicht gesucht oder nicht zugestanden worden, so fällt die Besetzung der Pfarre für diesen Fall den geistlichen Oberen anheim.

Einzelpfarrstellen die Vertretung durch die benachbarten Geistlichen der Reihe nach geführt; sind mehrere Geistliche an einer Kirche vorhanden, so haben sie sich gegenseitig in der Regel zu vertreten. Nur ausnahmsweise ist die Vertretung Hülfsgeistlichen zu übertragen, welche dann die Konsistorien auszuwählen haben. Auch haben sie den Vertretern den erforderlichen Auftrag zu ertheilen und die ihnen zu gewährende Entschädigung zu arbitriren. Uebersteigt dieser Betrag nicht die Summe der nach Befriedigung der zum Sterbequartal oder Gnadenjahr berechtigten Personen etwa ersparten Vakanzeinkünfte, so darf die Regierung der Zahlung der so arbitrirten Stellvertretungskosten aus den Pfarreinkünften nicht widersprechen. Genügen aber die Pfarreinkünfte zur Deckung der nothwendigen Stellvertretungskosten nicht, und soll das Fehlende aus der Kirchenkasse entnommen oder von der Gemeinde hergegeben werden, so ist dazu die Genehmigung der Verwalter resp. Vertreter der Kasse und der Gemeinde sowie der Regierung als Aufsichtsbehörde erforderlich und daher zuvor von dem Konsistorio bei der Regierung einzuholen. Ebenso darf das Konsistorium über die Ersparnisse aus den Pfarreinkünften zu andern Zwecken als der Stellvertretung, z. B. zur Melioration des Pfarrguts, nicht verfügen, vielmehr nur derartige Verwendungen bei der Regierung beantragen — RdMdgA. v. 22. März 1847 (VMBl. S. 250) —. Handlungen Behufs Einziehung der Einkünfte während der Vakanz dürfen die Konsistorien ebensowenig wie andere aus dem Aufsichtsrechte über das Pfarrvermögen resultirende Handlungen vornehmen, also auch nicht z. B. die Pfarrländereien verpachten oder Pachtverträge des Stellvertreters bestätigen, vgl. V. v. 27. Juni 1845 (GS. S. 440) u. N. 80.

Zu § 396.

166. Im Fürstenthum Halberstadt wird observanzmäßig keine Vergütung für die Vertretung durch die benachbarten Pfarrer geleistet (Lentze, Prov. R. S. 65); ebensowenig in der Altmark, unbeschadet abweichender Lokalobservanzen, nur haben hier die Wittwe und Erben des verstorbenen Pfarrers den Vertretern freie Beköstigung zu gewähren — V. v. 20. Oktober 1763 (N. 1. 1. S. 295) —. Wegen Westphalen vgl. § 55—58 Kirch. O. v. 5. März 1835 in N. 142.

Zu § 398.

167. Das Ostpreußische Prov. R. verordnet über das Devolutionsrecht im Zus. 178, was folgt:

Wenn der weltliche Patron die erledigte lutherische Stelle binnen drei, die katholische binnen vier, der geistliche Patron aber binnen sechs Monaten nicht wiederbesetzt, so fällt das Besetzungsrecht in Absicht der katholischen Geistlichen

§ 399. Wenn ein hiernächst bei der Prüfung untauglich befundenes Subject präsentirt worden, und darüber die gesetzmäßige Frist verlaufen ist, so kommt außer dem Falle § 392 dem Präsentirenden noch eine Nachfrist von sechs Wochen zu statten.

§ 400. Muß nach § 343 die Gemeinde dem Patron Subjecte zur Auswahl vorschlagen, oder muß nach §§ 340, 342 ein solcher Vorschlag der Gemeinde von dem Patron geschehen, so fällt nur das Recht desjenigen, welcher in seiner Obliegenheit säumig gewesen ist, den geistlichen Oberen anheim.

§ 401. So lange die geistlichen Oberen von ihren Anfallsrechten noch keinen Gebrauch gemacht haben, können der Patron oder die Gemeinde das Versäumte nachholen.

§ 402. Auch die geistlichen Oberen müssen, so oft ihnen die Ernennung des Pfarrers anheimfällt, wegen Auswahl eines tauglichen Subjects die allgemeinen gesetzlichen Vorschriften beachten.

Ordination.

§ 403. Ist der Präsentirte bestätigt, so muß ihm die Ordination, wenn er selbige nicht wegen eines vorher bekleideten geistlichen Amts schon erhalten hat, verliehen werden.

---

und Schullehrer im Ermland an den Bischof, in Absicht aller übrigen Geistlichen und Schullehrer aber an den Landesherrn.

Bei denjenigen Stellen, welche der Bischof von Ermland aus eignem Recht besetzt, wird er einem jeden andern geistlichen Patron gleich geachtet, so daß, wenn er die Stelle nicht binnen sechs Monaten, vom Todes- oder Resignationstage an gerechnet, vergiebt, das landesherrliche Devolutionsrecht eintritt. Ein Gleiches findet statt, wenn der Bischof von dem ihm zustehenden Devolutionsrechte nicht binnen sechs Monaten nach Ablauf der dem Patron zustehenden Frist Gebrauch macht.

Zu § 403.

168. Ueber die Ordination vgl. N. 44. Der Ordination folgt unmittelbar die Ableistung des Diensteides nach der durch RdMdJ. v. 24. April 1815 festgesetzten Formel, welche durch die AKO. v. 5. Novbr. 1833 (GS. S. 291) nicht aufgehoben worden (Ann. 19, 386). Die Formel lautet:

> Ich N. N. schwöre einen Eid zu Gott, dem Allwissenden und Heiligen, daß, nachdem ich zum evangelischen Prediger bei der Gemeine N. berufen worden bin, in diesem und in jedem andern geistlichen Amte, zu welchem ich künftig berufen werden möchte, ich, sowie es einem christlichen Diener der christlichen Kirche [und des Staats] geziemt, Sr. Königl. Majestät von Preußen (Name des Königs), meinem Allergnädigsten Könige und Herrn, und dem Königlichen Hause treu und gehorsam sein, das Wohl des Landes in dem mir angewiesenen und noch anzuweisenden Wirkungskreise, soviel in meinen Kräften steht, befördern, die mir wohlbekannten Pflichten des mir anvertrauten Amts mit Gewissenhaftigkeit erfüllen, und in meiner Gemeinde als ein treuer Seelsorger mit allem Ernst und Eifer bemüht sein will, durch Lehre und Wandel das Reich Gottes und meines Herrn und Meisters Jesu Christi zu bauen. Alles, so wahr mir Gott helfe durch Jesum Christum! Amen.

Die eingeklammerten Worte: „und des Staats" fallen in Folge der Bestimmung des Art. 15 Verf.-Urk. v. 31. Januar 1850 fort — AKO. v. 8. April 1850 (Aktst. 1 A, 55) —, während aus demselben Grunde eine Vereidigung auf die Verfassung nicht statthaft ist — RdMdgA. v. 6. März 1850 (Aktst. 1 A, 11) —. Die Vereidigung der evang. Geistlichen erfolgt in pleno des Konsistorii, kann aber

Einweisung.

§ 404. Der erwählte und bestätigte Pfarrer muß in sein Amt und zu allen Verrichtungen desselben ordentlich eingewiesen werden.

§ 405. Die Einweisung wird der Regel nach durch den Erzpriester oder Kreisinspector vollzogen.

§ 406. Die Kosten der Vokation, Präsentation und Einweisung, wozu auch die Reisekosten der zur Einweisung

---

auch ausnahmsweise nach der Introduktion in der Kirche oder Sakristei im Beisein des *Superintendenten, des Kirchenvorstandes und der etwa anwesenden obrigkeitlichen* Personen erfolgen — RdMdgA. v. 4. Februar 1836 (Ann. 20, 112) u. § 1 V. v. 27. J. 1845 (GS. S. 440) —, auch ist darüber ein Protokoll auf 15 Sgr. Stempel aufzunehmen und zu den Personalacten des Betheiligten zu bringen. Dabei sind die Geistlichen nur mit der AO. v. 24. August 1849 (Aktst. 1 A, 45), welche für das Disciplinarverfahren gegen Geistliche die Ordres v. 17. Dezbr. 1805 u. 12. April 1822 allein für maaßgebend erklärt, bekannt zu machen — ERdOKR. v. 30 Januar 1864 (Aktst. 5, 447) —. Bei Versetzungen genügt die schriftliche oder protokollarische Erklärung, daß der Geistliche durch den früher geleisteten Eid auch für das neue Amtsverhältniß sich verpflichtet halte — AKO. v. 10. Februar 1835 (Ann. 19, 9) —. Von dem Tage der Ordination soll die Dienstzeit eines evang. Geistlichen gerechnet werden, wenn auf eine Auszeichnung desselben bei Gelegenheit seiner Amtsjubelfeier angetragen wird — RdMdgA. v. 19. März 1827 —.

Zu 404 u. 405.

169. Die Einweisung erfolgt in Westphalen nach § 62—64 Kirch. O. v. 5. März 1835 — N. 142 —. Für die übrigen Provinzen hat das RdMdgA. v. 9. Novbr. 1836 (Ann. 21, 959) in Ansehung der Geistlichen beider Konfessionen Folgendes festgesetzt:

1) Was zuvörderst das Auseinandersetzungsgeschäft zwischen dem einziehenden und dem abziehenden Pfarrer oder dessen Erben anbetrifft, so zerfällt solches in zwei besondere Verhandlungen, nämlich a. in die Uebergabe des Pfarr-Inventariums, des Archivs, der Kassen 2c. und b. in die Abrechnung zwischen dem neuen und dem abgehenden Pfarrer oder dessen Erben hinsichtlich der Einkünfte an Naturalien, Feldwirthschaft, Gartennutzungen, Holz u. dgl. Das Geschäft ad a muß durch einen Kommissarius bewirkt, und von diesem die erfolgte Uebergabe des Inventars, Archivs, der Kassen gehörig bescheinigt werden. Das Geschäft ad b ist seiner Natur nach Privatsache. Doch ist es ersprießlich, daß ein Sachverständiger die Verhandlung leite und regulire.
2) Hinsichtlich der Ableistung des Homagialeides Seitens des in sein Amt einzuführenden Pfarrers muß es bei dem verbleiben, was die an die K. Regierungen, Konsistorien und General-Superintendenten erlassene Cirk. Verf. v. 4. Februar d. J. (Ann. 20, 112) festsetzt.
3) Nachdem die ganze Handlung der Introduktion mit einem hierzu geeigneten Kirchengesange eröffnet worden, hat der geistliche Kommissarius nach einem kurzen Gebete und einigen einleitenden Worten den Kirchenpatron oder dessen Stellvertreter zur Uebergabe der Vokation aufzufordern, und, wenn diese erfolgt ist, die eigentliche Einweisung in das Amt zu bewirken.

Die Functionen des Regierungskommissars (ad 1) sollen auch dem geistlichen Kommissarius (Superintendenten, Dekan) übertragen und ein Sachverständiger (ad 1 b) nur auf den Wunsch der Interessenten zugezogen werden — RdMdgA. v. 14. März 1838 —.

Zu §§ 406—411.

170. Kosten für Ausfertigung und Bestätigung der Vokation dürfen nach der V. v. 22. Novbr. 1842 (GS. S. 309) nicht mehr erhoben werden, nur der Ausfertigungsstempel von 15 Sgr. ist zu verwenden und zu entrichten. — Zu den

nöthigen Personen gehören, müssen, wo nicht besondere Provinzialverordnungen ein Anderes festsetzen, aus den Einkünften der Kirche und in deren Ermangelung von der Gemeinde bestritten werden.

§ 407. Die Kosten der Prüfung und Ordination hingegen muß der neue Pfarrer tragen.

§ 408. Auch muß der Regel nach der neue Pfarrer sich auf seine eigene Kosten an den Ort seiner Bestimmung hinbegeben.

Einweisungskosten gehören auch die Diäten und Reisekosten der Superintendenten für Anhörung der Gast- und Probepredigten der Kandidaten — RdMdgA. v. 14. Dezbr. 1837 (Ann. 21, 958) —. Die Gemeinde darf den neuen Prediger mit seinen Sachen, wenn nicht durch Verträge oder Observanz ein Anderes feststeht, nur innerhalb der Grenzen des Konsistorialbezirks holen, es wäre denn, daß die Entfernung des außerhalb dieser Grenzen belegenen Wohnorts des Berufenen von dem neuen Pfarrorte 10 Meilen nicht übersteigt — Gutacht. d. Ges. Kommiss. v. 29. April 1788 (Rabe 1, 7, 709) —.

171. Die provinzialrechtlichen Bestimmungen über die Kosten der Vokation, Präsentation und Einweisung, die Ordination und die Reisekosten des Berufenen sind folgende:

A. Ostpreußisches Prov. R. Zus. 179.

§ 1. Die zur Einweisung eines neuen Predigers nöthigen Personen werden von der Gemeinde herbeigeholt und zurückgeführt.

§ 2. Der neue Prediger trägt nicht bloß die Kosten der Prüfung und Ordination, sondern auch der Vokation und Präsentation; dagegen erhält der lutherische Prediger an denjenigen Orten, wo es bisher üblich gewesen ist, die sogenannten Mantelgelder, bei welchen sowohl in Absicht der Summe, als des dazu verpflichteten Fonds die Observanz eines jeden Orts zur Richtschnur dient.

§ 3. Bei Versetzung eines Predigers zu einer andern Kirche werden die Mantelgelder, die der neu angesetzte Prediger erhält, von derjenigen Kirche getragen, bei der und durch welche die Vakanz entstanden ist, wenn sie bei dieser Kirche bisher üblich gewesen sind.

§ 4. Die Beköstigung der zur Einweisung erforderlichen Personen muß der neue Prediger besorgen, wofür er bei den Kirchen, wo es hergebracht ist, die dazu ausgesetzte Summe aus der Kirchenkasse erhält.

§ 5. Zehn Meilen weit ist die Gemeinde den lutherischen Pfarrer mit seiner Familie und seinen Effekten zu holen schuldig.

§ 6. Die römisch-katholischen Pfarrer im Ermlande müssen auch in einer weiteren Entfernung, jedoch nicht außer den Grenzen der Diöces, abgeholt werden.

§ 7. Bei den reformirten Königl. Patronatkirchen trägt der Berufene die Kosten der Prüfung, der Ordination, der Vokation und Präsentation, die Kosten der Einweisung aber die Kirche. Der Berufene muß sich auf eigene Kosten an den Ort seiner Bestimmung begeben. Inwiefern eine Erstattung aus der Kirchenkasse ganz oder zum Theil stattfinde, dies hängt von den jedesmaligen Umständen der Kasse und von der Bestimmung des Kirchendirektorii ab.

B. Westpreußisches Prov. R.

§ 25. Der neue Pfarrer muß außer den Kosten der Prüfung und Ordination auch diejenigen der Vokation, Präsentation, Bestätigung und Einweisung tragen.

§ 26. Die Introduktionskommissarien werden durch Fuhren, welche die Gemeinde stellt, herbeigeholt und zurückgebracht; die bei der Einweisung Hülfe leistenden benachbarten Geistlichen müssen sich auf eigene Kosten einfinden, der neue Pfarrer aber muß für ihren Unterhalt sorgen.

C. In Pommern sind nach § 2 u. 6 des Regl. v. 6. Mai 1734 (Prov. R. S. 135) aus der Kirchenkasse für die Prüfung und Ordination 10 Thlr., wenn die

§ 409. Wo es aber durch Provinzialgesetze oder nach einem ununterbrochenen Herkommen eingeführt ist, daß die Reisekosten aus der Kämmerei- oder Gemeindekasse gegeben, oder daß die Fuhren von den Mitgliedern der Gemeinde unentgeltlich verrichtet werden, da hat es noch ferner dabei sein Bewenden.

§ 410. Doch soll in keinem Falle der Gemeinde zugemuthet werden, einen Prediger, welchen sie nicht selbst gewählt hat, weiter als in einer Entfernung von zwei Tagereisen abzuholen.

§ 411. An Orten, wo die Gemeinde den Prediger zu holen schuldig ist, muß sie auch die zu seiner Familie gehörenden Personen, und was er an Kleidung, Wäsche, Hausrath und Büchern mitbringt, herbeiführen.

Kirche arm, 8 Thlr., für die Einweisung 3 Thlr. an den neuen Pfarrer zu zahlen, der dafür alle Ausgaben und sonstigen Kosten bestreiten muß.

D. In der Kur-, Neu- und Altmark trägt die Kosten der Prüfung, Probepredigt, Vokation, Präsentation und Bestätigung, sowie der eigenen Reisen der Berufene allein; die Kosten der Ordination, der Introduktion und des Transports werden von der Gemeinde oder aus Kirchen- oder Kämmereimitteln, wie es ortsüblich, bezahlt. Die Kosten, welche durch Zuziehung einer Gerichtsperson zur Regulirung der Auseinandersetzung zwischen dem anziehenden Pfarrer und dem abziehenden oder dessen Erben entstehen, tragen die Interessenten jeder zur Hälfte — B. v. 27. Juli 1769 (Mylius IV, 6187) u. CB. v. 1. Oktbr. 1772 (Mylius V Nachtr. S. 489) —. Der Introducirende erhält an Gebühren auf dem Lande 2 Thlr. von der Mutterkirche, 1 Thlr. von jeder Filiale, in den Städten 4 Thlr., unbeschadet abweichender Observanzen — CB. v. 12. Dezbr. 1771 (Mylius V Nachtr. S. 463) —. Daneben muß ihm von der Gemeinde unentgeltliche Fuhre zur Hin- und Rückreise gestellt werden. Ebenso muß die Gemeinde auch zur Abholung des neuen Pfarrers, seiner Familie und seiner Effekten die erforderlichen Fuhren unentgeltlich gestellen, jedoch außerhalb der Provinz, aber im Inlande nur auf höchstens 10 Meilen oder 2 Tagereisen Entfernung — Kirch. O. v. 1573 (Rabe 1, 3, 593), B. v. 12. Mai 1788 u. 21. Juni 1790 (N. 1. 1. 8, 1067 u. 2947) —. In der Neumark sind aber observanzmäßig den zu Königl. Landpfarrstellen Berufenen für die Vokation und Introduktion 10 Thlr. und für die Prüfung und Ordination 12 Thlr. aus der Kirchenkasse mit $^2/_3$ von der Mutterkirche, mit $^1/_3$ von den Filialen, desgleichen den zu einer städtischen Oberpfarrstelle Berufenen für die Vokation und Introduktion 13 Thlr. 27$^1/_2$ Sgr. und dem zur Inspection auf dem Berge von Krossen Berufenen dafür 14 Thlr. aus der Kirchenkasse zu vergüten (v. Kunow, Prov. R. 1, 174; 2, 231).

E. Im Herzogthum Magdeburg hat nach § 16—18 c. 17 Kirch. O. v. 1739 der Berufene die Kosten der Prüfung und Probepredigt, der Patron die der Vokation und Präsentation, die Gemeinde die der Ordination und Einweisung zu tragen, letztere auch den neuen Prediger nebst Familie und Effekten nach § 2 c. 18 das. unentgeltlich herbeizuholen.

F. Im Fürstenthum Halberstadt werden observanzmäßig die Kosten der Wahl und Einführung zur Hälfte aus der Kirchenkasse, zur Hälfte von der Gemeinde gezahlt resp. aufgebracht (Lentze, Prov. R. S. 65).

G. In den früher Sächsischen Landestheilen sind die bei der Besetzung der Kirchenämter entstehenden Kosten in der Regel von den Eingepfarrten zu tragen; wenn aber die Kirche vermögend, so ist aus der Kirchenkasse dazu ein von der Inspection zu bemessender Beitrag zu zahlen. Die Gemeinde muß auch den neuen Pfarrer nebst Familie, Hausrath und Büchern auf 10 Meilen Entfernung unentgeltlich herbeiführen, jedoch ist auf ein Abkommen über die Anzugskosten zunächst

Bestellung der Feld- und Garnisonprediger.

[**§ 412.** Die Berufung der Feld- und Garnisonprediger geschieht von dem Regimentschef oder Gouverneur, und dieser steht dabei gegen die geistlichen Oberen des Militärstandes in eben dem Verhältnisse wie der Patron gegen das Konsistorium.]

Amtspflichten der Pfarrer.

§ 413. Die Pfarrer müssen sich bei ihren Kirchen beständig aufhalten und dürfen die ihnen anvertraute Gemeinde selbst bei einer drohenden Gefahr eigenmächtig nicht verlassen.

---

hinzuwirken. Einem in das erste Amt Eintretenden dürfen nur 2, einem bereits im Amte Stehenden ohne Kinder nur 3, mit Kindern nur 4—6 zweispännige Fuhren frei gestellt werden. Ausnahmen darf die Regierung aus besonderen Gründen festsetzen. Wird ein Geistlicher, mit alleiniger Ausnahme des Superintendenten von Wittenberg, auf sein Ansuchen vor Ablauf von 2 Jahren versetzt, so muß er die Anzugskosten seines Nachfolgers ganz, geschieht die Versetzung vor Ablauf von 4 Jahren, mit $^{2}/_{3}$, vor Ablauf von 6 Jahren, mit $^{1}/_{3}$ erstatten. Wird er ohne sein Zuthun versetzt, oder vermehrt der Patron die Kosten durch Berufung eines über 10 Meilen entfernt Wohnenden, so ist die Regierung einen Theil der Kosten der Kirchenkasse resp. dem Patron aufzulegen befugt. Die Anstellungskosten der Superintendenten sind von der ganzen Ephorie aufzubringen, und die Fuhren auf 15 Meilen Entfernung zu stellen — Regul. v. 18. Februar 1799 (II. l. l. A. 1, 223) —.

H. In Westphalen hat die Gemeinde den evang. Pfarrer nebst Familie und Effekten herbeizuholen, auch die Kosten der Ordination und Introduktion zu tragen — § 61 Kirch. O. v. 5. März 1835, vgl. N. 142 —.

§ 412 ist aufgehoben durch §§ 7—10, 16, 19 Mil. Kirch. O. v. 12. Februar 1832, vgl. Anh.

Zu §§ 413—417.

172. Die evang. Kirch. O. f. Westphalen u. Rheinland v. 5. März 1835 (Ann. 19, 104) verordnet im 5. Abschn. von den Pflichten des Pfarrers nebst den Allerhöchst genehmigten Zusätzen v. 25. August 1853 (BMBl. S. 229) Folgendes:

§ 66. Dem Pfarrer liegt ob, nach Anleitung der eingeführten Kirchenagende den Gottesdienst abzuhalten, die Sakramente zu verwalten und alle geistlichen Amtshandlungen zu verrichten; den Unterricht der Jugend im Christenthum vorzunehmen, die ihm überwiesene Aufsicht über die Schulen zu führen und sich allen zur Seelsorge gehörenden Geschäften zu unterziehen.

§ 67. Er muß mit einem unbescholtenen exemplarisch-christlichen Lebenswandel der Gemeinde, welche ihm anvertraut ist, vorleuchten und überall den Ernst und die Würde eines Geistlichen behaupten.

§ 68. Er hat die Kirchenbücher nach den darüber bestehenden Gesetzen zu führen und für die Aufbewahrung aller Bücher, Dokumente und Nachrichten, welche den Zustand und das Vermögen der Gemeinde betreffen, Sorge zu tragen.

§ 69. Als Vertreter der Gemeinde in den Kreis- und Provinzial-Synoden soll er sowohl das Beste der ganzen Kirche, als auch besonders seiner Gemeinde vor Augen haben und zu befördern suchen.

§ 70. Für die genaue Besorgung derjenigen Verrichtungen, welche der Staat den Predigern, insbesondere bei Eheverhältnissen, Aufgeboten, Trauungen, Taufen, Begräbnissen, Führung der Kirchenbücher und den aus denselben auszustellenden Zeugnissen aufträgt, ist er der Obrigkeit verantwortlich.

Zus. 30. Die Zeit der Amtshandlungen des Pfarrers ist mit Einwilligung desselben nach billiger Anordnung des Presbyteriums zu bestimmen.

§ 71. Der Prediger darf zwar die Grundstücke, deren Benutzung ihm zu seiner Salarirung angewiesen ist, selbst bewirthschaften, mit schriftstellerischen Arbeiten und der Erziehung fremder Kinder, auch gegen Pension, sich beschäftigen, aber kein bürgerliches Gewerbe treiben.

§ 414. Wenn sie zu verreisen genöthigt sind, so kann es nur mit Vorwissen und Genehmigung des Inspectors oder Erzpriesters geschehen.

---

§ 72. Wenn ein Prediger eine Reise zu machen beabsichtigt, welche nicht über 14 Tage währt, so hat er davon dem Presbyterio Anzeige zu machen. Zu längerer Abwesenheit hat er den Urlaub von seinem Superintendenten nachzusuchen, welcher ihm denselben auf 4 Wochen geben kann. Ein noch längerer Urlaub kann nur vom General-Superintendenten gegeben werden, welcher indeß die Zeit von 8 Wochen nicht überschreiten darf. Ein Urlaub von mehr als 8 Wochen ist durch den General-Superintendenten bei dem Präsidenten des Konsistorii nachzusuchen.

§ 73. Der Pfarrer hat im Falle eines Reisenurlaubs für seine Vertretung zu sorgen.

§ 74. Der Prediger, den eine langwierige Krankheit verhindert, seine Stelle selbst zu versehen, kann auf einen Substituten antragen, welcher auf den Vorschlag des Pfarrers vom Superintendenten für die Zeit der Krankheit des Pfarrers angeordnet wird. Für die Entschädigung des Substituten muß der Pfarrer sorgen. Wird ein Pfarrer durch Altersschwäche oder unheilbare Krankheit verhindert, sein Amt fortzusetzen, so wird derselbe emeritirt. Der emeritirte Pfarrer behält wenigstens die Hälfte seines bisherigen Diensteinkommens.

Die Gemeinde hat dafür zu sorgen, daß der Nachfolger bis zum Tode des emeritirten Pfarrers anständig besoldet werde.

Ueber die Feier des öffentlichen Gottesdienstes bestimmt dieselbe Kirch. O. im 6. Abschnitt Folgendes:

§ 76. Für eine ihrem Zweck entsprechende Einrichtung der Kirchen ist möglichst Sorge zu tragen.

§ 77. Die Gesänge beim öffentlichen Gottesdienst dürfen nur aus der von der Provinzial-Synode zu diesem Zweck vorgeschriebenen und landesherrlich bestätigten Liedersammlung gewählt werden.

§ 78. Die Predigt als ein Hauptstück des Gottesdienstes sei einfach und deutlich, würdevoll und kräftig, der heiligen Schrift und dem evangelischen Glaubensbekenntniß gemäß und erbaulich.

§ 79. Die Wahl der Texte wird in der Regel den Predigern überlassen. Sie müssen jedoch aus den kanonischen Büchern der Bibel genommen werden.

§ 80. Es dürfen in der Kirche Publikationen bürgerlicher Verfügungen oder Handlungen freiwilliger Gerichtsbarkeit nicht stattfinden.

§ 81. Der öffentliche Gottesdienst und alle andern gottesdienstlichen Handlungen sind nach den in der Agende für die preußischen Lande mit besonderne Bestimmungen für die Rheinprovinz und Westphalen enthaltenen Anordnungen vorzunehmen.

§ 82. Alle Sonn- und Festtage soll in jeder Gemeinde so oft Gottesdienst gehalten werden, als es herkömmlich ist. Der Wochengottesdienst richtet sich ebenfalls nach dem Herkommen.

§ 83. Dieses Herkommen kann nur auf Antrag der Gemeinde und den Bericht des Superintendenten von dem Konsistorio abgeändert werden.

§ 84. Der Vormittagsgottesdienst fängt im Sommerhalbjahr um 9 Uhr an, im Winterhalbjahr, vom 1. Oktober bis zum 1. April, kann derselbe bei zerstreuten Gemeinden um 10 Uhr seinen Anfang nehmen.

§ 85. Das Zusammenberufen der Gemeinde zum Gottesdienste, sowie auch das Ankündigen der sonn- und festtäglichen Feier am Vorabende geschieht nach der Observanz jedes Orts. Der Gottesdienst darf erst 5 Minuten nach dem letzten Geläut anfangen, damit die Gemeinde Zeit habe, ihre Plätze einzunehmen.

Wegen dessen, was dieselbe Kirch. O. über die Feier der Sakramente, Taufe und Abendmahl, verordnet, vgl. N. 58 u. 197. Ueber den Religionsunterricht der Jugend und die Konfirmation bestimmt sie Folgendes:

§ 103. Den ersten Religionsunterricht empfangen die Kinder in den Schulen. Der umfassendere Unterricht, den der Pfarrer ertheilt, darf nicht später als mit

§ 415. Dieser muß die Genehmigung des geistlichen Oberen einholen, wenn die Zeit der Abwesenheit mehr als einen Sonntag in sich begreift.

---

dem Eintritt in das 13. Lebensjahr beginnen. Zur Aufnahme eines Kindes in den Religionsunterricht des Pfarrers wird erfordert, daß es lesen könne. Durch die Aufnahme selbst wird es indeß von der Schulpflichtigkeit nicht entbunden, und bleibt dem Pfarrer überlassen zu beurtheilen, ob ihm ein fernerer Schulunterricht noch nöthig sei.

§ 104. Der Religionsunterricht muß wenigstens zweimal in der Woche ertheilt werden.

§ 105. Wo mehr als 50 Kinder im Christenthum von demselben Prediger zu unterrichten sind, müssen dieselben in 2 oder mehrere Coetus getheilt werden, deren keiner über die Zahl 50 hinausreicht.

Zus. 34. In Nothfällen kann auch die Ueberschreitung der Zahl von 50 Kindern für einen Coetus gestattet werden.

§ 106. Die Bibel ist das Hauptbuch beim Religionsunterricht. Es darf weder ein Lehrbuch, noch ein Katechismus als Leitfaden des Unterrichts ohne Genehmigung der Provinzial-Synode und des Konsistorii der Provinz gebraucht werden.

§ 107. Vor zurückgelegtem 14. Jahre soll kein Kind zur Konfirmation zugelassen werden. Wenn ein Kind in diesem Alter konfirmirt wird, so muß es den Unterricht wenigstens 2 Jahre ununterbrochen genossen haben.

Zus. 35. Wo herkömmlich ein höheres Alter zur Konfirmation erfordert wird, da soll dies aufrecht erhalten werden.

§ 108. Der besondere Konfirmandenunterricht wird in den letzten 4 Monaten vor der Konfirmation wöchentlich wenigstens in 4 Stunden ertheilt.

§ 109. Jedes Kind wird in derjenigen Gemeinde im Christenthum unterrichtet und konfirmirt, welcher die Eltern angehören. Ausnahmen hiervon können nur Statt haben auf Dispensation des Pfarrers, dem die Konfirmation zusteht, welcher aber die Dispensation nicht verweigern kann, wenn das Kind in einer andern Gemeinde erzogen wird. Sind die Eltern nicht mehr am Leben, so wird es da unterrichtet und konfirmirt, wo es untergebracht ist.

§ 110. Vor der Konfirmation selbst muß durch den Pfarrer eine Prüfung der Konfirmanden in Gegenwart des Kirchenvorstandes gehalten werden. Nach geendigter Prüfung bestimmt der Kirchenvorstand nach der absoluten Mehrheit der Stimmen, ob der Geprüfte würdig sei, aufgenommen zu werden.

Von dem Beschlusse der Abweisung kann von demjenigen, der denselben für ungegründet hält, an den Superintendenten appellirt werden, welcher nach vorhergegangener Prüfung des Abgewiesenen den Beschluß bestätigt oder verwirft.

Wo es gewünscht oder erbaulich gefunden wird, kann die Prüfung auch vor der Gemeinde geschehen.

§ 111. Die Konfirmation geschieht in der Kirche vor der versammelten Gemeinde. Zu einer Konfirmation in einem Privathause bedarf es der Erlaubniß des Superintendenten, welcher dieselbe nur in dringenden Fällen ertheilen wird, und ist bei solcher Konfirmation auch die Gegenwart des Presbyterii nothwendig.

Ueber die Schulaufsicht bestimmt dieselbe Kirch. O.:

§ 117. Die Erziehung der Jugend zur christlichen Erkenntniß und Frömmigkeit in den Schulen steht unter der Aufsicht der Kirche, welche dieselbe über die Schulen der einzelnen Gemeinden durch den Ortspfarrer und über die Gesammtheit der Schulen des Kreises durch den Superintendenten führt.

Ueber die specielle Seelsorge endlich bestimmt dieselbe Kirch. O.:

§ 118. Der Pfarrer hat das Recht und die Verpflichtung, nicht allein in seinen öffentlichen Vorträgen seine Gemeinde zu einem christlichen Leben zu ermahnen und vor herrschenden Lastern und unchristlichen Grundsätzen zu warnen, sondern auch die specielle Seelsorge zu üben und jedes einzelne Gemeindeglied zu bitten, zu ermahnen, zu warnen und zu trösten.

173. Für die andern Provinzen gelten in Betreff der Amtspflichten der Pfarrer

§ 416. In allen Fällen muß der Pfarrer unter Direction des Erzpriesters oder Inspectors solche Veranstaltungen treffen, daß die Gemeinde bei seiner Abwesenheit nicht leide.

---

die Bestimmungen der alten Kirchenordnungen, der preußischen v. 1565, der pommerschen v. 1563, der schlesischen v. 1742, der brandenburgischen v. 1573, der sächsischen v. 1580, der magdeburgischen v. 1739, außerdem aber die für den ganzen Staat auf Königl. Befehl erlassene Anweisung für die lutherischen Prediger zur zweckmäßigen Führung ihres Amtes v. 9. April 1794 (Rabe 13, 247), welche lautet:

§ 1. Zuvörderst wird jedem Prediger vor dem Allwissenden Gott zu bedenken gegeben: ob er es dereinst vor dem Richterstuhl Christi verantworten könne, wenn er im öffentlichen und besondern Vortrag der Religion, wie es zeither bei vielen der herrschende Ton gewesen, die heilige Schrift entweder ganz zurückſetzt, oder wenn er sie ja anführt, bei Erklärung derselben und in Beziehung auf dieselbe folgende irrige und schädliche Grundsätze annimmt: als a. daß überhaupt eigentlich nur die moralischen Vorschriften, die in der Bibel vorkommen, auf der Kanzel gebraucht werden können, alles Uebrige aber als Nebensache betrachtet werden müsse; b. daß das Alte Testament nur für die Juden sei und zwar meistens nur levitische, durch Christum abgeschaffte Verfügungen enthalte; c. daß die Stellen des Neuen Testaments, in welchen das Leiden Christi anders als bloß auf der moralischen Seite vorgestellt ist, nebst den daraus folgenden Lehrsätzen, ihre Beziehung allein auf jene levitischen Vorschriften des Alten Testaments haben, folglich nur für die damals zum Christenthum übertretenden Juden geschrieben, für die christliche Kirche selbst aber ohne Nutzen seien; d. daß die meisten ascetischen Stellen des Neuen Testaments, sonderlich die bildlichen Vorstellungen in denselben, bloß in der damals gewöhnlichen orientalischen Bildersprache vorgetragen, folglich auf allgemeine Principien der philosophischen Moral reducirt werden müssen und also keinen eigentlichen besondern Nachdruck haben; e. daß wegen der mancherlei Einwendungen, welche gegen die kanonische Richtigkeit einiger biblischen Bücher oder Abschnitte und einzelnen Stellen derselben gemacht werden, der Gebrauch solcher Bücher im Religionsvortrag sorgfältig zu vermeiden sei. So lange diese irrigen Grundsätze angenommen werden, muß auch nothwendig das Unwesen bleiben, welches in dem Religionsedikt § 7 als nicht länger zu gestatten gerügt wird, und der Prediger fällt natürlich in den kalten, kraftlosen Modeton, der in ermeldetem Paragraphen als dem Geiste des wahren Christenthums so ganz mit Recht zuwiderlaufend erklärt wird.

§ 2. Daher kommt denn auch die unbeschreibliche Unwissenheit vieler Gemeinden in den wesentlichen Grundwahrheiten des Christenthums, die Geringschätzung des göttlichen Worts und der Sakramente und die zügellose Irreligiosität, die sich in Verachtung des Eides, gänzlicher Verwilderung und Gottlosigkeit nur allzuhäufig zeigt. Man begreift nicht, was so manche Prediger von ihrem Amte denken, und wie sie dabei ruhig sein können, daß dasselbe so ganz zwecklos, ja zweckwidrig geführt wird.

§ 3. Und da aus dem Religionsedikt die Landesväterliche Intention Sr. Königl. Majestät einem jeden Prediger hinlänglich bekannt ist, so hat keiner eine gültige Entschuldigung, wenn ihm etwa die § 1 angeführten falschen Grundsätze ehemals beigebracht worden, oder wenn er sich nach dem Beispiel anderer in den Journalen und Recensionen gepriesener Männer an die Beobachtung jener Grundsätze gewöhnt hat. Vielmehr hätte er sich von der Unwahrheit und Schädlichkeit derselben durch fleißiges Forschen in der heiligen Schrift überzeugen, mit dem heiligen Buch, auf welches er angewiesen und verpflichtet worden, sich bekannter machen, auch bewährte, mit dem Bekenntnisse unserer evangelisch-lutherischen Kirche übereinstimmende theologische Schriften studiren können und sollen. Es wird dieses hiermit sämmtlichen Predigern von Neuem dringend empfohlen und zur Pflicht gemacht, und wird bei ihren einzureichenden Visitationspredigten sorgfältig darauf gesehen werden, ob und wie weit sie diese Landesväterliche Ermahnung befolgt haben.

§ 4. Dieses vorausgesetzt, werden alle Prediger hierdurch so väterlich als ernstlich angewiesen: der Pflicht eines evangelischen Lehrers gemäß in ihren öffentlichen Vorträgen sowohl als bei ihren übrigen Amtshandlungen mit unverbrüchlicher Treue darauf zu sehen, daß die Grundlehren der christlichen Religion: von der heiligen Dreieinigkeit Gottes, von dem ersten seeligen Zustande und nachmaligen Fall des Menschen, von dem daraus erfolgten gänzlichen Verderben und der Untüchtigkeit der menschlichen Natur zum Guten, von der Versöhnung und Genugthuung Jesu Christi und von der nur durch den lebendigen Glauben an ihn möglichen Begnadigung der sündigen Menschen, ohne welche keine wahre Heiligung stattfinden kann u. s. w., auf ächt biblische Art den Zuhörern vorgetragen und mit der gewissenhaftesten Treue an ihre Herzen gelegt werden.

§ 5. Was hiernächst I. den öffentlichen Gottesdienst betrifft, so muß

a. *ein jeder Prediger überhaupt mit allem Ernste darnach trachten*, daß er seine Gemeinde zur feierlichen Stille und Andacht bei allen gottesdienstlichen Handlungen gewöhne. Die Erfahrung lehrt, wieviel der im § 7 des Religionsedikts getadelte, unbiblische Modeton im Predigen zum Gegentheil beigetragen hat, da die Zuhörer sich versammelten, ohne eigentlich zu wissen, warum? auch oft in äußerst geringer Anzahl, weil sie in vielen Kirchen nichts anderes erwarten konnten, als entweder einen kalten, kraftlosen Vortrag solcher moralischen Lehren, die ihnen schon durch die Landesverfassung und Gesetze bekannt sind, oder in die Naturlehre einschlagende Dinge, zu deren unzweckmäßiger Betrachtung die Bibel gemißbraucht wird, und bei welcher keine ächte Anweisung und Ermahnung zur wahren Gottseeligkeit möglich ist.

Bei der hieraus entstandenen Geringschätzung und unwürdigen Behandlung des öffentlichen Gottesdienstes ist es um so mehr die Pflicht jedes Predigers, durch sein eigenes Beispiel eines ehrerbietigen und andächtigen Betragens das Andenken an die Allgegenwart Gottes und an die Heiligkeit der Handlung in den Seelen seiner Zuhörer wieder zu erwecken; welche Pflicht sämmtlichen Predigern hierdurch aufs Neue ans Herz gelegt und eingeschärft wird. Eine verwilderte und in Abwartung des Gottesdienstes nachlässige Gemeinde ist immer eine Beschuldigung des Leichtsinns und schlechten Beispiels des Predigers selbst, welche er nie ganz von sich ablehnen kann.

b. Die bisherige Gewohnheit mancher Prediger, da sie nur einige wenige und zwar nicht immer aus völlig lautern Absichten gewählte Lieder mit Zurücksetzung aller übrigen singen lassen, wird ihnen hiermit untersagt. Nicht weniger werden sie angewiesen, sorgfältig darauf zu halten, daß das Absingen der Lieder langsam und andächtig geschehe, damit der Zweck des Gesangs, Erweckung und Beförderung der wahren Andacht und gemeinschaftliche Lobpreisung Gottes, mehr als bisher an vielen Orten erreicht werde.

c. Höchst unschicklich ist das flüchtige, andachtlose Ablesen der öffentlichen Gebete. Der Prediger betet im Namen der ganzen Gemeinde. Thut er dieses nicht mit der geziemenden Andacht und Ehrerbietung, so beschämt ihn in der That mancher Einfältige unter seinen Zuhörern, der sein Herz wahrhaftig zu Gott erhebt und er stört und ärgert manchen Andern, der dieses in der Stille in seinem Hause besser thun könnte und thun würde, als bei einer so profanirten Handlung, die eher Gotteslästerung als Gottesdienst ist. Eben das gilt auch vom Ablesen der biblischen Texte, da, wenn dieses auf die rechte Art geschieht, manche Schriftwahrheit den Zuhörern deutlicher und durch ihren Nachdruck wichtiger wird, sowie im Gegentheil ein gedankenloses, leichtsinniges Herlesen derselben den ganzen Zweck der Handlung vereitelt.

Vor allen Dingen aber werden die Prediger hierdurch ermahnt und verpflichtet, in ihren eigenen Gebeten vor der Gemeinde sich nicht der Entheiligung des Namens Gottes schuldig zu machen, welches im Grunde immer geschieht, wenn der Prediger aus Gewöhnung an den herrschenden Modeton, vielleicht gar aus Feindschaft gegen die Lehre von der Person Jesu, von seiner Versöhnung und von dem wahren Glauben an Ihn, mit Verachtung und Verläugnung der im § 4 als wesentlich empfohlenen Grundwahrheiten sich in seinem Gebete mit einer frostigen Anrede an den Allvater, wie sie immer ein Heide thun könnte, begnügt. Jeder treue Prediger wird es gewiß als heilige Pflicht erkennen, sein Gebet so einzurichten, daß ein Zuhörer, der von Herzen an Jesum Christum als seinen Heiland glaubt oder wenigstens um seine Seeligkeit ernstlich besorgt ist, in dasselbe zur wahren Erbauung seiner Seele mit einstimmen kann.

d. In der Predigt selbst müssen anstatt der vorhin getadelten, kalten, philosophisch-moralischen Anweisungen und zweckwidrigen, physisch-theologisch sein sollenden Betrachtungen eine oder mehrere in Verbindung stehende christliche Grundwahrheiten nach Beschaffenheit des jedesmaligen Textes zum Inhalt der Predigt gewählt, aus der heiligen Schrift mit Vermeidung der § 1 verworfenen falschen Auslegungsarten erklärt und bewiesen und mit herzlichen Ermahnungen den Zuhörern zur ächten Anwendung und Benutzung empfohlen werden.

§ 6. Es ist eine unverantwortliche Anmaaßung, wenn Prediger sich, wie es von manchen geschieht, bei Verwaltung der Sakramente und vorzüglich der Taufhandlung eigenmächtige Abänderungen dessen, was ihnen vorgeschrieben ist, und sogar der eignen Worte Jesu erlauben und dadurch sowohl redliche Christen ärgern, als die andern zu noch mehrerer Geringschätzung dieser Handlung verführen. Die Rede ist hier nicht von dem sogenannten Exorcismus, da einestheils dieser schon an den meisten Orten abgeschafft ist, anderntheils aber auch bei solchen Eltern, die dessen Gebrauch etwa noch verlangen, die liebreiche Gegenvorstellung eines rechtschaffenen Predigers leicht Eingang finden wird.

Sonst aber wird hiermit von Sr. Königl. Majestät allen und jeden Predigern ernstlich anbefohlen, sich bei keiner ihrer Amtshandlungen irgend eine willkührliche und eigenmächtige Abänderung in den hergebrachten und entweder durch ausdrückliche Verordnungen oder tacite von der Behörde gebilligten ritibus ecclesiasticis zu Schulden kommen zu lassen; und werden Konsistoria und Inspectoren angewiesen werden, hierauf streng zu vigiliren und die Kontravenienten ohne Ansehen der Person sogleich höheren Orts anzuzeigen.

Aber nicht bloß die Genauigkeit in der Form bei Administration der Sakramente, sondern auch die Pflicht des ehrerbietigsten Betragens wird den Predigern hiermit aufs Neue eingeschärft. Und werden sie aufs Dringendste ermahnt, Alles anzuwenden, wodurch diese heiligen Handlungen der Gemeinde zum Seegen werden können. „Ich habe es vom Herrn empfangen," sagt Paulus, „was ich euch gegeben habe." Und der Befehl: zu taufen im Namen des Vaters und des Sohnes und des heiligen Geistes, ward von Petrus sogleich öffentlich vollzogen, als er das erste Zeugniß von Jesu vor seinen Feinden ablegen konnte.

Eine bei Tauf- und Abendmahlshandlungen zur Andacht gewöhnte Gemeinde ist oft fremden und leichtsinnigen Zuhörern zum großen Seegen geworden.

§ 7. Die öffentliche Katechisation der Kinder und, wo es üblich ist, auch der erwachseneren Jugend ist ein so wichtiger Theil des öffentlichen Gottesdienstes, daß der Landesherr die Vernachlässigung und zweckwidrige Behandlung desselben unmöglich länger dulden kann. Wie aber dieser öffentliche Unterricht der Jugend beschaffen sein müsse, wenn der Prediger den im § 1 angeführten falschen Grundsätzen folgt, läßt sich leicht beurtheilen. Ebenso verliert dieser Unterricht unfehlbar viel von seinem Nutzen, wenn man den kleinen Katechismus Luther's als für unsere Zeiten unschicklich zurücklegt; desgleichen wenn in der einen Gemeinde nach diesem, in der andern nach einem andern Lehrbuch katechisirt wird, zumal wenn die Prediger dabei ihre verschiedenen analogischen Meinungen der Gemeinde aufbringen. Dieser Unfug hat nicht wenig zu der eingerissenen Unwissenheit in den Wahrheiten des Christenthums beigetragen.

Am Allerstrafbarsten ist das Unternehmen mancher Prediger, die nur Gegenstände der Natur, der Landwirthschaft oder höchstens häuslicher Tugend zum Inhalt ihrer Katechisation machen und nicht selten den Kindern selbst, die sie unterrichten sollen, lächerlich werden.

Se. Königl. Majestät befehlen hiermit so gnädig als ernstlich, daß hinfüro in den öffentlichen Katechisationen jedesmal erst der kleine Katechismus Luther's stückweise hergesagt und wiederholt, und sodann das neue allgemeine Lehrbuch: die christliche Lehre im Zusammenhang 2c. zum Grund der weiteren Katechisation gelegt und durch Erklärung, Zergliederung, Aufschlagen und Hersagen der biblischen Sprüche 2c. mit der Jugend durchgegangen werden soll.

Der Aufenthalt Jesu im Tempel in seinem 12. Jahre kann den öffentlichen katechetischen Uebungen ein großes Ansehen geben. Auch haben treue Prediger durch dies wichtige Stück ihrer Sonntagsarbeit von jeher für sich und für ihre Gemeinde reichlichen Seegen erlangt.

§ 8. Bei allen Kasualreden, als Leichenpredigten und Parentationen, desgleichen bei Vertrauungsreden, Taufreden und recht vorzüglich bei der Konfirmation der Kinder, muß der Prediger nie den hohen Zweck seines Amtes vergessen.

Er muß bei Leichenreden mit Verabscheuung aller niedrigen Schmeichelei stets daran gedenken, daß dergleichen Reden nicht für die Verstorbenen, sondern für die Lebenden und vorzüglich für die hinterbliebenen Verwandten der Verstorbenen gehalten werden, welche dadurch zur Danksagung gegen Gott für die dem Verstorbenen erwiesenen Wohlthaten, zur Erinnerung an die Nichtigkeit des Lebens und aller Dinge der Zeit und zur ernsten Zubereitung zum Tode aufgefordert werden sollen.

§ 9. Außer dem, was zum öffentlichen Gottesdienste gehört, haben Prediger
II. noch besondere Amtspflichten: z. B. Krankenbesuche, Administration der Sakramente in den Häusern, auch Hausvertrauungen und die curam animarum specialiorem. Wem es mit der Sache Gottes nicht ganz Ernst ist, der geräth leicht und unvermerkt in die Versuchung, diese Art der Amtspflichten, weil sie nicht öffentlich und nicht in dem zum Gottesdienste gewählten Hause geübt werden, als minder wichtig zu betrachten. Sie scheinen ihm weniger feierlich zu sein, sie werden ihm wegen des einzelnen mehrmals Vorkommenden und nicht an gewisse Zeit Gebundenen oft lästig, zumal wenn er außer den Stunden, welche er auf den öffentlichen Gottesdienst verwendet, seinem Amte keine weitere Zeit schuldig zu sein glaubt, sondern seinen Vergnügungen nachgeht und in vereitelnden Gesellschaften oder im Spiel den Tag zu vertreiben sucht. So traurig es ist, dieses Unwesen rügen zu müssen, so dringend und ernstlich werden hiermit alle Prediger angewiesen, ihres heiligen Berufs eingedenk zu sein und mit zarter Gewissenhaftigkeit dafür zu sorgen, daß kein Kranker durch ihre Schuld versäumet, keine Krankenkommunion durch leichtsinnige und obenhin geschehene Behandlung entheiligt, keine Haus- und Nothtaufe ohne wahre Andacht verrichtet, und kein Mitglied ihrer Gemeinde, welches näheren Unterricht, Zurechtweisung bei dem irrenden Gewissen, ernstliche, vom Bösen zurückrufende Ermahnung, liebreiche Aufforderung, Trost in Seelenkummer, Erinnerung an seinen ehemaligen seeligen Zustand und neue Aufweckung bedarf, versäumt und vernachlässigt werde.

Eigene Uebung der Gottseeligkeit, in welcher der Prediger das Christenthum sich für seine eigne Person über Alles zur Hauptsache macht, herzliches Gebet und das mehrmals empfohlene Bibelstudium werden ihn in dieser Sache besser unterweisen, als alle detaillirten Vorschriften thun können. Indessen werden denen, welche mit wahrem Ernste nähere Belehrung wünschen, die Anweisungen von Oemler in Jena, Jakobi und einigen Anderen empfohlen, durch deren Befolgung schon mancher Prediger in seinen besondern Amtsverrichtungen vielen Seegen Gottes erlangt hat. Besonders aber gehört zur Amtstreue des Predigers, daß er sich um den Zustand des jedesmaligen Kommunikanten, soviel nur immer möglich, bekümmere. Es bleibt zwar einem jeden Gemeindegliede nach wie vor frei, die allgemeine oder die Privatbeichte zu verlangen; der Prediger wird aber an solchen Orten, wo nicht andere Gründe es unmöglich machen (wie besonders in Städten oft der Fall ist), wohl thun, wenn er nach dem in manchen Gegenden schon vorhandenen Beispiel bei Abkündigung der Abendmahlshandlung zugleich anzeigt, daß die Kommunikanten sich privatim bei ihm melden sollen. Diese Gelegenheit, einem jeden nach seinem Bedürfnisse durch Unterricht oder Ermahnung nützlich zu werden, muß er mit gewissenhafter Treue gebrauchen, die Beichtrede aber so einrichten, daß er vor Gott und seinem Gewissen sich bewußt sei, auf seiner Seite Alles gethan zu haben, was zur wahren Zubereitung seiner Zuhörer auf ihr heiliges Werk nöthig war.

§ 10. So wenig der Prediger eine Gerichtsbarkeit über die Gemeinde hat oder irgend einer Art sich anmaßen darf, so gewiß ist er doch verpflichtet, auf die Moralität derselben im Ganzen und nach Möglichkeit im Einzelnen genau zu achten und seine Zuhörer nach ihrer jedesmaligen Gesinnung und Lebensbeschaffenheit, so viel als möglich, kennen zu lernen. Diese Sorgfalt, welche seine Zuhörer sehr bald abmerken, wird ihm unfehlbar deren Zutrauen und Liebe erwerben, da im Gegentheil eine Gemeinde den Lehrer nicht achtet, der sich um sie gar nicht zu bekümmern scheint, und dem ihr moralischer Zustand gleichgültig ist. Rechtschaffene Prediger haben von jeher jede Gelegenheit, mit diesem oder jenem Gemeindegliede auf dem Felde oder sonst allein zu sprechen, gewissenhaft wahrgenommen; und wenn die Gemeinde sieht, daß ihr Prediger einen frommen, verständigen und ernsthaften Mann nicht verachtet, sondern öfter und länger mit ihm spricht (schlechthin aber alle Geschenke und Zudringlichkeiten derer, die ihm oder den Seinigen Nachrichten bringen, 2c. 2c. abweist), so fangen Mehrere an, es gern zu sehen, wenn ihr Seelsorger sich mit ihnen oder ihren Kindern beschäftigt, und geben ihm dadurch selbst Gelegenheit, ihnen lehrreich, erbaulich und nützlich zu werden.

Alle Ermahnungen, Zurechtweisungen, Belehrungen aber müssen von der Art sein, daß das Personelle, Beleidigende und Bittere schlechthin wegfalle. Am Allermeisten ist dies auf der Kanzel zu vermeiden. Das Gewissen des Zuhörers muß die Applikation selbst machen, und dieses nimmt bloß die vorgetragene Wahrheit; das Personelle, Lokale und Zufällige dieser oder jener That liegt außer seiner Sphäre, wirkt also nur Erbitterung, zumal wenn es durch schiefe, oft sehr dürftige Anspielungen unter den Werth des Kanzelvortrags herabsinkt. Der Zuhörer muß stets merken, daß es dem Prediger wehe thut, wenn Gott durch Versündigungen beleidigt wird; wenn die Seele, die Christus erlöst hat, vergißt, daß sie so theuer erkauft ist; wenn zuerst Weltwesen und sodann nach und nach Lasterhaftigkeit die Wirkung des Geistes Gottes hindert; wenn der Gebrauch des Gebets und des göttlichen Worts zurückgesetzt und durch den Umgang mit denen, die Gott nicht fürchten, verächtlich gemacht wird. Sonderlich muß der Prediger den Eltern oft liebreich vorstellen, wie viel Freuden sie sich an ihren Kindern bereiten können, wenn sie dieselben in der Furcht des Herrn erziehen, sie zum willigen Gehorsam früh gewöhnen und auf die Benutzung ihres Schulunterrichts durch mehrmalige Wiederholung der monatlich aufgegebenen Lieder, Psalmen, Sprüche gehörig halten. Ebenso steht es sehr in der Macht des Predigers, dem schädlichen Müßiggang der Kinder zu steuern und bei der Jugend in seiner Gemeinde den Ton der Ehrerbietung, Sittsamkeit und des Fleißes herrschend zu machen.

Endlich muß der Prediger durch alle rechtmäßigen Mittel dafür sorgen, daß er mit den Obern seiner Gemeinde (Dominien, Königl. Beamten 2c. 2c.) in so gutem Vernehmen stehe, daß diese ihm durch Anwendung zweckmäßiger, wenngleich möglichst gelinder Mittel in seiner Sorgfalt für die moralische Ordnung zu Hülfe kommen.

§ 11. Der besondere Unterricht der Kinder und ihre Zubereitung zum ersten Genusse des heiligen Abendmahls muß jedem Prediger um soviel mehr als eine seiner heiligsten Pflichten aufs Gewissen gebunden werden, je mehr sich oft bei dieser Sache Lokalschwierigkeiten finden, die nur durch die Treue und Sorgfalt des Predigers gehoben werden können.

Zuvörderst wollen Se. Majestät hiermit alle die Mißbräuche abgestellt wissen, durch welche diese unumgänglich nothwendige Art des Unterrichts an vielen Orten ganz vereitelt wird. So wird z. B. den Predigern untersagt, Kinder aus andern Gemeinden, in welchen sie von ihrem Prediger noch nicht für tüchtig befunden und also vor der Hand abgewiesen worden, zur Konfirmation und zum heiligen Abendmahl anzunehmen. Und damit nicht wie bisher die Entschuldigung gemacht werde, daß arme Eltern ihre Kinder nicht lange genug bei sich behalten können, sondern oft in andere Dörfer vermiethen müssen, so soll der Prediger unter den schulbesuchenden Kindern sich diese Armen besonders merken und sie ein oder zwei Jahre früher zu seinem Unterricht im Hause unter die Katechumenen nehmen mit der Anzeige, daß sie nicht eher entlassen werden können, bis sie gleich andern die Hauptwahrheiten gehörig gefaßt haben. Er soll also auch auf diese Kinder seine besondere Aufmerksamkeit wenden, damit, wenn sie vor der gewöhnlich festgesetzten Zeit eines 13-, 14jährigen Alters aus Noth zur Konfirmation admittirt werden müssen, sie nicht durch seine Schuld unwissend bleiben.

Uebrigens soll ein jedes konfirmirte Kind, wie überhaupt ein jedes Mitglied der Gemeinde, welches sich an einen andern Ort begiebt und die Gemeinde verläßt, von dem Prediger ein Zeugniß der geschehenen Konfirmation und gehörigen Abwartung des öffentlichen Gottesdienstes fordern und unentgeltlich erhalten, ohne welches der Prediger des Orts, wohin es sich begiebt, solch Kind oder Mitglied der Gemeinde nicht annehmen darf.

Ein anderer Mißbrauch, der oft zu vielem Unheil Anlaß gegeben hat, und noch giebt, ist die Versammlung der Knaben und Mädchen in einer und derselben Lehrstunde. Ein treuer Prediger wird, wenn es ihm nur einigermaßen möglich ist, anstatt 2 Wochentage gern 4 ansetzen, um zweimal die Knaben besonders und ebenso zweimal die Mädchen besonders zu unterrichten. Man erwartet daher von allen Predigern, besonders in den Städten, daß sie diese Pflicht, dem so leicht aus jener Einrichtung entstehenden Unfug vorzubeugen, ihrer Bequemlichkeit gern vorziehen werden.

Bei dem Unterricht selbst muß der Prediger sich derer ganz besonders annehmen, die er, wie vorher gesagt, ihrer Armuth wegen früher zu sich kommen läßt, und die vielleicht noch nicht fertig genug im Lesen sind, damit sie die Hauptwahrheiten von ihrem natürlichen Verderben, von der Erlösung Jesu, von der wahren Bekehrung rc. rc. durch öfteres Vorlesen und Erklären der im Katechismus darauf sich beziehenden Stücke nebst den biblischen Stellen gehörig fassen.

Bei diesem Unterricht selbst muß der Prediger die in der heiligen Schrift erzählten Begebenheiten, welche hierauf Beziehung haben, sorgfältig zu Hülfe nehmen, damit der theoretische Vortrag durch Beihülfe der Geschichte anschaulicher werde. Eben diese Geschichte wird ihm auch Gelegenheit geben, die Kinder zur Gebetsübung anzuweisen. Wenn er sich selbst z. E. in die Gemüthsverfassung setzt, in welcher Paulus in Damaskus war, als der Herr sprach: Siehe, er betet; so wird er den Kindern leicht eine Art des Gebets vortragen können, die eine natürliche Folge der Empfindung eines Menschen ist, der sich zu Gott bekehrt rc.

Auch muß der Prediger seinen katechetischen Unterricht jedesmal ascetisch machen. Die Ermahnungen, Bitten, Vorstellungen können kurz sein, wenn sie nur herzlich und andringend sind, so wirkt diese Kürze mehr als weitläufige, kalte und kraftlose Vorstellungen. Nachlässige oder wilde Kinder kann der Prediger besonders setzen und ihnen anzeigen, daß sie schwerlich mit den andern fleißigeren zu gleicher Zeit angenommen werden können, auch die Eltern früh genug davon benachrichtigen. Wahrer Ernst in allen diesen Dingen wird, wie die Erfahrung gelehrt hat, nicht ungesegnet bleiben. Auf diese Art kann auch die schon längst festgesetzte Regel am leichtesten beobachtet werden, daß kein Kind zur Konfirmation gelassen werden soll, wenn es nicht lesen kann und die Hauptwahrheiten gefaßt hat. Und wird also bei den Kirchenvisitationen darauf ernstlich gesehen werden, ob und wie weit Prediger in dieser wichtigen Sache die heilsame Intention Sr. Majestät vor Augen gehabt haben.

§ 12. Die gehörig unterwiesenen und durch herzliche Ermahnung, soviel an dem Prediger ist, zur künftigen christlichen Führung ihres Lebens angeleiteten Kinder werden an dem in jedem Orte gewöhnlichen Tage öffentlich in der Kirche konfirmirt. Die Hauptsachen hierbei sind folgende:

Nach einem kurzen Liede fängt der Prediger die Handlung mit einem herzlichen Gebete an, in welchem er in seinem, in der Eltern und der christlichen Kirche Namen Gott anfleht, die Handlung zu segnen, in welcher die Kinder das ihnen nunmehr verständliche Taufgelübde erneuern, ihren christlichen Glauben öffentlich bekennen, sich dem dreieinigen Gotte heiligen und so die Gemeinschaft und Rechte der christlichen Kirche erlangen sollen. Sodann werden die Kinder über die Hauptlehren des Christenthums (s. § 4) gehörig befragt. Hierauf folgt die herzliche Ermahnung zur wahren Bekehrung und zum thätigen Christenthum, wobei der Prediger die größte Verantwortung auf sein Gewissen ladet, wenn er nicht Alles anwendet, um mit der Macht der Wahrheit an die Herzen der Kinder so zu dringen, daß ihnen diese Handlung auf ihre ganze Lebenszeit unvergeßlich bleibe, und er sie hernach bei verspürtem Hang zur Verwilderung an das, was bei ihrer Konfirmation in ihrer Seele vorgegangen, als an eine wirkliche Thatsache erinnern könne.

Sodann müssen die Kinder knieend das ihnen vorgesagte Taufgelübde wiederholen und die Fragen: ob sie sich dem Dienste Gottes übergeben und um den Beistand des heiligen Geistes ernstlich beten wollen, um in ihrem ganzen Leben Alles zu vermeiden, was ihre Verbindung mit Jesu trennen könnte? ob sie auch zu dem Ende das heilige Abendmahl genießen wollen, um sich der Vergebung ihrer Sünden zu versichern und Kraft zum neuen Leben zu empfangen? beantworten; worauf sie denn zu Mitgliedern der christlichen Gemeinde erklärt, zum Genusse des Abendmahls und zum Zeugnisse bei der Taufhandlung eines Kindes, besonders auch zu jedem von der Obrigkeit geforderten Eide (dessen Wichtigkeit ihnen ganz so erklärt werden muß, daß sie auf Befragen des Inspectors bei der *Kirchenvisitation davon völlige Auskunft geben können*) berechtigt werden, und alsdann der Kirchenseegen über sie ausgesprochen wird.

Die ganze Handlung wird mit einem kurzen Liede geschlossen; und wohl dem Prediger, der in dieser Handlung die Gemeinde, ohne sie durch unnöthige Weitläufigkeit zu ermüden, durch die in seinem eigenen Herzen wirkende Kraft der Wahrheit erbaut und zu einem neuem Ernst im Christenthum erweckt hat.

§ 13. Prediger, besonders auf dem Lande, sind schon durch vormalige Verordnungen angewiesen, die ihnen untergebenen Schulen wöchentlich zweimal zu besuchen. Diese Verfügung geht, wie ein jeder bald einsieht, dahin: daß der Prediger den Schullehrer, seine Lehrart und ganze Amtsverwaltung genau kennen lerne; daß der Schulmeister stets wisse, daß er unter der genauesten Aufsicht steht; und daß die Kinder durch einen solchen Besuch zur Ordnung, zum Fleiß und zur Sittsamkeit ermuntert und gewöhnt werden. Ein treuer Prediger wird diesen Besuch, so oft er kann, gern wiederholen, die Kinder in allen ihren Lektionen vom Buchstabenlernen an gehörig prüfen, denen, welche von Woche zu Woche weiterkommen, seinen Beifall bezeigen, den Nachlässigen aber ihr Zurückbleiben mit Ernst und Nachdruck vorhalten; wobei er sich die Namen derjenigen Kinder merken muß, welche seit seinem letzten Besuch ein- oder mehrmals gestraft worden, nebst der Ursache und Art ihrer Bestrafung. Auch muß er oft selbst in der Schule die Kinder katechisiren und auch den Kleinsten die ihnen zu beantworten möglichen Fragen vorlegen, damit der Schullehrer sogleich viva voce an das Katechisiren gewöhnt werde.

Außerdem muß der Prediger die Schullehrer seiner Gemeinde, so oft er nur kann, in seinem Hause anweisen und ihnen theils ihre Begriffe über die § 4 empfohlenen und die übrigen Grundwahrheiten nebst den biblischen Beweisen abfragen und berichtigen, theils auch ihnen zeigen, worin sie noch bei der Katechisation der Kinder fehlen, und wie sie dieselbe künftig besser einrichten können, vornehmlich aber sie üben, das eigentlich Beweisende und Nachdrückliche in jeder Schriftstelle herauszufinden, um solches gleich im Herlesen derselben anzeigen zu können.

Ebenso muß der Prediger die biblischen Erzählungen, soweit sie eigentlich dogmatische oder moralische Wahrheiten anschaulich darstellen, mit ihnen durchgehen und sie dazu gewöhnen, daß sie das Dogmatische oder Praktische aus den Faktis aufsuchen und also solche Geschichte nach ihrem eigentlichen Zweck den Kindern nutzbar machen lernen.

Sollte ein Schullehrer sich, wie leider nicht selten geschieht, in Gesellschaften einlassen, wo er zu der schädlichen Schwätzsucht, zum Trunk oder Spiel verführt wird, so muß der Prediger ihm solches erst liebreich, in der Folge aber immer ernstlicher vorhalten und nach beobachteten gradibus admonitoriis dieses sträfliche Beginnen dem Kreisinspector pflichtmäßig anzeigen.

Endlich muß der Prediger nichts sparen, um die Eltern in seiner Gemeinde dahin zu bringen, daß sie ihre Kinder ordentlich zur Schule und zum öffentlichen Gottesdienste anhalten und dem Schulmeister den Unterricht und die Erziehung auf alle Art zu erleichtern suchen.

§ 14. Aber Alles, was auch der beste Lehrer in seiner Gemeinde bauen möchte, reißt sein Wandel wieder nieder, wenn er nicht ganz in dem Sinne der Bibel, ein Vorbild seiner Heerde zu werden, sich befleißigt. Wer hierbei nur darauf sieht, daß er in den gewöhnlichen Konduitenlisten nicht als ein ganz Unwürdiger angemerkt werde, der wird hiermit aufs Feierlichste an die Rechenschaft erinnert, welche er einst vor dem Richterstuhl Christi wird ablegen müssen.

Ein Prediger, dem die Erfüllung seiner Amtspflichten in ihrem ganzen Umfange am Herzen liegt, wird zu zerstreuenden Gesellschaften, zu Karten- und anderen Spielen nicht nur keine Zeit übrig haben, sondern er wird auch dergleichen eitle Beschäftigungen als für sich selbst, für sein Amt und für seine Gemeinde höchst schädlich aufs Gewissenhafteste meiden.

§ 15. Auch können sich die Prediger der Pflicht nicht entziehen, wie jedem Mitgliede ihrer Gemeinde nach seinem etwaigen Amte oder Stande, so auch besonders den in ihrer Gemeinde befindlichen Kandidaten, soviel ihnen möglich, durch unbemerkte Beobachtung ihres Lebenswandels, durch Rath, Belehrung und Anweisung zur ächten Vorbereitung für ihr künftiges Amt nützlich zu werden. Je mehr ein Prediger auch in der geringsten Dorfpfarre in Erfüllung dieser und aller ihm von Neuem hier empfohlenen Pflichten Treue und Sorgfalt beweisen wird, desto mehr wird mit Königl. Huld auf ihn gesehen, und er zur weiteren Beförderung mit Wohlgefallen angemerkt werden.

§ 16. Der Prediger wird schon ein gutes Vorurtheil für sich erwecken, wenn er sein Verhältniß gegen den Kreisinspector, als gegen denjenigen Mann, der dem Konsistorio für seine treue und gewissenhafte Befolgung aller Amtspflichten responsabel sein muß, gehörig vor Augen hat.

Er muß alle vom Kreisinspector ihm zugeschickten höheren Verfügungen gehörig annehmen, daß er sie erhalten, bezeugen, ungesäumt weiter besorgen und bei seinen Unterschriften alle Unehrerbietigkeit, Spötteleien und unnöthige Einwendungen vermeiden, da die Inspectoren verbunden sind, dergleichen Erschwerungen ihres Amts ohne Verzug und Schonung höhern Orts anzuzeigen.

Bei Kirchenvisitationen (auch wenn bei adligen Pfarren Kirchenrechnungen vorzulegen sind) muß der Prediger in seinem ganzen Betragen vor der Gemeinde bezeigen, daß er das Amt eines Kreisinspectors respectire. Er muß die Kirchenbücher mit Genauigkeit und Reinlichkeit gehalten vorlegen; wenn der Inspector bei der Katechisation der Kinder nicht völlige Zufriedenheit zeigt, deswegen keine Widrigkeit gegen ihn zu merken geben, sondern vielmehr seine Ermahnungen willig und folgsam annehmen und ihn davon bei der folgenden Visitation durch die That überzeugen

Inspectoren werden sowie die Konsistoria aufs Schärfste angewiesen, mit unermüdeter Wachsamkeit darauf zu sehen, daß sämmtliche Prediger in allen Königl. Landen diese Landesväterlichen Ermahnungen und Anweisungen als unverbrüchliche Gesetze für ihre Amts- und Lebensführung so befolgen, wie sie es vor dem Herrn der Kirche, der die ihnen anvertrauten Seelen theuer erkauft hat, vor ihrem Könige, ihren Oberen und ihren Gemeinden verantworten können, um als wahre Knechte Jesu Christi und treue Haushalter der Geheimnisse Gottes erfunden zu werden.

174. Die Einführung neuer Gesangbücher, sowie die Veranstaltung neuer veränderter Ausgaben alter Gesangbücher ist nur mit Genehmigung des Ob. Kirch. Raths gestattet — CR. dess. v. 1. Dezbr. 1855 (Aktst. 2, 55) —. Die Chöre bei Abhaltung der Liturgie sollen mit Orgelbegleitung gesungen werden, falls nicht erbaulicher vierstimmiger Gesang beschafft werden kann — CRdOKR. v. 23. Febr. 1852 (Aktst. 1, 5, 10) —. Behufs Förderung des kirchlichen Gesanges ist die Schrift des Konsistorialraths und Professors Dr. Schöberlein in Göttingen: Schatz des liturgischen Chor- und Gemeinde-Gesanges, zur Anschaffung für jede Diözese und zur gottesdienstlichen Benutzung durch CEdOKR. v. 15. Dezbr. 1864 (UCBl. 1865 S. 229) empfohlen worden. In einigen Bezirken bestehen auch Orgelspiel- und Kirchengesangschulen, um die Elementarlehrer darin zu üben. Der Lehrkursus fällt in die Sommerferien und dauert 6 Wochen, die Kursisten erhalten Reisekosten und Unterhalt während des Kursus aus Staatsfonds. Solche Schulen sind a. 1861 in Pommern (UCBl. 1861 S. 353), a. 1862 in Posen und Gumbinnen eingerichtet worden (UCBl. 1862 S. 519) —. Die Dauer des Hauptgottesdienstes darf nach der Landesagende, und wenn nicht das Konsistorium Ausnahmen gestattet, das Zeitmaaß einer oder höchstens anderthalb Stunden nicht überschreiten.

175. In Betreff des Katechumenenunterrichts und der Konfirmation setzt das CRdMdgA v. 17. Febr. 1821 (Ann. 5, 84) fest:

1) Kein Kind darf konfirmirt werden, welches nicht 2 Semester hindurch den gewöhnlichen Unterricht des Geistlichen unausgesetzt und in dem letzteren auch den den Konfirmanden besonders zu ertheilenden Vorbereitungsunterricht genossen hat.

2) Der gewöhnliche Unterricht des Geistlichen ist das ganze Jahr hindurch, insofern nicht örtliche Umstände eine Unterbrechung nothwendig machen, wöchentlich in 2 Stunden, der zur Konfirmation vorbereitende aber 6 Wochen hindurch wöchentlich in 3—4 Stunden zu ertheilen, während welcher Zeit da, wo die Pfarrer mit Geschäften sehr beladen sind, der gewöhnliche Unterricht ausfallen kann; wobei jedoch der Beurtheilung der Geistlichen überlassen bleibt, ob eine Absonderung der Geschlechter unter den obwaltenden Umständen erforderlich sein möchte, in welchem Falle die Stunden des gewöhnlichen Unterrichts zu verdoppeln sind.

Die der Konfirmation vorhergehende Prüfung der Konfirmanden dürfen die Pfarrer auch an einem der Einsegnung vorhergehenden Tage abhalten, jedoch nur mit Genehmigung des Superintendenten, welche zu versagen ist, wenn davon bei der Gemeinde nachtheilige Wirkungen zu befürchten sind. Auch ist darauf hinzuwirken, daß die erste Kommunion der Konfirmanden nicht unmittelbar an die Einsegnung sich anschließt, sondern an einem der nächsten Sonntage stattfindet — CRdMdgA. v. 29. August 1836 (Ann. 20, 346) —. Die Theilnahme an dem Katechumenenunterricht ist auf Grund des im § 46 II, 12 ALR. eingeführten Schulzwanges vom 13. Jahre ab polizeilich zu erzwingen — RdMdgA. v. 24. März 1331 u. 25. Februar 1838 (Ann. 22, 662 u. 362) —, und sollen ebenso die Eltern polizeilich angehalten werden, ihre Kinder konfirmiren zu lassen — RdMdgA. v. 21. April 1834 (Ann. 18, 390) —. Die Katechumenen sollen nicht an einem Tanzunterricht Theil nehmen, sonst können sie von der Konfirmation ausgeschlossen werden — Erlasse der Konsistorien u. V. d. Reg. zu Magdeburg v. 17. Februar 1853 (BMBl. S. 82) —. Dispensationen von den vorgeschriebenen Erfordernissen der Konfirmation zu ertheilen, dürfen die Konsistorien den Superintendenten übertragen — CRdMdgA. v. 14. August 1848 (BMBl. S. 268) —. Söhne oder Töchter aus fremden Parochien zu konfirmiren, ist einem Prediger nur dann gestattet, wenn 1) das Kind sich als Lehrling, Gesinde, Familienglied oder in einer Schul- und Pensionsanstalt in seiner Parochie aufhält, 2) wenn es die Schule der Parochie gehörig besucht und 3) wenn es zwei Wintersemester am Konfirmandenunterrichte Theil genommen hat und das gesetzliche Alter nachweist. Wenn das Kind während des Konfirmationsunterrichts seinen Wohnort verändert, so muß es in der neuen Parochie sein Taufzeugniß und ein Attest des bisherigen Pfarrers über den Besuch des Konfirmandenunterrichts vorlegen und an dem neuen Wohnorte den Unterricht so lange genießen, daß genau die Zeit von zwei Wintersemestern erfüllt wird — RdMdgA. v. 21. April 1834 (Ann. 18, 390) —. Fabrik-, Berg- und Hüttenarbeiter sind in den Katechumenen- und Konfirmandenunterrichtsstunden bis zu ihrer Einsegnung von Arbeit frei zu lassen — § 6 Regul. v. 9. März 1839 (GS. S. 157) —.

176. Die Schulaufsicht ist den Pfarrern für alle Elementarschulen ihrer Parochie durch § 49 II, 12 ALR. u. § 33 d. Schul.-O. f. d. Prov. Preußen v. 11. Dez. 1845 (GS. 1846 S. 1) übertragen worden. Sie haben dieselbe durch häufige und sorgfältige Revisionen auszuüben — CRdMdgA. v. 1. Okt. 1851 (BMBl. S. 218) —, müssen ihr Amt unentgeltlich führen — RdMdgA. v. 20. Juli 1866 (UCBl. S. 505) —, können desselben aber, selbst in Bezug auf den Religionsunterricht, durch Verfügung der Regierung enthoben werden — OTrE. v. 11. Septbr. 1863 (UCBl. S. 185) —. Auch an der Bestellung der Vormünder durch Vorschlagen geeigneter Persönlichkeiten sowie an der Erstattung der Erziehungsberichte der Vormünder durch Ausfüllung der darin enthaltenen Rubrik: Bemerkungen über Erziehung, sittliche Führung, Schul- und Kirchenbesuch sollen die Pfarrer Theil nehmen — CEdOKR. v. 6. Febr. 1855 (Aktst. 2, 58) —. Die näheren Bestimmungen darüber finden sich in den Instruktionen der verschiedenen Appellationsgerichte und den Anweisungen der Konsistorien.

177. Die Pfarrer haben ordentliche Pfarr-Registranden zu führen, in welche die ihnen von den vorgesetzten Behörden mitgetheilten Verfügungen einzutragen sind, damit nicht die durch die Amtsblätter oder die Gesetzsammlung publicirten

§ 417. Bei seiner Amtsführung muß der Pfarrer alle den Geistlichen überhaupt vorgeschriebenen Pflichten sorgfältig beobachten.

Pfarrzwang.

§ 418. Dagegen hat er das Recht, von den Eingepfarrten zu fordern, daß sie sich in ihren Religionshandlungen, zu deren Vollziehung es der Mitwirkung eines Pfarrers bedarf, nur seines Amtes bedienen sollen.

§ 419. Dieser Verbindlichkeit können auch einzelne Eingepfarte ohne besondere Erlaubniß der geistlichen Oberen sich nicht entziehen.

§ 420. Dergleichen Erlaubniß soll nur aus erheblichen Gründen, besonders aber alsdann ertheilt werden, wenn aus den Umständen erhellet, daß die Amtshandlungen dieses Pfarrers bei den Eingepfarrten den Zweck der moralischen Besserung verfehlen dürften.

Verordnungen der Gefahr ausgesetzt werden, durch die Anstellung eines neuen Pfarrers in Vergessenheit zu gerathen. Diese Registranden sollen sich die Superintendenten bei den jährlichen Kirchenvisitationen und in andern geeigneten Fällen vorlegen lassen und ihre Vollständigkeit kontrolliren — CRdMdgA. v. 10. Juni 1826 (Ann. 10, 352) —.

Zu §§ 414 u. 415.

178. Längeren Urlaub ertheilt evangelischen Geistlichen der Vorsitzende des Konsistoriums, und muß die Regierung davon in Kenntniß gesetzt werden, damit sie auch ihrerseits wegen Bewilligung des Urlaubs in Bezug auf das Schulamt das Erforderliche verfüge — § 1 Nr. 4 V. v. 27. Juni 1845 (GS. S. 440) —. Bei den Regierungen ertheilt den Urlaub der Dirigent der Abtheilung für Kirchen- und Schulwesen, und wenn keine solche vorhanden, der der Abtheilung des Innern außerhalb Landes auf 4, innerhalb Landes auf 6 Wochen. Auf 6 Wochen außerhalb und 8 Wochen innerhalb Landes muß der Oberpräsident den Urlaub ertheilen, noch längeren der Minister d. geistl. Angel. — Reg. Instr. v. 31. Dezbr. 1825 in fine (Ann. 9, 821) —. Bei katholischen Geistlichen tritt der Bischof an die Stelle des Konsistoriums. — Nach dem Westpreußischen Prov. R. § 27 „muß der Pfarrer von einer vorzunehmenden Reise auch den Patron in Kenntniß setzen."

Zu § 417 vgl. die §§ 66—92 h. t. u. die N. 48—58.

Zu § 418.

179. Im Ostpreußischen Prov. R. Zus. 180 ist verordnet: „In Königsberg findet unter den Lutheranern wegen der Taufen und des Abendmahls kein Pfarrzwang statt." Auch in der Niederlausitz ist der Pfarrzwang durch AKO. v. 15. Septbr. 1826 (Frankf. ABl. S. 400) aufgehoben.

Zu §§ 419—422.

180. Die §§ 419—421 betreffen den Fall der gänzlichen Befreiung einzelner Eingepfarrten von dem Pfarrzwange. Eine solche darf nur aus erheblichen Gründen von den geistlichen Oberen ausgesprochen werden, ohne daß es dazu der ausdrücklichen Einwilligung des Pfarrers bedarf. Der § 422 betrifft dagegen nur den Erlaß der darin erwähnten Parochialverpflichtungen in einzelnen Fällen durch Dimissoriale des Pfarrers, welches derselbe nach § 428 h. t. nicht versagen darf. Ein Einschreiten der geistlichen Oberen kann daher in diesem Falle nur vor-

§ 421. Auch soll, wenn nicht nachgewiesen ist, daß die Schuld davon auf der Seite des Pfarrers sei, für die Entschädigung desselben gehörig gesorgt werden.

§ 422. Auch in einzelnen Fällen dürfen Eingepfarrte ihre Trauungen, Taufen und Begräbnisse durch einen andern als den in ihrer Parochie bestellten Pfarrer ohne dessen Einwilligung nicht vornehmen lassen.

Stolgebühren.

§ 423. Der Pfarrer hat für dergleichen Handlungen die festgesetzten Stolgebühren zu fordern, und der Richter muß ihm dazu nöthigenfalls auf gebührendes Anmelden verhelfen.

§ 424. Er kann aber diese Gebühren niemals voraus fordern, noch deshalb die von ihm begehrte Amtshandlung verschieben.

---

kommen, wenn der Pfarrer die Ertheilung des Dimissoriales entweder verweigert oder ungebührlich verzögert — RdMdgA. v. 6. April 1839 (Ann. 23, 374) —.

Zu § 423.

181. Vgl. §§ 97, 100—106 Mil. Kirch. O. v. 12. Febr. 1832 (GS. S. 69). — Die Stolgebühren dürfen nicht im Wege der Administrativexekution beigetrieben, sondern müssen gerichtlich eingeklagt werden, jedoch ist die Klage, wenn ein Festsetzungsdekret des Konsistoriums beigebracht wird, im Mandatsprozesse einzuleiten — § 5 AKO. v. 19. Juni 1836 (GS. S. 198) —. Sie verjähren in 4 Jahren, vom letzten Dezbr. desjenigen Jahres gerechnet, in welchem die Forderung entstanden ist. Die Verjährung wird durch Klageanstellung unterbrochen, und beginnt, wenn die Klage nicht weiter verfolgt wird, eine neue 4jährige Verjährung, wenn aber rechtskräftige Verurtheilung erfolgt ist, die 30jährige — § 2 Nr. 1, § 5 Nr. 3, § 10 G. v. 31. März 1838 (GS. S. 114) —. Die neue Verjährung beginnt mit dem Tage, an dem Kläger die Sache hätte fortsetzen können und sollen — § 554 I, 9 ALR. u. OTrE. v. 3. März 1862, Präj. 2720 Pl. B. (Entsch. 47, 1) —. Mit den Stolgebühren sollen die katholischen Pfarrer in den Bisthümern Münster, Paderborn, Trier und Posen-Gnesen, Ermland bei jedem Trauungs-, Sterbe- oder Tauffalle 1½ Sgr. Kathedralsteuer zur Erhaltung der Domkirchen erheben und an die geistliche Behörde abführen — KO. v. 13. April u. 24. Mai 1825 (GS. S. 71 u. 225) —; ferner sollen alle Pfarrer bei jeder Trauung und jeder Taufe 3 Sgr. 9 Pf. und 1 Sgr. 10 Pf. erheben für die Hebeammen-Institute und an die Königl. Kreiskassen portofrei abführen — AKO. v. 16. Januar u. RdMdgA. v. 2. April 1817 (Ann. 1, 1, 270), Portofreih. Reg. v. 3. Febr. 1862 (BMBl. S. 65) —. Diese Gebühren sind auch von den Offizieren und den mit ihnen in gleichem Range stehenden Militärbeamten zu erheben — AKO. v. 12. Mai 1838 (Ann. 23, 625) —. In Ostpreußen betragen diese Gebühren nach AKO. v. 22. August 1808 für die Dienstboten und Arbeiter bei Trauungen 2 Sgr. 6 Pf., bei Taufen 1 Sgr. 4 Pf., für Eigenthümer, Handwerker auf dem Lande, Gesellen, Schullehrer 3 Sgr. 4 Pf. und 2 Sgr., für Scharwerksbauern 4 Sgr. und 2 Sgr. 8 Pf., für andere Bauern und Pächter köllmischer Güter 5 Sgr. und 3 Sgr. 4 Pf., für köllmische Gutsbesitzer, Pächter adliger Güter und Bürger in den Städten 8 Sgr. und 4 Sgr., für Kaufleute in kleinen Städten 10 Sgr. und 5 Sgr., für adlige Gutsbesitzer, die Eximirten und die Kaufleute in großen Städten 15 Sgr. und 10 Sgr., für die Subalternbeamten der Unterbehörden 4 Sgr. und 2 Sgr. 8 Pf., für alle Unterbeamten 3 Sgr. und 2 Sgr. — Für Taufhandlungen in Hebeammen-Lehrinstituten dürfen aus deren Fonds den Geistlichen keine Stolgebühren entrichtet werden — CRdMdgA. v. 26. Februar 1825 (Ann. 9, 101) —. Das Beichtgeld ist als anstößig abgeschafft worden — KO. v. 27. Mai u. 27. Novbr. 1816 (Ann. 1, 1, 126) —.

§ 425. Das Recht, eine Taxordnung für die Stolgebühren vorzuschreiben, selbige zu erhöhen, oder sonst zu ändern, gebührt allein dem Staate.

§ 426. Kirchenbediente, welche sich mit den ihnen angewiesenen Gebühren nicht begnügen, sollen um den drei- bis zehnfachen Betrag des zuviel Geforderten fiskalisch bestraft werden.

§ 427. Kein Geistlicher darf dergleichen Handlungen, die einer andern Parochie zukommen, ohne ausdrückliche Bewilligung des Pfarrers vornehmen.

§ 428. Dieser aber darf gegen Empfang der ihm zukommenden Gebühren die Einwilligung nicht versagen.

§ 429. Diese Einwilligung muß schriftlich ertheilt, und es dürfen dafür keine besonderen Gebühren gefordert werden.

§ 430. Eine dergleichen Einwilligung berechtigt jeden zu dergleichen Handlungen überhaupt befugten Geistlichen, die Handlung vorzunehmen.

[**§ 431.** Soll aber bei einem protestantischen Eingepfarrten die Handlung von einem katholischen Geistlichen oder umgekehrt verrichtet werden: so ist dazu die Erlaubniß des Staats erforderlich.]

§ 432. Soll ein Pfarrer eine an sich ihm gebührende

Zu § 425.

182. Die Ausübung dieses Rechts gehört in der evang. Kirche zum gemeinschaftlichen Ressort der Konsistorien und Regierungen — § 5 V. v. 27. Juni 1845 (GS. S. 440) —. In Pommern sollen Kossäthen und Tagelöhner auf dem Lande nur die Hälfte der gewöhnlichen Stolgebühren zahlen, Handwerker eben so viel wie die Bauern — § 4 R. v. 5. März 1780 (Prov. R. S. 135) —.

Zu § 426.

183. Die Festsetzung der Strafe geschieht entweder als disciplinarische Ordnungsstrafe durch die geistliche Behörde oder auf deren Antrag durch die Gerichte im gewöhnlichen Untersuchungsverfahren — RdMdgA. v. 12 Februar 1844 in fine (BMBl S. 27) —. Das Ostpreußische Prov. R. verordnet im Zus. 181:

> Die einem lutherischen Kirchenbedienten vom Konsistorio diktirten Strafen fließen, insofern sie den Betrag von 100 Thlr. nicht übersteigen, zu dessen Sportelkasse. — Bei den Reformirten verbleiben dergleichen Strafen zur Disposition des Kirchendirectorii.

Zu § 431.

184. Der § 431 ist durch die Verf.-Urk. v. 5. Dezbr. 1848 u. 31. Januar 1850 Art. 15 aufgehoben — CRdMdgA. v. 11. März 1849 (BMBl. S. 44) —. Dadurch ist jedoch in den Parochialrechten der einzelnen Geistlichen nichts geändert; mithin sind dem kompetenten Pfarrer stets die Gebühren zu entrichten, wenn auch in gemischten Ehen ohne sein Vorwissen und Dimissoriale der betreffende Akt von einem Geistlichen der andern Konfession vorgenommen worden ist — RdMdgA. v. 6. Okt. 1851 (BMBl. S. 280; Aktst. 1, 3, 47) —.

Zu §§ 432 u. 433.

185. Die §§ 432 u. 433 beziehen sich nur auf Eingepfarrte, nicht auf Eximirte; letztere haben, weil sie zu keiner Parochie gehören, die völlig freie Wahl des Geist-

Handlung in dem Sprengel eines andern Pfarrers von seiner Religionspartei vornehmen, so muß dazu die Einwilligung des diesem Sprengel vorgesetzten Pfarrers eingeholt werden.

§ 433. Dieser letztere ist schuldig, die Einwilligung gegen Empfang der halben Gebühren zu ertheilen; dem die Handlung selbst vollziehenden Pfarrer aber darf deswegen an seinen Gebühren nichts abgezogen werden.

§ 434. Ein Pfarrer, welcher obigen Vorschriften zuwider eine vor einen andern Pfarrer gehörende Handlung ohne dessen Einwilligung vornimmt, soll um den doppelten Betrag der erhaltenen Gebühren fiskalisch bestraft, der gehörige Pfarrer aber von dem Eingepfarrten entschädigt werden.

Trauungen.

§ 435. Die Trauung gebührt der Regel nach dem Pfarrer der Braut.

---

lichen, ohne daß der Pfarrer, in dessen Sprengel sie wohnen, einen Anspruch auf Stolgebühren erheben darf — ERdMdgA. v. 29. März 1862 (BMBl. S. 184) —. Im Herzogthum Magdeburg sind im Falle des § 433 observanzmäßig an jeden Geistlichen die vollen Gebühren zu entrichten (Klewitz, Prov. R. 1, 205).

Zu §§ 435—445.

186. Die priesterliche Trauung ist nothwendiges Erforderniß einer gültigen Ehe — § 136 II, 1 ALR. —, wie dies schon in den älteren deutschen Kirchenordnungen und in den Preußischen Landrechten von 1620 und 1721 in Uebereinstimmung mit der Doktrin wie mit der Volkssitte vorgeschrieben war. In älterer Zeit waren allerdings auch formlos oder heimlich eingegangene Ehen von der Kirche als wahre Sakramente und ebenso vom Staate als bürgerlich gültig anerkannt worden, jedoch hatte die Kirche solche Ehen mit Strafen bedroht und stets die priesterliche Einsegnung verlangt, so daß die letztere schon im Anfang des 16. Jahrhunderts zur Regel geworden war. Das Tridentinische Koncil verlangte aber zur Gültigkeit der Ehe nur die Erklärung des Konsenses der Brautleute vor dem eigenen Pfarrer und zweien Zeugen nach erfolgtem und ohne Einspruch gebliebenem dreimaligen Aufgebote und fügte nur die Ermahnung hinzu, daß die neuen Eheleute vor dem Zusammenwohnen ihre Ehe durch den Priester möchten einsegnen lassen — Conc. Trid. sess. 24 de ref. matr. c. 1 —. Auch war in manchen Ländern die Eingehung der Ehen vor einem bürgerlichen Beamten immer im Gebrauche geblieben, und waren solche Ehen vom Staate stets als gültig anerkannt worden, so in England, Schottland, Holland, Würtemberg. In England wurde erst a. 1754 die kirchliche Trauung durch einen Geistlichen der herrschenden Kirche als allein gültige Form der Eheschließung Gesetz, doch a. 1836 den Katholiken und Dissenters die Civilehe wieder freigegeben. In Frankreich wurde schon a. 1787 den Protestanten die Civilehe freigegeben und a. 1792 dieselbe allgemein als obligatorisch eingeführt. So ist dieselbe auch in der preußischen Rheinprovinz bestehen geblieben. Daneben ist aber überall die kirchliche Trauung nicht nur im Gebrauche, sondern die Regel geblieben. In Preußen wurde die Civilehe erst a. 1847 für die Dissidenten, d. h. die aus der Landeskirche förmlich Ausgetretenen, durch die V. v. 30. März 1847 (GS. S. 125) und für die Juden durch das G. v. 23. Juli 1847 § 8—21 (GS. S. 263), endlich für Angehörige der Landeskirche, die im Auslande leben, wo ein evangelischer Geistlicher nicht vorhanden, mit der Bedingung, daß sie bei erster vorkommender Gelegenheit die kirchliche Einsegnung nachholen, durch G. v. 5. April 1854 (GS. S. 469) eingeführt. Die durch die Verfassung bedingte Auseinandersetzung von Staat und Kirche hat aber die allgemeine Einführung der Civilehe nothwendig gemacht und

besagt daher auch Art. 19 Verf.-Urk. v. 31. Januar 1850: „Die Einführung der Civilehe erfolgt nach Maaßgabe eines besonderen Gesetzes, was auch die Führung der Civilstandsregister regelt." Dieses Gesetz ist noch nicht zu Stande gekommen, obwohl die Frage schon mehrmals im Landtage theils durch Anträge aus dessen Mitte, theils durch die Staatsregierung angeregt worden ist. Das Bedürfniß ist unbedenklich vorhanden. Denn die jetzt unabhängig vom Staate gestellte Kirche macht oftmals von ihrem Rechte Gebrauch, Einsegnungen von Ehen, denen keine staatliche, d. h. gesetzliche Hinderungsgründe entgegenstehen, die aber nach kirchlichen Grundsätzen unzulässig erscheinen, zu verweigern, vgl. AO. v. 10. Februar 1859 (BMBl. S. 47; Altst. 2, 280). Auch läßt sich die kirchliche Einsegnung von Ehen zwischen Angehörigen der Landeskirche und Dissidenten oder Juden nicht erlangen — RdMdgA. v. 27. Novbr. 1849 (Altst. 1 A, 76); § 36 II, 1 ALR. —, die Civilehe aber ist nach der bisherigen Gesetzgebung weder für diese Fälle, noch für die Ehe zwischen Dissidenten und Juden gestattet. Die einzuführende Civilehe muß aber obligatorisch sein, d. h. es muß Jeder, der zur Ehe schreiten will, durch das Gesetz verpflichtet werden, sie vor dem dazu bestimmten bürgerlichen Beamten einzugehen, unbeschadet der Befugniß, diese Ehe nachher durch priesterliche Trauung einsegnen zu lassen. Denn durch die fakultative Civilehe würde den beiden Formen der kirchlichen und der Civilehe gleiche Dignität beigelegt werden, was nur den kirchlichen Indifferentismus begünstigen könnte, während die Nothcivilehe diejenigen, welche sich dieser nach der herrschenden Ansicht unvollkommenen, ja unwürdigen Form bedienen, ebenso herabsetzen müßte wie den Staat, der sie legalisirt. Daß die obligatorische Civilehe die konsequenteste und korrekteste Form ist, haben auch a. 1861 im Herrenhause hervorragende Mitglieder ausgesprochen und der damalige Minister der geistl. Angel. anerkannt, und erscheint die Besorgniß, daß man nach Einführung derselben allgemein auf die kirchliche Einsegnung verzichten würde, nach den bisherigen Erfahrungen in Frankreich und den Rheinlanden völlig unbegründet. Ueberdies darf eine solche Besorgniß den Staat an der Einführung der Civilehe nicht hindern, weil es Sache der Kirche ist, die Ansicht von der Nothwendigkeit der kirchlichen Trauung zu befestigen. Vielmehr muß für den Staat wie für die Kirche allein bestimmend sein, daß die der Kirche sehr nachtheiligen Konflicte endlich aufhören, welche durch die dermalige Praxis bei der Wiedertrauung Geschiedener und der Wiederaufnahme der nur Behufs Schließung der Civilehe aus der Landeskirche Ausgetretenen entstehen, sowie auch daß die Befassung mit der rein juristischen Seite der Eheschließung den Pfarrern abgenommen wird, wodurch diesen ebenso wie den bei Eheschließungen Interessirenden nur Vortheil erwachsen kann.

186. Der Trauung muß das Aufgebot in beider Verlobten Parochien vorangehen — § 138 u. 139 II, 1 ALR. —. Nicht-Eingepfarrte müssen sich in der Kirche ihres Wohnorts, und wenn sie hier noch nicht ein Jahr sich aufhalten, auch in der Kirche ihres früheren Wohnorts aufbieten lassen — § 140 u. 141 a. a. O. —. Gesinde muß in der ihm durch § 275 h. t. zugewiesenen Parochie, und falls es dort noch nicht ein Jahr im Dienste, auch an dem vorherigen Aufenthaltsorte aufgeboten werden — V. v. 16. März 1816 (GS. S. 20) —. Ausländer müssen, wenn sie sich noch nicht ein Jahr hier aufgehalten haben, sich auch in der Parochie ihrer Heimath aufbieten lassen, oder wenn dies nicht angeht, durch gerichtliches oder beglaubigtes notarielles Attest nachweisen, daß an ihrem Heimathsorte kein Ehehinderniß wider sie bekannt sei — § 143—145 a. a. O. —, und außerdem durch ein gehörig beglaubigtes Attest ihrer heimathlichen Ortsobrigkeit nachweisen, daß sie nach dortigen Gesetzen zu einer Ehe im Auslande befähigt sind oder die nach diesen Gesetzen etwa erforderliche Genehmigung zu der beabsichtigten Ehe erhalten haben — § 1 G. v. 13. März 1854 (GS. S. 123) —. Die Minister d. Justiz, d. geistl. Angel. und d. Innern dürfen jedoch sowohl in einzelnen Fällen als generell den Angehörigen bestimmter Staaten die Beibringung dieses Attestes erlassen — § 2 das. —. Dieser Erlaß ist generell für Engländer und Amerikaner durch CR. v. 31. August 1856 (BMBl. S. 220) und für Franzosen durch CR. v. 2. April 1858 (BMBl. S. 59) erfolgt. Die Angehörigen der Staaten des norddeutschen Bundes, nämlich Preußen mit Lauenburg, Sachsen, beide Mecklenburg, Oldenburg, Braunschweig, die 4 sächsischen Herzogthümer, Anhalt, beide Schwarzburg, Waldeck, beide Reuß, beide Lippe, Lübeck, Bremen, Hamburg und Hessen nördlich vom Main, sind in jedem Bundesstaate

als Inländer zu behandeln — Art. 1 u. 3 Verf.-Urk. v. 24. Juni 1867 (GS. S. 817) —, und darf daher von solchen in Preußen ein Heiraths-Erlaubnißschein nicht mehr gefordert werden. In Baiern sind die Atteste von den Bezirksämtern, in Würtemberg von den Oberämtern und der Stadtdirection in Stuttgart, in Baden von den Stadt-, Ober- und Bezirksämtern, in Hessen von den Kreisämtern auszustellen — CRdMdJ. u. dgA. v. 11. Februar 1861 (BMBl. S. 37) u. R. v. 2. Februar 1865 (BMBl. S. 22) —. Geistliche, welche die Vorschriften der §§ 1 u. 2 G. v. 13. März 1854 übertreten, sollen mit Geldbuße bis zu 100 Thlr. bestraft werden — § 3 das. —; jedoch soll der Staatsanwalt die Untersuchung nicht eher beantragen, als bis er darüber die Aeußerung der geistlichen Obern eingeholt und an den Justizminister berichtet hat, der nach vorgängigem Einvernehmen mit dem Minister d. geistl. Angel. weitere Anweisung ertheilen wird — JMR. v. 13. Juni 1854 (Aktst. 2, 7) —. Königliche Beamte, Geistliche und Lehrer müssen vor dem Aufgebot den Ehekonsens ihres Chefs beibringen — Anh. § 70 a. a. O., AKO. v. 9. Juli 1839 (JMBl. S. 302), v. 10. Dezbr. 1816 (Ann. 16, 102) u. 17. April 1820 (Ann. 4, 789) —. Wer schon verheirathet gewesen ist, muß dem Pfarrer die Trennung der früheren Ehe und die Abfindung der minorennen Kinder nachweisen oder einen Erlaubnißschein des Vormundschaftsgerichts beibringen — § 17 u. 18 a. a. O. —. Geschiedene müssen das mit dem Atteste der Rechtskraft versehene Scheidungsurtel beibringen — JMR. v. 6. Januar 1821 (Jahrb. 17, 253) —. Das Aufgebot muß deutlich mit Benennung des Standes, der Vor- und Zunamen beider Theile und der Eltern der Braut geschehen, auch drei Sonntage hinter einander von der Kanzel verlesen werden — § 150 u. 151 a. a. O. —. Nach dem letzten Aufgebot dürfen bis zur Trauung nicht mehr als sechs Wochen verstreichen, weil sonst das Aufgebot seine Kraft verliert und wiederholt werden muß. Sollten Krankheiten oder andere unvorherzusehende Hindernisse und Zufälle einen längeren Aufschub der Trauung nothwendig machen, so müssen die Aufgebotenen verhältnißmäßige Nachfrist beim Konsistorio nachsuchen — V. v. 22. Februar 1804 (Rabe 8, 13) —. Dispensationen sind zulässig — § 152 u. 153 a. a. O. —, aber nicht vom einmaligen Aufgebot. Die Dispensationen vom dritten Aufgebot sind bei Evangelischen von den Konsistorien, welche deren Ertheilung mit Genehmigung des Ministers d. geistl. Angel. den Superintendenten delegiren können — § 1 Nr. 6 V. v. 27. Juni 1845 (GS. S. 440) —, vom zweiten Aufgebot von dem evang. Ober-Kirchenrathe — § 1 Nr. 10 Ress. Regl. v. 29. Juni 1850 (GS. S. 344) —, bei Katholischen von dem Bischof resp. dem Minister d. geistl. Angel. zu ertheilen — RdMdgA. v. 31. März 1819 (Ann. 3, 417) —. Die unterlassene Befolgung der Vorschriften wegen des Aufgebots macht zwar die Ehe nicht ungültig — § 154 a. a. O. —, aber Partheien wie Geistliche haben fiskalische Geld- oder Gefängnißstrafe verwirkt — § 155 a. a. O. —, welche gegen den Geistlichen auch im Disciplinarwege festgesetzt werden kann — RdMdgA. v. 12. Februar 1844 in fine (BMBl. S. 27) —. Keine Strafe tritt ein, wenn wegen plötzlicher Todesgefahr die Trauung beschleunigt werden mußte, und weder bedenkliche Umstände obwalteten, noch die Verfügung der Vorgesetzten abgewartet werden konnte — § 156 a. a. O. —, oder wenn der Bräutigam in Staatsangelegenheiten eine langwierige oder gefährliche Reise so schnell antreten muß, daß zum Aufgebot oder zur Einholung der Dispensation keine Zeit mehr übrig ist — § 157 a. a. O. —. Die gesetzlichen Bestimmungen in Betreff des Aufgebots, namentlich auch die Strafbestimmung, sind auch auf die katholischen Geistlichen anzuwenden, und ist durch die Verf.-Urk. v. 31. Januar 1850 darin nichts geändert worden, weil das Aufgebot keine kirchliche, sondern eine staatliche Einrichtung ist — OTrE. v. 31. Mai 1861 (Entsch. 46, 31*) —.

187. Einspruch gegen die Trauung kann nur auf ein älteres förmliches, d. h. gerichtlich oder notariell geschlossenes — § 82 a. a. O. —, Ehegelöbniß — § 158 a. a. O. —, oder auf ein bereits mit einer dritten Person unter Einwilligung beider Theile erfolgtes Aufgebot gestützt werden — § 92 u. Anh. § 67 a. a. O. —, und hat der Pfarrer, sobald ihm Ehegelöbniß oder Aufgebot nachgewiesen, sofort mit Aufgebot und Trauung inne zu halten — § 159 a. a. O. —. Das im § 158 a. a. O. der unter dem Versprechen der Ehe Geschwängerten ertheilte Einspruchsrecht ist durch § 22 G. v. 24. April 1854 (GS. S. 193) aufgehoben — OTrE. v. 3. Februar 1860 (Entsch. 42, 200) —, und überhaupt durch dieses Gesetz ein anderweitiges Einspruchs-

14*

§ 436. Wenn ein Theil der Verlobten zur deutsch-reformirten und der andere zur französisch-reformirten Kirche gehört, so kommt die Trauung dem Pfarrer des Bräutigams zu.

---

recht nicht konstituirt worden — OTrE. v. 19. Februar 1858 (Entsch. 37, 229) —. Wegen vorhandenen Ehehindernisses kann auch vom Richter Aufgebot und Trauung untersagt werden — § 165 a. a. O. —, und findet die Aufhebung eines solchen Verbots nicht eher statt, als bis das Hinderniß entweder gehoben oder durch rechtskräftiges Urtheil als unerheblich verworfen worden ist — § 160 a. a. O. —.

188. Die Trauung soll in der Kirche vollzogen werden. Diese Bestimmung des kanonischen Rechts ist auch in alle älteren evang. Kirchenordnungen übergegangen und durch O. Konj. R. v. 14. Septbr. 1797 (Rabe 4, 247) wiederholt. Zu Haustrauungen ist *Dispensation des Konsistoriums nothwendig, deren Ertheilung* mit Genehmigung des Ministers d. geistl. Angel. den Superintendenten delegirt werden kann — § 1 Nr. 6 V. v. 27. Juni 1845 (GS. S. 440) —. Trauungen in öffentlichen Gasthäusern von solchen Personen, die nicht wirkliche Bewohner derselben sind, sollen nicht gestattet werden — CRdMdgA. v. 4. Juli 1826 (Ann. 10, 749) —. Die zu Trauenden müssen persönlich anwesend sein, nur Mitglieder souveräner Häuser dürfen sich durch Bevollmächtigte vertreten lassen — § 167 II, 1 ALR. —. Nach kanonischem Recht sollten in der Advents- und Fastenzeit keine Hochzeiten stattfinden; auch in der evangelischen Kirche sind in der letzten Adventwoche und in den beiden letzten Wochen vor Ostern Trauungen verboten, doch dürfen die Konsistorien davon dispensiren, aber für die Charwoche nur in den dringendsten Fällen und mit Verbot des Hochzeitmahls — RdMdgA. v. 7. Mai 1818 (Ann. 11, 349) —. Die Kosten des Aufgebots, der Trauung und Hochzeit tragen beide Eheleute gemeinschaftlich, wenn nicht ein Anderes verabredet, oder an dem Wohnorte der Braut unter der Klasse, der sie angehört, hergebracht ist — § 171 a. a. O. —.

189. Die Westphälische evang. Kirch. O. v. 5. März 1835 (Ann. 19, 104) nebst den Zusätzen v. 25. August 1853 (VMBl. S. 229) bestimmt über die Einsegnung der Ehe Folgendes:

§ 114. Die Ehe als eine christliche, vor Gott geheiligte Verbindung wird von der Kirche eingesegnet nach den von derselben festgesetzten Bestimmungen: 1) Die kirchliche Einsegnung der Ehe findet nur Statt bei Ehen, welche nach den Landesgesetzen erlaubt sind. Zus. 36. Sie muß vor mindestens zwei Zeugen geschehen. 2) Der Eheeinsegnung geht die dreimalige Proklamation nach den darüber bestehenden gesetzlichen Bestimmungen vorher. 3) Welchem Pfarrer die Trauung gebühre, ist nach den darüber bestehenden allgemeinen Vorschriften zu beurtheilen. 4) Die Verlobten, welche die kirchliche Einsegnung von einem anderen Pfarrer als dem berechtigten zu empfangen wünschen, werden durch ein Dimissorial ihres Pfarrers dazu authorisirt.

Zu § 435.

190. Die Trauung von dem inkompetenten Pfarrer macht die Ehe selbst nicht ungültig — § 169 II, 1 ALR. —. Wer als Pfarrer der Braut anzusehen, ist nach den Vorschriften des § 260 ff. h. t. zu beurtheilen. Danach ist mit Ausnahme der Dienstboten, welche nach § 275 h. t. zur Parochie ihres Dienstorts gehören, so lange sie sich daselbst auch nach dem Ausscheiden aus dem Dienste aufhalten — CRdMdgA. v. 23. Septbr 1819 (Ann. 3, 923) —, das Domicil maaßgebend. Ist die Braut schon vor der Hochzeit an den Wohnort ihres Bräutigams verzogen, so ist zu unterscheiden, ob sie noch minorenn oder schon großjährig. Die Trauung der minorennen, unter väterlicher Gewalt oder unter Vormundschaft stehenden Braut gebührt dem Pfarrer des letzten Wohnorts der Eltern, außer wenn sie durch förmliche Auswanderung ihren gesetzlichen Wohnsitz verändert hat. Großjährige Bräute oder für majorenn erklärte dürfen dagegen von dem Pfarrer des neuen Wohnsitzes getraut werden; wenn sie aber noch unter väterlicher Gewalt stehen, so muß der Vater in die Verlegung des Wohnsitzes eingewilligt haben — CRdMdgA. v. 19. Januar 1843 (VMBl. S. 7) —.

Zu § 436.

191. Das Ostpreußische Prov. R. verordnet Zus. 182:

[§ 437. Gehört der Bräutigam zur Militärgerichtsbarkeit, so muß die Trauung von dem Feld- oder Garnisonprediger geschehen und zwar ohne Unterschied, zu welcher Religionspartei der Bräutigam sich bekenne.]

[§ 438. Gehört der Bräutigam zum Civil-, die Braut aber zum Militärstande, so gebührt die Trauung dem Pfarrer des Orts, zu dessen Kirchsprengel der Bräutigam gehört.]

[§ 439. Soll jedoch die Trauung an einem andern Orte, als wo der Pfarrer des Bräutigams wohnt, geschehen, so ist auch in diesem Falle der Pfarrer der Braut dazu berechtigt.]

§ 440. Jeder Pfarrer, welcher ein Aufgebot oder eine Trauung verrichten soll, muß die darüber vorhandenen gesetz-

---

Wird die Ehe zwischen Verlobten, wovon ein Theil zur deutsch-reformirten und der andere zur französisch-reformirten Kirche gehört, in Königsberg vollzogen, und ist der Bräutigam daselbst nicht wohnhaft, so hängt es von der Willkühr desselben ab, bei welcher von beiden Kirchen er sich zur Trauung melden wolle.

§§ 437—439 ersetzt durch §§ 61—68 Mil. Kirch. O. v. 12. Februar 1832 (GS. S. 69). S. im Anh.

Zu § 440.

192. Die Ehehindernisse sind vernichtende oder aufschiebende. Das Vorhandensein der ersteren macht bei absolut gesetzlich verbotenen Ehen dieselben nichtig — § 933 II, 1 ALR. —, wenn die Hindernisse aber zu heben sind, nur ungültig — § 934 a. a. O. —. Nichtige Ehen bleiben, auch wenn das Hinderniß gehoben werden kann, nichtig und müssen daher nach gehobenem Ehehindernisse nochmals auf die gesetzlich vorgeschriebene Art feierlich vollzogen werden, nehmen auch erst von diesem Zeitpunkte ab ihren Anfang — § 941, 946, 947 a. a. O. —. Sie müssen vom Richter auf Antrag des Staatsanwalts, der von Amtswegen einschreiten muß, getrennt werden — § 950 u. 951 a. a. O.; § 5 V. v. 28. Juni 1844 (GS. S. 184) —; nur zur Annullirung der von Ehebrechern eingegangenen Ehen ist der Antrag des beleidigten Theils erforderlich — R. v. 11. März 1799 (Raabe 5, 355) —. Privatpersonen dürfen auf Nichtigkeitserklärung nicht klagen — OTrE. v. 8. Februar 1836 (Entsch. 1, 37) —. Ungültige Ehen können nur auf Anrufen desjenigen, der das Ehehinderniß gesetzlich zu rügen berechtigt ist, aufgehoben werden — § 931 a. a. O. —. Geschieht dies, so ist die Ehe von Anfang an nichtig — § 974 a. a. O. —; wird aber das Ehehinderniß vor Anstellung der Nullitätsklage gehoben oder in der gesetzlichen Frist nicht gerügt, so gilt die Ehe als von Anfang an gültig — § 975 u. 976 a. a. O. —. In beiden Fällen soll der vorsätzliche Uebertreter der Ehegesetze, auch wenn er sich zur Umgehung derselben im Auslande trauen läßt, in eine fiskalische Strafe von 10—300 Thlr. oder verhältnißmäßiges Gefängniß verfallen — § 170 u. 1010 a. a. O. —, jedoch bei einer Ehe, deren Ungültigkeit sich auf den Mangel einer Einwilligung gründet, nur dann, wenn auf die Nichtigkeitserklärung geklagt wird, bei anderen ungültigen Ehen nur dann, wenn wirklich geklagt wird oder noch geklagt werden kann — § 1011 u. 1012 a. a. O. —.

1) Nichtig sind folgende Ehen — § 935—940 a. a. O. —:

a. Wegen zu naher Verwandtschaft und Schwägerschaft die Ehen zwischen Verwandten in auf- und absteigender Linie — § 3 a. a. O. —, zwischen voll- und halbbürtigen, in oder außer der Ehe erzeugten Geschwistern — § 4 a. a. O. —, zwischen Stief- oder Schwiegereltern einerseits und Stief- oder Schwiegerkindern andererseits ohne Unterschied des Grades — § 5 a. a. O. —, auch wenn das Schwiegerverhältniß auf einer unehelichen Zeugung beruht — V. v. 22. Dezbr. 1844

lichen Vorschriften genau beobachten und sorgfältige Erkundigungen einziehen, ob die rechtlichen Erfordernisse einer gültigen

---

(GS. S. 47) —. Von diesem Eheverbote findet keine Dispensation, auch nicht durch den König, statt — § 10 a. a. O., JMR. v. 8. Oktbr. 1844 (JMBl. S. 223) —. Wer die an Jahren ältere Schwester des Vaters, der Mutter oder anderer Ascendenten heirathen will, bedarf dazu der Dispensation — § 8 a. a. O. —, welche den Evangelischen vom Konsistorium — RdMdgA. v. 22. Februar 1846 (BMBl. S. 55), JMR. v. 15. Mai 1846 (JMBl. S. 99) —, den Katholiken vom Ober-Präsidenten — § 2 Nr. 6 Ob.-Präs.-Instr. v. 31. Dezbr. 1825 (GS. 1826 S. 1) — nur aus erheblichen Gründen, und wenn solche Ehe beiden Theilen augenscheinlich vortheilhaft ist, ertheilt werden darf — § 9 a. a. O. —. Ist in diesem Falle die Blutsverbindung auch nur durch eine uneheliche Zeugung unterbrochen, dann bedarf es der Dispensation nicht; dagegen macht es keinen Unterschied, ob die Tante halbbürtige oder vollbürtige Schwester des Ascendenten ist (Bornemann, Syst. 5, 23, Ges. Revis. Pens. 15, 14). In allen übrigen Fällen der Verwandtschaft und Schwiegerschaft ist die Ehe erlaubt ohne Rücksicht auf ein kirchliches Verbot — § 7. 12 Anh. § 63 a. a. O. —.

b. Wegen *schon bestehender Ehe* ist die Ehe nichtig, denn „ein Mann kann nur eine Frau, und eine Frau nur einen Mann zu gleicher Zeit zur Ehe haben" — § 16 a. a. O. —. Die Bigamie (mehrfache Ehe) wird mit fünf Jahren Zuchthaus bestraft an dem Ehegatten, welcher vor Auflösung seiner Ehe die neue eingeht, an der unverheiratheten Person, welche wissentlich mit einer verheiratheten eine Ehe eingeht, und an dem Geistlichen, der wissentlich die neue Ehe schließt. Die Verjährung des Verbrechens, und zwar in 10 Jahren — § 46 StrGB. — beginnt mit dem Zeitpunkte, in welchem die Ehe aufgelöst oder für ungültig oder nichtig erklärt ist — § 139 das. —. Wenn die frühere Ehe aus einem unverschuldeten Irrthum, z. B. wenn der wirklich noch nicht erfolgte Tod des vorigen Ehegatten gesetzmäßig bescheinigt, oder das die frühere Ehe trennende richterliche Erkenntniß ungültig war — § 944 a. a. O. —, für getrennt angenommen worden, obgleich sie wirklich noch bestanden hat, so ist die folgende Ehe nur ungültig — § 942 a. a. O. —, so daß dieselbe, wenn die frühere Ehe nachher wirklich getrennt wird, als von Anfang an gültig anzusehen ist — § 943 a. a. O. —.

c. Die Ehen derjenigen, welche wegen *Ehebruchs* geschieden sind, mit denen, mit welchen sie Ehebruch getrieben haben, sind nichtig — § 25 a. a. O. —, desgleichen die Ehen derjenigen, welche wegen *verdächtigen Umgangs* oder sonst gestifteten *Mißhelligkeiten* Anlaß zur Scheidung gegeben haben, mit der geschiedenen Person — §§ 26 u. 27 a. a. O. —, desgleichen wenn ohne Scheidung die Ehe durch den Tod des unschuldigen Gatten getrennt ist, und mit dem Ehebruch oder verdächtigen Umgang *Nachstellungen nach dem Leben* des Verstorbenen verbunden gewesen sind — § 28 a. a. O. —. Jedoch dürfen die Konsistorien, bei Offizieren nur der König, von diesem Eheverbote dispensiren, wenn dadurch der Immoralität mehr gesteuert werden kann, als durch Beharrung auf dem Verbote — AKO. v. 15. März 1803 (Rabe 7, 323) —. Kompetent ist dazu dasjenige Konsistorium, in dessen Bezirk der einer Dispensation bedürftige Theil seinen ordentlichen Wohnsitz hat; es hat aber, wenn der zu Dispensirende bisher in einem andern Konsistorialbezirke gewohnt hat, zuvor die Aeußerung dieses Konsistoriums einzuholen — CRdMdgA. v. 11. Mai 1847 (BMBl. S. 256) —. Durch AO. v. 8. Juni 1857 (Aktst. 2, 217) ist zwar die fernere Ertheilung von Dispensationen vom Ehehindernisse des Ehebruchs untersagt worden, jedoch hat der evang. Ober-Kirchenrath in den ER. v. 19. Februar 1861 u. 31. Juli 1862 nachgegeben, daß in außerordentlichen Fällen dieser Art die Konsistorien bei dem Ober-Kirchenrath den Dispens durch den König beantragen dürfen. Das thatsächliche Zusammenleben solcher Personen, welche sich wegen dieses Eheverbots nicht heirathen dürfen, soll die Polizei hindern — AKO. v. 4. Oktbr. 1810 (Rabe 10, 440; Ann. 18, 785), RdMdJ. v. 21. Novbr. 1821 (Ann. 6, 141), v. 20. Juli 1840 (BMBl. S. 259) u. v. 24. Juli 1851 (BMBl. S. 180) —.

d. Die Ehen der activen und auf Wartegeld gesetzten *Offiziere* des stehenden Heeres und der zum Dienst einberufenen Landwehr-Offiziere sind, wenn sie *ohne*

Ehe vorhanden, oder ob Ehehindernisse im Wege sind. (Tit. I, Absch. 1, 2.)

Erlaubniß des Königs geschlossen sind, nichtig — § 34 a. a. O. —, und werden die Uebertreter mit viermonatlichem bis einjährigem Festungsarrest, auch nach den Umständen mit Dienstentlassung bestraft — § 172 I. Milit. StrGB. v. 3. April 1845 (GS. S. 287) —; desgleichen die Ehen der Unteroffiziere, Soldaten und der nicht zum Offizierstande gehörigen Militärs, die zur Fahne geschworen haben, wenn sie ohne Erlaubniß ihres Kommandeurs geschlossen sind — § 35 a. a. O. —. Die nicht zu den Landwehrstämmen gehörenden Landwehrmänner trifft das Verbot nur für die Zeit ihrer Einberufung — OTrE. v. 4. Febr. 1833 (Entsch. 25, 147) —; die beurlaubten Rekruten bedürfen des Konsenses des Landwehr-Bezirkskommandeurs — § 67 Mil. Kirch. O. v. 12. Februar 1832 (GS. S. 60) —.

e. Die Ehen zwischen Christen und Nichtchristen, wenn letztere sich den christlichen Ehegesetzen zu unterwerfen nach den Grundsätzen ihrer Religion gehindert sind — § 36 a. a. O. —; dabei kommt es nicht auf die individuelle religiöse Ansicht des Nichtchristen, sondern nur auf den objectiven Inhalt der Grundsätze seiner Religion an — OTrE. v. 18. Dezbr. 1854, Präj. 2586 (Entsch. 29, 364) —.

f. Wegen Standesungleichheit sind die Ehen zwischen Männern von Adel und Frauenzimmern aus dem Bauern- oder gemeinen Bürgerstande nichtig — § 30 a. a. O. —. Zum gemeinen Bürgerstande gehören nicht öffentliche Beamte mit Ausnahme der geringeren Subalternbeamten, deren Kinder in der Regel dem Kanton nach dem Kanton-Regl. v. 12. Februar 1792 unterworfen waren, Gelehrte, Künstler, Kaufleute, Fabrikanten und solche, welche gleiche Achtung mit diesen in der bürgerlichen Gesellschaft genießen — § 31 a. a. O. —. Von diesem Verbote kann, wenn drei der nächsten Verwandten des Mannes mit demselben Namen und aus demselben Stande darin willigen, das Provinzial-Obergericht, sonst oder wenn gleich nahe Verwandte widersprechen, nur der König dispensiren — § 32 u. 33 a. a. O. —. Diese Bestimmungen sind weder aus dem kirchlichen noch aus dem gemeinen Rechte entnommen, sondern aus einem Edicte v. 8. Mai 1739, das aber nur von wirklich angesessenem oder in die Gesammthand aufgenommenem Adel spricht und nicht die Nichtigkeit der Ehe, sondern nur Verlust des Adels und der Lehnrechte androht (Suarez, Schlußbericht in Jahrb. 41, 106). Die viel härteren landrechtlichen Bestimmungen stehen schon mit der Gesetzgebung seit dem Jahre 1806 nicht mehr im Einklange und sind daher auch schon a. 1830 von den Gesetzrevisoren als zur Weglassung geeignet empfohlen worden. Jedenfalls können sie neben der Bestimmung des Art. 4 Verf.-Urk. v. 31. Januar 1850, daß Standesvorrechte nicht mehr stattfinden sollen, nicht mehr fortbestehen. Dennoch hat das Obertribunal in den E. v. 25. Nov. 1853 (Entsch. 26, 347), v. 24. Novbr. 1856 (Entsch. 34, 177) u. v. 21. Februar 1862 (Str. Arch. 44, 214) sie aufrecht erhalten, und ist durch AO. v. 18. Oktbr. 1849 (Aktst. 1 A, 77) die Dispensationsertheilung dem Justizminister übertragen worden. Die Gründe des Obertribunals erscheinen nicht stichhaltig. Es findet in diesem Eheverbote kein Vorrecht des Adels, weil es unter den Vorrechten des Adels in Th. II. Tit. 9 ALR. nicht aufgezählt worden, weil es nur eine Beschränkung der adligen Männer in der Wahl ihrer Ehegattinnen involvire und nur privatrechtlicher Natur sei. Daraus, daß dies Eheverbot unter die Vorrechte des Adels nicht nochmals aufgenommen worden, folgt jedoch noch nicht, daß es kein Vorrecht desselben ist. Die in dem Verbote liegende Beschränkung des adligen Mannes in der Wahl seiner Ehegattin schließt das Standesvorrecht nicht nur nicht aus, sondern statuirt vielmehr gerade dies Vorrecht, weil das Verbot offenbar zu Gunsten des Adels erlassen war und die verbotene Ehe für eine unehrenhafte, für eine Mißheirath erklärt. Unbedenklich hat aber ein derartiges Verbot des Konnubiums zwischen gewissen Klassen von Personen einen politischen Charakter und gehört mithin ebenso dem Gebiete des öffentlichen Rechts an, wie dem des Privatrechts. Wenn endlich das Obertribunal die erwähnte Bestimmung der Verf.-Urk. deshalb als nicht rechtsbeständig ansieht, weil der Unterschied der Stände faktisch und rechtlich noch bestehe und in jedem Staate bestehen müsse, so verwechselt es nur die verschiedenen Klassen der bürgerlichen Gesellschaft, welchen keine persönliche Vorrechte zukommen, mit den politischen Ständen und Klassenunterschiede mit Standesvorrechten.

2) Ungültig sind folgende Ehen — §§ 968—972 a. a. O. —:

a. Die Ehe zwischen dem Vormunde oder seinen Kindern und den Pflegebefohlenen während der Dauer der Vormundschaft ohne vorherige Genehmigung des Vormundschaftsgerichts — § 14 a. a. O. —. Der neu zu bestellende Vormund muß, wenn Abneigung oder Benachtheiligung des Mündels erweislich, auf Nichtigkeitserklärung klagen — §§ 977—979 a. a. O. —, auch der gewesene Mündel kann binnen sechs Monaten nach erreichter Majorennität die Ehe noch aufechten — § 984 a. a. O. —.

b. Die Ehe zwischen Personen, deren eine die andere adoptirt hat, so lange die Adoption nicht auf gesetzmäßige Weise aufgehoben worden — § 13 a. a. O. —. Von der Anfechtung solcher Ehe gilt das zu 2a Gesagte — §§ 985 u. 986 a. a. O. —.

c. Die Ehe mit nicht mannbaren Personen ist ungültig, d. h. wenn der Mann noch nicht 18, das Mädchen noch nicht 14 Jahre alt ist — § 37 a. a. O. —, *ausgenommen wenn das Vormundschaftsgericht* die Ehe ungeachtet der Jugend des männlichen Kuranden für zuträglich hält, und die Braut und deren Vater sich die Verbindung gefallen lassen, die jedoch in allen Fällen binnen sechs Monaten nach erreichtem mannbaren Alter widerrufen werden kann — Anh. §§ 66, 990 a. a. O. —. Ist die zu verheirathende Person nicht unter väterlicher Gewalt und auch nicht bevormundet, so muß ihr von Amtswegen ein Vormund bestellt werden, der bei vorliegender Abneigung oder Benachtheiligung des Mündels die Ehe anfechten muß — §§ 991 u. 992 a. a. O. —.

d. Unfreiheit bei der Einwilligung zur Ehe in Folge von Zwang, Betrug oder Irrthum in der Person oder in den gewöhnlich vorausgesetzten Eigenschaften der Person macht die Ehe ungültig — § 38—40 a. a. O. —, sofern sie binnen sechs Wochen nach gehobenem Zwange oder Entdeckung des Betrugs oder Irrthums durch Anstellung der Ungültigkeitsklage, nicht durch bloßen Widerspruch oder faktische Trennung angefochten wird — § 41 a. a. O., OTrE. v. 8. Juli 1850 (Entsch. 20, 239) u. v. 29. Juni 1853, Präj. 2457 (Entsch. 25, 435) —. Die Erben haben die Anfechtungsbefugniß nur, wenn keine Kinder vorhanden, und wird ihnen die noch übrige Zeit vom Todestage an verdoppelt — §§ 42—44 a. a. O. —. Zu den gewöhnlich vorausgesetzten Eigenschaften in der Person der Braut gehört auch deren Jungfräulichkeit, wenn sie nicht schon vorher verheirathet gewesen — OTrE. v. 29. Januar 1812 (Simon, Rechtspr. 1, 37) —, jedoch muß der Mann nicht durch eigenes grobes oder mäßiges Versehen seinen Irrthum veranlaßt haben — § 82 I, 4 ALR. —. Auch dann kann die Ehe wegen Irrthums angefochten werden, wenn die Braut, welche schon außerehelich geboren, vor Eingehung versichert hat, seitdem mit keinem Manne zu thun gehabt zu haben, und das Gegentheil nachweisbar ist — OTrE. v. 8. Juli 1850 (Entsch. 20, 239) —. Die Anfechtung einer durch Zwang veranlaßten Ehe ist nicht zulässig, wenn sie nach gehobenem Zwange ausdrücklich genehmigt worden ist — § 41 a. a. O. —. Diese Genehmigung darf auch mündlich, muß aber gemäß § 57 ff. I, 4 ALR. stets ausdrücklich erklärt werden, d. h. sie muß eine solche Willensäußerung sein, durch welche die Absicht des Erklärenden, die Ehe bestehen lassen zu wollen, deutlich und mit Zuverlässigkeit ausgedrückt und erkennbar ist. — Wenn der Geistliche von dem gewissen und freien Willen der Brautleute zur Eheschließung und von dem Vorhandensein der sonstigen rechtlichen Erfordernisse zur Eingehung der Ehe nicht anders als durch persönliches Erscheinen der Brautleute sich zu überzeugen vermag, so kann er auf dasselbe halten und im Weigerungsfalle das Aufgebot verweigern. Daher ist überhaupt als Regel festzuhalten, daß die Brautleute persönlich beim Pfarrer Aufgebot und Trauung bestellen — ERbOKR. v. 23. Novbr. 1865 (Aktst. 5, 434) —.

e. Mangelnde Einwilligung des Vaters, oder wenn derselbe todt ist, der Mutter und des Vormundes, oder wenn auch die Mutter gestorben, der Großeltern und des Vormundes oder, wenn keine Großeltern mehr vorhanden, des Vormundes allein, desgleichen des Adoptivvaters und des Pflegevaters solcher Kinder, die von ihren natürlichen Eltern verlassen sind, macht die Ehe ungültig — §§ 45, 47, 50, 52, 55, 972 a. a. O. —. Waren die Kinder schon einmal verheirathet, oder sind die Söhne nicht mehr in väterlicher Gewalt, oder die Töchter majorenn, so macht der Mangel der Einwilligung die Ehe nicht ungültig — §§ 46, 997 a. a. O. —. Die Einwilligung des Vormundes bedarf der Genehmigung des Vormundschaftsgerichts — § 54 a. a. O. —. Die Einwilligung der außerhalb Europas lebenden Eltern und Großeltern kann, wenn deren Abwartung nachtheilig sein würde, durch das Vormundschaftsgericht ergänzt werden — §§ 68—72 a. a. O. —. Erhebliche Gründe zur Versagung der Einwilligung sind alle diejenigen, aus welchen eine unglückliche und mißvergnügte Ehe wahrscheinlich zu besorgen ist — § 59 a. a. O. —, besonders Mangel an dem nöthigen Auskommen — § 60 a. a. O. —, Verurtheilung des anderen Theils zu entehrender oder nach der gemeinen Meinung schimpflicher Kriminalstrafe — § 61 a. a. O. —, Hang zur Verschwendung, Trunk, Lüderlichkeit oder einem andern groben Laster — § 62 a. a. O. —, schon einmal verschuldete Ehescheidung — § 63 a. a. O. —, epileptische, venerische oder andere ansteckende Krankheiten oder Schwindsucht — § 64 a. a. O. —, Standesungleichheit, wenn der Mann vom Adel, die Braut aus dem Bauern- oder gemeinen Bürgerstande ist — § 65 a. a O. —, grobe wörtliche oder thätliche Beleidigung der Eltern oder Großeltern des andern Theils — § 66 a. a. O. —, endlich wenn die Kinder die nicht erbetene oder verweigerte Einwilligung durch heimliches Ehegelöbniß, d. h. ein ohne Einwilligung der Eltern gerichtlich oder notariell geschlossenes, oder durch erfolgtes Aufgebot gültig, oder durch außereheliche Schwängerung bindend gewordenes — OTrE. v. 13. Septbr. 1838 (Entsch. 3, 360) —, durch Entführung oder andere unerlaubte Mittel zu erzwingen gesucht haben — § 67 a. a. O. —. Die Ungültigkeit tritt aber nur ein, wenn binnen sechs Monaten nach erhaltener Nachricht von der Vollziehung der Ehe vom Vater, oder binnen sechs Monaten nach Aufhebung der Vormundschaft von dem Bevormundeten auf Ungültigkeit gerichtlich geklagt worden ist — §§ 994, 995, 999 a. a. O. —. Auch dürfen die ungehorsamen Kinder von Vater und Mutter bis auf die Hälfte des Pflichttheils enterbt werden — §§ 996, 998, 1000 a. a. O. —. Außerdem muß der Vormund bei erwiesener Abneigung oder Benachtheiligung seines Mündels auf Ungültigkeit der Ehe klagen — § 999 a. a. O. —.

3) Aufschiebende Ehehindernisse sind:

a. geschlossene Zeit, vgl. N. 188;

b. Mangel des Dispenses bei einer Ehe mit der älteren Schwester eines Ascendenten — §§ 8 u. 9 II, 1 ALR. —;

c. Mangel des väterlichen Konsenses bei großjährigen Töchtern oder in väterlicher Gewalt befindlichen Söhnen — §§ 46, 997 a. a. O. —; der Pfarrer soll bis zur Beibringung des Konsenses oder Ergänzung desselben durch richterliches Urtheil die Trauung aussetzen — AKO. v. 22. März 1844, publicirt durch CRdMdgA. v. 15. Mai 1844 (BMBl. S. 145) —;

d. Mangel des Konsenses des Chefs bei Civilbeamten, Geistlichen und Lehrern — Anh. § 70 a. a. O. —, AKO. v. 9. Juli 1839 (JMBl. S. 302), v. 10. Dezbr. 1816 (Ann. 16, 102) u. 17. April 1820 (Ann. 4, 789) —;

e. Mangel des zur Eingehung der Ehe eines Ausländers erforderlichen obrigkeitlichen Attestes — G. v. 13. März 1854 (GS. S. 123) —; vgl. N. 186;

f. Begründeter Einspruch gegen die Trauung — §§ 158—166 a. a. O. —; vgl. N. 187;

g. Trauerzeit. Eine Wittwe oder geschiedene Ehefrau soll vor ihrer Entbindung, eventuell vor Ablauf von neun Monaten, ein Wittwer vor Ablauf von sechs Wochen nach Trennung der vorigen Ehe sich nicht wieder verheirathen — §§ 19, 20, 24 a. a. O. —; nur wenn die Ehe wegen böslicher Verlassung getrennt worden, darf der geschiedene Theil sogleich, nachdem das Urtheil die Rechtskraft erlangt hat, zur ferneren Ehe schreiten — § 21 a. a. O. —. Nach Ablauf von drei Monaten kann, wenn nach den Umständen und nach dem Urtheil von Sachverständigen eine Schwangerschaft nicht wahrscheinlich ist, der persönliche Richter der Wittwe oder geschiedenen Ehefrau Dispensation ertheilen — §§ 22 u. 23 a. a. O. —. Ist eine Wittwe nach dem Tode ihres Mannes geschwängert, so bedarf sie zur Heirath mit dem Schwängerer vor Ablauf des neunmonatlichen Zeitraums zwar der Dispensation, jedoch soll ihr dieselbe unbedenklich ertheilt werden, sofern nur dem Kinde seine Gerechtsame auf den Fall vorbehalten bleiben, wenn die Zeit der Geburt die gesetzliche Vermuthung für die Erzeugung in der früheren Ehe begründen sollte, in welchem Falle das Vormundschaftsgericht die für das Kind vortheilhafteste Wahl zu treffen hat — Anh. § 64 a. a. O. —. Außerdem muß in allen Fällen der Wiederverheirathung einer schon früher verheirathet gewesenen Person, die Ehe mag durch Tod oder Scheidung getrennt sein, die gesetzliche Abfindung der minderjährigen Kinder früherer Ehe nachgewiesen, oder ein Erlaubnißschein des Vormundschaftsgerichts beigebracht werden — § 18 a. a. O., JMR. v. 11. Januar 1839 (JMBl. S. 59), v. 19. Juni 1843 (JMBl. S. 156) u. CRdMdgA. v. 8. März 1844 (VMBl. S. 84) —. Die ohne vorherige Auseinandersetzung oder gerichtliche Erlaubniß oder vor Ablauf der Trauerzeit eingegangene Ehe ist zwar nicht ungültig — §§ 1001, 1006 a. a. O. —, jedoch bleiben den Kindern früherer Ehe ihre Rechte vorbehalten, auch verliert der Vater die Verwaltung ihres Vermögens, und das Gericht muß sofort die Auseinandersetzung betreiben — §§ 1002—1007 a. a. O. —.

193. Für die Wiedertrauung geschiedener Eheleute sind die gesetzlichen Bestimmungen über das Ehescheidungsrecht und Verfahren von Wichtigkeit. Das Landrecht gestattet folgende Ehescheidungsgründe:

1) Ehebruch, Sodomiterei und andere unnatürliche Laster dieser Art, desgleichen unerlaubter Umgang, wodurch eine dringende Vermuthung der verletzten ehelichen Treue begründet wird — §§ 670, 672, 673 II, 1 ALR. —, endlich vertrauter Umgang mit einer dritten Person, der ungeachtet der auf Anrufen des anderen Ehegatten erfolgten gerichtlichen Untersagung fortgesetzt worden — §§ 674—676 a. a. O. —. Haben beide Theile Ehebruch begangen, so darf nur der Mann, nicht auch die Frau auf Scheidung klagen — § 671 a. a. O., OTrE. v. 26. Februar 1838, Präj. 430 (Präj. Samml. 1, 150) —. Der dringend verdächtige Umgang ist aber kein Ehescheidungsgrund mehr, wenn der Beweis des nicht begangenen Ehebruchs, des nicht konsummirten Beischlafs geführt wird — OTrE. v. 2. Dezbr. 1859 (Str. Arch. 36, 54) —;

2) Bösliche Verlassung. Dieselbe liegt vor: 1) wenn die Frau die Wohnung des Mannes ohne dessen Einwilligung oder rechtmäßigen Grund verläßt — § 685 a. a. O. —, oder ihm in den als beständiges Domicil neugewählten Wohnort nicht folgen will — § 679 a. a. O., JMR. v. 2. Septbr. 1815 (Jahrb. 6, 1) — und außerdem die an sie erlassene richterliche Anweisung, sich zu ihrem Manne zu begeben, nicht befolgt — §§ 680, 686 a. a. O. —, oder nicht den Nachweis des während ihrer Abwesenheit geführten unbescholtenen Lebenswandels führen kann — § 687 a. a. O. —. Ausnahmen treten ein, wenn der Mann wegen begangener Verbrechen oder sonst wider die Gesetze außer Landes geht — § 681 a. a. O. —, oder wenn die Frau durch einen vor der Heirath geschlossenen Vertrag von der Pflicht, dem Manne zu folgen, befreit worden ist — § 682 a. a. O. —. Kehrt die Frau nach Ablauf der gesetzten Frist zurück, so darf der Mann, auch wenn er sie angenommen, noch binnen Jahresfrist auf Scheidung klagen — § 271 a. a. O., OTrE. v. 28. Septbr. 1840, Präj. 916 (Entsch. 6, 320) —. 2) Wenn der Mann die Frau ohne hinreichenden Grund nicht aufnehmen will und auch den dieserhalb erlassenen richterlichen Befehl nicht befolgt, obgleich die Frau auf des Mannes Verlangen — OTrE. v. 19. Oktbr. 1852, Präj. 1194 (Präj. Samml. 1, 150) — ihren unbescholtenen Wandel während der Abwesenheit durch glaubhafte Zeugnisse nachweist — §§ 683, 684, 687 a. a. O. —. Hat die Frau sich widerrechtlich vom Manne entfernt und kann auch den Nachweis des während der Trennung geführten unbescholtenen Lebenswandels nicht führen, dann hat sie keinen Scheidungsgrund — § 687 a. a. O., OTrE. v. 5. Mai 1851, Präj. 2285, PlB. (Entsch. 21, 1) —. In allen diesen Fällen muß dem gerichtlichen Mandate ein Versuch des Geistlichen zur Herstellung des ehelichen Zusammenlebens vorangehen — § 62 V. v. 28. Juni 1844 (GS. S. 184) —, und soll auch bei Nichtbefolgung des Mandats die Scheidung nur dann ausgesprochen werden, wenn aus den Umständen und aus den nach Befinden zu erfordernden Erklärungen der Parteien unter Mitwirkung des Staatsanwalts ermittelt worden, daß wirklich eine bösliche Verlassung vorhanden und nicht bloß vorgegeben ist — § 67 das. —. 3) Längere als einjährige Abwesenheit im Auslande, wo dem Abwesenden nicht beizukommen ist, oder mit unbekanntem Aufenthalt, wenn die Entfernung unter Umständen, welche eine dringende Vermuthung der böslichen Verlassung begründen, erfolgt ist, längere als zweijährige Abwesenheit, wenn solche Umstände nicht bekannt sind, längere als zehnjährige, wenn die Entfernung aus erheblichen und erlaubten Gründen erfolgt, in allen Fällen aber gleichzeitig die erlassene öffentliche Vorladung fruchtlos geblieben ist — §§ 688—693 a. a. O. —.

Die Ehefrau eines entwichenen Soldaten kann sofort auf Scheidung klagen — Anh. § 80 a. a. O. —;

3) Halsstarrige und fortdauernde Versagung der ehelichen Pflicht — § 694 a. a. O. —, sowie vorsätzliche Verhinderung der Erreichung des gesetzmäßigen Zweckes der Beiwohnung bei oder nach derselben — § 695 a. a. O. —. Ausdrückliche Aufforderung zur Leistung der ehelichen Pflicht wird von der Frau nicht verlangt — OTrE. v. 23. April 1838 (Schl. Arch. 2, 569), v. 8. Septbr. 1851 (Str. Arch. 3, 259), v. 27. Oktbr. 1851 (Entsch. 22, 38) —, ebensowenig ist die Erlassung eines gerichtlichen Mandats zur Leistung erforderlich — OTrE. v. 21. Juni 1844, Präj. 1465 (Präj. Samml. 1, 152) —;

4) Gänzliches und unheilbares Unvermögen zur Leistung der ehelichen Pflicht, auch wenn es erst während der Ehe entstanden — § 696 a. a. O. —, jedoch darf es nicht bloß Altersschwäche sein — OTrE. v. 16. Novbr. 1840, Präj. 935 (Präj. Samml. 1, 152) —; desgleichen Ekel und Abscheu erregende oder die Leistung der ehelichen Pflicht gänzlich hindernde Gebrechen — § 697 a. a. O. —;

5) Raserei und Wahnsinn, die über ein Jahr ohne wahrscheinliche Hoffnung auf Besserung fortdauern — § 698 a. a. O. —;

6) Nachstellungen nach dem Leben, oder Leben oder Gesundheit gefährdende Thätlichkeiten — § 699 a. a. O. —, grobe und widerrechtliche Kränkungen der Ehre oder persönlichen Freiheit — § 700 a. a. O. —, auch bei Personen mittleren und höheren Standes muthwillige und wiederholte, bloß mündliche Beleidigungen und Drohungen und geringere Thätlichkeiten — § 702 a. a. O. —, endlich boshafte und Leben oder Gesundheit gefährdende Unverträglichkeit und Zanksucht — § 703 a. a. O. —;

7) Grobe, mit harter und schmählicher Freiheitsstrafe bestrafte Verbrechen — § 704 a. a. O., OTrE. v. 12. Oktbr. 1857 (Str. Arch. 28, 37) —, wissentlich falsche Beschuldigung solcher Verbrechen — § 705 a. a. O. —, Gefährdung des Lebens, der Ehre, des Amts oder Gewerbes durch vorsätzliche, unerlaubte Handlungen — § 706 a. a. O. —, Ergreifung eines schimpflichen Gewerbes — § 707 a. a. O. —;

8) Unordentliche Lebensart d. h. Hang zur Trunksucht, Verschwendung oder unordentlichen Wirthschaft, nach fruchtlos erlassenem richterlichen Besserungsmandate — §§ 708—710 a. a. O. —;

9) Versagung des Unterhalts, nachdem der Richter schon die der Frau zu reichenden Alimente festgesetzt und eingezogen hat — §§ 712, 713 a. a. O. —, desgleichen Unmöglichkeit, die Frau zu ernähren, wenn sie durch begangene Verbrechen, Ausschweifungen oder unordentliche Wirthschaft des Mannes entstanden ist — § 711 a. a. O. —;

10) Religionsveränderung, soweit dieselbe ein Ehehinderniß ist — § 715 a. a. O. —;

11) Unüberwindliche Abneigung, wenn gar keine Hoffnung zur Aussöhnung und zur Erreichung des Zwecks der Ehe vorhanden ist — § 718 a. a. O. —, selbst wenn die zur Begründung angeführten erheblichen Thatsachen keine gesetzmäßigen Scheidungsgründe enthalten — OTrE. v. 16. Dezbr. 1839, Präj. 758, PlB. (Entsch. 5, 175) —;

12) Gegenseitige freie und wohlüberlegte Einwilligung bei kinderloser Ehe — § 716 a. a. O. —.

In allen Fällen findet die Scheidung nicht statt: 1) wenn der sie Suchende den Andern zu der Handlung, welche an sich ein Scheidungsgrund ist, durch sein unsittliches Betragen veranlaßt hat — § 719 a. a. O. —, 2) wenn die zugefügten Beleidigungen ausdrücklich oder durch einjährige Fortsetzung der Ehe nach erhaltener überzeugender Kenntniß verziehen worden sind — §§ 720, 721 a. a. O. —. Die Leistung der ehelichen Pflicht gilt nicht für Verzeihung — § 722 a. a. O. —, auch dann nicht, wenn sie nach gestellter Scheidungsklage stattgefunden hat — OTrE. v. 17. April 1837, Präj. 230 (Präj. Samml. 1, 156) —. Die Anzeige von einer stattgefundenen Versöhnung an das Gericht nach angestellter Klage ist als ausdrückliche Verzeihung nicht anzusehen — OTrE. v. 5. März 1852 (Str. Arch. 6, 63) u. v. 4. März 1853 (Str. Arch. 8, 333) —.

193 a. Mit dem Tage, an welchem das Scheidungsurtel die Rechtskraft erlangt hat, ist das Band der Ehe getrennt — § 732 a. a. O. —, d. h. die Ehe ist mit allen ihren Folgen in Ansehung beider Theile gänzlich aufgehoben — § 733 a. a. O. —. Daher müssen sich auch die geschiedenen Eheleute, wenn sie ihre Ehe mit einander gültig fortsetzen wollen, von Neuem aufbieten und trauen lassen — JMR. v. 23. Juni 1832 (Jahrb. 39, 132) —. Auf Scheidung von Tisch und Bett soll, wenn auch nur ein Theil evangelisch ist, nicht erkannt — § 733 a. a. O. —, jedoch soll, wenn nicht wegen Ehebruchs, böslicher Verlassung mit unerreichbarem Aufenthalt, Raserei oder Wahnsinn, Nachstellungen nach dem Leben, grober, mit harter und schmählicher Freiheitsstrafe bestrafter Verbrechen geklagt worden, die Publikation des Scheidungsurtels auf ein Jahr nach Abschluß der Sache ausgesetzt werden, sofern nicht jede Hoffnung auf Aussöhnung unmöglich ist — § 70 V. v. 28. Juni 1844 (GS. S. 184) —. Die von katholisch-geistlichen oder von ausländischen Gerichten erkannte beständige Trennung von Tisch und Bett hat alle Wirkungen einer gänzlichen Scheidung — § 734 a. a. O., AKO. v. 17. August 1815 (Erg. ad h. §) —, die zeitweilige als Interimistikum — Anh. § 81 a. a. O., GRE. v. 10. Oktbr. 1786 (Rabe 1, 7, 530) —. Die Kompetenz der katholisch-geistlichen Gerichte ist zwar durch § 1 u. 40 V. v. 2. Jannar 1849 (GS. S. 1) aufgehoben worden, wenn sie aber dessenungeachtet auf beständige Trennung von Tisch und Bett rechtskräftig erkannt haben, so ist der letzteren die bürgerliche Wirkung einer gänzlichen Ehescheidung gemäß § 734 a. a. O. nicht abzusprechen — OTrE. v. 20. Septbr. 1854 (Entsch. 28, 336) —. Die fernere Ehe eines für beständig geschiedenen katholischen Ehegatten ist bürgerlich gültig — § 735 a. a. O., JMR. v. 10. Oktbr. 1816 (Jahrb. 8, 239) —. Ist die Ehe wegen Ehebruchs, verdächtigen Umgangs oder sonst gestifteter Mißhelligkeiten geschieden worden, so soll dem schuldigen Theile die Wiederverheirathung in dem Urtel nur unter Vorbehalt einer besondern Erlaubniß des Richters, die nur dann zu ertheilen ist, wenn die Person, welche der Schuldige heirathen will, nach Lage der Scheidungsakten nicht die vom Eheverbot betroffene ist, gestattet werden — § 736, 737 a. a. O. —.

193 b. Was das Ehescheidungsverfahren betrifft, so ist die durch § 1 V. v. 28. Juni 1844 eingeführte alleinige Kompetenz der Obergerichte für Ehesachen durch § 12 V. v. 2. Januar 1849 wieder aufgehoben worden. Der Klage muß ein geistlicher Sühneversuch vorangehen, ausgenommen, wenn der Verklagte edictaliter vorzuladen ist, und sie kann erst angenommen werden, wenn dieser Versuch fruchtlos geblieben ist, und dies durch Attest des Geistlichen nachgewiesen wird — § 10, 15 V. v. 28. Juni 1844 —. Beide Theile sind verbunden, sich dem Geistlichen zum Sühneversuch zu gestellen, und ist der verklagte Theil dazu nöthigenfalls durch seinen persönlichen Richter anzuhalten, falls er nicht inhaftirt ist. Das Ausbleiben des klagenden Theils gilt als Zurücknahme seines Antrags — § 11 das. —. Bei gemischten Ehen muß jeder Theil vor dem Geistlichen seiner Konfession erscheinen und das Attest von jedem der beiden Geistlichen ausgestellt werden — § 12 das. —. Ist in vier Monaten seit dem beim Geistlichen gestellten Antrage die Sühne nicht zu Stande gekommen, so muß das Attest ausgestellt werden — § 13 das. —. Wenn der katholische Geistliche den Sühneversuch verweigert, weil er die Ehe nicht als kirchlich gültig anerkennt, so vertritt sein darüber auszustellendes Attest das Sühneattest — § 72 das. —. Die Geistlichen dürfen für die Sühneversuche keine Gebühren erheben — AKO. v. 11. Septbr. 1846 (VMBl. S. 198) —. Die Sühneatteste sind stempelfrei — ERdMdgA. v. 13. April 1847 (VMBl. S. 255) —. Ein Staatsanwalt soll in allen Instanzen von Amtswegen bei den vorkommenden Verhandlungen zugezogen werden; er hat das öffentliche Interesse, wie auch das der Kinder zu vertreten und ist zu allen Erklärungen und Anträgen, welche sich auf die Aufrechthaltung der Ehe beziehen, jedoch nicht zur Einlegung von Rechtsmitteln ermächtigt — § 4—8 das. —. Im Laufe des Verfahrens darf nach erfolgtem Schriftwechsel das Gericht die Partheien zum persönlichen Erscheinen in der Audienz auch wider ihren Willen anhalten, wenn es solches zur Erforschung der Wahrheit für erforderlich erachtet, oder begründete Hoffnung vorhanden ist, daß dadurch die Aussöhnung der Partheien werde bewirkt werden; jedoch befreien Krankheit, Armuth,

Entfernung, Dienstverhältniß oder ähnliche Gründe auch in solchen Fällen vom persönlichen Erscheinen — § 20, 45, 51 das. —. Ebenso kann das Gericht jederzeit vor sich selbst oder durch Kommissarien mit oder ohne Zuziehung von Geistlichen Sühneversuche vornehmen — § 38 das. —. Das Gericht ist an positive Beweisregeln nicht gebunden, hat vielmehr nach seiner aus dem ganzen Inbegriff der Verhandlungen und Beweise geschöpften Ueberzeugung zu beurtheilen, ob der angegebene Scheidungsgrund bewiesen ist — § 39 das. —; daher ist das Zugeständniß nicht unbedingt beweisend — § 40 das. —, Eideszuschiebung unzulässig — § 43 das. —, die Kontumaz hat die Wirkung negativer Litiskontestation — § 44 das. —, der nothwendige Eid ist nur de veritate gestattet — § 41 das. —. Bis zur Rechtskraft des Urtels kann die Klage zurückgenommen werden, und verlieren dann die erlassenen Urtheile in allen Bestimmungen ihre rechtliche Wirkung, und die Thatsachen, aus welchen geklagt worden, können als selbstständiger Scheidungsgrund nicht mehr geltend gemacht werden — § 53 das. —.

193c. Das **kirchliche Ehescheidungsrecht** beruht auf der heiligen Schrift und den Worten Christi, der die Ehe als eine göttliche Institution für an sich unauflöslich erklärt, aber ausnahmsweise wegen Ehebruchs die Scheidung gestattet hat — Matth. 19, 4—9; Mark. 10, 2—12 —, sowie dem Ausspruche des Apostels Paulus, der als zweiten Scheidungsgrund die Verlassung des gläubigen Theils Seitens des ungläubigen hinzugefügt hat — 1. Cor. 7, 12—15 —. In strengster Auffassung und Anwendung der heiligen Schrift erklärt die **katholische** Kirche die Trennung der Ehe quoad vinculum für unzulässig — Conc. Trid. sess. 25 c. 7 de sacr. matr. — und gestattet nur beständige oder zeitweise Trennung von Tisch und Bett durch den Richter, das bischöfliche Ehegericht, und zwar beständige nur wegen Ehebruchs und unnatürlicher Fleischessünden, temporäre wegen böslicher Verlassung, Abfall vom Glauben, Verweigerung der ehelichen Pflichten, Nachstellung nach dem Leben, lebensgefährlicher Drohungen, entehrender Strafe oder Krankheit, Verleitung zu unmoralischen Handlungen oder Verbrechen. Die **Wiederverheirathung Geschiedener ist mithin stets verboten**. Bei dem Verfahren ist ein Ehevertheidiger zuzuziehen (vgl. Richter, Kirch. R. § 268, Walter, Kirch. R. § 319). Die **evangelische** Kirche gestattete dagegen auf Grund der Aussprüche Luther's und der Schmalkaldischen Artikel die Auflösung des Ehebandes durch richterlichen Ausspruch, jedoch erkannten die einzelnen Konsistorial-Ordnungen nur Ehebruch und bösliche Verlassung, bei welcher dem weggelaufenen Ehegatten nicht anzukommen sei, als Scheidungsgründe an und verwiesen die Ehesachen an die Konsistorien als Ehegerichte. In der Praxis bildete sich zwar allmälig der Grundsatz aus, daß auch andere Handlungen einen Ehescheidungsgrund abgeben können, jedoch nur sofern sie eine bösliche Verletzung aller wesentlichen ehelichen Pflichten, eine absichtliche und gänzliche Lossagung von denselben dokumentiren. Die Anwendung dieses Grundsatzes auf den konkreten Fall lag in dem Arbitrium des Ehegerichts. In nicht so schwer n Fällen und wenn noch Hoffnung auf Aussöhnung vorhanden war, war auch auf einstweilige Separation zu erkennen gestattet. In dem Verfahren wurden Zugeständniß und Eideszuschiebung als Beweismittel nicht zugelassen, überhaupt von den positiven Beweisregeln bei Erlangung der richterlichen Ueberzeugung von der Wahrheit der vorgebrachten Thatsachen abgesehen (Bornemann, Syst. 5, 166). Dieses schriftmäßige christliche Ehescheidungsrecht und Verfahren wurde schon in der Mitte des 18. Jahrhunderts durch die Doktrin und in Preußen durch Königl. Verordnungen, später durch das allgemeine Landrecht und die allgemeine Gerichtsordnung korrumpirt und durch das oben dargestellte materielle und formelle Recht ersetzt. Jahrzehnte lang hat sich die evangelische Kirche, diesen unchristlichen Rechtszustand gefallen lassen und das landrechtliche Ehescheidungsrecht auch als für die Kirche verbindlich betrachtet und befolgt. Erst seit a. 1831 wurden Bedenken einzelner Geistlichen laut, denen nach längerer Zeit auch Weigerungen zur Wiedertrauung folgten. Den dadurch entstandenen Konflikt suchte die KO. v. 30. Januar 1846 (Aktst. 3, 65) in der Art zu schlichten, daß Zwangs- und Strafmaßregeln gegen die einzelnen die Wiedertrauung Geschiedener verweigernden Geistlichen verboten, die Konsistorien aber angewiesen wurden, vermittelnd einzuwirken und nöthigenfalls die Ertheilung unbedingter Dimissorialien zu veranlassen. Diese Anordnung erwies sich jedoch als ungenügend, und wurde daher durch AO. v. 8. Juni 1857, publicirt in dem CEbOKR. v. 15. Juni

§ 441. Wenn mit Erlaubniß des ordentlichen Pfarrers

1857 (Aktst. 2, 217), dem Konsistorium in jedem einzelnen Falle, über den der betreffende Geistliche gutachtlich zu berichten hat, die Entscheidung über die Zulässigkeit der Wiedertrauung nach den Grundsätzen des schriftmäßigen christlichen Eherechts, vorbehaltlich des Rekurses an den evang. Ober-Kirchenrath, demnächst aber durch AO. v. 10. Februar 1859, publicirt durch CEdOKR. v. 15. Februar 1859 (BMBl. S. 47, Aktst. 2, 280), dem evang. Ober-Kirchenrathe, an den die Konsistorien, sobald sie die Genehmigung zur Trauung nicht ertheilen wollen, nur gutachtlich zu berichten haben, eingeräumt. Ein Zwang gegen den einzelnen Geistlichen wurde auch jetzt noch für unzulässig erklärt, jedoch der Ober-Kirchenrath ermächtigt, in solchen Fällen für Aufgebot und Trauung einen andern Geistlichen zu substituiren. Die für die Entscheidung maaßgebenden Grundsätze hat der OKR. in den CE. v. 15. Februar 1859 (BMBl. S. 47, Aktst. 2, 280) u. v. 9. Juli 1859 (BMBl. S. 199, Aktst. 5, 39) dahin präcisirt:

Die Worte der heiligen Schrift über die Ehescheidung enthalten nicht ein ohne weitere Vermittelung buchstäblich auf die jetzigen gesellschaftlichen Zustände anwendbares Gesetz, sondern ein Princip, d. h. eine für alle kirchliche Behandlung der Sache zu allen Zeiten maaßgebende Norm, welche auf die Verhältnisse des Lebens mit Weisheit und Milde zur Erhaltung der Heiligkeit der Ehe, aber auch zur Rettung der Personen und zum Schutze des Rechts angewendet werden soll. Daher ist es in der Regel nur die Verschuldung, welche das Band der Ehe zu lösen gestattet, aber nicht bloß die des Ehebruchs und der Desertion, sondern auch andere Verschuldung, sofern nur ihre Handlungen sich als Zeichen eines gänzlichen Vergessens feierlich beschworener Pflichten und als die Ursachen einer unheilbaren Zerrüttung der Ehe erweisen. Dagegen sind einseitiger heftiger Widerwille oder wechselseitige Einwilligung niemals, und Krankheit des Leibes oder der Seele nur ausnahmsweise in ganz besonderen Fällen als gültiger christlicher Ehescheidungsgrund anzuerkennen. Dem schuldigen Theile ist die Wiederverheirathung weder unbedingt und für immer zu versagen, noch sofort zu gestatten, vielmehr vorläufig bis dahin zu versagen, wo er durch seinen Wandel Zeichen der innern Umkehr gegeben hat.

Als kirchliche Jurisdiktion in streitigen Ehesachen ist die Kompetenz der evang. kirchenregimentlichen Behörden zur Prüfung der Trauungsgesuche Geschiedener nicht aufzufassen, sondern nur als ein Ausfluß der Befugniß zur Kognition über die Zulässigkeit von kirchlichen Amtshandlungen, daher ist wohl eine causae cognitio, aber kein kontradiktorisches Verfahren zu veranlassen — CRdOKR. v. 22. Novbr. 1859 in fine (Aktst. 5, 48) —. Die Geistlichen müssen daher in ihren Berichten an die Konsistorien den Fall vollständig vortragen, auch, wenn es sich um thatsächliche Ermittelungen und Beurtheilungen handelt, welche das Vorhandensein der Schuld bei dem einen oder andern Ehegatten und die Momente des Lebens und Wandels betreffen, aus denen der Eintritt einer Erkenntniß von der obwaltenden Versündigung und einer aufrichtigen Sinnesänderung geschlossen werden kann, oder wenn es sich um Beleuchtung faktischer Momente in Bezug auf die Frage handelt, ob die Versagung oder Genehmigung des Antrags der Gemeinde zum Aergerniß gereichen wird — CEdOKR. v. 28. April 1862 (Aktst. 5, 240) —, die Aeußerung des Gemeindekirchenraths einholen und beifügen und sich selbst nach vorheriger Einsicht der gerichtlichen Ehescheidungsakten gutachtlich äußern — CRdOKR. v. 2. Januar 1863 (Aktst. 5, 308) —. Die kirchlichen Behörden aber sind bei ihrer Entscheidung keineswegs ausschließlich und unbedingt an den in den gerichtlichen Urtheilen konstatirten Thatbestand gebunden, haben vielmehr ihre Prüfung auf die Gesammtheit der den einzelnen Fall bedingenden, vor oder nach Beendigung des Scheidungsprozesses vorgekommenen, in den gerichtlichen Akten oder auf andere Weise ermittelten thatsächlichen Momente zu richten — CEdOKR. v. 22. Novbr. 1859 (Aktst. 5, 41) —.

Zu § 441.

194. Durch das Dimissoriale des ordentlichen Geistlichen erhält der fremde

die Trauung durch einen andern Geistlichen verrichtet und diesem der gehörige Aufgebotsschein vorgelegt worden, so wird der trauende Pfarrer nur wegen solcher Mängel und Ehehindernisse verantwortlich, von denen er überführt werden kann, daß sie ihm wirklich bekannt gewesen sind.

§ 442. Wenn ein katholischer Pfarrer Anstand nimmt, eine Ehe, welche nach den Landesgesetzen erlaubt ist, um deswillen, weil die Dispensation der geistlichen Oberen nicht nachgesucht oder versagt worden, durch Aufgebot und Trauung zu vollziehen, so muß er es sich gefallen lassen, daß diese von einem andern Pfarrer verrichtet werde.

§ 443. Das [Landesjustizkollegium] ist in einem solchen Falle sowie auch alsdann schon, wenn der katholische Pfarrer das Aufgebot aus einem solchen Grunde versagt, wohl befugt, beides einem andern Pfarrer, allenfalls von einer verschiedenen Religionspartei, aufzutragen.

Anh. **§ 130.** Es macht keinen Unterschied, ob nur einer oder beide Theile der katholischen Religion zugethan sind.

§ 444. Uebrigens sind die katholischen Pfarrer bei fiskalischer Ahndung verbunden, die von ihren geistlichen Oberen ihnen zukommenden Dispensationen, ehe sie davon Gebrauch machen, [dem Landesjustizkollegio] der Provinz vorzulegen.

§ 445. Kein Pfarrer darf ohne besondere Erlaubniß

---

noch nicht das Recht, die Trauung in der Heimathskirche des Dimittirten zu verrichten, denn der Dimittirte ist durch die Dimission für den einzelnen Fall aus dem Pfarrverbande entlassen und hat daher kein Recht auf die Benutzung der Pfarrkirche, dem fremden Pfarrer aber ist das Recht zur Benutzung einer fremden Kirche in dem Dimissoriale nicht eingeräumt — RbOKR. v. 5. Oktbr. 1860 (Aktst. 5, 163) —.

Zu § 442.

195. Der katholische Pfarrer, welcher Aufgebot, Trauung und Laßschein verweigert, muß diese Weigerung schriftlich mit Anführung des kanonischen Grundes von sich geben. Beruht sie bloß auf Religionsverschiedenheit und darauf, daß Bräutigam und Braut die Erziehung der Kinder in der katholischen Religion nicht versprechen wollen, so dürfen die evangelischen Pfarrer auf Grund dieser die Stelle des Dimissoriales vertretenden und aufzubewahrenden Weigerung die Trauung vollziehen. Giebt der katholische Pfarrer noch andere kanonische Gründe an oder verweigert er jede schriftliche Erklärung, dann hat die Sache der evangelische Geistliche dem Konsistorio vorzulegen und zur Vollziehung der Trauung besondere Erlaubniß einzuholen — RbMdgA. v. 20. Januar 1817 (Ann. 1, 2, 116) —.

Zu §§ 443 u. 444.

196. An die Stelle des Landesjustizkollegiums und des in den Zus. 183 u. 184 Ostpreußischen Prov. R. substituirten Ostpreuß. Staatsministerii, welches aufgehoben, ist im Falle des § 443 das Konsistorium — § 1 Nr. 6 V. v. 27. Juni 1845 (GS. S. 440) —, im Falle des § 444 der Oberpräsident — § 2 Nr. 6 Ob. Präs. Instr. v. 31. Dezbr. 1825 (GS. 1826 S. 1) — getreten.

des geistlichen Departements fremde Offiziere, die in hiesigen Landen heirathen wollen, aufbieten oder trauen.

Taufen.

§ 446. Die Taufe ehelicher Kinder gebührt in der Regel dem Pfarrer des Vaters.

Anh. **§ 131.** Kinder christlicher Eltern sollen längstens sechs Wochen nach der Geburt getauft werden.

Zu § 446—452.

197. Die evang. Kirch. O. für Westphalen v. 5. März 1835 (Ann. 19, 104) und deren am 25. August 1853 publicirte Zusätze (BMBl. S. 229) enthalten folgende Bestimmungen über die heilige Taufe:

§ 89. Alle Kinder evangelischer Christen sollen innerhalb sechs Wochen nach ihrer Geburt durch die heilige Taufe in die christliche Kirchengemeinschaft aufgenommen werden.

§ 90. Von den Erwachsenen, welche in die evangelische Kirchengemeinschaft eintreten wollen, werden nur diejenigen getauft, welche aus einem nichtchristlichen Glaubensbekenntnisse zur evangelischen Kirche übergehen. — Zus. 32. Dasselbe findet statt, wenn von ihnen nicht erweislich ist, daß sie das Sakrament der Taufe nach der Vorschrift des Herrn empfangen haben.

§ 91. Bei der Taufe eines Kindes müssen der Vater desselben, wenn nicht dringende Umstände es unmöglich machen, und wenigstens zwei Taufzeugen gegenwärtig sein.

§ 92. Die Taufzeugen sollen aus den Gliedern der evangelischen Kirche oder doch aus einer Kirche christlichen Glaubensbekenntnisses gewählt werden. Sie müssen bereits zum heiligen Abendmahl zugelassen sein.

§ 93. Bei der Taufe eines Kindes ist nur die Beilegung solcher Namen zuzulassen, welche unter die bei den Christen üblichen Taufnamen gehören.

§ 94. Privattaufen in den Wohnungen der Gemeindeglieder können als Ausnahmen bewilligt werden bei erwiesener Schwächlichkeit des Täuflings und bei anhaltend übler Witterung. Es müssen dabei wo möglich ein Presbyter der Gemeinde und jedenfalls zwei Zeugen gegenwärtig sein. — Zus. 33. Auch außerhalb der im § 94 aufgeführten beiden Ausnahmefälle können Privattaufen bewilligt werden. Die Anwesenheit von zwei Zeugen dabei ist unerläßlich.

§ 95. Es sollen dem Prediger die Namen des Kindes, der Tag und die Stunde der Geburt, die Namen und der Stand der Eltern vor der Taufe schriftlich eingereicht werden.

198. Die Taufe ist keine bloß freiwillige Religionshandlung, sondern auch eine bürgerliche Pflicht der Eltern, kein bloß kirchlicher Akt, sondern zugleich eine staatliche Institution, weil ohne dieselbe kein Kind seine Geburts- und Familienrechte, sowie seinen Namen zu beweisen im Stande ist. Daher sollen die Eltern gezwungen werden, ihre Kinder taufen zu lassen — § 112 h. t. —, und wenn sie es nicht innerhalb sechs Wochen nach der Geburt gethan haben — Anh. § 131 h. t. —, hat der Geistliche dem vormundschaftlichen Gerichte Anzeige zu machen, damit dieses die Taufe veranlaßt — KO. v. 23. Februar 1802 (Rabe 7, 63), RdOKR. v. 11. Dezbr. 1855 (Aktst. 2, 131) —. Die Taufe erfolgt mit der in der Landesagende vorgeschriebenen Formel unter Anwendung des Exorcismus mit der üblichen Abrenunciationsformel. Schon vor der Taufe sind dem Prediger Namen des Kindes, Tag und Stunde der Geburt, Namen und Stand der Eltern und der Pathen schriftlich einzureichen, wie dies die verschiedenen Kirch.-Ordn. vorschreiben. Nur übliche christliche Taufnamen und neue Namen nur, soweit sie einen Sinn und in ihrer Bedeutung nichts Anstößiges haben, auch keine Familienzunamen sind, sollen für den Täufling zugelassen werden — RdMdJ. v. 25. Oktober 1816 (Stromb. Erg. 2, 836), RdOKR. v. 4. Juli 1850 (Aktst. 1, 1, 57) —. Die Pathen (Gevattern) haben die Funktionen: den Täufling darzubringen, zu halten, aus der Taufe zu heben, zugleich aber auch ihn zu vertreten und die Bürgschaft für seine christliche Erziehung

§ 447. Sind die Eltern von verschiedener Religionspartei, so gebührt die Taufe [bei Söhnen] der Regel nach dem Pfarrer des Vaters, [sowie bei Töchtern dem Pfarrer der Mutter].

§ 448. Die Taufe unehelicher Kinder kommt dem Pfarrer der Mutter zu.

---

zu übernehmen. Nur fromme, ehrliche, wohl unterrichtete und konfirmirte Mitglieder der christlichen Kirche dürfen als Pathen zugelassen werden, wie dies die Kirch.-Ordn. vorschreiben. — Für die Zahl der Pathen sind die verschiedenen Provinzial- und Lokalobservanzen maaßgebend — AKO. v. 14. Juli 1839 (Ann. 23, 626) —. Das RdMdgA. v. 20. Juli 1812 (Stromb. Erg. 2, 836) gestattet fünf Pathen und bestimmt, daß für jeden überzähligen Pathen 7 Sgr. 6 Pf. von den Taufeltern gezahlt werden sollen (s. g. Mehrgevattergelder). In Pommern müssen schon bei mehr als drei Pathen Dispensationsgebühren für den Unterstützungsfonds hülfsbedürftiger Wittwen und Waisen gezahlt werden — Pomm. Kirch. O. v. 1563 S. 23, § 19 R. v. 5. März 1680, B. v. 11. Mai 1692 (Prov. R. S. 126) —. Im Herzogthum Magdeburg muß ebenfalls bei mehr als drei, und wenn uneheliche Kinder getauft werden, bei mehr als zwei Pathen das übliche Dispensationsgeld zur Ortsarmen- oder Diöcesan-Wittwenkasse, wie es herkömmlich, gezahlt werden; nur Adlige und die bei den Landeskollegien angestellten Königl. Räthe sind in der Zahl der Pathen unbeschränkt — § 7—10 c. 2 Magdb. Kirch. O. v. 1739 —. Auch in andern Provinzen dürfen mehr als fünf Pathen nach vorgängiger Dispensation des Konsistorii bez. Superintendenten gegen Zahlung gewisser Summen für jeden Mehrgevatter an die Kirche oder bestimmte milde Stiftungen zugelassen werden. — Besondere Zeiten sind für Taufen nicht vorgeschrieben, jedoch dürfen die Geistlichen sie am Sonnabend ablehnen. — In der Regel sind sie in der Kirche vorzunehmen, jedoch sind auch Haustaufen ohne weitere Dispensation gestattet. — Die ordnungsmäßig erfolgte Taufe darf nicht wiederholt werden; wenn aber ein Kind nicht rite getauft ist, so muß die ordnungsmäßige Taufe nachgeholt werden, und hat dies das Vormundschaftsgericht zu veranlassen — JMR. v. 9. Februar 1833 (Erg. ad h. §) —. Das früher übliche Königl. Pathengeschenk für Eltern von sieben Söhnen ist durch AKO. v. 8. Juni 1848 (BMBl. S. 215) aufgehoben worden. — Die Taufe Erwachsener, welche zum Christenthum übertreten, darf nur nach vorgängiger Unterweisung und Prüfung erfolgen — RdMdgA. v. 17. Mai 1827 (Ann. 11, 410) —. Die Taufe von Kindern aus dem Konkubinat eines Juden mit einer aus der Landeskirche Ausgeschiedenen darf nicht erzwungen werden — RdOKR. v. 30 Januar 1858 (Aktst. 2, 240) —. — Die Taufen sollen nicht durch öffentliche Einladung von politischen Partheigenossen und massenhaftes Auftreten derselben in den Kirchen zu politischen Demonstrationen gemißbraucht werden, und haben die Geistlichen in vorkommenden Fällen den Schutz der Polizei zu erwarten — CRdMdgA. v. 4. März 1850 (BMBl. S. 58) —.

Zu § 447.

199. Die Vorschrift des § 447 beruht auf der Bestimmung des § 76, II, 2 ALR., welche durch die nach der AKO. v. 17. August 1825 (GS. S. 221) auch in den westlichen Provinzen geltende Decl. v. 21. Novbr. 1803 (Rabe 7, 524) aufgehoben worden ist. Daher haben die eingeklammerten Worte des Textes keine Gültigkeit mehr und folgt aus § 78 a. a. O, wonach, so lange die Eltern über den ihren Kindern zu ertheilenden Religionsunterricht einig sind, Niemand ihnen darin zu widersprechen berechtigt ist, daß dem Pfarrer der Mutter die Verrichtung der Taufe von Kindern aus gemischten Ehen nur dann zusteht, wenn ihre Erziehung nach dem übereinstimmenden Willen beider Eltern in der Religion der Mutter erfolgen soll — JMR. v. 27. Oktbr. 1855 (JMBl. S. 354) —.

Zu § 448.

200. Das uneheliche Kind einer Jüdin soll, wenn der Vater ein Christ, in der christlichen Religion erzogen, also auch getauft — JMR. v. 11. April 1823 (Jahrb. 21, 249) —, und sollen uneheliche Kinder überhaupt, wenn nur ein Theil

§ 449. Steht in beiden Fällen der Vater unter Militärgerichtsbarkeit, so muß die Taufe von dem Feld- oder Garnisonprediger ohne Unterschied der Religionspartei des Vaters verrichtet werden.

§ 450. Ist die Niederkunft nicht an dem Orte geschehen, wo der gehörige Pfarrer sich aufhält, so kann auch der Pfarrer des Orts der Niederkunft die Taufe ohne weitere Rückfrage verrichten.

§ 451. Hat eine Nothtaufe geschehen müssen, so muß dem ordentlichen Pfarrer unverzüglich davon Anzeige gemacht werden.

§ 452. Für die Handlungen und Gebräuche, welche hiernächst nach Verschiedenheit der Religionsparteien bei einem solchen am Leben bleibenden Kinde vorgenommen werden, hat der Pfarrer eben die Gebühren wie für eine Taufe zu fordern.

Von Begräbnissen.

§ 453. Jeder Eingepfarrte muß der Regel nach in seiner Parochie begraben werden.

§ 454. Stirbt Jemand außer seiner Parochie jedoch an eben demselben Orte, so hat der Prediger seines Kirchspiels das Recht, zu fordern, daß die Beerdigung in seiner Parochie geschehe.

§ 455. Stirbt er aber an einem andern Orte, so haben die Hinterlassenen die Wahl, ob sie ihn da, wo er gestorben ist, begraben oder in seine ordentliche Parochie zurückbringen wollen.

§ 456. Ueberhaupt kann jeder Eingepfarrte sein oder der Seinigen Begräbniß auch außerhalb seiner Parochie wählen.

---

der Eltern der christlichen Religion zugethan ist, im christlichen Glauben erzogen, also auch getauft werden — JMR. v. 31. Dezbr. 1834 (Jahrb. 44, 353) —.

Zu § 449.

201. Der § 449 ist durch § 59 Milit. Kirch. O. v. 12. Februar 1832 (GS. S. 69) (s. im Anh.) dahin modificirt worden, daß uneheliche Kinder von Militärpersonen auch vom Pfarrer der Mutter getauft werden sollen.

Zu § 452.

202. Ist die Haustaufe nur durch den Nothstand des Täuflings bedingt, so darf der Geistliche nur die niedrigsten für Haustaufen gegebenen Sätze liquidiren — RbOKR. v. 24. Oktbr. 1860 (Aktst. 5, 314) —.

Zu § 453—462.

203. Die Begräbnißgebräuche sind lokal verschieden. Verboten und mit Polizeistrafe von fünf Thalern oder acht Tagen Gefängniß bedroht ist das öffentliche Ausstellen aller und jeder Leichen, sowie das Oeffnen der Särge bei den Begräbniß-Ceremonien im sanitätspolizeilichen Interesse — CE. d. geistl. Depart. v. 16. März 1802 (Rabe 7, 80) u. 18. Januar 1803 (Ann. 15, 852) —. Nach der Landesagende II. S. 16—18 empfängt der Geistliche vor oder an dem

§ 457. Hat der Verstorbene selbst gewählt, so ist es hinreichend, wenn nur seine Willensmeinung mit genugsamer Gewißheit bekannt ist.

§ 458. Außer den Fällen des §§ 454, 455 müssen aber nicht nur dem Pfarrer und der Kirche, wo die Beerdigung geschieht, sondern auch dem Pfarrer und der Kirche, denen sie eigentlich zukommt, die Gebühren entrichtet werden.

§ 459. Doch haben Letztere, wenn nach § 457 der Verstorbene selbst gewählt hat, nur solche Gebühren zu fordern, die nach der Verfassung jedes Orts von allen Begräbnissen derjenigen Klasse, zu welcher die Leiche gehört, nothwendig zu entrichten sind.

Eingange zum Kirchhofe, wenn der Verstorbene oder die Hinterbliebenen die religiöse Feier des Begräbnisses begehrt haben, die Leiche; wo es üblich oder besonders gewünscht wird, begleitet der Geistliche, nachdem er im Trauerhause die Leichenrede gehalten, die Leiche nach dem Kirchhofe. Hier wird ein passendes Sterbelied gesungen, und geht die Prozession unter Glockengeläute zur Grabstätte. Dort erfolgt die Einsenkung, Rede des Geistlichen, Vater unser, Gesang, Segen. Die Betheiligung an den Begräbnissen und die Begleitung der Leiche, auch wenn sie nicht bestellt oder honorirt wird, ist den Geistlichen durch CEdOKR. v. 29. März 1853 (Aktst. 1, 6, 11) zur Pflicht gemacht worden. Auf dem Kirchhofe darf nur der Geistliche Leichenreden halten, Laien dürfen nur im Trauerhause sprechen — E. d. Kons. z. Berlin v. 18. Juni 1829 (Ann. 13, 290), welcher wiederholt in späteren RdMdgA., zuletzt am 17. Juni 1840 (BMBl. S. 228) zur Nachachtung empfohlen ist. Uebertretungen dieses Verbots sind auf Grund der §§ 6 u. 11 G. v. 11. März 1850 (GS. S. 267) von den Bezirksregierungen mit Strafe bedroht. Auf vom Kirchorte entfernten Kirchhöfen hat der Schullehrer die Leitung der Feier zu übernehmen. — Die älteren Bestimmungen des Trauerreglements vom 7. Oktober 1797 sind in Betreff der Hof-, Privat- und Familientrauer durch AKO. v. 28. Novbr. 1845 (GS. S. 830) aufgehoben und nur die die Landestrauer betreffenden Bestimmungen aufrecht erhalten. Danach sollen beim Ableben des Königs, der Königin und der Königin-Wittwe 14 Tage lang die Glocken von 12—1 Uhr geläutet, 8 Tage lang Musik und Schauspiele eingestellt, 6 Wochen lang in den Kanzleien schwarz gesiegelt und von den höheren Beamten schwarze Trauerkleider, von den Subalternen ein schwarzer Flor um den Arm getragen werden. — Militärische Begräbnißfeierlichkeiten, welche darin bestehen, daß eine militärische Trauerparade, vor dem Trauerhause aufgestellt, die Leiche mit präsentirtem Gewehr empfängt, dann dieselbe, vor dem Sarge marschirend, begleitet, wobei das Musikkorps Trauermärsche bläst und die Tambours auf gedämpften Trommeln schlagen, auf dem Kirchhofe wiederum präsentirt, wenn die Leiche in die Gruft gesenkt wird, und nach erfolgter Beisetzung drei Salven über das Grab giebt, dürfen auch bei Civilisten stattfinden, welche im Kriege mit Ehren gedient haben, oder aus dem stehenden Heere als versorgungsberechtigte Invaliden oder nach vollendeter zwölfjähriger Dienstzeit ausgeschieden sind oder die Landwehr-Dienstauszeichnung erworben haben — AKO. v. 6. Juni 1844 (BMBl. S. 232) —. Zu diesem Zwecke können sich an jedem Orte mit Genehmigung der Ortspolizeibehörde Vereine aus gedienten Soldaten bilden, welche eine bestimmte Uniform tragen dürfen — AKO. v. 22. Februar 1842 (BMBl. S. 98), v. 23. Novbr. 1861, publicirt durch CEdMdJ. u. dKr. v. 9. Januar 1862 u. v. 31. Juli 1862, publicirt durch CE. v. 31. August 1862 (BMBl. 1862 S. 179 u. 283) —. Der Hauptmann des Vereins hat von jeder Begräbnißfeierlichkeit vorher der Polizei-Obrigkeit und in Garnisonen auch dem im Orte kommandirenden Offizier Mittheilung zu machen. Die Trauerparade marschirt vor dem Sarge in 2 Gliedern und kann bestehen bei dem Begräbnisse eines Gemeinen aus

§ 460. Soll eine Leiche auf bloßes Verlangen der Hinterlassenen außer der gehörigen Parochie begraben werden, so müssen Letztere dem Pfarrer und der Kirche dieser Parochie außer den nothwendigen Gebühren auch diejenigen Handlungen und Feierlichkeiten, welche sie bei der fremden Kirche vornehmen lassen, taxmäßig bezahlen.

§ 461. Wer ein Erb- oder Familienbegräbniß außerhalb des Kirchspiels hat, kann verlangen, daß sein und der Seinigen Leichname dahin abgeführt werden.

§ 462. Doch sind auch alsdann der Kirche und dem Pfarrer, für welche eigentlich das Begräbniß gehören würde, der Regel nach die ihnen nach § 459 zukommenden Gebühren ohne Abzug zu entrichten.

§ 463. In allen Fällen, wo eine Leiche durch einen andern Gerichtsbezirk geführt werden soll, muß bei [dem Obergerichte] der Provinz ein Leichenpaß gesucht werden.

§ 464. Kann ein solcher Paß nicht vorgezeigt werden, so hat die ordentliche Obrigkeit jeden Orts der Durchfuhre das Recht, zu verlangen, daß der Sarg geöffnet, und ihr die Besichtigung der Leiche gestattet werde.

---

20 Mann in einem Zuge, eines Feldwebels oder Unteroffiziers aus 30 Mann in einem Zuge, eines Hauptmanns oder Lieutenants aus 40 Mann in zwei Zügen, eines Stabsoffiziers aus 60 Mann in drei Zügen, eines Generals aus 80 Mann in vier Zügen. Der Hauptmann kommandirt sie und bestimmt die Zugführer, auch darf ein Musikkorps sie begleiten — AKO. v. 22. Februar 1842 (BMBl. S. 98) —. Das Schießen ist nur gestattet, wenn der Verein selbst Gewehre trägt, und der zu Beerdigende einen Krieg mitgemacht hat — AKO. v. 6. Juni 1844 (BMBl. S. 232) —.

204. Die Höhe der **Begräbnißgebühren** beruht auf der Verfassung der Kirche oder Gemeindebeschlüssen oder Observanz in Betreff der Stellen- oder Erdgelder und der zur Kirche zu entrichtenden Abgaben, auf den von den kirchlichen Obern festgesetzten Taxen in Betreff der Stolgebühren des Geistlichen und Kirchendieners. Sie stufen sich ab nach der größeren oder geringeren Solennität und nach der bürgerlichen Stellung des Verstorbenen. Für **Arme** sind die früher auf 1 Thlr. festgesetzt gewesenen Gebühren durch RdMdJ. v. 5. Mai 1850 (BMBl. S. 175) auf 2 Thlr. erhöht worden. Auch für **Militärs** bis zum Feldwebel einschließlich dürfen nur die Armensätze liquidirt und gezahlt werden — RdKrM. v. 8. März 1838 (Ann. 22, 95) —. Die **Stellengelder** dürfen nicht im Wege der Administrativexekution beigetrieben werden, weil sie nicht zu den im § 1 AKO. v. 19. Juni 1836 (GS. S. 198) — vgl. N. 119 g — aufgeführten beständigen Abgaben gehören, und kommen im Konkurse gleich nach den Steuer- und Abgabenrestern in der 3. Stelle zur Hebung — § 72—75 Konk. O. v. 8. Mai 1855 (GS. S. 317) —. Vgl. N. 120.

Zu §§ 463—468.

205. Nachdem durch KO. v. 9. Juni 1833 (GS. S. 73) die **Ausstellung der Leichenpässe** den Bezirksregierungen übertragen worden, ist sie durch AO. v. 16. Mai 1857 den **Landräthen** delegirt worden. Dies gilt auch für Ostpreußen, da die Bestimmung des Zus. 185 Ostpreuß. Prov. R. durch die Beseitigung des Ostpreuß. Staatsministeriums antiquirt ist. Die AO. v. 16. Mai 1857 ist mitgetheilt worden durch CEdMdgA. u. dJ. v. 10. Dezbr. 1857 (BMBl. 1858 S. 2),

§ 465. Die Pfarrer, durch deren Kirchspiele die Leiche gebracht wird, können davon weder für sich noch für die Kirche Gebühren fordern.

§ 466. Jeder Pfarrer, von welchem bei Gelegenheit der Durchfuhre gewisse Amtshandlungen oder andere Feierlichkeiten ausdrücklich verlangt werden, hat davon die Gebühren für sich und die Kirche nach der Taxe des Orts zu fordern.

§ 467. Ist der Todte an einer ansteckenden Krankheit verstorben, so daß durch Wegbringung der Leiche die Ansteckung *verbreitet werden könnte*, so muß die Leiche schlechterdings und ohne Unterschied der Fälle da, wo sie ist, beerdigt werden.

§ 468. Alsdann sind aber auch die Gebühren nur dem Pfarrer und der Kirche der Parochie, wo die Beerdigung wirklich geschehen ist, zu entrichten.

---

welcher in Betreff des bei der Ausstellung der Leichenpässe obwaltenden sanitätspolizeilichen Interesses Folgendes vorschreibt:

1) Einem jeden Gesuche um Gewährung der Erlaubniß zu einem Leichentransporte muß ein Todtenschein, welcher von dem Arzte des Gestorbenen unter genauer Angabe des Namens und Standes des Todten, der Krankheit, an welcher er gestorben, und des Todestages auszustellen ist, sowie eine Erklärung desselben Arztes darüber, daß dem Transporte der Leiche sanitätspolizeiliche Bedenken nicht entgegenstehen, beigefügt sein.

Das Gesuch ist stempelpflichtig — RdMdJ. u. dF. v. 20. Juni 1844 (BMBl. S. 205) —.

2) Der gutachtlichen Aeußerung des Kreisphysikus bedarf es in der Regel nicht. Dieselbe ist aber dann einzuholen, wenn der Transport der Leiche in das Ausland erfolgen soll, oder wenn der vorliegende Specialfall selbst oder die von einem nicht beamteten Arzte ausgestellten Bescheinigungen (N. 1) zu Bedenken Anlaß geben.

3) Leichentransporte aus Orten, wo ansteckende Krankheiten (Cholera, Typhus) epidemisch herrschen, sind während der Dauer der Epidemie unbedingt nicht zu gestatten. Nach dem amtlich festgestellten Erlöschen der Epidemie aber kann auch der Transport von Leichen der an den betreffenden ansteckenden Krankheiten Gestorbenen unter Beobachtung der erforderlichen, von dem Kreisphysikus besonders zu prüfenden und festzustellenden Vorsichtsmaaßregeln in Ermangelung besonderer Bedenken gestattet werden.

4) Bei dem Transporte einer jeden Leiche ist darauf zu achten, daß dieselbe in einem gut verpichten Sarge, der außerdem noch in einen möglichst luftdichten Kasten eingesetzt ist, eingeschlossen sei. Dem Transport selbst muß in der Regel ein zuverlässiger Begleiter mitgegeben werden, welcher dahin zu verpflichten ist, daß die Leiche unterwegs von dem Wagen, auf dem sie gefahren wird, ohne Noth nicht abgeladen werde, daß dieser Wagen auf etwaigen Stationen wo möglich auf einem abgesonderten Platze im Freien aufgestellt und an dem Beerdigungsorte selbst unmittelbar zu der Begräbnißstelle geführt werde.

Auf Eisenbahnen wird die Beförderung einer Leiche nur verdeckt in einem besonders dazu für den Fahrpreis für Equipagen erster Klasse gemietheten Güterwagen zugelassen — § 38 Eisenb. Betr. Regl. v. 18. Juli 1853 (BMBl. S. 212) —.

5) In Betreff der etwaigen Ausgrabung bereits beerdigter Leichen wird unter Hinweisung auf das bei Ausgrabung von Leichen zu gerichtlichen Zwecken übliche Verfahren noch bemerkt, daß der Sarg mit der Leiche an der Ausgrabungsstelle selbst sofort in den vorgeschriebenen äußeren Kasten gestellt werden muß.

§ 469. Jeder Todesfall muß dem Pfarrer des Kirchspiels, in welchem er erfolgt ist, angezeigt werden.

§ 470. Ebendas gilt auch bei Personen, die sonst keiner Parochie unterworfen sind.

§ 471. Auch von todtgeborenen oder vor der Taufe gestorbenen Kindern muß die Anzeige dem Pfarrer geschehen.

§ 472. Auch solche Kinder dürfen ohne Vorwissen des Predigers nicht außerhalb des öffentlichen Kirchhofs begraben werden.

§ 473. Der hinterlassenen Familie und in deren Ermangelung dem Wirthe des Hauses, in welchem der Todesfall erfolgt ist, liegt es ob, denselben anzuzeigen.

---

6) Die Leichenpässe sind nach bestimmtem Schema auszustellen.
Die Leichenpässe sind auf eine Gültigkeit von vier Wochen zu beschränken — CRdMdJ. v. 14. Juni 1856 (BMBl. S. 172) —. Von der Ausstellung sind die Landräthe aller derjenigen Kreise, durch welche der Leichenkonduct gehen soll, sofort zu benachrichtigen, es sei denn, daß diese Benachrichtigung, weil der Transport per Eisenbahn erfolgt, den Adressaten zu spät zugehen würde. Jedenfalls aber ist der Landrath desjenigen Kreises, resp. die Polizeibehörde der einem Landrathe nicht untergebenen Stadt, in deren Bezirk der Leichenkonduct sein Ziel erreicht und die Beisetzung erfolgen soll, zu benachrichtigen — CRdMdgA. u. dJ. v. 25. Dezbr. 1859 (BMBl. 1860 S. 4) —. Nach Bewandniß der Umstände darf die Ausstellung der Leichenpässe auch den Polizeiverwaltungen in den an der Landesgrenze belegenen Eisenbahnstationsorten übertragen werden — AO. v. 12. Dezbr. 1864, publicirt durch CEdMdgA. u. dJ. v. 27. Januar 1865 (BMBl. S. 26) —. Mit folgenden Staatsregierungen ist das Abkommen getroffen, daß die von den kompetenten Behörden des einen Staats ausgestellten Leichenpässe auch für den Transport im Gebiete des andern Staats ausreichen sollen; nämlich mit Sachsen — CEdMdJ. v. 5. Novbr. 1849 (BMBl. S. 248), 15. August 1856 (BMBl. S. 231) u. 13. Februar 1867 (BMBl. S. 40) —, mit Braunschweig — CEdMdJ. v. 5. Novbr. 1849 (BMBl. S. 248) —, mit Anhalt — CEdMdJ. v. 10. Juli 1854 (BMBl. S. 150) u. 30. August 1856 (BMBl. S. 232) —, mit Oesterreich — CRdMdgA. v. 14. Juni u. 1. Juli 1856 (BMBl. S. 172, 230) u. 17. April 1862 (BMBl. S. 193) —, mit Baiern — CEdMdJ. v. 12. August 1856 (BMBl. S. 231), 31. Oktober 1862 (BMBl. S. 308) u. 24. Januar 1866 (BMBl. S. 17) —, mit Würtemberg — CEdMdJ. v. 12. Januar 1858 (BMBl. S. 25) —, mit Sachsen-Altenburg — CEdMdJ. v. 17. März 1858 (BMBl. S. 60) —, mit Schwarzburg-Rudolstadt — CEdMdJ. v. 18. Septbr. 1860 (BMBl. S. 225) —. Uebrigens werden die Gerichte durch die Leichenpässe nicht gehindert, die Leiche anzuhalten und zu besichtigen, wenn der Verdacht eines begangenen Verbrechens vorliegt — RdMdJ. v. 13. Mai 1831 (Ann. 15, 364) —.

Zu § 469.

206. Die Westphälische evang. Kirch. O. v. 5. März 1835 bestimmt in Betreff der Beerdigung in § 115:

Die nächsten Angehörigen des Verstorbenen sind verbunden, längstens innerhalb 24 Stunden nach dem Absterben desselben den Todesfall, auch wie sie die Beerdigung zu veranstalten gesonnen sind, dem Prediger anzuzeigen.

Zu § 470.

207. Juden haben gemäß § 9 u. 10 V. v. 23. Juli 1847 (GS. S. 263) und Dissidenten nach § 4 V. v. 30. März 1847 (GS. S. 125) die Todesanzeigen den Gerichten zu machen.

§ 474. Der Pfarrer muß sich nach der Todesart erkundigen und dem Todtengräber aufgeben, bei der Einlegung der Leiche in den Sarg und bei dessen Zuschlagung gegenwärtig zu sein.

§ 475. So lange es noch im Geringsten zweifelhaft ist, ob die angebliche Leiche wirklich todt sei, muß das Zuschlagen des Sarges nicht gestattet werden.

§ 476. Die näheren Bestimmungen der zur Verhütung des Lebendigbegrabens nöthigen Vorsichten bleiben den besonderen Polizeiverordnungen vorbehalten.

§ 477. Alle gewaltsame Todesarten sowie deren bei Besichtigung sich ergebende Vermuthungen muß der Pfarrer der ordentlichen Obrigkeit schleunigst anzeigen und vor erfolgter Untersuchung weder das Begräbniß noch die Abfuhr gestatten.

§ 478. Ist dem Pfarrer bekannt, daß der Verstorbene minderjährige, wahn- oder blödsinnige, oder aus anderen gesetzlichen Gründen unter Vormundschaft zu setzende Kinder oder sonstige Erben hinterlasse, so muß er der Obrigkeit davon Anzeige machen.

Zu § 474.

208. Das Ostpreußische Prov. R. bestimmt im Zus. 186:

Wo kein besonderer Todtengräber angestellt ist, müssen diejenigen, welche dessen Amt verwalten, darauf Acht haben, damit das Zuschlagen des Sarges nicht zu früh geschehe; es darf aber deshalb keine besondere Bezahlung gefordert werden.

Zu § 476.

209. Als polizeiliche Maaßregeln gegen das zu frühe Begraben der Leichen ordnet das RdMdJ. v. 2. März 1827 (Ann. 11, 168) unter Bezugnahme auf eine Instr. v. 31. Oktbr. 1794 Folgendes an: Niemand soll vor Ablauf von 72 Stunden nach seinem Ableben beerdigt werden, außer: 1) bei Epidemien, wo die schleunigste Beerdigung der daran Gestorbenen dringend geboten ist; 2) wenn ein Arzt oder Wundarzt bezeugt, daß die Leiche alle Spuren des wirklichen Todes an sich trage; 3) wenn an Orten, wo kein Arzt ist, der Bürgermeister oder Dorfschulze mit zwei erfahrenen Männern die Verhältnisse untersucht und die vorzeitige Beerdigung gestattet hat. Dies darf nur geschehen, a. wenn zuvor folgende Wiederbelebungsversuche öfters vergeblich gemacht worden sind: Auströpfeln kalten und kochenden Wassers auf die Herzgrube aus möglichster Höhe, Vorhalten brennenden Lichts vor die Augen, Abbrennen einer Feder unter der Nase, starkes Einreden in die Ohren, bei anscheinend todtgeborenen Kindern Reiben, Bürsten, Baden, Einblasen von Luft in die Lungen, oder b. wenn die Fäulnißzeichen wahrnehmbar sind, nämlich: Leichengeruch, Zusammenfallen der Hornhaut oder des durchsichtigen vordern Theils des Auges, Herausfließen fauliger Flüssigkeiten aus allen größeren Körperöffnungen, grünliches oder grün-schwärzliches Anlaufen des Unterleibes. Die Uebertretungen der vorstehenden und der betreffenden Polizeiverordnungen der einzelnen Bezirksregierungen sind nach § 345 Nr. 1 StrGB. mit Geldbuße bis 50 Thlr. oder Gefängniß bis zu 6 Wochen zu bestrafen.

Zu §§ 478—480.

210. Auch Behufs Kontrollirung des Erbschaftsstempels haben sämmtliche Prediger ohne Unterschied der Religion in den ersten acht Tagen eines jeden

§ 479. Die Anzeige muß der Regel nach derjenigen Behörde, unter welcher der Verstorbene seinen persönlichen Gerichtsstand hatte, wenn aber diese dem Pfarrer unbekannt oder außerhalb der Provinz ist, dem nächsten Gerichte geschehen.

§ 480. Sowohl der Pfarrer des Kirchspiels, in welchem der Todesfall erfolgt, als der, wo die Beerdigung geschehen ist, sind zu dieser Anzeige verpflichtet.

Kirchenbücher.

§ 481. Die Pfarrer sind schuldig, richtige Kirchenbücher zu halten und darin alle von ihnen besorgte, ingleichen alle die Eingepfarrten betreffende und ihnen angezeigte Aufgebote, Trauungen, Geburten, Taufen und Begräbnisse deutlich und leserlich einzuschreiben.

§ 482. Die Eintragung muß sogleich nach vorgenommener Handlung oder geschehener Anzeige erfolgen, und das Datum muß mit Buchstaben ausgedrückt werden.

Was zu beobachten bei Eintragung der Trauungen.

§ 483. Bei Trauungen müssen die Vor-, Zu- und Geschlechtsnamen, ingleichen das Alter beider Verlobten, auch ob sie schon verheirathet gewesen oder nicht, ob sie noch unter Eltern und Vormündern stehen oder nicht, verzeichnet werden.

§ 484. Stehen die Verlobten oder einer von ihnen noch unter Eltern oder Vormündern, so muß der Pfarrer dabei bemerken, wie ihm die Einwilligung derselben nachgewiesen worden.

Tertials (im Januar, Mai und September) eine von ihnen zu unterschreibende Liste der im verflossenen Tertial verstorbenen Personen nach vorgeschriebenem Formular oder eine Vakat-Anzeige bei 10 Thlr. Strafe den Gerichten einzureichen — § 28 Instr. v. 5. Septbr. 1811 (GS. S. 329) —.

Zu § 481.

210a. In der Stadt Berlin sind die Kirchenbücher von den besonders dazu vereideten Küstern zu führen, welche auch die Anmeldungen der Trauungen, Taufen und Todesfälle anzunehmen und in ein Journal einzutragen haben. In diesem Journale muß sodann der Aktus von dem vollziehenden Prediger nach vorheriger Berichtigung etwaiger Mängel mittelst eigenhändiger Unterschrift beglaubigt werden. Demnächst hat der Küster aus demselben die Vermerke in das Kirchenbuch einzutragen, der Pfarrer aber die Uebereinstimmung des letzteren mit dem Journal nach vorgängiger Vergleichung monatlich zu attestiren. Aus dem Journal, welches die Stelle des Duplikats vertritt, hat der Küster wöchentliche Extrakte dem Magistrat einzureichen. Die Kirchenbücher sind alle Vierteljahre von den Superintendenten zu revidiren; auch darf der Magistrat sie bei den städtischen Patronatkirchen alle Jahre revidiren lassen. Sie sind jährlich ult. Dezember abzuschließen. Die Führung der Kirchenbücher erfolgt nach dem allgemein eingeführten tabellarischen Schema. Die Kosten für diese Schemata sind aus der Kirchenkasse zu bestreiten. Auch die Kirchenatteste dürfen in Berlin die Küster ausfertigen, sie müssen aber von den Pfarrern nach vorheriger genauer Vergleichung mit dem Kirchenbuche unterschrieben werden — R. d. geistl. Depart. v. 21. April 1803 (Rabe 7, 462) —.

der Taufen,

§ 485. Bei Geburten und Taufen muß der Pfarrer den Vor-, Zu- und Geschlechtsnamen und den Stand der Eltern, ingleichen den Namen und Stand der gegenwärtig gewesenen Taufzeugen nebst den Namen, welche dem Kinde selbst beigelegt worden, mit eintragen.

§ 486. Auch muß er dabei die Angabe der Eltern oder in deren Ermangelung der Hebeamme von dem Tage und der Stunde der Geburt bemerken.

§ 487. Giebt die Mutter eines unehelichen Kindes den Vater nicht an, so muß es der Pfarrer zwar dabei bewenden lassen, zugleich aber sich sorgfältig erkundigen, ob auch die Mutter das Kind zu verpflegen und zu erziehen hinlängliche Mittel habe.

§ 488. Findet er dabei ein Bedenken, so muß er solches der Obrigkeit des Orts anzeigen.

§ 489. Wird der Vater des unehelichen Kindes angegeben, so muß der Pfarrer denselben darüber vernehmen, und wenn er sich dazu bekennt, den Namen desselben sowie die Art, wie dies Bekenntniß an ihn, den Pfarrer, gelangt ist, in das Kirchenbuch mit eintragen.

§ 490. Widerspricht der genannte Vater der Angabe der Mutter, oder kann derselbe, weil sein Aufenthalt entfernt oder unbekannt ist, nicht vernommen werden, so darf der Pfarrer seinen Namen in das Kirchenbuch nicht einschreiben.

§ 491. Er muß aber den Fall der Obrigkeit des Orts zur Untersuchung und Obsorge für das Beste des Kindes sofort anzeigen.

der Todesfälle.

§ 492. Bei Todesfällen muß der Name, der Stand

Zu §§ 487—491.

211. Uneheliche Kinder sind auf den Namen der Mutter zu taufen und auch nur unter diesem Namen in das Kirchenbuch einzutragen. Da indessen Fälle eintreten, wo von der Gewißheit des Vaters für die unehelichen Kinder Rechte abhängen, so soll, wenn sich der Vater selbst als solcher angiebt und genannt zu werden verlangt, dies in dem Kirchenbuche in einer Note besonders vermerkt werden und nur verboten sein, das Kind nach dem Vater zu nennen — AKO. v. 14. April 1816 (Ann. 3, 95) —. Aber auch von diesem Verbote kann in einzelnen, besonders motivirten Fällen unter Vermittelung der Polizeibehörden beim Minister des Innern Dispensation nachgesucht werden, jedoch nur alsdann, wenn der Nachweis geführt wird, daß der natürliche Vater, oder im Falle seines Ablebens dessen eheliche Descendenten, wenn solche vorhanden, mit dem Antrage einverstanden sind — RdMdJ. v. 30. April 1839 (Ann. 23, 418) —.

Zu § 492.

212. Die Eintragung der Todesfälle hat derjenige Pfarrer, in dessen Sprengel das Begräbniß erfolgt, zu machen — RdMdgA. v. 27. März 1866 (BMBl. S. 74) —.

und das Alter des Verstorbenen, der Tag des Todes, die Krankheit oder sonstige Todesart nach der dem Pfarrer geschehenen Anzeige eingeschrieben werden.

§ 493. Hat der Pfarrer den Verstorbenen nicht persönlich gekannt, so muß er sich durch die Aussagen glaubwürdiger Personen soviel als möglich versichern, daß derselbe wirklich derjenige gewesen sei, für den er ihm angegeben worden.

§ 494. Wie er zu dieser Versicherung gelangt sei, muß in dem Kirchenbuche mit vermerkt werden.

§ 495. Den Tod und die Beerdigung eines Fremden muß der Pfarrer, wenn sonst Niemand vorhanden ist, welcher davon in die Heimath desselben Nachricht geben könnte, zu diesem Behufe dem nächsten Gerichte anzeigen.

Eintragung der in anderen Kirchen vorgenommenen Handlungen.

§ 496. In allen Fällen, wo dem Pfarrer eine Handlung, die in einer anderen Parochie vorgenommen werden soll, bloß angezeigt wird, muß er dennoch diese Anzeige mit Bemerkung des Orts, wo die Handlung selbst erfolgen soll, in sein Kirchenbuch einzeichnen.

§ 497. Von solchen bloßen Anzeigen aber muß er bei Fertigung der jährlichen Listen keinen Gebrauch machen.

§ 498. Diejenigen, welche einer bloß geduldeten, mit keiner eigenen Kirchenanstalt versehenen Religionspartei zugethan sind, müssen die unter ihnen vorkommenden Geburten, Heirathen und Sterbefälle dem Pfarrer des Kirchspiels, in dessen Bezirk sie wohnen, zur Eintragung in das Kirchenbuch anzeigen.

§ 499. Dergleichen Anzeigen gehören mit in die jährlichen Listen.

Zu §§ 496 u. 497.

213. In denjenigen Fällen, in denen ausländische Pfarrer auf Grund von Dimissorialen inländischer Geistlichen Taufen und andere Ministerialakte vorzunehmen haben, sollen die bezüglichen Amtshandlungen von dem dimittirenden inländischen Pfarrer auf Grund einer urkundlichen Nachricht, welche derselbe von dem ausländischen Pfarrer über deren Vollziehung zu erbitten hat, unter besonderer Nummer in das Kirchenbuch eingetragen, und dieser Vermerk bei Aufstellung der jährlichen Listen berücksichtigt werden — RdMdgA. v. 23. Novbr. 1864 (BMBl. S. 279) —. Die Eintragung der von einem Militärprediger an einem eximirten Brautpaare eingesegneten Ehe soll in dem Kirchenbuche der ordentlichen Pfarrkirche des Wohnorts der Braut, bei welcher nach § 290 h. t. ohnehin das Aufgebot hat erfolgen müssen, geschehen — § 48 Mil. Kirch. O. v. 12. Febr. 1832 (GS. S. 69) —.

Zu § 498 vgl. N. 207.

Zu § 499.

214. Die jährlichen Populationslisten sind nach bestimmt vorgeschriebenem Schema, welches die Getrauten, Geborenen, Gestorbenen, Konfirmirten und Kommunikanten umfaßt, bei den letzten 4 Kategorien männliche und weibliche trennt und

§ 500. Wenn bei einer Kirche mehrere Geistliche angesetzt sind, so muß dennoch nur der eigentliche Pfarrer das Kirchenbuch führen.

Duplikat des Kirchenbuchs.

§ 501. Der Küster muß ein Duplikat des Kirchenbuchs halten und darin die von dem Pfarrer eingetragenen Vermerke getreulich abschreiben.

§ 502. Am Ende eines jeden Jahres muß der Pfarrer das Duplikat mit seinem Kirchenbuche vergleichen und die befundene Richtigkeit darunter bezeugen.

§ 503. Sodann muß dieses Duplikat bei den Gerichten des Orts verwahrlich niedergelegt werden.

Kirchenzeugnisse.

§ 504. Kirchenzeugnisse müssen jedoch aus dem von dem Pfarrer geführten Originale und nur in dessen Ermangelung aus dem Duplikate ertheilt werden.

---

bei den Geborenen die männlichen wie die weiblichen in eheliche, uneheliche und todtgeborne zerlegt, von den Geistlichen anzufertigen und spätestens am 8. Januar dem Superintendenten einzureichen, von dem sie bis zum 20. Januar der Regierung einzureichen sind — V. v. 18. Septbr. 1799 (Rabe 5, 557) —. Außerdem sind Behufs Anlegung und Führung der Stammrollen zum Militär-Ersatz zum 15. Januar jeden Jahres von den Geistlichen, bez. Civilstandsbeamten auf Grund der von ihnen geführten amtlichen Register Geburtslisten nach vorgeschriebenem Schema den mit Führung der Stammrollen beauftragten Behörden einzureichen. Nach dem Schema enthält die Liste unter laufender Nummer: a. diejenigen männlichen Geborenen, welche in dem begonnenen Kalenderjahre das 17. Lebensjahr vollenden, mit Angabe des Vor- und Zunamens, Geburtstags, Monats und Jahrs, der Nummer des Kirchenbuchs, des Namens und Standes des Vaters, des Namens der Mutter, des Vermerks, ob der Betreffende noch lebt, bez. Angabe des Sterbetags, Monats und Jahrs, b. die seit Einreichung der letzten Geburtslisten Gestorbenen von den in einer der Geburtslisten der vorhergehenden 7, bez. in Westphalen 8 Jahrgänge Aufgeführten — § 30 Mil. Ers. Instr. v. 9. Dezbr. 1858 (BMBl. 1859 Beil.) —.

Zu §§ 501 u. 503.

215. Die Aufbewahrung der Duplikate erfolgt bei demjenigen Gerichte, in dessen Jurisdiktion die Parochialkirche des Geistlichen liegt — JMR. v. 2. Februar 1841 (JMBl. S. 87, BMBl. S. 61) — und zwar in der General-Registratur der Kreisgerichte — JMR. v. 25. März 1850 (BMBl. S. 126) —. Die Vorschriften der §§ 501—503 sind durch V. v. 31. Januar 1841 (GS. S. 37) auch in Neu-Vorpommern und Rügen eingeführt worden.

Zu §§ 504 u. 505.

216. Die Kirchenzeugnisse haben die Kraft gerichtlicher öffentlicher Urkunden — § 128 I, 10 AGO. —; unrichtige Ausstellung derselben, sowie unrichtige Führung der Kirchenbücher, Verfälschung, Beschädigung oder Beseiteschaffung derselben wird, wenn sie von dem betreffenden Geistlichen, um sich oder Andern Gewinn zu verschaffen, oder um Andern zu schaden, erfolgt, mit Zuchthaus bis zu 10 Jahren und zugleich mit Geldbuße von 100 bis 2000 Thlr. bestraft — § 323 StrGB. —. Von Amtswegen auszustellen sind die Todtenscheine derjenigen Ausländer, welche in hiesigen Lazarethen, Gefängnissen oder andern Anstalten oder an Orten, wo kein Verwandter oder Bekannter den Todtenschein extrahirt, verstorben sind. Sie sind von der Bezirks-

§ 505. Auch in diesen Zeugnissen soll zur Vermeidung aller Zweifel und Verfälschungen das Datum, worauf es ankommt, nicht bloß mit Zahlen, sondern zugleich mit Buchstaben ausgedrückt, und die Zeugnisse selbst müssen mit dem Kirchensiegel bestärkt werden.

Vertretung des Pfarrers in seinem Amte.

§ 506. Ein Pfarrer, der nur bei einer einzelnen Hand-

---

regierung zu beglaubigen, von dieser aber an das auswärtige Ministerium, die für dänische und schwedisch-norwegische Unterthanen ausgestellten dagegen an das Gericht des Sterbeorts zu senden, welches über die Vermögensverhältnisse und die etwaigen diesseitigen Erben, soweit beides am Sterbeorte bekannt ist, zugleich mit Uebersendung des Todtenscheins an die Heimathsbehörde derselben Mittheilung zu machen hat — CirkMdgA v. 27. Dezbr. 1836, 18. März 1837, 7. Septbr. 1846 (BMBl. 1846 S. 198, 199) u. v. 30. Dezbr. 1847 (BMBl. 1848 S. 5) —. Alle von Amtswegen auszustellenden Atteste sind stempelfrei. Stempel- und gebührenfrei sind außerdem folgende Atteste:

a. die bei einer vormundschaftlichen Verwaltung erforderlichen Tauf-, Trau- und Todtenscheine nach dem Verlangen der Gerichte, wenn die betheiligten Pflegebefohlenen entweder gar kein Vermögen haben, oder die Vormundschaft zu denen gehört, für deren Verwaltung keine Gerichtskosten angesetzt werden dürfen — AKO. v. 5. August 1833 (GS. S. 87) —;

b. die Taufscheine zur Begründung der Altersangaben in den Stammrollen oder zur Ableistung der Militärpflicht, sowie die Todtenscheine zur Berichtigung der Aushebungslisten, die auf gedruckten Formularen auszustellen und in andern bürgerlichen Verhältnissen nicht gültig sind — RdMdJ. v. 15. Juli 1827 (Ann. 11, 666) u. v. 30. Novbr. 1838 (Ann. 22, 926) —;

c. die Taufscheine für über 60 Jahre alte Personen Behufs Befreiung von der Klassensteuer — RdMdgA. v. 19. Februar 1835 (Ann. 19, 104) —;

d. die im Wege gesandtschaftlicher Verwendung nachgesuchten Tauf-, Trau- und Todtenscheine — AKO. v. 5. August 1836 (Ann. 20, 523) —;

e. die Tauf-, Trau- und Todtenscheine Behufs Eintritts in die allgemeine Wittwen-Verpflegungsanstalt — § 13 Regl. v. 28. Dezbr. 1775 (Rabe 1, 6, 146) —, desgleichen Behufs Betheiligung an den Pensions- und Unterstützungskassen der für immer unter Staatsverwaltung stehenden Eisenbahnen — RdMdgA. v. 12. Mai 1859 (BMBl. S. 168) —;

f. die Todtenscheine für Beamte, Wartegeld-Empfänger, Pensionäre und Invaliden Behufs Liquidirung der Sterbe- und Gnadenmonate, sowie zur Justifizirung der Abgänge in den Rechnungen der Königl. Kassen — RdMdJ. v. 18. März 1862 (BMBl. S. 110) —;

g. in den sonst von den einzelnen Bezirksregierungen angeordneten Fällen, z. B. Behufs Eintritts bei den Elementarlehrer-Wittwenkassen, Behufs nachzusuchender Unterstützung für verwaiste Soldatenkinder u. s. w.

217. In Betreff der Ausfertigung der Taufscheine für uneheliche, aber durch nachfolgende Ehe legitimirte Kinder schreiben die im Einverständnisse mit dem Justizminister erlassenen RdMdgA. v. 23. August 1819 (Ann. 3, 725) u. 30. Septbr. 1831 (Jahrb. 38, 291) vor, daß der Pfarrer sich auf die Ausstellung des Taufscheins nach Lage des Kirchenbuchs beschränken und den Interessenten überlassen soll, sich über das Familienverhältniß da, wo es verlangt wird, näher auszuweisen; daß jedoch in dem Kirchenbuche auf Grund des Kopulationsscheins oder beigebrachter gerichtlich beglaubigter Atteste oder der Verhandlung über das Anerkenntniß der Vaterschaft, welche Beweisstücke beim Kirchenbuche verbleiben müssen, von dem Pfarrer ein den betreffenden Inhalt der Atteste ꝛc. kurz angebender Vermerk gemacht und demnächst in das auszustellende Taufzeugniß mit aufgenommen werden soll.

Zu § 506.

218. Die Präcentoren und Rectoren in Littauen sind, wenn sie

lung oder nur auf kurze Zeit sein Amt selbst zu verrichten gehindert wird, kann sich dabei durch einen andern Geistlichen, welcher zu solchen Handlungen an und für sich befugt ist, vertreten lassen.

§ 507. Soll die Vertretung länger als drei Tage dauern, so muß dem Erzpriester oder dem Kreisinspector davon Anzeige geschehen.

§ 508. Ist die Vertretung auf länger als vierzehn Tage erforderlich, so muß der Erzpriester oder Inspector es an das Konsistorium berichten und die genommenen Maaßregeln zur Genehmigung anzeigen.

§ 509. Verrichtet der Stellvertreter eine Amtshandlung, die ins Kirchenbuch eingetragen werden muß, so ist er schuldig, seinen eigenen Namen mit der Angabe seines Amts und der Ursache seiner Vertretung zu unterzeichnen.

Kapelläne.

§ 510. Ein katholischer Pfarrer kann unter Approbation seines vorgesetzten Konsistorii einen beständigen Amtsgehülfen oder Kapellan annehmen.

§ 511. Er muß aber dazu ein Subject wählen, gegen dessen Person, Lehre und Wandel der Patron sowenig als die Gemeinde etwas Erhebliches einwenden können.

§ 512. Der Pfarrer kann einem solchen Kapellan, wenn derselbe die Ordination erhalten hat, alle Arten seiner Amtsgeschäfte ohne Unterschied auftragen.

§ 513. Die Vertheilung der Geschäfte selbst, die Dauer der Vertretung und die dem Kapellane dafür zukommende Belohnung wird lediglich durch den zwischen ihnen unter Approbation der geistlichen Oberen geschlossenen Vertrag bestimmt.

§ 514. Ein solcher Kapellan kann jedoch, wenn die Pfarrstelle selbst erledigt wird, auf die Nachfolge darin keinen rechtlichen Anspruch machen.

Pfarrgehilfen.

§ 515. Ein protestantischer Pfarrer kann mit Vorwissen des Konsistorii einen Kandidaten zu seiner Vertretung, jedoch

---

Predigtamtskandidaten oder wenigstens die Licenz zu predigen erlangt haben, die ständigen Vertreter des Ortspfarrers im Falle der Abwesenheit oder Krankheit desselben oder der Pfarrvakanz mit der Befugniß, Taufhandlungen vorzunehmen und kirchliche Atteste auszustellen, wozu sie jedoch besonders vereidigt werden müssen. Die Gebühren für solche Taufen und Atteste fließen aber dem Pfarrer zu — RdMdgA. v. 30. Mai 1835, publicirt durch CV. des Konsist. zu Königsberg v. 12. Juni 1835 —.

nur bei dem Unterrichte der Gemeinde, nicht aber bei andern Amtshandlungen annehmen.

§ 516. Wird er durch Krankheit, Schwachheit oder Alter verhindert, sein Amt nach dessen ganzem Umfange selbst gehörig zu verwalten, und verlangt er daher einen beständigen Gehilfen zu allen seinen Amtsverrichtungen, so muß er dieses demjenigen, welchem bei einer erfolgenden Erledigung der Pfarre das Wahlrecht zusteht, anzeigen.

§ 517. Alsdann muß bei der Bestellung eines solchen Amtsgehilfen alles das beobachtet werden, was bei der Wahl eines neuen Pfarrers erforderlich ist.

§ 518. Ehe jedoch zur Wahl geschritten wird, muß dem zu bestellenden Substituten sein auskömmlicher Unterhalt aus den Einkünften der Pfarre bestimmt werden.

§ 519. Dieser Aussatz darf niemals in einem Antheile der einzelnen Pfarreinkünfte (pars quota) bestehen, sondern er muß auf einen gewissen Betrag an Geld oder Naturalien, welche der Pfarrer dem Substituten oder dieser jenem abzugeben hat, bestimmt werden.

§ 520. Ein solcher Substitut tritt, wenn die Pfarre erledigt wird, sofort an die Stelle und in alle Rechte eines wirklichen Pfarrers.

§ 521. Dagegen hat ein nicht förmlich gewählter, sondern nur von dem Pfarrer selbst mit Erlaubniß der geistlichen Oberen, wenn auch unter Einwilligung des Patrons oder der Gemeinde, angenommener Substitut kein Recht zur Nachfolge in die erledigte Pfarre.

§ 522. Auch ohne das Gesuch des Pfarrers kann demselben ein Substitut gegeben werden, wenn aus der Anzeige des Patrons, der Vorsteher oder der Gemeinde oder auch des

---

Zu § 521.

219. Daher soll auch jedem Geistlichen auf einer Stelle Königl. Patronats, welcher einen ständigen Gehülfen nachsucht, vom Konsistorium eröffnet werden, daß er auf dies Verhältniß nicht die Hoffnung gründen dürfe, den Pfarrgehülfen einst zu seinem Nachfolger ernannt zu sehen; ebenso soll ihm aufgegeben werden, dies auch der Gemeinde durch den Kirchenvorstand oder auf eine sonst angemessene Weise bekannt zu machen und, daß solches geschehen, dem Superintendenten anzuzeigen — CRdMdgA. v. 17. März 1841 (BMBl. S. 151) —.

Zu § 522.

220. Die unfreiwillige Emeritirung tritt ein, wenn die geistigen oder körperlichen Kräfte des Geistlichen zur weiteren vollständigen Amtsführung unzulässig sind, und dies aktenmäßig durch ärztliche Atteste und Lokalrevision konstatirt ist.

Kreisinspectors bei einer deshalb von den geistlichen Oberen zu veranlassenden Untersuchung sich ergiebt, daß der Pfarrer aus einem der § 516 angeführten Gründe seinem Amte vollständig vorzustehen nicht mehr vermögend sei.

Niederlegung des Amts.

§ 523. Wenn ein Pfarrer sein Amt niederlegen will, so muß er dem Patron und der Gemeinde davon Anzeige machen und die Genehmigung der geistlichen Oberen nachsuchen.

§ 524. Finden diese dabei nichts zu erinnern, so gebührt weder dem Patron noch der Gemeinde ein Recht zum Widerspruch.

§ 525. Nimmt jedoch ein Pfarrer innerhalb zehn Jahren von Zeit seiner Bestellung einen anderweitigen Ruf an, so ist er schuldig, der Kirchenkasse und der Gemeinde alle bei seiner Ansetzung und seinem Anzuge verwendete Kosten zu erstatten.

§ 526. Auch nach erhaltener Genehmigung der geistlichen Oberen darf der Pfarrer sein Amt nicht eher verlassen, als bis sein Nachfolger bestellt und eingewiesen worden.

§ 527. Sind erhebliche Gründe vorhanden, warum dieses nicht abgewartet werden kann, so muß der Erzpriester oder Inspector unter besonderer Approbation des Konsistorii für die Versehung des Amts in der Zwischenzeit sorgen.

§ 528. Einem Pfarrer, der sein untadelhaft geführtes Amt wegen Alters oder Krankheit niederlegen muß, gebührt ein lebenswieriger Gnadengehalt.

§ 529. Bei ermangelnder Vereinigung über den Betrag und Fonds desselben muß das Gehalt auf ein Drittel der

In solchem Falle sind die aktenmäßig konstatirten Thatsachen dem Betheiligten mitzutheilen, und ist er darüber zu hören; demnächst sind durch ein mit Gründen zu versehendes Resolut des Konsistorii die Emeritirung und das zu bewilligende Ruhegehalt festzusetzen, wogegen der Betroffene innerhalb vier Wochen den Rekurs an den evang. Ober-Kirchenrath hat — CEvOKR. v. 27. Novbr. 1854 (Altst. 2, 15) —.

Zu § 525 vgl. § 3 Zus. 179 Ostpreuß. Prov. R. und für die ehemals Sächsischen Landestheile Regul. v. 18. Febr. 1799 in N. 171.

Zu § 529.

221. In Westphalen und Rheinland beträgt nach § 74 Kirch. O. v. 5. März 1835 (Ann. 19, 101) das Emeritengehalt die Hälfte der gesammten Pfarreinkünfte. — Ein Anspruch auf Pension aus Staatsfonds steht nur den im unmittelbaren Staatsdienste stehenden, vom Staate besoldeten Geistlichen, wie den Militärgeistlichen nach § 30 Mil. Kirch. O. v. 12. Februar 1832 (GS. S. 69), oder den Strafanstaltsgeistlichen — CRdMdJ. v. 19. Januar 1844 (BMBl. S. 13) — zu, vgl. § 5 Pens. Regl. v. 30. April 1825 (Ann. 16, 845). Dagegen sind, weil die Emeritengehälter oft unzureichend sind, auf Grund der von den Provinzial-Synoden a. 1844 und der General-Synode a. 1846 gemachten Vorschläge provinzielle Unterstützungsfonds für die emeritirten evangelischen Geistlichen gebildet und durch Allerhöchsten Erlaß mit den Rechten der juristischen Person ver-

sämmtlichen Pfarreinkünfte nach einem gemäßigten Anschlage festgesetzt, und der Nachfolger zu dessen Entrichtung auf die § 519 bestimmte Art angewiesen werden.

---

sehen worden. Derartige Fonds existiren in der Mark Brandenburg auf Grund der AO. v. 23. April 1847 nebst Reglement von demselben Tage (BMBl. S. 161) u. AO. v. 29. Novbr. 1847 (GS. 1848 S. 22), in Pommern auf Grund des AE. v. 9. Juli 1856 (GS. S. 753) nebst Regl. v. 2. Juli 1856, welches nur in den Pommerschen Amtsblättern publicirt ist, in Preußen auf Grund des AE. v. 24. August 1864 nebst Regl. v. 20. ej. m. (GS. S. 563), in Sachsen auf Grund des AE. v. 24. August 1864 nebst Regl. de eod. dato (GS. S. 567), in der Ober-Lausitz auf Grund des AE. v. 21. Novbr. 1864 nebst Regl. v. 14. Dezbr. 1864 (Aktst. 5, 482), in Westphalen auf Grund des AE. v. 8. Juli 1865 nebst Regl. v. 5. Juli 1865 (GS. S. 812), in Schlesien auf Grund des AE. v. 15. Januar 1866 nebst Regl. v. 13. ej. m. (GS. S. 53). Dem Emeritenfonds der Provinz Brandenburg sind außer den Rechten der juristischen Person durch § 15 des Allerh. bestätigten Reglements v. 23. April 1847 auch die fiskalischen Prozeßvorrechte, die Stempel- und Gerichtskostenfreiheit, ebenso dem Fonds der Provinz Pommern durch AE. v. 9. Juli 1856 dieselben Rechte und außerdem noch das Recht der Administrativ-Exekution bei Einziehung der Beitragsrückstände verliehen worden. Der wesentliche Inhalt der Reglements als Statuten dieser Stiftungen ist folgender:

1) Zweck des Fonds ist: den Geistlichen im Falle ihrer ehrenvollen Emeritirung, wenn sie nach tadelloser Amtsführung Alters-, Krankheits- oder Schwachheitshalber mit hinreichendem, von der Aufsichtsbehörde anerkanntem Grunde in den Ruhestand versetzt werden, einen lebenslänglichen Zuschuß zu dem ihnen gesetzlich aus dem Einkommen ihrer Pfarrstelle zustehenden Emeritengehalte zu gewähren.

2) Berechtigt zur Theilnahme sind alle in der pfarramtlichen Seelsorge unwiderruflich angestellte evangelische Geistliche einschließlich der fest angestellten Hülfsgeistlichen, gleichviel ob sie auch ein Schul- oder anderes Nebenamt haben. Verpflichtet sind alle nach der Publikation des Reglements in eine Stelle dieser Kategorie berufenen Geistlichen. In Preußen und Sachsen sind auch die aus andern Fonds Pension beziehenden Geistlichen, wie die Divisions-, Garnisons-, Strafanstaltsprediger theilnahmeberechtigt, und zwar die später angestellten in den drei ersten Monaten nach ihrem Amtsantritte. Geistliche, welche vor Publikation des Reglements angestellt, aber erst, nachdem letzteres zur Wirksamkeit gelangt, beigetreten waren, haben von dem Tage ab, wo es in Wirksamkeit getreten, die Beiträge nebst 5 pCt. Zinsen zu leisten.

3) Der Zuschuß wird nur gewährt, wenn seit dem Beitritt bis zur Emeritirung mindestens ein Jahr verflossen ist, mit dem Anfang des auf den Eintritt der Emeritirung folgenden Kalenderquartals bis zum Ende des Quartals, in dem Emeritus stirbt oder sein Anrecht verliert. Er wird vierteljährlich praenumerando gezahlt, ins Ausland nur mit Genehmigung des Konsistoriums, und beträgt, wenn die Emeritirung im 2. Jahre erfolgt, in Preußen und Pommern 40 Thlr., in Brandenburg 32 Thlr., in Sachsen 26 Thlr, in Oberlausitz und Westphalen 20 Thlr., in Schlesien 30 Thlr., wenn im 3. resp. 80, 64, 52, 40, 60 Thlr., wenn im 4. resp. 120, 96, 78, 60, 90 Thlr., wenn im 5. resp. 160, 128, 104, 80, 120 Thlr., wenn im 6. resp. 200, 160, 130, 100, 150 Thlr. In Sachsen sollen von 6 zu 6 Jahren diese Sätze revidirt werden. Sind in einem Jahre mehr zum vollen Zuschuß berechtigte Emeriten vorhanden, als der Fonds zu befriedigen im Stande, so müssen die im letzten Jahre Hinzugetretenen sich verhältnißmäßigen Abzug gefallen lassen, bis der Fonds wieder zureicht, erhalten aber auch dafür nachträgliche Entschädigung, sofern es der Bestand des Fonds gestattet.

4) Der Verlust des Emeritengehalts zieht auch den Verlust des Zuschusses nach sich. Bei Wiederanstellung des Emeritus in einem öffentlichen Amte wird der Zuschuß nur soweit fortgezahlt, als mit Zurechnung des neuen Einkommens und des Emeritengehalts zur Kompletirung des ursprünglichen Diensteinkommens erforderlich ist.

5) Die Einnahmen des Fonds bestehen aus jährlichen Beiträgen der Geist-

Vergehungen der Pfarrer.

§ 530. Geringere Amtsvergehungen der Pfarrer müssen von den geistlichen Oberen auf die § 125 bestimmte Art geahndet werden.

§ 531. Hat ein Pfarrer ohne bösen Vorsatz durch unvorsichtiges Betragen das Vertrauen seiner Gemeinde verloren, so müssen die geistlichen Oberen seine Versetzung an einen andern Ort veranstalten.

§ 532. Hat ein Pfarrer in seinem Amte grobe Excesse begangen, so müssen die geistlichen Oberen ihm die Führung seines Amts vorläufig untersagen, wegen dessen Wahrnehmung die erforderlichen Anstalten treffen, die nähere Untersuchung verhängen und nach dem Befunde derselben ihm die Entsetzung andeuten.

---

lichen, aus den Zinsen der nicht verwendeten Einkünfte, aus den Erträgen von Erbschaften, Schenkungen u. dgl.

6) Die Beiträge der Geistlichen betragen ein Procent ihres vom Konsistorium festzusetzenden Diensteinkommens. Von jedem angefangenen Hundert desselben wird der Beitrag erst von den zweiten 50 Thlr. berechnet, und zwar in Preußen wie von einem vollen Hundert. Die Beiträge sind praenumerando am ersten Tage jedes Kalenderquartals, in Preußen jedes Kalendersemesters zu entrichten. Bei Vakanzen und während der Gnadenzeit werden sie aus den Einkünften der Stelle gezahlt. Zurückzahlung der Beiträge findet niemals statt.

7) Das Konsistorium führt die Direction und Verwaltung des Fonds und vertritt die Anstalt nach Außen, insbesondere auch bei Erwerb, Verwaltung und Veräußerung von Grundstücken und Kapitalien. Gegen die Verfügungen desselben haben die Betheiligten das Recht der Beschwerde an den Minister d. geistl. Angel.

Die Reglements für Sachsen, Westphalen und Brandenburg enthalten noch Vorschriften über die Art der Berechnung des Diensteinkommens durch die Konsistorien. — Außerdem genießen auch die emeritirten Geistlichen die im § 10 f. G v. 11. Juli 1822 den Geistlichen verliehene Kommunalsteuerfreiheit (vgl. N. 60 e) — RdMdgA., dJ. u. dF. v. 22. Juli 1854 (BMBl. S. 133) u. v. 19. Juli 1855 (BMBl. S. 133) —.

Zu §§ 530—538.

222. Die auf die Vergehungen der Pfarrer bezüglichen Bestimmungen der Westphälischen evang. Kirch. O. v. 5. März 1835 (Ann. 19, 104) und deren Zusätze v. 25. August 1853 (BMBl. S. 229) sind folgende:

§ 121. Ueber die Prediger und Kirchenvorstände führt der Superintendent die Aufsicht und ist verpflichtet, Jeden, wo er es nöthig findet, mündlich oder schriftlich zu ermahnen und zu warnen.

§ 122. Bei solchen Vergehungen, die noch keinen Antrag auf Suspension oder Amtsentsetzung begründen, wird ein Verweis ertheilt, was nur in Folge eines Urtheils der Moderatoren der Kreis-Synode geschehen kann.

§ 123. Der Verweis wird von dem Superintendenten vor dem versammelten Moderamen oder vor dem versammelten Kirchenvorstande nach näherer Bestimmung des Urtheils ertheilt.

§ 124. Dieser Verweis wird, wenn er unwirksam war, nach einiger Zeit wiederholt und zwar in Folge eines Urtheils, welches das Moderamen der Kreis-Synode spricht.

§ 125. Ist auch dieser Verweis ohne Erfolg, so muß der Superintendent dem Konsistorio den Fall zur Verfügung anzeigen.

§ 126. Bei Vergehungen, die einen Antrag auf Amtsentsetzung begründen,

[§ 533. Will sich der Pfarrer dabei nicht beruhigen, so steht ihm frei, auf förmliche gerichtliche Untersuchung und Entscheidung anzutragen.]

[§ 534. Er muß sich aber dazu binnen vier Wochen nach angedeuteter Entsetzung melden.]

---

macht das Directorium der Kreis-Synode den Antrag an das Konsistorium. Das Konsistorium ist berechtigt und verpflichtet, ex officio einzuschreiten, ohne den Antrag des Directoriums der Kreis-Synode abzuwarten.

Zus. 37. Dasselbe gilt von solchen Vergehungen, welche auch nur eine Suspension oder Dienstentlassung mit Ruhegehalt zur Folge haben.

§ 127. *Wegen Nachlässigkeit im Amte oder kirchenordnungswidriger Verrichtung der Amtsgeschäfte,* sowie auch wegen des Nichterscheinens im Presbyterio, dem Kollegio der Gemeinde-Repräsentanten, sowie in Kreis- und Provinzial-Synodal-Versammlungen werden die Pfarrer und die Mitglieder der Presbyterien und der größern Gemeinde-Repräsentation mit angemessener Ordnungsstrafe belegt.

§ 128. Diese Ordnungsstrafen werden auf den Antrag des Superintendenten von der Kreis-Synode bestimmt.

Zus. 38. Der Superintendent hat das Recht, die von der Synode bestimmten Ordnungsstrafen in Gemäßheit des von der Provinzial-Synode dafür aufgestellten und bestätigten Reglements festzusetzen und einzuziehen.

In Betreff dieser Ordnungsstrafen bestimmt der EdMdgA. v. 17. April 1855 (BMBl. S. 116) Folgendes:

I. Die Superintendenten sind ermächtigt, die nachstehend bestimmten Ordnungsstrafen festzusetzen:

A. gegen Pfarrer und Hülfsgeistliche 1) wegen nachlässiger oder unterlassener Besorgung der ihnen als Pfarrern oder Pfarrverwesern, bez. Vorsitzenden des Presbyteriums kirchenordnungsmäßig obliegenden äußeren Geschäfte, sowie wegen Verletzung der vorschriftsmäßig bestehenden Geschäftsordnung für jeden nach wiederholter Erinnerung vorkommenden Kontraventionsfall 20 Sgr. bis 5 Thlr., 2) wegen Unterlassung der vorschriftsmäßigen Anzeige bei dem Presbyterium bei einer mehr als achttägigen Abwesenheit aus ihren Gemeinden, wegen unterlassener Nachsuchung des erforderlichen Urlaubs bei einer mehr als vierzehntägigen Abwesenheit und wegen nicht gehörig besorgter Vertretung in Abwesenheitsfällen 1—5 Thlr., 3) wegen nachlässiger oder ohne hinreichende Entschuldigung unterlassener Bedienung erledigter Pfarrstellen ohne vollständige Vertretung 2—5 Thlr.;

B. gegen untere Kirchenbeamte wegen unregelmäßiger oder unterlassener Wahrnehmung der nach ihrer Vokation bez. Instruktion ihnen obliegenden Geschäfte 5 Sgr. bis 1 Thlr.;

C. gegen die Mitglieder der Presbyterien und Gemeinde-Vertretungen 1) wegen Ausbleibens aus den gehörig einberufenen Versammlungen ohne begründete, möglichst zeitige Verhinderungsanzeige, wiederholten Zuspätkommens zu denselben, willkührlicher Entfernung vor dem Schlusse derselben, bez. vor Vollziehung des Protokolls 5—20 Sgr., 2) wegen nachlässiger oder saumseliger Wahrnehmung derjenigen äußeren Amtsgeschäfte, welche sie nach den Vorschriften der Kirch. O. zu verrichten und bei ihrer Einführung übernommen haben, 15 Sgr. bis 1 Thlr. Dieselben Ordnungsstrafen treten für die Kirchenkassen-Rendanten ein.

Bei Predigerwahlen, Kirchenvisitationen und andern von den Superintendenten zu leitenden Verhandlungen findet in allen diesen Fällen (C 1 u. 2) Verdoppelung der Strafen statt.

II. Von der eine Ordnungsstrafe festsetzenden Verfügung des Superintendenten findet innerhalb der in derselben bezeichneten und mindestens auf acht Tage zu bestimmenden Frist Rekurs an das Konsistorium oder nach Unterschied des Ressorts an die betreffende Regierung statt.

III. Die Ordnungsstrafen fließen in die kirchliche Ortsarmenkasse, oder

§ 535. Bei katholischen Pfarrern* gebührt das Erkenntniß dem geistlichen Gerichte, [bei protestantischen aber dem Landesjustizkollegio der Provinz].

§ 536. Hat ein Pfarrer sich bürgerlicher Verbrechen, die eine Kriminaluntersuchung nach sich ziehen, schuldig gemacht, so müssen die geistlichen Oberen ihn suspendiren und die Sache der ordentlichen Obrigkeit zur weiteren Verfügung anzeigen.

wenn eine solche nicht vorhanden, nach dem Ermessen des Presbyteriums in die Kirchen- oder Wittwenkasse der betreffenden Gemeinde.

IV. Der Antrag auf Einziehung einer vollstreckbar gewordenen Ordnungsstrafe ist erforderlichen Falls durch den Superintendenten an die betreffende Regierung zu richten.

§ 129. Ueber Klagen gegen die Mitglieder der Directorien der Kreis- und Provinzial-Synoden entscheiden die betreffenden Staatsbehörden.

Zus. 39. Das Konsistorium übt die Disciplin über alle Gemeindebeamten, insoweit das Moderamen der Kreis-Synode über dieselben die erste Instanz bildet, in zweiter; über die Beamten des Kreises aber, als Superintendenten, Moderamen der Kreis-Synode und die Kreis-Synodal-Versammlung selbst, in erster Instanz. Gegen die Gemeindebeamten kann es in erster Instanz nur auf Antrag des Moderamens der Kreis-Synode, oder wenn dieses seine Disciplinarbefugniß versäumt, ex officio einschreiten. Das Konsistorium kann auf Verweis, Ordnungsstrafen bis zu 20 Thlr., Suspension mit Entziehung des halben Gehalts, Dienstentlassung mit Pension und Amtsentsetzung erkennen. Der Rekurs von den Straferkenntnissen des Konsistoriums, wenn solches in erster Instanz gesprochen, geht an die obern Kirchenbehörden.

223. Die §§ 533, 534 und die eingeklammerte Stelle im § 535 sind aufgehoben durch die AKO. v. 12. April 1822 (GS. S. 105), welche bestimmt, daß gegen die von den geistlichen Obern ausgesprochene Entsetzung eines Geistlichen wegen Amtsvergehen nicht mehr der Antrag auf förmliche gerichtliche Untersuchung und Entscheidung stattfinden, sondern nur ein Rekurs an den Minister der geistl. Angel. zulässig sein solle. An die Stelle des letzteren ist bei evangelischen Geistlichen der evang. Ober-Kirchenrath getreten — § 1 Nr. 6 Ress. Regl. v. 29. Juni 1850 (GS. S. 344) —, während in erster Instanz die Konsistorien entscheiden — § 1 Nr. 4 V. v. 27. Juni 1845 (GS. S. 440) —. Für die katholischen Geistlichen ist der Bischof und das bischöfliche Gericht die Disciplinarbehörde — § 125 ff., 531, 532, 535 h. t. —. Vgl. das Nähere in N. 73. Für die evangelischen Geistlichen gilt in Betreff der Disciplinarvergehen, der Strafmittel und des Verfahrens Folgendes:

A. Disciplinarvergehen sind folgende:

1) amtliche Ordnungswidrigkeiten und Verstöße gegen die liturgischen und rein kirchlichen Handlungen — § 2 Nr. 8 Konf. Instr. v. 23. Oktbr. 1817 (GS. S. 237) —;
2) Ungehorsam gegen die Anordnungen der Königl. Regierung — Rek. Res. dOKR. v. 13. Novbr. 1862 (Aktst. 5, 316) —;
3) unsittlicher Lebenswandel — § 2 Nr. 7 Konf. Instr. v. 23. Oktbr. 1817 —;
4) Verletzung des evang. Bekenntnisses, die mit der ferneren Führung des geistlichen Lehramts in der Kirche nicht vereinbar sein würde — Rek. Res. dOKR. v. 15. Juni 1854 (Aktst. 2, 90) —, desgleichen pflichtwidrige Umtriebe gegen das Bekenntniß und die Verfassung der evangelischen Kirche — ERdOKR. v. 7. Dezbr. 1850 (BMBl. S. 371) —;
5) Bruch des Amtseides — ERdMdgA. v. 18. August 1849 (BMBl. S. 163) —;
6) ungeziemende, gegen die Obrigkeit gerichtete politische Thätigkeit — Rek. Res. dOKR. v. 6. Novbr. 1851 (Aktst. 1, 3, 2) —;
7) bürgerliche Verbrechen oder Vergehen, gleichviel ob eine gerichtliche Untersuchung dieserhalb eingeleitet, ob der Angeklagte in derselben freigesprochen oder bestraft

§ 537. Es kann aber auch die bürgerliche Obrigkeit, ohne erst die Anzeige abzuwarten, sich des Verbrechers sofort bemächtigen und ihm den Prozeß machen.

§ 538. Doch muß sie den geistlichen Oberen davon Nachricht geben, damit diese wegen der Amtsversehung das Nöthige verfügen können.

---

worden, sofern dadurch ein kirchliches Aergerniß hervorgerufen ist — AE. v. 24. August 1849, durch welchen die entgegenstehenden Bestimmungen der §§ 10—12 G. v. 29. März 1844 (GS. S. 79) aufgehoben worden sind, (Aktst. 1 A, 45) u. CRdOKR. v. 11. Septbr. 1851 (Aktst. 1, 3, 1) —; jedoch kann das Disciplinarverfahren bis zur rechtskräftigen Entscheidung der gerichtlichen Untersuchung ausgesetzt werden — CRdOKR. v. 2. Juli 1853 (Aktst. 1, 6, 65) —.

B. Die Strafmittel sind folgende:

1) Ermahnung und Verweis, nöthigenfalls vor versammeltem Kollegio;
2) Geldbußen bis zu 20 Thlr. — § 530 u. 125 h. t. —;
3) Strafversetzung — § 531 h. t. —, wenn die Verschuldung nicht von zu schwerer Art und eine Besserung in neuen amtlichen Verhältnissen oder Umgebungen noch zu hoffen ist — CRdMdgA. v. 21. Juli 1840 (BMBl. S. 288) — auch in eine geringer dotirte Stelle oder mit Vorbehalt der unfreiwilligen Pensionirung;
4) unfreiwillige Emeritirung, auch mit geringerem, als dem gesetzlichen Emeritengehalte, wenn nur auf Strafversetzung zu erkennen, diese aber wegen höheren Alters oder wegen verminderter Dienstfähigkeit des Angeschuldigten nicht anwendbar sein würde; diese Strafe darf aber nur von dem Ober-Kirchenrath ausgesprochen werden — AKO. v. 27. April 1830 (GS. S. 81) u. CRdMdgA. v. 21. März 1831 (Ann. 15, 47) —;
5) Amtsentsetzung — § 532 h. t. AKO. v. 12. April 1822 (GS. S. 105) —.

Von den Strafmitteln sind die geringeren (Ermahnung, Verweis, Geldbußen) rechtzeitig in Anwendung zu bringen, und nicht erst grobe Excesse abzuwarten, um gleich mit dem Verfahren auf Amtsentsetzung vorzugehen — CRdMdgA. v. 19. Dezbr. 1824 (Ann. 8, 1058) —.

Die Amtssuspension ist nur eine provisorische, prozessualische Maaßregel für die Dauer der Untersuchung — § 532, 536 h. t. —. Bei derselben ist zugleich ein Theil der Diensteinkünfte (nicht über die Hälfte) einzubehalten zur Deckung der Stellvertretungs- und Untersuchungskosten und des etwa verursachten Schadens, welcher, soweit er dazu nicht verwendet ist, nach beendigter Sache dem im Amte verbliebenen Angeschuldigten herausgegeben werden muß. Besondere Rechnungslegung kann der Angeschuldigte darüber nicht verlangen. Dem ganz Freigesprochenen ist Alles bis auf die Stellvertretungskosten nachzuzahlen, wegen der letzteren aber die Königl. Entscheidung einzuholen — AKO. v. 8. Dezbr. 1824 (GS. 1825 S. 5) —. Der Zeitpunkt, von welchem ab die Hälfte des Diensteinkommens des suspendirten Beamten einbehalten wird, ist der erste Tag des auf den Eintritt der Suspension folgenden Monats. Das vor Eintritt der Suspension auf mehrere Monate Erhobene muß der Suspendirte zwar erstatten, jedoch soll die Wiedereinziehung nicht durch Anrechnung auf die ihm verbleibende Hälfte bewirkt, sondern davon unabhängig betrieben werden. Wird demnächst auf Amtsentsetzung rechtskräftig erkannt, so hat von dem Ablaufe des Monats, in welchem dies Erkenntniß die Rechtskraft erlangt, der Entsetzte kein Einkommen mehr zu beziehen — CRdFM. v. 27. Februar 1865 (BMBl. S. 149), zur Nachachtung mitgetheilt durch CRdMdgA. v. 5. August 1865 (UCBl. S. 453) —.

C. Das Disciplinarverfahren ist durch Erlasse des Ministers d. geistl. Angel. und des Ober-Kirchenraths geregelt. Die Bestimmungen über das Disciplinarverfahren gegen nicht richterliche Beamte finden nach § 53 G. v. 29. März 1844 (GS. S. 77) und § 1 V. v. 11. Juli 1849 (GS. S. 271) auf Geistliche keine Anwendung. In dem G. v. 21. Juli 1852 (GS. S. 465), welches nach § 102 desselben an die Stelle der V. v. 11. Juli 1849 getreten, ist dies zwar nicht besonders ausgesprochen; es soll dasselbe aber nach § 1 dess., nur auf alle unmittelbaren und mittelbaren Staatsbeamten Anwendung finden, zu denen, wie in N. 16 ausgeführt, die Geistlichen nicht gehören. Deshalb und da § 53 G. v. 29. März 1844 nicht aufgehoben ist, muß es bei dieser Bestimmung verbleiben. Die Bestimmungen über das Verfahren sind in einem Exposé des Ober-Kirchenraths v. 22. Februar 1852 (Aktst. 1, 5, 17) zusammengestellt. Das Verfahren ist folgendes:

1) Ermahnungen, Verweise, Ordnungsstrafen werden ohne vorgängiges förmliches Verfahren, jedoch nicht ohne den Beschuldigten zu hören, durch einfaches Dekret festgesetzt, wenn die Vergehen erwiesen sind.

2) Die schwereren Strafen der Strafversetzung, Strafemeritirung und Amtsentsetzung können nur auf Grund eines förmlichen Disciplinarverfahrens durch ein mit Gründen versehenes Resolut festgesetzt werden — RdMdgA. v. 8. April 1850 (Aktst. 1A, 52) —. Die Einleitung dieses Verfahrens erfolgt auf Grund einer mit Beweismitteln unterstützten Anschuldigung oder nach vorgängigem durch den Superintendenten gehaltenen Skrutinio durch Dekret des Konsistoriums unter Angabe der Anschuldigungspunkte, welche im weiteren Laufe des Verfahrens erweitert werden dürfen — RdOKR. v. 6. Februar 1851 (Aktst. 1, 2, 9) —. Der Angeschuldigte wird ausführlich ad generalia und unter Vorhaltung seiner disciplinarischen Vorbestrafungen sowie zur Sache verantwortlich vernommen, zur Angabe seiner Vertheidigungsgründe aufgefordert, sodann der Beweis für und wider erhoben, wobei die Zeugen zu vereidigen und die in erheblichen Punkten sich widersprechenden zu konfrontiren sind — RdOKR. v. 31. Mai 1854 (Aktst. 2, 14) —, endlich der Angeschuldigte unter Mittheilung der erhobenen Beweise zum Schluß vernommen — RdMdgA. v. 30. Juli 1832 (Ann. 16, 646) —. Die Vernehmungen erfolgen durch den Justitiar des Konsistorii oder durch das zu requirirende Gericht, welches solchen Requisitionen Folge leisten muß, und sind darüber stets vollständige Protokolle unter Zuziehung eines vereideten oder durch Handschlag zu verpflichtenden Protokollführers aufzunehmen — RdOKR. v. 6. Februar 1851 (Aktst. 1, 2, 9) —. Nach beendigter Untersuchung wird dem Angeschuldigten, wenn er nicht darauf verzichtet hat, eine vierwöchige Frist zur Einreichung einer schriftlichen Vertheidigung gewährt — RdMdgA. v. 26. Septbr. 1849 (Aktst. 1A, 51) —, welche er durch einen Staatsbeamten oder Rechtsanwalt evang. Bekenntnisses anfertigen lassen darf, dem alle auf die Untersuchung bezüglichen Akten und Schriftstücke zur Information vorzulegen sind — CRdOKR. v. 31. Oktbr. 1851 (VMBl. S. 249, Aktst. 1, 3, 1) —. Bei der Urtelsfindung ist die Disciplinarbehörde an bestimmte Beweisregeln nicht gebunden, sie hat vielmehr nach der aus dem Resultate aller Verhandlungen geschöpften freien Ueberzeugung zu entscheiden, darf aber wegen unzureichenden Beweises außerordentliche geringere Strafen nicht festsetzen — RdMdgA. v. 29. Juli 1840 (VMBl. S. 289) —. Bei Stimmengleichheit giebt das Votum des Vorsitzenden den Ausschlag — St. M. Beschl. v. 24. Mai 1865, publicirt durch CEdMdJ. u. dss. v. 28. Juli 1865 (VMBl. S. 147) —. Das von ihr abgefaßte, mit Gründen zu versehende Resolut wird dem Angeschuldigten publicirt, und wenn er nicht binnen vier Wochen nach erfolgter Publikation schriftlichen und motivirten Rekurs an den evang. Ober-Kirchenrath einlegt, vollstreckt. Auf das Rekursgesuch fordert der Ober-Kirchenrath die Akten ein, ordnet nach Befinden, namentlich wenn vom Angeschuldigten nova vorgebracht sind, Ergänzung des Beweises an und entscheidet dann durch ein mit Gründen zu versehendes Resolut definitiv. Eine Verschärfung des ersten Urtheils ist nicht gestattet mit alleiniger Ausnahme der Strafemeritirung statt der Strafversetzung — SchrbOKR. v 22. Februar 1852 (Aktst. 1, 5, 17) —. Dem des Amtes entsetzten Geistlichen sind sämmtliche auf sein geistliches Amt bezüglichen Atteste abzunehmen — RdMdgA. v. 25. Oktbr. 1825 —. Die freiwillige Amtsniederlegung darf einem in Disciplinar- oder gerichtlicher Untersuchung stehenden Geistlichen nur dann gestattet werden, wenn er zugleich ausdrücklich auf den geistlichen Stand Verzicht leistet — RdOKR. v. 2. April 1856 (Aktst. 2, 87) —.

3) Ist mit dem geistlichen Amte zugleich ein Lehreramt verbunden, so ist das

Nebengeistliche.

§ 539. Die bei größeren Parochialkirchen bestellten Nebengeistlichen machen mit dem Pfarrer ein Kollegium aus, worin dem letzteren der Vorsitz und die Direction gebührt.

§ 540. Die Vertheilung der Geschäfte und Einkünfte unter sie, sowie ihr Verhältniß gegen den Pfarrer und die Gemeinde ist nach den Verfassungen einer jeden solchen Kirche besonders bestimmt.

§ 541. Der Regel nach sind die Nebengeistlichen der Aufsicht und der Anweisung des Pfarrers in allen ihren Amtsgeschäften unterworfen.

§ 542. Weltgeistliche, die zur Abwartung des Gottesdienstes bei einer Kapelle oder einem Altare bestimmt sind, dürfen sich keiner Parochialverpflichtungen anmaßen.

§ 543. Auch mehrere dergleichen bei einer Kirche bestellte Kapelläne machen dennoch unter sich kein Kollegium aus.

Disciplinarverfahren sowohl vom Konsistorium als auch von der weltlichen Schulaufsichtsbehörde einzuleiten und zu Ende zu führen. Diejenige Behörde, welche zuerst erkannt hat, hat das Resolut nebst den Akten der andern mitzutheilen, damit auch diese ihrerseits erkennt, ebenso hat sie der andern von der eingelegten Berufung oder dem Eintritt der Rechtskraft des Resoluts Mittheilung zu machen. Erst wenn beide Behörden erkannt haben, sind die Akten auf den gegen das erstinstanzliche Resolut eingelegten Rekurs an die höhere Instanz zu befördern — RdMdgA. v. 17. Juni 1850 (BMBl. S. 203, Aktst. 1 A, 49), dOKR. v. 27. Oktbr. 1852 (Aktst. 1, 6, 66), v. 6. Dezbr. 1853 (Aktst. 2, 13), v. 10. Juli 1855 (Aktst. 2, 86) —. Dasselbe gilt auch für katholische Geistliche, die zugleich ein Lehreramt bekleiden — CRdMdgA. v. 16. August 1850 (BMBl. S. 241) —.

Zu §§ 537 u. 538.

224. Auch wegen solcher Vergehen, welche sich Geistliche bei Verrichtung ihrer mit bürgerlicher Wirkung und bürgerlichem Glauben bekleideten geistlichen Amtshandlungen haben zu Schulden kommen lassen, darf der Staatsanwalt die strafrechtliche Verfolgung ohne vorgängige Genehmigung der geistlichen Obern veranlassen — RdOKR. v. 14. Novbr. 1850 (BMBl. S. 323) —. Nach erfolgter Einleitung einer gerichtlichen Untersuchung gegen Geistliche wegen eines bürgerlichen Verbrechens oder Vergehens muß der Staatsanwalt von derselben unter kurzer Angabe der Veranlassung oder unter Mittheilung der Anklageschrift den geistlichen Obern sofort Nachricht geben, denselben auch demnächst den Tenor der ergangenen Entscheidung mittheilen. Bei Uebertretungen ist nur, wenn auf Strafe erkannt worden, der Tenor der rechtskräftigen Entscheidung mitzutheilen — IMR. v. 29. Juni 1851 Nr. 5 u. 6 (BMBl. S. 132) —. Demnächst hat das Konsistorium zu beschließen, was das Interesse der kirchlichen Disciplin erheischt, und in wichtigeren, ein allgemeineres Aufsehen erregenden Fällen dem Ober-Kirchenrath Anzeige von dem Vorfall zu erstatten — RdOKR. v. 11. Septbr. 1851 (BMBl. S. 201) —.

Zu § 539 ff.

225. Das Ostpreußische Prov. R. verordnet in Betreff der Nebengeistlichen im Zus. 187 Folgendes:

§ 1. Wo der Pfarrer bisher nur das Amt eines Inspektors über die übrigen Geistlichen verwaltet hat, verbleibt es dabei auch künftig.

§ 2. Bei erledigten lutherischen Diakonat- oder Kapellan-Stellen darf Nie-

§ 544. Uebrigens haben sie die allgemeinen Rechte und Obliegenheiten der Geistlichen.

§ 545. Weltgeistliche, die kein bestimmtes geistliches Amt bei einer Gemeinde oder Kirche haben, sollen von den Bischöfen nicht ohne erhebliche Ursache bestellt oder in ihre Diözese aufgenommen werden.

§ 546. Sie stehen in Ansehung ihrer geistlichen Funktionen unter dem Bischofe, und dieser muß dafür sorgen, daß sie weder Unordnung noch Aergerniß anrichten noch sonst dem Staate zur Last fallen.

§ 547. So lange sie bei einer Gemeinde oder Kirche nicht wirklich angestellt sind, haben sie auf die äußeren Vorrechte der Geistlichen §§ 96, 97 keinen Anspruch.

Schiffs- und Gesandtschaftsprediger.

§ 548. Schiffsprediger stehen unter den geistlichen Oberen der Provinz, wohin das Schiff gehört, und Gesandtschaftsprediger unter den geistlichen Oberen derjenigen Provinz, deren Landesjustizkollegio der Gesandte in seinen persönlichen Angelegenheiten unterworfen ist.

§ 549. Beide haben in Ansehung der ihnen angewiesenen Kirchengesellschaft die Rechte und die Glaubwürdigkeit eines wirklichen Pfarrers.

Siebenter Abschnitt.

Von weltlichen Kirchenbedienten.

§ 550. Personen, welche zwar zum Dienste der Kirche, aber nur in mechanischen Verrichtungen oder weltlichen Angelegenheiten bestimmt sind, haben nicht die Rechte der Geistlichen.

---

mand ohne Vorwissen des Pfarrers zur Probepredigt verstattet werden, und nach gehaltener Probepredigt muß der Pfarrer mit seinem Gutachten vernommen werden.

Zu §§ 548 u. 549.

226. Für die Marine-Geistlichen gelten die für die Geistlichen der Landarmee erlassenen Bestimmungen — § 126 Organisationsregl. f. d. Marinepersonal v. 7. Juli 1854 (GS. S. 399) —. Die bei öffentlichen Armen- und Versorgungsanstalten angestellten Geistlichen stehen unter der Aufsicht der geistlichen Obern der Diöcese — § 77 II, 19 ALR. — und haben auf die in der Anstalt lebenden Personen und Beamten wirkliche Parochialrechte — § 78 das. —. Dasselbe gilt für Strafanstaltsgeistliche — RdMdJ. v. 22. Juli 1841 (BMBl. S. 214) u. v. 31. März 1862 (BMBl. S. 128) —. Auch die Missionsreiseprediger haben die Rechte der Geistlichen — EEbOKR. v. 2. Septbr. 1853 nebst Instruktion (Aktst. 1, 6, 73) —.

§ 551. Insonderheit werden sie durch ihre Kirchenbedienungen von der ordentlichen Gerichtsbarkeit nicht ausgenommen.

Kirchenvorsteher.

§ 552. Kirchenvorsteher werden der Regel nach von dem Patron bestellt; wo aber dergleichen nicht vorhanden ist, von der Gemeinde unter Genehmigung der ordentlichen Gerichtsobrigkeit gewählt.

§ 553. Wo nach bisheriger Observanz die Bestellung der Vorsteher von andern Personen oder Behörden abgehangen, hat es deshalb sowie in Ansehung der Dauer des Amts bei dieser hergebrachten Gewohnheit sein Bewenden.

§ 554. Nur Mitglieder der Gemeinde können zu Kirchenvorstehern bestellt werden.

Zu § 552.

227. Das Recht des Patrons zur Bestellung der Kirchenvorsteher kann durch Verjährung erlöschen, wenn während der gewöhnlichen Verjährungsfrist die Bestellung auf eine andere Art, auch durch Kooptation, stets stattgefunden hat — OTrE. v. 19. Mai 1852 (Str. Arch. 6, 165) —. Die Kirchenvorsteher werden vom Pfarrer mittelst Handschlags verpflichtet, auch wo es üblich, vom Superintendenten vereidigt — RdMdJ v. 24. Januar 1810 —.

Zu §§ 552 u. 553.

228. Observanzen in Betreff der Ernennung der Kirchenvorsteher im Sinne des § 553 haben sich auch nach Einführung des ALR. noch bilden können — OTrE. v. 27. Oktbr. 1865 (Str. Arch. 64, 39) —. Provinzialrechtlich gilt in Betreff der Kirchenvorsteher Folgendes: Das Ostpreußische Prov. R. bestimmt im Zus. 188:

Jeder Kirchenvorsteher muß dieses Amt drei Jahre hindurch verwalten. Bei den reformirten Königl. Patronatkirchen wählt das Presbyterium den neuen Mitvorsteher und trägt bei dem Kirchendirectorio auf dessen Bestätigung an. Der Prediger hat die Kirchenvorsteher der Regierung zur Bestätigung vorzuschlagen. Nur christliche, gesittete und wo möglich bemittelte Gemeindeglieder von gutem Rufe sind qualificirt — § 4 Instr. v. 24. Oktober 1801 —.

Das Westpreußische Prov. R. (GS. 1844 S. 107) bestimmt im § 28: „Das Amt der Kirchenvorsteher dauert in der Regel drei Jahre." — In der Mark Brandenburg braucht Niemand länger als fünf Jahre dieses Amt zu verwalten — Kons. O. v. 1573 (Rabe 1, 3, 616) —. In Schlesien hat bei katholischen Kirchen der Patron die Kirchenvorsteher zu wählen und ist dazu auf Requisition des bischöflichen Amtes von der Regierung anzuhalten. Er darf nur mit Grundstücken angesessene Männer von gutem Rufe, die lesen und schreiben können, wählen und muß die Wahl dem bischöflichen Amte binnen 4 Wochen anzeigen — I, 1—7 Ed. v. 14. Juli 1793 (Korn, Ed. Samml. 4, 416) —.

In den ehemals Sächsischen Landestheilen werden die Kirchenvorsteher vom Pfarrer vorgeschlagen und von der Kirchen-Inspection gewählt und verpflichtet — Art. 35 Kirch. O. v. 1580 (C. A. I, 705) —. In der Niederlausitz hat der Patron bei der Ernennung der Kirchenvorsteher den Pfarrer zuzuziehen — § 2 Gen. B. v. 8. Novbr. 1784 (Neumann, Prov. R. S. 241) —. In Fürstenthum Korvey werden laut Herkommen die Kirchenvorsteher vom Pfarrer vorgeschlagen, vom Patron oder der vorgesetzten Behörde bestätigt und ernannt (Wigand, Prov. R. 1, 379). Die Bestimmungen der evang. Westphälischen Kirch. O. v. 5. März 1835 über die Kirchenvorsteher (Presbyter) siehe in N. 89, dazu gehört noch die Bestimmung des § 130 das., welche lautet:

Die Kirchenvorstände verrichten die ihnen obliegenden Geschäfte unentgeltlich;

§ 555. Von der Verbindlichkeit des ausgewählten Mitglieds, dergleichen Amt zu übernehmen, und von den ihm dagegen zu Statten kommenden Entschuldigungsursachen gilt Alles, was wegen der Beamten der Korporationen überhaupt und der Bürgergemeinden insonderheit oben verordnet ist. (Th. II. Tit. 6 §§ 161, 162. Tit. 8.)

---

doch sollen ihnen die Auslagen, welche dieselben erfordern, von ihren Gemeinden erstattet werden.

Zu § 555.

229. Jedes Gemeinde-Mitglied ist verpflichtet, die Wahl zum Kirchenvorsteher anzunehmen, wenn ihm nicht solche Gründe, aus denen eine aufgetragene Vormundschaft abgelehnt werden kann, zur Seite stehen — § 161 II, 6 ALR. —; die Beurtheilung derselben steht der Aufsichtsbehörde zu — § 162 das. —. Hiernach dürfen die Wahl nur ablehnen: Militärs, die höheren Civilbeamten, Domänen- und Kassenbeamte, Königl. Domänenpächter, Bürgermeister, alle, die in öffentlichen Angelegenheiten außer Landes abwesend, oder noch nicht ein Jahr von solcher Versendung zurück sind, oder eine solche Sendung antreten sollen, alle, die das 60. Lebensjahr überschritten haben, die durch anhaltende Krankheitsfälle geschwächt sind, die fünf oder mehr unversorgte Kinder zu Hause haben — § 208—211 II, 18 ALR. —.

230. Die Kirchenvorsteher sind als Kirchenbeamte der Disciplinargewalt der geistlichen Obern unterworfen, welche nach den Bestimmungen des § 1 Nr. 4, § 3 Nr. 8 V. v. 27. Juni 1845 (GS. S. 440) in Verbindung mit Nr. I, 22 u. II, 6 Ress. R. v. 1. Oktbr. 1847 (BMBl. S. 278) u. § 1 Nr. 9, § 3 Nr. 5 Ress. Regl. v. 29. Juni 1850 (GS. S. 344) in Betreff der mit der Vermögensverwaltung betrauten von der Regierung und dem Minister d. geistl. Angel., in Betreff der für die inneren kirchlichen Angelegenheiten bestellten Gemeinde-Kirchenräthe, Presbyter von dem Konsistorium und dem evang. Ober-Kirchenrath ausgeübt wird — RdMdgA. v. 17. Februar 1844, dOKR. v. 30. April 1855 (Altst. 2, 85, 83) —. Sollen sie wegen Unbrauchbarkeit vor Ablauf der Frist, in welcher ihr Amt abläuft, desselben entsetzt werden, so kann dies nur nach Maaßgabe des Disciplinar-G. v. 29. März 1844 (GS. S. 77) geschehen, wie dies § 59 desselben besagt. Da dies Gesetz auf alle im unmittelbaren wie im mittelbaren Staatsdienste stehenden Beamten nach § 1 Anwendung finden soll, zu den letzteren aber nach § 171 u. 172 II, 6 u. § 69 II, 10 ALR. auch die Kirchenbeamten als Beamte privilegirter Korporationen gehören, und im § 53 desselben nur in Betreff der Geistlichen eine Ausnahme gemacht ist, das spätere Disciplinargesetz v. 11. Juli 1849 (GS. S. 271) aber im § 1 ausdrücklich seine Nichtanwendbarkeit auf Kirchenbeamte ausspricht, und das Disciplinargesetz v. 21. Juli 1852 (GS. S. 465) nach dessen § 102 lediglich an die Stelle des G. v 11. Juli 1849 getreten ist, so kann es keinem Bedenken unterliegen, daß für das Disciplinarverfahren gegen Kirchenvorsteher, wie auch das RdOKR. v. 30. April 1855 (Altst. 2, 83) anerkennt, lediglich die Bestimmungen des G. v. 29. März 1844 maaßgebend sein müssen. Das Verfahren ist hiernach folgendes: Die Disciplinarbehörde (Konsistorium oder Regierung) verfügt die Einleitung und ernennt den Instruktionskommissarius — § 25 das. —. Die Thatsachen, auf welche die Entfernung aus dem Amte gegründet werden soll, müssen zum Protokoll instruirt werden. Der Angeschuldigte muß darüber, wie auch über seine persönlichen Verhältnisse und sein bisheriges Dienstleben umständlich gehört und ihm zu seiner schriftlichen oder protokollarischen Vertheidigung eine angemessene präklusivische Frist gestattet werden. Die Verhandlungen sind nach geschlossener Untersuchung von dem Instruenten mit einem Gutachten einzureichen, welches eine vollständige Darstellung der Thatsachen und des aufgenommenen Beweises sowie der Vertheidigungsgründe enthalten muß — § 26 das. —. Erscheint der Angeschuldigte auf wiederholte Vorladung nicht, oder verweigert er die Auslassung, so werden die durch Urkunden bescheinigten Anschuldigungen für zugestanden erachtet und mit der Vernehmung der Zeugen in contumaciam verfahren, auch

Küster.

§ 556. Küster und andere dergleichen niedere Kirchenbediente werden der Regel nach von dem Patron bestellt.

---

wird die Sache ohne weitere Vorladung des Angeschuldigten zum Schlusse instruirt und zur Entscheidung gebracht. Diese Nachtheile müssen aber dem Angeschuldigten unter Zufertigung einer Zusammenstellung der ihm zur Last gelegten Thatsachen in der Vorladung ausdrücklich bekannt gemacht werden — § 27 das. —. Die Entscheidung erfolgt vom Plenum der Disciplinarbehörde auf den schriftlichen Vortrag zweier Referenten, deren einer der Justitiar sein muß, und die sich ihre Relationen gegenseitig nicht mittheilen dürfen, durch einen Kollegialbeschluß, welcher der Beobachtung der vorgeschriebenen Förmlichkeiten des Verfahrens Erwähnung thun und die Entscheidungsgründe enthalten muß. Bei der Entscheidung hat die Behörde, ohne an positive Beweisregeln gebunden zu sein, nach ihrer aus dem ganzen Inbegriff der Verhandlungen und Beweise geschöpften Ueberzeugung zu beurtheilen, in wie weit die Beschuldigungen für gegründet zu achten sind — § 28 das. —. Den Beschluß hat der Verwaltungschef (Minister d. geistl. Angel. resp. Ober-Kirchenrath) zu bestätigen, und findet dann dagegen kein Rekurs statt; er kann ihn aber auch mildern oder die Sache zur anderweiten Beschlußfassung an eine andere Provinzialbehörde verweisen. Findet er aber, daß ein gerichtlich zu bestrafendes Verbrechen vorliegt, so muß er die Sache an das Gericht verweisen — § 29, 30 das. —. Mit der Einleitung des Verfahrens kann zugleich die Amtssuspension verbunden werden — § 54 das. —.

Zu § 556.

231. Zu den andern niedern Kirchenbedienten gehören: die Kirchner, Meßner, Altaristen, Organisten, Kantoren (Vorsänger), Kalkanten (Balgentreter), Glöckner, Todtengräber, Hochzeitlader, Leichenbitter, Todtenfrauen, Boten. Sie genießen nach § 550 h. t. nicht die Privilegien der Geistlichen, weil ihr Kirchenamt in der Regel nur ein Nebenamt ist — RdMdgA. v. 12. April 1819 (Ann. 3, 229) —. Nur sind ihre Dienstgrundstücke von der Grundsteuer befreit, auch genießen sie gewisse Befreiungen von den Kommunallasten, wie des Näheren in N. 60 c u. e ausgeführt ist. — Streitigkeiten über den Umfang ihrer Dienstverpflichtungen sind mit Ausschluß des Rechtsweges allein von den geistlichen Obern zu entscheiden — KGE. v. 9. März 1867 (JMBl. S. 342) —. Bei allen auf Staatskosten bestehenden Kirchenanstalten sollen die Stellen der niederen Kirchendiener mit civilversorgungsberechtigten Invaliden besetzt werden — StMB. v. 12. Oktbr. u. AKO. v. 22. Dezbr. 1837, publicirt durch RdMdgA. v. 28. Mai 1838 (Ann. 22, 3) —, welche jedoch ihre Invalidenpension dadurch nicht verlieren — § 1—3 StMB. v. 30. Mai 1844, genehmigt durch AKO. v. 5. Juli 1844 (VMBl. S. 297, 298) —. Hiernach ist bei allen Kirchen Königl. Patronats zu verfahren, Privatpatrone sind nicht daran gebunden — RdMdgA. v. 19. Juni 1839 (Ann. 23, 373) —. Die Küster sollen zwar die Anleitung zu ihrer Amtsführung von ihrem Pfarrer erhalten, die Grundlage zu einer richtigen Auffassung und Bedeutung des Küsteramtes im Allgemeinen und in seinen einzelnen Funktionen ist aber schon umfassend und eingehend in den Schullehrer-Seminaren nach Anleitung des Buchs von F. Dreising: Das Amt des Küsters in der evangelischen Kirche, Berlin 1854, zu geben — CRdMdgA. v. 5. Juli 1862 (VMBl. S. 261) —.

232. Provinzialrechtlich gilt in Betreff der niederen Kirchendiener Folgendes: Das Ostpreußische Prov. R. verordnet im Zus. 189:

> Wo Küster und andere dergleichen niedere Kirchenbediente von dem Kirchenkollegio oder auf dessen Vorschlag von den geistlichen Obern oder vom Pfarrer oder den Gemeinden angestellt werden, verbleibt es bei dieser Einrichtung.

Das Westpreußische Prov. R. verordnet in den §§ 29 u. 30:

> § 29. Hinsichtlich der Anstellung der Küster und andern niedern Kirchenbedienten verbleibt es bei der bisherigen in den einzelnen Gemeinden hergebrachten Gewohnheit.
>
> § 30. Bei katholischen Kirchen wird der Organist vom Pfarrer bestellt, wenn dieser ihn aus den Pfarreinkünften unterhält. Wird der Organist aus der

§ 557. Dieser muß zwar den Pfarrer mit seinem Gutachten über das zu bestellende Subject hören, er ist aber an dessen Vorschläge nicht gebunden.

§ 558. Doch darf dem Pfarrer kein Subject aufgedrungen werden, welches mit ihm in offenbarer Feindschaft lebt oder sich gröblich wider ihn vergangen hat.

§ 559. Ist der Küster zugleich Vorleser oder Vorsänger, so muß er eine Probe vor der versammelten Gemeinde ablegen.

Kirchenkasse besoldet, so wird er in Ermangelung einer andern Observanz vom Kirchenkollegium berufen.

In der Mark Brandenburg muß die Gemeinde den Küster mit seinen Effekten ebenso wie den Pfarrer herbeiholen — Kons. O. v. 1573 (Rabe 1. 3, 626), Entsch. dGK. v. 29. April 1788 (N. 1. 1. 1067) —. In der Altmark werden laut Herkommen in den Städten die Küsterstellen nach Anhörung des Superintendenten vom Magistrat besetzt, auch wenn selbiger nicht Kirchenpatron ist, bei den Landkirchen muß der Anzustellende vom Inspector geprüft und für fähig befunden werden (Goetze, Prov. R. 1, 2, 195; 2, 66). In den ehemals Sächsischen Landestheilen werden laut Herkommen die Küster, Organisten und Glöckner vom Patron und Pfarrer gewählt, und vom Superintendenten der Oberbehörde zur Bestätigung präsentirt (Pinder, Prov. R. 1, 283; 2, 363). Die Westphälische evang. Kirch. O. v. 5. März 1835 (Ann. 19, 104) verordnet nebst den Zusätzen v. 25. August 1853 (BMBl. S. 229) im Abschnitt 10:

§ 138. Zu den untern Kirchenbedienten werden gerechnet: Küster und ihre Gehilfen, Vorsänger und Organisten und — Zus. 42 — wo es herkömmlich, auch die Todtengräber.

§ 139. Den Küstern und ihren Gehilfen, wo deren vorhanden sind, liegt es ob, die Kirche auf- und zuzuschließen, für die Reinlichkeit in derselben und das Geläute zu sorgen, den Prediger zu denjenigen Amtshandlungen, zu denen ihr Dienst erforderlich ist, zu begleiten und das dabei Nöthige zur Stelle zu schaffen, den Kirchenvorstand auf Verordnung des Predigers zu berufen und Amtsbriefe zu befördern, auch bei Versammlung der Presbyterien die Aufwartung zu besorgen.

Zus. 43. Die Dienstpflicht der Küster und ihrer Gehilfen erstreckt sich auch auf die Berufung der Gemeinde-Vertretungen und auf die bei deren Versammlungen nöthigen Dienstleistungen.

§ 140. Die Wahl der untern Kirchenbeamten geschieht, wo dieselbe nicht durch Patronatrechte beschränkt ist, vom Presbyterio aus drei Subjecten, welche der Prediger in Vorschlag bringt. Die Wahl unterliegt der Bestätigung des Superintendenten.

§ 141. Die untern Kirchenbedienten werden von der Gemeinde, bei welcher sie angestellt sind, besoldet.

§ 142. Sie behalten ihren Dienst lebenslänglich und können im Wege der kirchlichen Disciplin nur durch ein Urtheil der Moderatoren der Kreis-Synode, welches zufolge einer Klage des Kirchenvorstandes und einer vom Superintendenten angestellten Untersuchung gesprochen wird, nach erfolgter Genehmigung der Königl. Regierung abgesetzt werden.

Zus. 44. 1) Die obere Disciplin über die untern Kirchenbeamten wird von dem Konsistorium geübt. 2) Das Konsistorium ist auch von Amtswegen berechtigt, dem Superintendenten die Einleitung einer Untersuchung gegen einen untern Kirchenbeamten aufzugeben.

§ 143. Die untern Kirchenbeamten sollen nach einer besondern, von der Provinzial-Synode abgefaßten und von der Regierung bestätigten Dienst-Instruction verpflichtet werden.

Zu § 559.

233. Das Ostpreußische Prov. R. verordnet im Zus. 190:

§ 560. Die Gemeinde hat in diesem Falle ein Recht zum Widerspruch, wenn sie den geistlichen Oberen erhebliche Gründe gegen die Tüchtigkeit oder Würdigkeit des vorgeschlagenen Subjects anzeigen und nachweisen kann.

§ 561. Ist der Küster zugleich Schulhalter, so finden wegen seiner Prüfung und Bestellung die Vorschriften des folgenden Titels Anwendung.

§ 562. Bei Kirchen, welche keinen eigenen Patron haben, gebührt die Bestellung der niederen Kirchenbedienten dem Pfarrer und den Kirchenvorstehern, insofern nicht dieselbe nach wohlhergebrachter Gewohnheit des Orts letztern allein oder auch der ganzen Gemeinde zukommt.

§ 563. In allen Fällen muß der Pfarrer die geschehene Bestellung eines solchen Kirchenbedienten dem Erzpriester oder Kreisinspector anzeigen.

§ 564. Ist von einem Küster die Rede, so muß derselbe, ehe er in das Amt wirklich eingesetzt wird, dem Erzpriester oder Inspector zur Prüfung vorgestellt werden.

§ 565. Die Pflichten und Verrichtungen der niedern Kirchenbedienten sind in den Provinzial-Kirchenordnungen und durch die besondern Verfassungen einer jeden Parochialkirche bestimmt.

§ 566. Sie stehen in ihrem Amte zunächst unter der

Bei den reformirten Königl. Patronatkirchen wird der Küster, er mag zugleich Vorleser oder Vorsänger sein oder nicht, allein vom Kirchendirectorio bestellt, und es bedarf keiner Probe vor der versammelten Gemeinde.
Auch in der **Mark Brandenburg** bedarf es laut Herkommen dieser Probe nicht, weil die Gemeinde kein Widerspruchsrecht hat (Jahrb. H. 130 S. 254).

Zu § 561.

234. Die Bestellung der Schullehrer erfolgt durch die Gutsherrn aus der Zahl der nach erfolgter Prüfung durch die Staatsbehörde für tüchtig Befundenen — § 22, 24 II, 12 ALR. —, wo Fiskus Gutsherr ist, durch die Regierungen — § 18 Reg. Instr. v. 23. Oktbr. 1817 (GS. S. 248) —, in den Städten durch die Magisträte nach Anhörung der Schul-Deputation — § 21 Instr. v. 26. Juni 1811 (Ann. 17, 659) —, stets aber unter Bestätigung der Regierungen — § 18 Reg. Instr. v. 23. Oktbr. 1817 —. Nach **Ostpreußischem** Prov. R. Zus. 218 hat an lutherischen Land-Kirchschulen das Kirchenpatronat, an katholischen nicht Königl. Patronats der Pfarrer und die Gemeinde gemeinschaftlich den Lehrer zu bestellen, an städtischen der Magistrat. Dies ist im § 6 Sch. O. v. 11. Dezbr. 1845 (GS. 1846 S. 1) wiederholt worden.

Zu § 565.

235. Die Amtspflichten der Küster sind im Wesentlichen überall die im § 139 der Westphälischen Kirch. O. v. 5. März 1835 angegebenen, vgl. N. 232. Die **Amtstracht** der evang. Küster ist ein schwarzes Kleid nebst schwarzem kurzen Mantel ohne Halskrause — AKO. v. 20. März 1811 (Ann. 2, 1022) —, und ein schwarzes Käppchen — AbMbgA. v. 9. Juni 1817 (Ann. 2, 121) —.

Aufsicht und Direction des Pfarrers und müssen den Anweisungen desselben bereitwillig Folge leisten.

§ 567. Uebrigens gilt von der Aufsicht der geistlichen Oberen über sie, von ihrer Bestrafung bei vorkommenden Amtsvergehungen, ingleichen von ihrer Entsetzung Alles, was im vorigen Abschnitte in Ansehung der Pfarrer verordnet ist. (§§ 530—538.)

Achter Abschnitt.

Von Kirchenpatronen.

Begriff.

§ 568. Derjenige, welchem die unmittelbare Aufsicht über eine Kirche nebst der Sorge für deren Erhaltung und Vertheidigung obliegt, wird der Kirchenpatron genannt.

Zu § 567.

236. Die Vorschriften über die Amtsentsetzung der Pfarrer, wie sie in N. 223 näher ausgeführt sind, finden übrigens nur auf diejenigen niedern Kirchenbedienten Anwendung, welche lebenslänglich angestellt sind. Die nur auf Probe, auf Kündigung oder sonst auf Widerruf angestellten können ohne förmliches Verfahren von der Disciplinarbehörde, dem Konsistorium — I, 22 Reff. R. v. 1. Oktbr. 1847 (BMBl. S. 278) —, ihres Amtes entsetzt werden — § 58 G. v. 28. März 1844 (GS. S. 77) —. Das Gesetz findet auch jetzt noch, wie Betreffs der Kirchenvorsteher in N. 230 näher ausgeführt, auch für die niedern Kirchenbeamten allein Anwendung.

Zu §§ 568.

237. Schon in früherer Zeit wurde auch dem Laien, der eine Kirche stiftete, die cura beneficii, die Sorge für die Erhaltung derselben in ihrem äußeren Bestande, als ein Recht eingeräumt, aber von einer ihm daraus erwachsenden Pflicht zu dieser Erhaltung war noch nicht die Rede — c. 31, 32 C. XVI. qu. 7 —. In den germanischen Ländern nahm dies Patronatrecht jedoch die Bedeutung einer Kirchenvogtei in sich auf oder verband sich mit einer solchen, so daß im kanonischen Rechte mehrfach z. B. in c. 6, 9, 23, 24 X. de jure patron. die Ausdrücke: Patron und Vogt (advocatus) als gleichbedeutend gebraucht werden. In der Kirchenvogtei liegt aber nicht bloß das Recht, sondern auch die Pflicht des Schutzes, und deshalb ist auch bei den Lehrern des gemeinen Kirchenrechts fast durchgängig diese Advokatie oder Sorge für die Erhaltung der Kirche in ihrem äußeren Bestande als eine im Patronate liegende Verpflichtung hervorgehoben. Niemals aber wurde vom Patron verlangt, daß er die Pflichten eines Vormundes gegenüber der Kirche zu erfüllen habe, noch das Patronat als ein Amt der Kirche oder als ein Kirchenregiment anerkannt. Erst in der Reformationszeit wußte sich bei den Protestanten das schutzherrliche Recht als ein obrigkeitliches geltend zu machen, weil faktisch die Obrigkeiten und Landesherren theils dadurch, daß sie in die Stelle der Bischöfe traten, theils durch die Säkularisationen der Stifter und Klöster eine Menge früher kirchlicher Patronate erhielten. So wurden das jus advocatiae und das jus episcopale, die Vogtei und das Kirchenregiment, zusammengeworfen, ja es wurde sogar die Ansicht aufgestellt, daß das Patronatrecht und das Recht der landesherrlichen Kirchengewalt in der Idee und in der geschichtlichen Wurzel eins seien. Wenn diese Ansicht auch in den Rechtsquellen keine Begründung findet, so hat sie doch wesentlichen Einfluß auf die Redaktion des Landrechts gehabt. Von den Redaktoren des letzteren stellte

Erwerbung des Patronatrechts.

§ 569. Wer eine Kirche baut oder hinlänglich dotirt, erlangt dadurch ein Recht zum Patronat.

§ 570. Eben dergleichen Recht erlangt derjenige, welcher eine verfallene oder verarmte Kirche wieder aufbaut oder von Neuem dotirt.

§ 571. Hat eine solche Kirche bereits einen Patron, so erlangt der neue Wohlthäter mit demselben gleiche Rechte; doch nur insofern, als der bisherige Patron die Kosten des Aufbaues und der Dotation nicht hat übernehmen können oder wollen.

Carmer als Grundsatz auf, daß dem Landesherrn das Oberkuratorium über die Kirchen wie über Unmündige gebühre, und daß er allein dieses kirchliche Oberkuratorium an bestimmte Personen übertragen könne. Jeder Patron erhalte das Patronatrecht erst durch Verleihung vom Staate, auch der, welcher eine Kirche stiftet. Wie kein Minorenner ohne Vormund, so dürfe von Rechtswegen auch keine Kirche ohne Patron gelassen werden. Wo kein Privatpatron bestellt sei, da müsse der Landesherr als solcher selbst als Patron angesehen werden. Suarez bekämpfte zwar diese Grundsätze. Er erklärte, daß der Staat das Patronat nur da verleihen könne, wo er es habe; daß er es aber in der Regel nicht habe, sondern nur in den einzelnen Fällen, wo es ihm angefallen sei. Das Aufsichtsrecht des Staats oder des Landesherrn sei vom Patronate sehr verschieden. Das unbedingte Staatspatronat sei weder als richtig zu erweisen noch geschichtlich (Jahrb. H. 115 S. 71 ff.). Suarez drang jedoch mit seiner wenngleich richtigen Ansicht nicht durch. Der Grundsatz des Staatspatronats ist in den §§ 559 ff. h. t. ausdrücklich ausgesprochen, indem die gemeinrechtlichen Erwerbsarten des Patronats: Erbauung, Dotirung, Auftrag der Kirchengemeinde, nur ein Recht zum Patronat, einen Titel geben, zu dem die staatliche Verleihung als Erwerbungsart hinzukommen muß. In den §§ 574—576 h. t. wird zwar auch die Verjährung als Erwerbungsart zugelassen, jedoch muß sie die Erfordernisse der bei Regalien zulässigen Verjährung haben. Das Patronat ist daher als ein niederes Regale angesehen und, wie § 29 II, 17 ALR. ergiebt, der Patrimonialgerichtsbarkeit gleichgestellt. Ein wirkliches, vollständiges Kirchenamt hat jedoch der Patron deshalb ebensowenig, wie er das Kirchenregiment ausüben darf. Dem widerspricht insbesondere die Art der Begründung, die Vererbung, die Ausübung durch Mitglieder anderer christlicher Religionsparteien. Vielmehr bestehen die Befugnisse des Patrons in Folgendem: Er hat den Pfarrer zu berufen, aber den geistlichen Obern zur Bestätigung zu präsentiren — § 327, 386 h. t. —, wie er denn überhaupt keinen Antheil an den Rechten der geistlichen Obern hat — § 120 ff. h. t. —. Die kirchliche Vermögensverwaltung gebührt nicht ihm, sondern den Kirchenvorstehern — § 618—623 h. t. —, sie steht unter der Aufsicht der geistlichen Obern bez. des Staats — § 161, 167, 217, 618 h. t. —. Der Patron hat nur die Kirchenvorsteher zu bestellen — § 532 h. t. —, darf die Kirchenrechnungen abnehmen — § 689 h. t. —, hat die Aufsicht über die ordentliche Verwaltung und Benutzung der Pfarrwiedemuthsstücke — § 779 h. t. —, und ist in gewissen Fällen der Verwaltung des Kirchenvermögens: bei Aufbewahrung der Kirchenkasse — § 626 h. t. —, Aufkündigung und Ausleihung von Kapitalien — § 629, 637 h. t. —, bei Kontrahirung von Anleihen — § 645 h. t. —, bei Veräußerungen — § 647 h. t. —, bei der Prozeßführung — § 651 h. t. —, seine Zuziehung bez. Genehmigung erforderlich. Ihm ist daher nur ein kleiner, genau bestimmter Antheil an den Rechten der Kirchengewalt delegirt, er ist eine Art kirchlicher Unterobrigkeit, wie es in den Gründen des OTrPlB. v. 17. Juni 1861 (Entsch. 45, 44) heißt. Er hat nicht die Functionen eines Vormundes in Ansehung des Kirchenvermögens, sondern er steht zur Kirche in dem Verhältniß des vormundschaftlichen Gerichts, wie Suarez in der revisio monitorum (Mater. 76, 521 V.) sagt, er

§ 572. Auch durch den Auftrag einer Kirchengesellschaft, die bisher unter keinem besondern Patrone gestanden hat, kann Jemand ein Recht zum Patronat erhalten.

§ 573. Doch wird in allen vorstehenden Fällen (**§§** 569—**572**) das Kirchenpatronat selbst erst durch die Verleihung des Staats erworben.

§ 574. Außerdem kann das Patronat auch durch Verjährung erlangt werden.

§ 575. Soll eine dergleichen Erwerbung desselben gegen den Staat oder die Kirchengesellschaft nachgewiesen werden, so müssen die Erfordernisse der bei Regalien stattfindenden Verjährung vorhanden sein.

§ 576. Wenn aber zwei oder mehrere Privatpersonen über den Besitz des Patronatrechts mit einander streiten, so ist die gemeine Verjährung hinreichend.

übt das nach Carmer's oben angeführten Bemerkungen dem Staate zustehende, ihm von demselben verliehene Oberkuratorium aus. Aus diesen Gründen hat das Obertribunal in dem erwähnten PlB. v. 17. Juni 1861, Präj. 2716 (Entsch. 45, 33, JMBl. S. 161) den Grundsatz aufgestellt, daß der § 526 I, 9 ALR., wonach kein Vormund eine Verjährung gegen seinen Pflegebefohlenen anfangen kann, so lange er der Vormundschaft über ihn noch nicht völlig entlassen ist, keine analoge Anwendung auf den Kirchenpatron gestattet. Daraus folgt aber, daß auch der Kirchenpatron Pfarr- und Kirchengüter seiner Kirche durch Verjährung erwerben darf. — Auch provinziell ist der Begriff des Patronats kein anderer. Für die Provinz Preußen ist dies vom OTr. in den Gründen des mehrerwähnten PlB. (Entsch. 45, 47) anerkannt. In der Mark sind die Patrone nichts weiter als Kollatoren der Pfarrstellen und stiftungsmäßige Theilnehmer an der kirchlichen Vermögensverwaltung — Instr. dMdgA. v. 6. August 1845 Alin. 12 (VMBl. S. 211) —. In Pommern ist der Patron zwar verpflichtet, über das Leben und Verhalten des Pfarrers zu wachen, er darf aber nicht disciplinarisch gegen denselben einschreiten, hat also keine kirchenregimentlichen Functionen — RdOKR. v. 8. Mai 1861 (Aktst. 5, 177) —. In den ehemals Sächsischen Landestheilen hat der Patron die weltliche Koinspection nur neben dem Superintendenten mit Unterordnung unter die höheren Kirchen- und Staatsbehörden, darf aber auch keine Verordnungen an die Geistlichen erlassen (Pinder, Prov. R. 1, 267 u. 268; 2, 337 u. 338).

238. Die Aufhebung des Kirchenpatronats ist zwar im Art. 17 Verf.-Urk. v. 31. Januar 1850 (GS. S. 17) in Aussicht gestellt, indem derselbe verordnet:

> Ueber das Kirchenpatronat und die Bedingungen, unter welchen dasselbe aufgehoben werden kann, wird ein besonderes Gesetz ergehen.

Dieses Gesetz steht aber noch zu erwarten.

Zu §§ 574—576.

239. Zur Ersitzung des Patronatrechts gehört, daß der Patron in der Verjährungszeit auch hinsichtlich der dem Rechte anklebenden Verpflichtungen sich als Patron gerirt habe, und umgekehrt muß die Kirchengemeinde, welche auf Grund der Verjährung von einem Gutsbesitzer Patronatleistungen fordert, auch ihrerseits das dem Patron Gebührende demselben erwiesen und geleistet haben — OTrE. v. 5. Februar 1849 (Entsch. 17, 15) —. In einem Erk. v. 3. Februar 1840 (Jur. CBl. S. 732) hatte das ObTrib. den Nachweis des Patronatrechts schon dadurch für geführt angenommen, daß eine Stadtkommune als Besitzerin des Guts, in dem die betreffende Kirche lag, sich von Alters her erweislich als Patron gerirt und namentlich die Patronatrechte: Präsentation des Pfarrers und Aufsicht über die kirchliche

§ 577. Alle dergleichen über die Zuständigkeit des Patronatrechts entstehende Streitigkeiten gehören zum Erkenntnisse des ordentlichen weltlichen Richters.

§ 578. Inwiefern das Patronatrecht nur der Person des Erwerbers und seinen Erben oder einer gewissen Familie zukomme, oder mit einem Amte oder mit dem Besitze eines Guts verbunden sei, ist in vorkommenden Fällen nach den darüber sprechenden Erwerbungsurkunden zu bestimmen.

§ 579. Im zweifelhaften Falle wird vermuthet, daß das *Kirchenpatronat auf einem Gute oder Grundstücke haftet.*

§ 580. Dergleichen kann von dem Gute, auf welchem es bisher gehaftet hat, ohne ausdrückliche Einwilligung der geistlichen Oberen nicht abgetrennt werden.

Vermögensverwaltung ausgeübt hatte. — Streitet eine Privatperson mit dem Fiskus über das Patronatrecht, so genügt nicht die gemeine Verjährung von 30 Jahren zum Erwerbe desselben, sondern es ist die bei Regalien stattfindende außerordentliche Verjährung von 44 Jahren nach § 629 I, 9 ALR. erforderlich.

Zu § 577.

240. In Streitigkeiten über die Zuständigkeit des Patronatrechts ist der Rechtsweg auch dann zulässig, wenn nur in possessorio geklagt wird, auch ist es gleich, ob die Klage gegen die Kirche, gegen den Staat oder die Kirchengewalt gerichtet ist, sofern nur die besitzstörende Handlung nicht als rechtmäßiger Ausfluß des Oberaufsichtsrechts nachgewiesen wird — OTrE. v. 18. März 1857 (Entsch. 35, 387), KGE. v. 9. Dezbr. 1865 (JMBl. 1866 S. 76) —. Daher ist auch mit Unrecht durch JMR. v. 17. Januar 1834 (Erg. ad h. §), übrigens ohne Angabe von Gründen, ein derartiger Prozeß zwischen dem Pfarrer und dem Patron für unstatthaft erklärt worden. — Jeder Streit über das Patronatrecht, also auch der über das Recht der Mitwirkung bei Besetzung einer Pfarrstelle, betrifft nach § 1 V. v. 14. Dezbr. 1833 ein revisibles Object — OTrE. v. 28. August 1837, Präj. 328 (Präj. Samml. 1, 370) u. v. 27. März 1854 (Str. Arch. 12, 292) —.

Zu § 579.

241. Im Falle des § 579 ist das Patronat subjectiv und objectiv dinglich; subjectiv dinglich ist das Patronatrecht, objectiv dinglich die demselben korrespondirende Verpflichtung. Letztere ist also eine Reallast, welche nach § 581 h. t. mit dem Patronatrechte zusammen auf jeden Besitzer des Guts übergeht, gleichviel ob sie oder das Recht im Hypothekenbuche eingetragen waren, denn die Eintragung ist nur eins von den Mitteln, um die Dinglichkeit der Reallast gegen jeden Besitzer der Sache zu erhalten, und im vorliegenden Falle dazu nicht nothwendig, weil schon durch den Uebergang des Patronatrechts auf den neuen Erwerber des Guts auch die Dinglichkeit der Gegenleistung erhalten wird — OTrE. v. 29. Novbr. 1849 (Entsch. 18, 316) —. Daher dürfen auch die Rückstände von auf einem Gute haftenden Patronatlasten gegen den dritten Besitzer, der das Gut in nothwendiger Subhastation erstanden hat, geltend gemacht werden — OTrE. v. 26. Juni 1843, Präj. 1318 (Präj. Samml. 1, 207) —. In der Altmark spricht laut Observanz die Vermuthung dafür, daß in den Immediatstädten der Magistrat, in den Flecken und Dörfern der Eigenthümer des Ritterguts, zu dem sie gehören, sonst der Staat das Patronatrecht hat (Götze, Prov. R. 1, 2, 197; 2 66). Ebenso spricht in der Kurmark und in Pommern laut Observanz die Vermuthung dafür, daß die Besitzer der Rittergüter und Mediatstädte das Patronatrecht über die in denselben befindlichen Kirchen haben (Scholz, Prov. R. 1, 186; 2, 482; Pomm. Prov. R. S. 136).

§ 581. Mit dem Gute zugleich aber geht dasselbe auf jeden Besitzer ohne Unterschied der Religionspartei, wozu er sich bekennt, über.

§ 582. Doch können Personen, welche zu keiner von den im Staate aufgenommenen oder geduldeten christlichen Religionsparteien gehören, das Patronatrecht über eine Kirche nicht ausüben.

§ 583. Es steht ihnen zwar frei diese Ausübung einem Andern während ihrer Besitzzeit zu übertragen; die Beiträge und Leistungen aber, welche aus dem Patronate fließen, müssen in allen Fällen aus den Einkünften des Guts bestritten werden.

Zu § 581.

242. Die AKO. v. 9. Januar 1812 (GS. S. 3) verordnet, daß sowohl in Betrachtung der kirchlichen Verfassung und einer guten Kirchenzucht als in finanzieller Rücksicht künftig bei Veräußerungen der Domänen und eingezogenen geistlichen Güter die Patronatrechte nicht mit verkauft, sondern dem Staate vorbehalten, die Patronatlasten der zu veräußernden Güter aber, nach ihrem jährlichen Durchschnitte veranschlagt, als Kanon auf die Güter gelegt und von den Erwerbern derselben jährlich zum Kirchen- und Schulbau- und Unterhaltungsfonds (Patronatbaufonds) an die Regierungen gezahlt werden sollen. Dieser Patronatkanon ist nach § 6 Alin. 2 des Reallasten-Ablösungsgesetzes vom 2. März 1850 nicht ablösbar — RKE. v. 31. Oktbr. 1862 (JMBl. 1863 S. 195; UCBl. 1863 S. 552) —.

Zu §§ 581—583.

243. Die §§ 581—583 sind durch die V. wegen Verwaltung des Patronatrechts über christliche Kirchen auf solchen Gütern und Grundstücken, die sich im Besitzthum jüdischer Glaubensgenossen befinden, v. 30. August 1816 (GS. S. 207) dahin deklarirt worden, daß

1) das auf Gütern und Grundstücken, die sich im Besitzthum jüdischer Glaubensgenossen befinden, haftende Patronatrecht über christliche Kirchen für die Besitzzeit jüdischer Erwerber und deren Benutzung so lange gänzlich ruhe; daß daher
2) der Pfarrer und die Kirchenbedienten, auch der Schullehrer in evangelischen Gemeinden von der Provinzialbehörde, und in katholischen von dem Bischofe ganz in derselben Art bestellt werden, als ob kein Patron vorhanden oder dessen Recht auf sie übergegangen sei.
3) Ebenso soll es auch mit der Aufsicht über das Kirchenvermögen und mit der Abnahme der Kirchenrechnungen gehalten werden.
4) Die Beiträge und Leistungen aber, zu denen der Patron verbunden ist, müssen in allen Fällen aus den Einkünften des Guts bestritten werden.
5) Wo das Patronat einer Kommune zusteht, können die jüdischen Mitglieder derselben an dessen Ausübung keinen Theil nehmen; sie müssen aber die damit verknüpften Reallasten von ihren Besitzungen gleich anderen Mitgliedern der Kommune tragen, sowie sie auch als ansässige Dorfs- und Stadtgemeinde-Mitglieder von ihren Grundstücken gleich andern christlichen Besitzern zur Erhaltung der Kirchensysteme beizutragen verpflichtet sind, da diese sonst wegen der Ansiedlung der jüdischen Staatsbürger Gefahr laufen, einzugehen.

Dieselben Bestimmungen sind unter Hinweisung auf die V. v. 30. August 1816 im § 3 des G. über die Verhältnisse der Juden v. 23. Juli 1847 (GS. S. 263) wiederholt. — Auch auf griechisch-katholische Christen kann nach § 582 h. t. die Ausübung des Patronatrechts nicht übergehen — RbOKR. v. 1. August 1861 (Aktst. 5, 178) —.

Rechte und Pflichten des Patrons.

§ 584. Die dem Patrone obliegende Sorge für die Erhaltung der Kirche begreift die Pflicht, dazu in Ermangelung eines hinlänglichen Kirchenvermögens aus eigenen Mitteln beizutragen, in sich.

§ 585. Dagegen ist aber auch der Patron berechtigt, die Verwalter des Kirchenvermögens zu bestellen und Rechnungslegung von ihnen zu fordern.

§ 586. Dem Patron, als Wohlthäter und Erhalter der Kirche, kommen in Ansehung derselben gewisse Ehrenrechte zu.

Zu § 584.

244. Die Obliegenheit des Patrons, für die Erhaltung der Kirche zu sorgen, ist auf die Erhaltung der Kirchengebäude zu beschränken — OTrE. v. 16. August 1847, Präj. 1846 (Entsch. 14, 471) — und auf die Anschaffung und Unterhaltung der nothwendigen Paramente nicht auszudehnen — OTrE. v. 6. Februar 1856 (Entsch. 32, 128) —. Jedoch muß der Patron, wenn er nicht bloß zur Hergabe der Baumaterialien gesetzlich verpflichtet ist, auch zu den Kosten für den Bauplatz für die Kirche, die Pfarr- oder Küstergebäude, wie zu den übrigen Baukosten beitragen — RdMdgA. v. 5. Novbr. 1866 (UCBl. S. 668) —. Zur Erhaltung der Kirchengebäude gehört nicht bloß die der Umfassungsmauern und des Daches, sondern auch die der inneren und äußeren Einrichtungen und Gegenstände, welche dem Zwecke des Gebäudes und des darin abzuhaltenden Gottesdienstes entsprechen und zu diesem Behufe mit dem Kirchengebäude selbst in dauernder Verbindung stehen, also als Nebensachen Zubehörungen desselben sind. Eine Beschränkung solcher Einrichtungen auf das für den Gottesdienst absolut Nothwendige, auf diejenigen Bestandtheile, ohne welche ein Gebäude nicht als Kirche erscheint, ist weder im Gesetze ausgesprochen, noch durch innere Gründe bedingt, vielmehr sind hierbei Sitte, Gebräuche, Herkommen, Größe der Gemeinde, Vermögensverhältnisse und andere Umstände maaßgebend. Daher bilden in der Regel die Thürme einen Theil der Kirchengebäude, wenn sie an dieselben angebaut sind, ebenso die Thurmuhr und die Glocken, die Haupt- und Seitenaltäre, die Orgel, weil sie kirchlichen Zwecken dienen — OTrE. v. 12. März 1858 (Entsch. 38, 273), v. 5. Februar 1861 (Str. Arch. 39, 351), v. 8. Novbr. 1864 (Entsch. 54, 343; Str. Arch. 57, 65) —. Ferner gehört zur Erhaltung der Kirche auch ein in Folge vermehrter Seelenzahl der Parochianen nothwendig gewordener Erweiterungsbau derselben, sei es ein An- oder ein Neubau — OTrE. v. 8. Mai 1861 (Str. Arch. 41, 23), v. 4. Januar 1865 (Entsch. 52, 261) —. Die Verpflichtung des Patrons zur Erhaltung der Pfarrgebäude tritt aber dann nicht ein, wenn dieselben vererbpachtet sind — OTrE. v. 4. April 1854 (Str. Arch. 14, 3) —.

245. Für die fiskalischen Patronatleistungen wird im Staatshaushaltsetat ein besonderer Fonds angesetzt, den der Minister d. geistl. Angel. verwaltet und unter die einzelnen Regierungen vertheilt. Die Verwaltung und Vertretung dieses Patronatbaufonds hat die Abtheilung für Kirchen- und Schulwesen, oder wo keine solche vorhanden, die Abtheilung des Innern, auch dann, wenn sie über Ansprüche an denselben interimistisch zu entscheiden hat, jedoch ist ihr in solchen Fällen gestattet, denselben durch die Finanz-Abtheilung vertreten zu lassen — CRdMdgA. v. 28. Septbr. 1859 (UCBl. 1860 S. 42) —. Aus diesem Patronatbaufonds müssen die Kosten aller Kirchen-, Pfarr- und Schulbauten ohne Ausnahme bestritten werden, zu denen Fiskus als Patron sowohl wie als Besitzer von Domänen, als Nachfolger aufgehobener Stifter und Klöster oder in einer anderen Eigenschaft rechtlich verpflichtet ist — AKO. v. 20. Februar 1838, CRdMdgA. v. 27. März 1838 (Ann. 22, 40) —, auch diejenigen, zu denen Fiskus aus irgend einem Grunde künftig verpflichtet wird — AKO. v. 23. März 1839 —, oder die auf Grundstücken des Forstfiskus, namentlich Forstdienstetablisse-

§ 587. Er hat das Recht, bei Erledigung der Pfarrstelle den neuen Pfarrer zu präsentiren. (§ 327 sqq.)

§ 588. Er ist befugt, seinen Kirchstuhl im Chore oder sonst an einem vorzüglichen Orte der Kirche zu haben.

§ 589. Der Patrone und ihrer Familien muß im öffentlichen Kirchengebete besonders gedacht werden.

§ 590. Auch bei der Beerdigung gebührt dem Patrone, seiner Ehefrau, ehelichen Abkömmlingen und bei ihm wohnenden Seitenverwandten ein Platz in dem Begräbnißgewölbe.

§ 591. Kann in diesem die Beerdigung nach den Gesetzen des Staats nicht stattfinden, so kann der Patron die unentgeltliche Anweisung einer vorzüglichen Stelle auf dem der Kirchengesellschaft zustehenden Begräbnißplatze fordern. (§ 185.)

---

ments oder auf erst nach Erlaß der AKO. v. 20. Februar 1838 vom Domänen- oder Forstfiskus erworbenen Grundstücken haften — CRdFM. v. 15. März 1864 (BMBl. S. 216) —. Auch die Bezahlung des vom Staate als Patron zu liefernden Bauholzes muß aus diesem Fonds erfolgen, wenn die Naturallieferung wegen zu großer Entfernung der Forst, oder weil das Holz nach forstwirthschaftlichen Grundsätzen nicht eingeschlagen werden darf, unstatthaft ist. Uebrigens sollen die Regierungen die forstwirthschaftliche Abgebbarkeit gewissenhaft prüfen und das zum Bau erforderliche Holz auch aus den Schlägen der vier nächstfolgenden Jahre entnehmen, sofern dadurch nicht ein unverhältnißmäßiger Nachtheil in forstwirthschaftlicher Hinsicht verursacht wird. Dies würde z. B. der Fall sein, wenn die innerhalb fünf Jahren zur Abnutzung kommenden Schutz- und Saamenbäume weggenommen würden, bevor sie ihren Zweck erfüllt hätten, oder wenn durch den Aushieb des erforderlichen Holzes aus den in fünf Jahren anzuhauenden Beständen große Lücken entstehen würden, welche den Stürmen Eingang in die Forst verschaffen, oder die Verjüngung später schwierig machen, ferner wenn ein vorliegender Bestand zur Unzeit angegriffen werden müßte u. dgl. Ausnahmsweise darf jedoch auch aus späteren als den Schlägen der nächsten vier Jahre, jedoch nur mit Genehmigung des Finanzministers, das Holz entnommen werden. Sind die zum Bau veranschlagten Hölzer nur theilweise vorhanden, so müssen die vorhandenen in natura gegeben werden, selbst wenn nur ein einziger Stamm vorhanden ist — AKO. v. 11. Juni 1839 u. CRdFM. v. 20. Novbr. 1839 (Ann. 23, 804) —. Die Regierungen müssen mit ihrem Privatbaufonds auskömmlich wirthschaften, sich keine Vorgriffe in das Etatsquantum des folgenden Jahres erlauben, noch Vorschüsse aus den bereiten Mitteln der Regierungshauptkassen entnehmen, vielmehr in Baufällen, welche durchaus keinen Aufschub gestatten, von dem Minister d. geistl. Angel. den erforderlichen Zuschuß oder von den Ministern d. geistl. Angel. und d. Finanzen die Anweisung eines Vorschusses auf die Regierungshauptkasse erbitten — RdMdgA. v. 16. Dezbr. 1859 (BMBl. 1860 S. 2) —. Auch dürfen die Regierungen den Fonds nicht durch extraordinäre Einnahmen, z. B. Erlös für verkaufte alte Baumaterialien, Rückeinnahmen auf früher geleistete Zahlungen, erhöhen, vielmehr sind diese außeretatsmäßig zu vereinnahmen — CRdMdgA. v. 3. März 1853 u. 1. April 1865 (BMBl. 1865 S. 102) —.

Zu § 590.

246. In der Altmark gebührt der Platz in dem Begräbnißgewölbe dem Patron und seinen Angehörigen unentgeltlich — CEdOKons. v. 19. Dezbr. 1771 (N. C. C. Nachtr. 1775 S. 465) —. In der Alt- und Kurmark haben auch sämmtliche Königl. Beamte, Domänenpächter und Prediger für sich und ihre Angehörigen freie Grabstellen — CR. v. 19. Dezbr. 1771 u. R. v. 10. Februar 1783 (N. C. C. VII, 3029) —.

§ 592. Auch ist er berechtigt, Ehrenmäler für sich und seine Familie in der Kirche zu errichten.

§ 593. Bei seinem und seiner Ehegattin Absterben findet durch den nach jedes Orts Gewohnheit bestimmten Zeitraum das Trauergeläute statt.

§ 594. Wo die Kirchentrauer für den Patron und seine Familie bei deren Absterben hergebracht ist, hat es dabei auch ferner sein Bewenden.

§ 595. Verarmte Patrone genugsam dotirter Kirchen haben aus dem Kirchenschatze nothdürftigen Unterhalt zu fordern.

§ 596. Doch ist die Kirche zu dieser Kompetenz nur insofern verpflichtet, als die Einkünfte des Vermögens, womit sie dotirt worden, nach Abzug aller zur Unterhaltung ihrer Anstalten erforderlichen Ausgaben dazu hinreichen.

§ 597. Auch tritt die Verbindlichkeit der Kirche nur alsdann ein, wenn außer ihr Niemand mehr vorhanden ist, der zur Ernährung des verarmten Patrons nach den Gesetzen verpflichtet wäre.

Wem die Ausübung eines Real-Patronatrechts zukomme.

§ 598. Die Ausübung des auf einem Gute haftenden Patronatrechts gebührt demjenigen, welchem das bürgerliche Eigenthum (dominium civile) des Guts zukommt.

§ 599. Wem die Gesetze die Verwaltung des Inbegriffs der Güter und Gerechtsame eines Andern übertragen

---

Zu § 593.

247. In den ehemals Sächsischen Landestheilen findet das Trauerläuten beim Ableben des Patrons, seiner Ehefrau und seiner As- und Descendenten vier Wochen lang, seiner Geschwister und deren Ehegatten vierzehn Tage lang täglich eine Stunde Vormittags in drei Pulsen statt — § 5 Mand. v. 19. Juli 1739 u. § 6 Mand. v. 7. März 1750 (I. C. C. A. 1, 658 u. 755) —.

Zu § 598.

248. Wenn ein Gut ganz zerstückelt wird, so bleibt es zwar der freien Disposition der Kontrahenten überlassen, zu bestimmen, bei welcher Parzelle das Patronatrecht bleiben soll, dagegen darf es nach seiner Natur als untheilbares Recht nicht von jedem Parzellenerwerber ganz, sondern nur von allen gemeinschaftlich und ungetheilt ausgeübt werden — RdMdI. u. dJust. v. 15. März 1809 (Rabe 10, 46) —. Koch (ALR. Komm. ad h. §) hält diese Entscheidung für nicht richtig, weil das Gut als Subject des Ehrenrechts untergegangen sei, dennoch ist dieselbe in der Gerichtspraxis wie von den Kirchenbehörden stets aufrecht erhalten — OTrE. v. 29. Oktober 1858 (Str. Arch. 31, 89), RdOKR. v. 9. Septbr. 1857 (Aktst. 2, 209) —. Uebrigens verbleiben die Ehrenrechte dem im Hypothekenbuche eingetragenen Besitzer so lange, als der Besitztitel noch nicht auf einen Anderen übertragen worden ist — § 27 II, 17 ALR.; OTrE. v. 21. Januar 1850 Pl. B. (Entsch. 19, 25) —. Die Patronatleistungen sind bei Zerstückelungen patronatberechtigter Güter nach § 13 ff. G. v. 3. Januar 1845 (vgl. N. 306) zu vertheilen — ERdMdgA. v. 21. August 1860 (VMBl. S. 193) —.

haben, der ist auch das dazu gehörende Kirchenpatronat in dessen Namen auszuüben berechtigt.

§ 600. Ein bloßes Verwaltungs-, Nutzungs- oder Erbpachtsrecht an dem mit dem Patronat versehenen Gute giebt noch keine Befugniß zur Ausübung des letztern.

§ 601. Dagegen ist die Leibgedingsfrau zu solcher Ausübung während ihres Besitzes berechtigt.

§ 602. Wenn ein Gut Schulden halber in Beschlag genommen worden, so bleibt die Ausübung des Patronatrechts dennoch dem Eigenthümer, und nur diejenigen Befugnisse und Pflichten, welche auf das Kirchenvermögen Beziehung haben, müssen von dem gerichtlich bestellten Administrator wahrgenommen werden.

§ 603. Dagegen müssen die Lasten des Patronats auch in diesem Falle aus den Einkünften des Guts getragen werden.

§ 604. Verfällt ein mit dem Patronatrechte versehenes Gut aus andern Ursachen als Schulden halber auf den Antrag des Fiskus in gerichtlichen Beschlag: so kommt es während desselben dem Staate zu, für die Ausübung der diesfälligen Rechte und Pflichten zu sorgen.

Von mehreren Patronen.

§ 605. Wenn das Patronatrecht über eben dieselbe Kirche auf mehreren Gütern mit gleichem Rechte haftet, so sind die Besitzer dieser Güter in Ansehung der damit verbundenen Befugnisse und Pflichten als Inhaber eines gemeinsamen Rechts oder einer gemeinsamen Verbindlichkeit zu betrachten.

§ 606. Doch kann jeder von ihnen die §§ 586—594 beschriebenen Ehrenrechte für seine Person fordern und ausüben.

Zu § 602.

249. In den ehemals Sächsischen Landestheilen geht im Falle des § 602 auch die Kollatur auf die geistliche Oberbehörde über — R. v. 28. Januar 1732 u. 27. Septbr 1741 (I. C. C. A. 1, 254) —. Daß der § 602 auch dann zur Anwendung kommen muß, wenn über das Vermögen des Gutsbesitzers der Konkurs eröffnet worden, weil letzterer nichts anderes als ein allgemeines Exekutionsverfahren ist, und Ehrenrechte niemals Gegenstand desselben sein können, ist schon in den R. v. 28. Juli 1807 u. 12. Novbr. 1812 (Graevel, Kreditgesetze 2, Beil. S. 55, 56) ausgesprochen. Die Konk. O. v. 8. Mai 1855 (GS. S. 321) bestimmt darüber im § 4:

> Mit dem Zeitpunkte der Konkurseröffnung verliert der Gemeinschuldner von Rechtswegen die Befugniß, sein zur Konkursmasse gehörendes Vermögen zu verwalten und über dasselbe zu verfügen. — Das Verwaltungs- und Verfügungsrecht wird durch die Gläubigerschaft an Stelle des Gemeinschuldners ausgeübt. Die Patronatlasten muß also die Masse tragen, während die Patronatrechte von dem Patron ausgeübt werden.

Zu § 605 vgl. § 352 u. N. 151.

§ 607. Hat eine Kirche mehrere Patrone, so kann derjenige, in dessen Gute die Kirche liegt, in gemeinschaftlichen Geschäften das Directorium und den dahin gehörenden Vorzug in der Unterschrift verlangen.

§ 608. Sind mehrere Kirchen unter gemeinschaftlichen Geistlichen und Patronen vereinigt, so kommt das Directorium in gemeinschaftlichen Angelegenheiten dem Patrone des Orts zu, wo der Pfarrer wohnt.

§ 609. In Angelegenheiten aber, welche nur eine einzelne Kirche betreffen, findet die Vorschrift § 607 ebenfalls Anwendung.

Wie das Patronatrecht aufhöre.

§ 610. Niemand kann ohne ausdrückliche Einwilligung der Gemeinde und ohne Genehmigung der geistlichen Oberen des Patronatrechts und der damit verbundenen Obliegenheiten sich begeben.

§ 611. Dagegen verliert aber auch der Patron seine Rechte keinesweges durch den bloßen Nichtgebrauch.

§ 612. Hat er aber geschehen lassen, daß einzelne unter dem Patronatrechte begriffene Befugnisse von der Gemeinde oder deren Vorstehern oder auch von einem Dritten durch eine

---

Zu § 607.

250. Die Bestimmung des § 607 bezieht sich auf den Fall, wenn von Hause aus die Besitzer verschiedener Güter ein selbstständiges Patronatrecht über eine Kirche haben, nicht aber auf den Fall, wenn der Komplex des ursprünglich allein berechtigten Guts getrennt und dem Erwerber der abgetrennten Güter ein Mitpatronatrecht übertragen worden ist — OTrE. v. 30. März 1855 (Str. Arch. 17, 105) —.

Zu § 610.

251. Daher ist auch der Besitzer eines Inbegriffs von Gütern ohne ausdrückliche Einwilligung der Kirchengemeinde und ohne Genehmigung der geistlichen Oberen nicht berechtigt, das zu demselben gehörige Patronatrecht einem einzelnen Gute ausschließlich zuzuwenden und in Betreff der übrigen Güter sich des Patronatrechts nebst den damit verbundenen Obliegenheiten zu begeben — OTrE. v. 14. Juli 1856 (Str. Arch. 22, 129) —. Auch der Besitzer eines seiner Substanz nach nicht aus liegenden Gründen, sondern wesentlich nur aus Realberechtigungen bestehenden Guts, mit dem das Patronat verbunden ist, wird nach erfolgter Aufhebung oder Ablösung dieser Berechtigungen von den Patronatlasten ohne Weiteres noch nicht befreit, denn wenn auch die letzteren eine auf dem berechtigten Gute haftende Reallast sind, so ist deshalb die berechtigte Kirche noch nicht auf die Substanz und die Einkünfte des Guts beschränkt, sondern kann sich auch an das sonstige Vermögen des Patrons halten, weil die Patronatlast nicht allein von den gutsherrlichen Rechten abhängig ist, sondern vielmehr mit den Patronatrechten korrespondirt, welche kirchlicher und politischer Natur sind — OTrE. v. 3. April 1865 (Entsch. 54, 292; Str. Arch. 57, 282) —.

Zu § 612.

252. Der § 612 findet auch Anwendung auf das nach § 552 h. t. dem Patron zustehende Recht der Bestellung der Kirchenvorsteher — OTrE. v. 19. Mai 1852 (Str. Arch. 6, 165) —.

zur gewöhnlichen Verjährung hinreichende Frist als ein ihnen zukommendes Recht ausgeübt worden: so hat er die Befugnisse verloren.

§ 613. Wer um Bestechung oder anderer unerlaubter Privatvortheile willen Jemand zu einer Pfarrstelle präsentirt, verliert für seine Person das Wahl- und Präsentationsrecht bei dieser und allen folgenden Vakanzen.

§ 614. In diesem und in allen übrigen Fällen, wo der Patron das Wahl- und Präsentationsrecht für seine Person verliert, kommt die Besetzung der vakanten Pfarrstelle den geistlichen Oberen zu. (§ 398 sqq.)

Zu § 614.

253. Ueber den Verlust des Patronats wegen Mangels der persönlichen Fähigkeit zur Ausübung gilt nach den G. v. 8. Mai 1837 (GS. S. 99) u. 23. Juli 1847 (GS. S. 279), welche durch Art. 2 G. v. 24. Mai 1853 (GS. S. 238) wieder in Kraft gesetzt worden sind, Folgendes:

1. Nur Personen von unbescholtenem Rufe sind fähig, für sich oder Andere die Rechte des Patronats auszuüben oder in ihrem Namen ausüben zu lassen — § 1 G. v. 8. Mai 1837 —.

2. Wer wegen Mangels unbescholtenen Rufs von der Ausübung der Standschaft ausgeschlossen worden ist, soll auch der Ausübung des Patronats verlustig gehen — § 3 das. —, und hat in einem solchen Falle die Regierung, in deren Bezirk das berechtigte Gut liegt, wegen fernerer Verwaltung der Patronatrechte sofort das Erforderliche zu veranlassen — § 4 das. —.

3. Von der Ausübung ständischer Rechte wegen Bescholtenheit sind ausgeschlossen: a) diejenigen, welche durch strafgerichtliches Erkenntniß rechtskräftig der Ehrenrechte für verlustig oder zur Verwaltung öffentlicher Aemter oder zur Ableistung eines nothwendigen Eides für unfähig erklärt — § 1 G. v. 23. Juli 1847 —, überhaupt zu Zuchthausstrafe oder zeitweisem Verluste der bürgerlichen Ehrenrechte rechtskräftig verurtheilt sind — §§ 11, 12, 21, 22 StrGB. —; b) die durch Allerhöchst bestätigtes Militär-Ehrengerichtsurtel mit Entfernung aus dem Offizierstande unter Verlust des Titels, der Charge und der Befähigung zur Wiederanstellung als Offizier, oder mit dem Verluste des Rechts, die Militär-Uniform zu tragen Bestraften — § 2 G. v. 23. Juli 1847 —; c) die von der ständischen Versammlung dem Oberpräsidenten zur Entziehung der ständischen Rechte Empfohlenen und nach vorgängiger Untersuchung von ihren Wählern der ständischen Rechte für verlustig Erklärten — §§ 5—11 das. —.

4. Ist mit dem Besitze des Guts die Standschaft nicht verbunden, wohl aber das Patronat, so soll die Unfähigkeit zur Ausübung desselben jederzeit eintreten, wenn der Besitzer rechtskräftig zu Zuchthausstrafe verurtheilt oder mit zeitweiliger Untersagung der Ausübung der bürgerlichen Ehrenrechte bestraft worden ist — § 6 G. v. 8. Mai 1837; §§ 11, 12, 21, 22 StrGB. —. Dasselbe gilt, wenn das Patronatrecht einzelnen Personen oder Familien ohne Verbindung mit dem Besitze eines Guts zusteht — § 12 G. v. 8. Mai 1837 —.

5. Solche Fälle hat die Regierung von Amtswegen zu verfolgen und nach vorgängiger Vernehmung des Patronatberechtigten, event. nach vorgängiger Untersuchung in einer Plenarsitzung auf den schriftlichen Vortrag des Justitiars einen Beschluß über die Anwendung des Gesetzes abzufassen und solchen dem Patron in einer Ausfertigung mitzutheilen — § 7 das. —.

6. Gegen den Beschluß der Regierung ist nur der Rekurs an den Minister des Innern ohne Beschränkung auf eine bestimmte Frist gestattet. Das Ministerium hat in Verbindung mit dem Minister der geistl. Angel. die Beschwerde zu prüfen und darüber zu entscheiden. Der Rekurs hält jedoch die Ausführung des

§ 615. Auch einem Kollegio, Korporation oder Kommune kann das Kirchenpatronat zukommen.

§ 616. Ein solches Kollegium u. s. f. kann zwar die Ausübung desselben Jemandem aus seinem Mittel übertragen oder selbige mit einem gewissen Amte verknüpfen;

§ 617. Es kann sich aber dadurch den zum Patronate gehörigen Pflichten zum Nachtheil der Kirche nicht entledigen.

Beschlusses der Regierung nur dann auf, wenn er innerhalb sechs Wochen, vom Tage der erfolgten Zustellung desselben an gerechnet, bei dem Ober-Präsidenten angebracht worden ist — § 8 das. —.

7. Wird die Unfähigkeit des Patrons zur ferneren Ausübung der Patronatrechte ausgesprochen, so ist fortan und auf die Dauer seines Besitzes, bez. seines Lebens die Verwaltung des Patronats im Königl. Auftrage zu führen, die damit verbundenen Kosten und Lasten aber sind, ohne daß darüber ein Prozeß zulässig, aus dem Vermögen des Patrons zu bestreiten. War der Patronatberechtigte zur Ausübung der Patronatrechte nur für Andere berufen, so fällt die Verwaltung diesen oder deren anderweit zu bestellenden Vertretern anheim — § 9 das. —.

8. Nur eine ausdrücklich vom Könige selbst ausgesprochene Wiedereinsetzung in die verloren gegangenen Rechte macht zu deren Wiederausübung fähig. Der bloße Straferlaß oder die Wiedererlangung der bürgerlichen Ehrenrechte hebt die Wirkungen der Unfähigkeit nicht auf — § 11 das. —.

Zu §§ 615–617.

254. Wenn einer Stadtgemeinde das Patronat zusteht, so gebührt die Ausübung der Patronatrechte dem Magistrate unter gesetzmäßiger Konkurrenz der Staatsbehörde — RdMdgA. u. dI. v. 25. Januar 1821 (Ann. 5, 79) —, aber ohne Konkurrenz der Stadtverordneten, weil der Magistrat allein die Stadtgemeinde zu vertreten hat — § 56 Nr. 8 StO. v. 30. Mai 1853 (GS. S. 261) u. v. 19. März 1856 (GS. S. 237); § 53 Nr. 8 u. 74 StO. v. 15. Mai 1856 (GS. S. 406) —. Die jüdischen Mitglieder des Magistrats dürfen aber an der Ausübung nicht Theil nehmen — § 5 V. v. 30. August 1816 (GS. S. 207) —, vgl. N. 243. Zur Besorgung der städtischen Patronatgeschäfte darf auch eine besondere städtische Deputation niedergesetzt werden — § 13 Instr. v. 20. Juni 1853 (VMBl. S. 138), RdMdgA., dI. u. dJust. v. 15. Dezbr. 1823 (Ann. 17, 374) u. v. 9. Mai 1842 (VMBl. S. 189) —. Zu dieser gehört jedesmal auch der Prediger der Stadt und wenn mehrere Prediger an städtischen Patronatkirchen angestellt sind, der erste derselben mit vollem Stimmrechte — RdMdI. v. 21. April 1809 (Rumpf, Städte-O. S. 170) —. Bei der Wahl der Geistlichen konkurrirt die Deputation nicht — RdMdI. v. 25 Juli 1811 (ebenda) —, auch darf sie die Verwaltungsrechte der Kirchenvorsteher für sich nicht in Anspruch nehmen, da sie nur die Aufsicht über dieselben zu führen hat — RdMdgA., dI. u. dI. v. 15. Dezbr. 1823 (Ann. 17, 374) —. Ebensowenig darf sie die Kirchengemeinde vertreten, weil sie nur die Patronatrechte der Stadtgemeinde auszuüben hat — RdIM. v. 31. März 1821 (Rönne, Städte-O. S. 213) —. Die Patronatleistungen sind Kommunallast und daher von allen Angehörigen der Stadtgemeinde ohne Unterschied der Konfession aufzubringen — RdMdgA u. dI. v. 31. Dezbr. 1838 (Ann. 22, 938) —. Auch die Juden müssen zu den städtischen Patronatlasten, sofern sie nach Maaßgabe des Grundbesitzes aufgebracht werden, beitragen — § 5 V. v. 30. Aug. 1816 (GS. S. 207) u. § 3 G. v. 23. Juli 1847 (GS. S. 263) —. Den Einwand der Befreiung von solchen Patronatbeiträgen kann ein Gemeindemitglied nur dann im Rechtswege geltend machen, wenn er ihn auf einen speziellen Titel gründet — — KGE. v. 24. Januar 1857 (IMBl. S. 255) —, sonst ist der Rechtsweg unzulässig KGE. v. 2. Januar 1857 (IMBl. S. 226) u. v. 13. Februar 1858 (VMBl. S. 206) —.

255. Das einer geistlichen (katholischen) Korporation zustehende Patronatrecht geht mit der Aufhebung derselben nicht unbedingt unter, so daß alsdann

Neunter Abschnitt.

Von der Verwaltung der Güter und des Vermögens der Pfarrkirchen.

Allgemeiner Grundsatz.

§ 618. Von den Gütern und dem Vermögen der Parochialkirchen gilt Alles, was von dem Vermögen der Kirchen überhaupt im vierten Abschnitte verordnet ist.

---

das im Patronate enthaltene Recht zur Ernennung des Pfarrers für sich allein ohne Weiteres dem Bischof anheimfällt, vielmehr kommt es in jedem einzelnen Falle auf den Rechtstitel an, auf dem das Patronatrecht beruhte, und kann es daher, wenn es der Korporation als Besitzerin eines Klosterguts zustand, durch die Säkularisation des letzteren auf den Landesherrn übergehen — OTrE. v. 22. März 1852 (Entsch. 22, 390) —.

Zu § 618.

256. Ueber die Vermögensverwaltung der Märkischen Patronatkirchen hat der Minister d. geistl. Angel. in der Instr. v. 6. August 1845 (VMBl. S. 210) folgende Grundsätze aufgestellt:

Ueber diese Vermögensverwaltung sind zwei verschiedene Grundansichten aufgestellt worden.

Von der einen Seite ist behauptet worden, daß in der Mark eine von allem geschriebenen Rechte abweichende, provinzielle Kirchenverfassung bestehe, welche mit dem Namen der Patronatverfassung bezeichnet worden ist. Vermöge dieser Verfassung verwalte der Patron in dem Vermögen der Kirche eigentlich nur sein eigenes Vermögen in selbstständiger Weise und sei hierin durch die Mitwirkung des Geistlichen und der Kirchenvorsteher und durch die Aufsicht der landesherrlichen Kirchenbehörden nur in sehr geringem Maaße beschränkt.

Von der andern Seite hat man die Auffassung, von welcher die kirchenrechtlichen Bestimmungen des allgem. Landrechts ausgehen, auch für die Mark maaßgebend betrachtet und angenommen, daß der Inbegriff der kirchenrechtlichen Befugnisse lediglich in der Kirchengesellschaft beruhe, welche das Kirchenvermögen als ihr Korporationsvermögen verwalte, die kurrente Geschäftsführung durch ihre ordentlichen Vorstände, die Kirchenvorsteher, leite, außerordentliche Angelegenheiten durch Gesammtbeschlüsse mittelst besonderer Bevollmächtigten besorge, und daß der Patron der Kirche nur neben dieser kirchlichen Verfassung zur Wahrnehmung seines bei der Kirche bestehenden Sonderinteresses eine Mitwirkung bei der Vermögensverwaltung äußere.

Beide Ansichten entbehren einer richtigen Würdigung der Verhältnisse. Um den gegenwärtigen Rechtszustand genügend zu erkennen, ist es nothwendig, die Entstehung und Fortbildung der kirchlichen Einrichtungen näher ins Auge zu fassen.

Die Pfarrkirchen in der Mark sind bei ihrer ersten Gründung als besondere, mit eigener rechtlichen Persönlichkeit versehene Stiftungen errichtet worden. Die Vertretung der Kirche lag vorzugsweise dem Parochus der Kirche unter der Aufsicht des Bischofs und dem Stifter derselben ob. Das gemeine wie das provinzielle Kirchenrecht räumt demjenigen, welcher eine Kirche stiftet und ausstattet, eine fortdauernde Mitwirkung und Aufsicht bei der Verwaltung und Erhaltung der von ihm ausgegangenen Stiftung ein und behält ihm gewisse Ehrenrechte (jura patronatus) vor. Unter dem Einfluß dieses Rechts sind bis zur Reformation sämmtliche Kirchen der Mark durch die Freigebigkeit des Landesherrn oder anderer Wohlthäter gegründet worden und unter ihr und ihrer Rechtsnachfolger Patronat getreten.

Der Gemeinde als solcher standen nach älterem Kirchenrecht keine Berechtigungen bei Verwaltung des Kirchenvermögens zu, wogegen ihr auch umgekehrt mit Ausnahme der Zehntlast für die Zehntpflichtigen und der Entrichtung freiwilliger Gaben und Opfer keine Beihülfe zur Unterhaltung der vorhandenen Kirchenstiftungen oblag. Dagegen findet sich schon früh, daß aus der Gemeinde etliche erfahrene und zuverlässige Männer gewählt und unter der Bezeichnung von Provisoren oder Kirchenvorstehern zur Aushülfe und Mitwirkung bei der Verwaltung des Kirchenvermögens und bei der Beaufsichtigung der kirchlichen Gebäude verpflichtet wurden.

Zur Zeit der Reformation war daher das rechtliche Verhältniß der märkischen Patronatkirchen dieses: daß die einzelnen Kirchen als besondere Stiftungen und selbstständig berechtigte moralische Personen angesehen und in ihren vermögensrechtlichen Beziehungen durch den Patron und den Pfarrer unter Mitwirkung von Kirchenvorstehern und unter Aufsicht der kirchlichen Obern vertreten wurden. Ein förmliches Eigenthum an der Kirche und deren Vermögen stand weder dem Patron noch der Gemeinde zu.

Die Reformation änderte in diesen vermögensrechtlichen Verhältnissen nichts. Die Einführung der evangelischen Lehre in die bereits vorhandenen Kirchen erfolgte, ohne die vorgefundenen äußeren Rechte der Einzelnen zu beeinträchtigen. Die Patrone blieben in ihren hergebrachten Gerechtsamen als Kollatoren der Pfarrstellen und stiftungsmäßige Theilnehmer an der kirchlichen Vermögensverwaltung. Dem Pfarrer verblieb sein bisheriger Antheil an derselben. An die Stelle der Bischöfe traten die evangelischen Konsistorien. Das Amt der Kirchenvorsteher wurde beibehalten und allgemein verordnet. So ergiebt sich das Verhältniß aus der Visitations- und Konsistorial-Ordnung von 1573 für die Marken.

Was die Stellung der Kirchengemeinden anbetrifft, so war durch die Reformation eine Veränderung in derselben im Allgemeinen nothwendig bedingt. Dem Laienstande war eine selbstständige Theilnahme an den kirchlichen Angelegenheiten anerkannt worden, und bethätigte sich solche theils in dessen Mitwirkung in der Zusammensetzung der landesherrlichen Kirchenbehörden, theils in einer den Gemeinden gestatteten Theilnahme an den kirchlichen Angelegenheiten. Das Maaß dieser letzteren hat sich in den verschiedenen Ländern verschieden entwickelt.

In der Mark wird eine Theilnahme der Gemeinden an den kirchlichen Angelegenheiten in der Visit. und Kons. Ordn. nur insofern erwähnt, als eine Erklärung derselben über den vom Patron ihnen vorgestellten Pfarrer, eine Zulassung von Deputirten aus ihrer Mitte bei Abnahme der Kirchenrechnung und eine Befragung derselben bei Gelegenheit der Kirchenvisitation stattfindet.

In dem Verhältniß der einzelnen Kirchen als besonderer, mit eignen Vermögensrechten versehener Stiftungen ist hierdurch nichts geändert.

Das allgem. Landrecht stellt im Th. II. Tit. 11 die allgemeine Ansicht auf, daß die Kirchengesellschaft die rechtliche Basis des gesammten Kirchenrechts bilde.

Nimmt man nun an, daß unter dem Ausdrucke „Kirchengesellschaft" auch die einzelnen Kirchengemeinde begriffen werde, daß hiernach die Kirche mit ihrem Vermögen korporatives Eigenthum der Kirchengesellschaft sei, und daß diese in den Kirchenvorstehern ihre korporativen Vertreter habe, so hat doch diese Auffassung des allgem. Landrechts vermöge der subsidiären Natur dieses Gesetzbuchs in der Mark keinen rechtlichen Boden finden können. In der Mark bestanden die vorhandenen Kirchen bereits von ihrer ersten Gründung an als selbstständige, berechtigte Vermögensstiftungen, welche in der Person des Patrons, des Geistlichen und der Kirchenvorsteher unter der Aufsicht der geistlichen Obern ihre gesetzlichen Vertreter und Organe hatten. Neben diesen weisen die provinziellen Kirchenrechtsquellen den Gemeinden ein Interesse und eine Theilnahme an den sie betreffenden kirchlichen Angelegenheiten zu, und das Provinzialrecht verschließt eine weitere Entwickelung der kirchlichen Gemeindeverfassung auf dieser Grundlage nicht. Die Publikation des allgem. Landrechts hat aber unter solchen Verhältnissen in der Mark nicht die Wirkung haben können, daß es die eigne vermögensrechtliche Persönlichkeit der Kirchen als besonderer Vermögensstiftungen zerstört, ihr Vermögen den Gemeinden als ein Korporationsgut überlassen, die stiftungsmäßige Mitwirkung der Patrone bei der Verwaltung des Kirchenvermögens aufgehoben und dieselben lediglich in die Stellung eines zur Wahrnehmung seiner Sonderinteressen kontrollirenden Nebenberechtigten versetzt habe.

Hält man diese in der geschichtlichen Entwickelung begründete Eigenschaft der Märkischen Kirchen fest, so wird es danach leicht werden, zu beurtheilen, in wie weit die einzelnen Vorschriften des allgem. Landrechts nach der oben erwähnten Auffassung zur Anwendung kommen oder als Konsequenzen einer dem Märkischen Kirchenrechte fremden Grundauffassung in dem letzteren keine Stelle finden.

Es versteht sich von selbst, daß die in dem Folgenden weiter entwickelten Bestimmungen über das Verhältniß der Patrone, der Geistlichen, der Kirchenvorsteher und der Gemeinden bei der kirchlichen Vermögensverwaltung nur da ihre volle Anwendung finden, wo die Verfassung der einzelnen Kirchen auf den nachgewiesenen provinziellen Grundlagen beruht und nicht etwa durch besondere Rechtstitel, durch Observanz oder spezielle Verordnungen Abweichungen von diesen Verhältnissen bedingt sind. Letzteres wird namentlich bei denjenigen Kirchen der Fall sein, bei welchen die evang. reformirte Insp.-, Presbyt.- und Klassifikalordnung v. 24. Oktbr. 1713 zur Anwendung kommt. Soweit aber nicht eine auf besondern Rechtsgründen beruhende Spezialverfassung der einzelnen Kirchen oder Gemeinden entgegensteht, sind bei der Verwaltung des Kirchenvermögens folgende Grundsätze zu beobachten.

1) Die §§ 159 u. 647 h. t. sind in Bezug auf die kirchliche Vermögensverwaltung in der Mark nicht anwendbar, vielmehr sind der Patron, der Pfarrer und die Kirchenvorsteher zusammen, als die gesetzlichen Vertreter und Organe des Kirchenvermögens in gewöhnlichen wie in außergewöhnlichen Angelegenheiten, unter der Aufsicht der kirchlichen Obern ermächtigt, nach ihrer übereinstimmenden und gewissenhaften Ueberzeugung über das zu verwaltende Vermögen die nothwendigen Anordnungen zu treffen, ohne daß es eines Konsenses der Gemeinde bedarf. Den kirchlichen Obern bleibt es zwar unbenommen, in geeigneten Fällen vor Ertheilung ihres Konsenses auch die Gemeinde zu hören und auf die von ihr abgegebenen Erklärungen dasjenige Gewicht bei ihrer Entschließung zu legen, welches dieselben ihrem materiellen Inhalte nach verdienen. Die Gemeinde nimmt aber bei den erforderlichen Anordnungen über das vorhandene Kirchenvermögen niemals die Stelle des verfügungsberechtigten Eigenthümers derselben ein.

2) Weiter geht die Ausschließung des § 159 h. t. im Märkischen Prov. Rechte nicht, und ist die Ansicht, daß die Gemeinde niemals gehört zu werden brauche, vielmehr die Wahrnehmung ihrer Interessen lediglich dem Kirchenvorstande als Vertreter der Gemeinde obliege, unrichtig. Nach dem Prov. Rechte sind die Kirchenvorsteher ein für sich bestehendes Organ der Kirche und in keiner Weise mit der Vertretung der Gemeinde beauftragt. Die Gemeinde hat keine ständige Vertretung, es existirt nur eine organische Vertretung der Kirchenstiftung durch Patron, Pfarrer und Kirchenvorsteher unter Aufsicht und Mitwirkung der kirchlichen Obern. Diese Vertreter der Kirchenstiftung haben zwar die Vollmacht, das der Kirche gehörige Vermögen selbstständig zu verwalten, sie haben aber kein Recht, über die der Gemeinde und ihren einzelnen Gliedern zuständigen individuellen Rechte und Interessen einseitig zu verfügen. Soll daher bei der Kirche eine Einrichtung getroffen werden, welche die individuellen Rechte und Interessen der ganzen Gemeinde oder ihrer einzelnen Glieder berührt, so muß die Gemeinde in ihrer Gesammtheit oder durch gewählte Bevollmächtigte gehört werden. Dies findet beispielsweise statt, wenn von der Gemeinde neue oder außergewöhnliche Lasten übernommen werden sollen, bei entstehenden Zweifeln über den Umfang ihrer Leistungen und dadurch veranlaßter Regulirung des Interimistikums, bei Prozessen der Eingepfarrten, Verträgen mit der Gemeinde und andern die Interessen der Gemeindeglieder unmittelbar berührenden Veränderungen in den kirchlichen Einrichtungen. In allen dergleichen Fällen hat die Gemeinde einen gerechten Anspruch darauf, mit ihren Erklärungen gehört zu werden, wobei es sich von selbst versteht, daß

derselben die Befugniß bleibt, in den zur richterlichen Entscheidung geeigneten Angelegenheiten den Rechtsweg zu betreten, in andern Fällen aber die Entscheidung der höheren und höchsten Verwaltungsbehörden anzurufen.

3) Die *Kirchenvorsteher* bilden nach dem Landrecht den Mittelpunkt der ganzen Vermögensverwaltung, nach Märkischem Prov. Rechte dagegen *machen Patron, Pfarrer und Kirchenvorstand in ihrer Gemeinschaftlichkeit die nächste Vertretung der Kirche und des Kirchenvermögens aus*, wobei sich die Kirchenvorsteher nur nicht weigern können, gewisse speziell bezeichnete Dienste, z. B. die Einziehung der jährlichen Einkünfte, die Einsammlung der freiwilligen Gaben bei kirchlichen Zusammenkünften u. s. w., zu übernehmen. Denn nach der Bestimmung der Visit. u. Konsist. O. v. 1573 über die Kirchenväter (Rabe 1, 3, 612) ist es die Aufgabe der *Kirchenvorsteher*, über Einnahme und Ausgabe des Kirchenkastens zu wachen, ordentliche Rechnung darüber zu führen, die jährlichen Einkünfte desselben von den Pflichtigen einzufordern, die gesammelten Kapitalien wieder anzulegen, Verkäufe von Grundstücken, wo es nöthig ist, vorzunehmen, die Erhaltung des Kircheninventars und der kirchlichen Gebäude zu beaufsichtigen u. s. w. Sie sind aber in diesen ihnen zugewiesenen Obliegenheiten nicht so gestellt, daß sie eine Einwirkung des Geistlichen und des Patrons dabei abzuweisen befugt wären, sondern sie sind im Allgemeinen und in Bezug auf einzelne spezielle Geschäfte an den Rath, das Vorwissen und die Bewilligung der Pfarrer, Patrone und Obrigkeiten gewiesen. Demgemäß erhalten die §§ 156, 157, 585, 619 ff. h. t. gewisse Modifikationen. Die Kirchenvorsteher haben daher beispielsweise auch die im § 757 h. t. ihnen beigelegte Aufsicht über Kirchenbauten und die Einsammlung der Beiträge dazu, sie haben aber kein ausschließliches Recht dazu und können den Patron oder Pfarrer von einer ihrerseits dem Bau gewidmeten Aufmerksamkeit und Mitaufsicht nicht verdrängen.

Auf der Basis dieser Gemeinschaftlichkeit der Verwaltung und unter Beachtung des dem Patron in seinem Verhältniß zur Kirche gebührenden Ehrenranges haben sich bei den verschiedenen Stadt- und Landkirchen je nach den Personen und Umständen verschiedenartige Formen der Geschäftsvertheilung ausgebildet. Die Führung der Rechnungen ist theils in den Händen der Kirchenvorsteher, theils in denen der Prediger; häufig findet auch eine Unterstützung des Patrons durch seine Beamten dabei statt. Die Dokumente, Schuldbriefe und Kapitalien befinden sich unter sicherer Verwahrung; kleinere Bestände zur Deckung der laufenden Bedürfnisse an Altarwein u. dgl., zur Besoldung der Kirchenbedienten u. s. w. verbleiben bisweilen in den Händen der Kirchenvorsteher, des Pfarrers oder des Patrons. Dergleichen geringfügige, das Wesen und die Sicherheit der gemeinschaftlichen Verwaltung nicht störende Modalitäten sind von jeher dem pflichtmäßigen Ermessen der berechtigten Verwalter anheimgegeben worden, und es liegt in der Natur der Sache, daß die aufsehende Behörde in diesen Stücken der freien Bewegung der lokalen Vertreter der Kirche einigen Spielraum gestatten muß. Es genügt, wenn sie das Wesen der bestehenden Ordnung aufrecht erhält, darüber wacht, daß die einzelnen Organe der Kirche nicht einseitig, sondern im Einverständnisse mit ihren Mitvertretern verfahren, die Anfertigung und Abnahme vollständiger Rechnungen bei Gelegenheit der Kirchenvisitation sorgfältig kontrollirt und Mißbräuche, welche das Vermögen der Kirche gefährden, abstellt.

Eine bis ins kleinste Detail gehende Geschäftsordnung für das Zusammenwirken von Patron, Prediger und Kirchenvorsteher aufzustellen, ist weder die Absicht des Gesetzes, noch kann eine solche bei der Verschiedenheit der Persönlichkeiten und Lokalitäten überall und zu allen Zeiten gleichförmig durchgeführt werden, vielmehr gestatten Gesetz und Herkommen, indem sie den genannten Organen und Vertretern der einzelnen Kirchen die gemeinschaftliche Wahrnehmung der Interessen der Kirchen anvertrauen, denselben auch eine angemessene Freiheit, sich über die Details ihres gemeinschaftlichen Wirkens unter einander näher zu verständigen.

4) Aus der Gemeinschaftlichkeit des Patrons, Predigers und Kirchenvorstandes bei der Vermögensverwaltung folgt auch, daß darauf bezügliche Verfügungen und Erlasse *an den Vorstand der Kirche zu Händen des Patrons*, und wenn dieser an einer beständigen Mitwirkung bei der Vermögens-

verwaltung Theil zu nehmen behindert ist, zu Händen des Predigers adressirt werden.

5) Die bei vielen Märkischen Kirchen übliche Aufbewahrung des Kirchenkastens in dem gerichtlichen Depositorium ist als die sicherste Aufbewahrungsart beizubehalten, und wo nicht ein anderer sicherer Aufbewahrungsort existirt, vorzugsweise zu empfehlen. Die Verwahrung des Kirchenkastens im Kirchengebäude selbst ist möglichst zu vermeiden.

6) Die an vielen Orten übliche Vereidigung der Kirchenvorsteher durch den ordentlichen Richter statt durch den Superintendenten, wie in der CV. v. 24. Januar 1810 vorgeschrieben, kann beibehalten werden, doch ist der Geistliche der Kirche jedesmal dazu mit einzuladen, und es bleibt ihm überlassen, demnächst die Kirchenvorsteher vor der Gemeinde in ihr Amt einzuführen. Den Superintendenten liegt es ob, bei Gelegenheit der Kirchenvisitation oder sonst bei ihrer Anwesenheit am Orte nachzufragen, ob die Kirchenvorsteher gehörig in Eid und Pflicht genommen sind, und falls dies noch nicht geschehen sein sollte, die Vereidung unmittelbar selbst vorzunehmen.

7) Die Aufstellung von Etats für die Vermögensverwaltung der einzelnen Kirchen ist als die Grundlage einer geordneten Kassenverwaltung, wo sie noch nicht besteht, überall im Aufsichtswege herbeizuführen. Bei den unter Privatpatronat stehenden Kirchen gebührt der Regierung die Einsicht dieser Etats und das Recht, die dabei etwa wahrgenommenen Verstöße zur Abhülfe zu bringen. Bei denjenigen Kirchen, welche einem häufigen Wechsel in ihren Einnahmen und Ausgaben nicht ausgesetzt sind, bedarf es einer jährlichen Regulirung des Etats nicht, vielmehr wird es zur Erleichterung der Lokalverwaltung dienen, den einmal angenommenen Etat auf eine ganze Reihe von Jahren hinaus gelten zu lassen. Bei sehr vielen Kirchen wird es sogar angemessen sein, den einmal aufgestellten Etat ohne eine Zeitbestimmung für so lange als geltend anzunehmen, bis eine etwaige künftige Veränderung in den Einnahmen oder Ausgaben eine neue Regulirung des Etats nothwendig macht.

8) Bei der Aufstellung des Etats muß darauf gehalten werden, daß die Dotations- und Fundationskapitalien der Kirchen von den durch spätere Ersparnisse aufgesammelten Beständen getrennt werden. Den Regierungen bleibt die Aufstellung passender Formulare und deren Mittheilung an die betreffenden Behörden überlassen.

Die Trennung der Fundationskapitalien von den gesammelten Ersparnissen in den Etats ist wichtig, um bei einer künftigen Verwendung die verschiedene rechtliche Natur beider Vermögensmassen nicht zu verwechseln. Die Fundationskapitalien sind ihrer ursprünglichen Stiftung nach ein unveräußerliches Eigenthum der Kirche, bestimmt, um für deren Bedürfnisse einen nachhaltigen Ertrag zu gewähren. Eine Verwendung der Substanz der Fundationskapitalien darf in keinem Falle gestattet werden, nur ihre Revenüen, sowohl die aus früherer Zeit aufgesparten, als auch die künftig zu erwartenden, gestatten eine Verwendung für die gewöhnlichen und außergewöhnlichen Bedürfnisse der Kirche. Es können daher nur die außer den Fundationskapitalien gesammelten Bestände im Falle des Bedürfnisses verwendet werden — sofern nicht etwa die Vorschrift des § 713 h. t. auch deren Konservirung ganz oder theilweise fordert —, und die Vorsicht erheischt daher, beide rechtlich verschiedene Vermögensmassen in den Etats von einander getrennt zu halten.

Als Fundations- und Dotationskapitalien der Kirchen sind im Allgemeinen folgende anzusehen: 1) Stiftungen, Legate und Vermächtnisse, bei denen die Konservirung des Stammkapitals ausdrücklich verordnet, und nur die Verwendung der Zinsen zum Besten der Kirche gestattet ist: 2) der Erlös veräußerter Kirchengrundstücke sowie die für die Ablösung von Abgaben und Leistungen gezahlten Abfindungssummen, indem hier der Verkaufs- oder Abfindungswerth an die Stelle ursprünglicher Dotationsgrundstücke tritt; 3) Erbstandsgelder aus Vererbpachtungen. Es ist nicht die Absicht, durch eine von Amtswegen zu veranlassende, in alle einzelnen Details und ursprüngliche Quellen zurückgehende Untersuchung die Fundationseigenschaft aller bei einer Kirche vorhandenen Kapitalien speziell zu prüfen. Wo aber diese Fundationseigenschaft vorhandener Kapitalien bereits bekannt ist, oder neue in diese Kategorie fallende Erwerbungen vorkommen, ist in den Etats darauf die erforderliche Rücksicht zu nehmen.

9) Durch die KO. v. 11. Juli 1845 (VMBl. S. 210) ist den Patronen, Pfarrern und Kirchenvorstehern bei der Vermögensverwaltung der einzelnen Kirchen eine wesentliche Erleichterung und freiere Bewegung verstattet worden. Es liegt dieser Bestimmung die Ueberzeugung zum Grunde, daß bei einer gewissenhaften Aufmerksamkeit dieser zunächst berufenen Verwalter und Vertreter des Kirchenvermögens die Interessen desselben auch unter den erleichterten Formen der Geschäftsführung hinreichend gewahrt sein werden, ohne daß es einer für alle einzelnen Akte zu ertheilenden speziellen Genehmigung der geistlichen Obern bedarf.

Diese KO. bestimmt:

„1) Bei der Ausleihung von Kirchenkapitalien ohne Unterschied der Summe soll es einer Anzeige der beabsichtigten Ausleihung an den Superintendenten oder Inspector und der Genehmigung der geistlichen Obern nicht bedürfen, wenn das Kapital in Staatsschuldscheinen, in Papieren der englisch-preußischen Anleihe, in Pfandbriefen oder in Kur- oder Neumärkischen Kriegsschuldenobligationen angelegt oder gegen Hypothek auf ein städtisches oder ländliches Grundstück innerhalb der ersten Hälfte des durch eine gerichtliche Taxe ermittelten Werths desselben an Personen, welche bei der Vermögensverwaltung der Kirche nicht betheiligt sind, ausgeliehen wird.

2) Zur Vermiethung oder Verpachtung von Kirchengrundstücken soll es der Genehmigung der geistlichen Obern nicht bedürfen, wenn die Vermiethung oder Verpachtung durch öffentliche Ausbietung unter Beobachtung der in den §§ 670, 672, 673 h. t. vorgeschriebenen Formen und nicht an Personen geschieht, welche bei der Verwaltung des Kirchenvermögens betheiligt sind.

3) Zu Bauten bedarf es einer Anzeige an die geistlichen Obern und deren Genehmigung nicht, wenn der Bau lediglich die Unterhaltung und Wiederherstellung der vorhandenen kirchlichen Gebäude betrifft, und die Betheiligten sowohl über den Bau selbst als über die Beschaffung der dazu erforderlichen Mittel sämmtlich einverstanden sind."

Bei diesen Bestimmungen ist vorausgesetzt, daß die bei der Verwaltung des Vermögens der einzelnen Kirchen betheiligten Organe: Patron, Pfarrer und Kirchenvorsteher, über die Zweckmäßigkeit der beabsichtigten Verwaltungsmaaßregel im einzelnen Falle unter einander einig sind. Glaubt einer derselben Bedenken tragen zu müssen, zu der in Rede stehenden Maaßregel seine Einwilligung zu ertheilen, und bestehen die übrigen Verwaltungsberechtigten auf deren Ausführung, so ist eine Anzeige an die geistlichen Obern und deren Entscheidung über die stattfindende Meinungsverschiedenheit unerläßlich.

Die Genehmigung der kirchlichen Obern bleibt ferner in allen übrigen, in der KO. v. 11. Juli 1845 nicht erwähnten Fällen, in welchen die allgem. Landes- und Provinzialgesetze dieselbe fordern, mithin namentlich bei Veräußerung und Erwerbung von Grundstücken und Gerechtsamen, bei außerordentlichen Ausgaben, bei der Aufnahme von Darlehen, bei Prozessen, Vergleichen, bei der Annahme von Schenkungen und Legaten u. s. w. erforderlich.

Die landesherrliche Aufsichtsbehörde wird durch diese ihr speziell vorbehaltenen Aufsichtsrechte, insbesondere aber durch das ihr zuständige Recht der Kirchenvisitation und Einsicht der Rechnungsextrakte ihre fortdauernde Aufmerksamkeit auf die Vermögensverwaltung der einzelnen Kirchen richten, und wird es ihr namentlich zur Pflicht gemacht, bei Gelegenheit der Kirchenvisitationen darauf zu achten, daß die Vorschriften der KO. v. 11. Juli 1845 streng beobachtet werden.

Dieselbe KO. bestimmt endlich:

„4) Besitzt eine Kirche so viel Vermögen, daß ohne Beeinträchtigung der Zwecke, für welche dasselbe bestimmt ist, und namentlich ohne Gefährdung der baulichen Unterhaltung der Kirche, eine Verwendung auch zu andern kirchlichen Zwecken, insbesondere zur Verbesserung des Einkommens der Geistlichen und Kirchendiener, zur Unterstützung von Prediger- und Küsterwittwen, zum Bau der Pfarr-, Küster- und Schulgebäude u. s. w. stattfinden kann, so sollen die geist-

Art der Verwaltung.

§ 619. Die Verwaltung des Kirchenvermögens gebührt in der Regel den Kirchenvorstehern.

§ 620. Auf die Amtsführung derselben findet alles das Anwendung, was von den Vorstehern der Kirchengesellschaften überhaupt § 156 ff. ingleichen § 552 ff. verordnet ist.

§ 621. Doch sind sie bei Patronatkirchen in Rücksicht auf diese Verwaltung auch der besondern und unmittelbaren Aufsicht des Patrons unterworfen.

§ 622. Ein Gleiches gilt bei städtischen und andern größeren Kirchen, welche keinen besondern Patron haben, in Ansehung eines noch außer den administrirenden Vorstehern angeordneten Kirchenkollegii.

---

lichen Obern befugt sein, eine solche Verwendung auf den übereinstimmenden Antrag des Patrons, des Geistlichen und der Kirchenvorsteher zu genehmigen. Alle bisherige, sowohl allgemeine als besondere, gesetzliche Vorschriften, welche den Bestimmungen des gegenwärtigen Erlasses entgegenstehen, werden hierdurch aufgehoben."

10) Die kirchlichen Aufsichtsbehörden haben in Zukunft in solchen Fällen wo Seitens der Kirche oder einer kirchlichen Anstalt oder Stiftung ein Regreß oder ein Vertretungsanspruch gegen eine bei der Vermögensverwaltung betheiligte Person zur Sprache gebracht wird, den Grund oder Ungrund der Anzeige unmittelbar selbst näher zu prüfen, und falls sich Veranlassung zur gerichtlichen Verfolgung findet, solche von Amtswegen durch einen Namens der Kirche oder Stiftung von der Aufsichtsbehörde selbst bestellten Anwalt einzuleiten. Die Legitimation zu diesem Verfahren giebt ihnen § 661 h. t.; die Mittel zur Honorirung des Anwalts sind, soweit sie nicht vom Verklagten wieder beigebracht werden können, und die Kirchenkassen selbst dazu nicht vermögend sind, aus dem öffentlichen Prozeßkostenfonds zu entnehmen. (Uebrigens wird auch in solchen Fällen nach den Vorschriften der V. über die Festsetzung und den Ersatz der bei Kassen und andern Verwaltungen vorkommenden Defekte v. 24. Januar 1844 (GS. S. 52) zu verfahren sein; vgl. N. 260.)

Zu § 619.

257. Die Westphälische evang. Kirch. O. v. 5. März 1835 (Ann. 19, 104) verordnet in Betreff des Kirchenvermögens und dessen Verwaltung im 12. Abschn. § 147:

Das Vermögen der Kirchengemeinde, es mag zu kirchlichen, Schul- oder Armenzwecken bestimmt sein, wird von dem Presbyterio unter Aufsicht der Synode in der bisherigen Weise verwaltet, bis zur Beseitigung der vorhandenen Verschiedenheit der darin bestehenden Vorschriften und Observanzen die Provinzial-Synode eine Verwaltungsordnung entworfen und dieselbe die Genehmigung der die Oberaufsicht auf die äußern Kirchenangelegenheiten führenden höchsten Staatsbehörde erhalten hat.

258. Der Mitwirkung des Patrons bei Ausstellung von Quittungen über eine an die Kirche geleistete Zahlung bedarf es nicht — OTrE. v. 14. Septbr. 1857 (Str. Arch. 27, 33) —.

Zu § 621.

259. In der Niederlausitz hat der Pfarrer die Mitaufsicht über die Verwaltung der Kirchenvorsteher neben dem Patron — § 1 Gen. V. v. 8. Novbr. 1784 (Neumann, Prov. R. S. 421) —, ebenso in den ehemals Sächsischen Landestheilen — Art. 35 Kirch. O. v. 1580 (C. A. 1, 705) —.

Rechte und Pflichten der Kirchenverwalter.

§ 623. Sie müssen bei ihrer Verwaltung eben die Aufmerksamkeit anwenden und eben den Grad der Schuld vertreten, wozu Vormünder nach den Gesetzen verpflichtet sind.

Zu § 623.

260. Die Vertretungsverbindlichkeit der Kirchenvorsteher ist nach § 623 folgende: Sie müssen den Angelegenheiten der Kirche diejenige Aufmerksamkeit zuwenden, welche ein ordentlicher Hausvater in seinen eigenen Angelegenheiten gewöhnlich anwendet — § 275 II, 18 ALR. —, mithin jedes dabei begangene mäßige Versehen vertreten — 276 a. a. O. —. Für ein geringes Versehen haften sie dann, wenn sie a. Umstände, die sie nach den Gesetzen zur Uebernahme des Amts unfähig machen, absichtlich verschwiegen — § 277 a. a. O. —, b. Geschäfte, die eine besondere Sachkenntniß erfordern, eigenmächtig ohne Zuziehung von Sachverständigen unternommen — § 278 a. a. O. —, c. wenn sie, selbst Sachverständige, als solche Geschäfte der Kirche besorgt — § 279 a. a. O. —, d. wenn sie die gesetzlich vorgeschriebene Anfrage beim Patron oder der Aufsichtsbehörde unterlassen haben — § 280 a. a. O. —. Für zufälligen Schaden haften sie nur, wenn ihnen dabei zugleich ein grobes oder mäßiges Versehen zur Last fällt — § 282 a. a. O. —. Für den aus vor ihrer Amtszeit begonnenen und von ihnen nur fortgesetzten Geschäften entstandenen Schaden haften sie nur, soweit ihnen bei der Fortsetzung ein grobes Versehen zur Last fällt — § 283—285 a. a. O. —. Haben sich die Kirchenvorsteher privatim die Verwaltung getheilt, so haftet der Kirche doch jeder für den Andern, sonst haften sie solidarisch — § 286—289 a. a. O. —. Ihre Erben haften nur für ein grobes Versehen des Erblassers, es sei denn, daß die Klage schon bei Lebzeiten des Erblassers angestellt wäre — § 293, 294 a. a. O. —. Wegen der zu vertretenden Defekte der Kirchenvorsteher haben die Kirchen in deren Vermögen das Vorrecht der siebenten Klasse — § 79 Konk. O. v. 8. Mai 1855 (GS. S. 317) — und eine gesetzliche Hypothek, so daß die ausgemittelten Defekte auch ohne ihre Einwilligung auf ihre Immobilien eingetragen werden können — § 296 II, 18 ALR. —. Defekt umfaßt Alles, was ein Rechnungsleger verwaltungsmäßig seinem Principale zu gewähren, aber nicht gewährt hat, ohne Rücksicht auf die Art oder den Grund der dabei obwaltenden Verschuldung und auch in dem Falle, wenn der Verwalter nicht bestimmte einzelne Sachen, sondern nur Sachen derselben Gattung nachzugewähren hat — OTrE. v. 4. Februar 1858 (Str. Arch. 29, 62) —. Für die Festsetzung und den Ersatz der Defekte ist die V. v. 24. Januar 1844 maaßgebend, welche lautet:

§ 1. Die Feststellung der Defekte an öffentlichem oder Privatvermögen, welche bei öffentlichen Kassen oder andern öffentlichen Verwaltungen entdeckt werden, ist zunächst von derjenigen Behörde zu bewirken, zu deren Geschäftskreise die unmittelbare Aufsicht über die Kasse oder andere Verwaltung gehört.

§ 2. Von dieser Behörde ist zugleich festzustellen, wer nach den Vorschriften der gegenwärtigen Verordnung für den Defekt zu haften hat, und bei einem Defekt an Materialien, auf wie hoch die zu erstattende Summe in Gelde zu berechnen ist.

§ 3. Ebenso (§ 1 u. 2) hat die unmittelbar vorgesetzte Behörde die Defekte an solchem öffentlichen oder Privatvermögen festzustellen, welches, ohne zu einer öffentlichen Kasse oder andern öffentlichen Verwaltung gebracht zu sein, vermöge besonderer amtlicher Anordnung in den Gewahrsam eines Beamten gekommen ist.

§ 4. Ueber den Betrag des Defekts, die Person des zum Ersatz Verpflichteten und den Grund seiner Verpflichtung ist von der in den §§ 1 u. 3 bezeichneten Behörde ein motivirter Beschluß abzufassen.

§ 5. Hat diese Behörde die Eigenschaft einer Provinzial- oder Centralbehörde, so ist der Beschluß ohne Weiteres vollstreckbar.

§ 6. In allen anderen Fällen unterliegt der Beschluß der Prüfung der vorgesetzten Provinzialbehörde und wird erst nach deren Genehmigung vollstreckbar.

§ 7. Der vorgesetzten Centralbehörde bleibt jedoch in allen Fällen unbenommen, einzuschreiten und den Beschluß selbst abzufassen oder zu berichtigen.

§ 8. Nach Befinden der Umstände kann die Behörde auch mehrere Beschlüsse abfassen, wenn ein Theil des Defekts sofort klar ist, der andere Theil aber noch weitere Ermittelungen nothwendig macht, imgleichen wenn unter mehreren Personen die Verpflichtung der einen feststeht, die der andern noch zweifelhaft ist.

§ 9. In dem abzufassenden Beschlusse ist zugleich zu bestimmen, ob der Beamte zum Ersatz des Defekts oder nur zur Sicherstellung anzuhalten, und im ersten Falle, ob die Exekution unbedingt oder mit welchen näher zu bestimmenden Modifikationen zu bestimmen.

§ 10. Der abzufassende Beschluß kann auf die unmittelbare Verpflichtung zum Ersatz gerichtet werden:

1) sofern der Defekt nach dem Ermessen der Behörde durch Vorsatz bewirkt worden, gegen jeden Beamten, welcher der Unterschlagung oder Veruntreuung als Urheber oder Theilnehmer geständig ist oder für überführt erachtet wird;
2) sofern der Defekt nach dem Ermessen der Behörde durch grobes Versehen entstanden ist, a. gegen diejenigen, welchen die Kasse u. s. w. zur Verwaltung übergeben war, auf Höhe des ganzen Defekts, b. gegen jeden andern Beamten, der an der Einnahme oder Ausgabe, der Erhebung, der Ablieferung oder dem Transport von Kassengeldern oder anderen Gegenständen vermöge seiner dienstlichen Stellung Theil zu nehmen hatte, nur auf Höhe des in seine Gewahrsam gekommenen Betrages.

Eben dies gilt gegen die § 3 genannten Beamten in den daselbst bezeichneten Fällen.

a. In diesen auf die unmittelbare Ersatzverpflichtung gerichteten Beschlüssen ist jedesmal zugleich über die Verbindlichkeit der für ersatzpflichtig erklärten Beamten zur Tragung der durch die Ermittelung des Defekts erwachsenen Kosten die erforderliche Festsetzung zu treffen — StMB. v. 31. August 1863 (BMBl. S. 194) —.

§ 11. Der abzufassende Beschluß kann ferner auf Beschlagnahme des Vermögens oder Gehalts zur Sicherung des demnächst im Wege Rechtens auszuführenden Anspruchs, sofern der Defekt aus dem Vermögen der § 10 genannten zunächst verantwortlichen Beamten und deren Dienstkaution nicht zu decken sein sollte, gerichtet werden gegen diejenigen, welche zwar die defektirten Gelder oder anderen Gegenstände nicht in ihrer Gewahrsam gehabt, aber an deren Vereinnahmung, Verausgabung oder Verschlusse in der Weise unmittelbar Theil zu nehmen hatten, daß der Defekt ohne ihr grobes Verschulden nicht hätte entstehen können.

b. Aus den §§ 4, 9—11 ergiebt sich, daß das vorgeschriebene Administrativverfahren nicht zulässig ist gegen die Erben des Beamten und gegen diejenigen Beamten, denen nur ein mäßiges oder geringeres Versehen zur Last fällt — OTrE. v. 4. Septbr. 1857 (Entsch. 36, 378) —.

§ 12. Sind Beamte, gegen welche die exekutivische Einziehung des Defekts zulässig ist, in der Verwaltung ihres Amts, wofür sie eine Amtskaution bestellt haben, belassen worden, so ist die Exekution nicht zunächst in diese Kaution, sondern in das übrige Vermögen zu vollstrecken, jedoch soweit die bestellte Kaution reicht, nur auf die Sicherstellung eines gleichen Betrages zu richten.

§ 13. Bei Gefahr im Verzuge kann die unmittelbar vorgesetzte Behörde, auch wenn sie nicht die Eigenschaft einer Provinzialbehörde hat, oder der unmittelbar vorgesetzte Beamte vorläufige Sicherheitsmaaßregeln durch Beschlagnahme des Vermögens oder Gehalts gegen die nach § 10 der Exekution unterworfenen Beamten ergreifen; es muß aber davon der vorgesetzten Provinzialbehörde ungesäumt Anzeige gemacht, und deren Genehmigung eingeholt werden.

§ 14. Die Verwaltungsbehörde kann den zur Vollstreckung geeigneten Beschluß selbst zur Ausführung bringen, soweit dieselbe nach den bestehenden Gesetzen Exekution zu verfügen befugt ist. Außerdem ist das betreffende Gericht zu requiriren.

§ 15. Die Gerichte und Hypothekenbehörden sind verpflichtet, den an sie ergehenden Requisitionen zu genügen, die Exekution gegen die benannten Personen ohne vorgängiges Zahlungsmandat schleunig zu vollstrecken, die Beschlagnahme der zur Deckung des Defekts erforderlichen Vermögensstücke zu verfügen und die in Antrag gebrachten Eintragungen, wenn sonst kein Anstand obwaltet, im Hypothekenbuche zu veranlassen, ohne auf eine Beurtheilung der Rechtmäßigkeit einzugehen.

§ 16. Gegen den Beschluß, wodurch ein Beamter zur Erstattung eines Defekts verpflichtet erklärt wird (§ 10), steht demselben sowohl hinsichtlich des Betrages als hinsichtlich der Ersatzverbindlichkeit außer dem Rekurse an die vorgesetzte Behörde die Berufung auf rechtliches Gehör zu.

Von dieser Befugniß muß jedoch innerhalb eines Jahres vom Tage der dem Verpflichteten geschehenen Bekanntmachung des vollstreckbaren Beschlusses, oder wenn der Verpflichtete ausgetreten ist, vom Tage des abgefaßten Beschlusses an Gebrauch gemacht werden. Die Exekution behält des eingeschlagenen Rechtsweges ungeachtet bis zur rechtskräftigen Entscheidung nach Maaßgabe des Beschlusses ihren Fortgang, wenn nicht von der Verwaltung davon Abstand genommen wird.

In der etwa eingeleiteten Untersuchung bleiben dem Verpflichteten, insofern es auf die Bestrafung ankommt, seine Einwendungen gegen den abgefaßten Beschluß auch nach Ablauf des Jahres, wenngleich sie im Civilprozeß nicht mehr geltend gemacht werden können, vorbehalten.

§ 17. Gegen einen Beschluß, wodurch die Beschlagnahme des Vermögens oder Gehalts nach § 11 angeordnet worden, steht dem Beamten die Berufung auf rechtliches Gehör in derselben Weise zu, wie dies gegen einen gerichtlich angelegten Arrest zulässig ist.

261. Für die katholischen Kirchen in Schlesien und der Grafschaft Glatz ist über die Verwaltung des Kirchenvermögens ꝛc. durch das Allerh. Edikt d. d. Guntersblum 14. Juli 1793 (Korn, Edikt. Samml. 4, 416) Nachstehendes verordnet worden:

I. Wegen Bestellung der Kirchenvorsteher vgl. N. 228.

II. Wegen Verwaltung des Kirchenvermögens.

1. Die Verwaltung des Kirchenvermögens müssen die Kirchenvorsteher mit Zuziehung des Pfarrers übernehmen.

2. Um einestheils zu wissen, in was dermalen das Vermögen der Kirche bestehe, anderntheils aber auch richtige Grundsätze zu haben, nach welchen man die künftigen Rechnungen beurtheilen kann, muß binnen vier Wochen nach Publikation dieses Edikts von den Kirchenvorstehern mit Zuziehung des Pfarrers ein Verzeichniß des gesammten Kirchenvermögens aufgenommen werden. Dieses Verzeichniß muß enthalten eine deutliche Anzeige

a. der zur Kirche, Pfarre und Schule gehörigen, ihre Fundationen betreffenden Dokumente,
b. der sämmtlichen zur Kirche, Pfarre und Schule gehörigen Gebäude und deren Inventarienstücke, und in welchem Zustande sich solche jetzt befinden,
c. der zur Kirche und dem Gottesdienste gehörigen Geräthschaften, Kostbarkeiten und andern Sachen,
d. der zur Kirche, Pfarre und Schule gehörigen Forsten,
e. der fixirten (d. i. unabänderlichen) Einnahmen und Ausgaben,
f. und des Betrags des Kirchenvermögens nach der letzten Rechnung und wie solches darin nachgewiesen worden ist.

3. Der Kirchenpatron am Orte der Kirche ist schuldig, die Kirchenvorsteher anzuhalten, daß dieses Verzeichniß binnen der bestimmten Frist angefertigt und ihm sodann vorgelegt werde.

4. Hat er solches empfangen, so muß er mit allem Fleiß und Genauigkeit dessen Richtigkeit prüfen. Findet sich, daß dagegen etwas Erhebliches zu erinnern ist, so zeigt er solches dem Pfarrer und den Kirchenvorstehern an. Sind diese Erinnerungen gehoben, oder hat er das Verzeichniß richtig befunden, so müssen die Kirchenvorsteher solches dreimal abschreiben lassen. Das eine Exemplar wird von dem Kirchenpatron an die Kriegs- und Domänenkammer des Departements, und das zweite von dem Pfarrer an das Bischöfliche Amt eingesandt, und das dritte erhält der Kirchenpatron zu seinen Kirchenakten und das Koncept bleibt bei den Dokumenten der Kirche. Sowohl das Koncept als die drei davon gemachten Abschriften unterschreibt sowohl der Pfarrer als die Kirchenvorsteher. Auch muß der Kirchenpatron auf beide Abschriften, die an die Kammer und das Bischöfliche Amt gesandt werden, vermerken, daß er solche für richtig anerkannt habe. Kommt binnen sechs Wochen, vom Tage der Publikation dieses Edikts an gerechnet, dies Verzeichniß bei den Kammern nicht ein, so müssen sie dessen Einsendung dem Kirchenpatron aufgeben; ein Gleiches wird das Bischöfliche Amt an den Pfarrer erlassen.

5. Alle willkührliche Disposition über das Vermögen der Kirchen wird den Pfarrern und Kirchenvorstehern schlechterdings verboten; und sie sollen

6. für sich nur authorisirt sein zu den fixirten und solchen Ausgaben, wo eine schleunige Verwendung nothwendig ist, und ein Verzug Schaden brächte.

7. Zu allen andern Ausgaben ist die Einwilligung des Kirchenpatrons erforderlich, und wenn die Ausgabe mehr denn 30 Thlr. beträgt, noch überdies die Approbation des Bischöflichen Amts.

Ist der Kirchenpatron abwesend, so muß er entweder das Wirthschaftsamt oder den Justitiar zur Approbation der extraordinären Ausgaben bis 30 Thlr. generaliter authorisiren. Bei höheren Ausgaben aber ist der eigene Konsens des abwesenden Patrons erforderlich, es wäre denn, daß er Jemand auch dahin ausdrücklich bevollmächtigt hätte, mehr betragende Ausgaben gut zu heißen.

Hat eine Kirche mehrere Patrone, die auf ihren Gütern wohnen, oder doch in der Nähe sind, alsdann muß jeder seine Einwilligung zu den extraordinären Ausgaben ertheilen, oder sie müssen sich über einen gemeinschaftlichen Bevollmächtigten vergleichen, oder dahin eins werden, daß die Einwilligung des am Orte befindlichen Patrons hinreichend sein soll. Sind die Kompatrone aber abwesend oder entfernt, so müssen sie schlechterdings Jemanden auf ihren Gütern oder in der Nähe bevollmächtigen, der in ihrem Namen dergleichen Approbationen ertheilt.

8. Die Kirchenpatrone und das Bischöfliche Amt müssen keine Ausgaben bewilligen, die nicht nothwendig oder nützlich sind. Künftig passiren also keine Ausgaben für Schmausereien bei Abnahme der Kirchenrechnungen.

9. Und damit den Pfarrern und Kirchenvorstehern, auch den Kirchenbedienten soviel möglich alle Gelegenheit benommen werde, der Kirche mehr Ausgaben zu machen, als wirklich erforderlich sind, so müssen die alle Jahr vorkommenden unbestimmten Ausgaben, z. B. für Reinigung der Kirchenwäsche, auf einen fixirten Geldbetrag gesetzt werden.

10. Darlehne können aus dem Kirchenvermögen nicht anders gegeben werden, als auf Pfandbriefe, auf Hypotheken, die durch die erste Hälfte des Kaufgeldes gedeckt sind, auf Bank-Obligationen.

11. Sie müssen mit Vorwissen und Genehmigung des Kirchenpatrons geschehen; die besondere Genehmigung des Bischöflichen Amts ist aber bei der Nr. 10 gegebenen Vorschrift nicht erforderlich, weil solche, wenn sie eingeholt werden müßte, nur unnütze Weitläufigkeiten machen würde.

12. Selbst der Kirchenpatron kann keine Kirchengelder an sich nehmen, es wäre denn, daß er sie zuvor durch eine vorschriftsmäßige Hypothek sicher gestellt hätte.

13. Sollte eine Kirche schon jetzt Gelder auf mindere Sicherheit auszustehen haben, so müssen die Kirchenvorsteher bei eigener Vertretung solche aufkündigen und dafür sorgen, daß sie vorschriftsmäßig wieder untergebracht werden können. Sind sie in Aufkündigung und Einziehung solcher Gelder nachlässig, alsdann muß der Pfarrer solches dem Kirchenpatron anzeigen, dieser aber sie zu ihrer Pflicht anhalten.

14. In der Kirchenkasse müssen nie über 20 Thlr. baar ungenutzt liegen bleiben, es wäre denn, daß mehrere Gelder zu nöthigen Ausgaben bestimmt wären. Die Vorsteher müssen sich vielmehr Mühe geben, solche gegen vorschriftsmäßige Hypothek auszuleihen, und wenn sich dazu binnen drei Monaten keine Gelegenheit findet, solche inmittelst als Kirchengelder der Königl. Bank gegen Zinsen einsenden. Es versteht sich von selbst, daß, wenn nachher diese Gelder gegen Hypothek ausgethan werden können, sie sodann der Bank wieder aufzukündigen und einzuziehen sind.

15. Die Pfarrer sind schuldig, die Kirchenvorsteher in solchen Fällen fleißig an ihre Pflicht zu erinnern, und wenn diese demungeachtet nachlässig sein sollten, dem Kirchenpatron davon Anzeige zu thun, welcher sie sodann zu ihrer Pflicht anhalten muß.

16. Die zur Kirche, Pfarre und Schule gehörigen Fundationsbriefe und andern wichtigen Dokumente, desgl. die Pfandbriefe, Hypotheken, Bank-Obligationen und baaren Gelder müssen in einem besondern Kasten, der mit drei

Schlössern versehen ist, verwahrt werden. Den Schlüssel zu dem einen Schlosse hat der Pfarrer, den zu dem andern der erste, und den zu dem dritten der zweite Kirchenvorsteher.

17. Wenn dieser Kasten geöffnet werden soll, müssen alle diese drei Personen gegenwärtig sein. Wäre einer von ihnen krank, alsdann muß er Jemandem von den Parochianen seinen Schlüssel anvertrauen und seine Stelle durch ihn vertreten lassen. Da auf dem Lande die Kirchenkasse im Hause des Pfarrers sicherer ist als in der Kirche, so kann solche unter vorgedachten Vorsichtsmaaßregeln auch dort stehen bleiben.

18. Eine gleiche Sorgfalt muß wegen der der Kirche zugehörigen, zum Gottesdienst bestimmten Kostbarkeiten, die nur an Festtagen gebraucht zu werden pflegen, angewandt werden.

19. Um allen Unterschleifen mit den Kirchengeldern vorzubeugen, sollen alle Zahlungen nur gegen eine von dem Pfarrer und den Kirchenvorstehern ausgestellte Quittung geschehen, und nur eine solche Quittung soll für den Zahler gültig sein und effectum liberationis haben.

Da jedoch bei manchen Kirchenärarien kleine fixirte Einnahmen, die oft nur wenig Groschen betragen, vorkommen, und es zu weitläufig sein würde, wenn, so oft sich ein solcher Zahler meldet, der Pfarrer und beide Kirchenvorsteher konvocirt werden müßten, so können dem Pfarrer über solche kleine Posten, die jedoch die Summe von höchstens 2 Thlr. nicht übersteigen dürfen, im Voraus von den Kirchenvorstehern unterschriebene Quittungen mit offenem Dato zugestellt werden. Bei der Rechnungslegung aber müssen sich solche Posten in Einnahme finden, oder wenn sie in Rest gestellt sind, so muß sich der Pfarrer durch Vorzeigung von den Debenten noch nicht ausgelöster Quittungen legitimiren.

Uebrigens muß der Pfarrer kein zur Kirchenkasse gehöriges Geld an sich behalten, sondern solches an die Kasse abliefern, diese aber nie über 5 Thlr. und bei Kirchen, wo nur ungewöhnliche Ausgaben von wenigen Sgr. vorkommen, nie über 2 Thlr. hinter sich behalten.

20. Wenn Pfandbriefe in die Kirchenkasse gelegt werden sollen, müssen sie zuvor außer Kurs gesetzt werden. Die Interessenrekognition muß nicht in derselben Kasse, wo die Pfandbriefe sind, verwahrt werden, damit bei einem Diebstahle nicht beides gestohlen werden kann. Auch muß jedesmal die Nummer des Pfandbriefs und das Gut, worauf der Pfandbrief ausgefertigt worden, in das Rechnungsbuch eingetragen werden.

III. Wegen der Kirchenrechnungen und deren Abnahme.

1. Die Rechnungen über das Kirchenvermögen führen beide, der Pfarrer und die Kirchenvorsteher.

2. Es werden dazu zwei Bücher gehalten, das eine vom Pfarrer, das andere von den Vorstehern.

3. Diese Rechnungsbücher müssen auf gleiche Art geführt werden. Auf der einen Seite wird die Einnahme, auf der andern die Ausgabe eingetragen.

4. Jede Einnahme und Ausgabe muß, sobald es geschehen kann, in beide Bücher eingeschrieben werden.

5. Diese Bücher werden alle Jahre mit ultimo Dezbr. abgeschlossen, und sodann eine Jahresrechnung angefertigt.

6. Diese Jahresrechnung muß enthalten im Tit. I. den Uebertrag des Kirchenvermögens, und in was es nach der letzten Rechnung bestanden, im Tit. II. die Einnahme, und zwar 1) den Uebertrag des baaren Kassenbestandes aus voriger Rechnung, 2) die fixirte, 3) die zufällige Einnahme, in Tit. III. die Ausgabe, und zwar 1) die fixirte, 2) die zufällige Ausgabe, in Tit. IV. die Rekapitulation der Einnahme und Ausgabe und den Saldo, in Tit. V. eine Nachweisung, was ultimo Dezbr. jeden Jahres das Kirchenvermögen betragen, und wie es angelegt ist.

7. Diese von dem Pfarrer und den Kirchenvätern zu unterschreibende Rechnung wird mit den dazu gehörigen Belägen dem Kirchenpatron längstens binnen drei Wochen, von ult. Dezbr. an gerechnet, zugestellt.

8. Dieser ist schuldig, solche entweder selbst oder durch einen seiner Beamten zu revidiren, d. i. zu untersuchen, a) ob das Vermögen der Kirche und der

Kassenbestand aus voriger Rechnung richtig übertragen, b) die fixirte Einnahme vollständig aufgeführt, und c) die Ausgaben belegt sind, d) ob gegen die nicht fixirten Ausgaben etwas zu erinnern, und e) ob die Rechnung in calculo richtig ist.

9. Ist dies geschehen, so setzt er einen Tag zur Rechnungsabnahme an und macht ihn dem Pfarrer und den Kirchenvorstehern bekannt.

10. In termino der Rechnungsabnahme, welcher spätestens gegen das Ende des Monats April abgehalten werden muß, müssen die Rechnungen nach der sub Nr. 8 gegebenen Anleitung durchgegangen, die Dokumente über die ausgeliehenen Kapitalien und der Kassenbestand vorgezeigt, die monita des Patrons vorgetragen und abgemacht, und falls Reste ausständen, die ohne obrigkeitliche Hülfe nicht beigetrieben werden können, die Vorsteher angewiesen werden, auf diese Beitreibung bei der Behörde anzutragen. Uebrigens muß über alles dieses ein Protokoll aufgenommen und unterschrieben werden.

11. Der Kirchenpatron ist berechtigt, sein Wirthschaftsamt oder den Justitiar zur Rechnungsabnahme zu authorisiren.

12. Sind mehrere Kirchenpatrone, so müssen sie sich über den Tag der Rechnungsabnahme vereinigen, der Patron am Orte der Kirche aber hat das Recht zu verlangen, daß die Rechnungsabnahme in seinem Hause geschehe.

13. Der Pfarrer ist schuldig, dem Erzpriester eine Abschrift der Rechnung und das bei der Abnahme aufgenommene Protokoll zuzustellen, und bleibt es übrigens, was die Zuziehung des Erzpriesters zur Rechnungsabnahme betrifft, bei dem Regl. v. 8. August 1750.

14. Wenn der Erzpriester die Rechnungen von sämmtlichen unter ihm stehenden Kirchen erhalten, welches längstens bis ult. Juni jeden Jahres geschehen muß, so fertigt derselbe daraus einen summarischen Extrakt, welcher folgende Kolonnen enthält: Namen der Kirche, Bestand des nach der vorigen Rechnung gebliebenen Vermögens, diesjährige Einnahme, Ausgabe, den diesjährigen Betrag des Kirchenvermögens, ob also das Vermögen im letzten Jahre zu- oder abgenommen, Ursachen des plus und minus, ob das Vermögen vorschriftsmäßig ausstehe oder nicht und warum nicht.

15. Diesen Extrakt muß der Erzpriester mittelst Berichts nach vorgeschriebenem Schema an die Kriegs- und Domänenkammer des Departements und das Duplikat an das Bischöfliche Amt längstens ult. August einsenden. Beides, Extrakt und Bericht, muß in deutscher Sprache abgefaßt sein.

16. Ergiebt sich aus diesem Extrakt, daß das Vermögen einer Kirche abgenommen, und die Ursachen dem Bischöflichen Amte oder der Kammer kein Genüge leisten, so wird ersteres vom Pfarrer, letztere aber vom Patron der Kirche die nöthige Explikation fordern, und wenn es erforderlich wäre, eine nähere Untersuchung veranlassen.

17. Unsere Kriegs- und Domänenkammern müssen darauf vigiliren lassen, daß diese Berichte und Extrakte zur bestimmten Zeit einkommen. Ein Gleiches wird das Bischöfliche Amt thun. Und wenn daher der Erzpriester die Abschrift der Kirchenrechnungen nicht zu rechter Zeit erhalten sollte, muß er dem Bischöflichen Amte Anzeige machen, damit dies den Pfarrer zur Befolgung seiner Pflicht mit Nachdruck anweisen kann.

18. Entstünde über die Administration der Kirchengelder oder deren Berechnung ein Streit, und es kann solcher gütlich nicht beigelegt werden, so muß das Bischöfliche Amt solchen gründlich untersuchen und rechtlich entscheiden. Die Kammern sollen auf die Befolgung dieser Vorschrift genau attendiren.

19. Die abgenommenen Kirchenrechnungen werden in einem besondern Behältnisse in der Sakristei aufbewahrt.

20. Uebrigens müssen bei jeder Kirchenrechnungsabnahme a) die zur Kirche und dem Gottesdienste gehörigen Kostbarkeiten und Sachen, b) desgl. wie in dem folgenden Abschnitte vorkommen wird, auch die Forsten der Kirche und Pfarre und c) die Kirchen-, Pfarr- und Schulgebäude nachgesehen, und der Befund ins Rechnungsabnahmeprotokoll beim Schluß desselben mit vermerkt werden.

IV. Wegen Benutzung und Erhaltung der zu den Kirchen und Pfarren gehörigen Forsten.

1. Die in der Holz-Ordn. v. 19. April 1756 Tit. I § 4 enthaltene Vor-

schrift, daß von den Wiedemuthen der Pfarrer und andern Geistlichen, welche nur kleine Waldungen haben, ohne Erlaubniß der Königl. Kammern gar kein Holz, außer Strauch- und lebendig Holz, verkauft, sondern die Forsten nur zum Bau und der Feuerung genutzt werden sollen, muß künftig aufs genaueste befolgt werden.

2. Der Kirchenpatron und die Kirchenvorsteher sind, wenn der Pfarrer dieser Vorschrift entgegen handelt, verbunden, solches sofort der Kammer anzuzeigen, welche dann das officium fisci gegen den Pfarrer excitiren und die zur Erhaltung der Forsten nöthigen Maaßregeln nehmen muß.

3. Ueberdies sollen, wie oben Tit. III. Nr. 20 vorgekommen, alle Jahre bei Abnahme der Kirchenrechnungen die Forsten nachgesehen, und der vorgeschriebene Vermerk im Protokoll mit darauf gerichtet werden, ob die Forsten reglementsmäßig genutzt worden, oder was deshalb zu erinnern ist.

4. *Sollten auch dergleichen Forsten abgeholzte und unbebaute Plätze haben*, so muß deshalb bei der Rechnungsabnahme ein besonderes, umständliches Protokoll aufgenommen und mit Zuziehung eines Forstverständigen ein Vorschlag gemacht werden, wie dergleichen Plätze wieder zu benutzen sind. Dies Protokoll wird an die K. Kammer eingesandt, welche es durch das K. Ober-Forstamt prüfen und die nöthigen Vorschriften sodann ertheilen wird.

V. Wegen Reparaturen und Bauten.

1. Ehe das Rechnungsabnahmeprotokoll geschlossen wird, muß der Kirchenpatron entweder selbst oder durch seine Beamten mit Zuziehung des Pfarrers und der Kirchenvorsteher auch sämmtliche Kirchen-, Pfarr- und Schulgebäude in Augenschein nehmen, ob und was für Reparaturen und Bauten nöthig sind und den Befund in gedachtes Protokoll vermerken lassen.

2. Ist der Fall einer solchen Reparatur vorhanden, die der Pfarrer mit seinen Leuten bestreiten kann, so muß der Kirchenpatron dem Pfarrer bedeuten, daß er nach Anleitung des Regl. v. 8. August 1750 schuldig ist, diese Reparatur zu übernehmen. Ist dieser in Befolgung solcher Schuldigkeit nachlässig, so muß jener das Bischöfliche Amt requiriren, den Pfarrer dazu mit Nachdruck anzuhalten.

3. Ist dies der Fall nicht, die Reparatur oder der Bau kann aber aus dem Kirchenärario bestritten werden, und der Kirchenpatron, Pfarrer und die Kirchenvorsteher sind über die Nothwendigkeit und Art und Weise, wie der Bau oder die Reparatur geschehen soll, einig, und die Kosten betragen nach einem von einem Bauverständigen gemachten Anschlage nicht über 50 Thlr., so kann diese Ausgabe sofort beschlossen werden. Die Vorsteher übernehmen mit Zuziehung des Pfarrers die Sorge, daß der Bau oder die Reparatur tüchtig und mit möglichster Ersparniß aller überflüssigen Ausgaben geschehe.

So versteht sich von selbst, daß, wenn ein Bau oder eine Reparatur vor Abnahme der Kirchenrechnung nöthig wäre, der diesfällige Beschluß nicht bis zur Kirchenrechnungsabnahme ausgesetzt bleiben dürfe, es muß aber alsdann ein besonderes Protokoll darüber aufgenommen, solches zu den Kirchenakten genommen und in dem künftigen Rechnungsabnahmeprotokoll sich darauf bezogen werden.

4. Beträgt der Bau mehr als 50 Thlr., oder man ist bei einer unter dieser Summe betragenden Reparatur ꝛc. über die Nothwendigkeit oder die Art und Weise, wie sie geschehen soll, uneins, alsdann wird nach Vorschrift des Regl. v. 8. August 1750 verfahren, d. h. die Regierung entscheidet, nachdem der Landrath mit dem Patron, Pfarrer und den Eingepfarrten verhandelt hat; zu dieser Verhandlung kann auch der Bischof einen Deputirten senden.

VI. Wegen neuer Schenkungen und Vermächtnisse an Kirchen, Pfarreien und Schulen. Dieser Abschnitt ist antiquirt bis auf:

2. In den künftigen Kirchenrechnungen muß der neue Zuwachs des Vermögens in Einnahme gestellt, auch im Rechnungsprotokoll dessen umständlich erwähnt werden.

VII. Besondere Bemerkungen.

A. Bei den Kirchen Königl. Patronats müssen die K. Kammern einen oder zwei Kommissarien bestellen, die sich der den Kirchenpatronen nach obigen Vorschriften obliegenden Pflichten unterziehen. In den Städten sollen dazu Mitglieder des Magistrats, auf dem Lande aber der Domänenpächter oder Administrator und Justitiar genommen werden. 2) Alle Jahre muß der Kammer längstens bis ult. Juni ein Duplikat der Kirchenrechnung und des Rechnungsabnahmeprotokolles eingesandt werden. 3) Keine Ausgabe, die 10 Thlr. und darüber beträgt, kann, wenn sie nicht unter die fixirten sondern zufälligen gehört, ohne besondere Genehmigung der Kammer in Rechnung gelten.

B. Bei den Kirchen Bischöflich Breslauischen Patronats gilt für die Dauer der Administration des Bisthums das zu VII. A Gesagte.

C — E. Bei den Kirchen, die unter den Bischöfen von Prag, Olmütz und Krakau stehen, den Kirchen des Maltheserordens und der exemten Stifter ist auch das Edikt anzuwenden mut. mut.

F. 1) In den Fällen VII. A u. B sollen die Kommissarien keine Gebühren erhalten. 2) In Kirchensachen sollen keine Kanzleitaxen genommen werden, außer, wo es bisher schon geschehen. 3) Die Kirchensachen haben Portofreiheit.

262. In Ostpreußen ist für die Verwaltung der Kirchenvorsteher die Instruction d. Ostpreuß. St. Minist. v. 24. Oktbr. 1801 (Vork, Kirch. Ges. 1, 617) maaßgebend, weil es nach Publ. Pat. v. 6. März 1802 zum Ostpreuß. Prov. R. in Absicht des Kirchenwesens bei der bisherigen Dienstverfassung hat verbleiben sollen. Dieselbe lautet in den darauf bezüglichen § 8 ff.:

§ 8. Die eigentliche Pflicht der Vorsteher besteht in einer ordentlichen und treuen Administration des Vermögens von der ihrer Vorsorge anvertrauten Kirche oder anderen Stiftung. Dazu gehört, daß selbige 1) die Einkünfte jährlich richtig einfordern und getreulich berechnen, 2) bei den Ausgaben alle haushälterische Sparsamkeit beobachten, auch auf die zweckmäßigste Verwendung sehen und 3) über die Einnahme und Ausgabe richtige Rechnung führen und ablegen.

§ 9. Soviel die Einnahme und besonders der jährlichen Gefälle an Real- und Personal-Dezem, Bankengeld u. s. w. betrifft, so geschieht solche an dem dazu bestimmten Tage in der Widdem im Beisein des Predigers, welcher den Vorstehern bei diesem Geschäfte überhaupt assistiren muß.

§ 10. Bei Erhebung der beständigen Gefälle wird das bei jeder Kirche subsistirende corpus bonorum zum Grunde gelegt. Jedoch ist bei etwaigen Alternationen dieser Gefälle eine Bescheinigung der Grund-Obrigkeit erforderlich, durch welche die Einnahme zu justificiren.

§ 11. Der Personaldezem wird nach Maaßgabe der jährlich von den Domänenämtern, Magistraten und adligen Jurisdiktionen einzureichenden Konsignationen der Dezemspflichtigen eingenommen. Der Prediger hat solche aber zuvor mit dem Konfitentenbuch der Kirche genau zu vergleichen, damit Niemand übergangen werde. Die solchergestalt von ihm zu bescheinigenden Konsignationen kommen als Beläge zur Rechnung.

§ 12. Die übrigen unbeständigen Gefälle an Klingsäckelgeld, Geschenken, Glocken- und Erdgeld u. s. w. müssen mit aller Gewissenhaftigkeit der Kasse berechnet, und die Richtigkeit derselben vom Prediger bescheinigt werden. Dem Prediger wird dabei besonders zur Pflicht gemacht, eher keinen Trauungs-, Leichen- u. s. w. Akt zu verrichten, bis die Gebühren an die Kirche erlegt sind.

§ 13. Vorsteher müssen vorzüglich darauf halten, daß sämmtliche Gefälle an die Kasse zur gesetzten Zeit abgeführt werden, und Nichts im Rückstande bleibt. Es ist daher ihre Pflicht, wenn ihre Erinnerungen bei den säumigen Debenten nichts fruchten, die nöthigen Verfügungen zur Beförderung bei der Ortsobrigkeit zeitig zu extrahiren. Leistet diese ihnen nicht die gehörige Assistenz, so müssen sie davon ungesäumt der Bezirksregierung Anzeige machen und Remedur nachsuchen. In jedem Falle, wo die Vorsteher hierbei etwas versäumen, und dadurch die Forderungen illiquid und inexigibel werden, sollen sie zur Erstattung ex propriis angehalten werden.

§ 14. In Ansehung der Ausgaben muß durchgehends pflichtmäßige Sparsamkeit beobachtet werden. Die ordinären und etatsmäßigen Ausgaben müssen richtig ausgezahlt, ungewöhnliche und extraordinäre aber nicht eher getrieben werden, als bis sie dazu durch Decharge authorisirt sind.

§ 15. Besonders liegt den Vorstehern in Betreff der Ausgaben ob, ihre ganze Aufmerksamkeit auf die Erhaltung der Kirchen-, Predigerwohn- und Wirthschafts-, Kirchschul- und Wittwengebäude zu richten. Sie haben daher zu sorgen, daß solche in Dach und Fach gut unterhalten und kleine

Mängel zur rechten Zeit und tüchtig ausgebessert, dadurch aber Hauptreparaturen und neue Bauten vermieden werden.

§ 16. Kleine Reparaturen bis 2 Thlr. können die Vorsteher auch ferner ohne Anfrage und Approbation unternehmen. Es wird aber erwartet, daß sie auch hierbei das Beste der Kirche beobachten und auf die tüchtige Instandsetzung mit möglicher Menage sehen werden.

§ 17. Zu größeren Reparaturen und Neubauten sind kompetente Anschläge der Kreisbaubedienten erforderlich. Die Vorsteher müssen die Baumängel daher in Zeiten dem Kreisbaumeister zur Untersuchung und Veranschlagung anzeigen und die Anschläge durch den Landrath zur Approbation einreichen.

§ 18. Die approbirten Bauten und Reparaturen sollen zwar in der Regel zur Entreprise ausgeboten werden. Die Regierung darf aber auch bei eintretenden besondern Umständen solche den Vorstehern zur Ausführung auf Rechnung überlassen. *Vorzüglich wird in dem Falle darauf Rücksicht genommen werden*, wenn von der Rechtschaffenheit und Sachkenntniß der Vorsteher erwartet werden kann, daß die Arbeit unter ihrer Aufsicht tüchtiger und vielleicht auch wohlfeiler als durch einen Entrepreneur ausgeführt wird. Wenn ihnen daher Bauten in Administration überlassen werden, so ist es ihre Pflicht, für die tüchtigste Ausführung, und daß die Anschlagssumme nicht überschritten werde, zu sorgen.

§ 19. Bauten und Reparaturen aber, die nicht auf Rechnung ausgeführt werden, sind förmlich zu Entreprise zu lizitiren. Bei dem Entrepreneur wird nicht nur Sachkenntniß, sondern auch, daß es ein zuverlässiges und sicheres Subject sei, unerläßlich erfordert. Die Vorsteher haben sich daher hiervon, besonders ob der Entrepreneur in guten Vermögensumständen ist, auch ob er ähnliche Bauten und Reparaturen mit Erfolg bereits ausgeführt, die nöthige Kenntniß zu verschaffen. Wenn dabei kein weiterer Zweifel vorwaltet, so können sie nach erfolgtem Zuschlage den Kontrakt abschließen und zur Approbation einsenden. Sie haben aber bei Auszahlung des ersten Termins zu Anschaffung der Materialien, sowie aller übrigen Termine die nöthigen Vorsichtsmaaßregeln zur Sicherung der Kirchenkasse oder des Kirchenbaufonds, je nachdem das Geld aus diesem oder jener hergegeben wird, bei eigener Verantwortung pflichtmäßig anzuwenden.

§ 20. Daß die Repartition der Hand- und Spanndienste mit Zuziehung der Gemeinde angelegt werde, müssen sie zeitig beim Landrath nachsuchen, damit die Materialien womöglich bei gutem Winterwege beigeschafft werden können.

§ 21. Da auch die Kirchenkassen größtentheils kein hinlängliches Vermögen besitzen, so wird es nothwendig, genau darauf zu halten, daß solchen keine Bauausgaben obtrudirt werden, zu welchen sie nicht ganz unbezweifelt verbunden sind. Dieserhalb müssen Vorsteher bei jedem Neu- und Reparaturbau genau untersuchen, wem solcher eigentlich obliegt, und ihre etwaigen Bedenken anzeigen.

§ 22. Auch ist durch ältere Verordnungen bereits festgesetzt, daß die Geistlichkeit wegen des beneficii der freien Wohnung kleinere Reparaturen an ihren Gebäuden, Ausbesserung der Schlösser, Fenster, Ausschmierung der Oefen und sonst bis zu 1 Thlr. ex propriis besorgen müssen. Die Vorsteher werden daher angewiesen, auch hierauf genau zu halten.

§ 23. Ueber alle Ausgaben müssen gehörige, glaubwürdige Quittungen von den Empfängern ausgestellt, und wenn solche nicht schreiben können, die von einem Andern zu schreibende Quittung von ihnen mit Kreuzen unterzeichnet werden, deren Eigenhändigkeit der Pfarrer bescheinigen muß.

§ 24. Ueber die jährliche Einnahme und Ausgabe müssen die Vorsteher hiernächst richtige und akkurate Rechnung führen und ablegen. Ratione formalium bleibt es bei dem eingeführten Schema; ratione materialium aber muß die Einnahme durch gehörige Atteste verificirt, und die Ausgaben ebenfalls durch hinlängliche Quittungen und sonstige Beläge dargethan werden, weshalb auf die vorhergehenden §§ Bezug genommen wird.

§ 25. Bei den Landkirchen und überhaupt an den Orten, wo die Vorsteher nicht schreiben können, ist es die Pflicht des Predigers, ihnen in Führung der Rechnung und sonst zu assistiren.

§ 26. Die Rechnung muß innerhalb vier Wochen nach dem Jahresschluß abgeliefert werden, andernfalls die Rendanten in 5 Thlr. Strafe verfallen.

§ 27. Die von der Revisionsbehörde formirten Notate sind bei der nächstfolgenden Jahresrechnung unfehlbar vollständig zu beantworten und zu erledigen, damit die Decharge erfolgen kann.

§ 28. Die jährlich übrig bleibenden Kassenbestände, insofern solche nicht zu kurrenten Ausgaben gebraucht werden, müssen bei eigner Erstattung der Bankzinsen vorerst wenigstens in die Bank geliefert werden. Hiernächst sind solche, falls sie zu höheren Zinsen mit Konsens der Regierung nicht sicher untergebracht werden können, den ergangenen Vorschriften zufolge der Landschaftskasse zeitig zu offeriren. Auch ist verordnetermaaßen dafür zu sorgen, daß die Pfandbriefe außer Kurs gesetzt werden.

§ 29. Bei jeder Anleihe, welche aus den Königl. Kirchen- und Stiftungskassen verlangt wird, ist sowie bei jeder Zurücknahme eines ausstehenden Kapitals der Konsens der Regierung erforderlich. Bei Nachsuchung des Konsenses zu Anleihen muß ein Hypothekenschein und das pflichtmäßige Gutachten der Vorsteher beigefügt werden, ob das verlangte Anlehn durch die offerirte Hypothek völlig gesichert ist. Es erfordert daher ihre Pflicht, sich über die Hypothek genaue Nachricht zu verschaffen, und wenn der Grund an demselben Orte belegen, solchen selbst zu untersuchen, ob die etwaigen Gebäude sich in gutem baulichen Zustande befinden, und die Hypothek überhaupt den im Hypothekenschein angegebenen oder auch taxirten Werth wirklich hat. Vornehmlich müssen Vorsteher bei Häusern von geringem Werthe in kleinen Städten, wenn solche mit einem nutzbaren ländlichen Grundstücke nicht verbunden sind, die äußerste Vorsicht gebrauchen. Sie bleiben verpflichtet, sich um die bauliche Unterhaltung der Gebäude von Zeit zu Zeit genau zu bekümmern, sowie sie bei jedem sich äußernden Verfalle, oder wenn der Debitor mit den Zinsen zurückbleibt, den Konsens zur Kündigung bei eigener Vertretung in Zeiten einholen müssen.

§ 30. Die baaren Kassenbestände, Schulddokumente und kurrenten Rechnungen, auch die dazu gehörigen Beläge werden in einem eisernen oder in einem hölzernen, mit Eisen gut beschlagenen Kasten aufbewahrt. Solcher muß mit zwei bis drei tüchtigen Schlössern versehen sein, zu welchen der Prediger einen, und ein oder zwei Vorsteher jeder einen besondern Schlüssel haben, so daß einer ohne den andern zu dem Kasten nicht kommen kann. Ist die Sakristei gut befestigt und vor Einbrüchen gesichert, so gehört der Kirchenkasten in dieselbe, sonst aber in die Wohnung des Predigers.

§ 31. Daß das Inventarium bei den Kirchen an Geräthschaften, Baumaterialien und sonst gehörig asservirt und jährlich wenigstens einmal revidirt werde, gehört ebenfalls zu den Pflichten der Vorsteher.

§ 32 handelt von der Pflicht der Obervorsteher und ist durch deren Wegfall antiquirt.

§ 33. Die Vorsteher der Hospitäler haben sich nach vorstehenden Anweisungen, welche in den meisten Punkten auch auf sie Anwendung finden, ebenfalls genau zu achten. Wegen der aufzunehmenden Hospitaliten wird noch Folgendes hinzugefügt:

§ 34. Es müssen die Vorsteher jedes Hospitals gemeinschaftlich mit dem Prediger als Inspector desselben eine den Umständen des Hospitals angemessene Zahl der aufzunehmenden Hospitaliten der Regierung zur Bestätigung in Vorschlag bringen. Diese approbirte Zahl darf alsdann ohne erhebliche Ursache nicht überschritten werden.

§ 35. Jede Vakanz einer Hospitalitenstelle ist der Regierung durch die Behörde sofort anzuzeigen, und sind zugleich die aufzunehmenden Subjecte in Vorschlag zu bringen. Es muß dabei das Alter und der christliche Lebenswandel des Aufzunehmenden, ersteres durch einen Taufschein, letzteres durch ein Attest des Predigers, sowie die Hülfsbedürftigkeit durch eine Bescheinigung der Ortsobrigkeit, und die kränklichen Umstände und Leibesgebrechen durch ein ärztliches Attest erwiesen werden.

§ 36. Was endlich die unter Mediatpatronaten stehenden Kirchen und milden Stiftungen betrifft, so sind die Vorsteher derselben verpflichtet, sich nach diesem Cirkulare, welches von § 4—34 incl. auf sie Anwendung findet, ebenfalls zu achten. Jedoch versteht es sich dabei von selbst, daß sämmtliche Konsense und Approbationen bei Geldanleihen, Bauten und in allen die Stiftung und deren

§ 624. Bei einer jeden Pfarrkirche müssen wenigstens zwei Vorsteher bestellt werden.

§ 625. Sie müssen die der Kirche zustehenden Gelder, Schuldinstrumente und andern Urkunden dergestalt unter gemeinschaftlichem Beschlusse halten, daß keiner von ihnen einseitig und ohne die übrigen darüber verfügen könne.

§ 626. Wo der Kasten, in welchem die Kirchengelder und Urkunden unter solchem gemeinsamen Beschlusse aufzubewahren sind, am sichersten untergebracht werden könne, müssen die Vorsteher mit dem Patrone und Pfarrer in Ueberlegung nehmen; allenfalls aber muß dies von dem Inspector oder Erzpriester nach den Umständen bestimmt werden.

Kasse angehenden Angelegenheiten auch fernerhin wie vorher vom Patrone ertheilt werden, insofern derselbe nicht z. B. bei einer Anleihe als Schuldner für mitinteressirt anzusehen ist.

263. Für die Vermögensverwaltung durch die Kirchenvorsteher haben die einzelnen Bezirksregierungen auch Anweisungen und Instructionen erlassen, welche, abgesehen von einzelnen provinzialrechtlichen Modifikationen, die in den folgenden Noten enthalten sind, in der Hauptsache mit der Instr. v. 24. Oktbr. 1801 (N. 262) übereinstimmen. Außer den in den §§ 623 ff. aufgeführten Pflichten der Kirchenvorsteher liegt denselben auch noch ob: die Sorge für die Anfertigung und Vervollständigung der Kirchen- und Pfarrmatrikeln (Lagerbücher, corpora bonorum) — RdMdgA. v. 8. Dezbr. 1859 (UCBl. 1860 S. 38) — und für die Aufstellung von Etats für die Kirchenverwaltung. Die Matrikeln müssen enthalten ein vollständiges Verzeichniß a. aller liegenden Gründe und Gebäude nebst Angabe der Größe und Grenzen derselben, der darauf haftenden Servituten, Lasten und Schulden, der baulichen Beschaffenheit, b. aller zugehörigen Geräthschaften und beweglichen Beilaßstücke, c. aller ausstehenden Forderungen und ausgeliehenen Kapitalien unter Angabe ihrer Höhe, des Zinsfußes, des Namens und Wohnorts des Schuldners, des verpfändeten Grundstücks und des Datums der Obligation, d. aller fixirten Einkünfte, Renten und Gefälle unter Angabe der Beträge, des Namens und Wohnorts der Schuldner und des Verpflichtungsgrundes, e. aller veränderlichen und zufälligen Einkünfte. Die durch die Matrikel hinsichtlich der darin als abgabenpflichtig verzeichneten Eingepfarrten, welche bei Aufnahme der Matrikel nicht zugezogen worden, für den Pfarrer oder die Kirche aus § 158 u. 159 I, 10 AGO. begründete rechtliche Vermuthung ihrer Richtigkeit verliert ihre Kraft, wenn nicht erwiesen werden kann, daß das Recht der Pfarre oder Kirche jemals ausgeübt worden ist — OTrE. v. 16. April 1852 (Str. Arch. 5, 175) —. Für die Aufstellung der Etats ist die Instr. dMdgA. v. 6. August 1845 (s. N. 256) maaßgebend. Der Kirchenetat bezweckt die Uebersicht der Einnahmen und Ausgaben einer Kirche für einen gewissen Zeitraum. Der Zweck, Verbindlichkeiten gegen Dritte festzustellen oder gar erst zu übernehmen, ist seinem Wesen fremd. Denn zur Uebernahme einer Verbindlichkeit gehört Versprechen und Annahme. Beides fehlt in einem Etat — OTrE. v. 1838 (Jur. CBl. 1840 S. 851).

Zu § 625.

264. In den ehemals Sächsischen Landestheilen hat auch der Pfarrer einen Schlüssel — Art. 35 Kirch. O. v. 1580 (C. A. 1, 705) —, ebenso in Ostpreußen — § 30 Instr. v. 24. Oktbr. 1801 (N. 262) —, in Westpreußen — § 34 Prov. R. —, und in Schlesien — II, 16 Ed. v. 14. Juli 1793 (N. 261) —. In der Niederlausitz haben Pfarrer und Patron jeder einen Schlüssel, der Kasten soll in der Sakristei stehen — § 5 Gen. R. v. 8. Novbr. 1784 (Neumann, Prov. R. S. 421) —.

§ 627. Wo es besonders auf dem Lande an tauglichen, im Rechnungswesen hinlänglich geübten Subjecten zu Kirchenvorstehern ermangelt, da kann der Pfarrer sich nicht entbrechen, dieses Geschäft mit zu übernehmen und die Schreibereien nebst dem Rechnungswesen zu übernehmen.

§ 628. Was also hier von Kirchenvorstehern überhaupt verordnet wird, gilt in diesem Falle auch von dem Pfarrer und den ihm an die Seite gesetzten Nebenvorstehern.

Von Kirchenkapitalien.

§ 629. Ausstehende Kirchenkapitalien können die Vorsteher ohne Vorwissen und Genehmigung des Patrons oder Kirchenkollegii, wo dergleichen vorhanden ist, nicht aufkündigen.

Zu § 627.

265. Aus § 627 folgt nicht, daß die Geistlichen die unmittelbare Administration des Kirchenvermögens und die unmittelbare Receptur und eigene Asservation der Kassenbestände statt der Kirchenvorsteher übernehmen müssen, vielmehr sollen sie nur den Kirchenvorstehern durch Besorgung der Schreibereien und Rechnungsführung Beistand leisten. Daß nur dies geschieht, aber auch nur bei kleinen Gemeinden mit geringem Vermögen, und daß sonst sowie in allen Fällen der Unfähigkeit der Kirchenvorsteher zur unmittelbaren Vermögens- und Kassenverwaltung ein besonderer Rendant dazu aus den Mitgliedern der Gemeinde bestellt werde, dafür haben die Regierungen Sorge zu tragen — CRdMdgA. v. 16. Februar 1832 (Ann. 16, 98) u. v. 2. Juni 1837 (Ann. 21, 401) —. Dasselbe gilt für die Kirchspielsschulkassen in der Provinz Preußen, weil deren Verwaltung gleich der der anderen Kirchenkassen dem Kirchenkollegium und Patron zusteht — § 69 Schul-Ordn. v. 11. Dezbr. 1845 (GS. 1846 S. 1) und Motive derselben —. Wenn gegen einen Kirchenkassenrendanten Ordnungsstrafen verhängt werden, weil er dem Befehle des Landraths, die für die Ausführung einer gegen die Kirche gerichteten polizeilichen Maaßregel entstandenen Auslagen aus der Kirchenkasse zu erstatten, nicht Folge leistet, so ist der Rechtsweg ihm dagegen nicht gestattet — KGE. v. 21. Novbr. 1857 (VMBl. 1858 S. 165) —.

Zu § 629 ff.

266. Unter Kirchenkollegium ist in den §§ 629—632 das im § 622 h. t. erwähnte gemeint. — Die Erklärungen der Kirchenvorsteher rücksichtlich der den Kirchen zustehenden Realansprüche und Hypothekenforderungen, z. B. Cessionen, löschungsfähige Quittungen, bedürfen, wenn sie von der Aufsichtsbehörde genehmigt und diese Genehmigungen unter den Erklärungen mit Unterschrift und Amtssiegel der Behörde ausgefertigt sind, gemäß Anh. § 413 AGO. II, 1 § 3 keiner weiteren gerichtlichen Beglaubigung — JMR. v. 23. Juli 1840 (JMBl. S. 261) —.

267. Die provinzialrechtlichen Bestimmungen in Betreff der Ausleihung der Kirchenkapitalien sind folgende: In der Mark Brandenburg Nr. 1 AKO. v. 11. Juli 1845 (VMBl. S. 210) vgl. N. 256, in Schlesien II. 10—15 Ed. v. 14. Juli 1793 (N. 261). Nach § 9 c. 25 Magdeburgischer Kirch. O. v. 1739 sollen die Kirchenvorsteher die ausgeliehenen Kapitalien kündigen, wenn der Schuldner mit den Zinsen zwei bis drei Jahre im Rest bleibt. Für Ostpreußen sind maaßgebend § 28 u. 29 Instr. v. 24. Oktbr. 1801 (N. 262) und Ostpreuß. Prov. R. Zus. 191, welcher lautet:

§ 1. Zur Ausleihung und Einziehung der Kirchenkapitalien muß ohne Rücksicht auf den Betrag jederzeit bei lutherischen Königl. Patronatkirchen von dem Ostpr. Staatsministerio (jetzt der Bezirksregierung) und bei deutsch-reformirten Königl. Patronatkirchen außerhalb Königsberg von dem Kirchendirectorio die Einwilligung eingeholt werden.

§ 630. Geschieht die Aufkündigung von dem Schuldner, so müssen sie dem Patrone oder Kirchenkollegio davon sofort Anzeige machen.

§ 631. Wo weder ein Patron noch ein Kirchenkollegium vorhanden ist, da müssen Aufkündigungen nicht anders als mit Zuziehung des Inspectors oder Erzpriesters gethan oder angenommen werden.

§ 632. Der Patron, das Kirchenkollegium oder der Inspector müssen den Zahler anweisen, ob die Zahlung an die Vorsteher allein geleistet, oder wer noch außer ihnen dabei zugezogen werden solle.

§ 633. Nach dieser Anweisung muß sich der Zahler richten, und nur eine derselben gemäß ausgestellte Quittung kann gegen die Kirche die Zahlung beweisen.

§ 634. Sobald aus den Einkünften der Kirche ein

---

§ 2. Bei protestantischen adligen und städtischen Patronatkirchen bedarf es keiner Anzeige an den Inspector über die vorhabende Ausleihung noch einer Einwilligung der geistlichen Obern.

[§ 3. Bei katholischen Kirchen ist zur Aufkündigung von Seiten der Kirche die Genehmigung des Ostpr. Staatsministerii erforderlich, dem auch die von Seiten des Schuldners erfolgte Aufkündigung angezeigt werden muß.] (Aufgehoben durch Nr. 9 Rg. v. 25. Mai 1850, vgl. N. 70.)

§ 4. Im Ermlande ertheilt der Bischof die Genehmigung [nach vorher erfordertem Gutachten des Landvogteigerichts]. (Das Gutachten fällt nach Aufhebung dieses Gerichts weg.)

Für Westpreußen verordnet das Westpreuß. Prov. R. in den §§ 31—34 Folgendes:

§ 31. Zur Ausleihung und Einziehung von Kapitalien der Kirchen Königl. Patronats sowie solcher Kirchen, die keinen eigenen Patron haben, oder bei denen das Patronat einer geistlichen oder milden Stiftung zusteht, muß ohne Unterschied der Summe die Genehmigung der Regierung eingeholt werden.

§ 32. Bei anderen Kirchen Privatpatronats ist zur Ausleihung und Einziehung von Kapitalien nur die Einwilligung des Patrons erforderlich. Einer Zuziehung des Superintendenten oder des Dekans bedarf es nicht, doch ist demselben von einem solchen Geschäft Anzeige zu machen.

§ 33. Bei Ausleihung und Einziehung von Kapitalien geistlicher und milder Stiftungen ist in der Regel und insofern nicht durch die Stiftungsurkunde oder das Herkommen etwas Anderes bestimmt ist, die Einwilligung der Regierung erforderlich.

§ 34. Die der Kirche gehörenden Gelder, Schuldschriften und andere Urkunden werden in einem mit zwei verschiedenen Schlössern versehenen Kasten aufbewahrt. Zu dem einen Schlosse erhält der Pfarrer, zu dem andern einer der Kirchenvorsteher den Schlüssel.

Zu § 633.

268. Zur Zahlungsanweisung bedarf es der Zuziehung des Inspectors (Superintendenten) nur da, wo dieselbe zur Aufkündigung nöthig gewesen wäre, also nicht, wenn ein Patron oder ein Kirchenkollegium vorhanden ist, und diese die Zahlungsanweisung ertheilt oder die von den Kirchenvorstehern ausgestellte Quittung hinterdrein genehmigt haben. Die Genehmigung der Regierung als Aufsichtsbehörde ist weder zur Gültigkeit der Zahlung noch zur Löschung im Hypothekenbuche erforderlich, außer bei Kirchen fiskalischen Patronats, bei welchen die Regierung den Patron vertritt — JMR. v. 27. Septbr. 1833 (Erg. ad L. §) —.

Bestand von fünfzig Thalern oder mehr erübrigt werden kann, müssen die Vorsteher für dessen sichere und zinsbare Unterbringung zum Besten der Kirche sorgen.

§ 635. So lange sich zu einer solchen Unterbringung gegen höhere Zinsen unter gesetzmäßiger Sicherheit keine Gelegenheit findet, müssen dergleichen aufgesammelte Kapitalien bei der Königlichen Bank belegt werden.

§ 636. Kirchenkapitalien sollen in der Regel nicht anders als gegen gerichtliche Sicherheit und Eintragung auf unbewegliche Güter ausgeliehen werden.

Zu §§ 635 u. 636.

269. Die Ausleihung auf sichere Hypotheken gegen die üblichen Zinsen, womöglich mit Beschränkung der Kündigungsbefugniß des Schuldners, ist insbesondere zu Stande zu bringen — CRdMdgA. v. 26. Mai 1854 (BMBl. S. 195) —. Eine sichere Hypothek ist gemäß § 188 I, 14 ALR. eine solche, welche bei städtischen Grundstücken innerhalb der ersten Hälfte, bei ländlichen innerhalb der ersten zwei Drittel des Werths zu stehen kommt — R. v. 26. Novbr. 1799 (Rabe 5, 642) —. Der Werth der Grundstücke ist durch eine gerichtliche Taxe festzustellen, welche bei ländlichen Grundstücken, deren Werth nach Inhalt des Hypothekenbuchs, der Erwerbsdokumente oder anderer unverdächtiger Angaben den Betrag von 5000 Thlr. nicht übersteigt, nach den Vorschriften der G. v. 15. Juni 1840 (GS. S. 131) u. v. 4. Mai 1857 (GS. S. 445), bei werthvolleren nach den Vorschriften der §§ 12—14 II, 6 AGO., bei städtischen nach denen des § 15 l. c., bei Mühlen, Gärten rc. nach § 16 l. c., bei Gerechtigkeiten nach § 17 l. c. aufzunehmen ist. Jedoch kann bei ländlichen Grundstücken auch der dreißigfache Betrag des Grundsteuer-Reinertrages als der Werth derselben angenommen werden, vgl. N. 272. In Ermangelung sicherer Hypotheken ist auch die Verwendung der Kirchenkapitalien zum Ankauf von Staatsschuldscheinen — AKO. v. 3 Mai 1821 (GS. S. 46) —, der konvertirten Pfandbriefe der landschaftlichen Kreditinstitute, von Obligationen der Preußisch-Englischen Anleihe v. 1830 und von Kur- und Neumärkischen ständischen Obligationen — AKO. v. 27. Mai 1838 (GS. S. 280) —, von Obligationen der vom Staate übernommenen Provinzialschulden — AKO. v. 16. Septbr. 1842 (GS. S. 249) —, von Eisenbahnaktien und Obligationen, für welche vom Staate die Zinsen garantirt sind — AKO. v. 22. Dezbr. 1843 (GS. 1844 S. 45) —, von Rentenbriefen — § 37 G. v. 2. März 1850 (GS. S. 119) —, der verschiedenen Staatsanleihen aus den Jahren 1848 ff. — AE. v. 14. Juni 1848 (GS. S. 150), v. 23. Septbr. 1850 (GS. S. 412), v. 29. Dezbr. 1851 (GS. 1852 S. 34), v. 9. Septbr. 1854 (GS. S. 539), v. 15. Januar 1855 (GS. S. 67), v. 17. Novbr. 1856 (GS. S. 993), v. 21. Januar 1857 (GS. S. 63), v. 28. Mai u. 2. Juli 1859 (GS. S. 279, 393) — gestattet. Nicht gestattet ist der Ankauf von Stadt- und Kreisobligationen. — Sämmtliche auf den Inhaber lautende Werthpapiere sind sofort außer Kurs zu setzen. Dies geschieht durch den Vermerk auf der Rückseite: „Außer Kurs gesetzt", datirt und unterschrieben vom Landrath oder Superintendenten oder der K. Regierung — CRdMdgA. v. 10. Mai 1851 (BMBl. S. 128) —. Die Wiederinkurssetzung muß von derselben öffentlichen Behörde erfolgen durch den unter den Außerkurssetzungsvermerk zu setzenden, mit vollständigem Datum und dem Amtssiegel in schwarzer Farbe zu versehenden und zu unterschreibenden Vermerke „Wieder in Kurs gesetzt. NN. den ..... der Landrath, bez. der Superintendent, bez. K. Regierung." — § 1 u. 4 G. v. 4. Mai 1843 (GS. S. 179) —. Bei diesen Vermerken ist die möglichste Raumersparniß geboten und einzuhalten — RdMdJ. u. dF. v. 24. Oktbr. 1846 (BMBl. S. 193) —.

270. Die Bank hat die Kirchenkapitalien nur mit zwei und ein halb Prozent zu verzinsen — § 23 Bankordn. v. 5. Oktbr. 1845 (GS. S. 441) —. Die Hin- und Hersendung der Gelder ist portofrei — § 24 das. —. Die Bank ist zur Annahme

§ 637. Die Ausleihung muß mit Vorwissen und Genehmigung des Patrons oder Kirchenkollegii, in deren Ermangelung aber mit Zuziehung des Pfarrers geschehen.

§ 638. In allen Fällen muß die beabsichtigte Ausleihung und die dagegen der Kirche zu verschaffende Sicherheit dem Erzpriester oder Inspector angezeigt werden.

§ 639. Beträgt das auszuleihende Kapital mehr als fünfzig Thaler, so muß er bei den vorgesetzten geistlichen Behörden darüber anfragen.

§ 640. Ein Gleiches muß geschehen, wenn der Inspector auch bei einer minderen Summe die Sicherheit bedenklich findet.

§ 641. Dem Patrone selbst dürfen das Kirchenkollegium, der Pfarrer und die Vorsteher bei eigener Vertretung ohne besondere Genehmigung der geistlichen Oberen keine Kirchengelder zum Darlehne geben oder sonst überlassen.

---

dieser Kapitalien verpflichtet, jedoch nur in Beträgen von mindestens 50 Thlr. und in durch zehn theilbaren Summen — § 25 das. —. Für den Verkehr mit der Bank verordnet das CMdMidgA. v. 17. Novbr. 1837 (Ann. 22, 967) Folgendes:

a. Wenn sich das betreffende geistliche Institut mit der Bankkasse, welche zahlen soll, nicht an einem Orte befindet, so muß der an die Königl. Bank gerichtete Zahlungsantrag zunächst an den dem Institute vorgesetzten Superintendenten oder Erzpriester (Dekan) gelangen, der eine Marginalbescheinigung mit seinem Amtssiegel beizufügen hat, daß diejenigen Personen, welche den Antrag unterzeichnet haben, zur Empfangnahme und Quittung der beantragten Zahlung legitimirt sind. Auf den mit solcher Bescheinigung und der betreffenden Bankobligation begleiteten Antrag wird die Bank die Gelder sofort mit der Post übersenden, wogegen ihr die Quittung darüber unfehlbar binnen vierzehn Tagen eingesandt werden muß. Die Quittung ist von denselben Personen wie der Zahlungsantrag zu unterzeichnen und bedarf alsdann weiter keiner Beglaubigung. Die Einsendung der Quittungen vor der Zahlung ist zu vermeiden.

b. Ist die Bankkasse an demselben Orte, so bedarf es keines schriftlichen Antrages auf Zahlung, diese wird vielmehr Zug um Zug demjenigen geleistet, der die Quittung sammt der Bankobligation einreicht (§ 130 I, 13 ALR.). Die Quittung muß aber zur Legitimation der Aussteller vom Superintendenten oder Erzpriester (Dekan) mit einem ähnlichen Atteste wie zu 1 versehen sein.

c. Desselben Attestes bedarf es zu Cessionen, welche die Eingangs bemerkten geistlichen Institute, Stiftungen und Kassen über Bankobligationen ausstellen.

d. Von den Fällen, in welchen die Superintendenten 2c. selbst zur Ausstellung der Quittungen und Cessionen befugt sind, hat die K. Regierung dem betreffenden K. Bankkomtoir eine Nachweisung mitzutheilen und darin zu bemerken, ob und welche Personen dabei zu konkurriren haben, auch zu bestimmen, von wem statt des Superintendenten 2c. rücksichtlich derselben die vorerwähnte Bescheinigung ausgestellt werden soll.

Zu § 638 ff.

271. Die Anzeige und Anfrage an den Erzpriester oder Superintendenten und die geistlichen Obern sind nur zum Zwecke der zu ertheilenden Genehmigung vorgeschrieben, daher ist diese Genehmigung vor der Ausleihung abzuwarten. Die Genehmigung ist aber nur zur Ausleihung erforderlich, nicht auch zur Herabsetzung des Zinsfußes, denn die Verzinsung eines Dar-

§ 642. Ein Gleiches gilt von Darlehnen, die einem Vorsteher oder einem Mitgliede des Kirchenkollegii oder auch dem Pfarrer gemacht werden sollen.

§ 643. Die geistlichen Oberen machen sich der Kirche verantwortlich, wenn sie ohne eine solche Sicherheit, als die Gesetze bei Verleihung der Mündelgelder aus dem gerichtlichen Deposito erfordern, in dergleichen Darlehne (§§ 641, 642) willigen.

§ 644. An Personen, welche zu den geistlichen Oberen gehören, dürfen weder die Vorsteher, noch der Patron oder die Kirchenkollegia bei eigener Vertretung Darlehne aus dem Kirchenvermögen machen.

Von Schulden der Kirche.

§ 645. Sollen Kapitalien für die Kirche aufgenommen werden, so ist dazu der Beitritt des Patrons oder Kirchenkollegii oder in beider Ermangelung der Gemeinde oder deren Repräsentanten nebst der Genehmigung der geistlichen Oberen erforderlich.

§ 646. Wer ohne diese Erfordernisse in ein solches Darlehnsgeschäft sich einläßt, der erlangt daraus ein Recht an die Kirche und deren Vermögen nur insoweit, als er die geschehene Verwendung in ihren Nutzen nachweisen kann.

Grundstücke.

§ 647. In die Veräußerung eines Kirchenguts muß außer dem Patrone, wo dergleichen vorhanden ist, auch die Gemeinde durch ihre zu bestellenden Repräsentanten einwilligen.

---

lehns ist kein essentiale des Geschäfts — RdMdgA. v. 4. Februar 1843 (LMBl. S. 29) —. Haben Pfarrer oder Kirchenvorsteher ohne jene Genehmigung ausgeliehen, so haben sie es auf eigene Gefahr gethan; die Oberen sind nicht verbunden, das Geschäft anzunehmen, und wenn sie die Annahme verweigern, dürfen sie den Ausleiher anhalten, die ausgeliehenen Summen sofort der Kirche zu erstatten. Der Hypothekenrichter hat sich darum, ob die Genehmigung ertheilt worden, nicht zu kümmern, vielmehr nur die Richtigkeit der Darlehnsurkunde zu prüfen, und wenn diese die Eintragung rechtfertigt, dieselbe vorzunehmen — JMR. v. 27. August 1829 (Erg. ad h. §) —.

Zu § 643.

272. Die depositalmäßige Sicherheit besteht darin, daß das auszuleihende Kapital innerhalb der ersten Hälfte des Werths des zu verpfändenden städtischen Grundstücks und innerhalb des fünfzehnfachen Betrages des bei der Veranlagung der Grundsteuer auf Grund des G. v. 21. Mai 1861 (GS. S. 253), der V. v. 12. Dezbr. 1864 (GS. S. 673 u. 683) u. des G. v. 8. Februar 1867 (GS. S. 185) endgültig ermittelten jährlichen Reinertrages der zu verpfändenden Liegenschaften unter Berücksichtigung der darauf kraft privatrechtlichen Titels haftenden Abgaben, Leistungen und Dienstbarkeiten zu stehen kommen muß — § 46 I, Depos. Ordn. u. G. v. 6. März 1868 (GS. S. 206) —.

Zu §§ 647—649.

273. Die Einwilligung der Gemeinde durch ihre Repräsentanten ist bei allen Arten von Veräußerungen erforderlich, auch bei Vererbpachtungen

§ 648. Keine Veräußerung aber kann ohne vorhergegangene Untersuchung und Approbation der geistlichen Oberen und ohne Erlaubniß des geistlichen Departements im Staatsministerio gültig geschehen.

[**§ 649.** Zu Erbverpachtungen oder Austhuung in Erbzins ist die Einwilligung der geistlichen Oberen hinreichend.]

Prozesse.

§ 650. Wenn die Kirche wegen ihrer Güter und Vermögens in Prozesse verwickelt wird, so liegt der Betrieb derselben den Vorstehern ob.

---

und Austhuungen in Erbzins — JMR. v. 3. August 1821 (Erg. ad h. t.), OTrE. v. 22. Mai 1856 (Entsch. 33, 121) —; die fernere Konstituirung solcher Erbpachts- und Erbzinsverhältnisse ist aber durch § 91 G. v. 2. März 1850 (GS. S. 80) verboten. Die Einwilligung der Gemeinderepräsentanten ist eine wesentliche und unerläßliche Bedingung der Rechtsgültigkeit des Geschäfts und kann daher, wenn sie erst nachträglich erfolgt, das Geschäft nicht von Anfang an gültig machen, sondern erst von dem Tage ab, an dem sie ertheilt worden ist. Daraus folgt, daß eine vor dem Erlaß des erwähnten G. v. 2. März 1850 ohne Zuziehung von Gemeinderepräsentanten erfolgte Vererbpachtung oder Austhuung in Erbzins nicht mehr rechtsgültig von denselben genehmigt werden kann — OTrE. v. 5. Januar 1860 (Entsch. 43, 308) —. Eine besondere Form für diese Genehmigung ist nicht vorgeschrieben. Da sie aber ein Essentiale des Geschäfts ist, so muß sie auch in der für das letztere selbst vorgeschriebenen Form, mithin notariell oder bei Parzellirungen vor dem Richter der Sache erfolgen. Die ministerielle Genehmigung ist nach § 220 h. t. nur bei Veräußerungen ganzer Landgüter oder Häuser nothwendig; bei Veräußerungen von Parzellen oder Gerechtigkeiten genügt die Genehmigung der Regierung. Die abweichende Bestimmung des § 648 h. t. beruht auf einem Redactionsfehler, vgl. N. 117. Genehmigung der Repräsentanten und der geistlichen Obern ist auch erforderlich bei Abtretungen zu Eisenbahnzwecken — RdMrgA. v. 7. März 1864 (BMBl. S. 90) —. Provinzialrechtlich ist die Zuziehung der Gemeinde nicht erforderlich: in der Mark — Nr. 1 Instr. dMdgA. v. 6. August 1845 (BMBl. S. 210), vgl. N. 256 —, im Herzogthum Magdeburg nach § 17 c. 25 Magdb. Kirch. O. v. 1739, in den Theilen Westphalens, in denen die reformirte Kirch. O. v. 20. Mai 1662 für Kleve-Mark noch Geltung hat — OTrE. v. 2. Juli 1866 (Str. Arch. 64, 181) —. Die im Zus. 175 Ostpreuß. Prov. R geforderte Genehmigung des Ostpreuß. Staatsministerii ist durch dessen Aufhebung weggefallen.

Zu § 650.

274. Nur das Kirchenvermögen d. h. die Kirchengemeinde als Kirchengesellschaft in den diese betreffenden Vermögensinteressen sind die Kirchenvorsteher in Prozessen zu vertreten legitimirt, nicht aber die Kirchengemeinde als Gesammtheit der Eingepfarrten in den auf sie bezüglichen Vermögensinteressen — OTrE. v. 17. Novbr. 1852 (Str. Arch. 8, 49) u. v. 9. Novbr. 1857 (Entsch. 37, 297 u. Str. Arch. 28, 73) —; die letztere kann nur durch besonders zu wählende Repräsentanten in Prozessen vertreten werden — OTrE. v. 9. Oktbr. 1854, Präj. 2556 (Entsch. 28, 350) —. Daher kann die Kirchengemeinde durch die Vorsteher vertreten werden, wenn sie gegen den Patron auf Leistung seiner Patronatbaulast klagt — OTrE. v. 25. März 1859 (Str. Arch. 33, 103) —, oder wenn auf Befreiung von der Baulast von den aus der Kirche Ausgetretenen geklagt wird, weil der dadurch entstandene Ausfall nach § 749 h. t. principaliter aus dem Kirchenvermögen gedeckt werden muß — OTrE. v. 17. Novbr. 1854 (Entsch. 30, 182) —. Dagegen muß die Kirchengemeinde durch besondere Repräsentanten vertreten werden, wenn der Patron auf Leistung der Kirchenbaudienste und Erstattung der von ihm dafür

§ 651. Der Patron muß die Vorsteher in Ausführung und Vertheidigung der Kirchengerechtsame unterstützen.

§ 652. Soll die Kirche Klägers Stelle vertreten, so müssen der Patron und die Vorsteher noch vor dem Anfange des Prozesses die Approbation der geistlichen Oberen darüber einholen.

§ 653. Unterlassen sie dies, so wird der Prozeß auf ihre Gefahr und Kosten geführt, und der Kirche kann daraus kein Nachtheil erwachsen.

---

gemachten Auslagen — OTrE. v. 13. Dezbr. 1850 (Entsch. 20, 380) —, oder wenn er bei dem Unvermögen des Kirchenärars auf Erstattung der sonst von ihm vorgeschossenen Baukosten klagt, wobei es dann den Eingepfarrten überlassen bleibt, nachher die Vertheilung der Beiträge unter sich zu veranlassen — OTrE. v. 22. Mai 1857 (Entsch. 36, 305, Str. Arch. 24, 325) —. Handelt es sich aber um Vermögensrechte der einzelnen Eingepfarrten, nicht ihrer Gesammtheit, was z. B. der Fall ist, wenn nach vollendetem Bau gegen den Patron auf Erstattung der von den Eingepfarrten aufgebrachten Kosten aus der nützlichen Verwendung geklagt wird, dann ist die Kirchengemeinde gar nicht zum Prozesse legitimirt, sondern nur die einzelnen Eingepfarrten — OTrE. v. 20. Dezbr. 1858 (Entsch. 41, 312) —. Ebensowenig kann die Gesammtheit der Eingepfarrten einer einzelnen von mehreren zu einer Kirche gehörigen Ortsgemeinden als Korporation angesehen werden und als solche als Klägerin oder als Verklagte auftreten — OTrE. v. 24. Septbr. 1834 (Schl. Arch. 3, 458) —. — Zum Prozeßbetriebe gehört auch die Annahme und Ausschwörung zugeschobener Eide. Kann von mehreren Vorstehern auch nur einer aus eigener Wissenschaft (de veritate) den Eid leisten, so genügt dies; unter mehreren, welche de veritate oder de ignorantia schwören können, darf der Gegner wählen, und der Gewählte muß den Eid leisten — § 267 I, 10 AGO. —. Zur Zurückschiebung eines de ignorantia angetragenen Eides ist die ausdrückliche Genehmigung der vorgesetzten Behörde beizubringen — § 292 Nr. 2 das. —.

Zu § 651.

275. Aus der Bestimmung des § 651 folgt noch nicht die Befugniß des Patrons, wider den Willen der Vorsteher, wenn die katholischen geistlichen Obern diesen beitreten, allein Prozesse wegen des Kirchen- und Pfarrvermögens zu führen. In solchem Falle darf daher die Bezirks-Regierung weder als Patronats- noch als Aufsichtsbehörde selbst den Prozeß führen, vielmehr darf sie nur die geistlichen Obern zur Wahrnehmung der Rechte der betheiligten Kirchengemeinde im Verwaltungswege veranlassen — OTrE. v. 30. April 1838 (Entsch. 4, 141) —. Dagegen ist die Regierung als Aufsichtsbehörde befugt, in einem von den Vertretern der Kirche gegen deren Privatpatron angestellten, das Kirchenvermögen betreffenden Prozesse selbstständig und selbst wider den Willen des Kirchenkollegiums Rechtsmittel einzulegen — OTrE. v. 12. März 1860 (Entsch. 43, 293) —.

Zu § 652.

276. Eine Ausnahme von der Regel des § 652 dahin, daß die Kirchenvorsteher auch ohne Approbation der geistlichen Obern zu klagen berechtigt sind, wird durch § 664 h. t. und § 147 ff. II, 6 ALR., welche nach § 218 h. t. hier Anwendung finden, für den Fall begründet, wenn die Klage nur die Einkünfte, nicht die Substanz des Kirchenvermögens, also z. B. die Zahlung eines Laudemii, von Zinsresten ausstehender Kapitalien zum Gegenstande hat — OTrE. v. 17. Juli 1860 (Str. 38, 188) —. Aus Veranlassung des Prozesses einer Kirche gegen den Fiskus hat die AKO. v. 8. Septbr. 1840 (JMBl. S. 386) folgende Anweisungen gegeben:

1) „daß Kirchen und andere deren Rechte genießende moralische Personen in den Fällen, wo deren Ansprüchen an den Fiskus durch Interzession des vorgesetzten

§ 654. Auch wenn die Kirche von Andern rechtlich belangt wird, müssen der Patron und die Vorsteher den geistlichen Oberen davon sofort Anzeige machen.

§ 655. Das Approbationsdekret der geistlichen Oberen ist zwar zur Einlassung auf die Klage nicht nothwendig.

§ 656. Wenn aber die Vorsteher dergleichen Dekrete nicht nachbringen, so geht der Prozeß auf ihre Gefahr und Kosten.

Departementschefs bei dem mit der Wahrnehmung des fiskalischen Interesses beauftragten Minister kein Eingang zu verschaffen, und der Rechtsweg an sich nicht ausgeschlossen ist, durch den betreffenden Departementschef unmittelbar oder durch die von demselben ressortirenden Behörden nicht nur auf die Anstellung eines Prozesses gegen den Fiskus hingewiesen, sondern auch unter Benutzung der aktenmäßigen Verhandlungen mit der nöthigen Information über die faktischen Verhältnisse und einer Anleitung zu zweckmäßigen Rechtsausführungen versehen werden können; daß aber eine abschriftliche Mittheilung der zwischen den Ministerien und überhaupt zwischen den Behörden geführten Korrespondenz in solchen Fällen an den Gegner des Fiskus nicht stattfinden darf, vielmehr lediglich deren Benutzung bei der Informationsertheilung zulässig ist; und

2) „daß in den Fällen, wo in Betreff der von Pupillen, Kirchen oder andern deren Rechte genießenden moralischen Personen gegen den Fiskus erhobenen Ansprüche zwischen dem vorgesetzten Departementschef und dem die Rechte des Fiskus wahrnehmenden Minister eine Verständigung nicht erreicht werden kann, es sich oft um allgemeine Grundsätze handeln werde, deren Feststellung auf dem Verwaltungswege, ganz abgesehen von dem einzelnen vorliegenden Falle, wünschenswerth oder nothwendig ist, und es dem Interesse der Pupillen oder Kirchen rc. ganz entsprechen könne und oft die Anstellung eines Prozesses unnöthig machen werde, wenn der streitige Grundsatz zuvörderst im Staatsministerium erörtert oder zur Entscheidung Sr. Majestät des Königs gebracht wird; wobei jedoch den betheiligten Pupillen oder Kirchen rc., wenn sie sich nicht so lange gedulden wollen und der Rechtsweg an sich zuläßig ist, jederzeit unbenommen bleibe, ohne Rücksicht auf die beabsichtigte oder schon eingeleitete Erörterung im Staatsministerium zur gerichtlichen Klage zu schreiten."

Zu § 654.

277. In allen Prozessen, in welchen Kirchen oder denselben hinsichtlich der Vermögensbeaufsichtigung gleichstehende Stiftungen und Institute als Kläger oder Verklagte auftreten, haben die Gerichte den betreffenden Regierungen den Klagebeantwortungstermin unter abschriftlicher Mittheilung der Klage bekannt zu machen und bei der Insinuation des Erkenntnisses an die Partheien vollständige Abschrift desselben den Regierungen zur Nachricht zu übersenden — JMR. v. 17. Septbr. 1835 (Jahrb. 46, 110 u. Ann. 19, 691) u. v. 27. Februar 1855 (JMBl. S. 78) —. Diese Vorschrift hat nur Bedeutung für Prozesse von Kirchen nicht Königl. Patronats, weil in den andern die Regierung als Vertreter des Königl. Patronats selbst Mitkläger oder Mitverklagte ist und schon als solche zum Prozesse zugezogen werden muß. In Prozessen, welche katholische Kirchen, Stiftungen und Institute betreffen, haben die Regierungen von den ihnen vom Gerichte gemachten Mittheilungen dem Bischofe als dem geistlichen Obern Nachricht zu geben, auch dem Gerichte davon, daß dies geschehen, Mittheilung zu machen — RdMdgA. v. 12. März 1839 (Ann. 23, 163) —.

Zu § 656.

278. Die Bestimmung des § 656 ist dahin zu verstehen, daß die Vorsteher, wenn der Prozeß durch ihre rechtzeitige Anzeige hätte vermieden werden können, die dadurch der Kirche entstehenden Kosten tragen, bez. der Kirche erstatten müssen.

§ 657. Die Kosten können jedoch sowohl in diesem als in dem Falle des § 653 aus dem Kirchenvermögen zurückgefordert werden, wenn durch einen günstigen Ausgang des Prozesses ein die Kosten übersteigender Nutzen für die Kirche verschafft worden ist.

§ 658. Die Vollmacht zum Betriebe eines Prozesses muß außer den Vorstehern von dem Patrone, dem Kirchenkollegio oder in deren Ermangelung von dem Pfarrer mit unterschrieben werden.

§ 659. In Fällen, wo die Vorsteher, der Patron, oder die Kirchenkollegia wirkliche Rechte der Kirche in Gerichten auszuführen oder zu vertheidigen beharrlich verweigern, müssen die geistlichen Oberen der Kirche einen Bevollmächtigten dazu von Amtswegen bestellen.

§ 660. Die durch die ungegründete Weigerung entstandenen mehreren Kosten muß der Weigernde aus eigenen Mitteln ersetzen.

§ 661. Auch wenn gegen den Patron oder das Kirchenkollegium selbst ein gerichtliches Verfahren erforderlich ist, muß der Kirche von den geistlichen Oberen ein Bevollmächtigter dazu von Amtswegen bestellt werden.

Vergleiche.

§ 662. Ohne Genehmigung der geistlichen Oberen kann über Kirchengüter und Rechte kein Vergleich geschlossen werden.

§ 663. Enthält der Vergleich eine Art von Veräußerung solcher Güter und Rechte, so müssen noch außerdem die § 648 vorgeschriebenen Erfordernisse einer gültigen Veräußerung von Kirchengütern überhaupt hinzukommen.

---

was, wenn sie nicht gutwillig den Regreßanspruch anerkennen, und die Kirche befriedigen, nur durch gerichtliche Klage von ihnen erzwungen werden kann.

Zu § 659.

279. Die geistlichen Obern sind im Falle des § 659 bei allen evangelischen Kirchen die Regierungen — § 3 Nr. 5 V. v. 27. Juni 1845 (GS. S. 440) —, bei katholischen die Bischöfe — Nr. 9 Reg. v. 25. Mai u. 19. Novbr. 1850 (N. 70) —. Die im § 659 den geistlichen Obern beigelegte Befugniß involvirt auch die Ermächtigung zur Einlegung von Rechtsmitteln wider den Willen der Vorsteher, des Patrons oder der Kirchenkollegien — OTrE. v. 12. März 1860 (Entsch. 43, 293) —.

Zu §§ 662 u. 663.

280. Auseinandersetzungen, Gemeinheitstheilungen und Ablösungen, welche Grundstücke oder Gerechtigkeiten der Kirchen 2c. betreffen, sind die Regierungen befugt, durch ihre Kommissarien vornehmen zu lassen und, wenn kein Streit dabei zu entscheiden ist, auch die Rezesse zu bestätigen — § 65, 66 V. v. 20. Juni 1817 (GS. S. 161) u. § 39 ff. V. v. 30. Juni 1834 (GS. S. 93) —. Werden diese Auseinandersetzungen 2c. nicht von den Regierungen, Abtheilungen für Kirchen- und Schulwesen,

Einkünfte.

§ 664. Die Kirchenvorsteher müssen insonderheit die ordentliche und prompte Einziehung der Kircheneinkünfte besorgen.

§ 665. Der Ertrag des Klingebeutels oder ausgestellten Beckens gehört der Regel nach zu den Kircheneinkünften und muß nach vollendeter Einsammlung von den Vorstehern mit Zuziehung des Pfarrers übernommen werden.

§ 666. Ein Gleiches gilt von den persönlichen Abgaben, welche von Eingepfarrten oder Andern, die sich dieser Anstalt bedienen wollen, für gewisse kirchliche Handlungen nach einer vom Staate genehmigten Taxe an die Kirche selbst zu entrichten sind.

§ 667. Desgleichen von den Stellengeldern, die nach Gewohnheit des Orts für die Begräbnißplätze auf den Kirchhöfen entrichtet werden müssen.

Vermiethen und Verpachten der Grundstücke.

§ 668. Grundstücke der Kirchen können die Vorsteher unter Genehmigung des Patrons oder Kirchenkollegii vermiethen oder verpachten und die Miethen oder Pachtgelder davon einziehen.

§ 669. Die Ausbietung eines solchen Grundstücks zur Miethe oder Pacht muß allemal öffentlich geschehen.

---

bearbeitet, sondern von den ordentlichen Auseinandersetzungsbehörden oder von den Finanzabtheilungen, so haben die Regierungen als Aufsichtsbehörden der Kirchen 2c., sofern letztere dabei konkurriren, deren Rechte wahrzunehmen und verpflichtende Erklärungen ihrer Vorsteher zu genehmigen — § 12 G. v. 15. April 1857 (GS. S. 363) —.

Zu § 665.

281. Die durch den Klingebeutel einkommenden, außer Kurs gesetzten fremden Silber- und Kupfermünzen sind von den Geistlichen und Kirchenvorstehern zu sammeln und alle zwei bis drei Jahre an die Münze in Berlin zur Einschmelzung und Vergütung des Metallwerthes einzusenden — CRdMdgA. v. 1. Juli 1848 (VMBl. S. 221) —.

Zu §§ 666 u. 667.

282. Die in den §§ 666 u. 667 erwähnten Abgaben gehören **nicht** zu den in der AKO. v. 19. Juni 1836 (GS. S. 198) genannten, welche im Wege der **Administrativexekution** beigetrieben werden dürfen, vielmehr ist deren zwangsweise Beitreibung nur durch gerichtliche Klage zulässig, vgl. N. 119 h. — Die **Stellengelder** gehören zu den Einkünften der Kirche, nicht zu den Kirchhofsnutzungen und gebühren daher, wenn ein Kirchhof mehreren Kirchen gemeinschaftlich gehört, nur der bei dem Begräbnißakte theilnehmenden Kirche, dürfen also nicht ohne Weiteres unter die mehreren Kirchen gleich vertheilt werden — OTrE. v. 23. Dezbr. 1847 (Rechtsf. 3, 257) —.

Zu § 669.

283. Nach § 19 c. 25 **Magdeburgischer** Kirch. O. v. 1739 sollen Kirchengrundstücke, welche dem Pfarrer verpachtet sind, wenn er den Zins richtig zahlt, auch fernerhin belassen, und der Zins nicht ohne erhebliche Ursachen gesteigert werden.

§ 670. Hat die bisherige Miethe oder Pacht oder der bisherige Ertrag fünfzig Thaler nicht überstiegen, und soll die Austhuung nicht auf längere Zeit als sechs Jahre geschehen, so ist es hinreichend, wenn die Bekanntmachung und die Aufforderung der Mieth- oder Pachtlustigen, sich an einem bestimmten Tage in der Wohnung des Patrons oder der Kirchenvorsteher zu melden, drei Sonntage hintereinander von der Kanzel geschieht.

§ 671. Alsdann kann der Kontract mit dem Meistbietenden unter Genehmigung des Patrons oder Kirchenkollegii von den Vorstehern ohne Dazwischenkunft der Gerichte oder der geistlichen Oberen gültig abgeschlossen werden.

§ 672. Soll das Grundstück auf länger als sechs Jahre ausgethan werden, oder übersteigt der Ertrag desselben fünfzig Thaler, so muß außer der Bekanntmachung von den Kanzeln eine öffentliche gerichtliche Aufforderung der Mieth- oder Pachtlustigen vorhergehen.

§ 673. Dabei müssen die gesetzlichen Vorschriften von freiwilligen Subhastationen beobachtet, und es muß vor dem Zuschlage die Genehmigung der geistlichen Oberen eingeholt werden.

§ 674. Sollen Grundstücke dem Kirchenpatrone selbst vermiethet oder verpachtet werden, so ist allemal die Genehmigung der geistlichen Oberen dazu nothwendig.

§ 675. Kann ein Kirchengut zum Besten der Kirche nicht verpachtet werden, so sind die eingepfarrten Gemeinden, wo

---

Zu § 670.

284. Die im § 670 vorgeschriebene Art der Bekanntmachung der Verpachtung von Kirchen- oder Pfarrgütern ist durch die AKO. v. 9. Septbr. 1811 nicht aufgehoben — RdMdgA. v. 2. Oktbr. 1839 (Ann. 23, 835) —.

Zu § 672.

285. Die gerichtliche Ausbietung ist im Magdeburgischen observanzmäßig nicht im Gebrauch (Klewitz, Prov. R. S. 210); auch anderwärts ist sie nicht üblich.

Zu § 673.

286. Nach Anh. § 126 u. 222 h. t. ist die freiwillige Subhastation nur bei Zeitverpachtungen auf länger als sechs Jahre erforderlich, jedoch dürfen die geistlichen Obern nach dem Gutachten der Inspectoren und Pfarrer davon dispensiren, und soll die Unterlassung niemals Ungültigkeit nach sich ziehen. In der Mark ist nach Nr. 2 AKO. v. 11. Juli 1845 (VMBl. S. 210) die Genehmigung der geistlichen Obern nicht nöthig, vgl. N. 256.

Zu §§ 675.

287. Nach der Dorfordn. für das Fürstenthum Minden und die Grafschaften Ravensberg, Tecklenburg, Lingen v. 7. Februar 1755 § 7 (Schlueter, Prov. R. 2, 162) erfolgt die Verpachtung der Kirchenäcker nur, wo es üblich ist, wo nicht, da müssen sämmtliche Eingepfarrte ohne Ausnahme, die sich der Kirche

nicht ein Anderes hergebracht ist, nur schuldig, die innerhalb der Kirchspielsgrenzen gelegenen Grundstücke gegen Vergütung der in der Gegend üblichen Bestellungs- und Erntekosten zu bearbeiten und die Früchte davon einzusammeln.

Vermiethung der Kirchstellen.

§ 676. Wo die Vermiethung der Kirchstellen hergebracht ist, da gebührt selbige den Kirchenvorstehern.

§ 677. Sie können die Stelle an Eingepfarrte und an Fremde zum Gebrauch überlassen; doch haben die Ersteren den Vorzug.

§ 678. Die Vorsteher können die hergebrachten Kirchstellengelder ohne Bewilligung der Eingepfarrten nicht erhöhen.

§ 679. Das Vermiethen der Kirchstellen soll niemals nach Art einer öffentlichen Versteigerung geschehen.

§ 680. Bei neuerrichteten Kirchen muß die Vertheilung der Stellen von den Vorstehern unter Beistimmung des Patrons oder Kirchenkollegii und Genehmigung der geistlichen Oberen nach Klassen oder durch das Loos besorgt werden.

---

bedienen, in der Gemeinde wohnen und die Torfsgerechtigkeit genießen, dieselben bestellen.

Zu §§ 676—680.

288. Provinzialrechtlich gilt in Betreff der Kirchstellen und deren Vermiethung Folgendes. Das Ostpreußische Prov. R. verordnet im Zus. 192: „Die Vermiethung der Kirchstellen muß mit Genehmigung der Geistlichen geschehen, wo es bisher gebräuchlich gewesen ist.“ In Pommern spricht laut Observanz die Vermuthung dafür, daß diejenigen, welche Hand- und Spanndienste bei Kirchen- und Pfarrbauten leisten, für sich, ihre Hausgenossen und ihr Gesinde freie Plätze in der Kirche und freie Grabstellen haben (Prov. R. S. 137). In der Alt- und Kurmark ist laut Observanz bei der Vermiethung der Kirchstellen in Landkirchen auch die Genehmigung des Patrons erforderlich, wogegen die im § 680 h. t. erforderte Genehmigung der geistlichen Obern wegfällt (Goetze, Prov. R. 1, 2, 213; Scholz, Prov. R. 2, 488). Im Herzogthum Magdeburg sollen nach der Magdb. KO. v. 1739 c. 26 § 11 bei Erledigung eines Stuhls durch Tod oder Verziehen die Söhne, Enkel, Brüder und Brudersöhne auf Männer-, die Töchter, Enkelinnen, Schwestern, Schwestertöchter und Wittwen auf Weiberstühle ein Vorrecht haben, wenn sie eingepfarrt sind und sich binnen vier Wochen dazu melden. Im Fürstenthum Halberstadt gilt das Kirchstuhl-Reglement v. 27. Septbr. 1748 (Lentz, Prov. R. S. 240); dasselbe verordnet: Die Kirchstühle sind vom Pfarrer und den Kirchenvätern zu vermiethen oder zu verkaufen, welche darüber einen Legitimationsschein auszustellen, auch möglichst Leute gleichen Standes zusammenzusetzen haben — § 1, 3, 11 a. a. O. —. Dabei haben die eingepfarrten Grundbesitzer den Vorzug vor den andern Eingepfarrten — § 4 das. —, desgleichen die nächsten Verwandten des Besitzers eines erledigten Stuhles vor Fremden, wenn sie sich in 6 Wochen melden — § 6 das. —, ebenso diejenigen, welche einen schlechteren Stuhl schon inne haben, sobald ein besserer erledigt wird — § 13 das. —. Niemand darf mehr Stellen erhalten, als er mit seiner Familie wirklich benutzen kann, wobei für Kinder unter 13 Jahren keine Stelle gerechnet wird, — § 9, 10 das. —. Auch privilegirte Stellen dürfen, wenn sie vakant, vermiethet werden, aber nur ad interim — § 7 das. —. Neue Stühle dürfen ohne Konsens des Patrons und der geistlichen Obern nicht angelegt werden

§ 681. Wo nach besonderen Verfassungen Kirchenstellen gewissen Personen oder Familien erblich verliehen sind, da können die Eigenthümer dieselben an Andere vermiethen und zum Gebrauche einräumen, auch sie auf ihre Nachkommen vererben.

§ 682. Dagegen können sie das Eigenthum weder unter Lebendigen noch von Todeswegen an Andere übertragen.

§ 683. Wenn der Eigenthümer einer solchen Stelle ohne Nachkommen stirbt oder die Parochie verläßt, so fällt die Stelle an die Kirche zurück.

§ 684. Kirchstühle, die Jemandem in Rücksicht seiner Würde oder seines Amts angewiesen sind, können von ihm an Andere auf keine Weise überlassen werden.

§ 685. Kirchstühle, die einem Hause oder Gute für beständig zugeschlagen sind, gehen mit diesem Grundstücke zugleich auf jeden Besitzer desselben, auch wenn er einer andern Religionspartei zugethan ist, über.

— § 5 das. —. Der Kirchstuhl geht verloren: durch Verziehen in eine andere Parochie — § 8 das. —, durch Nichtbenutzung während 4 Wochen, wenn nicht Krankheit oder Reisen daran gehindert haben — § 12 das. —, durch Nichtzahlung der Miethe nach dreimaligem Erinnern — § 14 das. —, durch Vertauschung oder Verastermiethung ohne Konsens des Pfarrers und der Kirchenvorsteher — § 2 das. —. In der Grafschaft Recklinghausen sollen sämmtliche Kirchensitze gemeinschaftlich sein und nur die Kirchensendschöffen und Provisoren Sitze haben — Gen. Vis. Rez. v. 14. Juli 1798 I, 9 (Schlueter, Prov. R. 3, 273) —. Im Fürstenthum Münster sind observanzmäßig erbliche Kirchstellen nicht Zubehörungen der Häuser, sondern für sich verkäuflich (Schlueter, Prov. R. 1, 84). Im Fürstenthum Corvey findet observanzmäßig keine Vermiethung der Kirchstellen statt (Wigand, Prov. R. 1, 379).

Zu § 681.

289. Die erbliche Verleihung von Kirchstellen giebt nur das Eigenthum eines ausschließlichen Rechts zur Benutzung derselben, während die Stellen bez. Sitze selbst Eigenthum der Kirchengemeinde bleiben — OTrE. v. 9. Juli 1851 (Str. Arch. 4, 5) —. Wer daher im Besitze eines Kirchenstuhls in possessorio geschützt ist, muß doch, wenn die Kirchengemeinde gegen ihn negatorisch klagt, sein Recht nachweisen, weil nach § 181 I, 7 ALR. die Vermuthung für die Freiheit des Eigenthums spricht — OTrE. v. 5. Januar 1855 (Entsch. 30, 197, Str. Arch. 16, 112) —. Der Besitzer einer erblichen Kirchenbank darf nicht wegen Besitzstörung klagen, wenn die Kirchenvorsteher, um eine Verunstaltung der Kirche zu beseitigen, an Stelle der alten eine gleichbeschaffene neue Bank wider den Willen des Besitzers aufstellen — OTrE. v. 24. Februar 1860 (Str. Arch. 37, 58) —, oder die Bank anstreichen lassen — OTrE. v. 9. Juli 1851 (Str. Arch. 4, 5) —. Ein Prozeß zwischen der Kirche und einem Prätendenten, welcher durch erbliche Verleihung ein Recht auf eine Kirchstelle erhalten zu haben behauptet, ist zulässig; ebenso ein solcher zwischen zwei Prätendenten über das erbliche Besitzrecht — JMR. v. 10. April 1835 (Erg. ad h. §) —.

Zu § 682.

290. Aus der Bestimmung des § 682 folgt, daß erbliche Kirchenstellen und Erbbegräbnisse nicht subhastirt werden dürfen, was durch die AKO. v. 14. April 1840 (JMBl. S. 143) noch besonders verboten worden ist.

Zu § 685.

291. Nach § 685 ist das Recht auf einen Kirchstuhl nicht unbedingt jedem

Ausgaben aus dem Kirchenvermögen.

§ 686. Die bei der Kirche vorkommenden ordentlichen und bestimmten Ausgaben sind die Vorsteher ohne weitere Rückfrage aus den Kirchenmitteln zu entrichten befugt.

§ 687. In Ansehung der außerordentlichen Ausgaben hingegen sollen bei jeder Kirche gewisse Summen nach Bewandtniß der Umstände von den geistlichen Oberen bestimmt werden, welche die Vorsteher nicht ohne Genehmigung des Patrons oder Kirchenkollegii, und diese nicht ohne Approbation der geistlichen Oberen überschreiten dürfen.

Rechnungslegung.

§ 688. Bei jeder Parochialkirche sind gewisse Termine zu bestimmen, in welchen die Vorsteher von ihrer Administration Rechnung legen müssen.

Verkehr entzogen, mithin das im § 581 I, 9 ALR. erwähnte Hinderniß der Ersitzung nicht vorhanden, und darf daher ein Real-Kirchstuhlrecht, d. h. ein dem jedesmaligen Besitzer eines Hauses oder Guts und dessen Familie zustehendes, gemäß § 579, 580, 625, 629 I, 9 u. § 14 I, 22 durch vierundvierzigjährige Verjährung erworben werden — OTrE. v. 5. Januar 1855 (Entsch. 30, 197, Str. Arch. 16, 112) —. Doch ist zum Verjährungserwerbe der Nachweis, daß die ausschließliche Benutzung der Stelle als ein Recht in Besitz genommen, gemäß § 82 I, 7 ALR. unentbehrlich — OTrE. v. 31. März 1856 (Entsch. 32, 40, Str. Arch. 20, 291) —, ebenso ist gemäß § 86, 92, 93 I, 7 ALR. erforderlich, daß kein Mitglied der Kirchengemeinde widersprochen hat, oder daß alle Mitglieder derselben dem Verbote der Benutzung der Kirchstelle Folge geleistet haben — OTrE. v. 21. Dezbr. 1853 (Str. Arch. 11, 176) —. Während der vorübergehenden Gültigkeit des Code civil ist durch Art. 691 desselben die Verjährung nicht unterbrochen — OTrE. v. 5. Januar 1855, Präj. 2592 (Entsch. 30, 197, Str. Arch. 16, 112) —.

292. Das Ostpreußische Prov. R. verordnet im Zus. 193: „Kirchstellen, welche einem Hause oder Gute für beständig zugeschlagen sind, muß jeder neue Besitzer ohne Rücksicht, ob er seinen Vorgänger beerbt hat oder nicht, durch Erlegung der jeden Orts hergebrachten Summe von der Kirche von Neuem lösen."

Zu § 687.

293. Außerordentliche Ausgaben, welche den Etat überschreiten, wie z. B. Schenkungen, Verwendung der Ueberschüsse zu Schulzwecken u. dgl. m., müssen von der Gemeinde oder deren Repräsentanten besonders genehmigt werden. Außerdem ist für Schenkungen aller Arten aus dem Vermögen evangelischer Kirchen die Genehmigung des Ministers d. geistl. Angel., und wenn es sich dabei zugleich um Verwendung von Ueberschüssen handelt, die Genehmigung des evang. Ober-Kirchenraths erforderlich — RdMdgA. v. 14. April 1838 (Ann. 22, 633) u. v. 11. August 1860 (VMBl. S. 218) —. In Ostpreußen und Littauen ist bei protestantischen adligen Patronatkirchen die zu außerordentlichen Ausgaben vorgeschriebene Genehmigung der geistlichen Obern nicht erforderlich — Zus. 194 Ostpr. Prov. R. —. Dadurch wird jedoch die aus dem staatlichen Oberaufsichtsrechte sich ergebende Befugniß der Bezirksregierungen nicht ausgeschlossen, darüber zu wachen, daß nicht ungesetzliche oder zweckwidrige Ausgaben gemacht werden, und nöthigenfalls nach Anhörung des Patrons und der Kirchenvorsteher andere zweckmäßigere Verwendungen der vorhandenen Bestände zu substituiren — RdMdgA. v. 3. Novbr. 1855 (ungedr. in act. der Reg. z. Gumbinnen).

Zu § 688.

294. Das Rechnungsjahr beginnt allgemein am 1. Januar — ALO.

§ 689. Bei Patronatkirchen gebührt die Abnahme der Rechnung dem Patron und muß auf dessen Verlangen in seiner Behausung geschehen.

§ 690. Ist der Patron nicht selbst am Orte wohnhaft, so hängt die Bestimmung, wo die Rechnung am Orte abgenommen werden soll, von ihm ab.

§ 691. Die Kirchengemeinde ist der Rechnungsabnahme durch ihre Repräsentanten und Bevollmächtigten beizuwohnen berechtigt.

§ 692. Hat die Kirche keinen Patron, so müssen die Vorsteher dem Kirchenkollegio die Rechnung ablegen, und findet auch dabei die Vorschrift § 691 Anwendung.

§ 693. Ist auch kein Kirchenkollegium vorhanden, so muß die Rechnung den von der Kirchengemeinde dazu ernannten Deputirten abgelegt werden.

§ 694. In allen Fällen ist der Pfarrer, auch wenn er nicht Vorsteher wäre, bei der Rechnungsabnahme zuzuziehen.

§ 695. Die geistlichen Oberen müssen von Amtswegen darauf halten, daß die Rechnungslegung zur bestimmten Zeit gehörig erfolge.

§ 696. Bei Gelegenheit einer jeden Kirchenvisitation

---

v. 10. Mai 1814 (GS. S 39) —. Rechnungen solcher Kirchen, deren Einnahmen 100 Thlr. jährlich nicht übersteigen, und die nach Abzug der laufenden Ausgaben gar keinen oder nur einen Ueberschuß bis 5 Thlr. behalten, können auf den Wunsch des Patrons und der Gemeinde alle 3 Jahre abgenommen werden — RdMdgA. v. 12. März 1833 (Ann. 17, 377) —. In den ehemals Sächsischen Landestheilen ist die Jahresrechnung zwar in zwei vom Pfarrer und den Kirchenvorstehern unterschriebenen Exemplaren mit den Belägen der Kircheninspection einzureichen, welche sie sofort zu prüfen und die gezogenen Monita den Kirchenvorstehern zur Erledigung zu übermitteln hat — § 35 Kirch. O. v. 1580 (C. A. 1, 705) —, jedoch erfolgt die definitive Abnahme und Justifikation der Rechnung erst alle 3—4 Jahre am Kirchorte, wenn das Vermögen 1500 Thlr. nicht erreicht, in kürzeren Fristen, wenn es mehr beträgt, durch den Superintendenten und den weltlichen Koinspector unter Zuziehung des Patrons, des Pfarrers, der Kirchenväter und Gemeindedeputirten — Gen. V. v. 26. März 1810 (III. C. C. A. I, 110) —. Das Westpreußische Prov. R. verordnet in den §§ 35—37:

§ 35. Bei jeder Kirche muß jährlich über die Verwaltung ihres Vermögens dem Patron Rechnung gelegt werden.

§ 36. Hat die Kirche keinen Patron, und ist bei geistlichen und milden Stiftungen durch Stiftungsurkunden oder Herkommen nicht ein Anderes bestimmt, so wird der Regierung Rechnung gelegt.

§ 37. Von allen Rechnungen, welche die Regierung nicht selbst abnimmt, muß ihr ein Duplikat, mit dem Abnahmeattest versehen, zur Prüfung eingereicht werden.

Zu § 696.

295. Einzelne, nicht als Repräsentanten oder Bevollmächtigte gewählte Mitglieder der Kirchengemeinde sind nicht legitimirt, das im § 691 der Kirchengemeinde eingeräumte Recht auszuüben oder auf Rechnungslegung zu klagen — OTrE. v. 28. Septbr. 1863 (Entsch. 50, 345) —. — Die Stadtverordneten haben mit

muß der Erzpriester oder Inspector die seit der letztvorhergehenden gelegten Rechnungen nachsehen und einen Extract in Ansehung der verschiedenen Rubriken von Einnahme und Ausgabe den geistlichen Oberen einsenden.

§ 697. Findet er bei den abgelegten Rechnungen noch Zweifel oder Bedenken, so muß er die Vorsteher darüber vernehmen und die Sache den geistlichen Oberen zur weiteren Beurtheilung und Verfügung anzeigen.

§ 698. Die Rechnungen von Königlichen Patronatkirchen [ingleichen von denjenigen, worüber den Magisträten oder Kommunen in den Städten das Patronatrecht zusteht], müssen an das [Konsistorium] zur Revision, und wenn die jährliche Einnahme über fünfhundert Thaler beträgt, von dem [Konsistorio] an die Oberrechenkammer eingesendet werden.

---

der Rechnungslegung über städtische Kirchen nichts zu schaffen — RdMdI. v. 25. Januar 1840 (BMBl. S. 14) —. In der Mark braucht die Gemeinde gemäß ihrer eigenthümlichen, in der Instr. dMdgA. v. 6. August 1845 (BMBl. S. 210) entwickelten Stellung zum Kirchenvermögen bei der Rechnungslegung nicht zugezogen zu werden, vgl. N. 256.

Zu § 698.

296. An die Stelle der Konsistorien sind die Regierungen getreten — § 18 g. Reg. Instr. v. 23. Oktbr. 1817 (GS. S. 248), § 3 Nr. 5 V. v. 27. Juni (GS. S. 440) —. Die im § 698 ihnen eingeräumte Befugniß erstreckt sich aber nur auf die Kirchen Königl. Patronats, nicht mehr auf die städtischen Patronats, da den Stadtkommunen die Selbstverwaltung durch § 9 St. O. v. 30. Mai 1853 (GS. S. 261) u. v. 19. März 1856 (GS. S. 237) eingeräumt worden ist, und ebensowenig auf die Kirchen Privatpatronats, vielmehr haben die Regierungen von dergleichen Kirchenrechnungen nur alljährlich einen Rechnungsextract und außerdem Abschrift des Etats zur Einsicht zu fordern — CRdMdgA. v. 23. Dezbr. 1845 (BMBl. 1846 S. 7) —. Wenn bei Kirchen Königl. Patronats die jährliche Einnahme die Summe von 300 Thlr. nicht übersteigt, so darf die Revision und Decharge der Rechnungen dem Landrath und Superintendenten bez. Erzpriester übertragen, jedoch muß der Regierung jährlich bis zum 1. Juli ein summarischer Rechnungsabschluß mit Balance gegen den Etat eingereicht werden — RdMdgA. v. 9. Februar 1823 u. 20. August 1836 —. Für derartige Kirchenrechnungsabnahmen haben die einzelnen Regierungen Instructionen erlassen, welche im Wesentlichen übereinstimmend sind. Die Instruction d. Reg. zu Marienwerder über das bei Revision der Kirchenkassenrechnungen zu beobachtende Verfahren v. 15. Juni 1836 (Bork, Kirch. Ges. 1, 777) lautet:

1) Die abzulegende Jahresrechnung, wozu hinsichts der Form das angeschlossene Schema zur Richtschnur dient, gründet sich auf den von uns vollzogenen Etat und umfaßt stets ein volles Rechnungs-(Kalender-)Jahr.
2) Auf der Rückseite des Titelblatts muß ein von dem Pfarrer und Kirchenvorstande unterzeichneter Kautionsvermerk angebracht sein, aus welchem zu entnehmen ist: ob ein besonderer Rendant mit Kaution angestellt ist, wieviel letztere beträgt, worin sie besteht, und wo das Kautionsinstrument sich befindet, oder ob der Kirchenvorstand ohne besondere Kautionsbestellung die Kasse verwaltet und in solidum für die Sicherheit des Kirchenvermögens haftet.
3) Ist zu prüfen: a. ob die nach dem Revisionsprotokolle über die vorhergehende Rechnung aufgestellten Monita durch die vorliegende Rechnung erledigt sind; b. ob die Geldbestände, Reste und Kapitalien aus der letzten Rechnung richtig übertragen und nachgewiesen worden sind.

4) Hinsichtlich der Einnahmen vom Grundeigenthum gilt Folgendes:
a. Der Zins von den in Zeit- oder Erbpacht ausgethanen Ländereien und Gebäuden muß speziell und unter näherer Bezeichnung des kontractlichen Verhältnisses aufgeführt und durch die von uns genehmigten Kontracte justifizirt werden, auch ist bei den Zeitpächtern der Termin des Anfangs und Ablaufs der Pachtperiode in der Rechnung selbst bestimmt anzugeben. Das Verfahren bei den Vermiethungen und Verpachtungen der Kirchengüter haben die Revisoren nach Vorschrift der §§ 668 ff. u. Anh. § 126 II, 11 ALR. zu prüfen.
b. Der Realdezem gründet sich auf die von den Landraths-, Dominium- und Domänen-Rentämtern bescheinigten Konsignationen, und muß darin jeder Zu- und Abgang vollständig gerechtfertigt werden.
c. Die Einnahme für Kirchenstände muß durch ein vom Superintendenten oder Dekan auf den Grund der geführten Kirchenbücher bescheinigtes Heberegister justifizirt sein, aus welchem jede Stelle mit ihrer Nummer und ihrem Ertrage zu ersehen ist.

5) Die Titel: „An Zinsen von Kapitalien" müssen nicht nur nach dem Etat, sondern auch nach der letzten Rechnung geprüft werden und zwar in Betreff des Betrages der Kapitalien und Zinsen, des Zinszahlungstermins, des Namens des Schuldners, der bestellten Sicherheit und des Datums des Schulddokuments. Auch ist in der letztvorhergehenden Rechnung nachzusehen, ob etwa im vorigen Jahre neue Kapitalien ausgeliehen worden, ob diese in der vorliegenden Rechnung aufgeführt, und die Zinsen vom Tage der Ausleihung an gehörig in Einnahme gestellt sind.

6) Bei Vermächtnissen muß ein besonderer Auszug des Testaments, sowie die Bestätigung der kompetenten Behörde beigebracht werden. Wenn an Legaten und Vermächtnissen nichts eingegangen ist, so muß dies durch ein Attest des Pfarrers und des Kirchenvorstandes bezeugt werden.

7) Bei den der Kirche zufallenden Vermächtnissen muß ferner genau darauf gesehen werden, ob das Legat der Kirche unbedingt vermacht oder zu einem besonderen Zwecke ausgesetzt worden ist. Im ersteren Falle wird es unter den Dispositionskapitalien, im letzteren aber unter den Fundationskapitalien aufgeführt.

8) Wenn Kapitalien zurückgezahlt worden sind, so ist zu prüfen: a. ob die Zinsen bis zum Tage der Rückzahlung in Einnahme gestellt sind, b. ob das Kapital, wenn es nicht etwa zur Ausführung genehmigter Reparaturbauten oder zur Bestreitung anderer dringender, von der vorgesetzten Behörde genehmigter Bedürfnisse erforderlich war, auch sogleich, und ohne in der Kirchenkasse ungenutzt zu liegen, gegen gesetzliche Sicherheit wieder ausgeliehen worden ist, indem die Kirchenvorsteher verpflichtet sind, von dem Tage an, wo die Kündigung stattgefunden hat, dafür zu sorgen, daß vom Tage der Rückzahlung des Kapitals solches auch sogleich wieder zinsbar und mit vorschriftsmäßiger Sicherheit ausgeliehen wird.

9) Die Geistlichen und Kirchenbedienten als Nutznießer der Pfarrbenefizien sind verpflichtet, die an den Wohn- und Wirthschaftsgebäuden nothwendig werdenden Reparaturen gemäß § 784 ff. II, 11 ALR. bis zur Höhe von resp. 3 Thlr. und 1 Thlr. und nach Beschaffenheit der Umstände bis zu einem höheren Betrage aus eigenen Mitteln zu bestreiten. Hierzu müssen die Geistlichen angehalten, und Ausgaben für dergleichen Bauten nicht auf die Kirchenkasse übernommen werden.

In Betreff derjenigen katholischen Geistlichen, welche einen schon feststehenden besondern Beitrag ad fabricam ecclesiae zur Kirchenkasse zahlen, wodurch sie nach der hiesigen Observanz von der Hergabe dieser Kosten aus eigenen Mitteln befreit werden, behält es bei dieser Ausnahme sein Bewenden.

10) Die sämmtlichen unbeständigen Einnahmen Tit. II. B u. C des angeschlossenen Schemas werden, je nachdem sie bei der Kirche eingehen, ihrer Natur nach in dem betreffenden Kassenbuche sofort gebucht, und am Jahresschlusse werden, nachdem die Feststellung der Hauptbeträge erfolgt ist, daraus spezielle Extracte gefertigt und von dem gesammten Kirchenvorstande unterzeichnet. Diese der Rechnung beizufügenden Justifikatorien bleiben so lange in der Rechnungsregistratur aufbewahrt, bis der betreffende Superintendent oder Dekan an Ort und Stelle im Stande ist, die Richtigkeit derselben auf den Grund der geführten Kassenbücher zu bescheinigen. Im Behinderungsfalle findet Nr. 29 Anwendung.

11) Der Titel: „Insgemein" oder „ad extraordinaria" muß mit einem Atteste: „daß nicht mehr, als in Einnahme gestellt worden, zu berechnen gewesen ist," belegt werden. Auch hier ist, wie bei Nr. 10 vorgeschrieben, die Beglaubigung des betreffenden Superintendenten oder Dekans erforderlich.
12) Bei der Rekapitulation der Einnahme muß darauf gesehen werden, daß die Summe der Etatstitel besonders gezogen, sodann der Bestand aus dem Vorjahre, die Defekte, Reste und zurückgezahlten Kapitalien richtig aufgeführt, und endlich die Hauptsumme aller Einnahmen gezogen wird, wie das Schema näher ergiebt.
13) Die nach der vorhergehenden Rechnung verbleibenden Ausgabereste sind bei Revision der vorliegenden sorgfältig zu prüfen. Ueberhaupt dürfen dergleichen nur dann passiren, wenn es entweder an Mitteln zur Deckung derselben fehlt, oder dieselben von den bei der Einnahme verbliebenen Resten bedingt werden. Im Uebrigen ist soviel wie möglich dahin zu wirken, daß dieser Titel frei von allen Verrechnungen erscheint.
14) Nicht selten kommen Fälle vor, daß von der Kirchenkasse namentlich in Prozeßangelegenheiten und zwar in solchen, wo dieselbe klagbar zu werden gezwungen ist, Vorschüsse geleistet werden müssen. Diese Vorschüsse ist der Vorstand, nachdem von uns als oberaufsichtführender Behörde über geistliche Stiftungen 2c. zur Anstrengung der Klage zuvor die Autorisation ertheilt worden ist, in Folge der ergangenen Aufforderung des betreffenden Gerichts zu leisten berechtigt, doch dürfen dieselben unter keinem andern Titel als Kap. II. des Schemas verausgabt werden. Alle Vorschüsse dieser wie jeder andern Art müssen aber auch wieder bei der Einnahme und zwar Kap. III. bei den Resten zum Soll gestellt und so lange fortgeführt werden, bis die Entscheidung des Prozesses erfolgt und festgestellt worden, welcher Theil zur Tragung der Kosten verpflichtet ist. In dem für die Kirche günstigen Falle muß die Wiedereinziehung und definitive Vereinnahmung, in dem ungünstigen Falle dagegen gleichfalls die definitive Vereinnahmung, gleichzeitig aber auch die definitive Verausgabung derselben auf Grund des ergangenen Erkenntnisses erfolgen.
15) In Betreff der Defekte ist nach Nr. 3a zu verfahren.
16) Jede Ausgabe muß mit der betreffenden Quittung belegt, und hinsichtlich deren Form bei der Ausstellung nach § 93—96 I, 16 ALR. verfahren werden. Zu den Ausgaben, welche in dem Etat nicht fixirt sind, sondern zu den zufälligen gehören, muß unsere Genehmigung beigebracht werden.
17) Auf den Liquidationen über Kommunionwein, Licht, Wachs u. dgl. kirchliche Bedürfnisse darf die Autorisation und das Verwendungsattest des Pfarrers nicht fehlen.
18) Rücksichtlich der Kosten zum Bau und zur Unterhaltung der Kirchen und Pfarrgebäude enthält das ALR. II, 11 § 712—756 u. 784—798 die gesetzlichen Bestimmungen.
19) Bei den Bau- und Reparaturkosten muß mit Rücksicht auf Nr. 9 geprüft werden, ob nicht Ausgaben vorkommen, welche den gesetzlichen Vorschriften gemäß dem Nießbraucher aus eigenen Mitteln zu bestreiten obliegen, in welchem Falle die ermittelten Beträge Behufs der Wiedervereinnahmung zu defektiren sind.
20) Die Kosten für die Unterhaltung des Kirchhofs, die Umzäunung desselben nicht ausgenommen, können nur auf den Fall aus der Kirchenkasse bestritten werden, wenn der Kirche die Einnahme für die Grabstellen zufließt, und nicht etwa nach besonderer Lokalobservanz dieselben dessenungeachtet von der Gemeinde übertragen werden. (Vgl. § 761 ff. II, ALR.)
21) Wenn Ausgaben für angeschaffte Utensilien, Kirchenornate 2c., sowie überhaupt für Gegenstände, die bei der Kirche verbleiben, vorkommen, so muß bei dem betreffenden Belage immer sogleich geprüft werden, ob die Eintragung in dem bei der Rechnung befindlichen Kircheninventarien-Verzeichnisse mit der gehörigen Bezeichnung des angeschafften Gegenstandes geschehen ist. Auch muß das Kircheninventarium jährlich wenigstens einmal durch den betreffenden Superintendenten oder Dekan revidirt, und der Befund unter dem der Rechnung beigefügten Verzeichnisse angezeigt werden.
22) Bei den an Privatpersonen ausgeliehenen Kapitalien muß ohne Unterschied der

Höhe des Kapitalbetrages unsere Genehmigung bei den Belägen vorhanden sein. Fehlt diese Genehmigung bei der Rechnung, oder findet sich hinsichtlich der Sicherheit schon zinsbar belegter Kapitalien ein Bedenken, so muß nicht nur in der Revisionsverhandlung hierüber ein Monitum aufgestellt, sondern auch uns sogleich in jedem speziellen Falle Anzeige gemacht werden, um die betreffenden Kirchenvorsteher deshalb unmittelbar zur Verantwortung ziehen zu können. Uebrigens ist es auch bei den mit unserer Genehmigung ausgeliehenen hypothekarischen Kapitalien die Pflicht der Kirchenvorsteher, gleich den Vormündern — § 623 II, 11 ALR. — auf die Wirthschaftsführung des Schuldners und die mit dem Unterpfande sich ereignenden Veränderungen aufmerksam zu sein und bei bekannt gewordener Vermögensverschlechterung oder Devastation des verpfändeten Grundstücks, insofern sich Gefahr zeigen sollte, das Kapital bei längerer Verzögerung zu verlieren, die Aufkündigung und Wiedereinziehung ungesäumt in Antrag zu bringen.

Zur Anlegung in Staatsschuldscheinen, Pfandbriefen und derartigen zum Ankauf gestatteten Papieren bedarf es der Einholung unserer Genehmigung nicht, sie müssen aber sofort außer Kurs gesetzt werden.

23) Bei dem Ankauf derartiger öffentlicher Papiere muß außer der Quittung des Verkäufers, in welcher die Nummern und sonstigen Kennzeichen derselben enthalten sind, auch der Tageskurs nach der letzten Preuß. Staatszeitung angegeben sein. Auch muß dabei besonders die Aufbewahrung des Stichkoupons beachtet werden, und ist nicht zu übersehen, daß die Zinsen in einem vierjährigen Zeitraum verjähren.

Wenn Zinsreste von hypothekarisch belegten Kapitalien 2 Jahre lang anschwellen, so müssen die Kirchenvorsteher mit Rücksicht auf § 54 u. 383 Konk. Ordn. v. 8. Mai 1855 zur ungesäumten gerichtlichen Verfolgung des Schuldners schreiten. Bei einer Zögerung hierbei werden dieselben für den Ausfall der Zinsen verantwortlich. Diese Verantwortlichkeit trifft sie ebenfalls bei vernachlässigter Einziehung kirchlicher Einkünfte wegen Ausfälle und Verluste von mehr als zweijährigen Rückständen — § 49 das. —.

24) Werden Kapitalien ausgeliehen, so muß geprüft werden: ob die Zinsen von dem Tage der Ausleihung in Einnahme gestellt sind, und ob das Kapital gehörig und mit der richtigen Bezeichnung aufgeführt ist.

25) Bei der Rekapitulation der Ausgabe findet hinsichtlich der Reste, Vorschüsse, zu gut gehenden Defekte und sonstigen Ausgaben außer dem Etat dasselbe Anwendung, was unter Nr. 12 bei der Rekapitulation der Einnahme vorgeschrieben ist.

26) Daß der sich bei dem Jahresabschluß ergebende Bestand in den angeführten Münzsorten vorhanden, muß Seitens des Kirchenvorstandes am Schlusse der Rechnung bescheinigt sein.

27) Da nach § 634 II, 11 ALR. in der Kirchenkasse kein Betrag von 50 Thlr. und darüber unbenutzt liegen bleiben soll, so muß bei Revision der Rechnungen auf die pünktliche Befolgung dieser Bestimmung gesehen werden.

Wird dagegen gültig nachgewiesen, daß der vorhandene Bestand zu nahe bevorstehenden Bauten oder anderen Bedürfnissen erforderlich ist, so muß für die sichere Aufbewahrung desselben in der Kirchenkasse gesorgt werden. Wenn sich Dienstunfähigkeit oder Nachlässigkeit von Seiten der Rechnungsleger ergeben sollte, so muß davon nicht allein uns sofortige Anzeige gemacht, sondern es müssen auch ohne Verzug die zur Sicherstellung der Kasse erforderlichen Maaßregeln getroffen werden.

28) Insbesondere ist von den Revisoren auch auf die vorgeschriebene sichere Aufbewahrung der baaren Geldbestände, kurrenten Rechnungen und Beläge zu sehen — § 625, 626 II, 11 ALR. —.

Etwaige Unregelmäßigkeiten und übersehene Mängel hierbei müssen von den Revisoren selbst vertreten, und die Kirchenkassen daher von ihnen auch jährlich wenigstens einmal gemeinschaftlich revidirt werden. Den Tag, an welchem diese Revision erfolgt ist, haben die Revisoren bei der von ihnen unter dem uns jährlich einzusendenden summarischen Rechnungsabschluß auszustellenden Bescheinigung zu bemerken. Wenn sich jedoch bei dieser Revision der Kirchen-

Bau und Besserung der Kirchengebäude.

§ 699. Für die Unterhaltung der Kirchengebäude und Geräthe müssen die Kirchenvorsteher nebst dem Pfarrer vorzüglich Sorge tragen.

§ 700. Bei verfallenden Bauten und Reparaturen muß dem Patron oder Kirchenkollegio jedesmal Anzeige gemacht werden.

---

kasse Unordnungen oder gar Defekte finden, so ist das Revisionsprotokoll mit der Anzeige hiervon sofort an uns einzusenden.

29) Ist die nach den obigen Bestimmungen von dem Kirchenvorstande und resp. Rendanten der Kasse für das abgewichene Jahr gefertigte Rechnung abgeschlossen und von dem Pfarrer und sämmtlichen Mitgliedern des Vorstandes geprüft und mit unterzeichnet, was spätestens bis zum 1. April des folgenden Jahres vollständig bewirkt sein muß, so ist dieselbe nebst den sämmtlichen Kassenbüchern dem betreffenden Superintendenten oder Dekan Behufs der Vorrevision vorzulegen. Vierzehn Tage nach dem Empfang der Rechnung muß diese Revision auf Grund der geführten Kirchenbücher vollständig beendigt sein, und nach erfolgtem Revisionsvermerk, wenn sich sonst nichts zu verhandeln finden sollte, die Absendung an den Kreislandrath dergestalt bewirkt werden, daß dieselbe den 1. Mai bei demselben eintrifft.

Werden die vorstehend bestimmten Einsendungstermine nicht eingehalten oder machen sich Unordnungen und Verzögerungen Seitens der Rechnungsleger bemerkbar, so bleibt dem Landrath überlassen, uns solche sofort anzuzeigen und eventuell auf Festsetzung von Ordnungsstrafen gegen die säumigen Rechnungsleger anzutragen.

30) Die Decharge ertheilen die Revisionskommissarien unter gemeinschaftlicher Unterschrift mit der Bemerkung, daß solche in unserm allgemeinen Auftrage auf Grund der vorliegenden Instruction erfolge.

Schema zur Jahresrechnung siehe in Anl. a.

Zu § 699.

297. Was in den §§ 699—760 h. t. von der Unterhaltung der Kirchengebäude und Geräthe verordnet worden, findet auch auf die Unterhaltung der Kirchhöfe und deren Umwehrungen Anwendung, wenn die Kirche Bezahlung für die Grabstellen erhält, jedoch mit der Modifikation, daß der Patron dazu nichts beizutragen hat — § 761, 762 h. t. —, ferner auf die größeren Reparaturen und Neubauten der Pfarrgebäude mit der Maßgabe, daß der Pfarrer dazu die bei der Pfarre über die Wirthschaftsnothdurft hinaus befindlichen Materialien unentgeltlich hergeben muß — § 787—790 h. t. —, auf Deichbauten gemäß § 789 h. t. und § 68 I, 21 ALR. — RdMdgA. v. 28. Mai 1866 (UCBl. S. 430) u. v. 30. Januar 1867 (UCBl. S. 252), CRdMdgA. v. 3. Oktbr. 1857 (BMBl. 1860 S. 85) —, auf die Küstergebäude mit den aus dem G. v. 21. Juli 1846 (GS. S. 392) sich ergebenden Modifikationen, vgl. N. 330, endlich auf die der Gemeinde gehörigen Predigerwittwenhäuser — § 795 h. t. —. Zu den Kirchengebäuden gehört auch Alles, was mit dem Gebäude niet- und nagelfest verbunden ist und so einen integrirenden Theil desselben ausmacht, z. B. Kanzeln, feste Kirchstühle und Kirchsitze — KGE. v. 4. Juli 1863 (BMBl. S. 212) —, Haupt- und Seitenaltäre, angebaute Kirchthürme — OTrE. v. 8. Novbr. 1864 (Entsch. 54, 343) —, Orgeln — OTrE. v. 12. März 1858 (Entsch. 38, 273) —, ebenso aber auch diejenigen Gegenstände, welche zum Zwecke des Gottesdienstes mit dem Kirchengebäude, wenn auch nicht niet- und nagelfest, verbunden, mithin als Nebensachen Pertinenzien desselben sind — OTrE. v. 12. März 1858 (Entsch. 38, 273) —, wie Taufsteine, Orgeln, Glocken und Kirchthurmuhren — OTrE. v. 5. Februar 1862 (Str. Arch. 39, 350) u. v. 8. Novbr. 1864 (Entsch. 54, 343) —, und die nicht festen Kirchstühle — KGE. v. 4. Juli 1863 (BMBl. S. 212) —. Vgl. N. 244. Hiernach wird sich die in dem CRdMdgA. v. 24. Novbr. 1841 (BMBl. S. 323) den Regierungen ertheilte Anweisung, eine Verpflichtung des Fiskus als Patrons, zu den Bau- und Unterhaltungskosten einer Orgel beizutragen, nur da anzuerkennen, wo die Orgel erweislich mit fiskalischen

C. Zinsen von Kapitalien, die der Kirche zur Verwaltung überwiesen sind.

1. Zu Seelenmessen und Fürbitten.
2. Zur Anschaffung von kirchlichen Bedürfnissen.
3. Zu Bauten.

(Mit denselben ist im Uebrigen wie bei den eigenthümlichen Kapitalien zu verfahren.)

D. Bauhilfsgelder von den Geistlichen.

Tit. II. Unbeständige Einnahme.

A. Für Kirchenstände.

B. Personaldezem.

C. Bei kirchlichen Handlungen.

1. An Gaben und Geschenken.
2. Erd- und Glockengelder.
3. Klingseckelgelder, Becken, Kirchenbüchsen.
4. Opfergelder.
5. Kollektengelder.
6. Von Trauungen.

D. Ad extraordinaria.

Wiederholung der Einnahme.

Kap. I. Bestände aus dem Vorjahre.
Kap. II. Defecte.
Kap. III. Reste.
Kap. IV. An wiedererstatteten Darlehnen.
Kap. V. An aufgenommenen Kapitalien.
Tit. I. Beständige Einnahme.
Tit. II. Unbeständige Einnahme.

Summa der Einnahme:

Zu S. 302.

Schema zur Jahresrechnung der evangelischen (katholischen) Kirchenkasse
zu N. Kreises N. Reg. Bez. N.

Nach dem Etat pro 18 . . soll einkommen.	Außer dem Etat soll einkommen.		Einnahme.		Ist eingekommen.	Bleibt Rest.	Mithin gegen den Etat. mehr	Mithin gegen den Etat. weniger	Nr. der Beläge.	Bemerkungen.
Thlr. Sgr. Pf.	Thlr. Sgr. Pf.	N.		Thlr. Sgr. Pf.	Thlr. Sgr. Pf.	Thlr. Sgr. Pf.	Thlr. Sgr. Pf.	Thlr. Sgr. Pf.		
			Kap. I. Bestand aus dem vorigen Jahre. Kap. II. Defecte mit Bezug auf das diesfällige Revisionsprotokoll vom . . . . Kap. III. Reste. (Diese sind eventuell nach Jahrgangen und darunter nach Kapitalen und Titeln zu ordnen. Kap. IV. Wiedererstattete Darlehne. Kap. V. An aufgenommenen Kapitalien.							
			Tit. I. Beständige Einnahme.							
			A. Vom Grundeigenthum.							
		1.	Einnahme an Pachtzins.							
		2.	Einnahme von Ländereien.							

Balance.	Betrag.			Laufende Nr.	Zahl der vorhandenen Inventarienstücke nach der vorjährigen Rechnung.	Verzeichniß des Inventariums der Kirche zu N.			
	ℛℓ	Sgr	₰			Benennung der Gegenstände.	Zugang.	Abgang.	Bestand.
Die Einnahme ist laut pag.									
Die Ausgabe ist laut pag.									
Bestand:									
Das Vermögen der Kirche besteht									
a) in baarem Gelde . . . . ℛℓ Sgr ₰									
b) in eigenthümlichen Kapitalien der Kirche = = =									
c) in Kapitalien, die derselben zur Verwaltung überwiesen sind. . . . . = = =									
Summa:									
welches sich in ... (Ort) in sicherem Verwahrsam befindet. Für die Richtigkeit der vorstehenden Rechnung N. den ..... Der Kirchenvorstand. (Unterschrift.)									
Die vorstehende Rechnung ist von mir in allen ihren Einzelheiten und Positionen geprüft und nach den von mir auf Grund der geführten Kirchenbücher attestirten Belägen und im Uebrigen bis auf das laut Protokoll vom .... Monirte richtig befunden worden. N. den ..... Der Kirchenrevisor. (Unterschrift.) Superintendent, Dekan.									

Nach dem Etat pro 18 . . soll ausgegeb. werden.	Außer dem Etat soll ausgegeben werden.		Ausgabe.		Ist ausgegeben.	Bleibt Rest.	Mithin gegen den Etat. mehr	Mithin gegen den Etat. weniger	Nr. der Beläge.	Bemerkungen.
Thlr. Sgr. Pf.	Thlr. Sgr. Pf.	Nr.		Thlr. Sgr. Pf.	Thlr. Sgr. Pf.	Thlr. Sgr. Pf.	Thlr. Sgr. Pf.	Thlr. Sgr. Pf.		
			Kap. I. An Resten (wie ad III der Einnahme).							
			Kap. II. Vorschuß.							
			Kap. III. Zu gut gehende Defecte (wie ad II Einnahme).							
			Kap. IV. An zinsbar belegten Kapitalien.							
			Kap. V. An Ausgaben zur Schuldentilgug.							
			Tit. I. Verwaltungskosten.							
			Tit. II. An Besoldungen.							
			Tit. III. Zu Neu- und Reparaturbauten.							
			Tit. IV. Zu kirchlichen Bedürfnissen.							
		1.	Zu Wein.							
		2.	Zu Wachs.							
		3.	Zu Talg, Oel, Gas.							
		4.	Zu Oblaten.							
		5.	Zur Reinigung der Kirchenwäsche.							
		6.	Zu Weihrauch und Bernstein ꝛc.							
			Tit V. Ad extraordinaria.							
			Wiederholung der Ausgabe.							
			Kap. I. An Resten.							
			Kap. II. An Vorschüssen.							
			Kap. III. An Defecten.							
			Kap. IV. An zinsbar belegten Kapitalien.							
			Kap. V. An Ausgaben zur Schuldentilg.							

§ 701. Wo kein Patron oder Kirchenkollegium vorhanden ist, mögen die Vorsteher kleine Reparaturen, welche zehn Thaler nicht übersteigen, bloß mit Zuziehung des Pfarrers ohne weitere Rückfrage veranstalten.

Mitteln angeschafft worden, nicht länger aufrecht erhalten lassen. Zu den Kirchengeräthen gehören die Kirchengefäße und die andern zum unmittelbaren gottesdienstlichen Gebrauche bestimmten Sachen — § 179 h. t. —, z. B. Kelch und Schale, Taufbecken, Kruzifixe, Altarleuchter u. s. w.

298. Die geistlichen Obern, welche die kirchlichen Bauten zu prüfen, zu genehmigen und eventuell festzusetzen haben, sind die Regierungen, Abtheilungen für Kirchen- und Schulwesen, oder wo solche nicht existiren, des Innern — § 18 Reg. Instr. v. 23. Oktbr. 1817 (GS. S. 248), § 3 Nr. 1 V. v. 27. Juni 1845 (GS. S. 440) —, auch bei katholischen Kirchen — AKO. v. 8. Mai 1836 (Ann. 20, 814), § 3 V. v. 27. Juni 1845 (GS. S. 443), Regul. v. 25. Mai u. 19. Novbr. 1850 (VMBl. 1851 S. 32) —, vgl. N. 70. Als Organe der Regierungen fungiren die Landräthe, welchen die Sorge für die äußeren Kirchenangelegenheiten in ihren Kreisen obliegt. Das bei den kirchlichen Bauten einzuhaltende Verfahren ist folgendes:

I. Die den Kirchenvorstehern und dem Pfarrer nach § 699 h. t. obliegende Sorge für die Unterhaltung der Kirchengebäude bedingt zunächst für sie die Verpflichtung, dieselben gegen Feuersgefahr zu versichern, und sollen sie dazu von den Regierungen angehalten werden — CRdMdgA. v. 29. Oktbr. 1864 (VMBl. S. 278) —. Die Versicherungsbeiträge haben diejenigen zu entrichten, denen die Verbindlichkeit zur Wiederherstellung obliegt, nach Verhältniß ihrer desfallsigen Verpflichtungen; sie sind daher aus der Kirchenkasse zu entnehmen, eventuell von den Eingepfarrten und dem Patron nach Verhältniß ihrer Bauverpflichtungen aufzubringen — RdMdgA. u. dJ. v. 25. Mai 1826 (Ann. 10, 411) —. Hat Fiskus Patronatbaulasten zu tragen, so sollen die Theile, in Ansehung deren ihm principaliter die Pflicht der Unterhaltung und Wiederherstellung obliegt, in der Regel nicht versichert werden, es sei denn, daß die Regierung wegen besonderer Ortsverhältnisse eine Ausnahme gestattet. In solchem Falle ist der Grund der ausnahmsweisen Versicherung dieser Gebäudetheile in den Zahlungsanweisungen zu vermerken und die Versicherung bei den öffentlichen Societäten zu nehmen, ausgenommen, wenn die andern Bauverpflichteten die gleichzeitige Versicherung der übrigen Gebäudetheile bei den letzteren ausdrücklich verweigern. Hat Fiskus nur eine eventuelle Bauverpflichtung, so haben die Regierungen darauf zu halten, daß die Gebäude nach ihrem ganzen Werthe versichert werden, wenn die Kirchenkasse zur Zahlung der vollen Beiträge solvent ist; andernfalls ist der fiskalische Antheil an den Gebäuden gar nicht, oder nur ausnahmsweise auf fiskalische Kosten zu versichern — CRdMdgA. v. 29 Oktbr. 1864 (VMBl. S. 278) —.

II. Die Kirchenvorsteher und der Pfarrer haben die Kirchengebäude von Zeit zu Zeit zu besichtigen, die gefundenen Baumängel sofort dem Patron, resp. der Regierung als Patronatbehörde zur Abhülfe anzuzeigen, auch, wenn kein Patron vorhanden, kleine Reparaturen bis zum Kostenbetrage von 10 Thlr. ohne Weiteres, bis zum Kostenbetrage von 50 Thlr. nach vorheriger Genehmigung des Superintendenten oder Erzpriesters für Rechnung der Kirchenkasse resp. der Eingepfarrten ausführen zu lassen — § 701—702 h. t. —. Der Superintendent oder Erzpriester muß darauf halten, daß die Ausführung derartiger Reparaturen einem tüchtigen Bauhandwerker übertragen, die Baurechnung gelegt und der jährlichen Kirchenrechnung als Belag beigefügt wird. Ist bei der Reparatur eine Mitwirkung der Eingepfarrten wegen der Hand- und Spanndienste erforderlich, oder können die Kosten nicht aus der Kirchenkasse entnommen, sondern müssen von den Eingepfarrten aufgebracht werden, dann müssen die Kirchenvorsteher den Landrath angehen, die Leistung der Dienste anzuordnen, resp. die entstandenen Kosten zu repartiren und einzuziehen. Dieser hat derartigen Requisitionen unbedingt Folge zu geben. Ebenso haben die Kirchenvorsteher darauf zu sehen, daß die kleinen Repara-

§ 702. Ist eine höhere Summe erforderlich, so muß dem Inspector oder Erzpriester davon Anzeige gemacht werden.

§ 703. Dieser kann, wenn die Kosten unter fünfzig Thalern betragen, und er bei angestellter Prüfung kein Bedenken findet, den Bau oder die Reparatur ohne Rückfrage genehmigen.

---

turen an den Pfarrgebäuden von den Nutznießern rechtzeitig gemacht werden — § 784—786 h. t. —, und falls dies unterbleibt, dem Superintendenten oder Erzpriester, resp. der Regierung Anzeige zu machen, damit diese im Aufsichtswege den Nutznießer dazu anhält, event. die Kirchenvorsteher authorisirt, es auf seine Kosten machen zu lassen.

III. Der Privatpatron muß die von den Kirchenvorstehern oder dem Pfarrer angezeigten Baumängel sofort durch einen Bauverständigen untersuchen und feststellen, auch, wenn nach einem ungefähren Kostenüberschlage die Reparatur mit weniger als 50 Thlr. bestritten werden kann, ohne weitere Genehmigung der Regierung ausführen lassen. Sofern dabei die Theilnahme der Kirchengemeinde durch Leistung von Hand- und Spanndiensten oder Aufbringung anderer Baukosten im Falle des Unvermögens der Kirchenkasse eintreten muß, ist der Landrath dieserhalb zu requiriren. Verweigert der Patron, die Reparatur ausführen zu lassen, veranlaßt er auf die ihm gemachte Anzeige von den Baumängeln nichts, dann haben die Kirchenvorsteher beim Landrath Abhülfe nachzusuchen. Dieser muß zwischen dem Patron und den Kirchenvorstehern, bez. dem Pfarrer die Sache instruiren, die Nothwendigkeit der Reparaturen feststellen und bei mangelnder Einigung über die Nothwendigkeit, die Art der Ausführung oder die Aufbringung der Kosten die resolutorische Entscheidung der Regierung extrahiren. Ist der Patron nur in der Hergabe der Materialien säumig, ohne seine gesetzlich oder anderweit ihm obliegende Verpflichtung zu bestreiten, dann hat der Landrath nach § 1 Nr. 14 V. v. 30. Juli 1853 nach vorgängiger, fruchtlos gebliebener Aufforderung zur Leistung das Material anderweit für Rechnung des Patrons anzukaufen, die dadurch entstehenden Kosten aber sofort exekutivisch von ihm einzuziehen — RdMdgA. v. 14. Januar 1862 (UCBl. S. 238) —.

IV. Bei fiskalischen Patronatkirchen sind die Baumängel von den Kirchenvorstehern bis zum 15. Mai dem Kreisbaubeamten anzuzeigen. Dieser hat sie durch Lokalbesichtigung festzustellen und, wenn es sich nur um Reparaturen unter 50 Thlr. handelt, dem Landrath davon Mittheilung zu machen, der dann die Genehmigung zur Ausführung auf Rechnung ertheilt und die Kirchengemeinde zu den ihr obliegenden Leistungen anhält. Die dem Patronatbaufonds zur Last fallenden Kosten haben die Kirchenvorsteher bei der Regierung zu liquidiren unter Einreichung der Rechnungen der Handwerker, auf denen vom Kreisbaubeamten die Angemessenheit der Preise und die erfolgte Leistung der Lieferung in guter Qualität bescheinigt sein muß. Soll Bauholz in natura aus Königl. Forst hergegeben werden, so ist zuvor die Anweisung der Regierung zu extrahiren. Die Anfertigung und Einreichung von Bauanschlägen ist bei derartigen kleineren Reparaturen nicht erforderlich; auch nach beendigter Reparatur bedarf es einer Lokalrevision durch die Kreisbaubeamten und eines Abnahmeattestes nur dann, wenn die Kosten der Reparatur die Summe von 20 Thlr. erreichen oder übersteigen, oder wenn wesentliche Veränderungen an dem bestehenden Bauwerke vorgenommen sind, oder die Reparatur ganz besondere, nur einem Bauverständigen beiwohnende Sachkenntniß erforderte — CRdMdgA., dF., dKr., dJ. v. 6. Mai 1825 (Ann. 9, 469) u. v. 31. Dezbr. 1842 (BMBl. 1843 S. 13) u. RdMdgA. v. 2. August 1836 (Ann. 20, 720) —.

V. Handelt es sich um größere Reparaturen, deren Kosten die Summe von 50 Thlr. übersteigen, oder um Neu-, An- oder Erweiterungsbauten, dann müssen bei allen Kirchen nicht fiskalischen Patronats die Kirchenvorsteher und bez. der Privatpatron durch einen Bauverständigen einen vollständigen Kostenanschlag anfertigen lassen und denselben nebst dem Bauplane der Regierung unter gleichzeitiger ausführlicher Motivirung der Nothwendigkeit des Baues und der vorgeschlagenen Art der Ausführung zur Prüfung und Genehmigung einreichen — § 704—706 h. t. —, auch über die Art der Aufbringung der Kosten vollständige

§ 704. Sollen aber zu einem Bau oder zu einer Reparatur mehr als fünfzig Thaler aus dem Kirchenvermögen verwendet werden, so wird allemal, auch wenn ein Patron oder Kirchenkollegium vorhanden sind, die Genehmigung der geistlichen Oberen erfordert.

und motivirte Vorschläge machen und dabei die bestehenden lokalen Observanzen berücksichtigen. Nach erfolgter Genehmigung des Baus remittirt die Regierung den Kirchenvorstehern, bez. dem Patron den Anschlag, und haben diese nunmehr die Wahl, den Bau auf Rechnung ausführen zu lassen oder an einen Unternehmer zu verdingen. Im ersteren Falle haben sie vollständige, gehörig justifizirte Baurechnung zu legen, im zweiten Falle nur den Verdingungskontract und die Quittungen des Bauunternehmers als Beläge beizubringen. In beiden Fällen muß der Bau nach seiner Vollendung von dem Kreisbaubeamten revidirt und abgenommen, und das von demselben auszustellende Abnahmeattest oder Revisionsprotokoll (vgl. Nr. VI.) der Regierung eingereicht werden. Ergeben sich dabei wesentliche Abweichungen von dem genehmigten Anschlage oder Bauplane, so müssen dieselben nachträglich von der Regierung genehmigt werden, wenn dieselben zweckmäßig und nothwendig, oder wenn alle Interessenten damit einverstanden sind. Ist dies nicht der Fall, und glaubt die Regierung, die nachträgliche Genehmigung versagen zu müssen, dann können die Kosten dafür von den sonst zum Bau Verpflichteten nicht eingezogen werden, fallen vielmehr demjenigen zur Last, der eigenmächtig die Abweichungen veranlaßt hat. Auch bleiben der Gemeinde resp. dem Patron etwaige Entschädigungsansprüche gegen denselben vorbehalten. Wenn die Regierung den beantragten Bau nicht für nothwendig hält, oder die beantragte Art der Ausführung nicht für zweckmäßig erachtet, oder die Aufbringung der Kosten in einer andern als der vorgeschlagenen Weise für gerechtfertigt hält, so hat sie darüber resolutorisch mit Vorbehalt des Rekurses an den Minister d. geistl. Angelegenheiten und mit Vorbehalt des Rechtsweges über die Aufbringung der Kosten zu entscheiden (vgl. Nr. IX.).

VI. Werden bei Kirchen fiskalischen Patronats Baumängel, welche Reparaturen über 50 Thlr. oder Neubauten erforderlich machen, von den Kirchenvorstehern den Kreisbaubeamten angezeigt, so haben diese dieselben im Laufe des Sommers zu besichtigen, zu veranschlagen und mit den Attesten der Oberförster des resp. der nächsten Königl. Forstreviere über die Abgebbarkeit der veranschlagten Bauhölzer versehen bis zum 15. Septbr. oder 1. Oktbr. der Regierung einzureichen. Gleichzeitig oder inzwischen ist auch der zu Nr. V. erwähnte motivirte Bericht der Kirchenvorsteher zu erstatten. Die Anschläge müssen die Kreisbaubeamten unentgeltlich anfertigen, auch alle auf den Bau bezüglichen Aufträge und Lokalbesichtigungen unentgeltlich ausführen — RdMfH. v. 12. Oktbr. 1817 u. CVdMdgA. v. 14. Sept. 1818 (Ann. 2, 723) —. Die Anschläge sind auf möglichst billigen Bau einzurichten — CRdMdgA. v. 18. Februar 1830 (Ann. 14, 89) —, auch sorgfältig und vollständig auszuarbeiten, damit spätere Abweichungen und Nachforderungen vermieden werden — CRdMdgA. v. 14. August 1830 (Ann. 14, 549) —. Den Anschlägen sind Erläuterungsbericht, Situationsplan und Zeichnungen beizufügen. Die Zeichnungen sind nach dem Maaßstabe von 10 Fuß auf einen Zoll anzulegen für Grundrisse, Pfarr- und Küster-Wohn- und Wirthschaftsgebäude; für Kirchen sind die Ansichten und Durchschnitte in dem Maaßstabe von 5 Fuß auf einen Zoll aufzutragen, jedoch dürfen die Blätter nicht die Größe von 2½ Fuß überschreiten, sonst ist ein kleinerer Maaßstab zu wählen. Bei jedem Entwurf einer Kirche sind auch die Details der inneren und äußeren Gesimse und der sonstigen Dekorationen, des Altars, des Taufsteins, der Kanzel, der Emporen und deren Konstruction, der Orgel, der Sitze, der Fenster und Thüren aufzuzeichnen, auch die Darstellung einer im Innern sichtbaren Deckenkonstruction aufzutragen, Alles im Maaßstabe von einem Fuß auf ¾ Zoll. Bei kleinen Details ist ein noch größerer Maaßstab wünschenswerth, so daß genaue Messungen bis auf ¼ Zoll möglich sind — CRdMfH. v. 31. März 1856 (BMBl. S. 98) —. Nach demselben CR. sollen bei Bauentwürfen von einiger Bedeutung zuerst nur Skizzen und Kostenüberschläge gefertigt und den Behörden zur Prüfung und Genehmigung vorgelegt werden. Die Anschläge

§ 705. Diesen muß der Erzpriester oder Inspector nach angestellter Untersuchung darüber berichten und einen von Sachverständigen aufgenommenen Kostenanschlag beilegen.

---

sind bei der Regierung zunächst durch den Baurath zu revidiren und in calculo festzustellen — CRdMdJ. v. 9. März 1828 (Ann. 12, 181) —, demnächst aber, wenn die veranschlagten Kosten für eine Reparatur den Betrag von 1000 Thlr., für einen Neubau den Betrag von 500 Thlr. übersteigen, dem Ministerium für Handel ꝛc., Abtheilung für Bauwesen, nebst dem Erläuterungsbericht, dem Situationsplan und den Zeichnungen zur Superrevision und Festsetzung zeitig einzureichen — § 21 Nr. 9 Reg. Instr. v. 23. Oktbr. 1817 (GS. S. 265), AKO. v. 28. August 1836 (GS. S. 234), CRdMdgA. u. dJ. v. 14. Mai 1836 (Ann. 20, 336), v. 13. Dezbr. 1836 u. 4. April 1837 (Ann. 21, 345), v. 4. Juli u. 13. August 1842 (BMBl. S. 306 u. 338), R. v. 22. Dezbr. 1849 (GS. 1850 S. 14) —. Die Nothwendigkeit der Superrevision ist nicht von der Höhe des fiskalischen Beitrages zum Bau abhängig, sondern es ist dafür lediglich der Anschlagsbetrag maßgebend — RdMdgA. v. 24. August 1866 (UCBl. S. 757) —. Bei der Einreichung der Bauprojekte an das Ministerium ist jedesmal anzugeben, in welchem Maße Fiskus betheiligt ist, ob nur durch Hergabe von Holz oder auch von baaren Geldmitteln, ob als Patron oder als Geschenkgeber — CRdMdgA. v. 6. Januar 1866 (BMBl. S. 2) —, auch sollen die Anschläge dauerhaft geheftet sein — CRdMdgA. v. 2. Januar 1866 (BMBl. S. 2) —. An den so festgesetzten Anschlägen darf die Regierung Veränderungen oder Beschränkungen nur nach vorgängiger ministerieller Genehmigung sich gestatten — CRdMdgA. v. 18. Dezbr. 1833 (Ann. 17, 948) —. Werden während der Bauausführung Abänderungen nöthig, so sind, auch wenn dieselben durch einen revidirenden Ministerialbaurath angeordnet worden, der sie übrigens schriftlich genau zu präcisiren hat, doch zuvor die Interessenten darüber zu hören und die Genehmigung des Ministeriums zu extrahiren — CRdMdgA. v. 24. Novbr. 1859 (BMBl. S. 327; UCBl. S. 469) u. v. 25. April 1860 (UCBl. S. 427) —. Findet die Regierung den Bau nothwendig, und ist sie mit der Art der Ausführung und Aufbringung der Kosten einverstanden, so läßt sie den Bau durch den Landrath im Wege der öffentlichen Licitation verdingen, veranlaßt durch den Landrath die Holzanfuhr Seitens der Eingepfarrten im Winter, läßt die Baukontracte durch die Kirchenvorsteher und den Landrath mit den Unternehmern, welcher sie auf deren und des Kreisbaubeamten Vorschlag aus den Mindestfordernden auswählt, abschließen, wobei die Zahlungstermine geräumig zu stellen sind — CRdMdgA. v. 30. Novbr. 1845 (BMBl. 1846 S. 9) —, bestätigt die Kontracte, läßt die Hauptexemplare derselben den Unternehmern zustellen, durch den Landrath die Kosten auf die Eingepfarrten repartiren und einziehen, endlich durch den Kreisbaubeamten den Bau, welcher möglichst in einem Jahre zu vollenden ist, kontrolliren und abnehmen. Ueber die Bauabnahme hat der Kreisbaubeamte ein Abnahmeattest auszustellen und darin unwesentliche Abweichungen vom Anschlage aufzunehmen. Sind aber wesentliche Abweichungen vom Anschlage vorgekommen, so hat der Kreisbaubeamte ein vollständiges Revisionsprotokoll aufzunehmen, ebenso, wenn bei einem über 1000 Thlr. veranschlagten Rechnungsbau Mehrausgaben vorgekommen sind, über die letzteren — CRdMdJ., dF. u. dgA. v. 31. August 1824, 5. Septbr. 1828 u. 21. Juni 1841 (BMBl. S. 178) —. Das Abnahmeattest muß erschöpfend und ohne alle Vorbehalte und Unsicherheiten über die vertragsmäßige Ausführung aller den Unternehmern obliegenden Leistungen sich aussprechen. Auch ist, falls die Schlußzahlung noch nicht erfolgt sein sollte, die Beifügung einer schriftlichen Erklärung der Unternehmer, daß sie mit der ihnen laut Revisionsnachweisung ermittelten Entschädigungssumme für alle Leistungen zur Herstellung des übernommenen Baus abgefunden seien, erforderlich — RdMdgA. v. 8. Novbr. 1866 (BMBl. S. 236) —. Kann der Kreisbaubeamte das Abnahmeattest wegen vorhandener Baumängel nicht ausstellen, so hat die Regierung zunächst die Unternehmer zur Beseitigung der Baumängel anzuhalten, eventuell die letzteren auf deren Kosten beseitigen zu lassen und die Kosten von dem Guthaben der Unternehmer abzuziehen.

VII. Der Verdingungskontract muß auf 15 Sgr. Stempel ausge-

§ 706. **Ist von einem neuen Anbau oder von einer Erweiterung der Kirchengebäude die Rede, so muß ohne Unterschied der Fälle die Approbation der geistlichen Oberen eingeholt werden.**

---

fertigt werden; hat aber der Unternehmer zugleich die Lieferung von Baumaterialien übernommen, so tritt noch die Hälfte eines Stempels von ⅓ Prozent des Werths der Lieferung hinzu; die andere Hälfte bleibt wegen der den Kirchen zustehenden Stempelfreiheit (vgl. N. 119 f.) außer Ansatz. Diesen aus Nr. 1 der allgem. Vorschriften zum Stempeltarif v. 7. März 1822 abgeleiteten und vom Finanzminister stets aufrecht erhaltenen Grundsatz hat auch das Obertribunal in dem PlB. v. 27. Januar 1862 (Entsch. 47, 445) adoptirt. *Ist der Lieferant zugleich Verfertiger* der zu liefernden Gegenstände, so soll, wenn dieselben vertretbare (fungible) Sachen sind, bei der Berechnung des Werthstempels keine Unterscheidung des Preises der Arbeit vom Preise der Materialien gemacht werden; wenn es sich aber um die Lieferung individuell bestimmter Sachen handelt, so soll der Werth der nach dem Inhalte des Kontracts zu verwendenden Materialien z. B. des Schmiedeeisens, nicht etwa des Eisenerzes, ermittelt und von dem für den Gegenstand stipulirten Preis abgezogen, der Werthstempel aber erst von der dann noch verbleibenden Restsumme berechnet werden — CRdFM. v. 16. Februar 1863 (BMBl. S. 74) —. Ist aber der Lieferant Kaufmann, und hat er die Lieferung innerhalb der Grenzen seines Gewerbes übernommen, dann fällt der Werthstempel dafür fort — AKO. v. 30. April 1847 (GS. S. 201), OTrE. v. 5. Februar 1848 (Entsch. 16, 157) u. v. 20. Januar 1865 (Entsch. 54, 369) —.

VIII. Der Zuziehung der Kirchengemeinde oder der von ihr zu wählenden Repräsentanten bedarf es bei der Ausführung von Kirchenbauten in der Regel nicht. Denn über die Nothwendigkeit des Baus, sei er Reparatur- oder Neubau, Anbau oder ganz neue Anlage, über seinen Umfang und über die zweckmäßigste Art der Ausführung in technischer wie in finanzieller Beziehung hat die Regierung als Aufsichtsbehörde nach § 707 h. t. allein zu entscheiden. Zur Beschaffung der für diese Entscheidung nothwendigen Information bedarf es aber nicht der Zuziehung der Gemeinde oder ihrer Repräsentanten. Nur in dem Falle, wenn die Regierung den von den Kirchenvorstehern vorgeschlagenen oder genehmigten Bau zwar für wünschenswerth, aber nicht für unbedingt nothwendig hält, muß sie sich der Zustimmung der Gemeinde durch von ihr zu wählende Repräsentanten versichern. Ebenso kommt es auch bei der Ermittelung der auf der Gemeinde in ihrer Gesammtheit ruhenden Beitragsverpflichtung zu den Baukosten nicht auf einen Gemeindebeschluß an, sondern lediglich auf Verträge, Judikate, Observanzen, auf die provinzial- oder gemeinrechtlichen Vorschriften. Daher ist auch in Bezug auf die Aufbringung der Baukosten nur dann die Zuziehung von Gemeinde-Repräsentanten erforderlich, wenn von der Gemeinde eine neue Last dabei übernommen werden soll, wenn also z. B. zwischen ihr und dem Patron über die Beitragspflicht Streit entsteht. Dagegen kann die Beitragspflicht einzelner Gemeindeglieder oder einzelner Kategorien derselben, z. B. der zu einer Stadtkirche gehörigen ländlichen Eingepfarrten gegenüber den städtischen, Verhandlungen nothwendig machen. Diese Gemeindeglieder bilden aber nicht die Gemeinde und können daher auch nicht durch Repräsentanten vertreten werden, müssen vielmehr ihre Rechte selbst wahrnehmen. In dieser Beziehung genügt es, wenn die Gemeinde von dem beabsichtigten Bau durch Verkündung von der Kanzel, oder später von der Leistung der Hand- und Spanndienste oder von den Kostenrepartitionen bloß in Kenntniß gesetzt und den Einzelnen überlassen wird, ihre Rechte wahrzunehmen und geltend zu machen — RdMdgA. v. 27. Mai 1829 u. 27. März 1840 (BMBl. 1840 S. 292 u. 291) —.

IX. Die Aufforderungen zur Leistung der Hand- und Spanndienste und zur Zahlung der Baukosten sind nebst der Repartition der letzteren den Eingepfarrten vom Landrath durch das Kreisblatt bekannt zu machen. Mit den dagegen Widerspruch Erhebenden hat der Landrath über die Gründe des Widerspruchs zu verhandeln, ihre Erklärungen, sowie die

Untersuchung der Nothwendigkeit und Erforderniß des Baus.

§ 707. Die geistlichen Oberen müssen die Nothwendigkeit des Baus prüfen und die Art desselben bestimmen.

Gegenerklärungen der andern Eingepfarrten, der Vorsteher resp. des Patrons zu Protokoll zu nehmen, die zum Beweise dienenden Urkunden, Judikate, älteren Repartitionen u. s. w. herbeizuschaffen und die Acten der Regierung zur Entscheidung einzureichen. Ebenso muß auch der Einspruch der Eingepfarrten, resp. des Patrons oder der Vorsteher gegen die Nothwendigkeit des Baus und die Art der Ausführung summarisch durch den Landrath instruirt, und wenn er nicht zurückgenommen wird, durch die Regierung darüber entschieden werden — § 707—709 h. t., RdMdgA. v. 18. Juli 1862 (UCBl. S. 450) —. Auch in dem Falle ist eine resolutorische Entscheidung der Regierung nöthig, wenn die Interessenten über den Umfang und die Art der Ausführung des Baus einig sind, die Regierung selbst aber anderer Meinung ist — RdMdgA. v. 23. Septbr. 1862 (UCBl. S. 609) —. Die Regierung hat ihre Entscheidung über die Baukosten nicht ausschließlich auf das im letzten Baufalle beobachtete Verfahren zu gründen, vielmehr das festzusetzen, was sie nach pflichtmäßiger Ueberzeugung den in der Observanz, der besondern Lokalverfassung und in den provinziellen oder allgemeinen Landesgesetzen gegründeten Rechten und Pflichten der Betheiligten unter Berücksichtigung der faktischen Verhältnisse des speziellen Falles für entsprechend erachtet. Deshalb soll sie aber noch nicht die Stelle des ordentlichen Richters einnehmen mit der Pflicht, zu untersuchen und zu befinden, auf welcher Seite Recht oder Unrecht liege. Sie wird vielmehr, wo nicht völlig klare und unwiderlegliche Gerechtsame auf der einen oder der andern Seite vorhanden sind, sich an einen ohne kenntliche Mängel vorhandenen Besitzstand halten und diesen als die Vermuthung des Rechts in sich tragend provisorisch aufrecht erhalten. Hierbei ist im konkreten Falle wohl denkbar, daß schon ein letzter Präcedenzfall für sich allein hinreichendes Zeugniß für einen fehlerfreien Besitzstand ablege und als hauptsächlichste Grundlage der provisorischen Entscheidung benutzt werde — CRdMdgA. v. 12. Dezbr. 1813 (VMBl. S. 324) —. Dagegen muß die Regierung bei ihrer Entscheidung auch spezielle Rechtstitel, insbesondere Judikate und Verträge zwischen den Bauverpflichteten, berücksichtigen, wenn dieselben ohne weitläufige Beweisaufnahme festzustellen sind — RdMdgA. v. 12. Novbr. 1862 (UCBl. S. 751) u. v. 24. Juni 1864 (UCBl. S. 438) —. Letztere ist überhaupt zu vermeiden, damit der nothwendige Bau durch sie nicht aufgehalten wird — AKO. v. 18. Februar 1805 (Rabe 8, 267) —. Die Regierungen sollen über die streitige Baulast selbstständig entscheiden ohne vorherige Rückfrage beim Minister — RdMdgA. v. 24. Oktbr. 1859 (VMBl. 1860 S. 2) u. v. 30. Juni 1860 (UCBl. S. 428) —. Die Entscheidung steht der Abtheilung für Kirchen- und Schulwesen, bez. der Abtheilung des Innern zu, jedoch steht es dem Präsidenten frei, insbesondere wenn der fiskalische Patronatbaufonds bei dem Streite interessirt, auch Berathung und Beschluß des Plenums eintreten zu lassen — AE. v. 30. März 1843 (UCBl. 1860 S. 425) —. Sie ist jederzeit in der Form bestimmt abschließender Resolute zu erlassen, welche über alle zur Sache gehörigen Punkte, namentlich a. über die Nothwendigkeit des in Rede stehenden Baus überhaupt, b. über seinen Umfang und die Art und Weise seiner Ausführung, c. über die zu leistenden Beiträge eine vollständige und klare Bestimmung mit beigefügter Ausführung der Entscheidungsgründe enthalten müssen. Diese Resolute sind den Interessenten durch den Landrath ordnungsmäßig zu publiciren mit Andeutung einer angemessenen, in der Regel und mindestens vierwöchigen präklusivischen Frist für ihre etwaigen Rekursbeschwerden an das Ministerium, welche sie unter gleichzeitiger Anzeige an den Landrath der Königlichen Regierung selbst einzureichen haben, und die von dieser mittelst gutachtlichen Berichts und nöthigen Falls unter Beifügung der Akten an das Ministerium zu befördern sind. Auch sind die Landräthe gleichzeitig zu instruiren, nach unbenutztem Ablaufe der Rekursfrist ohne weiteren Aufenthalt mit der Ausführung des Baus nach Vorschrift der Entscheidung vorzugehen — RdMdgA. v. 23. August 1828 (Ann. 12, 683) —, denn die Bauresolute sind im Verwaltungswege ohne weiteres gerichtliches Verfahren zu vollstrecken — AKO. v. 18. Februar 1805 (Rabe 8, 267) —. Die

§ 708. In allen Fällen, wo über die Nothwendigkeit oder Art des Baus oder der Reparatur oder wegen des dazu zu leistenden Beitrags unter den Interessenten Streit entsteht, müssen die geistlichen Oberen die Sache gütlich zu reguliren sich angelegen sein lassen.

---

vierwöchige Rekursfrist kann in besonders dringenden Fällen ausnahmsweise auch kürzer bemessen werden — RdMdgA. v. 30. Januar 1867 (BMBl. S. 66) —. Die Publikation erfolgt durch Vorlesung des Resoluts in einem Termine, zu dem die Interessenten durch das Kreisblatt vorzuladen sind. Zur Publikation genügt eine Ausfertigung des Resoluts; wünschen einzelne Interessenten Ausfertigung oder Abschrift, so haben ihnen die Regierungen solche kostenfrei zu ertheilen — RdMdgA. v. 16. Dezbr. 1862 (UCBl. 1863 S. 6) —. Da die Einziehung der Baukosten häufig erst, nachdem der Bau schon begonnen, erfolgt, so tritt auch der Fall öfters ein, daß erst dann Widerspruch Seitens der Pflichtigen erhoben wird. Die resolutorische Entscheidung darüber ist sowohl nach dem Beginne als auch nach der Vollendung des Baues noch zuläsig, ausgenommen, wenn das ursprüngliche Rechtsverhältniß durch fremdartige, von Außen herzugetretene, rechtliche Vorgänge modifizirt worden, z. B. die Beiträge der eigentlich Verpflichteten von einem Dritten bezahlt, oder die Baukosten mit Geldern, welche die Gemeinde von einem Dritten aufgenommen hat, berichtigt worden sind — RdMdgA. v. 19. August 1854 u. 29. Juni 1861 (UCBl. 1861 S. 257, 452), v. 12. Dezbr. 1862 u. 13. März 1863 (UCBl. 1863 S. 8 u. 367) —.

X. Die Vollstreckung der Bauresolute soll in der Regel vor Ablauf der Rekursfrist resp. vor Eingang der Rekursentscheidung nicht erfolgen. Nur bei dringenden Veranlassungen und wenn Gefahr im Verzuge liegt, darf die Regierung ausnahmsweise das Resolut sofort vollstrecken lassen, muß aber darüber gleichzeitig an den Minister berichten — § 8 Alin. 6 u. § 10 Reg. Instr. v 23. Oktbr. 1817 (GS. S. 265) —. Solche Ausnahmefälle liegen z. B. dann vor, wenn die Reparatur eines Gebäudes ohne Gefahr für Leben und Gesundheit der Bewohner nicht länger ausgesetzt werden kann, oder wenn die Instruktion des Streits durch äußere Verhältnisse verzögert worden ist, und nach Lage der Sache die Berichtigung der Kosten für den schon ausgeführten Bau nicht länger verschoben werden kann — RdMdgA. v. 11. Oktbr. 1860 (UCBl. S. 578) u. v. 16. Oktbr 1863 (UCBl. S. 616) —. Dagegen soll durch die Anstellung der gerichtlichen Klage, auch wenn auf dieselbe schon in erster Instanz ein der administrativen Festsetzung nicht konformes Erkenntniß ergangen ist, die Vollstreckung des Resoluts nicht aufgehalten werden; jedoch bleibt es dem Ermessen der Regierungen überlassen, in solchem Falle die weitere Einziehung der Beiträge, wenn dies ohne Nachtheil für die Sache geschehen kann, auszusetzen — RdMdgA. v. 5. August 1863 (UCBl. S. 550) —. Gänzlich darf von der Vollstreckung eines Resoluts nur dann Abstand genommen werden, wenn es, noch nicht rechtskräftig geworden, förmlich aufgehoben worden ist — RdMdgA. v. 24. Juni 1864 (UCBl. S. 438) —. Ein rechtskräftig gewordenes Resolut darf im Verwaltungswege weder von der Regierung noch von dem Ministerium aufgehoben werden — RdMdgA. v. 31. Oktbr. 1860 (UCBl. S. 644), v. 19. April u. 5. August 1862 (UCBl. S. 257 u. 449) —. Ein noch nicht rechtskräftig gewordenes Resolut kann auch von der Regierung wieder aufgehoben werden, aber nur durch ein neues formelles und vorschriftsmäßig zu publicirendes Resolut — RdMdgA. v. 27. Febr. 1864 (BMBl. S. 311) —. Bei der Vollstreckung der Bauresolute dürfen Hand- und Spanndienste auch in der Erntezeit gefordert und exequirt werden — RdMdgA. v. 11. Juli 1864 (BMBl. S. 268) —.

XI. Der Rechtsweg ist gegen die Bauresolute der Regierungen, soweit sich dieselben auf die Kosten des Baus und die zu leistenden Beiträge beziehen, unbedingt zuläßig — KGE. v. 30. Januar 1858 (BMBl. S. 178) —; er ist aber nicht gestattet über die Nothwendigkeit, den Umfang und die Art der Ausführung des Baus — §§ 707—709 h. t., OTrE. v. 24. Oktbr. 1862 (BMBl. 1863 S. 65) u. v. 20. Februar 1865 (Entsch. 54, 305) —. Die Worte des Gesetzes scheinen allerdings dieser Auffassung entgegenzustehen, und deshalb hat auch der Ge-

§ 709. Findet die Güte nicht statt, so müssen sie die rechtliche Entscheidung des Streits an die weltliche Obrigkeit verweisen, zugleich aber festsetzen, wie es inzwischen mit dem Bau oder der Reparatur gehalten werden soll.

---

richtshof zur Entscheidung der Kompetenzkonflikte in seinen E. v. 23. Dezbr. 1847, v. 2. Februar 1848 (JMBl. 1848 S. 169 u. 183), v. 26. Novbr. 1853 (JMBl. 1854 S. 98), v. 17. Februar 1855 (JMBl. S. 137), v. 22. Novbr. 1856 (JMBl. 1857 S. 202), v. 11. Dezbr. 1858 (JMBl. 1859 S. 174) den Rechtsweg auch über die Nothwendigkeit, den Umfang und die Art der Ausführung des Baus nur gegen die Regierung oder den Fiskus gemäß § 707 h. t. für unzuläßig, unter den Interessenten hingegen gemäß §§ 708, 709 h. t. für zuläßig erklärt. Allein das Obertribunal sagt ganz richtig, daß die Wortfassung des Gesetzes keineswegs gebiete, anzunehmen, daß der nach § 709 h. t. an den Richter zu weisende Streit über alle im § 708 h. t. als Gegenstand einer zu versuchenden gütlichen Einigung bezeichneten Punkte sich erstrecken müsse, daß vielmehr eine solche Auslegung ganz widersinnig sei. Denn im § 707 h. t. sei der Regierung ohne Einschränkung die Befugniß beigelegt, die Nothwendigkeit des Baus und die Art der Ausführung zu bestimmen, und nirgend sage das Gesetz, daß sie dieses ihr Urtheil einer gerichtlichen Entscheidung oder dem Urtheile von im gerichtlichen Prozesse zu vernehmenden Sachverständigen unterordnen müßte. Vielmehr sprächen die §§ 708 u. 709 h. t. nur von einem Streite unter den Interessenten, dessen Entscheidung durch den weltlichen Richter daher auch nicht das Urtheil der geistlichen Obern über die Nothwendigkeit oder Art des Baus ändern könne. Müsse aber dieser Ausspruch der geistlichen Obern bestehen bleiben, und dürfe derselbe sogar nach § 709 h. t. sofort ausgeführt werden, so daß eine Wiederherstellung des früheren Zustandes ohne Zerstörung des inzwischen entstandenen Baus nicht möglich sei, dann lasse sich auch nicht annehmen, daß der Gesetzgeber einen so unnützen Streit, in welchem das obsiegliche Urtheil gar nicht exequirt werden könne, sollte gewollt haben. Es bleibe daher nur übrig, den § 709 h. t. mit dem § 759 h. t. und der AKO. v. 18. Februar 1805 (Rabe, 8, 267), nach welcher wegen der Beiträge der Eingepfarrten und Kompatrone kein Kirchen-, Pfarr- oder Küsterhausbau aufgehalten, sondern, wenn darüber Streit entstehe, von den geistlichen Obern ein provisorischer Theilungsplan angelegt und ohne gerichtliches Verfahren exequirt, den Unzufriedenen aber der Weg Rechtens nachgelassen werden solle, in Verbindung zu bringen und demgemäß dahin auszulegen, daß der Rechtsweg überhaupt nur über die Verbindlichkeit zur Leistung der Beiträge oder über das Quantum derselben unter den Interessenten gestattet sein solle.

XII. Behufs Justifikation der Kosten für Entreprisebauten, bei denen Fiskus betheiligt ist, haben die Minister d. geistlichen Angel. u. d. Finanzen durch CR. v. 30. Novbr. 1826 (Rönne, Baupolizei, S. 157) im Einverständnisse mit der Ober-Rechnungskammer Folgendes angeordnet:

1) u. 3) Die Anschläge sind einfach auszufertigen und bleiben nach der Kontractsbestätigung bei dem die Bauausführung beaufsichtigenden Baubeamten bis zur Abnahme des Baus. Die Bauunternehmer müssen sich Abschrift des Anschlags nehmen, oder wenn dies bedenklich erscheinen sollte, muß ihnen die Regierung diese Abschrift besorgen lassen.

2) Die Bauentreprisekontracte sind zwiefach auszufertigen: ein Exemplar erhält Unternehmer, das andere wird der Regierung zurückgereicht, nachdem der Baubeamte sich die zur Baubeaufsichtigung erforderlichen Notizen aus dem Kontracte entnommen hat.

4) Schon in die Anweisung der ersten Abschlagszahlung sind die sämmtlichen kontractsmäßigen Kosten des Baus für alle Bauunternehmer und selbst der anschlagsmäßige Kostenbetrag des für einen Theil vorbehaltenen Rechnungsbaus aufzunehmen und von der Kasse sofort im Manual und in der Rechnung zur Sollausgabe zu stellen.

5) Sind Zwischenzahlungen stipulirt und von dem Vorschreiten des Baus in gewissen Verhältnissen abhängig gemacht, so erfolgt deren Anweisung auf Grund

und unter Zufertigung des Zeugnisses des Baubeamten, daß der Bau bis zu dem bestimmten Punkte vorgerückt ist.

6) Bei Anweisung der Schlußzahlung muß der Kasse das Kontractsexemplar der Regierung, das Bauabnahmeattest nebst Originalanschlag oder das Baurevisionsprotokoll zugefertigt werden.

XIII. Auf Grund verschiedener Ministerial-Rescripte haben die einzelnen Regierungen **allgemeine Bedingungen zur Verdingung von öffentlichen Bauten, bei denen Fiskus betheiligt**, publicirt. Die von der Regierung zu Gumbinnen publicirten lauten:

§ 1. Der Bauunternehmer ist verpflichtet, den übernommenen Bau gewissenhaft nach den Bestimmungen des Anschlags nebst Erläuterungsbericht und Zeichnung und nach den sonstigen speziellen Anweisungen auszuführen, ohne Genehmigung der Regierung oder des Kreisbaubeamten, welcher im Auftrage derselben die Erfüllung des Vertrages überwacht (§ 2), weder von den allgemeinen noch von den speziellen Vorschriften abzuweichen, dagegen die von der Regierung bez. dem Kreisbaubeamten während des Baus angeordneten oder genehmigten Abänderungen der in den Anschlägen enthaltenen Bauobjekte unter denselben Bedingungen zur Ausführung zu bringen, welche er in dem auf Grund der gegenwärtigen Licitation zu schließenden Vertrage übernimmt. Wenn mehrere Personen den Bau übernehmen, so haften sie für die Erfüllung aller darauf bezüglichen Verpflichtungen solidarisch.

§ 2. Abweichungen von dem Anschlage, wodurch allein einzelne schon in dem Anschlage vorgesehene Arbeiten vermehrt oder erweitert werden, ist, sofern der dadurch entstehende Mehraufwand 6 Prozent der durch den Kontract stipulirten Kosten für den Gegenstand nicht übersteigt, der den Bau leitende Kreisbaubeamte, ohne daß es der besondern Genehmigung der Regierung bedarf, anzuordnen befugt. Alle diesen Kostenbetrag überschreitenden Abweichungen der oben bezeichneten Art und ohne Unterschied alle Abweichungen, wonach veranschlagte Arbeiten ausfallen, oder zu den veranschlagten Arbeiten neue hinzutreten oder in einer anderen als in der durch den Anschlag bestimmten Art angefertigt werden sollen, dürfen dagegen immer nur nach zuvor eingeholter Zustimmung der Regierung in Ausführung gebracht werden.

§ 3. Für die ohne Genehmigung der Regierung bez. des Kreisbaubeamten erfolgten Abweichungen vom Anschlage oder von den Zeichnungen hat Bauunternehmer keinen Anspruch auf Vergütung und unterwirft sich außerdem der Entscheidung der Regierung über die Frage, ob die Abänderungen des Baus auf seine Kosten den Anlagen des Kontracts gemäß erfolgen, oder der bei der Abnahme ermittelte Abzug an seiner vertragsmäßigen Forderung eintreten soll.

§ 4. Die Kosten der mit Genehmigung des Kreisbaubeamten bez. der Regierung erfolgten Abweichungen vom Anschlage werden nach den Anschlagspreisen, und wenn der Anschlag keine denselben entsprechende Preisbestimmungen enthält, nach den vom Baubeamten bez. der Regierung in Uebereinstimmung mit den generellen Preissätzen des Anschlags festzustellenden Preisen berechnet und im Verhältniß des Anschlagsbetrages zur Vertragssumme der letzteren zugesetzt oder von derselben abgezogen.

§ 5. Für die zum speziellen Nachweis veranschlagten Arbeiten und zu liefernden Materialien sind die in den betreffenden Positionen enthaltenen Summen maaßgebend und Ueberschreitungen derselben nur unter den in den §§ 2 u. 4 enthaltenen Modifikationen zulässig. Die Festsetzung der über solche Positionen beizubringenden Rechnungen unterliegt wie im § 3 der Beurtheilung des Kreisbaubeamten bez. der Regierung, welche nicht minder die Konstruktionsweise und die Art der Ausführung zu bestimmen haben, insofern darüber im Anschlage besondere Instruktionen nicht enthalten sind.

§ 6. Bauunternehmer darf, insofern er nicht selbst geprüfter Sachverständiger ist, die Arbeiten nur durch geprüfte Werkmeister, welche zuvor der Baubeamte bez. die Regierung als zuverlässig und tüchtig anerkannt haben müssen, ausführen lassen und sich der Flickarbeiter bei einer Konventionalstrafe von 25 Thlr., die von der Bauvergütung sofort einbehalten wird, nur soweit bedienen, als dies nach den bestehenden Bestimmungen gestattet ist. Auch darf er nur tüchtige und nüchterne

Arbeiter beschäftigen. Dem Baubeamten, Baumeister oder Bauführer steht die Befugniß zu, unbrauchbare oder widersetzliche Arbeiter sofort von der Baustelle zu entfernen, ohne daß sich daraus Bauunternehmer bei eintretender Verzögerung des Baus eine Entschuldigung entnehmen darf.

§ 7. Der Bau wird von dem Kreisbaubeamten geleitet und nach Befinden der Regierung speziell von einem Baumeister, Bauführer oder Bauaufseher beaufsichtigt. Zu diesem Behufe muß Unternehmer demselben die Zeitpunkte: 1) wann er den Bau beginnen will, 2) wann das Fundament gelegt ist, vor dessen Verfüllung, 3) wann er den Rohbau vollendet, oder bei Holzbauten, wann das Gebäude gerichtet ist, sofort zur Vermeidung einer Konventionalstrafe von 25 Thlr. anzeigen, so daß der Baubeamte stets die zur Verwendung bestimmten Materialien, wie auch die Beschaffenheit des Baugrundes auf jeder Stelle des Bauplatzes, die Tiefe und Stärke der Fundamente und die ausgeführten Arbeiten, bevor dies durch Verfüllung, Abputz oder sonst verdeckt wird, untersuchen kann.

Findet der Baubeamte bei den von ihm vorgenommenen Revisionen, daß Arbeiten schlecht gefertigt, oder schlechtes Material gebraucht worden, so muß Unternehmer die fehlerhaften Theile auf Verlangen des Baubeamten sofort einreißen und von Neuem aufführen. Unterläßt er dies in der ihm vom Baubeamten gesetzten Frist, ohne die Entscheidung der Regierung extrahirt zu haben, so wird dies auf seine Rechnung von dem Baubeamten bewirkt, und der Betrag von seinem Guthaben abgezogen. Die Berufung auf andere Sachverständige findet nicht statt, vielmehr verbleibt es bei dem Urtheile des Baubeamten, bez. der Entscheidung der Regierung.

§ 8. Sämmtliche zum Bau bestimmte Materialien muß Unternehmer mit der größten Sparsamkeit und nach Maaßgabe ihrer Qualität möglichst zweckmäßig verwenden. Dahin gehört insbesondere: a) daß von den Mauersteinen nur so viel, als durch die Herstellung eines regelrechten Verbandes nothwendig bedingt ist, verhauen werden, und b) daß die zur Verwendung kommenden Mauersteine sorgfältig sortirt, daß zu den sämmtlichen äußeren Wandflächen Blendsteine und zu den Kellermauern, zu den sämmtlichen Bogenwölbungen, dem Treppenmauerwerk, so wie zu den Rauchröhren die am härtesten gearbeiteten Ziegel verwendet werden.

§ 9. Alle zum Bau zu verwendenden Materialien müssen von untadelhafter Beschaffenheit sein.

Die Feldsteine müssen Granit, lagerhaft und nicht im Feuer, sondern mit Pulver, Sprengöl oder durch Keile gesprengt sein; sie müssen gute Kopf- und Lagerflächen und ein richtiges Verhältniß der Länge und Breite zur Höhe haben. Auch müssen durchbindende Steine in genügender Länge und Stärke und hinreichender Anzahl vorhanden sein. Von den gesprengten müssen $^3/_4$ einen Inhalt von $1^1/_2$—4 Kubikfuß haben, die übrigen müssen zur Ausfüllung der Zwischenräume geeignet sein. Steine zu Stufen &c. müssen gehörig kantig und glatt, auch möglichst lang sein.

Die Mauerziegel müssen in großem Format $11^1/_2$ Zoll lang, $5^1/_2$ Zoll breit, $2^1/_2$ Zoll dick, in mittlerem Format 10 Zoll lang, $4^5/_8$ Zoll breit, $2^1/_2$ Zoll dick, in kleinem Format $9^1/_2$ Zoll lang, $4^1/_2$ Zoll breit, $2^1/_8$ Zoll dick, die Dachziegel oder Biberschwänze müssen 15 Zoll einschließlich der Nase lang, 6 Zoll breit und $^1/_2$ Zoll stark sein. Die Mauerziegel müssen sämmtlich rechteckig und scharfkantig, Mauer- und Dachziegel von gehörig durchgewintertem mergel- und steinfreiem Ziegellehm und stark gebrannt sein.

Der Kalk muß gar gebrannter, vorsichtig und mit Entfernung nicht aufgegangener Stücke gelöschter Steinkalk sein und in der anschlagsmäßigen Mischung als Mörtel verwendet werden, als solcher auch gehörig zu erhärten im Stande sein. Dem Kalk darf nur scharfkörniger, von jeder erdigen Beimischung freier Mauergrand zugesetzt, Mergel- und Sparkalk dürfen nicht verwendet werden.

Der Grand muß zum Bruchsteinmauerwerk grob, zum Ziegelmauerwerk und zu den Putzarbeiten gesiebt verwendet werden.

Das Schmiedeeisen darf nicht spröde oder kaltbrüchig sein und muß sauber gearbeitet werden.

Das Gußeisen darf keine Sprünge oder sonstige Fehler haben.

Das Holz muß in der Wadelzeit gefällt, geradewüchsig, möglichst astfrei, von feinadriger Gattung, kernig und mit wenigem Splint versehen und gesund, namentlich weder überständig noch stockig, noch wasserblau sein. Zu den außerhalb des Gebäudes sichtbar bleibenden Theilen, zu Hänge- und Sprengwerken und zu Brückengeländern muß stets scharf- oder vollkantiges Holz genommen werden, im Uebrigen sind nur solche Baumkanten zulässig, deren Breiten höchstens $1/_{8}$ der Breite und Höhe der Hölzer betragen. Bohlen zu Brückenbelägen dürfen nur um $1/_{12}$ an einem Ende weniger breit sein als am andern und die zulässige Baumkante nur an ihrer Unterfläche haben. Die Fußbodenbretter müssen durchschnittlich 10 Zoll breit sein.

§ 10. Ueber die pünktliche Innehaltung der Bedingungen des § 9 entscheidet das Urtheil des Kreisbaubeamten bez. der Regierung, ebenso wie über den kunstgerechten Betrieb und die den technischen Grundsätzen entsprechende Ausführung der Arbeiten, und macht es für die Verpflichtung des Unternehmers keinen Unterschied, ob die Materialien von ihm selbst, von der Regierung oder einem Dritten geliefert sind, da es seine Pflicht ist, etwaige Defekte oder Fehler solcher Materialien vor ihrer Verwendung zur Anzeige zu bringen.

Hat Unternehmer die Materialien zu liefern, und zeigt er sich säumig, den diesfälligen ihm bekannt gemachten Mängeln binnen einer ihm gestellten Frist abzuhelfen, so steht es der Regierung frei, dem Unternehmer den Bau sofort abzunehmen und auf seine Gefahr und Kosten einem Dritten zur anschlagsmäßigen Ausführung zu übertragen.

Wenn aber zu der Bauausführung Holz aus Königl. Forsten gegeben wird, so hat Unternehmer die Verpflichtung, die Uebernahme untauglicher oder fehlerhafter Bauhölzer bis auf ergangene Entscheidung auf die von ihm dem Baubeamten unverzüglich zu erstattende Anzeige zu verweigern.

§ 11. Werden die zum Bau, insbesondere zum Transport der Materialien erforderlichen Fuhren und Handdienste nicht mit verdungen, so muß Bauunternehmer, wenn er die Materialien liefert, dieselben, insbesondere das Holz rechtzeitig an Orten, die mit Fuhrwerk leicht zugänglich sind, und zu einer Zeit zur Abfahrt bereit stellen, in welcher der Weg zum Bauplatze ohne Beschwerde mit Lastfuhrwerk zu befahren ist. Wird die Anfuhr der Hölzer und Materialien von dem dazu Verpflichteten verzögert, so muß Unternehmer dem Landrath oder dem Baubeamten des Kreises sofort davon Anzeige machen. Unterläßt er dies, so bleibt er für den daraus entstehenden Verzug allein verantwortlich. Entschädigungsansprüche wegen der verzögerten Leistungen darf Unternehmer nur gegen die nach den Gesetzen zur Leistung Verpflichteten erheben, welche säumig gewesen sind, niemals gegen die Bauherren, deren Vertreter oder Beamte.

§ 12. Bauunternehmer ist verpflichtet, auf seine Kosten die erforderlichen Vorkehrungen zu treffen, damit während des Baus der öffentliche Verkehr nicht gestört, das Publikum vor Beschädigungen sicher gestellt und den polizeilichen Anordnungen Genüge geleistet werde. Nach Beendigung des Baus muß er den Schutt und die übrig gebliebenen Materialien binnen 14 Tagen von dem Bauplatze an den ihm dazu angewiesenen Ort hinschaffen, widrigenfalls dies auf seine Rechnung geschieht. Das angefahrene Holz und die übrigen Materialien sowie den Bau selbst ist er auf eigene Kosten zu bewachen und gegen die Witterung zu schützen verpflichtet. Jeder an den Materialien oder dem Bau selbst durch Zufall oder sonst vor der Bauabnahme entstehende Schaden trifft den Bauunternehmer.

§ 13. Bauunternehmer ist verpflichtet, den übernommenen Bau in den speziell festzusetzenden Zeitpunkten anzufangen und tüchtig und tadelfrei auszuführen, zur Vermeidung von besonders zu bestimmenden Konventionalstrafen. Außerdem ist die Regierung bei verzögertem Anfang oder Vollendung berechtigt, den ganzen Bau oder den noch unbeendeten Theil desselben auf Gefahr und Kosten des Unternehmers nach ihrer Wahl entweder aus freier Hand oder nach vorausgegangener Ausbietung durch einen Dritten zur Ausführung oder Vollendung bringen zu lassen, wodurch jedoch die Einziehung der verfallenen Konventionalstrafen nicht ausgeschlossen wird. Die entstandenen Mehrkosten werden ebenso wie die Konventionalstrafen von dem Guthaben des Unternehmers abgezogen oder im Wege der Administrativexekution von ihm beigetrieben.

§ 14. Modifikationen der bestimmten Vollendungsfristen sind zwar bei beträchtlichen, im Laufe des Baus für nothwendig erachteten und von der Regierung bez. dem Kreisbaubeamten genehmigten Mehrleistungen des Bauunternehmers zulässig, jedoch allein von der Entscheidung der Regierung abhängig.

§ 15. Bauunternehmer erhält die Vergütung für seine Leistungen in einzelnen Raten, deren Minimalsatz besonders bestimmt wird, und welche fällig sind, sobald durch Attest des Kreisbaubeamten nachgewiesen wird, daß der kontractliche Werth des bisher Geleisteten mindestens um $^1/_4$ die zu zahlende Summe einschließlich der bisherigen Abschlagszahlungen übersteigt. Das letzte Viertel der Kontractssumme ist erst nach vollständiger Abnahme des Baus fällig, wenn durch Attest des Kreisbaubeamten die anschlagsmäßige und tadellose Vollendung des Baus nachgewiesen und dagegen bei der Revision bez. Superrevision nichts erinnert worden ist. Für die ersten zwei Monate nach den Fälligkeitsterminen sind *keine Verzugszinsen zu zahlen.*

§ 16. Die Uebergabe und Uebernahme des vollendeten Baus, sowie die Prüfung und Feststellung der Gesammtforderung des Bauunternehmers erfolgt an und durch den Kreisbaubeamten und im Beisein der Kontrahenten oder ihrer Vertreter.

Ergiebt die Abnahme Mängel oder eine ungenügende Erfüllung des Vertrages, so hängt es von dem Ermessen der Regierung ab, wieviel von dem Guthaben des Unternehmers zur Sicherung der Beseitigung jener Anstände zurückbehalten werden muß, und wieviel demselben ausgezahlt werden kann. Erfolgt die Beseitigung dieser Mängel nicht innerhalb der dem Unternehmer von der Regierung zu setzenden Frist, so muß er sich deren Beseitigung durch einen Dritten gefallen und die dadurch erwachsenden Kosten von seinem Guthaben abziehen lassen.

§ 17. Für das untadelhafte Bestehen der ausgeführten Baugegenstände bleibt Unternehmer während der in den §§ 968 u. 969 I, 11 ALR. bestimmten Fristen verhaftet und hat sowohl bei den Arbeiten als auch bei allen Materialien, den selbst gelieferten wie den empfangenen, schon ein geringes Versehen zu vertreten.

Die Regierung ist dagegen berechtigt, diejenigen Mängel, welche innerhalb jener Fristen an den genannten Baugegenständen zum Vorschein kommen und Seitens des Unternehmers nicht in den ihm bekannt zu machenden, von der Regierung bestimmten Terminen beseitigt werden, auf Gefahr und Kosten des säumigen Unternehmers durch einen Dritten beseitigen zu lassen und die hierdurch veranlaßten und von dem Kreisbaubeamten bez. der Regierung festzustellenden Kosten im Wege der Administrativexekution, der sich der säumige Unternehmer hierdurch ausdrücklich unterwirft, einzuziehen.

§ 18. Die Tagegelder und Fuhrkostenvergütungen für den Baubeamten, welche durch die Seitens des Bauunternehmers verschuldeten, örtlichen Untersuchungen der mangelhaften oder kontractswidrigen Baugegenstände veranlaßt worden, hat derselbe gemäß Festsetzung der Regierung zu erstatten, und werden sie von seinem Guthaben abgezogen, bez. im Wege der Administrativexekution von ihm beigetrieben.

§ 19. Die Kosten für die Kopien der dem Nebenexemplare des Vertrages anzuheftenden Anschläge, Zeichnungen und sonstigen Nachweisungen und die Kosten der Bekanntmachung und Abhaltung des Verdingungstermins hat der Unternehmer allein zu tragen und die Stempel zum Kontract einschließlich der etwa erforderlichen Mehrleistungen in der Art zu entrichten, wie solches im § 3 Stempelges. v. 7. März 1822 vorgeschrieben ist. Auch muß sich der Unternehmer gefallen lassen, daß die von ihm zu entrichtenden Stempel- und Kostenbeträge durch Postvorschuß von ihm entnommen werden.

§ 20. Die Regierung hat freie Auswahl unter allen Licitanten und Submittenten, darf auch von der Licitation oder Submission ganz abstehen oder eine neue anordnen. Die Licitanten und Submittenten bleiben dagegen, bis die Regierung den Zuschlag ertheilt hat, was ihnen sofort zu eröffnen ist, an ihre Gebote und Offerten gebunden, ohne aus der Zuschlagsverweigerung irgend welche Ansprüche herleiten zu dürfen.

§ 21. Die Regierung darf auch von dem Unternehmer eine Kaution bis zu $^1/_6$ der Kontractssumme in inländischen Staatspapieren fordern, welche erst nach vollständiger Abnahme des Baus, wenn die tadellose Vollendung desselben in der Revision bez. Superrevision festgestellt, zurückzugeben, bis dahin aber für alle aus dem Unternehmen herzuleitenden Ansprüche verhaftet ist. Baar bestellte Kautionen werden nicht verzinst.

XIV. Mehrarbeiten und Mehrlieferungen, welche mit den veranschlagten Arbeiten nicht gleichartig sind, und für die der Anschlag keinen Anhalt hinsichtlich der Preisansätze enthält, sollen wie andere Rechnungsbauten behandelt, und die Kosten dafür nach mündlichem Akkord oder nach den ortsüblichen Preisen auf Grund besonderer, vom Kreisbaubeamten zu revidirender Rechnungen festgesetzt und ohne weiteren Abzug vergütet werden, falls nicht andere Festsetzungen kontractlich getroffen sind — RdMfH. u. dF. v. 26. Mai 1866 (BMBl. S. 108) —. — Ist in dem Kontract die administrative Exekutionsbefugniß nicht ausdrücklich festgesetzt worden, so darf sie nicht geltend gemacht werden — CRdMdgA. u. dJ. v. 2. März 1846 (BMBl. S. 25) —. — Das alte Material der früheren Gebäude gehört demjenigen, der es zu liefern gesetzlich verpflichtet war — CRdMdgA. v. 11. Dezbr. 1846 (BMBl. 1847 S. 253) —; es kann entweder in natura bei dem neuen Bau verwendet, oder dem Unternehmer des neuen Baus auf Abschlag in partem pretii überlassen oder auf den Abbruch verkauft werden — CRdMdgA. v. 3. März 1853 (BMBl. 1863 S. 102) —. Wird ein altes Gebäude, zu welchem der Patron einen Theil der Materialien geliefert hat, auf den Abbruch verkauft, so ist zuvor der zeitige Werth der vom Patron zu liefernden Materialien und der des ganzen Gebäudes festzustellen und nach dem Verhältniß dieser beiden Werthsummen der Erlös zu vertheilen. Die Abbruchskosten haben diejenigen zu tragen, welche die Baukosten zu entrichten, resp. die Baudienste zu leisten verpflichtet sind; mithin hat ein Patron, welcher nur gewisse Materialien zum Bau herzugeben verpflichtet ist, zu den Abbruchskosten nichts beizutragen — RdMdgA. v. 13. Juni 1864 (UCBl. S. 498) —. Doch soll, wenn Fiskus Patron ist, und der Abbruch des alten Gebäudes nicht aus dem Grunde erfolgt, um an derselben Stelle das neue zu errichten, der Betrag der Abbruchskosten vorweg aus dem Erlöse für das alte Material genommen werden dürfen, damit der Abbruch sorgfältiger erfolgt, und ein besserer Erlös aus dem alten Material erzielt wird — RdMdgA. v. 2. März 1867 (ungedruckt) —. Die bei Bauentreprisekontracten stipulirten Konventionalstrafen gebühren in der Regel der Kirchenkasse allein, weil die Kirchengemeinde der alleinige Bauherr ist, wenn auch Patron gewisse Materialien liefern muß; nur in dem Falle, wenn Patron und Kirchengemeinde nach Quoten die Baukosten tragen (§§ 731, 740 h. t.), haben auch beide in demselben Verhältnisse an den Konventionalstrafen ein Theilnahmerecht.

299. Was die Konstruktion der Kirchen- 2c. Gebäude anbetrifft, so sollen die von der Königl. Oberbaudeputation herausgegebenen, bei Riegel in Potsdam erschienenen, den Kreisbaubeamten amtlich mitgetheilten Entwürfe für Kirchen-, Pfarr- und Schulhäuser möglichst benutzt, von den Baubeamten den Geistlichen zugänglich gemacht, und nach denselben mit diesen die Baupläne verabredet werden — CRdMdgA. v. 1. Januar 1845 (BMBl. 1846 S. 6) —. Als Anhalt für den Bau evangelischer Kirchen soll fernerhin das von der evang. Kirchenkonferenz zu Eisenach beschlossene, von dem Minister d. geistl. Angel. im Einverständnisse mit den Ministern d. Finanzen, für Handel 2c., und dem evang. Ober-Kirchenrath nebst den dazu von der Ministerialabtheilung für Bauwesen gemachten gutachtlichen Bemerkungen durch CR. v. 10. Juni 1862 (BMBl. S. 239 ff., Aktst. 5, 266 ff.) publicirten Regulativ für evangelischen Kirchenbau dienen. Dasselbe lautet nebst dem Gutachten:

§ 1. Jede Kirche soll nach alter Sitte so orientirt d. h. so angelegt werden, daß ihr Altarraum gegen den Sonnenaufgang liegt.

§ 2. Die dem evangelischen Gottesdienste angemessenste Grundform der Kirche ist ein längliches Viereck. Die äußere Höhe mit Einschluß des Hauptgesimses hat bei einschiffigen Kirchen annähernd $^3/_4$ der Breite zu betragen, während es um so mehr den auf das akustische Bedürfniß zu nehmenden Rücksichten entspricht, je weniger die Länge das Maaß seiner Breite überschreitet.

Eine Ausladung im Osten für den Altarraum (Apsis, Tribüne, Chor) und in dem östlichen Theile der Langseiten für einen nördlichen und südlichen Querarm giebt dem Gebäude die bedeutsame Anlage der Kreuzgestalt.

Von Centralbauten ohne Kreuzarm-Ansätze ist das Achteck akustisch zulässig, die Rotunde als nicht akustisch zu verwerfen.

Gutachten. Die Grundform der Kirchen ist von ihrer Größe und von der Gestalt des Bauplatzes abhängig. Im Allgemeinen erscheint für kleine Kirchen die oblonge Form als die zweckmäßigste und am wenigsten kostspielige. Für größere Kirchen, namentlich solche mit ausgedehnten Emporen, ist die Kreuzgestalt mit gleichen Armen (griechisches Kreuz) oder mit angebautem Langschiff (lateinisches Kreuz) und der Centralbau zu empfehlen.

§ 3. Die Würde des christlichen Kirchenbaus fordert Anschluß an einen der geschichtlich entwickelten christlichen Baustyle und empfiehlt in der Grundform des länglichen Vierecks neben der altchristlichen Basilika und der sogenannten romanischen (vorgothischen) Bauart vorzugsweise den sogenannten germanischen (gothischen) Styl.

Die Wahl des Bausystems für den einzelnen Fall sollte aber nicht sowohl dem individuellen Kunstgeschmack der Bauenden als dem vorwiegenden Charakter der jeweiligen Bauweise der Landesgegend folgen. Auch sollten vorhandene brauchbare Reste älterer Kirchengebäude sorgfältig erhalten und maaßgebend benutzt werden.

Ebenso müssen die einzelnen Bestandtheile des Bauwesens in seiner inneren Einrichtung von dem Altar und seinen Gefäßen bis herab zum Gestühl und Geräthe, namentlich auch die Orgel, dem Styl der Kirche entsprechen.

§ 4. Der Kirchenbau verlangt dauerhaftes Material und solide Herstellung ohne täuschenden Bewurf oder Anstrich. Wenn für den Innenbau die Holzkonstruction gewählt wird, welche der Akustik besonders in der Ueberdachung günstig ist, so darf sie nicht den Schein eines Steinbaues annehmen. Der Altarraum ist jedenfalls massiv einzuwölben.

§ 5. Der Haupteingang zur Kirche steht am angemessensten in der Mitte der westlichen Schmalseite, so daß von ihm bis nach dem Altar sich die Längenaxe der Kirche erstreckt.

Gutachten. Die Anordnung der Eingänge ist häufig von den Wegen, die zur Kirche führen, abhängig. Eingänge an verschiedenen, besonders an einander gegenüberliegenden Seiten sind wegen des unvermeidlichen Zuges und Raumaufwandes nicht günstig. Die Anordnung von Vorhallen, mindestens von Windfängen ist meistens unerläßlich.

§ 6. Ein Thurm sollte nirgends fehlen, wo die Mittel irgend ausreichen, und wo es daran dermalen fehlt, sollte Fürsorge getroffen werden, daß er später zur Ausführung komme. Zu wünschen ist, daß derselbe in einer organischen Verbindung mit der Kirche stehe, und zwar der Regel nach über dem westlichen Haupteingange zu ihr. Zwei Thüren stehen schicklich entweder zu den Seiten des Chors oder schließen die Westfront der Kirche ein.

Gutachten. Die empfohlene Stellung des Thurmes vor dem westlichen Giebel entspricht nicht immer der Oertlichkeit und ist deshalb in keiner Zeit unbedingt festgehalten worden. Auch mißbilligte Se. Maj. der Hochselige König Friedrich Wilhelm IV. eine solche Stellung häufig deshalb, weil dadurch die architektonische Ausbildung des Hauptgiebels der Kirche verloren geht, auch zumal bei Landkirchen eine freiere landschaftliche Gruppirung der Gebäudemassen der streng architektonischen nicht selten vorzuziehen ist. Jedenfalls sollte die Stellung des Thurmes zur Seite des westlichen oder östlichen Giebels um so weniger ausgeschlossen bleiben, als in beiden Fällen die verschiedenen Räumlichkeiten desselben mit der Gesammtanlage in zweckmäßige Verbindung gebracht werden können.

§ 7. Der Altarraum (Chor) ist um mehrere Stufen über den Boden des Kirchenschiffes zu erhöhen. Er ist groß genug, wenn er allseitig um den Altar den für die gottesdienstlichen Handlungen erforderlichen Raum gewährt. Anderes Gestühl als etwa für die Geistlichen und den Gemeindevorstand und, wo der Gebrauch es mit sich bringt, der Beichtstuhl, gehört nicht dorthin. Auch dürfen keine Schranken den Altarraum von dem Kirchenschiffe trennen.

Gutachten. Insbesondere bei niedrigen Altarbauen empfiehlt sich wegen der besseren architektonischen Wirkung die Erhebung des Chores über dem Schiff um mindestens 3 Stufen.

§ 8. Der Altar muß je nach liturgischem und akustischem Bedürfniß mehr nach vorne oder rückwärts zwischen Chorbogen und Hinterwand, darf aber nie unmittelbar (ohne Zwischendurchgang) vor der Hinterwand des Chors aufgestellt werden. Eine Stufe höher als der Chorboden muß er Schranken, auch eine Vorrichtung zum Knien für die Konfirmanden, Kommunikanten, Kopulanden ꝛc. haben.

Den Altar hat als solchen, soweit nicht konfessionelle Gründe entgegenstehen, ein Kruzifix zu bezeichnen, und wenn über dem Altartische sich ein architektonischer Aufsatz erhebt, so hat das etwa damit verbundene Bildwerk, Relief oder Gemälde stets nur eine der Hauptthatsachen des Heils darzustellen.

Gutachten. Die Erhöhung des Altars von 2 Stufen dürfte in architektonischer Hinsicht vorzuziehen sein und ist noch mit der Anordnung von Kniebänken an den Schranken verträglich.

§ 9. Der Taufstein kann in der innerhalb der Umfassungswände der Kirche befindlichen Vorhalle des Hauptportals oder in einer daran stoßenden Kapelle, sodann auch in einer eigens dazu hergerichteten Kapelle neben dem Chor stehen. Da, wo die Taufen vor versammelter Gemeinde vollzogen werden, ist seine geeignetste Stellung vor dem Austritt in den Altarraum. Er darf nicht ersetzt werden durch einen tragbaren Tisch.

§ 10. Die Kanzel darf weder vor, noch hinter oder über dem Altar, noch überhaupt im Chore stehen. Ihre richtige Stellung ist da, wo Chor und Schiff zusammenstoßen, an einem Pfeiler des Chorbogens nach außen (dem Schiff zu); in mehrschiffigen großen Kirchen an einem der östlicheren Pfeiler des Mittelschiffs. Die Höhe der Kanzel hängt wesentlich von der der Emporen (§ 13) ab und ist überhaupt möglichst gering anzunehmen, um den Prediger auf und unter den Emporen sichtbar zu machen.

Gutachten. Wenn es im Allgemeinen gewiß richtig ist, daß die Kanzel ihre Stelle nicht im Chore selbst, sondern zunächst demselben im Schiff erhalten muß, so wird doch diese Regel bei kleinen Kirchen nicht immer festzuhalten sein. Der meist beschränkte Altarbogen erlaubt hier nicht immer das Vorrücken der Kanzel in denselben, und wiederum bieten, zumal bei Anlage von Seitenemporen, die kurzen Seitenwände des ersteren keinen Raum für die Kanzel mit ihrer Treppe, so daß es in solchen Fällen kaum unvermeidlich ist, die Aufstellung der Kanzel an der östlichen Chorwand zu gestatten, eine Anordnung, welche neben dem Vorzuge der Symmetrie noch den einer guten akustischen Wirkung für sich hat. Jedoch muß dafür gesorgt werden, daß die Kanzel nicht zu hoch über dem Altar sich erhebe und noch einen freien Umgang um denselben gestatte. Nach Bunsen würde diese Stellung dem altchristlichen Gebrauche entsprechen, nach welchem der Bischof von seinem Sitze hinter dem Altar aus zur Gemeinde sprach, jedoch gilt diese Annahme als kontrovers.

§ 11. Die Orgel, bei welcher auch der Vorsänger mit dem Sängerchor seinen Platz haben muß, findet ihren natürlichen Ort dem Altar gegenüber am Westende der Kirche auf einer Empore über dem Haupteingang, dessen perspektivischer Blick auf Schiff und Chor jedoch nicht durch das Emporgebälke beeinträchtigt werden darf.

§ 12. Wo Beicht- oder Lehrstuhl (Lesepult) sich findet, da gehört jener in den Chor (§ 7), dieser entweder vor den Altar auf eine der Stufen, die aus dem Schiffe zum Chor emporführen, doch so, daß der Blick der Gemeinde nach dem Altar nicht verhindert werde, oder an einen Pfeiler des Chorbogens, um für den Zweck der Katechese, Bibelstunde u. dgl. vor den Altar gerückt zu werden.

§ 13. Emporen außer der westlichen (§ 11) müssen, wo sie unvermeidlich sind, an den beiden Langseiten der Kirche so angebracht werden, daß sie den freien Ueberblick der Kirche nicht stören. Auf keinen Fall dürfen sie sich in den Chor hineinziehen. Die Breite dieser Emporen, deren Bänke aufsteigend hintereinander anzulegen sind, darf, soweit nicht die Ausladung von Kreuzarmen eine größere Breite zuläßt, $1/5$ der ganzen Breite der Kirche, ihre Erhebung über den Fußboden der Kirche $1/3$ der Höhe derselben im Lichten nicht überschreiten. Von mehreren Emporen über einander sollte ohnehin nicht die Rede sein.

Bei der Anlage eines Neubaues, wo Emporen vorgesehen werden müssen, ist es sachgemäß, statt langer Fenster, welche durch die Emporen unterbrochen wirken, über der Empore höhere Fenster, die zur Erhellung der Kirche dienen, unter der Empore niedrigere Fenster zur Erhellung des nächsten von der Empore beschatteten Raumes anzubringen.

Gutachten. Die Emporen sind nicht als willkührliche Einbaue zu behandeln, sondern möglichst organisch mit der Struktur der Kirche zu verbinden. Unter denselben sind Fenster nur bei einer das Maaß von 8 Fuß überschreitenden Tiefe derselben und bei verhältnißmäßig großer Breite und geringer Höhe der Kirche selbst, wobei die gegenüberliegenden obern Fenster den Raum unter der Empore nicht hinreichend beleuchten, nothwendig. Die Erhebung der hinteren Sitzreihen über die vorderen muß 7—8" betragen.

§ 14. Die Sitze der Gemeinde (Kirchenstühle) sind möglichst so zu beschaffen, daß von ihnen aus Altar und Kanzel zugleich während des ganzen Gottesdienstes gesehen werden können.

Vor den Stufen des Chors ist angemessener Raum frei zu lassen. Auch ist je nach dem gottesdienstlichen Bedürfniß ein breiter Gang mitten durch das Gestühl des Schiffes nach dem Haupteingange zu, oder wo kein solches Bedürfniß vorliegt, sind zwei Gänge von angemessener Breite an den Pfeilern des Mittelschiffes oder an den Trägern der Emporen hin anzulegen. Die Basen der Pfeiler sollten nicht durch Gestühl eingefaßt werden.

§ 15. Die Kirche bedarf einer Sakristei, nicht als Einbau, sondern als Anbau neben dem Chor, geräumig, hell, trocken, heizbar, von kirchenwürdiger Anlage und Ausstattung.

§ 16. Vorstehende Grundsätze für den evangelischen Kirchenbau sind von den kirchlichen Behörden auf jeder Stufe geltend zu machen, den Bauherren rechtzeitig zur Kenntniß zu bringen und der kirchenregimentlichen Prüfung, beziehungsweise Berichtigung, welcher sämmtliche Baurisse unterstellt werden müssen, zu Grunde zu legen.

Das Raumbedürfniß wird berechnet nach dem dritten Theile der über 14 Jahre alten Eingepfarrten mit einem Zuschlage von 10 Prozent. — Bei Neubauten von Kirchen und deren Veranschlagung soll auch auf eine gartenmäßige Einrichtung des die Kirche umgebenden Platzes Rücksicht genommen werden, desgl. sollen die Landräthe darauf hinwirken, daß die Gemeinden auch die Plätze, welche schon bestehende Kirchen umgeben, mit Gartenanlagen versehen — CRdMdgA. v. 22. Dezbr. 1844 (BMBl. 1845 S. 9) —. Baulichkeiten, welche den Anblick der Kirchengebäude beeinträchtigen, sollen auf diesen Plätzen nicht errichtet werden — RdMdgA. v. 2. August 1854 (BMBl. S. 195) —, auch soll das Wäschetrocknen auf denselben Seitens der Pfarrer unterbleiben — RdMdgA. v. 8. Mai 1860 (BMBl. S. 106) —.

300. In Betreff des Baues und der Reparatur der Kirchenorgeln verordnet der CEdMdgA. v. 2. Novbr. 1854 (BMBl. S. 241) Folgendes:

1) Zur Beurtheilung des dem Orgelwerke zu gebenden allgemeinen Umfangs ist es wünschenswerth, daß den einzureichenden Plänen ein Grundriß und ein Durchschnitt der Kirche beigegeben werden. In Ermangelung der ersteren dieser Zeichnungen genügt die Angabe der Länge, Breite und Höhe des Kirchenschiffes mit etwaigen zum innern Raum hinzugezogenen Anbauten und Emporen, jedoch mit Ausschluß des Chores, sofern dieses nicht auch mit als Zuhörerraum benutzt wird. Im letzteren Falle oder wenn die große Ausdehnung desselben eine besondere Berücksichtigung motivirt, müssen sich jene Angaben auch auf das Chor erstrecken.
2) Für die spezielle Beurtheilung der Benutzung und Vertheilung des Raums auf der Orgelempore ist ein Grundriß derselben einzureichen, auf welchem die vorhandenen Treppen und Kirchenstühle, das neue Orgelwerk mit Andeutung des Klaviaturschranks und der Bälge, falls sie auf dem Chore liegen, eingetragen sind.
3) Zur Uebersicht des allgemeinen Verhältnisses und der Totalordnung in Beziehung zur Kirche muß in dem mindestens nach dem Maaßstabe von 10 Fuß auf einen Duodezimalzoll gezeichneten Durchschnitte der Kirche die Ansicht des Orgelchors und des neuen Orgelwerks eingetragen werden.
4) Behufs der Verdeutlichung und Feststellung der Einzelformen ist aber die

Ansicht des Orgelgehäuses im Maaßstabe von einem Fuße auf ½ Duodezimalzoll aufzutragen und die Wahl des Styles und der Formen noch genauer zu motiviren. In der Regel werden Zeichnungen vom Grundriß, vom Durchschnitt und von der äußern Ansicht der Kirche eine spezielle Motivirung entbehrlich machen. Können diese aber nicht beigebracht werden, so ist wenigstens im Allgemeinen der Styl und die mehr oder minder reiche Ausstattung der Kirche zu beschreiben, und namentlich die Form der Fensteröffnungen und des Bogens, in welchem sie sämmtlich oder theilweise geschlossen sind, die Art der Ueberdeckung des Schiffes oder Chores, bei Wölbungen mit Angabe der Bogenform und Stylhaltung des inneren Holzausbaues im Erläuterungsbericht anzugeben.

5) Sämmtliche Zeichnungen und Erläuterungen müssen, wenn sie nicht vom Bezirksbaubeamten selbst gefertigt sind, von demselben revidirt und anerkannt, sowie vom Regierungsbaurath nachgesehen und unterschrieben werden.

6) Bei Reparaturen von Orgelwerken wird die Angabe der Zeit der Erbauung, des Namens des Meisters und der vorgekommenen Herstellungen, soweit hierüber Ermittelungen möglich sind, wünschenswerth sein. Jedenfalls aber muß sich der Bericht über die Zweckmäßigkeit der bestehenden Anlage, die Wahl und dermalige Beschaffenheit des Materials, den Umfang von Manual und Pedal, sowie über die Stimmung der Orgel auslassen.

Ferner verordnet das CRdMdgA. v. 13. April 1842 (BMBl. S. 191) Folgendes als Richtschnur für die Regierungen:

1) Es ist dahin zu wirken, daß die Kirchenvorstände und Presbyterien zur Revision und Reparatur, resp. zum Neubau einer Orgel nur solche zulassen, welche von der K. Regierung als tüchtige und zuverlässige Orgelwerkmeister anerkannt worden sind.

2) Die K. Regierung hat zu dem Behuf sich von der Tüchtigkeit der Orgelbauer Gewißheit zu verschaffen und die Bewährten den den Kirchengemeinden vorgesetzten Behörden namhaft zu machen.

3) Es ist dafür zu sorgen, daß die Dispositionen zu neuen oder abzuändernden und wiederherzustellenden Orgelwerken, sowie die Abnahme der fertigen Arbeiten in vorkommenden Fällen durch einen bewährten Sachverständigen gründlich revidirt werden.

4) Die Kirchenvorstände sind aufzufordern, mit der Abhilfe kleinerer Schäden nicht zu zögern, damit nicht durch Versäumnisse eine Hauptreparatur des Orgelwerks nöthig, oder dasselbe ganz unbrauchbar werde.

5) Den Kirchenvorständen ist zu überlassen, mit einem von der K. Regierung dazu approbirten Orgelbaumeister über alljährige Revision, Reparatur und Stimmung der Orgeln auf gewisse Zeit zu kontrahiren und dafür nach der Größe und Beschaffenheit des Orgelwerks ein Fixum auszusetzen, welches aus Kirchenmitteln zu entnehmen ist.

6) Die Kirchenvorstände sind zu veranlassen, bei Einreichung der jährlichen Kirchenrechnungen den jedesmaligen Zustand der Kirchenorgel wie den der Kirchengebäude gewissenhaft anzugeben.

7) Sämmtlichen Organisten ist zur Pflicht zu machen, von der innern Beschaffenheit des Orgelwerks sich zu unterrichten, kleinere Schäden, wie geringfügig sie auch erscheinen mögen, sogleich anzuzeigen und dafür zu sorgen, daß die Orgel vor jeder Gefahr möglichst gesichert werde.

8) Es muß daher auch bei den Anstellungen der Organisten darauf gesehen werden, daß der Organist nicht bloß die Orgel zu spielen versteht, sondern auch von dem innern mau derselben die nöthige Kenntniß besitzt, um etwaige Schäden im Werke erkennen und anzeigen zu können.

Endlich sind die Regierungen durch CRdMdgA. v. 16. Februar 1845 (BMBl. S. 38) angewiesen worden, um eine gleichmäßige und richtige Stimmung der Orgeln zu erzielen, die Orgelbauer ihrer Bezirke zur Rectifikation ihrer Stimmgabeln nach der auf Veranlassung des Ministeriums gefertigten Normalstimmgabel, welche genau das eingestrichene a (Kammerton) nach der Tonhöhe der K. Kapelle angiebt, zu veranlassen, auch dieselben anzuhalten, daß bei allen neu zu bauenden oder wesentlich umzuändernden Orgeln diese Stimmung beobachtet, und dafür zu sorgen, daß bei der Abnahme solcher Orgelwerke hierauf vorzüglich Rücksicht genommen werde, wobei zugleich darauf zu sehen ist, daß die Abnahme stets nur bei mittlerer Temperatur, weder bei kalter noch bei heißer Witterung erfolge.

301. Da die Kirchenärarien nur selten in der Lage sind, die bedeutenden Kosten für größere kirchliche Bauten zu tragen, aber auch die Gemeinden zur Aufbringung solcher Kosten häufig nicht im Stande sind, so haben 1) die Regierungen dahin zu wirken, daß in Zeiten für die Baubedürfnisse gesorgt wird, und daß die Kirchengemeinden beschließen, durch jährliche, von sämmtlichen Gemeindemitgliedern aufzubringende Beiträge einen Reservefonds zu kirchlichen Bauten zu bilden, dessen Zinsen inzwischen angesammelt und zum Kapital geschlagen werden — CRdMdgA. v. 10. Februar 1825 (Ann. 9, 91) —. Leider sind derartige Beschlüsse noch in vielen Kirchspielen nicht zu Stande gekommen, und werden daher die Regierungen diesem Gegenstande noch ferner ihre Aufmerksamkeit widmen müssen. Jedenfalls werden die Gemeinden geneigter werden, die Ansammlung solcher Baufonds zu beschließen, wenn davon allein die Befürwortung etwaiger Anträge auf außerordentliche Staatsunterstützungen zu kirchlichen Bauten abhängig gemacht wird. Ein etwaiger Widerstand der Gemeinden kann durch resolutorische Entscheidung der Regierung überwunden werden — CEdMdgA. v. 28. Juni 1856 (BMBl. S. 179) —. 2) Die Kirchengemeinden können zu kirchlichen Bauten auch Darlehne erhalten aus den mit Staatsfonds gegründeten, seit dem J. 1853 ins Leben getretenen Provinzialhülfskassen. Das Nähere darüber enthalten die in den Regierungsamtsblättern publicirten Statuten der einzelnen Kassen. Die Darlehne werden entweder gegen gewöhnliche Zinszahlung und dreimonatliche Kündigung oder auf Amortisation nach 13½ Jahren bei jährlicher Zinszahlung von 10, nach 18 Jahren von 8, nach 37 Jahren von 5⅓ Prozent gegeben. Es können jedoch auch andere Amortisationsfristen, namentlich auch kürzere als von 13½ Jahren, aber nicht längere als von 37 Jahren verabredet werden, und ist bei der Bestimmung des in solchen Fällen zu zahlenden Zinsbetrages immer festzuhalten, daß die Kasse 3⅔ Prozent Zinsen und ¹¹/₂₄ Prozent für Verwaltungskosten erhalten muß. Die Kirchengemeinde muß sich Behufs Erlangung des Darlehns über die Ordnung ihres Geldhaushalts ausweisen und ihrem an die Direction der Kasse zu richtenden Antrage zugleich den speziellen Nachweis über den Kostenbedarf zur Ausführung der beabsichtigten Unternehmung sowie den von der Regierung festgesetzten und bestätigten Tilgungsplan des Darlehns beifügen und, wenn das Darlehn bewilligt wird, die ihr vorzuschreibende Schuldurkunde ausstellen, durch die Regierung bestätigen lassen und der Direction der Provinzialhülfskasse einsenden, worauf diese die Zahlung veranlaßt. Zur Aufnahme des Darlehns ist auch der Beitritt des Patrons und, wo keiner vorhanden, der Gemeinderepräsentanten erforderlich — § 645 h. t. —. 3) Auch durch allgemeine Kirchenkollekten können Zuschüsse zu den Kosten für kirchliche Bauten beschafft werden. Diese Kollekten sind in jedem einzelnen Falle mit genauer Bestimmung ihres Umfangs vom Bischof für katholische, vom evang. Ober-Kirchenrath für evangelische Kirchen festzusetzen — CRdMdgA. v. 2. Januar 1851 (BMBl. S. 3), AE. v. 16. Februar 1856 (BMBl. S. 116), vgl. N. 316 —, aber nur dann zu beantragen, wenn die erforderlichen Baukosten von den Baupflichtigen auf andere Weise nicht beschafft werden können — CRdMdgA. v. 10. Oktbr. 1845 (BMBl. S. 344) —. Der Ertrag solcher Kollekten darf nach § 200 I, 16 ALR. nur zu demjenigen Zwecke verwendet werden, zu welchem die Kollekte bewilligt worden ist. War sie daher nur zur Deckung der durch die Prästationsunfähigkeit einzelner Eingepfarrten entstehenden Ausfälle bestimmt, so darf sie nicht zur Verminderung der Beiträge der vermögenden Gemeindemitglieder verwendet werden; sollte sie nur zur Unterstützung der Gemeinde dienen, so dürfen nicht die Patronatbaubeiträge daraus entnommen werden; war sie aber ganz allgemein zum Bau bestimmt, dann kommt sie auch dem Patron hinsichtlich seiner Leistungen zu Gute — CRdMdgA. v. 8. März 1846 (BMBl. S. 54) —. Vgl. N. 316. — 4) Endlich können auch außerordentliche Königl. Gnadenunterstützungen erbeten werden, wenn durch außergewöhnliche und unverschuldete Unglücksfälle die Kirchengemeinde zur Tragung der Baulast außer Stand gesetzt, die Kirchenkasse selbst insuffizient ist, anderweite Fonds zur Bestreitung der Kosten nicht vorhanden sind, die durch allgemeine oder provinzielle Kollekten aufgekommenen Er-

träge nicht ausreichen, oder endlich wenn anderweite erhebliche Momente anzuführen sind, welche zwar eine rechtliche Verpflichtung der Staatskassen zur Uebernahme der Baukosten nicht begründen, aber eine Beihilfe hierbei, soweit die Leistungsfähigkeit der Gemeinde nicht ausreicht, ausnahmsweise für billig erachten lassen. Derartige Gesuche sind jedoch möglichst zu beschränken — AKO. v. 14. Juli 1823 u. CRdMdgA. v. 24. August 1823 (Ann. 7, 626), RdMdgA. u. dF. v. 2. Novbr. 1837 (Ann. 21, 961) — und, wenn zum Wiederaufbau abgebrannter, unversicherter Gebäude eine Unterstützung erbeten wird, gar nicht zu berücksichtigen — AKO. v. 23. Januar 1836 (BMBl. 1844 S. 30) —. „Um die Prästationsfähigkeit der Gemeinden und danach das Unterstützungsbedürfniß bei geistlichen und Schulbauten beurtheilen und bemessen zu können, ist eine Repartitionstabelle der gesammten auf die Gemeinde fallenden baaren Baukosten mit erläuternden Bemerkungen über die Erwerbs- und Abgabenverhältnisse der einzelnen Mitglieder der Gemeinde aufzustellen. Bei Anfertigung dieser Nachweisungen kann es auf eine vollständige spezielle Ermittelung des reinen Ertrages des landwirthschaftlichen und sonstigen Erwerbes der Mitglieder der betheiligten Gemeinden nicht abgesehen sein, zumal solche Ertragsabschätzungen, besonders bei kleineren Ackerwirthschaften, ein zuverlässiges Resultat in der Regel nicht gewähren und der Natur der Sache nach nicht gewähren können. Es wird genügen, wenn namentlich bei Landgemeinden die Grundbesitzer nach den im Leben selbst hervortretenden Abstufungen und nach den ortsüblichen Benennungen als Bauern, Kolonatsbesitzer, Büdner, Kossäthen, Häusler, Einlieger u. s. w. mit Angabe der Morgenzahl und soweit möglich des Ertrags der Besitzungen, dann die Gewerbetreibenden unter Angabe ihres Gewerbes und dessen ungefähren Umfangs, endlich diejenigen Ortseinwohner, welche weder Grundeigenthum besitzen noch ein Gewerbe im engern Sinne des Worts treiben, unter Angabe der Größe ihres Hausstandes und der Art ihres Nahrungserwerbes aufgeführt werden. Dabei sind Abgaben der einzelnen Gemeindemitglieder an den Gutsherrn, an die Geistlichkeit und Schulen und zu andern fortdauernden Kommunalbedürfnissen, ingleichen an Feuersocietätsbeiträgen u. s. w. so genau als möglich, endlich, soweit sich dies mit Zuverlässigkeit ermitteln läßt, die Beträge der auf den Grundbesitzungen haftenden Hypothekenschulden anzugeben. Bei den Städten ist ebenfalls mit analoger Anwendung dieser Vorschriften zu verfahren, und werden überall diejenigen Bestimmungen, welche Behufs Aufstellung und Erläuterung der Klassensteueraufnahmelisten ertheilt sind, auch bei der Fertigung der hier in Rede stehenden Repartitionslisten mit Nutzen beachtet werden können. Jedenfalls ist in die letztgedachten Listen der Betrag der von jedem Beitragspflichtigen zu entrichtenden Grund-, Klassen- und Gewerbesteuer (abgesondert für jede dieser Steuerarten) aufzunehmen — RdMdgA. u. dF. v. 2. Novbr. 1837 (Ann. 21, 961) —. Vor Anlegung der Repartitionstabellen hat der Landrath unter Mitwirkung der Superintendenten (Dekane) nach vorgängiger örtlicher Untersuchung und Vernehmung der Vertreter der Kirche und des Kreisbaubeamten zu erörtern: ob und durch welche Maaßregeln sich überhaupt der Umbau vermeiden oder ohne Nachtheil verschieben lasse. Erscheint dies nicht zulässig oder doch unvortheilhaft, so hat der Landrath in gleicher Weise das räumliche Bedürfniß zu ermitteln und festzustellen, in Bezug auf die bei der Regierung in Antrag zu bringende Bauart einen Beschluß zu fassen und demnächst den Geldbedarf und dessen Deckung aus dem Kirchenärar, aus gesammeltem Baufonds, aus unentgeltlicher Hergabe der Materialien Seitens des Patrons und Leistung der Hand- und Spanndienste Seitens der Eingepfarrten, aus der Benutzung des alten Materials, aus Kollektenerträgen, aus aufzunehmenden Darlehnen rc. zu erörtern. Der Bedarfsnachweisung ist kein vom Kreisbaubeamten vorher ausgearbeiteter An- oder Ueberschlag, sondern diejenige Summe zum Grunde zu legen, welche von ihm, nachdem ihm der Landrath in Beziehung auf Bauart und räumliches Bedürfniß die erforderlichen Momente der Berechnung gegeben hat, sogleich zur Stelle nach Abschätzung als Bedarf bezeichnet wird. Die Bedarfsnachweisung ist in der Regel und wenn die Bauart nicht den Hauptmomenten und den bestehenden Verhältnissen nach als keiner Wahl unterworfen gedacht werden kann, alternativ für verschiedene Bauarten aufzustellen, welche einen größeren oder geringeren Kostenaufwand erfordern. Der Baubeamte hat auf Grund der von ihm nach vorgeschriebenen Formularen zu führenden Bautabelle den Bedarf abzuschätzen, was mit der für dieses erste Stadium

Woher die Kosten zu nehmen.

§ 710. Wo in Ansehung der Kosten zum Bau und zur Unterhaltung der Kirchengebäude durch Verträge, rechtskräftige Erkenntnisse, ununterbrochene Gewohnheiten, oder besondere Provinzialgesetze gewisse Regeln bestimmt sind, da hat es auch ferner dabei sein Bewenden.

---

der Sache erforderlichen Genauigkeit geschehen kann. Er hat sich in diesem Stadio lediglich darauf zu beschränken, die vom Landrath ihm zu stellenden technischen Fragen zu beantworten, sich über die Wahl der Bauart und der Baustelle gutachtlich zu äußern, die letztere, nachdem sich der Landrath für dieselbe entschieden haben wird, zu untersuchen und den Geldbedarf abzuschätzen. Alle diese Vorarbeiten hat sodann der Landrath, begleitet mit seinem Gutachten über die Ausführung des Baues, die Deckung der Geldmittel und die Höhe der zu erbittenden Staatsunterstützung, der K. Regierung einzureichen. Diese hat dieselben in Bezug auf ihre Vollständigkeit sorgfältig zu prüfen, event. vervollständigen zu lassen und demnächst unter Berücksichtigung des von dem geistlichen Rathe über den Bauplan zuvor abzugebenden Gutachtens, resp. nach Rücksprache mit der bischöflichen Behörde, darüber Beschluß zu fassen: „ob und in welcher Art der Bau ausgeführt werden soll, und ob Veranlassung sei, eine außerordentliche Unterstützung aus der Staatskasse und bis zu welchem Betrage in Antrag zu bringen sei oder nicht." Wird der Antrag auf Unterstützung beschlossen, so hat die Regierung durch den Kreisbaubeamten einen Kostenüberschlag nebst erläuternden Skizzen (nicht Bauanschlag und Bauzeichnungen) anfertigen zu lassen und ihm zu diesem Zwecke die zur Verfügung kommenden Geldmittel incl. der Staatsunterstützung, das von ihr anerkannte Raumbedürfniß und die von ihr gewählte Bauart anzugeben. Die Beschlußfassung muß unter Konkurrenz der Finanzabtheilung erfolgen, die Verfügung unter Mitwirkung des Regierungsbauraths angegeben werden. Dieser muß auch die eingehenden Ueberschläge und Skizzen vollständig und gründlich revidiren und mit dem Revisionszeichen versehen. Die Kostenüberschläge müssen aber mehr sein, als bloß oberflächliche, ohne genügende Vorbereitung und ohne Entwickelung eines prüfungsfähigen Materials gemachte Zahlenangaben, und daher nach den vorgeschriebenen Mustern angefertigt werden. Auf den Grund dieser Ueberschläge und Skizzen hat sodann die Regierung bei den Ministern der geistl. Angel. und der Finanzen die Bewilligung einer außerordentlichen Bauunterstützung zu beantragen — CRdMdgA. u. dF. v. 12. Septbr. 1842 (VMBl. 1843 S 60) —. — Das bewilligte Gnadengeschenk soll nur dann ausgezahlt werden, wenn der Bau genau nach den genehmigten Anschlägen und Zeichnungen ausgeführt worden ist. Die Regierung muß diese Bedingung der beschenkten Kirchengemeinde vor Beginn des Baus als unabweichliche Norm einschärfen, den Bau öfter durch den Kreisbaubeamten kontrolliren und in loco revidiren, dabei jede Abweichung vom Anschlag und Bauplan sofort abstellen, nach der Vollendung den Bau abnehmen und die anschlagsmäßige Ausführung bezeugen lassen — CRdMdgA. u. dF. v. 26. August 1843 (VMBl. 283) —. Vor der Auszahlung muß auch eine protokollarische Erklärung der Gemeinde, ihrer Repräsentanten oder Vorsteher, daß sie die betreffende Bewilligung, als im Wege der Gnade erfolgt, ausdrücklich anerkennen, beschafft und zu den Akten der Regierung genommen, vidimirte Abschrift derselben aber dem Kirchenarchiv einverleibt werden — CRdMdgA. v. 20. Dezbr. 1823 (Ann. 7, 841) —.

Zu § 710.

302. Ueber den Begriff, den Beweis und die Zulässigkeit der Observanz im Allgemeinen vgl. N. 4; im Einzelnen ist in Betreff ihrer Zulässigkeit noch Folgendes zu bemerken: Wenn auch der Patron als solcher nicht Mitglied der Kirchengemeinde ist — § 731 h. t. —, so steht er doch zu ihr in einem solchen Verhältniß, daß sich zwischen ihm und den Eingepfarrten eine Observanz in Betreff der Baulast bilden, und in Folge derselben nicht bloß die baaren Geldbeiträge, sondern auch die Kosten der sonst den Eingepfarrten obliegenden Hand- und Spanndienste allein dem Patron zur Last fallen können — OTrE. v. 20. April 1848

(Entsch. 16, 368) u. v. 28. Septbr. 1857 (Str. Arch. 27, 71) —. Auch unter mehreren Patronen kann sich eine von der Vorschrift des § 733 h. t. abweichende Observanz über ihr Beitragsverhältniß zu den Baukosten bilden — OTrE. v. 11. Januar 1864 (Entsch. 51, 288) —. Ferner kann durch Observanz auch bei unvermögendem Kirchenärar die Befreiung der Gemeinde von der Baulast begründet werden — OTrE. v. 28. Novbr. 1847 (Rechtsf. 3, 158) —, ebenso die Befreiung der Eingepfarrten von der Leistung der Hand- und Spanndienste — OTr. Präj. 207 v. J. 1837 (Präj. Samml. 1, 208) u. OTrE. v. 22. Novbr. 1854 (Str. Arch. 15, 21) —, doch darf aus dieser letzteren nicht auch auf Befreiung von den übrigen Baubeiträgen geschlossen werden — OTrE. v. 28. Mai 1866 (Str. Arch. 64, 125) —. Auch zwischen dem Pfarrer einerseits und dem Patron oder den Eingepfarrten andererseits ist die Bildung einer Observanz in Betreff der Baulast zulässig, welche auch für die Amtsnachfolger des Pfarrers verbindlich sein kann — OTrE. v. 15. Juni 1846 (Entsch. 13, 93) —. Ob eine für Reparaturen nachgewiesene Observanz auch für Neubauten Gültigkeit hat, hängt in jedem einzelnen Falle von den thatsächlichen Momenten ab, denn das Erforderniß der Gleichförmigkeit der Handlungen oder Leistungen bezieht sich auf deren Beschaffenheit, resp. auf den Gegenstand, rücksichtlich dessen sie erforderlich sind, und auf die Art, wie sie geschehen, nicht aber auf deren Umfang und Größe. Aus dem Sprachgebrauche des Landrechts folgt noch nicht, daß dasselbe einen wesentlichen Unterschied hinsichtlich der Beitragspflicht zu den Neu- und Reparaturbauten beabsichtigt habe. Daher läßt sich ebensowenig annehmen, daß der Nachweis observanzmäßiger Befreiung von der gesetzlichen Beitragspflicht zu Reparaturen eines Kirchengebäudes nothwendig und ohne Weiteres die observanzmäßige Befreiung von Leistungen zu Neubauten dieses Gebäudes in sich schließe — OTrE. v. 12. Januar 1857 (Entsch. 35, 139) u. RdMdgA. v. 19. Nov. 1866 (UCBl. S. 755) —, wie sich die Annahme rechtfertigt, daß gleichmäßiges Handeln der Betheiligten in mehrfach bei einem und demselben Kirchengebäude vorgekommenen Reparaturbaufällen unbedingt und unter allen Umständen für sich allein nicht geeignet sei, den Nachweis zu liefern, daß sich in Ansehung der Pflicht zur Unterhaltung dieses Gebäudes überhaupt, wozu Reparatur- und Neubauten gehören, eine die Verbindlichkeit der Betheiligten abweichend von den gesetzlichen Normen regelnde Observanz gebildet habe — OTrE. v. 5. Februar 1864, Präj. 2735 (Entsch. 52, 248, Str. Arch. 53, 96) —. Nach denselben Grundsätzen wird auch die Frage entschieden werden müssen, ob eine für ein kirchliches Gebäude (Kirche, Pfarrwohn- oder Wirthschaftsgebäude, Küsterhaus, Predigerwittwenhaus) nachgewiesene Observanz auch für ein anderes kirchliches Gebäude Gültigkeit hat.

303. Die provinzialrechtlichen Bestimmungen über die Kirchenbaulast sind folgende:

I. Das Ostpreußische Prov. R., durch welches übrigens die bestehenden Bauobservanzen nicht aufgehoben worden sind — OTrE. v. 31. Januar 1842, Präj. 1107 (Entsch. 7, 244) —, verordnet:

Zus. 195 (zu § 713 h. t.). Hat die Kirchenkasse zwar keine Kapitalien, aber einen jährlichen Ueberschuß an Einkünften, so muß nach Verhältniß dieses Ueberschusses zum Bau und zur Unterhaltung der Kirchengebäude Geld aufgenommen werden.

Zus. 196 (zu § 714, 719 h. t.). § 1. Wo Stadt- und Landgemeinden zu einer Kirche eingepfarrt sind, hängt es von der Wahl der letzteren ab, statt des von ihnen zu tragenden Antheils der zu Gelde angeschlagenen Hand- und Spanndienste die Dienste selbst zu leisten.

§ 2. Die Königlichen Vorwerkshufen, so lange sie als solche benutzt werden, und wenn sie vorher keine andere Qualität gehabt haben, wie auch die Diensthufen der Königlichen Unterbedienten sind von den Diensten zu Kirchenbauten und Reparaturen befreit. (Die Pächter und Nutznießer derselben dürfen daher zu den Hand- und Spanndiensten nicht herangezogen werden.)

§ 3. Die ursprünglichen Vorwerkshufen des oder der Güter, worauf das Patronatrecht haftet, werden zu den Hand- und Spanndiensten nicht herangezogen, wenn der Patron Holz, Steine, Ziegel und Kalk giebt.

Zus. 197 (zu § 720, 729, 733, 735, 740 h. t.). § 1. Bei unvermögenden protestantischen Kirchen giebt der Patron Holz, Steine, Ziegel und Kalk — (Desgleichen die geschlagenen oder gesprengten Steine — RdMdgA. v. 21. August

1863 (UCBl. S. 560) —, sowie die Surrogate der im § 1 genannten Materialien, als Eisen, Zinkplatten, Dachpappen, Cement rc. — OTrE. v. 25. April 1851, Präj. 2286 (Entsch. 21, 313), RdMdgA. v. 16. Septbr. 1862 (BMBl. S. 257) —.)

§ 2. Bei protestantischen Königlichen Patronatkirchen, wenn sie auch vermögend sind, wird das Bauholz aus Königlichen Forsten unentgeltlich und ohne Pflanz-, Stamm- und Anweisegeld verabfolgt.

§ 3. Sind dergleichen lutherische Kirchen unvermögend, so werden Steine, Ziegel und Kalk aus den dazu besonders bestimmten Königlichen Fonds bestritten.

§ 4. Alle übrigen Baumaterialien und das Arbeitslohn bezahlen die Eingepfarrten dergestalt, daß, wenn das Kirchenvermögen zur Bestreitung eines Theils der Kosten hinreicht, die den Eingepfarrten zur Last fallenden Kosten daraus vorzüglich vor denjenigen zu berichtigen sind, die der Patron übernehmen muß.

§ 5. Wenn der Patron außer dem Gute oder den Gütern, worauf das Patronatrecht haftet, noch andere Grundstücke in der Parochie besitzt, so muß derselbe in Absicht der letztgedachten Grundstücke nach eben dem Verhältnisse wie die übrigen Eingepfarrten zu den im § 4 bezeichneten Kosten beitragen.

§ 6. Die Hospitalgüter sind in der Regel von dem Betrage nicht befreit.

§ 7. Bei deutsch-reformirten Königlichen Patronatkirchen werden, wenn sie unvermögend sind, alle Baukosten durch Königliche, vom Kirchendirectorio ausgewirkte Anweisungen bestritten.

§ 8. Bei den katholischen Kirchen im Ermlande werden in der Regel die Bau- und Unterhaltungskosten von dem Patron und den Eingepfarrten gleichmäßig nach der Hufenzahl getragen.

Vgl. ferner noch § 15—22 Instr. v. 24. Oktbr. 1801 in N. 262.

II. Das Westpreußische Prov. R. verordnet:

§ 38. Von den Domänengrundstücken als solchen und von den Dienstländereien der Königlichen Beamten werden zum Bau und zur Erhaltung der Kirchengebäude weder Dienste noch Geldbeiträge geleistet.

§ 39. Wo Hospitaläcker observanzmäßig zu Geldbeiträgen mit herangezogen werden, hat es dabei auch ferner sein Bewenden.

III. In Pommern müssen laut Observanz bei vermögenden Kirchen auch die Hand- und Spanndienste aus der Kirchenkasse bezahlt werden, wenn die Eingepfarrten Bankenmiethe und Grabgeld an die Kirche zahlen (Prov. R. S. 137). Bei sämmtlichen Kirchen Königlichen Patronats wird zu allen kirchlichen Bauten und Reparaturen das erforderliche Bauholz, wenn die Kirchen kein eigenes haben und unvermögend sind, ganz unentgeltlich, den vermögenden zur Hälfte unentgeltlich aus Königl. Forsten verabfolgt — AB. v. 15. Februar 1714, 27. August 1747, OTrE. v. 17. Oktbr. 1794 (Prov. R. S. 147). Die Baupflicht der Eingepfarrten ist nicht auf diejenigen Pfarrgebäude beschränkt, welche von Alters her bestanden haben, sondern auch auf Vergrößerungen auszudehnen — OTrE. v. 10. Dezbr. 1851 (Entsch. 22, 114) —. Provinzialgesetze oder provinzielle Observanzen, nach denen die Baulast dem § 261 h. t. entgegen nicht Parochial-, sondern Reallast wäre, existiren nicht — OTrE. v. 4. April 1853, Präj. 2444 PlB. (Entsch. 25, 199, Str. Arch. 10, 27) —.

IV. Im Großherzogthum Posen existiren über die kirchliche Baulast gar keine provinzialrechtlichen Bestimmungen, namentlich sind die Vorschriften des kanonischen Rechts als solche nicht anzusehen — OTrE. v. 10. Mai 1852, Präj. 2370 (Entsch. 23, 201) u. v. 20. Oktbr. 1862 (Entsch. 48, 311) —. Auch hinsichtlich der Baupflicht der Patrone existiren keine provinzialrechtlichen Bestimmungen — OTrE. v. 3. Febr. 1840 (Jur. CBl. S. 732) —, doch ist die Bildung von Lokalobservanzen, wonach dem Patron allein die Baulast obliegt, durch den code civil nicht ausgeschlossen — OTrE. v. 20. April 1848 (Entsch. 16, 368) —. Ebenso ist die Bildung von Lokalobservanzen dahin, daß der Pfarrer allein die Pfarrgebäude zu unterhalten habe, zulässig, eine allgemeine Provinzialobservanz darüber existirt aber nicht — RdMdgA. v. 24. Juli 1841 (BMBl. S. 215) —.

V. In Schlesien sind durch AKO. v. 10. Dezbr. 1839 (JMBl. 1840 S. 23, BMBl. 1840 S. 164) für die Fürstenthümer Glogau, Liegnitz, Wohlau, Sagan und durch V. v. 11. April 1846 (GS. S. 164) für das Markgrafenthum Oberlausitz die provinzialrechtlichen Bestimmungen über Bauten von Kirchen-, Pfarr- und Schulgebäuden, Kirchhöfen und Kirchhofsmauern aufgehoben und die landrechtlichen Vorschriften der §§ 710—756 h. t. mit der Maaßgabe eingeführt worden, daß in den Fürstenthümern Glogau rc. abweichende Lokalobservanzen auch fernerhin berücksichtigt werden dürfen, daß dagegen in der Oberlausitz Lokalobservanzen fernerhin nicht mehr berücksichtigt werden, und die Patrone nur $^1/_3$ der baaren Geldbeiträge zu leisten verpflichtet sein, endlich Verträge und Judikate in allen den genannten Landschaften fernerhin in Geltung bleiben sollen — OTrE. v. 22. Mai 1857 (Entsch. 36, 305, Str. Arch. 24, 325) u. v. 16. Septbr. 1859 (Str. Arch. 34, 249) —. Auch in der Niederlausitz sind durch § 2 u. 3 Einf. Pat. v. 15. Novbr. 1816 (GS. S. 233) die landrechtlichen Vorschriften über die Kirchenbaulast eingeführt worden — OTrE. v. 6. Dezbr. 1852, PlB. Präj. 2414 (Entsch. 24, 3) —. In den übrigen Theilen Schlesiens existiren keine andern provinzialrechtlichen Bestimmungen über die Kirchenbaulast als die in V. Cb. v. 14. Juli 1793 u. Regl. v. 8. August 1750 enthaltenen, vgl. N. 261.

VI. In der Mark Brandenburg existiren zwei wesentliche Abweichungen vom gemeinen Rechte: 1) Die Anzeige und Genehmigung des Baues durch die geistlichen Obern ist nicht erforderlich, wenn es sich lediglich um die Unterhaltung und Wiederherstellung der vorhandenen kirchlichen Gebäude handelt, und die Betheiligten sowohl über den Bau selbst als über die Beschaffung der dazu erforderlichen Mittel sämmtlich einverstanden sind — Nr. 3 AKO. v. 11. Juli 1845 (BMBl. S. 210); vgl. N. 256 Nr. 9 —; 2) die zu den Bauten zu leistenden Hand- und Spanndienste sind Reallasten und daher von allen Grundbesitzern, auch den Rittergutsbesitzern, die nicht Patrone sind, ohne Rücksicht auf ihre Konfession zu leisten — Konsist. O. v. 1573 (Rabe 1, 3, 625), § 4 Flecken-, Dorf- und Acker-Ordn. v. 16. Dezbr. 1702 (Rabe 1, 1, 238), R. v. 8. Mai 1865 (UCBl. S. 69) —; und zwar leisten die Bauern die Spann-, die Kossäthen die Handdienste — R. v. 17. Juni u. 14. Juli 1712 (Myl. VI, 2, 127) —, falls nicht der bei der Gemeinheitstheilung geschlossene und bestätigte Rezeß andere Festsetzungen enthält —. OTrE. v. 23. Septbr. 1863 (Str. Arch. 50, 265) —. Im Uebrigen hat der Patron zu kirchlichen Bauten nur „die Materialien an Holz, Steinen, d. h. Ziegelsteinen, Kalk und dergleichen" herzugeben — AKO. v. 11. Dezbr. 1710 u. R. v. 7. Februar 1711 (Rabe 1, 1, 299) —, also auch Gyps, und die für Holz und Ziegel zu verwendenden Surrogate, z. B. statt des Bauholzes Eisen, statt der Dachziegel Zinkplatten oder Dachpappen — OTrE. v. 25. April 1851, Präj. 2286 (Entsch. 21, 313) —, aber nur dann, wenn die Kirche diese Materialien nicht selbst besitzt — JMR. v. 19. Septbr. 1806 (Rabe 8, 671), OTrE. v. 7. Februar 1820 (Jahrb. 14, 279) u. v. 21. Oktbr. 1847 (Rechtsf. 2, 306) —. Sollen Feldsteine zur Verwendung kommen, so muß der Patron sie geschlagen und gesprengt geben oder die Kosten für das Schlagen und Sprengen bezahlen — RdMdgA. v. 9. Februar 1860 u. 21. August 1863 (UCBl. 1863 S. 560 u. 561) —. Dachpappen sollen bei Bauten fiskalischen Patronats nicht verwendet werden — RdMdgA. v. 16. Sept. 1862 (CBl. S. 560) —. Dagegen darf der Patron die Kosten der hergegebenen Materialien aus der vermögenden oder später vermögend werdenden Kirchenkasse nicht erstattet verlangen, wie Goetze, Prov. R. 1, 2, 219, und v. Kunow, Prov. R. S. 176 annehmen und aus der V. v. 20. Febr. 1712 (Hymmen, Beitr. 7, 347) mit Unrecht folgern, in welcher den Patronen die Befugniß beigelegt wird, ihre Vorschüsse zu Kirchenbauten aus dem später vermögend werdenden Kirchenärario erstattet zu verlangen. Denn was als Vorschuß gegeben worden, steht nicht dem gleich, was auf Grund einer rechtlichen Verpflichtung geleistet worden, und ebenso wie der Vorschuß unbedenklich zurückgefordert werden darf, so ist die Erstattung des auf Grund rechtlicher Verpflichtung Geleisteten unstatthaft. Besitzt der Patron Rustikalhufen, so hat er von diesen als Eingepfarrter die Baulast mitzuleisten, sofern dieselben nicht als wüst eingezogen und im Kataster von 1624 nicht mehr aufgeführt sind — OTr. Präj. 259 v. J. 1857 (Präj. Samml. 1, 208) —. Die Nebenmaterialien an Lehm, Stroh, Eisen, Glas, Blei, Kacheln haben die Eingepfarrten zu liefern — Entsch. d. Ges. Kommiss. v. 24. Januar 1789 (Rabe 1, 7, 755) —, ebenso haben sie die übrigen Baukosten an Handwerkerlöhnen u. s. w. zu tragen, wenn das Kirchenärar unvermögend ist, und soll bei der Repartition nicht auf die Hufen reflektirt, aber auf einen Ackersmann soviel wie auf zwei Kossäthen gelegt werden — AKO. v. 11. Dezbr. 1710 (Rabe 1, 1, 299) —. Dieser Repartitionsmodus gilt aber nur in der Kur- und Altmark —

OTrE. v. 13. Dezbr. 1847 (Rechtsf. 3, 220) —, in der Neumark erfolgt die Repartition lediglich nach den kontribuablen Hufen — OTr. v. 9. August 1843, Präj. 319 (Präj. Samml. 1, 209), OTrE. v. 30. Novbr. 1855, Präj. 2682 (Entsch. 31, 437) —. Laut Observanz werden den Ackersleuten die Rittergutsbesitzer, welche nicht Patrone sind, gleichgestellt, den Kossäthen die Müller und Krüger, den Büdnern, welche, ausgenommen in der Kurmark — OTr. Präj. 221 v. 20. März 1830 (Präj. Samml. 1, 208) —, halb soviel als ein Kossäthe zu leisten haben — Entsch. d. Ges. Komm. v. 13. Septbr. 1782 (Rabe 1, 7, 169) —, die Schmiede. Hat die Hauptkirche Filialgemeinden, welche keine eigene Kirche haben, so erfolgt in der Kur- und Altmark die Repartition nach der gesammten Einwohnerzahl der Haupt-, Filial- und Gastgemeinden so, daß jeder Bauer, Kossäthe, Büdner ꝛc. der Hauptgemeinde noch einmal soviel zahlen muß als jeder aus der nämlichen Klasse der Filial- und Gastgemeinden, und eingepfarrte Rittergutsbesitzer, die nicht Patrone sind, den Meistbetheiligten der Hauptgemeinde gleich gestellt werden — OTrE. v. 21. März 1859 (Str. Arch. 30, 81) —. Dasselbe gilt bei Bauten der Mutterkirche, wenn dieselbe von den Filialgemeinden mit benutzt wird, obwohl diese besondere Kirchen haben — OTrE. v. 28. Mai 1866 (Str. Arch. 64, 125) —. Auch die Patrone tragen laut Observanz in demselben Verhältniß zu den Patronatslasten bei (Scholz, Prov. R. 2, 516). In der Neumark haben die Mitglieder der Filialen und die Patrone ebensoviel zu leisten wie die Mitglieder und Patrone der Hauptgemeinden — OTrE. v. 15. Juli 1864 (Entsch. 54, 316) —. Bei Stadtkirchen gilt in der Mark dasselbe wie bei Landkirchen, insbesondere auch, daß die Kosten principaliter aus dem Kirchenvermögen zu entnehmen sind — OTrE. v. 3. Dezbr. 1852 (Entsch. 25, 66) —, nur werden observanzmäßig die Hand- und Spanndienste nicht in natura geleistet, sondern zu den übrigen Kosten geschlagen, doch haben die zugeschlagenen Landgemeinden die Wahl, die auf sie treffenden Dienste in natura zu leisten oder deren Geldwerth zu zahlen (Scholz, Prov. R. 2, 517) —.

VII. In Sachsen und zwar im Herzogthum Magdeburg und der Grafschaft Mansfeld sind die Hand- und Spanndienste der Eingepfarrten Reallasten und daher von jedem Grundbesitzer ohne Unterschied der Konfession zu leisten — § 4 Flecken-, Dorf- und Ackerordn. v. 16. Dezbr. 1702 (Rabe 1, 1, 238) —. Die Hand- und Spanndienste sind auch bei Stadtkirchen von den Eingepfarrten unentgeltlich zu leisten — § 3 c. 26 Kirch. O. v. 9. Mai 1739 —. Bei unvermögenden Kirchen hat der Patron die Hauptmaterialien an Holz, Steinen, Kalk und deren Surrogaten herzugeben, alle andern und die Arbeitslöhne müssen die Eingepfarrten aufbringen — § 1 u. 6 c. 26 Kirch. O. v. 9. Mai 1739, Entsch. d. Ges. Kommiss. v. 2. August 1782 (Rabe 1, 7, 158), OTrE. v. 19. Dezbr. 1856, Präj. 2677 (Entsch. 34, 276) —. Dies Alles gilt auch für Bauten von Küsterhäusern, die zugleich Schulhäuser sind — OTrE. v. 9. Septbr. 1847 (Rechtssp. 2, 174) u. v. 20. Februar 1856 (Entsch. 33, 130) —. Die Filialgemeinden, die keine eigenen Kirchen haben, tragen nur ¹/₃ sämmtlicher Baukosten — § 3 c. 26 Kirch. O. v. 9. Mai 1739 —, jedoch sind davon abweichende Observanzen nicht ausgeschlossen — OTrE. v. 26. Novbr. 1855 (Str. Arch. 18, 317) —. Die Pfarrwittwenäcker haben observanzmäßig zu den kirchlichen Baulasten nichts beizutragen (Klewitz, Prov. R. 1, 222). — Im Fürstenthum Eichsfeld haben die Kirchenärare resp. die Kirchengemeinden allein ohne Konkurrenz der Patrone die sämmtlichen Baukosten bei Kirchen-, Pfarr- und Küstergebäuden zu tragen — OTrE. v. 3. Oktbr. 1859 (Entsch. 42, 297) —. — In den ehemals Sächsischen Landestheilen sind die in den §§ 701 u. 703 h. t. erwähnten Reparatursummen auf 5 Thlr. resp. 30 Thlr. normirt — Gen. B. v. 1673 § 79 (C. A. 1, 837) —. Für die Beitragspflicht der Patrone sind die Vorschriften des Landrechts maaßgebend und die früheren Sächsischen Gesetze für Provinzialgesetze nicht zu achten — OTr. Präj. 1267 v. 6. März 1843 (Präj. Samml. 1, 208) u. OTrE. v. 6. Dezbr. 1852 (Str. Arch. 4, 134) —. Die Filialgemeinden haben in der Regel nur ¹/₃ der Kosten zu tragen — R. v. 20. August 1810 (II, C. C. A. 1, 78) —. Ueber die Beitragspflicht der Rittergutsbesitzer und anderen Grundbesitzer in den vormals Sächsischen Landestheilen excl. des Amts Walter-Nienburg zur Unterhaltung von Kirchen, Pfarren und Schulen ist die V. v. 11. Novbr. 1844 (GS. S. 698) ergangen, welche lautet:

§ 1. Die Rittergüter gehören zu derjenigen Parochie, in welche der Hof des Ritterguts eingepfarrt ist. Ist das Rittergut mit keinem Gehöft versehen, so entscheidet die Lage des Hauptkomplexes der Gutsländereien über die Parochie, zu welcher dasselbe zu rechnen ist.

§ 2. Die Besitzer der Rittergüter sind verpflichtet, zu allen auf dem Parochialverbande beruhenden Leistungen für Kirchen, Pfarren und Schulen beizutragen. Hierzu sind auch die Dienste und Naturalleistungen zu zählen, insbesondere diejenigen, welche bei Bauten vorkommen. Dagegen sind solche Geld- und Naturalabgaben oder Leistungen an Kirchen, Pfarren und Schulen, welche nicht von Jahr zu Jahr oder je nach dem eintretenden Bedürfnisse vertheilt werden, sondern in einem ein- für allemal bestimmten Betrage von einzelnen Personen oder Grundstücken in der Parochie entrichtet werden, den Vorschriften des gegenwärtigen Gesetzes nicht unterworfen, sondern in der bisherigen Weise fernerhin zu entrichten.

§ 3. Ueber den Umfang der Beiträge zu den auf dem Parochialverbande beruhenden Leistungen für Kirchen, Pfarren und Schulen haben die geistlichen Obern zunächst eine gütliche Vereinigung zwischen dem Rittergutsbesitzer und den übrigen Beitragspflichtigen zu vermitteln.

§ 4. Kommt eine gütliche Vereinigung nicht zu Stande, so muß der Rittergutsbesitzer zu den im § 3 bezeichneten Parochialleistungen in allen Fällen (§ 10) nach Verhältniß seines steuerfreien Grundbesitzes, außerdem aber, wenn er im Kirchspiele wohnt, zugleich nach Verhältniß der Personenzahl für sich und seine Familie beitragen. Wegen der Beiträge von den steuerpflichtigen Grundstücken ist in § 9 das Nähere verordnet.

§ 5. Zur Bestimmung des Maaßes, in welchem der Rittergutsbesitzer nach § 4 zu Beiträgen verpflichtet ist, wird angenommen, als seien die erforderlichen Parochialleistungen zur einen Hälfte auf alle in der Parochie wohnenden Individuen über 14 Jahre, den Rittergutsbesitzer und seine Familie mit einbegriffen, nach der Kopfzahl zu vertheilen, und wird hiernach der Antheil berechnet, welchen der Rittergutsbesitzer für sich und seine Familie zu dieser Hälfte beizutragen hat. Bei Leistungen zur Befriedigung kirchlicher Bedürfnisse werden jedoch nur diejenigen Personen mitgezählt, welche zu der Konfession der Parochialkirche gehören. Von den zur Befriedigung von Schulbedürfnissen erforderlichen Leistungen befreit dagegen eine Verschiedenheit der Konfession nur dann, wenn für die verschiedenen Konfessionen gesonderte Schulen vorhanden sind, für deren Unterhaltung die Angehörigen einer jeden Konfession besonders zu sorgen haben.

§ 6. In Ansehung der andern Hälfte der Parochialleistungen (§ 5) wird angenommen, daß sie auf den gesammten Grundbesitz in der Parochie zu vertheilen sei. Zu dieser zweiten Hälfte tragen die Rittergutsbesitzer nach Verhältniß des Flächeninhalts ihres in der Parochie befindlichen steuerfreien Grundbesitzes zu dem des gesammten übrigen Grundbesitzes, die steuerpflichtigen Grundstücke des Rittergutsbesitzers selbst mitgerechnet, nach näherer Bestimmung des § 7 bei.

Liegen steuerfreie Grundstücke des Rittergutsbesitzers außerhalb derjenigen Parochie, zu welcher der Hof des Ritterguts eingepfarrt ist, so tragen diese Grundstücke zu den Lasten der Parochie, in welcher sie liegen, nach ihrem Flächeninhalte in dem vorstehend bezeichneten Verhältnisse bei.

§ 7. Bei der Berechnung dieses Verhältnisses (§ 6) gelten folgende Bestimmungen:

a. Die Grundstücke der Kirchen, Pfarren und Schulen, sowie alle durch Gesetz, Herkommen oder sonst auf rechtsgültige Weise von den Parochiallasten dauernd befreite Grundstücke kommen dem steuerfreien Ritterguts lande gegenüber nicht in Anschlag.

b. Zur Berechnung kommen nur Wohnhäuser, Felder, Wiesen und Holzgrundstücke, soweit solche nach lit. a beitragspflichtig sind; Aenger und Lehden bleiben unberücksichtigt; Gärten werden als Zubehör der Häuser betrachtet und daher nicht besonders veranschlagt.

c. Felder und Wiesen gelten einander gleich; Holzgrundstücke sind überall nur mit dem dritten Theile ihres Flächeninhalts zur Berechnung zu bringen, so daß 3 Morgen Wald einem Morgen Feld oder Wiese gleich geachtet werden.

d. Ein jedes bewohnte Haus oder Gehöft und namentlich auch der Hof des Ritterguts mit Einschluß der Hausgärten wird einem Flächenraum von

$7\frac{1}{2}$ Morgen Ackerland gleich geachtet, wobei jedoch mehrere in einem Gehöft liegende Häuser nur als ein Haus in Anschlag kommen.

§ 8. Von der nach den Bestimmungen des § 7 ermittelten Beitragsquote des steuerfreien Areals des Ritterguts ist $\frac{1}{4}$ oder 25 Prozent in Abzug zu bringen, so daß nur $\frac{3}{4}$ dieser Quote dem Rittergutsbesitzer zur Last fallen. Auch darf jene Quote $\frac{2}{3}$ der auf den Grundbesitz zu vertheilenden Beitragshälfte niemals übersteigen. Liegen in der Parochie mehrere Rittergüter, so haben diese von ihrem steuerfreien Areal zusammen genommen niemals mehr als $\frac{2}{3}$ jener Beitragshälfte zu tragen.

Diese Ermäßigungen gehen jedoch auf abgetrennte Parzellen nicht über.

§ 9. Besitzt der Rittergutsbesitzer steuerpflichtige Grundstücke in der Parochie, so hat er von denselben in eben dem Maaße wie jeder andere Besitzer von Grundstücken dieser Art zu den Parochialleistungen beizutragen. Diejenigen Rittergüter aber, welche durch die Gesetzgebung des vormaligen Königreichs Westphalen ihre frühere Steuerfreiheit verloren haben, tragen von ihren ursprünglich steuerfreien Rittergutsländereien nur nach dem in den §§ 6—8 festgesetzten Verhältnisse bei.

§ 10. Die nach Verhältniß des Grundbesitzes berechnete Beitragsquote hat jeder Rittergutsbesitzer ohne Unterschied des Wohnorts und der Konfession zu entrichten.

§ 11. Die in den §§ 4—10 vorgeschriebene Berechnungsweise kommt, sofern nicht eine anderweitige Einigung stattfindet, auch dann zur Anwendung, wenn der Rittergutsbesitzer die Parochiallasten in Gemeinschaft mit einer städtischen Gemeinde zu tragen hat.

§ 12. Haben mehrere kirchliche Gemeinden (Mutter-, Filial- oder Gastgemeinden) zu gemeinsamen Bedürfnissen nach gewissen Quoten beizusteuern, so tragen die Rittergutsbesitzer nach dem in dieser Verordnung festgesetzten Verhältnisse nur zu den Leistungen derjenigen kirchlichen Gemeinde bei, in deren Parochialbezirk sie selbst wohnen, oder ihre Grundstücke liegen.

§ 13. Befinden sich dagegen innerhalb der Parochie mehrere Kirchen oder mehrere Schulen, welche nicht durch gemeinschaftliche Leistungen der ganzen Parochie, sondern nur eines Theils derselben unterhalten werden, so werden die in der Parochie ansässigen Rittergutsbesitzer in der Regel nur zu den Parochialleistungen an dem Orte der Hauptkirche herangezogen.

Kann aber urkundlich nachgewiesen werden, daß das Rittergut zu einer der Nebenkirchen oder der Nebenschulen in der Parochie gehört, oder haben die Bewohner des Ritterguts seit Entstehung der Nebenkirche oder Nebenschule oder doch in den letzten 10 Jahren sich gleichförmig zu derselben gehalten, so hat das Rittergut nur zu den Bedürfnissen dieser besondern Kirche oder Schule beizutragen. Der Beitrag des Rittergutsbesitzers ist in diesem Falle nach Verhältniß der Kopfzahl und des Grundbesitzes in dem zur Unterhaltung der besondern Schule oder kirchlichen Anstalt verpflichteten Theile der Gesammtparochie unter Anwendung der in den §§ 4—10 ertheilten Vorschriften festzusetzen.

§ 14. Außer den in gegenwärtiger Verordnung bestimmten Beiträgen zu den Parochiallasten sind die Rittergutsbesitzer nicht noch zu weiteren Leistungen wegen der mit den Rittergütern verbundenen Patronate verpflichtet ohne Unterschied, ob das Rittergut in der Parochie der Kirche, deren Patronat mit demselben verbunden ist, sich befindet oder nicht. Patronate, welche nicht an einem Grundbesitz haften, werden durch diese Verordnung nicht berührt.

a. Also auch die fiskalischen Patronatlasten sind nicht aufgehoben — OTrE. v. 26. April 1856 (Entsch. 32, 457) —. Uebrigens sind für die noch bestehen gebliebenen Patronatlasten die Vorschriften des Landrechts allein maaßgebend, da die früheren Sächsischen Gesetze für Provinzialgesetze nicht zu achten sind — OTrE. v. 6. März 1843, Präj. 1267 (Präj. Samml. 1, 208) u. v. 6. Dezbr. 1852 (Str. Arch. 7, 334) —.

§ 15. Den Rittergütern sind diejenigen Güter gleich zu achten, welche zwar mit Rittergutseigenschaft nicht versehen sind, zu den Parochien aber bisher in gleichem Verhältnisse wie die Rittergüter gestanden haben. Auf diese Güter, ingleichen auf die zu den landesherrlichen Domänen gehörenden Güter finden die Vorschriften der §§ 1—14 gleichmäßige Anwendung.

§ 711. Insoweit aber, als es an dergleichen besonderen Bestimmungen ermangelt, finden nachstehende allgemeine Vorschriften Anwendung.

---

§ 16. Diejenigen Rittergutsbesitzer sowie diejenigen der im § 15 gedachten Gutsbesitzer, welchen nicht zugleich das Patronatrecht zusteht, sind gleich den anderen Parochianen über die Nothwendigkeit und Zweckmäßigkeit derjenigen Parochialeinrichtungen, aus welchen neue Lasten entstehen, zu hören und in demselben Maaße wie jene bei Verwaltung des Kirchenvermögens und Abnahme der Kirchenrechnungen zuzuziehen.

§ 17. Befindet sich in einer Parochie außer der ordentlichen Parochialkirche oder anstatt derselben eine Privatkirche, welche von einem Rittergutsbesitzer allein unterhalten werden muß, und wird diese Privatkirche von der Gemeinde mit benutzt, so findet die gegenwärtige Verordnung keine Anwendung, vielmehr verbleibt es hinsichtlich der Beitragspflicht eines solchen Rittergutsbesitzers zu den Lasten der ordentlichen Parochie lediglich bei dem bisherigen Rechtsverhältnisse.

§ 18. Die nach § 4—13 anzulegende Berechnung hat nur den Zweck, die Beitragsquote der Rittergüter und der denselben gleich zu achtenden Güter (§ 15) zu ermitteln, auf die Vertheilung der von den anderen Parochianen zu entrichtenden Leistungen hat dieselbe keinen Einfluß. Es gilt jedoch auch für diese letzteren Leistungen allgemein der Grundsatz, daß *die in der Parochie liegenden Grundstücke ohne Unterschied des Wohnortes oder der Konfession des Besitzers zu den auf den Grundbesitz zu vertheilenden Leistungen beizutragen haben.* Dagegen kommt der außerhalb der Parochie befindliche Grundbesitz niemals in Betracht.

b. Die Spanndienste haben nur die Hüfner oder Anspänner zu leisten, andere Gespann haltende Grundbesitzer nur, wenn im Orte keine Anspänner existiren — ObTrE. v. 13. April 1839 (Jur. CBl. S. 872) —.

§ 19. Sind einem von Parochialleistungen bisher frei gebliebenen Grundstücke durch eine vor Erlaß dieser Verordnung errichtete Stiftung oder sonst durch freie Bewilligung, ohne daß eine Gegenleistung dafür bedungen worden, regelmäßige Beiträge für Kirchen- und Schulzwecke auferlegt worden, so ist der Besitzer berechtigt, diese Beiträge von den zu Zwecken dieser Art nach gegenwärtiger Verordnung auf das Grundstück zu vertheilenden Umlagen in Abrechnung zu bringen.

§ 20. Zur Verzinsung und Abtragung eines vor Erlaß dieser Verordnung zu Kirchen- oder Schulzwecken aufgenommenen Darlehns sind diejenigen Grundstücke, welche bisher eine Befreiung von dergleichen Beiträgen genossen haben, nur dann beizutragen verpflichtet, wenn ihre Verbindlichkeit dazu bereits durch rechtskräftige Entscheidung festgestellt worden ist. Diese Bestimmung findet auch in dem Falle Anwendung, wenn die Modalitäten des Beitrags noch streitig geblieben sind.

§ 21. Entsteht über das Beitragsverhältniß der bisher frei gebliebenen Personen oder Grundstücke Streit, so haben die geistlichen Obern nach Hörung der Betheiligten eine vorläufige Festsetzung zu treffen, welche sofort vollstreckbar ist. Den Betheiligten steht dagegen die Berufung auf Entscheidung der ordentlichen Gerichte frei, so weit nach den allgemeinen Landesgesetzen (§ 709 II, 11 ALR., KO. v. 19. Juni 1836, GS. S. 198) der Rechtsweg wegen Heranziehung zu Parochialleistungen zuläßig ist.

§ 22. Die gegenwärtige Verordnung findet fortan auf Parochialleistungen für Kirchen, Pfarren und Schulen überall Anwendung, wo nicht eine Befreiung von diesen Leistungen oder ein anderes Beitragsverhältniß durch ausdrücklichen Vertrag oder durch rechtskräftiges Erkenntniß schon vor Publikation dieser Verordnung dauernd festgestellt ist. *Eine Berufung auf Spezialobservanzen* ist dagegen *nicht zuläßig.*

VIII. Im Herzogthum *Westphalen*, der Grafschaft *Recklinghausen* und dem Fürstenthum *Paderborn* müssen die sämmtlichen Baukosten, wenn das Kirchenvermögen nicht hinreicht, vom *Großzehntherrn*, in dessen Ermangelung von den Eingepfarrten getragen werden. Im letzteren Falle muß der Pfarrer, bez.

§ 712. Die Kosten zum Bau und zur Unterhaltung der Kirchengebäude müssen hauptsächlich aus dem Kirchenvermögen genommen werden.

§ 713. Es darf davon aber nicht mehr verwendet werden, als ohne Nachtheil der aus der Kirchenkasse zu bestreitenden jährlichen Ausgaben geschehen kann.

§ 714. Auch müssen bei Landkirchen die Eingepfarrten

---

der vicarius perpetuus das Chor im Stande erhalten, sofern ihm nur ein genügendes Auskommen noch verbleibt. Die Filialkirchen werden aber allein von den zu denselben Eingepfarrten unterhalten — *Ordin. Clem.* v. 28. August 1715, *renov.* v. 15. Februar 1740 (Schlueter, Prov. R. 3, 168) —. Die Verpflichtung des Zehntherrn geht auch über den Werth der Zehntberechtigung hinaus — OTrE. v. 15. Febr. 1845, Präj. 1541 (Entsch. 10, 452) —, jedoch darf er das über den Werth der Berechtigung hergegebene Kapital nebst Zinsen von den Eingepfarrten ersetzt verlangen — OTrE. v. 13. Juli 1857 (Entsch. 36, 312) —. Die Verpflichtung des Zehntherrn tritt auch dann ein, wenn er nicht von allen Grundstücken im Kirchspiel Zehnten zu erhalten hat; ebenso ist die Verwandlung eines Zugzehnten in einen Sackzehnten auf die Verpflichtung ohne Einfluß — OTrE. v. 11. Novbr. 1853 (Sommer, N. Arch. 16, 555) —. Die Verpflichtung erstreckt sich nicht bloß auf Reparaturbauten, sondern auch auf Neubauten — OTrE. v. 6. Januar 1857 (Zeitschr. f. CKG. 10, 73) —, aber nicht auf einen nur wegen vermehrter Population nothwendig gewordenen Erweiterungsbau, wenn das Kirchengebäude sonst wohl erhalten ist — OTrE. v. 29. Januar 1858 (Entsch. 37, 304) —, ebensowenig auf neue, bisher noch nicht vorhanden gewesene Kirchen und deren Reparaturen, oder auf Filialkirchen, es sei denn, daß darüber unter Leitung und Anordnung der geistlichen Obern und nach Anhörung der Decimatoren eine rechtsverbindliche Festsetzung getroffen worden — OTrE. v. 27. Juni 1864 (Str. Arch. 55, 122) —. Wird der Zehnten abgelöst, so hört damit auch die Baupflicht des Zehntherrn auf — OTrE. v. 19. Februar 1846 (Entsch. 13, 493) —, jedoch ist die Kirche berechtigt, in Gemäßheit der §§ 102, 103, 104 G. v. 18. Juni 1840 (GS. S. 156) Sicherstellung des Ablösungskapitals und nach § 60 G. v. 2. März 1850 (GS. S. 77) völlige Befriedigung durch Gewährung einer Abfindung zu fordern — OTrE. v. 1. Juli 1850, PlB. Präj. 2219 (Entsch. 20, 59 u. 65) —. Die Konzilienbeschlüsse sind nicht Provinzialgesetze in Westphalen, vielmehr durch das Landrecht aufgehoben, und kann daher aus ihnen allein die Baulast des Zehntherrn nicht hergeleitet werden — OTrE. v. 18. Januar 1856, Präj. 2657 (Entsch. 32. 145) —. — In dem Fürstenthum Minden, den Grafschaften Ravensberg, Tecklenburg und Lingen liegt die gesammte kirchliche Baulast nur den Eingepfarrten ob, wenn das Kirchenvermögen dazu nicht ausreicht — § 4 Dorfordn. v. 7. Februar 1755 (Schlueter, Prov. R. 2, 160) —, ebenso im Fürstenthum Münster und Corvey — Art. 5 c. 2 Kirch. O. v. 1690 (Wigand, Prov. R. 3, 306) —. — In den Grafschaften Mark und Rietberg gilt in Betreff der Patronatsbaupflichten das Landrecht — OTrE. v. 10. Mai 1852 (Str. Arch. 5, 237) —.

Zu § 712 ff.

304. Die in den §§ 712 ff. enthaltenen subsidiarischen Vorschriften gründen sich nach Suarez auf das Tridentinische Koncil und die in praxi rezipirten Modifikationen desselben. Da die Lokalverfassungen, soweit sie auf Verträge, Judikate, Observanzen oder besondere Provinzialgesetze gegründet sind, in § 710 ausdrücklich aufrecht erhalten worden, so kann sich wohl Niemand über die subsidiarischen Bestimmungen beschweren (Jahrb. 41, 178).

Zu § 714.

305. Der im § 714 gebrauchte Ausdruck „Landkirche“ wird durch die Worte im § 716 h. t.: „Gemeine des Dorfes, wo die Kirche liegt,“ dahin erläutert, daß eine Landkirche eine solche ist, die in einem Dorfe liegt, woraus folgt, daß unter

in jedem Falle ohne Unterschied die nöthigen Hand- und Spanndienste unentgeltlich leisten.

§ 715. Die Vertheilung der Hand- und Spanndienste unter die Eingepfarrten muß nach dem Verhältnisse geschehen wie bei Gemeindediensten. (Tit. 7 § 37 ff.)

---

einer Stadtkirche nur eine in einer Stadt belegene verstanden werden kann. Daß eine Kirche zugleich den Charakter einer Stadt- und einer Landkirche haben solle, ist im Landrecht nirgend ausgesprochen, obwohl dazu alle Veranlassung war, weil notorisch zur Zeit der Emanation des Landrechts solche Stadtkirchen, zu denen auch ländliche Ortschaften eingepfarrt waren, thatsächlich in Menge bestanden — OTrE. v. 3. Novbr. 1865 (Entsch. 54, 329, Str. Arch. 61, 203) —.

Zu § 715

306. Die im § 715 in Bezug genommenen §§ 38 ff. II, 7 ALR. lauten:

§ 38. Insofern die unter den Gemeindearbeiten begriffenen Gemeindedienste mit Gespann zu verrichten sind, müssen dieselben von den damit versehenen Gemeindegliedern allein besorgt werden.

§ 39. Inwiefern die unter den Gemeindearbeiten mitbegriffenen Handdienste nur von den mit keinem Gespann versehenen Gemeindegliedern oder von allen angesessenen Wirthen ohne Unterschied zu verrichten sind, ist hauptsächlich nach den jedes Orts bestehenden Verträgen oder hergebrachten Gewohnheiten zu bestimmen.

§ 40. Im zweifelhaften Falle wird vermuthet, daß die bespannten Ackerbesitzer nur bei solchen Arbeiten, bei welchen zugleich Spanndienste vorkommen, von den Handdiensten frei sind.

§ 41. Die Leistung der gemeinen Spanndienste geschieht nach Verhältniß der Klassen, in welchen die bespannten Ackerbesitzer als Vierspänner, Dreispänner, Zweispänner u. s. w. an jedem Orte eingetheilt worden.

§ 42. Die Handdienste hingegen werden nach der Zahl der dazu verpflichteten Wirthe vertheilt.

Die Spanndienste sind nach § 41 a. a. O. von den gespannhaltenden Ackerwirthen nach Verhältniß ihres Zugviehstandes zu leisten — RdMdJ. v. 29. August 1817 (Ann. 1, 3, 103), desgleichen von den Pächtern von Rustikalhufen, aber nicht vom Pächter von solchen Dominialäckern, deren Eigenthümer schon als Patron Beiträge zu leisten hat — OTrE. v. 20. Septbr. 1847 (Rechtsf. 2, 237) —. Zu dem Zugvieh werden nicht bloß Pferde gerechnet, sondern auch Ochsen und Kühe, wenn sie als Zugvieh dienen — RdMdJ. v. 29. Juni 1835 (Ann. 19, 443), OTrE. v. 5. Februar 1864 (Entsch. 52, 248) —; mit demjenigen Vieh aber, welches die Wirthe nicht zur Ackerbestellung, sondern zu anderen Zwecken (zur Zucht, Milchnutzung, Mast, Verrichtung von Lohnfuhren) halten, dürfen sie zu den Spanndiensten nicht heran gezogen werden — RdMdJ. v. 9. August 1816 (Ann. 19, 167) u. v. 12. Mai 1836 (Ann. 20, 420) —. In Westphalen werden die Dienste nach Gelde abgeschätzt und der Geldbetrag nach Vorschrift des Gemeindestatuts, eventuell nach dem Maaßstabe der Gemeindegeldabgaben, oder in deren Ermangelung nach dem der direkten Staatssteuern vertheilt — § 58 Landgem. O. v. 19. März 1856 (GS. S. 265) —. Bei Dismembrationen sind auch die Hand- und Spanndienste zu kirchlichen Bauten durch den Landrath oder in dessen Auftrag durch die Ortsbehörde zu vertheilen und durch einen den Interessenten vorzulegenden und von der Regierung zu bestätigenden Vertheilungsplan, gegen den binnen 6 Wochen Rekurs an den Minister des Innern zuläsig, festzusetzen — §§ 7—9, 19—22 G. v. 3. Januar 1845 (GS. S. 25) —. Die betreffenden Verhandlungen sind gebühren- und stempelfrei — § 33 a. a. O. —. Kirche und Pfarre sind zuzuziehen — § 9 a. a. O. —, sie werden vertreten durch den Patron, die Kirchenvorsteher und den Pfarrer — CRdMdgA. v. 5. Juni 1848 (VMBl. S. 195) —. Diese können nach den Bestimmungen der V. v. 29. März 1844 Reisekosten verlangen, welche der Verkäufer und der Erwerber der Parzellen zu zahlen haben. Jedoch ist es vorzuziehen, den Vertretern von Kirche

§ 716. Eingepfarrte, welche nicht zu der Gemeinde des Dorfs, wo die Kirche liegt, gehören oder aus irgend einem Grunde von den Gemeindediensten frei sind, müssen dennoch zu den Hand- und Spanndiensten bei Kirchenbauen und Reparaturen beitragen.

---

und Pfarre den Regulirungsplan zur Erklärung zu übersenden und wenn sie damit einverstanden, ihn nicht weiter ihnen zu publiziren — RdMdJ. v. 28. Februar 1846 (VMBl. S. 39) u. RdMdgA. v. 3. Februar 1854 (VMBl. S. 26) —. Die Grundsätze der Vertheilung enthalten die §§ 12—18 a. a. O., welche lauten:

§ 12. Geld- und Naturalabgaben, sowie andere Leistungen sind auf die einzelnen Theile des Grundstücks nach deren Ertragswerth oder Flächenraum verhältnißmäßig zu vertheilen. Die Vertheilung nach dem Ertragswerthe muß jedoch unbedingt eintreten, wenn bei einer Vertheilung nach dem Flächenraum die nachhaltige Leistung der Theilabgaben nicht genügend gesichert sein würde.

§ 13. Sollte bei einer Vertheilung von Hand- oder Spanndiensten oder anderen in Handlungen bestehenden Leistungen nach dem im § 12 bestimmten Verhältnisse die nachhaltige Erfüllung dieser Verpflichtungen nicht genügend gesichert sein, so müssen die Besitzer der einzelnen Theile des Grundstücks, vorbehaltlich der unter ihnen zu treffenden Ausgleichung, jeder anderen als nothwendig sich ergebenden Vertheilungsart sich unterwerfen. In solchem Falle kann die ganze Verpflichtung selbst einem Theilstücke ausschließlich auferlegt werden. Dies muß geschehen, wenn die Dienste oder Leistungen ihrer Natur nach untheilbar sind.

§ 14. Kann die nachhaltige Erfüllung der Verpflichtung zu Diensten oder anderen Leistungen (§ 13) weder durch eine Vertheilung auf die einzelnen Theilstücke noch dadurch gesichert werden, daß die Verpflichtung einem der Theilstücke ausschließlich auferlegt wird, so muß die Verpflichtung in Dienste oder Leistungen anderer Art oder in eine Geldabgabe verwandelt, und deren Vertheilung nach der Vorschrift des § 12 bewirkt werden.

Was nach diesen Bestimmungen von den Besitzern der einzelnen Theilstücke geleistet werden muß, ist zur Beschaffung der wegfallenden Dienste oder Leistungen zu verwenden. Sind die Dienste oder Leistungen nur dann zu beschaffen, wenn sie von den übrigen gemeinsam Verpflichteten übernommen werden, so können diese hierzu gegen Ueberweisung des von den Besitzern der Theilstücke zu leistenden Ersatzes angehalten werden.

§ 15. Sollte in dem am Schlusse des § 14 erwähnten Falle die Theilung von Grundstücken auf den Zustand der Gesammtheit der Pflichtigen einen solchen Einfluß äußern, daß das bisherige Leistungsverhältniß ohne Beeinträchtigung der wirthschaftlichen Verhältnisse der Pflichtigen nicht fortbestehen kann, so ist alsdann die Art und Weise neu zu ordnen, wie die Dienste künftig zu leisten, oder statt derselben Geldabgaben einzuführen sind.

§ 17. Abgaben und Leistungen, welche nach der Ortsverfassung von jedem Besitzer eines Grundstücks ohne Rücksicht auf die Größe und Art desselben zu tragen sind, hat jeder Erwerber eines Theilstücks zu übernehmen.

§ 18. Verabredungen der Betheiligten über die Regulirung der in den §§ 12—17 erwähnten öffentlichen Abgaben, Leistungen und Verhältnisse können von der Behörde bestätigt werden, insofern solche der Verfassung nicht entgegen sind, und die nachhaltige Einrichtung gesichert ist.

Gründen aber die Parzellenerwerber auf den Parzellen neue Ansiedlungen, dann haben sie zu den Parochial-, also auch Baulasten nicht nach § 12 a. a. O. als Parzellenbesitzer, sondern nach § 26 a. a. O. als neue Ansiedler beizutragen, d. h. so viel davon zu übernehmen, als nach der Verfassuug oder Ortsobservanz derjenigen Klasse von Mitgliedern obliegt, der sie nach Besitz- und sonstigen Verhältnissen zuzurechnen sind — RdMdgA. v. 23. Novbr. 1863 (VMBl. 1864 S. 2) —.

Zu § 716.

307. Nach § 716 sind auch eingepfarrte Rittergutsbesitzer, die nicht Patrone sind, von der Leistung der Hand- und Spanndienste nicht befreit —

§ 717. Ihr Verhältniß dabei wird in Ansehung der Handdienste nach der Zahl der Familien sowie in Ansehung der Spanndienste nach dem auf ihren Stellen angeschlagenen oder gewöhnlich gehaltenen Gespanne bestimmt.

§ 718. Zu unentgeltlicher Leistung von Arbeiten, welche kunst- oder handwerksmäßige Kenntniß erfordern, ist auch bei Kirchenbauen und Reparaturen kein Eingepfarrter verpflichtet.

§ 719. Bei Stadtkirchen werden die erforderlichen Hand- und Spanndienste zu den übrigen Kosten geschlagen.

§ 720. Ist das Kirchenvermögen zur Bestreitung der Kosten ganz oder zum Theil nicht hinreichend, so muß der Ausfall von dem Patron und den Eingepfarrten gemeinschaftlich getragen werden.

§ 721. Kein Eingepfarrter kann sich dieser Verbindlichkeit entziehen, und wer eine doppelte Parochie hat, ist in beiden dazu verpflichtet.

§ 722. Auch diejenigen, welche nur vermöge eines be-

OTrE. v. 20. März 1838, Präj. 447 (Präj. Samml. 1, 208) —. Ueberhaupt beruht die Baulast nicht auf dem Verbande der Civilgemeinde, sondern nach § 721 h. t. auf dem Parochialverbande — RdMdgA. v. 8. Juni 1838 (Ann. 22, 638) —, weshalb auch die Forensen nach § 260ff. h. t. nicht dazu beizutragen haben — OTrE. v. 23. Januar 1837, Präj. 148 (Präj. Samml. 1, 208) u. v. 20. Septbr. 1854 (Entsch. 28, 355) —, es sei denn, daß sie observanzmäßig dazu verpflichtet sind — OTrE. v. 5. April 1861 (Entsch. 45, 289) —. Auch ist die Baulast nach § 745 h. t. eine persönliche Last, selbst wenn der Grundbesitz als Vertheilungsmaaßstab angewendet wird, weshalb Fiskus, da er, wie §§ 10, 11, 237 h. t. u. § 1 II, 14 ALR. ergeben, niemals Eingepfarrter sein kann, wegen seines Grundbesitzes in einer Parochie zu den Baulasten nicht herangezogen werden darf — RdMdgA. v. 18. Januar 1822 (Ann. 5, 114) —. Eine Ausnahme findet nur Statt in Betreff der Juden, welche nach § 3 G. v. 23. Juli 1847 (GS. S. 263) auch die nach Maaßgabe des Grundbesitzes aufzubringenden Parochial- und Kirchenbaulasten tragen müssen — OTrE. v. 21. Novbr. 1859 (Entsch. 41, 461) u. v. 13. Juli 1860 (Entsch. 43, 301) —. Liegt das Grundstück des jüdischen Besitzers im Sprengel zweier Parochien, so hat er bei derjenigen Kirche die Parochial- und Baulasten zu tragen, zu der sein Vorbesitzer gehört hat — OTrE. v. 21. Novbr. 1859 (Entsch. 41, 461) u. v. 10. Januar 1862 (Entsch. 48, 290) —.

Zu § 721.

308. Auf Grund des § 721 muß auch der Erwerber einer ohne das Patronatrecht veräußerten Königl. Domäne die Kirchenbaulast mit tragen — RdMdgA. v. 21. Oktbr. 1818 (Ann. 2, 1040) —. — Eine doppelte Parochie hat nach § 264 h. t. nur derjenige, welcher einen doppelten Wohnsitz, jeden in einer besonderen Parochie hat, aber nicht derjenige, dessen einziger Wohnsitz im Sprengel zweier Parochien liegt, dieser ist nur bei der Kirche seiner Konfession eingepfarrt — OTrE. v. 10. Januar 1862 (Entsch. 48, 290) —.

Zu § 722.

308a. Aus den Bestimmungen der §§ 280, 722, 732, 736, 737, 739 h. t. folgt, daß kein Eingepfarrter mit dem außerhalb der Parochie belegenen Grundvermögen und dem außerhalb derselben betriebenen Gewerbe zu den Parochiallasten herangezogen werden darf — OTrE. v 8. März 1867 (Entsch. 58, 370) —.

sondern Privilegii vom Pfarrzwange der Parochialkirche ihrer Religionspartei befreit sind, müssen dennoch von ihren im Kirchspiele eigentlich innehabenden Grundstücken zum Bau und Unterhaltung der Pfarrkirche beitragen.

§ 723. Auch Gastgemeinden, welche zu einer benachbarten Kirche gewiesen worden (§ 294 ff.), müssen dazu Beitrag leisten.

§ 724. Ist die nothwendige Reparatur während der Zeit ihrer Verbindung entstanden, so können sie sich dieser Pflicht durch Wiederabtrennung von der Kirche auch bei sonst vorwaltenden erheblichen Gründen einer solchen Trennung nicht entziehen.

§ 725. Sind mehrere Kirchen unter einem gemeinschaftlichen Pfarrer vereinigt, so dürfen der Patron und die Eingepfarrten einer jeden solchen Kirche nur zur Unterhaltung ihrer eigenen Gebäude beitragen.

§ 726. Sind aber mehrere Haupt- oder Filialgemeinden zu einer gemeinschaftlichen Kirche geschlagen, so sind sämmtliche Patrone und Eingepfarrte zu deren Unterhaltung verpflichtet.

§ 727. Hat der Patron einer zugeschlagenen Mutter- oder Filialgemeinde bei der Zuschlagung mit Einwilligung des Hauptpatrons sich seines Patronatrechts zu Gunsten dieses Letzteren gänzlich begeben, so kann er auch bei vorfallenden Bauten und Reparaturen als Patron zum Beitrage nicht gezogen werden.

§ 728. Ist einem Theile der Gemeinde die Errichtung einer besondern Kapelle oder eines Bethauses in einer entlegneren Gegend des Kirchspiels verstattet worden, so muß dennoch dergleichen Kapelle sowie die Hauptkirche von denjenigen, die zu letzterer verpflichtet sind, unterhalten werden.

§ 729. Baumaterialien, welche der Patron oder die Kirchengemeinde selbst hat, müssen von ihnen zum Bau geliefert werden.

Zu § 725.

309. Der § 725 spricht nur von vereinigten Mutterkirchen (§ 246 h. t.). Sind nur bei einer dieser Kirchen Pfarrgebäude vorhanden, so müssen zum Bau derselben nach dem im § 776 h. t. ausgesprochenen Grundsatze sämmtliche Patrone und Eingepfarrte beider Kirchen beitragen — OTrE. v. 15. Novbr. 1858 (Entsch. 39, 289) —.

Zu § 729.

310. Daher gehören auch die nicht zur Verwendung gekommenen alten Materialien, resp. deren Erlös, ebenso wie die Abfälle der neuen demjenigen, der sie zu liefern verpflichtet war und geliefert hat — KabOrdgN. v. 11. Dezbr. 1846 (BMBl. 1847 S. 253) —, vgl. N. 298 XIV.

§ 730. Doch wird jedem Theile der anschlagsmäßige Preis derselben auf seinen Geldbeitrag zu Gute gerechnet.

§ 731. Der Geldbeitrag wird bei Landkirchen zwischen dem Patron und der Kirchengemeinde dergestalt vertheilt, daß der Patron zwei Drittel, die Eingepfarrten aber ein Drittel entrichten.

§ 732. Besitzt der Patron Rustikalhufen im Kirchspiele, so trägt er davon noch besonders wie ein anderer Eingepfarrter mit bei.

§ 733. Wenn mehrere Patrone zum Beitrage verpflichtet sind, so tragen die Patrone die ihnen obliegenden zwei Drittel unter sich nach Verhältniß ihres Antheils am Patronatrechte.

§ 734. Der nach § 731 bestimmte Beitrag der Eingepfarrten wird unter sie nach dem Kontributionsfuße vertheilt.

§ 735. Kirchen-, Pfarr-, Schul- und Hospitaläcker werden zu keinem Beitrage gezogen.

Zu § 730.

311. Aus § 730 folgt, daß der Patron nie mehr als $^1/_3$ oder $^2/_3$ (§§ 740, 731 h. t.) der Kosten beizutragen hat, mag er sie in baarem Gelde oder in Baumaterialien entrichten — RdFM. v. 23. Januar 1840 u. dMdgA. v. 21. Februar 1840 (BMBl. S. 47) —.

Zu § 732.

312. Außer dem Falle des § 732 hat der Patron neben seinen Patronatrechten niemals als Eingepfarrter zu Kirchenbauten beizutragen — RdMdgA. v. 2. Februar 1864 (BMBl. S. 89) —; deshalb dürfen auch von einem Pächter fiskalischer Grundstücke, wenn Fiskus schon für die Kirche, in deren Parochie die Grundstücke liegen, Patronatsbeiträge leistet, nicht Spanndienste zu Bauten dieser Kirche gefordert werden — OTrE. v. 20. Septbr. 1847 (Rechtsf. 2, 237) —. Den Rustikalhufen stehen die bei gutsherrlich-bäuerlichen Regulirungen den Gutsherrn zur Entschädigung abgetretenen bäuerlichen Grundstücke nicht gleich, vielmehr sind, sofern nicht durch Vertrag oder rechtskräftige Entscheidung ein Anderes ausdrücklich festgesetzt worden ist, die Gutsherrn nicht verpflichtet, von diesen Grundstücken zu den Bau- und Unterhaltungskosten der Kirchen-, Pfarr- und Küstergebäude, sowie der Schulhäuser und Schulmeistergebäude Beiträge zu leisten — Decl. v. 14. Juli 1836 zum Ed. v. 14. Septbr. 1811 (GS. S. 208) —.

Zu § 734.

313. Die Bestimmung des § 734 bezieht sich nach § 731 h. t. nur auf Landkirchen, für Stadtkirchen gilt die abweichende Bestimmung des § 741 h. t. — OTrE. v. 13. Juli 1860 (Entsch. 43, 306) —. Unter dem Kontributionsfuße ist die Staatsgrund- und Gebäudesteuer zu verstehen, welche auch an die Stelle des bisher in manchen Gegenden üblich gewesenen sogenannten nominellen Hufen- oder Besitzstandes getreten ist, weil letzterer eben nur die kontribuablen, d. h. steuerpflichtigen Hufen umfaßte, an die Stelle der alten Grundsteuersysteme aber die durch das G. v. 21. Mai 1861 §§ 1 u. 11 (GS. S. 253) eingeführte Grund- und Gebäudesteuer getreten ist. Dies haben auch die Min. d. Fin. u. d. geistl. Angel. anerkannt, wie in einer CV. d. Reg. zu Oppeln v. 14. Juni 1867 (UCBl. S. 504) bemerkt ist.

Zu § 735.

314. Die Vorschrift des § 735 ist keine Ausnahmebestimmung, sondern nur

§ 736. Eingepfarrte, deren Grundstücke der Kontribution nicht unterworfen sind, müssen ihren Beitrag dennoch nach Verhältniß des Maaßes und Ertrages dieser Grundstücke entrichten.

§ 737. Zu dem Ende werden diese Grundstücke nach den im Steuerkataster für die kontribuablen Aecker der Feldmark angenommenen Klassen und Sätzen durch Sachverständige gewürdigt, und solchergestalt das Verhältniß des zu leistenden Beitrags gegen die steuerbaren Grundstücke bestimmt.

§ 738. Eingepfarrte Gemeindeglieder, die keine Grundstücke besitzen, sondern nur von ihren Nahrungen und Gewerben beitragen sollen, werden dazu nach eben dem Verhältnisse angeschlagen, nach welchem sie zu andern Gemeindelasten mit den angesessenen Mitgliedern Beitrag leisten müssen.

§ 739. Wer in zwei Kirchspielen eingepfarrt ist, trägt in jedem nur nach Verhältniß der in demselben besitzenden Grundstücke oder des in demselben treibenden Gewerbes bei.

§ 740. Bei Stadtkirchen geschieht die Vertheilung zwischen dem Patron und den Eingepfarrten dergestalt, daß Ersterer ein Drittel, Letztere aber zwei Drittel beitragen.

§ 741. Die Vertheilung unter den Eingepfarrten geschieht auf eben die Art, wie andere persönliche Lasten und Abgaben nach eines jeden Orts Verfassung aufgebracht werden.

§ 742. Sind Filial- oder auch Mutterkirchen eingegangen, und die dazu eingepfarrt gewesenen Gemeinden zu einer andern benachbarten Kirche geschlagen worden, so werden in der Regel die Mitglieder derselben nach einerlei Grundsätzen wie die Mitglieder der Hauptgemeinde zum Beitrage gezogen.

---

eine Anwendung des gemeinschaftlichen Grundsatzes, daß Geistliche und Lehrer in Betreff ihres dotationsmäßigen Einkommens von allen Kirchenlasten frei sind — RdMdgA. v. 30. April 1866 (BMBl. S. 102) —.

Zu §§ 740 u. 741.

315. Sind den Stadtkirchen auch ländliche Ortschaften zugeschlagen, so hören sie deshalb nicht auf, Stadtkirchen zu sein — OTrE. v. 3. Novbr. 1865 (Entsch. 54, 329), vgl. N. 305 —, und kann daher dadurch in den im § 740 h. t. bestimmten Leistungen des Patrons nichts geändert werden. Für die Vertheilung der Baulasten unter die städtischen und ländlichen Eingepfarrten kann aus demselben Grunde der im § 734 ff. für Landkirchen festgesetzte Kontributionsfuß, d. h. die Vertheilung nach der Hufenzahl resp. der Grundsteuer, nicht maaßgebend sein, vielmehr wird nach dem aus § 741 zu entnehmenden Prinzipe die Vertheilung nach dem Gesammtbetrage der von den städtischen Eingepfarrten einerseits und von den ländlichen andererseits zu zahlenden direkten Staatssteuern (Grund- und Gebäude-, Klassen- und Einkommen-, Gewerbesteuer) erfolgen, und sodann der auf die städtischen Eingepfarrten treffende Antheil gemäß § 741, der auf die ländlichen treffende gemäß § 737 ff. aufgebracht werden müssen. Die Vertheilung unter die Eingepfarrten ist eine innere Angelegenheit der Kirchengemeinde und gebührt nach § 709 h. t. der Regierung

§ 743. Die einzelnen Mitglieder bloßer Gastgemeinden entrichten jeder den vierten Theil dessen, was ein Kontribuent von eben der Klasse aus der eigentlichen Pfarrgemeinde zu leisten hat.

§ 744. Ist ihnen aber bei der Zuschlagung die Theilnehmung an dem Wahlrechte zur Besetzung der Pfarrstelle zugestanden worden, so müssen sie auch zu den Bau- und Reparaturkosten der Kirche gleich den Mitgliedern der eigentlichen Pfarrgemeinde beitragen.

§ 745. Einwohner des Kirchspiels, die zu einer andern Religionspartei gehören, müssen dennoch nach eben diesen Grundsätzen beitragen, sobald sie sich der Kirche zu ihrem Gottesdienste mit bedienen.

§ 746. Außer diesem Falle sind sie zwar zu Beiträgen in der Regel nicht verpflichtet;

§ 747. Es dürfen aber auch wegen ihres Ausfalles die Beiträge der übrigen wider deren Willen nicht erhöht werden; sondern die geistlichen Oberen müssen für die Uebertragung eines solchen Ausfalles auf andere Art sorgen.

§ 748. Gleiche Grundsätze gelten auch bei der Vertheilung der Hand- und Spanndienste.

§ 749. Auf die Ausfälle, welche durch den zurückbleibenden Beitrag solcher nicht eingepfarrter Gemeindeglieder entstehen, muß vornehmlich der von der Kirche nach Maaßgabe ihres Vermögens zu entrichtende Zuschuß gerechnet werden.

§ 750. Kann der Ausfall dadurch nicht gedeckt werden, so können die geistlichen Oberen die Bewilligung einer Kollekte bei dem Staate nachsuchen.

---

vorbehaltlich des Rechtswegs unter den Interessenten. Insbesondere geht sie auch denjenigen, der Vorschüsse zum Kirchenbau gemacht hat, nichts an, derselbe braucht sich vielmehr nur an die Gesammtheit der Eingepfarrten zu halten — JMR. v. 12. August 1799 (Rabe 5, 528) —.

Zu § 750.

316. Die im § 750 erforderte staatliche Genehmigung der Kirchenkollekten, welche von dem Minister d. geistl. Angel. ausgeübt wurde — CR. v. 24. Novbr. 1792 (Rabe 2, 372), Ob. Präs. Instr. v. 31. Dezbr. 1825 § 11 Nr. 4c (GS. 1826 S. 4) — ist durch Art. 11—15 Verf. Urk. v. 31. Januar 1850 (GS. S. 17) aufgehoben worden. Dies ist zuerst für die katholische Kirche anerkannt durch die RdMdgA. v. 13. Septbr. 1850 (BMBl. S. 327) u. v. 2. Januar 1851 (BMBl. S. 3), auch in dem letzteren verordnet, daß die Veranstaltung solcher Kollekten den geistlichen Obern zu überlassen sei, daß die Staatsbehörden mit der Einziehung, Aufbewahrung und Verrechnung der Erträge solcher Kollekten sich nicht mehr zu befassen hätten, und daß die von der katholischen Geistlichkeit gesammelten Kollektengelder an die betreffenden Erzpriester und von diesen an die Bischöflichen General-Vikariatsämter eingesendet werden sollen. Später sind auch durch AE. v. 16. Februar 1856 (BMBl.

§ 751. Sind gar keine andere Mittel, den Ausfall zu decken, vorhanden, so muß derselbe von den Eingepfarrten, soweit es ohne ihre erhebliche Bedrückung geschehen kann, übertragen werden.

§ 752. Hat aber die Zahl der Eingepfarrten dergestalt abgenommen, daß die noch übrigen den ihnen obliegenden Beitrag ohne ihren zu besorgenden Ruin nicht mehr aufbringen können, so müssen die geistlichen Oberen unter Genehmigung des Staats eine solche Parochie zu einer andern benachbarten schlagen.

§ 753. Dergleichen zusammengeschlagene Parochien stehen in dem Verhältnisse gegen einander als Mutterkirchen.

§ 754. Wie weit der Patron und die Eingepfarrten der zugeschlagenen Parochie auch in Ansehung der Bestellung des Pfarrers und der Unterhaltung der Kirche sowie in Ansehung der übrigen Rechte und Pflichten zur Theilnehmung mit dem Patrone und den Eingepfarrten der Kirche, bei welcher sie vereinigt sind, gelangen sollen, muß in dem Einigungsvertrage unter Vermittelung der geistlichen Oberen deutlich bestimmt werden.

S. 116) nachstehende Ressort-Bestimmungen, betreffend das Kollektenwesen in der evangelischen Landeskirche genehmigt worden:

§ 1. Die Leitung des Kollektenwesens in der evangelischen Landeskirche geht vom 1. April 1856 ab unter den nachstehend bezeichneten Maaßgaben auf den evangelischen Ober-Kirchenrath über.

§ 2. Alle bisher eingeführten und wiederkehrenden Kollekten bleiben bis auf Weiteres in ihrem Bestande unverändert.

§ 3. Soll eine bestehende Kirchenkollekte in der Folge abgeschafft oder verändert werden, so hat der evangelische Ober-Kirchenrath nach vorgängiger sorgfältiger Erörterung der Sachlage sich deshalb mit dem Minister der geistlichen Angelegenheiten zu benehmen. Beruht die Kollekte lediglich auf ministerieller Bestimmung, und findet der Minister gegen deren Aufhebung oder Umgestaltung nichts einzuwenden, so hat der evangelische Ober-Kirchenrath das Nöthige anzuordnen.

Glaubt dagegen der Minister der geistlichen Angelegenheiten sich für die Aufhebung oder Umgestaltung der Kollekte nicht aussprechen zu können, und ist ein Einverständniß hierüber nicht zu erzielen, oder beruht die Kollekte auf landesherrlicher Bestimmung, so ist darüber an des Königs Majestät zu berichten und die Allerhöchste Entscheidung einzuholen.

§ 4. Sind bei der Aufhebung oder Umgestaltung der Kollekte andere Minister betheiligt, so ist auch deren Einverständniß erforderlich. Wenn dieses durch gütliche Verhandlung nicht zu erzielen ist, so sind die über die Erledigung von Meinungsverschiedenheiten unter den Centralbehörden bestehenden Vorschriften maaßgebend. Kommt es auf den Ersatz der durch die Kollekte, um deren Aufhebung oder Umgestaltung es sich handelt, zu einem bestimmten Zwecke aufgebrachten Mittel aus allgemeinen Staatsfonds an, so ist die Betheiligung des Finanzministers nothwendig.

§ 5. Die Ausschreibung neuer Kollekten, einmaliger oder wiederkehrender, geschieht durch den evangelischen Ober-Kirchenrath nach vorgängigem Einvernehmen mit dem Minister der geistlichen Angelegenheiten, soweit nicht für besondere Fälle

§ 755. Soweit dergleichen Bestimmung nicht erfolgt, treten die Regeln des Gesetzes über die Verhältnisse vereinigter Mutterkirchen, ihrer Patrone und Eingepfarrten ein.

§ 756. Das Vermögen jeder Parochie wird in der Regel nach wie vor besonders verwaltet; doch muß jedes derselben zur Unterhaltung der gemeinschaftlichen Kirche, so lange die Vereinigung dauert, in gleichem Verhältnisse beitragen.

Aufsicht über den Bau.

§ 757. Die Aufsicht über den Bau und die Einsammlung der Beiträge dazu liegt den Kirchenvorstehern ob.

§ 758. Der weltliche Richter kann denselben zur Beitreibung der letztern die richterliche Hülfe auf gebührendes Anmelden nicht versagen.

§ 759. Auch während eines über die Verbindlichkeit oder das Quantum des Beitrages entstandenen Prozesses muß letzterer nach der Festsetzung der geistlichen Oberen entrichtet werden.

§ 760. Wenn aber der klagende Interessent durch Urtel und Recht von diesem Beitrage ganz oder zum Theil freigesprochen wird, so muß demselben das Gezahlte nebst Zinsen von den übrigen Kontribuenten zurückgegeben werden.

Bau und Besserung der Kirchhöfe.

§ 761. Die Unterhaltung der Begräbnißplätze ist gemeine Last und liegt Allen ob, die an dem Kirchhofe Theil zu nehmen berechtigt sind. (§ 183 ff.)

---

und Gegenden nach den bisherigen Grundsätzen landesherrliche Genehmigung erforderlich ist.

Findet der Minister der geistlichen Angelegenheiten ein Bedenken gegen die Bewilligung der Kollekte, und ist dasselbe durch fortgesetzte Verhandlung nicht zu heben, so ist darüber zur Entscheidung Seiner Majestät des Königs zu berichten.

§ 6. Die Sammlung, Abführung und kassenmäßige Verwaltung der gesammten Kollektenerträge geschieht, sofern nicht in einzelnen Fällen ausnahmsweise etwas Anderes verordnet wird, wie bisher portofrei durch die Kreis- und Regierungshauptkassen und durch die Generalkasse des Ministeriums der geistlichen Angelegenheiten.

Die Portofreiheit aller Kollektengelder ist wiederholt ausgesprochen im § 16 Reg. v. 3. Februar 1862 (BMBl. S. 68) —, die Sendung muß aber nach §§ 40, 42 u. 43 das. mit einem öffentlichen Siegel verschlossen, auf der Adreßseite mit dem Vermerke „Kollektengelder" versehen, und dieser Vermerk, wenn die Sendung nicht von einer Königl. Behörde ausgeht, durch eigenhändige Hinzufügung der Namensunterschrift, des Standes und Amtscharakters des Absenders beglaubigt sein. Ueber die Bewilligung und Verwendung der Bau-Kollektengelder vgl. N. 301, 3.

Zu §§ 758 u. 759 vgl. N. 298, X.

Zu § 761.

317. In Pommern müssen die Kirchhöfe in den Städten aus der Kirchen-

§ 762. Erhält jedoch die Kirche Bezahlung für die Grabstellen, so muß der Kirchhof aus der Kirchenkasse auf eben die Art wie die Kirche selbst unterhalten werden.

§ 763. Der Patron ist in der Regel zur Unterhaltung des Kirchhofes beizutragen nicht verpflichtet.

§ 764. Die Anlegung neuer Begräbnißplätze soll nur aus erheblichen Ursachen und nur unter Einwilligung der geistlichen Oberen sowie der Polizeivorgesetzten des Orts stattfinden.

§ 765. Durch dergleichen neue Anlagen soll dem Pfarrer und den Kirchenbedienten an ihren bisherigen Gebühren nichts entzogen werden.

Unterhaltung des Geläutes.

§ 766. Inwiefern eine Kirchengesellschaft, welche sich

---

kasse, eventuell durch einen besondern Kirchenschoß, auf dem Lande von der Gemeinde unterhalten werden — Fol. 27 Kirch. O. v. 1563 —.

Zu § 762.

318. Das Ostpreußische Prov. R. verordnet im Zus. 198: „An den Orten, wo die Eingepfarrten die Grabstellen bezahlt und dennoch den Kirchhof unterhalten haben, bleibt diese Verbindlichkeit unverändert.“ Das Westpreußische Prov. R. verordnet in den §§ 40—42 Folgendes:

§ 40. An den Orten, wo die Gemeindeglieder bisher die Grabstellen bezahlt und dennoch den Begräbnißplatz unterhalten haben, verbleibt es bei dieser Observanz.

§ 41. Die Befreiung vom Erdgelde schließt die Verbindlichkeit nicht aus, für die Auszeichnung der Gräber durch Einfassungen und Denkmäler die herkömmlichen Gebühren an die Kirchenkasse zu entrichten.

§ 42. Erd- und Glockengeld gebührt in der Regel der Kirchenkasse; wo aber nach Ortsgewohnheit der Pfarrer oder ein anderer Kirchenbedienter bisher daran Theil genommen, hat es dabei sein Verbleiben.

Zu § 764.

319. Die **Anlegung neuer Begräbnißplätze** liegt in der Regel nicht der politischen, sondern der Kirchengemeinde ob — RdMdgA. v. 30. Novbr. 1832 (Ann. 16, 927) —; doch kann letztere zu dieser Anlegung nicht gezwungen werden, wohl aber die politische Gemeinde, in welchem Falle die Kosten wie die andern Kommunallasten aufzubringen sind — RdMdJ. v. 18. Juni 1819 (Ann. 3, 415) —. Neue Begräbnißplätze sind stets in einer Entfernung von mindestens 1000 Schritten von jeder Ortschaft (Stadt oder Dorf) anzulegen. Dagegen soll die Errichtung einzelner Wohngebäude in der Nähe bereits bestehender Kirchhöfe, zumal auf dem platten Lande, nicht gehindert, nur muß darauf gehalten werden, daß rings um den Begräbnißplatz ein Raum mindestens in der reichlich zu bemessenden Breite eines Fahrwegs frei bleibt, und das zu errichtende Gebäude in einer der Größe desselben entsprechenden Entfernung von dem Fahrwege zu stehen kommt — RdMdJ. v. 18. März 1859 (VMiBl. S. 98) —. Die zu weit gehende Vermehrung der Lokalkirchhöfe außerhalb des Kirchorts ist möglichst zu vermeiden, damit den Geistlichen die Theilnahme an der Beerdigung ihrer Gemeindeglieder nicht zu sehr erschwert wird, und haben die Regierungen bei Anträgen auf Ertheilung der Staatsgenehmigung zum Erwerbe von Grundstücken zur Anlegung von Begräbnißplätzen auch in dieser Beziehung sich zu äußern — RdMdgA. v. 13. Februar 1854 (Aktst. 1, 7, 33) —. Neue Begräbnißplätze sind bei der ersten Beerdigung durch den Pfarrer der Gemeinde nach dem vorgeschriebenen Ritus einzuweihen. Vgl. auch N. 104—111.

Zu §§ 766—770.

320. Das Rechtsverhältniß zwischen den beiden Kirchengesellschaften ist, wenn

des Geläutes einer andern Kirche bedient, zur Unterhaltung desselben, ingleichen des Glockenstuhles und Thurmes beitragen müsse, hängt hauptsächlich von Verträgen und der bisherigen ununterbrochenen Gewohnheit eines jeden Orts ab.

§ 767. Fehlen dergleichen Bestimmungen, so kommt es darauf an, ob die fremde Kirchengesellschaft derjenigen, welcher die Glocken gehören, für den Mitgebrauch derselben etwas entrichte, oder ob sie sich dieses Mitgebrauchs unentgeltlich zu erfreuen habe.

§ 768. Entrichtet die fremde Kirchengesellschaft etwas für den Mitgebrauch, so kann diejenige, welcher das Geläute gehört, zur Unterhaltung desselben keinen Beitrag fordern.

§ 769. Eben das findet statt, wenn auch nur die Mitglieder der fremden Kirchengesellschaft für den Gebrauch der Glocken in einzelnen Fällen mehr als die Mitglieder derjenigen, welcher das Geläute gehört, zur Kirchenkasse entrichten müssen.

§ 770. Ist der Mitgebrauch ganz unentgeltlich, oder zahlen die Mitglieder der fremden Gesellschaft dafür in einzelnen Fällen nur ebenso viel als die eigentlichen Eingepfarrten, so müssen erstere zur Unterhaltung des Geläutes nach eben dem Verhältnisse wie letztere beitragen.

§ 771. Werden in diesem Falle die Kosten aus der Kirchenkasse genommen, also daß die eigentlichen Eingepfarrten nichts beitragen dürfen, so muß dennoch die fremde Kirchengesellschaft einen von den geistlichen Oberen billig zu bestimmenden Beitrag leisten.

Zehnter Abschnitt.

Von Pfarrgütern und Einkünften.

Was zum Pfarrvermögen gehöre.

§ 772. Von dem übrigen Kirchenvermögen müssen die unmittelbar zur Unterhaltung des Pfarrers und der übrigen Kirchenbedienten bestimmten Güter und Einkünfte unterschieden werden.

---

kein Vertrag geschlossen, als Miethsverhältniß oder als Prekarium anzusehen, je nachdem für die Mitbenutzung des Geläutes etwas entrichtet wird oder nicht, und daher in beiden Fällen jederzeit einseitig aufkündbar. Wenn in den §§ 768 u. 770 nur das Geläute genannt ist, so folgt daraus noch nicht, daß sich diese Vorschriften auf den Glockenstuhl und Thurm nicht beziehen; die zu entscheidende Frage ist vielmehr im § 766 formulirt, der von der Unterhaltung des Geläutes, Glockenstuhls und Thurmes spricht.

Zu § 772.

321. Das Pfarrvermögen wird im Landrechte nach dem Vorgange von

J. H. Boehmer, Jus parochiale, sect. V. c. 1 § 1, 7, 8 zwar von dem Kirchenvermögen unterschieden, jedoch nur insofern es eben zum Unterhalt des Pfarrers resp. der anderen Kirchenbedienten bestimmt und demgemäß dem Nießbrauch derselben unterworfen ist. Im Uebrigen hat es nach § 774 h. t. gleiche Rechte mit dem Kirchenvermögen und wird ebenfalls als Eigenthum der Kirche angesehen, weshalb auch in Betreff des Erwerbes und der Veräußerung desselben, der Ausleihung von Kapitalien und der die Substanz betreffenden Prozesse die §§ 647, 648, 629 ff., 650 ff. h. t. maaßgebend sind — JMR. v. 23. August 1822 (Jahrb. 20, 35), OTrE. v. 30. April 1838 (Entsch. 4, 146) u. v. 4. Februar 1858 (Str. Arch. 29, 62) —. Durch das thatsächliche Bestehen eines vom Stifter mit gewissen Gütern und Einkünften verbundenen Kirchenamts sind diese Güter und Einkünfte nach C. 28 C. de episc. et cler. (I, 3) u. Clem. 2 § 1 de relig. dom. (3, 11) aus dem Vermögen des Stifts gegangen und selbst für Träger einer juristischen Persönlichkeit zu erachten — OTrE. v. 29. Oktbr. 1855 (Str. Arch. 18, 244) —. — Wo ein besonderer Pfarrdotationsfonds besteht und von dem Rendanten der Kirchenkasse verwaltet wird, kann der Rechtsweg über Gehaltsforderungen des Pfarrers an diesen Fonds durch keine Anordnungen der Regierung als Oberaufsichtsbehörde ausgeschlossen werden — KGE. v. 12. Oktbr. 1867 (JMBl. S. 437) —.

322. Zu den Einkünften der Pfarrer und Kirchenbedienten gehört auch das freie Brennholz, welches ihnen von den Kirchenpatronen nach den Matrikeln der einzelnen Kirchen jährlich geliefert werden muß. Bei Kirchen Königl. Patronats erhalten in Ostpreußen und Littauen, wenn die Matrikel darüber nichts festsetzt und auch observanzmäßig ein höheres Quantum nicht feststeht, der Pfarrer und Prediger 8 Achtel (26⅔ Klftr.), der Küster 3 Achtel (10 Klftr.) jährlich ohne irgend eine Gegenleistung — § 19 u. 21 Tit. VI. Forst. O. v. 3. Dezbr. 1775 (Rabe 1, 6, 113) —; ebenso im Großherzogthum Posen mit Ausschluß des Netzdistrikts — Publk. v. 1. März 1794 —. In Pommern erhalten sie, was in ihren Matrikeln verschrieben, oder was sie vor oder im Jahre 1740 erhalten oder sonst in rechtlicher Weise erworben haben, und wenn kein gewisses Quantum feststeht, sondern nur freie Feuerung, mindestens der Prediger 20 Klafter und 6—8 Fuder Strauch, außerdem Holz zu Zaunpfählen und Busch zum Zaunpflechten, sofern ihre Weiden nicht ausreichen, Alles ohne irgend eine Gegenleistung — § 19, 20 Tit. VI. Forst-O. v. 24. Dezbr. 1777 (Rabe, 1, 6, 303), R. v. 14. Dezbr. 1833 (Jahrb. 42, 458) —. „Freiholz-Deputanten sind schuldig, da wo ihnen Torf gegeben werden kann, wenigstens die Hälfte in Torf, oder wenn sie dies nicht wollen, in Gelde nach der Forsttaxe zu nehmen, welches jedoch auf wirkliche Holzungsberechtigte nicht auszudehnen ist" — Anh. § 61 zu § 197 I, 22 ALR. —. — Da die Qualität des zu gewährenden Holzes und Torfes nicht näher bestimmt ist, so muß beides von mittlerer Art und Güte gegeben werden — § 275 I, 5 ALR. —. Als Brennholz von mittlerer Art und Güte ist Klobenholz von Tannen, Fichten, Kiefern, Espen, Linden, Ellern anzusehen, und kann daher die in einzelnen Fällen vom Finanzminister gegebene Anweisung, nur Nadelklobenholz zu verabfolgen und, wenn wegen Mangels desselben bessere Holzsorten gegeben werden müssen, die Taxdifferenz zwischen diesen und Nadelklobenholz bezahlt zu verlangen, als rechtlich begründet nicht anerkannt werden. Daß das abzugebende Holz nicht frisch eingeschlagen, sondern trocken und von guter Beschaffenheit sein soll, hat der Finanzminister mehrmals, so in den R. v. 25. Sept. 1839, 7. Oktbr. 1841 und 17. Dezbr. 1842 angeordnet. Wenn wegen mangelnden Klobenholzes Knüppelholz gegeben werden muß, dann sind für 1 Klafter Klobenholz 1½ Klafter Knüppelholz zu gewähren — RdFM. v. 19. April 1854 —. Das Holz muß in solcher Entfernung angewiesen werden, daß die Herbeiholung desselben nicht mehr als eine Tagereise erfordert; andernfalls ist der Werth desselben nach der Forsttaxe zu bezahlen — § 238 u. 239 I, 22 ALR. —. In Betreff der Anfuhr und des Einschlagens des Holzes, resp. Stechen des Torfs vgl. N. 340.

323. In der Mark Brandenburg sollen Pfarrhufen, welche Dritte gegen Zins besitzen, wenn nicht in der Matrikel bei ihnen die Partikel: anjetzo oder ratione possessionis beigefügt und zugleich erwiesen werden kann, daß der Prediger sie selbst einmal unter dem Pfluge und in eigener Kultur gehabt hat, nicht als Eigenthum der Pfarre angesehen werden — V. v. 15. Dezbr. 1711 (Mylius I, 1, 445) —. — In Schlesien ist für die evangelischen Pfarreien ein Land-

dotationsfonds gegründet worden, dessen durch AE. v. 12. Mai 1855 (BMBl. S. 229) genehmigte Statuten v. 3. Mai 1855 dahin lauten:

§ 1. Um denjenigen evangelischen Pfarreien Schlesiens, deren Einkommen gering und wenig gesichert ist, und die insbesondere entweder gar nicht oder nicht in zureichender Weise mit Landdotationen versehen sind, diese letzteren je nach Zeit und Umständen zu verschaffen, ist aus dem zur Unterhaltung der evangelischen Kirche bestimmten Centralfonds eine außerordentliche und einmalige Bewilligung von 20,000 Thlr. erfolgt, und dieses Kapital unter der Benennung „Landdotationsfonds für die evangelischen Pfarreien Schlesiens" zu einem besondern und beständigen Fonds konstituirt worden.

§ 2. Der Landdotationsfonds erhält die rechtliche Eigenschaft einer juristischen Person in dem Umfange, daß er Grundstücke und Kapitalien auf seinen Namen erwerben, durch seine geordneten Vertreter Verträge mit dritten Personen schließen und in Prozessen oder sonst vor Gericht auftreten kann. Ihm steht vermöge seines Ursprungs und seines Zweckes nach den zur Anwendung kommenden allgemeinen Grundsätzen in allen seinen Angelegenheiten sowohl für Brief- und Packet-, als Geldsendungen durch die Post, die Portofreiheit und nach Maaßgabe der Bestimmung des § 4 Nr. 1 G. v. 10. Mai 1851 die gerichtliche Sportelfreiheit zu.

§ 3. Als ein öffentlicher, für Rechnung des Staats verwalteter und zu milden Zwecken bestimmter Fonds gebühren ihm auch im Uebrigen die Vorrechte des Fiskus und der pia corpora.

§ 4. Die Verwaltung und Vertretung des Fonds ist einem Kuratorio übertragen, welches seinen Sitz in Breslau hat. Dasselbe besteht aus dem jedesmaligen Ober-Präsidenten der Provinz, sofern derselbe der evang. Konfession angehört, aus dem jedesmaligen General-Superintendenten der Provinz Schlesien, aus dem jedesmaligen Director des Konsistorii der Provinz Schlesien, aus dem Justitiar und einem andern Mitgliede dieses Konsistorii, dessen Auswahl dem Directorio des letztern überlassen bleibt und aus zwei Mitgliedern evang. Konfession der K. Regierung zu Breslau (Abtheilung für Kirchen- und Schulwesen), welche vom Regierungspräsidio ernannt werden, und zwar aus allen diesen als ordentlichen Mitgliedern, sowie ferner aus den evang. geistlichen Räthen der K. Regierungen zu Liegnitz und Oppeln als außerordentlichen Mitgliedern.

§ 5. Die Geschäftsführung in dem Kuratorio ist kollegialisch. Ist der Ober-Präsident Mitglied des Kuratorii, so führt derselbe zugleich den Vorsitz und wird darin für Abwesenheits- und Behinderungsfälle durch den Konsistorialdirector vertreten. Auf diesen letzteren geht auch der Vorsitz selbst über, wenn der Ober-Präsident aus dem Kuratorio ganz ausscheidet. Nach Außen, namentlich auch in Rechtsangelegenheiten, wird das Kuratorium durch den Vorsitzenden oder dessen Substituten allein vertreten.

§ 6. Die ordentlichen Mitglieder nehmen mit gleichem Stimmrechte an allen Geschäften des Kuratorii Theil. Den außerordentlichen Mitgliedern liegt zunächst die Pflicht ob, den Zwecken des Fonds im Departement derjenigen Regierung, welcher sie angehören, eine besondere Aufmerksamkeit zu widmen, geeignete Wahrnehmungen dem Kuratorio mitzutheilen und Vorschläge an dasselbe gelangen zu lassen. Bei ihrer Anwesenheit in Breslau werden sie auch zu den Sitzungen des Kuratorii zugezogen und haben alsdann in die Berathungen und Beschlüsse in derselben Art einzutreten wie die ordentlichen Mitglieder.

§ 7. Nach Anweisung der K. Regierungen werden die Landräthe und nach Anweisung des K. Konsistorii die Superintendenten in der Provinz sich innerhalb ihrer Kreise und Diözesen gleichfalls die Förderung der Zwecke des Fonds angelegen sein lassen. Dem Kuratorio steht die Befugniß zu, versuchsweise denselben unmittelbar einzelne Aufträge zu ertheilen.

§ 8. Die Kassenverwaltung des Fonds wird gesondert bei der Institutenhauptkasse der K. Regierung zu Breslau geführt. Die Dokumente des Fonds werden gleichfalls in das Dokumenten-Depositorium der dortigen Regierung niedergelegt. Das sonst nöthige Bureau- und Subaltern-Personal wird dem Kuratorio vom Directorio des K. Konsistorii überwiesen.

§ 9. Die Geschäftsverwaltung wird hiernach und da sämmtliche dabei betheiligte Beamte eine Remuneration für ihre Mühwaltung nicht beziehen, regelmäßig keine Kosten verursachen. Sollten solche aber in besondern Fällen gleichwohl nicht zu vermeiden sein, so sind sie als kirchliche Verwaltungskosten des Staats zu behandeln und das K. Konsistorium hat sie auf die dazu zur Disposition stehenden etatsmäßigen Mittel zu übernehmen. In keinem Falle kann der Dotationsfonds und dessen Auskünfte zur Bestreitung solcher Kosten verwendet werden.

§ 10. Einen vollständigen Geschäftsbericht hat das Kuratorium alljährlich dem Min. d. geistl. Angel. zu erstatten, und ist dabei zugleich die Kassenrechnung mit vorzulegen. Dieser Geschäftsbericht nebst der Kassenrechnung wird dem evang. Ober-Kirchenrathe zur Kenntnißnahme vorgelegt, und bleibt es demselben vorbehalten, bei dieser Veranlassung oder auch sonst die ihm wünschenswerthen näheren Informationen einzuziehen, sowie die ihm geeignet scheinenden Anträge sowohl im Allgemeinen als auch im besondern Falle zu stellen.

§ 11. Der Fonds ist hauptsächlich zum Erwerb der nöthigen Landdotationen für die evang. Pfarreien in dem Herzogthum Schlesien und der Grafschaft Glatz bestimmt, die theils nach den geschichtlichen Ereignissen, von denen sie betroffen worden, theils nach der Art ihrer Begründung und endlich auch in Rücksicht auf die gegenwärtige Lage ihrer Verhältnisse dessen am meisten bedürfen. Sofern jedoch bei den evang. Pfarreien in dem Markgrafenthum Oberlausitz Preuß. Antheils die entsprechenden Voraussetzungen (§ 13) eintreten, kann der Fonds nach dem Ermessen des Kuratorii für dieselben gleichfalls mit verwendet werden.

§ 12. Die Pfarreien landesherrlichen und Privatpatronats, sowie die ohne Patrone haben auf die Wohltbaten des Fonds gleichen Anspruch. Auf Pfarrstellen in Städten von 3000 Einwohnern und darüber ist die Bestimmung des Fonds nicht anwendbar.

§ 13. Leitend für die Hülfeleistung des Fonds zur Gewinnung einer Landdotation sind hauptsächlich die Rücksichten: 1) daß die betreffende Pfarrstelle eine solche entweder noch gar nicht oder nicht in zureichendem Maaße besitzt; 2) daß sie auch anderweitig nicht reichlich und nicht hinlänglich sicher ausgestattet ist; 3) daß sich am Pfarrsitze oder in dessen unmittelbarer Nähe eine Gelegenheit zum vortheilhaften Erwerbe von Ländereien findet, die zur Feldwirthschaft geeignet sind.

§ 14. Aus dem Fonds wird nur der Erwerb der Ländereien selbst bestritten. Für die Beschaffung der zur Bewirthschaftung nöthigen Gebäude und Inventarienstücke haben die Pfarrsysteme zu sorgen. Das Vorhandensein dieser letzteren Gegenstände oder die bereitwillige Verpflichtung ihrer Beschaffung kann dem Kuratorio einen Grund zur vorzugsweisen Berücksichtigung, sowie die Weigerung, das zur Bewirthschaftung Nöthige zu beschaffen, nach Umständen einen Grund zur Versagung der Beihülfe des Fonds abgeben. Vollständige Etablissements sollen nur dann aus dem Fonds erworben werden, wenn dies auf eine ganz besonders vortheilhafte Weise geschehen kann.

§ 15. In der Regel sind für eine einzelne Pfarrstelle aus dem Fonds nicht mehr als 1000 Thlr. aufzuwenden. Ausnahmsweise kann das Kuratorium die Aufwendung bis zu 1500 Thlr. ausdehnen. Soll aber auch diese letztere Summe noch überschritten werden, so ist dazu die Genehmigung des Min. d. geistl. Angel. im Einverständnisse mit dem evang. Ober-Kirchenrathe erforderlich.

§ 16. Der Erwerb der Ländereien geschieht auf den Namen des Fonds. Leistet ein Pfarrsystem einen erheblichen Beitrag zu dem Acquisitionspreise, so kann das Kuratorium gestatten, daß der Erwerb auch sogleich auf den Namen der Pfarre selbst erfolgt, und daß der Zuschuß aus dem Fonds unter Festsetzung der Rückzahlungsmodalitäten nur hypothekarisch versichert werde. Auf den Namen des Pfarrers darf der Erwerb niemals geschehen.

§ 17. Der Pfarre werden die erworbenen Ländereien sofort zur Nutznießung übergeben und zwar unter der Bedingung, daß jährlich die Hälfte des festzusetzenden Nutzungsertrages der Ländereien in den Fonds zurückgezahlt werden muß, und daß mit dieser Rückzahlung so lange fortzufahren ist, bis und zwar ohne Berücksichtigung von Zinsen das ganze Anlagekapital gedeckt ist. In der Regel ist hierbei der Nutzungsertrag nicht unter 5 Prozent des Anlagekapitals anzunehmen.

§ 773. Zu den letzteren gehören auch die von den Parochialverrichtungen zu erlegenden Stolgebühren.

Rechte desselben überhaupt.

§ 774. Pfarrgüter haben eben die äußern Rechte als Kirchengüter.

§ 775. Sie sind der Regel nach von allen Präſtationen

---

§ 18. So lange das Anlagekapital durch die in § 17 bestimmten jährlichen Zahlungen an den Fonds noch nicht vollständig zurückgewährt ist, bleibt der Fonds selbst Eigenthümer der auf seinen Namen erworbenen Ländereien, und das Kuratorium kann so lange auch den Nießbrauch des Pfarrers revociren.

Letzteres soll geschehen, wenn der Pfarrer die Ländereien entweder devastirt oder vor Devastationen nicht gehörig schützt, oder wenn er schuldbarer Weise die Rückzahlung an den Fonds nicht leistet. Ueber diese Gründe der Revokation und die Ausübnng des Revokationsrechts überhaupt hat allein das Kuratorium zu befinden, und der Rechtsweg ist dabei ausgeschlossen.

Kommt es zur Entziehung des Nießbrauchs, so sind die Ländereien anderweitig zu verpachten und aus dem Pachtertrage die festgesetzte Rückzahlungsrente zu entnehmen, von dem übrigen Theile die etwa entstandenen Kosten zu decken, und der Rest dem Pfarrer zu überweisen. Dem letztern steht ein Anspruch auf Rechnungslegung oder irgend ein Monitum über die Verwaltung der Ländereien und deren Ergebniß nicht zu.

§ 19. Das Kuratorium ist ermächtigt, den nutznießenden Pfarrern die Rückzahlung zu stunden oder für ein oder das andere Jahr auch gänzlich nachzusehen, wenn dieselben durch besondere Umstände und ohne ihr Verschulden in die Lage gekommen sind, die Zahlung nicht leisten zu können. Auch hierüber entscheidet mit Ausschluß des Rechtsweges lediglich das gewissenhafte Ermessen des Kuratorii. Von der vollständigen Rückzahlung des Anlagekapitals überhaupt kann aber in keinem Falle etwas nachgelassen werden.

§ 20. Ist die Rückzahlung des Anlagekapitals für die aus dem Fonds und auf den Namen des Fonds erworbenen Ländereien durch die in Gemäßheit des § 17 geleisteten jährlichen Theilzahlungen vollständig erfolgt, so werden die Ländereien alsdann der Pfarre als Eigenthum überwiesen.

§ 21. Es soll die Veranstaltung getroffen werden, daß die K. Kreiskassen alle an den Fonds zu leistenden jährlichen Rückzahlungen aufsammeln und an die Instituten-Hauptkasse der K. Regierung zu Breslau abführen. Die Zahlung an die betreffende Kreiskasse haben die einzelnen Nutznießer auf ihre Kosten zu leisten.

§ 22. Jedem Nutznießer der auf den Namen des Fonds erworbenen Ländereien ist vor oder bei Uebergabe der letzteren ein die §§ 17—21 enthaltender Extrakt dieser Statuten in 2 Exemplaren auszuhändigen, von welchen er das eine zu seinem Gebrauche behält, das andere, nachdem er es mit seiner Unterschrift versehen, an das Konsistorium zurückreicht.

§ 23. Abänderungen in den Grundbestimmungen dieses Statuts können nur auf Antrag der Min. d. geistl. Angel. u. d. Innern im Einverständnisse mit dem evang. Ober-Kirchenrath durch unmittelbare landesherrliche Verordnung geschehen.

Zu § 774 vgl. N. 119, 120.

324. In Pommern haben nur die eigentlichen Pfarrhufen, d. h. die schon zur Zeit der Reformation bei der Pfarre gewesenen, die Rechte der Kirchengüter, alle später an eine Pfarre gelangten Ländereien sind Pfarrbauerhufen. Im Zweifel gelten nicht mehr als 2 Pommersche Hufen als Pfarrhufen bei der Mutter-, wie bei der Tochterkirche — R. v. 5. März 1680 § 6 u. 15, Vgl. v. 17. Mai 1682 § 1, 2, 4, 7 (Prov. R. S. 143) —.

Zu § 775 vgl. N. 99, 100 c, e.

325. Das Westpreußische Prov. R. verordnet in den §§ 43—44 und in dem § 44 abändernden G. v. 11. Februar 1850 (GS. S. 43) Folgendes:

und Abgaben an die Gutsherrschaft oder Stadtkämmerei sowie von den gemeinen Lasten frei.

§ 776. Zu solchen Ausgaben der Gemeinde, wovon der Pfarrer und die Gemeinde unmittelbaren Vortheil ziehen, müssen sie mit beitragen.

[**§ 777.** Pfarr- und Küstergüter sind gleich den Kirchengütern von der ordentlichen Gerichtsbarkeit des Orts ausgenommen.]

Nießbrauch des Pfarrers.

§ 778. Die Verwaltung und der Nießbrauch der Pfarrgüter gebührt dem Pfarrer.

---

§ 43. Von der Deichlast sind Kirchen- und Pfarrgüter, soweit sie durch die Deiche geschützt werden, in der Regel nicht befreit.

§ 44. Zeitpächter von Kirchen- und Pfarrgrundstücken, welchen eine Befreiung von der Deichlast ausnahmsweise zusteht, haben auf diese Befreiung keinen Anspruch. — Beruht aber die Befreiung auf einem speziellen Rechtstitel, dann ist lediglich nach dem Inhalte und der Beschaffenheit jenes Titels zu beurtheilen, ob die Befreiung und der dadurch begründete Anspruch auf Entschädigung (§ 17 Deichges. v. 28. Januar 1848) nicht bloß den Fall der Selbstbewirthschaftung, sondern auch der Nutzung durch Zeitpacht in sich habe — G. v. 11. Februar 1850 (GS. S. 43) —.

§ 777 antiquirt durch die im G. v. 2. Januar 1849 (GS. S. 1) erfolgte Aufhebung des eximirten Gerichtsstandes, ebenso Zus. 199 Ostpr. Prov. R.

Zu § 778.

326. Nur von den zu seinem Unterhalte bestimmten Gütern hat der Pfarrer Verwaltung und Nießbrauch, ebenso jeder andere Kirchenbediente in Betreff der zu seinem Unterhalte bestimmten — JMR. v. 19. Oktbr. 1832 u. 8. Februar 1833 (Erg. ad h. §) —. Als Nießbraucher hat der Pfarrer resp. Kirchenbediente das Recht, das Pfarrvermögen nach der Art eines guten Hauswirths ohne weitere Einschränkung zu nutzen oder zu gebrauchen — § 22 I, 21 ALR. —. Er ist mithin berechtigt, alle gewöhnlichen und ungewöhnlichen Nutzungen daraus zu ziehen — § 23 a. a. O. —, mit Ausnahme der die Substanz verringernden, wenn sich dieselben nicht bei gewöhnlicher Verwaltung nach dem ordentlichen Laufe der Natur binnen einer gewissen Zeit von selbst wieder ersetzen — § 30, 31 a. a. O. —. Er darf sich also alle beim Anfange seines Nießbrauchs noch nicht abgesonderten Früchte, wie auch alle während seines Nießbrauchs fällig werdenden Zinsen, Hebungen und sonstigen Prästationen zueignen — § 29 a. a. O. —, mithin auch Rückstände von Pfarrabgaben aus seiner Amtszeit selbstständig ohne Autorisation der geistlichen Obern einklagen — OTrE. v. 22. Juni 1857 (Str. Arch. 25, 229) —. Waldungen darf er nach den Regeln der Forstordnung unter den in den §§ 804—811 h. t. angeordneten Einschränkungen nutzen. Auf das auf den Pfarrhufen gewachsene Holz und auf einzelne auf dem Felde stehende Obst- oder andere Bäume hat er keinen Anspruch, nur die Früchte und wirthschaftlichen Nutzungen darf er sich davon aneignen — § 812—814 h. t. —. An unterirdischen Produkten, welche zu den Regalien gerechnet werden, nämlich Gold, Silber, Quecksilber, Eisen mit Ausnahme der Raseneisenerze, Blei, Kupfer, Zinn, Zink, Kobalt, Nickel, Arsenik, Mangan, Antimon und Schwefel, gediegen wie als Erze, Alaun- und Vitriolerze, Steinkohle, Braunkohle und Graphit, Steinsalz nebst den mit demselben auf der nämlichen Lagerstätte vorkommenden Salzen und den Soolquellen — § 1 allgem. Bergges. v. 24. Juni 1865 (GS. S. 705) —, hat er nur die Nutzung der auf den Eigenthumsantheil fallenden Ausbeute, braucht aber auch über dieselbe hinaus keinen Zuschuß zur Fortsetzung der Arbeit zu geben, was vielmehr dem Eigenthümer obliegt — § 37, 38 I, 21 ALR. —. Ein solcher

§ 779. Der Patron und die Kirchenvorsteher sind schuldig und befugt, darauf zu sehen, daß der Pfarrer die Wiedemuthsstücke ordentlich verwalte und wirthschaftlich nutze.

§ 780. Besonders müssen sie dafür sorgen, daß ein richtiges und vollständiges Wohnungs-, Wirthschafts-, Garten- und Feldinventarium gehalten werde.

Eigenthumsantheil ist in der Grafschaft Mark die s. g. Trabbe und hat der Pfarrer, wenn auf den Pfarrgrundstücken Steinkohlenbergbau getrieben wird, dort kein Recht auf die Trabbekohlen oder Trabbegelder, sondern nur einen Anspruch auf die Nutzung derselben — OTrE. v. 22. Januar 1858 (Entsch. 37, 159) —. Andere unterirdische Produkte sind dem Nießbrauch unterworfen, sofern die Nutzung ohne Verringerung der Substanz geschehen kann, oder die verringerte Substanz sich bei gewöhnlicher Verwaltung nach dem ordentlichen Laufe der Natur in gewissen Zeiträumen von selbst wieder ersetzt; wenn aber dabei Theile der Substanz eine ganz verschiedene Form erhalten müssen, nur mit Einwilligung des Eigenthümers — § 39, 30, 25 a. a. O., OTrE. v. 3. März 1854 (Str. Arch. 13, 36), v. 26. Januar 1863 (Entsch. 51, 209) u. v. 21. Dezbr. 1866 (Entsch. 57, 96) —. Hierher gehören Stein- und Kalkbrüche, Torfstiche, Mergel-, Thon-, Lehm-, Kiesgruben. Sind dergleichen schon beim Anfange des Nießbrauchs eröffnet gewesen, so sind sie dem Nießbrauch unterworfen; sollen sie erst während des Nießbrauchs eröffnet werden, so darf dies nicht ohne Einwilligung des Eigenthümers, also der Kirchengemeinde durch ihre Vorsteher und den Patron geschehen. Der Nießbrauch erstreckt sich ferner auch auf alle, selbst auf die erst während der Dauer desselben entstandenen An- und Zuwüchse — § 24 a. a. O. — und die von einem Dritten zu Gunsten des Eigenthümers veranstalteten Vermehrungen oder Verbesserungen der Sache, wenn der Wohlthäter sie nicht ausdrücklich dem Nießbraucher entzogen hat — § 43, 44 a. a. O. —, dagegen nicht auf gefundene Schätze oder deren Zinsen oder Nutzungen — § 41 a. a. O. —. Veränderungen in der Substanz darf der Nießbraucher nicht ohne Einwilligung des Eigenthümers, letzterer nur insoweit, als der Nießbraucher dadurch nicht benachtheiligt wird, vornehmen — § 25, 99, 100 a. a. O. —. In derselben Weise ist der Nießbraucher auch in Betreff einer Veränderung der Wirthschaftsart eingeschränkt; er darf daher wohl Wiesen in Aecker, aber nicht in Torfstiche, Aecker nicht in Steinbrüche umwandeln. Kapitalien, die dem Nießbrauch unterworfen sind, darf der Nießbraucher nicht einseitig einziehen, der Eigenthümer nur, wenn sie vom Schuldner gekündigt oder unsicher geworden sind; dann muß aber letzterer für die sofortige anderweite Unterbringung derselben nach Rücksprache mit dem Nutznießer sorgen — § 101—109 a. a. O. —. In Betreff der Unterhaltung der Baulichkeiten hat der Pfarrer nach § 784 ff. h. t. geringere Verpflichtungen als der gewöhnliche Nießbraucher, weil sein Nießbrauch pars salarii ist, auf einem onerosen Titel beruht. Aus demselben Grunde hat auch nicht er, sondern die Kirche mit dem Patron die Deichlasten der Pfarrgüter zu tragen — OTrE. v. 4. Mai 1860 (BMBl. 1862 S. 112), v. 30. Novbr. 1860 (Entsch 45, 301) u. v. 19. Dezbr. 1862 (UCBl. 1863 S. 248), RdMdgA. v. 23. Mai 1860 (UCBl. S. 655) u. 18. Mai 1861 (BMBl. S. 126) —, desgleichen die andern auf der Sache haftenden ordentlichen und außerordentlichen Lasten, z. B. die Kosten für Schutzwerke an den Dienstländereien — OTrE. v. 30. Novbr. 1860 (Entsch. 45, 296) —, für Prozesse, welche die Substanz betreffen, z. B. für Grenzerneuerungen — CRdMdgA. v. 23. Februar 1843 (BMBl. S. 74) —. Dagegen hat er das Garten-, Feld- und Wirthschaftsinventarium allein zu unterhalten, also auch zu ergänzen und Obstbäume nachzupflanzen — § 69 a. a. O., § 799 h. t. —.

Als Verwalter hat der Pfarrer das Pfarrvermögen zu erhalten, ordentlich zu bewirthschaften, möglichst vortheilhaft zu nutzen, drohenden Schaden abzuwenden, ohne erhebliche Ursachen von der bisherigen Betriebsart nicht abzuweichen und keine Einnahmerückstände zu dulden — § 110—112, 116 I, 14 ALR. —, denn es kann gegen ihn zum Nachtheil der Pfarre eine Verjährung sowohl angefangen als fortgesetzt werden — OTrE. v. 5. Oktbr. 1863, PlB. Präj.

§ 781. Wenn Streit entsteht, was an Grundstücken, Gebäuden, Inventarien, Kapitalien oder jährlichen Hebungen zur Kirche oder Pfarre gehöre, so muß bei dessen Entscheidung auf die vorhandenen Kirchenmatrikeln vorzüglich Rücksicht genommen werden.

§ 782. Der Pfarrer kann seine Wohngebäude nur mit Einwilligung des Patrons und der Kirchenvorsteher vermiethen; diese aber dürfen ihm die Einwilligung ohne erhebliche Gründe nicht versagen.

§ 783. Bei Aufnehmung der Fremden ist der Pfarrer den Polizeigesetzen gleich jedem andern Einwohner unterworfen.

Unterhaltung der Gebäude.

§ 784. Die Unterhaltung der Zäune und Gehege, sowie kleine Reparaturen an den Gebäuden müssen die Pfarrer und Kirchenbedienten aus eigenen Mitteln besorgen.

2733 (JMBl. S. 282, Entsch. 50, 1) —. Er muß auch die Feldfrüchte gegen Hagelschlag und Feuerschaden versichern, und sollen die Regierungen darauf hinwirken und den Geistlichen eröffnen, daß sie bei eintretendem Schaden auf Staatsunterstützung nicht zu rechnen hätten — RdMdgA. v. 14. August 1845 (BMBl. 1846 S. 106) —.

Zu § 781 vgl. N. 263.

Zu § 782.

327. Was hier § 782 von Pfarrern verordnet ist, gilt auch für Küster. Im § 9 c. 26 Magdeb. Kirch. O. v. 9. Mai 1739 ist dies ausdrücklich verordnet.

Zu §§ 784—790.

328. Aus der Zusammenstellung der Unterhaltung der Zäune und Gehege mit den Reparaturen der Gebäude folgt, daß sich die betreffende Verpflichtung des Pfarrers auch nur auf Reparaturen der Zäune beschränkt, und daß gemäß § 798 h. t. eine Wiederherstellung verfallener Zäune und Gehege, ein Neubau derselben nur dann, wenn der Pfarrer durch Vernachlässigung der erforderlichen Reparaturen, durch eigenes, schuldbares Versehen dazu Veranlassung gegeben hat, von ihm gefordert werden darf. Andernfalls müssen derartige Neubauten aus dem Kirchenvermögen, eventuell von dem Patron und den Eingepfarrten bestritten werden, vorbehaltlich ihres Regresses an etwa ersatzpflichtige Personen, z. B. den Amtsvorgänger oder dessen Erben — CRdMdgA. v. 21. Oktbr. 1841 (BMBl. S. 324) —. Die im § 786 angeordnete Unterhaltung der Pertinenzstücke begreift auch nur Reparaturen in sich, nicht aber ein Erneuern des durch Alter, Zufall oder Vernachlässigung des Amtsvorgängers unbrauchbar Gewordenen — RdMdgA. v. 17. März 1842 (BMBl. S. 111) —. Das Ofenumsetzen liegt nach § 786 dem Pfarrer ob, ausgenommen wenn die Erneuerung des größeren Theiles der Kacheln erforderlich ist — RdMdgA. v. 6. Mai 1842 (UCBl. 1862 S. 562) —. Das Reinigen der Schornsteine gehört, da letztere nicht Pertinenzstücke, sondern Bestandtheile der Substanz sind, zu den kleinen Reparaturen, auf welche die §§ 784 u. 785 Anwendung finden. — Die Bestimmungen der §§ 784 ff. kommen nur da zur Anwendung, wo nicht durch besondere Provinzialgesetze oder Observanzen etwas Anderes bestimmt ist — OTrPräj. 208 v. J. 1836 (Präj. Samml. 1, 209), RTrO. v. 15. Juni 1846, PlB. (Entsch. 13, 93) u. v. 22. Septbr. 1854 (Str. Arch. 15, 21), RdMdgA. v. 4. Dezbr. 1841 (BMBl. S. 325) u. v. 17. März 1842 (BMBl. S. 111) —. Ist auf Grund einer solchen Observanz die Kirchenkasse mit der Bestreitung der kleineren Repara-

§ 785. Für kleine Reparaturen sind diejenigen zu achten, die entweder gar keine baaren Auslagen erfordern, oder wo die Kosten, von jeder einzelnen genommen, für den Pfarrer nicht über drei, für den Kirchenbedienten nicht über einen Thaler betragen.

§ 786. Thüren, Fenster, Oefen, Schlösser und andere dergleichen Pertinenzstücke der Gebäude müssen von dem Nießbraucher mit eignen Kosten ohne Rücksicht auf den Betrag derselben unterhalten werden.

§ 787. Auch zu größeren Reparaturen der Pfarrgebäude sowie zu neuen Bauen muß der Pfarrer die Materialien, soweit als dieselben bei der Pfarre über die Wirthschaftsnothdurft befindlich sind, unentgeltlich hergeben.

---

turen belastet, so kann mit Genehmigung der geistlichen Obern diese Reparaturbaulast den Geistlichen oder Kirchenbedienten gegen jährliche Zahlung einer entsprechenden Summe aus der Kirchenkasse übertragen werden — CRdMdgA. v. 17. März 1842 (BMBl. S. 111) —. Im Uebrigen kommen die Vorschriften von Kirchenbauten §§ 699 ff. auch hierbei zur Anwendung §§ 789, 790 h. t. — Kaplaneigebäude stehen in Betreff der Baulast den Pfarrgebäuden nur dann gleich, wenn nachgewiesen wird, daß sie mit der betreffenden Kirche in demselben Parochial-Rechtsverbande dem Patron und der Gemeinde gegenüber stehen, principaliter hat der Stifter der Kaplanei die Baulast für dieselbe — OTrE. v. 3. Januar 1862 (Str. Arch. 45, 4) —. Es verhält sich also mit ihnen ebenso wie mit den Predigerwittwenhäusern und werden daher die §§ 793—795 h. t. analoge Anwendung finden müssen. — Die Bestimmungen der §§ 784 ff. kommen auch dann zur Anwendung, wenn ein säkularisirtes Kloster früher für alle Bedürfnisse des Pfarrers, auch die kleinen Reparaturen rc. zu sorgen hatte — OTrE. v. 11. Novbr 1861 (BMBl. 1862 S. 242). —.

329. Die provinzialrechtlichen Bestimmungen in Betreff der Pfarrbauten sind folgende:

I. Das Ostpreußische Prov. R. verordnet im Zus. 200:

§. 1. Bei Lutherischen Gemeinden müssen zu den Wirthschaftsgebäuden der Pfarrer und Küster die Eingepfarrten außer den Hand- und Spanndiensten auch das Stroh liefern. Eben dieses findet bei den Reformirten in Ansehung der Landgemeinden statt; in den Städten aber wird Alles vom Patron und der Kirche wie bei den Kirchenbauten besorgt.

§ 2. Die Zäune werden von den Eingepfarrten unterhalten, oder sie entrichten an Orten, wo es hergebracht ist, deshalb besonderes Zaungeld.

§ 3. Unter diesen Einschränkungen sind wegen Unterhaltung der Pfarr- und Klostergebäude die wegen der Kirchengebäude in den §§ 700—760 h. t. und den Zus. 195, 196, 197 Prov. R. enthaltenen Vorschriften zu befolgen.

II. Das Westpreußische Prov. R. verordnet in den §§ 45 u. 46:

§ 45. Wo bisher alle kleinen Reparaturen an den Pfarr-, Organisten- und Küstergebäuden aus der Kirchenkasse bestritten, und Zäune und Gehege auf diesen Grundstücken von den Gemeinden unterhalten worden, hat es bei dieser Observanz auch ferner sein Bewenden.

§ 46. Diejenigen katholischen Pfarrer, welche den Nießbrauch der Kirchengüter haben, sind in der Regel verbunden, die Pfarrgebäude aus eignen Mitteln in Stand zu erhalten.

III. In Pommern haben die Pfarrer-, Küster- und Predigerwittwen sämmtliche kleine Reparaturen, die nicht über 1 Thlr. zu stehen kommen, sowie auch alle Reparaturen an den Pertinenzstücken, wozu auch das Schornsteinfegen und Ausweißen gehört, unbedingt auf eigene Kosten auszuführen, auch müssen sie alle Bau-

§ 788. Woher die übrigen Kosten in Ermangelung eines eigenen dazu bestimmten Fonds zu nehmen sind, ist nach den vorhandenen verschiedenen Provinzialgesetzen zu bestimmen.

§ 789. Wo darüber keine besondere gesetzliche Bestimmung vorhanden ist, da müssen diese Kosten gleich den Bau- und Reparaturkosten der Kirche selbst aus dem Kirchenvermögen genommen, bei dessen Unzulänglichkeit aber von dem Patron und den Eingepfarrten getragen werden.

---

lichkeiten in gutem Stande erhalten und abliefern, ohne daß ihnen andere Reparaturen als die erwähnten, die ohne ihre Schuld in Folge von Zufällen oder durch den Lauf der Zeit nothwendig werden, zur Last fallen — Fol. 98 Kirch. O. v. 1563; R. v. 7. April 1738, 12. Mai 1774, 23. Novbr. 1775, 6. April 1817 (Prov. R. S. 113, 144) —. Bei Königl. Patronatkirchen erhalten sie freies Zaunholz, vgl. N. 322. Die nicht dem Pfarrer, dem Küster und den Predigerwitwen obliegenden Bau- und Reparaturkosten müssen in den Städten nach denselben Grundsätzen aufgebracht werden wie die für Kirchenbauten. Auf dem Lande fallen die Kosten, wenn die Pfarre keinen eigenen Baufonds hat, dem Kirchspiel zur Last und müssen durch einen besonderen Schoß aufgebracht werden — Fol. 84, 99, 103, 104 Kirch. O. v. 1563 —. Die Baupflicht ist nicht beschränkt auf solche Pfarrgebäude, die schon von Alters her bestehen — OTE. v. 10. Dezbr. 1851 (Entsch. 22, 114) —. Die Wittwengebäude in den Städten werden, wenn keine Wittwen vorhanden, für Rechnung der Kirche vermiethet — Fol. 108 Kirch. O. v. 1563 —.

IV. In der Mark Brandenburg sind bei Stadtpfarren sämmtliche Reparatur- und Baukosten, auch die für Zäune aus der Kirchenkasse zu bestreiten und erst bei deren Unvermögen vom Patron und der Gemeinde zu tragen; bei Landpfarren sind die Zäune und Gehege von den Eingepfarrten und dem Patron zu setzen und zu unterhalten, die Gebäude in ihren Pertinenzien und am Dache vom Pfarrer allein zu repariren; andere Reparaturen und Neubauten fallen dem Patron und den Eingepfarrten zur Last — Vis. u. Kons. Ordn. v. 1573 (Rabe 1, 3, 624, 625), RdMdgA. v. 4. Oktbr. 1862 (UCBl. S. 688) —. Bei den Kirchengebäuden fallen sämmtliche Reparaturkosten auch auf dem Lande den Eingepfarrten und dem Patron zur Last — a. a. O. (S. 627), OTrE. v. 29. März 1844, Präj. 1432 (Präj. Samml. 1, 209) —.

V. In Schlesien dürfen die katholischen Pfarrer nur solche Reparaturen ausführen, welche sie ohne baare Auslagen und durch ihre eigenen Leute bestreiten können, doch brauchen sie zu Dachreparaturen nicht mehr als ein Schock Schoben Stroh herzugeben, erhalten aber weder das alte Stroh noch die Holzspähne — Regl. de gravam. v. 8. Aug. 1750 (Korn, Ed. Samml. 5, 415) —.

VI. Im Herzogthum Magdeburg müssen Pfarrer und Küster alle Baulichkeiten in baulichem Wesen unterhalten, nur für das, was durch Alter oder Zufall ohne ihre Schuld reparaturbedürftig wird, haben sie nicht zu sorgen. Im Uebrigen gilt Alles, was für Kirchenbauten vorgeschrieben — § 3, 5, 6 u. 26 Kirch. O. v. 9. Mai 1739 —. Dasselbe gilt in den ehemals Sächsischen Landestheilen — Art. 32 Kirch. O. v. 1580 (C. A. 1, 700) —. Dagegen sind im Fürst. Halberstadt auf Grund einer durch R. v. 15. Novbr. 1752 bestätigten Observanz auch die Kosten der kleinen Reparaturen aus der Kichenkasse zu bestreiten (Lenz, Prov. R. S. 67).

VII. Im Herzogthum Westphalen, der Grafschaft Recklinghausen und dem Fürstenthum Paderborn haben die Pfarrer auch Alles, was nicht durch Alter oder Zufall ohne ihre Schuld reparaturbedürftig geworden, aus eigenen Mitteln zu unterhalten, sonst haben die Eingepfarrten allein die Baulast — § 3 ordin. Clem. v. 28. August 1715, renov. 15. Febr. 1740 (Schlueter, Prov. R. 3, 168) —. Im Fürstenthum Münster müssen die Pfarrer in Ermangelung dazu bestimmter Fonds oder von Verpflichtungen Dritter aus eignen Mitteln die Pfarrgebäude unterhalten — Art. 6 Decr. synod. v. 18. Juli 1827 (Schlueter, Prov. R. 1, 117) —. Im Fürstenthum Korvey haben die Eingepfarrten allein auch sämmtliche Reparaturen der Pfarr- und Küstergebäude zu bestreiten — Art. 5 c. 2 Kirch. O. v. 1690 (Wigand,

§ 790. Wegen Aufbringung und Vertheilung der Beiträge finden eben die Grundsätze wie bei Kirchengebäuden statt.

Prov. R. 3, 306) —; ebenso im Fürstenthum Minden und den Grafschaften Ravensberg, Tecklenburg, Lingen — § 5 Dorf-Ordn. v. 7. Febr. 1755 (Schlueter, Prov. R. 2, 160) —.

330. Ueber den Bau und die Unterhaltung der Schul- und Küsterhäuser verordnet das G. v. 21. Juli 1846 (GS. S. 392) Folgendes:

§ 1. Die Bestimmung des § 37 II, 12 ALR., nach welcher der Bau und die Unterhaltung derjenigen Schulhäuser, die zugleich Küsterwohnungen sind, auf eben die Art, wie bei Pfarrbauten vorgeschrieben, zu besorgen ist, soll fortan nur unter nachstehenden Beschränkungen und Maaßgaben (§ 2—6) zur Anwendung kommen.

§ 2. Einzelne Ortschaften, Gemeinden, Theile von Gemeinden oder Einwohnerklassen, welche innerhalb der Parochie, zu der die Küsterei gehört, mit Genehmigung der Behörden eine eigene öffentliche Schule haben, sind von Beiträgen zu denjenigen Bauten und Reparaturen an dem Schul- und Küsterhause frei, welche allein durch das Bedürfniß der Schulanstalt veranlaßt werden.

a. Auf Schulen, mit denen erst später eine Küsterei verbunden worden, findet das G. v. 21. Juli 1846 keine Anwendung — OTrE. v. 15. Febr. 1861 (UCBl. S. 358), RdMdgA. v. 2. Juli 1864 (UCBl. S. 501) u. v. 28. Novbr. 1865 (UCBl. 1865 S. 117—119) —.

b. Soll der Neubau eines noch reparaturfähigen Schul- und Küsterhauses ohne Erweiterung nur im Schulinteresse erfolgen, dann hat auch nur die Schulgemeinde die Kosten dafür zu tragen, die Kirchengemeinde und deren Patron haben nur soviel beizutragen, als sie zu den Reparaturkosten beizutragen gehabt haben würden — RdMdgA. v. 28. Juni 1865 (UCBl. S. 620) —. Ist dagegen das Schul- und Küsterhaus neubaubedürftig, und soll es in den bisherigen Dimensionen ohne eine Erweiterung im Schulinteresse neugebaut werden, dann liegt die Baulast allein der Kirchengemeinde und dem Kirchenpatron auch dann ob, wenn es schon vor Emanation des G. v. 21. Juli 1846 im Schulinteresse erweitert worden war, wenn es also z. B. schon eine zweite Schulklasse und zweite Lehrerwohnung enthält, denn für diesen Fall hat das G. v. 21. Juli 1846 keine Ausnahme von der Regel des § 37 II, 12 ALR. statuirt — OTrE. v. 23. Januar 1857 (Str. Arch. 23, 275), RdMdgA. v. 12. April 1859 (UCBl. S. 429), v. 11. Jan. 1862 (UCBl. S. 238) u. v. 4 Novbr. 1865 (UCBl. 1866 S. 117) —.

c. Die Neudielung der Schulstube dürfte wohl als ein ausschließlich durch das Bedürfniß der Schulanstalt nothwendig gewordener Bau anzusehen sein, weil die alten Dielen nur durch die Schulbesuchenden abgenutzt worden sind. Dennoch ist in dem RdMdgA. v. 11. Januar 1862 (UCBl. S. 238) ohne weitere Begründung das Gegentheil angenommen. Zum Bau des Brunnens wird dagegen die Schulgemeinde nichts beizutragen haben — RdMdgA. v. 9. August 1865 (UCBl. S. 497) —.

§ 3. Tritt bei dem mit der Küsterwohnung verbundenen Schullokale das Bedürfniß ein, die Schulstube zu erweitern oder Räume für neue Schulklassen oder zu Wohnungen für Lehrer zu beschaffen, so können weder die Kirchenkasse noch der Patron und die Eingepfarrten angehalten werden, die hierzu erforderlichen Bauten zu bewirken. In einem solchen Falle sind vielmehr diejenigen, welchen in Ermangelung eines Küsterhauses der Bau und die Unterhaltung einer gemeinen Schule am Orte obliegen würde, verpflichtet, jene Bauten nöthigenfalls durch Herstellung besonderer Gebäude auszuführen und auch künftig zu unterhalten.

Insbesondere müssen dieselben, wo ein solcher Erweiterungsbau mit dem bestehenden Schul- und Küsterhause in Verbindung gebracht wird, nach Verhältniß dieses Erweiterungsbaus zur Unterhaltung des Schul- und Küsterhauses, sowie im Falle eines Neubaus dieses Hauses zu dessen Wiederherstellung beitragen.

§ 4. Ist eine Schule in Gemäßheit des § 101 Gem. Th. Ordn. v. 7. Juni 1821 mit Land dotirt worden, so sind nur die zur Unterhaltung der Schule Ver-

§ 791. **Doch sind Filial- und zugeschlagene Gemeinden von allen Beiträgen zu Pfarr- und Küstergebäuden bei der gemeinschaftlichen Kirche frei, wenn sie eigene dergleichen Gebäude zu unterhalten haben.**

---

pflichteten schuldig, die dem Schullehrer zur Benutzung seines Landes etwa nöthigen Wirthschaftsräume, als: Scheune und Stallung, zu bauen und zu unterhalten.

d. Eine analoge Anwendung des § 4 auch auf andere Landdotationen der Schule, welche dieselbe als Schule, nicht als Küsterei erhalten hat, erklären die RdMdgA. v. 9. Juli 1861 (UCBl. S. 498) u. v. 6. Novbr. 1862 (UCBl. S. 687) ohne weitere Begründung für unzulässig, obwohl dieselbe mit den §§ 2 u. 3 und dem Zwecke des Gesetzes, die Kirchengemeinde und deren Patron von der Bauverpflichtung lediglich für Schulzwecke zu befreien, vollständig harmonirt.

§ 5. Die der Schulanstalt vorgesetzte Regierung ist befugt, in den Fällen der §§ 2—4 das Beitragsverhältniß der verschiedenen Verpflichteten bei dem Mangel einer gütlichen Einigung auf Grund sachverständiger Ermittelungen durch ein Resolut vorläufig festzusetzen und in Vollzug zu bringen. Gegen diese Festsetzung ist der Rekurs an das Ministerium der geistlichen und Unterrichtsangelegenheiten zulässig. Findet sich ein Theil durch eine solche Entscheidung der Verwaltungsbehörden verletzt, so steht ihm frei, gegen den andern Theil auf Entscheidung im Rechtswege anzutragen.

§ 6. Soweit ein Provinzial- oder Lokalgesetz oder das Herkommen mit dem § 37 II, 12 ALR. übereinstimmen, treten auch an ihre Stelle die Vorschriften des gegenwärtigen Gesetzes §§ 2—5. Jedoch soll da, wo das bisherige, mit der gedachten Vorschrift des ALR. übereinstimmende Rechtsverhältniß auf einem besonderen Rechtstitel beruht, durch das gegenwärtige Gesetz nichts geändert werden.

e. Hiernach dürfen also Observanzen, die von der Vorschrift des § 3 abweichen, nach denen also z. B. das ganze Lokal einschließlich des nur durch das Schulbedürfniß hervorgerufenen Erweiterungsbaus allein von der Kirchengemeinde oder deren Patron oder von beiden gebaut werden soll, fernerhin nicht mehr berücksichtigt werden — OTrE. v. 18. Februar 1861 (Entsch. 45, 338, Str. Arch. 40, 276) u. v. 13. Septbr. 1861 (Str. Arch. 47, 42), RdMdgA. v. 25. April 1867 (UCBl. S. 376) —. Dagegen sind für die Verpflichtungen der Kirchengemeinde und des Patrons, zu den ihnen in Gemäßheit des G. v. 21. Juli 1846 obliegenden Bauleistungen beizutragen, Provinzialrecht und Herkommen nach wie vor maaßgebend — OTrE. v. 22. Septbr. 1854 (Str. Arch. 15, 21) —.

f. Aus § 6 folgt e contrario, daß da, wo vom § 37 II, 12 ALR. abweichende Provinzial- oder Lokalgesetze oder Observanzen gelten, das G. v. 21. Juli 1846 nicht anwendbar ist — OTrE. v. 17. Novbr. 1856 (Str. Arch. 23, 55) —. Dies ist der Fall in Schlesien für die vor dem Erlaß des Land-Schul-Reglements v. 3. Novbr. 1765 bestandenen katholischen Kirchschulen — RdMdgA. v. 14. Juni 1860 (UCBl. S. 567) —.

g. Zu den im § 6 erwähnten besondern Rechtstiteln gehört auch ein vor Verkündigung dieses Gesetzes ergangenes rechtskräftiges Judikat, durch welches der Kirche für die Zukunft die gesammte Baulast auch für die durch das Schulbedürfniß hervorgerufenen Erweiterungen bestimmt auferlegt worden ist — OTrE. v. 20. Februar 1856 (Entsch. 33, 139) —.

Zu § 791.

331. Bei vereinigten Mutterkirchen, d. h. wenn mehrere Parochien und Kirchen zusammengeschlagen sind — § 246 h. t. —, haben nach dem aus den §§ 725, 726, 791 abzuleitenden Grundsatze, daß die gemeinschaftliche Baupflicht sämmtlicher Patrone und Eingepfarrten ein Korrelat der gemeinschaftlichen Benutzung der Kirchen- und Pfarrgebäude ist, in dem Falle, wenn nur bei einer dieser Kirchen Pfarrgebäude vorhanden sind, doch sämmtliche vereinigte Gemeinden und deren Patrone zu den Kosten der Bauten und Reparaturen dieser Pfarrgebäude beizutragen — OTrE. v.

§ 792. Dagegen ist eine Filial- und zugeschlagene Gemeinde von dem Beitrage zur Unterhaltung des Küsters bei der gemeinschaftlichen Kirche nicht frei, wenn sie gleich einen eigenen Schulmeister hat, sobald dieser das Küsteramt bei dem Gottesdienste nicht zugleich mitversieht.

§ 793. Predigerwittwenhäuser ist in der Regel weder die Kirchenkasse noch der Patron oder die Gemeinde zu unterhalten verbunden.

§ 794. Vielmehr müssen die Kosten aus dem von dem Erbauer dazu ausgesetzten Fond genommen und bei dessen Ermangelung oder Unzulänglichkeit von der Wittwe gegen den ihr zu Gute kommenden Genuß der freien Wohnung getragen werden.

§ 795. Ist aber das Haus von dem Patron und der Gemeinde selbst errichtet oder sonst mit ihrer ausdrücklichen Einwilligung zur Pfarre geschlagen worden, so gilt von desselben Unterhaltung Alles, was von Unterhaltung der Pfarrgebäude verordnet ist.

§ 796. Den Kirchenvorstehern liegt vorzüglich ob, darauf zu sehen, daß der Pfarrer und die übrigen zu kleinen Reparaturen verpflichteten Personen den Schaden nicht größer werden lassen.

---

11. Novbr. 1858 (Entsch. 39, 289) —. Besteht aber bei jeder der vereinigten Mutterkirchen ein Pfarrhaus, so darf die eine Gemeinde zur Unterhaltung des in der andern bestehenden Pfarrhauses nicht angehalten werden — OTrE. v. 30. April 1855 (Str. Arch. 16, 357) —. — Durch die Separation der Küstereien der Filialkirchen von den Küstereien an den Mutterkirchen nach der V. v. 2. Mai 1811 — vgl. N. 125 — wird in der Bauverpflichtung der Filialgemeinden nichts geändert — OTrE. v. 22. Juni 1848 (Rechtsf. 4, 173) —.

Zu §§ 793—795.

332. In Betreff der Predigerwittwenhäuser und deren Unterhaltung existiren folgende provinzialrechtliche Bestimmungen: Das Ostpreußische Prov. R. verordnet im Zus. 201: „Zur Unterhaltung der Wittwenhäuser sind hauptsächlich die Einkünfte der Wittwengrundstücke zu verwenden, welche in den Zeiten erspart werden, wenn keine Wittwen vorhanden sind. In Ermangelung solcher Einkünfte finden die Vorschriften des Zus. 200 Anwendung." Hieraus folgt, daß solche ersparte Einkünfte auch zum Neubau eines noch nicht vorhandenen Wittwenhauses ohne Weiteres verwendet werden dürfen. — Für Pommern vgl. N. 329, III. — In der Neumark wird laut Observanz das zu Bauten und Reparaturen der Wittwenhäuser erforderliche Holz bei Kirchen Königl. Patronats unentgeltlich aus Königl. Forsten gegeben (v. Kunow, Prov. R. S. 180, 252). — Im Fürstenthum Halberstadt werden die Wittwenhäuser laut Observanz aus dem Kirchenärar erhalten, und wenn keine Wittwe vorhanden, für dessen Rechnung vermiethet (Lentze, Prov. R. S. 69). — Im Herzogthum Magdeburg ist nach c. 15 § 2, c. 26 §§ 1 u. 6, c. 32 § 7 Kirch. O. v. 9. Mai 1739 die Kirche, soweit die Einkünfte des Kirchenärars ausreichen, verpflichtet, den Pfarrwittwen einen Wohnsitz oder Wohnungsentschädigung zu gewähren — OTrE. v. 11. Novbr. 1859 (Entsch. 43, 315, Str. Arch. 35, 245) —.

§ 797. Die geistlichen Oberen müssen bei Gelegenheit der Visitationen die Pfarrer und Kirchenbedienten zu ihrer Schuldigkeit auch in diesem Stücke ernstlich anhalten lassen.

§ 798. Hat ein Pfarrer oder Kirchenbedienter durch Vernachlässigung der kleinen Reparaturen oder durch schuldbar unterlassene Anzeige eines vorhandenen beträchtlichen Schadens zur Vergrößerung desselben Anlaß gegeben, so muß die Wiederherstellung auf desselben eigene Kosten geschehen.

Unterhaltung des Inventarii.

§ 799. Für die Unterhaltung des Garten-, Feld- und Wirthschaftsinventarii muß der Pfarrer als Nießbraucher sorgen.

Benutzung der Pfarräcker.

§ 800. Pfarräcker kann der Pfarrer ohne weitere Rückfrage verpachten; sein Amtsfolger ist aber an den von ihm geschlossenen Vertrag nicht gebunden.

Zu § 798.

333. Daß der Pfarrer oder Kirchenbediente, wenn er im Falle des § 798 die Wiederherstellung auf eigne Kosten verweigert, dazu durch Resolut der K. Regierung mit Vorbehalt des Rechtsweges im Verwaltungswege angehalten und im Wege der Administrativexekution der Bau ausgeführt und der Betrag der dafür entstandenen Kosten von ihm ohne gerichtliche Klage eingetrieben werden darf, folgt aus den §§ 707—709 h. t., der KO. v. 18. Februar 1805 (Rabe 8, 267) und dem RdMdgA. v. 16. Juli 1829 (Ann. 13, 522) —.

Zu § 799.

334. Im Herzogthum Magdeburg muß, wenn das Garten-, Feld- und Wirthschaftsinventar ohne Schuld des Pfarrers und der Seinigen durch Zufall verringert wird, das Fehlende zur Hälfte aus dem Kirchenärar, wenn Mittel vorhanden sind, zur Hälfte von den Eingepfarrten ersetzt werden — c. 22 § 22 Kirch. O. v. 9. Mai 1739 —. Auch in der Niederlausitz muß in solchem Falle das Fehlende aus der Kirchenkasse, eventuell von den Eingepfarrten ersetzt werden — R. v. 30. Dezbr. 1785 Nr. 1 (Neumann, Prov. R. S. 424) —.

Zu § 800 ff.

335. Zur ersten Anlage von Wegen, Triften und Tränken müssen auch die Pfarrer und Kirchenbedienten, wenn ihre Dienstländereien mit zur Gemeinheitstheilung gezogen worden, nach Verhältniß ihrer Theilnahmerechte beitragen, ebenso zur ferneren Unterhaltung. Auch sind sie zur Einhegung der Landabfindungen verpflichtet, wenn über dieselben hinweg oder an ihnen vorbei schmale Triften, auf denen das Vieh von den Hirten nicht zusammengehalten werden kann, gelegt worden sind — Gen. Kommiss. E. v. 1. März 1839 u. RdMdJ. v. 2. Oktbr. 1839 (Jur. CBl. S. 627, 631) —. — Liegen die Pfarräcker und Wiesen in der Dorfsfeldmark mit den bäuerlichen Grundstücken im Gemenge, so sind nach § 28 ff. II, 7 ALR. auch die Pfarrer als Miteigenthümer der Gemeindegründe zu betrachten und namentlich zu deren Nutzung durch Hutung berechtigt — OTrE. v. 27. Oktbr. 1843, Präj. 1355 (Entsch. 9, 312) —. Dasselbe gilt auch im Gebiete der Magdeburgischen Kirch. O. v. 9. Mai 1739 — OTrE. v. 11. August 1837, Präj. 316 (Präj. Samml. 1, 178) —, und haben daselbst die Prediger das Theilnahmerecht eines Ackerers an Gemeinweide und Holz, die Küster das eines Kossäthen, müssen aber ebenso auch zum Hirtenlohn beitragen — c. 21 § 21, c. 22 § 8, 9, c. 28 § 17 Kirch. O. v. 1739 —.

§ 801. Doch muß der Amtsfolger, wenn die Aecker in gewisse Felder getheilt sind, den Pächter so lange dulden, bis derselbe mit der Nutzung wenigstens einmal von Anfang der Pacht an durch alle Felder herumgekommen ist.

§ 802. Trifft die Anstellung des Nachfolgers in eine Zeit, da der Pächter die Benutzung der Felder nach der Reihe bereits von Neuem wieder angefangen hat, so muß der Nachfolger sich die Fortsetzung der Pacht so lange, bis die Reihe wieder herum ist, gefallen lassen.

§ 803. Ist der Pachtkontrakt mit Zuziehung des Patrons und der Vorsteher und unter ausdrücklicher Bestätigung der geistlichen Oberen geschlossen worden, so ist auch der Amtsfolger daran gebunden.

Benutzung des Pfarrwaldes.

§ 804. Gehört ein Wald zur Pfarre, so kann der jedesmalige Pfarrer denselben nach den Regeln der Forstordnung nutzen.

§ 805. Er ist aber Bauholz daraus zu verkaufen nicht berechtigt.

§ 806. Dergleichen Bauholz muß, soweit es ohne Abbruch des benöthigten Brennholzes für den Pfarrer geschehen kann, geschont und zu vorkommenden Bauen und Reparaturen an den Pfarr- und Küstergebäuden aufbewahrt werden.

Zu §§ 801 u. 802.

336. Jedenfalls muß der Amtsnachfolger gemäß § 388 u. 389 I, 21 ALR. dem Pächter den gesetzmäßigen Aufkündigungstermin, nämlich nach § 351 u. 352 das. 6 Monate vor Ablauf des Wirthschaftsjahres gestatten — OTrE. v. 9. Februar 1857 (Entsch. 35, 74) —. — Das Ostpreußische Prov. R. verordnet im Zus. 202:

§ 1. Der Amtsnachfolger muß, wenn sein Vorgänger zwischen dem 1. Juli und 1. April abgegangen ist, den Pächter bis zu Ende des laufenden Wirthschaftsjahres, wenn aber der Abgang des vorigen Pfarrers sich zwischen dem 1. April und 1. Juli ereignet hat, bis zu Ende des folgenden Wirthschaftsjahres die Pacht fortsetzen lassen.

§ 2. Bei den katholischen Kirchen im Ermlande muß der Pächter, wenn der Pachtkontrakt ohne Genehmigung der geistlichen Obern geschlossen ist, die Pacht sogleich räumen.

Das Westpreußische Prov. R. verordnet im § 47: „Der Amtsnachfolger ist nicht verbunden, den Pächter bis zum Ablauf des wirthschaftlichen Turnus in der Pacht zu belassen. Das Recht des Pächters endigt sich vielmehr, wenn der Amtsvorgänger zwischen dem 1. Juli und 1. April abgegangen ist, mit dem Ende des laufenden Wirthschaftsjahres; wenn aber der Abgang zwischen dem 1. April und 1. Juli erfolgte, mit dem Ablauf des nächstfolgenden Wirthschaftsjahres."

Zu §§ 804—813.

337. In der Mark Brandenburg haben die §§ 804—813 keine Gültigkeit, vielmehr darf der Pfarrer den Pfarrwald und die Bäume auf den Hufenschlägen wie jeder andere Nießbraucher nutzen — Visit. u. Kons. O. v. 1573 (Rabe

§ 807. Ist überflüssiges Bauholz vorhanden, so können die Vorsteher unter Genehmigung des Patrons oder Kirchenkollegii oder in deren Ermangelung der Gemeinde oder ihrer Repräsentanten dasselbe verkaufen und das gelöste Geld zinsbar belegen.

§ 808. Dergleichen Kapital gehört zum Pfarrvermögen und muß vorzüglich zu vorkommenden Bau- und Reparaturkosten an den Pfarr- und Küstergebäuden verwendet werden.

§ 809. So lange es aber zu diesem Behufe noch nicht gebraucht wird, kommen die Zinsen davon dem jedesmaligen Pfarrer zu gute.

§ 810. Auch Brennholz ist der Pfarrer nur soweit zu verkaufen berechtigt, als entweder der Pfarrwald in gewisse Schläge eingetheilt und ihm solchergestalt zum Nießbrauch eingeräumt, oder ihm ein gewisses Deputat daraus angewiesen ist, und er von diesem etwas erübrigen kann.

§ 811. Außer diesem Falle findet bei Brennholz, wenn etwas davon ohne Abbruch der Nothdurft des Pfarrers verkauft werden kann, eben das statt, was § 807—809 wegen des Bauholzes verordnet ist.

§ 812. Ist auf dem eigentlichen Hufenschlage der Pfarre Holz gewachsen, so kann ein nachfolgender Pfarrer zwar verlangen, daß dasselbe auf Kosten desjenigen, der eine solche Veränderung in der ursprünglichen Bestimmung des Grundes eigenmächtig vorgenommen hat, oder auf Kosten der Pfarr- oder Kirchenkasse weggeschafft und gerodet werde.

§ 813. Er kann aber weder an das geschlagene Holz noch an das dafür gelösete Geld Anspruch machen, sondern dieses verbleibt demjenigen, welcher die Kosten der Rodung getragen hat.

§ 814. Die Früchte und wirthschaftlichen Nutzungen von einzelnen auf dem Felde stehenden Obst- und anderen Bäumen gehören dem Pfarrer; an die Substanz der Bäume hingegen hat er keinen Anspruch.

1, 3, 621) —. — Weder auf Grund seines Nießbrauchs noch nach den Bestimmungen der §§ 812 u. 813 hat der Pfarrer, welcher das auf seinem Hufenschlage gewachsene Holz herunterschlagen läßt, auch wenn er das Land hat roden und zur Ackernutzung wieder brauchbar machen lassen, einen Anspruch auf das Eigenthum des Holzes. Dies gilt auch in der Mark — OTrE. v. 24. Januar 1853 (Entsch. 25, 169, Str. Arch. 8, 244) —. — Da der Pfarrer an dem Pfarrwalde nach § 804 ff. nur ein beschränktes Nutzungsrecht hat und in der Regel kein Holz verkaufen darf, so hat er auch auf die für die Entwendung von Holz und anderen Waldprodukten nach dem G. v. 2. Juni 1852 (GS. S. 305) erkannten Geldstrafen keinen Anspruch, vielmehr gehören dieselben zum Pfarrvermögen, und hat er davon nur den Zinsengenuß.

Von Pfarrbauern.

§ 815. Wo gewisse Dienst- oder Frohnleute zur Pfarre geschlagen sind, hat der Pfarrer in Ansehung ihrer Dienste eben die Rechte, wie ein Gutsherr gegen seine Unterthanen.

§ 816. Gerichtsbarkeit und andere gutsherrliche Rechte stehen dem Pfarrer über sie nur alsdann zu, wenn er dergleichen Gerechtsame durch Beleihung vom Staate oder durch Verjährung besonders erworben hat.

§ 817. Sind dergleichen Rechte in der Matrikel mit aufgeführt, so streitet die Vermuthung für den Pfarrer, daß dieselben auf eine rechtsgültige Weise zur Pfarre erworben worden.

Nutzung des Kirchhofes.

§ 818. Die Nutzung des Kirchhofes gehört der Regel nach nicht dem Pfarrer, sondern zu den Kircheneinkünften.

Zu § 815.

338. Das Ostpreußische Prov. R. verordnet im Zus. 203: „Das Deputatholz der Geistlichen und Schulbedienten muß von den Eingepfarrten und zwar unentgeltlich geschlagen und angefahren werden." Zur Anfuhr dürfen nur die gespannhaltenden Eingepfarrten nach Verhältniß ihrer Gespannkraft — § 38, 41 II, 7 ALR. — herangezogen werden. Die Einschlagung erfolgt durch die Forstverwaltung, zur Bezahlung des Schlägerlohnes oder Stecherlohnes für Torf sind nach den Ortsverfassungen entweder nur die nicht gespannhaltenden Eingepfarrten oder sämmtliche heranzuziehen — § 39 a. a. O. —. Daß observanzmäßig gewisse Kategorien von Eingepfarrten, z. B. die Köllmer, die städtischen Grundbesitzer, die nicht mit Grundstücken Angesessenen, von diesen Lasten frei sein können, unterliegt keinem Bedenken, weil nach § 33 II, 6 ALR. in jeder Korporation, also auch in den zu einer Kirche Eingepfarrten, Observanzen, welche den Gesetzen nicht direkt widersprechen, hauptsächlich berücksichtigt werden müssen, und Zus. 203 allen Eingepfarrten ohne Ausnahme die Last der Holzanfuhr und des Holzeinschlages nicht auflegt. Wollte man letzteres annehmen, so dürfte auch die Anfuhr nicht bloß von den Gespannhaltenden gefordert werden, was doch widersinnig und daher unmöglich ist. — Das Westpreußische Prov. R. verordnet in den §§ 48 u. 49:

§ 48. Für Brennholz und Torf, welche der Geistliche als Deputat empfängt, muß derselbe, wenn nicht ein Anderes durch Ortsgewohnheit bestimmt ist, das Schläger- und Stecherlohn aus eigenen Mitteln bezahlen.

§ 49. Hat der Geistliche nicht soviel Dienstland, daß zur Bearbeitung desselben Angespann erforderlich ist, so muß das Brennmaterial, welches er als Deputat empfängt, von den mit Grundstücken angesessenen Gemeindegliedern unentgeltlich angefahren werden.

Zu § 816.

339. Aus § 816 folgt, daß bei Pfarren und Kirchen die Vermuthung dagegen streitet, daß ihnen gutsherrliche Rechte zustehen, und müssen daher Inhaber von Pfarrbauerhöfen und Pfarr- oder Kirchenländereien, welche im Wege der Regulirung der gutsherrlich-bäuerlichen Verhältnisse die Eigenthumsverleihung für sich beanspruchen, immer erst nachweisen, daß der Pfarre oder Kirche gutsherrliche Rechte über sie zustehen — RKE. v. 21. Mai 1852 (Zeitschr. f. EKG. 5, 238) —. — Die dem Uebernehmer eines Pfarrguts auferlegten ungemessenen, d. i. nach Zahl, Entfernung und Reisezweck nicht bestimmten Reisefuhren stehen den ungemessenen Diensten gleich und sind, wo diese gesetzlich aufgehoben, ebenfalls fortgefallen — OTrE. v. 23. Februar 1848, Präj. 2011 (Entsch. 16, 241) —.

§ 819. Wenn jedoch ein Pfarrer den Kirchhof mit Maulbeerbäumen bepflanzt und für deren Abwartung und Kultur gehörig sorgt, so gebührt demselben die ganze Nutzung des Kirchhofes sowohl an Gras als an Früchten.

§ 820. Will der Pfarrer sich mit der Anpflanzung und Kultur der Maulbeerbäume solchergestalt nicht befassen, so steht dies dem Küster frei, welcher dagegen eben dieselben Vortheile von dem Kirchhofe zu genießen hat.

[**§ 821.** Ob und inwiefern den Pfarrern und anderen Kirchenbedienten die Accise- oder Abschoßfreiheit, das Recht zum Haustrunke und andere dergleichen besondere persönliche Vorrechte zukommen, wird in den Provinzialgesetzen näher bestimmt.]

Auseinandersetzung zwischen dem an- und abziehenden Pfarrer.

§ 822. Bei der Einweisung eines neuen Pfarrers muß demselben Wohnung und Wirthschaft von den Vorstehern unter Aufsicht und Direction des Patrons oder des Erzpriesters oder Kreisinspectors nach dem Inventario übergeben werden.

§ 823. Die Auseinandersetzung zwischen dem abgehenden Pfarrer oder dessen Erben und der Kirche in Ansehung der Substanz, sowie mit dem neuen Pfarrer in Ansehung der Nutzungen geschieht nach den in der Lehre vom Nießbrauche vorgeschriebenen Gesetzen. (§ 111 ff. Th. I Tit. 21.)

---

§ 821 ist in Folge der späteren Gesetzgebung antiquirt, ebenso Zus. 204 Ostpreuß. Prov. R.

Zu § 822.

340. Die Einweisung des neuen Pfarrers und die Auseinandersetzung mit dem abgehenden, dessen Erben oder der Kirche gehört zum Ressort der Regierungen — § 18 Reg. Instr. v. 23. Oktbr. 1817 (GS. S. 248), § 3 Nr. 5 V. v. 27. Juni 1845 (GS. S. 440), II, 5 e. CR. v. 1. Oktbr. 1847 (VMBl. S. 278) —. Die Einweisung erfolgt durch einen Kommissarius derselben (Superintendent oder Landrath), der die Wohnung und die Wiedemuthsstücke nach dem Inventarium, welches, wenn es noch nicht vorhanden sein sollte, anzulegen ist, unter Zuziehung der Kirchenvorsteher und des Patrons dem neuen Pfarrer zu übergeben, darüber ein Protokoll aufzunehmen und von allen Anwesenden unterschreiben zu lassen hat. Auf Verlangen der Interessenten soll der Kommissarius zugleich, nöthigenfalls mit Zuziehung von Sachverständigen, die Auseinandersetzung zwischen dem Anziehenden einerseits und der Kirche sowie dem Abgehenden oder dessen Erben andererseits hinsichtlich der Substanz wie der Nutzungen vornehmen — RdMdgA. v. 9. Novbr. 1836 (Ann. 21, 959) —. Diese Auseinandersetzungsverhandlungen sind stempelpflichtig — RdMdgA. u. dF. v. 9. August 1838 (Ann. 23, 640) —. Ist eine gütliche Vereinbarung bei dieser Auseinandersetzung nicht zu erreichen, dann muß der Unzufriedene den Rechtsweg beschreiten, etwaige Festsetzungen der Regierung haben für die Widersprechenden keine verbindliche Kraft und dürfen im Wege der Administrativexekution nicht vollstreckt werden — OTrE. v. 21. Januar 1861 (Entsch. 45, 305) —.

Zu § 823.

341. Der abgehende Pfarrer oder dessen Erben müssen die Pfarrgüter und die Gebäude mit allem Zubehör in der Zahl und Beschaffenheit,

§ 824. Wo daselbst zu Verbesserungen, die dem Nießbraucher vergütet werden müssen, die Einwilligung des Eigenthümers erfordert wird, da ist bei einem Pfarrer die Einwilligung des Patrons oder Kirchenkollegii und die Genehmigung der geistlichen Oberen erforderlich.

§ 825. Soweit dergleichen Verbesserungen dem abgehenden Pfarrer oder dessen Erben vergütet worden, werden dieselben der Pfarre einverleibt, und es gilt davon in Ansehung der folgenden Fälle alles das, was von Pfarrgütern überhaupt verordnet ist.

§ 826. Hat der neue Pfarrer die Vergütung solcher Verbesserungen aus eigenen Mitteln geleistet, so können er oder seine Erben bei seinem erfolgenden Abgange die Vergütung des dafür Gezahlten von dem Nachfolger fordern.

§ 827. Dergleichen einem Vorgänger von seinem Nachfolger zu leistende Vergütung dauert auch bei nachherigen Amtsveränderungen so lange fort, als nicht etwa auch dieser Werth der Verbesserung sowie die Verbesserung selbst der Pfarre einverleibt worden.

---

wie solches im Inventario (§ 822 h. t.) verzeichnet, eventuell von mittlerer Art und Güte unversehrt zurückgeben, für Verringerungen aber an der Substanz, sofern sie durch grobes oder mäßiges Versehen, an den Inventarienstücken, auch wenn sie durch Zufall entstanden sind, Ersatz leisten — 111, 119, 123 I, 21 ALR. —. Super-Inventarienstücke gehören dem Abgehenden oder dessen Erben — § 122 a. a. O. —. Durch widerrechtlichen Verzug kommen der abgehende Pfarrer oder dessen Erben in das Verhältniß unredlicher Besitzer — § 172 a. a. O. —. Für Verbesserungen der Sache können sie nur insofern Vergütung fordern, als dieselben mit ausdrücklicher schriftlicher Genehmigung des Patrons und der K. Regierung gemacht sind — § 124 a. a. O., § 824 h. t. —. Die Vergütung erfolgt im Mangel vorheriger Einigung nach einer zu legenden Rechnung, in welcher der Werth von Materialien, die aus dem Pfarrgute genommen, und die der Pfarrer auf andere Art hätte nutzen können, aber nichts für eigene Bemühungen und für Arbeiten der Dienstleute, sofern sie ohne Nachtheil des ordentlichen Wirthschaftsbetriebes geleistet worden, angesetzt werden darf — § 125—127 a. a. O. —. Die Einwilligung des Patrons und der K. Regierung darf nicht versagt, muß vielmehr auf Antrag des Pfarrers durch den Richter ergänzt werden, wenn die Verbesserung eine erhebliche ist und von dem Landesherrn oder den Nachbarn (z. B. bei Gründung einer Entwässerungsgenossenschaft) verlangt wird, oder wenn auf landesherrlichen Befehl eine Anstalt nicht zur Verbesserung des Guts selbst, sondern zur Erhaltung und Beförderung des gemeinen Wohls gemacht werden soll — § 128, 129 a. a. O., § 238—241 I, 18 ALR. —. Andere Verbesserungen dürfen der Pfarrer oder dessen Erben, wenn sie nicht vom Nachfolger oder nachträglich vom Patron und den geistlichen Obern als nützlich anerkannt und aus der Kirchenkasse vergütet werden, nur wegnehmen, sofern die Sache dabei zugleich in denjenigen Stand, in welchem sie sich früher befunden, wieder gesetzt werden kann — § 130, 131 I, 21 ALR. —. Die von der Kirche vergüteten Verbesserungen werden der Pfarre einverleibt — § 825 h. t. —, die von dem neuen Pfarrer vergüteten kann dieser, wenn sie vom Patron und den geistlichen Obern genehmigt werden, von seinem Nachfolger wieder vergütet verlangen und so fort, bis sie von der Kirche vergütet werden; die nicht genehmigten

§ 828. Hat aber der neue Pfarrer dem abgehenden oder dessen Erben Verbesserungen, für welche dieselben keine Vergütung fordern, sondern sie nur zurücknehmen konnten, bezahlt, so werden dieselben dadurch der Pfarre nicht einverleibt, der Pfarrer kann aber auch dafür bei seinem demnächst erfolgenden Abgange keinen Ersatz fordern.

§ 829. Vielmehr tritt er in Ansehung der Befugniß zur Zurücknahme nur in die Rechte des ursprünglichen Verbesserers.

§ 830. Soll gegen diese Regeln etwas durch Vertrag zwischen der Kirche und Pfarre an einer und dem abgehenden Pfarrer oder dessen Erben, ingleichen dem neuen Pfarrer an der andern Seite festgesetzt werden, so ist dazu die Genehmigung der geistlichen Oberen nothwendig.

---

darf er nur wegnehmen — § 826—829 h. t. —. Soll hierin durch Vertrag etwas geändert werden, so ist dazu die Genehmigung der Regierung erforderlich — § 830 h. t. —. Alles dies gilt auch von Gebäuden, die der abgehende Pfarrer auf Pfarrgrund aufgebaut hat — JMR. v. 16. Dezbr. 1833 (Erg. ad h. §) —. — Was die Verringerungen anbetrifft, so darf die Kirche veräußerte Pertinenzstücke entweder von dem dritten Besitzer zurückfordern oder sich wegen ihres Werths an den abgehenden Pfarrer oder dessen Nachlaß halten — § 133 a. a. O. —. Hat der Pfarrer Gebäude durch Vernachlässigung der ihm obliegenden Reparaturen verfallen lassen, so muß er die zur Wiederherstellung erforderlichen Kosten nach dem Gutachten von Sachverständigen erstatten — § 134 a. a. O., § 798 h. t. —. Dasselbe gilt von Dämmen, Teichen, Gräben, Brücken, Mühlen, Wasserleitungen, Wegen, Gehegen, Verzäunungen — § 135 a. a. O. —. Dagegen kann wegen anderer aus vernachlässigter Kultur oder sonstiger unwirthschaftlicher Verwaltung vorgeblich entstandenen Verringerungen kein Ersatz von ihm gefordert werden — § 136 a. a. O. —, also auch nicht wegen mangelhafter Aussaat und Feldbestellung oder wegen dadurch verringerten Ertrages der Pfarrländereien — OTrE. v. 23. April 1852, Präj. 2371 (Entsch. 23, 304) —, wodurch natürlich nicht ausgeschlossen ist, daß der abgehende Pfarrer soviel, als er nach dem Feldinventarium bestellt übernommen, auch bestellt seinem Nachfolger überliefern, eventuell für die nicht bestellten Aecker Vergütung gewähren muß — § 112, 132 a. a. O. —. Sind aber gewisse Rubriken durch unwirthschaftliche Ausbeute oder durch Ueberschwemmung und Versandung wegen unterlassener wirthschaftlicher Unterhaltung der Dämme und anderer Wasserbauten dergestalt verwüstet worden, daß dadurch der Ertrag des ganzen Guts eine dauernde Verminderung erlitten hat, dann muß entweder der durch Sachverständige zu ermittelnde gewöhnliche Mittelwerth der unwirthschaftlichen Ausbeute oder der Betrag des dafür gelösten Geldes, sowie das durch Sachverständige zu ermittelnde Entschädigungskapital für die verwüsteten Ländereien nach Abzug des Werths des Grundes und Bodens und des nach der Deterioration in die Stelle der verwüsteten Rubrik Getretenen von dem abgehenden Pfarrer oder dessen Erben erstattet und als Pfarrvermögen für den Pfarrer zinsbar angelegt werden — § 137, 138 a. a. O., § 564 ff., 572 ff. I, 18 ALR. —. Ebenso muß auch mit allem vom Pfarrer verkauften Bau- und Brennholz, nicht bloß mit dem unwirthschaftlich genutzten verfahren werden — § 805, 811 h. t., OTrE. v. 31. Januar 1859 (Entsch. 41, 330) —. In allen diesen Deteriorationsfällen darf auch noch während der Dauer des Nießbrauchs der Eigenthümer beim Gericht auf Wiederherstellung der Verschlimmerungen und angemessene Einschränkung des Nießbrauchers in seinen künftigen Verfügungen zur Vermeidung der Sequestration klagen — § 140—149 I, 21 ALR. —.

§ 831. Auch wegen der Auseinandersetzung über die Nutzungen gelten, soweit ausdrückliche Provinzialgesetze nicht ein Anderes bestimmen, die bei dem Nießbrauche vorgeschriebenen Regeln. (§ 143 ff. Th. I Tit. 21.)

Zu § 831.

342. Von allen Pfarrgrundstücken verbleiben dem abgehenden Pfarrer oder dessen Erben alle Nutzungen der früheren Jahre, gleichviel ob sie schon verzehrt, veräußert oder noch vorhanden sind, dagegen werden die Nutzungen des letzten Wirthschaftsjahres, in dem der Nießbrauch aufgehört, beziehlich des ersten, in dem er begonnen, zwischen dem Abziehenden und der Kirche sowie zwischen dieser und dem Anziehenden getheilt — *§ 143, 144 I, 21; § 195 I, 7* ALR. — Zu diesen Nutzungen gehört geschlagenes Holz nicht — § 803 ff. h. t. —, wohl aber Mauer- und Ziegelsteine, gebrannter Kalk und andere Gutserzeugnisse, welche der Pfarrer vermöge seines Nießbrauchs sich aneignen durfte und in früheren Jahren hat zubereiten und zum Gebrauche geschickt machen lassen — § 149 I, 21 ALR. —. Sie verbleiben, wenn sie schon verkauft, aber noch nicht abgeführt sind, mit ihrem Erlöse, wenn sie noch nicht verkauft sind, aber schon völlig fertig zum Verkauf bereit stehen, in natura dem Abgehenden oder dessen Erben, andernfalls der Pfarre, die aber das schon verwendete Arbeitslohn dem letzteren erstatten muß — § 145—148 a. a. O. —. Pfarrgüter, mit welchen Ackerbau und Viehzucht verbunden ist, auch wenn sie in einem Stadtbezirke liegen, müssen bis zum Ende des Wirthschaftsjahres für gemeinschaftliche Rechnung des Abziehenden oder dessen Erben und der Pfarre von den Kirchenvorstehern verwaltet werden — § 151, 152, 169 a. a. O, § 48, I, 2 ALR. —. Das Wirthschaftsjahr wird vom 1. Juli an gerechnet — § 199 I, 7 ALR. —. Dabei muß jeder zum Nießbrauche gehörige Ertrag des Guts vom Anfange des Wirthschaftsjahres an in Einnahme kommen, jedoch ohne den Werth solcher Naturalien, welche der Nießbraucher schon verzehrt hat oder noch bis zum Ende der Verwaltung zu seinem und seiner Familie Unterhalt wirthschaftlich verwendet, und ohne die Vorräthe, welche am Ende des Wirthschaftsjahres zum Betriebe der Wirthschaft bis zur nächsten Ernte zurückgelassen werden müssen — § 153, 154, 161—163 I, 21 ALR. —. In Ausgabe kommen die laufenden und alle zur ordentlichen Führung und Fortsetzung der Wirthschaft erforderlichen Ausgaben, sowie die Vergütung, welche nach den zur Zeit der Uebergabe geltenden Marktpreisen der nächsten Stadt für solche Naturalien vom Abziehenden oder dessen Erben zu entrichten ist, welche im letzten Wirthschaftsjahre verkauft sind und deshalb an den zum Wirthschaftsbetriebe bis zur nächsten Ernte zurückzulassenden Vorräthen fehlen — § 155—158, 164 a. a. O. —. Die Angaben, Aufzeichnungen und Rechnungen des Nießbrauchers über Einnahmen und Ausgaben des letzten Jahres vor geendigtem Nießbrauche gelten auch ohne eidliche Bestärkung so lange als richtig, bis ihre Unrichtigkeit nachgewiesen worden — § 165 a. a. O. —. Was nach Abzug aller Ausgaben als Ueberschuß oder Einbuße sich ergiebt, wird nach Verhältniß der vor und nach Endigung des Nießbrauchs verflossenen Zeit zwischen dem Abziehenden und seinen Erben einerseits und der Pfarre andererseits getheilt — § 166, 167 a. a. O. —. Zu außerordentlichen Verbesserungen darf ohne Einwilligung aller Betheiligten und der K. Regierung von den Einkünften des letzten Jahres nichts verwendet, doch dürfen angefangene Verbesserungen auf Kosten der Pfarre mit Genehmigung der K. Regierung fortgesetzt werden — § 159, 160 a. a. O. —. Ist das Gut verpachtet, so wird das Pachtgeld nach Abzug der Abgaben und Wirthschaftsausgaben pro rata temporis getheilt — § 168 a. a. O. —. Von Grundstücken, mit denen keine Landwirthschaft verbunden ist, sowie von Gerechtigkeiten, z. B. Dezem, Kalende u. s. w. — OTrE. v. 3. Februar 1862 (Entsch. 48, 296) — und ausstehenden Kapitalien werden alle Nutzungen und Lasten bis zum Ablaufe des Quartals, in dem der Nießbrauch aufgehört, zum Vermögen und Nachlaß des Nießbrauchers, und das Jahr vom 1. Juni an gerechnet — § 170, 171 a. a. O. —. Die Ueberschüsse fließen zur Pfarrvakanzkasse, welche unter der Aufsicht des Konsistorii steht — I, 16, 17 ER. v. 1. Oktbr. 1847 (BMBl. S. 278) —, über welche letzteres allein zu

disponiren, und aus der es die Kosten für den von ihm zu bestellenden Verwalter und Amtsverweser zu entnehmen hat, jedoch muß es der Regierung davon Nachricht geben — RdMdgA. v. 6. Septbr. 1858 (Aktst. 2, 264) —.

343. Die hierher gehörigen Provinzialgesetze sind folgende:

I. Das Ostpreußische Prov. R. verordnet im Zus. 205:

§ 1. In Ostpreußen und Littauen wird bei der Auseinandersetzung die Ernte mit dem letzten September für beendigt gehalten, und das Wirthschaftsjahr vom 1. Oktober gerechnet.

§ 2. Wo die Einsaat und das übrige Wirthschaftsinventarium nicht zur Pfarre gehört, muß dasselbe nebst dem vorhandenen Heu, Stroh und Dünger dem neuen Pfarrer für die Taxe gelassen werden, und dieser muß den in den Aeckern befindlichen Dünger nach Verhältniß der Zeit bis zur neuen Düngung vergüten.

§ 3. Die im Laufe des Jahres fällige Kalende wird mit dem letzten September für erworben gehalten.

§ 4. Vom Deputatholze werden auf die ersten 6 Monate vom 1. Oktober bis 1. April ⅔, auf die letzten 6 Monate wird ⅓ vertheilt.

§ 5. Im Ermlande wird die Ernte mit dem letzten August für vollendet angenommen, und das Wirthschaftsjahr vom 1. September an gerechnet.

§ 6. Ist der vorige Kanonikus oder Pfarrer im ersten Quartale, doch nach vollendeter Wintersaat abgegangen oder verstorben, so erhält derselbe oder dessen Erben vom künftigen Wintergetreide ¼, im zweiten ½, im dritten ¾ und im vierten die ganze Ernte.

§ 7. Ereignet sich die Vakanz nach bestellter Sommersaat und vor dem 1. Juli, so erhalten der Abgehende oder dessen Erben die Hälfte, wenn sich aber die Vakanz nach dem 1. Juli ereignet, die ganze Ernte an Sommergetreide.

§ 8. Nach den im § 6 u. 7 bezeichneten Verhältnissen erhält der Nachfolger die künftige Winter- und Sommersaat unentgeltlich.

§ 9. Heu und Stroh verbleiben dem Nachfolger, wenn zur Zeit des Abgangs die Einfuhr noch nicht geschehen ist; von dem schon eingefahrenen Heu und Stroh erhält er die Hälfte, und in Absicht des Heus vergütet der Nachfolger die Erntekosten verhältnißmäßig.

§ 10. Auf Gartenfrüchte, welche der Abgehende gesäet oder gepflanzt hat, gebührt dem Nachfolger kein Anspruch.

§ 11. Baum- und andere Früchte, die zur Zeit des Abganges von der Substanz noch nicht getrennt waren, verbleiben dem Nachfolger.

§ 12. Der Nachfolger behält den Dünger und das geschlagene Holz auch dann, wenn es schon zusammengefahren sein sollte.

§ 13. Alle übrigen Einkünfte mit Einschluß der Natural- und Geldpacht müssen zwischen dem Nachfolger und dem Abgehenden oder dessen Erben nach Verhältniß der Zeit getheilt werden; wobei in Absicht der Pacht das Jahr vom 1. September, in Absicht des Sackzehnten vom 11. November und in Absicht der Offertoralien vom Sonntage Quasimodogeniti gerechnet wird.

§ 14. Unter diesen näheren Bestimmungen sind sowohl in Ostpreußen und Littauen als im Ermlande die Vorschriften des allgemeinen Landrechts anzuwenden.

§ 15. Die Diäten und baaren Auslagen der bei der Auseinandersetzung zugezogenen Gerichtspersonen und Sachverständigen werden bei den protestantischen Pfarrern von jedem Theile zur Hälfte entrichtet, jedoch müssen Gerichtspersonen die Wittwen und Kinder des Verstorbenen mit den auf deren Antheil fallenden Diäten verschonen. Bei den katholischen Kirchen im Ermlande trägt der neue Pfarrer zu diesen Kosten nichts bei.

II. Für Westpreußen bestimmt die V. v. 3. Juni 1842 (GS. S. 208): „daß in der bischöflichen Diözese von Kulm bei Auseinandersetzungen zwischen den abgehenden katholischen Pfarrern oder den Erben verstorbener und deren Amtsnachfolgern über die Nutzungen des Pfarrbeneficiums die Vorschriften § 823 ff. II, 11 ALR. überall zur Richtschnur dienen sollen."

III. In Pommern existiren über diese Auseinandersetzungen in jeder einzelnen Synode besondere, auf Synodalbeschlüssen beruhende Bestimmungen (Prov. R. S. 149).

IV. Für die Mark Brandenburg bestimmt die Visit. u. Konsist. O. v. 1573

(Rabe 1, 3, 622 u. 623) Folgendes: Jeder Pfarrer muß außer dem Inventarium auch den vorhandenen Mist dem Nachfolger hinterlassen; sonst soll er der Regel nach das Einkommen und die Früchte der Pfarre zu jeder Zeit pro rata temporis haben und behalten. Wenn ein Pfarrer auf Michaelis (1. Oktober) anzieht, soll er die Wintersaat auf dem Felde, oder wenn nichts gesäet, vom Vorgänger oder dessen Erben die Kosten dieser Saat und Bestellung erhalten. Bleibt der einziehende Pfarrer das ganze Jahr über Pfarrer, so gebraucht er auch alle Nutzungen und Einkünfte der Pfarre. Stirbt er oder zieht er ab im Laufe des Jahres, so erhalten er oder seine Erben alle Accidentalien, den Antheil der Winter- und Sommersaat, des gewonnenen Heus, Strohs, der Gartenfrüchte ausschließlich des Obstes, der Pächte und Zehnten pro rata temporis. Ebenso müssen der Abziehende oder die Erben des Verstorbenen zu den Kosten der Sommersaat- und der künftigen Wintersaatbestellung pro rata temporis beitragen. Nur der Fleischzehnt fällt demjenigen zu, welcher zu der Zeit, wo er gegeben wird, Pfarrer ist, und das Obst demjenigen, der zur Zeit der Reife Pfarrer ist.

V. Im Herzogthum Magdeburg wird das Wirthschaftsjahr vom 1. Oktbr. ab gerechnet, auch muß dem neuen Pfarrer das vorräthige Heu, Grummet, Getreide, Stroh und Dünger auf Verlangen gegen billige Entschädigung gelassen werden; das Laudemium fällt ungetheilt demjenigen zu, in dessen Besitzzeit es fällig geworden — § 15, 18 c. 22, § 26 c. 21 Kirch. O. v. 9. Mai 1739 —. Auch im Fürstenthum Halberstadt wird das Wirthschaftsjahr observanzmäßig vom 1. Oktober an gerechnet (Lentze, Prov. R. S. 69). In den vormals Sächsischen Landestheilen, in denen das Landrecht durch das Publ. Pat. v. 15. Novbr. 1816 eingeführt worden ist, soll unbeschadet besonderer Observanzen nicht das im § 199 I, 7 ALR. vorgeschriebene, sondern das bisherige observanzmäßige Wirthschaftsjahr vom 1. Oktober bis 30. September gelten; auch soll es in Ansehung des Einkommens von Kapitalien und Gerechtigkeiten, namentlich der Geld- und Naturalgefälle, und in Ansehung der Naturaldeputate unter Ausschließung des § 171 I, 21 ALR. bei der bisherigen Observanz verbleiben — G. v. 10. Mai 1855 (GS. S. 267) —. Nach dieser Observanz findet die Theilung aller Einkünfte und Früchte pro rata temporis statt, wobei das Jahr vom 1. Oktober ab gerechnet, die bis zum 30. April fälligen oder geernteten Früchte aber zum verflossenen und die vom 1. Mai bis 30. September fälligen oder geernteten zum nächsten Michaelistermin gerechnet werden — Art. 41 Kirch. O. v. 1580, R. v. 12. Dezbr. 1698 (C. A. 1, 711 u. 813) —. Nur das jährliche Holzdeputat oder dessen Geldäquivalent wird so vertheilt, daß auf das Sommerhalbjahr $1/3$, auf das Winterhalbjahr $2/3$ davon gerechnet werden, wenn es aber, wie in der Regel, nur nach Bedürfniß gegeben wird, so verbleibt der vorhandene Vorrath dem Nachfolger ganz — R. v. 13. Dezbr. 1724 u. 12. Februar 1742 —.

VI. Für die katholischen Geistlichen in Westphalen gilt die V. v. 3. Juli 1843, betreffend die Vertheilung der Einkünfte erledigter katholischer Kuratstellen im Bisthum Paderborn und in den rechtsrheinischen Theilen des Erzbisthums Köln und der Bisthümer Münster und Trier (GS. S. 289), welche lautet:

§ 1. Wird eine katholische Kuratstelle durch den Tod des Inhabers erledigt, so verbleibt dessen Erben das mit der Stelle verbundene Einkommen noch während dreier Monate, vom 1. desjenigen Monats an gerechnet, der auf den Sterbemonat folgt, gegen die Verpflichtung zur Tragung aller mit Verwaltung der Stelle verbundenen Kosten und Lasten.

Die bischöfliche Behörde bestellt während dieser Zeit den Administrator und bestimmt auch dessen Remuneration. — Demselben muß das zu seinem Bedarf erforderliche Gelaß in der Amtswohnung sofort eingeräumt werden.

§ 2. Zur Bestimmung des Antheils der Erben an dem Einkommen (§ 1) wird dessen Jahresbetrag vom 1. Januar bis 31. Dezember berechnet, und dieser nach Verhältniß der Zeit getheilt.

§ 3. Die Bestimmung des § 2 findet auch auf die Pacht- und Miethgelder der zu der Stelle gehörigen Gärten, Aecker, Wiesen und anderen Grundstücke Anwendung. — Sind die Grundstücke durch Selbstbewirthschaftung genutzt worden, so werden die Früchte nach deren Einsammlung, sowie die Kosten der Einsaat und Bestellung durch zwei Sachverständige abgeschätzt.

§ 832. Doch kommen die Stolgebühren nur demjenigen zu, welcher die Handlung verrichtet hat.

Der Ueberschuß, welcher sich nach dem aus den Abschätzungen beider Taxatoren gezogenen Mittelsatze ergiebt, wird in gleicher Art wie das Pachtgeld getheilt. Von den beiden Sachverständigen wird der eine durch die Erben und der andere durch den Nachfolger im Beneficium, oder falls dieser noch nicht ernannt ist, durch den Vertreter des erledigten Beneficii gewählt. Findet die Wahl Widerspruch, so geht diese auf den kompetenten Landdechanten über.

§ 4. Stolgebühren und Oblationen für geistliche Handlungen bleiben von den zur Theilung kommenden Einkünften (§§ 1—3) ausgeschlossen und werden ganz von demjenigen bezogen, welcher die Handlung verrichtet hat. Dasselbe gilt von Memorien- und Anniversarien-Stipendien, selbst wenn solche bei der Dotation der Stelle dem Kuratgeistlichen auf sein Amtseinkommen besonders angerechnet sein sollten.

§ 5. Die Auseinandersetzung wird durch die bischöfliche Behörde geleitet und festgestellt. — Den Betheiligten ist gegen deren Entscheidung die Berufung auf rechtliches Gehör gestattet; es muß aber solche binnen vier Wochen, von dem Tage an gerechnet, an welchem ihnen die Entscheidung bekannt gemacht worden ist, eingelegt werden. Auch kann die bischöfliche Behörde, wenn sie es für zweckmäßig erachtet, selbst die Sache auf den Rechtsweg verweisen.

§ 6. Ergeben sich bei der Auseinandersetzung streitige Fragen, worüber die gegenwärtige Verordnung keine Bestimmung enthält, so finden bei der Entscheidung die Vorschriften des Civilrechts, insbesondere die vom Nießbrauche Anwendung.

§ 7. Diejenigen Inhaber von Kuratstellen, welche zu deren definitivem titulirten Besitze vor Publikation der gegenwärtigen Verordnung gelangt sind und ihren Vorgängern oder deren Erben das Amts- oder Nachjahr oder beides haben zugestehen müssen, dafür aber ein Gleiches bei ihrem dereinstigen Abgange oder zu Gunsten ihrer Erben zu erwarten hatten, behalten den Anspruch hierauf unverkürzt; ihre Nachfolger müssen diesen Anspruch gegen sich gelten lassen, erhalten aber dennoch nur Anspruch auf die im § 1 bestimmten Rechte.

§ 8. Sollte die Wiederbesetzung der erledigten Stelle sich über die Zeit hinaus verzögern, in welcher die Erben des Benificirten das Einkommen der Stelle zu genießen haben, so ist das hieraus entstehende Ersparniß nach näherer Bestimmung der bischöflichen Behörde zum Besten des Beneficii zu verwenden.

§ 9. Die vorstehenden Bestimmungen (§§ 1—8) finden keine Anwendung, wenn eine Stelle durch Versetzung oder durch Amtsentsetzung erledigt wird. In dem Falle einer Versetzung tritt der Versetzte mit demjenigen Tage aus dem Genusse des Einkommens seiner bisherigen Stelle, an welchem er zum Genusse des Einkommens der neuen Stelle gelangt; in dem Falle einer Amtsentsetzung verliert der Entsetzte das Einkommen seiner bisherigen Stelle mit dem Tage der Rechtskraft der Entscheidung.

§ 10. Die Rechte der Administratoren einer erledigten Kuratstelle auf das mit der Stelle verbundene Einkommen sind lediglich nach den Bedingungen zu beurtheilen, unter denen ihnen die Verwaltung aufgetragen worden ist.

§ 11. Alle den Gegenstand der gegenwärtigen Verordnung betreffende ältere Gesetze, Verordnungen, Statuten, Kapitelbeschlüsse, bischöfliche Ordinationen und Observanzen werden hiermit aufgehoben.

Zu § 832.

344. Das Ostpreußische Prov. R. verordnet im Zus. 206: „Während der Vakanz erhält derjenige, welcher geistliche Handlungen verrichtet, wofür Stolgebühren gezahlt werden, diese Gebühren nur alsdann, wenn ihn die Erben des Verstorbenen nicht beköstigen." — Bei den evangelischen Kirchen in der Provinz Westphalen gehören, wenn ein Nachjahr stattfindet, die Stolgebühren den Nachjahrsberechtigten, nicht den das Amt inzwischen versehenden Stellvertretern — § 56 u. 65 Kirch. O. v. 5. März 1835 (Ann. 19, 104) —; ebenso in Pommern, der Mark Brandenburg, der ganzen Provinz Sachsen und der Niederlausitz. Vgl. N. 346.

Sterbequartal.

§ 833. Das Sterbequartal kommt der Wittwe und den Kindern des im Amte gestorbenen Pfarrers zu gute.

§ 834. Doch müssen dieselben davon die Begräbnißkosten, soweit die Einkünfte dazu hinreichen, bestreiten.

§ 835. Zum Nachtheile der Gläubiger des verstorbenen Pfarrers können auch seine Wittwe und Kinder auf das Sterbequartal keinen Anspruch machen.

§ 836. Dagegen kann ihnen der Mann und Vater diesen Genuß durch letztwillige Verordnung zu Gunsten anderer Erben nicht entziehen.

§ 837. Sowohl das Amtsjahr als das Sterbequartal werden von dem ersten Tage desjenigen Monats, in welchem der Pfarrer eingewiesen worden, berechnet.

Gnadenjahr.

§ 838. Das Gnadenjahr oder die Gnadenzeit findet nur bei den protestantischen Pfarrern und nur an Orten statt,

---

Zu § 833.

345. In Betreff des Sterbequartals existiren folgende provinzialrechtliche Modifikationen und Abweichungen:

I. Das Ostpreußische Prov. R. verordnet im Zus. 207:

§ 1. Das Sterbequartal gebührt bei protestantischen Gemeinden allen Erben des im Amte verstorbenen Pfarrers.

§ 2. Inwiefern der Erblasser berechtigt war, seiner Wittwe und seinen Kindern den gesetzlichen Antheil an dem Nachlasse zu entziehen, sind diese durch seine Verfügungen auch in Ansehung des Sterbequartals gebunden.

§ 3. In Absicht des dem Pfarrer aus öffentlichen Kassen ausgesetzten Gehalts wird das Amtsjahr vom 1. Juni, in Absicht der übrigen Pfarreinkünfte vom 1. Oktober gerechnet.

II. In Pommern kommt observanzmäßig das Sterbequartal in Ermangelung von Wittwen und Kindern des Pfarrers auch den andern Intestat- oder Testamentserben zu (Prov. R. S. 149). — In dem Herzogthum Magdeburg und dem Fürstenthum Halberstadt kommt das Sterbequartal nicht vor, vgl. N. 346; in den ehemals Sächsischen Landestheilen giebt es nur einen Sterbemonat, der zum Nachlasse des verstorbenen Pfarrers gehört — Kirch. O. v. 1580 (C. A. 1, 535) —, in der Oberlausitz dagegen gilt das Landrecht — RbOKR. v. 4. März 1858 (Aktst. 2, 259) —. In Betreff Westphalens vgl. N. 343 VI.

III. In der Mark Brandenburg gehört das Sterbequartal zum Nachlasse, mithin kann der Verstorbene auch letztwillig frei darüber verfügen, und muß es auch zur Befriedigung der Gläubiger verwendet werden — V. v. 20. Novbr. 1704 (Mylius I, 2, 153) —; nicht minder verbleibt es in Ermangelung von Wittwe und Kindern allen Erben eines Predigers ohne Unterschied, dafür müssen diese aber auch während der Dauer desselben gleich der Wittwe und den Kindern die Bewirthung der das Amt inzwischen verwaltenden Prediger übernehmen — V. v. 20. Oktbr. 1763 (N. C. C. III, 295) —. Zum Sterbequartale gehören alle Einkünfte, auch die Stolgebühren; es dauert nur vom Todestage bis zum Beginn des nächsten Kalenderquartals — V. v. 20. Novbr. 1704 (Mylius I, 2, 153) —.

Zu § 838.

346. Die provinzialrechtlichen Bestimmungen in Betreff der Gnadenzeit sind folgende:

wo es durch Provinzial-Kirchenordnungen eingeführt oder durch Gewohnheit hergebracht ist.

I. Das Ostpreußische Prov. R. verordnet in den Zusätzen 208–212:

Zus. 208. (Zu § 838–841, 844–851.) § 1. Nach Ablauf des Sterbequartals findet bei den lutherischen Pfarrern noch ein Gnadenquartal statt.

§ 2. Wird noch während desselben der neue Pfarrer eingewiesen, so muß die Wittwe mit den Kindern, wenn ein Wittwenhaus vorhanden ist, die Wohnung sogleich räumen; wenn aber kein Wittwenhaus vorhanden ist, oder bloß Kinder das Gnadenquartal genießen, so müssen sie die Wohnung mit dem neuen Pfarrer theilen.

§ 3. Der neue Pfarrer muß von denjenigen, die das Gnadenquartal genießen, beköstigt werden, auch Holz und Licht erhalten.

§ 4. Die Wittwen, Kinder und Enkel der deutsch-reformirten Prediger genießen nach abgelaufenem Sterbequartale noch ein Gnadenjahr von allem fixirten und zufälligen Einkommen, wogegen sie für die Verwaltung des Amts unter Genehmigung des Kirchendirectorii auf eigene Kosten sorgen müssen.

§ 5. Es macht bei lutherischen sowohl als reformirten Pfarrern keinen Unterschied, ob die Kinder noch in väterlicher Gewalt, und die Enkel im Hause und in der Verpflegung des Großvaters sind oder nicht. Die Wittwe theilt das Gnadenjahr mit den Kindern und Enkeln, so daß die Wittwe die eine, die Kinder und Enkel die andere Hälfte erhalten, die Gläubiger des Verstorbenen aber darauf keinen Anspruch machen können.

Zus. 209. (Zu § 852.) Wenn kein Gnadenjahr stattfindet, wächst das von den Pfarreinkünften übrig bleibende bei lutherischen Kirchen dem Kirchenvermögen zu.

Zus. 210. (Zu § 853, 855.) Wenn der neue lutherische Pfarrer bereits eingewiesen ist, gehören ihm die Stolgebühren auch vor Ablauf des Gnadenquartals, sonst findet das im Zus. 207 Vorgeschriebene Anwendung.

Zus. 211. (Zu § 854.) Während der Vakanz einer lutherischen Pfarre muß die Gemeinde die Fuhren zur Abholung und Zurückführung des Vikars unentgeltlich leisten.

Zus. 212. (Zu § 856.) § 1. Außer dem Gnadenquartale und Gnadenjahre gebührt den Wittwen protestantischer Prediger da, wo Wittwenhaus und Garten vorhanden und besondere Predigerwittwenhufen zur Pfarre geschlagen sind, der Genuß derselben, insofern sich nicht bereits eine ältere Wittwe im Genusse befindet.

a. Die ältere Wittwe schließt, wenn nicht durch Observanz oder Statuten etwas Anderes bestimmt ist, die später hinzugekommene Wittwe aus; wenn letztere auch die des ersten Geistlichen ist — RdMdgA. v. 17. März 1832 —.

§ 2. In Absicht des Umfangs der den Wittwen an Wohnung, Garten und Hufen zustehenden Nießbrauchsrechte sind die Vorschriften der §§ 778–803 II, 11 ALR. und die Zus. 200 ff. anzuwenden.

§ 3. Bei Verpachtung solcher Wittwengrundstücke muß die Pacht entweder dem Pfarrer des Orts oder dem Pächter des Pfarrackers vor Andern überlassen werden.

§ 4. Bei der Auseinandersetzung der Wittwe oder deren Erben mit der Kirche oder einer zum Genusse gelangenden jüngeren Wittwe finden die Vorschriften der §§ 822–831 II, 11 ALR. und des Zus. 205 überall Anwendung.

§ 5. In Ermangelung des Wittwenhauses genießen die Predigerwittwen die etwa besonders ausgesetzte Wohnungsmiethe.

§ 6. Den Wittwen der lutherischen Prediger muß die Gemeinde einen besonderen Wittwengehalt aussetzen. Sind aber mehr als eine Wittwe zu gleicher Zeit vorhanden, so ist die Gemeinde den letzten Wittwen nur da, wo es bisher üblich gewesen ist, Wittwengehalt auszusetzen verpflichtet.

§ 7. In der Regel ist der Betrag des Wittwengehalts auf 100 Gulden (33 Thlr. 10 Sgr.) anzunehmen, und die Wittwe nur da ein Mehreres zu fordern berechtigt, wo ein größerer Wittwengehalt hergebracht ist.

§ 8. Wo die Verfassung des Kirchspiels die Aufbringung von 100 Gulden nicht gestattet, muß die Wittwe auch mit einer geringeren Summe sich begnügen.

§ 9. Der Wittwengehalt muß vierteljährlich vorschußweise entrichtet werden.

§ 10. Der Wittwengehalt wird bei Stadtgemeinden nach den Feuerstellen und bei Landgemeinden nach der Hufenzahl in der Art zusammengebracht, daß auch der Patron wegen der Vorwerkshufen nicht ausgenommen ist. Wo Stadt- und Landgemeinden zu einer Parochie gehören, wird die Hauptsumme zwischen ihnen nach der Seelenzahl vertheilt.

b. Auch Fiskus als Besitzer von Domänenvorwerken hat bei Königl. Patronatskirchen zu dem Wittwengehalt beizutragen — RdMdKH. v. 28. Febr. 1830 —.

§ 11. Wo der Wittwengehalt bis jetzt nicht von der Gemeinde aufgebracht, sondern aus der Kirchenkasse entrichtet ist, da hat es bei der bisherigen Verfassung sein Bewenden.

§ 12. Die Wittwen und Kinder der deutsch-reformirten Prediger in Ostpreußen und Littauen und der Lehrer an der Parochialschule in Königsberg genießen aus der Prediger-Wittwenkasse in Königsberg die nach der besonderen Verfassung der Kasse ausgemessene Pension. In Ansehung der Wittwen lutherischer Prediger und Schullehrer verbleibt es bei der observanzmäßigen Verfassung eines jeden Orts.

§ 13. Wo die Wittwe eines protestantischen Predigers vom Patron Deputatholz erhält, muß dasselbe von den Eingepfarrten, insofern es den Betrag von zwei Achteln nicht übersteigt, unentgeltlich nach dem in den §§ 715, 716 II, 11 ALR. bestimmten Verhältnisse geschlagen und angefahren werden.

c. Bei Kirchen Königl. Patronats sollen die bedürftigen Predigerwittwen stets 2 Achtel Brennholz aus Königl. Forst unentgeltlich erhalten — KO. v. 6. Septbr. 1810 —.

§ 14. Der Genuß der Wittwengebührnisse fängt, wenn nicht durch Herkommen eine Ausnahme begründet wird, nach geendigtem Gnadenquartale oder Gnadenjahre an und erlöscht sowohl bei evangelisch-reformirten als lutherischen Wittwen nicht bloß mit dem Tode der Wittwe, sondern auch mit deren Verheirathung.

II. Das Westpreußische Prov. R verordnet im § 50: „Wo eine Prediger-Wittwenkasse bisher Antheil an den Einkünften des Gnadenjahres gehabt hat, behält es auch ferner dabei sein Bewenden."

III. In Pommern dauert die Gnadenzeit ein volles Jahr nach beendigtem Sterbequartal und kommt der Wittwe und den unerzogenen Kindern zu — fol. 38 Kirch. O. v. 1688, § 1 c. 6 stat. synod. v. 1666, c. 10 leg. praep. praescr. v. 1666 —, in der Art, daß in der Regel die Wittwe die Hälfte erhält, die Kinder die andere Hälfte. Die Stolgebühren gehören zum Gnadenjahr. Während desselben müssen die Prediger in der Synode den Gottesdienst ohne Vergütung und nur gegen die von den Gnadenjahrsberechtigten ihnen zu gewährende Bewirthung versehen. Ist dies wegen zu großer Entfernung oder aus andern Gründen nicht angänglich, so müssen die Wittwe und Kinder auf ihre Kosten einen Amtsverweser bestellen — fol. 38 Kirch. O. v. 1688 —. Geht auch dies nicht an, so kann die Besetzung der Pfarre ohne Rücksicht auf das Gnadenjahr erfolgen, und Wittwe und Kinder müssen sich mit dem begnügen, was ihnen etwa aus den Pfarreinkünften gegeben werden kann — § 3 c. 6 stat. synod. v. 1666 —. Was die Wittwen nach Ablauf des Gnadenjahres erhalten, beruht auf Lokal-Observanz oder den Statuten jeder Synode; in Vorpommern ist es in der Regel $\frac{1}{4}$ der Pfarreinkünfte ausschließlich der Stolgebühren, woran sämmtliche Wittwen gleichmäßig participiren. Dies ist allgemeine Observanz (Prov. R. S. 152).

IV. In der Mark Brandenburg dauert die Gnadenzeit 6 Monate nach dem Ablaufe des Sterbequartals unbeschadet abweichender Lokal-Observanzen oder Statuten und gebührt allein der Wittwe und den Kindern (Descendenten) des verstorbenen Pfarrers — § VI Landt. Rez. v. 26. Juli 1653 (Mylius VI, 1, 431) —. In den meisten Inspectionen beträgt sie jedoch nach Observanz ein volles Jahr, auch erhält laut Observanz die Wittwe die eine Hälfte, die Descendenten die andere (Scholz, Prov. R. 2, 546 u. 548; v. Kunow, Prov. R. S. 256; Götze, Prov. R. 1, 2, 259 ff.). Das Gnadenjahr begreift alle Einkünfte des Pfarrers in sich, auch die Accidentalien — Visit. u. Konsist. O. v. 1573 (Rabe 1, 3, 624) —, die Stolgebühren mit der Verpflichtung der Wittwe und Kinder, die das Pfarramt inzwischen verwaltenden Prediger zu bewirthen — V. v. 20. Oktbr. 1763 (N. C. C. III, 296) —, auch die Revenüen der filia und vagans — V. v. 20. Juni 1739 (Mylius, Cont. I, 261) —. Wo übrigens die Gnadenzeit ein volles Jahr dauert, wird sie gewöhnlich, namentlich in den Frankfurtschen Pfarren, aber nicht in Berlin, vom Todestage ab gerechnet (Scholz, Prov. R. 2, 550). Sie gebührt auch den Wittwen, die eine Pension beziehen, nach § 5 V. v. 2. April 1691 (Mylius I, 2, 115) u. § 41 Regl. v. 14. Nov. 1800 (Mylius N. C. C. X, 3173) für die Kurmark, nach dem R. v. 1. Dezbr. 1785 (N. C. C. S. 3235) für die Neumark, laut Observanz für die Altmark (Goetze 1, 2, 262). Küsterwittwen und Kinder haben kein Gnadenjahr — R. v. 28. Novbr. 1740 (Mylius, Cont. I, 425) —.

V. Nach der Magdeburgischen Kirch. O. v. 9. Mai 1739 § 14—20 c. 22 giebt es für die Wittwe und Kinder des verstorbenen Pfarrers kein Sterbequartal, sondern nur ein halbes Gnadenjahr dergestalt, daß sie die Hälfte des Jahreseinkommens, von Michaelis bis Michaelis gerechnet, noch nach dem Tode des Pfarrers erhalten und in der Pfarrwohnung ein halbes Jahr nach dem Tode des Pfarrers verbleiben dürfen. Stirbt der Pfarrer am Schlusse eines Kalenderquartals, so bekommen seine Wittwe und Erben die Einkünfte dieses Quartals ganz, stirbt er in der Mitte desselben, nur zur Hälfte. Inventariendefekte sind aus dem rückständigen Einkommen des Verstorbenen, eventuell aus dem Gnadenhalbjahrseinkommen zu ersetzen. Besteht das Einkommen des Pfarrers nur in einer quartaliter zu entrichtenden Geldbesoldung, so erhalten die Wittwe und Erben die in dem Todesquartal fällige nur pro rata temporis, wenn aber der Tod im letzten Monate des Jahres erfolgt, so erhalten sie dieselbe für das ganze Jahr vollständig. Auf die Gnadenzeit haben auch diejenigen Wittwen Anspruch, die ein Wittwengehalt empfangen. Die Gnadenzeit gebührt zur Hälfte der Wittwe, zur Hälfte den Descendenten. Die Stolgebühren gehören auch zur Gnadenzeit. Ferner bestimmt die Kirch. O. § 5 u. 7 c. 16 u. § 7 c. 32, daß die Prediger der Inspection während der Gnadenzeit umsonst für den Verstorbenen vikariren müssen und dazu von den Eingepfarrten geholt und bewirthet werden sollen; und im § 2 c. 15 u. § 7 c. 32, daß die Kircheninspectoren darauf halten sollen, daß den Wittwen Wittwenhäuser zur Wohnung errichtet, bis dahin aber angemessene Wohnungsgelder gegeben werden.

VI. Im Fürstenthum Halberstadt besteht ein volles Gnadenjahr — KO. v. 20. August 1747 (Lenze, Prov. R. S. 240) —. Laut Observanz fängt es mit dem Todestage an, so daß ein Sterbequartal nicht stattfindet, ebenso gehören dazu die Stolgebühren, und die benachbarten Geistlichen müssen die Amtshandlungen während desselben verrichten. Diese Geistlichen müssen von den Gnadenjahrsberechtigten beköstigt und im zweiten Halbjahre geholt, im ersten aber von der Gemeinde geholt werden — KO. v. 20. August 1747.

VII. In den ehemals Sächsischen Landestheilen haben die Wittwe und Descendenten verstorbener Geistlichen während 6 Monaten nach Ablauf des Sterbemonats den Genuß der Amtswohnung, der in diese Zeit fallenden Accidentalien und die Hälfte des gesammten Jahreseinkommens — Kirch. O. v. 1580 (C. A. 1, 535) —. Auch die Wittwe und Descendenten emeritirter Geistlichen haben diese Gnadenzeit in Betreff des Emeriteneinkommens — R. v. 27. Januar 1786 § 3 (II. C. C. A. 1, 291) —. Zwischen der Wittwe und den Kindern werden die Einkünfte der Gnadenzeit nach Köpfen, mit den Enkeln nach Stämmen getheilt — Dec. 48 de 1661 (C. A. 1, 319) —.

VIII. In Schlesien und zwar in der Ober- und Niederlausitz haben Wittwe und Kinder eines verstorbenen Pfarrers eine Gnadenzeit von 6 Monaten an allen Einkünften einschließlich der Stolgebühren, desgleichen die Wittwe und Kinder verstorbener emeritirter Geistlichen hinsichtlich der Emeriteneinkünfte — Nr. 2 u. 3 R. v. 30. Dezbr. 1785 (Neumann, Prov. R. S. 424) —. In den Fürstenthümern Oels und Glogau dauert die Gnadenzeit ein halbes Jahr und beginnt mit dem Tode des Pfarrers laut Observanz (Wenzel, Prov. R. S. 373 u. 418) —.

IX. Für die Provinz Westphalen bestimmt die evangelische Kirch. O. v. 5. März 1835 (Ann. 19, 104) nebst deren Ergänzungen Folgendes:

§ 65. Ueber das Nachjahr der Predigerwittwen gelten folgende Bestimmungen:

1) Die Wittwe oder die noch unversorgten unmündigen Kinder des Predigers bleiben, von seinem Todestage an gerechnet, noch ein Jahr und sechs Wochen in dem vollen Genusse des Pfarrhauses und aller Pfarreinkünfte.

Diese Wohlthat kommt den Wittwen und Waisen aller verstorbenen evangelischen Prediger zu — KO. v. 17. Dezbr. 1839 (BMBl. 1840 S. 49) —, und nicht bloß den unversorgten unmündigen, sondern allen noch unversorgten, beim Ableben des Predigers in seiner väterlichen Gewalt befindlichen majorennen oder minorennen Kindern — KO. v. 29. Juli 1840 (BMBl. S. 352) —.

2) Nur die Gattin, welche mit dem Pfarrer verheirathet war, während er noch im Amte stand, nicht aber die, welche er als Emeritus geheirathet hat, so auch nur die eheleiblichen Kinder des verstorbenen Pfarrers, welche zur Zeit seines Todes oder seiner Emeritirung bereits vorhanden waren, können auf den Genuß des Ruhegehalts während des Gnadenjahrs Anspruch machen.

3) Wenn die Gemeinde vor Ablauf des Nachjahres einen neuen Prediger zu haben wünscht, so muß sie sich mit der Wittwe oder den Waisen abfinden.

Zus. 29 v. 25. August 1853 (BMBl. S. 229). Die Abfindung des früher eintretenden Nachfolgers mit der Wittwe und den Waisen des Vorgängers kann unbeschadet der Ansprüche der letzteren auf das gesetzliche Nachjahr dahin erfolgen, daß dieselben es sich müssen gefallen lassen, 6 Monate und 6 Wochen im Besitze der Einkünfte zu bleiben und dann ein Jahr lang die Einkünfte einschließlich der Wohnung oder Miethe während desselben mit dem neuen Pfarrer zu theilen.

347. Für die Predigerwittwen bestehen außerdem in den meisten Provinzen besondere Prediger-Wittwenkassen, so in Westpreußen für die Diözesen Marienburg und Neuteich laut Verf. v. 26. April 1815 (ABl. S. 170), in der Mark Brandenburg für die lutherischen Predigerwittwen laut Statut v. 11. Februar und 22. Juli 1847, bestätigt durch KO. v. 26. April 1847 (GS. S. 286) nebst Nachtrag vom 11. Februar 1863, bestätigt durch KO. v. 26. Oktbr. 1864 (GS. S. 702), für die reformirten laut Regl. v. 14. Novbr. 1800 (Rabe 13, 429), im Fürst. Halberstadt laut Statut v. 5. Juli 1837, bestätigt durch KO. v. 17. Januar 1838, in Sachsen die in den Konventionen v. 4. April 1825 u. 28. Dezbr. 1826 und im Merseb. ABl. 1827 S. 174 ff. verzeichneten, in Schlesien für die Kreise Bolkenhayn und Landshut laut KO v. 4. Mai 1844 (JMBl. S. 145), und die Görlitzer Societät laut Statuten v. 16. Juni 1716, nebst Rezeß v. 1784 und Regul. v. 1825, in Westphalen für die Diöcese Siegen v. 1775, für die frühere süderländische reformirte Klasse v. 1778, für Tecklenburg und Oberlingen v. 1832 (Kirchl. ABl. 1860 Nr. 18, 19, 23), für die Ruhrsche Kasse v. 1792 u. 1850, für Wittgenstein-Berleburg v. 1755, für Wittgenstein-Wittgenstein v. 1746, 1842 u. 1844, für Minden-Ravensberg v. 1736 u. 1756 (a. a. O. 1861 Nr. 18, 19, 21, 22, 23), für die Lutheraner der Grafschaft Mark v. 1754, für die ehemalige reformirte Weselsche Klasse v. 1736 (a. a. O. 1862 Nr. 17, 19 u. 20). — Außerdem sollen die Geistlichen, auch die ordinirten, dauernd angestellten Hülfsgeistlichen, Pfarrverweser, Reiseprediger, sowie die Präcentoren und Rektoren in Ostpreußen — RdOKR. v. 25. März 1854 (Aktst. 2, 9) u. RdMdgA. v. 10. Januar 1855 — ihre Ehefrauen in die Königl. allgemeine Wittwen-Verpflegungsanstalt oder in die s. g. Schulenburgsche Berliner allgemeine Wittwen-Pensions- und Unterstützungskasse — KO. v. 19. Juli 1841 (BMBl. S. 262) — mit mindestens 1/5 des Gesammteinkommens ihrer Stelle einkaufen und die Höhe der Wittwenpension sogleich bei der Anbringung ihres Gesuchs um Ertheilung des Heirathskonsenses, das dem Superintendenten einzureichen, angeben — KO. v. 10. Dezbr. 1816 (Ann. 16, 101), RdMdgA. v. 29. Juli 1830 (Ann. 14, 552), v. 16. Mai 1833 (Ann. 17, 383) u. v. 22. Juni 1837 (Ann. 21, 405) —. Behufs Einziehung der von den Geistlichen rückständig gelassenen Wittwenkassenbeiträge hat sich die General-Direction der Anstalt an die vorgesetzte K. Regierung zu wenden — R. v. 20. Septbr. 1835 (Ann. 19, 692) —, welche durch Abzüge von dem Diensteinkommen die Einziehung veranlassen muß — R. v. 19. Oktbr. 1816 (Jahrb. 8, 269) —. Denjenigen, deren Einkommen auf einer Stelle Königl. oder Privatpatronats noch nicht 400 Thlr. beträgt, soll der Beitrag für die zu versichernde Pension von 100 Thlr. so lange aus der Staatskasse erstattet werden, bis sich ihr Einkommen auf 400 Thlr. erhöht — KO. v. 10. Dezbr. 1816 (Ann. 16, 101) u. v. 17. April 1820 (Ann. 4, 789) —. Auf Emeriten findet dies nur dann Anwendung, wenn ihr Diensteinkommen bei der Emeritirung unter 400 Thlr. betragen hat — RdMdgA. v. 19. Oktbr. 1865 (UCBl. S. 676) — und sie schon vor ihrer Emeritirung einen begründeten Anspruch auf Erstattung der Wittwen-

§ 839. Es gebührt nur der hinterlassenen Wittwe und solchen Kindern des Pfarrers, die sich bei seinem Absterben noch in väterlicher Gewalt befunden haben.

§ 840. Enkel und bloß angenommene Kinder des verstorbenen Pfarrers können darauf nur in sofern Anspruch machen, als sie sich zur Zeit seines Ablebens in seinem Hause und in seiner Verpflegung befunden haben.

§ 841. Wittwen, welche nach der Verfassung des Orts einen Wittwengehalt empfangen, können in der Regel kein Gnadenjahr fordern.

---

pensions-Beiträge hatten — RdMdgA. v. 1. Oktbr. 1857 (BMBl. 1868 S. 3, UCBl. 1868 S. 58) —. Bei der Berechnung des Einkommens wird das dazu gehörige Naturalgetreide nach dem 30jährigen Durchschnitts-Martinimarktpreise der nächsten inländischen Marktstadt veranschlagt — RdMdgA. v. 31. Januar 1822 (Ann. 6, 102) —. Die Erstattung erfolgt durch die Regierungshauptkassen, welche die erforderlichen Anträge dieserhalb unter Beifügung des Receptionsscheines, der Nachweisung des Diensteinkommens und eines Attestes über die Vermögensverhältnisse beim Minister der geistl. Angel. zu stellen und im November jeden Jahres einen Etatsentwurf nach vorgeschriebenem Muster über alle Erstattungen dem Ministerio einzureichen haben — CRdMdgA. v. 31. Januar 1833 (Ann. 17, 384), v. 3. März 1840 (BMBl. S. 153) u. v. 1. Juli 1849 (BMBl. S. 165) —. Zur Aufnahme in die K. Wittwen-Verpflegungsanstalt ist erforderlich die Beibringung von Taufscheinen des Aufzunehmenden und seiner Ehefrau, des Kopulationsscheins, eines ärztlichen, von 4 Societätsmitgliedern, eventuell 4 anderen bekannten, redlichen Männern beglaubigten Gesundheitsattestes, des Heirathskonsenses, wenn in demselben die Qualität des Recipienden und die Höhe seines Diensteinkommens enthalten ist, eventuell eines hierüber lautenden Attestes der vorgesetzten Behörde, sowie die Einsendung des ersten halbjährigen Beitrags und die Meldung vor dem 15. März oder 15. Septbr. zum nächsten Receptionstermine den 1. April oder 1. Oktober — Regl. v. 28. Dezbr. 1775 § 7, 9, 21 (Rabe 1, 6, 146), C. d. Gen. Dir. v. 1. März 1845 (BMBl. S. 198) —. Die Beiträge sind nach den verschiedenen Altersklassen regulirt und in Silber zu zahlen; Antrittsgeld, Retardatszinsen und Karenzjahr, die früher üblich waren, sind aufgehoben. Die Wittwe erhält, wenn der Mann im ersten Jahre nach der Reception stirbt, keine Pension, wenn er im zweiten stirbt, $^1/_3$, wenn im dritten, $^2/_3$, wenn er noch später stirbt, die volle Pension — G. v. 17. Mai 1856 (GS. S. 477) —.

Zu § 839.

348. In der väterlichen Gewalt befinden sich großjährige Söhne, welche ein öffentliches Amt oder ein eigenes Gewerbe, wenn auch mit dauernder Unterstützung Seitens des Vaters, betreiben, nicht mehr — § 212 II, 2 ALR. —. Als eigenes Gewerbe des Sohnes, durch welches die väterliche Gewalt aufhört, ist es aber anzusehen, wenn der Sohn sich einer fortwährenden, gleichartigen, gesetzlich erlaubten Beschäftigung gewidmet hat, durch welche er außerhalb des väterlichen Hauses seinen Unterhalt ohne väterliche Unterstützung erwirbt — OTrE. v. 4. Febr. 1852, Präj. 2348 (Entsch. 22, 378) —. Der unbesoldete Assessor tritt, wenn er großjährig, aus der väterlichen Gewalt — OTrE. v. 24. Oktbr. 1861 (Entsch. 46, 243) —, der Offizier erst, wenn er Hauptmann oder Rittmeister wird — Anh. § 90 zu § 222 b II, 2 ALR. —.

Zu § 840.

349. Den zur Zeit des Ablebens des Pfarrers in seinem Hause und in seiner Verpflegung befindlichen Enkeln steht der Anspruch auf das Gnadenjahr auch dann zu, wenn ihr Vater noch am Leben ist — OTrE. v. 23. Januar 1850, Präj. 2181 (Entsch. 19, 284) —.

§ 842. Der Wittwe und den Kindern eines Pfarrers, der sein Amt gänzlich niedergelegt und nur noch ein Gnadengehalt davon erhalten hat, gebührt kein Gnadenjahr.

§ 843. War aber der Pfarrer noch im Amte geblieben, und war ihm nur ein Substitut zugeordnet worden, so genießen seine Wittwe und Kinder die ihm vorbehaltenen Einkünfte während der Gnadenzeit.

§ 844. Die Dauer der Gnadenzeit ist nach jedes Orts Gewohnheit bestimmt.

§ 845. Das Sterbequartal wird in die Gnadenzeit nicht mit eingerechnet.

§ 846. Das Gnadenjahr bleibt der Wittwe und den Kindern, wenn sie auch ihres Mannes und Vaters Erben nicht geworden sind.

§ 847. Doch können rechtmäßig enterbte Kinder keinen Anspruch darauf machen.

§ 848. Ist eine Wittwe vorhanden, so gebührt derselben allein das Gnadenjahr; sie muß aber dagegen für den Unterhalt der Kinder unentgeltlich sorgen.

§ 849. Stirbt die Wittwe während des Gnadenjahres, so wird der Genuß von den nach den §§ 839, 840 dazu berechtigten Kindern des Pfarrers fortgesetzt.

§ 850. Genießen nur Kinder das Gnadenjahr, und stirbt während des Genusses eines derselben, so wächst dessen Portion den übrigen zu.

§ 851. Andere als die § 839, 840 benannten Wittwen und Kinder des verstorbenen Pfarrers können auf eine Gnadenzeit niemals Anspruch machen.

§ 852. Was von den Einkünften der Pfarre während der Vakanz nach Abzug der Stellvertretungskosten übrig bleibt, wächst, wo kein Gnadenjahr stattfindet, dem Pfarrvermögen zu.

Zu § 842.

350. Da eine strenge Durchführung der Vorschrift des § 842 zum Nachtheil der Seelsorge die völlige Emeritirung erschwert, so sollen die Regierungen darauf hinwirken, daß der zu Emeritirende sich von seinem Nachfolger vertragsmäßig ein Gnadenjahr für seine Hinterbliebenen ausbedingt, und derartige Abkommen bestätigen — CRdMdgA. v. 6. Januar 1844 (BMBl. S. 29) —.

Zu § 852.

350a. Observanzen können an der Bestimmung des § 852 nichts ändern — RdMdgA. v. 1825 (Merseb. ABl. S. 137) —. Wo eine Gnadenzeit stattfindet, wachsen nach Ablauf derselben, wenn die Vakanz fortdauert, nach allgemeinen Grundsätzen die Pfarreinkünfte nach Abzug der Vertretungskosten ebenfalls dem Pfarrvermögen zu — OTrE. v. 25. Septbr. 1837, Präj. 337 (Präj. Samml. 1, 209,

§ 853. Die Stolgebühren gehören der Regel nach weder zum Gnadenjahr noch zum Pfarrvermögen, sondern sie kommen demjenigen zu, der die Handlung, wofür sie erlegt werden müssen, verrichtet hat.

§ 854. Wo es hergebracht ist, daß auch die Stolgebühren zum Gnadenjahre gehören, da müssen die im Genusse des letzteren befindliche Wittwe und Kinder diejenigen, welche die Handlung verrichtet haben, für die dabei vorgefallenen Reise- und Zehrungskosten schadlos halten.

§ 855. Sowohl im Sterbequartale als im Gnadenjahre müssen diejenigen, welche die Pfarreinkünfte genießen, denjenigen, welche den Gottesdienst versehen, die in der Provinz oder im Kreise gewöhnliche Entschädigung, soweit sie nicht durch die Stolgebühren erfolgt, gewähren.

§ 856. Kommt das Sterbequartal und Gnadenjahr verschiedenen Personen zu, so müssen die Nutzungen unter sie nach Verhältniß der Zeit getheilt werden.

Elfter Abschnitt.

Von Zehnten und anderen Pfarrabgaben.

Koch, Schles. Arch. 3, 383) —. Wegen der Pfarrvakanzkassen vgl. N. 342 a. E. Der § 852 ist auch anwendbar auf kombinirte Kirchen- und Schulamtsstellen — R. v. 31. Juli 1865 (UCBl. S. 489) —.

Zu Abschnitt 11.

351. Die Abgaben eines gewissen Theiles, gewöhnlich des zehnten, von den Erzeugnissen der Grundstücke und dem Ertrage der Viehzucht an die Kirche und deren Diener ist aus dem Mosaischen Rechte von den Kirchenvätern übernommen und theils als eine auf göttliches Recht gestützte Forderung von der Kirche durchgesetzt, theils besiegten Völkern zu Gunsten der Kirche von den weltlichen Herrschern auferlegt worden, theils aus dem Kolonats- und Unterthänigkeitsverhältnisse entstanden. Durch vielfache Verleihungen der weltlichen Herrscher sind zahlreiche Zehntberechtigungen, wenn auch nicht ohne heftigen Widerspruch der Kirche, an Laien gelangt. Die Zehnten sind Reallasten, welche nach der Verfassung des Orts, Bezirks oder der Parochie zu entrichten sind und als gemeine Lasten und Pflichten nach § 48 I. Hyp. O. der Eintragung in das Hypothekenbuch nicht bedürfen; mithin muß derjenige, welcher eine Befreiung von der verfassungsmäßigen, aber nicht im Hypothekenbuche seines Grundstücks eingetragenen Zehntpflicht in Anspruch nehmen will, dieselbe besonders nachweisen, jedoch muß ihm zuvor der Nachweis geführt werden, daß die Zehntpflicht in dem Orte, Bezirke oder der Parochie verfassungsmäßig eine allgemeine ist — OTrE. v. 28. Februar 1845 (Koch, Schles. Arch. 6, 378), v. 19. Mai 1855 (Zeitschr. f. CKG. 9, 63) u. v. 4. Juli 1859 (Str. Arch. 34, 127) —. Rückstände der Zehnten und anderer derartiger Abgaben gehen daher stets auf den neuen Erwerber des pflichtigen Grundstücks über — §§ 182, 340, 342 I, 11 ALR. —. Ueber die Rechte der Zehnten im Konkurse vgl. N. 120.

352. Die Ablösbarkeit der Zehnten und Pfarrabgaben und der anderen aus dem Kirchen- und Schulverbande entspringenden Reallasten, Dienste und Abgaben ist in den seit dem Jahre 1807 zur Verbesserung der agrarischen Verhältnisse

erlassenen Gesetzen stets ausgenommen, so in den Abl. Ordng. v. 7. Juni 1821 § 5 (GS. S. 78), v. 13. Juli 1829 § 3 (GS. S. 66), v. 22. Dezbr. 1839 § 34 (GS. 1840 S. 12), v. 18. Juni 1840 § 1 bez. § 3 (GS. S. 151, 156), v. 4. Juli 1840 § 2 (GS. S. 195), und erst im Art. 42 Verf. Urk. v. 30. Januar 1850 (GS. S. 17) ist die Ablösbarkeit der Grundlasten ganz allgemein gewährleistet worden. In Folge dessen erging das G. v. 2. März 1850, betreffend die Ablösung der Reallasten und die Regulirung der gutsherrlichen und bäuerlichen Verhältnisse (GS. S. 77), welches auch dann, wenn Kirchen, Pfarren oder andere geistliche Institute bei derartigen Verhältnissen die Berechtigten sind, Anwendung findet und, soweit es noch gegenwärtig Geltung hat, wie folgt, lautet:

§ 1. Mit dem Zeitpunkte der Verkündung des gegenwärtigen Gesetzes treten folgende Gesetze außer Kraft. (Hier werden die sämmtlichen auf die Gegenstände des Gesetzes bezüglichen, im ganzen Staate und in den einzelnen Provinzen mit Ausnahme des linken Rheinufers bisher gültig gewesenen Gesetze und Verordnungen einzeln aufgeführt.)

Erster Abschnitt. Berechtigungen, welche ohne Entschädigung aufgehoben werden.

§ 2. Ohne Entschädigung werden folgende Berechtigungen, soweit sie noch bestehen, hiermit aufgehoben:

1) das Obereigenthum des Lehnsherrn und die lediglich aus demselben entspringenden, in dem § 5 nicht als fortbestehend bezeichneten Rechte bei allen innerhalb des Staates belegenen Lehnen mit alleiniger Ausnahme der Thronlehne;
2) das Obereigenthum des Guts- oder Grundherrn und des Erbzinsherrn, desgleichen das Eigenthumsrecht des Erbverpächters; der Erbzinsmann und der Erbpächter erlangen mit dem Tage der Rechtskraft des gegenwärtigen Gesetzes und lediglich auf Grund desselben das volle Eigenthum;
   a. Hiermit sind auch kontraktliche Verabredungen aufgehoben, daß Erbverpächter berechtigt sein soll, nach Ablauf einer bestimmten Zeit das volle Eigenthum des Erbpachtstücks wieder an sich zu bringen, wie auch daß Erbpächter dasselbe ohne Genehmigung des Erbverpächters nicht belasten oder verschulden darf — OTrE. v. 9. Mai 1854, Präj. 2532 (Entsch. 28, 282) —.
3) der Anspruch auf Regulirung eines Allodifikationszinses für die aufgehobene Lehnsherrlichkeit in denjenigen Landestheilen, welche vormals zum Königreich Westphalen, zum Großherzogthum Berg, zu den französisch-hanseatischen Departements oder dem Lippe-Departement gehört haben;
4) das grundherrliche oder gutsherrliche Heimfallsrecht an Grundstücken und Gerechtsamen jeder Art innerhalb des Staates ohne Unterschied, ob der Staat, moralische Personen oder Privatpersonen die Berechtigten sind;
5) die Berechtigung des Erbverpächters oder des Zinsberechtigten, den ihm zustehenden Kanon oder Zins willkührlich zu erhöhen;
   b. Damit ist nicht unentgeltlich aufgehoben das Recht zur Erhöhung des Kanons oder Zinses nach erneuerten Anschlägen oder anderen Voraussetzungen — RKE. v. 17. Oktbr. 1856 (Zeitschr. f. CKG. 9, 377) —.
6) die Vorkaufs-, Näher- und Retraktrechte an Immobilien mit Ausnahme der im § 4 aufgeführten;
7) die auf Grundstücken haftende Verpflichtung, gegen das in der Gegend übliche Tagelohn zu arbeiten;
8) die Befugniß, zu verlangen, daß ein Privatgrundbesitzer sein Grundstück mit Maulbeerbäumen bepflanze oder solche unterhalte;
9) die auf Grundstücken haftende Verpflichtung des sogenannten flämingschen Kirchganges.

§ 3. Es werden ferner folgende Berechtigungen, soweit sie noch bestehen, ohne Entschädigung aufgehoben:

1) das Recht, einen Antheil oder ein einzelnes Stück aus einer Verlassenschaft vermöge guts-, grund- oder gerichtsherrlichen Verhältnisses zu fordern;
2) das in einigen Landestheilen noch bestehende Recht des zu Abgaben und Leistungen Berechtigten, der Zerstückelung des pflichtigen Grundstücks zu widersprechen;
3) alle Abgaben und Leistungen der Nichtangesessenen an die bisherige Guts-,

Grund- oder Gerichtsherrschaft, soweit sie aus diesem Verhältniß herzuleiten sind und nicht auf anderweitigen Verträgen beruhen;

4) die unter verschiedenen Benennungen vorkommenden Beiträge und Leistungen zur Uebertragung der Lasten der Privatgerichtsbarkeit und gutsherrlichen Polizeiverwaltung;

c. Zu diesen Beiträgen und Leistungen gehört nicht der s. g. Bischofsvierdingszins in Schlesien, weil er aus einem kirchlichen Zehntrechte originirt — RKE. v. 25. Novbr. 1853 (Zeitschr. f. CKG. 7, 396) —.

5) alle Abgaben und Leistungen, welche außer den Kosten, deren Erhebung sich auf die gesetzlich bestehenden Gebührentaxen gründet, für einzelne gerichtliche Akte oder bei Gelegenheit derselben entrichtet werden;

6) alle in Beziehung auf die Jagd obliegenden Dienste und Leistungen;

d. auch die Jagdabgaben in Naturalien oder Geld — OTrE. v. 1. Februar 1853, Präj. 2429 (Entsch. 25, 402) —.

7) alle Dienste, Abgaben und Leistungen zur Bewachung gutsherrlicher Gebäude und Grundstücke;

e. auch dann, wenn das Recht darauf an einen Dritten veräußert worden, die Gutsherrschaft aber für die Gegenleistung verhaftet geblieben war — OTrE. v. 25. Septbr. 1855, Präj. 2645 (Entsch. 31, 459) —.

8) alle Dienste zu persönlichen Bedürfnissen der Gutsherrschaft und ihrer Beamten, z. B. Dienste zum Reinigen der Häuser und Höfe, zur Krankenpflege, zum Bewachen und Ausläuten der Leichen, zu Reisen des Gutsherrn und seiner Beamten;

f. aber nicht die an die Stelle dieser Dienste getretenen Abgaben — OTrE. v. 21. März 1854, Präj. 2505 (Entsch. 28, 262) —.

9) alle Abgaben zur Ausstattung oder bei Taufen von Familiengliedern des Guts- oder Grundherrn, insbesondere das in einigen Gegenden vorkommende Recht, die Gänse der bäuerlichen Wirthe berupfen zu lassen;

10) die aus den früheren gutsherrlichen, schutzherrlichen und grundherrlichen Rechten abgeleiteten und hergebrachten Abgaben und Leistungen, welche, ohne zum öffentlichen Steuereinkommen zu gehören, die Natur der Steuern haben; insbesondere die in einigen Theilen der Rheinprovinz und der Provinz Westphalen oder sonst noch vorkommende Abgabe für die Benutzung des fließenden Wassers in Privatflüssen.

Unter diesen Abgaben für die Benutzung des fließenden Wassers sind die Mühlenabgaben nicht begriffen;

g. Zu den schutzherrlichen steuerartigen Abgaben gehören nicht die auf dem Schutz des Landesherrn beruhenden, wie die Orbär oder Orböhde, Bede, Schoß genannten — OTrE. v. 27. Juni 1854 (Str. Arch. 14, 86), v. 11. Januar 1855, Präj. 2603 (Entsch. 30, 279), v. 8. Dezbr. 1857 (Zeitschr. f. CKG. 12, 222), v. 2. März 1858 (Entsch. 38, 331) —, selbst wenn sie einem Thronlehnbesitzer zustehen — OTrE. v. 4. Dezbr. 1860 (Entsch. 44, 103) —. Ferner gehören zu den aufgehobenen Wasserbenutzungsabgaben nicht die von Mühlengrundstücken zu entrichtenden Wasserlaufszinsen — OTrE. v. 28. April 1857 (Entsch. 36, 47) —.

11) alle Abgaben für die Erlaubniß, auf eigenem Grund und Boden gewisse Viebarten oder Bienen zu halten;

12) die Verpflichtung zum Verkauf von Wachs und anderen landwirthschaftlichen Erzeugnissen an die Gutsherrschaft;

13) die aus dem guts- oder grundherrlichen Rechte hergeleitete Befugniß, die auf fremden Hofräumen, Gärten, Aeckern und Wiesen zerstreut stehenden Bäume und Sträuche zu benutzen und sich anzueignen;

14) [die unter dem Namen Straßengerechtigkeit oder Auenrecht vorkommende Befugniß des Gutsherrn, über die nicht zu den Wegen nöthigen freien Plätze innerhalb der Dorflage zu verfügen, soweit jene aus der gutsherrlichen Polizeigerichtsbarkeit hergeleitet wird.

Das Eigenthum dieser Grundstücke fällt, insofern dieselben nicht schon vor Verkündung der V. v. 9 Oktbr. 1848 (GS. S. 276) in die privative Benutzung des Gutsherrn oder eines Dritten übergegangen oder zwischen der Gutsherrschaft und der Dorfgemeinde rechtsverbindlich getheilt worden sind, der Ortsgemeinde als solcher zu, welche aber fortan auch die bisher damit verbunden gewesenen Lasten, z. B. die Instandhaltung der Dorfstraße, der Brücken, Stege u. s. w. zu tragen hat.

Vorstehende Bestimmungen treten erst mit Einführung der neuen Gemeindeordnung in den einzelnen Gemeinden in Kraft.]

h. Die Bestimmung der Nr. 14 ist durch die Aufhebung der Gemeindeordnung v. 11. März 1850 — G. v. 24. Mai 1853 (GS. S. 238) — außer Kraft gesetzt worden — FMR. v. 25. Novbr. 1853 (BMBl. S. 277) —.

15) Alle unmittelbaren Gegenleistungen, welche bei den sämmtlichen im § 2 und vorstehend unter 1—14 aufgehobenen Leistungen dem Berechtigten oblagen, sowie die von dem Gutsherrn zu leistenden Leichenfuhren, Hochzeit- und Kindtauffuhren, Doktor- und Hebeammenfuhren.

i. Zu den aufgehobenen Gegenleistungen gehört auch die nicht vertragsmäßige, bloß aus der Gutsherrlichkeit entsprungene Remissionspflicht — OTrE. v. 19. Oktbr. 1854, Präj. 2553 (Entsch. 28, 445) u. v. 2. Dezbr. 1858 (Zeitschr. f. LKG. 15, 261) —.

Insofern jedoch die in diesem § gedachten Dienste, Abgaben und Leistungen für die Verleihung oder Veräußerung eines Grundstücks ausdrücklich übernommen worden sind, bleibt deren unentgeltliche Aufhebung ausgeschlossen.

Inwieweit Besitzveränderungsabgaben ohne Entschädigung aufgehoben werden sollen, ist in den §§ 36 ff. des gegenwärtigen Gesetzes bestimmt.

§ 4. Das durch Verträge oder letztwillige Verfügungen begründete Vorkaufsrecht an Immobilien, das Vorkaufsrecht derjenigen, die eine Sache gemeinschaftlich zum vollen Eigenthum besitzen, an deren Antheilen, sowie das Retraktrecht der Miterben nach dem rheinischen Civilgesetzbuch bleiben in Kraft.

k. Zu diesen Vorkaufsrechten gehört auch das im Erbzinsvertrage dem Erbzinsherrn eingeräumte — OTrE. v. 5. März 1860, PlB. Präj. 2712 (Entsch. 42, 1) —.

Ein gesetzliches Vorkaufsrecht findet ferner wegen aller Theile von Grundstücken statt, welche in Folge des von dem Staate ausgeübten oder verliehenen Expropriationsrechts zu gemeinnützigen Zwecken haben veräußert werden müssen, wenn in der Folge das expropriirte Grundstück ganz oder theilweise zu dem bestimmten Zwecke nicht weiter nothwendig ist und veräußert werden soll.

Das Vorkaufsrecht steht dem zeitigen Eigenthümer des durch den ursprünglichen Erwerb verkleinerten Grundstücks zu. Wer das Expropriationsrecht ausgeübt hat, muß die Absicht der Veräußerung und den angebotenen Kaufpreis dem berechtigten Eigenthümer anzeigen, welcher sein Vorkaufsrecht verliert, wenn er sich nicht binnen zwei Monaten darüber erklärt. Wird die Anzeige unterlassen, so kann der Berechtigte seinen Anspruch gegen jeden Besitzer geltend machen.

§ 5. Die in dem § 2 Nr. 1 u. 2 bestimmte Aufhebung des Obereigenthums des Lehnsherrn, Guts- oder Grundherrn und Erbzinsherrn, sowie des Eigenthums des Erbverpächters hat nicht zugleich die Aufhebung der aus diesen Verhältnissen entspringenden Berechtigungen auf Abgaben oder Leistungen oder ausdrücklich vorbehaltene Nutzungen zur Folge; vielmehr bleiben diese Berechtigungen, sofern sie nicht etwa in dem gegenwärtigen Gesetze besonders für aufgehoben erklärt worden sind, fortbestehend und zwar mit denselben Vorzugsrechten in dem Vermögen des Verpflichteten, welche sie bisher darin hatten.

Zweiter Abschnitt. Ablösung der Reallasten.

§ 6. Alle beständigen Abgaben und Leistungen, welche auf eigenthümlich oder bisher erbpachts- oder erbzinsweise besessenen Grundstücken oder Gerechtigkeiten haften (Reallasten), sind nach den Vorschriften dieses Abschnitts ablösbar.

Ausgeschlossen von der Ablösbarkeit nach den Bestimmungen dieses Gesetzes sind die öffentlichen Lasten mit Einschluß der Gemeindelasten, Gemeindeabgaben und Gemeindedienste, sowie der auf eine Deich- oder ähnliche Societät sich beziehenden Lasten, ferner Abgaben und Leistungen zur Erbauung oder Unterhaltung von Kirchen-, Pfarr- und Schulgebäuden, wenn letztere nicht die Gegenleistung einer ablösbaren Reallast sind, in welchem Falle solche zugleich mit dieser abgelöst werden.

---

l. Daher ist auch der **Patronatskanon** keine ablösbare Reallast — RKE. v. 31. Oktbr. 1862 (BMBl. 1863 S. 195) —.

Abgaben und Leistungen, welche den Gemeinden und den gedachten Societäten aus allgemeinen Rechtsverhältnissen, z. B. dem gutsherrlichen Verhältniß oder dem Zehntrecht zustehen, sind von der Ablösung nicht ausgeschlossen.

§ 7. Auf Grundgerechtigkeiten (Servituten) und andere nach den Grundsätzen der Gemeinheitstheilungsordnung abzulösende Verhältnisse findet das gegenwärtige Gesetz keine Anwendung, soweit der dritte Abschnitt keine Ausnahme enthält.

§ 8. Zur Feststellung der dem Berechtigten gebührenden Abfindung wird der jährliche Geldwerth der abzulösenden Reallasten nach den folgenden Bestimmungen ermittelt.

§ 9. Sind für alljährlich vorkommende **Dienste** während der letzten zehn Jahre, für nicht alljährlich vorkommende Dienste während der letzten zwanzig Jahre vor Anbringung der Provokation, oder wenn zwischen diesem Zeitpunkte und der Verkündung des G. v. 9. Oktbr. 1848 eine Umschaffung der Geldleistung eingetreten ist, während der letzten zehn, resp. zwanzig Jahre vor Verkündung des gedachten Gesetzes Geldvergütungen ohne Widerspruch bezahlt und angenommen worden, so sind diese Vergütungen, und wenn sie während dieser Zeiträume gewechselt haben, der Durchschnitt der gezahlten Beträge der Feststellung des Geldwerths zum Grunde zu legen.

In Ermangelung solcher Preise ist zu unterscheiden zwischen den nach Tagen und dem Umfange der Arbeit bemessenen Diensten.

§ 10. Sind die Dienste nach Tagen bestimmt, so wird ihr Werth nach den für den betreffenden Bezirk festgestellten Normalpreisen (§§ 67 ff.) berechnet.

Bei Feststellung solcher Normalpreise und zwar sowohl für Hand- als für Spanndienste, sind in Betracht zu ziehen: a. die Dauer der Arbeitszeit, b. die Art der Arbeit, c. die Jahreszeiten, in welchen solche zu verrichten ist, d. die Beschaffenheit der in der Gegend gewöhnlich in Anwendung kommenden Arbeitskräfte.

§ 11. Sind dagegen die Dienste nach dem Umfange der zu leistenden Arbeit bestimmt, oder sind dieselben ungemessen, so wird ihr Werth dadurch ermittelt, daß durch schiedsrichterlichen Ausspruch bestimmt wird, welche Kosten der Dienstberechtigte aufzuwenden hat, um die dem Dienstpflichtigen obliegende Arbeit durch eigenes oder gemiethetes Gespann, durch Gesinde oder Tagelöhner zu bestreiten.

Hierbei ist auf die mindere Vollkommenheit, in welcher die Arbeit von den Dienstpflichtigen verrichtet zu werden pflegt, Rücksicht zu nehmen.

m. **Ungemessene** Dienste sind auch Fuhren zu Reisen nach auswärts, wenn ihre Zahl, die Ortsentfernung und der Zweck der Reise nicht kontraktlich bestimmt sind; wo ungemessene Dienste gesetzlich aufgehoben, gilt dies auch bei solchen **Reisefuhren für einen Pfarrer**, welche dem Uebernehmer des veräußerten Pfarrguts auferlegt sind — OTrE. v. 23. Februar 1848, Präj. 2011 (Entsch. 16, 241) —. Ungemessene Dienste sind ferner die auf Verlangen des Gutsherrn täglich mit einer oder zwei Personen zu jeder wirthschaftlichen Verrichtung zu leistenden Dienste — OTrE. v. 1. Mai 1862 (Str. Arch. 46, 74) —.

§ 12. In Ansehung der Kosten für Haltung eines Gespannes, des Gesindes und der Tagelöhner sind ebenfalls Normalsätze (cf. § 67 ff.) festzustellen.

§ 13. Sind die Dienste zugleich nach Tagen und nach dem Umfange der Arbeit bestimmt, so erfolgt die Ermittelung ihres Werthes nach den Vorschriften der §§ 11, 12.

§ 14. Der Werth der Baudienste, welche nicht nach Tagen bestimmt sind (§ 10), ist in jedem einzelnen Falle nach ihrem jährlichen Durchschnittsbetrage abzuschätzen. Dabei ist die Bauart der Gebäude, zu welchen die Dienste geleistet werden müssen, ihr Umfang und ihr baulicher Zustand zur Zeit der Abschätzung, die Art der Dienstleistung des Verpflichteten und bei den Fuhren die Entfernung, aus welcher die Materialien heranzufahren sind, und die Beschaffenheit der Wege zu berücksichtigen.

Wenn die Parteien sich nicht über den Werth einigen, so muß er durch schiedsrichterlichen Ausspruch festgestellt werden.

Für Distrikte, in welchen nach dem Ermessen der Distriktskommissionen (§ 67 ff.) hierzu ein Bedürfniß vorhanden ist, und die Beschaffenheit und Bauart der Gebäude es gestatten, können von jenen unter Zuziehung eines Bausachverständigen Normalsätze in Betreff der der Ablösungsberechnung zum Grunde zu legenden Positionen festgestellt werden.

§ 15. Die in einigen Landestheilen vorkommenden, sogenannten walzenden Dienste, d. h. solche, bei denen die Art der Ableistung oder der Umfang der Dienste oder Beides zugleich sich nach der jedesmaligen Wirthschaftseinrichtung des Verpflichteten bestimmt, werden, wenn ihr Maaß oder ihre Zahl nicht feststeht, in Anrechnung gebracht, sofern sie alljährlich wiederkehren, nach dem Durchschnitt der in den letzten zehn Jahren vor Anbringung der Provokation geleisteten Dienste, sofern sie aber in längeren Zeiträumen wiederkehren, nach dem Durchschnitt der in den letzten zwanzig Jahren vor Anbringung der Provokation geleisteten Dienste.

§ 16. Kann in den Fällen des § 15 zur Aufbringung der Entschädigung kein anderer Maaßstab zur Vertheilung als rechtsverbindlich nachgewiesen werden, so ist ohne Rücksicht, ob zur Zeit Spanndienste oder Handdienste oder gar keine Dienste geleistet werden, die Entschädigung für den Spanndienst von sämmtlichen Ackerbesitzern nach Verhältniß des Flächenmaaßes ihrer Aecker aufzubringen, die Entschädigung für den Handdienst aber auf die verschiedenen Hausstellen, und zwar insofern nicht bei Leistung der Dienste ein anderes, alsdann auch für die Abfindung maaßgebendes Verhältniß stattgefunden hat, zu gleichen Theilen zu vertheilen.

Nach demselben Verhältniß wird der Werth der Gegenleistung und die etwa von den Dienstberechtigten für den Mehrwerth zu gewährende Abfindung vertheilt.

Die Feststellung des Flächenmaaßes der Aecker erfolgt in der Regel ohne Vermessung nach Flurbüchern, Katastern oder sonst auf die möglichst einfache Weise; ist jedoch eine spezielle Vermessung schon geschehen, oder wird eine solche von einem beider Theile auf seine Kosten beantragt, so ist dieselbe zum Grunde zu legen.

§ 17. Wenn die einem Gute zustehenden Dienste nach der in der Gegend üblichen Wirthschaftsart nicht sämmtlich gebraucht werden, so erfolgt die Abfindung nur für diejenigen Dienste, deren das Gut wirthschaftlich bedarf.

Dieses Bedürfniß wird durch schiedsrichterlichen Ausspruch nach der in der Gegend üblichen Wirthschaftsart festgestellt.

Es finden jedoch diese Bestimmungen in denjenigen Fällen keine Anwendung, in denen der Berechtigte die Befugniß hat, diejenigen Dienste, die er selbst nicht benutzen kann, einem Andern zu überlassen oder solche von dem Verpflichteten sich bezahlen zu lassen.

§ 18. Unter festen Abgaben in Körnern werden nur diejenigen jährlich oder in anderen bestimmten Perioden wiederkehrenden Abgaben verstanden, welche in bestimmter Menge in Körnern von Halm- und andern Feldfrüchten, die einen allgemeinen Marktpreis haben, entrichtet werden.

§ 19. Der Werth dieser Abgaben ist nach demjenigen Martini-Marktpreis festzustellen, welcher sich im Durchschnitt der letzten 24 Jahre vor Anbringung der Provokation ergiebt, wenn die 2 wohlfeilsten von diesen Jahren außer Ansatz bleiben.

§ 20. Unter Martini-Marktpreis wird der Durchschnittspreis derjenigen 15 Tage verstanden, in deren Mitte der Martinitag fällt.

§ 21. Für diejenigen Gegenden, wo der lebhafteste Getreideverkehr in einer anderen Jahreszeit als um den Martinitag stattfindet, kann ein anderer Zeitpunkt auf dem in den §§ 67 ff. bezeichneten Wege festgestellt werden.

§ 22. Diese Durchschnittsmarktpreise (§§ 19—21) werden alljährlich durch das Amtsblatt bekannt gemacht.

n. Die Ermittelung und Bekanntmachung dieser Marktpreise (§§ 19—22) gehört zur Kompetenz der Auseinandersetzungsbehörden — RdMdJ. u. dlA. v. 16. August 1851 (BMBl. S. 205) —. Dabei ist Folgendes zu beachten: 1) Die von den Polizeibehörden der betreffenden Marktstädte einzureichenden Martini-Marktpreis-Nachweisungen müssen von der Auseinandersetzungsbehörde sowohl in Betreff ihrer gesetzmäßigen Vollständigkeit, als auch in Ansehung der rechnungsmäßigen Richtigkeit speziell geprüft werden. 2) Die gesetzlichen Marktpreise sind für Getreide von dem Durchschnittsgewichte des wirklich auf offenem Markte verkauften Getreides zu ermitteln. Wenn also an einem Marktplatze nach Handelsusance das Getreide zu einem bestimmten Gewichte gehandelt wird, welches das Durchschnittsgewicht des auf offenem Markte wirklich verkauften Getreides übersteigt, so sollen die Makler neben dem Preise für den Scheffel usancemäßigen Gewichts auch dasjenige Gewicht notiren, welches das an den einzelnen Markttagen zu Markte gebrachte Getreide durchschnittlich hat, und nach dem Verhältniß dieses Gewichts zu dem usancemäßigen ist demnächst der Durchschnittspreis durch Reduktion festzustellen. 3) Neben den 24jährigen Durchschnittspreisen sind auch die jährlichen Martini-Marktpreise unter Hinweis auf § 3 G. v. 15. April 1857 durch die Amtsblätter bekannt zu machen — RdMdIA. v. 8. Oktbr. 1862 (BMBl. S. 302) —.

§ 23. Der Marktplatz, dessen Preise zum Grunde zu legen sind, wird nach den Bestimmungen der §§ 67 ff. festgestellt.

§ 24. Wenn eine Gegend keine regelmäßigen Getreidemärkte hat, so wird für dieselbe ein möglichst benachbarter wirklicher Marktort angewiesen. Die Preise dieses Marktortes werden mit den Preisen jener Gegend in den letzten 24 Jahren vor Verkündung des gegenwärtigen Gesetzes mit Weglassung der beiden theuersten und der beiden wohlfeilsten Jahre verglichen, und es wird daraus ein bleibendes Normalverhältniß beider Preise berechnet. Bei den für jene Gegend vorzunehmenden Preisermittelungen wird sodann der Preis des angenommenen Marktortes zum Grunde gelegt und nach dem bleibend bestimmten Normalverhältniß erhöht oder vermindert.

§ 25. Ist ein Bezirk, in welchem sich ein wirklicher Marktort befindet, so ausgedehnt, daß in dessen entlegeneren Theilen die Preise regelmäßig geringer oder höher als an dem Marktorte selbst zu sein pflegen, so ist der ganze Bezirk in kleinere Bezirke zu theilen, und für jeden derselben ein bleibendes Normalverhältniß zum Preise des Marktortes festzustellen.

§ 26. Von den nach § 19—25 zu ermittelnden Preisen kommen fünf Prozent wegen der geringeren Beschaffenheit des Zinsgetreides zum marktgängigen in Abzug. Für Marktfuhrkosten findet ein besonderer Abzug nicht statt; dieselben sind jedoch bei Feststellung der Normalverhältnisse nach § 25 mit zu berücksichtigen.

§ 27. Wenn auf einem Marktplatze (§ 23) für gewisse Körnerarten oder für Körnerarten in einer besondern Qualität, z. B. Saamengetreide, Metzgetreide der Müller, keine Preise aufgezeichnet werden, so müssen die in solchen Körnerarten bestehenden Abgaben nach § 32 ff. abgeschätzt werden.

§ 28. Bei denjenigen Getreidearten, welche auf Grund der bisher gültig gewesenen Regulirungs- und Ablösungsgesetze als Entschädigung für aufgehobene Reallasten rechtsverbindlich stipulirt worden sind und nach einem 10- oder mehrjährigen Durchschnitte der Getreidepreise in Gelde abgeführt werden, erfolgt die Feststellung des jährlichen Geldwerths nach demjenigen Geldbetrage, welcher an dem der Anbringung der Provokation (§ 94) vorhergegangenen Fälligkeitstermine zu entrichten gewesen ist.

Muß dagegen eine solche Getreiderente nach einem niedern als 10jährigen Durchschnitte der Getreidepreise oder nach dem jedesmaligen jährlichen Marktpreise eines bestimmten Ortes in Gelde abgeführt werden, so erfolgt die Feststellung des jährlichen Geldwerthes nach dem Durchschnitte der bei der Abführung maaßgebenden Marktpreise dieses Ortes. Bei Ermittelung dieses Durchschnitts werden die Preise der letzten 24 Jahre vor Anbringung der Provokation mit Weglassung der beiden theuersten und der beiden wohlfeilsten zum Grunde gelegt.

§ 29. Sind für feste, nicht in Körnern bestehende Naturalabgaben, welche jährlich wiederkehren, während der letzten 10 Jahre, für die in längeren Perioden wiederkehrenden aber während der letzten 20 Jahre vor Anbringung der Provokation, oder wenn zwischen diesem Zeitpunkte und der Verkündung des Gesetzes vom 9. Oktober 1848 eine Umschaffung der Geldleistung eingetreten ist, während der letzten 10 resp. 20 Jahre vor Verkündung des gedachten Gesetzes, Geldvergütungen ohne Widerspruch bezahlt und angenommen worden, so sind diese Vergütungen, und wenn sie innerhalb der gedachten Zeiträume gewechselt haben, der Durchschnitt der bezahlten Beträge der Feststellung des Geldwerths dieser Abgaben zum Grunde zu legen.

§ 30. Kann der jährliche Geldwerth solcher Naturalabgaben nach den Bestimmungen des § 29 nicht ermittelt werden, so kommen Normalpreise (§ 67 ff.) in Anwendung, bei deren Feststellung in der Regel auf die Preise in den letzten 20 Jahren zu rücksichtigen und in Ansehung solcher Gegenstände, deren Qualität eine verschiedene sein kann, von der Voraussetzung auszugehen ist, daß die Abgabe in der geringeren Qualität zu entrichten sei.

Ist aber in einem gegebenen Falle über die zu entrichtende Qualität urkundlich etwas Anderes bestimmt, so sind die festgestellten Normalpreise dabei nicht zum Grunde zu legen, vielmehr muß alsdann der Werth der Abgabe durch schiedsrichterlichen Ausspruch besonders festgestellt werden.

§ 31. Auf Abgaben in Wein finden die Bestimmungen des § 30 keine Anwendung. Der jährliche Geldwerth solcher Abgaben muß vielmehr, wenn die Vorschrift des § 29 nicht Platz greift, durch schiedsrichterlichen Ausspruch bestimmt und hierbei auf den Ort des Erzeugnisses sowie auf den Preis in den letzten 20 Jahren vor Anbringung der Provokation Rücksicht genommen werden.

§ 32. Hat der Berechtigte während der letzten 10 Jahre vor Anbringung der Provokation, oder wenn zwischen diesem Zeitpunkte und der Verkündung des G. v. 9. Oktbr. 1848 der Natural-Fruchtzehnt wieder erhoben worden ist, während der letzten 10 Jahre vor Verkündung des gedachten Gesetzes für den Natural-Fruchtzehnten einen Pachtzins bezogen, oder eine Abgabe in Geld oder Getreide statt des Natural-Fruchtzehnten ohne Widerspruch angenommen, so bildet der jährliche Betrag des Pachtzinses oder der Abgabe, und wenn diese Beträge gewechselt haben, der Durchschnitt der gezahlten Beträge den Jahreswerth des Zehntrechts. Sind solche Pächte oder Abgaben in Körnern entrichtet worden, so werden sie nach § 19—27 in Gelde veranschlagt.

o. Der im § 32 gemeinte Pachtzins muß von den Zehntpflichtigen selbst als Pächtern des Zehntens, nicht etwa von einem Dritten als Zehntpächter gezahlt sein — RKE. v. 2. Septbr. 1853 (Zeitschr. f. EKG. 7, 132) —. Wenn es sich um die Ablösung des Natural-Fruchtzehntens einer Pfarre handelt, so ist unter dem Berechtigten im § 32 nur die Pfarre selbst, vertreten durch ihre gesetzlichen Vertreter, nicht der Pfarrer allein zu verstehen — OTrE. v. 4. Mai 1863, PlB. Präj. 2730 (Entsch. 49, 1; JMBl. S. 150; Str. Arch. 50, 167) —. Dasselbe gilt bei der Ablösung von Diensten nach § 9 und von Fleischzehnten nach § 29 — OTrE. v. 16. u. 23. Juni 1863 (UEBl. S. 690, 693) u. v. 7. Dezbr. 1865 (Entsch. 56, 347) —. Auch ist bei dergleichen Streitigkeiten die dritte Instanz zulässig — OTrE. v. 6. Januar 1862, PlB. Präj. 2719 (JMBl. S. 66; Entsch. 47, 35) —.

§ 33. Treten die Voraussetzungen des § 32 nicht ein, so ist der Ertrag an Naturalerzeugnissen, welchen der Zehntberechtigte im Durchschnitt der Jahre von dem Zehnten beziehen kann, nach dem Zustande und der Wirthschaftsart der zehntpflichtigen Grundstücke bei Anbringung der Provokation sachverständig zu bemessen. Bei dem Getreide ist dieser Ertrag in Körnern und in Stroh besonders festzusetzen.

Der Preis der Körner wird nach den Vorschriften der §§ 19—27 bestimmt; es findet jedoch dabei der im § 26 gedachte Abzug von 5 Prozent nicht statt. Bei Festsetzung des Preises der übrigen Naturalerzeugnisse kommen die Bestimmungen § 29—31 in Anwendung.

Zur Feststellung des jährlichen Geldwerths werden von dem Rohertrage die Kosten in Abzug gebracht, welche der Berechtigte aufwenden muß, um den Reinertrag zu erhalten.

Den Sachverständigen bleibt überlassen zu beurtheilen, inwieweit die vorzulegenden Zehntregister, Grundsteuerkataster, sowie andere nach ihrem Ermessen einzuziehende Nachrichten ohne Vermessung und Bonitirung für die von ihnen vorzunehmenden Feststellungen ausreichend sind.

§ 34. Die vorstehend wegen der Zehnten ertheilten Vorschriften finden auch auf die Garbenpacht von den sogenannten Garbenhöfen Anwendung.

§ 35. Von dem Tage ab, an welchem das gegenwärtige Gesetz in Kraft tritt, kann von Ländereien, von welchen ein Zehnt noch nicht bezogen worden, derselbe nicht gefordert werden. Die Ablösung des Zehnten nach Maaßgabe der Bestimmungen der vorstehenden §§ 32 ff. schließt daher auch die Aufhebung des Zehnten vom Neulande (Neubruchzehnt, Rottzehnt) mit ein und kann dafür nicht noch eine besondere Abfindung verlangt werden.

§ 36. Das Recht, Besitzveränderungsabgaben (Laudemien, Lehnwaaren, Antrittsgelder, Gewinngelder u. s. w.) bei denjenigen Veränderungsfällen zu fordern, welche auf irgend eine Weise in herrschender Hand eintreten, wird ohne Entschädigung des Berechtigten aufgehoben.

§ 37. Alle unfixirten Besitzveränderungsabgaben, welche nach Einführung des Edikts v. 14. Septbr. 1811 wegen Beförderung der Landeskultur (GS. S. 300) neu entstanden sind, fallen unbeschadet der Gültigkeit der übrigen Bestimmungen der Veräußerung oder Verleihung ohne Entschädigung des Berechtigten fort. Abgaben, die bei Besitzveränderungen in einer ein- für allemal bestimmten Summe entrichtet werden müssen, sind für unfixirte Besitzveränderungsabgaben nicht zu erachten.

§ 38. Von einem und demselben Grundstücke darf fortan niemals mehr als eine Art von Besitzveränderungsabgaben entrichtet werden. Sind bisher mehrere Arten von Besitzveränderungsabgaben neben einander entrichtet worden, so wird vermuthet, daß die höhere dieser Abgaben eine Grundabgabe sei und daher fortbestehe, die geringere dagegen zu den im § 3 aufgehobenen Abgaben gehöre.

p. Gegen diese Vermuthung (§ 38) ist der Gegenbeweis, auch ein indirecter, gestattet; derselbe kann aber dadurch allein nicht geführt werden, daß keine Gründe für die Annahme vorliegen, die Laudemialpflicht sei aus keiner anderen Quelle als der Gerichtsherrlichkeit entstanden — OTrE. v. 28. Novbr. 1863 (Entsch. 51, 189) —.

§ 39. Von denjenigen Abgaben, welche bei Besitzveränderungen unter dem Namen Schreibgebühren, Siegelgelder, Konfirmations-, Verreichs-, Ausfertigungsgebühren, Zählgelder oder unter anderen, auf Gerichtshandlungen deutenden Benennungen vorkommen, gilt auch in solchen Fällen, in welchen neben ihnen keine anderen Besitzveränderungsabgaben entrichtet werden, die Vermuthung, daß sie Gerichtssporteln sind und zu den nach § 3 Nr. 5 aufgehobenen Abgaben gehören.

q. Diese Vermuthung (§ 39) wird dadurch, daß ein vor Erlaß des G. v. 2. März 1850 rechtskräftig gewordenes Erkenntniß eine dieser Abgaben zu den damals nicht gesetzlich aufgehobenen gerechnet hat, nicht widerlegt — OTrE. v. 30. Oktbr. 1855, Präj. 2650 (Entsch. 32, 215) —.

§ 40. Der Nachweis, daß ein Grundstück zu Besitzveränderungsabgaben verpflichtet ist, kann fortan durch Berufung auf Observanz nicht mehr geführt werden. Dagegen genügt es zu diesem Nachweis, wenn ein Besitzer des Grundstücks die Verpflichtung auch ohne Angabe des Rechtsgrundes derselben in einer öffentlichen Urkunde anerkannt hat. Selbst ein solches Anerkenntniß kann jedoch die Fortdauer solcher Besitzveränderungsabgaben, welche nach § 36—38 unbedingt aufgehoben sind, nicht bewirken.

r. Zu dem Anerkenntnisse (§ 40) ist in allen Fällen jede Willensäußerung ausreichend, aus welcher mit Zuverlässigkeit zu entnehmen ist, daß die auf dem Grundstücke ruhende Verpflichtung zu Besitzveränderungsabgaben entweder überhaupt oder als den Erben in absteigender Linie obliegend als rechtlich bestehend betrachtet wird — OTrE. v. 6. Novbr. 1854, Präj. 2565, PlB. (Entsch. 29, 48; JMBl. 1855 S. 2) —. Das Anerkenntniß verbindet die Besitznachfolger auch dann, wenn die Laudemialverpflichtung im Hypothekenbuche des verpflichteten Grundstücks nicht eingetragen ist — OTrE. v. 19. Juni 1854, PlB. Präj. 2526 (Entsch. 28, 39; JMBl. S. 334) —, ebenso ist auch ohne solche Eintragung der die Laudemialpflicht konstituirende Vertrag für alle Besitznachfolger verbindlich — OTrE. v. 24. Mai 1859 (Entsch. 41, 173) —. Ist das Anerkenntniß in einer prozessualischen Verhandlung abgegeben, so muß dabei die Vorschrift des § 65 I, 25 AGO. beobachtet werden, d. h. es muß die mit einem rechtskundigen Beistande versehene Partei aus dem Bauer- oder gemeinen Bürgerstande über die rechtlichen Folgen ihres Anerkenntnisses gehörig bedeutet, und wie dies geschehen, im Protokolle ausdrücklich bemerkt werden, sonst hat das Anerkenntniß keine rechtliche Wirkung — OTrE. v. 18. Januar 1853, Präj. 2428 (Entsch. 25, 27) —. Uebrigens genügt ein rechtsgültiges Anerkenntniß auch nicht zum Nachweise der früheren Rechtsbeständigkeit der nach § 36—38 G. v. 2. März 1850 unbedingt aufgehobenen Besitzveränderungsabgaben — OTrE. v. 13. Januar 1853, Präj. 2427 (Entsch. 25, 72) —.

§ 41. Zur Ermittelung des Werths der abzulösenden Besitzveränderungsabgaben ist 1) die Zahl der auf ein Jahrhundert anzunehmenden Besitzveränderungsfälle, 2) der Betrag der Besitzveränderungsabgabe festzustellen.

§ 42. In der Regel sind drei Besitzveränderungsfälle auf ein Jahrhundert zu rechnen.

Ist jedoch die Besitzveränderungsabgabe 1) nur bei allen Veräußerungen an Andere als an Descendenten des Besitzers zu entrichten, so werden zwei Besitzveränderungsfälle auf ein Jahrhundert gerechnet; 2) dasselbe findet statt, wenn die Abgabe bei jeder Art der Besitzerwerbung eines Descendenten entrichtet werden muß; 3) ist die Abgabe nur bei gewissen Arten der Veräußerung an Andere als an Descendenten zu entrichten, bei anderen aber nicht, so wird nur ein Veränderungsfall auf ein Jahrhundert gerechnet; 4) dasselbe findet statt, wenn die Abgabe nur bei gewissen Arten der Besitzerwerbung eines Descendenten zu entrichten ist, bei anderen aber nicht; 5) ist die Abgabe ausschließlich oder noch außerdem in anderen Fällen als bei den unter 1—4 genannten Arten des Besitzerwerbs zu entrichten (z. B. bei Heirathen des Besitzers), so ist für den Eintritt eines jeden solchen Falles ein Veränderungsfall auf ein Jahrhundert zu rechnen.

Mehr als drei Veränderungsfälle dürfen aber niemals auf ein Jahrhundert gerechnet werden.

§ 43. Ist der Betrag der Besitzveränderungsabgabe weder ein- für allemal, noch auch nach Prozenten des Werths oder Erwerbspreises des verpflichteten Grundstücks rechtsgültig bestimmt, so wird der Durchschnitt derjenigen Beträge, welche in den letzten sechs Veränderungsfällen wirklich bezahlt worden oder zu zahlen gewesen sind, und wenn dieses nicht ermittelt werden kann, der Durchschnitt derjenigen Beträge, welche bekannt sind, als Einheit zum Grunde gelegt.

Sollte auf diese Weise der Betrag der Gewinngelder von mehrjährigen Besitzern nicht ausgemittelt werden können, so soll der halbe Betrag eines vollen Gewinngeldes der wirklichen Besitzer desselben Grundstücks angenommen werden.

Ist der Betrag der Besitzveränderungsabgabe in einem gegebenen Falle aus dem Grunde nicht genau festzustellen, weil der Sterbefall und der Gewinn zusammen in einer Summe behandelt wurden, so soll die Hälfte dieser Summe als Betrag der Gewinngelder angenommen werden.

§ 44. Besteht die Besitzveränderungsabgabe in Prozenten von dem Werthe oder Erwerbspreise des verpflichteten Grundstücks, so erfolgt die Feststellung des bei der Ablösung zum Grunde zu legenden Werthes oder Preises nach dem in Pausch und Bogen durch Schiedsrichter abzuschätzenden gemeinen Kaufwerthe des Grundstücks.

Gebäude und Inventarienstücke sind bei dieser Abschätzung nur dann zu berücksichtigen, wenn sich die Verpflichtung zur Besitzveränderungsabgabe auf sie mit erstreckt.

Von dem so ermittelten Kaufwerthe kommen jedoch noch in Abzug: a. die zur Ablösung von Diensten, Abgaben, Grundgerechtigkeiten oder anderen Lasten des Grundstücks von dem gegenwärtigen oder einem früheren Besitzer desselben gezahlten Kapitalien, vorausgesetzt, daß die abgelösten Lasten dem Grundstück nicht etwa ohne Einwilligung des zu der Besitzveränderungsabgabe Berechtigten auferlegt worden waren, entgegengesetzten Falles ist der Abzug jener Kapitalien unstatthaft; b. 20 Prozent des Werthes der zum Grundstück gehörigen Ländereien; c. 50 Prozent des Werthes der Gebäude und Inventarienstücke.

§ 45. Ist der Betrag oder Prozentsatz der Besitzveränderungsabgabe nach

Verschiedenheit der Besitzveränderungsfälle verschieden, so ist der Durchschnitt der nach § 42 in einem Jahrhundert zu entrichtenden Beiträge als Einheit des Betrages oder Prozentsatzes der Besitzveränderungsabgabe anzusehen.

Mehr als drei Veränderungsfälle dürfen auch hierbei auf ein Jahrhundert nicht gerechnet werden.

Fallen mehr als drei Veränderungsfälle auf ein Jahrhundert, so ist der Durchschnitt der drei höchsten Beträge der Besitzveränderungsabgabe maaßgebend.

§ 46. Der hundertste Theil der Summe derjenigen einzelnen Beträge, welche nach den vorstehenden Bestimmungen in den auf ein Jahrhundert treffenden Besitzveränderungsfällen zu entrichten sein würden, bildet den Jahreswerth der abzulösenden Berechtigung.

§ 47. Von dem Zeitpunkte ab, an welchem eine Provokation auf Ablösung bei der Auseinandersetzungsbehörde angebracht wird, darf von denjenigen Grundstücken, auf welche sich die Provokation erstreckt (§ 94 u. 95), für die später sich ereignenden Besitzveränderungsfälle die Besitzveränderungsabgabe nicht mehr gefordert werden.

Dagegen ist von eben diesem Zeitpunkte ab die zu ermittelnde Ablösungsrente von dem Verpflichteten zu entrichten.

§ 48. Nachschußrenten werden bei Ablösung der Besitzveränderungsabgaben nicht ferner festgestellt.

§ 49. Eine Rückforderung der vor Verkündung des gegenwärtigen Gesetzes gezahlten Besitzveränderungsabgaben aller Art ist nur zulässig, wenn die Zahlung entweder unter schriftlichem Vorbehalt der Rückforderung geleistet oder durch administrative Exekution erzwungen worden ist, obgleich der Verpflichtete vor Vollstreckung der Exekution seine Zahlungsverbindlichkeit bestritten hatte.

§ 50. Feste jährliche Geldabgaben werden nach ihrem Jahresbetrage in Rechnung gestellt.

§ 51. Ist eine feste Geldabgabe nicht alljährlich, sondern nach Ablauf einer bestimmten Anzahl von Jahren zu entrichten, so wird ihr Betrag durch die Zahl dieser Jahre getheilt, und der Quotient stellt alsdann den Jahreswerth der Abgabe dar.

§ 52. Auch diejenigen Renten, bei denen das Kapital, durch welches sie künftig abgelöst werden können, nach dem bisherigen gesetzlichen Ablösungssatze der Kapitalisirung zu vier Prozent im Voraus festgestellt ist, kommen als feste Geldabgaben nach ihrem Jahresbetrage in Rechnung.

Dasselbe gilt von den vorbedungenen Zinsen der nach dem bisherigen gesetzlichen Ablösungssatze und nach Maaßgabe speziell ermittelter Entschädigungsrente festgestellten Ablösungskapitalien, deren Kündigung nur dem Verpflichteten zusteht.

§ 53. Ist dagegen in den Fällen des § 52 eine Frist zur Zahlung des Ablösungskapitals rechtsverbindlich festgesetzt, oder die Befugniß zur Kündigung desselben oder der Ablösungsrente auch dem Berechtigten, wenn auch nur unter gewissen Voraussetzungen, eingeräumt, so hat es bei diesen Festsetzungen lediglich sein Bewenden, und es finden auf Fälle dieser Art die Bestimmungen des gegenwärtigen Gesetzes mit Ausnahme der §§ 91, 92, 93 keine Anwendung.

§ 54. Nach eben diesen Grundsätzen (§ 53) unterliegen auch die aus Gemeinheitstheilungen entsprungenen Renten der Ablösung nach den Vorschriften des gegenwärtigen Gesetzes nur dann, wenn der Berechtigte sich des in Ansehung solcher Renten gesetzlich ihm zustehenden Kündigungsrechts begeben hat.

§ 55. Auf Renten, bei welchen ein anderer als der bisherige gesetzliche Ablösungssatz der Kapitalisirung zu vier Prozent im Voraus rechtsverbindlich festgesetzt ist, sowie auf Zinsen solcher Ablösungskapitalien, bei deren Feststellung ein anderer als dieser bisherige gesetzliche Ablösungssatz zur Anwendung gekommen ist, endlich auf Zinsen solcher Ablösungskapitalien, welche im Wege eines nicht auf Grund einer speziellen Werthsermittelung geschlossenen Vergleichs und ohne Zugrundelegung des damals gesetzlichen Ablösungssatzes vertragsweise festgestellt worden sind, findet das gegenwärtige Gesetz mit Ausnahme der §§ 91, 92, 93 keine Anwendung.

§ 56. In den Fällen der §§ 53, 54, 55 soll jedoch dem Berechtigten freistehen, auf Abfindung in Rentenbriefen nach Maaßgabe des Gesetzes über die

Errichtung von Rentenbanken anzutragen, wenn der Verpflichtete nicht die Abfindung nach den Bestimmungen des Vertrages vorzieht.

Die Ueberweisung an die Rentenbank kann aber von der Behörde insoweit verweigert werden, als die zu übernehmenden Renten oder Zinsen ⅔ des nach § 63 zu ermittelnden Reinertrags des Grundstücks übersteigen.

§ 57. Der Jahreswerth der Verpflichtung zur Haltung von Saamenvieh und zur Ausfütterung von Vieh wird nach Normalpreisen festgestellt.

Dergleichen Normalpreise sind bei der Verpflichtung zur Haltung von Saamenvieh für jedes Stück des Muttervviehs und bei der Verpflichtung zur Ausfütterung von Vieh für jedes auszufütternde Stück Vieh nach § 67 ff. zu bestimmen.

§ 58. Der Jahreswerth gewerblicher, handwerksmäßiger und aller übrigen Abgaben und Leistungen, welche nicht zu den in den §§ 9—43 aufgeführten gehören, wird in jedem einzelnen Falle nach denjenigen Vorschriften des gegenwärtigen Abschnitts (§ 6 ff.), welche darauf anwendbar erscheinen, wenn aber diese Vorschriften keinen Anhalt bieten, nach sachverständigem Ermessen bestimmt.

Die Aufhebung der §§ 1—5 der Gewerbeordnung v. 17. Januar 1845 genannten Rechte erfolgt, insoweit dieselben verfassungsmäßig noch bestehen, nicht nach den Bestimmungen des gegenwärtigen Gesetzes, sondern nach denen der Gewerbeordnung (GS. 1845 S. 41).

§ 59. Der Jahreswerth der Gegenleistungen der Berechtigten wird ebenfalls nach den vorstehenden Bestimmungen nach § 6 ff. ermittelt. Dieses gilt jedoch nicht von solchen Gegenleistungen und Verpflichtungen, deren Aufhebung den Vorschriften der Gemeinheitstheilungsordnung vom 7. Juni 1821 unterliegt.

§ 60. Von der Summe des ermittelten jährlichen Geldwerths der sämmtlichen ablösbaren Reallasten (§ 6—58) wird die Summe des ermittelten jährlichen Geldwerths der Gegenleistungen (§ 59) in Abzug gebracht. Der Ueberschuß bildet den Geldbetrag, dessen Ablösung nach den §§ 64—66 angegebenen Grundsätzen erfolgt, insoweit nicht eine Ermäßigung desselben nach § 63 eintreten muß. Wenn die Leistung und Gegenleistung nicht zwischen denselben Personen stattfindet, sondern letztere einer dritten Person zusteht, wie dies z. B. in einigen Landestheilen bei der Verpflichtung der Zehntberechtigten zur Erbauung der Kirche oder eines Theils derselben der Fall ist, so tritt keine Kompensation ein, vielmehr wird der Werth der Gegenleistung dem zu letzterer unmittelbar Berechtigten gewährt. (Vgl. N. 304 VIII.)

§ 61. Uebersteigt der jährliche Geldwerth der Gegenleistungen den jährlichen Geldwerth der Hauptleistungen, so wird der Mehrwerth der Gegenleistungen ebenfalls nach den Bestimmungen des § 64 abgelöst.

Eine Ausnahme hiervon findet nur statt, wenn dem Berechtigten aus einem besonderen Rechtsgrunde die Befugniß zusteht, wider den Willen des Verpflichteten auf die Leistungen zu verzichten und sich dadurch von den Gegenleistungen zu befreien.

§ 62. Bestehen die Gegenleistungen eines zu Diensten Berechtigten in der Ueberlassung eines gewissen Antheils an den eingeernteten oder zum Ausdrusch gekommenen Feldfrüchten, wie z. B. bei dem Zehntschnitt- oder Dreschgärtner-Verhältniß, so wird der Mehrwerth dieser Gegenleistungen und zwar in der Regel in Land nach den Vorschriften der Gemeinheitstheilungsordnung vergütet. Es ist aber bei der Feststellung dieses Mehrwerths der Werth sämmtlicher, von dem Dienstpflichtigen dem Berechtigten zu leistenden, nach § 2 u. 3 nicht aufgehobenen Dienste von dem Werthe der gedachten Gegenleistungen in Abrechnung zu bringen.

§ 63. Der Besitzer einer jeden Stelle (Haus- oder Hofstelle nebst Zubehör) ist zu fordern berechtigt, daß ihm bei Feststellung der für die abzulösenden Reallasten zu leistenden Abfindung ein Drittel des Reinertrages der Stelle verbleibe, und daß mithin, soweit es hierzu erforderlich, die Abfindung für die zur Ablösung kommenden Reallasten vermindert werde.

Solche Geld- und Getreiderenten, welche auf Grund der bisher gültig gewesenen Regulirungs-, Ablösungs- und Gemeinheitstheilungsgesetze als Abfindung rechtsverbindlich stipulirt worden sind, unterliegen jedoch einer solchen Verminderung nicht.

Stehen dem verpflichteten Stellenbesitzer mehrere Berechtigte gegenüber, welche sich hiernach eine Verminderung ihrer Abfindung gefallen lassen müssen, so erfolgt die Verminderung nach Verhältniß der Größe der Abfindung.

Der Reinertrag der Stelle wird in folgender Art ermittelt: Es wird der gemeine Kaufwerth, den die Stelle bei Berücksichtigung aller auf ihr ruhenden Lasten und Abgaben sowie aller ihr zustehenden Berechtigungen hat, in Pausch und Bogen durch Schiedsrichter festgestellt. Alsdann werden vier Prozent dieses Kaufwerths mit dem Jahreswerth aller ablösbaren Reallasten der Stelle nach Abzug der nach § 59 u. 60 zu berücksichtigenden Gegenleistungen zusammengerechnet. Die Summe beider stellt den Reinertrag der Stelle dar.

§ 64 handelt von der Ablösung der Geldrente durch Kapitalzahlung oder Vermittelung der Rentenbanken und findet nach dem G. v. 15. April 1857 (GS. S. 363) auf kirchliche rc. Reallasten keine Anwendung, vgl. N. 353.

§ 65. (Alin. 1–3 handelt von derselben Ablösung wie § 64, Alin. 4 lautet:) Ausgeschlossen von den Bestimmungen der §§ 64 u. 65 bleiben die Reallasten, welche Kirchen, Pfarren, Küstereien und Schulen zustehen. Die Bestimmung über deren künftige Ablösung bleibt einem besonderen Gesetze vorbehalten; bis zu diesem Zeitpunkte werden die nach dem gegenwärtigen Gesetze ermittelten Geldrenten direct an die gedachten Institute entrichtet. (Vgl. N. 353.)

§ 66. Bei Ablösung der Reallasten nach den Bestimmungen dieses Gesetzes findet weder eine Ermäßigung der Abfindung wegen der den pflichtigen Grundstücken auferlegten oder aufzulegenden Grundsteuern, noch auch eine Umschreibung der von den berechtigten Grundstücken für die abgelösten Reallasten zu entrichtenden Steuern auf die verpflichteten Grundstücke statt.

Dagegen bewendet es bis zur Ausführung der Ablösung bei den gesetzlichen Bestimmungen über die Ansprüche der Verpflichteten auf eine Vergütung dieser Grundsteuer oder auf einen Abzug von den Leistungen wegen der gedachten Grundsteuern.

s. Mithin sind vertragsmäßige Ansprüche des Belasteten gegen den Berechtigten auf Vertretung bez. Erstattung der auf dem belasteten Grundstück haftenden oder aufzulegenden Grundsteuern ohne Weiteres durch die Ablösung aufgehoben — OTrE. v. 26. Novbr. 1857 (Entsch. 37, 150) —.

(Alin. 3. u. 4 beziehen sich nicht auf kirchliche rc. Reallasten.)

§ 67. Zur Feststellung der Normalpreise und Normalmarktorte (cf. § 10, 12, 21, 23–25, 30, 57) werden von der Auseinandersetzungsbehörde angemessene Distrikte bestimmt. Für jeden solchen Distrikt wird eine Kommission gebildet, welche aus mehreren nach § 68 zu erwählenden sachkundigen Eingesessenen des Distrikts und einem von der Auseinandersetzungsbehörde ohne Stimmrecht zu ernennenden Vorsitzenden besteht. Die Kommission macht auf Grund der von ihr vorzunehmenden Ermittelungen der Auseinandersetzungsbehörde Vorschläge über die in dem Distrikte zu bildenden Preisbezirke, über die Normalpreise für jeden dieser Bezirke, sowie über die anzunehmenden Normalmarktorte.

Die Auseinandersetzungsbehörde bestätigt diese Vorschläge oder entscheidet, wenn die Kommissionsmitglieder sich nicht haben einigen können. Gegen diese Entscheidung steht den Mitgliedern der Kommission der Rekurs an das Revisionskollegium für Landeskultursachen zu, welchen sie innerhalb drei Wochen vom Tage der Publikation bei der Auseinandersetzungsbehörde einzulegen haben. Das Revisionskollegium entscheidet endgültig.

§ 68. Bei der Wahl der aus den Distriktseingesessenen zu entnehmenden Mitglieder der Kommission ist nach folgenden Regeln zu verfahren:

1) die Zahl dieser Personen wird zur einen Hälfte von den verpflichteten Grundbesitzern, zur andern Hälfte von den Berechtigten gewählt;

2) umfaßt der Distrikt nur einen landräthlichen Kreis, so wird in jeder Gemeinde desselben unter Leitung des Gemeindevorstandes von den Besitzern der mit Reallasten behafteten Grundstücke ein Wahlmann gewählt. Sämmtliche Wahlmänner des Kreises werden alsdann von dem Kreisvorstande zusammenberufen,

und unter dem Vorsitze desselben erwählen die von ihnen Erschienenen nach dem Ermessen der Auseinandersetzungsbehörde zwei oder mehrere Mitglieder für die Distriktskommission.

Die Berechtigten des Kreises dagegen erwählen unter dem Vorsitze des Kreisvorstandes unmittelbar eine eben solche Zahl von Kommissionsmitgliedern;

3) umfaßt der Distrikt mehrere landräthliche Kreise, so werden in jedem derselben sowohl von Seiten der Verpflichteten als der Berechtigten zwei Mitglieder für die Kommission auf dem unter Nr. 2 bezeichneten Wege erwählt;

4) alle diese Wahlen erfolgen nach absoluter Stimmenmehrheit der Erschienenen nach Maaßgabe des Wahlreglements v. 31. Mai 1849 wegen der Wahl der Abgeordneten;

5) die Prüfung und Bestätigung der Wahlen gebührt der Auseinandersetzungsbehörde;

6) auf diese Behörde geht auch das Recht zur Wahl der Kommissionsmitglieder für diejenige Partei über, welche die Wahl verweigert oder solche unterlassen hat.

§ 69. An dessen Stelle ist getreten: das G. v. 19. März 1860 (GS. S. 98), welches lautet:

§ 1. Die Bestimmung des § 69 G. v. 2. März 1850, betreffend die Ablösung der Reallasten ꝛc., wird aufgehoben. An deren Stelle treten nachstehende Vorschriften:

§ 2. Wenn die Auseinandersetzungsbehörde eine Aenderung von Normalmarktorten und den damit zusammenhängenden Normalverhältnissen zu den Preisen der Marktorte (§ 23—25 G. v. 2. März 1850) durch den Verkehr für geboten erachtet, so ist sie zu einer solchen Aenderung nach Anhörung der Bezirksregierung und ohne Zuziehung der Distriktskommission befugt.

Der neue Marktort ist für alle auf die Bekanntmachung der Aenderung folgenden Martini-Marktpreise maaßgebend.

§ 3. Eine Revision oder Ergänzung der Normalpreise kann die Auseinandersetzungsbehörde bewirken, wenn und soweit sie ein Bedürfniß dazu anerkennt, sofern nur die geltenden Normalpreise schon mindestens 10 Jahre hindurch in Wirksamkeit gewesen sind.

Die Revision und Ergänzung erfolgt auf dem im § 67 G. v. 2. März 1850 bezeichneten Wege; jedoch wird die Wahl der Mitglieder der Distriktskommission (§ 68 l. c.) der Auseinandersetzungsbehörde übertragen.

Die revidirten Normalpreise finden auf alle nach ihrer Bekanntmachung bei der Auseinandersetzungsbehörde anhängig gemachten Ablösungen Anwendung.

§ 4. Was im § 72 G. v. 2. März 1850 in Bezug auf die erste Festsetzung der Normalpreise verordnet worden ist, das gilt auch für den Fall der Revision der Normalpreise.

§ 70. Die erwählten Mitglieder der Distriktskommission erhalten Reise- und Zehrungskosten aus der Staatskasse: 1 Thlr. 15 Sgr. Tagegelder und an Reisekosten 10 Sgr. pro Meile.

Die Distriktseingesessenen haben wegen der Behufs der Wahl der Mitglieder der Distriktskommission gemachten Reisen und sonstigen Auslagen keinen Anspruch auf Vergütung.

§ 71. In der Regel kommen die Markt- und Normalpreise desjenigen Bezirks zur Anwendung, in welchem der zur Ablieferung der Abgabe oder der zur Leistung der Verpflichtung bestimmte Ort belegen ist. Ist dieser nicht bestimmt, oder muß die Abgabe oder Leistung an verschiedenen Orten abgeliefert oder verrichtet werden, so kommen die Markt- oder Normalpreise desjenigen Bezirks zur Anwendung, in welchem das verpflichtete Grundstück belegen ist.

§ 72. Sollten in einzelnen Distrikten Abgaben und Leistungen, für deren Ablösung nach dem gegenwärtigen Gesetze Normalsätze festgestellt werden sollen, gar nicht mehr oder doch nur in sehr geringem Umfange vorkommen, so kann mit Genehmigung des Ministeriums für landwirthschaftliche Angelegenheiten in solchen Distrikten die Festsetzung von Normalpreisen unterbleiben.

Kommt es in solchen Distrikten auf eine Abschätzung an, so erfolgt dieselbe durch Schiedrichter.

§ 73—90 handeln als dritter Abschnitt von der Regulirung der gutsherrlichen und bäuerlichen Verhältnisse Behufs der Eigenthumsverleihung, die betreffenden Ansprüche sind aber, sofern sie nicht bis zum 1. Januar 1852 bei der Auseinandersetzungsbehörde des Bezirks, in welchem die Stelle liegt, angemeldet werden, durch § 78, und die durch diesen § 78 noch nicht präkludirten, sofern sie nicht bis spätestens den 31. Dezbr. 1858 bei jener Behörde angemeldet, durch das G. v. 16. März 1857 (GS. S. 235) präkludirt worden.

Abschnitt IV. Allgemeine Bestimmungen.

§ 91. Bei erblicher Ueberlassung eines Grundstücks ist fortan nur die Uebertragung des vollen Eigenthums zulässig.

Mit Ausnahme fester Geldrenten dürfen Lasten, welche nach dem gegenwärtigen Gesetze ablösbar sind, einem Grundstücke von jetzt ab nicht auferlegt werden.

Neu auferlegte feste Geldrenten ist der Verpflichtete nach vorgängiger 6monatlicher Kündigung mit dem 20fachen Betrage abzulösen berechtigt, sofern nicht vertragsmäßig etwas Anderes bestimmt wird. Es kann jedoch auch vertragsmäßig die Kündigung nur während eines bestimmten Zeitraums, welcher 30 Jahre nicht übersteigen darf, ausgeschlossen, und ein höherer Ablösungsbetrag als der 25fache der Rente nicht stipulirt werden; ersteres gilt auch von den in den §§ 53—55 gedachten Renten.

Vertragsmäßige, den Vorschriften dieses § zuwiderlaufende Bestimmungen sind wirkungslos, unbeschadet der Rechtsverbindlichkeit des sonstigen Inhalts eines solchen Vertrages.

§ 92. Die Kündigung von Kapitalien, welche einem Grundstücke oder einer Gerechtigkeit auferlegt werden, kann künftig nur während eines bestimmten Zeitraums, welcher 30 Jahre nicht übersteigen darf, ausgeschlossen werden.

Kapitalien, welche auf einem Grundstücke oder einer Gerechtigkeit angelegt sind und bisher Seitens des Schuldners unkündbar waren, können von jetzt ab, sobald 30 Jahre seit der Verkündung dieses Gesetzes verflossen sind, mit einer 6monatlichen Frist Seitens des Schuldners gekündigt werden.

Diese Bestimmungen finden auf sämmtliche Kreditinstitute keine Anwendung.

§ 93 ist in Betreff der kirchlichen 2c. Reallasten durch § 7 G. v. 15. April 1857 (GS. S. 363) ersetzt, vgl. N. 353.

§ 94. Auf Ablösung oder auf Regulirung ist sowohl der Berechtigte als der Verpflichtete anzutragen befugt.

§ 95 gilt nicht für die Ablösung kirchlicher 2c. Reallasten nach § 10 G. v. 15. April 1857 (GS. S. 363), vgl. N. 353.

§ 96. In Beziehung auf die Kommunalverhältnisse und die Grundsteuern treten außer den Vorschriften des § 66 durch die Ausführung des gegenwärtigen Gesetzes keine Veränderungen ein. Es bleibt vielmehr die Regulirung dieser Verhältnisse der künftigen Gemeindeordnung und den Gesetzen über die Grundsteuern vorbehalten.

t. Der Fiskus darf daher auch nicht verlangen, daß in Ansehung der im Hypothekenbuche nicht eingetragenen Grundsteuern, Kreis- und Kommunallasten und Kosten der Polizeiverwaltung die Kapitalabfindung entweder zur Wiederherstellung der geschmälerten Sicherheit oder zur Befriedigung der Hypothekengläubiger verwendet werde — OTrE. v. 21. Juni 1855, Präj. 2633 (Entsch. 32, 203) u. v. 10. April 1856 (Entsch. 33, 301) —.

§ 97. Die Ablösbarkeit der Reallasten, sowie die Regulirungsfähigkeit der noch nicht zu Eigenthum besessenen Stellen ist ohne Rücksicht auf früher darüber abgegebene Willenserklärungen, auf Verjährung oder früher darüber ergangene Judikate lediglich nach den Vorschriften des gegenwärtigen Gesetzes zu beurtheilen.

§ 98. Den bei einer Ablösung oder Regulirung Betheiligten bleibt es freigestellt, auch über eine andere Art der Auseinandersetzung, als die in den Abschnitten II. u. III. bestimmte, sich zu vereinigen. Insbesondere bleibt ihnen auch unbenommen, eine bestimmte Abfindung in Land vergleichsweise festzustellen.

§ 99. Das gegenwärtige Gesetz findet, insoweit nicht in demselben ausdrücklich eine Ausnahme angeordnet wird, auf vergangene Fälle keine Anwendung. Aus der unentgeltlichen Aufhebung der in Abschnitt I. genannten Rechte und Pflichten kann von denen, zu deren Gunsten sie erfolgt ist, ein Einwand gegen die Nachtheile nicht entnommen werden, welche rechtlich mit gewissen Handlungen oder Unterlassungen verbunden sind, insofern diese Handlungen oder Unterlassungen vor Verkündung des G. v. 9. Oktbr. 1848 sich ereigneten. Ebensowenig begründen jene Bestimmungen des Abschnitt I. einen Einwand gegen Zahlung der bis zu dem genannten Tage fällig gewordenen Rückstände, noch einen Anspruch auf Erstattung oder Entschädigung.

In den Landestheilen, für welche die 3 G. v. 21. April 1825 erlassen sind, können jedoch auch die vor Verkündung des G. v. 9. Oktbr. 1848 entstandenen Ansprüche aus den nach § 2 Nr. 1 u. 4 des gegenwärtigen Gesetzes ohne Entschädigung aufgehobenen Rechten nur dann geltend gemacht werden, wenn sie durch Vertrag oder rechtskräftiges Erkenntniß bereits festgestellt sind.

u. Gegen ein vor der Gesetzeskraft dieses Gesetzes den Parteien behändigtes Urtel, welches mit der Nichtigkeitsbeschwerde fruchtlos angegriffen worden, findet eine Berufung auf die in den Fällen des § 99 Alin. 2 beigelegte, rückwirkende Kraft nicht statt — OTrE. v. 8. Dezbr. 1851 (Entsch. 21, 403) —.

Rückstände, welche den doppelten Betrag der jährlichen Rente nicht übersteigen, können, insofern beide Theile einig sind, nach näherer Bestimmung des Rentenbankgesetzes der Rentenbank überwiesen werden.

§ 100. Ist vor Verkündung des gegenwärtigen Gesetzes in einer Auseinandersetzungssache der Rezeß bestätigt, oder die Ablösung oder Regulirung in Ansehung aller oder einzelner Berechtigungen (Abschnitt I.—III.) so weit gediehen, daß die Abfindung durch Vertrag, rechtskräftiges Erkenntniß, Anerkenntniß des Auseinandersetzungsplanes oder sonst rechtsverbindlich bereits festgestellt ist, so kann hiergegen aus dem gegenwärtigen Gesetze kein Einwand hergeleitet werden.

Dagegen sind die Bestimmungen dieses Gesetzes auf alle noch nicht rechtskräftig festgestellten Verhältnisse anwendbar.

Ist aber in einer solchen Ablösung oder Regulirung ein Landtheilungsplan bereits ausgeführt, wenn auch noch nicht rechtsverbindlich festgestellt, so kann solcher auf Grund des gegenwärtigen Gesetzes nicht mehr angefochten, sondern die Ausgleichung wegen der nach diesem Gesetze zu berechnenden Abfindung nur in einer nach den Bestimmungen der Gemeinheitstheilungsordnung zu behandelnden Rente bewirkt werden.

§ 101 gilt nicht für die Ablösung kirchlicher ꝛc. Reallasten nach § 10 G. v. 15. April 1857 (GS. S. 363), vgl. N. 353.

§ 102. Die Bestimmungen des § 47 sind auf alle bereits anhängigen Ablösungen von Besitzveränderungsabgaben anwendbar, in welchen die Abfindung noch nicht rechtsverbindlich festgestellt ist (§ 100).

§ 103. Der Anspruch auf die nach der Decl. v. 29. Mai 1816 (GS. S. 154) zu gewährende höhere als die Normalentschädigung fällt fort, wenn diese höhere Entschädigung bei Verkündung des gegenwärtigen Gesetzes nicht schon durch Vertrag, rechtskräftiges Erkenntniß, Anerkenntniß des Auseinandersetzungsplans oder sonst rechtsverbindlich festgestellt ist. Es bewendet in diesem Falle sowohl dem Berechtigten als dem Verpflichteten gegenüber lediglich bei der festgestellten Normalentschädigung.

Der Anspruch auf geringere als die Normalentschädigung wird nach den Vorschriften der bisherigen Gesetze erledigt; doch bleibt auch hierbei der Art. 68 der Decl. v. 29. Mai 1816 außer Anwendung.

§ 104. Der Termin zur Ausführung der Auseinandersetzung wird, wenn die Interessenten sich über denselben nicht vereinigen, durch die Auseinandersetzungsbehörde bestimmt.

§ 105. Für das in diesem Gesetze § 11, 14, 17, 30, 31, 44, 63, 72, 83, 85, 88 angeordnete schiedsrichterliche Verfahren gelten die §§ 32 ff. der V. v. 30. Juli 1834 wegen des Geschäftsbetriebs in Angelegenheiten der Gemeinheitstheilungen u. s. w. (GS. S. 96) gegebenen Vorschriften (und die Min. Instr. v. 12. Oktbr. 1835, Ann. 19, 975).

§ 106. Die Kosten der Regulirungen und Ablösungen ausschließlich der Prozeßkosten sind zur einen Hälfte von den Berechtigten, zur andern Hälfte von den Verpflichteten zu tragen.

Mehrere Berechtigte oder mehrere Verpflichtete haben zu den sie betreffenden

Kosten nach Verhältniß des Werths der abgelösten Reallasten und Gegenleistungen beizutragen.

§ 107. Die Kosten in noch anhängigen Auseinandersetzungen und Prozessen über Berechtigungen, Abgaben und Leistungen, welche in Folge der Bestimmungen des gegenwärtigen Gesetzes unentgeltlich wegfallen, werden, insoweit sie nicht bereits bezahlt sind, niedergeschlagen.

§ 108. Die Generalkommissionen und landwirthschaftlichen Regierungsabtheilungen sind befugt, mit der Besorgung einzelner zum Auseinandersetzungsverfahren gehöriger Geschäfte und selbst mit der vollständigen Bearbeitung einfacher Auseinandersetzungen jeden Staats- und Gemeindebeamten zu beauftragen, welchen sie dazu für geeignet halten. Diese Beamten sind verpflichtet, sich innerhalb ihres Amtsbezirks solchen Aufträgen zu unterziehen und überkommen wegen dieser Geschäfte gleiche Rechte und Pflichten wie die beständigen Kommissarien der Auseinandersetzungsbehörden. Die von ihnen innerhalb der Grenzen ihres Auftrags aufgenommenen Verhandlungen haben diejenige Kraft, welche im § 55 der V. v. 20. Juni 1817 den Protokollen der Spezialkommissarien beigelegt worden ist.

Die Vollziehung der Auseinandersetzungsrezesse kann mit der nämlichen Wirkung wie vor einem als Richter befähigten Justizbeamten oder vor einem Notar, auch vor einem jeden von der Generalkommission oder der landwirthschaftlichen Regierungsabtheilung mit diesem Geschäfte beauftragten Staats- oder Gemeindebeamten erfolgen. Die beschränkende Vorschrift des § 43 der V. v. 30. Juni 1834 wird aufgehoben.

§ 109. Die Legitimation jedes bei einem Auseinandersetzungsgeschäft sich meldenden Interessenten, dessen Besitztitel im Hypothekenbuche noch nicht berichtigt worden, ist als geführt zu erachten: a. wenn demselben von der betreffenden Gemeindebehörde bescheinigt wird, daß er das Grundstück, um welches es sich handelt, eigenthümlich besitze, oder wenn er eine auf die Erwerbung des Eigenthums davon lautende, öffentliche Urkunde vorzulegen im Stande ist; b. wenn dabei die übrigen Theilnehmer des Geschäfts die Legitimation nicht bestreiten und c. nach geschehener öffentlicher Bekanntmachung der Auseinandersetzung (Ausführungsges. v. 7. Juni 1821 § 12, V. v. 30. Juni 1834 § 25) und Benachrichtigung der aus dem Hypothekenbuche etwa ersichtlichen Eigenthumsprätendenten bis zur Rezeßvollziehung kein Anderer bei dem Spezialkommissarius oder bei der Auseinandersetzungsbehörde Besitzansprüche erhoben hat.

Wer sich nach Ablauf des in der öffentlichen Bekanntmachung angegebenen Termins bis zur Rezeßvollziehung als Besitzer meldet und legitimirt, muß Alles gegen sich gelten lassen, was bis zu dem Zeitpunkte seiner Meldung mit dem nach den obigen litt. a u. b vorläufig legitimirten Inhaber des Grundstücks festgestellt worden ist.

Der Hypothekenrichter darf die Eintragung des von den Auseinandersetzungsbehörden bestätigten Rezesses in das Hypothekenbuch nicht versagen, auch wenn der Rezeß mit einem andern als dem eingetragenen Besitzer abgeschlossen, bei der Bestätigung aber von der Auseinandersetzungsbehörde bescheinigt ist, daß die Legitimation der noch nicht titulirten Besitzer in obiger Weise ergänzt sei.

v. Der § 109 findet auch dann Anwendung, wenn noch kein Hypothekenbuch angelegt ist; der Hypothekenrichter ist zwar nicht verpflichtet, auf Grund solchen Verfahrens den Besitztitel zu berichtigen, wohl aber hat er Behufs künftiger Eintragung eines zwischen solchergestalt legitimirten Interessenten abgeschlossenen Rezesses von demselben Kenntniß zu den Hypothekenakten zu nehmen — RdMdlA. v. 12. Februar 1851 (VMBl. S. 42) —.

§ 110. Die besondere Bekanntmachung der Kapital-Abfindungen an die eingetragenen Gläubiger und an die sonstigen Realberechtigten fällt weg:

a. insoweit die Kapital-Abfindungen zu den Einrichtungskosten erforderlich sind;
b. bei anderweiten Verwendungen in die Substanz des berechtigten Guts oder zur Abstoßung prioritätisch eingetragener Kapitalposten ohne Rücksicht darauf, wie hoch sich die eingetragenen Schulden oder Kapitalabfindungen belaufen.

Ob und wieweit die Verwendung in einer die Gläubiger und Realberechtigten des berechtigten Guts sicherstellenden Weise erfolgt ist, hat die Auseinandersetzungsbehörde allein nach ihrem Ermessen zu prüfen;

c. wenn die Kapital-Abfindung nur 20 Thlr. oder weniger beträgt;

d. wegen der Geldentschädigungen für den neuesten Düngungszustand und für Verbesserungsarbeiten;

e. wegen derjenigen Kapital-Abfindungen, welche nach dem Gesetze über die Errichtung von Rentenbanken an den Berechtigten aa. von den Verpflichteten für Renten oder Rentenantheile unter 1 Sgr., bb. von der Rentenbank für die über den Nennwerth der ausgehändigten Rentenbriefe überschießenden Beträge (Kapitalspitzen) gezahlt werden müssen.

Die unter c, d, e gedachten Abfindungsgelder erhält der Berechtigte, wenn er zugleich im Hypothekenbuche eingetragener Besitzer ist, zur freien Disposition, und ist insbesondere auch deren Verwendung in das Lehn, Fideikommiß, Erbzinsgut ꝛc. nicht zu kontrolliren.

Die Vorschriften des G. v. 29. Juni 1835 § 9, der Ablösungsordnung v. 13. Juli 1829 § 103, der Ablösungsordnung v. 18. Juni 1840 § 100, 101, des Ablösungsges. v. 4. Juli 1840 § 74, 75 und der Gemeinheitstheilungsordnung v. 7. Juni 1821 § 152 werden aufgehoben.

§ 111. Eine jede Bekanntmachung wegen Kapital-Abfindungen ist nur an diejenigen Gläubiger und Realberechtigten zu richten, welche im Hypothekenbuche des berechtigten Guts eingetragen sind. Eine Ermittelung und Benachrichtigung ihrer nicht eingetragenen Erben, Cessionarien oder Rechtsnachfolger ist nicht erforderlich, wird vielmehr durch die öffentliche Bekanntmachung ersetzt, welche eintreten muß, wenn der eingetragene Kreditor todt oder seinem Aufenthalte nach unbekannt oder nicht mehr Besitzer der Forderung ist. Sollte in diesen Fällen die Ermittelung und besondere Benachrichtigung des zeitigen Besitzers der Forderung ohne Schwierigkeiten zu bewirken sein, so steht es der Auseinandersetzungsbehörde frei, diesen Weg statt der öffentlichen Bekanntmachung einzuschlagen.

§ 112. Außer den abändernden Bestimmungen der §§ 106—111 bleiben vorläufig die übrigen, das Kostenwesen und das Verfahren, sowie die Rechte dritter Personen regelnden, bestehenden gesetzlichen Bestimmungen und die hierauf bezüglichen Vorschriften der oben im § 1 genannten bisherigen Gesetze in Kraft, insoweit sie nicht durch dieses und das Gesetz vom heutigen Tage über die Errichtung von Rentenbanken ausdrücklich abgeändert sind.

§ 113. Mit dem Zeitpunkte der Verkündung des gegenwärtigen Gesetzes verliert das G. v. 9. Oktober 1848 (GS. S 276) in Ansehung aller derjenigen Verhandlungen und Prozesse seine Wirksamkeit, welche Rechtsverhältnisse zum Gegenstande haben, die nach dem gegenwärtigen Gesetze geordnet werden sollen.

Ueber die Mühlenabgaben und die Anwendung des gegenwärtigen Gesetzes auf dieselben bleiben die näheren Bestimmungen einem besonderen Gesetze (vom 11. März 1850, GS. S. 146) vorbehalten.

§ 114. Die Ausführung des gegenwärtigen Gesetzes in dem Regierungsbezirk Stralsund wird der Generalkommission zu Stargard übertragen. Es kommen hierbei in Beziehung auf das Verfahren, das Kostenwesen und die Rechte dritter Personen dieselben gesetzlichen Vorschriften in Anwendung, welche in dem bisherigen Geschäftsbezirk der gedachten Behörde gelten.

353. In Folge vielfacher Klagen der Vertreter der berechtigten Kirchen ꝛc. und der geistlichen Obern wurden durch V. v. 13. Juni 1853 (GS. S. 324), welche die Zustimmung der Kammern laut V v. 6. April 1854 (GS. S. 160) erhalten hat, alle noch nicht durch Rezeßabschluß rechtsverbindlich erfolgten Verwandlungen von Reallasten, welche Kirchen, Pfarren, Küstereien und Schulen zustehen, in Geldrenten, sowie alle noch nicht rechtskräftig entschiedenen Prozesse darüber, ob eine Reallast zu denjenigen gehöre, wegen deren definitiver Ablösung im § 65 Ablös. G. v. 2. März 1850 ein besonderes Gesetz vorbehalten worden, bis zum Erlasse dieses Gesetzes sistirt, und nachdem auch der die Ablösbarkeit der Grundlasten gewährleistende Art. 42 Verf. Urk. durch G. v. 14. April 1856 (GS. S. 253) aufgehoben worden war, wurde zur Abwendung der Nachtheile, welche die Ablösung der kirchlichen ꝛc. Reallasten nach dem G. v. 2. März 1850 für das Einkommen dieser Institute, dessen ungeschmälerte Erhaltung im allgemeinen Interesse liegt, haben würde, das G. v 15. April 1857,

betreffend die Ergänzung und Abänderung des Ablös. Ges. v. 2. März 1850, bezüglich der Ablösung der den geistlichen und Schulinstituten, sowie den frommen und milden Stiftungen ꝛc. zustehenden Reallasten (GS. S. 363), erlassen, welches dahin lautet:

§ 1. Das Gesetz v. 2. März 1850, betreffend die Ablösung der Reallasten und die Regulirung der gutsherrlichen und bäuerlichen Verhältnisse, wird in Ansehung derjenigen Berechtigungen, welche Kirchen, Pfarren, Küstereien, sonstigen geistlichen Instituten, kirchlichen Beamten, öffentlichen Schulen und deren Lehrern, höheren Unterrichts- und Erziehungsanstalten, frommen und milden Stiftungen oder Wohlthätigkeitsanstalten, sowie den zur Unterhaltung aller vorgedachten Anstalten bestimmten Fonds zustehen, durch nachfolgende Bestimmungen ergänzt und abgeändert.

a. Zu den im § 1 genannten geistlichen Instituten gehören auch die protestantischen Domkapitel — RKE. v. 10. Februar 1860 (Zeitschr. f. LKG. 13, 86) —.

§ 2. Feste Abgaben in Körnern (§ 18 G. v. 2. März 1850), sowie feste Leistungen an Holz und Brennmaterial werden in der bisherigen Weise fortentrichtet.

b. Die festen Abgaben in Körnern beziehen sich nur auf solche Feldfrüchte, welche einen allgemeinen Marktpreis haben, also z. B. nicht auf Metzgetreide — RKE. v. 11. Dezbr. 1857 (Zeitschr. f. LKG. 12, 117) —.

c. Eine Grundgerechtigkeit, namentlich eine auf ein bestimmtes Holzdeputat festgesetzte, ursprünglich unbestimmte Holzungsgerechtigkeit ist durch § 2 von der Ablösung nicht ausgeschlossen — OTrE. v. 12. Juli 1860 (Entsch. 43, 181) —. Einflußlos ist dagegen der Umstand, daß die zur Holzlieferung Verpflichteten das Holz zugleich anfahren müssen, es kommt dann doch § 2 zur Anwendung — RKE. v. 4. August 1860 (LCBl. S. 680) —.

d. Wo es gewünscht wird, dürfen auch feste Abgaben in Körnern in Roggen- oder Roggen-Geldrente, unter analoger Anwendung des § 3 umgewandelt werden — CRdMdgA. v. 7. Mai 1864 Nr 1 (VMBl. S. 138) —.

§ 3. Der Jahreswerth der übrigen zur Ablösung kommenden Reallasten wird nach den Grundsätzen des G. v. 2. März 1850, betreffend die Ablösung der Reallasten ꝛc., festgestellt. Bei der Anwendung des § 32 l. c bleibt aber der im § 26 angeordnete Abzug von 5 Prozent wegen der geringeren Beschaffenheit der Getreideabgabe im Verhältniß zum marktgängigen Getreide ausgeschlossen. Der in dieser Weise ermittelte Jahreswerth wird für die im § 1 bezeichneten Berechtigten unter Anwendung der in den §§ 19—25 einschließlich des Ablös. G. v. 2 März 1850 bestimmten Preise in eine Roggenrente verwandelt. Diese Roggenrente ist jedoch nicht in natura, sondern in Gelde nach dem jährlichen nach Maaßgabe der §§ 20, 21 u. 23—25 ermittelten Marktpreise abzuführen.

e. Bei der Verwandlung des Jahreswerths der Reallast in eine Roggenrente findet auch nicht der im § 26 G. v. 2. März 1850 angeordnete Abzug von 5 Prozent statt — RKE. v. 10. Dezbr. 1858 (Zeitschr. f. LKG. 12, 286) —.

f. Beträgt der Geldwerth der Reallast nicht mehr als 1 Thlr., so darf zur Vermeidung der umständlichen jährlichen Werthsberechnung eine feste Geldrente statt der wechselnden Roggen-Geldrente mit der Maaßgabe verabredet werden, daß die Kapital-Ablösung derselben nur im Wege freier Vereinbarung der Betheiligten nach Maaßgabe des § 4 gestattet sein soll — CRdMdgA. v. 7. Mai 1864 Nr. 2 (VMBl. S. 138) —.

g. Die Eintragung der neuen Renten im Hypothekenbuche darf der Richter nicht ablehnen, wenn auch die Reallast selbst nicht eingetragen war. Dies ergiebt sich aus § 38 Abl. O v. 7. Juni 1821 u. § 3 G. v. 29. Juni 1835 und hat durch § 1 G. v. 24. Mai 1853 keine Aenderung erfahren — JMR. v. 27. Febr. 1864 (LCBl. S. 312) —.

§ 4. Eine Kapitalablösung der nach § 3 festgestellten Roggenrenten und eine Kapitalablösung oder Umwandlung der zu Folge § 2 fort zu entrichtenden Abgaben in Renten ist nur im Wege der freien Vereinigung der Betheiligten unter Zustimmung der Vorsteher und der Oberaufsichtsbehörde der berechtigten Institute zulässig.

h. Renten zum Betrage von höchstens 10 Sgr. oder 4 Metzen Roggen sowie diejenigen Beträge von höchstens 4 Metzen, welche bei entsprechender Abänderung höherer Roggen-Geldrenten überschießen, dürfen zum 25fachen Betrage in Kapital abgelöst werden — ELdMdgA. v. 7. Mai 1864 Nr. 3 (BMBl. S. 138) —.

i. Die Genehmigung der Regierung als Aufsichtsbehörde ist zu allen freien Vereinbarungen, nicht bloß über Ablösungen, sondern auch über Rentifizirungen nothwendig — § 662 h. t. —, und darf sie diese Genehmigungen selbstständig ohne vorherige Anfrage oder Berichterstattung an den Minister ertheilen — RdMdgA. v. 29. Septbr. 1866 (BMBl. S. 209) —; die Zustimmung des Patrons ist nicht erforderlich — RKE. in Zeitschr. f. LKG. 5, 297 —.

§ 5. Feste, jährliche oder nach Ablauf einer bestimmten Zahl von Jahren wiederkehrende Geldabgaben, sofern sie den § 1 bezeichneten Berechtigten bereits vor dem G. v. 2. März 1850 zustanden, unterliegen der Bestimmung der §§ 3 u. 4 des gegenwärtigen Gesetzes nicht. Sie können auf den Antrag des Verpflichteten durch Baarzahlung des 25fachen Betrages nach vorhergegangener 6monatlicher Kündigung abgelöst werden. Der Verpflichtete ist befugt, das Kapital in 4 auf einander folgenden einjährigen Terminen, von dem Ablaufe der Kündigungsfrist an gerechnet, zu gleichen Theilen abzutragen. Doch ist der Berechtigte nur solche Theilzahlungen anzunehmen verbunden, die mindestens 100 Thlr. betragen. Der jedesmalige Rückstand ist mit 4 Prozent jährlich zu verzinsen.

Das Nämliche findet auf diejenigen Renten Anwendung, welche für die im § 1 genannten Berechtigten nach Maaßgabe der vor Erlaß des G. v. 2. März 1850 gültig gewesenen Gesetze über Ablösung der Reallasten rc. festgestellt worden sind.

Wenn Rezesse oder Verträge von vorstehenden Vorschriften abweichende Festsetzungen enthalten, so sind diese bei der Ablösung maaßgebend.

k. Ein periodisch anderweit zu regulirender Erbpachtzins ist keine feste Geldabgabe — RKE. v. 10. Dezbr. 1858 (Zeitschr. f. LKG. 12, 286) —.

§ 6. In Ansehung derjenigen Geldrenten, welche für die Ablösung von Reallasten oder Regulirung gutsherrlicher und bäuerlicher Verhältnisse nach den Bestimmungen des G. v. 2. März 1850 für die im § 1 des gegenwärtigen Gesetzes genannten Berechtigten bereits vor Verkündung gegenwärtigen Gesetzes auf rechtsbeständige Weise festgesetzt worden sind, ist sowohl der Verpflichtete, als der Berechtigte befugt, deren Kapitalablösung durch eine im Ablösungstermin zu leistende Baarzahlung des $33\frac{1}{3}$fachen Betrages der Rente zu verlangen, sofern nicht durch Vertrag ein anderer Multiplikator festgesetzt ist. Der Verpflichtete kann sich von dieser Kapitalzahlung dadurch befreien, daß er sich der Verwandlung der Geldrente in Roggenrente in Gemäßheit der Vorschriften des § 3 des gegenwärtigen Gesetzes unterwirft. Bei dieser Verwandlung in Roggenrente kommt der Durchschnittsmarktpreis der letzten 24 Jahre vor Anbringung der Provokation auf Feststellung der Geldrente (§ 65 l. c.) in Anwendung.

Die vorstehende Bestimmung gilt jedoch nicht von demjenigen Theile der Ablösungs- oder Regulirungsrente, welcher an die Stelle bereits vor dem G. v. 2. März 1850 bestandener fester Geldabgaben getreten ist. Der dieser früheren festen Geldabgabe gleichstehende Betrag der Renten ist vielmehr nach Vorschrift des § 5 des gegenwärtigen Gesetzes zu behandeln.

l. Bei der nach § 6 vorzunehmenden Umwandlung früher festgestellter Geldrenten in Roggen-Geldrenten dürfen die auf Grund des § 26 Abl. G. v. 2. März 1850 bei Ermittelung der Geldrente für Zinsgetreide abgezogenen 5 Prozent nicht wieder der Geldrente zugerechnet werden — RKE. v. 29. August 1858 (Zeitschr. f. LKG. 12, 233) —. Ebenso ist dabei aber auch ein Zurückgehen auf die im früheren Verfahren angewandte Bestimmung des § 28 a. a. O. ausgeschlossen, die Umwandlung vielmehr lediglich nach den §§ 19—25 a. a. O. zu bewirken, wenn auch demzufolge die Roggen-Geldrente die ursprüngliche Naturalabgabe übersteigen sollte — RKE. v. 22. Juli 1859 (Zeitschr. f. LKG. 12, 389) —. Bei der Umwandlung kommt der Durchschnittsmarktpreis der letzten 24 Jahre vor Anbringung der Provokation auf

Feststellung der Geldrente in Anwendung ohne Unterschied, ob diese vor oder nach Erlaß des Ablös. G. v. 2. März 1850 angebracht und ohne Rücksicht darauf, ob jener Preis bei der Feststellung der Geldrente im früheren Verfahren angewendet worden ist — R.KE. v. 26. August 1859 (Zeitschr. f. LKG. 12, 407) —.

§ 7. Bei einer Zerstückelung von Grundstücken sind die im § 1 bezeichneten Berechtigten zu fordern befugt, daß diejenigen Geldrenten oder Geldabgaben, welche nach der Vertheilung unter 4 Thlr. jährlich betragen, durch Erlegung des 25fachen Betrages abgelöst werden.

Das Nämliche ist ihnen wegen derjenigen Prästationen und Roggenrenten (§ 2, 3 u. 6) gestattet, welche nach der Vertheilung jährlich weniger als 2 Scheffel betragen. Zu diesem Behufe wird der Jahreswerth der Rente nach Vorschrift des § 28 Alin. 2 des Ablös. Ges. v. 2. März 1850 berechnet.

Nach demselben Maaßstabe darf der Verpflichtete die Ablösung einer Roggenrente oder der im § 2 erwähnten Abgaben verlangen, wenn der Berechtigte für dieselbe die Wiederherstellung der geschmälerten Sicherheit in Ansehung einer Abfindung durch Kapital oder Rentenbriefe beansprucht, welche dem Rentepflichtigen im Wege einer Gemeinheitstheilung, Ablösung von Reallasten oder Regulirung gutsherrlicher und bäuerlicher Verhältnisse zugefallen ist.

§ 8 ist aufgehoben durch das G. v. 10. April 1865 (GS. S. 172), vgl. N. 354 V.

§ 9. Ist mit den im § 1 genannten Berechtigten eine Ablösung der Reallasten oder Regulirung der gutsherrlichen und bäuerlichen Verhältnisse gegen eine Kapital- oder Land-Abfindung vor Verkündung des gegenwärtigen Gesetzes bereits auf rechtsverbindliche Weise zu Stande gekommen, so behält es dabei sein Bewenden.

m. Die Bestimmung des § 9 gilt auch für den Fall, wenn durch rechtskräftiges Erkenntniß oder einen vollzogenen und von der Auseinandersetzungsbehörde geprüften, wenn auch noch nicht bestätigten Rezeß eine durch Vermittelung der Rentenbank abzulösende Rente festgestellt worden ist — OTrE. v. 2. Februar 1860 (Zeitschr. f. LKG. 13, 237) —.

§ 10. Die in den §§ 95 und 101 des Ablös. Ges. v. 2. März 1850 in Betreff der Provokationen aufgestellten Regeln bleiben außer Anwendung, soweit es sich bei einer Ablösung oder Regulirung um Betheiligung der im § 1 des gegenwärtigen Gesetzes bezeichneten Berechtigten handelt.

n. Die Aufhebung der Bestimmungen des § 95 Ablös. G. v. 2. März 1850 gilt auch dann, wenn der Ablösungsantrag nur solche Lasten betrifft, welche von den im § 1 G. v. 15. April 1857 genannten Instituten zu leisten sind — RKE. v. 5. Oktbr. 1860 (Zeitschr. f. LKG. 13. 264) —.

§ 11. Die in vorstehenden §§ enthaltenen Vorschriften finden auf die Reallasten, welche nach Verkündung der seit dem 14. September 1811 in den verschiedenen Landestheilen ergangenen Ablösungsgesetze durch die im § 1 gedachten Berechtigten von Personen, welche nicht unter § 1 fallen, erworben sind, keine Anwendung; vielmehr bewendet es hinsichts dieser Reallasten bei den Bestimmungen des Ablös. Ges. v. 2 März 1850.

o. Dies gilt auch für die im Jahre 1810 säkularisirten, vom Fiskus später an die Berechtigten des § 1 überlassenen Güter — RKE. v. 14. Juni 1861 (Zeitschr. f. LKG. 14, 86) —.

§ 12. In allen Auseinandersetzungsangelegenheiten (Gemeinheitstheilungen, Ablösungen, Regulirungen der gutsherrlichen und bäuerlichen Verhältnisse) geht die Vertretung und Wahrnehmung der Rechte der § 1 gedachten Berechtigten, soweit sie bisher den Auseinandersetzungsbehörden zustand, auf die betreffenden ordentlichen Behörden über.

p. Die Landräthe sollen commissarii perpetui der Regierungen Behufs Wahrnehmung der Interessen der im § 1 gedachten Berechtigten sein — RdMdgA. v. 26. April 1860 (UCBl. S. 338) —.

§ 13. Alle dem gegenwärtigen Gesetze entgegenstehenden Bestimmungen werden aufgehoben. Durch dasselbe wird der im § 65 des Ges. v. 2. März 1850, betreffend die Ablösung der Reallasten ꝛc., gemachte Vorbehalt erledigt.

Die Verordnung wegen Sistirung der Verwandlungen der den Kirchen, Pfarren, Küstereien und Schulen zustehenden Reallasten in Geldrente v. 13. Juni 1853 tritt außer Kraft.

q. Zu den diesem Gesetze entgegenstehenden Bestimmungen gehören nicht die §§ 63 u. 85 des Ablös. G. v. 2. März 1850 und § 6 des Mühlen-Ablös. G. v. 11. März 1850, mithin können die Belasteten auch gegenüber den Berechtigten des § 1 G. v. 15. April 1857 die Ermäßigung der Rente bis auf ⅓ des Reinertrages des Grundstücks verlangen — RKE. 8. Septbr. 1859 (Zeitschr. f. LKG. 12, 423) —.

354. Die provinzialrechtlichen Bestimmungen in Betreff der Zehnten und anderen Pfarrabgaben sind folgende:

I. Das Ostpreußische Prov. R. verordnet im Zus. 213 (zu § 858, 859, 891, 921, 937):

§ 1. Der von jedem zur Parochie geschlagenen Grundstücke zu entrichtende Realzehnte, das von den Krügern zu entrichtende Zapfengeld und der von den Eingepfarrten zu entrichtende Personalzehnte gehören zum Kirchenvermögen.

a. Das Zapfengeld ist insofern auch eine Realabgabe, als es auf dem Gewerbe der Krugwirthschaft, wenn auch nicht auf dem Kruggrundstücke als solchem lastet, es muß daher von allen Krügern, auch den in neuerer Zeit konzessionirten, entrichtet werden, fällt aber auch mit dem Eingehen der Krugwirthschaft fort.

§ 2. Die große Kalende im Polnisch-Natangenschen Kreise, Petition genannt, der Sackzehnte, die kleine Kalende und die Geldkalende gehören zu den Einkünften des Pfarrers, Präcentors, Organisten und Schulmeisters.

b. Das Wort Kalende ist wahrscheinlich entstanden aus: colligendae ac strenae, denn strena hieß diese Abgabe im Latein des Mittelalters; wenigstens liegt diese Ableitung näher als die von calendae, dem ersten des Monats. Die Kalende ist aus freiwilligen Gaben der Parochianen bei den üblichen Gebetverhören hervorgegangen, welche die Pfarrer in den einzelnen Ortschaften ihrer großen Kirchspiele abhielten, jedoch schon im 17. Jahrhundert im Ermland, im 18. Jahrhundert in Ostpreußen vermöge ununterbrochener Gewohnheit zur Zwangspflicht erhoben worden. Die große und kleine Kalende sind, wie sich aus § 4. 5, 7, 12, 13 ergiebt, dinglicher Natur, weil sie vom Grundbesitz ohne Rücksicht auf die Konfession des Besitzers entrichtet werden müssen — OTrE. v. 17. Januar 1851 (Entsch. 20, 415) —.

§ 3 Der Personalzehnte und die große Kalende sind bloß in Ostpreußen und Littauen, der Sackzehnte und die Geldkalende aber bloß im Ermlande eingeführt.

§ 4. Der Realzehnte, der Sackzehnte, die große und kleine Kalende müssen ohne Rücksicht auf die Verschiedenheit der Religion und des Glaubensbekenntnisses dahin entrichtet werden, wohin sie bisher entrichtet werden.

Wenn aber in protestantischen Kirchspielen wüste Plätze von Lutheranern oder Reformirten bebauet werden, so wird der Realzehnte an die Kirche derjenigen Konfession entrichtet, zu welcher der erste Bebauer sich bekennt, wenn sie gleich außer dem Kirchspiel befindlich ist und in demselben sonst keine Parochialrechte hat; auch muß damit fortgefahren werden, wenngleich die folgenden Besitzer sich zu einer andern Konfession bekennen.

[§ 5. Den Personalzehnten kann die Kirche, und die Geldkalende kann der Pfarrer und Organist nur da, wo es besonders hergebracht oder sonst festgestellt ist, von fremden Religionsverwandten fordern.]

c Der § 5 ist aufgehoben durch das G. v. 9. Mai 1854, betreffend die Aufhebung des Pfarrzwangs evangelischer Pfarreien gegen Katholiken und katholischer Pfarreien gegen Evangelische in Ostpreußen (GS. S. 317), welches lautet:

§ 1. Der Pfarrzwang evangelischer Pfarreien gegen Katholiken und katholischer Pfarreien gegen Evangelische, soweit derselbe auf Grund des § 3 Zus. 176 und des § 5 Zus. 213 des Ostpreuß. Prov. R. sowie zufolge Herkommens in den gedachten Landestheilen noch besteht, wird hierdurch aufgehoben.

Demgemäß sind die Angehörigen der genannten beiden Konfessionen zu persönlichen Abgaben und Leistungen an Kirchen und Geistliche, sowie an Kirchenbediente der anderen Konfession, namentlich zur Entrichtung von Stolgebühren, Personalzehnten, Geldkalende, Parochialbaubeiträgen und ähnlichen Leistungen nicht ferner verbunden.

§ 2. Diejenigen Geistlichen und Kirchenbedienten beider Konfessionen, welche gegenwärtig im Amte stehen, sollen während der Dauer ihrer Amtsführung die im § 1 genannten Handlungen, insoweit sie dazu bisher berechtigt waren, fortbeziehen, es sollen aber diese Hebungen auf ihre Nachfolger nicht übergehen.

§ 3. Die Verpflichtung der Grundbesitzer zur Leistung der auf ihren Grundstücken haftenden dinglichen Lasten und Abgaben an Kirchen und Geistliche sowie an Kirchenbediente (§ 48 I Hyp. O.) wird durch das gegenwärtige Gesetz nicht berührt.

§ 4. Alle Bestimmungen, welche den Vorschriften des gegenwärtigen Gesetzes entgegenstehen, namentlich der § 3 Zus. 170 und § 5 Zus. 213 des Ostpreuß. Prov. R., werden hierdurch außer Kraft gesetzt.

§ 6. Die vom Pfarrzwange ausgenommenen Personen, die invaliden Soldaten, diejenigen, welche noch nicht eingesegnet sind oder das 16. Lebensjahr noch nicht angefangen oder das 60. schon erreicht haben, ferner diejenigen, welche wegen körperlicher Gebrechen zur Arbeit untüchtig sind und kein eignes Vermögen besitzen, sind von den Personalzehnten und von der Geldkalende befreit.

§ 7. Befreiung von großer und kleiner Kalende, Zapfengeld, Real- und Sackzehnten muß jedesmal besonders nachgewiesen werden; jedoch haben Königl. und adlige Vorwerke die Vermuthung für sich, daß sie nicht kalendepflichtig sind.

Diese Vermuthung erstreckt sich niemals auf Bauerhöfe, die zu Vorwerken eingezogen worden, und die etwaige Kalendefreiheit der Vorwerkshufen hört auf, wenn sie mit Bauern besetzt werden.

§ 8. Die Kalendefreiheit erstreckt sich nur auf diejenige Kalende, die vom Besitzer selbst und dessen Pächter oder Wirthschaftsbeamten und deren Gesinde zu entrichten sein würde; wogegen die auf den Vorwerken wohnenden Lohn- und Pacht-, Hof-, Post- und andere Leute zur Kalendeabgabe auch in dem Falle verpflichtet sind, wenn das Vorwerk selbst kalendefrei ist.

§ 9. Der Personal- und Realzehnte ist um Michaelis vorschußweise, die unter dem Namen der großen Kalende oder Petition eingeführte Getreideabgabe sogleich nach vollendeter Ernte, der Sackzehnte, die Geldkalende und kleine Kalende aber sind spätestens bis Martini zu entrichten, nur allein die Ostereier und Osterhühner ausgenommen, welche um Ostern geliefert werden müssen.

§ 10. Diese Abgaben müssen dem Empfänger ins Haus gebracht werden, doch hat es wegen Einsammlung des Real- und Personalzehnten bei jedes Orts Gewohnheit sein Bewenden.

§ 11. Wegen Veränderung der Naturalkalende in eine Geldabgabe dienen die §§ 923, 924 ALR. zur Richtschnur.

§ 12. Wegen der Kalende, Real- oder Sackzehnten kann Erlaß nicht gefordert werden und die Vorschrift des § 930 ALR. findet keine Anwendung.

§ 13. Insofern der Realzehnte, die große Kalende oder Petition und der Sackzehnte nach dem Hufenmaaß entrichtet werden, versteht es sich von selbst, daß die Abgabe durch Vermehrung der Besitzer keine Aenderung leidet; insofern aber eines oder das andere nach den Feuerstellen und Haushaltungen entrichtet wird, wie auch in Absicht der kleinen und der Geldkalende findet bei Theilung oder Abbau der Grundstücke zum Vortheile der alten Besitzung keine Verminderung der Abgaben statt, und von der neuen Besitzung muß sie besonders entrichtet werden.

d. Als dingliche Abgabe (Reallast) lastet die kleine Kalende auf dem Grund und Boden und zwar, wie sich aus §§ 7, 12 u. 14 ergiebt, auf den Hufen oder Ländereien, jedoch mit der Modifikation des § 13, daß dies Land mit einer Feuerstelle und Haushaltung besetzt sein muß. Hieraus folgt, 1) daß ihre erste Entstehung das Vorhandensein einer Landwirthschaft voraussetzt; 2) daß sie bei Theilung oder Abbau des kalendepflichtigen Grundstücks, bei Besetzung kalendefreier Grundstücke mit Bauern (§ 7) oder Kultivirung wüster Ländereien (§ 14) von der neuen Besitzung nur dann zu entrichten ist, wenn dieselbe dem Begriffe einer Land- oder Ackerwirthschaft entspricht, d. h. eine Feuerstelle mit Haushaltung und einiges Land enthält — OTrE. v. 17. Januar 1851 (Entsch. 20, 427) —; 3) daß dagegen durch die von dem Besitzer eines kalendepflichtigen Grundstücks auf demselben zu wirthschaftlichen oder anderen Zwecken erfolgte Errichtung mehrerer Feuerstellen die von dem Grundstücke zu entrichtende kleine Kalende nicht vervielfältigt wird; 4) daß sie von abgezweigten bloßen Häusern nicht zu entrichten ist; 5) daß aber das Stammgrundstück niemals kalendefrei wird, auch wenn alle seine Ländereien abgezweigt, und nur die Hofstelle ohne Land zurückgeblieben ist; 6) daß Trennstücke, welche einem andern kalendepflichtigen oder kalendefreien Grundstücke ohne Bildung einer neuen selbstständigen Ackerwirthschaft zugeschlagen werden, für die auf dem Stammgute haftende Kalende so lange mitverhaftet bleiben, bis sie eine selbstständige Ackerwirthschaft werden; 7) daß die Zusammenziehung mehrerer kalendepflichtiger oder die Vereinigung kalendepflichtiger mit kalendefreien Besitzungen für die auf den betreffenden Grundstücken haftende Kalende ohne Einfluß ist, auch wenn dabei Feuerstellen eingehen und nur eine einzige Haushaltung bleibt — OTrE. v. 11. Septbr. 1857 (Entsch. 36, 325) —. Wenn also z. B. ein kalendepflichtiges Grundstück derartig parzellirt wird, daß nur die alte Hof- und Gartenstelle als Stammgrundstück verbleibt, die Feldländereien aber in drei verschiedenen Parzellen veräußert werden, aber nur auf einer dieser Parzellen eine selbstständige Ackerwirthschaft eingerichtet wird, jede der beiden andern Parzellen dagegen mit bereits bestehenden, bebauten Besitzungen vereinigt werden, so ist die kleine Kalende von der alten Hofstelle nach wie vor zu entrichten und außerdem nur noch einmal voll von der zur selbstständigen Ackerwirthschaft gewordenen Parzelle. Wenn ferner der Besitzer eines kalendepflichtigen Grundstücks mit demselben 1) die frühere Hof- und Gartenstelle eines andern kalendepflichtigen Grundstücks, 2) eine Landparzelle eines dritten und 3) eine von einem vierten kalendepflichtigen Grundstücke abgezweigte, als selbstständige Ackerwirthschaft eingerichtete Parzelle vereinigt, die Gebäude und Feuerstellen auf den Parzellen 1 u. 3 abbricht und nur eine einzige Haushaltung hat, so muß er doch 3 mal die kleine Kalende voll entrichten, nämlich für sein ursprüngliches Grundstück, für die Parzelle 1 und für die Parzelle 3.

e. Das immer häufigere Vorkommen von Dismembrationen und Konsolidationen kalendepflichtiger Grundstücke veranlaßte das G. v. 10. März 1864, betreffend die Abänderung des § 13 Zus. 213 des Ostpreuß. Prov. R. (GS. S. 149), welches lautet:

§ 1. Die Bestimmung des § 13 Zus. 213 des Ostpreuß. Prov. R., wonach in Betreff der Realzehnten, der großen Kalende oder Petition und des des Sackzehnten, insofern dieselben nach den Feuerstellen und Haushaltungen entrichtet werden, wie auch in Absicht der kleinen und der Geldkalende bei Theilung oder Abbau der Grundstücke keine Verminderung der Abgabe zum Vortheile der alten Besitzung stattfindet, und die Abgabe von der neuen Besitzung besonders entrichtet werden muß, wird hiermit bezüglich der nach Verkündung des gegenwärtigen Gesetzes vorkommenden Theilungen oder Abbaue aufgehoben.

§ 2. Die im § 1 bezeichneten Abgaben sind im Falle der Zerstückelung der damit belasteten Grundstücke auf die einzelnen Theile der letzteren nach deren Ertragswerth oder Flächenraum zu vertheilen. Es finden dabei die §§ 12—15 u. 18 des G. v. 3. Januar 1845 (GS. S. 28) Anwendung. (Vgl. N. 306).

Bei dieser Vertheilung sind die jedem Trennstücke aufzulegenden Beträge in einer solchen Höhe festzusetzen, welche sich bei der Ablieferung durch das gesetzliche Maaß und Gewicht leicht ermitteln läßt — RdMdgA. v. 31. Mai 1864 (UCBl. S. 492) —.

§ 3. Feste Abgaben in Körnern sowie feste Leistungen an Holz und Brennmaterial werden, sofern sie zur kleinen Kalende (§ 1) gehören, von der Vorschrift des § 2 des G. v. 15. April 1857 (GS. S. 363) ausgenommen und der Ablösbarkeit nach §§ 3 u. 4 l. c. hierdurch unterworfen.

Bei der Verwandlung der festen Körnerabgaben in Roggenrente bleibt jedoch der im § 26 des G. v. 2. März 1850 (GS. S. 77) betreff. die Ablösung der Reallasten ꝛc. angeordnete Abzug von fünf Prozent wegen der geringeren Beschaffenheit der Getreideabgabe im Verhältniß zum marktgängigen Getreide ausgeschlossen. (Vgl. N. 353).

§ 14. Wenn wüste Ländereien zur Kultur neu ausgegeben werden, kommt den Besitzern in Rücksicht des davon ebenso als von andern Grundstücken und Wirthen gleicher Art zu entrichtenden Real- und Sackzehnten, auch der großen und kleinen Kalende so lange Befreiung zu Statten, als ihnen dieselbe wegen anderer Abgaben von dem Grundeigenthümer eingeräumt worden.

f. Vom Neulande dürfen nach § 35 Ablös. G. v. 2. März 1850 (GS. S. 77) von dem Tage ab, an welchem dieses Gesetz in Kraft getreten, Zehnten und Kalende nicht mehr gefordert werden, vgl. N. 352.

§ 15. Wo der Knechtshafer sonst hergebracht gewesen ist, muß statt dessen jeder Großknecht 20 Groschen (6 sgr. 8 pf.) und jeder Mittelknecht 10 Groschen (3 sgr. 4 pf.) an den Pfarrer entrichten.

g. Diese Abgabe ist eine persönliche, weil sie nicht von dem Grundbesitze zu entrichten ist, mithin auch von evangelischen Knechten katholischer Wirthe an den evangelischen Pfarrer zu entrichten.

§ 16. Nach welchen Grundsätzen der Betrag des Real- und Personalzehnten, der großen und kleinen Geldkalende, des Sackzehnten und der Ostereier und Osterhühner zu bestimmen sei, dies ist lediglich nach den bei den Kirchen vorhandenen Visitationsrezessen und Synodalordnungen festzusetzen, und wo die eine oder andere dieser Angaben nicht hergebracht ist, hat es bei der bisherigen Verfassung sein Bewenden.

II. Das Westpreußische Prov. R. verordnet in den §§ 51—61:

§ 51. Jeder Besitzer eines ländlichen Grundstücks ist verpflichtet, einen Sackzehnten unter der Benennung: „Meßkorn“ an den Pfarrer des Kirchspiels zu entrichten.

§ 52. Wieviel Getreide und in welchen Arten als Meßkorn von jedem Grundstücke zu entrichten ist, wird durch Ortsgewohnheit bestimmt.

§ 53. Die Befreiung von dieser Abgabe muß in jedem einzelnen Falle nachgewiesen werden.

§ 54. Wird jedoch von einem Grundstücke ein Geldzehnte unter der Benennung: Realdezem oder Hausquartal entrichtet, so streitet die Vermuthung für die Freiheit desselben Grundstücks von der Entrichtung des Meßkorns.

§ 55. Meßkorn und Realdezem sind als dingliche Lasten von jedem Besitzer der verpflichteten Grundstücke ohne Rücksicht auf sein Glaubensbekenntniß zu entrichten.

a. Daher muß das Meßkorn von katholischen Grundbesitzern, selbst wenn sie diese Abgabe an den katholischen Geistlichen entrichten, doch auch an den evangelischen Pfarrer des Kirchspiels, in denen die Grundstücke liegen, entrichtet werden — OTrE. v. 22. Juni 1857 (Str. Arch. 25, 229) —.

§ 56. Der Anspruch auf einen Zehnten vom Neulande (Novalzehnte) muß von demjenigen, welcher sich dazu berechtigt hält, besonders nachgewiesen werden.

b. Vom Neulande darf nach § 35 Ablös. G. v. 2. März 1850 (GS. S. 77) von dem Tage ab, an welchem dieses Gesetz in Kraft getreten, kein Zehnte mehr gefordert werden, vgl. N. 352.

§ 57. Das Meßkorn ist, wo nicht ein Anderes hergebracht ist, dem Pfarrer bis zum 11. Novbr. jeden Jahres kostenfrei ins Haus zu liefern.

§ 58. Im Weichbilde der Stadt Elbing hat der Pfarrer das Meßkorn am Wohnorte des Verpflichteten in Empfang zu nehmen.

§ 59. Die unter dem Namen Kalende, Vitaltag, Quartalgeld, Personaldezem, Kirchenbezem, kleiner Dezem und Offertorien bisher üblich gewesenen persönlichen Abgaben der Gemeindeglieder an die Geistlichen sind nach der Gewohnheit jeden Orts zu entrichten.

§ 60. Die Einwohner entrichten diese Abgaben an die Geistlichen derjenigen Kirche, deren Gemeindeglieder sie sind.

c. Der Ausdruck „Geistliche“ in den §§ 59 u. 60 umfaßt auch die niederen Kirchendiener, wie Organisten und Küster. Die im § 59 bezeichneten Abgaben haben im großen und kleinen Marienburger Werder, wo sie auch von evangelischen Grundbesitzern an die katholischen Geistlichen und Kirchendiener nach dem Malachowskischen Vergleiche v. 11. Januar 1677 entrichtet werden, die Eigenschaft gemeiner Reallasten — OTrE. v. 5. August 1848, Präj. 2038 (Entsch. 16, 510) —.

§ 61. Sind jedoch dergleichen Abgaben in Reallasten verwandelt, so hat auf deren Entrichtung das Glaubensbekenntniß des Grundbesitzers keinen Einfluß.

III. In Pommern kommt nur das Meßkorn allgemein vor als eine von den kontribuablen, nicht ritterfreien Grundstücken der Eingepfarrten jährlich nach gestrichenem Maße zu entrichtende Abgabe, deren Betrag nach der Verfassung jedes Orts bestimmt ist. Es ist auch von den Domänen zu entrichten — Kirch. O. v. 1688 S. 97 u. 98, R. v. 5. März 1680 §§ 6 u. 13 —. Außerdem sind bei einzelnen Kirchen Pfarrabgaben an Speisegeldern als Entschädigung für die Mahlzeiten bei Bereisung der Filialkirchen — Kirch. O. v. 1688 S. 19 —, an Quartalgeld oder dem vierzehnten Pfennig, an Häusler- und Hufengroschen nach Observanz gebräuchlich (Prov. R. S. 154).

IV. Im Großherzogthum Posen wird zwar nach uralter Observanz in der Regel von den Rittergütern ein Naturalzehnte, von den Bürgern und Bauern ein Meßkorn an die Geistlichkeit entrichtet, jedoch ist die Zehntpflicht keine allgemeine, so daß die Vermuthung für die Zehntpflichtigkeit aller und jeder Grundstücke spricht, vielmehr muß das Zehntrecht in jedem einzelnen Falle nachgewiesen werden — OTrE. v. 18. Mai 1837 (JurEBl. 1841 S. 509) u. v. 13. Juni 1851, Präj. 2302 (Entsch. 21, 140) —. Nicht katholische Besitzer zehntpflichtiger Grundstücke sind nach dem Warschauer Traktate v. 24 Februar 1768 Art. II § 7 den Zehnten oder das Meßkorn an die katholische Geistlichkeit nur dann zu geben verpflichtet, wenn diese ein besonderes Recht dazu nachzuweisen vermag, und genügt zu diesem Nachweise die Berufung auf die gemäß § 865 h. t. aus der Lage eines Grundstücks in einer zehntpflichtigen Feldmark abzuleitende Vermuthung nicht — OTrE. v. 22. Dezbr. 1856, Präj. 2679 (Entsch. 35, 149) —. Durch die am 1. Mai 1808 erfolgte vorübergehende Einführung des französischen Civilgesetzbuchs ist nach Art. 2281 desselben eine früher angefangene Verjährung des Zehntrechts nicht unterbrochen — OTrE. v. 24. Mai 1850 (Entsch. 20, 472) —, dagegen hat eine erwerbende Verjährung des letzteren unter der Herrschaft dieses Gesetzbuchs, weil dasselbe derartige Abgaben nicht kennt, nicht anfangen können — OTrE. v. 3. Juni 1847, Präj. 1874 (Entsch. 14, 464) —.

V. In Schlesien existirt provinzialrechtlich keine Zehntpflichtigkeit, sie muß in jedem speziellen Falle erwiesen werden; dem Besitzer eines angeblich zehntpflichtigen Grundstücks, auf welchem die Zehntpflichtigkeit im Hypothekenbuche nicht eingetragen ist, liegt die Beweislast der behaupteten Befreiung von dieser Last nur dann ob, wenn vorher die allgemeine Zehntpflichtigkeit aller in dem betreffenden Bezirke belegenen Grundstücke dargethan ist — OTrE. v. 8. März 1854 (Str. Arch. 12, 230) u. v. 4. Juli 1859 (Str. Arch. 34, 227) —. Die Wettergarben und Läutebrode sind Abgaben für das früher üblich gewesene, durch R. v. 1. März 1784 aufgehobene Glockenläuten bei Gewittern und gehören daher zu den Einkünften des Glöckners — RdMdgA. v. 2. Dezbr. 1863 (UEBl. 1864 S. 122) —. Nach Art. 4 des Kolowratschen Vertrages muß der Zehntpflichtige 3 Tage auf das Abzählen warten, nachdem er den Zehntherrn die Anzeige von der Bereitschaft der Früchte zum Abzählen gemacht hat (Wenzel, Prov. R., S. 262). Evangelische Eingepfarrte haben an katholische Pfarrer keine Abgaben an Zehnten, Garben, Broden und dgl. zu entrichten — KO. v. 3. März 1758 (Korn, Ed., S. 6, 707), welche durch KO. v. 6. Februar 1812 (GS. S. 167) aufgehoben, durch KO. v. 16. Juni 1831 (GS. S. 169) aber wiederhergestellt ist —. Diese Befreiung bezieht sich nur auf die Mitglieder der in Preußen anerkannten evangelischen Konfessionen, also auch auf die Mitglieder der evangelischen Brüder-Unität — OTrE. v. 6. Septbr. 1854 (Entsch. 28, 360) —, aber nicht auf die der anglikanischen Kirche — OTrE. v. 26. April 1852 (Entsch. 23, 375) —; ebensowenig auf jüdische Besitzer zehntpflichtiger Grundstücke — OTrE. v. 1. Septbr. 1847 (Entsch. 15, 410) —. Die Alt-Lutheraner sind von der Entrichtung von Zehnten an die evangelischen Kirchen und Geistlichen nicht frei — Gen. Koncess. v. 31. August 1845 (GS. S. 516) —. — Ueber die Ablösung dieser Reallasten verordnet das G. v. 10. April 1865, betreffend die Regulirung der Schlesischen Zehntverfassung (GS. S. 172), Folgendes:

§ 1. Die Bestimmungen der KO. v. 16. Juni 1831 wegen Wiederherstellung der Schlesischen Zehntverfassung, wie sie nach der Ordre v. 3. März 1758 bis zum 6. Februar 1812 bestanden hatte (GS. S. 169), werden wie folgt abgeändert.

§ 2. Die Reallasten, welche den Bestimmungen der KO. v. 16. Juni 1831 unterliegen, werden hiermit für ablösbar nach den Vorschriften des gegenwärtigen Gesetzes erklärt.

§ 3. Die Ablösung derselben erfolgt ohne besonderen Antrag der Betheiligten von Amtswegen.

Sofern es dabei auf den Tag der Provokation ankommt, ist der Tag dafür anzusehen, an welchem das gegenwärtige Gesetz in Kraft tritt.

§ 4. Die Ermittelung des Jahreswerthes der Reallasten erfolgt nach den Vorschriften des G. v. 2. März 1850, betreff. die Ablösung der Reallasten ꝛc. (GS. S. 77). Dabei findet jedoch weder der im § 20 a. a. O. vorgeschriebene Abzug von fünf Prozent wegen der geringeren Beschaffenheit des Zinsgetreides, noch eine Kürzung der Rente bis auf $^2/_3$ des Reinertrages der pflichtigen Stelle statt (§ 63 a. a. O. u. § 6 des G. v. 11. März 1850, betreff. die auf Mühlengrundstücken haftenden Reallasten).

§ 5. Der nach § 4 festgestellte Geldbetrag wird a) bei denjenigen Reallasten, welche an dem Tage, an welchem das gegenwärtige Gesetz in Kraft tritt, gesetzlich gangbar sind, zum $22^2/_9$ fachen Betrage und b) bei denjenigen Reallasten, welche an dem Tage, an welchem das gegenwärtige Gesetz in Kraft tritt, gesetzlich ruhen, zum $2^2/_9$ fachen Betrage durch Kapital abgelöst.

Die Abfindung erfolgt durch die Vermittelung der Rentenbanken. Dem Verpflichteten steht jedoch frei, baar zum $22^2/_9$ fachen, bez. dem $2^2/_9$ fachen Betrage abzulösen.

§ 6. Für die Vermittelung der Rentenbank ist das G. v. 2. März 1850 (GS. S. 112) maßgebend. Dabei bleiben aber diejenigen Bestimmungen, welche eine Tilgungsperiode von $41^1/_{12}$ Jahren voraussetzen, außer Betracht, und überdies treten nachstehende Abänderungen des Rentenbank-Gesetzes ein:

a. die berechtigte Anstalt erhält den nach § 5 berechneten Betrag in Rentenbriefen nach deren Nennwerth, und soweit dies durch solche nicht vollständig geschehen kann, in baarem Gelde;

b. der Besitzer des pflichtigen Grundstücks hat ohne Rücksicht auf seine Konfession von dem Zeitpunkte der Rentenübernahme und während der Tilgungsperiode von $56^1/_{12}$ Jahren an die Rentenbank eine Jahresrente zu entrichten, welche $4^1/_2$ vom 100 der an die Berechtigte zu gewährenden Abfindung beträgt; Rententheile unter einem vollen Silbergroschen werden von der Rentenbank nicht übernommen, vielmehr wird der $22^2/_9$ oder $2^2/_9$ fache Betrag derselben, je nachdem die Abfindung gemäß § 5 a oder 5 b erfolgt, von dem Besitzer des verpflichteten Grundstücks unmittelbar an die berechtigte Anstalt gezahlt;

c. die Ueberweisung von Abgabenrückständen auf die Rentenbank nach Vorschrift des § 99 des Ablös. Ges. v. 2. März 1850 ist unzulässig.

§ 7. Wenn ein zur Konfession der berechtigten Anstalt nicht gehöriger Besitzer eines pflichtigen Grundstücks an dem Tage, an welchem das gegenwärtige Gesetz in Kraft tritt, die Reallasten lediglich um deswillen entrichten muß, weil eine vor Erlaß der Ordre v. 16. Juni 1831 empfangsberechtigt gewesene Person bei dem Eintritt der Rechtskraft dieses Gesetzes noch im Amte ist, so ist dieser Fall in Betreff der endgültigen Regulirung ebenso zu behandeln, als ob die Reallasten an dem Tage, an welchem das gegenwärtige Gesetz in Kraft tritt, geruht hätten.

Während der Amtsdauer des Berechtigten müssen demselben aber von dem Besitzer des pflichtigen Grundstücks die Reallasten bis zum Tage der Uebernahme der Rente auf die Rentenbank unverkürzt, von dem gedachten Tage an zu $^9/_{10}$ fortentrichtet werden.

§ 8. Die Ausführung der Bestimmungen der §§ 2—7 des gegenwärtigen Gesetzes erfolgt durch die zuständigen Auseinandersetzungsbehörden und Rentenbanken.

§ 9. Wenn Rezesse oder Verträge von den vorstehenden Bestimmungen abweichende Festsetzungen enthalten, so sind diese bei der Ablösung maaßgebend.

§ 10. Der § 8 des G. v. 15. April 1857, betreff. die Ablösung der den geistlichen Instituten zustehenden Reallasten (GS. S. 363), wird aufgehoben.

Die nach dem G. v. 26. April 1858 (GS. S. 273) erfolgte Schließung der Rentenbanken steht der Ausführung des gegenwärtigen Gesetzes nicht im Wege.

§ 11. Die Kosten des Verfahrens über die Ablösung der Reallasten nach dem gegenwärtigen Gesetze übernimmt der Staat. Nur die Prozeßkosten haben die Parteien zu entrichten.

VI. In den ehemals Sächsischen Landestheilen existirt keine allgemeine Zehntpflicht, nur auf Grund besonderer Rechtstitel dürfen Zehnten von Gütern oder Grundstücken gefordert werden. Der Fruchtzehnte ist von allen Früchten aus dem Winter-, Sommer-, Brachfelde und Gartenland, auch vom Obst zu entrichten, und darf der Zehntpflichtige die Früchte nicht eher abfahren, als bis er den Berechtigten zum Abzehnten aufgefordert und demselben den Zehnten in guten Garben verabfolgt hat — Art. 22 Kirch. O. v. 1580 (C. A. 1, 695), Syn. Dekr. v. 1673 §§ 59, 60, 62, 66 (C. A. 1, 835) —. Dagegen müssen die nicht zehntpflichtigen Bauern eine bestimmte Zahl Brode, deren 12 aus einem Dresdner, 16 aus einem Leipziger Scheffel gebacken werden, oder deren Verkaufswerth und pro Hufe 1 Sgr. 3 Pf. an den Pfarrer entrichten — Art. 25 Kirch. O. v. 1580, Syn. Dekr. v. 1673 § 66 —. Auch muß jeder Eingepfarrte für sich und seine über 12 Jahre alten Angehörigen das Opfergeld von 4 guten Pfennigen (5 Pf.) jährlich für den Geistlichen, und jeder Häusler und Einmiether das Häuslergeld von jährlich 18 guten Pfennigen für den Pfarrer und 6 guten Pfennigen für den Kirchner (zusammen 3 Sgr. 6 Pf.) entrichten; diese Abgaben sind von den Kommunalbeamten zu sammeln und an die Kirchenbedienten abzuführen — Art. 23, 24 Kirch. O. v. 1580 —. In der Oberlausitz haben die einer andern Konfession angehörenden Grundbesitzer keine geistlichen Zehnten zu entrichten — OTrE. v. 21. Dezbr. 1857 (Str. Arch. 27, 227) —.

VII. Auch im Fürstenthum Halberstadt existirt keine allgemeine Zehntpflicht, dagegen befreit die Verschiedenheit der Konfession den Besitzer zehntpflichtiger Aecker nicht von der Zehntpflicht. Der Zehnte muß in der Regel von allen Erzeugnissen zehntpflichtiger Aecker, sie mögen über oder unter der Erde wachsen, entrichtet werden, auch von den im Brachfelde gebauten, nur nicht von den grün verfütterten Futterkräutern, und von Wiesen nur, wenn ein zehntpflichtiges Ackerstück als Wiese benutzt wird. Das zusammengeharkte Getreide ist zehntfrei. Dies alles beruht auf Observanz (Lentze, Prov. R., S. 72—75). Der Zehntpflichtige muß dem vereideten Zehntmeister anzeigen, daß die Früchte zum Auszehnten bereit sind; dieser muß sich innerhalb 12 Stunden zum Abzehnten einfinden, sonst kann der Pflichtige selbst den Zehnten absetzen und auf dem Acker zurücklassen. Von Rauchfutter und Flachs muß der Zehntner an dem Tage, wo solches aufgebunden, den Zehnten sofort absetzen — § 7 Feld-Ordn. v. 27. Juli 1759 (Lentze, Prov. R., S. 251) —. Der Zehntpflichtige, der nach seinem Belieben oder mit geringem Korn oder Flachs den Zehnten absetzt, verfällt in 5 Thlr. Strafe; wer die s. g. Zehnteule, das vom Zehntner auf das Zehntbund gemachte Zeichen, wegnimmt und eigenmächtig auf ein anderes Bund setzt, verfällt in 2 Thlr. Strafe. Hat der Zehntpflichtige die Zehntgarben kleiner gemacht, so kann der Zehntner die neunte oder nächst daran stehende Mandel nehmen, sonst muß er so, wie der Zehntwagen auffahren muß, abzehnten — § 8 a. a. O. —. Der Zehntwagen darf nicht durch Korn oder Schwaden fahren, noch der Zehntner durch stehendes Korn oder Flachs reiten oder gehen bei 5 Thlr. Strafe — § 9 a. a. O. —. Bei Verpachtungen des Zehnten haben die Zehntpflichtigen das Näherrecht — § 10 a. a. O. —, doch ist dasselbe durch § 2 Nr. 6 Ablös. G. v. 2. März 1850 aufgehoben, vgl. N. 352. Laut Observanz sind Fohlen zehntfrei, und erstreckt sich der Blutzehnte nicht auf alle Arten des zur Feld- und Hauswirthschaft gehörigen Viehs (Lentze, Prov. R., S. 83).

VIII. Im Herzogthum Magdeburg ist die Entrichtung des Zehnten laut Observanz an die Verschiedenheit der Konfession nicht gebunden, und besteht derselbe in der Regel in dem dreißigsten Theile der auf dem zehntpflichtigen Lande gewachsenen, dem Zehntrecht unterworfenen Früchte (Klewitz, Prov. R., S. 238) —. Er ist von allen auf den Aeckern, auch im Brachfelde gebauten Körnern und Knollen- oder Wurzelfrüchten (Zwiebeln, Rüben, Kartoffeln rc.) zu entrichten — § 9 c. 22 Kirch. O. v. 9. Mai 1739, AGE. v. 28. August 1789 (Altm., Kirch. R., S. 545) —,

Grundsätze.

§ 857. Der eigentliche Zehnte ist eine Abgabe von Früchten, die auf der zur Parochie gehörigen Feldmark erzeugt werden.

---

aber nicht von den im Garten gebauten Feld- und Baumfrüchten laut Observanz (Klewitz, Prov. R., S. 241), auch nicht von den in der Brache gebauten Futterkräutern — OTrE. v. 15. April 1829 (Simon, Rechtssp. 3, 174) — und ebensowenig von dem Gras- und Heugewinnst aus den Wiesen laut Observanz (Klewitz, Prov. R., S. 240). Er ist ferner zu entrichten von den auf zehntpflichtigen Feldern angepflanzten Holzungen und besteht dann in $^1/_{30}$ vom jedesmaligen Holzschlage — OTrE. v. 27. Novbr. 1792 (Altm., Kirch. R., S. 543) —. Wenn dem Zehntherrn die dreißigste Garbe verdächtig vorkommt, so kann er sich eine andere aus dem ganzen Haufen wählen — § 2 c. 45 Magdb. Pol. Ordn. —. Remissionen am Garben-, Fleisch- und Sackzehnten sind nach der Decl. v. 5. Dezbr. 1776 u. GKE. v. 24. Juni 1796 bei Feuerschäden auf $^1/_2$, bei anderen Unglücksfällen auf $^1/_4$ der reglementsmäßigen Remissionen landesherrlicher Abgaben von allen Zehntberechtigten jedoch nur solchen Zehntpflichtigen zu gewähren, welche gutsherrlichen Rechten unterworfen sind — OTrE. v. 22. Juli u. 15. Dezbr. 1837 (Entsch. 3, 206, 217) —.

IX. In der Mark Brandenburg ist der Zehnte laut Observanz von jedem Besitzer zehntpflichtiger Grundstücke ohne Rücksicht auf seine Konfession zu entrichten (Scholz, Prov. R., 2, 557; Götze, Prov. R., 1, 2, 266). Er besteht in dem dreißigsten oder sonst üblichen Theile — Visit. O. v. 1573 (Rabe 1, 3, 619) — aller Halmfrüchte und Knollen- oder Wurzelfrüchte, auch der im Brachfelde gebauten, sowie der in Gärten gebauten und des Obstes, aber nicht der Futterkräuter und des Heugewinnstes von den Wiesen laut Observanz (Scholz, Prov. R., 2, 560—565; Götze, Prov. R., 1, 2, 268—275). Der Sackzehnte ist nicht gebräuchlich, die Stelle desselben vertritt das Meßkorn (Scholz, Prov. R., 2, 566—569, Götze, Prov. R., 1, 2, 275 u. 276), das auch die rechtliche Natur des Zehnten hat — OTrE. v. 28. Januar 1856 (Str. Arch. 20, 75) —.

X. In der Provinz Westphalen ist an die Stelle der früheren Zehntordnungen v. 24. Dezbr. 1791 für Minden und Ravensberg (Rabe 2, 206), v. 7. Februar 1793 für das Herzogthum Kleve (Rabe 2, 398), welche übrigens im Wesentlichen mit dem Landrechte übereinstimmen, ferner v. 12. März 1741 für Paderborn, Münster, Recklinghausen (Wigand, Prov. R., 3, 250) u. v. 17. Septbr. 1753 für Korvey (Wigand, Prov. R., 3, 309) das allgemeine Landrecht getreten, weil dasselbe in diesen Landschaften als Prinzipalrecht gilt und bei der Materie der Zehnten auf Provinzialgesetze nicht ausdrücklich verweist — § 2 Publ. Pat. v. 9. Septbr. 1814 (GS. S. 89), § 1 V. v. 25. Mai 1818 (GS. S. 45) —. Die churkölnische Zehntordnung v. 12. März 1741 gilt aber auch für das ehemalige Herzogthum Westphalen prinzipaliter — § 3 Publ. Pat. v. 21. Juni 1825 (GS. S. 153) —. Nach derselben sind dem Zehntrecht alle auf zehntbaren Aeckern gewachsenen Früchte an Korn, Hanf, Flachs, Rüben, Kraut, Kohl ꝛc. in Garben, Bunden und Docken unterworfen (§ 1). Der Zehntherr darf mit dem Abzehnten anfangen, wo er will (§ 2), muß aber das Abzehnten auf allen Landstücken ununterbrochen fortsetzen und darf nicht auf jedem einzelnen Stücke von vorn anfangen (§ 3). Wenn aber auf dem letzten Stücke nicht mehr 10 Bunde oder Garben bleiben, oder wenn auf dem einzigen Stücke des Pflichtigen nicht 10 Bunde gewachsen sind, so muß das noch Vorhandene aufgebunden und $^1/_{10}$ davon dem Zehntherrn gegeben werden (§§ 4 u. 5). Uebertretungen werden mit 1 Thlr. pro Bund gestraft (§ 7). Das Abzehnten muß binnen 24 Stunden nach erhaltener Anzeige des Zehntpflichtigen, daß die Früchte auf dem Acker gebunden, durch den Zehntherrn oder dessen Sammler erfolgen, widrigenfalls der Pflichtige selbst abzehnten und die übrige Ernte einfahren darf (§ 8). Aus zehntpflichtigen Aeckern dürfen bei 10 Goldgulden Strafe ohne Konsens des Zehntherrn nicht Gärten, Wiesen oder Weiden gemacht werden, dagegen darf, wenn Wiesen oder Hütungen von zehntbarem Lande zu Acker gemacht, daran das Zehntrecht ausgeübt werden (§ 9). Durch Observanz oder Verjährung darf an diesen Vorschriften nichts geändert werden (§§ 10—12). In den ehemals Nassauischen Landestheilen des Fürstenthums

§ 858. Ursprünglich ist der Zehnte zur Unterhaltung des Pfarrers bestimmt; er kann aber auch von der Kirche, sowie von jedem Andern erworben und besessen werden.

§ 859. Bei Zehnten, die sich in den Händen eines weltlichen Besitzers befinden, hat, wenn sie auch ursprünglich Pfarrzehnten sind, die Verschiedenheit des Glaubensbekenntnisses auf das Recht, sie zu fordern, keinen Einfluß.

§ 860. Daraus, daß eine Kirche die Eigenschaft einer Parochialkirche hat, folgt noch nicht, daß die Eingepfarrten zur Entrichtung eines Zehnten verbunden sind.

§ 861. Der Pfarrer und die Kirche können das Zehntrecht auf eben die Art, wie jedes andere Recht, auch durch die ordentliche Verjährung erwerben.

§ 862. Wenn ein Laie den durch Verjährung geschehenen Erwerb eines ursprünglichen Pfarr- oder Kirchenzehnten gegen den Pfarrer oder die Kirche behaupten will, so müssen alle Erfordernisse der Kirchenverjährung vorhanden sein.

§ 863. Zwischen Laien, die über den Besitz eines ursprünglichen Kirchen- oder Pfarrzehnten unter einander streiten, ist die gewöhnliche Verjährung zur Entscheidung hinreichend.

§ 864. Alle auch über Pfarr- und Kirchenzehnten entstehende Streitigkeiten gehören zur Entscheidung des weltlichen Richters.

Umfang desselben.

§ 865. Sobald ausgemittelt ist, daß dem Zehntberechtigten, der einen ursprünglichen Pfarr- und Kirchenzehnten besitzt, das Zehntrecht über eine gewisse Feldmark zustehe, gilt die Vermuthung, daß alle in dieser Feldmark gelegene Grundstücke denselbem unterworfen sind.

§ 866. Zehntsteine beweisen kein allgemeines Zehntrecht, sondern nur, daß derjenige, dessen Zeichen darauf befind-

---

Siegen streitet die Vermuthung für einen universellen Zehnten — RKE. v. 17. Novbr. 1854 (Zeitschr. f. E.KG. 8, 308) —.

Zu § 861.

355. Die erwerbende Verjährung des Zehnten ist beim Mangel eines Titels auch dann eine 30jährige, wenn wegen der bestehenden Dreifelderwirthschaft der Zehnte von den einzelnen Grundstücken nicht alljährlich erhoben ist, weil das Recht seinem Wesen nach die alljährlichen Erzeugnisse umfaßt und auf einem Theile des zehntpflichtigen Grundstücks alljährlich ausgeübt worden ist — OTrE. v. 19. Mai 1855 (Zeitschr. f. EKG. 9, 59) —. Wenn ein Titel vorhanden, genügen 10 Jahre zur Ersitzung des Zehntrechts — § 620 I, 9 ALR. —. Durch die vorübergegangene Geltung des code civile ist die Verjährung nicht unterbrochen, konnte aber auch unter seiner Herrschaft nicht anfangen — vgl. N. 354 IV. —.

lich ist, ein Zehntrecht in dem innerhalb der Steine gelegenen Bezirke auszuüben befugt sei.

§ 867. Wer zehntfreie Aecker neben zehntpflichtigen erwirbt oder zehntfreie Wiesen, Weiden und Holzungen in Saatland verwandeln und mit zehnpflichtigen Ländereien vereinigen will, muß dem Zehntherrn davon Anzeige machen und in Gegenwart desselben oder dessen Bevollmächtigten das zehntfreie Land von dem zehntpflichtigen durch Grenzmale absondern.

§ 868. Hat er dies nicht beobachtet, so ist die Vermuthung wider ihn, und er muß bei entstehendem Streite die Grenzen des zehntfreien Landes vollständig nachweisen.

Erlöschung des Zehntrechts.

§ 869. Die sonstigen Eigenschaften und Vorrechte eines innerhalb des Zehntbezirks gelegenen Grundsstücks begründen noch nicht die Befreiung vom Zehnten.

§ 870. Wenn jedoch der Inhaber sich seit zehn Jahren im ruhigen Besitze der Zehntfreiheit befindet, so wird dadurch die aus der Lage des Grundstücks entstandene rechtliche Vermuthung gehoben.

§ 871. Kann aber die zehntpflichtige Eigenschaft des Grundstücks auf andere Art nachgewiesen werden, so geht die Befugniß, den Zehnten zu fordern, für die Kirche oder den Pfarrer nur durch einen vierundvierzigjährigen Nichtgebrauch unter den im Titel von der Verjährung enthaltenen Bestimmungen verloren. (Tit. 9 Th. I §§ 509—511.)

§ 872. Wenn der Besitzer eines an sich zehntbaren Grundstücks für seine Person wegen Verschiedenheit seines Religionsbekenntnisses von Entrichtung des Zehnten frei ist, so ruht inzwischen das Zehntrecht, und es kann während dieses Besitzes keine Verjährung wider die Kirche oder den Pfarrer anfangen.

§ 873. Auch werden die Jahre eines solchen Besitzes von dem Zeitraume, in welchem die Verjährung gegen die

---

Zu § 871.

356. Die Verjährung durch bloßen Nichtgebrauch ist ausgeschlossen, wenn die Zehntpflicht im Hypothekenbuche des verpflichteten Grundstücks eingetragen oder wenn aus einer während der Verjährungsfrist abgegebenen Erklärung des Berechtigten, aus der Beschaffenheit der Zeiten, aus der Verfassung der Verpflichteten oder aus andern Umständen erhellt, daß die Einforderung des Zehnten aus bloßer Nachsicht unterlassen worden — § 511, 510 I, 9 ALR. —.

Zu § 872.

357. Die Voraussetzung des § 872 trifft nur in Posen, Schlesien und der Oberlausitz zu — vgl. N. 354 IV—VI. —.

Kirche oder den Pfarrer gehörig angefangen und fortgesetzt worden, abgerechnet.

§ 874. Der Zehnte besteht der Regel nach in dem zehnten Theile der auf dem zehntpflichtigen Lande gewachsenen und dem Zehntrechte unterworfenen Früchte.

Von Großzehnten.

§ 875. Wo der Zehnte überhaupt und ohne weitere Bestimmung hergebracht ist, wird darunter nur der sogenannte Großzehnte verstanden.

§ 876. Dieser muß von allen Erzeugnissen der zehntpflichtigen Aecker und Wiesen, welche der Halm trägt, entrichtet werden.

§ 877. Der Zehntberechtigte kann dem Zehntpflichtigen nicht vorschreiben, wie derselbe das Grundstück bestellen und nutzen solle.

§ 878. Baut aber der Zehntpflichtige eine andere Art von Erzeugnissen, als wozu das Grundstück bisher gewöhnlich genutzt worden, so muß er auch davon den Zehnten entrichten.

§ 879. Kann diese Art der Berichtigung nach der Natur und Beschaffenheit des anderweitig gebaueten Erzeugnisses oder aus anderen Ursachen nicht stattfinden, so muß der Zehntpflichtige ebensoviel, als der Zehnte von einem Acker gleicher Größe in demselben Felde beträgt, in dem Erzeugnisse der gewöhnlichen Art entrichten.

§ 880. Früchte, die im Brachfelde gebaut werden, sind der Regel nach zehntfrei.

§ 881. Hat aber der Zehntpflichtige das Brachfeld so genutzt, daß dadurch der Ertrag der künftigen Ernte offenbar geschmälert wird, so muß er den Zehntberechtigten deshalb entschädigen.

Zu § 874.

358. In der Mark Brandenburg und im Herzogthum Magdeburg ist es der dreißigste Theil — vgl. N. 354 VIII. u. IX. —.

Zu § 876.

359. In der Mark Brandenburg, den ehemals Sächsischen Landestheilen, dem Herzogthum Magdeburg, dem Fürstenthum Halberstadt und dem Herzogthum Westphalen erstreckt sich das Zehntrecht auch auf Knollen- und Wurzelgewächse, die auf dem Acker gebaut werden, aber nicht auf den Ertrag der Wiesen — vgl. N. 354 VI—X. —.

Zu § 880.

360. Die Zehntfreiheit der im Brachfelde gebauten Früchte ist in den ehemals Sächsischen Landestheilen, dem Fürstenthum Halberstadt, dem Herzogthum Magdeburg und der Mark Brandenburg auf die daselbst gebauten Futterkräuter beschränkt — vgl. N. 354 VII—X. —.

§ 882. Sowohl ob eine solche dem Zehntberechtigten schädliche Brachnutzung vorhanden sei, als wie viel der demselben daraus entstandene Ausfall betrage, muß, wenn kein gütliches Abkommen stattfindet, nach dem Gutachten vereideter Sachverständigen bestimmt werden.

§ 883. Diese müssen dabei auf das Verhältniß des Ertrages benachbarter Aecker von eben derselben Beschaffenheit, bei welchen die Brache landüblich genutzt worden, Rücksicht nehmen.

§ 884. Läßt der Zehntpflichtige die zum Winter- oder Sommerfelde gehörigen Ländereien aus Nachlässigkeit oder unordentlicher Wirthschaft ganz oder zum Theil unbebaut liegen, so ist der Zehntberechtigte befugt, dieselben in Kultur zu nehmen, und der Eigenthümer hat auf die davon gewonnenen Früchte gar keinen Anspruch.

§ 885. Nimmt der Zehntpflichtige eine Art von Kultur vor, wodurch die Gestalt und Bestimmung des Grundstücks gänzlich verändert wird, so muß er dem Zehntberechtigten wegen des dadurch entstehenden Verlustes auf andere Art schadlos halten.

§ 886. Zum Maßstabe dieser Entschädigung muß der Durchschnitt des Zehntertrages von den letzten sechs Jahren vor der Veränderung genommen werden.

§ 887. Können die Partheien sich über diese Art der Entschädigung nicht vereinigen, so muß dieselbe für jedes Jahr nach der Vorschrift des § 879 bestimmt werden.

§ 888. Eine bloße Veränderung in der Eintheilung der Felder oder in der Art der Bedüngung, oder die Verminderung der Aussaat durch Anlegung künstlicher Wiesen geben dem Zehntberechtigten keinen Anspruch auf Schadloshaltung.

§ 889. Auch von solchen Aeckern, welche nicht gewöhnlich sondern nur zuweilen gebaut werden, ist der Zehnte, so oft sie wirklich bestellt sind, zu entrichten.

Vom Neulande.

[**§ 890.** Kirchen- und Pfarrzehnten können zwar auch von ausgetrockneten Sümpfen, gerodeten Wäldern und Wiesen und andern ganz neu in Kultur gebrachten Aeckern, insofern dieselben im Zehntdistrikte liegen, gefordert werden.]

Zu §§ 890 — 892.

360 a. Die §§ 890—892 sind in Folge der durch § 35 Ablös. G. v. 2. März 1850 erfolgten Aufhebung des Neubruchzehnten außer Kraft getreten, vgl. N. 352. Diese Aufhebung bezieht sich auch auf die provinziellen Zehnten und derartigen Abgaben, vgl. N. 354.

[§ 891. Es kommt aber den Besitzern eine zwölfjährige Befreiung von der Zeit an, wo dergleichen Neuland zuerst wirklich bestellt worden, zu Statten.]

[§ 892. Zehntberechtigte weltlichen Standes können den Zehnten von solchem Neulande nur alsdann fordern, wenn er ihnen ausdrücklich mit verliehen worden.]

§ 893. Für Neuland ist es nicht zu achten, wenn der Zehntpflichtige Hecken, Bäume, Gesträuche oder Gräben, welche an sich auf dem zehntbaren Lande befindlich sind, auf die eine oder die andere Art zu Acker einrichtet und bestellt.

Art der Entrichtung des Großzehnten.

§ 894. Der Zehnte muß von den Früchten ohne Abzug der Bestellungskosten und Abgaben entrichtet werden.

§ 895. Der Empfänger muß denselben auf dem Felde aus den aufgesetzten Garben oder Haufen, wie sie folgen, annehmen; doch kann er mit dem Abzählen da, wo er selbst will, den Anfang machen.

§ 896. Auch kann er von einem Acker auf einen andern des nämlichen Besitzers die Garben oder Haufen fortzählen.

§ 897. Bei diesem Fortzählen steht es ihm frei, ob er an dem obern oder untern Ende des folgenden Ackers den Anfang machen will.

§ 898. Bleiben zuletzt noch Früchte übrig, die keine Zehntgarbe ausmachen, so werden dieselben zur Mitzählung auf das folgende Jahr dem Berechtigten vorbehalten.

§ 899. Wo die Feldfrüchte in Mandeln oder Hocken aufgesetzt werden, da kann der Zehntberechtigte verlangen, daß die bei der Abzählung übrig gebliebenen einzelnen Mandeln oder Hocken auseinander genommen und ihm von den darin enthaltenen Garben der zehnte Theil verabfolgt werde.

§ 900. Der Zehntberechtigte muß, wenn er zur Zeit der Ernte nicht selbst gegenwärtig sein kann oder will, einen Abzehntner in der Nähe bestellen und denselben dem Zehntpflichtigen zeitig bekannt machen.

§ 901. Sobald dem Zehntberechtigten oder dessen Abzehntner gemeldet worden, daß die Früchte zum Abzählen in Bereitschaft stehen, müssen sich dieselben dazu unverzüglich einfinden.

§ 902. Der Zehntpflichtige ist nicht schuldig, länger als zwölf Stunden nach der Anzeige auf das Abzählen zu warten.

§ 903. Vielmehr kann er alsdann in Gegenwart oder

mit Zuziehung der Dorfgerichte oder zweier an sich glaubwürdiger Zeugen auf Kosten des Berechtigten den Zehnten selbst ausstoßen und auf dem Felde liegen lassen.

§ 904. Nöthigt die Witterung den Zehnpflichtigen, mit der Einführung der Früchte zu eilen, so ist es genug, wenn die Anzeige dem Zehntherrn oder dessen Abzehntner nur sechs Stunden vor dem Einfahren geschieht.

§ 905. Dagegen ist aber auch der Zehntpflichtige schuldig, wenn der Zehntsammler auf der Flur mit der Abzählung schon wirklich beschäftigt ist, so lange zu warten, bis derselbe auf seinen Acker kommen kann.

§ 906. Säumt der Zehntsammler geflissentlich, so haftet er dem Zehntpflichtigen für allen dadurch erweislich entstandenen Schaden.

§ 907. Sind aber mit Vernachlässigung obiger Vorschriften die Früchte vor Ausstoßung des Zehnten eingeführt worden, so muß derselbe dem Berechtigten noch aus der Scheune verabfolgt werden.

§ 908. Ist die zu frühe Einführung von dem Verpflichteten vorsätzlich oder durch eigenes grobes Verschulden geschehen, so muß er, wenn besondere Provinzialgesetze nicht ein Anderes bestimmen, dem Berechtigten auf zehn Garben eine, bei einem obwaltenden nur mäßigen Versehen aber auf zwanzig Garben eine Garbe mehr abliefern.

§ 909. Die Einfuhre des auf dem Felde abgezählten Zehnten muß der Empfänger der Regel nach, und wo nicht ein Anderes durch ununterbrochene Gewohnheit hergebracht ist, selbst besorgen.

Vom Kleinzehnten.

§ 910. Wo der Kleinzehnte ausdrücklich eingeführt ist,

Zu §§ 902 u. 904.

361. In Schlesien muß der Zehntpflichtige 3 Tage nach der Anzeige auf das Abzählen warten, im Fürstenthum Halberstadt 12 Stunden, im Herzogthum Westphalen 24 Stunden, überall ohne Ausnahme, vgl. N. 354 V. VIII. X.

Zu § 908.

362. Das einzige Provinzialgesetz, welches eine vom § 908 abweichende Bestimmung enthält, ist die nach § 2 Publ. Pat. v. 9. Septbr. 1814 (GS. S. 89) in diesem Punkte noch gültige Zehntordnung für das Fürstenthum Minden und die Grafschaft Ravensberg v. 24. Dezbr. 1791 (Rabe 2, 206), welche im § 32 verordnet, daß der Zehntpflichtige, der ohne vorgängige Anzeige und vor Ablauf der bestimmten Zeit sein Getreide einfährt, doppelt soviel Hocken und Garben als Entschädigung liefern muß, als er nach dem Gutachten dreier Sachverständigen, von denen jede Parthei einen, den dritten das Gericht erwählt, von dem besten Ackerstücke der Feldflur hätte geben müssen.

muß derselbe in der Regel von allen Garten- und Baumfrüchten ohne Unterschied, ob sie im Garten oder auf dem Felde gebaut worden, entrichtet werden.

§ 911. Weder am Groß- noch Kleinzehnten kann der Zehntpflichtige wegen erlittener Unglücksfalle Ersatz fordern.

§ 912. Weder bei dem Verkauf der Zehntfrüchte noch bei Verpachtungen des Zehntrechts gebührt dem Zehntpflichtigen ein Vorkaufs- oder Näherrecht.

§ 913. Ebendas gilt, wenn das Zehntrecht mit dem Gute oder Grundstücke, worauf dasselbe haftet, verkauft wird.

[**§ 914.** Wenn hingegen das Zehntrecht über eine ganze Feldflur oder auch über einzelne in derselben gelegene Grundstücke für sich allein verkauft werden soll, so kommt im ersten Falle der Gemeinde, sowie im letzteren dem Besitzer des pflichtigen Grundstücks das Vorkaufs- oder Näherrecht zu.]

Vom Blutzehnten.

§ 915. Die Befugniß, Fleisch- oder Blutzehnten zu nehmen, erstreckt sich auf alle Arten von Vieh, welches zur Haus- oder Feldwirthschaft gehört.

§ 916. Der Regel nach muß das zehntbare Vieh von einem Jahr ins andere aufgezählt und darnach das zehnte Stück geliefert werden.

§ 917. Die vor der wirklichen Aufzählung gestorbenen Stücke werden bei Berechnung des Zehnten nicht mitgezählt.

§ 918. Die Zeit der Abzählung ist nach jedes Orts Herkommen bestimmt.

§ 919. Kälber, Lämmer und Schweine ist der Zehntberechtigte nicht eher, als bis sie zum Verkauf tauglich, Fohlen nicht eher, als bis sie abgesogen sind, und Federvieh erst, wenn es besiedert ist, anzunehmen verbunden.

Zu § 910.

363. Im Herzogthum Magdeburg sind Garten- und Baumfrüchte immer zehntfrei, vgl. N. 354 VIII.

Zu § 911.

364. Im Herzogthum Magdeburg findet Remission an Zehnten wegen erlittener Unglücksfälle statt, vgl. N. 354 VIII.

§ 914 ist durch § 2 Nr. 6 Ablös. G. v. 2. März 1850 aufgehoben, vgl. N. 352.

Zu § 915.

365. Im Fürstenthum Halberstadt sind Fohlen zehntfrei, und erstreckt sich auch nicht das Zehntrecht auf alle Arten des zur Haus- oder Feldwirthschaft gehörenden Viehs, vgl. N. 354 VII.

§ 920. Von allen Sorten dürfen nur Stücke mittlerer Güte zum Zehnten gegeben und angenommen werden.

Abschaffung des Personalzehnten.

§ 921. Ein Personalzehnte von dem, was durch bloßen menschlichen Fleiß erworben worden, soll nirgend mehr gefordert noch gegeben werden.

Vom Sackzehnten.

§ 922. Wenn der Zehnte auf gewisse Quantitäten oder Maße von gedroschenem Getreide oder gewonnenen Früchten bestimmt ist, so heißt derselbe ein Sackzehnte.

§ 923. Wenn erhellet, daß der Berechtigte einen Naturalzehnten zu fordern habe, so hat derselbe sein Recht, diesen Zehnten in Natur zu ziehen, nicht verloren, wenn er gleich seit länger als rechtsverjährter Zeit selbigen in gedroschenen Körnern angenommen hätte.

§ 924. Hat aber der Berechtigte sein Recht zum Zugzehnten ausüben wollen, der Verpflichtete demselben widersprochen, und ersterer seit diesem Widerspruche durch rechtsverjährte Zeit den Zehnten in gedroschenem Getreide angenommen, so ist eine Verwandlung des Zug- in einen Sackzehnten durch Verjährung erfolgt.

§ 925. Der Sackzehnte muß gleich durch, wie der Zehntpflichtige die Früchte gewonnen hat, entrichtet und angenommen werden.

§ 926. Doch ist der Zehntpflichtige in jedem Falle marktgängiges Getreide abzuliefern verbunden.

§ 927. Die Ablieferung muß in der Regel nach gestrichenem Maaße geschehen.

§ 928. Die Anfuhr in die Wohnung oder auf den Boden des Empfängers muß der Zehntpflichtige besorgen.

§ 929. Ist der Zehntpflichtige in der Anfuhr säumig gewesen, so finden die Vorschriften des siebenten Titels §§ 479, 480 Anwendung.

Zu § 921.

366. Ein Personaldezem als Geldabgabe existirt aber in Ostpreußen und Westpreußen, vgl. N. 354 I. u. II.

Zu § 922.

367. Der Sackzehnte ist nur noch im Ermlande üblich, statt desselben, jedoch mit der rechtlichen Natur des Zehnten, kommt das Meßkorn vor in Westpreußen, Pommern, Posen und der Mark Brandenburg, so daß mithin auf dieses die §§ 922—923 Anwendung finden, vgl. N. 354.

Zu § 929.

368. Die im § 929 in Bezug genommenen §§ 479 u. 480 II, 7 ALR. lauten: § 479. Fällt dem Unterthanen eine Saumseligkeit zur Last, so steht es in

§ 930. Hat der Zehntpflichtige totalen Mißwachs erlitten, so kann der Empfänger den Sackzehnten nur insofern fordern, als die gewonnenen Früchte nach Abzug der Wirthschaftsnothdürften an Saamen, Brot, Speisung des Gesindes und Fütterung dazu noch hinreichen.

§ 931. Hat sich der Mißwachs nur in einer oder der andern Getreidesorte, z. B. nur in den Winter- oder nur in den Sommerfrüchten ereignet, so muß der Zehntpflichtige den in der mißrathenen Sorte zu entrichtenden Sackzehnten entweder nach den in der Provinz oder Gegend üblichen Anschlagspreisen bezahlen oder denselben in einer andern Getreidesorte nach Verhältniß eben dieser Preise abliefern.

§ 932. Der Zehntpflichtige, welcher von einem dieser Befugnisse Gebrauch machen will, muß wegen der dem Berechtigten von dem vorhandenen Mißwachse in Zeiten zu machenden Anzeige die einem Pächter ertheilten Vorschriften beobachten. (Th. I Tit. 21 §§ 480—483.)

§ 933. Auch findet keine von den Befugnissen statt, wenn der Zehntpflichtige allen Remissionen ausdrücklich entsagt hat.

§ 934. Was hier von dem Erlasse bei geistlichen Sackzehnten verordnet ist, findet auf andere Naturalabgaben, welche nicht als Pfarr- oder Kirchenzehnten entrichtet werden, keine Anwendung.

Vom Geldzehnten.

§ 935. Wenn der Zehntberechtigte statt des Natural-

---

der Wahl der Herrschaft: ob sie nach dem Verfalltage noch die Naturallieferung oder baare Vergütung nach dem am Verfalltage gestandenen mittleren Marktpreise fordern wolle.

§ 480 a. Wählt sie Letzteres, so muß der Unterthan von der schuldigen Geldsumme Zögerungszinsen seit dem Verfalltage entrichten.

§ 480 b. Nach Verlauf von vier Wochen (nach dem Verfalltage) hat der Unterthan die Vermuthung der Saumseligkeit wider sich.

Zu § 932.

369. Die im § 932 in Bezug genommenen §§ 480—483, I, 21 ALR. lauten:

§ 480. Der Pächter, welcher auf Grund eines erlittenen Unglücksfalles Remission fordern will, muß denselben sofort, nachdem er sich ereignet hat, ohne Zeitverlust dem Verpächter anzeigen.

§ 481. Dem Verpächter steht frei, sich von der Wirklichkeit und Erheblichkeit des angegebenen Unglücksfalles durch eigene Besichtigung zu überzeugen oder auf vorläufige gerichtliche Untersuchung darüber nach Vorschrift der Prozeßordnung anzutragen.

§ 482. Befindet sich der Verpächter außerhalb der Provinz, und hat er auch den Pächter an einen Bevollmächtigten in Pachtangelegenheiten nicht verwiesen, so muß der Pächter, indem er die § 480 vorgeschriebene Anzeige macht, zugleich auf die gerichtliche Untersuchung nach § 481 selbst antragen.

§ 483. Hat der Pächter die vorgeschriebene Anzeige in Zeiten zu thun unterlassen, so kann er in der Folge unter dem Schutze eines solchen vorgeblichen Unglücksfalles keinen Nachlaß weiter verlangen.

zehnten eine beständig gleichförmige Abgabe in Geld durch rechtsverjährte Zeit angenommen hat, so finden die Vorschriften §§ 923 und 924 Anwendung.

§ 936. Ein solcher Zehntpflichtiger kann wegen erlittener Unglücksfälle nur insoweit Nachsicht oder Ersatz fordern, als dergleichen einem Erbzinsmanne wegen des schuldigen Kanons zu Statten kommt.

Von andern Pfarrabgaben.

§ 937. Offertoria, Pröven, Ostereier, Wettergarben und andere dergleichen Pfarr= und Küsterabgaben müssen lediglich nach jedes Orts Gewohnheit bestimmt werden.

§ 938. Für dergleichen Prästationen kann niemals Erlaß gefordert werden.

Zu § 936.

370. Die im § 936 in Bezug genommenen §§ 758—763 I, 18 ALR. lauten:

§ 758. Dagegen ist aber auch der Erbzinsmann wegen erlittener Unglücksfälle und Verlustes an den Nutzungen Erlaß an Zinsen zu fordern nicht berechtigt.

§ 759. Hat das Gut ohne Verschulden des Besitzers in einem und anderen Jahre weniger eingebracht als der Zins beträgt, so kann der Erbzinsmann bloß Nachsicht fordern.

§ 760. Ein Gleiches findet statt, wenn der Erbzinsmann der schon wirklich eingesammelten Früchte des Guts durch Zufall oder höhere Gewalt gänzlich beraubt worden.

§ 761. Ist auch für solche ungewöhnliche Unglücksfälle aller Nachsicht im Vertrage ausdrücklich entsagt worden, so hat es dabei sein Bewenden.

§ 762. Haben aber unverschuldeter Zufall oder höhere Gewalt den Erbzinsmann ein oder mehrere Jahre hindurch völlig außer Stand gesetzt, sein nutzbares Eigenthum überhaupt auszuüben, so kann ihm für diese Zeit kein Zins abgefordert werden.

§ 763. Durch den unverschuldeten gänzlichen Verlust oder Untergang des verliehenen Grundstücks wird der Erbzinsmann seiner Verbindlichkeit zur Entrichtung der Abgabe, soweit dieselbe zur Zeit des entstandenen Unfalls noch nicht verfessen oder fällig war, entledigt.

Diese Nachsicht und diesen Erlaß kann jeder Geldzehntpflichtige fordern.

Zu § 937.

371. Zu den im § 937 erwähnten Pfarrabgaben gehören die große, kleine und Geldkalende, der Knechtshafer, die Ostereier und Osterhühner in Ostpreußen, Kalende, Vitaltag, Quartalgeld, Personaldezem, Kirchendezem, kleiner Dezem, Offertorien in Westpreußen, die Speisegelder, das Quartalgeld oder der vierzehnte Pfennig, der Häuslergroschen, Hufengroschen in Pommern, die Brote in Schlesien und in den ehemals Sächsischen Landestheilen, das Hufen-, Opfer- und Häuslergeld in den ehemals Sächsischen Landestheilen u. s. w. Die meisten dieser Abgaben sind weder dinglicher Natur, noch haben sie die Natur des Zehnten — OTrE. v. 28. Januar 1856 (Str. Arch. 20, 75) —. Unbedingt dinglich und von der rechtlichen Natur des Zehnten sind die große und kleine Kalende in Ostpreußen — § 4, 7, 12—14 Zus. 213 Ostpr. Prov. R. —, desgleichen die Häusler- und Hufengroschen in Pommern und Sachsen, die Brote in Schlesien und Sachsen, sofern sie von Grundbesitzern entrichtet werden. Persönlich sind die sämmtlichen anderen genannten Abgaben auch Kalende und Dezem in Westpreußen — § 59 Westpr. Prov. R. —. Vgl. N. 354 I. II. III. V. VI.

Zwölfter Abschnitt.
Von geistlichen Gesellschaften überhaupt.

Zu Abschn. 12.

372. Die Abschnitte 12—20 handeln von den Dom- und Kollegiatsstiften, Klöstern, geistlichen und Ritterorden, den katholischen wie den protestantischen. Ihre Säkularisation erfolgte in Deutschland schon durch den Reichsdeputationshauptschluß v. 25. Februar 1803 (Eminghaus, corp. jur. germ. S. 612). Dieser Säkularisation unterlagen von den jetzt zu Preußen gehörigen: die Bisthümer Hildesheim, Paderborn, Münster, Osnabrück, Fulda, Korvey, Mainz, Trier und Köln, die Stifter Quedlinburg, Essen, Werden, Elten und Herford. Die bezüglichen Bestimmungen lauten:

§ 34. Alle Güter der Domkapitel und ihrer Dignitarien werden den Domänen der Bischöfe einverleibt, und gehen mit den Bisthümern auf die Fürsten über, denen diese angewiesen sind. In den zwischen mehrere vertheilten Bisthümern werden die in den einzelnen Theilen befindlichen Güter dieser Art mit denselben vereinigt.

§ 35. Alle Güter der fundirten Stifter, Abteien und Klöster in den alten sowohl als in den neuen Besitzungen katholischer sowohl als Augsburger Konfessionsverwandten, Mittelbarer sowohl als Unmittelbarer, deren Verwendung in den vorhergehenden Anordnungen nicht förmlich festgesetzt worden ist, werden der freien und vollen Disposition der respectiven Landesherren sowohl zum Behufe des Aufwandes für den Gottesdienst, Unterrichts- und andere gemeinnützigen Anstalten als zur Erleichterung ihrer Finanzen überlassen unter dem bestimmten Vorbehalte der festen und bleibenden Ausstattung der Domkirchen, welche beibehalten werden, und der Pensionen für die aufgehobene Geistlichkeit nach den theils unten wirklich bemerkten, theils noch unverzüglich zu treffenden näheren Bestimmungen.

a. Auch Franziskaner- und andere Bettelmönchklöster sind zu den im § 35 erwähnten fundirten Klöstern zu rechnen, und haben daher sowohl diese Klöster selbst, als auch deren Stiftungsvermögen, wenngleich den Klöstern ein bloßes Nutzungsrecht an demselben zustand, der Säkularisation unterlegen — OTrE. v. 15. Dezbr. 1852 (Entsch. 25, 17; Str. Arch. 8, 122) —.

§ 36. Die namentlich und förmlich zur Entschädigung angewiesenen Stifter, Abteien und Klöster, sowie die der Disposition der Landesherren überlassenen gehen überhaupt an ihre neuen Besitzer mit allen Gütern, Rechten, Kapitalien und Einkünften, wo sie auch immer gelegen sind, über, sofern eben nicht ausdrückliche Trennungen festgesetzt worden sind.

§ 37. Die auf der einen Rheinseite befindlichen Güter und Einkünfte, welche Spitälern, Fabriken, Universitäten, Kollegien und andern frommen Stiftungen, wie auch Gemeinden der andern Rheinseite gehörten, bleiben davon getrennt und der Disposition der betreffenden Regierungen überlassen, d. h. soviel die rechte Rheinseite betrifft, der Regierung derjenigen Orte, wo sie liegen oder erhoben werden. Jedoch sollen die Güter und Einkünfte solcher literärischer Anstalten, die ehemals beiden Rheinseiten gemeinschaftlich waren und dermalen auf dem rechten Rheinufer fortgesetzt werden, diesen auf der rechten Rheinseite fortdauernden Anstalten verbleiben, sofern sie nicht in Gebieten entschädigter Fürsten liegen.

b. Die im § 37 ausgesprochene Trennung ist eine vollständige; die Forderung eines jenseitigen Stiftes an einen diesseitigen Schuldner ist derjenigen Regierung zu gestatten, wo die Forderung liegt, d. h. der Regierung, in deren Bezirke der Schuldner wohnt — OTr. Präj. 47 v. 1833 (Präj. Samml. 1, 307) —.

§ 42. Die Säkularisation der geschlossenen Frauenklöster kann nur im Einverständniß mit dem Diözesanbischofe geschehen. Die Mannsklöster hingegen sind der Verfügung der Landesherren oder neuen Besitzer unterworfen, welche sie nach freiem Belieben aufheben oder beibehalten können. Beiderlei Gattungen können nur mit Einwilligung des Landesherrn oder neuen Besitzers Novizen aufnehmen.

§ 52. Die Weihbischöfe, insofern sie Präbenden haben, die Domkapitularen, Dignitarien, Kanonici der Ritterstifter, auch adlige Stiftsdamen behalten den lebenslänglichen Genuß ihrer Kapitelwohnungen; ihnen oder ihren Erben sind die auf den Ankauf oder Optirung ihrer Häuser gemachten Auslagen, falls der Landesherr solche nach ihrem Tode an sich ziehen will, zu vergüten; auch außerdem an Orten, wo sie ein Privateigenthum ihrer Wohnung hergebracht haben, wird ihnen dieses vorbehalten.

c. Unter den im § 52 erwähnten Anlagen sind die auf den Neubau oder die Wiederherstellung ihrer Amtswohnungen (Kurien) verwendeten Kosten zu verstehen. Diese fiskalische Verpflichtung wird weder durch das den Domkapitularen statutenmäßig zustehende Recht zur Ernennung ihres Nachfolgers in ihre durch Option erworbene Kurie, noch dadurch, daß der Domkapitular die Baukosten vom Domkapitel geliehen erhalten hatte, noch endlich dadurch, daß statutenmäßig ein minimum der Baukosten festgesetzt ist, beseitigt — ÖTrE. v. 24. Novbr. 1858 (Str. Arch. 31, 183) —.

§ 61. Die Regalien, Bischöflichen Domänen, Domkapitelischen Besitzungen und Einkünfte fallen dem neuen Landesherrn zu.

§ 65. Fromme und milde Stiftungen sind wie jedes Privateigenthum zu konserviren, doch so, daß sie der landesherrlichen Aufsicht und Leitung untergeben bleiben.

d. Zu den im § 65 genannten frommen und milden Stiftungen gehören nur solche, welche besondere moralische Personen bilden, wie z. B. Hospitäler, Waisen-, Armenhäuser, aber nicht Stiftungen bloßer Seelenmessen oder Klosterkapellen — ÖTrE. v. 23. Novbr. 1840, Präj. 954 (Präj. Samml. 1, 307) u. v. 15. Dezbr. 1852, Präj. 2426 (Entsch. 25, 17) —. Die Verwaltung derartiger Stiftungen, auch der Privatstiftungen, steht immer den bischöflichen Behörden zu, kann aber auch von diesen bestimmten Geistlichen übertragen werden — KO. v. 26. August 1818 (Ann. 2, 718) u. v. 17. April 1830 (Ann. 14, 336) —.

373. Auch in Preußen wurde die **Säkularisation der geistlichen Stifter und Klöster** noch besonders ausgesprochen durch das **Edikt vom 30. Oktober 1810 über die Einziehung sämmtlicher geistlicher Güter in der Monarchie** (GS. S. 32), welches lautet:

In Erwägung, daß a. die Zwecke, wozu geistliche Stifter und Klöster bisher errichtet wurden, theils mit den Ansichten und Bedürfnissen der Zeit nicht vereinbar sind, theils auf veränderte Weise besser erreicht werden können; b. daß alle benachbarten Staaten die gleichen Maaßregeln ergriffen haben; c. daß die pünktliche Abzahlung der Kontribution an Frankreich nur dadurch möglich wird; d. daß Wir dadurch die ohnedies sehr großen Anforderungen an das Privatvermögen Unserer getreuen Unterthanen ermäßigen, verordnen Wir wie folgt:

§ 1. Alle Klöster, Dom- und andern Stifter, Balleyen und Kommenden, sie mögen zur katholischen oder protestantischen Religion gehören, werden von jetzt an als Staatsgüter betrachtet.

§ 2. Alle Klöster, Dom- und andern Stifter, Balleyen und Kommenden sollen nach und nach eingezogen, und für Entschädigung der Benutzer und Berechtigten soll gesorgt werden.

Wo der Inhaber einer Präbende die ihm zuständigen Einkünfte außerhalb Landes beziehen konnte, soll er auch die bei Aufhebung des Stifts in die Stelle derselben getretene fortlaufende Abfindung ebenfalls außerhalb Landes beziehen können — KO. v. 17. Septbr 1815 (GS. S. 198) —.

§ 3. Vom Tage dieses Edikts an dürfen a. keine Anwartschaften ertheilt, keine Novizen aufgenommen, und Niemand in den Besitz einer Stelle gesetzt, b. ohne Unsere Genehmigung keine Veränderung der Substanz vorgenommen, c. keine Kapitalien eingezogen, keine Schulden kontrahirt, oder die Inventarien veräußert, d. keine neue Pachtkontrakte ohne Unsere Genehmigung geschlossen, keine ältere verlängert werden. Alle gegen diese Vorschriften unternommenen Handlungen sind nichtig.

§ 4. Wir werden für hinreichende Belohnung der obersten geistlichen Behörden und mit dem Rathe derselben für reichliche Dotirung der Pfarreien, Schulen, milden Stiftungen und selbst derjenigen Klöster sorgen, welche sich mit der Erziehung der Jugend und der Krankenpflege beschäftigen, und welche durch obige Vorschriften entweder an ihren bisherigen Einnahmen leiden, oder deren durchaus neue Fundirung nöthig erscheinen dürfte.

Ebenso hatte Kaiser Napoleon in den Rheinbundsstaaten durch Dekr. v. 24. April 1809 den deutschen Orden aufgehoben und alle seine Güter den Fürsten, in deren Staaten sie gelegen, zugetheilt, auch war diese Anordnung im Art. 4 des Wiener Friedenstraktates v. 14. Oktober 1809 aufrecht erhalten worden. Die in mediatisirtem Gebiete belegenen Güter sind dadurch nicht Eigenthum der mediatisirten, sondern der souveränen Fürsten geworden — OTrE. v. 25. Septbr. 1847 (Entsch. 16, 422) —. Desgleichen wurden im Königreich Westphalen durch die Dekr. v. 13. Mai 1809, 1. Dezbr. 1810 u. 0. April 1812 (Bulletin des lois de Westphalie 5, 211; 9, 361; 11, 331) die Mönchs- und Nonnenklöster und anderen geistlichen Institute mit alleiniger Ausnahme der für den öffentlichen Unterricht bestimmten aufgehoben und ihre Güter eingezogen. Die Ansprüche der Gläubiger an diese nachmals Preußisch gewordenen Güter mit alleiniger Ausnahme der Ansprüche an die ehemaligen Besitzungen des deutschen und Johanniterordens hat Preußen zu befriedigen übernommen, auch hat sich die preußische Regierung zur Berichtigung der verzinslichen Schulden aufgehobener Klöster und Stifter verpflichtet — KO. v. 31. Januar 1827 (GS. S. 13) —. Die evangelischen Kapitel in Merseburg und Naumburg-Zeitz blieben noch bestehen, sind aber auch ebenso wie das evangelische Domstift in Brandenburg durch die KO. v. 28. Februar 1845, 20. Februar 1846 u. 15. Januar 1847 für geschlossen erklärt, und ihre Einkünfte, sobald dieselben nach Abgang der zeitigen Präbendarien und Anwärter disponibel geworden, der evangelischen Kirche zur Ausstattung von Konsistorien, die von Zeitz zur Versorgung von Emeriten überwiesen worden (Aktst. 4, 12 u. 13). Die Balley Brandenburg des Johanniterordens ist unbeschadet der erfolgten Gütereinziehung durch AE. v. 15. Oktbr. 1852 wiederhergestellt worden, vgl. N. 403; ebenso sind auch die katholischen Domstifter durch die Bulle de salute animarum wiederhergestellt worden, vgl. N. 378.

374. Für die Veräußerung und Verpfändung der eingezogenen geistlichen Güter sollen nicht die Bestimmungen des Ed. v. 6. Novbr. 1809 maaßgebend, sondern es soll dieselbe lediglich von des Königs Willen und Befehl abhängig sein. Die Hypothekenbuch führenden Behörden haben daher diejenigen Verkaufs-, Erbpachts- und Verpfändungsurkunden, welche über eingezogene geistliche Güter von den dazu authorisirten Behörden unter gewöhnlicher Unterschrift und Besiegelung ausgefertigt und mit den allgemeinen gesetzlichen Erfordernissen eintragungsfähiger Dokumente versehen sind, ohne weitere Anfrage für gültig anzunehmen und in die Hypothekenbücher auf Verlangen der Interessenten einzutragen — Decl. u. V. v. 6. Juni 1812 (GS. S. 108) —. Die Befugniß zu diesen Verkäufen und Verpfändungen ist in den Provinzen außerhalb Schlesien den Bezirksregierungen durch KO. v. 30. März 1812 (GS. S. 34) delegirt worden, für Schlesien der Haupt-Säkularisationskommission in Breslau durch KO. v. 16. Januar 1812 (GS. S. 33). Diejenigen eingezogenen geistlichen Güter aber, welche dem Staatseigenthum als Domänen einverleibt worden, gehören auch zu der den Staatsgläubigern zugesagten Spezialgarantie, und sind ihre Einkünfte daher unter den zur Verzinsung und Tilgung der Staatsschulden bestimmten Domänen und Forstrevenüen einbegriffen — KO. v. 17. Juni 1826 § 1 (GS. S. 57) —.

375. Der Rechtsweg ist über die Herausgabe säkularisirter geistlicher Stiftungsgüter oder Kapitalien nicht gestattet, weil die Säkularisation Ausfluß des Majestätsrechts ist, und ein solcher Souveränitätsakt, gleichviel ob er als Gesetz publicirt worden oder nicht, in keiner Hinsicht der richterlichen Beurtheilung unterstellt werden darf — KGE. v. 11. Februar 1854 (JMBl. S. 238) u. v. 3. Januar 1857 (JMBl. S. 231), OTrE. v. 25. Septbr. 1847 (Entsch. 16, 430) —. Dagegen ist der Rechtsweg gestattet, wenn gegen den Fiskus, der eine ihm auf Grund der Säkularisation obliegende Verpflichtung angeblich nicht erfüllt hat, aus der nützlichen Verwendung geklagt wird — KGE. v. 7. Mai und

Begriff und Grundsätze.

§ 939. Unter geistlichen Gesellschaften, deren Mitglieder sich mit andern Religionsübungen als der Seelsorge hauptsächlich beschäftigen, werden die vom Staate aufgenommenen Stifte, Klöster und Orden verstanden.

§ 940. Diese haben unter dem Namen der Kapitel und Konvente mit andern Korporationen im Staate gleiche Rechte. (Tit. 6.)

§ 941. Sie stehen unter der Direktion ihrer besondern Vorgesetzten, welche nach Verschiedenheit der Verfassung entweder von den Mitgliedern gewählt oder von einem Dritten bestellt werden.

Geistliche Verrichtungen.

§ 942. Sie sind in ihren geistlichen Beschäftigungen der Regel nach der Aufsicht des Bischofs der Diözese unterworfen und müssen, wenn sie davon befreit zu sein behaupten, eine besondere vom Staate genehmigte Exemtion nachweisen.

§ 943. Sie dürfen den Pfarrern in ihren Amtsverrichtungen keine Eingriffe thun und sich auch einzelne, zur Seelsorge gehörige Handlungen ohne besondere Erlaubniß des Bischofs nicht anmaßen.

§ 944. Doch sind sie selbst vom Pfarrzwange ausgenommen und können für sich einen eigenen Gottesdienst unterhalten.

§ 945. Wo einer geistlichen Gesellschaft Parochialrechte über einen gewissen Distrikt verliehen sind, da muß dieselbe die Verwaltung des Pfarramts einem dazu gehörig qualifizirten Subjekte aus ihrem Mittel übertragen.

§ 946. Geistliche Gesellschaften sind berechtigt, ihre Mitglieder durch geistliche Bußübungen zur Erfüllung der Pflichten ihrer Verbindung und zur Vermeidung alles Aergernisses anzuhalten.

§ 947. Körperliche oder Geldstrafen gegen ihre Mitglieder zu verhängen, sind sie nur insoweit berechtigt, als ihnen

---

12. Novbr. 1859 (Sydow, Komp. Konsl. S. 57 Nr. 3), desgleichen wenn es sich um Erfüllung privatrechtlicher Verpflichtungen handelt, die auf säkularisirten Gütern haften — KGE. v. 22. Septbr. 1860 (JMBl. 1861 S. 221) —.

Zu § 945.

376. Der Grundsatz des kanonischen Rechts, daß Stifter, deren Pfarreien inkorporirt sind, für die Bedürfnisse der Seelsorge aufkommen müssen, findet auch auf neufundirte und dabei gleichzeitig mit einer geistlichen Korporation verbundene Parochien Anwendung — OTrE. v. 20. Juni 1856 (Str. Arch. 22, 50) —.

die Befugniß dazu durch besondere Gesetze oder in ihren vom Staate bestätigten Statuten ausdrücklich eingeräumt worden.

Aeußere Rechte in Beziehung auf den Staat.

§ 948. Die Rechte des Staats über solche geistliche Gesellschaften und deren Vermögen sind hauptsächlich nach den von ihm bestätigten Grundverfassungen, nach den vorhandenen Rezessen und Verträgen und nach den die Angelegenheiten derselben betreffenden Friedensschlüssen und andern Traktaten zu beurtheilen.

§ 949. In der Regel kommen dem Staate eben die Rechte über sie zu, wie über die Kirchengesellschaften.

[**§ 950.** Sie genießen gleich diesen in ihren Rechtsangelegenheiten einen privilegirten Gerichtsstand.]

In Ansehung ihres Vermögens.

§ 951. Das ihnen vom Staate zugewendete oder überlassene Vermögen muß zur Aufrechthaltung ihrer geistlichen Anstalten nach der vom Staate gebilligten Verfassung und zum Unterhalte der Mitglieder verwendet werden.

§ 952. Sie sind dabei eben den Einschränkungen unterworfen und genießen eben die Vorrechte wie die Kirchengesellschaften.

§ 953. Doch haben sie in Ansehung ihrer beständig fortlaufenden jährlichen Hebungen auf das den Kirchengesellschaften § 229 verliehene besondere Privilegium keinen Anspruch.

§ 954. Die Verwaltung des gemeinschaftlichen Vermögens kommt dem Kapitel zu, welches zur Besorgung der dabei vorfallenden Einnahmen und Ausgaben Unterbediente zu bestellen berechtigt ist.

Innere Verfassung.

§ 955. Die gemeinschaftlichen Angelegenheiten der geistlichen Korporationen werden in ihren Zusammenkünften oder Kapiteltagen verhandelt.

§ 956. Dem Vorsteher gebührt der Vorsitz und die Direktion in dem Kapitel; er muß aber bei Abfassung der Schlüsse sich nach der Mehrheit der Stimmen richten.

Zu §§ 949—952.

377. Der privilegirte Gerichtsstand ist durch die V. v. 2. Januar 1849 (GS. S. 1) aufgehoben. Vgl. im Uebrigen die §§ 160—235 h. t. u. die N. 96—121. Nach Märkischem Prov. R. sind die Güter der geistlichen Stifter, insbesondere der Domkapitel von der Verjährung nicht ausgenommen, vielmehr der 44jährigen unterworfen — OTrE. v. 6. Mai 1839 (Entsch. 2, 68) —.

Versammlungen.

§ 957. Die Schlüsse selbst müssen nothwendig im versammelten Kapitel abgefaßt werden.

§ 958. Die ordinären Zusammenkünfte oder Kapiteltage sind nach der besondern Einrichtung einer jeden Korporation festgesetzt und zur Verhandlung desjenigen bestimmt, was zur Verwaltung und Konservation der Rechte und innern Verfassung der Korporation gehört.

§ 959. So oft in der Grundverfassung des Stifts etwas geändert werden soll, wird eine außerordentliche Zusammenberufung des Kapitels, die Einwilligung des Bischofs der Diözese und die Genehmigung des Staats erfordert.

§ 960. Eben dieses findet statt, wenn unbewegliche Güter, Kostbarkeiten oder Rechte der Stiftung vertauscht, verpfändet oder veräußert werden sollen.

§ 961. Geistliche Gesellschaften dürfen ohne ausdrückliche Erlaubniß des Staats weder Kapitalien außerhalb Landes verleihen, noch weniger auswärtigen geistlichen Oberen oder Stiftungen etwas von ihrem Vermögen bei einer gleich hohen Geldstrafe zuwenden.

§ 962. Die Verwendung der aus dem Stiftsvermögen den einzelnen Mitgliedern bestimmten Hebungen zu andern Zwecken kann nur in außerordentlichen Zusammenkünften mit einmüthiger Bewilligung sämmtlicher Mitglieder beschlossen werden.

§ 963. Auch die Wahl eines neuen Vorgesetzten, Beamten oder Mitglieds der Korporation kann nur in solchen außerordentlichen Zusammenkünften geschehen.

§ 964. Abwesende Mitglieder des Kapitels oder Konvents müssen zu dergleichen außerordentlichen Versammlungen besonders eingeladen werden.

§ 965. Ist dieses unterlassen worden, so können sie dieser Uebergehung wegen (ob contemtum) auf Vernichtung des von den übrigen Mitgliedern gefaßten Schlusses antragen.

§ 966. Es ist aber genug, wenn die Einladung nur in die gewöhnliche Wohnung oder Kurie solcher abwesenden Mitglieder insinuirt wird.

§ 967. Ein Mitglied des Kapitels, welches persönlich zu erscheinen verhindert ist, kann seine Stimme nur einem andern Mitgliede auftragen.

§ 968. Wer auf gehörige Einladung weder selbst erscheint, noch einen qualificirten Bevollmächtigten bestellt, muß sich dasjenige gefallen lassen, was von den übrigen Mitgliedern beschlossen worden.

§ 969. In gewöhnlichen Angelegenheiten und Zusammenkünften entscheidet die Mehrheit der Stimmen der gegenwärtigen Mitglieder.

§ 970. Inwiefern und bei welchen Geschäften die Mehrheit der Stimmen sämmtlicher Mitglieder oder eine gewisse überwiegende Mehrheit erfordert werde, ist nach der besondern Verfassung einer jeden Korporation bestimmt und wird unten vorkommen.

Rechte des Vorstehers.

§ 971. Ebenso bestimmt die Verfassung einer jeden geistlichen Korporation, was der Vorsteher ohne Rückfrage an das Kapitel zu beschließen und vorzunehmen berechtigt sei.

§ 972. Uebernimmt er außerdem eine Verbindlichkeit ohne Zuziehung des Kapitels, so haftet dieses nur soweit dafür, als etwas aus einem solchen Geschäfte in den Nutzen der Gesellschaft wirklich verwendet worden.

§ 973. Welchen Personen die Verwaltung der Rechte und Obliegenheiten eines abwesenden oder sonst verhinderten, ingleichen eines gänzlich abgegangenen Vorstehers vermöge ihres Amts zukomme, muß nach den besondern Stiftsverfassungen beurtheilt werden.

Rechte des Kapitels bei vakantem Vorsteheramte.

§ 974. Der Regel nach fallen die Rechte des mit Tode abgegangenen Vorstehers an das Kapitel zurück.

§ 975. Das Kapitel kann dieselben entweder selbst ausüben oder deren Verwaltung inzwischen Andern übertragen.

§ 976. Doch ist das Kapitel die an die Person des Vorstehers besonders gebundenen Rechte ohne dringende Nothwendigkeit auszuüben oder an Andere zu übertragen nicht berechtigt.

§ 977. Während der Vakanz darf keine Neuerung in den Angelegenheiten des Stifts vorgenommen werden.

§ 978. Die besondern Einkünfte des Vorstehers müssen während der Vakanz aufbewahrt und seinem Nachfolger übergeben werden.

Wahl und Postulation.

§ 979. Wo die Wahl des Vorgesetzten dem Kapitel oder Konvent zusteht, muß dieselbe innerhalb dreier Monate nach dem Abgange des vorigen bei Verlust des Wahlrechts erfolgen.

§ 980. Der zu wählende Kandidat muß alle zu solchem Amte nach dem kanonischen Rechte und den Statuten des Stifts erforderlichen Eigenschaften besitzen.

§ 981. Wem eine oder die andere derselben mangelt, der kann nur nach vorhergegangener Postulation und erfolgter Dispensation des geistlichen Oberen zu der vakanten Würde gelangen.

§ 982. Das Wahlgeschäft ist der Landesherr durch dazu bestellte Kommissarien zu dirigiren berechtigt.

§ 983. Wo nicht besondere Statuten entgegenstehen, werden die Stimmen von diesen Kommissarien als Skrutatoren gesammelt.

§ 984. Die Stimmen werden mittelst verschlossener Zettel abgegeben.

§ 985. Finden sich nach geendigter Stimmensammlung mehr oder weniger Wahlzettel als wählende Personen sind, so müssen die sämmtlichen Zettel uneröffnet verbrannt, und die Stimmen aufs Neue gesammelt werden.

§ 986. Nach richtig befundenen Wahlzetteln werden dieselben eröffnet, und die Stimmen, so wie sie sich hintereinander finden, in das Wahlprotokoll eingetragen.

§ 987. Nur der ist für regelmäßig gewählt zu achten, welcher wenigstens e i n e Stimme über die Hälfte der Stimmen sämmtlicher Mitglieder des Kapitels oder Konvents für sich hat.

§ 988. Wenn ein Kandidat, welcher nur postulirt werden kann, mit einem völlig Wahlfähigen zusammenkommt, so kann die Postulation des Ersten nur alsdann erfolgen, wenn er mehr als zwei Drittel sämmtlicher Wahlstimmen für sich hat.

§ 989. In dessen Entstehung wird der Wahlfähige vorgezogen, wenn auch nur ein Drittel sämmtlicher Stimmen sich für ihn erklärt hätte.

§ 990. Wenn aber sämmtliche Kandidaten nur postulirt werden können, so muß die Postulation für denjenigen erfolgen, der mehr als die Hälfte der sämmtlichen Wahlstimmen für sich hat.

§ 991. Hat keiner der Kandidaten soviel Stimmen, als nach obigen Vorschriften zu einer gültigen Wahl oder Postulation erfordert werden, so ist der ganze Wahlaktus ohne Wirkung.

Zu § 980 vgl. R. 43.

§ 992. Die Wahl kann auch durch Kompromiß auf ein oder mehrere Mitglieder des Kapitels geschehen.

§ 993. Auch die Errichtung eines solchen Kompromisses muß unter Direktion der landesherrlichen Kommissarien erfolgen.

§ 994. Zu dergleichen Kompromiß ist die Einwilligung sämmtlicher Mitglieder erforderlich.

§ 995. Nur durch gleichmäßige allgemeine Einwilligung kann das Kompromiß, wenn es einmal zu Stande gekommen ist, wieder aufgehoben werden.

§ 996. Diejenigen, auf welche kompromittirt worden, müssen sich nach dem Inhalte des ihnen von dem Kapitel geschehenen Auftrages genau achten.

§ 997. Ist in diesem Auftrage nicht ein Anderes bestimmt, so ist derjenige für gewählt oder postulirt zu achten, welcher die Mehrheit der Stimmen der Kompromissarien für sich hat.

§ 998. Haben die Kompromissarien einen ganz Unwürdigen gewählt, so fällt das Wahlrecht an das Kapitel oder den Konvent zurück.

Kapitulation.

§ 999. Das Kapitel oder der Konvent kann mit dem gewählten oder postulirten Vorsteher eine Kapitulation errichten.

§ 1000. Dadurch können aber klare und entschiedene Rechte des Vorgesetzten nicht geschmälert, noch die Grundverfassungen des Stifts geändert werden.

§ 1001. Auch die Kapitulation, wenn dergleichen errichtet wird, muß dem Landesherrn zur Genehmigung vorgelegt werden.

Konfirmation.

§ 1002. Der Gewählte oder Postulirte muß bei Verlust seines Rechts innerhalb Monatsfrist über die Annahme der ihm zugedachten Würde sich erklären und hiernächst innerhalb dreier Monate die Konfirmation oder Zulassung desjenigen geistlichen Oberen, dem das Stift unmittelbar untergeordnet ist, nachsuchen.

§ 1003. Die einmal geschehene Wahl kann von dem Kapitel niemals, die Postulation aber nur so lange, als sie dem geistlichen Oberen noch nicht angezeigt ist, zurückgenommen werden.

§ 1004. Einem regelmäßig Gewählten, welchem die nach § 980 erforderlichen Eigenschaften nicht ermangeln, darf der geistliche Obere die Konfirmation nicht versagen.

§ 1005. Auch die Postulation muß er zulassen, wenn der Mangel des Erfordernisses denselben des zugedachten Amtes nicht unwürdig oder zur Ausübung der damit verbundenen Pflichten ganz unfähig macht.

§ 1006. Die Zulassung einer Postulation hat mit der Bestätigung einer Wahl gleiche Wirkung.

§ 1007. Wird die Wahl unregelmäßig oder die Postulation unzulässig befunden, so verliert das Kapitel für diesen Fall sein Wahlrecht.

Konsekration.

§ 1008. Der Bestätigte oder Zugelassene gelangt durch die Einweihung zum Besitze seines geistlichen Amtes.

Landesherrliche Approbation.

§ 1009. Es darf aber kein Gewählter oder Postulirter die Bestätigung oder Zulassung der geistlichen Oberen eher nachsuchen, als bis er dazu die Genehmigung des Landesherrn hat.

§ 1010. Vor dem Erfolge dieser Genehmigung soll die Einweihung nicht stattfinden, noch der Gewählte oder Postulirte zur Ausübung der Funktionen seines Vorsteheramtes oder zum Besitze und Genusse der damit verbundenen weltlichen Rechte und Einkünfte gelassen werden.

§ 1011. Wenn der Landesherr aus Gründen des gemeinen Wohls oder der Erhaltung der äußern und innern Ruhe des Staats das präsentirte Subjekt verwirft, so muß eine neue Wahl veranlaßt werden.

§ 1012. In Fällen, wo das Kapitel oder der Konvent wegen seiner schuldbaren Saumseligkeit oder wegen der bei der Wahl oder Postulation vorgefallenen Unregelmäßigkeiten seines Wahlrechts verlustig wird, fällt die Besetzung der Stelle für dieses Mal nach Verschiedenheit der Verfassungen in den Provinzen entweder dem Landesherrn oder den geistlichen Oberen anheim.

§ 1013. Aber auch letztere müssen bei ihrer Ernennung die gesetzlichen Vorschriften wegen der Tüchtigkeit des zu bestellenden Subjekts beobachten und dasselbe dem Landesherrn zur Genehmigung vorschlagen.

§ 1014. Wo es hergebracht ist, daß dem Landesherrn mehrere Subjekte zur Ernennung vorgeschlagen werden müssen, da ist das Kapitel oder der Konvent bei der Auswahl dieser Subjekte die § 979 ff. enthaltenen Vorschriften ebenfalls zu beobachten schuldig.

Von Koadjutoren.

§ 1015. Einem Stiftsvorgesetzten, der durch Alter, Krankheit oder andere Ursachen an gehöriger Verwaltung seines Amts verhindert ist, kann ein Koadjutor bestellt werden.

§ 1016. Die Wahl eines solchen Koadjutors kommt dem Kapitel oder Konvent in sofern zu, als ihm die Wahl des Vorgesetzten selbst gebührt.

§ 1017. Die Gründe zur Bestellung eines Koadjutors müssen von den unmittelbaren geistlichen Oberen des Stifts und von dem Landesherrn geprüft und genehmigt werden.

§ 1018. Es hängt von dem Vorgesetzten ab, in wiefern er sich seines Koadjutors bedienen will, und dieser darf sich wider seinen Willen keine Amtsverrichtungen anmaßen.

§ 1019. Dagegen darf aber auch der Vorgesetzte diejenigen Amtsgeschäfte, die er selbst nicht verrichten kann oder will, einem Andern als seinem Koadjutor nicht auftragen.

§ 1020. Soll der Koadjutor Verrichtungen vornehmen, die bei bloßer Abwesenheit oder temporeller Verhinderung des Vorgesetzten gewissen Mitgliedern des Kapitels vermöge ihres Amtes zukommen, so wird zu deren Uebertragung der Konsens des Kapitels erfordert.

§ 1021. Bei gänzlichem Abgang des Vorgesetzten tritt der ihm zugeordnete Koadjutor sofort an dessen Stelle.

Dreizehnter Abschnitt.

Von katholischen Domstiften und Kapiteln.

Zu Abschn. 13.

378. Die katholischen Domstifte und Kapitel sind in Preußen neu organisirt durch die päpstliche Bulle de salute animarum v. 16. Juli 1821 (GS. S. 114), welche in Betreff der auf die Einrichtung, Ausstattung und Begrenzung der Erzbisthümer und Bisthümer sich beziehenden sachlichen Verfügungen die Königl. Billigung und Sanktion durch KO. v. 23. August 1821 (GS. S. 113) erhalten hat und als bindendes Statut der katholischen Kirche des Staats beobachtet werden soll. In dieser Bulle werden unter Bestätigung der Aufhebung der bischöflichen Kirchen zu Aachen und Korvey und der Abteien Neuzelle und Oliva die erzbischöflichen Kirchen zu Köln und Posen zu Metropolen erhoben. Der Metropole zu Köln sollen die bischöflichen Kirchen von Trier, Münster und Paderborn, der zu Posen die bischöfliche Kirche von Kulm (zu Pelplin) als Suffragane untergeben, und die erzbischöfliche Kirche zu Gnesen mit der zu Posen vereinigt sein. Die bischöflichen Kirchen von Breslau und Ermland bleiben dem päpstlichen Stuhle unmittelbar unterworfen. Die bischöfliche Kirche in Aachen wird in ein Kollegiatstift umgewandelt. Die Erzbischöfe von Prag und Olmütz sowie die Bischöfe von Königingrätz und Leitmeritz behalten auch

ferner ihre bisher im Preußischen gehabte Jurisdiktion. — Die Kapitel der genannten Kirchen sollen bestehen: 1) das zu Köln aus zwei Würden (Probstei und Dechantei), 10 wirklichen, 4 Ehren-Kanonikaten und 8 Vikarien oder Pfründen, 2) das zu Posen aus denselben 2 Würden, 8 wirklichen, 4 Ehren-Kanonikaten und 8 Vikarien, 3) das zu Gnesen aus einer Würde, der propsteilichen, und 6 Kanonikaten, 4) das zu Trier und 5) das zu Paderborn aus 2 Würden, Probstei und Dechantei, 8 wirklichen, 4 Ehren-Kanonikaten und 6 Vikarien, 6) das zu Münster aus denselben 2 Würden, 8 wirklichen, 4 Ehren-Kanonikaten und 8 Vikarien, 7) das zu Kulm aus denselben 2 Würden, 8 wirklichen, 4 Ehren-Kanonikaten und 6 Vikarien, 8) das zu Breslau aus denselben zwei Würden, 10 wirklichen Kanonikaten, deren erstes die Schulpräbende mit sich führt, 6 Ehren-Kanonikaten und 8 Vikarien. Das Kapitel der bischöflichen Kirche von Ermland bleibt in der bisherigen Verfassung. Die Seelsorge über die Pfarrgemeinden soll ein Recht des Kapitels sein, sie soll aber einem eigens dazu bestellten, vom Bischofe nach vorgängiger Prüfung bestätigten Mitgliede anvertraut und von demselben mit Hülfe der Vikarien ausgeübt werden. Auch sollen vom Bischofe 2 Chorherrn für immer mit dem Beichtvateramte und dem Amte eines Gottesgelehrten, der an bestimmten Tagen dem Volke die heilige Schrift erklärt, betraut werden. Die Ehren-Kanonici sollen zur persönlichen Residenz und Abwartung der Chorstunden nicht verpflichtet, aber zur Theilnahme an denselben und allen gottesdienstlichen Verrichtungen berechtigt sein. Alle Würden und Kanonici dürfen die bisher üblich gewesenen Auszeichnungen auch ferner gebrauchen. Die Kapitel dürfen zur Ordnung des Gottesdienstes und der Gebete, zur Verwaltung der geistlichen und zeitlichen Angelegenheiten, zur Einziehung und Vertheilung der Hebungen und Nutzungen, zur Anordnung von Strafen wider Säumige &c. Beschlüsse und Ordnungen ehrbaren und erlaubten Inhalts, die den heiligen Kanones, den apostolischen Verordnungen und den Tridentinischen Koncilienschlüssen nicht widersprechen, unter Vorsitz ihrer Ordinarien erlassen, auslegen und abändern. Wer zu den Würden und Kanonikaten gelangen will, muß die höhere Weihe empfangen, mindestens 5 Jahre lang in dem Haupt- oder Hülfsseelsorgeramte oder in dem Lehramte der Theologie und des kanonischen Rechts oder in eines preußischen Bischofs Verwaltung gestanden und der Kirche mit Nutzen gedient oder die höchste gelehrte Würde in der Theologie oder in dem kanonischen Rechte gehörig erworben haben. Auf Stand und Geburt kommt nichts an. In Münster und Breslau soll stets ein Kanonikat einem mit den kanonischen Erfordernissen versehenen Universitätslehrer verliehen, auch sollen der jedesmalige Probst der Berliner Pfarrkirche der heil. Hedwig und der jedesmalige Landdechant der Grafschaft Glatz den Ehren-Kanonicis der Kirche zu Breslau zugezählt werden. Die Ehrenkanonici müssen stets Erzpriester gewesen sein. Verliehen werden, auch bei der Kirche zu Aachen, die Probstei und die in den Monaten Januar, März, Mai, Juli, September, November zur Erledigung kommenden Kanonikate vom Papste, die Dechantei und übrigen Kanonikate, sowie die Vikareien vom Bischof. Die Kapitel wählen überall selbst ihre Bischöfe innerhalb 3 Monaten nach der Erledigung aus der gesammten Geistlichkeit des preußischen Reichs. Ueber jede solche Wahl ist eine in beglaubigter Form abgefaßte Urkunde an den päpstlichen Stuhl zur Bestätigung einzusenden. Auch soll in jeder erzbischöflichen oder bischöflichen Stadt ein geistliches Seminar zur Unterhaltung, Unterrichtung und Ausbildung der Kleriker eingerichtet werden. — Der Sprengel der Kirche von Köln umfaßt 680 Pfarreien nebst den in Preußen belegenen Hülfspfarreien und Nebenkirchen, die Regierungsbezirke Köln, Aachen, Düsseldorf, der der Kirche von Trier 634 Pfarreien, die Reg.-Bezirke Trier und Koblenz, auch 132 Kantonal- und Hülfskirchen, früher zum Bisthum Metz gehörig, sowie die rechtsrheinischen ehemals Trierschen, dann dem Vikar in Ehrenbreitstein untergeben gewesenen und die in den angrenzenden Koburgschen, Homburgschen und Oldenburgschen belegenen Pfarreien. Den Sprengel der bischöflichen Kirche zu Münster bilden die in Preußen belegenen 287 Pfarreien und einige außerpreußische, ferner von der Kölner Diöcese die Regionen Recklinghausen, Stierstadt und Mems, die 12 preußischen rechtsrheinischen Pfarreien der früheren Diöcese Aachen, die 9 preußischen, früher zur Diöcese Osnabrück, der holländischen und nordischen Mission gehörig gewesenen Pfarreien. Der Sprengel der bischöflichen Kirche zu Paderborn behält seinen bisherigen Umfang und erhält dazu der

Bestimmung der Kapitel.

§ 1022. Domkapitel sind geistliche Korporationen, deren Mitglieder zur Abwartung des feierlichen Gottesdienstes in der Hauptkirche der Diöcese bestimmt und dem Bischofe in wichtigen Angelegenheiten des Bisthums und der Diöcese zur Seite gesetzt sind.

Sprengel des aufgehobenen Bisthums Korvey, ferner von der Erzdiöcese Köln die Dekanate Meschede, Attendorn, Brilon, Wormbach, Medebach, Wattenscheid mit ihren Pfarreien und Tochterkirchen und die Pfarrei Eppe im Fürstenthum Waldeck, ferner von der Diöcese Osnabrück das Kommissariat Haaren und die Dekanate Rietberg und Wiedenbrück mit ihren Pfarreien und Tochterkirchen, sodann von der Diöcese Mainz die Pfarreien Siegen und Obernepfften, die Stadt Heiligenstadt mit ihrem Dekanate und den Dekanaten Beuren, Bischofbrode, Kirchworben, Kühlstädt, Langenfelde, Neuendorf, Nordhausen, Rustenfelde, Wiesenfelde mit ihren Pfarreien und Tochterkirchen, die Stadt Erfurt mit den drei vorstädtischen Pfarreien und die Pfarreien des Großherzogthums Weimar, endlich von der nordischen Mission die Pfarrei Minden und die 17 Pfarreien im Halberstädtischen und Magdeburgischen. Die Sprengel der vereinigten erzbischöflichen Kirchen zu Posen und Gnesen bleiben wie sie bisher gewesen, nur gehen die Dekanate Schlochau, Tuchel und Kamin ab, und kommen von der Diöcese Wreclawek die Dekanate Kruswitz, Gniewkowo, Inowraclaw, von der Diöcese Breslau die Dekanate Ostrzeßow und Kempen hinzu. Der Sprengel der bischöflichen Kirche zu Kulm erhält die sämmtlichen westpreußischen Dekanate und das pommersche Dekanat Lauenburg mit Ausnahme der Dekanate Fürstenwerder, Neuteich, Marienburg, Stuhm, Christburg, zusammen 215 Pfarreien. Den Sprengel der bischöflichen Kirche zu Breslau bildet deren dermaliges Gebiet mit Ausnahme der Dekanate Ostrzeßow und Kempen, ferner vom Bisthum Krakau die Dekanate Beuthen und Pleß, die 6 lausitzer Pfarreien, zusammen 621 Pfarreien, außerdem seine österreichischen Pfarreien und von der nordischen Mission die 6 märkischen und pommerschen Pfarreien. Den Sprengel der bischöflichen Kirche von Ermland bildet ihr dermaliges Gebiet nebst den von Kulm abgetrennten Dekanaten Fürstenwerder, Neuteich, Marienburg, Stuhm, Christburg. Alle auf die abgetrennten und anderweitig einverleibten Kirchensprengel, Pfarreien und Orte sich beziehenden Beweisthümer sollen aus den alten Kanzleien ausgezogen und an die Kanzleien der Bisthümer, dahin die Einverleibung geschehen, abgeliefert werden. Wegen des großen Umfangs der Kirchensprengel soll die weihbischöfliche Würde, wo sie bisher bestanden, beibehalten und in den Sprengeln von Köln und Trier neu eingeführt werden. Das Kollegiatstift zu Aachen soll bestehen aus der einzigen vom Papste zu verleihenden Würde des Probstes und aus 6 abwechselnd vom Papste und dem Erzbischofe von Köln zu verleihenden Kanonikaten. Diese Kapitulare dürfen violettseidene Großtalare tragen, mit seidenen Schnüren aufgeschürzt, und im Winter Hermelinfell, im Sommer Mozetten über die Chorhemden. Auch dürfen sie wie die Domkapitel eigene Satzungen aufrichten. Zur Ausstattung der gedachten Kirchensprengel sollen soviel Grundzinsen auf die namentlich dazu angewiesenen Staatswaldungen aufgelegt werden, als auszustattende Sprengel da sind, und zu solchem Betrage, daß die davon jährlich zu erhebenden reinen, von jeglicher Belästigung freien Einkünfte zur vollständigen oder ergänzenden Ausstattung der Sprengel hinreichen, und durch sie die ausgesetzten Gehälter rc. gedeckt werden. Auch soll das Eigenthum jener Grundzinsen durch Allerhöchst vollzogene Urkunden einer jeden Kirche übertragen werden. Die jährlichen Einkünfte sollen betragen für die Erzbischöfe von Köln und von Posen-Gnesen je 12,000 Thlr., für die Bischöfe von Trier, Münster, Paderborn, Kulm je 8000 Thlr., für den Bischof von Breslau 12,000 Thlr., für den Bischof von Ermland nichts, da dieser Stuhl eigene Güter und festes Einkommen besitzt. Bei den Kapiteln sollen erhalten: der Probst und Dechant in Köln und in Breslau je 2000 Thlr., der Probst und Dechant in Posen und in Münster je 1800 Thlr., der Probst und Dechant in Trier und in Paderborn je 1400 Thlr., der Probst und

Rechte derselben als für sich bestehender Korporationen.

§ 1023. Nur diejenigen sind als Mitglieder dieses Kollegii zu betrachten, welche bei dem Stifte eine Pfründe oder ein Kanonikat besitzen.

§ 1024. Der Bischof hat also darin weder Sitz noch Stimme, als insofern er zugleich mit einem Kanonikat bei dem Stifte versehen ist.

§ 1025. Alle gemeinschaftlichen Rechte des Stifts werden also mit Ausschluß des Bischofs durch das Kapitel allein ausgeübt.

§ 1026. Insonderheit gebührt dem Kapitel die alleinige Verwaltung des Stiftsvermögens.

§ 1027. Das Kapitel steht in diesen gemeinschaftlichen Angelegenheiten unter der Direktion des Dechanten.

Dechant in Kulm je 1200 Thlr., die zwei ältesten Kanonici in Köln, Posen, Münster je 1200 Thlr., in Trier und Paderborn 1000 Thlr., der älteste Kanonikus in Breslau 1500 Thlr., in Kulm 1000 Thlr., die beiden nächstfolgenden in Breslau 1100 Thlr., der zweite in Kulm, der dritte und vierte in Trier und Paderborn je 900 Thlr., der 3. bis 8. in Köln, der 3. bis 6. in Posen und Münster, der 4. bis 10. in Breslau je 1000 Thlr., die beiden jüngsten Kanonici in Köln, Posen, Münster, der 5. bis 8. in Trier und Paderborn, der 3. bis 8. in Kulm je 800 Thlr., jeder Ehren-Kanonikus in Köln, Posen, Trier, Paderborn, Münster, Kulm, Breslau 100 Thlr., jeder Vikar oder Pfründner bei diesen Kirchen 200 Thlr. jährlich. Die Kapitularen in Gnesen und Aachen beziehen ihre bisherigen Einkünfte, die Ausstattung des Domkapitels in Ermland bleibt unverändert. Für die Seminarien wird eine Ausstattung vom Könige bewilligt werden. Für anständige Wohnungen der Erzbischöfe, Bischöfe, Kapitularen und Gelasse für die Kanzleien und Archive soll gesorgt werden, desgleichen für angemessene Ausstattung der Weihbischöfe und General-Vikare. Zur baulichen Unterhaltung der Metropolitan- und Kathedralkirchen sowie der ehemaligen Kathedralkirchen in Korvey und Aachen, wie auch Behufs des Aufwandes für den Gottesdienst und die Kirchenbedienten sollen die dazu gewidmeten Güter und Einkünfte erhalten bleiben, für außerordentliche Nothfälle wird auf Staatshülfe gehofft. Die Priester-, Emeriten- und Korrektionshäuser bleiben bestehen, auch sollen solche, wo sie noch nicht vorhanden, eingerichtet, und für die Ausstattung aller gesorgt werden. Das bei den Domkirchen zu Aachen und Korvey entbehrlich gewordene heilige Geräthe soll für die Metropolitankirche zu Köln, eventuell andere preußische Kirchen verwendet werden. In den Büchern der apostolischen Kammer sollen die Kirchen zu Köln und Gnesen-Posen mit je 1000, die zu Breslau mit 1100⅓, die von Trier, Münster, Paderborn, Kulm und Ermland mit je 666⅔ Goldgulden des Kammersatzes Einkommen in Zukunft geschätzt sein. Zur Ausführung dieser Bulle ist der Bischof von Ermland berufen und beauftragt worden. Er hat alle hierauf bezüglichen Verhandlungen innerhalb 4 Monaten nach vollbrachter Vollziehung in beglaubigter Abschrift an den apostolischen Stuhl zur Aufbewahrung in dessen Archiven einzusenden. Die in dieser Bulle getroffenen Anordnungen dürfen unter keinem Vorwande angefochten, noch darf dagegen Wiedereinsetzung in den vorigen Stand gefordert, auch sollen sie unverbrüchlich stets aufrecht erhalten werden. Desgleichen sind alle dem Inhalte der Bulle entgegenstehenden Privilegien, Statuten, Gewohnheiten, Indulte, Klauseln &c. für immer aufgehoben.

379. Die Bulle de salute animarum ist ein Staatsvertrag, sie stellt nur die Grundsätze auf in Betreff der Einrichtung und Dotirung der neu zu gründenden oder zu organisirenden Bisthümer, Kapitel &c., behält aber die Aus-

§ 1028. Die übrigen Würden und Aemter im Kapitel sind nebst ihren Rechten und Obliegenheiten nach den besonderen Verfassungen eines jeden Stifts bestimmt.

§ 1029. Das Kapitel ist zur Vertheidigung seiner Rechte einen Syndikum und andere Unterbediente zur Besorgung seiner Vermögensangelegenheiten ohne Zuziehung des Bischofs zu bestellen berechtigt.

Verhältniß gegen den Bischof.

§ 1030. Das Kapitel ist dem Bischofe subordinirt, welcher berechtigt ist, Visitationen bei dem Kapitel vorzunehmen und die dabei vorgefundenen Mißbräuche abzustellen.

§ 1031 Der Bischof soll in allen wichtigen Angelegenheiten des Bisthums und der Diöcese das Domkapitel mit seinem Rathe und Gutachten vernehmen.

§ 1032. Die Einwilligung des Domkapitels ist nothwendig, wenn unbewegliche Güter oder Gerechtigkeiten des Bisthums oder einer Kirche in der Diöcese verpfändet oder veräußert, Pfarren und Pfründen, die zur gemeinschaftlichen Kollatur des Bischofs und Kapitels stehen, vergeben, und Kirchen oder Pfründen zusammengeschlagen und aufgehoben werden sollen.

---

führung weiterer Verständigung der kontrahirenden Theile vor. Sie begründet daher nur völkerrechtliche Verbindlichkeiten zwischen den beiden kontrahirenden Mächten, der Krone Preußen und dem Papste, giebt aber keinem einzelnen Institute der katholischen Landeskirche ein jus quaesitum auf irgend eine Leistung des Staats und gewährt auch den auszustattenden kirchlichen Instituten kein Klagerecht gegen den Staat. Der Rechtsweg über derartige Ansprüche ist mithin ausgeschlossen — OTrE. v. 11. März 1850, Präj. 2186 (Entsch. 19, 409) —. In dem E. v. 11. März 1848 (JMBl. S. 184) hatte der Gerichtshof zur Entscheidung der Kompetenzkonflikte den Rechtsweg für zulässig erklärt, weil derartige Ansprüche privatrechtlicher Natur seien; dies ist unrichtig.

Zu § 1029.

380. Die Rechte und Pflichten der Beamten und des Syndikus sind nach ihren Bestallungen und Amtsinstruktionen, übrigens aber nach der Lehre von Vollmachtsaufträgen zu beurtheilen — § 151 II, 6 ALR. —. Der Syndikus ist nicht berechtigt, ohne Genehmigung des Kapitels Klagen in dessen Namen anzustellen oder sich auf angestellte einzulassen — § 152 a. a. O. —. Die Vermögensverwalter sind nicht befugt, Grundstücke, Gerechtigkeiten und Kapitalien des Stiftsvermögens zu veräußern oder auf irgend eine Art zu belasten — § 153 a. a. O. —. Aus den von ihnen geschlossenen Verträgen wird das Stift nicht verhaftet; es muß aber, wenn daraus etwas in seinen Nutzen verwendet ist, dem andern Kontrahenten nach allgemeinen gesetzlichen Vorschriften gerecht werden; auch muß es die Handlungen und Verträge der Beamten soweit vertreten, als diese nach der Natur des Auftrags denselben ohne deren Vornahme nicht würden ausführen können — § 154 bis 156 a. a. O. —. Ist die Bestellung der Beamten nicht auf eine gewisse Zeit erfolgt, so wird angenommen, daß sie auf Lebenszeit bestellt sind — § 170 a. a. O. —. Eine Absetzung der Beamten ist dem Kapitel nicht gestattet, es darf nur etwaige Absetzungsgründe dem Staate zur Untersuchung anzeigen, der allein das Recht hat, die Beamten aus denselben Gründen wie die Staatsbeamten abzusetzen oder zu entlassen, doch darf das Kapitel in solchen Fällen Beamte vom Amte suspendiren —

§ 1033. In welchen Fällen es außerdem zur Gültigkeit einer von dem Bischofe vorgenommenen Handlung der Einwilligung des Domkapitels bedürfe, ist nach der besonderen Verfassung einer jeden Diöcese bestimmt.

§ 1034. Zur anderweitigen Verleihung von Lehen und Erbzinsgütern, die sich an das Bisthum eröffnen, ist die Einwilligung des Kapitels in der Regel nicht erforderlich.

§ 1035. In gemeinschaftlichen Angelegenheiten des Bischofs und Kapitels geschieht die Zusammenberufung von Seiten des erstern, und ihm gebührt alsdann die Direktion der Berathschlagung.

§ 1036. Der Regel nach wird die Versammlung in der Kapitelstube gehalten.

§ 1037. In allen Fällen, wo zu einem Geschäfte die Einwilligung des Kapitels nothwendig ist, hat der Bischof für sich eine, und das Kapitel zusammengenommen die zweite Stimme.

§ 1038. Es kann also nichts beschlossen werden, als worin der Bischof von einer, und die Mehrheit der Stimmen des Domkapitels von der andern Seite willigen.

§ 1039. Insofern der Bischof zugleich Kanonikus ist, muß seine Stimme auch unter den Stimmen der Mitglieder des Kapitels mitgezählt werden.

§ 1040. Das Kapitel kann in Angelegenheiten des Bisthums und der Diöcese ohne den Bischof oder gegen desselben Gutbefinden auch durch einhelligen Beschluß nichts entscheiden.

Rechte des Kapitels während der Vakanz des Bisthums.

§ 1041. Wenn der bischöfliche Stuhl entweder gänzlich oder auf eine Zeit lang erledigt, oder dessen Wiederbesetzung ohne die Schuld des Kapitels verzögert wird, so kommt die Verwaltung der bischöflichen Rechte dem Domkapitel zu.

§ 1042. Dieses muß dabei Alles beobachten, was § 974 ff. bei der Vakanz eines geistlichen Vorstehers überhaupt vorgeschrieben ist.

§ 1043. Die Verwaltung der geistlichen Angelegenheiten

---

§ 171—174 a. a. O. —. Auch die Beamten dürfen ihr Amt nicht einseitig niederlegen, bevor nicht die Wiederbesetzung erfolgt ist, zu der das Kapitel durch den Staat bei Verlust des Rechts der diesmaligen Besetzung auf Verlangen des Beamten angehalten werden kann — § 175, 176 a. a. O. —. Der Syndikus ist hiernach mittelbarer Staatsbeamter und nur in den Formen und nach den Vorschriften des G. v. 21. Juli 1852 über das Disciplinarverfahren gegen nicht richterliche Beamten (GS. S. 465) vom Amte zu entfernen — OTrE. v. 17. Oktbr. 1860 (Entsch. 44, 194) —.

des Bisthums kann das Kapitel einem Vikarius auftragen; wenn aber dergleichen Vikarius von dem abgegangenen Bischofe schon bestellt worden, so muß das Kapitel denselben bestätigen.

§ 1044. Funktionen, die mit der Person und Würde des Bischofs untrennbar verknüpft sind, kann weder das Kapitel, noch der von ihm gesetzte Vikarius ausüben.

[§ 1045. Zur Verwaltung der weltlichen Gerichtsbarkeit, insofern dergleichen mit dem Bisthume verbunden ist, muß ein Offizial bestellt oder der von dem Bischofe geordnete bestätigt werden.]

§ 1046. Rechte, welche nach den Gesetzen und Verfassungen für den Bischof und das Kapitel gemeinschaftlich gehören, können während der Vakanz von dem Kapitel allein nur in dringenden Nothfällen ausgeübt werden.

§ 1047. Eigene Angelegenheiten des Kapitels, zu deren Rechtsbeständigkeit die Einwilligung des Bischofs nothwendig ist, müssen der Regel nach während der Vakanz ausgesetzt bleiben.

§ 1048. Pfründen, welche zur alleinigen Verleihung des Bischofs stehen, können von dem Kapitel während einer gänzlichen Vakanz nicht vergeben werden, sondern es muß deren Besetzung dem neuen Bischofe aufbewahrt werden.

§ 1049. Wird aber die Wiederbesetzung des bischöflichen Stuhles ohne Schuld des Domkapitels verhindert, so kann letzteres über dergleichen Pfründen insofern verfügen, als das Wohl der Kirche deren baldige Verleihung erfordert.

§ 1050. Zum Besten des Bisthums kann das Domkapitel während einer Vakanz Verträge schließen, welche zur Konservation der Gerechtsame desselben nothwendig sind.

Wahl des Bischofs.

§ 1051. Wo die Ernennung des Bischofs dem Landesherrn nicht vorbehalten ist, da kommt die Wahl desselben dem Domkapitel zu.

§ 1052. Dieses muß dabei Alles beobachten, was im vorigen Abschnitte von der Wahl eines Stiftsoberen verordnet ist.

Zu § 1045.

381. Die geistliche Gerichtsbarkeit in allen weltlichen Angelegenheiten, namentlich auch in Prozessen über die civilrechtliche Trennung, Ungültigkeit oder Nichtigkeit einer Ehe, ist aufgehoben; alle solche Rechtsangelegenheiten gehören vor die ordentlichen Gerichte — § 1 V. v. 2. Januar 1849 (GS. S. 1) —.

Zu § 1051.

382. Die Wahl des Bischofs steht jetzt überall in Preußen den Domkapiteln zu nach den Vorschriften der Bulle de salute animarum, vgl. N. 378.

§ 1053. Ein Gleiches findet statt, wenn dem Bischofe ein Koadjutor bestellt werden soll.

Vierzehnter Abschnitt.

Von Kollegiatstiften.

§ 1054. Geistliche Korporationen, die bei einer andern als der Hauptkirche der Diöcese zur feierlichen Begehung des Gottesdienstes verordnet sind, werden Kollegiatstifte genannt.

§ 1055. Sie unterscheiden sich von den Domstiften nur darin, daß ihre Mitglieder an den Angelegenheiten des Bisthums und der Diöcese keinen Theil nehmen.

§ 1056. Die dem weiblichen Geschlechte gewidmeten weltgeistlichen Stifte haben mit den Kollegiatstiften gleiche Rechte.

Fünfzehnter Abschnitt.

Von Klostergesellschaften.

Begriff.

§ 1057. Klostergesellschaften sind geistliche Korporationen, deren Mitglieder zu gemeinschaftlichem Leben und gemeinschaftlicher Religionsübung nach gewissen von der Kirche bestätigten Regeln durch feierliche Gelübde sich verpflichtet haben.

Geistliche Obere.

§ 1058. Den einzelnen Klostergesellschaften sind eigene Obere unter dem Namen der Aebte, Prioren, Pröbste, Guardiane, oder Rektoren vorgesetzt.

§ 1059. Alle Klostergesellschaften einer Provinz, welche zu einerlei Ordensregel sich bekennen, stehen unter dem Provinzial, und sämmtlichen Provinzen ist der General des Ordens vorgesetzt.

Zu § 1054.

383. In Preußen existirt nur das einzige Kollegiatstift in Aachen gemäß der Bulle de salute animarum, vgl. N. 378.

Zu § 1057.

384. Ueber die Aufhebung der Klöster vgl. N. 372, 373 Nur durch die Genehmigung des Staats erhält eine Klostergesellschaft gemäß § 939 h. t. Korporationsrechte. Dadurch allein, daß eine Anstalt oder Stiftung zur Erziehung und zum Unterrichte der Jugend, sowie zur Pflege alter, schwächlicher Personen unter die Leitung einer geistlichen Gesellschaft gestellt ist, erhält sie noch nicht den Charakter eines Klosters, und verlieren ihre Mitglieder, selbst wenn sie die Klostergelübde abgelegt haben, noch nicht die Disposition über ihr Vermögen. In dieser Beziehung hat auch die Verfassungsurkunde nichts geändert — OTrE. v. 27. Novbr. 1860 (Str. Arch. 39, 231) —.

§ 1060. Diese Ordensoberen dürfen den Bischöfen der Diöcese in ihre Gerechtsame nicht eingreifen.

§ 1061. Wenn sie außerhalb Landes wohnen, so gilt von ihnen alles das, was von auswärtigen Oberen der Kirchengesellschaften verordnet ist. (§ 135 ff.)

[**§ 1062.** Auch da, wo die Besetzung der vakanten Stelle eines Klosteroberen von einem höhern Ordensoberen abhängt, muß über das von diesem ausgewählte Subjekt vor dessen Einsetzung und Annahme die Approbation des Staats eingeholt werden.]

§ 1063. Visitationen bei inländischen Klöstern dürfen auswärtige Ordensobere ohne ausdrückliche Erlaubniß des Staats nicht vornehmen.

Kapitel und Konvente.

§ 1064. Ob und in welchen Angelegenheiten dem Klosteroberen ein Kapitel oder Konvent an die Seite gesetzt sei, ist durch die Regeln eines jeden Ordens bestimmt.

§ 1065. Nur wirkliche Klostergeistliche, nicht aber bloße Laienbrüder haben in dem Kapitel oder Konvent Sitz und Stimme.

Klosterzucht.

§ 1066. Die Klosteroberen müssen die ihnen zukommende Klosterzucht nach den §§ 946, 947 vorgeschriebenen Gesetzen ausüben und machen sich durch deren Uebertretung dem Staate verantwortlich.

§ 1067. Klosterobere, welche diesen Vorschriften zuwider handeln, haben vom Staate eben die Strafen zu erwarten, welche gegen eigenmächtige Privatgewalt im Kriminalrechte verordnet sind.

Aufnahme und Versetzung der Mitglieder.

§ 1068. Ohne Vorwissen und Genehmigung des Staats dürfen sie keine Mitglieder außerhalb Landes verschicken oder in auswärtige Klöster versetzen oder auswärtige Mitglieder in inländische Klöster aufnehmen.

§ 1069. Klosterobere, welche diesem zuwider handeln,

Zu § 1062.

385. Die Bestimmung des § 1062 ist durch Art. 15 u. 16 Verf. Urk. v. 31. Januar 1850 (GS. S. 17), wie in dem CRdMdgA. v. 6. Januar 1849 Nr. 3 (BMBl. S. 265) anerkannt worden, für aufgehoben zu erachten, vgl. N. 21.

Zu §§ 1063 u. 1068.

386. Die staatliche Erlaubniß und Genehmigung hat nach § 2 Nr. 6 Gesch. Instr. v. 31. Dezbr. 1825 (GS. 1826 S. 1) der Oberpräsident zu ertheilen.

sollen in ihrem Amte nicht ferner geduldet und noch außerdem verhältnißmäßig bestraft, auch zur Zurückschaffung des aus dem Lande gebrachten Mitgliedes durch rechtliche Zwangsmittel angehalten werden.

Sechszehnter Abschnitt.

Von geistlichen Ritterorden.

[§ 1070. Der Deutsche und der Malteser- oder Johanniterorden genießen bei ihren außerhalb der Königlichen Staaten zu betreibenden Geschäften oder Angelegenheiten die Rechte der geistlichen Korporationen.]

[§ 1071. Die innern Verfassungen der Kapitel dieser Orden, sowie die Rechte und Pflichten ihrer Obern und Beamten müssen in vorkommenden Fällen lediglich nach den Statuten des Ordens beurtheilt werden.]

[§ 1072. Die Versammlungen der zur Abwartung des Gottesdienstes bei den Ordenskirchen bestimmten Mitglieder der geistlichen Ritterorden sind den Klostergesellschaften gleich zu achten.]

Siebenzehnter Abschnitt.

Von weltgeistlichen Kanonicis.

Was Kanonici sind.

§ 1073. Die Mitglieder der Dom- und Kollegiatstifte führen beide den Namen Kanonici.

Klassen derselben.

§ 1074. Nur diejenigen Kanonici, welche innerhalb der bei jedem Stifte nach der Fundation bestimmten Anzahl aufgenommen sind, haben Sitz und Stimme im Kapitel und werden bei Kathedralstiften Domkapitularen genannt.

[§ 1075. Diejenigen, welche nach der Observanz eines Stifts über die ursprüngliche Zahl angesetzt werden, heißen mindere Kanonici, oder bei Domstiften Domicellare.]

Die §§ 1070—1072 sind in Folge der Aufhebung der geistlichen Ritterorden antiquirt, vgl. R. 372, 373.

Zu § 1075.

387. Nach der Bulle de salute animarum giebt es keine minderen Kanonici oder Domicellaren mehr, und ist daher § 1075 antiquirt. Dagegen hat diese Bulle Ehrenkanonici eingeführt, welche zur persönlichen Residenz und Abwartung des Chor-

§ 1076. Sogenannte regulirte Kanonici sind nach den Vorschriften des folgenden Abschnitts zu beurtheilen.

Erfordernisse eines Kanonici.

§ 1077. Wer bei einem Stifte Kanonikus werden will, muß derjenigen Religionspartei, zu welcher das Stift selbst gehört, zugethan sein.

[**§ 1078.** Bei vermischten Stiften muß in den zum deutschen Reiche gehörenden Provinzen der Besitzstand des ersten Januars des Jahres 1624 beobachtet werden.]

§ 1079. Das Alter, welches erforderlich ist, wenn Jemand befugt sein soll, um ein Kanonikat sich zu bewerben, Sitz und Stimme im Kapitel zu verlangen und auf die höheren Würden im Stifte Anspruch zu machen, muß hauptsächlich nach den Statuten und wohlhergebrachten Gewohnheiten eines jeden Stifts beurtheilt werden.

[**§ 1080.** Der Regel nach kann nur derjenige, welcher das vierzehnte Jahr zurückgelegt hat, um ein Kanonikat sich bewerben.]

§ 1081. Ebenso kann in der Regel Niemand, welcher das zwei und zwanzigste Jahr noch nicht zurückgelegt hat, Sitz und Stimme im Kapitel haben.

§ 1082. Zur Bekleidung höherer Würden im Stifte wird ein Alter von fünf und zwanzig und zum Bisthume von dreißig Jahren erfordert.

[**§ 1083.** Wer Kanonikus werden will, muß wenigstens die erste Tonsur erhalten haben.]

§ 1084. Sitz und Stimme im Kapitel kann nur der erlangen, welcher zum Subdiakonate geweiht ist, und drei Jahre hindurch den Studien auf hohen Schulen obgelegen hat.

---

dienstes nicht verpflichtet, aber zur Theilnahme an den gottesdienstlichen Verpflichtungen berechtigt sind und bei der Bischofswahl ein Stimmrecht haben. Vgl. N. 378.

§ 1078 ist antiquirt, weil es nach der Bulle de salute animarum keine gemischten Stifte mehr giebt. Vgl. N. 378.

Zu §§ 1080, 1083—1086.

388. Die Bulle de sal. anim. bestimmt unter Aufhebung aller entgegenstehenden Statuten und Observanzen, daß, wer zu einem Kanonikate in preußischen Dom- und Kollegiatstiften gelangen will, die höheren Weihen empfangen, mindestens 5 Jahre lang in einem Haupt- oder Hülfsseelsorgeramte oder in dem Lehramte der Gottesgelahrtheit und des kanonischen Rechts oder in eines preußischen Bischofs Verwaltung gestanden und der Kirche mit Nutzen gedient, oder die höchste Würde in der Gottesgelahrtheit oder in dem kanonischen Rechte gehörig erworben habe. Auf Stand und Geburt soll nichts mehr ankommen. Die Ehrenkanonici müssen stets Erzpriester gewesen sein. Vgl. N. 378. Danach sind die §§ 1080, 1083 u. 1086 antiquirt.

§ 1085. Zu höheren Würden im Kapitel ist derjenige Ordensgrad erforderlich, den die damit verbundenen geistlichen Verrichtungen voraussetzen.

[**§ 1086.** Wo nach den Statuten des Stifts adlige Herkunft zur Aufnahme erfordert wird, muß dieselbe gehörig nachgewiesen (Tit. 9 §§ 17—20), und ein darüber entstandener Streit vor dem weltlichen Richter entschieden werden.]

Verleihung der Kanonikate.

[**§ 1087.** Wem die Verleihung der Kanonikate gebühre, bestimmen die Statuten und Gewohnheiten eines jeden Stifts.]

§ 1088. Wo die Verleihung zwischen dem Kapitel und dem Landesherrn oder dem geistlichen Oberen nach Monaten abwechselt, wird der Ablauf des Monats auf die Mitternachtsstunde des letzten Tages festgesetzt.

[**§ 1089.** Die Wahl des Kapitels geschieht durch die Mehrheit der Stimmen sämmtlicher Kapitularen mit Ausschluß des Bischofs.]

[**§ 1090.** Wo es hergebracht ist, daß gewisse Präbenden nach einer festgesetzten Ordnung oder Reihe von einzelnen Kanonicis vergeben werden, da übt derjenige, an welchem die Reihe steht, nur ein Recht des Kapitels aus.]

[**§ 1091.** In der Regel kann also derjenige, welcher zur Zeit der Erledigung noch nicht Sitz und Stimme im Kapitel hatte, auf dieses Recht keinen Anspruch machen.]

[**§ 1092.** Wo die Reihe mit jedem Monate abwechselt, geht das Verleihungsrecht mit Ablauf jedes Monats sofort an den folgenden über.]

Devolutionsrecht.

[**§ 1093.** Wenn aber das Kapitel oder die einzelnen Kanonici, welche an die Reihe kommen, mit Verleihung der Präbende über sechs Monate zögern, so fällt das Recht dazu dem Bischofe anheim.]

Zu §§ 1087, 1089 – 1093, 1110 – 1114.

389. Die Bulle de sal. anim. bestimmt unter Aufhebung aller entgegenstehenden Statuten und Observanzen, daß bei allen preußischen Stiften die Probstei und die in den Monaten Januar, März, Mai, Juli, September und November zur Erledigung kommenden Kanonikate in derselben Art, wie dies bisher bei dem Kapitel in Breslau geschehen, vom Papste, die Dechantei, die in den übrigen Monaten zur Erledigung kommenden Kanonikate und die sämmtlichen Vikarien oder Pfründen vom Erzbischof oder Bischof verliehen werden. Nach dem Breslauer Usus schlägt die Staatsregierung einen von dem Bischofe als geeignet bezeichneten Kandidaten vor, worauf der Papst die sogenannte Proviste ertheilt. Vgl. N. 378. Hiernach fallen die §§ 1087, 1089—1093, 1106, 1110—1114 weg.

Recht der ersten Bitte.

§ 1094. Bei Stiften, wo das Recht der ersten Bitte hergebracht ist, wird selbiges von demjenigen, welchem es zukommt, auf die erste zur Verleihung des Kapitels stehende Vakanz ausgeübt.

§ 1095. Dem Precisten bleibt sein dadurch erlangter Anspruch, wenn auch derjenige, von welchem er vorgeschlagen worden, vor wirklich entstehender Vakanz verstirbt.

§ 1096. Durch die Ausübung des Rechts der ersten Bitte wird übrigens die abwechselnde Ordnung der Kollation an sich nicht geändert.

§ 1097. Der Precist ist bei Verlust seines Rechts schuldig, sich spätestens innerhalb vier Wochen nach entstandener Vakanz bei dem, welchem das Verleihungsrecht zukommt, zu melden.

§ 1098. Sein durch den Vorschlag ernanntes Recht kann er nur unter ausdrücklicher Bewilligung desjenigen, welcher ihm dasselbe verliehen hat, einem Andern abtreten.

Resignation.

§ 1099. Durch Resignation kann Jemandem eine Präbende übertragen werden.

§ 1100. Doch muß der, zu dessen Gunsten die Resignation geschieht, alle zu einem Kanonico erforderlichen Eigenschaften besitzen.

§ 1101. Außerdem findet bei der Resignation Alles statt, was die Gesetze von Abtretung der Rechte überhaupt verordnen.

§ 1102. Der Resignant kann sich eine Pension auf die Revenüen der Präbende zu seiner Nothdurft vorbehalten.

§ 1103. Die Resignation muß in die Hände desjenigen geschehen, der dem Resignanten die Präbende verliehen hat.

§ 1104. Erst durch die Genehmigung des vormaligen Kollators erhält die Resignation ihre Gültigkeit und kann also noch bis dahin zurückgenommen werden.

§ 1105. Ebenso findet die Zurücknahme statt, wenn der Resignatarius die Präbende nicht annehmen kann oder will,

---

Zu § 1104.

390. Die Genehmigung der Resignation steht in dem Belieben des Kollators und kann daher auch versagt werden — OTrE. v. Jahre 1791 (Klein, Ann. 8, 155—165) —.

oder wenn der Kollator nicht alle Bedingungen der Resignation genehmigt.

[§ 1106. Wo es hergebracht ist, daß die Resignation auch der von einem einzelnen Kanonico erhaltenen Präbende in die Hände des Kapitels geschehen muß, hat es noch ferner dabei sein Bewenden.]

§ 1107. Stirbt der Resignirende binnen ein und zwanzig Tagen, von dem Tage an gerechnet, da die Resignation dem Kollator angezeigt worden, so ist dieselbe für nicht geschehen zu achten.

[§ 1108. Jeder neu bestellte Kanonicus wird der letzte im Kapitel und tritt also auch bei Resignationen nicht in die Stelle und den Rang seines Vorfahren.]

§ 1109. Nur bei Prälaturen erhält der neue Prälat denjenigen Rang, welchen die Würde mit sich bringt.

Von mehreren Ordnungen der Kanonicorum.

[§ 1110. Bei Stiften, wo mehrere Ordnungen von Kanonicis sind, wird der neue Kanonicus der letzte in derjenigen Ordnung, zu welcher sein Vorfahr gehört hat.]

[§ 1111. Wo aber das Einrücken aus einer niedern in eine höhere Ordnung hergebracht ist, da muß die Art und Weise dieses Einrückens lediglich nach den Statuten und Gewohnheiten des Stifts beurtheilt werden.]

[§ 1112. Der Regel nach können niedere Kanonici in eine höhere Ordnung nur insofern einrücken, als die in dieser Ordnung vakante Stelle zur Kollatur desjenigen steht, von welchem ihnen das niedere Kanonikat verliehen worden.]

Von Kanonikaten, die an Unfähige verliehen worden.

[§ 1113. Wenn der Landesherr ein Kanonikat an ein Subjekt verleiht, dem es an den persönlichen Eigenschaften mangelt, so erhält dasselbe dadurch nur das Recht, die Stelle an ein anderes fähiges Subjekt abzutreten.]

[§ 1114. Letzteres aber erlangt dadurch die Präbende

Zu § 1108.

391. Der § 1108 ist aufgehoben durch die AKO. v. 28. Mai 1836 (GS. S. 20), welche verordnet, daß jeder neu eintretende Kapitular dasjenige Einkommen worauf die Nummer des erledigten, ihm konferirten Kanonikats lautet, erhalten und dem Range nach unter den Mitgliedern gleicher Dotation der jüngste werden soll, daß aber hierdurch nicht ausgeschlossen werde, daß einem Domherrn eine besser dotirte Stelle verliehen werden könne.

Die §§ 1110—1114 fallen nach N. 391 weg.

mit vollem Rechte und in eben der Qualität, wie sich dieselbe an den Landesherrn erledigt hatte.]

Inwiefern eine Person mehrere Kanonikate besitzen könne.

§ 1115. Niemand soll zwei oder mehrere geistliche Pfründen bei einem und demselben Stifte besitzen.

§ 1116. Wohl aber kann ein Kanonikus zugleich eine geistliche Würde bei eben demselben Stifte bekleiden.

§ 1117. Auch bei verschiedenen Stiften kann eine Person mehrere Pfründen zugleich alsdann nicht besitzen, wenn diese Pfründen die Verbindlichkeit zur Residenz mit sich führen.

§ 1118. Wenn also die verschiedenen Stifte an einem Orte oder zwar an verschiedenen Orten, jedoch so gelegen oder beschaffen sind, daß die Residenzzeit in jedem derselben gehörig abgewartet werden kann, so ist der Besitz solcher mehrerer Pfründen in einer Person erlaubt.

§ 1119. Wer von der Residenz bei dem Stifte, wo er dieselbe nicht abwarten kann, befreit ist (§ 1131), auf den findet insoweit die Vorschrift des § 1117 nicht Anwendung.

§ 1120. Ein Gleiches gilt, wenn bei einem Stifte die Residenz nicht nothwendig, sondern nur eine statutenmäßige Geldstrafe oder die Einbuße gewisser Arten von Einkünften mit deren Unterlassung verbunden ist.

Vorbereitung zum Kanonikat.

§ 1121. Jeder neue Kanonikus muß sich vor seiner Aufnahme der nach den Statuten des Stifts bestimmten Prüfung an dem Orte, wo das Stift seinen Sitz hat, unterwerfen.

§ 1122. Doch genießt er auch während der Probezeit der Regel nach alle zu seiner Stelle gehörigen Hebungen.

Aufnahme.

§ 1123. Erst nach geendigter Probezeit erfolgt die feierliche Aufnahme, bei welcher der neue Kanonikus auf die vom Staate genehmigten Statuten verpflichtet wird.

§ 1124. Vor der Aufnahme muß jeder neue Kanonikus, wenn er nicht vom Landesherrn selbst bestellt worden, demselben zur Genehmigung und Bestätigung präsentirt werden.

Pflichten.

§ 1125. Die allgemeinen Pflichten der Geistlichen, so-

Zu § 1124.

392. Die Bestätigung erfolgt durch den Minister der geistl. Angel. — Nr. 6 KO. v. 11. Januar 1819 (GS. S. 2) —, die Präsentation durch den Oberpräsidenten — § 3 u. 4 Nr. 2 Instr. v. 23. Oktbr. 1817 (GS. S. 237), § 2 Nr. 6 Instr. v. 31. Dezbr. 1825 (GS. 1826 S. 1) —.

weit dieselben nicht auf das Lehramt Bezug haben, liegen auch den Kanonicis ob. (§ 67 ff.)

§ 1126. Ihre Amtsverrichtungen sind durch die Statuten des Stifts und durch die Vorschriften des kanonischen Rechts bestimmt.

§ 1127. Insonderheit sind sie schuldig, den Gottesdienst im Chore durch die geordneten Stunden regelmäßig abzuwarten.

Residenz.

§ 1128. Sie sind verpflichtet, an dem Sitze des Stifts ordentlich Residenz zu halten.

§ 1129. Eine beharrliche Unterlassung dieser Pflicht wird mit dem Verluste der Stelle, eine Vernachlässigung aber mit einer verhältnißmäßigen Geldbuße und zwar, wenn die Statuten nichts Näheres festsetzen, mit dem Verluste des vierten Theiles oder der Hälfte der Einkünfte geahndet.

§ 1130. Die Art und die Dauer der Residenz ist nach den Statuten eines jeden Stifts zu beurtheilen.

§ 1131. Wer durch öffentliche Bedienungen, durch Reisen in Angelegenheiten des Staats oder der Kirche, durch Alter, Krankheit oder ungefähren Zufall an der wirklichen Residenz verhindert ist, nimmt dennoch auch an solchen Hebungen Theil, die nur für die Residirenden bestimmt sind.

§ 1132. Dagegen kann er auf die sogenannten Präsentiengelder keinen Anspruch machen.

§ 1133. Wer aus bloßer Gnade von der Residenz dispensirt ist, muß sich mit den Nutzungen einer Pfründe begnügen.

Vikarien.

§ 1134. Die Kanonici können sich in ihren geistlichen Verrichtungen, an deren eigener Abwartung sie verhindert sind, durch Vikarien vertreten lassen.

§ 1135. Solche Vikarien müssen diejenigen Eigenschaften besitzen, welche zu den Funktionen, die sie übernehmen sollen, nach dem kanonischen Rechte erforderlich sind.

§ 1136. Der Regel nach kommt die Bestellung eines solchen Vikarii demjenigen Kanonico zu, dessen Stelle derselbe vertreten soll.

§ 1137. Dieser muß sich mit seinem Vikario wegen einer billigen Abgabe für die Vertretung einigen, er kann aber auch seinen Auftrag, wenn nicht ein Anderes ausdrücklich verabredet worden, nach eigenem Gutbefinden zurücknehmen.

§ 1138. Bei Stiften, wo beständige Vikarien bestellt

sind, bekleiden dieselben ein eigenes geistliches Amt und können nur aus eben den Gründen, wie andere Geistliche, wieder entsetzt werden.

Aeußere Rechte und Pflichten der Kanonicorum,

§ **1139.** Kanonici genießen in Ansehung ihrer Person und eigenen Vermögens alle äußere Vorrechte der Geistlichen überhaupt, sind aber auch dabei eben denselben Einschränkungen unterworfen. (§ 93 ff.)

§ **1140.** Sie behalten des Eintritts in den geistlichen Stand ungeachtet alle Familienrechte und sind der Succession in Lehne und Fideikommisse fähig.

§ **1141.** Katholische Kanonici nehmen und hinterlassen keine Heergeräthe; wo aber Stiftelgerade hergebracht ist, da sind sie dergleichen von ihren weiblichen Verwandten in aufsteigender Linie zu erben fähig.

§ **1142.** Auf ihre Präbenden haben die Kanonici alle mit dem Nießbrauche verbundenen Rechte und Pflichten.

besonders in Ansehung ihrer Präbende.

§ **1143.** Insonderheit müssen sie die dazu gehörigen Gebäude aus den Einkünften der Präbende in baulichem Wesen unterhalten.

§ **1144.** Bei vorfallenden Hauptreparaturen kann mit Einwilligung des Kapitels ein Kapital aufgenommen werden, welches aus den Einkünften verzinset und in gewissen bestimmten Terminen zurückgezahlt werden muß.

§ **1145.** Dergleichen Zinsen= und Terminszahlungen muß auch der Nachfolger in der Präbende für die Zeit, wo er die Nutzungen hat, übernehmen.

§ **1146.** Die Gläubiger eines Kanonici sind berechtigt, aus den Einkünften der Präbende Befriedigung zu suchen.

§ **1147.** Doch muß daraus dem Präbendaten in Ermangelung eigenen Vermögens eine Kompetenz nach näherer Vorschrift der Prozeßordnung gelassen werden.

Zu § 1143.

393. Das Ostpreußische Prov. R. verordnet im Zus. 214: „Der Bischof von Ermland, das Domkapitel zu Frauenburg [und das Kollegiatstift zu Guttstadt] erhalten zu ihren Wohn- und Kirchengebäuden das freie Bauholz vom Landesherrn." Das Kollegiatstift zu Guttstadt ist durch die Bulle de sal. anim. aufgehoben, vgl. N. 378.

Zu § 1147.

394. Die auf die Kompetenz bezüglichen Vorschriften sind die §§ 436 u. 437 Konkursordnung v. 8. Mai 1855 (GS. S. 321), welche lauten:

§ 436. Ueber die Bewilligung der Kompetenz und den Betrag derselben

§ 1148. Auch über das aus der Präbende erworbene Vermögen können Kanonici letztwillig verfügen, ohne daß es eines päpstlichen oder bischöflichen Indults dazu bedarf.

§ 1149. Keinem auswärtigen geistlichen Obern soll erlaubt sein, sich ein Spolienrecht auf inländische Präbenden anzumaßen.

§ 1150. Den Erben eines Kanonici gebühren auch die Nutzungen des Sterbejahres (annus deservitus), die der Erblasser noch nicht erhoben hat.

§ 1151. Der Anfang und die Dauer dieses letzten Jahres richten sich nach dem Kapiteljahre, so wie dieses an jedem Orte hergebracht ist.

§ 1152. Welche Nutzungen zum Sterbejahre gehören, ist ebenfalls nach den Statuten und Verfassungen der einzelnen Stifte bestimmt.

§ 1153. Hebungen, die nicht zu einer besondern Präbende gehören, kommen den Erben nur alsdann zu, wenn der Erblasser die Mitternachtsstunde vor dem Tage, wo sie fällig sind, überlebt hat.

§ 1154. Gehört ein Landgut oder ein anderes Grundstück zur Präbende, so erfolgt die Auseinandersetzung wegen der Nutzungen, Verbesserungen, Verschlimmerungen u. s. w. nach den im Titel vom Nießbrauche ertheilten Vorschriften. (Th. I Tit. 21 § 111 ff.)

§ 1155. Die Verwaltung aber während des Ueberrestes des letzten Wirthschaftsjahres gebührt der Regel nach dem neuen Präbendaten.

§ 1156. Die Nutzungen des letzten Jahres behält auch der, welcher eine Präbende resignirt, es wäre denn die Resignation darauf ausdrücklich mit gerichtet worden.

§ 1157. Gnaden- und Nachjahre finden bei Kanonikaten der Regel nach keine statt.

§ 1158. Bei Stiften, wo sie eingeführt sind, muß Alles nach den Statuten und in deren Ermangelung nach der hergebrachten Observanz bestimmt werden.

---

entscheidet das Gericht auf den Antrag des Schuldners nach billigem Ermessen. Die Entscheidung erfolgt im schleunigen Prozesse. Es finden nur die Rechtsmittel der Appellation und der Nichtigkeitsbeschwerde statt. Die Rechtsmittel haben keine aufschiebende Wirkung.

§ 437. Die Gläubiger können auf gänzliche oder theilweise Entziehung der Kompetenz antragen, wenn der Schuldner zu besseren Vermögensumständen gelangt. Das Verfahren hierüber richtet sich nach den für die Bewilligung der Kompetenz ertheilten Vorschriften (§ 436).

Zu § 1154 vgl. N. 341 u. 342.

Von weltgeistlichen Frauenstiften.

§ 1159. Von den Mitgliedern weltgeistlicher Frauenstifte gilt der Regel nach alles das, was von weltgeistlichen Kanonicis männlichen Geschlechts verordnet ist, außer wo Abweichungen davon durch den Unterschied des Geschlechts begründet werden.

Achtzehnter Abschnitt.

Von Mönchen und Ordensleuten.

Erfordernisse zum Mönchs- und Nonnenstande.

§ 1160. Niemand darf ohne Vorwissen und Genehmigung derjenigen, deren Einwilligung zur Wahl einer Lebensart nach den Gesetzen erforderlich ist, zum Klosterleben sich bestimmen.

§ 1161. Kein Königlicher Unterthan männlichen oder weiblichen Geschlechts soll ohne Vorwissen und Erlaubniß des Staats in ein Kloster aufgenommen werden.

§ 1162. Vor zurückgelegtem fünf und zwanzigsten Jahre darf keine Mannsperson und vor zurückgelegtem ein und zwanzigsten Jahre keine Person weiblichen Geschlechts zur Ablegung des Klostergelübdes zugelassen werden.

§ 1163. Ein obigen Vorschriften (§ 1160—1161) zuwider abgelegtes Gelübde ist von Anfang an nichtig.

§ 1164. Ein Stift oder Kloster, welches diesen Vorschriften entgegenhandelt, soll mit fiskalischer Geldstrafe, allenfalls bis zu hundert Dukaten, belegt und bei beharrlicher Wiederholung solcher Uebertretungen bewandten Umständen nach ganz aufgehoben werden.

§ 1165. Eltern oder Vormünder, welche ihre Kinder oder Pflegebefohlenen gegen die Vorschriften §§ 1161, 1162 das Klostergelübde ablegen lassen, haben fiskalische Geldstrafe ebenfalls bis zu hundert Dukaten oder verhältnißmäßige Gefängnißstrafe verwirkt.

§ 1166. Verehelichte Personen dürfen gar nicht und

Zu § 1160 vgl. N. 38.

Zu §§ 1161—1166.

395. Die staatliche Erlaubniß hat der Ober-Präsident zu ertheilen — § 2 Nr. 6 Instr. v. 31. Dezbr. 1825 (GS. 1826 S. 1) —. Durch die Verfassungsurkunde sind die Vorschriften der §§ 1161—1166 keineswegs beseitigt, weil sie Bestimmungen des öffentlichen Rechts sind.

Verlobte nur mit ertheilter oder von dem Richter ergänzter Einwilligung des andern Theils in ein Kloster aufgenommen werden.

§ 1167. Verschuldete können durch Ergreifung des Klosterstandes die Rechte ihrer Gläubiger auf ihre Person oder ihr Vermögen nicht vereiteln.

§ 1168. Personen, welche fremde Güter verwaltet und die Rechnung darüber noch nicht abgelegt haben, können durch den Eintritt in das Kloster weder dieser ihrer Verbindlichkeit noch dem Erkenntnisse des gehörigen weltlichen Richters sich entziehen.

§ 1169. Die innere Tüchtigkeit eines Kandidaten zu solchem Stande ist nach den Regeln des Ordens zu beurtheilen.

Probejahr.

§ 1170. Der wirklichen Aufnahme in das Kloster muß das Probejahr vorangehen, welches unter keinerlei Vorwande abgekürzt werden kann.

Gelübde.

§ 1171. Nach geendigtem Probejahre geschieht die Aufnahme durch die feierliche Ablegung des Klostergelübdes.

§ 1172. Alles, was die Rechtsgültigkeit einer Willenserklärung vereitelt, benimmt auch dem Klostergelübde seine Kraft.

§ 1173. Auch die geistlichen Oberen sind nicht berechtigt, irgend Jemanden, auch nicht einen Weltgeistlichen, unter dem Vorwande einer geistlichen Züchtigung zum Klosterleben zu nöthigen.

§ 1174. In allen Fällen, wo nach vorstehenden Grundsätzen die Ablegung des Klostergelübdes nichtig und ungültig ist, kann dessen förmliche Aufhebung bei dem Bischofe der Diöcese zu allen Zeiten nachgesucht werden.

§ 1175. Wird von diesem das Gehör versagt, so hat der Staat das Recht, die Sache zu untersuchen, und befundenen Umständen nach die Nichtigkeitserklärung in Ansehung der äußeren Folgen des Gelübdes zu erkennen.

Zu § 1172.

396. Wer das Klostergelübde ablegt, muß im Stande sein, mit Vernunft und Ueberlegung zu handeln, seine Willenserklärung muß frei, ernstlich und gewiß sein — § 3, 4 I, 4 ALR. —.

Zu § 1175.

397. Das in Fällen des § 1175 einzuschlagende Verfahren kann nur das gerichtliche sein, in welchem der Staat als Kläger gegen die Vorsteher des betreffenden Ordens als Verklagte auftreten muß — JMR. v. 13. Januar 1834 (Erg. ad h. §) u. OTrE. v. Jahre 1836 (Hinsch. Wochenschr. S. 725) —.

§ 1176. Der gewesene Klostergeistliche tritt alsdann in alle Rechte und Verhältnisse eines andern Staatsbürgers zurück.

§ 1177. Wird das Gelübde von Anfang an für nichtig erklärt, so erstreckt sich die Wirkung dieser Erklärung bis auf den Zeitpunkt des nichtig abgelegten Gelübdes zurück.

§ 1178. Wird aber Jemand nur aus andern Ursachen von seinem Gelübde durch die geistlichen Oberen entbunden, so nehmen die bürgerlichen Wirkungen dieser Dispensation nur von dem Tage, an welchem sie erfolgt ist, ihren Anfang.

§ 1179. Die geistlichen Oberen sind nicht berechtigt, unter dem Vorwande des abgelegten Gelübdes irgend Jemandem einen Gewissenszwang anzulegen, ihm die freie Wahl der Religionspartei, zu welcher er sich halten will, zu verschränken oder ihn wider seinen Willen im Kloster zurückzuhalten.

Geistliche Obliegenheiten.

§ 1180. Die geistlichen Obliegenheiten und Verrichtungen der Mönche und Nonnen sind durch die Ordensregeln bestimmt.

§ 1181. Diese Regeln können ohne Vorwissen und Genehmigung des Staats nicht geändert werden.

Rechte in Ansehung des Vermögens während des Probejahrs.

§ 1182. Personen, die sich dem Mönchs- oder Nonnenstande widmen wollen, können, so lange sie im Probejahre stehen, über ihr Vermögen gleich andern Bürgern des Staats frei verfügen.

§ 1183. Sie können dem Kloster, in welches sie treten wollen, nach Verhältniß der Nothdurft ihres Unterhalts einen Theil ihrer Einkünfte, jedoch nicht über vier Prozent von dem Betrage ihrer gesammten Vermögenssubstanz auf ihre Lebenszeit verschreiben.

§ 1184. Wenn sie aber ihren Vorsatz wegen Ablegung des Klostergelübdes ändern, so sind sie berechtigt, alle während des Probejahres über ihr Vermögen getroffenen Verfügungen, welche mit dem intendirten Klosterleben Verbindung oder darauf Beziehung haben, zu widerrufen.

Von geistlichen Brautschätzen.

§ 1185. Wo bei dem Eintritte in ein Kloster die Bestellung eines geistlichen Brautschatzes gewöhnlich ist, mag es dabei auch ferner sein Bewenden haben.

§ 1186. Es muß aber diese Gewohnheit weder auf genugsam dotirte noch auf Klöster der Bettelmönche ausgedehnt werden.

§ 1187. Auch soll dergleichen Brautschatz die Summe von fünfhundert Thalern nicht übersteigen.

§ 1188. Höhere Summen können nur unter ausdrücklicher Genehmigung des Staats auf vorhergegangene Untersuchung der Umstände nach der besondern Nothdurft des Klosters und der zur Unterhaltung der Konventualen erforderlichen mehreren Kosten ausgesetzt werden.

§ 1189. Den zur Wartung der Kranken bestimmten geistlichen Orden können höhere Brautschätze, ingleichen Vermächtnisse und Schenkungen ohne Einschränkung auf eine gewisse Summe zugewendet werden.

§ 1190. Aber auch bei diesen ist, wenn die Summe mehr als fünfhundert Thaler beträgt, die ausdrückliche Genehmigung des Staats nothwendig.

§ 1191. Unter dem geistlichen Brautschatze sind die Kosten der sogenannten geistlichen Hochzeit und Ausstattung nicht mit begriffen.

§ 1192. Doch dürfen auch diese die Summe von fünfhundert Thalern niemals übersteigen.

§ 1193. Der Werth der Sachen und Effekten, welche der in das Kloster tretenden Person zu ihrem eigenen Gebrauche mitgegeben werden, sind unter keiner der obigen Summen begriffen.

§ 1194. Doch fallen die darunter befindlichen Juwelen und Kostbarkeiten nach dem Abgange der Klosterperson nicht dem Kloster, sondern deren alsdann vorhandenen nächsten Erben zu.

§ 1195. Hat ein Kloster höhere Einkünfte, als nach § 1183 zulässig sind, oder einen höheren Brautschatz oder ein Mehreres zur Ausstattung und Hochzeit als fünfhundert Thaler ohne Vorwissen und Genehmigung des Staats angenommen, so verfällt der ganze Betrag dem Fiskus, und das Kloster muß noch außerdem den doppelten Betrag des zuviel Genommenen als Strafe entrichten.

§ 1196. Haben weltliche Verwalter der Klostergüter dergleichen übermäßigen Brautschatz oder Ausstattung und Hochzeitskosten angenommen, so trifft sie die Strafe, und das Kloster verliert nur das Empfangene.

Zu §§ 1189 u. 1190.

398. Das Nähere über derartige Zuwendungen enthält das G. v. 13. Mai 1833 (GS. S. 49), welches auch die im § 1190 erwähnte Summe auf 1000 Thlr. erhöht hat. Vgl. N. 115.

§ 1197. Haben dergleichen Verwalter den Betrag solcher Zuwendungen in den Rechnungen verschwiegen oder verheimlicht, so müssen sie die dreifache Summe zur Strafe entrichten.

§ 1198. Kann die verwirkte Summe und Strafe von dem Kloster oder dessen Verwaltern nicht beigetrieben werden, so haften dafür diejenigen, von welchen die gesetzwidrige Zahlung geleistet worden.

Aeußere Rechte nach abgelegtem Gelübde.

§ 1199. Nach abgelegtem Klostergelübde werden Mönche und Nonnen in Ansehung aller weltlichen Geschäfte als verstorben angesehen.

§ 1200. Sie sind unfähig, Eigenthum oder andere Rechte zu erwerben, zu besitzen oder darüber zu verfügen.

§ 1201. Bei Erb- und anderen Anfällen treten diejenigen an ihre Stelle, denen ein solcher Anfall zukommen würde, wenn jene gar nicht mehr vorhanden wären.

§ 1202. Sie sind auch vor Ablegung des Klostergelübdes über dergleichen künftigen Anfall zu verordnen und sich etwas davon für die Zeit ihres Klosterlebens vorzubehalten nicht berechtigt.

§ 1203. Eltern sind nicht schuldig ihren Kindern, welche das Klostergelübde abgelegt haben, etwas zu hinterlassen, und diese so wenig als das Kloster können aus dem Nachlasse der Eltern einen Erb- oder Pflichttheil fordern.

§ 1204. Haben Eltern solchen Kindern in einer an sich zu Recht beständigen letztwilligen Verordnung etwas ausgesetzt, so erhält das Kloster, so lange der Geistliche lebt, die Zinsen davon mit vier vom Hundert; nach dessen Ableben aber fällt von dem Hauptstuhle so viel, als gesetzmäßig einem Kloster vermacht werden kann, an dieses und der Ueberrest an die Erben des Testators.

§ 1205. Doch steht den Eltern frei, den Rückfall der

Zu § 1199.

399. Die Vorschrift des § 1199 ist durch Art. 10 Verf. Urk. v. 31. Januar 1850 (GS. S. 17) nicht aufgehoben, weil letzterer nur die fernere Unstatthaftigkeit des bürgerlichen Todes als Strafmittels proklamirt und daher die Folgen eines Klostergelübdes nicht berühren kann.

Zu § 1200.

400. Aus § 1200 folgt, daß auch dasjenige Vermögen, welches Klostermitglieder zur Zeit ihres Eintritts in das Kloster besitzen, niemals an das letztere fallen kann — OTrE. v. 4. Februar 1861 (Str. Arch. 40, 229) —.

sonst gesetzmäßig erlaubten Summe an das Kloster in ihrer letztwilligen Verordnung zu untersagen.

Aeußere Rechte nach aufgehobenem Gelübde.

§ 1206. Wenn ein Klostergelübde als von Anfang an nichtig aufgehoben wird, so kann der gewesene Klostergeistliche dasjenige, was bei seinem Eintritte an das Kloster aus seinem Vermögen entrichtet worden, jedoch ohne Zinsen zurückfordern.

§ 1207. Auch kann er die Herausgabe der während seines Klosterstandes an ihn gekommenen Anfälle von denjenigen, welche dieselben in Ermangelung seiner nach § 1201 überkommen haben, verlangen.

§ 1208. Insofern aber diesen keine Theilnehmung oder Mitwirkung an den bei seiner Aufnahme vorgefallenen Nichtigkeiten beigemessen werden kann, ist die gewesene Klosterperson nicht berechtigt, Ersatz der genossenen Früchte und gezogenen Nutzungen zu fordern, und muß vielmehr mit dem, was von dem Hauptstuhle noch wirklich vorhanden, oder soweit der Inhaber davon noch wirklich reicher ist, sich begnügen.

§ 1209. Wird aber Jemand von einem an sich gültigen Klostergelübde aus andern Ursachen entbunden, so kann er weder das dem Kloster Gezahlte zurückfordern, noch auf die Anfälle, welche während seines Klosterstandes sich ereignet haben, Anspruch machen.

Neunzehnter Abschnitt.

Von den Mitgliedern der geistlichen Ritterorden.

[**§ 1210.** Die Deutschen und Maltheser-Ordensritter werden als Geistliche betrachtet und sind durch Gelübde verpflichtet.]

[**§ 1211.** Sie sind aber zu einem gemeinschaftlichen Klosterleben nicht verbunden.]

Zu § 1209.

401. Durch AKO. v. 10. April 1806 (Rabe 8, 509) ist festgesetzt worden, daß den aus den säkularisirten Klöstern entlassenen Ordensgeistlichen beiderlei Geschlechts die Befugniß, über ihr bereits erworbenes oder noch zu erwerbendes Vermögen unter Lebendigen wie von Todeswegen zu disponiren, zustehen, und dem Fiskus kein Recht gebühren soll, auf den Grund ihres vorigen klösterlichen Verhältnisses und der von ihnen vormals abgelegten Gelübde diese ihre Dispositionen jemals anzufechten.

Die §§ 1210—1217 sind in Folge der Aufhebung der geistlichen Ritterorden antiquirt, vgl. N. 372, 373.

[§ 1212. Die besonderen Pflichten und Obliegenheiten ihres Standes sind durch die Ordensstatuten bestimmt.]

[§ 1213. Es kann aber kein Königlicher Unterthan durch den Eintritt in einen Ritterorden Verbindlichkeiten übernehmen, welche den Gesetzen des Staats zuwider sind.]

[§ 1214. In Ansehung ihrer äußern persönlichen Rechte und Vermögens gilt von ihnen Alles, was im siebenzehnten Abschnitte von den weltgeistlichen Kanonicis verordnet ist.]

[§ 1215. Doch nehmen und verlassen sie Heergeräthe in Provinzen, wo dasselbe üblich ist; sie succediren aber nicht wie die Kanonici in die Gerade.]

[§ 1216. Auf ihre Kommenden und deren Einkünfte haben sie gleiche Rechte wie die weltgeistlichen Kanonici auf ihre Pfründen.]

[§ 1217. Die zu den Ritterorden gehörigen Priester sind andern Mönchen und Ordensleuten gleich zu achten.]

Zwanzigster Abschnitt.

Von protestantischen Stiften, Klöstern, Ritterorden und deren Mitgliedern.

Rechte als geistliche Gesellschaften.

§ 1218. Die protestantischen Stifte und Klöster haben vermöge ihres Ursprungs und ihrer Fundation die Rechte der geistlichen Gesellschaften.

Zu Abschn. 20.

402. Nachdem die evangelischen Dom- und Kollegiatstifte in Brandenburg, Merseburg, Naumburg und Zeitz für geschlossen erklärt und eingezogen worden sind — vgl. N. 373 —, existiren nur noch einige Fräuleinstifte. Dahingegen ist dem St. Johanniter-Orden durch AE. v. 15. Oktober 1852 (GS. 1853 S. 1) eine Reorganisation zu Theil geworden. Der Erlaß setzt Folgendes fest:

1) Die Balley Brandenburg des evangelischen Johanniter-Ordens ist unbeschadet der durch das Ed. v. 30. Oktbr. 1810 erfolgten Einziehung der Güter desselben als Staatsgüter wiederhergestellt.

2) Zu wirklichen Mitgliedern der Balley Brandenburg des St. Johanniter-Ordens (Komthurn und Rechtsrittern) sollen von jetzt nur solche des Ordens würdige Personen ernannt werden, welche sich verpflichten, für die Zwecke des Ordens einen jährlichen Beitrag von mindestens 12 Thlr. zu zahlen und ein Eintrittsgeld von 100 Thlr. zu erlegen.

3) Die gegenwärtig noch am Leben befindlichen Ritter, welche vor der Säkularisation den Orden erhalten haben, sollen auch ohne Uebernahme dieser Leistungen wirkliche Mitglieder des Ordens sein. Die nach der Säkularisation ernannten, jetzt vorhandenen Ritter des Königl. Preuß. St. Johanniter-Ordens aber sollen das Recht haben, sich zu wirklichen Ordensmitgliedern aufnehmen zu lassen, auch von der Zahlung des Eintrittsgeldes entbunden sein. Den darunter be-

als Korporationen.

§ 1219. Als Korporationen werden sie hauptsächlich nach ihren Statuten und hergebrachten Observanzen, demnächst aber nach eben den Gesetzen wie katholische Stifte gleicher Art beurtheilt.

Rechte des Landesherrn.

§ 1220. Der Landesherr hat in Beziehung auf dieselben alle Rechte, welche den Bischöfen oder andern geistlichen Oberen auf katholische Stiftungen gleicher Art eingeräumt worden.

§ 1221. Dagegen können protestantische Stifte, wenn sie auch an sich die Würde der Kathedralstifte haben, dennoch einige Theilnehmung an den Angelegenheiten der Kirche oder der Diöcese sich nicht anmaßen.

Rechte der einzelnen Mitglieder.

§ 1222. Bei den einzelnen Mitgliedern der protestantischen Stifte, Klöster und Ritterorden werden die äußern persönlichen Rechte und Pflichten derselben sowohl in Beziehung auf den Staat als auf die übrigen Einwohner durch die Aufnahme in eine solche Gesellschaft nicht verändert.

§ 1223. Auch sind dieselben weder an Gelübde noch an andere auf den Gottesdienst sich beziehende Regeln und Vorschriften ähnlicher katholischer Stiftungen gebunden.

---

findlichen Ausländern steht es frei, die Verpflichtung zu laufenden Beiträgen durch eine einmalige Zahlung von 200 Thlr. abzulösen.

4) Diejenigen nach der Säkularisation ernannten Ritter des Königl. Preuß. St. Johanniter-Ordens, welche von der ihnen vorstehend beigelegten Befugniß keinen Gebrauch machen, gehören nicht zu den wirklichen Ordensmitgliedern und sollen die Bezeichnung „Ehrenritter" führen. Ich behalte Mir vor, noch fernerhin solche Ehrenritter nach den Bestimmungen der Errichtungsurkunde v. 23. Mai 1812 zu ernennen. Wer zum Ehrenritter ernannt wird, hat für die Insignien 100 Thlr. zu entrichten, und wenn die Ernennung auf sein Ansuchen erfolgt, das Doppelte dieses Betrages.

5) Diese Zahlungen sowie die Eintrittsgelder und laufenden Beiträge der wirklichen Ordensmitglieder fließen in die zu errichtende Kasse des St. Johanniter-Ordens. Aus derselben sollen Krankenanstalten begründet und unterhalten werden, und zwar soll der Anfang mit Einrichtung eines Spitals im ehemaligen Ordensschlosse zu Sonnenburg gemacht werden, sobald die dazu nöthigen Mittel angesammelt sind. Ferner

6) will Ich dem Orden, dessen innere Verfassung Ich durch ein Statut regeln werde, hierdurch Korporationsrechte verleihen.

Der Orden hat sowohl in den Kriegsjahren 1864 u. 1866 der Pflege der Verwundeten als auch im Jahre 1868 der Pflege der Typhus-Kranken in Ostpreußen durch Einrichtung und Ausstattung von Lazarethen und unter persönlicher Leitung der Ritter mit ausgezeichnetem Erfolge sich gewidmet.

Zu § 1219.

403. Die Beamten der protestantischen Stifte und Orden, auch die Subalternbeamten sind nach § 170 II. 6 ALR. als lebenslänglich angestellt zu betrachten, wenn nicht der Inhalt ihrer Bestallung oder sonstige Umstände klar das Gegentheil entnehmen lassen — OTrE. v. 28. April 1854 (Entsch. 27, 383; Str. Arch. 14, 204) —. Ueberhaupt finden auf sie die Bestimmungen der §§ 151 ff. a. a. O. Anwendung, vgl. N. 381.

§ 1224. Was sie aber in dieser Rücksicht bei einem oder dem andern Stifte besonders zu beobachten haben, ist lediglich nach den Statuten und Gewohnheiten desselben zu bestimmen.

§ 1225. Wegen der Art, zu einer Präbende oder Stelle zu gelangen, und der in Ansehung derselben dem Präbendaten zukommenden Rechte und Pflichten finden der Regel nach die bei katholischen Stiften von gleicher Art ertheilten Vorschriften Anwendung.

§ 1226. Bei den Erfordernissen zur Aufnahme, wegen der Probezeit, Verbindlichkeit zur Residenz und Vereinigung mehrerer Pfründen in einer Person kommt dem Landesherrn das Dispensationsrecht in allen Fällen zu, wo nicht besondere Gesetze oder Verträge entgegenstehen.

Von Anwartschaften.

§ 1227. Sowohl der Landesherr als das Kapitel können auf Präbenden und Stellen, die künftig zu ihrer Verleihung erledigt werden, Anwartschaften ertheilen.

§ 1228. Unter mehreren Anwartern gebührt der Regel nach die erste zur Verleihung des Kollators derselben vakante Stelle demjenigen, welcher die älteste Anwartschaft hat.

§ 1229. Ist in den Statuten eine Zeit bestimmt, binnen welcher nach Entstehung der Vakanz der Anwarter sich melden muß, so geht durch deren Verabsäumung sein Recht für diesen Fall verloren.

§ 1230. So lange der Anwarter noch nicht immatrikulirt worden, kann die Anwartschaft zurückgenommen werden.

§ 1231. Uebrigens gilt von dem Falle, wenn mehrere Anwarter auf eine zur Verleihung desselben Kollators erledigte Präbende Anspruch machen, eben das, was in einem gleichen Falle bei Lehnsanwartschaften verordnet ist. (Th. I Tit. 18 § 458 ff.)

§ 1232. Die Immatrikulation vertritt dabei die Stelle der Eventualbelehnung.

Zu § 1225.

404. Dabei gelten auch die für katholische Kanonici in Folge der Bestimmungen der Bulle de sal. anim. antiquirten Vorschriften.

Zu §§ 1230 u. 1231.

405. Unter mehreren Anwärtern hat der immatrikulirte den Vorzug; sind alle immatrikulirt, der zuerst immatrikulirte; ist keiner immatrikulirt, der zuerst die Anwartschaft erhalten hat — §§ 458—460 I, 18 ALR. —. Ist der jüngere Anwärter zuerst immatrikulirt worden, so muß er doch dem älteren weichen, wenn dieser schon in den körperlichen Besitz der Präbende oder Stelle durch den Kollator gesetzt worden ist — § 461 a. a. O., § 25 I, 10 ALR. —.

Anhang.

Die Militär-Kirchenordnung vom 12. Februar 1832 (GS. S. 69).

I. Von der Militärgeistlichkeit.

§ 1. Die Zahl der während des Krieges für die Armee, deren einzelne Abtheilungen und in den Festungen anzustellenden, evangelischen und katholischen Geistlichen wird nach dem dann eintretenden Bedürfnisse bestimmt.

Im Frieden ist die Anzahl der evangelischen Militärgeistlichen folgende:

a. ein Feldprobst für die ganze Armee;

b. bei jedem Armeekorps ein Militär-Oberprediger und für jede der beiden Divisionen zwei Divisionsprediger. Bei denjenigen Armeekorps, wo die katholische Konfession in Hinsicht der Seelenzahl überwiegend ist, wird jedoch das Amt des Oberpredigers einem der vier Divisionsprediger des Korps mit übertragen, also kein eigener Oberprediger angestellt;

c. eine Anzahl von Garnisonpredigern, nämlich einer in jeder der drei Gouvernementsstädte (Berlin, Königsberg und Breslau), sowie in denjenigen Festungen, wo entweder kein Militärprediger der unter b bezeichneten Klassen sich befindet, und die Seelsorge für die Besatzung nicht einem evangelischen Ortsgeistlichen übertragen werden kann, oder wo die Rücksicht auf die religiösen Bedürfnisse der in der Festung befindlichen Militär-Strafanstalten die Anstellung eines eigenen Festungs- oder Garnisonpredigers erfordert; endlich

d. die Prediger einzelner Militär-Institute, nämlich der Invalidenhäuser, der Kadettenkorps und des Militär-Waisenhauses.

§ 2. Die Bestimmung des Feldprobstes ist nicht bloß für die Zeit des Krieges, wo er der Armee ins Feld zu folgen die Verpflichtung hat, sondern auch während des Friedens:

a. die eines unmittelbaren Vorgesetzten der gesammten Militärgeistlichkeit;

b. eines Vertreters der militärkirchlichen Interessen;

Zu § 1.

406. Der Feldprobst hat den Rang eines Raths zweiter Klasse — KO. v. 3. Dezbr. 1832 —. Die obere geistliche Aufsicht über sämmtliche katholische Militärgeistlichen und deren Gemeinden ist vom Könige im Einverständniß mit dem päpstlichen Stuhle dem Fürstbischofe von Breslau im Wege der Delegation übertragen, der sich dabei durch einen Subdelegaten vertreten lassen kann — CEdMdgA. v. 25. April 1850 (BMBl. S. 95) —. In Folge der Erweiterung des Preußischen Staats und der dadurch hervorgerufenen Vergrößerung der Armee steht jedoch nunmehr auch die Ernennung eines katholischen Feldprobstes bevor.

c. eines Organs der dem Militär-Kirchenwesen in höherer Instanz vorgesetzten Ministerien der geistlichen Angelegenheiten und des Krieges in Bezug auf die dasselbe betreffenden Gegenstände. Soweit diese zum Ressort des erstgedachten Ministeriums gehören, nimmt der Feldprobst in Friedenszeiten als Referent oder Korreferent an deren Bearbeitung Theil. Er muß in Folge seines amtlichen Berufs auf Ausführung und Befolgung der die militärkirchlichen Angelegenheiten betreffenden Vorschriften, auf die Tüchtigkeit der anzustellenden Militärgeistlichen, auf deren Amtsführung, sowie auf ihr sittliches Verhalten seine sorgfältige Aufmerksamkeit richten, und sowie einerseits sämmtliche Militärgeistliche seinen Aufforderungen zu genügen haben, so können sie auch andrerseits in einzelnen Amtssachen zu ihrer Belehrung und etwaigen Vertretung Anträge und Anfragen an ihn richten, die er nach Umständen entweder unmittelbar beantworten oder im Departement der geistlichen Angelegenheiten zum Vortrage bringen wird. Er hat jedoch diesem auch im ersten Falle von dem Inhalte seiner amtlichen Erlasse Kenntniß zu geben. Während des Krieges gehen in Bezug auf die kirchlichen Verhältnisse der im Felde stehenden Truppen alle sonst den Konsistorien zustehenden Befugnisse und obliegenden Pflichten auf den Feldprobst über. Der jedesmalige Feldprobst versieht in der Regel zugleich die Funktion eines Oberpredigers des Gardekorps. Inwiefern außerdem die Hof- und Garnisonpredigerstelle zu Potsdam ihm mit übertragen sein soll, bleibt im Fall deren Erledigung der jedesmaligen Königlichen Bestimmung vorbehalten. Der Feldprobst ist als solcher nur den Ministerien der geistlichen Angelegenheiten und des Krieges unmittelbar untergeordnet.

§ 3. Der Militär-Oberprediger eines Armeekorps ist dem Generalkommando desselben zugeordnet, bei dem er die militärkirchlichen Angelegenheiten des Armeekorps, soweit das Generalkommando in militärischer Beziehung darauf Einfluß haben kann, zu vertreten, auch demselben auf dessen Aufforderung in den bei dem Generalkommando in Bezug auf jene Angelegenheiten vorkommenden Geschäften mündlich oder den Umständen nach schriftlich Vortrag zu machen hat.

Zu den Divisionspredigern des Armeekorps sowie zu den in dessen Bezirk befindlichen Garnison- und sonstigen Militärpredigern steht er in dem Verhältnisse eines Superintendenten zu den Geistlichen seiner Diöcese. In dem Konsistorio der Provinz hat er Sitz und Stimme und ist bei demselben Organ und Vertreter für alle die militärkirchlichen Verhältnisse des Armeekorps betreffenden Angelegenheiten.

Aus Vorstehendem ergiebt sich, daß die bisherige Unterordnung der Militärgeistlichen unter die Superintendenten und die Aufsicht der letzteren über erstere aufhört.

Von Seiten der Ministerien der geistlichen Angelegenheiten und des Krieges wird den Militär-Oberpredigern zur Belehrung über ihre eigenthümlichen Amtsobliegenheiten und Verhältnisse eine besondere Instruktion ertheilt werden.

Beim Ausmarsche des Armeekorps in's Feld bleibt der Militär-Oberprediger am Sitze des Generalkommandos zurück, um sämmtliche Militär-Kirchen- und Schulangelegenheiten in der Provinz fortwährend zu beaufsichtigen und zu leiten. Seine Pflichten und Befugnisse in Bezug auf die kirchlichen Angelegenheiten der in's Feld rückenden Truppentheile des Armeekorps und deren Geistliche werden während dieser Zeit einem der Divisions-

---

Zu § 3.

407. Der Militär-Oberprediger hat in Militär-Schulsachen ein votum, er ist aber nicht ordentliches Mitglied des Provinzial-Schulkollegii und daher auch nicht verpflichtet, allen Sitzungen desselben beizuwohnen — R. v. 14. Oktbr. 1861 (UCBl. S. 641) u. v. 16. Februar 1867 (UCBl. S. 129) —.

prediger desselben, welcher zu diesem Behufe sich stets im Hauptquartiere des Armeekorps befindet, vom Feldprobste übertragen.

§ 4. Ebenso wie die Militär-Oberprediger den Generalkommandos sind die Divisionsprediger den Divisionskommandos zugeordnet und dieselben im Kriege sowohl als im Frieden zu begleiten verpflichtet, wogegen der Aufenthalt der Garnisonprediger bleibend und von keinem Wechsel der Garnison abhängig ist.

§ 5. In denjenigen Garnisonstädten, wo keiner der im § 1 bezeichneten Militärgeistlichen angestellt, aber eine evangelische Civilgemeinde vorhanden ist, wird die Seelsorge für den evangelischen Theil der Garnison einem evangelischen Civilgeistlichen des Orts übertragen, dem dann auch in Bezug auf diese Seelsorge alle Pflichten und Befugnisse eines Militärgeistlichen beziehungsweise obliegen und zustehen. Auf gleiche Weise und mit denselben Wirkungen wird in denjenigen Garnisonorten, wo katholische Geistliche sich befinden, einem derselben die Seelsorge für die katholischen Militärpersonen der Besatzung übertragen.

Wie es in Hinsicht der Seelsorge für die evangelischen und katholischen Militärpersonen gehalten werden soll, wenn an ihrem Garnisonorte kein Geistlicher ihrer Konfession vorhanden ist, wird im § 58 bestimmt.

§ 6. Einem Militär-Ober- oder Divisionsprediger ist nicht erlaubt, mit Beibehaltung seiner militärischen Gemeinde eine Stadt- oder Landpfarre anzunehmen. Veranlassen aber besondere Umstände zu Gunsten eines Garnisonpredigers einen Antrag dieser Art, so muß das betreffende Konsistorium dazu die Genehmigung der Ministerien der geistlichen Angelegenheiten und des Krieges einholen.

II. Berufung und Anstellung der Militärgeistlichen.

§ 7. Die Wahl und Ernennung zur Stelle des Feldprobstes, ingleichen zu der des Garnisonpredigers zu Berlin bleibt bei deren Erledigung ausschließlich der Königlichen Bestimmung vorbehalten.

§ 8. Ebenso erfolgt die Ernennung zu Militär-Oberpredigerstellen durch Königl. Genehmigung auf gemeinschaftlichen Vorschlag der Ministerien der geistl. Angel. und des Krieges, welche dabei auf die ausgezeichneteren und verdienteren Divisions- und Garnisonprediger vorzugsweise Rücksicht zu nehmen haben. Bei denjenigen Armeekorps, wo nach § 1 das Amt des Oberpredigers mit dem eines Divisionspredigers vereinigt sein soll, ist der zu jener Funktion gewählte Militärprediger, falls er nicht bereits bei der am Sitze des Generalkommandos garnisonirenden Division steht, zugleich zu derselben zu versetzen, indem der Regel nach, d. h. wenn nicht besondere Rücksichten eine Ausnahme nothwendig machen, der Oberprediger eines Armeekorps während des Friedensverhältnisses sich mit dem Generalkommando desselben an einem Orte befinden muß.

Von der durch Tod oder auf andere Weise erfolgten Erledigung einer

---

Zu §§ 8 u. 9.

408. Die die Gehälter der Militärgeistlichen und Küster, die Remunerirung der bei der Militär-Seelsorge betheiligten Civilgeistlichen und Kirchendiener und die Kultuskosten betreffenden Angelegenheiten werden vom allgemeinen Kriegsdepartement bearbeitet. Die Anweisung der Gehälter, Remunerationen und Kultuskosten gebührt den Militär-Intendanturen, welchen auch die Bearbeitung der Vorschuß- und Schulden-Angelegenheiten der Militärgeistlichen und Küster obliegt. Deshalb müssen sie jederzeit und sobald als möglich von dem Tage, an welchem ein neu angestellter Militärgeistlicher oder Küster sein Amt antritt, ausscheidet, stirbt oder vom Amte suspendirt wird, und ein für die Militär-Seelsorge in Thätigkeit tretender Civilgeistlicher oder

Militär-Oberpredigerstelle hat das Konsistorium der Provinz dem erstgedachten Ministerio sofort Anzeige zu machen.

§ 9. Die Besetzung der übrigen evangelischen Militärpredigerstellen erfolgt dagegen in der Art, daß das Konsistorium der Provinz ein nach den §§ 13 u. 14 dazu geeignetes Individuum aus den wahlfähigen Kandidaten des Predigeramts auswählt und dasselbe nach gehaltener Probepredigt vor der ihm zu übertragenden Militärgemeinde und demnächst erfolgter Zustimmung des betreffenden Militärbefehlshabers (beziehungsweise des Divisionskommandeurs, des Gouverneurs, des Kommandanten ꝛc.) unter Einsendung der Prüfungsarbeiten, der Probepredigt und der Erklärung des Befehlshabers dem Ministerio der geistlichen Angelegenheiten zur Bestätigung vorschlägt.

Wird eine solche Militärpredigerstelle durch Tod oder auf andere Weise erledigt, so hat der Militärbefehlshaber davon sofort dem Oberprediger des Armeekorps und dieser dem Konsistorio zur Veranlassung der Wiederbesetzung Anzeige zu machen.

§ 10. Während des Krieges modificirt sich das im vorstehenden § bestimmte Verfahren in Hinsicht der zu den mobilen Truppen gehörenden Divisionspredigerstellen dahin, daß die Anzeige von deren Erledigung von Seiten des nach § 3 den Oberprediger bei dem Armeekorps im Felde vertretenden Divisionspredigers nicht dem Konsistorio, sondern allein dem Feldprobste gemacht wird, der dann bei dem Ministerio der geistl. Angel. die schleunige Wiederbesetzung veranlaßt. Ueberhaupt darf während des Krieges die Anstellung der evangelischen und katholischen Militärgeistlichen bei den mobilen Truppen, zu denen auch die dann bei den Militärlazarethen im Felde anzustellenden Geistlichen gehören, ingleichen ihre Abberufung oder Versetzung nicht anders als durch den Feldprobst bewirkt werden.

Diesem ist es auch gestattet, nach den jedesmaligen Bedürfnissen und nach vorheriger Genehmigung des kommandirenden Generals der mobilen Armee die einstweilige Versetzung oder Detachirung eines Militärgeistlichen zu einer andern Division, zu einem andern Armeekorps oder zu einem Feldlazarethe zu verfügen.

Von Seiten des Chefs des Generalstabes der Armee ist daher der Feldprobst sowohl von der Etablirung, Verlegung oder Aufhebung der Feldlazarethe, als auch von den in der Zusammensetzung der Korps vorgehenden Veränderungen, soweit diese auf die kirchlichen Verhältnisse der Truppentheile von Einfluß sein können, immer in Kenntniß zu setzen.

Tritt im Kriege der Fall ein, daß die Truppentheile einer Division in

---

Kirchendiener diese Funktionen übernimmt oder einstellt, in Kenntniß gesetzt werden — Publ. d. KrM. v. 24. März 1852 (VMBl. S. 75) —.

Zu § 9.

409. Nachdem durch § 2 V. v. 24. Juni 1867 (GS. S. 919) für das Gebiet des ehemaligen Königreichs Hannover angeordnet worden war, daß die nach § 9 den Konsistorien zustehenden Befugnisse und obliegenden Pflichten zum Geschäftskreise des Feldprobstes gehören sollen, welcher insbesondere die Anstellung, Versetzung und Entlassung der Divisions- und Garnisonprediger mit Genehmigung des Ministers der geistl. Angel. zu bewirken habe, vorbehaltlich der den Militärbefehlshabern zustehenden Mitwirkung, ist durch Allerh. Erl. v. 19. Dezbr. 1867 (GS. 1868 S. 47) genehmigt worden, daß dem evangelischen Feldprobste auch für die Friedenszeit die Berufung sämmtlicher evangelischen Militärgeistlichen des Landheeres, der Marine und aller Militär-Institute beigelegt werde, mit Ausnahme des Garnisonpredigers in Berlin, dessen Wahl bei eintretenden Vakanzen der Allerhöchsten Bestimmung vorbehalten bleiben soll. Die die Qualifikation der in ein Militär-Pfarramt zu berufenden Geistlichen, die Mitwirkung der Militärbefehlshaber resp. des Marineministers und die Bestätigung der erfolgten Wahl Seitens des Ministers d. geistl. Angel. resp. des evang. Ober-Kirchenraths betreffenden Vorschriften bleiben auch ferner in Kraft.

Folge der stattfindenden Märsche und Operationen von einander getrennt werden, so ist es der Bestimmung des Divisionskommandeurs überlassen, ob einer der evangelischen Divisionsprediger, und wenn ein katholischer Militärgeistlicher bei der Division vorhanden ist, dieser den detachirten Theil der Division begleiten soll. Im letzteren Falle hat jedoch der Divisionskommandeur, wenn diese Detachirung von einiger Dauer ist, den als Oberprediger des Armeekorps fungirenden Divisionsprediger und dieser den Feldprobst davon zu benachrichtigen. Die Anstellung der Geistlichen bei den Feldlazarethen wird gleichfalls ausschließlich von dem Feldprobste bei dem Ministerio der geistl. Angel. veranlaßt, und zu diesem Behufe, wenn bei einem Feldlazarethe ein Geistlicher mit Tode oder auf andere Weise abgeht, von Seiten der Lazarethdirektion dem Feldprobste davon Anzeige gemacht.

Die im § 9 vorgeschriebene Probepredigt findet bei den im Felde stehenden Truppen nur dann statt, wenn die Umstände es erlauben.

§ 11. Bei jedem Todesfalle eines Militärgeistlichen im Kriege oder im Frieden muß der betreffende Militärbefehlshaber die in dessen Verwahrsam gewesenen amtlichen Papiere und Geräthe an sich nehmen, und bis zur geschehenen Wiederbesetzung aufbewahren lassen.

§ 12. Im Kriege darf kein Militärgeistlicher eines mobilen Korps im Falle einer anderweitigen Beförderung seine Stelle bei der Armee vor erhaltener Erlaubniß des Feldprobstes verlassen. Im Frieden ist es Pflicht des betreffenden Konsistoriums, bei Versetzung eines Militärpredigers gleichzeitig auch die Ernennung des Nachfolgers zu veranlassen, indem der wirkliche Abgang des Versetzten nicht eher erfolgen darf, als bis dessen Nachfolger in das Amt eingeführt worden ist.

§ 13. Bei Auswahl der als Militärgeistliche anzustellenden Individuen ist darauf zu sehen, daß sie nicht allein die nach den allgemeineren, auch bei ihnen zur Anwendung kommenden Vorschriften zur Uebernahme des Predigeramts erforderlichen Eigenschaften in vorzüglichem Grade, sondern auch die außerdem zur wirksamen Führung des Amts als Militärprediger unentbehrlichen persönlichen Eigenschaften, namentlich die Gabe des freien Vortrages besitzen und, insofern sie zur Klasse der im § 1 b u. c bezeichneten Militärgeistlichen gehören, die zur Ertragung der Beschwerden des Feldlebens erforderliche körperliche Kräftigkeit damit vereinigen.

§ 14. Außer der vor der gewöhnlichen geistlichen Examinationskommission als Prediger zu überstehenden Prüfung müssen die zu Divisionspredigern bestimmten Geistlichen in Rücksicht auf die nach § 83 ihnen in Bezug auf die Divisionsschulen obliegenden Pflichten auch noch einer wissenschaftlichen Prüfung vor der wissenschaftlichen Examinationskommission nach den darüber ertheilten besondern Vorschriften sich unterwerfen, indem Niemand als Divisionsprediger angestellt werden darf, der nicht außer dem zur Erlangung des Wahlfähigkeitszeugnisses erforderlichen Examen pro ministerio auch die vorgedachte Prüfung bestanden und in Folge derselben von der Prüfungskommission das Zeugniß völliger Tüchtigkeit zum Lehrer der im § 83 bezeichneten Unterrichtsgegenstände erhalten hat, welches Zeugniß von dem Konsistorio, durch welches die Anstellung erfolgt, dem betreffenden Militärbefehlshaber jedesmal mitgetheilt werden muß.

Bei Besetzung der Divisionspredigerstellen ist daher vorzugsweise die Wahl auf solche Individuen zu richten, welche ihre Fähigkeiten im Lehrfache schon als Lehrer an einem Gymnasio bewährt haben, vorausgesetzt, daß sie

---

Zu § 14.

410. Der im § 14 vorgeschriebenen Prüfung bedarf es nicht mehr, nachdem die Divisionsschulen durch Allerh. Erl. v. 21. Juli 1859 aufgehoben sind.

auch die zum geistlichen Amte in einer Militärgemeinde erforderlichen Eigenschaften damit verbinden.

§ 15. Die im vorstehenden § erwähnte wissenschaftliche Prüfung muß auch dann stattfinden, wenn ein Civilprediger als Divisionsprediger angestellt wird.

§ 16. In Hinsicht der Vocirung und Ordinirung der evangelischen Militärprediger kommen die für die evangelischen Civilprediger vorhandenen Vorschriften zur Anwendung. Die förmliche Einführung der Militär-Oberprediger in ihr Amt geschieht durch einen Deputirten des Konsistorii, die der übrigen Militärprediger im Auftrage des Konsistorii durch den betreffenden Militär-Oberprediger, bei den mobilen Truppen im Kriege aber durch den nach § 3 dessen Funktion versehenden Divisionsprediger auf Anweisung des Feldprobstes.

Der Einführende hat darauf zu sehen, daß dem neuen Prediger die Kirchenregistratur und die Kirchenbücher, über deren Einrichtung und zweckmäßige Führung der letztere besonders sorgfältig zu instruiren ist, ingleichen die heiligen Geräthe und sonst etwa vorhandenen Amtseffekten von dem abgehenden Prediger oder dem Befehlshaber, der sie nach § 11 in Verwahrung genommen hat, richtig übergeben werden, und demnächst darüber, sowie über die geschehene Einführung dem Konsistorio, während des Krieges aber dem Feldprobste Bericht zu erstatten.

§ 17. Was die bei den Feldlazarethen im Kriege anzustellenden Prediger betrifft, so kann deren Einführung vom Feldprobste, wenn er selbst sie zu verrichten durch Entfernung oder andere Umstände verhindert wird, einem andern Militärprediger übertragen, oder wenn auch dazu keine Gelegenheit sein sollte, der Prediger nach geschehener Ordinirung auf Requisition des Feldprobstes von der Lazarethdirektion bei seiner Gemeinde und in sein Amt eingeführt werden.

§ 18. Für die während des Kriegs bei den mobilen Truppen anzustellenden römisch-katholischen Militärgeistlichen kommen in Hinsicht ihrer Qualifikation und Vocirung im Allgemeinen die in Hinsicht der Besetzung der katholischen Civilpfarren geltenden Grundsätze und Bestimmungen gleichfalls zur Anwendung. Die desfalls erforderlichen Einleitungen geschehen auf Veranlassung des Ministers der geistl. Angel. durch die betreffenden Konsistorien bei den bischöflichen Behörden.

§ 19. Jeder neu angestellte, ingleichen jeder in ein anderes militärgeistliches Amt versetzte Militärprediger muß vor Antritt desselben sich bei dem Militärbefehlshaber, dem er in Folge dieses Amtes unmittelbar untergeordnet wird (§ 21), persönlich melden.

Zu § 16.

411. Die von dem Minister der geistl. Angel. zu bestätigenden Vokationen der Divisionsprediger sind so zu fassen, daß der Kandidat ganz allgemein als Divisionsprediger berufen, und sodann die Division, für die er bestimmt ist, mit dem Vorbehalte bezeichnet wird, daß er, sofern das Interesse der Militär-Seelsorge es erfordert, auch in Friedenszeiten einer Versetzung an eine andere als die ihm überwiesene Militär-Gemeinde unter Vorbehalt seines bisherigen Diensteinkommens und gegen Gewährung der reglementsmäßigen Umzugskosten Folge zu leisten habe — CEdMdgA. v. 25. Januar 1866 (BMBl. S. 17) —.

Zu § 20.

412. Auch wo Civilgeistliche mit der Militär-Seelsorge nicht förmlich beauftragt sind, sollen alle aktiven Militärpersonen für sich und ihre Familien nach den Bestimmungen der Militär-Kirchenordnung von demjenigen Parochus, in dessen Sprengel sie sich bleibend aufhalten, oder wenn an derselben Kirche mehreren Geistlichen die Parochialrechte gemeinschaftlich zustehen, von dem vom Konsistorium dazu zu bestimmenden behandelt werden — CRdMdgA. v. 4. Februar 1845 u. 26. Januar 1846 (BMBl. 1846 S. 28) —.

§ 20. Die nach § 5 mit der Seelsorge für die evangelischen oder katholischen Militärpersonen einzelner Garnisonen zu beauftragenden Civilgeistlichen werden von dem Konsistorio der Provinz (in Hinsicht der katholischen Geistlichen unter Konkurrenz der betreffenden bischöflichen Behörde) sorgfältig ausgewählt und, wenn sie diese Seelsorge zu übernehmen sich bereit erklärt haben, dem Ministerio der geistl. Angel. zur Genehmigung vorgeschlagen. Ihrer besonderen Vocirung und Introducirung in das Amt eines stellvertretenden Militärgeistlichen bedarf es jedoch ebensowenig wie der im § 15 bemerkten besonderen Prüfung. Die Konsistorien haben daher in allen einzelnen Garnisonorten ihrer Provinz das in dieser Beziehung nach den Lokalumständen für die evangelischen und katholischen Glaubensgenossen der Besatzung Erforderliche unter Berathung mit den Befehlshabern sowie beziehungsweise mit der bischöflichen Behörde anzuordnen und demnächst an das Ministerium der geistl. Angel. ausführlich darüber zu berichten, auch etwa vorgehende Abänderungen besonders anzuzeigen.

III. Von den Dienstverhältnissen der Militärgeistlichen.

§ 21. Die Militärprediger sind in Hinsicht aller sich unmittelbar auf die Ausführung ihrer geistlichen Amtsobliegenheiten beziehenden Angelegenheiten den geistlichen Behörden (§ 24), in allen sich zunächst auf ihre Verhältnisse als Militärbeamte beziehenden Angelegenheiten aber dem einem jeden von ihnen unmittelbar vorgesetzten Militärbefehlshaber, nämlich der Oberprediger dem kommandirenden General des Armeekorps, der Divisionsprediger dem Divisionskommandeur und der Garnisonprediger dem Kommandanten, sowie, wenn am Orte ein Gouverneur vorhanden ist, diesem, mittelbar aber dem Vorgesetzten dieser Befehlshaber untergeordnet.

Aus Vorstehendem folgt, daß diejenigen Militär-Oberprediger, welche zugleich Divisionsprediger sind, in einem doppelten Subordinationsverhältnisse sich befinden, nämlich als Oberprediger und als Divisionsprediger. Zu den Befehlshabern der einzelnen ihre Gemeinde bildenden Truppentheile stehen dagegen die Militärgeistlichen in keiner Hinsicht in einem Subordinationsverhältnisse.

§ 22. Der Militärvorgesetzte eines Militärgeistlichen ist nicht befugt, ihm in Absicht auf die eigentliche Verwaltung seiner geistlichen Amtsgeschäfte Vorschriften zu ertheilen. Die Autorität des ersteren beschränkt sich vielmehr in kirchlichen und gottesdienstlichen Angelegenheiten auf Anordnungen für die Militärgemeinde nach den bestehenden äußern kirchlichen Einrichtungen. Den von ihm in dieser Beziehung ausgehenden Anweisungen muß der Militärgeistliche unweigerlich Folge leisten.

§ 23. Ebenso hat er den von seinem Militärvorgesetzten in Bezug auf sein Verhältniß als Militärbeamter für nöthig erachteten Bestimmungen sich zu fügen, insonderheit auch im Felde nach den den Marsch, die Lagerung, die Verpflegung ꝛc. betreffenden Anordnungen, soweit selbige ihn mit angehen, genau sich zu richten. Von den Militärbefehlshabern ist jedoch darauf zu sehen, daß die Militärgeistlichen bei Anwendung solcher Vorschriften auf sie und überhaupt in ihren militärischen Verhältnissen stets mit den ihrem Amte schuldigen Rücksichten behandelt werden.

Zu § 21.

413. Dieselben Rechte und Pflichten wie die Militärgeistlichen haben auch die Marinegeistlichen — § 126 Mar. Organ. Regl. v. 7. Juli 1854 (GS. S. 399) —. Sie gehören zu den höheren Militär- resp. Marinebeamten — Klassifikations-Ordg. v. 17. Juli 1862 (GS. S. 224) —.

§ 24. In allen geistlichen Amtsangelegenheiten, also in allen nicht das äußere militärdienstliche Verhältniß, sondern ihre Amtsführung als Prediger betreffenden, stehen die Divisions- und Garnisonprediger zunächst unter dem Oberprediger des Armeekorps und mit diesem sowohl unter dem Konsistorio der Provinz als auch unter dem Feldprobste, in höherer Instanz aber unter dem Minister der geistl. Angel. Insbesondere stehen die Militärprediger in allen Angelegenheiten, welche auf die Ausübung und das Formelle des Militärgottesdienstes und die Beobachtung der darüber gegebenen Vorschriften Bezug haben, unter dem Feldprobste, dem es besonders obliegt, die Gleichförmigkeit in der Ausübung des Militär-Gottesdienstes bei allen Armeekorps zu bewirken. Zu den Provinzial-Regierungen befinden sich die Militärgeistlichen von jetzt an in keiner dienstlichen Beziehung, indem die militärkirchlichen Angelegenheiten, soweit sie bisher zum Ressort der ersteren gehörten, ganz zu dem der Konsistorien übergehen.

§ 25. Daß die Militär-Oberprediger zu den ihnen untergeordneten Divisions- und Garnisonpredigern in demselben Verhältnisse stehen wie die Superintendenten zu den Predigern ihrer Diöcese, ist bereits im § 3 bestimmt worden.

Die Oberprediger haben daher auf die Amtsführung und den Wandel der ihnen untergeordneten Divisions- und Garnisonprediger sorgfältig zu wachen, sie in derselben Art, wie für die Superintendenten in Beziehung auf die Geistlichen ihres Sprengels vorgeschrieben ist, zu visitiren, ihre Kirchenbücher zu revidiren und jährlich eine gewissenhafte Konduitenliste über diese Militärprediger dem Konsistorio vorzulegen, welches dieselbe, mit seinen Bemerkungen und seinem Urtheile über den Oberprediger begleitet, [nicht allein] an das Ministerium der geistl. Angel. einsendet, wodurch sie zugleich zur Kenntniß des Feldprobstes gelangen, [sondern auch den Provinzialregierungen, in deren Bezirk die einzelnen Militärprediger sich befinden, in Rücksicht auf die den erstern nach § 107 obliegende Sorge für die Weiterbeförderung dieser Prediger] zur Kenntnißnahme mittheilt.

§ 26. Jeder Divisions- und Garnisonprediger muß in Friedenszeiten jährlich und zwar am Schlusse jedes Jahres einen genauen Bericht über seine Amtsführung und die besondern Angelegenheiten seiner Gemeinde an seinen Oberprediger erstatten und Abschrift einer von ihm in dem abgelaufenen Jahre gehaltenen Predigt und eine wissenschaftliche Abhandlung seinem Berichte beischließen. Von dem Oberprediger sind diese Berichte nebst den Predigten und Abhandlungen mit einem von ihm in Bezug auf seine Amtsführung und Gemeinde zu erstattenden ähnlichen Berichte dem Konsistorio und von letzterem dem Ministerio der geistl. Angel. vorzulegen.

Im Kriege müssen von den im Felde stehenden Militärgeistlichen solche Berichte in der Regel monatlich erstattet und an den Feldprobst eingesandt werden, auch ist ihnen von Zeit zu Zeit eine Predigt beizufügen.

§ 27. Sowie beim Ausbruche eines Krieges die Anzahl der während desselben bei der Armee anzustellenden katholischen Geistlichen bestimmt werden wird, so werden dann auch jedesmal die nähern Bestimmungen über deren geistliche Amtsverhältnisse für die Dauer der Anstellung erfolgen.

§ 28. Auf die nach § 5 als Militärprediger fungirenden evangelischen Civilgeistlichen haben die in den §§ 25 u. 26 enthaltenen Bestimmungen nur insoweit Anwendung, daß auch sie den in Bezug auf diese ihnen übertragene

Zu § 24.

414. Die evangelischen Militärgeistlichen dürfen an den Kreissynoden mit berathender Stimme Theil nehmen — RdMdgA. v. 21. Novbr. 1836, AE. v. 5. Juni 1861 (GS. S. 372) —. Die Oberprediger dürfen den Provinzialsynoden ohne alles Stimmrecht beiwohnen — RdMdgA. v. 6. Novbr. 1839 Nr. 13 —.

Zu § 25.

415. Die eingeklammerten Stellen sind antiquirt, vgl. N. 422.

Seelsorge durch den betreffenden Militär-Oberprediger ihnen zugehenden Verfügungen und dessen Anweisungen Folge zu leisten verpflichtet sind.

Der ihnen übrigens vorgesetzte Superintendent hat seine Visitationen mit auf die Ausübung dieser Seelsorge zu erstrecken und seine etwaigen Bemerkungen darüber dem Konsistorio vorzutragen.

Eben diese Pflicht liegt bei den mit der Seelsorge für den katholischen Theil des Militärs beauftragten katholischen Geistlichen ihren Amtsvorgesetzten ob. Die auf diese Seelsorge sich beziehenden Vorschriften erhalten sie auf Veranlassung des betreffenden Konsistorii durch die bischöfliche Behörde.

§ 29. In Hinsicht der Amtsentsetzung oder unfreiwilligen Entfernung aus ihren amtlichen Verhältnissen kommen auch für die Militärgeistlichen die in der V. v. 12. April 1822 enthaltenen Vorschriften zur Anwendung. Ihre Suspension wird wegen eigentlicher Amtsvergehen vom betreffenden Konsistorio, wegen gemeiner sowie wegen etwaiger auf ihre militärischen Dienstverhältnisse sich beziehender Vergehen aber von diesem und dem betreffenden Generalkommando gemeinschaftlich verfügt. Können beide sich nicht darüber einigen oder beschwert der Militärgeistliche sich deshalb, so wird gemeinschaftlich von den Ministerien der geistl. Angel. und des Krieges darüber entschieden.

Daß im Kriege in Hinsicht der bei den mobilen Truppen sich befindenden Militärgeistlichen die eben erwähnten Befugnisse der Konsistorien dem Feldprobste zustehen, folgt aus dem, was im § 2 über dessen amtliche Wirksamkeit während des Krieges bestimmt worden ist.

Die Suspension eines solchen Militärgeistlichen und dessen Entfernung von der Armee bedarf dann jedoch, aus welchem Grunde sie auch geschehen möge, allemal der Zustimmung des kommandirenden Generals der Armee.

§ 30. Die Entlassung eines Militärpredigers mit Pension erfolgt in vorkommenden Fällen durch das Kriegsministerium, und wird der diesfällige Antrag vom kommandirenden General unter Zustimmung des Konsistorii der Provinz bei diesem Ministerio gemacht. Das Konsistorium hat aber auch seinerseits an das Ministerium der geistl. Angel. gleichzeitig Bericht zu erstatten.

§ 31. Ihren Gerichtsstand in Kriminal- und Injuriensachen haben die Militärprediger auch künftig in erster Instanz bei dem General-Auditoriate, in zweiter bei dem Appellationssenate des Kammergerichts.

§ 32. Wenn der Militärgeistliche in Amtsangelegenheiten verreisen muß, so hat er dem Militärbefehlshaber davon zuvor Anzeige zu machen und dessen Zustimmung dazu zu erbitten. Zum Verreisen in eigenen Angelegenheiten bedarf er allemal eines Urlaubs von seinem Militärvorgesetzten, der denselben, wenn die Abwesenheit nicht über acht Tage dauern soll, ohne Weiteres und bei längerer Abwesenheit unter Zustimmung des Oberpredigers, und wenn dieser verreisen will, des Konsistorii, welche der den Urlaub Nachsuchende zuvor einzuholen hat, ertheilt. Macht die Abwesenheit eines Militärpredigers dessen Stellvertretung nöthig, so ist letztere bei dem Konsistorio durch den Oberprediger nachzusuchen, und dieser hat dem Militärvorgesetzten von der getroffenen Verfügung Anzeige zu machen.

Im Kriege darf er in eigenen Angelegenheiten außer im Falle einer Krankheit seine Gemeinde nie verlassen.

§ 33. Zu seiner Verheirathung hat der evangelische Militärprediger die Erlaubniß bei dem ihm vorgesetzten Konsistorio nachzusuchen.

IV. Von den Militärgemeinden.

A. Im Allgemeinen.

§ 34. Zu den Militärgemeinden überhaupt gehören:

1) sämmtliche im aktiven Dienst befindliche Offiziere, Unteroffiziere und Soldaten;

2) die mit Inaktivitätsgehalt, Wartegeld oder Pension entlassenen Offiziere, so lange sie den Militärgerichtsstand behalten;
3) alle Militärbeamte und Militärhandwerker, welche ihrer Bestimmung nach den Truppen in's Feld und beim Garnisonwechsel folgen müssen;
4) die Festungsbeamten und die in den Festungen angestellten Militär-Oekonomiebeamten;
5) die Zeughausbeamten sowohl in Festungen als in offenen Städten;
6) die Militär-Lazarethbeamten;
7) die Militär-Kirchendiener und Garnisonschullehrer;
8) die Frauen sämmtlicher unter 1—7 genannten Personen und ihre Kinder, so lange letztere sich im väterlichen Hause befinden.

Die unter Nr. 2—6 u. 8 erwähnten Personen gehören jedoch nur dann zu den Militärgemeinden, wenn an ihrem Aufenthaltsorte ein Militärprediger oder ein mit der Seelsorge für das Militär ausdrücklich beauftragter Civilgeistlicher sich befindet.

§ 35. Alle ohne Pension oder Wartegeld entlassene Offiziere scheiden mit dem Augenblicke ihrer Entlassung aus den Militärgemeinden

Mit dem Tode einer Militärperson treten deren Wittwe und Kinder zur Civilgemeinde über.

§ 36. Die Dienstboten der Militärpersonen gehören nur, wenn sie ihrer Herrschaft in's Feld folgen, während dieser Zeit zur Militärgemeinde.

§ 37. Die von der etatsmäßigen Friedensstärke des Heeres auf bestimmte Zeit Beurlaubten sind ohne Rücksicht auf den Ort ihres einstweiligen Aufenthalts auch während der Dauer dieses Urlaubs zur Gemeinde des Truppentheils, von welchem sie beurlaubt worden, zu rechnen; alle auf unbestimmte Zeit Beurlaubten, mithin auch die zur Kriegsreserve Entlassenen, sowie die beurlaubten Individuen der Landwehr und des Trains, scheiden dagegen, wo sie sich auch befinden mögen, mit dem Urlaube für die Dauer desselben aus der Militärgemeinde.

Die nach erfolgter Aushebung und Vereidigung einstweilen wieder in ihre Heimath beurlaubten Rekruten des stehenden Heeres gehen erst mit dem Augenblicke ihrer wirklich erfolgenden Einstellung zur Militärgemeinde über.

B. Gemeinde der einzelnen Militärgeistlichen.

§ 38. Zu der Gemeinde der beiden Prediger einer Division gehören außer dem Personale des Divisionsstabes sämmtliche Truppentheile der Division; zu der eines Militär-Oberpredigers außer dem militärischen und Beamtenpersonale des Generalkommandos alle nicht im Divisionsverbande sich befindende Truppentheile des Armeekorps, also das Reserveregiment, die Artillerie, Pioniere, Jäger und Schützen, ingleichen die im Bezirke des Armeekorps stationirte Land-Gensdarmerie.

Die Konfession der einzelnen Individuen ist auf diese Parochialverhältnisse von keinem Einflusse. In welcher Art unter die beiden Prediger einer Division die Gemeinde derselben und die dabei vorkommenden geistlichen Amtsgeschäfte vertheilt werden sollen, wird von dem Generalkommando und dem Konsistorio gemeinschaftlich nach Maaßgabe der besonderen Verhältnisse bestimmt. Bei denjenigen Divisionen, wo einer der Divisionsprediger zu-

---

Zu § 37.

416. Die Landwehr-Stamm-Mannschaften gehören ebenso wie die Landgensdarmen überall zur Militärgemeinde — KdMdgA. v. 19. April 1844 (BMBl. S. 168) u. 27. Februar 1845 (BMBl. S. 60) —, die Militärpersonen des Beurlaubtenstandes dagegen erst vom Tage des wirklichen Wiedereintritts in das Heer, nicht schon nach Empfang der Einberufungsordre — CKdOKR. v. 24. April 1851 (BMBl. S. 81) —.

gleich als Oberprediger des Armeekorps fungirt, ist dabei auf die ihm in letzterer Eigenschaft zustehende Gemeinde Rücksicht zu nehmen.

§ 39. Diese normalen Grenzen für den Parochialbezirk der Militär-Ober- und Divisionsprediger kommen jedoch unbedingt nur dann zur Anwendung, wenn die zu demselben gehörenden Truppentheile entweder mit an dem Garnisonorte des betreffenden Militärpredigers sich befinden oder an einem Orte stehen, wo weder ein Garnisonprediger noch ein nach § 5 mit der Seelsorge für sie beauftragter Civilgeistlicher sich befindet, in welchem Falle sie, vorausgesetzt daß sie ganz oder theilweise aus evangelischen Individuen bestehen, von dem betreffenden Ober- oder Divisionsprediger zweimal im Jahre zur Abhaltung des Gottesdienstes und der Kommunion zu bereisen sind.

Garnisoniren die beziehungsweise vom Stabe des General- oder Divisionskommandos entfernten Truppentheile dagegen an einem Orte, wo entweder ein Militärprediger oder ein mit der Seelsorge für das Militär beauftragter Civilgeistlicher vorhanden ist, so werden sie, so lange dieses Dislokationsverhältniß dauert, zu dessen Gemeinde gerechnet, und der normale Parochie-Annexus mit ihrem Militär-Ober- oder Divisionsprediger beschränkt während dieser Zeit sich auf die zum Behufe der Führung der Kirchenbücher nach den § 41 u. 42 zu machenden Mittheilungen.

§ 40. Aus Vorstehendem schon ergiebt sich, daß zu der Gemeinde der Garnisonprediger sowohl in den Gouvernementsstädten als in den Festungen diejenigen daselbst garnisonirenden Truppentheile und einzelnen Militärpersonen gehören, deren nach den normalen Parochialgrenzen (§ 38) kompetenter Militärprediger nicht mit am Orte sich befindet. Ebenso gehören dazu auch sämmtliche am Orte wohnende, nach § 34 den Militärgemeinden angehörende Personen, welche, weil sie weder zu einem Truppentheile noch zum Personal eines General- oder Divisionskommandos gehören, keinen eigenen Militärprediger haben, so wie in den Festungen das gesammte Festungspersonal, ingleichen sämmtliche Festungsgefangene. In den Garnisonorten, wo kein Garnisonprediger vorhanden ist, aber ein Generalkommando sich befindet, hat der Oberprediger des Armeekorps, in den detachirten Divisionsquartieren der ältere der beiden Divisionsprediger, in den übrigen Garnisonen aber der mit der Seelsorge für das Militär beauftragte evangelische Civilgeistliche die eben erwähnten Parochialrechte eines Garnisonpredigers.

Die nach einem Orte kommandirten Militärpersonen sind zur Garnison desselben in kirchlicher Beziehung nur dann zu rechnen, wenn die Dauer des Kommandos auf wenigstens ein Jahr bestimmt ist; im entgegengesetzten Falle bleiben sie in ihrem früheren Parochialverhältnisse.

§ 41. In allen Garnisonen, wo nach § 5 einem katholischen Geistlichen die Seelsorge für die katholischen Individuen der Besatzung übertragen ist, übt derselbe in Hinsicht ihrer die Parochialrechte in derselben Art aus wie in Hinsicht der Civilmitglieder seiner Gemeinde.

Bei den in diesem militärischen Theile derselben von ihm zu verrichtenden Taufen und Trauungen muß er jedoch nicht allein die in der gegenwärtigen Militär-Kirchenordnung in Hinsicht dieser kirchlichen Akte gegebenen Vorschriften gleichfalls beobachten, sondern auch, wenn am Orte ein evangelischer Militärgeistlicher sich befindet, unmittelbar nach vollzogener Handlung, entgegengesetzten Falles aber am Schlusse des Jahres dem Militärgeistlichen, zu dessen Parochie die betreffenden Individuen nach den im § 38 enthaltenen Bestimmungen gehören, durch abschriftliche Mittheilung der während des abgelaufenen Jahres für die ihm übertragene Militärgemeinde geführten Tauf- und Trauungsregister, denen auch eine Abschrift des Sterberegisters beizufügen ist, zum Behufe der Eintragung in das Militärkirchenbuch Anzeige machen.

§ 42. Eben diese jährliche Mittheilung hat auch der für die detachirten Garnisonen mit der Seelsorge beauftragte evangelische Geistliche, ingleichen jeder Garnisonprediger dem betreffenden Militär-Ober- oder Divisionsprediger in Hinsicht der zu dessen Gemeinde gehörenden Truppenabtheilungen zu machen.

§ 43. Da die Divisionsprediger beim Ausmarsche ihrer Division diese in's Feld zu begleiten verpflichtet sind, so werden während ihrer Abwesenheit alle in der Garnison zurückbleibende Personen ihrer Gemeinde bis zu ihrer Rückkehr in dem Garnisonorte des nach § 3 zurückbleibenden Militär-Oberpredigers zur Gemeinde desselben, in den übrigen Garnisonen aber, wenn daselbst ein Garnisonprediger sich befindet, zu dessen Gemeinde gerechnet, und wo ein solcher nicht vorhanden ist, wird die einstweilige Seelsorge für sie nach § 5 einem der Ortsgeistlichen von dem Konsistorio übertragen.

§ 44. Wenn Militärpersonen eine Taufe oder Trauung von einem andern Geistlichen als dem, zu dessen Gemeinde sie nach Vorstehendem gehören, verrichtet zu sehen wünschen, so bedürfen sie dazu eines Dimissoriales von Seiten ihres kompetenten Seelsorgers. Da eine solche Handlung jedoch allemal in das Kirchenbuch der Militärgemeinde, welcher das betreffende Individuum angehört, eingetragen werden muß, so ist der sie verrichtende Geistliche, er mag vom Militär oder Civil sein, verpflichtet, zu diesem Behufe dem kompetenten Geistlichen nach ihrer Vollziehung davon sofort Anzeige zu machen.

Sind Mitglieder einer Militärgemeinde in Ansehung einer außerhalb ihres gewöhnlichen Garnison- oder Wohnortes vorzunehmenden geistlichen Amtshandlung von ihrem kompetenten Geistlichen dimittirt, so kann der Militärgeistliche des Orts, wo die Handlung vorgenommen werden soll, nicht verlangen, daß sie von ihm verrichtet werde, sondern diese darf daselbst, ohne daß dazu ein nochmaliges Dimissoriale von Seiten des letzteren erforderlich ist, auch von einem Civilgeistlichen vollzogen werden. Der kompetente Militärgeistliche hat daher in solchen Fällen sein Dimissoriale ganz allgemein auf jeden zu der betreffenden Handlung berechtigten Geistlichen seiner Konfession auszustellen.

§ 45. Römisch-katholische Mitglieder der Militärgemeinden bedürfen, um die sie betreffenden actus ministeriales von einem Geistlichen ihrer Konfession verrichten zu lassen, niemals eines Dimissoriales von dem evangelischen Militärprediger, zu dessen Gemeinde sie ihrem Dienstverhältnisse nach gehören.

Ist jedoch die Seelsorge für sie nach § 5 einem katholischen Civilgeistlichen übertragen worden, so darf eine solche Handlung von einem anderen katholischen Civilgeistlichen nicht anders als nach zuvor von Seiten des erstern erfolgtem Dimissoriale verrichtet werden.

§ 46. Die den römisch-katholischen Mitgliedern der Militärgemeinden zustehende Befugniß, alle sie betreffende geistliche Handlungen durch einen Geistlichen ihrer Konfession verrichten zu lassen, schließt indessen die Befugniß und Verpflichtung des evangelischen Militärpredigers, zu dessen Gemeinde sie nach den §§ 38—40 gehören, wenn sie es wünschen sollten, diese Handlung, vorausgesetzt, daß sie zu den auch in der evangelischen Kirche vorkommenden gehört, nach dem Ritus derselben zu verrichten, nicht aus.

§ 47. Ebensowenig wie es einem Militärprediger erlaubt ist, geistliche

---

Zu § 47.

417. Des im § 47 erwähnten Dimissoriales bedarf es auch bei Kommunionen und Konfirmationen in Rheinland und Westphalen auf Grund der §§ 98 u. 109 Kirch. O. v. 5. März 1835 — RdMdgA. publicirt durch Publ. d. Konsist. zu Münster v. 8. Septbr. 1842 (BMBl. S. 340) —.

Amtshandlungen bei Mitgliedern einer andern Militär- oder Civilgemeinde ohne Genehmigung des kompetenten Geistlichen vorzunehmen, ebensowenig darf dies von einem Civilgeistlichen bei Mitgliedern einer Militärgemeinde geschehen. Eines förmlichen Dimissoriales dazu bedarf es jedoch sowohl für die Militär- wie für die Civilgeistlichen nur bei Taufen und Trauungen. Hinsichts der übrigen geistlichen Amtshandlungen (der Beichte, des Abendmahls, ingleichen der Einsegnung der Kinder und ihrer Vorbereitung dazu), bei denen es in Folge besondern persönlichen Vertrauens oder anderer individuellen Rücksichten den sie betreffenden Personen wünschenswerth sein kann, sie von einem andern Geistlichen als dem, zu dessen Gemeinde sie gehören, verrichten zu lassen, ist, wenn der letztere wider Vermuthen nicht geneigt sein sollte, ausdrücklich oder stillschweigend darein zu willigen, das Konsistorium auf den desfallsigen gehörig motivirten Antrag der die Handlung wünschenden Militär- oder Civilperson von dieser Einwilligung zu dispensiren befugt.

Daß von der Nothwendigkeit eines Dimissoriales oder einer Dispensation von Seiten des Konsistorii die Fälle ausgenommen sind, wo Gefahr im Verzuge ist, z. B. bei Sterbenden, versteht sich von selbst.

§ 48. In allen Fällen, wo eine geistliche Amtshandlung von einem andern als dem nach Vorstehendem kompetenten Geistlichen verrichtet worden, hat derjenige Prediger, dem sie eigentlich zukommt, nicht aber derjenige, der sie verrichtet, dieselbe in sein Kirchenbuch einzutragen. Die Kirchenbücher eines Militärpredigers dürfen daher keine anderen Amtshandlungen enthalten als die bei wirklichen Mitgliedern seiner Gemeinde vorgefallenen; über alle von ihm bei Andern verrichteten hat er besondere Listen zu führen, aber auch dem Militär- oder Civilgeistlichen, zu dessen Kompetenz sie eigentlich gehören, sofort nach der Vollziehung die erforderlichen Data zur Eintragung in das Kirchenbuch mitzutheilen.

V. Von den Amtsgeschäften der Militärprediger.

§ 49. Die Amtspflichten der Militärprediger beziehen sich theils auf die ihnen übertragene geistliche Seelsorge, theils auf die ihnen obliegende Wirksamkeit bei den Militär-Unterrichtsanstalten.

A. Geistliche Amtspflichten.

1. Militär-Gottesdienst.

§ 50. In ersterer Beziehung besteht das Hauptgeschäft der Militärprediger in der Abhaltung des Militär-Gottesdienstes nach der für die Armee vorgeschriebenen Liturgie.

In Friedenszeiten muß in jeder Garnison, die einen eigenen Militärprediger hat, außer an den hohen kirchlichen Festtagen der sonntägliche Militär-Gottesdienst so oft abgehalten werden, daß im Laufe eines Monats alle Truppentheile der Garnison einmal daran Theil nehmen können. Die nach Maaßgabe der besondern Ortsverhältnisse in dieser Hinsicht erforderlichen Anordnungen bleiben dem Uebereinkommen des Generalkommandos und des Konsistorii der Provinz überlassen.

§ 51. Da wo eine eigene Garnisonkirche sich befindet, wird diese, wie sich von selbst versteht, zum Militär-Gottesdienste benutzt, wo aber eine solche nicht vorhanden ist, eine Civilkirche des Orts von dem Konsistorio im Einverständnisse mit dem Generalkommando dazu ermittelt, in welcher dann, falls der Raum es erlaubt, für die Garnison abgesonderte Plätze anzuweisen sind. Wo dagegen die räumlichen Verhältnisse dies nicht gestatten, ist der Militär-Gottesdienst zu einer dem Civil-Gottesdienst nicht zu nahen Stunde abzuhalten, damit nicht gegenseitige Störungen veranlaßt werden.

§ 52. Ist am Orte eine eigene Garnisonkirche vorhanden, so hängt die Wahl der zur Feier des gewöhnlichen sonntäglichen Militärgottesdienstes ein für allemal zu bestimmenden Vormittagsstunde von dem Befehlshaber der Garnison ab. Bei besonderen militärischen Feierlichkeiten sowie bei Zusammenziehung einer Division oder eines Armeekorps ist der Kommandeur befugt, die Abhaltung eines außerordentlichen Militär-Gottesdienstes zu verfügen und Zeit und Ort desselben zu bestimmen, doch hat er darüber, so weit es möglich ist, bei Zeiten mit dem Prediger Abrede und darauf Rücksicht zu nehmen, daß dieser sich auf seinen Vortrag gehörig vorbereiten könne, und die gottesdienstliche Feier auf eine würdige Weise gehalten werde, sowie auch während des Gottesdienstes die Befehlshaber sorgfältig darauf zu achten verpflichtet sind, daß alle Störung der Andacht und Erbauung vermieden werde.

§ 53. In denjenigen Garnisonen, wo die Seelsorge für das evangelische Militär einem Civilprediger übertragen ist, nimmt dasselbe in der Regel an dem gewöhnlichen Civil-Gottesdienste Theil, indem es der Abhaltung eines besondern Militärgottesdienstes nur dann bedarf, wenn örtliche Verhältnisse, z. B. Mangel an Raum, es nothwendig machen.

Die desfallsige Anordnung geschieht in Folge des § 20 von Seiten des Konsistorii der Provinz nach vorheriger Einigung mit dem Generalkommando. Die in Hinsicht der Benutzung der Civilkirchen durch das Militär im § 51 enthaltenen Bestimmungen kommen dabei gleichfalls in Anwendung.

§ 54. Im Felde wird, insofern es die Umstände gestatten, an jedem Sonn- und hohen kirchlichen Festtage für beide Konfessionen Gottesdienst gehalten. Die Bestimmung der Zeit und des Orts dazu hängt allein von den Befehlshabern ab, die dabei jedoch das in dieser Beziehung im § 52 Gesagte zu berücksichtigen haben.

Außer dem Gottesdienste sind die Militärgeistlichen beider Konfessionen im Felde auch zu täglichen, Morgens und Abends abzuhaltenden Andachten verpflichtet.

§ 55. Kein Militärgeistlicher darf im Kriege wegen der dann mit seinem Berufe verknüpften Beschwerden und Gefahren sich der Erfüllung seiner Amtspflichten entziehen und seine Gemeinde ohne ausdrückliche Erlaubniß oder bestimmten Befehl seines Militärbefehlshabers verlassen. Wenn die Umstände es gestatten, und der Befehlshaber es wünscht, hat er vor dem Beginnen eines Gefechts den versammelten Truppen mit einigen kräftigen Worten nochmals ihre Pflichten für König und Vaterland bei dem bevorstehenden entscheidenden Augenblicke vorzuhalten. Nimmt das Gefecht seinen Anfang, so müssen sich die Militärgeistlichen soviel als möglich dahin begeben, wo die beweglichen Lazarethe in Thätigkeit sind, um die Schwerverwundeten und Sterbenden durch die Tröstungen der Religion aufzurichten, auch ihre etwaigen Wünsche und Aufträge zu erfahren und nach Möglichkeit zu erfüllen.

§ 56. Jeder evangelische Militärprediger hat seiner Gemeinde die reine und unverfälschte Lehre Jesu Christi, wie solche in der heiligen Schrift enthalten ist, in Gemäßheit des kirchlichen Lehrbegriffs der evangelischen Konfession in einer ungekünstelten, faßlichen und herzlichen Sprache vorzutragen, seine Vorträge, soweit die Zeit es irgend gestattet, mit dem gewissenhaftesten Fleiße auszuarbeiten und dabei sowohl die Beförderung eines echt christlichen Sinnes überhaupt als auch die dem Stande seiner Zuhörer besonders obliegenden Pflichten zu seinem Hauptaugenmerke zu machen.

§ 57. In Friedenszeiten wird das heilige Abendmahl von dem Militärprediger in seiner Garnison nach den Umständen viertel- oder halbjährlich nach vorhergegangener Beichtandacht den Vorschriften der Liturgie gemäß feierlich gehalten. Acht Tage vorher muß dieses bei der Parole bekannt gemacht werden. Auch hat der Militärprediger dafür zu sorgen, daß die Kommunikantenlisten ihm von den Feldwebeln oder Wachtmeistern bei Zeiten eingereicht werden, damit, falls einer oder der andere von denen, die kommuniciren wollen, ihm als einer besonderen Ermahnung bedürftig bekannt ist oder angezeigt wird, er noch Zeit habe, denselben zu sich kommen zu lassen, um sie ihm auf eine angemessene Weise zu ertheilen. Die Kosten für Brot und Wein zur Kommunion sind von dem Prediger nach den darüber vorhandenen besonderen Vorschriften bei der Intendantur des Armeekorps zu liquidiren.

§ 58. Die in dem vorstehenden § enthaltenen Bestimmungen kommen auch in denjenigen Garnisonen, wo die Seelsorge für das Militär einem evangelischen Civilgeistlichen übertragen ist, für diesen in Anwendung.

Diejenigen Garnisonorte dagegen, wo eine solche Uebertragung in Ermangelung eines evangelischen Ortsgeistlichen nicht stattfinden kann, müssen, wenn deren Besatzung ganz oder zum Theil evangelischer Konfession ist, zweimal im Jahre von dem Militär-Ober- oder Divisionsprediger, zu dessen Gemeinde die Besatzung nach § 38 gehört, zur Abhaltung des Gottesdienstes und der Kommunion bereist werden, und eben solche Bereisungen, wenn die Besatzung theilweise aus katholischen Individuen besteht, und kein katholischer Geistlicher am Orte sich befindet, dem die Seelsorge für sie nach § 5 übertragen werden kann, von dem Geistlichen einer der nächstgelegenen katholischen Gemeinden geschehen. Das Konsistorium der Provinz hat über das in letzterer Beziehung Erforderliche mit der bischöflichen Behörde eine Uebereinkunft zu treffen und demnächst dem Generalkommando davon Mittheilung zu machen, welches seinerseits dem Kriegsministerio zum Behuf der Anweisung der Kosten, über welche der § 99 das Nähere enthält, darüber Bericht erstatten wird.

Der Zeitpunkt solcher Bereisungen durch den Militärprediger oder einen katholischen Geistlichen muß dem Befehlshaber der betreffenden Garnison durch die ihm vorgesetzte Militärbehörde bei Zeiten angezeigt werden, damit die im § 57 vorgeschriebene Bekanntmachung und Anfertigung der Kommunikantenlisten zur rechten Zeit geschehen könne.

2. Taufen.

§ 59. Dem evangelischen Militärprediger steht die Taufe jedes in seiner Gemeinde geborenen ehelichen Kindes zu, dessen Vater zur evangelischen Konfession gehört.

Die allgemeine Vorschrift, daß uneheliche Kinder auf den Namen der Mutter getauft und auch auf ihren Namen in das Taufregister eingeschrieben werden müssen, findet auf die unehelichen Kinder der Militärpersonen gleichfalls Anwendung. Der Militärprediger darf demnach die Taufe eines solchen Kindes nur dann verrichten, wenn die Mutter zur Militärgemeinde gehört, also die Tochter einer Militärperson ist und sich noch im väterlichen Hause befindet. Der Name des Vaters ist jedoch, wenn derselbe die Vaterschaft anerkannt hat, in das Kirchenbuch zu vermerken, um das künftige Erbfolgerecht des auf den Namen der Mutter zu taufenden unehelichen Kindes zu sichern.

§ 60. Die im vorstehenden § enthaltenen Bestimmungen sind von den mit der Seelsorge für das Militär beauftragten Civilgeistlichen gleichfalls zu beobachten.

Zu § 58.

418. Die am Schlusse des Alin. 2 im § 58 vorgeschriebene Mittheilung ist nicht mehr dem Kriegsministerio, sondern der Intendantur zu machen, vgl. N. 408. Bei den in den Fällen des Alin. 2 abgehaltenen Gottesdiensten und Kommunionen müssen die Civilküster für eine jedesmalige Remuneration von 15 Sgr. assistiren — **CRdMdgA. v. 17. Februar 1825 (Ann. 9, 101) —.**

3. Trauungen.

§ 61. Die in den beiden §§ 59 u. 60 gegebenen Bestimmungen gelten analogisch auch bei den Trauungen.

Alle zu einer Militärgemeinde gehörenden Personen ohne Unterschied des Geschlechts und der Konfession müssen, wenn sie sich verheirathen wollen, von dem mit der Seelsorge für sie beauftragten Geistlichen proklamirt werden.

Von den detachirten, einem Garnison- oder evangelischen Civilprediger überwiesenen Truppentheilen, ingleichen bei den römisch-katholischen Individuen der Militärgemeinden geschieht die Proklamation daher nicht von dem Militärprediger, zu dessen Gemeinde sie nach den im § 38 bemerkten normalen Parochialverhältnissen gehören, sondern von dem Garnisonprediger oder dem mit der Seelsorge für sie beauftragten evangelischen oder katholischen Civilgeistlichen. In Hinsicht auf die Proklamirung der Beurlaubten und Kommandirten kommen die beziehungsweise im § 37 und am Schlusse des § 40 enthaltenen Bestimmungen zur Anwendung.

Das Aufgebot einer Militärperson braucht übrigens nur an dem Orte zu geschehen, wo der Truppentheil, zu dem sie gehört, zur Zeit in Garnison steht, auch wenn sie noch kein Jahr sich daselbst befindet.

§ 62. Der nach vorstehendem § zur Proklamirung befugte und verpflichtete Geistliche verrichtet, wenn der Bräutigam zu der ihm übertragenen Gemeinde gehört, auch die Trauung, indem in den Militärgemeinden die Trauung ausschließlich dem Pfarrer des Bräutigams zusteht, und dieselbe daher, wenn zwar die Braut zur Militärgemeinde, der Bräutigam aber zur Civilgemeinde gehört, nicht vom Militärprediger sondern vom Civilgeistlichen geschehen muß, es sei denn, daß letzterer dem Bräutigam ein Dimissoriale ertheilte. Ein Dimissoriale kann übrigens nur auf die Kopulation, nie auf die Proklamation sich erstrecken, indem letztere nirgend anders als in den Gemeinden, zu welchen der Bräutigam und die Braut gehören, geschehen darf.

§ 63. Alle sonst in Hinsicht auf das Aufgebot und die Trauung erlassene oder künftig erfolgende allgemeine Verordnungen kommen bei den Verheirathungen in den Militärgemeinden gleichfalls zur Anwendung. Die Militärprediger sind daher verpflichtet, sich mit denselben sorgfältig bekannt zu machen und danach zu achten.

Außerdem haben sie in dieser Beziehung folgende Bestimmungen zu beobachten:

§ 64. Die Militärprediger und die mit der Seelsorge beauftragten evangelischen und katholischen Civilgeistlichen dürfen keine Trauung verrichten, auch kein Dimissoriale dazu ausfertigen, wenn ihnen nicht vorher

a) bei einem Offizier der Königl. Heirathskonsens, bei einem Unteroffizier und Soldaten der Konsens seines Kommandeurs, bei einem Militärbeamten aber die Genehmigung der demselben vorgesetzten Militärbehörde;

b) ein von dem Prediger der Braut ausgefertigter Schein, daß die Proklamation in Bezug auf sie regelmäßig und ohne Einspruch geschehen;

c) wenn der Bräutigam oder die Braut oder beide Ausländer sind, ein Attest des Civilgerichts über die bei demselben von ihnen eidlich abgelegte Versicherung ihres ehelosen Standes vorgelegt worden ist, welche Atteste der Prediger in seiner Kirchenregistratur aufzubewahren hat.

§ 65. In Hinsicht der Dispensation vom öffentlichen Aufgebote kommen in den Militärgemeinden die allgemeinen Bestimmungen gleichfalls zur Anwendung. Für alle zur Klasse der Unteroffiziere und Soldaten gehörende Militärpersonen, ingleichen für die mit ihnen in gleichem Range stehenden niedern Militärbeamten erfolgt diese Dispensation unentgeltlich. Im Falle eines ganz nahen Ausmarsches oder einer gefährlichen Krankheit, sowie im

Felde und überhaupt unter Umständen, welche die Anwendung der in Hinsicht des öffentlichen Aufgebots oder der Einholung einer Dispensation bestehenden allgemeinen Vorschriften unthunlich machen, ist der Militärvorgesetzte des betreffenden Predigers nach vorheriger sorgfältiger Prüfung der Umstände und Verhältnisse die Dispensation zu ertheilen befugt.

§ 66. Wenn die auf bestimmte Zeit Beurlaubten oder die auf weniger als ein Jahr nach einem andern Orte kommandirten und daher nach den §§ 37—40 fortwährend zur Gemeinde ihres Truppentheils gehörenden Individuen sich am Orte des Urlaubs oder Kommandos verheirathen wollen, so bedürfen sie dazu eines Dimissoriales von Seiten ihres kompetenten Militärpredigers oder des mit der Seelsorge für sie in ihrer eigentlichen Garnison beauftragten evangelischen oder katholischen Civilgeistlichen, welches dieser ihnen jedoch erst nach dem von ihm in seiner Kirche geschehenen Aufgebote ertheilen darf. Die Vorzeigung des im § 64 erwähnten Proklamationsscheins der Braut an den das Dimissoriale ertheilenden Geistlichen ist indessen in solchen Fällen nicht erforderlich, um ihn zur Ausstellung desselben zu berechtigen, sondern die Pflicht, sich die an ihrem Aufenthaltsorte geschehene Proklamation der Braut nachweisen zu lassen, liegt dann allein dem kopulirenden Geistlichen ob.

§ 67. Die im § 37 erwähnten beurlaubten Rekruten bedürfen zwar, weil sie noch keiner Militärgemeinde angehören, bei ihrer Verheirathung weder eines Aufgebots in der Militärkirche noch eines Dimissoriales von dem Militärprediger, zu dessen Gemeinde ihr Truppentheil gehört, wohl aber eines Heirathskonsenses von Seiten des Landwehr-Bataillonskommandeurs, in dessen Bezirk ihre Heimath sich befindet. Kein Prediger darf daher, bevor ihm dieser Konsens vorgezeigt worden ist, einen solchen Rekruten proklamiren oder gar kopuliren.

Für die Individuen der Kriegsreserve und des beurlaubten Theils der Landwehr ist dagegen zu ihrer Verheirathung ein militärischer Heirathskonsens nicht erforderlich.

§ 68. Da übrigens die Militärbefehlshaber bei Ertheilung des Heirathskonsenses nur zu prüfen haben, ob die Heirath in militärischer Beziehung zulässig, nicht aber ob sie es auch in Hinsicht der übrigen gesetzlichen Erfordernisse ist, sondern letzteres ganz allein dem kopulirenden Geistlichen obliegt, so folgt daraus, daß dieser sich davon ohne Rücksicht auf den etwa ertheilten militärischen Heirathskonsens die Ueberzeugung verschaffen, mithin die außer diesem Konsense, wo derselbe nach Vorstehendem erforderlich ist, zur Trauung gesetzlich nöthigen Dokumente, als: Taufschein, Einwilligung der Eltern oder der vormundschaftlichen Behörde, Auseinandersetzung mit Kindern einer früheren Ehe, Todtenschein des ersten Gatten, rechtskräftig gewordenes Scheidungserkenntniß bei Geschiedenen u. s. w. beibringen lassen muß, indem er allein für die Gesetzmäßigkeit der von ihm zu verrichtenden Trauungen verantwortlich ist. Bei allen ihm dabei sowie überhaupt in seiner geistlichen Amtsführung in rechtlicher oder gesetzlicher Beziehung vorkommenden Zweifeln kann er zunächst das Gutachten des seinem Befehlshaber zugeordneten Auditeurs, der ihm in dieser Amtsführung auf Verlangen mit seiner Rechts- und Gesetzeskenntniß zu Hilfe kommen muß, sich erbitten oder die Sache beziehungsweise zur Belehrung oder Entscheidung an den ihm vorgesetzten Oberprediger oder durch denselben an das Konsistorium, im Kriege aber an den Feldprobst bringen.

4. Andere geistliche Amtsverpflichtungen.

§ 69. An zwei Tagen in der Woche unterrichtet der Militärprediger in seiner Behausung diejenigen Kinder seiner Gemeinde, welche das dreizehnte Jahr zurückgelegt haben und zu seiner Konfession gehören, im Christenthum und segnet sie nach vollendetem Unterrichte, welcher wenigstens ein volles Jahr dauern muß, wenn sie tüchtig befunden worden, in der zum militärischen Gottesdienste bestimmten Kirche öffentlich und feierlich ein.

Daß sämmtliche ihrem Alter nach sich dazu eignende Kinder seiner Gemeinde diesen Religionsunterricht erhalten und zu rechter Zeit eingesegnet werden, dafür ist er verantwortlich; er hat daher sie durch ihre Eltern erforderlichen Falles unter dem Beistande der Militärbehörde dazu anzuhalten oder sich von den Eltern nachweisen zu lassen, daß der Religionsunterricht und die Einsegnung einem andern Prediger übertragen und von diesem wirklich geschehen ist.

§ 70. Wenn ein Militärprediger von einem Gerichte zum Sühneversuch bei uneinigen Eheleuten aus seiner Gemeinde aufgefordert wird, so muß er sich diesem Auftrage und zwar bei Unteroffizieren, gemeinen Soldaten und den untern Militärbeamten unentgeltlich unterziehen und von dem Erfolge desselben dem Gerichte schriftliche Anzeige machen.

§ 71. Ebenso ist er auch verbunden, wenn er gerichtlich zur Eidesschärfung bei Personen aus seiner Gemeinde requirirt wird, dieser Aufforderung zu genügen.

§ 72. Bei Fahnenweihen und andern militärischen Feierlichkeiten hat der Militärprediger auf die von Seiten seines Militärvorgesetzten an ihn ergehende Aufforderung mit dessen Einverständnisse die in gottesdienstlicher Hinsicht nöthigen Einrichtungen zu treffen und eine der Bedeutung und Feierlichkeit der Handlung entsprechende Rede zu halten.

§ 73. Eine der wichtigsten Berufspflichten der Militärgeistlichen ist, die Kranken ihrer Gemeinde nicht nur auf deren Verlangen sondern auch unaufgefordert, vorzüglich in den Lazarethen, sowohl im Frieden als im Kriege fleißig zu besuchen.

§ 74. Leichen- oder Standreden bei Verstorbenen seiner Gemeinde ist der Militärprediger gleichfalls in dazu geeigneten Fällen zu halten verpflichtet.

§ 75. Die in den vorstehenden §§ 69—71, ingleichen 73 u. 74 enthaltenen Bestimmungen kommen auch für die mit der Seelsorge für das Militär beauftragten evangelischen und katholischen Civilgeistlichen zur Anwendung.

5. Führung der Kirchenbücher.

§ 76. Die Führung der Kirchenbücher ist ein Geschäft, welches von jedem Militärprediger mit der strengsten Gewissenhaftigkeit und mit der größten Genauigkeit besorgt werden muß.

Diese Kirchenbücher bestehen: 1) in einem Taufregister, 2) einem Trauungsregister, 3) einem Todtenregister, 4) einem Konfirmandenregister, von welchen die unter 1—3 erwähnten von den Militärpredigern, sowie von den mit der Seelsorge für das Militär beauftragten evangelischen und katholischen Civilgeistlichen doppelt und für jeden zu ihrer Gemeinde gehörenden, für sich bestehenden Truppentheil besonders geführt werden müssen. Von diesen beiden Exemplaren bleibt das eine stets in den Händen des Predigers oder seines Nachfolgers im Amte; das andere aber wird, wenn in Folge eines Garnisonwechsels, einer Mobilmachung oder einer in der Formation der Division oder des Armeekorps eintretenden Veränderung ein Truppentheil aus seiner Gemeinde scheidet, von ihm dem Prediger übergeben, zu

---

Zu § 70.

419. Auch auf den Antrag des die Scheidung beabsichtigenden Ehegatten muß der Militärprediger den Sühneversuch anstellen und, wenn derselbe fruchtlos geblieben oder 4 Monate seit dem gestellten Antrage verflossen sind, ohne daß die Sühne zu Stande gekommen, darüber ein Attest ausstellen — § 10—13 V. v. 28. Juni 1844 (GS. S. 184) —.

dessen Gemeinde der Truppentheil durch diese Veränderung tritt. Die Militär-Oberprediger, deren Pflicht es ist, darauf zu halten, daß diese Aushändigung in gehöriger Ordnung erfolge, haben, wenn sie geschehen ist, dem vorgesetzten Konsistorium davon Anzeige zu machen.

§ 77. Beim Ausmarsche in das Feld ist von den Divisionspredigern nur ein Exemplar ihrer Kirchenregister mitzunehmen, das Duplikat aber von ihnen nebst den während des Krieges entbehrlichen Papieren ihrer Kirchenregistratur, zu denen auch das Konfirmandenregister gehört, dem zurückbleibenden Oberprediger zu übersenden, um bei demselben bis zur Rückkehr der Truppen aufbewahrt oder, wenn einzelne Truppentheile oder Individuen des Armeekorps oder der Division zurückbleiben und deren Seelsorge nach § 43 einstweilen einem andern Geistlichen übertragen wird, diesem zur weiteren Fortführung in seinem Namen eingehändigt zu werden. Nach Wiedereintritt des Friedensverhältnisses erhalten die Divisionsprediger mit den übrigen Papieren die Duplikate ihrer Kirchenregister, soweit nicht etwa inzwischen in der Formation des Armeekorps oder der Division Veränderungen eingetreten sind, wieder zurück, um beide Exemplare aus einander zu kompletiren.

§ 78. Wegen der Art und Weise, sowie wegen der Form, nach welcher übrigens diese Kirchenbücher zu führen sind, werden die Militärprediger auf die hierüber erlassenen oder künftig ergehenden allgemeinen Verordnungen verwiesen.

§ 79. Zum Behufe der Eintragung in die Todtenregister muß dem Militärprediger oder dem mit der Seelsorge für das Militär beauftragten evangelischen oder katholischen Civilgeistlichen von jedem in seiner Gemeinde Gestorbenen durch dessen nächsten Vorgesetzten, also für verstorbene Unteroffiziere und Soldaten durch deren Compagnie- oder Escadronschef, eine schriftliche Anzeige des Namens, Vaterlandes, Alters, der Krankheit und des Todestages übersandt werden.

Für die Vollständigkeit und Genauigkeit dieser Mittheilungen sowohl im Frieden als während des Krieges sind die Militärbefehlshaber auf das Strengste verantwortlich, indem auch hauptsächlich im Kriege die Todtenregister mit der gewissenhaftesten Sorgfalt geführt werden müssen, und daher die Befehlshaber verpflichtet sind, besonders nach vorgefallenen Gefechten oder Schlachten die Gebliebenen mit Gewißheit zu ermitteln und über sie dem betreffenden Militärprediger die obenerwähnte Mittheilung baldmöglichst zugehen zu lassen.

Die in den Lazarethen eintretenden Todesfälle sind von Seiten der Lazareth-Direktion am Schlusse jedes Monats den Befehlshabern, unter deren Kommando die Verstorbenen gehörten, anzuzeigen, damit diese dann dem betreffenden Divisionsprediger zur Vervollständigung seiner Todtenregister davon Mittheilung machen. Außerdem muß in jedem Lazareth und zwar, wenn dasselbe einen besonderen Prediger hat, durch diesen ein allgemeines Todtenregister nach dem, was in Vorstehendem über deren Führung überhaupt bestimmt worden ist, geführt werden. Für die Richtigkeit und Vollständigkeit derselben sowie der oben erwähnten Mittheilungen sind die Lazareth-Direktionen gemeinschaftlich mit den Lazareth-Predigern, wo deren vorhanden sind, verantwortlich.

6. Ausstellung von Attesten.

§ 80. Aus den nach Vorstehendem von ihnen zu führenden Kirchenbüchern sind die Militärprediger und die mit der Seelsorge für das Militär beauftragten Civilgeistlichen berechtigt, Atteste zu öffentlichen Beglaubigungen nach den über die Art ihrer Anfertigung erlassenen Vorschriften unter Beidrückung des Kirchensiegels auszustellen, welches letztere von der Art sein muß, daß dadurch die Gemeinde des Predigers gehörig bezeichnet wird.

Die mit der Seelsorge für das Militär beauftragten evangelischen und katholischen Civilgeistlichen bedienen sich dabei zwar ihres gewöhnlichen Kirchensiegels, doch müssen sie bei ihrer Namensunterschrift bemerken, daß das Attest in Folge dieser ihnen übertragenen Seelsorge ausgestellt und aus ihren militärischen Kirchenbüchern extrahirt sei.

§ 81. Die Duplikate der Kirchenbücher dürfen zur Ausstellung von Attesten nur dann benutzt werden, wenn sie entweder nach § 76 bei Dislokationsveränderungen abgegeben oder nach § 77 beim Ausmarsche in's Feld dem Oberprediger überliefert sind. Die Ausfertigung der Atteste aus ihnen erfolgt sodann von dem Geistlichen, in dessen Händen das Duplikat in Folge der oben erwähnten Bestimmungen sich befindet.

Lebensatteste können, wenn selbige z. B. zum Behufe von Gelderhebungen gewünscht werden, gleichfalls von den Militärpredigern an Personen ihrer Gemeinde ertheilt werden, wenn diese ihnen hinlänglich bekannt sind, widrigenfalls sie dieselben an die Militär- oder die Ortspolizeibehörde zu verweisen haben.

§ 82. Bei Ausfertigung von kirchlichen Attesten muß der Militärprediger die gesetzlichen Bestimmungen in Hinsicht der Stempelpflichtigkeit beobachten, insofern sie nicht Personen betreffen, denen gesetzlich die Kostenfreiheit in ihren Rechtsangelegenheiten zusteht.

Ist der Militärprediger in einem besonderen Falle über die Stempelpflichtigkeit eines von ihm auszustellenden Attestes zweifelhaft, so hat er sich nach § 68 an den Auditeur zu wenden.

B. Amtsobliegenheiten der Militärprediger in Bezug auf die Militär-Unterrichtsanstalten.

1. Bei den Divisionsschulen.

§ 83. Die Militär-Ober- und Divisionsprediger sind verpflichtet, bei den Divisionsschulen in den Lehrgegenständen, welche nicht zu den rein militärischen gehören, namentlich in der Geschichte, Geographie, deutschen und französischen Sprache sowie in der Elementar-Mathematik wöchentlich acht bis zehn Stunden-Unterricht zu ertheilen, ohne dafür auf eine besondere Vergütung Anspruch machen zu können. Zu ihrer Aufmunterung wird ihnen jedoch, wie dies schon bisher geschehen, auch für den innerhalb dieser Stundenzahl ertheilten Unterricht, wenn sie sich demselben mit erfolgreichem Eifer widmen, von Zeit zu Zeit auf den jedesmaligen Vorschlag des Divisionskommandeurs eine verhältnißmäßige außerordentliche Gratifikation aus dem dazu disponiblen Fonds zu Theil werden.

§ 84. In Bezug auf diesen Unterricht befinden die Militärprediger sich zu dem Divisionskommandeur und zu der Schuldirektion in demselben Verhältnisse wie alle übrigen Lehrer der Divisionsschule; sie haben daher die für diese nicht allein in Bezug auf die Schulordnung, sondern auch auf Umfang, Plan und Methode des Unterrichts gegebenen Vorschriften gleichfalls zu befolgen. Bei Bestimmung der Unterrichtsstunden sowohl in Hinsicht des Gegenstandes als der Zeit sind jedoch die individuellen Wünsche der Prediger möglichst zu berücksichtigen, und daher von der Schuldirektion diese Stunden mit ihnen zu verabreden.

Außer diesem Unterrichte sind die Militär-Ober- und Divisionsprediger auch verpflichtet, an der Direktion der Divisionsschule Theil zu nehmen.

§ 85. Die Entfernung eines Militärpredigers aus diesen beiden Funktionen des Lehrers und Mitdirektors der Divisionsschule kann nicht anders als durch gemeinschaftliche Verfügung des Generalkommandos und

---

Zu §§ 83—85.

420. Die Bestimmungen der §§ 83—85 sind antiquirt, nachdem durch Allerh. Erl. v. 21. Juli 1859 die Divisionsschulen aufgehoben worden sind.

des Konsistorii geschehen, und nur wenn nach der pflichtmäßigen Ueberzeugung des Divisionskommandeurs für das dienstliche Interesse Gefahr beim Verzuge sein sollte, darf er den Prediger einstweilen von diesen Funktionen entbinden, muß aber sofort dem Generalkommando zur weiteren Veranlassung Anzeige davon machen.

2. Pflichten der Militärprediger in Bezug auf den Elementar-Unterricht für die Kinder der Unteroffiziere und Soldaten.

§ 86. In jeder Garnison soll für den Elementar-Unterricht der daselbst vorhandenen schulfähigen Kinder der aktiven Unteroffiziere und Soldaten und der mit ihnen in gleichem Range stehenden niedern Militärbeamten in der Art gesorgt werden, daß, wo nicht besondere Garnisonschulen existiren, oder selbige nicht ausreichen, eine oder den Umständen nach mehrere Civil-Elementarschulen zur Aufnahme dieser Kinder gegen Bezahlung eines Schulgeldes bestimmt werden, wobei jedoch denjenigen der gedachten Eltern, welche nach den gesetzlich bestimmten Grundsätzen auf freien Schulunterricht für ihre Kinder keinen Anspruch haben, die Wahl der dazu zu benutzenden Schule unbenommen bleibt.

§ 87. Daß der vorstehenden Bestimmung in jeder Garnison und bei jedem Truppentheile vollständig genügt, also nicht allein den Eltern der erwähnten Klassen Gelegenheit zum Schulunterrichte für ihre schulfähigen Kinder gegeben, sondern dieselbe auch gehörig von ihnen benutzt werde, dafür sind der Befehlshaber der Garnison und der mit der Seelsorge für sie beauftragte Militärprediger oder Civilgeistliche verantwortlich.

In denjenigen Garnisonen, wo zu dem gedachten Behufe die Benutzung einer oder mehrerer Civilschulen erforderlich ist, hat der Befehlshaber darüber an das Generalkommando zu berichten, damit dieses bei der betreffenden Regierung die Bestimmung und Anweisung der Schulen veranlasse.

Außer dem Schulgelde darf übrigens zur Unterhaltung dieser Civilschulen oder ihrer Lehrer für diese Kinder weder von den Eltern noch vom Militärfonds mit Ausnahme des Falles, wo zum Behufe der Mitaufnahme der Militärkinder eine Erweiterung des Schullokals unumgänglich nothwendig sein sollte, irgend ein Beitrag verlangt werden.

§ 88. Die unmittelbare Aufsicht auf den Schulbesuch der Militärkinder liegt ohne Unterschied, ob für sie eine Militär- oder Civilschule benutzt wird, und ob die Staatskassen oder ihre Eltern die Kosten des Unterrichts tragen, dem Militärprediger oder dem als solcher fungirenden Civilgeistlichen ob, zu dessen Gemeinde sie gehören. Zu dem Ende ist ihm alle halbe Jahre von den Kommandeuren der einzelnen Truppenabtheilungen seiner Gemeinde eine Liste der bei denselben befindlichen schulfähigen Kinder zu übergeben, nach welcher der Prediger diese der betreffenden Schule überweist. Seine Pflicht ist es, sich die Ueberzeugung zu verschaffen, daß sie diese Schule regelmäßig besuchen und in derselben zweckmäßig beschäftigt werden; diejenigen Kinder, welche sich in dem Schulbesuche säumig finden lassen, hat er dem Kommandeur anzuzeigen, damit dieser sie durch ihre Eltern zum fleißigeren Besuche anhalte.

§ 89. Wo eigene Garnisonschulen sich befinden, stehen diese, insofern nicht für sie besondere Kuratorien stiftungsmäßig bestehen, unter der unmittelbaren Leitung des Garnisonpredigers oder des nach § 40 die Funktion eines solchen ausübenden Geistlichen und unter Oberaufsicht des am Orte kommandirenden Militärbefehlshabers. Ersterer ist für deren zweckmäßige Einrichtung speziell verantwortlich und verpflichtet, den ihm untergeordneten Lehrern derselben nicht allein durch Anweisungen, sondern auch praktisch zur Anwendung einer guten Lehrmethode behilflich zu sein, sowie auch das Materielle des Unterrichts, der sich jedoch nicht über die Elementarkenntnisse hinaus erstrecken darf, zu bestimmen und über die Aufrechthaltung der Schuldisciplin zu wachen.

In Bezug auf die Ausübung dieser Amtspflicht ist er von den ihm vorgesetzten geistlichen Behörden, also respektive dem Oberprediger und dem Konsistorio besonders zu kontrolliren.

Der Provinzial-Schulrath hat auf seinen Reisen auch die Garnisonschulen zu revidiren und etwaige Erinnerungen und Bemerkungen über den Zustand derselben und den Unterricht durch das Konsistorium bei dem betreffenden Generalkommando zur Sprache zu bringen, welches nach Befinden der Umstände jene Bemerkungen sogleich selbst erledigt oder darüber an das Kriegsministerium berichtet. Zu den Provinzial-Regierungen stehen dagegen diese Garnisonschulen in keiner Beziehung.

§ 90. Die Besetzung der Garnison-Schullehrerstellen geschieht vom Kriegsministerio auf gemeinschaftlichen Vorschlag des Befehlshabers und des Predigers der betreffenden Garnison, die ihren desfallsigen Antrag an das Generalkommando der Provinz einzureichen haben, welches denselben nach vorheriger Kommunikation mit dem Konsistorio, wenn dieses seinerseits gegen die getroffene Wahl nichts zu erinnern findet, dem Kriegsministerio zur Genehmigung vorlegt.

Die zunächst dem Garnisonprediger zustehende Wahl hat derselbe auf solche Individuen zu beschränken, welche in den Schulseminarien einen vollständigen Lehrkursus gemacht haben und für anstellungsfähig erklärt worden sind.

Findet der Garnisonbefehlshaber sich durch besondere Gründe veranlaßt, der vom Prediger getroffenen Wahl seine Zustimmung zu versagen, so haben beide für sich beziehungsweise an das Generalkommando und durch den Oberprediger an das Konsistorium zu berichten.

§ 91. Daß der Militärprediger auf die für den Unterricht der Militärkinder bestimmten Civilschulen nicht unmittelbar einwirken kann, versteht sich von selbst; er ist jedoch berechtigt und verpflichtet, sie in Bezug auf die Theilnahme dieser Kinder von Zeit zu Zeit zu besuchen und auf deren Fortschritte und sittliches Verhalten zu achten. Findet er, daß sie in denselben nicht angemessen beschäftigt werden, so hat er seine desfallsigen Bemerkungen durch den Oberprediger dem Konsistorium vorzutragen, von welchem sie der betreffenden Regierung zur weiteren Veranlassung mitzutheilen sind.

§ 92. Welche Anordnungen in Hinsicht des Schulunterrichts für die Militärkinder in den einzelnen Garnisonen getroffen sind, ist einerseits von den Befehlshabern derselben an das Generalkommando, andererseits von den Militärpredigern und den mit der Seelsorge für das Militär beauftragten evangelischen und katholischen Civilgeistlichen durch den Oberprediger des Armeekorps dem Konsistorio anzuzeigen, und beide Provinzialbehörden, das Generalkommando und das Konsistorium der Provinz, haben, sobald diese Angelegenheit in sämmtlichen Garnisonorten derselben regulirt worden ist, eine vollständige Uebersicht von jenen Anordnungen beziehungsweise an das Kriegsministerium und das Ministerium der geistlichen und Unterrichtsangelegenheiten einzusenden, auch die etwa darin eintretenden Abänderungen zu ihrer Zeit anzuzeigen. Ebenso müssen die nach § 26 von den Militärpredigern jährlich einzusendenden Berichte über ihre Amtsführung sich auch besonders über diesen Theil mit erstrecken.

§ 93. Auf die in einigen Garnisonorten in Folge besonderer Stiftungen fundirten Militär-Elementarschulen finden die in den vorstehenden §§ enthaltenen Bestimmungen gleichfalls Anwendung, insofern deren Verhältnisse nicht durch besondere landesherrliche Verordnungen festgesetzt sind, welche bis auf Weiteres in Kraft bleiben.

VI. Von den Diensteinkünften, Stolgebühren und der Weiterbeförderung der Militärgeistlichen.

A. Diensteinkünfte.

§ 94. Sämmtliche wirkliche Militärgeistliche erhalten sowohl während des Friedens als im Kriege ein festes Gehalt, dessen Betrag

a. für den Feldprobst bei künftiger Erledigung dieser Stelle der Königl. Bestimmung nach den jedesmaligen Umständen vorbehalten bleibt; derselbe hat die Verpflichtung, die Oberpredigerstelle des Gardekorps und die Stelle des Hof- und Garnisonpredigers zu Potsdam dafür mit zu versehen.

b. Die Militär-Oberprediger beziehen ein jährliches Gehalt von 800 Thlr. Sind sie zugleich Divisionsprediger, so erhalten sie für die Verwaltung des Oberpredigeramtes zu ihrem Gehalte als Divisionsprediger eine jährliche Zulage von 300 Thlr.

c. Die schon während des Friedens angestellten Divisionsprediger bekommen ein jährliches Gehalt von 500 Thlr.

d. Die Garnisonprediger mit Ausnahme des zu Berlin, ingleichen sämmtliche nur für die Dauer des Krieges bei der Armee oder den Lazarethen anzustellenden evangelischen und katholischen Geistlichen jährlich 400 Thlr.

e. Der Garnisonprediger zu Berlin aber erhält jährlich 600 Thlr.

Diese Gehalte werden sämmtlich in monatlichen Raten gezahlt.

§ 95. Außer dem Gehalte beziehen an Servis und Zuschuß:

der Feldprobst den eines Regimentskommandeurs der Infanterie,

ein Militär-Oberprediger, ingleichen diejenigen Divisionsprediger, welchen das Amt desselben mit übertragen ist, den der Korpsauditeure,

die übrigen Divisions- und Garnisonprediger aber (mit Ausnahme des zu Berlin, welcher wie bisher jährlich 300 Thlr. an Servis und Zuschuß erhält) den der Divisionsauditeure mit der für diese zum Behufe eines Geschäftslokals ausgesetzten Zulage von 3 Thlr. monatlich.

Diese Servizahlungen erhalten die Militärprediger nach den für ihren Garnisonort regulirten Sätzen mit Rücksicht auf die Sommer- und Winterperiode und unter Anwendung der für den Fall, wo eine Amtswohnung vorhanden ist, geltenden allgemeinen Bestimmungen.

§ 96. Die mit mobil gemachten Truppen in's Feld gehenden Divisionsprediger bekommen

a. zur Mobilmachung außer dem ihnen in Gemäßheit der allgemeinen Bestimmungen zu zahlenden Mobilmachungsgelde drei Pferde (nämlich zwei für sich, eins für den Küster) nebst zweien Trainsoldaten mit der gewöhnlichen Bekleidung,

b. während der Dauer des Feldetats als Feldzuschuß eine monatliche Zulage von 20 Thlr., das Traktament für zwei Trainsoldaten, vier Brot- und Viktualienportionen (eine für sich, eine für den Küster, zwei für die Trainsoldaten) nebst drei leichten Rationen.

Will der Prediger sich auf seine eigene Kosten einen Wagen anschaffen, so ist es ihm gestattet, sich der beiden Pferde als Wagenpferde zu bedienen, in welchem Falle er außer seinen Effekten auch den Küster auf diesem Wagen fortzuschaffen, mit dem dritten Pferde und dem zweiten Trainsoldaten aber den Truppen auch dann zu folgen hat, wenn die Wagen zurückbleiben müssen.

Auf die bei den mobil gemachten Truppen anzustellenden katholischen Militärgeistlichen kommen diese Bestimmungen gleichfalls zur Anwendung.

Der Feldprobst dagegen erhält außer dem regulativmäßigen Mobilmachungsgelde einen Wagen nebst Geschirren oder das Geld zu deren Anschaffung, fünf Pferde (nämlich vier für sich, eins für den Küster), zwei Trainsoldaten nebst Bekleidung und Traktament für dieselben, vier Portionen, fünf Rationen und monatlich 41 Thlr. 20 Sgr. Feldzulage, wofür er seine Bureaukosten mit zu bestreiten hat.

§ 97. Die mit der Seelsorge für das Militär beauftragten Civilgeistlichen haben, da sie nach § 103 für die bei diesem militärischen Theile ihrer Gemeinde zu verrichtenden geistlichen Amtshandlungen die in den §§ 100 ff. bestimmten Stolgebühren ohne Einschränkung beziehen, auf ein festes Honorar für diese Seelsorge nur da Anspruch, wo den Umständen nach jene Stolgebühren nicht als eine genügende Entschädigung für die Bemühungen derselben betrachtet werden können, wozu namentlich die Fälle zu rechnen sind, wo nach § 53 für das Militär besonderer Gottesdienst gehalten werden muß. Ob in Rücksicht auf solche Umstände und Verhältnisse den betreffenden Civilgeistlichen ein Honorar zu bewilligen ist und in welchem Betrage, bleibt für jeden speziellen Fall der Einigung der Ministerien der geistl. Angel. und des Krieges auf Grund der darüber von der geistlichen Oberbehörde und dem Generalkommando der betreffenden Provinz zu erstattenden gutachtlichen Berichte vorbehalten.

§ 98. Den Civilgeistlichen, welche mit treuem Eifer die Pflichten dieser Seelsorge erfüllen, soll derselbe bei vorkommenden Gelegenheiten zum besonderen Verdienste angerechnet werden.

§ 99. Die Ober- und Divisionsprediger, ingleichen die katholischen Geistlichen, welche nach § 58 die Garnisonen, in denen es an einem Ortsgeistlichen der betreffenden Konfession fehlt, bereisen, erhalten, da sie ihren Küster mitnehmen müssen, für diese Reisen eine dreispännige Extrapostfuhre vergütigt; die katholischen Civilgeistlichen aber, da jene Reisen nicht wie bei den Militärpredigern zu ihren Parochialverpflichtungen gehören, außerdem für jeden Tag, den sie auf der Reise zubringen müssen, an Diäten 1 Thlr. 15 Sgr. für sich und 20 Sgr. für den sie begleitenden Altardiener, in jeder von ihnen zu bereisenden Garnison aber noch überdies eine Remuneration von 4 Thlr. aus dem Militärfonds, welche Kosten von ihnen, nach jeder vorschriftsmäßigen Bereisung, bei der Intendantur des betreffenden Armeekorps zu liquidiren sind.

B. Stolgebühren.

§ 100. Die Taufgebühren in den Militärgemeinden betragen, wenn der Vater des Kindes zur Klasse der Individuen vom Feldwebel abwärts und der mit demselben in gleichem Range stehenden niedern Militärbeamten gehört, 10 Sgr., nämlich 7½ Sgr. für den Prediger und 2½ Sgr. für den Küster, bei den Kindern der Offiziere und der im Offiziersrange stehenden obern Militärbeamten aber 1 Thlr. für den Prediger und 10 Sgr. für den Küster.

§ 101. Bei Verheirathungen werden von Unteroffizieren, Soldaten und den niedern Militärbeamten für die Proklamation 7½ Sgr., für die Kopulation aber 1 Thlr. 10 Sgr. bezahlt, wovon der Prediger 1 Thlr. und der Küster 10 Sgr. erhält.

Die Offiziere und obern Militärbeamten zahlen für die Proklamation 1 Thlr., für die Kopulation aber 3 Thlr. an den Prediger und 1 Thlr. an den Küster.

Zu § 99.

421. Die Diäten sind auf 2 Thlr. für den Geistlichen, auf 1 Thlr. für den Altardiener erhöht, statt der Extrapostpferde erhalten auf Eisenbahnen oder Dampfschiffen der Militär-Oberprediger 10 Sgr., die andern Geistlichen 7½ Sgr., der Küster oder Altardiener 5 Sgr. pro Meile, sonst der Militär-Oberprediger 1 Thlr., die andern Geistlichen und der Küster oder Altardiener 15 Sgr. pro Meile Reisekosten — § 1, 2, 5 AE. v. 10. Juni 1848 (GS. S. 150) —.

§ 102. Opfer bei Taufen und Trauungen bleiben, wo sie üblich sind, lediglich freiwillige Gaben, wofür in den Militärgemeinden in keinem Falle Entschädigung gefordert werden darf.

§ 103. Als allgemeine Regel gilt der Grundsatz, daß die in vorstehender Art festgesetzten Stolgebühren demjenigen Geistlichen, er mag wirklicher Militärprediger sein oder zu den mit der Seelsorge für das Militär beauftragten evangelischen und katholischen Civilgeistlichen gehören, zukommen, welcher nach den im Abschn. IV. dieser Mil. Kirch. O. enthaltenen Bestimmungen zu der in Rede stehenden geistlichen Handlung berechtigt ist, ohne Unterschied, ob er sie selbst verrichtet oder ein Dimissoriale dazu ertheilt, indem es den dasselben Nachsuchenden anheim gestellt bleiben muß, sich mit dem in Folge des Dimissoriales die Handlung verrichtenden Geistlichen dafür besonders abzufinden.

§ 104. Für die Einsegnung der Kinder der Unteroffiziere und Soldaten, sowie für deren Vorbereitung dazu findet keine Remuneration statt; bei den Kindern der Offiziere und Beamten bleibt sie der Billigkeit und den Vermögensumständen der Eltern überlassen.

§ 105. Eben dies gilt auch bei Leichen- oder Standreden. Für Beerdigungen, bei denen der Militärprediger oder der mit der Seelsorge für das Militär beauftragte Civilgeistliche zu einer solchen Rede nicht aufgefordert ist, kommen ihm keine Gebühren zu.

§ 106. Die Gebühren für Tauf-, Trauungs-, Todten- und Lebensatteste betragen mit Ausschluß des Stempels, wo dieser nach § 82 erforderlich ist, für Unteroffiziere, Soldaten, niedere Militärbeamte und deren Angehörige 10 Sgr., für Offiziere, obere Militärbeamte und deren Angehörige aber 20 Sgr.

Für Personen, deren Armuth nachzuweisen oder sonst dem Prediger bekannt ist, müssen diese Atteste, namentlich sämmtliche zur Liquidirung der Kinderpflege- und Schulgelder für die dazu berechtigten Kinder beizubringende Taufzeugnisse, da deren Zweck schon an und für sich die Dürftigkeit der betreffenden Individuen bekundet, ingleichen für alle im Felde gebliebenen und gestorbenen Militärpersonen die Todtenscheine gebührenfrei ertheilt werden.

C. Weiterbeförderung.

§ 107. Da den Militärpredigern künftig die Aussicht auf eine ehrenvolle Auszeichnung und eine bedeutende Verbesserung in Hinsicht ihres Gehaltes durch Beförderung zu den Militär-Oberpredigerstellen offen steht, so ist zu erwarten, daß sie sich ihrem wichtigen Berufe mit um so thätigerem und beharrlicherem Eifer widmen werden. Diejenigen Divisions- und Garnisonprediger, denen diese Beförderung nicht zu Theil werden kann, ingleichen die Prediger der einzelnen Militär-Institute, haben nach 10 Jahren treuer Amtsführung und unbescholtenen Wandels auf eine angemessene Versorgung durch eine gute Civilpredigerstelle Anspruch. Ebenso können die Militär-Oberprediger, wenn sie als solche 10 Jahre im Amte gestanden haben, auf eine erledigte Superintendentur antragen. Den Regierungen wird hierdurch zur Pflicht gemacht, bei Wiederbesetzung erledigter Superintendenturen und guter Civilpfarren auf die gedachten Militärprediger und auf die sie betreffenden Empfehlungen der Konsistorien besondere Rücksicht zu nehmen, worauf das Ministerium der geistl. Angel. seinerseits sorg-

---

Zu § 107.

422. Die im § 107 vorgeschriebene Mitwirkung der Regierungen bei der Weiterbeförderung der Militärgeistlichen hat aufgehört, da durch § 1 V. v. 27. Juni 1845 (GS S. 440) die Berufung und Anstellung der Geistlichen von den Regierungen auf die Konsistorien übergegangen ist; vgl. N. 161.

fältig zu wachen hat. Von jeder beabsichtigten Berufung eines Militärgeistlichen in ein Civilamt hat die Regierung das betreffende Konsistorium zuvor in Kenntniß zu setzen.

§ 108. Die nur während des Krieges für die Dauer desselben bei der Armee oder den Lazarethen angestellten evangelischen und katholischen Geistlichen, deren Amt mit dem Ablaufe des Feldetats aufhört, haben, wenn sie in der Erfüllung ihrer Pflichten treu und in ihrem Wandel untadelhaft befunden sind, Anspruch auf eine angemessene weitere Versorgung, bis zu deren Eintritt ihnen die Hälfte ihres Gehalts als Wartegeld gelassen werden muß, insofern sie nicht in das vor dem Kriege gehabte Amt zurück oder gleich in ein anderes Amt übertreten.

VII. Verhältnisse der Militärküster.

§ 109. Jede Militärgemeinde, bei welcher ein wirklicher Militärprediger angestellt ist, erhält auch einen eigenen Militärküster, zu deren Stelle vorzugsweise halbinvalide Unteroffiziere, welche sich dazu eignen, bestimmt sind. Die Auswahl dazu geschieht von dem Militärprediger, bei dem die Anstellung stattfinden soll; den von ihm Gewählten hat er seinem Militärbefehlshaber zur Bestätigung vorzuschlagen, welche dieser nicht ohne besondere militärische Gründe verweigern darf.

Die erfolgte Anstellung wird sodann von Seiten des Predigers dem Militär-Oberprediger und durch diesen dem Konsistorio, von Seiten der Militärbehörde aber dem Militär-Oekonomie-Departement des Kriegsministerii angezeigt, damit dasselbe die Anweisung des Gehalts und der übrigen Emolumente veranlassen kann.

§ 110. Jeder Militärküster erhält außer den im § 100 ff. bestimmten Gebühren ein festes Gehalt von 8 Thlr. 10 Sgr. monatlich oder 100 Thlr. jährlich und außerdem den Servis eines Feldwebels der Infanterie nebst einer Brotportion, im Felde aber einen monatlichen Feldzuschuß von 4 Thlr.

§ 111. Außer der Bestimmung, dem Militärprediger bei Ausübung seiner geistlichen Funktionen zu assistiren, haben die Militärküster noch die besondere Verpflichtung, wenn sie dazu aufgefordert werden, an Ertheilung des Unterrichts, welcher in den Regimentsschulen für Unteroffiziere und Soldaten gegeben wird, thätigen Antheil zu nehmen, wofür ihnen neben ihren übrigen Einkünften eine verhältnißmäßige Remuneration aus dem Fonds der betreffenden Unterrichtsanstalt zu zahlen ist.

§ 112. * In Sachen ihres Amts hängen die Militärküster zunächst von dem ihnen vorgesetzten Militärprediger ab; demnächst stehen sie gleich diesem unter dem Oberprediger des Armeekorps und unter dem Konsistorio der Provinz, welches auch bei vorfallenden Dienstvernachlässigungen oder anstößigem Verhalten ihre Korrektion und Bestrafung verfügen oder ihre Amtsentsetzung nach den darüber vorhandenen allgemeinen Vorschriften veranlassen kann. Daß die Militärküster als Kirchendiener sich eines ehrbaren Lebenswandels und eines in jeder Beziehung anständigen Betragens befleißigen, sowie einer einfach anständigen Kleidung bedienen müssen, versteht sich von selbst.

VIII. Von den Militärkirchen und der Verwaltung ihres Vermögens.

§ 113. Die eigentlichen Militär- und Garnisonkirchen sind Eigenthum des Staats und stehen ausschließlich unter dem landesherrlichen Patronate, ihre Unterhaltung ist daher, da die Mitglieder der Militärgemeinde nicht zu Beiträgen dafür herangezogen werden dürfen, in allen denjenigen Fällen, wo die Einkünfte des Kirchenärariums nicht dazu ausreichen, auf Kosten des Staats zu bewirken. Insoweit die desfallsigen Ausgaben für einzelne Kirchen nicht bereits etatsmäßig fundirt sind, erfolgen selbige aus dem besonders dafür gebildeten Titel des Militäretats, der nach dem wirklichen Bedürfnisse zu dotiren ist.

Das Kriegsministerium, welches innerhalb der Vorschriften des Landrechts die Oberaufsicht über die Verwaltung und Verwendung des Kirchenvermögens und der Kirchenrevenüen führt, hat jedoch die Pflicht, darauf zu achten, daß demselben diese Last nur da aufgebürdet werde, wo die Einkünfte der einzelnen Garnisonkirchen nicht zur Bestreitung der Unterhaltungskosten hinreichen.

§ 114. Zum Behufe dieser Verwaltung soll bei jeder Garnisonkirche, wo es nicht bereits geschehen ist, und wo es nicht bei der hergebrachten Verfassung verbleiben, oder diese mit dem Geiste der jetzigen Ordnung nicht in Einklang gebracht werden kann, ein Kuratorium oder Kirchenkollegium aus drei Personen gebildet werden, nämlich a. dem ersten Kirchenvorsteher und ersten Kassenkurator, dessen Stelle überall dem Kommandanten oder dem die Befugnisse desselben ausübenden Befehlshaber der Garnison zusteht, vorausgesetzt daß derselbe nicht katholischer Konfession ist, in welchem Falle er unter den höheren Offizieren der Garnison einen Stellvertreter zu ernennen hat; b. dem zweiten Kirchenvorsteher und Kassenkurator, welches stets der Garnisonprediger oder der nach § 39 die Funktion eines solchen ausübende Militärprediger sein muß; c. dem dritten Kirchenvorsteher und Rendanten, wozu ein rechnungsführender Offizier oder nach Befinden der Umstände ein am Orte permanent stationirter Beamter der Militärverwaltung gewählt werden kann. Die Vorschläge zur Bildung dieses Kirchenkollegii gehen durch den Kommandanten an das Generalkommando, welches dem Kriegsministerio darüber Bericht erstattet.

§ 115. Die Funktionen der zwei ersten Kirchenvorsteher beschränken sich auf die Oberaufsicht; sie haben darauf zu achten, daß das Vermögen der Kirche gehörig festgestellt, die Einnahmen eingezogen und zum Aerario gebracht werden. Sie revidiren monatlich die Kirchenkasse, zu der jeder der drei Kirchenvorsteher einen besondern Schlüssel hat, und die daher nur im Beisein Aller geöffnet und wieder geschlossen werden darf; ebenso kontrolliren sie die Buchführung, beseitigen die etwaigen Mängel und berathen gemeinschaftlich mit dem Rendanten über die Unterbringung der Kapitalien sowie die in Antrag zu bringenden nothwendigen Reparaturen und Anschaffungen, indem zu der ihnen anvertrauten Verwaltung des Kirchenvermögens auch die Aufsicht über die Kirchengeräthe und das ganze Kircheninventarium gehört.

Der Rendant besorgt seinerseits die Einnahmen und Ausgaben, sowie die Buchführung und Rechnungslegung auf Grund jener und der von ihm zu sammelnden Beläge. Alle diese Funktionen müssen als Ehrenämter betrachtet und daher unentgeltlich verrichtet werden. In Hinsicht der den Vorstehern obliegenden Vertretungsverbindlichkeit kommen die allgemeinen gesetzlichen Bestimmungen, namentlich die des § 623 II, 11 ALR. zur Anwendung.

§ 116. Die Ausgaben dürfen übrigens, wo es auf Anschaffung von Geräthschaften, auf Reparaturen und Bauten der Kirche und Kirchengebäude ankommt, sie also nicht zu den gewöhnlichen und feststehenden kleinen Ausgaben gehören, welche ohne weitere Authorisation bestritten werden können, nicht eher gemacht werden, als bis solche der Intendantur des Korps vorgelegt worden sind, welcher es obliegt, ihre Zulässigkeit nach den bestehenden Vorschriften zu prüfen und festzustellen oder aber, wo diese Vorschriften nicht ausreichen, die Ausgabe jedoch gehörig gerechtfertigt wird, dazu die Genehmigung des Kriegsministerii einzuholen.

§ 117. Was die Revision der Garnisonkirchenrechnungen betrifft, so gehen diejenigen, welche nach ihrem Betrage und den desfalls bestehenden oder noch zu erlassenden Vorschriften nicht zum Ressort der Ober-Rechnungskammer gehören, an das betreffende Generalkommando zur Decharge, nachdem vorher die Intendantur dieselben vorbereitet und die Revision bewirkt hat.

Die Decharge wird demnächst von der Intendantur kontrasignirt und von ihr dem kommandirenden General zur Vollziehung vorgelegt. Daß das Kriegsministerium sowohl befugt wie verpflichtet ist, sich von dem Zustande des Kirchenvermögens und den laufenden Einnahmen und Ausgaben durch Einsicht der Rechnungen und periodisch einzufordernden Uebersichten in Kenntniß zu erhalten, folgt aus dem im § 113 Gesagten.

§ 118. Wegen Ausübung des Patronats der Garnisonkirche zu Berlin und der Hof- und Garnisonkirche zu Potsdam, wegen Verwaltung ihres Vermögens und sonstiger Verhältnisse soll ganz in der bisherigen herkömmlichen Art verfahren und darin nichts geändert werden, sowie überhaupt die Bestimmungen dieser Militärkirchenordnung bei jener Hof- und Garnisonkirche nur insoweit Anwendung finden, als sie mit den für dieselbe und die dortigen Militär-Kirchen- und Schulanstalten bestehenden oder künftig erfolgenden besondern landesherrlichen Vorschriften vereinbar sind.

§ 119. Bei den Civilkirchen, welche von den Militärgemeinden benutzt werden, kann von einem Militärkirchenvermögen nur insofern die Rede sein, als infolge des mit der Civilgemeinde stattfindenden Abkommens die während des Militär-Gottesdienstes angestellten Sammlungen nicht dem Kirchenärario zufließen oder observanzmäßig eine andere Bestimmung haben, sondern ausschließlich zum Besten der Militärgemeinde verwendet werden, in welchem letztern Falle über deren Verwaltung und Verrechnung nach Maaßgabe der Umstände vom Kriegsministerio zu bestimmen ist. Zu den persönlichen Parochiallasten und Beiträgen, von welcher Art sie auch sein mögen, dürfen übrigens die Mitglieder der Militärgemeinden, ohne Unterschied, ob sie an dem Civilgottesdienste theilnehmen oder für sie besonderer Militärgottesdienst in der Civilkirche abgehalten wird, auf keinen Fall herangezogen werden, vielmehr sind sie bei allen solchen nach den allgemeinen Landesgesetzen von den Mitgliedern der Gemeinden persönlich zu leistenden Beiträgen vom Militärfonds zu vertreten.

§ 120. Bei den dem Militär und Civil mit gleichen Befugnissen zur gottesdienstlichen Benutzung eingeräumten oder sogenannten Simultankirchen ist, wenn in Folge dieses Simultaneums ein gemeinschaftliches Kirchenvermögen vorhanden ist, auch die Verwaltung desselben einem gemischten Kirchenkollegio zu übertragen und nach Maaßgabe der Umstände, wo solches noch nicht feststeht, von den Ministerien der geistl. Angel. und des Krieges gemeinschaftlich zu bestimmen, ob die Revision und Dechargirung der Rechnungen der Militärverwaltung oder der betreffenden Regierung zufallen, und nur ein Exemplar der jedesmaligen Rechnung nebst einer beglaubigten Abschrift des Abnahmeprotokolls an die Intendantur des Armeekorps eingesandt werden soll.

Zusätze und Berichtigungen.

S. 29 ist der Note 29 Z. 1 v. oben zuzusetzen:
Wegen der Taufe der Kinder aus gemischten Ehen vgl. N. 199 und den Zusatz zu derselben. Die Beerdigung solcher Kinder steht dem Pfarrer des Vaters zu, resp. demjenigen, der sie nach dem übereinstimmenden Willen beider Eltern unterrichtet, oder demjenigen, zu dem sich das Kind nach vollendetem 14. Lebensjahre gewendet hat — RdMdgA. v. 24. Mai 1828 (Ann. 12, 368) —.

S. 53 muß die Ueberschrift zu § 6 statt „Ordination" heißen: „Bestallung."

S. 65 ist in Note 60 f. Z. 9 dem Schlusse des Satzes zuzusetzen:
Ebenso RdMdgA. u. dJ. v. 25. Novbr. 1867 (BMiBl. S. 363).

S. 66 ist in Note 60 i. Z. 6 v. unten statt „1859" zu lesen: „1809."

S. 71 ist zu § 111 zuzusetzen:
67 a. Diese Bestimmung hat der Staat auch dann zu treffen, wenn an einem Orte mehrere zur evangelischen Landeskirche gehörige Parochien vorhanden sind, von denen eine der Union nicht beigetreten ist; sie wird immer nur von den Verwaltungsbehörden getroffen, der Rechtsweg ist ausgeschlossen — KGE. v. 8. Februar 1868 (BMBl. S. 121) —.

S. 72 ist in der letzten Zeile der Note 67 in der eingeklammerten Stelle zuzusetzen: „BMBl. 1868 S. 83."

S. 93 ist in Note 77 Z. 19 v. oben statt „15. Juni" zu lesen: „25. Juni."

S. 110 ist in Note 85 Z 4 v. unten statt „1846 S 107" zu lesen: „1844 S. 107."

S. 149 ist in Note 117 Z. 4 v. unten statt „1852" zu lesen: „1832."

S. 152 u. 153 ist in der Ueberschrift statt „N. 118" zu lesen: „N. 119."

S. 153 ist zu Note c. zur AKO. v. 19. Juni 1836 zuzusetzen:
Werden sie dennoch im Wege der Administrativ-Exekution beigetrieben, so hat der Exequirte dagegen nur den Weg der Beschwerde bei den höheren Verwaltungs-Instanzen, den Rechtsweg darf er nicht beschreiten; vgl. N. e.

Ebenda ist zu Note d zur AKO. v. 19. Juni 1836 unter Beseitigung des letzten Satzes zuzusetzen:
Diese Behauptung muß selbstverständlich bei derjenigen Behörde angebracht und begründet werden, welche die Exekution angeordnet hat. Mehr verlangt das Gesetz nicht, und würde insbesondere das in einem an die Regierung zu Gumbinnen erlassenen RdMdgA. v. 16. Juli 1859 gestellte Verlangen der Begründung jener Behauptung durch gerichtliche Klage dem Gesetze sogar widersprechen. Denn das Gesetz, welches, soweit es den Kirchen rc. das Privilegium der Administrativ-Exekution gewährt, so strikt als möglich und zugleich in Verbindung mit den Vorschriften der §§ 79 u. 80 II, 14 ALR. ausgelegt werden muß, gewährt dies Privilegium eben nur dann, wenn die Verpflichtung zur Zahlung nicht aus einem an sich zulässigen Grunde bestritten wird, und deshalb die Ein-

ziehung nicht schon zwei Jahre hindurch unterlassen worden ist. Jene frühere Ansicht ist daher auch in einem an dieselbe Regierung erlassenen RdMdgA. v. 14. Januar 1868 wieder aufgegeben.

Ebenda ist zu Note e zur AKO. v. 19. Juni 1836 Z. 4 v. unten hinter „zulässig" zuzusetzen:

— OTrE. v. 11. Novbr. 1859 (Entsch. 43, 351; Str. Arch. 35, 265) —.

S. 165 ist in Note 129, 1 Z. 4 vor „lauten" zuzusetzen:

— vgl. OTrE. v. 2. März 1863 (Entsch. 50, 373) —.

S. 192 ist in Note 171 A zum Ostpr. Prov. R. Zus. 170 § 2 zuzusetzen:

a. Die Mantelgelder betragen in der Regel 33 Thlr. 10 Sgr. Ist die Kirchenkasse insolvent, so müssen die sämmtlichen vermögenden Kirchenkassen der ganzen Inspektion (Diöcese) den Ausfall pro rata aufbringen; die Eingepfarrten sollen niemals zu den Mantelgeldern herangezogen werden. In den Städten sind die Mantelgelder stets aus der Kämmereikasse zu entrichten — §§ 1, 3, 4 Allerh. Regl. v. 5. Novbr. 1737 —.

Ebenda ist zu § 4 Zus. 170 zuzusetzen:

b. Die Summen für die Introduktions-Mahlzeiten betragen in der Regel, wenn ein Superintendent eingeführt wird, 8—10 Thlr., wenn in Städten ein Pfarrer oder Prediger eingeführt wird, 6 Thlr., wenn auf dem Lande ein solcher eingeführt wird, 4—6 Thlr. Außerdem ist in der Regel noch eine Introduktionsgebühr von 10 Thlr., wenn ein Superintendent eingeführt wird, von 4 Thlr., wenn ein Pfarrer eingeführt wird, aus der Kirchenkasse an den Einführenden zu entrichten — §§ 7 u 8 Allerh. Regl. v. 5. Novbr. 1737 —.

S. 210 ist in Note 186 Z. 7 v. oben statt „1816" zu lesen: „1818."

S. 214 ist der Note 192, 1 c am Schlusse zuzusetzen:

und zu diesem Zwecke von allen wegen Ehebruchs rechtskräftig erkannten Ehescheidungen durch das Gericht in Kenntniß gesetzt werden — JMR. v. 2. Novbr. 1838 (Jahrb. 52, 470) —.

S. 215 ist in Note 192 Z. 8 v. oben statt „1833" zu lesen: „1853."

S. 225 ist der Note 199 zuzusetzen:

Anderer Meinung ist der Min. d. geistl. Angel, welcher in dem R. v. 24. Mai 1828 (Ann. 12, 368) ausführt, daß Religionsunterricht und Taufe nicht gleichbedeutend und die Eltern daher auf Grund der §§ 76 ff. II, 2 ALR. nicht berechtigt seien, von der Regel des § 446 h. t. abzuweichen.

S. 229 ist in Note 205 Z. 9 v. oben statt „20. Juni" zu lesen: „30. Juni."

S. 235 ist in Note 214 am Schlusse zuzusetzen:

u. § 55 Mil. Ers. Instr. v. 26. März 1868.

S. 285 ist in Note 270 Z. 2 statt „1845" zu lesen: „1848."

S. 298 ist in Note 296 Z. 2 v. oben hinter „27. Juni" zuzusetzen: „1845."

S. 306 ist in Note 298 VI. Z. 13 v. oben hinter „R. v. 24. August 1866 (UCBl. S. 756)" zuzusetzen:

Diese unpraktische, bisher aber stets in der Verwaltungspraxis festgehaltene Anordnung ist endlich durch Allerh. Erl. v. 30. März 1868 beseitigt worden, welcher genehmigt, daß in solchen Fällen, in welchen Bauten nicht ausschließlich auf fiskalische Kosten ausgeführt werden, vielmehr für dieselben nur ein Beitrag aus Staatsfonds als Gnadengeschenk oder als Freibauholz geleistet wird, eine Superrevision der bezüglichen Anschläge und Bau-Entwürfe durch die Abtheilung für Bauwesen im Minist. f. Handel ꝛc. nur dann einzutreten hat, wenn ein zu befürwortendes Gnadengeschenk oder der Werth des vom Fiskus zu gewährenden Freibauholzes die Höhe von 500 Thlr. bei Neubauten und von 1000 Thlr. bei Reparaturbauten erreicht.

S. 315 ist Z. 19 v. oben statt „(BMBl. 1863 S. 102)" zu lesen: „und ERdMdJ. u. dF. v. 16. Novbr. 1865 (BMBl. 1866 S. 2)."

S. 325 ist Z. 8 v. unten statt „1857" zu lesen: „1837."

S. 326 ist Z. 6 v. oben statt „1830" zu lesen: „1837."

S. 335 ist der Note 313 zuzusetzen:

Bei der Vertheilung nach der Grundsteuer sind auch die Gutspächter nach der Grundsteuer des Pachtguts heranzuziehen, weil sie aus der Bewirthschaftung des letzteren ihren Lebensunterhalt ziehen. Erfolgt aber die Vertheilung nach der Grund- und Klassen- oder Einkommensteuer, dann darf ihnen die Grundsteuer nicht angerechnet werden, weil schon durch die andere Steuer ihr Einkommen aus dem Pachtgute getroffen wird, vgl. RdMdgA. v. 18. Novbr. 1864 (UCBl. 1865 S. 682).

S. 350 ist in Note 329 Z. 15 v. unten statt „u" zu lesen: „c" und Z. 3 v. unten „1827" zu lesen: „1727."

S. 352 ist in Note 330 e Z. 6 statt „1861" zu lesen: „1862."

S. 368 ist in Note 346 V. Z. 7 v. unten hinter „Descendenten" zuzusetzen:
Sie steht auch den Hinterbliebenen der emeritirten Geistlichen zu, weil in der Kirch. Ordg. eine Ausnahme in Betreff derselben nicht gemacht ist — OTrE. v. 12. Juni 1863 (Entsch. 50, 387) —.

S. 370 ist in Note 347 Z. 1 v. oben statt „1857" zu lesen: „1867."

S. 371 ist der Note 350 zuzusetzen:
Provinzialrechtlich kommt die Gnadenzeit auch den Hinterbliebenen der emeritirten Geistlichen zu in Sachsen, Schlesien und der Lausitz — vgl. N. 347 VII. u. VIII. — sowie im Magdeburgischen und der Mark Brandenburg — OTrE. v. 12. Juni 1863 (Entsch. 50, 387) —.

S. 397 ist in Note 354 V. hinter „Vertrages" zuzusetzen: „v. 1504" und Z. 1 v. unten statt „31. August" zu lesen: „23. Juli."

Chronologisches Register.

1848.

1849.

1850.

1851.

1852.

1855.

1856.

1857.

1858.

Sach-Register.

L.

M.

Q.

R.

S.

T.

U.

V.

W.

Z.

FSC
www.fsc.org
MIX
Papier | Fördert
gute Waldnutzung
FSC® C083411

Kolibri 360 GmbH
Ferdinand-Jühlke-Straße 7
99095 Erfurt, Deutschland
produktsicherheit@kolibri360.de